ROBERTO DE MATTEI

Das Zweite Vatikanische Konzil

Eine bislang ungeschriebene Geschichte

Edition
Kirchliche Umschau

Bibliographische Information der Deutschen Nationalbibliothek
Die Deutsche Nationalbibliothek verzeichnet diese Publikation in der Deutschen Nationalbibliographie; detaillierte bibliographische Daten sind im Internet über **http://dnb.d-nb.de** abrufbar.

Originaltitel:

IL CONCILIO VATICANO II
Una storia mai scritta

Corso Re Umberto 37 – 10128 Torino

Einbandgestaltung: ART-PAINT / Designatelier Häfliger
CH-8152 Opfikon/ZH

2. korrigierte und erweiterte Auflage

Editionsreihe Kirchliche Umschau
Dr.-Jaufmann-Str. 3
D-86399 Bobingen
Tel.: 08234/959 720
Fax: 08234/959 7220
Email Sarto Verlag: bestellung@sarto.de
Email Kirchliche Umschau: info@kirchliche-umschau.de

Printed in Germany

ISBN 978-3-932691-98-0

Inhaltsverzeichnis

Einleitung

Das Zweite Vatikanische Konzil

Eine bislang ungeschriebene Geschichte

I. Die Kirche zur Zeit Pius' XII.

II. Dem Konzil entgegen

III. 1962: Die erste Sitzungsperiode

IV. 1963: Die zweite Sitzungsperiode

V. 1964: Die dritte Sitzungsperiode

VI. 1965: Die vierte Sitzungsperiode

VII. Die Konzilsepoche (1965-1978)

Angaben zur Übersetzung
In geschweiften Klammern {...} finden sich Zusätze und Erläuterungen des Übersetzers, ebenso Zusätze des Übersetzers sind Fußnoten, auf die mittels eines Kreuzes (†) verwiesen wird.

Das Zweite Vatikanische Konzil

Eine bislang ungeschriebene Geschichte

Einleitung

1. Das Zweite Vatikanum: ein Konzil ungleich den anderen

Die Geschichte der katholischen Kirche steht aufgrund der führenden Rolle, welche die Kirche in der Leitung der Seelen und im Aufbau der Gesellschaft spielt, im Zentrum der Universalgeschichte. Die Bedeutung der ökumenischen Konzilien innerhalb der Universalgeschichte ist somit nicht verwunderlich, gehören sie doch zu den bedeutendsten Äußerungen des sozialen Lebens der Kirche. Wenn die Kirche eine Beziehung zur Geschichte der Menschheit hat, so wird ein ökumenisches Konzil eine Beziehung zu eben dieser Geschichte haben, die derjenigen entspricht, welche das Konzil zur Kirche hat.[1]

Man nennt Konzilien ‚ökumenisch' oder ‚allgemein', wenn sie unter Leitung des Papstes oder seiner Repräsentanten Bischöfe aus der ganzen Ökumene, d.h. aus der ganzen bewohnten Welt, versammeln.[2] Auf den Konzilien erhebt sich die Stimme des Papstes

---

[1] Vgl. GIUSEPPE SIRI, *Il Concilio ecumenico visto dal piano della teologia della storia*, Vortrag in Genf am 25. Januar 1961; veröffentlicht in: *La giovinezza della Chiesa. Testimonianze, documenti e studi sul Concilio Vaticano II*, Pisa 1983, 43-50, 43.

[2] Vgl. WALTER BRANDMÜLLER, *Il Concilio e i Concili. Il Vaticano II alla luce della Storia dei Concili*, in: Cristianità, 332 (2005), 3-10, 4. Zur Bedeutung der Konzilien in der Geschichte der Kirche vgl. CARL JOSEPH v. HEFELE / HENRI LECLERQ, *Histoire des Conciles d'après les documents originaux*, Bd. I/1, Paris 1907, 1-

und der mit ihm vereinigten Bischöfe der Welt über die geschichtlichen Wechselfälle: diese feierliche Stimme gestaltet die Geschichte der Kirche und damit die Geschichte der Welt.

In der Geschichte der Kirche sind 21 Konzilien abgehalten worden, die von der Kirche als ‚ökumenisch' oder ‚allgemein' anerkannt sind.[3] Das letzte ist das Zweite Vatikanische Konzil gewesen: eröffnet am 11. Oktober 1962 zu Rom in der Basilika von Sankt Peter durch Johannes XXIII. und am 8. Dezember 1965 nach vier Sitzungsperioden ebenda beendet durch Paul VI. Vom Konzil von Nizäa, das nach dem Apostelkonzil in Jerusalem von den Historikern als erstes Konzil angesehen wird, bis zum Zweiten Vatikanum war jedes Konzil Gegenstand historiographischer Debatten. Jede dieser Versammlungen hat nicht nur Geschichte gemacht, sondern ist anschließend auch von Historikern aus einer jeweils anderen Sichtweise interpretiert worden.[4]

Im Unterschied zu den vorangegangenen Konzilien stellt das Zweite Vatikanum die Historiker jedoch vor ein neues Problem: Konzilien üben unter und mit dem Papst ein feierliches Lehramt in Sachen des Glaubens und der Moral aus und fungieren kirchenrechtlich als oberste richterliche und gesetzgeberische Instanz. Das Zweite Vatikanische Konzil hat jedoch keine Gesetze erlassen und auch nicht in definitiver Weise zu Fragen des Glaubens und der Moral Stellung genommen. Das Fehlen dogmatischer Definitionen hat somit unvermeidlich die Diskussion über die Natur der Doku-

---

124. Vgl. auch die *Einleitung* von PIETRO PALAZZINI im *Dizionario dei Concili*, Roma 1963, XI-XXXIX; ebenso die Artikel ‚Concile œcuménique' von J. FORGET in: DThC III (1908), 636-676, und NICOLAS JUNY in: DDC I (1954), 378-381.

[3] Zur Anzahl der ökumenischen Konzilien existieren keine offiziellen Verlautbarungen des Lehramtes, aber die kirchenrechtliche und theologische Lehre ist seit dem hl. ROBERT BELLARMIN (*De Controversiis christianae fidei*, tom. II, Apud Societatem Minimam, Venezia 1599, Liber I, *De Conciliis et Ecclesia*, cap. V, 4-9) hinreichend konsolidiert. Sowohl in der Eröffnungsrede des Konzils, die Johannes XXIII. am 11. Oktober 1962 hielt, wie in der Ansprache von Paul VI. zur Eröffnung der dritten Periode deuten die zwei Oberhirten auf die zwanzig ökumenischen Konzilien hin, die in der Vergangenheit abgehalten wurden, wobei sie das Erste Vatikanum als letztes ökumenisches Konzil vor dem Zweiten Vatikanum betrachten.

[4] Siehe z.B. W. BRANDMÜLLER, *Carl Joseph von Hefele. Ein Geschichtsschreiber macht Geschichte*, in: PONTIFICIO COMITATO DI SCIENZE STORICHE, *Walter Brandmüller. Scripta Manent. Raccolta di studi in occasione del suo 80° genetliaco*, hg. v. COSIMO SEMERARO, Città del Vaticano 2009, 365-377.

mente und über die Art und Weise ihrer Umsetzung in der sogenannten nachkonziliaren Epoche eröffnet. Das Problem des Verhältnisses zwischen Konzil und nachkonziliaren Entwicklungen bildet daher den Kern der momentanen hermeneutischen Debatte.

2. Die zwei Konzilshermeneutiken

Die Auseinandersetzungen über das Zweite Vatikanische Konzil lassen sich trotz der Vielzahl der verschiedenen Positionen[5] substantiell auf zwei Argumentationslinien reduzieren: die der ‚Kontinuität' zur kirchlichen Tradition und die der ‚Diskontinuität' in Bezug auf die Vergangenheit der Kirche. Die erste Richtung ist von der kirchlichen Hierarchie seit dem Pontifikat von Johannes Paul II. vertreten[6] und klar und überzeugend von Benedikt XVI. formuliert worden, insbesondere in seiner Ansprache an die römische Kurie vom 22. Dezember 2005[7]. Die 16 Textdokumente von ungleichem

---

[5] Erzbischof AGOSTINO MARCHETTO bietet eine Übersicht über die gegensätzlichen Interpretationsansätze, wobei er ausdrücklich für die Hermeneutik der Kontinuität optiert, in: *Il Concilio Ecumenico Vaticano II. Contrappunto per la sua storia*, Città del Vaticano 2005, und in den Rezensionen, die gesammelt sind in: *Chiesa e Papato nella storia e nel diritto*, Città del Vaticano 2002 (über ihn vgl. CLAUDIO ANSELMO, *Agostino Marchetto: per una ermeneutica del Concilio Vaticano II, in: Venti secoli di storiografia ecclesiastica. Bilancio e prospettive*, hg. v. LUIS MARTÍNEZ FERRER, Roma 2010, S. 449-458). Zu einem Lagebericht aus Sicht der ‚Schule von Bologna' vgl. GIUSEPPE RUGGIERI, *Recezione e interpretazione del Vaticano II. Le ragioni di un dibattito*, in: Cristianesimo nella storia 28 (2007), 381-406, auch in: *Chi ha paura del Vaticano II?*, hgg. v. ALBERTO MELLONI / G. RUGGIERI, Roma 2009, 17-44. Vgl. auch YVES CHIRON, *Il y a 40 ans. L'ouverture de Vatican II. Mise en perspective historique*, in: Divinitas 46 (2003), 222-232; DAVID BERGER, *Gegen die Tradition oder im Licht der Tradition? Zu neueren Interpretationen des Zweiten Vatikanischen Konzils*, in: Divinitas 40 (2005), 294-316; und allgemeiner: *Vatican II. Did Anything happen?*, hg. v. JOHN W. O'MALLEY, New York/London 2007; GILLES ROUTHIER, *Vatican II: herméneutique et reception,* (Héritage et projet 69), [Saint-Laurent, Québec] 2006; CHRISTOPH THEOBALD, *La réception du Concile Vatican II. I. Accéder à la source*, Paris 2009, bes. 495-654.

[6] Zur ‚normativen' Lesart des Zweiten Vatikanischen Konzils seitens Johannes Pauls II. siehe: GIOVANNI MICCOLI, *In difesa della fede. La Chiesa di Giovanni Paolo II e Benedetto XVI*, Milano 2007, 18-30.

[7] BENEDIKT XVI., *Una giusta ermeneutica per leggere e recepire il Concilio come grande forza di rinnovamento della Chiesa. Discorso alla Curia Romana del 22 dicembre 2005*, in: BENEDIKT XVI., *Insegnamenti*, Bd. I (2006), 1018-1032 {dt.: *Anspra-*

doktrinellen Wert werden hier von der höchsten Autorität der Kirche aus theologischer Sicht in der Form bewertet, dass sie kein unfehlbares, aber ein authentisches Lehramt zum Ausdruck bringen, und sie in Kontinuität mit vor und nach dem Konzil erschienenen Dokumenten „*im Licht der Tradition*" gelesen werden müssen.

Benedikt XVI. ist mehrfach auf dieses Thema zurückgekommen; in der Rede vor den Teilnehmern der Vollversammlung der Kongregation für den Klerus am 16. März 2009 hat er beispielsweise die Notwendigkeit bekräftigt, zur „*ununterbrochenen Tradition der Kirche zurückzukehren*" und „*bei den Priestern, vornehmlich der jungen Generation, eine korrekte Rezeption der Texte des Zweiten Vatikanischen Konzils zu fördern, die im Licht der gesamten Lehre der Kirche interpretiert werden sollen*"[8]. Die einzige Möglichkeit, das Zweite Vatikanum als glaubwürdig zu erweisen – so hat es Kard. Ratzinger immer vertreten und so vertritt es heutzutage Benedikt XVI. –, besteht darin, es in die gesamte und einzige Tradition der Kirche und ihres Glaubens einzuordnen.[9]

Die zweite Interpretationsrichtung analysiert das Konzil nicht unter theologischen Aspekten, sondern geschichtlichen. Sie hat ihren signifikantesten Ausdruck in der sog. Schule von Bologna gefunden, die unter Leitung von Prof. Giuseppe Alberigo[10] eine

---

che von Papst Benedikt XVI. an das Kardinalskollegium und die Mitglieder der Römischen Kurie beim Weihnachtsempfang 2005, *Verlautbarungen des Apostolischen Stuhls* 172}.

[8] BENEDIKT XVI., *Insegnamenti*, Bd. V/1 (2010), 393.

[9] In diese Spur reihen sich die Beiträge vieler Wissenschaftler ein, wie jene, die in folgendem Sammelband der Universität Ave Maria in Florida enthalten sind: MATTHEW LAMB / MATTHEW LEVERING [Hg.], *Vatican II. Renewal within Tradition*, Oxford 2008. Auf die Rede Benedikts XVI. von 2005, die den Band eröffnet, folgt eine Reihe reichhaltiger Beiträge, die sich jeweils mit den vier konziliaren Konstitutionen, den neun Dekreten und den drei Erklärungen des Zweiten Vatikanums beschäftigen. Unter den Autoren finden sich zwei amerikanische Kardinäle (Avery Dulles und Francis George) und Gelehrte wie der Dominikanerpater Charles Morerod und der Rechtsphilosoph Russell Hittinger. Die Kernthese besagt, dass das Zweite Vatikanum nur in Kontinuität mit der zweitausendjährigen Tradition der Kirche verstanden werden kann, gemäß der Formel Leos XIII. „*vetera novis augere et perficere*" {„*Altes durch Neues ergänzen und vollenden*"}. Auf derselben Linie liegt auch: LEO SCHEFFCZYK, *Aspekte der Kirche in der Krise: um die Entscheidung für das authentische Konzil*, mit einem Geleitwort v. Kard. J. Ratzinger (Quaestiones non disputatae 1), Siegburg 1993.

[10] Giuseppe Alberigo (1926-2007), Professor für Kirchengeschichte an der Universität von Bologna, Leiter des ‚Istituto per le Scienze Religiose Giovanni XXIII' und

imposante *Geschichte des Zweiten Vatikanischen Konzils*[11] vorgelegt hat, welche in mehrere Sprachen übersetzt wurde. Obwohl im wissenschaftlichen Diskurs diese Geschichte nicht unumstritten ist, stellt sie ein Referenzwerk dar, über das man nicht hinweggehen kann. Für die Schule von Bologna ist das Zweite Vatikanum über die von ihm vorgelegten Dokumente hinaus vor allem ein historisches ‚Ereignis' gewesen, das als solches eine unleugbare Diskontinuität zur Vergangenheit gezeigt hat: es hat Hoffnungen geweckt, polemische Reaktionen und Diskussionen ausgelöst sowie letztendlich ein neues Zeitalter eröffnet.[12]

Unter ‚Ereignis' wird hier eine Situation verstanden, die einen radikalen Bruch mit der Vergangenheit darstellt, *„ein Geschehen, das, einmal eingetreten, in Gegenwart und Zukunft etwas verändert"*[13]. Das Zweite Vatikanische Konzil zeigt nach Alberigo sehr ausgeprägte Eigenmerkmale: die Art und Weise seiner Einberufung; das Fehlen programmatischer Vorgaben und einer bestimmten Zielsetzung; fast vollständige Ablehnung der vorbereiteten Texte; Ausarbeitung der allgemeinen Leitlinien und der Beschlusstexte erst in den Vollversammlungen; außergewöhnliches Interesse am Konzil und Wahrnehmung durch die öffentliche Meinung als ein entscheidendes Ereignis.[14] *„Aus all diesen Gründen* – schreibt der Historiker aus Bologna – *hängt die Hermeneutik des Zweiten Vatikanums vorrangig und in herausgehobenem Maß von der ereignishaften Dimension des Kon-*

Herausgeber der Zeitschrift ‚Cristianesimo nella storia'. Zum Namen und zur Geschichte des Institutes vgl. *L'officina bolognese 1953-2003*, hg. v. G. ALBERIGO, EDB, Bologna 2004. Zu einer Analyse des Konzils aus Sicht dieser ‚Schule' vgl. GIUSEPPE DOSSETTI, *Il Vaticano II. Frammenti di una riflessione*, hg. v. FRANCESCO MARGIOTTA BROGLIO, Bologna 1996.

[11] G. ALBERIGO, *Storia del Concilio Vaticano II*, 5. Bde., Bologna 1995-2001 {dt.: *Geschichte des Zweiten Vatikanischen Konzils (1959-1965)*, deutsche Ausgabe hg. von KLAUS WITTSTADT (Bde. 1-3) u. von GÜNTHER WASSILOWSKY (Bde. 4-5), 5 Bde., Mainz u.a. 1997-2008}.

[12] Zu einer Gesamtschau der These vom ‚Konzil als Ereignis' außer der genannten *Geschichte* von G. ALBERIGO siehe: *L'evento e le decisioni finali. Studi sulle dinamiche del Concilio Vaticano II*, hgg. v. MARIA TERESA FATTORI / A. MELLONI, Bologna 1997.

[13] YVES CONGAR, *Regard sur le Concile Vatican II*, in: DERS., *Le Concile de Vatican II. Son église, peuple de Dieu et corps du Christ*, Beauchesne, Paris 1984, 53.

[14] G. ALBERIGO, *Criteri ermeneutici per una storia del Vaticano II*, in: *Il Vaticano II tra attese e celebrazioni*, hg. v. G. ALBERIGO, Bologna 1995, 9-26, 16-17; auch in: *Transizione epocale. Studi sul Concilio Vaticano II*, Bologna 2009, 36-37.

zils ab."[15] Die Identität des Konzils wird in dieser Hinsicht nicht nur bestimmt von den institutionellen Lehrdokumenten und den kanonischen Normen, die auf das Konzil gefolgt sind, sondern vornehmlich von dem tatsächlichen Verlauf der Konzilsversammlung und von der Rezeption des Ereignisses seitens der Gemeinschaft der Gläubigen.[16]

Die These der ‚Diskontinuität' wird auch von der sog. traditionalistischen Welt vorgebracht, welche ein breites, aber nicht homogenes Spektrum an Stimmen bildet. Das wichtigste bislang erschienene Werk ist *Iota Unum* von Prof. Romano Amerio[17], in dem allerdings kein historischer Standpunkt, sondern ein theologischer und philosophischer eingenommen wird. Auch dieses Werk, wenngleich von der progressistischen Publizistik ignoriert, stellt ein Referenzwerk dar, über das man nicht hinweggehen kann.

3. Rezeption und Umsetzung des Konzils

Die gegensätzliche Hermeneutik bezüglich des Zweiten Vatikanums ist auch bedingt durch zwei verschiedene Lesarten des Kontextes, in

---

[15] Vgl. G. ALBERIGO, *Transizione epocale*, 37.

[16] Außer dem zit. Werk von G. ROUTHIER, *Vatican II*, siehe auch: DERS., *Réceptions de Vatican II. Le concile au risque de l'histoire et des espaces humains*, hg. v. G. ROUTHIER, Peeters, Louvain 2004; *Zweites Vatikanisches Konzil – Ende oder Anfang?*, mit Beiträgen von WOLFGANG SEIBEL / HELMUT KRÄTZL / HERBERT VORGRIMLER / KARL LEHMANN / SALVATORE LOIERO, hg. v. ALFRED E. HIEROLD, Bamberger Theologisches Forum, Münster 2004; GIACOMO MARTINA, *Una nuova vitalità per la Chiesa. Sulla recezione del Concilio Vaticano II*, in: Rivista del Clero Italiano 3 LXXXVI (2005), 170-189.

[17] Romano Amerio (1905-1997), Philosoph und Philologe, war während der Arbeiten der Vorbereitungskommission des Konzils Berater des Bischofs von Lugano, Mgr. Angelo Jelmini. Sein Hauptwerk *Iota Unum. Studio delle variazioni della Chiesa cattolica nel secolo XX*, veröffentlicht vom Verleger Riccardo Ricciardi, Milano-Napoli 1985, wurde 2009 in den Verlagen Lindau und Fede & Cultura neu aufgelegt {dt.: *Iota Unum: eine Studie über die Veränderungen in der katholischen Kirche im 20. Jahrhundert*, übers. v. SIEGFRIED GUNDERLOCH, Canisius-Werk, Ruppichteroth 2000}. Zu ihm vgl. *Romano Amerio. Della Verità e dell'Amore*, hg. v. ENRICO MARIA RADAELLI, mit Einl. v. ANTONIO LIVI, Marco Editore, Lungro di Cosenza 2005. Zu Amerio siehe auch: E. M. RADAELLI (Hg.), *Stat Veritas. Seguito a "Iota unum"*, Lindau, Torino 2009, und *Zibaldone*, Lindau, Torino 2010.

den sich die Konzilsversammlung gestellt sah - mit entsprechenden geschichtlichen Konsequenzen. Kard. Ratzinger berichtet, am Abend vor Beginn der Arbeiten, am 12. Oktober 1962, habe ihn Kardinal Frings, Vorsitzender der Deutschen Bischofskonferenz, dazu eingeladen, den Bischöfen des deutschen Sprachraumes die theologischen Probleme darzulegen, die die Konzilsväter in den kommenden Monaten zu bewältigen hätten. Auf der Suche nach einer Einleitung, die in markanter Form etwas zum Wesen von Konzilien sagen sollte, fand der damalige Prof. Joseph Ratzinger einen Text von Eusebius von Cäsarea, der am Konzil von Nizäa 325 teilgenommen hatte und seinen Eindruck von der damaligen Versammlung in folgenden Worten zusammenfasste:

> *„Von allen Kirchen, die ganz Europa, Libyen und Asien füllten, waren die Ausgesuchtesten der Diener Gottes versammelt, und ein Bethaus, das gleichsam von Gott erweitert worden war, fasste in sich zugleich Syrer und Kilikier, Phönizier, Araber und Palästinenser, darüber hinaus Ägypter, Thebäer, Libyer und Bewohner von Mesopotamien. Sogar ein persischer Bischof war auf der Synode zugegen und auch ein Skythe fehlte nicht bei der Schar; Pontus und Galatien, Kappadokien und Asien, Phrygien und Pamphylien boten auserlesene Personen auf. Aber auch Thraker und Makedonen, Achaier und Epiroten sowie noch weiter entfernt Lebende kamen. Und selbst ein ganz berühmter Spanier nahm an der Versammlung teil."*[18]

Hinter diesen enthusiastischen Worten – so kommentierte es Joseph Ratzinger vor den deutschen Bischöfen – erkennt man die Beschreibung von Pfingsten, wie sie Lukas in der *Apostelgeschichte* gibt. Es war die Auffassung von Eusebius, Nizäa sei ein echtes Pfingsten gewesen. Dies war auch die Auffassung von Johannes XXIII. und der Konzilsväter hinsichtlich des Zweiten Vatikanums: es sei ein neues Pfingsten gewesen.[19]

---

[18] EUSEBIUS v. CÄSAREA, *Vita Constantini* III,7,1 (GCS² Eusebius Werke 1/1,84 = FC 83, 318).

[19] Vgl. J. RATZINGER, *Theologische Prinzipienlehre: Bausteine zur Fundamentaltheologie* (Wewelbuch 80), Wewel, München 1982, 383. Zum Konzil als „Pfingsten" vgl. Johannes XXIII., DMC, 23. Oktober 1958, 27. April 1959 (Bd. I, 285), 12. Septem-

Die Schule von Bologna ist dem Archetypus ‚Konzil-Pfingsten' treu geblieben und sieht in Johannes XXIII. den unerhörten Propheten einer neuen Ära in der Geschichte der Kirche. Benedikt XVI. hingegen ist heute der bekannteste Vertreter derjenigen, die angesichts der selbstzerstörerischen nachkonziliaren Zeit im Laufe der Jahre ihr Urteil über das Konzil modifiziert haben. So hat er eine Lesart desselben vorgelegt, die sich im Rahmen der Tradition bewegt.

Nachdem Joseph Ratzinger den Verlauf des Konzils und die langen Jahre der nachkonziliaren Epoche als Protagonist durchgemacht hatte, wandte er, als Benedikt XVI. auf den päpstlichen Thron erhoben, das Bild des Konzils von Nizäa auf das Zweite Vatikanum erneut an, doch mit einem ganz anderen Schlüssel: In der bereits zitierten Rede vom 22. Dezember 2005 griff der neugewählte Papst nach der Feststellung, dass die Rezeption des Konzils schwierig verlaufen war, das Bild, das der hl. Basilius von der Situation der Kirche nach dem Konzil von 325 zeichnete, auf: Er vergleicht sie mit einer Seeschlacht, die sich in nächtlicher Dunkelheit und bei tosendem Sturm ereignet, und schildert *„das wilde Geschrei von Leuten, die sich gegenseitig widersprechen und miteinander im Streite liegen, das unverständliche Lärmen, den Schall eines ununterbrochenen Getöses."*[20]

Die Metaphorik, die Benedikt XVI. vierzig Jahre nach Abschluss des Konzils auf die nachkonziliare Kirche anwendet, ist also jene einer Seeschlacht in Dunkelheit und auf stürmischem Meer. Aber bereits zwanzig Jahre nach Abschluss der konziliaren Arbeiten hielt es der damalige Kardinal Ratzinger in seinem *Bericht zur Lage des Glaubens* für *„unbestreitbar"*, dass *„die letzten zwanzig Jahre"* entschieden zu Ungunsten der katholischen Kirche verlaufen waren:

> *„Die Entwicklungen seit dem Konzil scheinen in eklatantem Widerspruch zu den Erwartungen aller, angefangen von Johannes XXIII. und Paul VI., zu stehen. Die Christen sind von neuem eine Min-*

---

ber 1960 (ebd., Bd. II, 496), 6. Januar, 21. April, 8. Mai, 26. August und 26. September 1962 (ebd., Bd. IV, 221, 251, 486, 550, 879). Siehe auch GABRIELE CISLAGHI, *Per una ecclesiologia pneumatologica. Il concilio Vaticano II e una proposta sistematica*, Glossa, Roma-Milano 2004.

[20] Hl. BASILIUS, *De Spiritu Sancto* XXX, 77 (SC17bis, 525 = FC 12, 318).

derheit, mehr als sie es seit der ausgehenden Antike je gewesen sind. ... Was die Päpste und die Konzilsväter erwarteten, war eine neue katholische Einheit; statt dessen ist man auf eine Uneinigkeit zugesteuert, die – um die Worte von Paul VI. zu gebrauchen – von der Selbstkritik zur Selbstzerstörung überzugehen schien. Man hat sich eine neue Begeisterung erhofft, und man landete dagegen zu oft im Überdruß und in der Entmutigung. Man hatte sich einen Schritt nach vorn erwartet, und man fand sich einem fortschreitenden Prozeß des Verfalls gegenüber, der sich weitgehend im Zeichen der Berufung auf einen angeblichen ‚Geist des Konzils' abgespielt und dieses damit immer mehr diskreditiert hat. ... Julius Kardinal Döpfner sagte, daß die Kirche der Nachkonzilszeit eine große Baustelle sei. Ein kritischer Geist aber hat hinzugefügt, es sei eine Baustelle, auf der der Plan verlorengegangen sei und jeder nach seinem Gutdünken weiterbaue."[21]

Die Gründe für diese tiefe Krise sind nach Kard. Ratzinger bzw. Benedikt XVI. in einer schlechten Umsetzung des Konzils zu suchen, die auf einer falschen Interpretation seiner Texte beruht:

„Die Probleme der Rezeption entsprangen der Tatsache, dass sich zwei gegensätzliche Hermeneutiken gegenüberstanden und miteinander im Streit lagen. Die eine hat Verwirrung gestiftet, die andere hat Früchte getragen: erst in aller Stille, dann aber immer deutlicher. Auf der einen Seite gibt es eine Auslegung, die ich ‚Hermeneutik der Diskontinuität und des Bruches' nennen möchte; sie hat sich nicht selten das Wohlwollen der Massenmedien und auch eines Teiles der modernen Theologie zunutze machen können. Auf der anderen Seite gibt es die ‚Hermeneutik der Reform', der kontinuierlichen Erneuerung des einen Subjekts Kirche, die der Herr uns geschenkt hat; die Kirche ist ein Subjekt, das mit der Zeit wächst und sich weiterentwickelt, dabei aber immer sie selbst bleibt, das Gottesvolk als das eine Subjekt auf seinem Weg."[22]

---

[21] J. RATZINGER, *Zur Lage des Glaubens: ein Gespräch mit Vittorio Messori*, Verlag Neue Stadt, München [u.a.] 1985, 27-28.

[22] *„Die Hermeneutik der Diskontinuität birgt das Risiko eines Bruches zwischen vorkonziliarer und nachkonziliarer Kirche in sich. Ihre Vertreter behaupten, dass die Konzilstexte als solche noch nicht wirklich den Konzilsgeist ausdrückten. Sie seien*

Man muss jedoch präzisieren, dass zwischen der Krisensituation, die auf das Konzil von Nizäa folgte, und jener, die auf das Zweite Vatikanische Konzil gefolgt ist, ein grundlegender Unterschied besteht. Die Krise nach Nizäa brach nicht in Folge einer hermeneutischen Auseinandersetzung über die Kanones des Konzils von 325 aus, sondern in Folge offener Ablehnung dieser Dekrete.[23] Angesichts dieser Opposition änderte Kaiser Konstantin seine Politik gegenüber dem Arianismus und begünstigte dadurch die Ausweitung der Krise. Die Auseinandersetzung verlief zwischen den Anhängern des Konzils von Nizäa und ihren Gegnern, radikalen wie gemäßigten, ohne dass die Bedeutung des nizänischen Credos jemals in Frage gestellt worden wäre.

---

das Ergebnis von Kompromissen, die geschlossen wurden, um Einmütigkeit herzustellen, wobei viele alte und inzwischen nutzlos gewordene Dinge mitgeschleppt und wieder bestätigt werden mussten. ... Eben weil die Texte den wahren Konzilsgeist und seine Neuartigkeit nur unvollkommen zum Ausdruck brächten, sei es notwendig, mutig über die Texte hinauszugehen und dem Neuen Raum zu verschaffen, das die tiefere, wenn auch noch nicht scharf umrissene Absicht des Konzils zum Ausdruck bringe. Mit einem Wort, man solle nicht den Konzilstexten, sondern ihrem Geist folgen. Unter diesen Umständen entsteht natürlich ein großer Spielraum für die Frage, wie dieser Geist denn zu umschreiben sei, und folglich schafft man Raum für Spekulationen. Damit missversteht man jedoch bereits im Ansatz die Natur eines Konzils als solchem. Es wird so als eine Art Verfassung gebende Versammlung betrachtet, die eine alte Verfassung außer Kraft setzt und eine neue schafft. Eine Verfassung gebende Versammlung braucht jedoch einen Auftraggeber und muss dann von diesem Auftraggeber, also vom Volk, dem die Verfassung dienen soll, ratifiziert werden. Die Konzilsväter besaßen keinen derartigen Auftrag, und niemand hatte ihnen jemals einen solchen Auftrag gegeben; es konnte ihn auch niemand geben, weil die eigentliche Kirchenverfassung vom Herrn kommt, und sie uns gegeben wurde, damit wir das ewige Leben erlangen und aus dieser Perspektive heraus auch das Leben in der Zeit und die Zeit selbst erleuchten können" (BENEDIKT XVI., *Una giusta ermeneutica*, 1024-1025 {dt.: *Ansprache von Papst Benedikt XVI. an das Kardinalskollegium und die Mitglieder der Römischen Kurie beim Weihnachtsempfang 2005*, *Verlautbarungen des Apostolischen Stuhls* 172, 11-12}).

[23] Vgl. MANLIO SIMONETTI, *La crisi ariana nel IV secolo*, Institutum Patristicum "Augustinianum", Roma 1975, 99-134 und passim. Vgl. auch die Studie des sel. JOHN HENRY NEWMAN, *The Arians of the Fourth Century: Their Doctrine, Temper And Conduct, Chiefly As Exhibited In The Councils Of The Church, Between A. D. 325 & A. D. 381*, London 1833.

4. ‚Pastoralkonzil' oder ‚Lehrkonzil'?

Die Formel vom ‚Konzil im Licht der Tradition' bzw. von der ‚Hermeneutik der Kontinuität' bietet zweifellos den Gläubigen einen Maßstab, um das Problem der richtigen Rezeption der Konzilstexte zu lösen, lässt aber ein grundlegendes Problem offen: angenommen, die korrekte Interpretation ist jene der Kontinuität, so bleibt noch zu klären, warum nach dem Zweiten Vatikanischen Konzil etwas geschehen ist, was noch nie in der Geschichte im unmittelbaren Anschluss an ein Konzil auftrat, nämlich dass sich zwei (oder noch mehr) konträre Hermeneutiken gegenüberstanden und, um einen Ausdruck desselben Papstes zu gebrauchen, miteinander *„im Streit"* lagen. Wenn dann die nachkonziliare Zeit mit dem Terminus ‚Krise' zu beschreiben ist, so muss man sich fragen, ob eine irrtümliche Rezeption der Texte im Lauf der Zeit überhaupt dazu führen kann und, wenn ja, ob das einen hinreichenden und verhältnismäßigen Grund darstellt, um den Umfang und die Tiefe dieser Krise zu erklären.

Die Existenz einer Pluralität von Hermeneutiken zeugt übrigens von einer gewissen Mehrdeutigkeit oder Ambivalenz der Dokumente. Wenn man auf ein externes hermeneutisches Kriterium für ein Dokument zurückgreifen muss, um eben dieses Dokument zu interpretieren, so liegt tatsächlich auf der Hand, dass das Dokument in sich nicht hinreichend klar ist: es benötigt eine Interpretation und kann, insoweit es interpretationsfähig ist, Objekt historischer wie theologischer Kritik sein.

Die logischste Entfaltung dieses hermeneutischen Prinzips ist jene, die von einem herausragenden Fachwissenschaftler im Bereich der Ekklesiologie, Msgr. Brunero Gherardini, vorgelegt wurde.[24]

---

[24] BRUNERO GHERARDINI, *Concilio Ecumenico vaticano II. Un discorso da fare*, mit einem Vorwort von S. E. Mgr. MARIO OLIVIERI, Bischof von Albenga-Imperia, und einem Geleitwort von Mgr. ALBERT MALCOLM RANJITH, Sekretär der Kongregation für den Gottesdienst und die Sakramentenordnung, Casa Mariana, Frigento 2009 {dt.: *Das Zweite Vatikanische Konzil: ein ausstehender Diskurs*, übers. v. CLAUDIA BARTHOLD, Carthusianus-Verlag, Mülheim/Mosel 2010}. Mgr. Gherardini wurde 1925 geboren. Nach seiner Priesterweihe 1948 lehrte er Ekklesiologie an der Päpstlichen Lateranuniversität, wo er heute emeritierter Professor ist. Er folgte Mgr. Antonio Piolanti als Herausgeber der Zeitschrift ‚Divinitas'. Zu einer konzisen Kritik an der Doppeldeutigkeit der Konzilstexte siehe ATILA SINKE GUIMARÃES, *In the murky waters*

Dem römischen Theologen zufolge war das Zweite Vatikanische Konzil, insofern es sich selbst als ‚pastoral' qualifizierte, bar eines ‚definitorischen' doktrinellen Charakters[25]. Das Faktum, dass das Zweite Vatikanum keine dogmatische Qualität beanspruchen kann, sondern dass es durch seine ‚Pastoralität' charakterisiert ist, bedeutet aber nicht zwangsläufig, dass es keine eigene Lehrdoktrin aufweist. Es verfügt sicherlich über eine eigene, nicht unmaßgebliche Lehrunterweisung, aber, wie Gherardini schreibt, *„seine Lehren {sind}, soweit sie nicht auf vorangehende Definitionen rückführbar sind, weder infallibel noch irreformabel und folglich auch nicht bindend: Wer sie leugnete, wäre dadurch noch kein formaler Häretiker. Wer sie dagegen als infallibel und irreformabel auferlegen wollte, würde sich gegen das Konzil selbst stellen"*[26]. Wenn das Zweite Vatikanische Konzil eine überwiegend pastorale Natur besitzt, so ist es zulässig, ihm nur dort eine dogmatische Natur zuzuerkennen, wo es bereits auf früheren Konzilien definierte Dogmen erneut als Glaubenswahrheit vorlegt. *„Die Lehren hingegen, die ihm eigen sind, können nicht im absoluten Sinn als dogmatisch betrachtet werden, aus dem Grund, weil ihnen die unverzichtbare definitorische Förmlichkeit und damit die entsprechende* voluntas definiendi (Wille zur Definition) *fehlt."*[27]

---

of Vatican II, Tan Books, Rockford (Illinois) 1999, 1-296; DERS., *Animus Delendi (The Desire to Destroy)*, Tradition in Action, Los Angeles, Bd. I (2001) u. II (2002). Der heterogene und gelegentlich widersprüchliche Charakter der Konzilstexte wird auch von ANTONIO ACERBI in *Due ecclesiologie. Ecclesiologia giuridica ed ecclesiologia di comunione nella "Lumen Gentium"*, EDB, Bologna 1975, zugegeben.

[25] Das Fehlen definitorischer Absichten steht nicht in Widerspruch zu dem Adjektiv ‚dogmatisch', mit dem das Konzil seine beiden bedeutenden Konstitutionen qualifiziert: *Lumen gentium* und *Dei Verbum*. Tatsächlich können diese nur insofern als ‚dogmatisch' bezeichnet werden, weil sie bereits auf früheren Konzilien definierte Dogmen als Glaubenswahrheit rezipierten und erneut vorlegten. Zu diesem Punkt siehe ARNALDO XAVIER VIDIGAL DA SILVEIRA, *Qual è l'autorità dottrinale dei documenti pontifici e conciliari?*, in: Cristianità 9 (1975), 3-7. Weniger überzeugend erscheint die These von BERNARD LUCIEN, *Les Degrès d'autorité du Magistère. La question de l'infaillibilité. Doctrine catholique. Développements récents. Débats actuels*, La Nef, Feucherolles 2007 (ein Sammelband, der eine gewisse Anzahl von bereits in der Zeitschrift ‚Sedes Sapientiae' erschienenen Aufsätzen enthält). Dagegen: PIERRE-MARIE OP, *Le magistère conciliaire est-il infaillible?*, und ALVARO CALDERON, *Pour une lucidité catholique*, in: Le Sel de la Terre 63 (2007-2008), 37-46 und 47-59.

[26] B. GHERARDINI, *Concilio Ecumenico Vaticano II*, 51, und allgemeiner, 47-65 {dt.: *Das Zweite Vatikanische Konzil*, 51; 47-62}.

[27] Ebd. {dt.: *Das Zweite Vatikanische Konzil*, 51}.

Auf den Einwand, dass im Prinzip kein Hinderungsgrund dafür vorliegt, dass ein Pastoralkonzil ein Dogma definiert, könnte man, auch abgesehen von der pastoralen Selbstqualifizierung des Zweiten Vatikanischen Konzils, folgende Antwort geben: Der Beweis dafür, dass es kein Dogma definieren wollte, ist jedenfalls durch sein Vorgehen und durch den Tenor seiner Dokumente gegeben, denn in keinem von ihnen findet sich in unmissverständlicher Form die Äußerung eines Definitionswillens.[28] Auch Paul VI. erklärte beim Abschluss des Konzils, dass sich auf ihm *„das Lehramt der Kirche ... nicht in außerordentlichen dogmatischen Sätzen äußern wollte"*[29], und bekräftigte bei weniger feierlichen Anlässen, dass ein Programmpunkt des Konzils gewesen sei, *„keine neuen feierlichen dogmatischen Definitionen zu formulieren"*[30]. Wenn ein Konzil nur die Autorität besitzt, die ihm der Papst zuweisen will, so räumen die päpstlichen Verlautbarungen von Johannes XXIII. und Paul VI., die vor und nach der Promulgation der Konzilsdokumente angesiedelt sind, endgültig alle Zweifel, die in dieser Hinsicht auftreten könnten, aus.

Die ‚pastorale' Charakteristik des Zweiten Vatikanums wird auch von der Schule von Bologna hervorgehoben[31], jedoch aus einem anderen Blickwinkel. Die Qualifizierung des Konzils als ‚pastoral' vermindert in der Tat die Bedeutung seiner Akten und Dokumente; zugleich wird damit aber aus dem ‚Ereignis' eine hermeneutische Regel. Wenn man die ‚Neuheit' eines Pastoralkonzils zugibt, ergibt sich daraus nach Alberigo zwangsläufig, dass *„die bedeutendste Neuheit des Zweiten Vatikanums nicht in seinen Formulierungen besteht, sondern vielmehr gerade in dem Faktum, einberufen und abgehalten worden zu sein"*[32]. Die Einberufung des Konzils, unterstreicht der Historiker Joseph Komonchak, *„war eine Überraschung,*

[28] Vgl. A. Xavier Da Silveira, *Qual è l'autorità dottrinale*, 7.

[29] Rede vom 7. Dezember 1965, in: Paul VI., *Insegnamenti*, Bd. III, 722.

[30] Paul VI., Rede vom 8. März 1967, ebd., Bd. V, 704.

[31] Alberigo betont, dass das Adjektiv ‚pastoral' im Singular in den Texten von Roncalli 689mal und im Plural 168mal vorkommt. Von seiner Wahl zum Papst (28. Oktober 1958) bis zu seinem Tod (1963) wird das Adjektiv 245mal verwendet (G. Alberigo, *Criteri ermeneutici*, 20); siehe auch Ders., *Le ragioni dell'opzione pastorale del Vaticano II*, in: Synaxis 20 (2002), 489-509.

[32] G. Alberigo, *Transizione epocale*, 848.

ein Bruch mit den Normen der Kirche, sogar unabhängig davon, was Papst Johannes mit dem Konzil beabsichtigt hatte"[33].

Die promulgierten Texte sind natürlich Bestandteil des Ereignisses, doch das ,Ereignis' besteht aus einer Gesamtheit von Faktoren, die neben dem Wortlaut der Texte auch die Darstellungen umfassen, die von den Medien, welche das Geschehen abgedeckt haben, vermittelt und ausgebaut wurden. Manche Soziologen, wie Melissa Wilde[34] und Massimo Introvigne[35], akzeptieren die Kategorie ,Ereignis' gerade für die Darstellung, die die Medien von dem Konzil schufen und für die „Selbst-Darstellung", die viele Konzilsväter schon während seines Verlaufes davon hatten. Auch Gilles Routhier hat hervorgehoben, dass eine Hermeneutik des Konzils die Darstellung der Medien und die Art und Weise, in der das Konzil von den Gläubigen wahrgenommen wurde, nicht ignorieren kann.[36] Die Katholiken, von denen die Mehrheit die Konzilstexte nicht gelesen hat, haben das Konzil gerade durch die Darstellung kennengelernt, die ihnen von den Medien geliefert wurde.

Pater John W. O'Malley führt die Analyse mehr in die Tiefe: für ihn besteht das Problem nicht nur in der Art und Weise, wie die Dokumente präsentiert wurden, und zwar zum Teil noch vor Ende des Konzils, sondern er sieht es insbesondere auch in der Natur der Dokumente, und zwar nicht unter inhaltlichem Aspekt, sondern unter dem Aspekt ihrer äußeren Form.[37] Der amerikani-

---

[33] JOSEPH A. KOMONCHAK, *Riflessioni storiografiche sul Vaticano II come evento*, in: *L'evento e le decisioni*, 417-439, 419.

[34] Vgl. MELISSA WILDE, *Vatican II: a sociological analysis of religious change*, Princeton University Press, Oxford 2007. Das Buch von Melissa Wilde, Soziologin an der Universität Indiana in Bloomington, besitzt einen ausgeprägt innovativen Charakter. Es basiert auf Interviews mit Konzilsvätern, die von Pater ROCCO CAPORALE gesammelt wurden (*Vatican II: the last of Councils*, Helicon Press, Baltimore 1961), und zieht aus ihnen einige wichtige Überlegungen soziologischer Natur.

[35] Vgl. MASSIMO INTROVIGNE, *Una battaglia nella notte. Plinio Corrêa de Oliveira e la crisi del XX secolo nella Chiesa*, Sugarco, Milano 2008, 95-101.

[36] Vgl. G. ROUTHIER, *Vatican II*, 156-158.

[37] Vgl. J. W. O'MALLEY SJ, *What happened at Vatican II*, Belknap Press of Harvard Univ. Press, Cambridge, Mass. [u.a.] 2008, 36-52 und 290-313. Pater John O'Malley hat in zahlreichen Werken seine Ansicht in Bezug auf die rhetorischen Gattungen dargelegt, von: *Giles of Viterbo on Church and Reform* (1968), *Praise and Blame in Renaissance Rome* (1979), bis zu: *The First Jesuits* (1993) und: *Four Cultures of the West* (2004). Weniger überzeugend ist der Vorschlag von Peter Hünermann, dem konziliaren Lehramt den Wert von ,konstitutionellen Texten' zuzuerkennen; unter

sche Jesuit hat vor diesem Hintergrund die Gestalt des Erasmus von Rotterdam als „Schlüssel" für die Interpretation des Zweiten Vatikanums vorgeschlagen[38] und es als ein „erasmisches" Konzil bezeichnet[39]. Die hauptsächlichen Übereinstimmungen zwischen den Anliegen von Erasmus und denen des Zweiten Vatikanums betreffen inhaltlich das Kernthema der „Versöhnung"; „*die bedeutendste Ähnlichkeit zwischen Erasmus und dem Zweiten Vatikanum ist {jedoch} beider Sprache, Vokabular und Argumentationsstil*"[40].

Die „Neuheit" des Konzils muss also mehr noch als im Inhalt seiner Dokumente in deren Form gesucht werden, entsprechend den Weisungen von *Gaudium et Spes* und von Johannes XXIII. in seiner Eröffnungsrede: „*Denn etwas anderes ist das Depositum Fidei oder die Wahrheiten, die in der zu verehrenden Lehre enthalten sind, und etwas anderes ist die Art und Weise, wie sie verkündet werden, freilich im gleichen Sinn und derselben Bedeutung.*"[41] Glaubensbekenntnisse und Kanones ersetzte man durch eine ‚literarische Gattung', die P. O'Malley „*epideiktisch*"[42] nennt. Diese Ausdrucksweise zeigt nach dem Jesuitenhistoriker „*einen definitiven Bruch mit den vorangegangenen Konzilien an*"[43]. Die Verwendung von Ausdrücken, die von früheren abweichen, bedeutet, dass man dabei ist, eine tieferge-

---

diesem Terminus versteht er eine neue literarische Gattung, die vom Zweiten Vatikanum entwickelt worden sei und die den Anspruch des ‚Glaubensgehorsams' impliziere (PETER HÜNERMANN, *Der "Text". Eine Ergänzung zur Hermeneutik des II. Vatikanischen Konzils*, in: Cristianesimo nella storia 28 (2007), 339-358, jetzt in: *Chi ha paura del Vaticano II?*, 85-105).

[38] Vgl. J. W. O'MALLEY, *Erasmus and Vatican II. Interpreting the Council*, in: *Cristianesimo nella storia. Saggi in onore di Giuseppe Alberigo*, hgg. v. A. MELLONI / D. MENOZZI / G. RUGGIERI / MASSIMO TOSCHI, Bologna 1996, 195-197.

[39] Vgl. DERS., *Egidio da Viterbo and Renaissance Rome*, in: *Egidio da Viterbo O.S.A., e il suo tempo: Atti del V Convegno dell'Istituto Storico Agostiniano*, Studia Agostiniana Historica, Roma 1983, 81.

[40] J. W. O'MALLEY, *Erasmus and Vatican II*, 208.

[41] Konzilskonstitution *Gaudium et Spes*, Nr. 62. Dieses Dokument verweist sodann auf die Eröffnungsrede von Johannes XXIII., der die Ansicht vertreten hat: „*Denn etwas anderes ist das Depositum Fidei oder die Wahrheiten, die in der zu verehrenden Lehre enthalten sind, und etwas anderes ist die Art und Weise, wie sie verkündet werden, freilich im gleichen Sinn und derselben Bedeutung. Hierauf ist viel Aufmerksamkeit zu verwenden; und, wenn es not tut, muß geduldig daran gearbeitet werden ...*" (Rede vom 11. Oktober 1962, in: AAS 54 (1962), 792 {dt.: Herderkorrespondenz 17 (1962/63), 87}).

[42] J. W. O'MALLEY, *What happened at Vatican II*, 47-52.

[43] Ebd., 48.

hende kulturelle Veränderung zu akzeptieren, als es auf den ersten Blick den Anschein haben mag. Der Stil der Sprache enthüllt noch vor den Gedankengängen grundlegende Geisteshaltungen. *„Stil ist der endgültige Ausdruck für den Sinn, er gehört zum Sinn und ist nicht nur dessen Schmuck. Er ist ein hermeneutischer Schlüssel par excellence"*[44]. Der pastorale Aspekt ist normalerweise akzidentell und sekundär gegenüber dem doktrinellen Aspekt, doch in dem Moment, wo er zu einer substantiellen und primären Dimension wird, wird die Art und Weise, in der die Doktrin formuliert wird, selbst zu einer Doktrin, die wichtiger ist als jene Doktrin, die objektiv vermittelt wird.

Die führenden Männer des Konzils, fährt O'Malley fort, *„verstanden sehr wohl, dass das Zweite Vatikanum, als es sich selbst als ‚Pastoralkonzil' proklamierte, gerade dadurch auch ein lehrendes Konzil war ... . Der Redestil des Konzils war das Mittel, das die Botschaft mitteilte"*[45]. *„Dies bedeutet, dass das Zweite Vatikanum, das ‚Pastoralkonzil', eine Lehrunterweisung, eine ‚Lehrdoktrin' besitzt, die für uns großenteils schwierig zu formulieren war, weil in diesem Fall Lehre und Geist zwei Seiten derselben Medaille sind."*[46] Die Wahl eines ‚Sprachstiles', mit dem man redet, enthüllt zur selben Zeit eine Seins- und Denkweise, und in diesem Sinn muss man zugeben, dass die literarische Gattung und der pastorale Stil des Zweiten Vatikanums nicht nur die organische Einheit des Ereignisses zum Ausdruck bringen, sondern implizit eine kohärente Lehre vermitteln.

Unter diesem Gesichtspunkt bedeutete das Konzil zweifelsohne einen tiefgreifenden Wandel im Leben der Kirche. Die Zeitgenossen nahmen seinen epochalen Charakter wahr: *„Man sprach"*, erinnert sich Komonchak, *„von einer historischen Wende; vom Ende der Gegenreformation oder der tridentinischen Epoche, vom Ende des Mittelalters, vom Ende der konstantinischen Ära"*[47]. *„Das Zweite Vatika-*

---

[44] Ebd., 49.

[45] Ebd., 307. Vgl. auch DERS., *Vatican II: Historical Perspectives on its Uniqueness and Interpretation*, in: *Vatican II. The Unfinished Agenda. A Look to the Future*, hgg. v. LUCIEN RICHARD / DANIEL HARRINGTON / J. W. O'MALLEY, Paulist Press, New York 1987, 22-32.

[46] J. W. O'MALLEY, *Vatican II. Did anything happen?*, 82.

[47] J. A. KOMONCHAK, *Riflessioni storiografiche sul Vaticano II come evento*, 419; DERS., *Vatican II as an "event"*, in: *Vatican II. Did anything happen?*, 24-51.

num", betont Melissa Wilde, *„bietet schlichtweg das signifikanteste Beispiel für einen institutionalisierten religiösen Wandel seit der Zeit der Reformation"*[48].

5. Primat der Praxis und Reform der Kirche

Wie jedes ‚Ereignis' muss das Zweite Vatikanum in den historischen Kontext eingebettet werden, in dem es sich abspielte: die 60er-Jahre, jene Zeit, in der der sog. real existierende Sozialismus bzw. der an die Macht gekommene Kommunismus den Scheitelpunkt seiner historischen Parabelkurve erreichte. Der geistige Einfluss des Marxismus, wie er sich in jenen Jahren präsentierte, war in jedem Ambiente, auch dem katholischen, stark. Es ist nicht schwer, im ‚Primat der Pastoral', der sich in den Jahren des Konzils Bahn brach, die theologische Umsetzung des ‚Primates der Praxis' zu erkennen, wie er von Marx in seinen Thesen über Feuerbach mit folgenden Worten vertreten wurde: *„In der Praxis muß der Mensch die Wahrheit, i.e. Wirklichkeit und Macht, Diesseitigkeit seines Denkens beweisen"*[49], und: *„Die Philosophen haben die Welt nur verschieden* interpretiert; *es kömmt darauf an, sie zu verändern"*[50]. Die Praxis, sprich das historische Resultat der politischen Aktion, ist für Marx das oberste Kriterium für die Wahrheit der Ideen, weil die Aktion implizit eine Doktrin enthält, auch wenn sie es nicht ausspricht[51].

Marx' Anmerkung zu Feuerbach, wonach die Philosophen die Welt nicht erkennen, sondern verändern sollen, ließe sich durch eine Anmerkung des Konzils umschreiben, wonach die Aufgabe der Hirten und der Theologen nicht darin besteht, die Lehre der Kirche zu verstehen und zu vermitteln, sondern durch diese die Geschichte zu

---

48 WILDE, 2.

49 KARL MARX, *Die Deutsche Ideologie* (1845/46), A. Thesen über Feuerbach (1845), 2. These.

50 Ebd., 11. These.

51 *„Revolution und Sinn der Geschichte fallen in eins. Wir haben die Revolution im Sinn der Geschichte. Die Geschichte in ihrem aktuellen Verlauf wird zum einzigen Richter"* (AUGUSTO DEL NOCE, *I caratteri generali del pensiero politico. Lezioni sul marxismo*, Giuffrè, Milano 1972, 228).

verändern.[52] *„Bis zum Ende der ersten Sitzung"* – schreibt Kardinal Augustin Bea – *„habe ich wiederholt die Auffassung vertreten, dass die Früchte des Konzils zum großen Teil, noch vor den schriftlich fixierten Texten, im Bereich der Hoffnungen zu suchen sind, welche sich die Teilnehmer und als Reflex darauf auch das christliche Volk, welches den Arbeiten des Konzils folgte, gemacht haben. Dies gilt in besonderer Weise für das Gebiet der Ökumene"*[53]. Die Befreiungstheologie hat dieses Prinzip bis zu den äußersten Konsequenzen geführt[54].

In der nachkonziliaren Epoche avancierte die geschichtliche Praxis zu einem *„locus theologicus"*[55], für den sich *„die Theologie nicht als reine Wissenschaft qualifizieren lässt, sondern immer als Moment eines historischen Prozesses"*[56]. Das Verhältnis ‚Wahrheit-Geschichte' wurde neu formuliert, indem man die geschichtliche Dimension der Theologie hervorhob, welche die historische Praxis in Form einer *„kritischen Theorie der christlichen und kirchlichen Praxis"*[57] in sich aufnahm[58]. Man postulierte die Theologie der Praxis als *„konsequente Anwendung der Theologie der ‚Zeichen der Zeit' ..., wie sie vom Konzil vornehmlich in der Pastoralkonstitution ‚Gaudium et Spes'* (GS) *umrissen wurde"*[59]. Die ‚Orthopraxie' wurde zum Kriterium für die Theologie, die man von ihrer Fähigkeit her beurteilte, einen geschichtlichen

---

[52] Vgl. A. ACERBI, *Ortoprassi*, in: *Nuovo Dizionario di teologia*, Cinisello Balsamo 1991, S. 1006-1030; GIOVANNI BATTISTA MONDIN, *Teologie della prassi*, Queriniana, Brescia 1983; WALTER KASPER, *Die Wissenschaftspraxis der Theologie*, in: *Handbuch der Fundamentaltheologie*, hgg. v. WALTER KERN / HERMANN JOSEF POTTMEYER / MAX SECKLER, Bd. 4 (Traktat theologische Erkenntnislehre, Schlußteil Reflexion auf Fundamentaltheologie), 2. verb. u. aktual. Aufl., Francke, Tübingen 2000, 185-214.

[53] AUGUSTIN BEA, *Il cammino all'unione dopo il Concilio*, Brescia 1966, 10.

[54] Vgl. CARLO MOLARI, *Introduzione all'edizione italiana di Mysterium liberationis. I concetti fondamentali della teologia della liberazione*, hg. v. IGNACIO ELLACURÍA / JOHN SOBRINO, ital. Übers., Borla, Roma 1992, 5-31,12.

[55] Siehe u.a. *Il Concilio vent'anni dopo. L'ingresso della categoria "storia"*, hg. v. ENRICO CATTANEO, Ave, Roma 1985; BRUNO FORTE, *Le prospettive della ricerca teologica* in: *Il Concilio Vaticano II. Recezione e attualità alla luce del Giubileo*, hg. v. RINO FISICHELLA, Cinisello Balsamo 2000, 419-429.

[56] GIUSEPPE RUFFINI, *Il modello gramsciano della funzione intellettuale ed il suo impiego nella discussione ermeneutico-teologica*, in: ASSOCIAZIONE TEOLOGICA ITALIANA, *Dimensione antropologica della teologia*, Ancora, Milano 1971, 275-294, 292.

[57] W. KASPER, *La funzione della teologia della Chiesa*, in: *Avvenire della Chiesa. Il libro del Congresso di Bruxelles*, Queriniana, Brescia 1970, 72.

[58] Vgl. B. FORTE, *Le prospettive della ricerca teologica*, 424.

[59] C. MOLARI, *Introduzione*, 12.

Wandel der Welt zu bewirken. *„Die Theologie, wie sie sich in der Rezeption des Zweiten Vatikanums entwickelt hat, zeichnet sich durch ihre besondere Historizität aus"*[60], schreibt Msgr. Bruno Forte, womit er das ‚Manifest' von Le Saulchoir anklingen lässt, dem zufolge gilt: *„Der Theologe kann nicht hoffen, seine Vor-Gabe außerhalb der Geschichte ... zu finden ..."*[61]. In diese Sichtweise muss man Schlüsselwörter der Konzilsepoche wie ‚pastoral', ‚Aggiornamento', ‚Zeichen der Zeit' einordnen.

Die Formel des Aggiornamento, nach der die Menschen sich nicht an die religiösen Lehren anzupassen haben, sondern diese sich an die Menschen adaptieren müssen, stellt nach O'Malley den Grundsatz des Kard. Ägidius von Viterbo in dessen Eröffnungsrede für das V. Laterankonzil (1512) auf den Kopf: ... *homines per sacra immutari fas est, non sacra per homines*[†]"[62]. *„Kein Konzil hat bisher jemals ein Äquivalent für Aggiornamento als Leitmotiv, als allgemeines Prinzip eher denn als seltene Ausnahme benutzt, mit der Konsequenz, dass es unter bestimmten Aspekten die Kirche sein muss, die sich zu wandeln hat, um der Zeit begegnen zu können, und nicht die Zeit, um der Kirche begegnen zu können."*[63]

Die pastorale Dimension wurde so zu einem hermeneutischen Schlüssel, um die ‚Geschichtlichkeit der Kirche' zu erkennen und die christliche Wahrheit geschichtlich zu interpretieren. In Übereinstimmung mit dieser Sichtweise beschränkt sich Giuseppe Alberigo, der mit der Schule von Bologna die Fortsetzung der Schule von Le Saulchoir schaffen wollte, in seiner *Geschichte des Zweiten Vatikanischen Konzils* nicht darauf, die Arbeit eines Historikers zu leisten: er betraut die Geschichtsschreibung mit der Aufgabe der ‚ekklesio-

---

[60] B. FORTE, *Le prospettive della ricerca teologica*, in: *Il Concilio Vaticano II. Recezione e attualità*, 419-429, 424.

[61] MARIE-DOMINIQUE CHENU, *Le Saulchoir – eine Schule der Theologie*, aus d. Französ. v. MICHAEL LAUBLE, Morus, Berlin 2003, 125 {Originaltitel: *Une école de théologie: le Saulchoir*, Le Saulchoir, Kain-lez-Tournai, 1937}.

[†] *Es ist rechtens, dass die Menschen durch das Heilige umgestaltet werden, nicht aber das Heilige durch die Menschen.*

[62] MANSI, Bd. 32, 669.

[63] J. W. O'MALLEY, *Vatican II. Did anything happen?*, 64.

logischen Reform', die von der *'Nouvelle théologie'* und, früher noch, vom Modernismus gewünscht wurde.[64]

6. Die Geschichte des Konzils neu schreiben

Unsererseits nehmen wir uns hier vor, genau zu unterscheiden zwischen der theologischen Dimension, die in den Texten aufscheint, und der mehr eigentlich ,faktischen' Dimension, die auf die historischen Abläufe Bezug nimmt. ,Unterscheidung' bedeutet nicht zwangsläufig ,Trennung'. Jeder Kirchenhistoriker bringt in seine Arbeit seine theologische und ekklesiologische Sichtweise ein und, noch davor, seine „Geschichtstheologie". Wir möchten sogar sagen, dass die historische Rekonstruktion des Konzilsgeschehens unerlässlich ist, um den Sinn und die Bedeutung der Dokumente der Kirche zu erschliessen, deren theologische Dimension uns die Theologen zu verstehen helfen. Der Theologe liest die Dokumente im Hinblick auf ihre doktrinelle Tragweite und diskutiert sie.[65] Der Historiker rekonstruiert die Ereignisse, indem er sich nicht auf die rein faktische Dimension beschränkt, sondern die Vorkommnisse in ihren kulturellen und ideellen Ursprüngen und Konsequenzen erfasst. Die Aufgabe des Historikers besteht nicht darin, die Vergangenheit zu zerlegen und sie dann nach Art eines Chronisten wieder zusammenzusetzen, sondern darin, prozessorientiert vorzugehen und den einenden Zusammenhang zu erfassen, um zu einem ,integralen' Verständnis der Geschehnisse zu kommen.[66]

Die Hermeneutik der Kontinuität bekräftigt mit Recht den Primat des Lehramtes, aber nimmt das Risiko auf sich, nicht nur eine

---

[64] Zu diesem Ansatz vgl. G. ALBERIGO, *La Chiesa nella storia*, Paideia, Brescia 1988; dort bringt er seine Überzeugung zum Ausdruck, dass „*die Erkenntnis des christlichen Phänomens nur dann zu Resultaten führen kann, die der Kritik standhalten, wenn man seine Entwicklung innerhalb der Menschheitsgeschichte überdenkt*" (ebd., 8).

[65] Vgl. z.B. KARL RAHNER, *Theologische Grundinterpretation des II. Vatikanischen Konzils*, in: Schriften zur Theologie, Bd. 14, Benziger Verlag, Zürich – Einsiedeln – Köln 1980, 287-302.

[66] Vgl. R. DE MATTEI, *Per un'assiologia della storia*, in: Nova Historica 1 (2002), 7-16, 14.

falsche theologische Konzeption zu eliminieren, sondern auch das Geschehen selbst, über das man diskutiert.[67] Die Konsequenz dieses Unterfangens, das Ereignis zu eliminieren, zeigt sich darin, dass es heute keine ernsthafte Alternative zur Schule von Bologna gibt; dieser muss somit das Verdienst zuerkannt werden, die erste, wenn auch tendenziöse Rekonstruktion der Fakten des Geschehens vorgelegt zu haben.

Viele Anhänger der These von der Hermeneutik der Kontinuität lassen die geschichtliche Dimension des Konzils als Ereignis unberücksichtigt und trennen das Konzil von der nachkonziliaren Epoche ab, um letztere als eine Krankheit, die sich an einem gesunden Körper entwickelt hat, zu isolieren. Man hat sich jedoch die Frage zu stellen, ob die Tilgung der Ereignisdimension des Konzils dazu beiträgt, ein tiefgreifendes Verständnis für das zu bekommen, was in der nachkonziliaren Epoche vorgefallen ist. Das Zweite Vatikanische Konzil war in der Tat ein Ereignis, das nicht mit seiner feierlichen Schlusssitzung endete, sondern auch aus geschichtlicher Umsetzung und Rezeption bestand.[68] Nach dem Konzil passierte etwas, das eine logische Folge davon war. In diesem Sinne kann man Alberigo nur Recht geben, wenn er behauptet, dass die Rekonstruktion all dessen, was zwischen dem 25. Januar 1959 und dem 8. Dezember 1965 geschehen ist, eine notwendige Prämisse für eine ernsthafte Reflexion über das Zweite Vatikanum darstellt.[69] Die Geschichte des Konzils ist daher neu zu schreiben oder zumindest zu vervollständigen.

In diesem Geist lege ich eine Geschichte des Konzils vor, die „bislang ungeschrieben" war, nicht so sehr wegen der Neuheit der Zeugnisse und der behandelten Episoden, sondern vielmehr wegen der neuartigen Rekonstruktion und Interpretation der dargebotenen Fakten. Ein echter Historiker ist weder der Forscher, der neue Dokumente ‚aufstöbert', noch der ‚Chronist', der die schon bekannten anhäuft, sondern derjenige, der imstande ist, eine ihm zur Verfügung stehende Dokumentation, ediert oder unediert, zu ord-

---

67 *„Man hat seltsamerweise den Eindruck"* – beobachtet Giuseppe Ruggieri – *„dass die Geschichte nicht abgelehnt wird, weil sie bestimmte Dinge erzählt, sondern weil sie diese Dinge erzählt"* (*Recezioni e interpretazioni del Vaticano II*, 391).

68 Vgl. WILDE, 432.

69 Vgl. G. ALBERIGO, *Transizione epocale*, 766.

nen, zu verstehen, darzustellen und die Vorfälle in eine Geschichtsphilosophie einzubetten, die für den katholischen Historiker darüber hinaus ja auch Geschichtstheologie ist.[70]

Die folgenden Seiten widmen sich der historischen Rekonstruktion des „Faktum", ohne dass die Forderung erhoben wird, eine künstliche Dichotomie zwischen den Texten und dem Ereignis zu schaffen, im Gegenteil wird vielmehr der Versuch unternommen, die Unmöglichkeit einer Trennung der Lehre von den sie erzeugenden Fakten zu erweisen. Es handelt sich bei diesem Werk also nicht um eine theologische Reflexion, sondern um eine historische Darstellung, die in jener Geisteshaltung geschrieben ist, mit der Kard. Sforza Pallavicino dem Konzil von Trient begegnete: *„Die höchste unter den menschlichen Angelegenheiten ist die Religion"*, schrieb er, *„wo wir uns mit dem Himmel beschäftigen und uns den Himmel erwerben. Daher stehen alle Darlegungen, die die Religion zum Gegenstand haben, von ihrem Thema her so weit über den anderen, wie der Himmel über der Erde"*[71].

---

[70] Den Bezugspunkt dieser Seiten bildet die Geschichtstheologie und -philosophie, wie sie vom päpstlichen Lehramt des 19. und 20. Jh. verlautbart und von PLINIO CORRÊA DE OLIVEIRA knapp zusammengefasst wurde in: *Rivoluzione e Contro-Rivoluzione*, hg. v. GIOVANNI CANTONI, Edizione del cinquantenario (1959-2009), Sugarco, Milano 2009.

[71] *Istoria del Concilio di Trento scritta dal padre Sforza Pallavicino della Compagnia di Gesù*, Milano 1843, Bd. I, p. XXIV.

Anmerkungen zur Bibliographie

Die Bibliographie zum Zweiten Vatikanischen Konzil ist überreich.[1] Was die Quellen anbelangt, sind der wesentliche Bezugspunkt die Akten und Dokumente des Konzils, die jeweils für die beiden das Konzil betreffenden Zeiträume (Vorbereitungszeit und eigentlicher Verlauf) herausgegeben wurden: die *Acta et documenta Concilio oecumenico Vaticani II apparando* und die *Acta Synodalia Sacrosancti Concilii Oecumenici Vaticani II*.[2]

Die Vorbereitungsphase ist ihrerseits in zwei Teile gegliedert: die erste Vorbereitungsphase, die von der Ankündigung des Konzils (25. Januar 1959) bis zum 5. Juni 1960 reicht; und die Vorbereitungsphase, die am 5. Juni 1960 mit dem Motu Proprio *Superno Dei nutu* von Johannes XXIII. beginnt und bis zum Konzil dauert.

Die *Acta Synodalia* umfassen für die Zeit des Konzils (1962-1965) die Akten der Generalkongregationen und der öffentlichen Sitzungen, die mündlichen wie schriftlichen Interventionen der Väter, die verschiedenen Versionen der Schemata, die Verbesserungsvorschläge und die Approbation der Dokumente.[3] Sie bilden einen unerlässlichen Beitrag zur Rekonstruktion der Konzilsdiskussionen, auch wenn in den *Acta* die Dokumentation der Konzilskommissionen, in denen die Schemata ausgearbeitet wurden, fehlt. Schließlich sind die Texte der 16 Dokumente, die von den Konzilsvätern approbiert wurden, in der *editio typica* veröffentlicht worden: *Sacrosanctum Oecumenicum Concilium Vaticanum II. Constitutiones, Decreta, Declarationes* (Città del Vaticano 1966).

Einen sehr wichtigen Beitrag bietet darüber hinaus der Bestand ‚Zweites Vatikanisches Konzil' des Vatikanischen Geheimarchivs; hinzufügen muss man auch die Bestände in einigen universitären

---

[1] Allein für die drei Jahre 2002-2005 siehe MASSIMO FAGGIOLI, *Concilio Vaticano II: bollettino bibliografico (2002-2005)*, in: Cristianesimo nella storia 28 (2005), 743-768.

[2] Vgl. VINCENZO CARBONE, *Genesi e criteri della pubblicazione degli Atti del Concilio Vaticano II*, in: Lateranum 44 (1978), 579-595; GEORGE LEFEBVRE, *Les Actes du Concile du Vatican II*, in: Revue théologique de Louvain 11 (1980), 186-200.

[3] *Acta Synodalia Sacrosancti Concili Oecumenici Vaticani II*, Typis Polygl. Vaticanis, Città del Vaticano; Bd. 1, *Periodus prima* (1970); Bd. 2, *Periodus secunda* (1971); Bd. 3, *Periodus tertia* (1973); Bd. 4, *Periodus quarta* (1976); Bd. 5, *Processus verbales* (1991); Bd. 6, *Acta secretariae generalis* (1999).

Forschungszentren in Europa und Amerika, insbesondere das Archiv ‚Zweites Vatikanisches Konzil' des Institutes für Religionswissenschaften in Bologna unter Leitung von Alberto Melloni und in Belgien das Archiv des Centre Lumen Gentium der Université Catholique in Louvain-la-Neuve unter Leitung von Claude Soetens und hier auch noch das Centrum voor Conciliestudie Vaticanum II der Katholieke Universiteit Leuven.

Wenn auch unübergehbar, so sind die offiziellen Dokumente jedoch nicht hinreichend, um alles zu verstehen, was in Rom von Oktober 1962 bis Dezember 1965 geschehen ist. Von Bedeutung sind auch die Texte über all das, was *a latere* des Konzils geschah und dieses beeinflusste.[4] Viele Dinge, manchmal geradezu entscheidende, ereigneten sich, wie Roger Aubert festgestellt hat, hinter den Kulissen. „*Über diese Fakten schweigen die offiziellen Archive, doch findet man Bezüge darauf, manchmal auch ziemlich präzise, in den privaten Aufzeichnungen verschiedener Protagonisten oder Zuschauer: Briefe, Tagebücher, persönliche Notizen ...* ."[5] Dies bedeutet, dass man die Zeugnisse der Teilnehmer oder der Zuschauer des Konzils auswerten muss, insbesondere Tagebücher[6], Korrespondenzen, Notizbücher. So bemerkte schon 1969 Kardinal Siri: „*Ich bin bis jetzt der Ansicht, dass eine adäquate Geschichte des Konzils erst geschrieben werden kann, wenn die verschiedenen Notizen oder Tagebücher von einigen der maßgeblichen Konzilsteilnehmer der Öffentlichkeit zugänglich werden.*"[7] Seit damals sind Tagebücher von grundlegender Bedeutung

---

[4] Ein detailliertes Repertoire der Dokumentenbestände, die von den Protagonisten des Konzils an ihren verschiedenen Lokalsitzen aufbewahrt wurden, verdankt man Massimo Faggioli und Giovanni Turbanti. Vgl. M. FAGGIOLI / GIOVANNI TURBANTI, *Il Concilio inedito. Fonti del Vaticano II*, Bologna 2001.

[5] ROGER AUBERT, *Come vedo il Vaticano II*, in: Rassegna di teologia 36 (1995), 134.

[6] A. MELLONI, *I diari nella storia dei Concili*, in: M. D. CHENU, *Diari del Vaticano II. Note quotidiane al Concilio 1962-1963*, hg. v. A. MELLONI, Bologna 1996, 9-53; JOSEPH FAMERÉE, *Uso comparativo dei diari. Una settimana di lavori conciliari (5-15 novembre 1963)*, in: *L'evento e le decisioni*, 321-354; LEO KENIS, *Private sources for a Study of the Second Vatican Council*, in: *The Belgian Contribution to the Second Vatican Council. International Research Conference at Mechelen, Leuven and Louvain-la-Neuve (September 12-16, 2005)*, hgg. v. DORIS DONNELLY / J. FAMERÉE / MATTHIJS LAMBERIGTS / KARIM SCHELKENS, Peeters, Louvain 2008, 29-52. Vgl. auch, mehr allgemein gehalten, A. MELLONI, *Tipologia delle fonti per la storia del Vaticano II*, in: Cristianesimo nella storia 13 (1992), 393-514.

[7] Vgl. G. SIRI *Il post-concilium: dal punto di vista storico, dal punto di vista della Provvidenza*, in: *La giovinezza della Chiesa*, 177.

erschienen: jenes von Siri selbst und die der Patres Marie-Dominique Chenu, Yves Congar und Henri de Lubac; genauso wichtig sind die Korrespondenzen der Bischöfe Giacomo Lercaro und Helder Câmara; dazu muss man noch die unveröffentlichten Tagebücher von Msgr. Joseph Clifford Fenton und Dr. Murillo Maranhão Galliez hinzuzählen, die wir konsultieren konnten, sowie die Dokumentation in den Archiven des Seminars von Ecône und des Institutes ‚Plinio Corrêa de Oliveira' in São Paulo in Brasilien.[8] Die Journalisten, die das Konzil Schritt für Schritt verfolgten, besaßen eine progressistische Ausrichtung und haben uns tendenziöse und heute veraltete Reportagen hinterlassen, wie jene von P. Antoine Wenger in ‚La Croix', von Raniero La Valle in ‚L'Avvenire d'Italia', von Henri Fesquet in ‚Le Monde', des Priesters René Laurentin in ‚Le Figaro', des amerikanischen Redemptoristen Francis X. Murphy unter dem Pseudonym Xavier Rynne im "New Yorker Magazine". Eine Ausnahme bildet das Werk des Steyler Missionars Ralph M. Wiltgen[9], Leiter der Nachrichtenagentur ‚World Divine News' und Autors eines scheinbar unbedeutenden Werkes, das jedoch wesentliche Relevanz besitzt: *Der Rhein fließt in den Tiber*.

Nicht übergehen darf man natürlich die Biographien der Protagonisten; denn es ist daran zu erinnern, dass die Geschichte nicht nur von ökonomischen und politischen Interessen vorangetrieben wird, sondern an erster Stelle von den Ideen und grundlegenden Tendenzen des menschlichen Geistes, die die ideologischen Systeme und die daraus folgenden Aktionen inspirieren. In diesem Sinn ist das Konzil im Licht der Akteure und der Protagonisten, die auf

---

[8] Für die zahlreichen ‚parakonziliaren' Gruppierungen ist die Benutzung der Untersuchung von SALVADOR GÓMEZ Y CATALINA, *Grupos "extra aulam" en el Concilio Vaticano y su influencia* (drei Bücher in neun Bänden mit insgesamt 2.585 Seiten. Unveröffentlichte Dissertation, Biblioteca de la Facultad de Derecho de la Universidad de Valladolid) unerlässlich.

[9] Ralph Michael Wiltgen (1921-2007), Mitglied der Gesellschaft des Göttlichen Wortes, 1950 zum Priester geweiht, promovierte im Fach Missionswissenschaft an der Päpstlichen Universität Gregoriana und veröffentlichte später eine wichtige Untersuchung *The Founding of the Roman Catholic Church in Oceania 1825-1850* (Australian National University Press, Canberra 1978). Sein bekanntestes Buch ist jedoch *The Rhine flows into the Tiber*, Divine World Publications, New York 1967, das auch ins Deutsche übersetzt wurde: *Der Rhein fließt in den Tiber: eine Geschichte des zweiten Vatikanischen Konzils*, aus d. Amerikan. übers. v. INGE KÖCK, Lins-Verlag, Feldkirch 1988.

ihm wirkten, zu betrachten, wie der Kardinäle Bea, Döpfner, Felici, Frings, König, Lercaro, Ottaviani, Ruffini, Siri, Suenens. Hier sei besonders auf Jan Grootaers verwiesen, der diesen Weg eingeschlagen hat.[10]

Die Geschichte des Zweiten Vatikanischen Konzils, die wir vorlegen, ist „eine bislang ungeschriebene“ Geschichte auch aufgrund des erstmaligen Zugangs zu diesem umfangreichen Dokumentationsmaterial, aber es ist noch nicht „die“ Geschichte des Zweiten Vatikanums; diese ist erst möglich, wenn alle Archive erforscht und alle Dokumente ans Licht gebracht worden sind. Die Überraschungen, die man dann erleben wird, werden viel größer sein als jene, die dieses Buch für viele enthalten kann. Doch, wie Leo XIII. bei Öffnung des Vatikanischen Geheimarchivs für die Wissenschaft bekräftigte, die Kirche „darf die Wahrheit nicht fürchten“[11].

---

[10] Vgl. JAN GROOTAERS, *I protagonisti del Concilio Vaticano II*, Paoline, Cinisello Balsamo 1994; DERS. (Hg.), *Actes et Acteurs à Vatican II*, Leuven University Press, Leuven 1998.

[11] Vgl. ARNOLD ESCH, *Leone XIII. L'apertura dell'Archivio Segreto Vaticano e la storiografia*, in: *Leone XIII e gli studi storici. Atti del Convegno internazionale commemorativo (Città del Vaticano, 30-31 ottobre 2003)*, hg. v. C. SEMERARO, Città del Vaticano 2004, 20-43, 31.

Das Zweite Vatikanische Konzil

I.
Die Kirche zur Zeit Pius' XII.

1. Das Pontifikat Pius' XII.: Triumph oder beginnende Krise?

a) Der Scheitelpunkt des Heiligen Jahres

Der Zweite Weltkrieg hatte 40 Millionen Tote gekostet und die Welt mit Leid überzogen und materiell wie moralisch ruiniert. Während Europa sich mühsam aus den Trümmern dieses entsetzlichen Konfliktes wiederaufrichtete, ragte die katholische Kirche unter der Regierung von Pius XII.[1] im Heiligen Jahr 1950 heraus im Glanz ihrer Liturgie, in der Vitalität ihrer Lehre und in ihrer Fähigkeit, die Massen auf der ganzen Welt zu versammeln.

Der Höhepunkt des Jubiläums war die Verkündung des Dogmas von der leiblichen Aufnahme der Allerseligsten Jungfrau in den

---

[1] Eugenio Pacelli (1876-1958), aus römischer Familie stammend, 1899 zum Priester geweiht, Untersekretär (1911) und dann Sekretär für Außerordentliche Kirchliche Angelegenheiten (1914), am 13. Mai 1917 zum Bischof geweiht und gleichzeitig zur erzbischöflichen Würde erhoben. Nuntius in Bayern (1917-1929), dann zum Kardinal (1929) und zum Staatssekretär von Pius XI. ernannt. Am 2. März 1939 zum Papst gewählt, regierte er bis zum 9. Oktober 1958. Trotz der reichen Literatur, die sich vor allem auf die Haltung von Pius XII. gegenüber den Juden beschränkt, fehlt zu diesem Papst noch eine erschöpfende Monographie. Siehe jedoch die Artikel von ANDREA RICCARDI in: DSP II, 1175-1183, und FRANCESCO TRANIELLO in: EP, 632-645, mit Lit.; JEAN CHELINI, *L'Église sous Pie XII. 1. La tourmente: 1939-1945; 2. L'après-guerre, 1945-1958*, Fayard, Paris 1983 und 1989; PHILIPPE CHENAUX, *Pie XII – diplomate et pasteur*, Paris, Cerf 2003; ANDREA TORNIELLI, *Pio XII. Eugenio Pacelli, un uomo sul trono di Pietro*, Mondadori, Milano 2007.

Himmel, die am 1. November 1950 vor über anderthalb Millionen Pilgern stattfand.

Wie eine Augenzeugin berichtet, verwandelte sich seit der Morgendämmerung jenes Tages der Petersplatz, der noch in Schweigen gehüllt war, in *„ein weites, unermeßliches Meer, in das die Menschenströme flossen, unaufhörlich und immerzu"*[2]. Alle Völker und alle Nationen waren in dieser wogenden Menge vertreten, während die Gesänge und Gebete harmonisch verschmolzen. Geleitet von der weißen Prozession der Bischöfe in Chormantel und Mitra, erschien auf der Sedia gestatoria der Papst. Nachdem er den Beistand des Heiligen Geistes angefleht hatte, definierte Pius XII. feierlich: *„Es ist von Gott geoffenbarte Glaubenslehre, dass die unbefleckte Gottesgebärerin und immerwährende Jungfrau Maria nach Vollendung des irdischen Lebenslaufes mit Leib und Seele in die himmlische Herrlichkeit aufgenommen wurde"*[3]. Die ganze Welt, mit dem riesigen Platz über Rundfunk verbunden, brach in Jubel aus. *„Es war wie eine Vision und trotzdem Wirklichkeit: Pius XII. segnete bis tief in die Nacht hinein, weil die Menge ihn immer wieder rief. Wurde das Fenster geschlossen, verließ ein Menschenstrom den weiten Platz, um einen anderen hereinzulassen. Alle wollten noch einmal gesegnet sein, ehe der herrliche Tag zu Ende ging."* [4]

Am 30. Oktober 1950, dem zweiten Tag vor dem Tag der Dogmenverkündigung, war Pius XII. die außerordentliche Gnade zuteil geworden, in den Gärten des Vatikan das gleiche Schauspiel der am Himmel als Feuerball kreisenden Sonne zu betrachten, wie es 70.000 Pilger zu Fatima in Portugal mehr als 30 Jahre zuvor am 13. Oktober 1917 erlebt hatten[5]. Der „Tanz der Sonne" wiederholte

---

[2] Sr. M. PASCALINA LEHNERT, *„Ich durfte ihm dienen": Erinnerungen an Papst Pius XII.*, Naumann, Würzburg [2]1983, 155.

[3] PIUS XII., *Munificentissimus Deus*, in: DH 3903. Den Text siehe in: AAS 42 (1950), 767-770.

[4] Sr. M. P. LEHNERT, *„Ich durfte ihm dienen"*, 158.

[5] Zu Fatima existiert eine überbordende Bibliographie. Die maßgeblichste Quelle sind die *Documentos de Fátima*, hg. v. ANTONIO M. MARTIN SJ (1918-1997), Porto 1976, eine Faksimile-Ausgabe der handschriftlichen Erinnerungen von Schwester Lucia, mit dem portugiesischen Text und einer korrespondierenden Übersetzung ins Italienische und ins Spanische. Die fundierteste Studie zum Thema ist das Werk von MICHEL DE LA SAINTE TRINITÉ, *Toute la vérité sur Fatima. Le troisième secret, La Contre-Réforme catholique*, Saint Parres-lès-Vaudes 1985, 3 Bde. Das beste Kompendium: ANTONIO AUGUSTO BORELLI MACHADO, *As aparições e a mensagem de Fátima*

sich vor den Augen von Papst Pacelli am 31. Oktober und 8. November. Das Wunder erschien dem Papst als die himmlische Besiegelung des gerade verkündeten Dogmas und als Ermutigung, die große marianische Bewegung weiterzuentwickeln, die nach Unbefleckter Empfängnis und Himmelfahrt mit lauter Stimme um die Verkündigung des Dogmas der Gnadenmittlerschaft Mariens und um die Weihe Russlands an ihr Unbeflecktes Herz bat[6].

Eugenio Pacelli war am 13. Mai 1917 in Rom zum Bischof konsekriert worden, dem Tag, an dem der Zyklus der Marienerscheinungen vor den drei Hirtenkindern von Fatima, Lucia[7], Jacinta[8] und Francisco[9], begann, und er hatte am 31. Oktober 1942 die Kirche und die Welt dem Unbefleckten Herzen Mariens geweiht. Seit damals hatten der Name und die Botschaft von Fatima begonnen, sich in der ganzen katholischen Welt zu verbreiten. Daher betrachteten ihn viele als den ‚Papst von Fatima' und waren davon überzeugt, dass die Wünsche der Madonna gegenüber den drei Sehern der Cova da Iria[10] erfüllt würden: die Verbreitung der Sühnean-

---

conforme os manuscritos da Irmà Lúcia, 30.Aufl., Ed. Vera Cruz, São Paulo 1991 {dt.: *Die Erscheinungen und die Botschaft von Fatima: Prophezeiungen der Tragödie oder der Hoffnung?*, übers. v. ALFRED J. KELLER, TFP-Büro Deutschland, Frankfurt am Main, 1995}, das nach seiner Erstausgabe 1973 in Brasilien zahlreiche Übersetzungen und weitere Auflagen erlebt hat. Man siehe auch die Geschichte der Erscheinungen und Inhalte der Botschaft in: *O segredo de Fátima nas Memórias e cartas* / da Irmâ Lúcia, introdução e notas pelo Pe. Dr. António Maria Martins, S.J., Loyola, Sâo Paulo 1974, Porto, 1973 und LUIS GONZAGA AIRES DA FONSECA SJ (1878-1963), *Las Maravillas de Fatima: apariciones, culto, milagros*, Gráficas Claret Lauria, Barcelona 1943 {dt.: *Maria spricht zur Welt. Fatimas Geheimnis und weltgeschichtliche Sendung*, Marianischer Verlag, Innsbruck 1949}. Zu einer Interpretation des Ganzen: STEFANO M. MANELLI FIC, *Fatima tra passato, presente e futuro*, in: Immaculata Mediatrix VII/3 (2007), 299-431.

[6] Vgl. M. DE LA SAINTE TRINITÉ, *Toute la vérité sur Fatima*, Bd. II, 188-193.

[7] Lúcia de Jesus dos Santos, bekannt als Schwester Lucia (1907-2005), entschied sich nach der wunderbaren Erscheinung dafür, den Habit der Ordensschwestern der Hl. Dorothea zu nehmen (1921) und legte 1934 die feierlichen Gelübde ab; 1948 trat sie in Coimbra in den Karmel der hl. Theresia, wo sie im Alter von 97 Jahren verstarb.

[8] Jacinta de Jesus Marto (1910-1920), starb im Hospital Dona Estefânia in Lissabon nach einer langen und schmerzhaften Krankheit; sie opferte alle ihre Leiden für die Umkehr der Sünder, für den Frieden in der Welt und für den Heiligen Vater auf, der „*viel wird leiden müssen*".

[9] Francisco Marto (1908-1919) starb im Rufe der Heiligkeit am 4. April 1919 im elterlichen Haus.

[10] In die ‚Cova da Iria', wo die Madonna Lucia, Francisco und Jacinta erschienen war, begab sich Johannes Paul II. nach dem Attentat vom 13. Mai 1981 als Pilger in

dacht an den ersten Samstagen im Monat und die Weihe Russlands an das Unbefleckte Herz Mariens, feierlich vollzogen vom Papst in Einheit mit allen Bischöfen der Welt.

Die geschichtliche Situation zählte zu den günstigsten wegen des beispiellosen Ansehens, dessen sich der Apostolische Stuhl erfreute. In der Abschlussrede für das Heilige Jahr am 23. Dezember 1950 vermeldete Pius XII., dass die auf seinen Wunsch unternommenen Grabungen unter der Confessio der Basilika St. Peter im Vatikan[11] bestätigt hatten, dass das Grab des Apostelfürsten aufgefunden worden war: *„Die gigantische Kuppel wölbt sich exakt über dem Grab des ersten Bischofs von Rom, des ersten Papstes; ein ursprünglich ganz schlichtes Grab, über dem die Verehrung der nachfolgenden Jahrhunderte in wunderbarer Abfolge der Arbeiten den massiven Tempel der Christenheit errichtet hat"*[12].

b) Die ‚theologische Krise' der 50er-Jahre

Das Pontifikat Pius' XII. erschien jedoch nicht frei von Schatten und besorgniserregenden Anzeichen einer Krise. Der Papst selbst war sich dessen bewusst, wenn er im nämlichen Jahr 1950 ein wichtiges Dokument den Irrtümern widmete, die sich in die Kirche eingeschlichen hatten.

In der Enzyklika *Humani generis* vom 12. August brandmarkte der Papst die *„vergifteten Früchte"*, die durch *„Neuerung in fast allen Bereichen der Theologie"*[13] hervorgebracht wurden, und verurteilte, auch ohne sie zu nennen, jene, die sich die Sprache und die Geisteshaltung der modernen Philosophie zu eigen machten und meinten, *„die Glaubenslehre mit den Kategorien der modernen Philosophie ausdrücken zu können, sei es des Immanentismus, sei es des Idealismus, sei es*

---

den Jahren 1982, 1991 und 2000, als er Francisco und Jacinta seligsprach und festsetzte, dass ihr Fest am 20. Februar gefeiert werde.

[11] Vgl. Bruno Maria Apollonj Ghetti / Antonio Ferrua / Enrico Josi / Engelbert Kirschbaum, *Esplorazioni sotto la confessione di San Pietro in Vaticano eseguite negli anni 1940-1949*, Tipografia Polyglotta Vaticana, Città del Vaticano 1951, 2 Bde.

[12] Pius XII, *Weihnachtliche Radiobotschaft an die Welt* vom 23. Dezember 1950, in: DRM XII, 377-388, 380.

[13] Pius XII., Enzyklika *Humani generis* vom 12. August 1950, in: AAS 42 (1950), 561-578, 570,

des Existenzialismus oder irgendeines anderen Systems"[14]. Der durch die Enzyklika verurteilte Hauptirrtum war der Relativismus, dem zufolge die menschliche Erkenntnis niemals eine reale und unveränderliche Gültigkeit besitzt, sondern nur eine relative. Dieser Relativismus, der bereits den vom hl. Pius X. verurteilten Modernismus charakterisiert hatte, tauchte nun im Gewand der ‚*Neuen Theologie*'[15] wieder auf.

Pius XII. kannte den Ursprung und die Natur dieser Übel gut, auch weil er vor seiner Abreise als Nuntius in Bayern eng mit Msgr. Umberto Benigni[16] zusammengearbeitet hatte, dem Initiator und Organisator eines unerbittlichen Kampfes gegen den Modernismus unter dem hl. Papst Pius X.[17]. Es war dieses Pontifikat, an das Pius XII. mit dem eigenen ideell anknüpfen wollte, indem er den Sarto-Papst am 3. Juni 1951 seligsprach.

---

[14] Ebd., 566.

[15] Die Bezeichnung stammt von Pius XII. in der Ansprache *Quamvis inquieti* vom 22. September 1946, in: AAS 38 (1946), 385.

[16] Umberto Benigni (1862-1934), 1884 zum Priester geweiht, Professor für Kirchengeschichte am Apollinare; 1906 wurde er ins Staatssekretariat berufen als Unterstaatssekretär der Kongregation für Außerordentliche Kirchliche Angelegenheiten und zum Hausprälaten Seiner Heiligkeit ernannt. Er blieb in diesem Amt bis März 1911, als ihm der damalige Mgr. Eugenio Pacelli nachfolgte. Ab 1907 gab er das Nachrichtenmagazin ‚Corrispondenza romana' heraus, sodann zwischen 1909 und 1912, die ‚Correspondance de Rome'. Er gründete in diesen Jahren, von Pius X. ermutigt, die antimodernistische Vereinigung Sodalitium Pianum (auch bekannt als ‚La Sapinière'). Vgl. die grundlegenden Studien von ÉMILE POULAT, *Intégrisme et catholicisme intégral. Un réseau International antimoderniste: La «Sapinière» (1909-1921)*, Casterman, Paris-Tournai 1969; DERS., *Catholicisme, démocratie et socialisme. Le mouvement catholique et Mgr. Benigni de la naissance du socialisme à la victoire du fascisme*, Castermann, Bruxelles-Paris 1977; siehe auch R. DE MATTEI, *Modernismo e antimodernismo nell'epoca di Pio X*, in: MICHELE BUSI / R. DE MATTEI / ANTONIO LANZA / FLAVIO PELOSO, *Don Orione negli anni del modernismo*, Einleitung v. ANNIBALE ZAMBARBIERI, Jaca Book, Milano 2002, 29-86; JEAN MADIRAN, *L'intégrisme. Histoire d'une histoire, Nouvelles Editions Latines*, Paris 1964. Zu den Beziehungen von Benigni mit Mgr. Pacelli vgl. u.a. SERGIO PAGANO, *Documenti sul modernismo romano dal fondo Benigni*, in: Ricerche per la storia religiosa di Roma 8 (1990), 223-300, 259.

[17] Auch wenn es nie eine formelle kanonische Approbation erhalten hatte, wurde das Sodalitium Pianum, die von Mgr. Benigni 1909 gegründete Antimodernistenvereinigung, vom Heiligen Stuhl ermutigt, insbesondere von der Konsistorialkongregation, deren Präfekt Kard. Gaetano De Lai (1853-1928) war, und von Pius X., der drei päpstliche Segensschreiben sandte und eine jährliche Unterstützung zusicherte. Das Sodalitium wurde nach dem Tod von Pius X. aufgelöst, um 1915 mit Einverständnis der Konsistorialkongregation reaktiviert zu werden; am 25. November 1921 fand seine endgültige Auflösung statt.

Bei seiner Rede vor den Pilgern, die sich für die feierliche Zeremonie nach Sankt Peter begeben hatten, stimmte Pius XII. „*einen Lob- und Dankesgesang zum Allmächtigen*" an, „*dafür, dass uns der Herr erlaubt hat, unseren seligen Vorgänger, Pius X., zur Ehre der Altäre zu erheben ..., diesen Papst des 20. Jahrhunderts, der in dem gewaltigen Orkan, der von den Leugnern und Feinden Christi entfacht wurde, es von Anbeginn verstand, am Steuer des Schiffchens Petri seine reife Erfahrung zu beweisen, den der Herrgott jedoch zu sich rief, als der Sturm noch stärker wütete!*" Auf Kritik, die sich gegen Pius X. seitens derjenigen erhoben hatte, die meinten, dass er in der „Unterdrückung" des Modernismus übertrieben habe[18], antwortete Pius XII.: „*Jetzt, da die genaueste Untersuchung alle Akte und Vorkommnisse seines Pontifikates gründlich erforscht hat, jetzt, da man die Folgen dieser Vorkommnisse erkennt, ist kein Zögern und keine Zurückhaltung mehr möglich und man muss anerkennen, dass Pius X. auch in den schwierigsten, härtesten und verantwortungsvollsten Phasen, unterstützt durch die große Seele seines treuen Staatssekretärs, des Kardinals Merry del Val*[19]*, den Beweis für jene erleuchtete Klugheit erbrachte, die den Heiligen nie fehlt, auch wenn sie sich in ihrer Anwendung in schmerzlichem, doch unvermeidlichem Gegensatz zu den trügerischen Postulaten der menschlichen und rein irdischen Klugheit findet.*"[20]

---

[18] Diese Kritik taucht beständig wieder auf. Vgl. z.B. unter den neueren Veröffentlichungen: *La condanna del modernismo. Documenti, interpretazioni, conseguenze*, hgg. v. CLAUS ARNOLD / GIOVANNI VIAN, Viella, Roma 2010; GUIDO VERUCCI, *L'eresia del Novecento. La Chiesa e la repressione del modernismo in Italia*, Einaudi, Torino 2010.

[19] Rafael Merry del Val y Zulueta (1865-1939), in London als Nachfahre einer spanischen Adelsfamilie geboren, 1888 zum Priester geweiht, Titularerzbishof von Nizäa (1900), 1903 von Pius X. zum Staatssekretär und zum Kardinal erhoben, später Sekretär der Kongregation des Heiligen Offiziums (1914-1930). Vgl. PIO CENCI, *Il Cardinale Merry del Val. Segretario di Stato di San Pio X Papa*, L.I.C.E. – R. Berruti, Roma-Torino 1955 (das Werk wurde tatsächlich von Kard. Nicola Canali verfasst); GIROLAMO DAL GAL, *Il servo di Dio card. Raffaele Merry del Val*, Paoline, Roma 1956; JOSÉ M. JAVIERRE, *Merry del Val*, Juan Flors, Barcelona 1965.

[20] PIUS XII., Rede zur Seligsprechung von Pius X. am 3. Juni 1951, in: DRM XIII, 125-136, 127, 128, 131. Die „*genaue Untersuchung*", auf die Pius XII. Bezug nimmt, ist die ‚*Disquisitio*', die von Pater, später Kardinal, Ferdinando Antonelli verfasst wurde, um die Anschuldigungen zu überprüfen, die Pius X. mangelnde Klugheit bei der Unterdrückung des Modernismus vorwarfen (F. ANTONELLI, *Sacra Rituum Congregatio Sectio Historica n. 77 Romana Beatificationis et Canonizationis Servi Dei Pii Papae X Disquisitio circa quasdam obiectiones modum agendi Servi Dei respicientes in Modernismi debellatione una cum Summario Additionali ex Officio compi-*

Die übernatürliche Klugheit, so verschieden von der menschlichen, ist die erste Tugend, die man von einer Person in leitender Funktion verlangt, und insbesondere von demjenigen, dem die höchste Aufgabe der Kirchenleitung zufällt. Um den Ereignissen begegnen zu können, genügt nicht ein ‚guter' Papst, man benötigt hierzu einen ‚heiligen' Papst, und als solcher hatte sich Pius X. in seinem Werk offenbart, so dass, wie Pius XII. bekräftigte, der Tag der Heiligsprechung *„inmitten bisweilen dramatischer Ereignisse den Aspekt eines Kampfes besaß, der uns von einem Giganten zur Verteidigung eines unermesslichen Schatzes auferlegt worden war: der inneren Einheit der Kirche auf ihrem innersten Fundament: dem Glauben"*[21].

Die Enzyklika *Humani generis*, mit der Pius XII. die Irrtümer der eigenen Zeit verurteilte, verfügte jedoch nicht über die doktrinelle Kraft von *Pascendi*[22], jenem Dokument, mit dem Pius X. 1907 dem Modernismus einen heftigen Schlag versetzt hatte. Vor allem folgten auf *Humani generis* nicht die repressiven Akte, die es Papst Sarto erlaubt hatten, die neue Häresie, wenn auch nur vorläufig, zu unterdrücken. Unter den engeren Mitarbeitern von Pius XII. fehlte es außerdem nicht an solchen, die versuchten, die Tragweite der Enzyklika abzuschwächen. Wenige Wochen nach der Veröffentlichung des päpstlichen Dokumentes, am 8. September 1950, begegnete der französische Philosoph Jean Guitton[23] im Vatikan dem Sub-

---

lato, Typis Polyglottis Vaticanis, Città del Vaticano 1950). Es gibt davon eine gute französische Übersetzung von EMMANUEL DU CHALARD DE TAVEAU: *Conduite de saint Pie X dans la lutte contre le modernisme. "Disquisitio". Enquête des procès de béatification et de canonisation, Publications du "Courrier de Rome"*, Versailles 1996. Das Kapitel zum Sodalitium Pianum wurde auf Italienisch vom Centro Librario Sodalitium veröffentlicht (Verrua Savoia, Torino 2005).

[21] PIUS XII., Rede zur Heiligsprechung von Pius X. am 29. Mai 1954, in: DRM XVI, 29-37, 33.

[22] Vgl. PIUS X., Enzyklika *Pascendi dominici gregis* vom 8. September 1907, in: AAS 40 (1907), 596-628; ital. Übers.: Cantagalli, Siena 2009, mit einer Einleitung von R. DE MATTEI {dt.: *Apostolisches Rundschreiben Pascendi dominici gregis vom 8. September 1907 über die Lehren der Modernisten, sowie Auszug aus dem Motu proprio Praestantia Scripturae vom 18. November 1907*, übers. v. KARL HASELBÖCK, Haselböck, Wien [ca. 1975]}. Der Enzyklika ging das Dekret *Lamentabili* (Decr. S. Officii vom 3. Juli 1907 in: ASS 40 (1907), 470-478) voraus, ihr folgte als Abschluss der Antimodernisteneid *Sacrorum antistitum* vom 1. September 1910 (AAS 2 (1910), 655-680).

[23] Jean Guitton (1901-1999), französischer Schriftsteller, Mitglied der Académie Française, wurde persönlich zum Konzil eingeladen und saß während der ersten Sit-

stitut des Staatssekretariates, Giovanni Battista Montini[24], und legte ihm seine Besorgnis darüber dar, dass Rom ,die Fortschritte im Denken' in Frankreich mit Misstrauen beobachten könnte. Msgr. Montini bemühte sich, diesen Eindruck zu zerstreuen, indem er Guitton sagte, dass *Humani generis* keinen Irrtum verurteilt habe, sondern in bezug auf jene lebendigen und lebenskräftigen Tendenzen in der Kultur, die sich in der Kirche ohne Hast und in kluger Weise entwickeln könnten, nur zur Vorsicht mahne:

> „*Zweifellos haben auch Sie die behutsamen Formulierungen in dem päpstlichen Text beobachtet. So spricht zum Beispiel die Enzyklika nirgends von Irrtümern* (errores), *lediglich von Meinungen* (opiniones). *Dies besagt, daß sich der Heilige Stuhl hier keineswegs gegen Irrtümer im strengen Sinne wendet, sondern eine Denkart abweist, die zwar zu Irrtümern führen könnte, an und für sich jedoch akzeptabel ist. Darüber hinaus gibt es drei Gründe dafür, daß der Sinn der Enzyklika nicht verfälscht werden darf. Der erste, im Vertrauen gesagt, ist der ausdrückliche Wille des Heiligen Vaters. Der zweite ist die Geisteshaltung des französischen Episkopats, der so großzügig und den zeitgenössischen Strömungen so aufgeschlossen ist. ... Umgekehrt haben wir in Rom die Pflicht, über die Lehre zu wachen. Wir sind besonders empfindlich in Bezug auf alles, was die Reinheit der Lehre – der Wahrheit – beeinträchtigen könnte. Der Heilige Vater ist der Hüter des uns anvertrauten Glaubensgutes, wie es beim heiligen Paulus heißt. Der dritte Grund ist kurz und bündig dieser: Die Franzosen sind intelligent. ... Wenn die Franzosen vom Heiligen Stuhl und vom Vatikan so häufig einen Wink erhielten (manchmal in negativem Sinn), dann wohl sehr oft gerade deshalb, weil sie so eifrig, lebendig, schöpferisch und, ich wiederhole es, so intelligent sind. Ich will Ihnen etwas sagen, das Sie*

---

zungsperiode auf der Tribüne der katholischen Beobachter, später unter den Laien-Auditoren.

[24] Giovanni Battista Montini (1897-1978) aus dem Klerus von Brescia. 1920 zum Priester geweiht, Substitut des Staatssekretariates für Ordentliche Kirchliche Angelegenheiten (1937-1952); Pro-Staatssekretär für Außerordentliche Kirchliche Angelegenheiten (1952-1954); Erzbischof von Mailand (1954), Kardinal (1958). Am 21. Juni 1963 unter dem Namen Paul VI. zum Papst gewählt. Zu ihm vgl. den Artikel von Giovanni Maria Vian in: EP, 657-674 (mit Lit.), sowie die Werke, die im Verlaufe dieses Buches angeführt werden.

als Philosoph leicht verstehen werden. Es hat keinen Zweck, einen Schlafenden oder einen Toten zurechtzuweisen. Übers Ziel schießen nur mutige und hochherzige Naturen. Mit anderen Worten: Einen lebendigen Geist ermahnen, heißt durchaus nicht, ihn nicht gleichzeitig auch zu bewundern, ja sogar bisweilen zu beneiden. Die Franzosen vermuten zu Unrecht dort eine Verurteilung, wo es lediglich um einen Hinweis geht, um einen Appell zur Klugheit, zur Bedachtsamkeit, zur Geduld des Reifenlassens."[25]

Die Worte von Msgr. Montini ließen eine tiefe Sympathie für die doktrinellen Tendenzen, die Pius XII. in Besorgnis versetzten, durchscheinen und mit ihr die Überzeugung, dass die Ära des ideologischen Konfliktes zwischen Modernismus und Antimodernismus durch die ‚neuen Zeiten', die sich für die Kirche eröffneten, endgültig überwunden wäre.

2. Die modernistische „Reform" der Kirche

a) Die ‚historisch-kritische Methode'

Der Begriff ‚Modernismus' erscheint offiziell zum ersten Mal in der Enzyklika *Pascendi* des hl. Pius X.; der gleichnamigen Bewegung wurde ein Komplex von Irrtümern in allen Bereichen der katholischen Lehre (Heilige Schrift, Theologie, Philosophie, Gottesdienst) zugeordnet.[26] Die Ursprünge und die Ursachen dieser Bewegung

---

[25] JEAN GUITTON, *Dialog mit Paul VI.*, übers. v. GEORG BÜRKE SJ, Verlag Fritz Molden, Wien 1967, 27-28 {Originaltitel: *Dialogues avec Paul VI*, Fayard, Paris 1967}. Vgl. auch DERS., *Paolo VI segreto*, ital. Übers., Edizioni Paoline, Roma 1981, 40-47 {Originaltitel: *Paul VI secret*, Desclée De Brouwer, [Paris] 1979}. Siehe auch R. AUBERT, *La théologie catholique au milieu du XXe siècle*, Castermann, Paris 1954, 84-86; G. MARTINA, *Il contesto storico in cui è nata l'idea di un nuovo Concilio ecumenico*, in: *Vaticano II. Bilancio e prospettive. Venticinque anni dopo*, hg. v. RENÉ LATOURELLE SJ, Cittadella, Assisi 1987, 57.

[26] Das päpstliche Dokument war dem Modernisten ERNESTO BUONAIUTI zufolge *„die einzige Vereinheitlichung der vielfältigen Richtungen, die unter dem generischen Namen ‚Modernismus' zusammengefasst wurden"* (Modernismo, in: Dizionario delle Opere, Milano, Bompiani 1947, Bd. I, 158), einer Bewegung, die sich als eine *„flüssige und glühende Masse"* präsentierte (DERS., Storia del Cristianesimo, Dall'Oglio, Mi-

liegen in dem Versuch, einen „Dialog" zwischen der Kirche und dem Prozess der Säkularisierung im Gefolge der Französischen Revolution herzustellen.[27]

Im 19. Jh. hatte Pius IX. bei drei feierlichen Gelegenheiten seines Pontifikates einen Schutzwall gegen diesen revolutionären Prozess errichtet: die Verkündung des Dogmas von der Unbefleckten Empfängnis (1854); die Verurteilung der modernen Irrtümer durch die Enzyklika *Quanta cura* und den *Syllabus* (1864); die Verkündung der Dogmen des Jurisdiktionsprimates und der Unfehlbarkeit des römischen Papstes durch das Erste Vatikanische Konzil (1870).[28] Jeder dieser Akte stellte eine theologische Bastion dar, welche einen frontalen Angriff erschwerte. Um eine „Reform" der Kirche zu erreichen, was ja das Ziel der heterodoxen Hauptströmungen des 18. und 19. Jh. gewesen war, mussten neue Wege beschritten werden.

Im Laufe der Geschichte sind *„die Häretiker der Häretiker"* laut Luciano Canfora *„die Begründer der Philologie"*[29] gewesen, einer Wissenschaft, die seit den Zeiten von Lorenzo Valla und Erasmus von Rotterdam als Werkzeug zum Umsturz der natürlichen und göttlichen Wahrheit gehandhabt wurde. Am Ende des 19. Jh. wurde das philologische Instrumentar von einigen Theologen und Exegeten unter dem Einfluss des Positivismus auf die Heiligen Schriften angewendet; sie beriefen sich auf die Autonomie der wissenschaftlichen Forschung gegenüber dem kirchlichen Lehramt und beanspruchten für die Philologen die authentische *interpretatio* der hei-

lano 1943, Bd. III, 622) und deren markanter Charakter *„gerade die Unbestimmtheit ihres Programmes war"* (ebd., 618).

27 Zum Modernismus existiert mittlerweile eine umfängliche Bibliographie. Zu einer Lektüre im Licht der traditionellen Lehrunterweisung vgl. u.a. R. de Mattei, *Modernismo e antimodernismo*, den komprimierten Artikel von C. Fabro in: EC VIII, 1190-1191; Ders., *Dall'essere all'esistente*, Brescia 1957, 71-125; Ramón García De Haro, *Historia teológica del modernismo*, Universidad de Navarra, Pamplona 1972.

28 Zu einer Analyse der drei päpstlichen Akte vgl. R. de Mattei, *Pio IX*, Piemme, Casale Monferrato 2000.

29 Luciano Canfora, *Filologia e libertà. La più eversiva delle discipline, l'indipendenza di pensiero e il diritto alla verità*, Mondadori, Milano 2008, 13. Canfora erwähnt den Namen Spinozas, dessen logische Fortentwicklung das exegetische Werk des Oratorianers Richard Simon darstellt, welches seinerseits den Hintergrund für Loisy bildet.

ligen Texte. So kam es, dass unter dem Pontifikat von Leo XIII., dem Nachfolger von Pius IX., die historisch-kritische ‚Methode' wieder in Erscheinung trat, mit der Erasmus drei Jahrhunderte früher der protestantischen Revolution den Weg geebnet hatte.[30]

Im Innern des 1875 in Paris gegründeten *Institut Catholique* begann Msgr. Duchesne[31] damit, die neue Methode auf die Geschichte der Kirche anzuwenden. Mit ihm arbeitete ein junger Priester, Alfred Loisy[32] zusammen, der die Lehre des Meisters auf den Bereich der biblischen Studien anwendete.

In dem Bändchen *L'Évangile et l'Église*[33] (1902), einer Antwort auf die Interpretation des Christentums durch den protestantischen

---

[30] Vgl. HENRI-IRÉNÉE MARROU, *Philologie et histoire dans la période du pontificat de Léon XIII*, in: *Aspetti della cultura cattolica nell'età di Leone XIII*, hg. v. GIUSEPPE ROSSINI, Cinque Lune, Roma 1961, 71-106; HANS-JOACHIM KRAUS, *Geschichte der historisch-kritischen Erforschung des Alten Testaments von der Reformation bis zur Gegenwart*, Neukirchener Verlag, Neukirchen-Vluyn 1969; JOSEPH G. PRIOR, *The Historical Critical Method*, in: *Catholic Exegesis*, Pontificia Università Gregoriana, Roma 1999; FRANÇOIS LAPLANCHE, *La crise de l'origine. La science catholique des Évangiles et l'histoire du XXème siècle*, Albin Michel, Paris 2006. Zum zersetzenden Charakter der philologisch-kritischen Methode von Erasmus vgl. u.a. R. GARCÍA DE HARO, 235-289; R. DE MATTEI, *A sinistra di Lutero*, Città Nuova, Roma 2001, 17-20 und *passim*.

[31] Zu Mgr. Louis Duchesne (1843-1922), 1867 zum Priester geweiht, Professor am Institut Catholique in Paris (1877-1885), dann Direktor der École archéologique française zu Rom (1895-1922), vgl. die Akten des von der École Française zu Rom organisierten Kongresses, *Monseigneur Duchesne et son temps*, École Française de Rome, Roma 1975; BRIGITTE WACHÉ, *Monseigneur Louis Duchesne (1843-1922)*, École française de Rome, Roma 1992; L. DUCHESNE, *Correspondance avec Madame Bulteau (1902-1922)*, École française de Rome, Roma 2009.

[32] Alfred Loisy (1857-1940), 1881 zum Priester geweiht, Professor für biblische Wissenschaft am Institut Catholique in Paris von 1889 bis 1893. Er wurde am 7. März 1908 exkommuniziert, brach die Beziehung zur Kirche ab und gab, im Unterschied zu seinen modernistischen Freunden, das Christentum auf. Vgl. FRIEDRICH HEILER, *Der Vater des katholischen Modernismus: Alfred Loisy (1857-1940)*, Erasmus, München 1947; ÉMILE GOICHOT, *Alfred Loisy et ses amis*, Paris 2002.

[33] Das Werk, 1903 vom Herausgeber Picard veröffentlicht, wurde auf den Index der verbotenen Bücher gesetzt, zusammen mit vier weiteren Büchern von Loisy, der am 7. März 1908 persönlich exkommuniziert wurde. Vgl. A. LOISY, *L'évangile et l'église*, Picard, Paris 1902 {dt.: *Evangelium und Kirche*, übers. nach d. 2. verm., bisher unveröff. Aufl. d. Orig. v. JOH. GRIÈRE-BECKER, Kirchheim, München 1904; ital. Übers.: *Il Vangelo e la Chiesa e intorno a un piccolo libro*, mit einer Einführung von LORENZO BEDESCHI, Ubaldini, Roma 1975}. Zur Diskussion um dieses Bändchen von Loisy siehe É. POULAT, *Histoire, dogme et critique dans la crise moderniste*, Casterman, [Paris] 1962, 59-73, 89-102 (mit allen diesbezüglichen bibliographischen Angaben). Von demselben POULAT vgl. *Critique et mystique. Autour de Loisy ou la conscience catholique et l'esprit moderne*, Centurion, Paris 1984.

Exegeten Adolf von Harnack[34], leugnete bzw. entleerte er durch Anwendung der historisch-kritischen Methode den Offenbarungscharakter des Alten und des Neuen Testamentes, die Gottheit Christi, die Einsetzung der Kirche, der Hierarchie und der Sakramente. In einer Rückschau auf seine Arbeit erklärte er, *„eine essentielle Reform der biblischen Exegese, der ganzen Theologie und schließlich des Katholizismus im Allgemeinen*[35]*"* gewollt zu haben. *„Historisch gesprochen"* – wird sich Loisy erinnern – *„habe ich nicht angenommen, dass Christus die Kirche und die Sakramente begründet hat; ich bekannte mich zu der Auffassung, dass sich die Dogmen allmählich herausgebildet hatten und dass sie nicht unveränderlich waren; dasselbe nahm ich für die kirchliche Autorität an, aus der ich ein Dienstamt der Menschheitserziehung machte .... Ich beschränkte mich also nicht darauf, Harnack zu kritisieren. Ich legte diskret, aber real, eine substantielle Reform der katholischen Exegese, der offiziellen Theologie und der kirchlichen Leitung im Allgemeinen nahe"*.[36] Der Horizont, den er eröffnete, war die Verwandlung des Christentums in eine nebulöse „Religion der Humanität". Einige katholische Exegeten von Rang wie der Dominikanerpater Marie-Joseph Lagrange[37], lehnten die theologischen und philosophischen Thesen von Loisy ab, akzeptierten aber seine Methode und wurden von der kirchlichen Autorität wegen der impliziten Irrtümer in ihrem Zugang zu den heiligen Texten zensiert[38].

---

[34] Adolf von Harnack (1851-1930), protestantischer Theologe, Professor an den Universitäten Leipzig, Gießen, Marburg und Berlin. Zu einer Bilanz der Diskussion vgl. GUGLIELMO FORNI, *L'"essenza del Cristianesimo". Il problema ermeneutico nella discussione protestante e modernista (1897-1940)*, Bologna 1992.

[35] A. LOISY, *Choses passées*, Nourry, Paris 1913, 246.

[36] A. LOISY, *Mémoires pour servir à l'histoire religieuse de notre temps*, 3 Bde., Nourry, Paris 1930-31, Bd. II, 168.

[37] Marie-Joseph Lagrange (1855-1938), französischer Dominikaner, 1879 zum Priester geweiht, gründete die École Biblique in Jerusalem, wo er 45 Jahre verbrachte. Die École Biblique zu Jerusalem und das Generalkapitel des Dominikanerordens haben seine Seligsprechung postuliert. Zu ihm siehe FRANÇOIS-MARIE BRAUN, *L'œuvre du Père Lagrange. Étude et bibliographie*, Editions Saint Paul, Fribourg 1943; BERNARD MONTAGNES, *Le Père Lagrange (1855-1938). L'exégèse catholique dans la crise moderniste*, Paris 1995; DERS., *Marie-Joseph Lagrange: une biographie critique*, Paris 2004; JEROME MURPHY O'CONNOR OP, *The École Biblique and the New Testament: a century of scholarship (1890 - 1990)* (Novum testamentum et orbis antiquus 13), Univ.-Verlag [u.a.], Freiburg (Schweiz) 1990, 12-28.

[38] Zur Schule von Lagrange gehörten die Jesuiten Ferdinand Prat (1857-1938), Franz Xaver Funk (1840-1907) und Franz von Hummelauer (1841-1914), die wider-

Leo XIII. bekräftigte in der Enzyklika *Providentissimus Deus*[39] (1893) die bereits vom Konzil von Trient und vom Ersten Vatikanum definierte Lehre, der zufolge das Lehramt der Kirche, der einzigen Hüterin des Wortes Gottes, die höchste Norm darstellt, um den wahren Sinn der Heiligen Schrift festzulegen[40], und am 30. Oktober 1902 richtete er mit dem Apostolischen Schreiben ‚*Vigilantiae studiique*'[41] die Päpstliche Bibelkommission ein. Nachdem das Dokument von Leo XIII. die Formulierung der Konzilien wiederholt hatte, bestimmte es die Existenzgrundlage der Kommission in dem Prinzip, dass in Sachen des Glaubens und der Moral „*Gott die Schriften nicht der Privatmeinung der Gelehrten überlassen hat, sondern sie der Auslegung durch das Lehramt der Kirche anvertraut hat*"[42].

b) *Das Prinzip der Immanenz*

Das vielleicht bedeutendste Dokument des Modernismus besteht in dem *Programm der Modernisten*, das im Oktober 1907 anonym in Rom erschien, doch in der Hauptsache ein Werk von Don Ernesto Buonaiuti[43] darstellt, einem Professor für Kirchengeschichte im Se-

---

legt wurden durch ihre Mitbrüder Santo Schiffini im Band *Divinitas scripturarum adversus hodiernas novitates asserta et vindicata* (1905) und Louis Billot in: *De inspiratione Sacrae Scripturae* (1903). Vgl. Giovanni Sale, "*La Civiltà Cattolica" nella crisi modernista (1900-1907)*, Jaca Book, Milano 2001, S. 157-160. Siehe auch die Kritik an der ‚weiten Schule' von Lagrange, in: Alphonse J. De Lattre SJ, *Autour de la question biblique. Une nouvelle école d'exégèse et les autorités qu'elle invoque*, H. Dessain, Liège 1904. Allgemein bekannt waren die Vorbehalte des Ordensgenerals der Dominikaner, des sel. Hyacinthe Cormier (1832-1916), gegenüber Lagrange.

[39] Vgl. Leo XIII., Enzyklika *Providentissimus Deus* vom 18. November 1893 in: ASS 26 (1893/1894), 279-291; DH 3280-3294.

[40] Vgl. Pius XII., Enzyklika *Divino afflante Spiritu*, in: AAS 35 (1943), S. 338; Ders., Enzyklika *Humani generis*, AAS 42 (1950), 569.

[41] Leo XIII., Apostolisches Schreiben *Vigiliantiae studiique* vom 30. Oktober 1902, in: ASS 35 (1902-1903), 234-238.

[42] Ebd., 236.

[43] Ernesto Buonaiuti (1881-1946), 1903 zum Priester geweiht, wurde 1925 exkommuniziert. Zu ihm vgl. den Artikel von Fausto Parente in DBI XV (1972), 112-122 (mit Lit.), und den von Annibale Zambarbieri, in: DSMCI II, 58-66; Ders., *Il cattolicesimo tra crisi e rinnovamento. Ernesto Buonaiuti ed Enrico Rosa nella prima fase della polemica modernista*, Brescia 1979. Grundlegend bleibt seine Autobiographie *Pellegrino in Roma*, Darsena, Roma 1945. Zum Modernismus in Italien:

minar von Apollinare, den die Überzeugung leitete, dass die historische Methode *„dazu bestimmt war, der wahre* locus theologicus *der christlichen Revolution zu werden"*[44]. Das *Programm*[45] vertrat die innere und unbeschränkte Entwicklung der Dogmen, deren Bedeutung und Geltung sich nicht aus ihrem unveränderlichen Inhalt herleitet, sondern aus dem subjektiven Gefühl, das sie im menschlichen Bewusstsein hervorrufen können.

Die theologische Verankerung der Bewegung verdankt sich jedoch dem irischen Priester George Tyrrell[46], der vom Calvinismus zum Anglikanismus und von diesem zum Katholizismus konvertiert war (1879), um dann in die Gesellschaft Jesu einzutreten, aus der er 1906 ausgeschlossen wurde. Im Jahr 1899, das in der Entwicklung seines Denkens eine wichtige Rolle spielte, veröffentlichte er den Artikel *On the Relation of Theology to Devotion* in der Zeitschrift ‚Month', welcher dann unter dem neuen Titel *Lex orandi, lex credendi* in dem Sammelband *Through Scylla and Charybdis* 1907 nachgedruckt wurde. Tyrrell setzt die Offenbarung mit der lebendigen Erfahrung (*religious experience*) gleich, die sich in jedermanns Bewusstsein vollzieht, weswegen die *lex orandi* die Norm für die *lex credendi* abzugeben habe, und nicht umgekehrt. Die Offenbarung als

---

MAURILIO GUASCO, *Modernismo: i fatti, le idee, i personaggi*, Cinisello Balsamo 1995.

44 E. BUONAIUTI, *Pellegrino in Roma*, 139.

45 Vgl. DERS., *Il Programma dei modernisti italiani. Risposta all'enciclica di Pio X "Pascendi dominici gregis"*, Società Internazionale Scientifico-Religiosa, Roma 1907, 100. Ein Dekret des Vikariates von Rom (ASS 40 (1907), 720) drohte denjenigen die Exkommunikation an, die das Werk verfasst oder die in irgendeiner Form an seiner Verwirklichung Anteil genommen hatten.

46 George Tyrrell (1861-1909), Ire, konvertierte vom Calvinismus zum Anglikanismus und von diesem zum Katholizismus (1879), um dann in die Gesellschaft Jesu einzutreten (1880). 1891 zum Priester geweiht, wurde er 1907 exkommuniziert. Zu ihm siehe DOMENICO GRASSO, *La conversione e l'apostasia di G. Tyrrell*, in: Gregorianum 38 (1957), 446-480; DANIELE ROLANDO, *Cristianesimo e religione dell'avvenire in George Tyrrell*, Le Monnier, Firenze 1978, und die theologische Dissertation von STEFANO VISINTIN OSB, *Rivelazione divina ed esperienza umana. La proposta di George Tyrrell e la risposta di Karl Rahner*, Peter Lang, Bern 1999. Wichtige Dokumente für das Verständnis seines Denkens sind seine Autobiographie und Biographie, die unter dem Titel *Autobiography and Life of George Tyrrell*, Edward Arnold, London 1912 von Maude Petre (1863-1947) veröffentlicht wurde; Petre hatte den Jesuiten bei Einkehrtagen in der Ordenskongregation, deren Provinzoberin sie war, kennen gelernt und sich laisieren lassen, um ihm als Schülerin und ‚Vestalin' zu folgen.

Erfahrung kann tatsächlich *„nicht von außen zu uns kommen; die religiöse Unterweisung kann den Anlass darstellen, nicht die Ursache“*[47]. Die „religiöse Erfahrung“ des Gläubigen setzt sich zugleich an die Stelle der Vernunft wie des Glaubens.

In den ‚Annales de philosophie chrétienne', die der Oratorianer Lucien Laberthonnière[48] herausgab, entfaltete Maurice Blondel das Kernthema seiner Doktorarbeit *L'Action. Essai d'une critique de la vie et d'une science de la pratique* (1893)[49] und legte mittels *der Methode der Immanenz* eine neue Form von Apologetik vor, die es erlaubte, die Offenbarung von den Bedürfnissen des menschlichen Geistes her aufzufassen[50]. Die Apologetik Blondels wollte keinen ‚Intellektualismus' vertreten und gründete sich daher auf eine „Religion des Herzens“ vor einem subjektivistischen und immanentistischen Hintergrund.

Buonaiuti erwähnt die *„unauslöschliche Spur“*, die Blondels *L'Action* in seiner Seele hinterlassen hat[51], und das *„tiefe Gefühl sinnlicher Befriedigung, mit dem die erste Nacht des 20. Jahrhunderts bei der Lektüre des Werkes von Blondel verstrich“*[52]. Auch Tyrrell unterstreicht

---

[47] G. TYRRELL, *Through Scylla and Charybdis*, Green and Co., London 1907, 305-306.

[48] Lucien Laberthonnière (1862-1932), Mitglied der Oratorianerkongregation, 1886 zum Priester geweiht und von 1905 bis 1913 Herausgeber der Zeitschrift ‚Annales de philosophie chrétienne'. Von Bedeutung ist seine *Correspondance philosophique* mit Maurice Blondel, hg. v. CLAUDE TRESMONTANT, Seuil, Paris 1961.

[49] Vgl. MAURICE BLONDEL, *L'Action* (1893), P.U.F., Paris 1974 {dt.: *Die Aktion: (1893). Versuch e. Kritik d. Lebens u.e. Wissenschaft d. Praktik*, übers. v. ROBERT SCHERER, Alber, Freiburg i. Br. / München 1965}. Zu Blondel (1861-1949), Professor für Philosophie an der Universität von Aix (1896-1927), vgl. RENÉ VIRGOULAY, *Blondel et le Modernisme: la philosophie de l'action et les sciences religieuses (1896-1913)*, Paris 1980; DERS., *“L'Action” de Maurice Blondel. 1893. Relecture pour un centenaire*, Beauchesne, Paris 1992. Von Bedeutung ist auch die *Correspondance* von Blondel mit Pierre Teilhard de Chardin (Beauchesne, Paris 1965) und mit Joannès Wehrlé (Aubier, Paris 1969), beide kommentiert von Pater Henri de Lubac.

[50] Die Thesen von Blondel wurden scharfsinnig widerlegt von JOSEPH DE TONQUÉDEC SJ (1869-1962), *Immanence. Essai critique sur la doctrine de Maurice Blondel*, Beauchesne, Paris 1912. Siehe auch den Aufsatz von Abbé HERVÉ GRESLAND, *Maurice Blondel et sa méthode d'immanence. Un grand-père de Vatican II*, in: Le Sel de la Terre 57 (2006), 30-77, der die Kritik von Pater de Tonquédec zusammenfasst und aktualisiert.

[51] Vgl. E. BUONAIUTI, *Pellegrino in Roma*, 63.

[52] Ebd., 43.

seine Affinität zu dem französischen Denker[53], dem er jedoch Laberthonnière und Le Roy vorzieht, „*der den Vorteil hat, klar zu sein*"[54].

Pius X. verurteilte in der Enzyklika *Pascendi* und im Dekret *Lamentabili* das Prinzip der Immanenz, welches den Kern des Modernismus darstellte, und damit den Primat der „religiösen Erfahrung" des Gläubigen, aus dem sich die Möglichkeit einer Entwicklung der Dogmen und der religiösen Wahrheit ergibt. Das Motu Proprio *Sacrorum Antistitum*, das den Abschluss der vorangehenden Dokumente bildet, lehnt „*die häretische Erdichtung von einer Entwicklung der Dogmen*" ab, „*die von einem Sinn in einen anderen übergehen, der von dem verschieden ist, den die Kirche früher festhielt*"[55] und bekräftigt, dass der Glaube kein „*blindes Gefühl der Religion ist, das aus den Winkeln des Unterbewusstseins hervorbricht*", sondern „*eine wahre Zustimmung des Verstandes*"[56].

c) Zwischen Modernismus und Antimodernismus: die ‚Dritte Partei'

Der Begriff ‚Dritte Partei' wurde von dem französischen Historiker Émile Appolis in einigen Studien über die religiösen Strömungen des 17. Jahrhunderts geprägt.[57] Der von der Kirche verurteilte Jansenismus brachte nach Appolis eine ‚Dritte Partei' hervor, die aus Kirchenmännern verschiedener Kategorien bestand, welche den Jan-

---

[53] G. TYRRELL, *Autobiografia e biografia*, ital. Übers., Libreria Editrice Milanese, Milano 1915, 333.

[54] TYRRELL, GEORGES, *Lettres a Henri Brémond*, Préf. de MAURICE NÉDONCELLE (Études Bremondiennes 3), hg. v. ANNE LOUIS-DAVID, Aubier-Montaigne, Paris 1971, 271. Für Edouard Le Roy (1870-1954), Schüler und Nachfolger von Henri Bergson am *Collège de France*, ist die dogmatische Wahrheit nur ein Orientierungspunkt für die Praxis, und ein Gott, der gleichzeitig mit der Schöpfung ‚wird', lässt sich nicht beweisen, sondern nur in sittliches Handeln überführen. Zu ihm vgl. RUDOLF MICHAEL SCHMITZ, *Dogma und Praxis. Der Dogmenbegriff des Modernisten Édouard Le Roy kritisch dargestellt*, Città del Vaticano 1993.

[55] DH 3541.

[56] DH 3542.

[57] Vgl. ÉMILE APPOLIS, *Entre jansénistes et constitutionnaires: un tiers parti*, in: Annales 2 (1951), 154-171; *Entre jansénistes et zelanti. Le Tiers Parti catholique au XVIII*ème *siècle*, A. et J. Picard, Paris 1962. Siehe auch ANTONIO DE CASTRO MAYER, *Il Giansenismo e la Terza Forza* (ital. Übers.), in: Cristianità 1 (1973), 3-4 und 2 (1973), 3-4.

senisten die Möglichkeit eröffneten, sich im Innern der Kirche zu entfalten. Solche Kirchenmänner deklarierten sich natürlich nicht als Jansenisten und verurteilten sogar den Jansenismus; aber sie bekämpften ihn nicht und vertraten vielmehr die These, dass dieser stillschweigend verschwinden würde, wenn die Anti-Jansenisten jegliche Kampagne gegen ihn beenden würden. In den katholischen Reihen erhob sich neben den Jansenisten und den Anhängern der römischen Autorität eine dritte Partei, die sich auch gegen die Gläubigen Roms richtete und sie beschuldigte, übereifrig, intransigent und ohne Nächstenliebe zu sein. In Anwendung dieser Polarisation sprachen andere Historiker von der Existenz einer ‚Mittelströmung' zwischen der orthodoxen Rechten der Jesuiten und der gallikanischen und jansenistischen „Linken" zur damaligen Zeit.[58] Wie unpassend diese Kategorien auch sein mögen, so besteht doch kein Zweifel daran, dass die Entfernung vom Pol der vollen Orthodoxie verschiedene Schattierungen hervorgebracht hat, die es erlauben, von der Existenz einer ‚dritten Kraft' zwischen der vollen Wahrheit und dem offenen Irrtum zu sprechen.

Auch auf dem Ersten Vatikanischen Konzil hatte sich zwischen den ‚Infallibilisten' und den ‚Anti-Infallibilisten' eine ‚Dritte Partei' gebildet, die sich nicht so sehr aus ‚moderaten Infallibilisten' wie dem Erzbischof von Baltimore Spalding[59] zusammensetzte, sondern vielmehr aus ‚Anti-Infallibilisten' wie Msgr. Lavigerie[60]; diese versuchten, obwohl sie sich bewusst waren, einer Niederlage entgegenzugehen, bis zum Schluss, die Formulierungen des Dogmas im Namen der „politischen Opportunität" abzumildern.[61] Derselbe Mechanismus wiederholte sich mit dem Modernismus, der auch seinerseits eine ‚Dritte Partei' hervorbrachte, die sich in der Mitte

---

[58] Vgl. LUCIEN CEYSSENS, *Le jansénisme. Considérations historiques préliminaires à sa notion*, in: *Nuove ricerche storiche sul giansenismo*, Gregoriana, Roma 1959, 28-29. Siehe auch R. DE MATTEI, *Idealità e dottrine delle Amicizie*, Biblioteca Romana, Roma 1981, 15-22.

[59] Martin John Spalding (1810-1872), Amerikaner, 1834 zum Priester geweiht, war Bischof von Louisville (1850) und dann Erzbischof von Baltimore (1864).

[60] Charles-Martial Allemand Lavigerie (1825-1892), 1849 zum Priester geweiht, Bischof von Nancy (1863), dann von Algier (1867), 1882 zum Kardinal erhoben.

[61] R. AUBERT, *Documents concernant le tiers parti au concile du Vatican*, in: Abhandlungen über Theologie und Kirche. Festschrift für Karl Adam, hg. v. MARCEL REDING, Patmos-Verlag, Düsseldorf 1952, 241-259.

zwischen der Position der römischen Autorität und den heterodoxen Positionen befand. Blondel, der *„den einen nicht modern genug, den anderen nicht Modernist genug war"*[62], suchte einen ‚Mittelweg' zwischen Modernismus und Antimodernismus zu beschreiten und kann wie P. Lagrange als bedeutender Vertreter jener ‚Dritten Partei' gelten, die das katholische Denken in den folgenden Jahrzehnten beherrschen sollte.[63] *„Ihr seid gut beraten gewesen"*, schreibt ihm sein Freund Ferdinand Mourret, *„euer synthetisches Prinzip mit dem traditionellen Namen ‚Tradition' zu bezeichnen. Wenn euch die Idee gekommen wäre, es ‚kollektive Erfahrung der Kirche' oder ‚Einwirken des unfehlbaren Geistes auf die christliche Gemeinschaft' zu nennen oder eine ähnliche Formulierung zu verwenden, so wärt ihr vielleicht in Gefahr geraten. Wenn ihr so unglücklich agiert hättet, es ‚immanente Evolution' zu taufen, so hätte dies euren Untergang bedeutet."*[64]

Nach dem Tod von Pius X. zeichnete sich in den 20er-Jahren des 20. Jh. eine dritte Kraft ab, die zwar zum Modernismus auf Distanz ging, aber nach seiner Verurteilung sein Weiterleben sicherstellte.[65] Diese ‚Dritte Partei' behauptete sich dank der Unterstützung von Kard. Pietro Gasparri[66], der, bis ihm 1930 Kardinal Eugenio Pacelli nachfolgte, Staatssekretär von Benedikt XV. und dann von Pius XI. war. Das Verschwinden des Antimodernismus, das durch die kirchliche Politik der ‚Dritten Partei' unterstützt wurde, begünstigte in den 30er-Jahren das Aufkommen von Strömungen und Tendenzen, die in der einen oder anderen Form das Erbe des Modernismus sammelten: die ‚Biblische Bewegung', die ‚Liturgische Bewegung', die ‚philosophisch-theologische Bewegung', deren Ausdruck die ‚*Nouvelle théologie*' darstellte, und die ‚Ökumenische Bewegung', in der die anderen Bewegungen zusammenflossen.

---

[62] ÉTIENNE FOUILLOUX, *Une Église en quête de liberté*, Desclée de Brouwer, Paris 2006, 30.

[63] Vgl. ebd. Für Fouilloux ist die ‚neue Theologie' der 40er- und 50er-Jahre *„die legitime Tochter der Dritten Partei um 1900"* (33).

[64] Brief von Mourret an Blondel vom 20. Februar 1904, in: RENÉ MARLÉ, *Au cœur de la crise moderniste. Le dossier inédit d'une controverse*, Aubier-Montagne, Paris 1960, 128.

[65] Vgl. R. DE MATTEI, *Modernismo e antimodernismo nell'epoca di Pio X*, 68-71.

[66] Pietro Gasparri (1852-1934), 1877 zum Priester geweiht, Erzbischof von Cäsarea (1898), 1907 zum Kardinal erhoben, wurde von Papst Benedikt XV. im Herbst 1914 zum Staatssekretär ernannt und von Pius XI. in diesem Amt bestätigt.

3. Die Biblische Bewegung

Pius X. verurteilte mit der Enzyklika *Pascendi* und dem Dekret *Lamentabili* (1907) die Trennung in eine theologisch-pastorale und eine wissenschaftlich-kritische Exegese[67]; er bestätigte damit das Prinzip, dem zufolge die authentische Interpretation der Heiligen Schrift das Lehramt angeht und nicht die Exegeten; er wies die Richtung einer authentischen Erneuerung der biblischen Studien durch Schaffung (1909) des Päpstlichen Bibelinstitutes als Gegenstück zur Jerusalemer Bibelschule von P. Lagrange; er förderte in den Seminaren eine Studienreform, bei der großes Gewicht auf die biblische Spiritualität des Klerus gelegt wurde[68].

Im Folgenden wird in der Enzyklika *Spiritus Paraclitus*[69] von Benedikt XV. vom 15. September 1920, die dem heiligen Hieronymus als Modell des katholischen Exegeten gewidmet war, die Lehre von der göttlichen Inspiration und der Irrtumsfreiheit der heiligen Bücher verteidigt. Sie verurteilte die Theorie der ‚historischen Erscheinungsformen', die Gegenstand von heftigen Diskussionen gewesen war und u. a. auch von Lagrange vertreten wurde.

Die Ursprünge der Biblischen Bewegung nach diesen Verurteilungen gehen auf den Anfang der 20er-Jahre zurück, als in Deutschland die Methode der ‚*Formgeschichte*' auftauchte, vor allem infolge der Bücher von Martin Dibelius, *Die Formgeschichte des Evangeliums* (1919), und von Rudolf Bultmann, *Geschichte der Synoptischen Tradition* (1921). Diese Strömung, die die exegetischen Studien der nachfolgenden Jahre vornehmlich in Mitteleuropa prägte, wollte das Leben Jesu in rationalistischer Weise darlegen, wobei die Gestaltung der Texte des Evangeliums nicht als Frucht bestimmter Autoren oder bestimmter literarischer Quellen aufge-

---

[67] Vgl. S. PIUS X., Enzyklika *Pascendi dominici gregis*, in: ASS 40 (1907), 593-650, 628.

[68] Über die angeführten Dokumente hinaus vgl. das Motu proprio *Praestantia Scripturae Sacrae* (ASS 40 (1907), 723-726), das den zahlreichen Dekreten und Antworten der Päpstlichen Bibelkommission auf doktrineller Ebene normativen Charakter zuerkannte.

[69] Vgl. BENEDIKT XV., Enzyklika *Spiritus Paraclitus* vom 15. September 1920, in: AAS 12 (1920), 385-422. Vgl. auch den Artikel von PETER NOBER in: EC XI, 1162-1163.

fasst wurde, sondern als Ergebnis einer langwierigen anonymen Ausarbeitung im Schoße der christlichen Urgemeinden.[70]

In eben diesen Jahren stand das vom hl. Pius X. gegründete Päpstliche Bibelinstitut im Zentrum eines fortschreitenden Abgleitens der katholischen Theologen hin zur historischen Methode.[71] Entscheidend verantwortlich dafür zeichnete P. Augustin Bea[72], der von 1930 bis 1949 in einem Zeitraum von 19 Jahren die Schlüsselposition des Institutsrektors innehatte; zur selben Zeit war P. Alberto Vaccari[73] Vizerektor. Die Position von Bea wurde durch die Berufung zweier Schüler von P. Lagrange an die Spitze der Bibelkommission 1938-1939 noch gestärkt: des Kard. Eugène Tisse-

---

[70] Zur *Formgeschichte* und insbesondere zu Rudolf Bultmann (1884-1976) vgl. B. GHERARDINI, *La seconda riforma*, Brescia 1966, Bd. II, 366-496. Vgl. auch die Artikel von FRANCESCO SPADAFORA, *Ermeneutica e Generi letterari*, in: *Dizionario Biblico*, Studium, Roma 1963, 209-212 und 263-266; DERS., *Razionalismo, Esegesi cattolica e Magistero*, Istituto Padano di Arti Grafiche, Rovigo s.d.; DERS., *Leone XIII e gli studi biblici*, Istituto Padano di Arti Grafiche, Rovigo 1976. Siehe auch ERMENEGILDO FLORIT, *Il metodo della Storia delle Forme e la sua applicazione al racconto della Passione*, Pontificio Istituto Biblico, Roma 1935; SALVATORE GAROFALO, *Gli studi biblici in Italia da Leone XIII a Pio XII*, in: *Problemi di storia della Chiesa del Vaticano I al Vaticano II*, Edizioni Dehoniane, Roma 1988.

[71] Zur Gründung und zur Geschichte des Bibelinstitutes vgl. G. MARTINA SJ, *A novant'anni dalla fondazione del Pontificio Istituto Biblico*, in: Archivium Historiae pontificiae 37 (1999), 129-160.

[72] Augustin Bea (1881-1968), Mitglied der Gesellschaft Jesu, Deutscher, 1912 zum Priester geweiht, war seit 1924 Professor für die Heilige Schrift und seit 1930 Rektor des Päpstlichen Bibelinstitutes. Am 14. Dezember 1959 wurde er von Johannes XXIII. zum Kardinal erhoben. Zu ihm siehe STJEPAN SCHMIDT SJ., *Agostino Bea, Il cardinale dell'unità*, Città Nuova Editrice, Roma 1987; DERS., *Agostino Bea. Cardinale dell'ecumenismo e del dialogo*, Milano 1996; JAN WILLEBRANDS, *Il cardinale Agostino Bea: il suo contributo al movimento ecumenico, alla libertà religiosa e all'instaurazione di nuove relazioni con il popolo ebraico*, in: *Atti del Simposio Card. Agostino Bea (Roma, 16-19 dicembre 1981)*, Pontificia Università Lateranense-Istituto "Ut unum sint", Roma 1983; J. GROOTAERS, *Agostino Bea*, in: DERS., *I protagonisti*, 67-82; Vgl. STANISLAS LYONNET SJ, *Le cardinal Bea et le développement des études bibliques*, in: Rivista Biblica 4 (1968), 371-392. Bea zum Thema: *La scienza biblica da Leone XIII a Pio XII*, in: Divinitas 4 (1959), 598-634.

[73] Alberto Vaccari (1874-1965), Mitglied der Gesellschaft Jesu, Professor des Päpstlichen Bibelinstitutes, dessen Vizerektor er seit 1924 war, Qualifikator des Heiligen Offizium (1924), Konsultor der Päpstlichen Bibelkommission (1929). Johannes XXIII. ernannte ihn zum Mitglied der Theologischen Vorbereitungskommission und anschließend zum Konzilsperitus. Vgl. A. BEA / V. BOCCACCIO, *In memoriam*, in: Biblica 47 (1966), 158-162.

rant[74] (Präsident) und des belgischen Dominikaners Jacques-Marie Vosté[75] (Sekretär), letzterer ein priesterlicher Freund von P. Bea. Ein Historiker der Geschichte der Exegese, Mauro Pesce, betont *„die außergewöhnliche Strategie"* von Bea, die nicht nur in den 30er- und 40er-Jahren mit der Errichtung der Achse ‚Päpstliches Bibelinstitut – Päpstliche Bibelkommission – Papsttum' *„entscheidende Bedeutung"* erlangte, sondern auch in den 50er-Jahren, indem es ihm gelang, ein dichtes Netz von Allianzen in den Zentralorganen der Kirche zu schaffen.[76] Die historische Exegese des Päpstlichen Bibelinstitutes und der Päpstlichen Bibelkommission betrachtete nur den Literalsinn der heiligen Texte und trennte die historischen, philosophischen und archäologischen Daten von der theologischen und spirituellen Reflexion ab. Das Studium der Heiligen Schrift sollte sich auf die Textkritik der biblischen Texte beschränken, unter Zuhilfenahme literarischer Analyse und vergleichender Studien der zahlreichen Hilfswissenschaften.[77]

Die von der Kirche empfohlene Methode bestand jedoch darin, vom Literalsinn auszugehen, ohne sich auf diesen zu beschränken, wie die Enzyklika *Spiritus Paraclitus* von Benedikt XV. in Erinnerung gerufen und hierzu das Beispiel des hl. Hieronymus angeführt hatte, *„der mehrfach dazu rät, sich nicht nur auf den Literalsinn zu beschränken, ‚sondern in die Tiefe einzudringen, um dort den göttlichen Sinn zu ent-*

---

[74] Eugène Tisserant (1884-1972), Franzose, 1907 zum Priester geweiht, 1936 zum Kardinal erhoben, Titularbischof von Iconium (1937), von 1936 bis 1959 Sekretär der Kongregation für die orientalischen Kirchen. Von 1957 bis 1971 Bibliothekar und Archivleiter, Dekan des Kardinalskollegiums, ab 1971 Mitglied der Académie Française.

[75] Jacques-Marie Vosté (1883-1949), belgischer Dominikaner, 1936 zum Priester geweiht, Schüler der École Biblique de Jérusalem, später Professor für die Heilige Schrift am Angelicum. Zu den Beziehungen zwischen Vosté und Bea vgl. SCHMIDT, 109-110.

[76] Vgl. MAURO PESCE, *Il rinnovamento biblico della prima guerra mondiale alle soglie del Concilio Vaticano II*, in: *SC, I cattolici nel mondo contemporaneo* (1922-1958), hgg. v. M. GUASCO / ELIO GUERRIERO / FRANCESCO TRANIELLO, Edizioni Paoline, Roma 1991, 593-605; DERS., *Dalla enciclica biblica di Leone XIII Providentissimus Deus (1893) a quella di Pio XII Divino Afflante Spiritu (1943)*, in: CARLO MARIA MARTINI / GIUSEPPE GHIBERTI / M. PESCE (Hgg.), *Cento anni di cammino, Vita e Pensiero*, Milano 1995, 38-100, 63-64.

[77] Vgl. M. PESCE, *Il rinnovamento biblico*, 575-610; DERS., *Esegesi storica ed esegesi spirituale nell'ermeneutica biblica cattolica dal pontificato di Leone XIII a quello di Pio XII*, in: Annali di Storia dell'Esegesi 6 (1989), 261-291. DERS., *Dalla enciclica biblica di Leone XIII*, 64.

decken, so wie man Gold im Schoß der Erde sucht, die Nuss unter der Schale, die Frucht unter der Stachelhülle der Kastanie' (*In Eccl.* 12,9ff)"[78]. Tatsächlich, unterstreicht Benedikt XV., ist „*das, was man vor allem in der Schrift suchen muss, ... die Nahrung, die unser geistliches Leben nährt und es auf dem Weg der Vollkommenheit voranbringt*"[79].

Bea bewegte sich zwischen zwei Fronten. Auf der einen Seite kämpfte er für die historische Methode gegen die traditionellen Exegeten, die der Methode des hl. Hieronymus treu waren; auf der anderen Seite bekämpfte er die ‚Neue Theologie' von der philosophischen Prägung eines Blondel, welche in dieser Zeit eine spirituelle Exegese der heiligen Texte vorlegte, die sich vom historisch-literalen Sinn losgelöst hatte.[80] Vertreter dieser ‚pneumatischen' Exegese, die sich auf Origenes berief, waren der Löwener Theologe Joseph Coppens[81] und die Jesuitenpatres Daniélou[82] und de Lubac[83]. Die ‚Neue Theologie' ging nicht in die Irre, indem sie die Lehre der Kirchenväter geltend machte, die von den rationalistischen Exegeten vernachlässigt worden war; doch sie irrte grundlegend darin, dass sie den Literalsinn des Alten Testamentes eliminieren und nur noch den spirituellen und ‚typologischen' Sinn gelten lassen wollte. Genauso verkürzt war jedoch die Position derer, die sich dem historisch-literalen Sinn verschrieben hatten und die daher den spirituellen und allegorischen Sinn im Namen einer vermeintlichen historisch-wissenschaftlichen ‚Objektivität' unterdrückten oder, schlimmer noch, lächerlich machten.

---

[78] BENEDIKT XV., Enzyklika *Spiritus Paraclitus*, 411.

[79] Ebd., 408.

[80] Vgl. M. PESCE, *Esegesi storica ed esegesi spirituale*, 286-291; DERS., *Un "bruit absurde"? Henri de Lubac di fronte alla distinzione tra esegesi spirituale e esegesi storica*, in: Annali di Storia dell'Esegesi 10 (1993), 301-353; É. POULAT, *Comment lire la Bible. Exégèse critique et sense spirituel de Loisy à Claudel*, in: *Le retour aux écritures. Fondamentalismes présents et passés*, hg. v. EVELYNE PATLAGEAN / ALAIN LE BOLLUEC, Peeters, Louvain-Paris 1993, 217-234.

[81] Joseph Coppens (1896-1981), belgischer Priester, Professor für Exegese in Löwen, 1964 bis 1967 Dekan der Theologischen Fakultät. Von ihm: *L'histoire critique de l'Ancien testament. Ses origines. Ses orientations nouvelles. Ses perspectives d'avenir*, Casterman, Tournai-Paris 1939.

[82] Vgl. JEAN DANIÉLOU SJ, *Origène*, La Table Ronde, Paris 1948; DERS., *Sacramentum futuri. Études sur les origines de la typologie biblique*, Beauchesne, Paris 1950.

[83] Vgl. H. DE LUBAC SJ, *Histoire et esprit. L'intelligence de l'Écriture d'après Origène*, Aubier, Paris 1950; DERS., *Exégèse Médiévale. Les quatre sens de l'Écriture*, Aubier, Paris 1959-1961.

Ein typisches Beispiel für diese verkürzte Sichtweise war die regelrecht als solche zu bezeichnende Verfolgung, die vom Päpstlichen Bibelinstitut und der Bibelkommission gegen Don Dolindo Ruotolo[84] unternommen wurde, einen frommen und gelehrten Priester aus Neapel, der es gewagt hatte, der neuen rationalistischen Richtung zu misstrauen und einen Kommentar der Heiligen Bücher auf Basis der traditionellen exegetischen Methode der Kirchenväter und -lehrer zu verfassen. Don Ruotolo fügte dem Studium der Heiligen Bücher Gebete und Meditationen bei und hatte das Ansinnen, den Bruch zwischen Wissenschaft und Glauben auf dem Gebiet der Exegese wieder zu kitten. Zwei Prälaten, Msgr. Giovanni Maria Sanna[85], Bischof von Gravina und Irsina, und Msgr. Giuseppe Palatucci[86], Bischof von Campagna, intervenierten zu seiner Verteidigung[87] und stellten die exegetische Richtung von Don Ruotolo der des Päpstlichen Bibelinstitutes gegenüber, die sie als *„eine Ermutigung zu bestimmten, im Grunde rationalistischen und modernistischen Methoden und Richtlinien“*[88] interpretierten. Trotz

---

[84] Dolindo Ruotolo (1882-1970), 1905 zum Priester geweiht, entfaltete seine Aktivität vor allem in Neapel in der Kirche San Giuseppe dei Nudi, wo sein Bruder Elio als Pfarrer tätig war und wo er jetzt auch bestattet liegt. Sein Seligsprechungsprozess wurde eingeleitet. Sein Hauptwerk, unter dem Pseudonym DAIN COHENEL veröffentlicht, ist *La Sacra Scrittura. Psicologia. Commento. Meditazione* in 33 Bänden von Genesis bis zur Apokalypse, das 1974 unter der Schirmherrschaft des Bischofs von Sessa Aurunca, Vittorio M. Costantini (1906-2003) abgeschlossen wurde. Zu ihm vgl.: *Fui chiamato Dolindo, che significa dolore. Pagine di autobiografia,* hg. v. Apostolato Stampa, Sessa Aurunca-Napoli-Riano 1972; ANTONIO GALLO, *Un prete del Duemila*, Edizioni Apostolato, Napoli 1974.

[85] Giovanni Maria Sanna (1873-1956), Franziskanerkonventuale, 1896 zum Priester geweiht, Bischof von Ampurias und Tempio in Sardinien (1915-1922), 1922 bis 1953 Bischof von Gravina und Irsina in Apulien, wo er die Franziskaner-Missionsschwestern vom Gekreuzigten Jesus gründete. Man gedenkt seiner wie eines heiligen Hirten, und viele wünschen sich die Eröffnung des Seligsprechungsprozesses.

[86] Giuseppe Maria Palatucci (1892-1961), Franziskanerkonventuale, 1915 zum Priester geweiht, war von 1937 bis zu seinem Tod Bischof von Campagna. Am 12. Dezember 2006 wurde ihm postum ein Goldener Verdienstorden verliehen, womit sein heroischer Beistand für die in Campagna internierten Juden gewürdigt wurde.

[87] Vgl. G. M. SANNA / G. M. PALATUCCI, *La Sacra Scrittura. Psicologia-Commento-Meditazione del Sac. Dain Cohenel. Difesa dalle incriminazioni dei pretesi errori segnalati dal P. Alberto Vaccari SJ*, Apostolato Stampa, Gravina di Puglia 1939; G. M. SANNA, *Risposta al R.P. A. Vaccari s.j. riguardo ai pretesi errori da lui precisati in una lettera al Vescovo stesso sull'Opera La Sacra Scrittura. Psicologia-Commento-Meditazione del Sac. Dain Cohenel*, Gravina di Puglia 1939.

[88] Ebd., 36.

der maßgeblichen und entschlossenen Unterstützung dieser und anderer angesehener Prälaten Italiens wurde Don Ruotolo auf Druck Paters Alberto Vaccari vom Heiligen Offizium verurteilt.[89] Der neapolitanische Geistliche reagierte mit der Abfassung eines kleineren Werkes im Mai 1941[90], das dem Papst vom Kardinal von Neapel, Alessio Ascalesi[91], überreicht wurde; dieses nahm die historische Exegese aufs Korn, da es in der Ausrichtung Vaccaris die Gefahr einer *„intellektuellen Diktatur in re biblica"* erblickte. Don Ruotolos Schrift wurde von der Päpstlichen Bibelkommission missbilligt[92], doch entbehrten die dort geäußerten Sorgen nicht einer Grundlage. Die Parole der Bibliker der 50er-Jahre schien ebenso wie jene der Liturgiker die von Erasmus zu sein: *„Lasst uns zu den Quellen zurückkehren!"*[93] Doch Erasmus, so betont sein Biograph Huizinga, war sich nicht bewusst, wie sehr seine philologisch-kritische Methode das Gebäude der Kirche in seinem Fundament erschüttern sollte.[94]

Pater Bea, dem ‚Strategen' dieses biblischen Reduktionismus, gelang es, einen starken Einfluss auf die Enzyklika *Divino afflante Spiritu* (1943) von Pius XII. auszuüben. Dieses Dokument bekräftigte gegenüber den postmodernistischen Exegeten, die in den 40er-

---

[89] AAS 32 (1940), 553. Zum Vorkommnis vgl. M. PESCE, *Il rinnovamento biblico*, 593-598.

[90] *Un gravissimo pericolo per la Chiesa e per le anime. Il sistema critico-scientifico nello studio e nell'interpretazione della Sacra Scrittura. Le sue deviazioni funeste e le sue aberrazioni* (24. Mai 1941, 48 S. {Titel auf dt.: *Eine schwerwiegende Gefahr für die Kirche und für die Seelen. Die historisch-kritische Methode im Studium und in der Auslegung der Heiligen Schrift. Ihre verderblichen Verfehlungen und ihre Abirrungen*}).

[91] Alessio Ascalesi (1872-1952), 1895 in der Kongregation vom Kostbarsten Blut zum Priester geweiht. Bischof von Muro Lucano (1909-1911) und von Benevent (1911-1916); 1916 wurde er zum Kardinal erhoben. Von 1924 bis zu seinem Tod Erzbischof von Neapel.

[92] AAS 23 (1941), 465-472. Vgl. ALBERTO VACCARI SJ, *Lo studio della S. Scrittura. Lettera della Pontificia Commissione Biblica con introduzione e commenti*, La Civiltà Cattolica, Roma 1943.

[93] „Ad fontes! *Lasst uns zurückkehren zu den alten Quellen der klassischen Autoren, der Schrift, der Väter! So lautete der Schlachtruf der Renaissance-Humanisten wie eines Erasmus. Es war noch viel mehr der Schlachtruf des Konzils, obwohl in dessen Dokumenten eher geflüstert als gerufen wurde*" (J. W. O'MALLEY, *Erasmus and Vatican II*, 200).

[94] Vgl. JOHAN HUIZINGA, *Erasmus*, Deutsch von WERNER KAEGI, 2. Aufl., Benno Schwabe & Co., Basel 1936, 165.

Jahren die göttliche Irrtumslosigkeit auf die Glaubens- und Sittenwahrheiten beschränken wollten, energisch das Prinzip, wonach allein dem Lehramt der Kirche die authentische Auslegung der Heiligen Schrift zukommt[95]; zugleich identifizierte es als Hauptziel der Exegese jedoch die Bestimmung des Literalsinnes des Textes. Dies bedeutete den Verzicht auf eine patristische, theologische und spirituelle Exegese im Namen einer historisch-literalen Exegese, die ausschließlich wissenschaftlich und rational war. Die Enzyklika beschnitt also das Terrain nicht nur für die symbolische Hermeneutik der ‚Nouvelle théologie', die sich vom Lehramt und von der scholastischen Theologie losgelöst hatte, sondern auch für die traditionelle Exegese, die auf die symbolische Auslegung der Kirchenväter zurückgriff. Nicht zu Unrecht sahen die Progressisten in diesem Dokument von Pius XII. einen Erfolg, doch muss es, um richtig verstanden zu werden, im Licht der Enzykliken *Spiritus Paraclitus* von Benedikt XV. und *Humani generis* des Pacelli-Papstes gelesen werden. Denn umgekehrt wurde auch die Verurteilung der Irrtümer der *‚Nouvelle théologie'* in *Humani generis* von Kard. Bea als Anerkennung der historisch-kritischen Methode dargestellt, die den exegetischen Horizont der 50er- und 60er-Jahre immer mehr beherrschte und der es, wie ein Wissenschaftler betont, gelang, *„tiefgreifende Veränderungen im katholischen theologischen Denken vorzunehmen, ohne je direkt auf eine Reform der Theologie als solche abzuzielen"*[96]. Bea wurde darüber hinaus Beichtvater Pius' XII. von 1945 bis zu dessen Tod (1958). In einem Vortrag, den er am 8. Dezember 1957 im Päpstlichen Bibelinstitut zum Gedächtnis des 50. Jahrestages der Enzyklika *Pascendi* hielt, hob der deutsche Jesuit einerseits hervor, dass eine große Anzahl von Thesen, die durch die Enzyklika *Pascendi* und das Dekret *Lamentabili* beanstandet wurden, den biblischen Modernismus betreffe, auf der anderen Seite bestritt er, dass solche Irrtümer in Italien verbreitet wären und verkürzte den biblischen Modernismus zu einer rein philosophischen Tendenz,

---

[95] Enz. *Divino afflante Spiritu*. Vgl. auch MARIO MERENDA, *Il Magistero della Chiesa. Norma prossima per l'esegeta*, in: Palestra del Clero 49 (1970), 203-220; 396-404; 473-484.

[96] M. PESCE, *Un "bruit absurde"*, 326-327.

wie sie vom nunmehr in Vergessenheit geratenen Alfred Loisy verkörpert worden sei.[97]

4. Die Liturgische Bewegung

Die Liturgie stellte neben der Exegese das andere große Feld dar, auf dem sich der Modernismus betätigte. Diesem zufolge kann die christlich-religiöse Erfahrung ihren adäquaten Ausdruck nicht in Verstandesformeln finden, wie es die Dogmen sind, sondern muss ihren ersten Ausdruck in der *lex orandi* erhalten. Dom Prosper Guéranger[98], der große Restaurator der römischen Liturgie im 19. Jh., hatte die Erneuerung des monastischen Lebens als eine Rückkehr zur überlieferten römischen Liturgie verstanden, nach den Verwüstungen, die der Protestantismus und, im Innern der katholischen Kirche, der Gallikanismus und der Jansenismus angerichtet hatten. Die neue liturgische Bewegung verfügte über eine im Kern antirömische Geisteshaltung und bewegte sich unabhängig von den Weisungen des Heiligen Stuhles und häufig sogar offen gegen sie.

Der hl. Pius X. hatte die Linien des Programmes einer authentischen liturgischen Erneuerung vorgezeichnet, das sich in die von Dom Guéranger eröffnete Spur einfügte. Ausdruck dieser Erneuerung waren die Dekrete *Sacra Tridentina*[99] vom 20. Dezember 1905 und *Quam singulari*[100] vom 8. August 1910, welche die häufige Kommunion sowie die Kommunion von Kindern empfahlen; das Schreiben an Kard. Pietro Respighi vom 14. Juni 1905, worin der Papst

---

[97] Vgl. A. BEA SJ, *L'enciclica "Pascendi" e gli studi biblici*, in: Biblica, 39 (1958), 121-138.

[98] Dom Prosper Guéranger (1805-1875), 1827 zum Priester geweiht, Abt des Benediktinerklosters Solesmes und Gründer der französischen Kongregation des Benediktinerordens, Erneuerer des monastischen Lebens in Frankreich. Von ihm: *Institutions liturgiques*, 4 Bde., Société Générale de Librairie Catholique, Paris 1878-1885. Zu ihm siehe PAUL DELATTE OSB, *Dom Guéranger. Abbé de Solesmes*, Abbaye de Solesmes, Sablé-sur-Sarthe 1984 (1909) und CUTHBERT JOHNSON OSB, *Prosper Guéranger (1805-1875): a liturgical theologian*, Pontificio Ateneo S. Anselmo, Roma 1984. Vgl. auch die Artikel von B. HEURTEBIZE, in: DThC VI (1920), 1894-1898 und von JACQUES HOURLIER, in: DSp VI (1967), 1097-1106.

[99] ASS 38 (1905/1906), 401-405.

[100] AAS 2 (1910), 894-897.

wünschte, dass der Katechismusunterricht durch eine Unterweisung zu den liturgischen Festen vervollständigt werde; die Bulle *Divino afflatu*[101] vom 1. November 1911, die eine Brevierreform promulgierte.

Der postmodernistische Liturgismus[102] besaß seinen Hauptinterpreten in Dom Lambert Beauduin[103], einem belgischen Benediktiner von Mont-César, dessen Teilnahme am *Congrès National des Œuvres Catholiques di Malines* am 23. September 1909 als Beginn der neuen Bewegung angesehen wird[104]. In seiner Rede vertrat der Mönch von Mont-César die Auffassung, dass die Liturgie nicht allein im öffentlichen Kult der Kirche besteht, sondern im wahren Gebet der Gläubigen, das zwischen ihnen ein machtvolles Band der

---

101 Bulle *Divino afflatu*, in: BELLOCCHI, Bd. VII: *Pio X (1903-1914)*, 470-473.

102 Zur ‚Liturgischen Bewegung' vgl. OLIVIER ROUSSEAU OSB, *Histoire du mouvement liturgique: esquisse historique depuis le début du 19. siècle jusqu'au pontificat de Pie X.* (Lex orandi 3), Paris 1945; DIDIER BONNETERRE, *Le Mouvement liturgique*,, Escurolles 1980; BURKHARD NEUNHEUSER, *Movimento liturgico*, in: *Liturgia*, hgg. v. DOMENICO SARTORE / ACHILLE MARIA TRIACCA, Cinisello Balsamo 2001, 1279-1293; *Liturgia: temi e autori. Saggi di studio sul movimento liturgico*, hg. v. FRANCO ROVELLI, Edizioni Liturgiche, Roma 1990; MATIAS AUGÉ, *Il movimento liturgico.Alla ricerca della fondazione "spirituale" della liturgia*, in: Ecclesia Orans 24 (2007), 335-350; ALCUIN REID OSB, *The Organic Development of Liturgy. The Principles of Liturgical Reform and their Relation to the Twentieth Century. Liturgical Movement Prior to the Second Vatican Council*, mit einem Vorwort von Kard. J. RATZINGER, St Michael's Abbey Press, London 2004; BERNARD BOTTE OSB, *Le mouvement liturgique: témoignage et souvenirs* (Textes et études liturgiques 6), Desclée, Paris [1982].

103 Lambert Beauduin (1873-1960), belgischer Benediktiner, 1897 zum Priester geweiht, Mönch der Benediktinerabtei Mont-César bei Löwen (1907), gründete später das Einheits-Kloster in Amay (Liège), das nach Chevetogne in der Provinz Namur umzog. Er wurde 1932 aus der Abtei entlassen, blieb aber ein Bezugspunkt für den Ökumenismus. Zu ihm vgl. die Biographie von RAYMOND LOONBEEK / JACQUES MORTIAU, *Un pionnier: dom Lambert Beauduin (1873-1960). Liturgie et unité des chrétiens*, Louvain-la-Neuve, Chevetogne 2001, 2 Bde. Eine Kurzfassung wurde von den Éditions du Cerf 2005 unter dem Titel veröffentlicht: *Dom Lambert Beauduin. Visionnaire et précurseur (1873-1960). Un moine au cœur libre*. Vgl. auch ANDRÉ HAQUIN, *Dom Lambert Beauduin et le renouveau liturgique*, J. Duculot, S.A., Gembloux 1970; LOUIS BOUYER, *Dom Lambert Beauduin (1823-1960). Un homme d'Église*, Casterman, Paris 1964; FRANCESCO RICOSSA, *L'eresia antiliturgica dai Giansenisti a Giovanni XXIII (1668-1960): i tre secoli di gestazione delle riforme conciliari*, in: Sodalitium 11 (1986), 8-16.

104 *„Der Kongress von Mecheln im September 1909 bietet Gelegenheit, die Menschen guten Willens zu versammeln, ein Aktionsprogramm festzulegen, eine Kampagne zu planen sowie eine liturgische Bewegung ins Leben zu rufen*" (L. BEAUDUIN OSB., Introduction, in: *Cours et conférences de la semaine liturgique de Maredsous 19-24 août 1912*, Abbaye de Maredsous, Maredsous 1913, XIII-XVI, XV).

Einheit stiftet.[105] Die liturgischen Versammlungen hatten aus seiner Sicht ihren Gemeinschaftscharakter verloren, um sich auf Formen privater und innerer Andacht zu reduzieren. Während seines Noviziates hatte Beauduin seine Idee einer ‚liturgischen Erneuerung' in dem Satz zusammengefasst, *„man bräuchte eine Demokratisierung der Liturgie"*[106]; um diese zu verwirklichen, entwickelte er den Begriff *„tätige Teilnahme der Gläubigen"*[107] weiter, eine kurze Wendung von Pius X., wie Gilles Routhier erwähnt, die diesem am Ende des dritten Abschnittes seines Motu proprio *Tra le sollecitudini* entschlüpft war[108]. Die Studie *La liturgie catholique*[111], die Maurice Festugière[109], Benediktiner von Maredsous[110], 1913 veröffentlichte und in der er die ignatianische Spiritualität fundamental angriff, definierte Dom Beauduin als *„die Eröffnung der wissenschaftlichen Phase der liturgischen Bewegung"*[112]; fortan unterstützte er ihn leidenschaftlich. Festugière und Beauduin betrachteten die ‚liturgische Aktion' als

---

[105] *La vraie prière de l'Église. Resumé du rapport de dom Lambert Beauduin au Congrès de Malines*, in: Questions liturgiques et paroissiales 40 (1959), 218-221.

[106] L. Beauduin OSB, *Autour du Jubilé du mouvement liturgique 1909-1959*, in: Questions liturgiques et paroissiales 40 (1959), 208, zit. nach: Reiner Kaczynski, *La liturgia come vissuto religioso*, in: *SC, I cattolici nel mondo contemporaneo*, 400.

[107] J. Lamberts, *L'évolution de la notion de «participation active» dans le Mouvement liturgique du XXe siècle*, in: La Maison-Dieu 241 (2005), 77-120; Ders. (Hg.), *The active participation revisited – La participation active. 100 ans après Pie X et 40 ans après Vatican II*, Peeters, Louvain 2005.

[108] Vgl. G. Routhier, *Vatican II*, 134.

[111] Vgl. Maurice Festugière OSB, *La liturgie catholique. Essai de synthèse, suivi de quelques développements*, in: Revue de philosophie (1913), 692-886. Vgl. Annalisa Girolimetto, *Liturgia e vita spirituale. Il dibattito sorto sugli anni 1913-1914*, in: *Liturgia: temi e autori*, 211-274.

[109] Maurice Festugière (1870-1950) trat 1895 in das Benediktinerkloster Maredsous ein, wurde 1900 zum Priester geweiht und legte in San Anselmo in Rom die feierlichen Gelübde ab, wo er das Doktorat in Theologie erlangte. Zwischen 1911 und 1913 veröffentlichte er verschiedene Artikel in der ‚Revue Liturgique et Bénédictine'. 1913 erschien in der ‚Revue de philosophie' *La Liturgie catholique. Essai de synthèse*, anschließend teilweise in einem Band veröffentlicht (Maredsous 1913). Er veröffentlichte in der Folgezeit Artikel zu Philosophie, Theologie, Moral und Spiritualität. Vgl. Edmond Yawo Amekuse, *Le rôle total de la liturgie dans l'économie chrétienne. La contribution de Maurice Festugière au mouvement liturgique*, Pontificium Athenaeum S. Anselmi, Roma 2008.

[110] Abt von Maredsous war Dom Columba Marmion (1858-1923), der die polemischen Auseinandersetzungen jener Jahre mit Gelassenheit verfolgte. Vgl. Benjamin Marie Morineau, *Dom Marmion Maître de sagesse*, DDB, Paris 1944.

[112] Zit. von M. Augé, *Il movimento liturgico*, 338.

eine Methode der Askese und Spiritualität, die sich anderen ‚Schulen' wie der ignatianischen, die bis dahin in der Kirche vorherrschend gewesen war, entgegenstellte. *„Ein fundamentaler Kampf der Ideen"* – schrieb Dom Beauduin – *„bereitet sich auf dem Gebiet der Frömmigkeit und der Askese vor"*[113]. Ein Jahr später veröffentlichte Beauduin das kleine Werk *La piété de l'Église: Principes et faits*, das von vielen als der programmatische Text der entstehenden Liturgischen Bewegung betrachtet wurde. Ebenfalls 1914 gründete in Italien der Mönch von Praglia, Emanuele Caronti[114], die ‚Rivista liturgica', in der man von den ersten Nummern an das ‚Programm' von Dom Beauduin übernahm und die *„sakramental-herabsteigende Bedeutung"* des Kultes der *„latreutisch-aufsteigenden"*[115] entgegensetzte. Der Benediktiner Salvatore Marsili[116] wurde 1934 Mitarbeiter bei dieser Zeitschrift und dann von 1939 bis 1948 ihr Redaktionsleiter. Zu den Bewunderern von Dom Beauduin in Italien gehörte der Oratorianer von Brescia, Giulio Bevilacqua[117], dem der junge Giovanni Battista Montini seine liturgische Formung verdankte[118].

---

[113] Brief vom 12. Oktober 1913, in: *Lettres de dom Beauduin à dom R. Thibaut, 1909-1955*, in: E.Y. AMEKUSE.

[114] Emanuele Caronti (1882-1966), Benediktiner, Abt des Klosters S. Giovanni in Parma (1919) und später Abt-Präses der Benediktinerkongregation von Subiaco (1937). Vgl. seine programmatischen Artikel *La liturgia: nozioni e principi* im ersten Band der Zeitschrift: Rivista Liturgica 1 (1914), 7-13, 88-108.

[115] Vgl. SALVATORE MARSILI OSB, *Storia del movimento liturgico italiano dalle origini all'enciclica "Mediator Dei"*, in: O. ROUSSEAU OSB (Hg.), *Storia del movimento liturgico*, 263-369; PAOLO TOMATIS, *Lo spirito della liturgia nei primi 50 anni di "Rivista liturgica" (1914-1964)*, in: Rivista Liturgica 90/2-3 (2003), 341-356; MANLIO SODI, *Tra movimento, riforma e rinnovamento: il servizio di "Rivista Liturgica"*, in: Rivista Liturgica 90/6 (2003), 931-964.

[116] Salvatore Marsili (1910-1983), Benediktiner, 1931 zum Priester geweiht, Gründer und erster Präses des Päpstlichen Liturgischen Institutes in Rom, 1972 bis 1979 Abt der Abtei S. Maria in Finalpia. Vgl. ADELE COLOMBO, *Il teologo Salvatore Marsili – profetico fautore delle scienze umane in liturgia?*, in: Rivista Liturgica 90/5 (2003), 745-764.

[117] Giulio Bevilacqua (1881-1965), Oratorianer, 1908 in Brescia zum Priester geweiht. Er war in Brescia Beichtvater von Giovanni Battista Montini, der ihn nach seiner Wahl zum Papst 1965 zum Kardinal erhob. Zu ihm vgl. ANTONIO FAPPANI, *Padre Giulio Bevilacqua, il cardinale-parroco*, Queriniana, Brescia 1979.

[118] Vgl. GODFRIED DANNEELS, *Paul VI et la réforme liturgique*, in: Istituto Paolo VI 10 (1985), 55-70, 56-57.

Als Ausgangspunkt der Liturgischen Bewegung in Deutschland gilt die Feier der ,Gemeinschaftsmesse'[119], die am 6. August 1921 in der Krypta der deutschen Abtei Maria Laach[120] im Rheinland unter Leitung des Abtes Ildefons Herwegen[121] stattfand. Zur liturgischen Bewegung von Maria Laach sind Personen wie ihr Mönch Odo Casel[122] und Romano Guardini[123] zu zählen, die in den ersten Jahren ihrer Tätigkeit in maßgeblichem Kontakt mit der Abtei standen[124]. Auf ihre Anregung hin entstanden 1918 drei Publikationsreihen: ,Ecclesia Orans', ,Liturgiegeschichtliche Quellen' und ,Liturgiegeschichtliche Forschungen'.

Pius Parsch[125], Augustinerchorherr der Abtei Klosterneuburg bei Wien, Autor von *Das Jahr des Heiles* (1923), begann damit, eine Messe „*zum Volk hin*" zu zelebrieren und die liturgischen Texte ins Deutsche zu übersetzen. Im Titel seines Hauptwerkes[126] von 1940 bringt er die Idee einer „Volksliturgie" zum Ausdruck, welche die vertikale Beziehung zu Gott auf die horizontale Ebene verlagert. Diese Idee wurde dann auch vom Innsbrucker Jesuiten Josef Jung-

---

[119] R. KACZYNSKI, 401.

[120] Mgr. Giovanni Battista Montini besuchte die Abtei Maria Laach im August 1928 während einer Reise, die ihn nach Frankreich, Belgien und Deutschland führte. Vgl. G. B. MONTINI, *Lettere ai familiari. 1919-1943*, Bd. II, 1928-1943, hg. v. NELLO VIAN, Studium, Roma 1986, 556.

[121] Ildefons Herwegen (1874-1946), deutscher Benediktiner, begann sein Noviziat 1894 in der Abtei Maria Laach, wo er 1901 zum Priester geweiht und 1913 zum Abt gewählt wurde.

[122] Odo Casel (1886-1949), deutscher Benediktiner, 1911 zum Priester geweiht, Herausgeber des ,Jahrbuch für Liturgie-Wissenschaft' (1921-1924), von 1922 bis 1948 Spiritual der Abtei Herstelle (Westfalen). Vgl. ARNO SCHILSON, *Theologie als Sakramententheologie. Die Mysterientheologie Odo Casels*, Matthias Grünewald, Mainz 1982.

[123] Romano Guardini (1885-1968), 1910 zum Priester geweiht. Er lehrte Religionsphilosophie in Berlin, Tübingen und München. Er gehörte zu den Gründern der Katholischen Akademie in Bayern. Vgl. HANNA BARBARA GERL, *Romano Guardini: 1885-1968, Leben u. Werk*, 3. erg. Aufl., Matthias-Grünewald-Verlag, Mainz, 1990.

[124] Vgl. R. GUARDINI, *Briefe an den Laacher Abt Ildefons Herwegen aus den Jahren 1917 bis 1934*, hg. v. ANGELUS A. HÄUSSLING OSB, in: Archiv für Liturgiewissenschaft 27 (1985), 205-262, 408-411.

[125] Pius Parsch (1884-1954), Österreicher, Augustinerchorherr von Stift Klosterneuburg, 1905 zum Priester geweiht, Begründer und erster Herausgeber von ,Bibel und Liturgie'.

[126] Vgl. P. PARSCH, *Volksliturgie, Ihr Sinn und Umfang*, Echter Verlag, Würzburg 2004.

mann aufgegriffen. Die Teilnehmer der ersten ‚liturgischen Messen' von Klosterneuburg kamen aus der Biblischen Bewegung, die in Deutschland ebenso wie in Belgien in die liturgische einfloss. Der Nuntius Eugenio Pacelli verhehlte seine Kritik an dem neuen Liturgismus nicht: *„Besagte Bewegung"* – schrieb er an seine Vorgesetzten zum Zeitpunkt seiner Abreise aus Deutschland im November 1929 – *„übertreibt die Bedeutung der Liturgie, indem sie die äußeren Formen gleichsam an die Stelle des wesentlichen Inhaltes des katholischen Glaubens setzen will."*[127] Auch in den 30er-Jahren werden die Aktivitäten der Abtei Maria Laach Gegenstand herber Kritik seitens des Kardinalstaatssekretärs Pacelli bilden.[128]

Die neuen Ideen hatten sich drückend auf den Bereich der Spiritualität, der Pastoral und der Ekklesiologie gelegt. Die Reformer strebten danach, den wesenhaften Unterschied zwischen dem sakramentalen Priestertum der Priester und dem allgemeinen Priestertum der Laien in der Weise auszulöschen, dass sie der Gemeinschaft der Gläubigen eine regelrecht priesterliche Natur zuschrieben; sie legten die Idee einer ‚Konzelebration' des Priesters mit dem Volk nahe; sie vertraten die Auffassung, man müsse aktiv an der Messe ‚partizipieren', indem man mit dem Priester einen Dialog halte, was den Ausschluss jeder anderen Form legitimer Mitwirkung am Opfer wie Betrachtung, Rosenkranzgebet oder sonstiger privater Gebete ausschloss; sie kämpften für die Reduzierung des Altares auf einen Tisch; sie betrachteten die Kommunion *‚extra Missam'*, die Besuche beim Allerheiligsten Altarsakrament und die ewige Anbetung als außerliturgische Frömmigkeitsformen; sie zeigten nur spärliche Aufmerksamkeit für die Verehrung des Kostbaren Blutes, der Gottesmutter, der Heiligen und ganz allgemein für die traditionelle Spiritualität und Moral. Es handelte sich mit einem Wort um eine ‚Neu-

---

[127] Zit. in P. CHENAUX, *Pio XII*, 361. Pater Max Kassiepe OMI (1867-1948), *Irrwege und Umwege im Frömmigkeitsleben der Gegenwart* (Butzon & Bercker, Kevelaer 1939), gehörte zu den ersten, welche die Irrtümer des ‚Liturgismus' anprangerten. Es folgte die Kritik von AUGUST DOERNER, *Sentire cum ecclesia* (1941) und das *Memorandum*, das der Erzbischof von Freiburg, Conrad Gröber (1872-1948), an die deutschen Bischöfe sandte.

[128] Pacelli an den Abt von Stotzingen, 3. August 1933, zit. in: P. CHENAUX, *Pio XII*, 361-362.

interpretation' der Lehre und der Struktur der Kirche mit dem Ziel, sie an den modernen Geist anzupassen.

In Belgien profitierte die Liturgische Bewegung von der Entwicklung der Katholischen Aktion, speziell von der Bewegung der JOC (*Jeunesse Ouvrière Chrétienne*), die 1925 von P. Joseph Léon Cardijn[129] gegründet worden war. Cardijn war ein Freund der Abtei Mont-César, und als er große Zusammenkünfte zu organisieren begann, betraute er die Abtei mit der Feier der Messe, die das Zentrum des Tagesablaufes bilden sollte. „*Sicher ist*", bemerkt Dom Bernard Botte, „*dass diese Versammlungen junger Arbeiter, die dem Priester respondierten, das Ordinarium der Messe sangen, an der Gabendarbringung und an der Kommunion teilnahmen, die liturgische Bewegung mehr förderten als viele Aufsätze*"[130].

Gegen Ende des Zweiten Weltkrieges nahmen das Zentrum für Liturgiepastoral in Paris unter Leitung des Kirchenrechtlers Aimé-Georges Martimort[131] und das Liturgische Institut in Trier unter Leitung von Msgr. Johannes Wagner[132] mit der Abtei Mont-César Kontakt auf. 1951 organisierten die beiden Zentren in der Nähe der Abtei Maria Laach eine vertrauliche Zusammenkunft, bei der man ohne die Anwesenheit eines Vertreters der römischen Hierarchie zum ersten Mal das Problem einer radikalen Reform der Messe in Angriff nahm. Jungmann, Führer der deutschen Liturgischen Bewegung, schlug strukturelle Veränderungen selbst im Messkanon vor.[133] Das Zentrum für Liturgiepastoral und die Abtei Mont-César

---

[129] Joseph-Léon Cardijn (1882-1967), Belgier, 1906 zum Priester geweiht, 1965 zum Bischof geweiht und im selben Jahr zum Kardinal erhoben.

[130] B. BOTTE, 66. Dom Bernard Botte (1893-1980), belgischer Benediktiner, war Konsultor der Vorbereitungskommission für die Heilige Liturgie.

[131] Aimé-Georges Martimort (1911-2000), Priester der Diözese Toulouse, Professor am Institut Catholique in Toulouse. Konsultor der Vorbereitungskommission für die Heilige Liturgie, Konzilsperitus.

[132] Johannes Wagner (1908-1999), 1932 zum Priester geweiht. Von 1946 bis 1975 Sekretär der Liturgischen Kommission der Bischofskonferenz in Fulda, später der Deutschen Bischofskonferenz. Bis 1975 Konsultor der Päpstlichen Kongregation für den Gottesdienst.

[133] Vgl. B. BOTTE, 206-207. Josef Jungmann (1889-1975), Österreicher, Mitglied der Gesellschaft Jesu, 1913 zum Priester geweiht, Professor an der Theologischen Fakultät der Universität Innsbruck, Herausgeber der ‚Zeitschrift für Katholische Theologie' (1927-1939, 1945-1963), Mitglied der Vorbereitungskommission, dann Peritus des Zweiten Vatikanischen Konzils. Sein Buch *Die Frohbotschaft und unsere Glaubensverkündigung*, Pustet, Regensburg 1936, wurde durch Intervention des Heiligen

riefen danach unter der Leitung von Dom Bernard Botte, auch er ein Mönch von Mont-César, das Höhere Institut für Liturgie in Paris ins Leben, das vom Heiligen Stuhl dem Päpstlichen Liturgischen Institut von San Anselmo gleichgestellt wurde.

Am 20. November 1947 erschien die Enzyklika *Mediator Dei*[134] über die heilige Liturgie. Sie hatte die Absicht, die Irrwege der Liturgischen Bewegung zu korrigieren, indem sie die mit *Mystici Corporis*[135] eingeführte päpstliche Lehre weiter entfaltete. Pius XII. billigte jedoch unter dem Einfluss von P. Bea, seinem Beichtvater, und von dem für seine Persönlichkeit charakteristischen Perfektionsstreben getrieben, dass die Biblische Bewegung ein Werk liturgischer Reform voranbrachte, das bereits vor *Mediator Dei* eingeleitet worden war, und zwar die von Bea vollendete neue lateinische Version der Psalmen. Diese neue Übersetzung des Psalters aus dem Hebräischen, vom Päpstlichen Bibelinstitut 1941 begonnen[136], in der das ‚christliche Latein' der Vulgata durch ein künstliches ‚ciceronianisches' Latein ersetzt wurde, stellte den schwersten Schlag für das Werk des hl. Hieronymus seit den Tagen von Lorenzo Valla und Erasmus dar.

> *„Für mehr als fünfzehn Jahrhunderte"* – bemerkt der Schriftsteller Nino Badano[137] – *„hatten in den Klöstern, in den Abteien, in den Zönobien Generationen heiliger Mönche die Psalmen mit den Worten der Vulgata rezitiert: es mussten die ‚Siebzig Männer' des Bibelinstitutes von Augustin Bea kommen, um ihre hochgelehrten philologischen Korrekturen vorzulegen. ... Das Überraschendste dabei ist, dass diese erste Profanierung des Psalters von Pius XII.*

Offizium aus dem Buchhandel entfernt, jedoch 1963 in überarbeiteter Form nachgedruckt (Tyrolia, Innsbruck 1963). Zu ihm vgl. *J. A. Jungmann. Ein Leben für Liturgie und Kerygma*, hg. v. HANS-BERNHARD MEYER SJ, Tyrolia, Innsbruck 1975.

134 Vgl. PIUS XII., Enzyklika *Mediator Dei* vom 20. November 1947, in: AAS 39 (1947), 521-600.

135 Vgl. PIUS XII., Enzyklika *Mystici Corporis* vom 29. Juni 1943, in: AAS 35 (1943), 193-248.

136 Vgl. SCHMIDT, *Bea*, 102-105. Dem Autor zufolge wäre es Pius XII. selbst gewesen, der Bea die Verwendung des ‚ciceronianischen' Lateins „vorschrieb" (ebd., 102-105).

137 Nino Badano (1911-1991), Herausgeber von ‚Il Quotidiano' (1950-1964), dann von ‚Il Giornale d'Italia' (1966-1969) und zwanzig Jahre lang Leitartikelschreiber bei ‚Il Tempo' in Rom.

abgeschlossen und genehmigt worden ist: eines gewiss großen Papstes, der aber von einem formalistischen Perfektionismus getrieben wurde, welcher ihn dazu führte, immer das Lehramt für wichtiger zu halten als die Leitung; Glaubensunterweisung statt Bewachung der Herde. ... Er war es, der die Veränderung des Psalters aus Skrupeln philologischer Genauigkeit heraus wollte oder tolerierte; aber genau das ließ ihn den unschätzbaren Wert der Tradition übersehen."[138]

1948 wurde eine Kommission für die Liturgiereform[139] gebildet, deren Vorsitz zunächst Kard. Clemente Micara[140] und ab 1953 Kard. Gaetano Cicognani, Präfekt der Ritenkongregation, innehatte. Zum Sekretär wurde ein junger Lazaristenpriester ernannt, Annibale Bugnini[141], Herausgeber der ‚Ephemerides Liturgicae'. In den zwölf Jahren ihres Bestehens (28. Juni 1948 – 8. Juli 1960) – erwähnt Bugnini – hielt die Kommission 82 Zusammenkünfte ab und arbeitete unter absoluter Geheimhaltung. *„Die Kommission genoss das volle Vertrauen des Papstes, der von Msgr. Montini auf dem Laufenden gehalten wurde, und mehr noch wöchentlich durch P. Bea, den Beichtvater Pius' XII."*[142] Praktisch alle liturgischen Bücher wurden erneuert, insbesondere das Divinum Offizium und die Heilige Woche. Un-

---

[138] NINO BADANO, *I primi giorni della Chiesa e gli ultimi*, Volpe, Roma 1973, 158-159.

[139] Vgl. NICOLA GIAMPIETRO OFM, *Il Card. Ferdinando Antonelli e gli sviluppi della riforma liturgica dal 1948 al 1970*, Pontificio Ateneo S. Anselmo, Roma 1998; DERS., *A cinquant'anni dalla riforma liturgica della Settimana Santa*, in: Ephemerides liturgicae 120 (2006), 293-332. Zur Arbeit der Kommission vgl. auch CARLO BRAGA CM, *La riforma liturgica di Pio XII. Documenti. I. La "memoria sulla riforma liturgica"*, Edizioni Liturgiche, Roma 2003.

[140] Clemente Micara (1879-1965), 1902 zum Priester geweiht, 1920 wurde er zum Apostolischen Nuntius in der Tschechoslowakei ernannt und zum Titularbischof von Apaurea geweiht, später wirkte er als Nuntius in Belgien und Luxemburg (1923-1946). 1946 wurde er zum Kardinal erhoben. Pro-Präfekt der Ritenkongregation (1950-1953).

[141] Annibale Bugnini (1912-1982), Mitglied der *Congregatio Missionis* (Lazarist). 1936 zum Priester geweiht, Sekretär der Heiligen Kongregation für den Gottesdienst (1969-1976), Titularerzbischof von Diokletiana (1972). Apostolischer Pro-Nuntius im Iran (1976-1982).

[142] A. BUGNINI, *La riforma liturgica (1948-1975)*, Edizioni Liturgiche, Roma 1997, 25 {dt.: *Die Liturgiereform: 1948 - 1975; Zeugnis u. Testament*, hg. v. JOHANNES WAGNER unter Mitarb. v. FRANÇOIS RAAS, übers. v. HEINRICH VENMANN, Freiburg i. B./Basel/Wien 1988, 29}.

vorhergesehen erschienen am 9. Februar 1951 das Dekret der Ritenkongregation *Dominicae Resurrectionis Vigiliam* und am 16. November 1955 das Dekret *Maxima redemptionis nostra mysteria*[143] über die Reform der Liturgie der Heiligen Woche. Der zukünftige Kard. Ferdinando Antonelli sollte diese *„den bedeutendsten Akt in der Geschichte der Liturgie vom hl. Pius V. bis heute"* nennen[144]. Die ganze *ratio* dieser Reform – dies wurde zu Recht beobachtet – erscheint durchdrungen von einem Gemisch aus Rationalismus und Archäologismus mit zuweilen phantasievollen Beigaben.[145]

5. Die philosophische und theologische Bewegung

Am 4. August 1879 richtete Leo XIII. an die katholische Welt die Enzyklika *Aeterni Patris*, mit der er die Lehre des hl. Thomas als Grundlage für die höheren philosophischen Studien vorlegte und den Thomismus als die primäre und notwendige Antwort auf die philosophischen Irrtümer benannte, welche den katholischen Glauben und auch die natürliche Moral bedrohten.[146]

Auf philosophischer Ebene war die historisch-kritische Methode, die von den Modernisten übernommen wurde, vom Prinzip der Immanenz beherrscht, welches sich zwar nicht direkt gegen die eine oder andere Offenbarungswahrheit richtete, jedoch die Begriffe ‚Wahrheit', ‚Religion' und ‚Offenbarung' radikal veränderte und

---

[143] Vgl. AAS 47 (1955), 838-847. Zu den eingebrachten Hauptveränderungen: F. ANTONELLI OFM, *Importanza e carattere pastorale della Riforma liturgica della Settimana Santa*, in: ‚L'Osservatore Romano', 27. November 1955.

[144] F. ANTONELLI OFM, *La riforma liturgica della Settimana Santa: importanza attualità prospettive*, in: *La Restaurazione liturgica nell'opera di Pio XII. Atti del primo Congresso Internazionale di Liturgia Pastorale, Assisi-Roma, 12-22 settembre 1956*, Centro di Azione liturgica, Genova 1957, 179-197, zit. nach: C. BRAGA, *"Maxima Redemptionis Nostrae Mysteria" 50 anni dopo (1955-2005)*, in: Ecclesia Orans 23 (2006), 11-36, 34.

[145] Vgl. STEFANO CARUSI, *La riforma della Settimana Santa negli anni 1951-1956*, in: ‚Disputationes Theologicae' (http://disputationes-theologicae.blogspot.com/2010/03/la-riforma-della-settimana-santa-negli.html).

[146] Eine Sammlung der grundlegenden Dokumente des Lehramtes mit einem umfangreichen Kommentar in: SANTIAGO RAMIREZ OP, *De auctoritate doctrinali S. Thomae Aquinatis*, Apud Sanctum Stephanum, Salamanca 1952.

sich dem philosophischen System des hl. Thomas von Aquin frontal entgegenstellte.[147] In der Enzyklika *Pascendi* verurteilte Pius X. die Immanenzphilosophie und schrieb als Fundament der heiligen Studien die *philosophia scholastica* vor, unter der er vornehmlich (*praecipue*) *„die Philosophie des Thomas von Aquin"* verstand[148]. In dem umfangreichen Dokument *Doctoris Angelici*, das zwei Monate vor seinem Tod am 29. Juni 1914 erschien, ordnete der Papst ausdrücklich an, *„den heiligen Studien die scholastische Philosophie zugrunde"* zu legen, wobei er nochmals präzisierte, dass er darunter die Philosophie des hl. Thomas von Aquin verstand.[149] *„Tatsächlich darf man die Kernpunkte der Philosophie des hl. Thomas nicht in der gleichen Weise ansehen wie Meinungen, über die es erlaubt ist, zu diskutieren und hier und da etwas für sich zu entnehmen; vielmehr ist sie das Fundament, auf denen jede Wissenschaft von den natürlichen und göttlichen Dingen ruht."*[150] Mit kategorischen Formulierungen (*Nos volumus, iubemus, praecipimus*) ordnete der Papst an, in den theologischen Instituten die *Summa Theologiae* des hl. Thomas wieder einzuführen. Diesem grundlegenden Dokument folgte im Monat darauf die Veröffentlichung von 24 thomistischen Thesen[151] durch die Heilige Kongregation für die Studien, welche nach Pius X. die *„principia et pronuntiata maiora doctrinae S. Thomae"*[152] enthielten.

---

[147] Vgl. C. FABRO, *Modernismo*, in: EC VIII, 1188-1196, 1191-1192. Zu den philosophischen Ursprüngen des Immanenzprinzips vgl. DERS., *Introduzione all'ateismo moderno*, Studium, Roma 1969, 2 Bde., passim. ALBERTO CATURELLI, *El principio de immanencia, la divinización del hombre y el orden temporal*, in: Verbo 253-254 (1987), 249-294.

[148] Vgl. ASS 40 (1907), 640.

[149] Vgl. AAS 6 (1914), 338.

[150] Ebd., 337-338.

[151] Vgl. SACRA CONGREGAZIONE DELLA DOTTRINA DEGLI STUDI, *Dichiarazione* (bekannt als *XXIV Thesen zur Philosophie des hl. Thomas*) vom 27. Juli 1914, in: AAS 6 (1914), 383-386. Die XXIV Thesen waren in der Hauptsache das Werk des Jesuiten Guido Mattiussi (1852-1925). *„Sie sind so wunderbar geordnet, dass alle von der ersten abhängen, die ihrerseits das Fundament der thomistischen Synthese formuliert, nämlich die Realdistinktion zwischen dem Vermögen und dem Akt"* (RÉGINALD GARRIGOU-LAGRANGE OP, *Sintesi tomistica*, Queriniana, Brescia 1953, 399-411). Siehe auch CARLO GIACON SJ., *Per una prima genesi delle XXIV tesi del tomismo specifico*, in: Doctor communis 24 (1981), 175-193; JÉSUS VILLAGRASA LC, *Il retroscena di una polemica: le XXIV tesi tomistiche*, in: *Neotomismo e suarezianismo. Il confronto di Cornelio Fabro*, Ateneo Pontificio Regina Apostolorum, Roma 2006, 35-90.

[152] AAS 6 (1914), 383.

Eine vollständige Zustimmung zur Philosophie des hl. Thomas implizierte eine Ablehnung der modernen Philosophie in allen ihren Äußerungen von Descartes bis Kant und schließlich bis hin zu den idealistischen, historizistischen und evolutionistischen Strömungen, die bei Anbruch des 20. Jahrhunderts auftraten. Der Kern der modernen Philosophie bestand im Immanentismus, d.h. dem Prinzip, wonach Quelle und Maßstab des Seins aus dem Bewusstsein des Menschen hervorgehen. Die Neuscholastik des 20. Jahrhunderts erfasste jedoch nicht den metaphysischen Umsturz, den das Immanenzprinzip darstellte, und suchte häufig einen Kompromiss mit diesem. Die philosophische ‚Dritte Partei' repräsentierte jene Bewegung, welche nach dem ersten Weltkrieg die Scholastik mit den Strömungen des modernen Denkens zu versöhnen suchte.[153] In Belgien wies der Jesuit Joseph Maréchal[154] seit 1912 auf Blondel als einen der größten zeitgenössischen Denker hin[155] und bot eine Blondelsche Neuinterpretation des Thomismus[156]. Sein postumes Werk *Le point de départ de la métaphysique*[157] (1947) begründete eine philosophische Strömung, unkorrekt bezeichnet als ‚transzendentaler Thomismus'[158], die eine Brücke zur Phänomenologie Martin Heideggers schlug. Maréchal besaß die Unterstützung des einflussreichen belgischen Kardinals Mercier, der den Thomismus mit den Anliegen

---

[153] Vgl. EDUARD HABSBURG-LOTHRINGEN, Das Ende des Neuthomismus. Die 68er, das Konzil und die Dominikaner, Nova et Vetera, Bonn 2007, 86-94.

[154] Joseph Maréchal (1878-1944), belgischer Philosoph und Psychologe aus der Gesellschaft Jesu, 1908 zum Priester geweiht. Professor an der Universität Löwen.

[155] Vgl. JOSEPH MARÉCHAL SJ, *Science empirique et psychologie religieuse*, in: Recherches de Science Religieuse 3 (1912), 1. Der Einfluss von Blondel auf Maréchal wurde von A. MILLET erforscht, *Les "Cahiers" du P. Maréchal. Sources doctrinales et influences subies*, in: Revue néo-scolastique de Philosophie 43 (1945). Vgl. auch GERALD A. MCCOOL, *From Unity to Pluralism. The International Evolution of Thomism*, Fordham University Press, New York 1989, 87-113.

[156] Vgl. GIOVANNI MORETTO, *Destino dell'uomo e Corpo Mistico. Blondel, de Lubac e il Concilio Vaticano II*, Brescia 1994, 64. Siehe auch SALVATORE NICOLOSI, *La presenza di Blondel nel Concilio Vaticano II*, in: DERS. u.a. (Hgg.), Attualità del pensiero di Maurice Blondel, Massimo, Milano 1976, 49-91.

[157] Vgl. J. MARÉCHAL SJ, *Le point de départ de la métaphysique*, Alcan, Bruges-Louvain 1922-1947, 4 Bde.

[158] „*Tatsächlich ist die Qualifizierung des Thomismus als ‚transzendental' im kantischen Sinn eine contradictio in terminis, weil der thomistische Begriff ‚transzendental' eine reale Natur besitzt, der kantische hingegen eine irreale*" (GIOVANNI CAVALCOLI OP, *Karl Rahner, Il Concilio tradito*, Fede e Cultura, Verona 2009, 19).

der modernen Philosophie von Descartes bis Kant aussöhnen wollte[159].

Der Irrtum der Neuscholastik der 20er- und 30er-Jahre bestand in der Auffassung, dass eine einfache Neuvorlage der metaphysischen Prinzipien ausreichen würde, um mit dem revolutionären Prozess der Laisierung der Gesellschaft Schritt zu halten. Sehr oft mangelte es der Neuscholastik jener Jahre an einer Theologie der Geschichte, und sie gab den Kampf gegen den Gegner auf und flüchtete sich stattdessen in einen intellektuellen Elfenbeinturm. In Wirklichkeit zirkulierte der Modernismus nicht nur in den Büchern, sondern im gesamten sozialen Körper (Kunst, Literatur, Sitten etc.) und vergiftete jeden Sektor. Dies erlaubte es der entstehenden ‚Neuen Theologie', sich als eine „lebendige", mit der Geschichte in Verbindung stehende Theologie und Philosophie zu präsentieren, im Gegensatz zur abstrakten Buchgelehrtheit der Scholastik.

In Belgien, bei Tournai, wuchs der Dominikanerkonvent Le Saulchoir empor, dessen ‚Studienleiter' ab 1932 P. Marie-Dominique Chenu[160] war. 1937 erschien ein Pro-manuscripto-Beitrag von ihm mit dem Titel *Une école de théologie, Le Saulchoir*[161], in dem er ein ‚methodologisches' Programm für die Strukturierung der Dominikanerstudien vorlegte. Chenu kritisierte darin die antimodernistische Theologie im Namen eines *„Christus des Glaubens"*, den man (wie es die Modernisten wollten) im *„Christus der Geschichte"*

---

[159] Désiré Mercier (1851-1926), 1874 zum Priester geweiht, Erzbischof von Malines/Mecheln (1906) und Kardinal (1907) war der Begründer der neuthomistischen Schule von Löwen. Vgl. LOUIS DE RAEYMAEKER, *Le cardinal Mercier et l'Institut supérieur de philosophie de Louvain*, Presses Universitaires de Louvain, Louvain 1952; R. AUBERT, *Le cardinal Mercier, archevêque de Malines, 1906-1926. Un prélat d'avant-garde*, Presses Universitaires de Louvain, Louvain 1994 (1976).

[160] Marie-Dominique Chenu (1895-1990), französischer Dominikaner, studierte am Angelicum in Rom zusammen mit Pater Garrigou-Lagrange und war von 1920 bis 1942 Professor für Kirchengeschichte an der Fakultät von Saulchoir. Auf dem Konzil war er persönlicher Experte von Mgr. Claude Rolland, Bischof von Antsirabe (Madagaskar). Zu ihm vgl. *Jacques Duquesne interroge le Père Chenu: Un théologien en liberté*, Centurion, Paris 1975; *L'hommage différé au Père Chenu*, Paris 1990; FLORENT GABORIAU, *Trente ans de théologie française. Dérive et genèse*, L'Âge d'Homme, Lausanne 2003, 139-152.

[161] Vgl. M. D. CHENU OP, *Une école de théologie: Le Saulchoir*, pro-manuscripto, Le Saulchoir, Kain-lez-Tournai 1937 {dt.: *Le Saulchoir – eine Schule der Theologie*, aus d. Französ. v. MICHAEL LAUBLE, Morus, Berlin 2003}. Zu *Le Saulchoir* vgl. É. FOUILLOUX, *Une Église en quête de liberté*, 124-148.

erkennt.[162] In dem Maße nämlich, wie die Geschichtlichkeit die Bedingung des Glaubens und der Kirche sei[163], müssten die Theologen imstande sein, „*die Zeichen der Zeit*" zu lesen, d.h. die Manifestation des Glaubens in der Geschichte[164].

Das ‚Manifest' des französischen Dominikaners wurde durch ein Dekret des Heiligen Offiziums vom 4. Februar 1942 auf den Index gesetzt[165], zusammen mit dem *Essai sur le problème théologique* seines Mitbruders Louis Charlier[166], und er wurde seines Amtes enthoben. Seine priesterlichen Schüler, wie der zehn Jahre jüngere Dominikaner Yves Congar[167], waren von da an überzeugt, „*ihre Generation müsse für die Kirche all das retten, was in der Auffassung der Modernisten von Wert sei*"[168]. Chenu hatte übrigens im Modernismus nur „*eine Wachstumskrise in der Kirche*"[169] gesehen. Chenu, Congar

---

[162] M. D. CHENU OP, *Le Saulchoir – eine Schule der Theologie*, 125.

[163] Ebd., 121-125.

[164] Vgl. auch Y. CONGAR OP, *La storia della Chiesa come luogo teologico*, in: Concilium 6 (1970), 103-115.

[165] Vgl. AAS 34 (1942), 37.

[166] Louis Charlier (1898-1981), belgischer Dominikaner, Verfasser eines *Essai sur le problème théologique* (Ramgal, Thuillies 1938), das am 4. Februar 1942 auf den Index gesetzt wurde. Zu ihm vgl. *Nouvelle théologie*, 61-69, und die Kritik von Pater MARIE-ROSAIRE GAGNEBET OP, *Un essai sur le problème théologique*, in: Revue thomiste 45 (1939), 108-145.

[167] Yves Congar (1904-1995), französischer Dominikaner, 1930 zum Priester geweiht, bis 1937 Theologieprofessor in Le Saulchoir. Als „*Vater und Inspirator des Zweiten Vatikanums*" bezeichnet (B. FORTE, in: ‚L'Avvenire', 23. Juni 1996), wurde er im November 1994 als Neunzigjähriger von Johannes Paul II. mit dem Kardinalspurpur geehrt. Zu ihm siehe É. FOUILLOUX, *Frère Yves, Cardinal Congar, dominicain. Itinéraire d'un théologien*, in: Revue des sciences philosophiques et théologiques 79 (1995), 379-404; DERS., *Comment devient-on expert au Vatican II? Le cas du Père Yves Congar*, in: *Le deuxième concile du Vatican*, 307-331; *Cardinal Yves Congar 1904-1995*, hg. v. ANDRÉ VAUCHEZ, Paris 1999; G. ALBERIGO, *P. Congar, Dossetti e l'officina bolognese*, in: Cristianesimo nella storia 24 (2003), 154-165; JEAN-PIERRE JOSSUA, *Le concile d'Yves Congar*, in: Cristianesimo nella storia 24 (2003), 149-153; A. MELLONI, *Congar, Architect of the Unam Sanctam*, in: Louvain Studies 29 (2004), 222-238; MARIE-ANNE VANNIER, *Notes sur Yves Congar et Vaticano II*, in: Revue des Sciences Religieuses 77 (2003), 1, 8-10; J. WICKS, *Yves Congar's Doctrinal Service of the People of God*, in: Gregorianum 84 (2003), 499-550; das Heft ‚Istina' 48/1 (2003), mit dem Titel *Deux pionniers de l'unité: Yves Congar et Willem Visser't Hooft* (Kolloquium in Paris, 27. September 2002), mit Beiträgen von B. Dupuy, É. Mahieu, K. Raiser, F. Fleinert-Jensen, B. Bobrinskoy, R. Beaupère, M. Chevallier.

[168] AIDAN NICHOLS, *Yves Congar*, Chapman u.a., London 1989, 5.

[169] M. D. CHENU, *Le Saulchoir – eine Schule der Theologie*, 92.

und Henri-Marie Féret[170], der am wenigsten bekannte der Theologen von Saulchoir, wurden als die ‚drei Musketiere' bezeichnet und befanden sich während des Zweiten Vatikanischen Konzils in Rom.

Was für die Dominikaner die Schule von Saulchoir war, dies war für die Jesuiten die Schule von Fourvière[171] bei Lyon, wo ein universitäres Institut der Gesellschaft Jesu emporwuchs. Das Ambiente von Lyon-Fourvière wurde vor allem durch die Lehrtätigkeit von P. Auguste Valensin[172] beeinflusst, Philosophieprofessor zu Lyon von 1929 bis 1934, Schüler Blondels und Freund einer anderen markanten Persönlichkeit, die in jener Epoche einen „verborgenen" Einfluss ausübte: des Jesuiten Pierre Teilhard de Chardin[173]. Als Leiter von Expeditionen und wissenschaftlichen Missionen sowie als Autor zahlreicher Bücher hatte Teilhard zu Lebzeiten niemals die Autorisierung erhalten, seine Werke zu veröffentlichen, in welchen er eine philosophische und religiöse Konzeption entwickelt hatte, die mit der christlichen Weltanschauung unvereinbar war. 1926 war ihm die Lehrerlaubnis entzogen worden, und im folgenden Jahr hatte der Heilige Stuhl seinem Buch *Le milieu divin* das *Imprimatur* verweigert. 1933 ordnete Rom seine Entfernung aus Paris an, und 1939 wurde sein Buch *L'énergie humaine* vom Heiligen Offizium auf den Index gesetzt. *„Rückkehr zur Bibel"* und

---

[170] Henri-Marie Féret (1904-1992), französischer Dominikaner, Professor für Kirchengeschichte in Le Saulchoir, später Prior einer Dominikanerkommunität in Dijon (1958-1964), leitete 50 Jahre bis zu seinem Tod die ‚Groupe évangélique', welche aus Frauen bestand, die monatlich zusammenkamen, um die Heilige Schrift zu studieren. Während des Konzils war er Berater des Bischofs von Saint-Claude, Claude Fusin. Er ist Autor eines umstrittenen Bandes *L'Apocalypse de saint Jean: Vision chrétienne de l'histoire*, Correa, Paris 1943. Zu ihm vgl. *Nouvelle théologie*, 57-60.

[171] Vgl. É. FOUILLOUX, *Une "école de Fourvière"?*, in: Gregorianum 83 (2002), 451-459; DOMINIQUE AVON, *Une école théologique à Fourvière*, in*: Les jésuites à Lyon XVIe siècle*, hgg. v. É. FOUILLOUX / BERNARD HOURS, ENS Editions, Lyon 2005, 231-246.

[172] Auguste Valensin (1879-1953), französischer Jesuit, 1910 zum Priester geweiht. Von 1920 bis 1934 Professor für Philosophie an der katholischen Fakultät Lyon.

[173] Pierre Teilhard de Chardin (1881-1955), französischer Jesuit, 1911 zum Priester geweiht, Paläontologe und Naturwissenschaftler, vom Heiligen Stuhl wegen seiner heterodoxen Thesen wiederholt zensuriert. Vgl. ROSINO GIBELLINI, *Teilhard de Chardin. L'opera e le interpretazioni*, Queriniana, Brescia 1981 (mit Lit.). Zu seinen Beziehungen zu Blondel vgl. CHRISTIAN D'ARMAGNAC, *De Blondel à Teilhard. Nature et intériorité*, in: Archives de Philosophie XXI/2 (1958), 298-312; PAUL-HENRI COUTAGNE, *Le problème de l'Action chez Teilhard et Blondel*, in: *Maurice Blondel. Une dramatique de la modernité, Akten des Kolloquiums in Aix-en-Provence (März 1989)*, hg. v. DOMINIQUE FOLSCHEID, Editions Universitaires, Paris 1990, 188-200.

„Erneuerung der patristischen Theologie" lauteten die Parolen der Jesuiten von Fourvière gegen die Scholastik. Im Zentrum dieses Denkens stand jedoch nicht die ‚Rückkehr zu den Vätern', sondern eine theologische Anthropologie, die sich auf die Philosophie Blondels gründete und von Teilhard de Chardin beeinflusst war.[174]

In direkter Kontinuität zum Werk von Blondel und Teilhard stand P. Henri de Lubac[175] aus der Gesellschaft Jesu. De Lubac hatte seine Studien in England begonnen und sie 1928 in Lyon abgeschlossen; dort wurde er auch zum Professor für Fundamentaltheologie ernannt. Er hatte zu Beginn der 20er-Jahre Teilhard kennen gelernt, der einen entscheidenden Einfluss auf sein Denken ausübte, und er sah sich insbesondere durch Blondel und Maréchal[176] geformt. Hans Urs von Balthasar, der derselben Schule zugehörte, sieht in der Trias Blondel – Maréchal – de Lubac die *„drei Martyrer der Wahrheit"*[177] in jener Epoche.

---

174 Eine Blondelsche Prägung wie de Lubac besaß auch Pater Henri Bouillard SJ (1908-1981), dessen Werk *Conversion et grâce chez saint Thomas d'Aquin* (1944) zu den Faktoren gehörte, die die Polemik gegen die ‚Nouvelle théologie' entfesselten (M. PESCE, *Un "bruit absurde"*, 306).

175 Henri de Lubac (1896-1991) trat 1913 in die Gesellschaft Jesu ein und wurde 1927 zum Priester geweiht. Theologieprofessor in Lyon, war er Konsultor der Theologischen Vorbereitungskommission, dann Peritus. Er wurde 1983 durch Johannes Paul II. zum Kardinal erhoben. Zu ihm vgl. J. GUILLET, in: DHCJ, 2430-2432; GEORGES CHANTRAINE SJ, *Le cardinal Henri de Lubac. L'homme et l'œuvre,* Lethielleux, Paris 1983, und die im Folgenden angeführten Werke.

176 *„Während meiner philosophischen Jahre (1920-1923) in Jersey hatte ich mit Leidenschaft die* Action, *den* Lettre *(über seine Apologetik) und verschiedene andere Studien von Maurice Blondel gelesen*", bezeugt Henri de Lubac (*Mémoire sur l'occasion de mes écrits,* Paris 2006, 15). Zur Blondelschen Voraussetzung der Religionsphilosophie von de Lubac vgl. u.a. ANTONIO RUSSO, *Henri de Lubac: teologia e dogma nella storia. L'influsso di Blondel,* Studium, Roma 1990; É. FOUILLOUX, *Une Église en quête de liberté,* 174-181; G. MORETTO, *Destino dell'uomo e corpo mistico*; GIANFRANCO COFFELE, *Apologetica e teologia fondamentale, da Blondel a de Lubac*, Studium, Roma 2004.

177 HANS URS VON BALTHASAR, *Henri de Lubac. Sein organisches Lebenswerk*, Johannes-Verlag, Einsiedeln 1976, 10. Hans Urs von Balthasar (1905-1988), Schweizer Theologe aus der Gesellschaft Jesu, die er 1950 verließ. 1988 Kardinalserhebung angekündigt. Balthasar starb vor Abhaltung des Konsistoriums.

Pater Jean Daniélou[178], Schüler von de Lubac in Fourvière, diskreditierte in einem umfangreichen programmatischen Artikel, der 1946 in der Zeitschrift ‚Études' unter dem Titel *Les orientations présentes de la pensée religieuse* erschien, auch seinerseits den Thomismus, dem, wie er behauptete, *„der Begriff der Geschichte fremd ist"*, während im Gegensatz dazu *„sich die großen patristischen Systeme gerade auf diesen stützen"*[179]. Zugleich wünschte er die Benutzung der Psychologie und der religiösen Phänomenologie seitens der zeitgenössischen Theologie, um den Sinn für Geschichte und den Kontakt mit dem Leben wiederzufinden. Überdies erklärte er den Modernismus als *„unglücklichen Ausdruck echter Bedürfnisse"*[180] und schrieb die Verantwortlichkeit für seine Entstehung dem *„Bruch zwischen der Theologie und dem Leben"* im traditionellen katholischen Denken zu.

1942 begründeten de Lubac und Daniélou zwei Editionsreihen: ‚Sources chrétiennes'[181] zur Förderung des Studiums der Kirchenväter, mit impliziter Frontstellung gegenüber der Scholastik; und ‚Théologie', das ein Programm zur Umformung der theologischen Fragen mittels der historisch-kritischen Methode beinhaltete.

Das Erscheinen des Buches *Catholicisme* von de Lubac 1938 in der Reihe ‚Unam Sanctam', die P. Congar herausgab, brachte die ‚Brüderlichkeit' zum Ausdruck, die die zwei heterodoxesten Schulen jener Zeit, die Jesuitenschule Fourvière und die Dominikanerschule Le Saulchoir, verband. Während Chenu aus Saulchoir eine

---

[178] Jean Daniélou (1905-1974), französischer Jesuit, 1938 zum Priester geweiht, Professor für antike Geschichte des Christentums am Institut Catholique in Paris, Konzilsperitus. 1969 wurde er zum Kardinal erhoben. 1972 wurde er zum Mitglied der Académie Française gewählt. Aufsehen erregte sein plötzlicher Tod am 21. Juni 1974 im Hause einer Pariser Prostituierten. Zu ihm siehe DONATO VALENTINI, *La teologia della storia nel pensiero di Jean Daniélou, con bibliografia generale dal 1936 al 1968*, Pontificia Università Lateranense, Roma 1970; P. DUCLOS, in: DHCJ, 1044-1046, mit Lit.

[179] J. DANIÉLOU SJ, *Les orientations présentes de la pensée religieuse*, in: Études, 249 (1946), 5-21.

[180] Ebd., 7.

[181] Vgl. É. FOUILLOUX, *La collection "Sources chrétiennes". Éditer les Pères de l'Église au XXème siècle*, Paris 1995.

ideologische Schule machen wollte, bestritt de Lubac jedoch die Existenz einer *„mysteriösen ‚Schule von Fourvière'"*[182].

Der *‚Nouvelle théologie'* entsprach die Idee einer *„nouvelle chrétienté"*, die in eben diesen Jahren der französische Philosoph Jacques Maritain[183] entwickelt hatte. In dem Apostolischen Schreiben *Pervenuti all'anno vigesimoquinto*[184] (1902) zog Leo XIII. eine Linie des revolutionären Prozesses vom Protestantismus über die Französische Revolution bis hin zum Kommunismus. Das Werk *Humanisme intégral*[185] (1936) von Maritain, das insbesondere auf die Laienwelt einen Einfluss ausübte, der nicht geringer war als Blondels *L'Action*[186], brachte die Umwälzung der Geschichtsphilosophie von Leo XIII. P. Meinville hat in seinem 1945 erschienenen Buch *De*

---

[182] H. DE LUBAC SJ, *Entretien autour de Vatican II*, Paris 1985, 12 {dt.: *Zwanzig Jahre danach – ein Gespräch über Buchstabe und Geist des Zweiten Vatikanischen Konzils*, übers. v. WOLFGANG BADER, Verlag Neue Stadt, München [u.a.] 1985, 11}.

[183] Jacques Maritain (1882-1973), Schüler des Philosophen Henri Bergson, konvertierte 1906 zum Katholizismus, gemeinsam mit seiner Frau Raissa, einer Jüdin russischer Herkunft. Nachdem er der Action Française nahe gestanden hatte, trennte er sich von Maurras und bot sich der katholischen Welt als der neue *maître à penser* dar. Nachdem er die Zeit des Krieges in Amerika verbracht hatte, wurde er zum Botschafter Frankreichs beim Heiligen Stuhl ernannt (1944-1948), um dann nach Amerika als Professor an der Universität von Princeton zurückzukehren. Zu ihm vgl. u.a. GUILLAUME DE THIEULLOY, *Le chevalier de l'absolu. Jacques Maritain entre mystique et politique*, Gallimard, Paris 2005.

[184] Vgl. LEO XIII., Apostolisches Schreiben *Annum Ingressi* vom 19. März 1902, bekannt unter seinen Anfangsworten als *Pervenuti all'anno vigesimoquinto*, in: EE III, *Leone XIII (1878-1903)*, EDB, Bologna 1997, 1892-1931.

[185] Vgl. J. MARITAIN, *Humanisme intégral. Problèmes temporels et spirituels d'une nouvelle chrétienté*, Aubier-Montaigne, Paris 1936, auch in: JACQUES und RAISSA MARITAIN, *Œuvres complètes*, Editions Universitaires, Fribourg 1984, Bd. VI, 293-642 {dt.: *Christlicher Humanismus – politische und geistige Fragen einer neuen Christenheit*, einzig berecht. Übers. v. WERNER GEBAUER unt. Mitw. v. RUTH KETTELER, Pfeffer, Heidelberg 1950}. LOUIS SALLERON, in der ‚Revue Hebdomadaire' vom 22. August 1936 (auch: *Humanisme intégral? M. Jacques Maritain, marxiste chrétien*, in: L'Ordre Français 176 (1973), 11-24), brandmarkte schon seit 1936 die Dialektik Maritains als *„rein marxistisch"* (ebd., 21). Zu einer kritischen Analyse des Denkens dieses französischen Philosophen vgl. überdies JULIO MEINVIELLE, *De Lamennais à Maritain*, Theoria, Buenos Aires 1967 (1945); LEOPOLDO PALACIOS, *El mito de la nueva cristianidad*, Speiro, Madrid 1952; und die Artikel in der ‚Civiltà Cattolica' von ANTONIO MESSINEO SJ: *Evoluzione storica e messaggio cristiano*, 2433 (1951), 253-263; *Laicismo politico e dottrina cattolica*, 2443 (1952), 18-28; *Umanèsimo integrale*, 2549 (1956), 449-463.

[186] Vgl. JEAN-HUGUEA SORET, *Philosophes de l'Action catholique: Blondel - Maritain*, Paris 2007.

Lamennais à Maritain die beinahe wörtliche Übereinstimmung zwischen dem *„sozialen Christentum"* von Lamennais und der *„nouvelle chrétienté"* von Maritain aufgezeigt.[187] An die Stelle der christlichen Gesellschaft wollte Maritain eine profane *civitas humana* setzen, die er verstand als *„eine zeitliche Regierung oder eine Ära der Gesellschaft, deren inspirierende Form christlich wäre und die dem geschichtlichen Klima der Zeiten, in die wir eintreten, entsprechen würde"*[188]. Zum Fundament dieser Geschichtsphilosophie, die einen hypothetischen *„dritten Weg"* zwischen dem *„mittelalterlichen Ideal"* und dem *„liberalen"*[189] suchte, gehörten die deterministische These der Irreversibilität der modernen Welt und das marxistische Postulat der *„geschichtlichen Rolle des Proletariates"*[190]. Ungeachtet der erklärten Zustimmung Maritains zu den Prinzipien des Thomismus fielen seine Geschichtsphilosophie und seine Soziologie mit dem Neomodernismus zusammen, der unter den jungen Ordensmännern des Jesuiten- und des Dominikanerordens aufblühte. In einem Brief an Maritain beschwört P. Chenu den *„tiefen Schock"*, den die Lektüre seines Buches bei ihm hervorgerufen hatte, welches ihm von da an beständig *„Nahrung bot"*[191].

Maritain besaß gewaltigen Einfluss: in Lateinamerika, wo man ihn in den 30er-Jahren zu einer Vortragsreihe einlud; in den Vereinigten Staaten, wo er sich zwischen 1940 und 1945 aufhielt; und in Rom, wo er zwischen 1945 und 1948 Botschafter Frankreichs beim Vatikan war[192]. Einen Ausdruck der Umkehrung in der Sichtweise des Verhältnisses Kirche-Welt stellt der Hirtenbrief dar, den Kard. Emmanuel Suhard, Erzbischof von Paris, in der Fastenzeit 1947

---

[187] J. MEINVIELLE, *De Lamennais à Maritain*. *„Mein Buch trägt den Titel ‚De Lamennais à Maritain' und nicht ‚Lamennais e Maritain'* – schrieb Meinvielle an Pater Garrigou-Lagrange –, *weil ich nicht zwei Menschen vergleichen will, sondern das Verhaftetsein des einen wie des anderen im selben Irrtum, der im vergangenen Jahrhundert verurteilt wurde, aufzeigen will'* (J. MEINVIELLE, *Correspondance avec le R. P. Garrigou-Lagrange à propos de Lamennais et Maritain*. Nuestro Tiempo, Buenos Aires 1947, 39).

[188] J. MARITAIN, *Humanisme intégral*, 442 (siehe die umfassende Darlegung 437-526).

[189] Ebd., 495.

[190] Ebd., 552-554.

[191] Brief vom 3. März 1947, in: P. CHENAUX, *Paul VI et Maritain. Les rapports du "montinianisme" et du "maritainisme"*, Studium, Brescia 1994, 80.

[192] Vgl. ROBERTO FORNASIER, *Jacques Maritain Ambasciatore. La Francia, la Santa Sede e i problemi del dopoguerra*, Studium, Roma 2010.

veröffentlichte. Der Kardinal deutete die Krise seiner Zeit als eine Krise des Jugendalters und der Reifwerdung, die alle Strukturen der menschlichen Ordnung betraf, und sah eine Zeit der „Morgenröte" für die Kirche voraus.[193]

6. Die Ökumenische Bewegung

Die biblisch-liturgische Bewegung und die neuen philosophischen und theologischen Tendenzen flossen in eine breitere ‚ökumenische' Bewegung zusammen, die auch ihrerseits durch eine stark antirömische Stimmung gekennzeichnet war. Im Unterschied zur vorherigen Bewegung entstand der Ökumenismus außerhalb der katholischen Kirche, und zwar genau im Bereich der protestantischen Mission, wo die Vielzahl der Bekenntnisse heftige Probleme für den Proselytismus schuf.[194] Die Konferenz von Edinburgh (1920) war der Ursprung für die zwei Bewegungen ‚Glaube und Kirchenverfassung (Faith and Order)' und ‚Leben und Aktion (Life and Work)', die sich vornahmen, den Weg für die ökumenische Einheit zwischen den (protestantischen) Kirchen auf dem Feld der Doktrin und der Praxis zu suchen. Die katholische Kirche beteiligte sich nicht an diesen Initiativen. Am 4. Juli 1919 dehnte das Heilige Offizium das Verbot von Pius IX. (1864) aus, *„an öffentlichen oder privaten Konferenzen"* teilzunehmen, *„die durch Nicht-Katholiken einberufen werden, und die es sich zum Ziel machen, die Einheit aller Gruppen, die sich als ‚christlich' bezeichnen, zu fördern"*[195].

Nach und nach drangen jedoch die ökumenischen Anliegen in das Innere der katholischen Kirche ein; eine erste Stimme fanden

---

[193] Vgl. E. SUHARD, *Essor ou déclin de l'Église*, Lahure, Paris 1947. Emmanuel Célestin Suhard (1874-1949), 1897 zum Priester geweiht, 1928 Bischof von Bayeux, ab 1930 Erzbischof von Reims, 1935 zum Kardinal erhoben, 1940 Erzbischof von Paris.

[194] Vgl. RUTH ROUSE / STEPHEN C. NEIL, *A History of the ecumenical movement 1517-1948*, 3 Bde., Westminster Press, Philadelphia 1954ff. {dt.: *Geschichte der ökumenischen Bewegung: 1517 – 1948*, berecht. Übers. aus d. Engl. unter Verantwortung d. Ökumenischen Zentrale, Frankfurt/Main, 3 Bde., Vandenhoeck & Ruprecht, Göttingen 1957ff}.

[195] Decretum *De Participatione catholicorum societati ‚ad procurandam christianitatis unitatem'*, in: AAS 11 (1919), 309.

sie in Baron Friedrich von Hügel[196], dessen Briefe an seine anglikanische Nichte, wie Georges Tavard schrieb, *„das Modell für eine ökumenische Korrespondenz abgaben"*[197]. Hügel war nach der Aussage von Loisy ein *„wichtiger Verbindungsmann"*[198] *für die verschiedenen Milieus und Strömungen des Modernismus"*, *„das Bindeglied zwischen englischer, deutscher und italienischer Gesellschaft, zwischen den Ideen der Philosophie der Aktion und denen der historischen Immanenz"*[199]; doch besaßen seine Initiativen nicht die Autorität wie diejenigen, die in den 20er-Jahren in Belgien entstanden.

Zwischen 1921 und 1926 fanden nämlich auf Initiative von Lord Halifax[200] und des französischen Lazaristenpaters Fernand Portal[201] in Belgien einige offizielle Treffen zwischen Katholiken und Anglikanern statt, die als ‚Mechelner Gespräche' bekannt sind, weil sie im Hause des Unterstützers Kard. Mercier abgehalten wurden[202]. An diesen Gesprächen nahm auch Dom Lambert Beau-

---

196 Friedrich von Hügel (1852-1925), Österreicher, aber in Italien geboren, war eine der Schlüsselfiguren des Modernismus. Zu ihm vgl. J. P. WHELAN, s.v., in: DSp VII, 852ff, mit umfassender Bibliographie; JOHN J. HEANEY, *The Modernist Crisis: Von Hügel*, G. Chapman, London 1969; *Baron Friedrich von Hügel: Selected Letters, 1896-1924*, hg. v. BERNARD HOLLAND, Dent, London 1928.

197 GEORGES TAVARD, *Petite histoire du mouvement œcuménique*, Editions Fleurus, Paris 1960, 159.

198 Vgl. MAURICE NÉDONCELLE, *La pensée religieuse de Friedrich von Hügel*, Vrin, Paris 1935, 14.

199 GIUSEPPE PREZZOLINI, *Cos'è il modernismo*, Treves, Milano 1908, 75.

200 Zu Charles Lindley Wood, Lord Halifax (1839-1934), vgl. JOHN GILBERT LOCKHART, *Charles Lindley Viscount Halifax*, Geoffrey Bless, London 1935-36, 2 Bde.; J. GUITTON, *Trois serviteurs de l'unité chrétienne: le P. Portal, Lord Halifax, le cardinal Mercier*, Paris 1939; ALBERT GRATIEUX, *L'amitié au service de l'union. Lord Halifax et l'abbé Portal*, Bonne Presse, Paris 1951.

201 Fernand Portal (1855-1926), 1880 in der Missions-Kongregation der Lazaristen zum Priester geweiht, gab 1908 sein Amt als Superior des universitären Seminars Saint-Vincent de Paul auf, weil er des Modernismus verdächtigt wurde. Vgl. F. PORTAL, *Refaire l'Église de toujours. Textes présentés par Régis Ladous*, Nouvelle Cité, Paris 1977; HYPPOLYTE HEMMER, *M. Portal, prêtre de la Mission de Paris*, Bloud & Gay, Paris 1947; RÉGIS LADOUS, *Monsieur Portal et les siens (1855-1926)*, Vorwort v. ÉMILE POULAT, Paris 1985.

202 Vgl. R. AUBERT, *Les Conversations de Malines. Le Cardinal Mercier et le Saint-Siège*, in: Bulletin de la Classe des Lettres et des Sciences Morales et Politiques 3 (1967), 87-159, auch in: *Le cardinal Mercier (1851-1926). Un prélat d'avant-garde, Publications du Prof. Roger Aubert rassemblées à l'occasion de ses 80 ans*, hg. v. JEAN-PIERRE HENDRICKX / JEAN PIROTTE / LUC COURTOIS, Presses Universitaires de Louvain, Louvain 1994, 393-452; É. FOUILLOUX, *Les catholiques et l'unité chrétienne du*

duin aktiv teil, der sich nach Förderung der Liturgischen Bewegung auf die Ökumenische Bewegung stürzte und 1925 in Belgien das Kloster Chevetogne in Amay-sur-Meuse gründete. Seine Mönche mussten sich ‚entromanisieren' und dem ‚Dialog' mit den Anglikanern und den ‚orthodoxen' Schismatikern öffnen.[203] Die Zeitschrift des Klosters mit dem bezeichnenden Titel ‚Irenikon' diente als Zentrum der Verbreitung dieser Ideen. *„Unsere Generation"* – erinnert sich Kard. Suenens – *„war gekennzeichnet durch die ‚Mechelner Gespräche', in deren Verlauf Kardinal Mercier das berühmte Memorandum des Benediktiners Dom Lambert Beauduin – des künftigen Gründers des ökumenischen Klosters von Amay – vorlas, worin es um die anglikanische Kirche als ‚wiedervereinte, nicht absorbierte Kirche' ging."*[204]

In der Folgezeit, bei einem Aufenthalt in Amay 1932, entdeckte auch Paul Couturier[205], ein Priester aus Lyon, seine ‚ökumenische Berufung'. 1908 hatte Lewis Wattson[206], ein zum Katholizismus konvertierter Anglikaner, eine Gebetsoktav für die Rückkehr der getrennten Brüder zur Kirche verbreitet. Abbé Couturier beschloss nach einem Aufenthalt in der Abtei Amay-sur-Meuse, in seiner Kommunität eine *Gebetsoktav für die Einheit* einzuführen, mit dem Ziel, nicht für die Rückkehr der getrennten Brüder zu beten, wie bis dahin in der katholischen Kirche geschehen, sondern eine neue spirituelle ‚Einheit' zwischen den verschiedenen religiösen Konfessionen zu kreieren: der Ökumenismus war für ihn eine ‚Konvergenz'

XIXe au XXe siècle. Itinéraires européens d'expression française, Le Centurion, Paris 1982, 125-158.

203 Vgl. L. Bouyer, 133-135.

204 J. Suenens, *Souvenirs et espérances*, Fayard, Paris 1991, 62.

205 Paul Couturier (1881-1953), 1906 zum Priester geweiht, war einer der Hauptförderer des katholischen Ökumenismus im 20.Jh. Vgl. die apologetischen Biographien von Maurice Villain, *L'abbé Paul Couturier, apôtre de l'unité chrétienne*, Casterman, Tournai 1957, und Pierre Michalon, *L'abbé Paul Couturier. Apôtre de l'unité chrétienne*, Nouvelle Cité, Paris 2003.

206 Lewis Thomas Wattson (1863-1940). Sohn eines Pastors der Episkopalkirche und selbst Pastor (ab 1886), Gründer der Kongregation der ‚Franziskaner-Brüder von der Versöhnung', einer protestantischen religiösen Gemeinschaft, die der ökumenischen Tätigkeit verpflichtet war. 1909 konvertierte er zusammen mit seiner Kommunität zum Katholizismus; diese wurde vom heiligen Stuhl als religiöse Kongregation anerkannt. Im folgenden Jahr wurde er zum Priester geweiht.

zu Christus hin, in der sich alle Christen begegnen konnten, unabhängig von ihrer Kirchenzugehörigkeit[207].

Die Enzyklika von Pius' XI. *Mortalium animos* vom 6. Januar 1928[208], die als das wichtigste doktrinelle päpstliche Dokument nach *Pascendi* betrachtet werden kann, prangerte den in der Wurzel falschen Begriff von Einheit bei denen an, die die Worte Christi *„damit alle eins seien ... es wird werden ein Hirt und eine Herde"* (Joh 17,21; 10,16) so interpretierten, als ob in diesen Worten *„ein Wunsch und ein Gebet zum Ausdruck kämen, die noch der Erfüllung harrten"*[209]. Gegen den falschen Ökumenismus der sog. Panchristen bekräftigte Pius XI., dass es *„keinen anderen Weg"* gibt, *„die Vereinigung aller Christen herbeizuführen, als den, die Rückkehr aller getrennten Brüder zur einen wahren Kirche Christi zu fördern, von der sie sich ja einst unseligerweise getrennt haben. Zu der einen wahren Kirche ..., die wahrlich leicht erkennbar vor aller Augen steht, und die nach dem Willen ihres Stifters für alle Zeiten so bleiben wird, wie er sie zum Heile aller Menschen begründet hat."*[210] Pius XI. führte dann die klaren Aussagen von Laktanz an: *„Nur ... die katholische Kirche hat die wahre Gottesverehrung bewahrt. Sie ist der Quell der Wahrheit, die Wohnung des Glaubens, der Tempel Gottes; wenn jemand nicht in sie eintritt, oder wer aus ihr austritt, der begibt sich der Hoffnung des Lebens und des Heiles."*[211]

Die Recherchen von Johan Ickx im Vatikanischen Geheimarchiv haben gezeigt, dass die Enzyklika von Pius XI. nicht nur die ‚Mechelner Gespräche' zwischen Katholiken und Anglikanern und die Öffnung gegenüber den griechischen Schismatikern seitens Dom Beauduins treffen wollte, sondern auch die Entstehung einer ‚deutschen Hochkirche', welche sich vornahm, die sog. drei großen christlichen Konfessionen: den Protestantismus, den Katholizismus und

---

207 Vgl. SANDRO SPINAUTI, *Ecumenismo*, Centro "Ut unum sint", Roma 1982, 59-63.

208 *Mortalium animos* sind die Anfangsworte der Enzyklika Pius' XI. vom 6. Januar 1928 *De vera religionis unitate favenda* (AAS 20 (1928), 5-16; EE V: Pio XI, 300-321), veröffentlicht wenige Monate nach der negativen Antwort des heiligen Offiziums auf die Frage, ob es den Katholiken erlaubt sei, an den panchristlichen Kongressen teilzunehmen (8. Juli 1927, in: AAS 19 (1927), 278).

209 PIUS XI., Enz. *Mortalium animos*, AAS 20 (1928), 9 {dt. Übers. v. A. ROHRBASSER, *Heilslehre der Kirche*, Paulusverlag, Freiburg/Schweiz 1953, 402}.

210 Ebd., 14 {dt. Übers. v. ROHRBASSER, 408}.

211 LAKTANZ, *Divinae Institutiones* 4,30,11-12, zit. in: PIUS XI., *Mortalium animos*, 15 {dt. Übers. v. ROHRBASSER, 410}.

die griechisch-orthodoxe Kirche, in einer einzigen ökumenischen Kirche zu vermischen.[212]

In demselben Jahr 1928 wurde Dom Beauduin von seinem Amt als Prior des Klosters in Amay entfernt und später in das Kloster von En-Calcat (Frankreich) versetzt. Die Ökumenische Bewegung im Innern der Kirche beschritt jedoch andere Wege. In Paris fanden private Treffen von Katholiken, Orthodoxen und Protestanten statt, um nach Konvergenzen bei theologischen und philosophischen Themen zu suchen. Bezugspunkt dieser Treffen waren zwei sehr angesehene Personen: Jacques Maritain und Nicolai Berdjajew[213], die seit 1929 einen franko-russischen Kreis interkonfessioneller Begegnungen organisierten[214]. An den Treffen nahm der junge Dominikanerpater Yves Congar teil, der auch auf der Basis dieser Treffen die Bücher *Chrétiens désunis* (1937)[215] und *Esquisses du mystère de l'Église* (1941)[216] verfasste.

Chrétiens désunis, erster Band einer neuen Co-Edition ‚Unam Sanctam', die beim Verlag du Cerf begründet wurde, legte einen neuen ‚katholischen Ökumenismus' vor, der geschickt in sich orthodoxe Aussagen (die getrennten Kirchen haben einige Prinzipien der wahren Kirche bewahrt, und die Seelen können auch innerhalb und trotz dieser Konfessionen das Heil finden) mit offen heterodo-

---

[212] Vgl. JOHAN ICKX, *L'enciclica "Mortalium animos" (1928): sfide storiografiche in base al nuovo materiale archivistico della Santa Sede*, in: *La sollecitudine ecclesiale di Pio XI alla luce delle nuove fonti archivistiche, Atti del Congresso Internazionale di Studio, Città del Vaticano, 26-28 febbraio 2009*, hg. v. C. SEMERARO, Città del Vaticano 2010, 320-327.

[213] Nikolai Berdjajew (1874-1948) hatte in Paris zusammen mit Sergei Bulgakow (1871-1944) und Semen Frank (1877-1950) das Institut des hl. Sergius gegründet, wo die ‚Orthodoxie' mit einem mystisch-pantheistischen Ansatz uminterpretiert wurde. Vgl. OLIVIER CLÉMENT, *Berdaijev: un philosophe russe en France*, Olivier Clément Publisher, Paris 1991.

[214] Vgl. CATHERINE GOUSSEFF, *Une intelligentsia chrétienne en exil: les orthodoxes russes dans la France des années 20*, in: *Intellectuels chrétiens et esprits des années 1920*, hg. v. PIERRE COLIN, Paris 1997, 115-138; ANTONELLA CAVAZZA, *L'idea di 'sobornost' da A.S. Chomjakov al Concilio Vaticano II. Messa a fuoco del problema*, in: *Vatican II in Moscow*, 129-144, 130-132; vgl. auch J. FAMERÉE, *L'ecclésiologie d'Yves Congar avant Vatican II: histoire et Église. Analyse et reprise critique*, Presses universitaires de Louvain, Louvain 1992.

[215] Vgl. Y. CONGAR OP, *Chrétiens désunis: Principes d'un œcuménisme catholique*, Paris 1937.

[216] Vgl. Y. CONGAR OP, *Esquisses du mystère de l'Église*, Paris 1941.

xen (die getrennten Kirchen *sind,* in unterschiedlichem Grad gegenüber der katholischen Kirche, wahre Kirchen und man kann in ihnen und *dank ihrer* das Heil finden) vermischte.[217]

1932 hatte Congar feste Beziehungen zu Abbé Couturier und zu Dom Beauduin aufgenommen.[218] *„Abbé Couturier"* – erinnert sich Congar – *„hatte in mir eine Sichtweise der Kirche entfaltet, die stark bergsonschen Geist atmete: hier gab es in der Kirche einen ‚élan de vie'*[†]*; hier gab es etwas, das dem entsprach, was man unter ‚esprit retombé'*[†] *verstand."*[219] Die ‚evolutionistische' Sichtweise Couturiers, die Congar faszinierte, überrascht nicht angesichts der Tatsache, dass gerade Couturier ein erklärter Bewunderer von Teilhard de Chardin war; dessen Ideen stellten eine unerschöpfliche Quelle für seinen Ökumenismus dar[220]. Congar wurde ein häufiger Besucher des Klosters Chevetogne, das seit den 40er-Jahren ein Zentrum für ‚ökumenische Tage' war, die vor allem von Dom Olivier Rousseau beseelt wurden[221]. Die katholischen Ökumeniker der 40er- und 50er-Jahre wollten das Konzept des *Corpus Mysticum,* das sie in einem weiten und ‚pneumatischen' Sinn verstanden, auf alle christlichen Kirchen ausweiten; zwangsläufig ließen sie dabei die juridische und institutionelle Dimension der katholischen Kirche außer Acht.[222] Congar wurde insbesondere von dem deutschen

---

[217] Vgl. CLAUDE BARTHE, *Trouvera-t-il encore la foi sur la terre? Une crise de l'Église, histoire et questions,* François-Xavier de Guibert, Paris 2006 (3° ed.), 51-52.

[218] Vgl. Y. CONGAR OP, *Une passion: l'unité. Réflexions et souvenirs 1929-1973,* Paris 1974, 20-23.

[†] *Lebensschwung.*

[†] *rückfälliger Geist.*

[219] Ebd., 22-23.

[220] Einer der Lieblingstexte von Couturier war *Le Milieu Divin* von Teilhard de Chardin, von dem er noch vor seiner Veröffentlichung handschriftliche Kopien verbreitet hatte. Vgl. TERESA BURKE CP, *The Abbé Paul Couturier, Pioneer of Spiritual Ecumenism,* in: *The Unity of Christians: the vision of Paul Couturier,* in: The Messanger of the Catholic League, Sonderausgabe, 280 (2003-2004), 1.

[221] Olivier Rousseau (1898-1984), ein belgischer Mönch der Abtei Chevetogne, Herausgeber der Zeitschrift ‚Irenikon'. Einer der Teilnehmer dieser Treffen, Pater Emmanuel Lanne, erinnert sich beispielsweise an die Tage im Jahr 1945, als Charles Moeller, Gustave Thils, Yves Congar und Jerôme Hamer anwesend waren, allesamt Teilnehmer des Zweiten Vatikanischen Konzils, die sich mit der Konzeption ‚Volk Gottes' in der Ekklesiologie beschäftigten (E. LANNE, *Il ruolo del monastero di Chevetogne al Concilio Vaticano II,* in: Cristianesimo nella storia 27 (2006), 517-518).

[222] Vgl. z.B. ERICH PRZYWARA, *Corpus Christi mysticum. Eine Bilanz,* in: Zeitschrift für Aszese und Mystik 15 (1940), 197-215.

Theologen Johann Adam Möhler[223] beeinflusst, dessen Hauptwerk *Die Einheit in der Kirche* er 1938 in der Reihe ‚Unam sanctam' veröffentlichte. Darin wird die Rolle des Heiligen Geistes als Lebensprinzips der Kirche hervorgehoben, gemäß dem Grundsatz, dass die Kirche *„die äußere sichtbare Gestaltung einer heiligen lebendigen Kraft, der Liebe"*, ist[224].

Unter den Schülern von Couturier war überdies ein junger schweizerischer Calvinist, der Theologe Roger Schutz[225], der mit seinem Studienkollegen Max Thurian[226] 1949 in Frankreich die Kommunität von Taizé ins Leben rief, nicht weit von den Ruinen der Benediktinerabtei Cluny entfernt[227]. Sie erhielten durch Vermittlung des Apostolischen Nuntius in Paris, Msgr. Roncalli, vom Heiligen Stuhl die Genehmigung, die katholische Kirche des Bezirks von Taizé, die in der Französischen Revolution geschlossen worden war, offiziell zu nutzen; auf diese Weise führten sie ihre neue, ‚ökumenische' Liturgie ein.

Pius XII. bekräftigte in *Orientalis Ecclesia* vom 9. April 1944[228] die Existenz eines einzigen Weges zur Einheit: die Rückkehr zur einen, wahren, sichtbaren Kirche Christi, welche die römisch-katholische Kirche ist. Die Instruktion *Ecclesia Catholica* der heiligen Kongregation des Heiligen Offiziums vom 20. Dezember 1949 empfahl, *„zu vermeiden, dass aus einem Geist heraus, den man heute ‚irenisch' nennt, die katholische Lehre (ob es sich um das Dogma handelt oder die mit dem Dogma verknüpfte Wahrheit) den Lehren der Anders-*

---

[223] Johann-Adam Möhler (1796-1838), 1819 zum Priester geweiht, Professor für Apologetik und Kirchengeschichte in Tübingen und München. Sein bedeutendstes Werk ist *Die Einheit in der Kirche oder das Prinzip des Katholicismus dargestellt im Geiste der Kirchenväter der drei ersten Jahrhunderte* (1825). Zu ihm vgl. den Artikel von HARALD WAGNER, in: TRE XXIII, 140-143 (mit Lit.).

[224] J. A. MÖHLER, *Die Einheit der Kirche, oder das Princip des Katholicismus, dargestellt im Geiste der Kirchenväter der drei ersten Jahrhunderte*, Laupp, Tübingen 1825, 193. Vgl. auch PHILIPPE BOURRAT, *Ce que Lumen Gentium doit à Möhler*, in: *L'unité spirituelle du genre humain*, 65-89.

[225] Roger Schutz (1915-2005), französischer reformierter Pastor, Gründer und Prior der Ökumenischen Kommunität von Taizé. Gast des Sekretariats für die Einheit der Christen beim Zweiten Vatikanischen Konzil.

[226] Max Thurian (1921-1996), Pastor der Kommunität und schweizerischer Reformierter, Vizeprior von Taizé. Gast des Sekretariats für die Einheit der Christen beim Konzil, wurde 1987 zum Priester der katholischen Kirche geweiht.

[227] Vgl. Y. CHIRON, *Frère Roger*, Perrin, Paris 2008, 64-65.

[228] Vgl. PIUS XII., Enzyklika *Orientalis Ecclesia*, in: AAS 36 (1944), 129-144.

gläubigen solchermaßen angepasst bzw. akkommodiert wird, dass darunter die Fülle der katholischen Doktrin zu leiden hat und ihr genuiner und eindeutiger Sinn verdunkelt wird"[229]. Dieser Sichtweise stellte sich die Anschauung der verschiedenen protestantischen Strömungen entgegen, die nach ihrem Zusammenschluss in der panchristlichen Versammlung von Amsterdam 1948 den Ökumenischen Rat der Kirchen (ÖRK) ins Leben riefen. Im Juli 1950 erarbeitete der ÖRK in Toronto eine ‚ökumenische' Charta, der die Idee einer ‚ökumenischen Kirche' zugrunde lag, welche durch Überwindung der einzelnen christlichen Konfessionen entstünde, von denen keine für sich die gesamte Wahrheit besitze.[230] Von daher stammt die eschatologische Konzeption einer Kirche als ‚Volk Gottes' auf dem Weg zur vollen Einheit in einer künftigen Kirche, die sich aus allen gegenwärtigen konfessionellen Kirchen zusammensetzt. Die Anliegen des protestantischen Ökumenismus wurden von den Kreisen der ‚*Nouvelle théologie*', die zum Relativismus und zum Historizismus tendierten, mit Sympathie aufgenommen. Diese Tendenzen wurden noch dadurch verstärkt, dass in den katholischen intellektuellen Laienkreisen eine psychologische Haltung, vorherrschte, die in einem bedingungslosen Vertrauen in die Idee des ‚Fortschrittes' bestand.

7. Eine geheime Vereinigung im Innern der Kirche?

Die ideologische Gärung, deren Grundzüge wir zu verfolgen suchten, entwickelte sich im Innern der Kirche scheinbar spontan und ohne Ordnung und Richtung, wie es schon in der Epoche des Modernismus geschehen war. Der hl. Pius X. hat sich jedoch mit der Enzyklika *Pascendi* bemüht, den Magmastrom, der sich vor seinen Augen ausbreitete, *ad unum* zurückzuführen. Drei Jahre nach *Pascendi*, im Motu proprio *Sacrorum Antistitum* vom 1. September 1910, hat er auch die Hypothese vorgebracht, dass die Bewegung über

---

[229] SUPREMA S. CONGREGATIO S. OFFICII, *Instructio ‚De motione ecumenica'* vom 20. Dezember 1949, in: AAS 42 (1950), 42-147, 143.

[230] Vgl. MAURIZIO GORDILLO, *Ecumenismo*, in: EC V, 63-65, 63.

eine einheitliche verborgene Organisation verfüge, ja dass sie sogar eine regelrechte ‚Geheimgesellschaft' im Innern der Kirche bilde:

> „*Wir glauben, kein Bischof ist sich darüber im Unklaren, dass eine äußerst gefährliche Gruppe von Menschen, die Modernisten – auch nachdem die Enzyklika* Pascendi Dominici gregis *ihnen ihre Maske abgezogen hat –, ihr Vorhaben, den Frieden der Kirche zu stören, nicht aufgegeben hat. Sie haben in der Tat nicht aufgehört, neue Genossen zu suchen und in einer geheimen Organisation zu sammeln und über sie das Gift ihrer Meinungen in die Adern der christlichen Gesellschaft einzuführen, durch Veröffentlichung von Büchern und Werken, die anonym oder unter einem Pseudonym erscheinen. Wenn man nach Lektüre Unserer genannten Enzyklika mit größerer Aufmerksamkeit die leichtsinnige Verwegenheit bedenkt, die uns so großen Schmerz zugefügt hat, so erscheint es klar, dass sich Menschen, die sich so verhalten, nicht von jenen unterscheiden, die wir in der Enzyklika beschrieben haben, und umso fürchtenswertere Gegner sind, je näher sie uns stehen.*"[231]

Die Worte des hl. Pius X. erscheinen dem Historiker nicht übertrieben. Geheimhaltung und Verstellung charakterisieren tatsächlich die Modernisten, wie es schon für die Häretiker des 15. Jh. zutraf.[232] „*Die Fähigkeit, die Stärke der eigenen Streitkräfte zu verheimlichen, ist eines der wesentlichen Prinzipien der modernen Kriegsführung. Es war auch eines der markanten Kennzeichen der modernistischen Bewegung, bei dem direkten Angriff auf die Dogmen äußerst verschiedene Täuschungsmanöver anzuwenden*", hat Jean Rivière festgestellt[233], der sich an den Rat erinnert, den der Protagonist im Buch *Il Santo* von

---

[231] PIUS X., Motu proprio *Sacrorum Antistitum*, AAS 2 (1910), 655. Der Kernsatz des Zitates lautet im Lateinischen: *Haud enim intermiserunt novos aucupari et in clandestinum foedus ascire socios, cum iisque in christianae reipublicae venas opinionum suarum virus inserere, editis libris commentariisque suppresso aut mentito scriptorum nomine.*

[232] Vgl. DELIO CANTIMORI, *Umanesimo e religione nel rinascimento*, Einaudi, Torino 1980, 207-208; CARLO GINZBURG, *Il nicodemismo. Simulazione e dissimulazione religiosa nell'Europa del '500*, Einaudi, Torino 1970; R. DE MATTEI, *A sinistra di Lutero*, 84-85.

[233] Vgl. JEAN RIVIÈRE, *Le modernisme dans l'Église*, Letouzey et Ané, Paris 1929, 484-485.

Fogazzaro auf dem Sterbebett erteilt hatte: „*Veröffentlicht nie Schriften zu schwierigen religiösen Fragen, um sie zu verkaufen, sondern verteilt sie mit Klugheit und fügt nie eure Namen bei*“[234].

„*Die oft anzutreffende Doppelzüngigkeit der Modernisten*“ – schreibt Fogazzaros Biograph Tommaso Gallarati Scotti – „*ist eine der dunklen Seiten, zu der sich der künftige Historiker äußern muss. Allein das Phänomen der Anonymität erscheint sicher dem unparteiischen Auge nicht in einem sympathischen Licht. Denn es geschieht nicht ohne tiefe Demütigung, dass ein Mensch seinen Namen verbirgt, und der Modernismus hat in seinen komplexeren Formen diese Lüge zugelassen. Die Bewegung, die ein großer reinigender Luftzug in der Kirche sein wollte, eine Äußerung tapferer Aufrichtigkeit gegen das korrupte Kirchensystem, hat sich an diese Formen weltlicher Klugheit angepasst, wonach man glaubte, es sei erlaubt, das Unvereinbare zu vereinbaren.*“[235]

Angesichts der Verurteilung in *Pascendi* entsprach das Verhalten der Modernisten dem der Jansenisten nach der Verurteilung der Sätze des Jansenius und nach der Bulle *Unigenitus* von 1713: Sie leugneten ab, sich in den verurteilten Sätzen wiederzuerkennen, und behaupteten, der Modernismus, wie er in der Enzyklika verurteilt worden war, sei eine Chimäre.[236]

Der französische Ex-Benediktiner Albert Houtin, der das Programm des Modernismus beschrieb und damit zum Zeugen für das Wirken „im Innern“ wurde, sah voraus, dass die Neuerer nicht aus der Kirche austreten würden, nicht einmal in dem Fall, dass sie den Glauben verloren hätten, sondern dass sie dort möglichst lange blieben, um ihre Ideen zu propagieren.[237] „*In diesem Sinn vereinbarte man um 1903 und schrieb noch 1911, dass kein wahrer Modernist, Laie oder Priester, die Kirche oder den Talar verlassen könnte, weil er sonst in diesem Augenblick aufhören würde, ‚Modernist' im höheren Sinn des*

---

[234] ANTONIO FOGAZZARO, *Il Santo*, Mondadori, Milano 1941, 282.

[235] TOMMASO GALLARATI SCOTTI, *Vita di Antonio Fogazzaro*, Baldini e Castoldi, Milano 1920, 496-497; der Passus wird auch zitiert von É. POULAT in: *Histoire, dogme et critique dans la crise moderniste*, Casterman, [Paris] 1962, 621.

[236] Buonaiuti akzeptiert die Parallele und spricht von „*einer gewissen inneren Entsprechung, die die zwei Bewegungen bei einer objektiven Untersuchung ideell stärker verbunden sein lässt, als man auf den ersten Augenschein hin meinen könnte*“ (E. BUONAIUTI, *Storia del cristianesimo*, Dall'Oglio, Milano 1943, Bd. III, 617).

[237] Vgl. ALBERT HOUTIN (1867-1926), *Histoire du Modernisme catholique*, Selbstverlag, Paris 1913, 116-117.

Wortes zu sein"[238]; *„in zeitgemäßer Abwandlung des* Delenda Carthago, *warum nicht das* Dissolvenda† *praktizieren?"*[239].

„Bis heute" – erklärte auch seinerseits Ernesto Buonaiuti – *„wollte man Rom ohne Rom oder sogar gegen Rom reformieren. Man muss Rom mit Rom reformieren; es zustande bringen, dass die Reform durch die Hände derer geht, die reformiert werden müssen. Das ist die wahre und unfehlbare Methode; doch sie ist schwierig.* Hic opus, hic labor†.*"*[240] Aus dieser Perspektive bereitete sich der Modernismus vor, den Katholizismus von innen zu transformieren, während er die äußere Hülle der Kirche in den Grenzen des Möglichen intakt ließ. *„Der äußere Kult"* – fährt Buonaiuti fort – *„wird immer bleiben, wie auch die Hierarchie, doch die Kirche als Herrin über die Sakramente und über ihre Ämter wird die Hierarchie und den Kultus zeitgemäß verändern: sie wird erstere einfacher und liberaler und letzteren geistiger machen; und auf diesem Wege wird sie zu einem Protestantismus werden; jedoch zu einem orthodoxen, schrittweise vorgehenden Protestantismus, keinem gewaltsamen, aggressiven, revolutionären, nicht-untergeordneten; zu einem Protestantismus, der die apostolische Kontinuität des kirchlichen Amtes nicht zerstören wird, und ebenso wenig das Wesen des Kultes."*[241]

„Rom" – hatte George Tyrell vertreten – *„kann nicht an einem Tag zerstört werden, vielmehr muss man es schrittweise und nicht offensiv in Schutt und Asche legen; dann werden wir eine neue Religion und einen neuen Dekalog haben."*[242]

Eine Bestätigung für die Existenz dieses unterirdischen Flusses, der in der Kirche strömte, erhielt man 1978, als ein bis dahin unbekanntes Dokument veröffentlicht wurde, das den Titel trug: *Aus der Tiefe: Testament des Glaubens von Don Primo Vannutelli*; es stammte von einem römischen Priester, der am 9. April 1945 bei den Oratorianerpatres in Rom verstorben war[243]. Don Vannutelli war nach

---

238 Ebd., 122.

† Karthago muss zerstört werden bzw. sie (*sc.* die Kirche) muss aufgelöst werden

239 Ebd., 116.

† Hieran muss man arbeiten, hier muss man sich mühen.

240 Vgl. E. BUONAIUTI, *Il modernismo cattolico*, Guanda, Modena 1943, 128.

241 Ebd., 130.

242 G. TYRRELL, *Lettres de Georges Tyrrell à Henri Brémond*, 287.

243 *Il testamento di fede di don Primo Vannutelli*, hg. v. FRANCESCO GABRIELI, in: CENTRO STUDI PER LA STORIA DEL MODERNISMO, Fonti e Documenti 7 (1978), 119-253. Primo Vannutelli (1885-1945) entstammte einer Familie, die der Kirche mit den

einer modernistischen Phase offiziell „in die Reihen zurückgekehrt“, indem er den vorgeschriebenen Antimodernisteneid leistete. Seinem Testamentsvollstrecker Francesco Gabrieli zufolge *„ist sein Platz unter den Modernisten, die nach der Verurteilung in der Kirche geblieben sind und sich ihrer Disziplin beugten, jedoch im Herzen ihre inneren Überzeugungen beibehielten ... .“*[244] Wenn man diese Stimme hört, die aus der Unterwelt kommt, und sie mit dem Credo von Nizäa vergleicht, so *„fällt“* nach Gabrieli das Gebäude des Glaubens vollständig *„in Schutt“*: *„die göttliche Sohnschaft Jesu, seine jungfräuliche Geburt, Wunder, Auferstehung, Trinität. ... Das dogmatische Gerüst des Christentums oder zumindest des römischen Katholizismus löst sich in Stücke auf.“*[245]

Don Primo Vannutelli formuliert sein Glaubensbekenntnis für die neue Kirche so:

> *„Sorgfältige Studien, die über Jahrhunderte von Menschen vieler Nationen und verschiedener Geistesart, unter ihnen auch deine Söhne, gemacht wurden, haben den Nachweis erbracht, dass nach den ältesten Evangelien Jesu nicht wusste, dass er der Logos Gottes, Gott mit dem Vater, existent vor der Welt sei. Diese Titel gibt sich Jesus in diesen Berichten nie. Er war ein großer Prophet, Diener und Sohn Gottes, zu einem großen Werk berufen, aber nicht so erfolgreich wie Mose oder Mohammed oder Franz v. Assisi: zu seinen Lebzeiten erwartete sein Volk einen Messias ... Es erscheint gut möglich, dass Jesus sich selbst für den Messias hielt: doch Logos Gottes, Gott mit dem Vater nannte er sich nie.“*
>
> *„Und wenn jemand, der diese Seiten liest, fragen würde: ‚Was bleibt dann noch vom Christentum übrig, wenn Jesus nicht Gott ist?‘, so gebe ich ihm schon jetzt zur Antwort: Es bleibt nur ganz wenig übrig: Gott, die Sehnsucht und die Freude des Universums.“*

Brüdern Serafino (1834-1915) und Vincenzo (1836-1930) bereits zwei Kardinäle geschenkt hatte. 1909 zum Priester geweiht, lebte er bis zu seinem Tod bei den Oratorianern der Chiesa Nuova {„Neuen Kirche“} in Rom. Vgl. FEDERICO BATTISTRETTA, *Trittico eretico. Sentieri interrotti del Novecento religioso. Ernesto Buonaiuti, Primo Vannutelli, Ferdinando Tartaglia*, Millenia, Novara-Milano 2005, und F. RICOSSA, *Un "profeta" modernista. Il testamento di don Primo Vannutelli*, in: Solidatium 64 (2010), 14-22.

244 Einführung von F. GABRIELI, in: *Il testamento di fede*, 125.

245 Ebd., 124.

„Aber was wird das Christentum dann noch vom Judentum oder vom Islam unterscheiden? Was seid ihr traurig, wenn uns tatsächlich nichts unterscheiden würde? Wenn wir in der Liebe des Vaters alle ein Mund und ein Herz wären? Wenn zu so vielen Ursachen der Zwietracht unter den Menschen sich nicht noch jene beigesellte, die eher Ursache der Liebe sein müsste? Wenn die Wahrheit, die nur eine ist, uns verbände? "[246]

Obwohl er die Göttlichkeit Jesu Christi und der Kirche leugnete, theoretisierte der römische Priester über die Notwendigkeit, nicht aus der Kirche auszutreten, sondern in ihr geduldig auf die unvermeidliche historische Veränderung zu warten. Die Mittel, diesen Prozess zu befördern, waren für ihn die Freiheit der Diskussion und der Forschung sowie die Veränderung der Liturgie. Die Reform *„müsste"*, um radikal zu sein, *„offensichtlich eine Reform der Riten, nicht der Dogmen sein"*[247].

Primo Vannutelli war ein Ungläubiger geblieben, der seinen Dienst in einer der schönsten Kirchen Roms versah, jener Chiesa Nuova[†], in der er in vollkommener Harmonie mit P. Giulio, dem künftigen Kard. Bevilacqua, und mit P. Paolo Caresana[248], dem Propst der römischen Kongregation, lebte, ohne dass jemand seine Täuschung bemerkte.

Es ist erlaubt, sich die Frage zu stellen, ob die vom hl. Pius X. verurteilte Bewegung nach dem Tod des Pontifex untätig blieb oder versuchte, sich im Schatten der ‚Dritten Partei', die die Geschicke der Kirche zwischen den 20er- und 30er-Jahren des 20. Jahrhunderts leitete, neu zu formieren.[249] Sicher ist jedenfalls, dass in die-

---

[246] Ebd., 244-245, 246, 247.

[247] Ebd., 251.

[†] ‚Neuen Kirche'.

[248] Paolo Caresana (1882-1973), Oratorianer, war von 1934 bis 1958 Beichtvater von Giovanni Battista Montini und sein Seelenführer (vgl. den Briefwechsel: P. CARESANA / G.B. MONTINI, *Lettere*. 1915-1973, hg. v. XENIO TOSCANI, Studium, Roma 1998; daraus erhellen auch die Verbindungen zwischen Mgr. Montini und Primo Vannutelli, S. 113-115).

[249] Die Historiker verkennen das durch den hl. Pius X. thematisierte Problem und stellen den Modernismus als eine Strömung dar, die im unaufhaltsamen Verlauf der Geschichte spontan hervorsprudelte. Wer die Worte des Papstes ernst nimmt, kann nicht umhin, sich die Frage vorzulegen, die bereits Jean Madiran gestellt hatte: *„Zu welchem Zeitpunkt hat die geheime Vereinigung der Modernisten aufgehört zu*

sen Jahren, als sich auf allen Gebieten der katholischen Doktrin neue heterodoxe Tendenzen entwickelten, der Antimodernismus verschwand und es an einer Gegenreaktion gegen jene Irrtümer fehlte, welche sich in der Kirche ausbreiteten. Der Modernismus lebte fort, doch der Antimodernismus löste sich auf, in der Illusion, dass das Schlimmste nunmehr überwunden wäre. Anzeigen und Alarmrufe waren selten und isoliert und wurden oft überheblich als Überbleibsel des ‚Integralismus' ignoriert, und dies unter dem Pontifikat von Pius XII., das viel weniger ‚repressiv' war, als man sich dies vorstellen kann. Aus diesem Grund wollen wir hier einige dieser Alarmrufe hervorheben, die einen Zeitraum von 15 Jahren umspannen und aus verschiedenen kulturellen und geographischen Regionen stammen, aber von derselben Liebe zur römischen Kirche getragen sind.

8. Die Reaktionen auf den Neomodernismus unter dem Pontifikat Pius' XII.

a) Plinio Corrêa de Oliveira: Verteidigung der Katholischen Aktion

Der erste Alarmruf, dass sich neue heterodoxe Tendenzen in der Kirche ausbreiteten, kam überraschenderweise aus Lateinamerika: In den 30er-Jahren kam man hier nämlich über die Liturgische Bewegung[250] mit dem mitteleuropäischen Progressismus in Berührung, als ein aus Deutschland stammender Benediktinermönch na-

---

existieren? Auch kann man hier fragen, ob sie sich in diesem Falle nicht später ‚neu formiert' hat; um ‚sich neu zu formieren' muss sie aufgehört haben zu existieren: aber man weiß nicht, ob und wann sie sich aufgelöst hat. Doch nicht nur die Antwort kennt man nicht; man tut so, als würde man nicht einmal die Frage kennen" (J. MADIRAN, *L'intégrisme*, 250, und allgemeiner, 247-277).

250 Vgl. A. JOSÉ ARIOVALDO DA SILVA OFM, *O Movimento litúrgico no Brasil*, Editora Vozes, Petrópolis 1983; vgl. auch Mgr. CLEMENTE ISNARD OSB, *Reminiscências para a História do Movimento litúrgico no Brasil*, Anhang in: B. BOTTE OSB, *O Movimento litúrgico. Testemunho e recordações*, Edicões Paulinas, São Paulo 1978, 208-209.

mens Martin Michler[251] sein liturgisches Apostolat bei der brasilianischen Katholischen Aktion begann[252].

Der bekannteste Exponent der katholischen Bewegung in Brasilien war Plinio Corrêa de Oliveira[253]. 1932, mit 24 Jahren, hatte er die Gründung der katholischen Wahlliga gefördert, in deren Liste er im folgenden Jahr von der verfassunggebenden Versammlung als jüngster Abgeordneter mit den meisten Stimmen aus dem ganzen Land gewählt worden war. Er gab die katholische Wochenzeitung ‚O Legionario' heraus und war 1940 mit etwas über 30 Jahren einer der Gründer der Katholischen Aktion in São Paulo gewesen; von dieser wurde er auch zum Präsidenten des Interdiözesanverbandes ernannt. Im Juni 1943 erschien sein Buch *Em defesa de Ação Catolica*[†254], das ein Vorwort des Nuntius Benedetto Aloisi Masel-

---

[251] Martin Michler (1901-1969) war Benediktiner in Neusheim, Maria Laach und S. Anselmo in Rom, stand zuerst unter dem Einfluss von Romano Guardini, später von Dom Beauduin und Odo Casel. Vgl. J. A. DA SILVA OFM, 40-58; CLEMENTE ISNARD OSB, *O papel de dom Martin Michler no Movimento Católico brasileiro*, in: A Ordem, 36 (1946), 535-545.

[252] Am 11. Juli 1933 feierte man in Brasilien die erste Missa dialogata *versus populum*. Vgl. A. J. DA SILVA OFM, 41-42, und C. ISNARD OSB, *Reminiscências*, der sich erinnert: „*Im Hauptsaal bereitete er* [Pater Michler] *einen Altar für die Zelebration der Messe vor. Doch zu unserer großen Überraschung rückte er den Tisch nicht an die Wand, sondern stellte ihn in der Mitte des Saales auf und umgab ihn mit einem Halbkreis von Stühlen; dazu sagte er, er würde nun vor unserem Angesicht zelebrieren. Dies war die erste Messe, die in Brasilien mit Blick zum Volk gefeiert wurde!*" (S. 218).

[253] Plinio Corrêa de Oliveira (1908-1995), Brasilianer, Historiker und Aktivist, Abgeordneter der verfassunggebenden Versammlung (1933), Professor für Neuere Geschichte und Zeitgeschichte an der Universität von São Paulo, Herausgeber der Wochenschrift ‚O Legionario' (1933-1947), 1960 Gründer der Sociedade Brasileira de Defesa da Tradição, Familia e Propiedade, die sich später weltweit verbreitete. Zu ihm vgl. R. DE MATTEI, *Il crociato del secolo XX. Plinio Corrêa de Oliveira*, mit einem Vorwort von S. E. Alfonso Maria Kard. Stickler SDB, Piemme, Casale Monferrato 1996 {*Der Kreuzritter des 20. Jahrhunderts: Plinio Corrêa de Oliveira*. Mit e. Vorw. v. ALFONS MARIA STICKLER [übers. v. ALFRED J. KELLER], TFP-Büro Deutschland e.V. / Deutsche Vereinigung für eine Christliche Kultur (DVCK) e.V. Frankfurt am Main 2004}. Siehe auch *Plinio Corrêa de Oliveira dez anos depois*, Associação dos Fundadores da TFP, São Paulo 2005; M. INTROVIGNE, *Una battaglia nella notte*, und die Dissertation von RODRIGO COPPE CALDEIRA, *O influxo ultramondano no Brasil. O pensamento de Plinio Corrêa de Oliveira*, Belo Horizonte 2005.

[†] *In Verteidigung der Katholischen Aktion.*

[254] Vgl. P. CORRÊA DE OLIVEIRA, *Em defesa de Ação Catolica*, Ave Maria, São Paulo 1943.

la[255] sowie das *Imprimatur* der Erzdiözese von São Paulo enthielt. Das in fünf Teile gegliederte Werk bildete die erste groß angelegte Widerlegung der Irrwege, die sich in das Innere der Katholischen Aktion in Brasilien und, damit indirekt, in der ganzen Welt eingeschlichen hatten, vornehmlich bei der Liturgie, der Spiritualität sowie den Methoden des apostolischen Wirkens.[256]

Vom Gesichtspunkt des inneren Lebens heraus schien der Liturgismus, der sich auszubreiten begann, eine ‚neue Aszese' mit sich zu bringen, die mit einer spezifischen ‚Standesgnade' der Katholischen Aktion verbunden war. Die Liturgie hätte den neuen Thesen zufolge auf die Gläubigen automatisch eine magische Wirkung ausgeübt – derart, dass sie jede Anstrengung einer Zusammenarbeit zwischen Mensch und Gott überflüssig machte.[257] Die gewöhnlicheren Frömmigkeitspraktiken und jede Willensanstrengung, von der Gewissenserforschung bis hin zur Teilnahme an den geistlichen Exerzitien des hl. Ignatius, wurden systematisch unterdrückt, weil sie als unnütz und überholt angesehen wurden. Der Ursprung dieser Irrtümer fand sich dem Autor zufolge im Unabhängigkeitsstreben und in der Vergnügungssucht, welche den Menschen von der Last der Opfer befreien wollte, die ihm durch die Mühe der Selbstheiligung auferlegt wurden: „*Wenn man den geistlichen Kampf eliminiert, so erscheint das Leben des Christen* – in der Tat – *als eine ununterbrochene Serie von geistlichen Vergnügungen und Tröstungen.*"[258] Plinio Corrêa de Oliveira erinnerte in diesem Zusammenhang an die Worte von Pius XI. in dem Schreiben *Magna equidem* vom 2. August 1924:

> „*Die ungezügelte Sehnsucht nach Vergnügungen schwächt die Kräfte der Seele und verdirbt die guten Sitten und zerstört somit nach und nach das Pflichtbewusstsein. In der Tat wird die Zahl jener immer größer, die heutzutage, von den Vergnügungen der Welt angezogen, nichts lebhafter verabscheuen und nichts mit größerer*

---

[255] Benedetto Aloisi Masella (1879-1970), 1902 zum Priester geweiht, Titularerzbischof von Cäsarea (1927) und Apostolischer Nuntius in Brasilien (1927-1945). 1946 zum Kardinal erhoben.

[256] Vgl. R. DE MATTEI, *Il crociato del secolo XX*, 125-133.

[257] Vgl. P. CORRÊA DE OLIVEIRA, *Em defesa de Ação Catolica*, 94.

[258] Ebd., 97.

Zielstrebigkeit meiden als die Leiden, die sich ihnen entgegenstellen, oder die freiwilligen Beschwerlichkeiten der Seele oder des Leibes, und die sich gewohnheitsmäßig – mit dem Wort des Apostels – als Feinde des Kreuzes Christi verhalten. Nun kann aber niemand die ewige Seligkeit erreichen, wenn er sich nicht selbst verleugnet, sein Kreuz auf sich nimmt und Christus nachfolgt."

Am Ende der langen Aufzählung von Punkten, die Abweichungen in den Lehren und den Geisteshaltungen innerhalb der Katholischen Aktion betreffen, resümierte Plinio Corrêa de Oliveira:

„All dies steht direkt oder indirekt mit folgenden Prinzipen in Zusammenhang: einer Leugnung der Wirkungen der Erbsünde; einer konsequenten Auffassung der Gnade als ausschließlichen Faktors des geistlichen Lebens; und einer Tendenz, die Autorität zu vernachlässigen, in der Hoffnung, dass sich die Ordnung durch eine freie, lebendige und spontane Kombination der Verstandes- und der Willenskräfte von selbst ergibt."[259]

Das Buch machte zum ersten Mal den Progressismus kenntlich, der in Europa entstanden war und nun Lateinamerika als „Forschungslabor" benutzte. Seine Veröffentlichung trug dazu bei, die schlafende Mehrheit aufzuwecken und gegenüber dem beginnenden Progressismus wachsam zu bleiben. Diese Analyse wurde in Rom geteilt, und zwar in dem Maße, dass 1947 die zwei Priester, die Plinio Corrêa de Oliveira unterstützt hatten, der Steylerpater Geraldo de Proença Sigaud[260] und Msgr. Antonio de Castro Mayer[261], nach ihrer „Kaltstellung" durch die kirchliche Hierarchie

---

[259] Ebd., 337.

[260] Geraldo de Proença Sigaud (1909-1999), Brasilianer, Mitglied der Gesellschaft des Göttlichen Wortes, promovierte in Theologie an der Universität Gregoriana in Rom, wo er am 12. März 1932 zum Priester geweiht wurde. Am 1. Mai 1947 wurde er zum Bischof von Jacarezinho in Paranà geweiht (1947-1961); er war anschließend Erzbischof von Diamantina und Metropolit (1961-1980) und entfaltete eine umfangreiche pastorale Tätigkeit, die ihn im ganzen Land bekannt machte.

[261] Antonio de Castro Mayer (1904-1991), Brasilianer, promovierte in Theologie an der Universität Gregoriana in Rom, wo er am 30. Oktober 1927 zum Priester geweiht wurde. Generalassistent der Katholischen Aktion in São Paulo (1940), dann Generalvikar der Erzdiözese (1942-1943). Am 23. Mai 1948 wurde er zum Koadju-

Brasiliens von den römischen Autoritäten unerwartet „befördert" wurden: P. Sigaud wurde zum Bischof von Jacarezinho ernannt und Msgr. de Castro Mayer zum Koadjutor-Bischof mit dem Recht der Nachfolge auf den Bischofsstuhl von Campos, den er im darauffolgenden Jahr einnahm. Die zwei brasilianischen Bischöfe sollten, in enger Verbindung mit Plinio Corrêa de Oliveira, in der künftigen Konzilsversammlung eine bedeutende Rolle spielen.

b) P. Réginald Garrigou-Lagrange: Wohin geht die neue Theologie?

Pater Réginald Garrigou-Lagrange[262], Philosoph, Theologe und Fachmann für Aszese und Mystik, war einer der scharfsinnigsten theologischen Geister seiner Zeit. 1909 war er vom Generalmeister der Dominikaner, Hyacinthe Cormier[263], nach Rom berufen worden, um am eben gegründeten Internationalen Athenaeum Angelicum zu unterrichten, und hier verausgabte er all seine Energien, bis er 1960 seine akademische Tätigkeit beendete und in den Dominikanerkonvent von Santa Sabina zurückzog. In seinem gesamten Werk stellt P. Garrigou-Lagrange den realistischen Wahrheitsbe-

---

tor-Bischof von Campos mit dem Recht der Nachfolge geweiht. Als Bischof leitete er die Diözese Campos bis 1981. Zusammen mit Mgr. Marcel Lefebvre partizipierte er an den Bischofsweihen in Ecône am 30. Juni 1988, worauf der Vatikan mit einem Dekret der Feststellung der Exkommunikation *latae sententiae* antwortete.

262 Réginald Garrigou-Lagrange (1877-1964), französischer Dominikaner, 1902 zum Priester geweiht, von 1909 bis 1960 Theologieprofessor am Angelicum. Vgl. die äußerst umfangreiche Bibliographie in: Angelicum 42 (1965), 200-272. Zu ihm: LOUIS JUGNET, *Le Révérend Père Garrigou-Lagrange métaphysicien*, in: La Pensée catholique 91 (1964), 40-45; M. R. GAGNEBET OP, *L'œuvre du P. Garrigou-Lagrange: Itinéraire intellectuel et spirituel vers Dieu*, in: La Pensée catholique, 98 (1965), 33-52; INNOCENZO COLOSIO OP, *Il P. Maestro Réginald Garrigou-Lagrande. Ricordi personali di un discepolo*, in: Rivista di Ascetica e Mistica 9 (1964), 226-240; BENOÎT LAVAUD, *Le Père Garrigou-Lagrange: in Memoriam*, in: Revue Thomiste 64 (1964), 181-192.

263 Hyacinthe Henri Marie Cormier (1832-1916), französischer Dominikaner, 1856 zum Priester geweiht, Ordensprovinzial von Frankreich (1865-1878), von 1891 bis 1896 war er Assistent des Generalmeisters für den französischen Sprachraum und später Generalprokurator unter dem Ordensmeister Frühwirth (1896-1904). Im Generalkapitel 1904 wurde er dessen Nachfolger als Ordensmeister. Er wurde von Johannes Paul II. 1994 seliggesprochen.

griff dem Wahrheitsbegriff des Pragmatismus und des Evolutionismus entgegen, die Kennzeichen der ‚Philosophie der Aktion' waren. 1946 erschien ein wichtiger Aufsatz von ihm mit dem Titel *La Nouvelle Théologie où va-t-elle?*[264], worin er die Gefahr dieser neuen Definition der Wahrheit hervorhob, die nicht mehr als *„Übereinstimmung des Verstandes mit der Wirklichkeit"* verstanden wurde, sondern als *„Übereinstimmung des Geistes mit dem Leben"*.

„Es ist ziemlich gefährlich zu sagen: ‚Die Begriffe wandeln sich, die Aussagen bleiben'. Wenn sich der Begriff von Wahrheit selbst wandelt, so bleiben auch die Aussagen nicht mehr länger in derselben Weise und auch nicht in derselben Bedeutung wahr. Dann bleibt auch der Aussagesinn der Konzilien nicht länger so gewahrt, wie es nötig wäre.

Unglücklicherweise verbreitet sich diese neue Definition von Wahrheit unter jenen, die vergessen, was Pius X. gesagt hat: ‚Wir ermahnen jene, die eine Lehrtätigkeit ausüben, die feste Überzeugung zu haben, dass ein Abrücken vom Aquinaten, insbesondere im Bereich der Metaphysik, nicht ohne großen Schaden geschieht. Ein kleiner Irrtum in den Prinzipien – um es mit dem Aquinaten zu sagen – hat große Konsequenzen' (Enz. Pascendi*). Und dies trifft umso mehr zu, wenn man jede Form von Metaphysik, jede Form von Ontologie verachtet und danach strebt, die Philosophie des Seins durch eine Philosophie des Phänomens oder eine Philosophie des Werdens oder eine Philosophie der Aktion zu ersetzen.*

Ist es vielleicht nicht diese neue Definition von Wahrheit, die sich in der neuen Definition der Theologie enthalten findet: ‚Die Theologie ist nichts anderes als eine Spiritualität oder religiöse Erfahrung, die ihre eigene intellektuelle Ausdrucksweise gefunden hat'? Und was soll man von Aussagen wie jener denken: ‚Wenn die Theologie uns helfen kann, die Spiritualität zu verstehen, so wird uns die Spiritualität ihrerseits in vielen Fällen unsere theologischen Schemata sprengen lassen und uns dazu verpflichten, verschiedene Typen von Theologie zu entwerfen ... . Jeder großen Spiritualität entsprach eine große Theologie'. Heißt dies, dass zwei

[264] R. GARRIGOU-LAGRANGE OP, *La Nouvelle théologie où va-t-elle?*, in: Angelicum 23 (1946), 126-145: Zitate hier 130f., 143.

Theologien wahr sein können, auch wenn sie sich in ihren grundlegenden Thesen kontradiktorisch gegenüberstehen? Mit ‚nein' wird man antworten, wenn man die traditionelle Definition von Wahrheit beibehält. Mit ‚ja', wenn man diese neue Definition von Wahrheit übernimmt, die nicht in Bezug zur Realität und ihren unveränderlichen Gesetzen konzipiert ist, sondern in Bezug zu den verschiedenen religiösen Erfahrungen. Und dies bringt uns in einzigartiger Weise in die Nähe des Modernismus."

„Wohin geht die neue Theologie? Zurück zum Modernismus. Weil sie das Angebot angenommen hat, das ihr gemacht wurde: die traditionelle Definition ‚adaequatio rei et intellectus', *als wäre sie ein Phantasieprodukt, zu ersetzen durch die subjektive Definition* ‚adaequatio realis mentis et vitae'. ... *Die Wahrheit ist nicht mehr die Übereinstimmung des Urteils mit der außergeistigen (objektiven) Realität und ihren unveränderlichen Gesetzen, sondern die Übereinstimmung des Urteils mit den Erfordernissen der Aktion und des menschlichen Lebens, das sich ständig weiterentwickelt. Die Seinsphilosophie oder Ontologie ersetzt man durch die Philosophie der Aktion, welche die Wahrheit nicht länger als Funktion des Seins, sondern als Funktion der Aktion definiert. Man kehrt also zu den modernistischen Positionen zurück: ‚Die Wahrheit ist nicht mehr unabhängig vom Menschen, weil sie sich mit ihm, in ihm und durch ihn entwickelt* (DENZ. 2058)'. *Deshalb sagte Pius X. zu den Modernisten: ‚Sie verkehren den ewigen Begriff von Wahrheit* (DENZ. 2080)'."

c) Msgr. Joseph Clifford Fenton: eine ‚römische Stimme' in den Vereinigten Staaten

In den Vereinigten Staaten war zu Beginn der 40er-Jahre die dem Römischen Lehramt am treuesten ergebene Stimme Joseph Clifford Fenton[265], ein junger Theologe, der ab 1944 die Herausgeber-

[265] Joseph Clifford Fenton (1906-1969), 1930 zum Priester geweiht, war Theologieprofessor an der Catholic University of America und Herausgeber der ‚American Ecclesiastical Review' (1944-1966). Der Heilige Stuhl zeigte ihm gegenüber eine tiefe Wertschätzung, indem er ihn zum Zeremoniar (1951), Ehrenprälaten (1954) und Apostolischen Protonotar (1963) ernannte. Er gehörte der Päpstlichen Römi-

schaft von ‚The American Ecclesiastical Review', der Zeitschrift der Catholic University of America in Washington, übernahm.

1943 wollte die Enzyklika *Mystici Corporis*[266] von Pius XII. dem ‚ekklesiologischen Babylon'[267] bezüglich des Begriffs ‚*Corpus mysticum*' ein Ende bereiten; dieser Begriff ging auf das Erste Vatikanische Konzil zurück, doch benutzte ihn die ‚*Nouvelle théologie*' als einen „Nachschlüssel", um eine neue ‚pneumatische' Sichtweise der Kirche einzuführen. Fenton, der ein hervorragender Ekklesiologe war, widmete zahlreiche Studien dem Thema der Heilsnotwendigkeit der katholischen Kirche[268] sowie dem Problem der Beziehungen zwischen Kirche und Staat, das in den Vereinigten Staaten immer virulent war. An diesen Fragen entzündete sich ein wissenschaftlicher Streit mit P. John Courtney Murray[269], einem Jesuiten aus New York mit progressistischer Orientierung, der die Zeitschrift ‚Theological Studies' herausgab. Als Anhänger von Maritain zog Murray das überlieferte Prinzip *extra Ecclesiam nulla salus*[270] in Zweifel und

---

schen Akademie für Theologie an und war Berater der Kongregation für die Seminare und die Universitäten. Ihm verdankt man u.a. eine hervorragende Studie zur Ekklesiologie: *Scholastic Definition of the Catholic Church*, in: The American Catholic Review 111 (1944), 59-69, 131-145, 212-228.

266 PIUS XII., Enzyklika *Mystici Corporis* vom 29. Juni 1943, in: AAS 35 (1943), 200-248.

267 Vgl. B. GHERARDINI, *L'enciclica Mystici Corporis (29 giugno 1943)* in: *L'eredità del Magistero di Pio XII*, hg. v. P. CHENAUX, Lateran University Press-GBP, Roma 2010 (Atti del Convegno internazionale, Roma novembre 2008), 203-217, 204.

268 Vgl. J. C. FENTON, *Extra Ecclesiam nulla salus*, in: ‚The American Ecclesiastical Review' 110 (1944), 300-306; DERS., *The Meaning of the Church's Necessity for Salvation*, ebd., 124 (1951), 124-143, 203-221, 290-302.

269 John Courtney Murray (1904-1967), amerikanischer Jesuit, 1933 zum Priester geweiht. Nach Studium in Rom lehrte er von 1937 bis zu seinem Tod am Woodstock College und gab die Zeitschrift ‚Theological Studies' (1942-1967) heraus. 1955 musste er auf Anweisung von Rom seine schriftstellerische Arbeit zum Thema ‚Religionsfreiheit' einstellen. Persönlicher Experte von Kard. Spellman; in der zweiten Sitzungsperiode wurde er zum Konzilsperitus ernannt. Vgl. den Artikel ‚Murray' von W. J. BURGHARD mit Lit. in DHCJ, 2774-2775, und von DONALD E. PELOTTE, *John Courtney Murray: Theologian in conflict*, Paulist, New York 1975, mit Lit. zu Fenton und Murray; DOMINIQUE GONNET, *L'apport de John Courtney Murray au schéma sur la liberté religieuse*, in: Les Commissions conciliaires, 205-215.

270 Vgl. die Erklärung dieses Prinzips, die 1907 Pater EDOUARD HUGON OP (1867-1929) bot: *Hors de l'église point de salut*, Douniol, Paris 1907; 2e éd. revue et augm., Téqui, Paris 1914; 3e éd., rev. & augm., Téqui, Paris 1927. Zu einer aktuellen Diskussion dieses Prinzips siehe: GIACOMO CANOBBIO, *Nessuna salvezza fuori della Chiesa? Storia e senso di un controverso principio teologico*, Queriniana, Brescia 2009.

berief sich auf das ‚First Amendment' der amerikanischen Verfassung, um die Religionsfreiheit in den Beziehungen zwischen Kirche und Staat geltend zu machen[271].

Der New Yorker Jesuit schloss sich später Msgr. Montini an, den er in den 50er-Jahren kennen lernte, während Fenton von Kard. Ottaviani sehr geschätzt wurde, welcher ihn 1960 in Rom als Experten der Theologischen Vorbereitungskommission des Zweiten Vatikanums haben wollte. Die zwei Theologen waren beinahe gleichaltrig (Murray war 1904 geboren, Fenton 1906) und starben, relativ jung, beinahe gleichzeitig (der erste 1967, der zweite 1969). Sie repräsentierten die zwei gegensätzlichen Seelen des amerikanischen Katholizismus.[272]

Eines der Kernthemen, das einem in Fentons Artikeln in ‚The American Ecclesiastical Review' jener Jahre immer wieder begegnet, ist die Kritik an Versuchen, die Enzyklika *Mystici corporis* von Pius XII. zu instrumentalisieren, um die ‚charismatische' Dimension der Kirche zu entfalten. Er schrieb:

> *„Der verhängnisvolle Irrtum, den der Papst tadelt, findet sich in der katholischen theologischen Literatur in Gestalt einer Lehre über den Körper und über die Seele der Kirche. Einige Autoren haben die Seele der katholischen Kirche als eine unsichtbare, geistige Gesellschaft beschrieben und sodann die existierende und sichtbare Kirche als den Leib, das Gegenstück zu jener Seele, bestimmt. Die unsichtbare oder geistige Kirche wird als eine Gesellschaft von guten Frauen und Männern dargestellt, die sich im Stand der Gnade befinden und durch das Band des Glaubens und der Liebe verbunden sind. Nach Ansicht derer, die den in* Mystici Corporis *abgelehnten Unterschied herausgearbeitet haben, ist diese Seele der Kirche eine Gesellschaft, die auch außerhalb der Glieder der sichtbaren Kirche existiert. Sie ist verschieden von der Kirche, deren sichtbares*

---

[271] Vgl. z.B.: *Contemporary Orientations of Catholic Thought on Church and State in the Light of History*, in: Theological Studies 10 (1949), 177-234.

[272] Zur Antithese der Positionen von Mgr. Fenton und von Pater Murray vgl. MICHAEL DAVIES, *The Second Vatican Council and Religious Liberty*, The Neumann Press, Long Prairie (Minnesota) 1992. Das Buch ist dem Andenken an Mgr. Fenton gewidmet. Vgl. auch GERALD FOGARTY, *L'avvio dell'assemblea*, in: *SCV*, Bd. II, 87-128, 111-113 {dt.: *Das Konzil beginnt*, 83-127, 109-111}.

Oberhaupt der römische Papst ist, und dennoch in einer gewissen Weise mit ihr verbunden.

... Die vom Heiligen Vater verurteilte Unterscheidung wird gemeinhin verwendet, um das Band zwischen den Nicht-Katholiken, die das Heil erlangen, und der katholischen Kirche zu erklären. Ein solches Band muss existieren, weil die Kirche für das Erreichen der seligmachenden Schau notwendig ist. Um dem zu begegnen, was ihnen als eine Schwierigkeit erscheint, haben einige Autoren die Existenz eines sozialen Organismus von Männern und Frauen, die die Liebe besitzen, postuliert. Diese unsichtbare Kirche oder Seele der Kirche ist gegenüber der sichtbaren Gesellschaft als weiter in der Ausdehnung beschrieben worden, als verschieden von ihr, doch in gewisser Hinsicht als ihr zugehörig. Leib und Seele werden als Teile jener Universalkirche dargestellt, zu der jede Person gehören muss, um das Heil zu erlangen.

Mystici Corporis *hat ein für allemal eine solche Hypothese als irrig gebrandmarkt. Es gibt keine Kirche Gottes in dieser Welt, die nur ein Deut von der einzigen sichtbaren Gesellschaft verschieden ist, welche Jesus Christus während der Tage seines irdischen Aufenthaltes gegründet hat und die Er unter die oberste und sichtbare Leitung des hl. Petrus und seiner Nachfolger gestellt hat. Außerdem gibt es keine Gesellschaft in dieser Welt, die allein und ausschließlich aus Personen im Stand der Gnade besteht. Die Gerechten auf Erden sind nicht in einer Gesellschaft organisiert, die sich ausschließlich aus ihrer Zahl zusammensetzt."*[273]

Gegen die neuen ‚ökumenistischen' Ekklesiologen legte Fenton erneut die klassische und unübertreffliche Definition von Kirche vor, die der hl. Robert Bellarmin in *De ecclesia militante* geboten hat:

„Unsere Lehrunterweisung lautet, dass es hier eine einzige Kirche gibt, und nicht zwei, und dass diese eine und wahre Kirche eine Versammlung von Menschen ist, die durch das Bekenntnis des einen christlichen Glaubens vereint sind, die Sakramente empfangen und unter der Leitung der legitimen Hirten, insbesondere des rö-

---

[273] J. C. FENTON, *The use of terms Body and Soul with Reference to the Catholic Church*, in: The American Ecclesiastical Review 110 (1944), 48-57, 48-49.

mischen Papstes, des einzigen Stellvertreters Christi auf Erden, stehen. ... Unsere Lehre unterscheidet sich von allen anderen, denn die anderen verlangen die inneren Tugenden, um jemanden zum Mitglied der Kirche zu machen, und lassen damit die wahre Kirche unsichtbar werden. Wir hingegen glauben zwar auch, dass sich in der Kirche alle Tugenden finden, Glaube, Hoffnung, Liebe und die anderen Tugenden, jedoch meinen wir nicht, dass, um sagen zu können, jemand sei Teil der wahren Kirche, von der in der Schrift die Rede ist, eine innere Tugend benötigt wird, sondern hierzu genügt allein das äußere Bekenntnis des Glaubens und der Empfang der Sakramente im selben Sinn. Denn die Kirche ist ebenso eine sichtbare und berührbare Gesellschaft wie die Versammlung des römischen Volkes oder des Königreichs von Frankreich oder der Republik Venedig."[274]

Msgr. Fenton war sich darüber im Klaren, dass sich im Innern der Kirche ein entscheidender Konflikt zwischen den Erben des Modernismus und des „Integralismus" der Epoche des hl. Pius X. abzuzeichnen begann. 1949 erklärte Fenton anlässlich der Kommentierung des Hirtenschreibens von Kardinal Suhard die Natur der zwei Strömungen, die sich zehn Jahre später auf dem Konzil gegenüberstehen sollten.

„Wer das Hirtenschreiben von Kardinal Suhard unachtsam liest, könnte vielleicht zu der gefährlich falschen Schlussfolgerung kommen, dass der Modernismus und der Integralismus, wie wir sie kennen, zwei entgegengesetzte Doktrinen sind, die eine auf der linken und die andere auf der rechten Seite der genuinen katholischen Lehrunterweisung. Nichts könnte weiter von der Wahrheit entfernt sein. Der Modernismus ist in der technischen Sprache der katholischen Doktrin die Bezeichnung für eine Reihe von Irrtümern, die im *Dekret* Lamentabili sane exitu, *in der Enzyklika* Pascendi dominici gregis *und im Motu proprio* Sacrorum antistitum

---

[274] Robert Bellarmin, *De Ecclesia militante*, c. 2, in: Controversie, l. 3, Giuliano, Napoli 1857, Tom. 2, 75.

verurteilt werden. Papst Pius X. hat vom Modernismus als von einer ‚Ansammlung aller Häresien' gesprochen.[275]

Der Integralismus andererseits ist im Wesentlichen die Lehrunterweisung oder die Haltung all derer, die sich um die Präsentation eines integralen Katholizismus bemüht haben, d.h. um die genaue Darstellung des katholischen Dogmas in seiner Gesamtheit. Häufiger wurde die Bezeichnung ‚Integralismus' für die Doktrin und den Gesichtspunkt jener katholischen Autoren gebraucht, die während des ersten Dezenniums dieses Jahrhunderts in die Polemik gegen die Modernisten eintraten. In diesem Sinn verstanden, war der Integralismus nichts anderes als die Gegenauffassung zum häretischen Modernismus. Der Substanz nach war allein er die Erklärung der katholischen Wahrheit."[276]

Im Unterschied zum Modernismus und abgesehen von möglichen Übertreibungen ist der Integralismus, wie Fenton betont, keine Häresie.

„Wir dürfen nicht vergessen, dass der Modernismus als solcher eine klare Häresie oder Sammlung häretischer Lehren darstellt, während der Integralismus als solcher nichts Derartiges ist. Die wahre katholische Lehrunterweisung wird sich auf keinem Mittelweg zwischen den Lehren eines Tyrrell und Loisy und den doktrinellen Darlegungen der katholischen Autoren finden, welche sich ihnen entgegenstellen. Im Gegensatz zu den dicta, *die in* Lamentabili, Pascendi *und* Sacrorum antistitum *verurteilt wurden, waren die katholischen Autoren der vorigen Generation vollkommen gerechtfertigt. Wenn, wie in unserem Land üblich, das Wort ‚Integralismus' auf die spezifische antimodernistische Lehrunterweisung angewandt wird, dann ist der Integralismus nichts anderes als der Ausdruck der katholischen Wahrheit, der die Verneinung der Irrtümer mit sich bringt, welche mit der göttlichen Botschaft der katholischen Kirche unvereinbar sind."*[277]

---

[275] *Pascendi*, Nr. 39. Vgl. *Codicis iuris canonici fontes*, Typis Polyglottis Vaticanis, Città del Vaticano 1933, Bd. III, 713.

[276] *Two currents in contemporary catholic thought*, in: The American Ecclesiastical Review 119 (1948), 297.

[277] Ebd., 298.

Fenton und Murray sollten sich wieder treffen, um nur kurz vor ihrem Tod einen letzten Kampf in der Konzilsaula auszufechten.

d) P. José Antonio de Aldama: Der Modernismus ist nicht verschwunden

Der spanische Jesuit José Antonio de Aldama[278] war einer der bedeutendsten Mariologen des 20. Jahrhunderts. Er gehörte einer tief christlichen Familie an, in der sich alle seine Brüder Gott weihten: Antonio María und Borja traten bei den Jesuiten ein, während seine zwei Schwestern Töchter vom Heiligen Kreuz wurden. Seine Eltern, Graf und Gräfin de Aldama sowie Marchese und Marchesa de Ayala, entschieden sich, denselben Weg einzuschlagen: der Vater wurde am 24. Dezember 1929 in Granada zum Priester geweiht und legte am darauf folgenden Tag seiner Gattin in Sevilla den Habit der Salesianerinnen an; am 5. Januar 1930 trat er in die Gesellschaft Jesu ein, wo er einen Monat später starb, während ihm sein Sohn geistlichen Beistand leistete, vor dem er auch die Gelübde ‚*in articulo mortis*'[†] ablegte.

Pater de Aldama war Professor für dogmatische Theologie an der Gregoriana, an der Päpstlichen Universität von Salamanca und an der Theologischen Fakultät von Granada, deren Rektor er auch wurde. In einem eingehenden Aufsatz, der 1956 in der theologischen Zeitschrift ‚Salamancensis' erschien, zog er eine Parallele zwischen der Haltung von Pius X. gegenüber dem Modernismus und der Haltung von Pius XII. gegenüber der ‚Neuen Theologie'.

---

[278] Pater José Antonio de Aldama (1903-1980), spanischer Jesuit, 1929 zum Priester geweiht, Professor und später Rektor der Universität von Granada; Lit. von ihm: *Virgo Mater: estudios de teología patrística*, Facultad de Teología de Granada, Granada 1963; *De questione mariali in hodierna vita Ecclesiae*, Pontificia Academia Mariana Internationalis, Roma 1964. Zu ihm vgl. CÁNDIDO POZO SJ, *El p. José Antonio de Aldama, s.j. como teólogo*, Facultad de Teología de Granada, Granada 1980; DERS., *In memoriam*, in: Scripta de Maria 3 (1980), 11-30; FRANCISCO DE PAULA SOLÁ, *En la paz de Cristo. P. J. De Almada, Mariologo eminente*, in: Ephemerides Mariologicae 30 (1980), 253-258.

[†] *zum Zeitpunkt des Todes.*

„Zwischen Pius X. und Pius XII. besteht bei gleicher geschichtlicher Situation eine theologische Affinität und eine Ähnlichkeit in der doktrinellen Haltung, was dazu führt, dass diese zwei Namen und diese zwei starken Persönlichkeiten für immer ihren Platz in der lebendigen Entwicklung der katholischen Theologie einnehmen werden.[279] *Diese zwei herausragenden Persönlichkeiten, die zu Beginn und in der Mitte des 20.Jh. den Stuhl des hl. Petrus mit ihrem dogmatischen Lehramt unsterblich gemacht haben, sind geschichtlich vereint in der kraftvollen Verteidigung des Glaubensschatzes und des Depositum der Offenbarung, das vollständig bedroht war nicht nur in einer Wahrheit oder in einem Dogma, sondern in seiner Gesamtheit, in seiner gedanklichen Interpretation, in seinen rationalen Fundamenten. Gegen das, was Pius X. ‚Ansammlung aller Häresien' nannte, erhob sich bebend seine Stimme; gegen die neuen Auffassungen, ‚die die Fundamente der katholischen Lehre zu zerstören drohten', erhob sich, nicht weniger bebend, die Stimme von Pius XII. In beiden Fällen handelte es sich nicht um einen einzelnen Irrtum, nicht um ein konkretes Dogma. Die Gefahren waren entschieden größer, insoweit sie sich auf das Depositum der Offenbarung bezogen und auf seine menschliche Erklärung im Dogma und in der Theologie.*

Diese Anspielungen betreffen natürlich den Modernismus und die Nouvelle Théologie; die Enzyklika ‚Pascendi' einschließlich der zugehörigen Dokumente sowie die Enzyklika ‚Humani Generis' einschließlich der verschiedenen päpstlichen Stellungnahmen, die als Vorbereitung dienten."[280]

„Pius XII.", fuhr P. de Aldama fort, *„hat hierin die doktrinelle Erschütterung durch die kirchenfernen Denker beschrieben und lässt uns ihre ideologischen Hauptausrichtungen erkennen: ein Evolutionismus, den ‚sie auf den Ursprung aller Dinge auszudehnen beanspruchen, indem sie mit Dreistigkeit die monistische und pantheistische Hypothese von einer Welt, die einer beständigen Evolution unterworfen sei, aufrechterhalten'; ein Existentialismus, der ‚die unveränderlichen Wesenheiten der Dinge' ablehnt, ‚sich*

---

[279] Vgl. A. J. De Aldama SJ, *Pio XII y la teología nueva*, in: Salmanticensis 3 (1956), 303-320, 303.

[280] Ebd., 304.

nur mit der Existenz des einzelnen Seins beschäftigt' und ‚entweder atheistisch ist oder zumindest den Wert der metaphysischen Vernunftüberlegung bestreitet'; ein Historizismus, der ‚sich nur an die Geschehnisse des menschlichen Lebens hält und jede absolute Wahrheit und Gesetzmäßigkeit zerstört'. In den Wirrnissen, die diese Irrtümer hervorbrachten, hat Pius XII., höchster Lehrer und ehrwürdiger Hüter des geoffenbarten Depositum, das unkluge Streben der Förderer der Nouvelle Théologie gebrandmarkt, sich an diese Irrtümer anzupassen und unser theologisches Denken daran auszurichten. Auch er hat sich für die Verurteilung des Versuches eingesetzt, ‚das Dogma mit den Kategorien der modernen Philosophie zu formulieren, welche man als Immanentismus, Idealismus, Existentialismus oder in anderer Weise bezeichnet'. Auch ihm enthüllte sich die Absurdität der Auffassung, dass sich bei einer evolutionistischen und historizistischen Idee von Dogma ‚die Geheimnisse des Glaubens niemals mit vollkommen wahren Begriffen ausdrücken lassen, sondern nur mit approximativen Begriffen unter beständigem Wandel, wo die Wahrheit zwar in einer gewissen Weise angezeigt wird, aber zwangsläufig verzerrt ist".[281]

An dieser Stelle kritisierte der Theologe von Granada die Vorhersagen eines bekannten Mitbruders, des Paters Léonce de Grandmaison[282], der 1923 ausgeschlossen hatte, in der Kirche könnte sich eine neue modernistische Krise wiederholen. Das Urteil von Grandmaison gründete sich nach P. de Aldama auf Argumente, die, *„wenn man sie angesichts der geschichtlichen Präsenz der Nouvelle Théologie heute überdenkt, uns genau zur entgegengesetzten Schlussfolgerung zu führen scheinen".*

„Pater Grandmaison zufolge führt die Tatsache, dass man heutzutage die modernistischen Irrtümer besser kennt, dazu, ihre Wiederholung zu vermeiden. Der Modernismus entstand nicht aus einer Rebellion, sondern auf der Grundlage von Fakten, aus dem Zu-

---

[281] Ebd., 311.

[282] Léonce de Grandmaison (1868-1927), französischer Jesuit, Theologieprofessor, dann Herausgeber von ‚Études' und Gründer der ‚Recherches de science religieuse'. Zu ihm vgl. JULES LEBRETON, *Le Père Léonce de Grandmaison*, Beauchesne, Paris 1932.

sammenprall mit den Schwierigkeiten, welche die Wissenschaften, die Geschichte und die Exegese für den Glauben und die Theologie boten. Die Theologen wollten sich nicht mit einer oberflächlichen Theologie verteidigen, sie waren von der Unruhe erfüllt, die damals herrschte, und sogen das Verlangen nach Unabhängigkeit von der Kirche und das Misstrauen ihr gegenüber in einer vom Evolutionismus erfüllten Atmosphäre auf; folglich verstanden sie es nicht, die Kontrolle über sich zu behalten und erlagen der modernistischen Versuchung. Die Beschreibung ist exakt. Doch wäre es ein Gewaltakt, wenn man sie auf die Schöpfer der Nouvelle Théologie übertrüge?

Ein weiterer entscheidender Faktor, um die Wahrscheinlichkeit eines neuen Modernismus abzuweisen, bestand nach P. Grandmaison darin, dass dank des Fortschritts, den die religiöse Kultur in jüngster Zeit gemacht hatte, Anschluss an das Niveau der allgemeinen Kultur gefunden werden konnte. Er zog dabei jene in Betracht, die einen ernsthaften Beginn unternommen hatten und die von der scholastischen Lehre wirklich fasziniert waren und sich immun gegen die exzessive und umfassende Lust an der Moderne zeigten, welche der Modernismus hervorrief. Noch einmal: exakt. Aber gerade dies ist es, was gefehlt hat, und wir haben es erlebt. Trotz der Empfehlungen von Pius X. und Pius XI. zugunsten der Scholastik hatte er[†] *seine Studien und seine Aufmerksamkeit nicht den theologischen Gebieten gewidmet, ebenso wenig den Übeln des Modernismus, trotz der genialen Anweisungen Leo XIII. Und wenn es unserer religiösen Kultur gelungen ist, schließlich Anschluss an das Niveau der allgemeinen Kultur zu erreichen, so ist es ihr jedoch nicht gelungen, eine religiöse Kultur mit soliden Fundamenten zu werden, und zwar gerade dadurch, dass sie das ernsthafte Studium der scholastischen Philosophie unterlassen hat.*

Was könnte man von der letzten Überlegung sagen, die P. Grandmaison davon überzeugte, die Wahrscheinlichkeit einer neuen modernistischen Krise zu verneinen? Trifft es zu, dass aufgrund der vielen Arbeiten von Katholiken im Bereich der Quellenforschung und der positiven Theologie die jungen Leute, die sich für die Wissenschaft begeistern, es nicht mehr nötig haben, Quellen zu benut-

---

[†] sc. *Pater Grandmaison.*

zen, die von heterodoxen Autoren korrumpiert wurden, so wie sie es in der Epoche des Modernismus getan haben? Stehen wir nicht vielmehr vor einer Übertragung von Ideen, Interessen und Methoden, bei der die Konturen zwischen den heterodoxen und den orthodoxen Autoren derart verschwimmen, dass man sie nur noch mit Mühe erkennen kann?

Angesichts der Fakten erweisen sich die Überlegungen, die P. Grandmaison vor 30 Jahren mit gutem Willen und exzessivem Optimismus angestellt hatte, als inkonsistent. Die Geschichte scheint ihm nicht Recht gegeben zu haben. Und die Geschichte setzt sich durch."[283]

e) P. Antonio Messineo: die Beziehung zwischen Modernismus und Progressismus

Im selben Jahr, als P. de Aldama diese luziden Reflexionen anstellte, zeigte einer seiner Mitbrüder, P. Antonio Messineo[284], mit ebenso viel Scharfsinn in drei in der ‚Civiltà Cattolica' veröffentlichten Artikeln unter der Kategorie des ‚Progressismus' die Geisteshaltung und die doktrinellen Tendenzen der neuen Theologen auf und stellte ihre Beziehung zum Modernismus heraus.[285] P. Messineo war ein sizilianischer Jesuit von großer Intelligenz und gediegener Spiritualität, der zu der kleinen Gruppe von Redakteuren der Zeitschrift ‚Civiltà Cattolica' gehörte, welche als das offizielle Sprachrohr des Heiligen Stuhles galt. Die folgenden Zeilen besaßen also sicherlich die Zustimmung von Pius XII.

---

[283] J. A. De Aldama SJ, *Pio XII y la teología nueva*, 316.

[284] Antonio Messineo (1897-1978), Mitglied der Gesellschaft Jesu, 1930 zum Priester geweiht, war von 1931 bis zu seinem Tod einer der qualifiziertesten Schriftsteller der ‚Civiltà Cattolica' auf dem Gebiet der Sozial- und Moralwissenschaften sowie des Internationalen Rechtes. Er vertrat den Heiligen Stuhl bei der Internationalen Konferenz von Wien (1968-1969). Unter seinen Werken siehe *La nazione* (La Civiltà Cattolica, Roma 1942) und *Il diritto internazionale nella dottrina cattolica* (La Civiltà Cattolica, Roma 1942). Zu ihm vgl. Domenico Mondrone SJ, *Ricordo del padre Antonio Messineo*, in: Civiltà Cattolica 4071 (1978), 468-473.

[285] Vgl. Civiltà Cattolica: *Il progressismo contemporaneo*, 2537 (1950), 494-506; *Lo storicismo progressista*, 2541 (1956), 225-238; *Il provvidenzialismo progressista*, 2543 (1956), 462-474. Die Reihe wird komplettiert durch die stringente Synthese: *L'umanesimo e gli umanesimi*, 2545 (1956), 17-29.

„Der moderne Progressismus lässt sich, wenngleich er in seinem Wesen kein neulackierter Modernismus ist, sehr gut mit jener Strömung vergleichen, von der er für manche, vielleicht nicht ganz zu Unrecht, ein Ableger zu sein scheint. Der Modernismus hatte den Anspruch, das Dogma zu erneuern, indem er es mit einem transzendenten Inhalt gefüllt wünschte, nachdem er es in der fließenden Woge des historizistischen Relativismus versenkt hatte; er appellierte an den Subjektivismus und wollte die Wahrheit mit dem Maß der Gefühle bestimmen und so die Verbindung mit der Gottheit finden; er war zugleich rationalistisch und skeptisch bezüglich des Vernunftvermögens und vor allem antiautoritär, und auf diesen Gleisen bewegte er sich in Richtung einer radikalen Revision, eine ganze Vergangenheit ruhmreicher und fruchtbarer doktrineller Spekulation zerstörend, um sich an das sogenannte moderne Denken und die angeblichen Erfordernisse des zeitgenössischen geistigen Fortschrittes anzupassen. Der Progressismus trägt wirklich einige der beschriebenen Kennzeichen an sich. Er ist historizistisch ..., glaubt an die unaufhörliche Evolution der Wahrheit und der institutionellen Formen, in die sich das Leben der Kirche und das zivile soziale Leben einfügen; er ist rationalistisch, humanitär und naturalistisch und beansprucht ebenso wie der Modernismus, die theoretischen Haltungen und die praktischen Unterweisungen von Grund auf zu revidieren, die doch ein Erbe bilden, das sich über eine lange Reihe von Jahren und durch fruchtbare Erfahrungen in Theorie und Praxis herausgebildet hat. In seinen Darlegungen setzt er eine Miene überlegener Selbstgenügsamkeit auf, so als sei er qualifizierter und unabhängiger Interpret der Erfordernisse des geistigen und sozialen Lebens der Gegenwart, die nur seine Befürworter vollständig verstünden, während die Hierarchie und die Lehrer, immer noch den traditionellen Positionen verhaftet, nicht ‚in Form wären' und durch einen rückständigen und tötenden Konservativismus, wenn schon nicht abgestumpft, so doch vom rechten Weg abgekommen wären.

Der Progressist weiß, erkennt, urteilt in der Gewissheit, dass kein anderes Kriterium existiert als das schwankende Kriterium einer relativen Wahrheit, jeweils verschieden in den verschiedenen Perioden der Geschichte: gegenwärtig ist es das sogenannte moderne Denken, die moderne Gesellschaft, die modernen spirituellen

Tendenzen, in einem Wort, der sogenannte moderne Fortschritt. Daher rührt sodann sein Name, der die Neigung zu einer Anpassung an diesen Fortschritt und den Antrieb, vorwärts zu gehen, zum Ausdruck bringt, und zwar in der Reform der Prinzipien und der Praxis entsprechend den Leitlinien, die von demselben vorgezeichnet werden.“[286]

Pater Messineo beschrieb außerdem in luzider Weise das Abgleiten des katholischen Progressismus hin zum Marxismus.

„Nicht das letzte unter den Kennzeichen für den modernen Progressismus ist seine ausgeprägte Sympathie für den Kommunismus und den Marxismus im Allgemeinen. Dahin führt ihn nicht nur der Irenismus, auf den oben schon hingewiesen wurde, sowie der konsequente Wunsch, mit allen modernen Strömungen ins Gespräch zu kommen, sondern auch eine zumindest teilweise positive Wertung der marxistischen Ideologie. Das Auge des Progressisten ist unverändert nach links gerichtet, weil er aufgrund einer verzerrten Sichtweise seines Geistes glaubt, bei den Anliegen der Strömungen auf dieser Seite Berührungen und Ähnlichkeiten mit den Anliegen des eigenen religiösen Bekenntnisses und seiner moralischen und sozialen Überzeugungen zu entdecken.

Hinsichtlich des Kommunismus beklagt der Progressist das materialistische Substrat dieser Ideologie, auf die sich auch ihr konsequenter Atheismus stützt, doch nach dieser unerlässlichen Einschränkung zur Rettung des christlichen Glaubens greift er dessen Forderungen auf und macht sie sich zu eigen, wobei er eine mögliche Zusammenarbeit zu ihrer Verwirklichung nicht ausschließt. Der Kommunismus ist laut ihm eine geschichtliche Kraft, eine geschichtliche Bewegung, eine Triebfeder der modernen Gesellschaft, und daher muss man ihn als das werten, was er ist, und das christliche Denken mit ihm versöhnen. Die manichäische Scheidung, wie man sie nennt, in eine Welt, die ganz schlecht ist, und in eine Welt, in der man nur Gutes findet, muss überwunden werden durch ein gegenseitiges Verständnis, um sich nicht aus dem Kreis der Geschichte zu begeben und um die Gegensätze durch Befriedung ab-

---

[286] A. MESSINEO, *Il progressismo contemporaneo*, 498-499.

zubauen. Eine Begegnung, fügt er hinzu, ist bezüglich jenes Kerns christlicher Werte möglich, die auch der Kommunismus besitzt, wenngleich sie dort durch ihren ideologischen Überbau entstellt sind.

Da der Progressist ein Mensch der Entspannung ist, zeigt er sich als ein überzeugter Befürworter der ausgestreckten Hand, als ein Förderer des Gespräches mit den marxistischen Strömungen, wenn er auch nicht direkt ihr Anhänger und Unterstützer ist und ihnen auch nicht als Mitglied beitritt, da immer noch ein gewisser Riss zwischen seiner Weltanschauung und der vom Kommunismus propagierten bleibt. Nur selten wagt er, bis an diese Grenzen vorzustoßen, doch während er den Kommunismus als solchen ablehnt, dem gegenüber er die Barriere der ausdrücklichen Lehre der Kirche errichtet sieht, verschmäht er es nicht, an die anderen marxistischen Strömungen als willkommene Verbündete zu denken, mit denen er gerne auf der politischen und sozialen Ebene gemeinsam vorgehen würde.

Das Merkwürdige hierbei ist, dass der Progressismus zwar einerseits die Überwindung der manichäischen Unterscheidung zwischen Kommunismus, Marxismus und Christentum durch Verständnis und Koexistenz auf Basis der Entspannung fordert, andererseits aber denselben unversöhnlichen Gegensatz zwischen dem Christentum und denjenigen Strömungen einführt, die er mit der geringschätzigen Bezeichnung der reaktionären Rechten brandmarkt. Das Prinzip des Bösen konzentriert sich für ihn in der Rechten, einem dunklen Abgrund reaktionärer Kräfte im Hinterhalt, in den er mit unwiderruflichem Urteil alle hineinwirft, die den progressistischen Ideen und Tendenzen entgegenstehen."[287]

[287] Ebd., 503-505.

9. Zwischen falschen Reformen und echter Revolution

Die von uns zitierten Seiten, denen sich noch andere beifügen ließen, zeigen, dass es angesichts des Wiederauflebens des Modernismus nicht an besorgten Alarmrufen fehlte. Die Mehrzahl der Hirten der Kirche war zwar der Orthodoxie treu ergeben, neigte jedoch zum Optimismus. In den 50er-Jahren befand sich die katholische Kirche an einem geschichtlichen Scheideweg: Der Zweite Weltkrieg war das tragische Ende eines Prozesses gewesen, bei dem sich die menschliche Gesellschaft von der religiösen und moralischen Ordnung entfernte, wie es Pius XII. in seinen Enzykliken und seinen Rundfunkbotschaften angezeigt hatte. Die großen Alternativen, vor denen die Welt stand, waren die Rückkehr der Gesellschaft zu Christus oder die Entchristlichung, welche in einer schlimmeren Katastrophe, als es der Zweite Weltkrieg war, münden würde, da dann nicht die Körper, sondern die Seelen der Menschen betroffen wären. In der Tat hatte Pius XII. mahnend daran erinnert, dass *„am Anfang des Weges, der zur geistlichen und sittlichen Not der gegenwärtigen Zeit führt, nicht wenige frevelhafte Bemühungen stehen, Christus vom Thron zu stoßen, also die Abkoppelung des Gesetzes der Wahrheit, die Er verkündigt hat, vom Gesetz der Liebe, welche der Lebenshauch Seines Reiches ist. Die Anerkennung der Herrscherrechte Christi und die Rückkehr des Einzelnen wie der Gesellschaft zum Gesetz Seiner Wahrheit und Seiner Liebe sind der einzige Weg zum Heil"*[288].

In der Kirche fehlte es nicht an einer soliden Lehre: Das Lehramt Pius' XII. bildete ein enzyklopädisches Corpus, das alle Bereiche des Glaubens und der Moral umfasste und wissenschaftliche, technische und fachspezifische Fragen mit Kompetenz behandelte.[289] Papst Pacelli hatte die Herausgabe der *Enciclopedia Cattolica* angeregt, die Beiträge der besten Fachleute enthielt und eine sol-

---

[288] PIUS XII., Enzyklika *Summi Pontificatus*, in: AAS 31 (1939), 413-453, 421.

[289] Die von Pius XII. unterzeichneten Enzykliken belaufen sich auf 43 und behandeln die unterschiedlichsten Themen; wichtig sind außerdem die Rundfunkbotschaften. Vgl. EE VI (2002). Für einen Überblick über das pacellianische Corpus vgl. J. CHELINI, *L'Église sous Pie XII*, Bd. II, 158-224; VITALIANO MATTIOLI, *L'eredità di Pio XII*, Fede e Cultura, Verona 2008; *L'eredità del Magistero di Pio XII*, hg. v. P. CHENAUX.

che Summe an Lehre und Information bot, dass sie dem großen *Dictionnaire de Théologie Catholique*[290] ebenbürtig zur Seite stand. Dieser Lehre, die von der *Cathedra Petri* in der ganzen Welt verbreitet wurde, verliehen die prächtigen Zeremonien einen noch nie in der Geschichte gekannten Glanz. Wenn das Kirchenschiff von Sankt Peter von den Gesängen der Liturgie nach dem alten Römischen Ritus widerhallte und der Papst in der Basilika auf der Sedia gestatoria unter Pfauenwedeln segnend voranzog, eskortiert von den Nobelgarden in ihren roten Uniformen, dann hinterließ das Schauspiel der die Wahrheit umgebenden Schönheit einen tiefen Eindruck auf den menschlichen Geist.

Jedoch schlichen sich, wie wir gesehen haben, in das Innere der Kirche viele Irrtümer ein. Der Modernismus war unter dem Pontifikat von Pius X. untergegangen, fuhr aber fort, im Innern des kirchlichen Organismus als eine Art Karstfluss weiterzuströmen. Die Bewegungen der biblischen, liturgischen, philosophischen und ökumenischen „Reform", die sich seit den 20er-Jahren entwickelten, bildeten ein verborgenes Geschwür, das unter der Oberfläche weiter wuchs.

In der zweiten Nachkriegszeit des 20. Jahrhunderts, nach der Tragödie des Zweiten Weltkriegs, drang der Geist des hedonistischen Materialismus, der sich immer weiter ausbreitete, sogar in die Kirche ein. Denn nach so vielen Leiden brach sich in einigen Kirchenmännern eine Illusion Bahn: dass der Augenblick gekommen wäre, das Kreuz, das man solange getragen hatte, aufzugeben, und in den Worten von Frieden und Wohlstand, wie sie von der Welt verkündet wurden, Trost zu finden. Die Illusion, eine irdische Gesellschaft verwirklichen zu können, die von den Werten der Welt inspiriert ist, stellte, während sich das Pontifikat von Pius XII. seinem Ende zuneigte, die Hauptversuchung für den Klerus in den 50er-Jahren dar. Zudem richteten die Hirten der Kirche, auch wenn sie die traditionellen Glaubens- und Moralprinzipien bekräf-

---

[290] Das *Dictionnaire de Théologie Catholique* wurde zu Anfang des Jahrhunderts unter Leitung von Jean-Michel Alfred Vacant (1852-1901) begonnen und unter Eugène Mangenot (1856-1922) fortgeführt, unter Mitwirkung einer großen Anzahl maßgeblicher Autoren. Es wurde im Verlag Letouzey et Ané zu Paris (1902-1950) in 15 Bänden in 30 Einzelbänden veröffentlicht. Die *Enciclopedia Cattolica* wurde in Città del Vaticano von 1948 bis 1954 in 12 Einzelbänden veröffentlicht.

tigten, ihr eigenes Leben nicht immer an diesen Prinzipien aus. Die Kirche brauchte die Kohärenz von unversehrter Lehre und Heiligkeit ihrer Glieder, beginnend bei der eigenen Hierarchie. Gewiss musste man die Irrtümer verurteilen, doch man musste auch die Seelen wieder zur Buße, zum Gebet, zum häufigen Empfang der Sakramente, zur Verehrung der Jungfrau Maria aufrufen. Dieser Situation waren sich die frömmsten Seelen bewusst, wie aus der Korrespondenz zweier Ordensmänner in jenen Jahren erhellt, die heute zur Ehre der Altäre erhoben sind: Don Giovanni Calabria[291], Gründer der ‚Armen Diener der Göttlichen Vorsehung', und Kardinal Ildefons Schuster[292], Erzbischof von Mailand.

„Seit Jahren" – schrieb Don Calabria an Kard. Schuster – *„höre ich im Innern meines Herzens den Klageruf Jesu mit wachsender Dringlichkeit erschallen: meine Kirche!"*[293] Als 1953 die Madonna von Syrakus weinte, kommentierte dies der Erzbischof von Mailand seinerseits so: *„auch die Allerheiligste Jungfrau weint über die Übel in der Kirche und über die Strafe, die der Welt droht"*[294].

Der hl. Giovanni Calabria zeigte sich überzeugt davon:

> *„Der Klerus unserer Zeit ist dazu berufen, einen mächtigen Einfluss auf die Völker auszuüben, um ein neues Werk geistlicher, intellektueller und moralischer Zivilisation zu beginnen. All dies verlangt Selbstverleugnung, Heroismus, Heiligkeit, Leiden für die Gerechtigkeit; genau dazu sind wir in den Reihen Gottes berufen,* in sortem Domini vocati."
>
> *„Wir Priester sind entweder heilig - und können so die ganze Welt retten - oder schlecht - und können sie so für Jahrhunderte in*

---

[291] Giovanni Calabria (1873-1954), 1901 zum Priester geweiht, gründete die ‚Armen Diener der Göttlichen Vorsehung', die 1932 vom Bischof von Verna und 1949 von Pius XII. approbiert wurden. 1999 wurde er von Johannes Paul II. heiliggesprochen.

[292] Alfred Ildefons Schuster (1880-1954), 1904 zum Priester geweiht, wurde Benediktinermönch und 1918 Abt von San Paolo fuori le Mura in Rom. Er wurde von Pius XI. zum Erzbischof von Mailand ernannt und 1929 zum Kardinal erhoben. 1997 wurde er von Johannes Paul II. seliggesprochen.

[293] Brief von Don Giovanni Calabria an Kard. Schuster vom 21. November 1948, in: *L'epistolario card. Schuster - don Calabria (1945-1954)*, hgg. v. ANGELO MAJO / LUIGI PIOVAN, NED, Milano 1989, 30.

[294] Brief von Kard. Schuster an Don Calabria vom 6. Oktober 1953, in: *L'epistolario*, 160.

den Ruin stürzen. Wer hat der Erde das Christentum geschenkt? Der Heroismus der Päpste, der Bischöfe, der heiligen Priester. Wer hat das Gewand der Kirche zerrissen? Arius, Photius, Luther. ‚Dein Volk und die Hohenpriester haben dich mir überantwortet' (Joh 18, 35), sagte Pilatus zum gefangenen Jesus. Dies ist ein Satz, der einen zittern macht.

Es heißt, dass man 1790 in der christlichen Welt allein mehr als 7000 Franziskanerkonvente mit 120.000 Ordensmännern zählte, von Ordensfrauen einmal abgesehen. Hinzukommen die Ordensleute der anderen Orden und Kongregationen; sowie die Priester des damals überaus zahlenstarken Weltklerus. Wie erklärt sich bei einer solchen Zahl von Verteidigern der Sturm der Französischen Revolution, der auch gegen die Kirche losbricht?

Und Jesus ist doch nur mit zwölf Männern an die Eroberung der Welt gegangen. Aber es waren Heilige!"[295]

Die zwei Ordensmänner waren sich zutiefst bewusst, dass in der Kirche eine grundlegende Reform in Angriff genommen werden müsse, die bei der Heiligung des Klerus anzusetzen habe. Die Heiligkeit des Lebens wird von jedem Getauften verlangt, aber vor allem von demjenigen, der die heiligen Weihen empfängt und das Heilige verwaltet. Es sind die heiligen Bischöfe und Priester, die die christliche Gesellschaft heilig machen; fällt hingegen das lebendige Zeugnis für die Heiligkeit des Klerus geringer aus, so entfernen sich die Seelen, und es kommt zur Entchristlichung ganzer Länder und Nationen.

In der Geschichte der Kirche waren die echten Reformbewegungen, wie jene im 11. oder jene im 16. Jahrhundert (künstlich unterschieden in die zwei Phasen ‚katholische Reform' und ‚Gegenreformation') einerseits durch die Wiedererlangung der Rolle des Papsttums und der Autorität der Kirche und andererseits durch einen Auftrieb der Askese und durch einen tiefen Buß- und Gebetsgeist gekennzeichnet. Der Weg, den die ‚Neuerer' wiesen, war ein anderer.

---

[295] G. CALABRIA, *Apostolica vivendi forma*, Regnum Dei Editrice, Verona 1958, 61, 113.

In einem Buch mit dem Titel *Vraie et fausse réforme*[296] präsentierte P. Yves Congar als ‚echt' eine ‚Reform' der Kirche, die sich eher als eine wirkliche Revolution denn eine echte Reform entpuppte. Auf den Dominikaner geht eine der ersten Nennungen der Formel ‚Primat der Pastoral' zurück, die den Unterschied zwischen den Dogmen und ihrer sprachlichen Formulierung einführte, als ob der Ausdruck der Lehre sich ändern könne, ohne ihren Inhalt unbeschadet zu lassen. Die modernistische Reform des ‚Glaubens ohne Dogmen' ersetzte man jetzt durch die Reform einer nicht-dogmatischen Formulierung des Glaubens[297], die darauf abzielte, den Glauben selbst zu verändern, ohne scheinbar die Lehre anzutasten. Congar kultivierte *„die Virtualität und die grundlegenden Ambivalenzen des innovativen Denkens"*[298], indem er die Auffassung vertrat, dass *„nicht ein lebendiger Gedanke existiert, der nicht zugleich auch gefährlich ist"*[299], und dass keine *„aktiven Keime"* existieren, *„an denen sich nicht auch Mikroben befinden"*[300]. Weil die Tötung der Mikroben auch die Tötung der lebendigen Keime bedeuten würde, musste man aus seiner Sicht die einen wie die anderen gedeihen lassen.[301] Die Verurteilung der Irrtümer seitens der Kirche, von den mittelalterlichen Häresien bis zum Modernismus, habe die in ihnen enthaltenen positiven Anliegen ausgelöscht: die Kirche hätte besser daran getan, diese Irrtümer leben und sich ausbreiten zu lassen. Mit dieser Geisteshaltung wollte er die Kirche von innen verändern, durch *„eine Reform ohne Schisma"*[302]. *„Man muss keine andere Kirche schaffen"* – erklärte er – *„man muss eine andersartige Kirche schaffen"*[303].

Ganz anders sah die ‚echte Reform' aus, deren die Kirche in der Mitte des 20. Jahrhunderts bedurfte. Sie war nicht verschieden von

---

[296] Y. CONGAR OP, *Vraie et fausse réforme dans l'Église* (Unam sanctam 20), Paris 1950 (2. éd. rev. et corr.: Unam sanctam 72, Paris 1968). Zu den Auswirkungen dieses Buches vgl. É. FOUILLOUX, *Recherche théologique et magistère romain en 1952: Une "affaire" parmi d'autres*, in: Recherches de science religieuse 71 (1983), 269-286. Vgl. auch A. B. SIMONI, *Da Vera e falsa riforma nella Chiesa all'aggiornamento del Vaticano II*, in: Rivista di ascetica e mistica XXX/1 (2005), 145-179.

[297] Vgl. C. BARTHE, 54.

[298] Y. CONGAR OP, *Vraie et fausse réforme dans l'Église*, 238.

[299] Ebd., 236.

[300] Ebd., 237.

[301] Ebd., 241-246.

[302] Ebd., 247.

[303] Ebd., 251.

dem durch Papst Leo XIII. formulierten ,Gesetz der Restauration', dem zufolge *„dann, wenn ein organisches Sein verkümmert und verfällt, dies aus der mangelnden Einwirkung der Ursachen rührt, die ihm Form und Zusammenhalt verliehen; und es besteht kein Zweifel daran, dass man es zu seiner Gesundung und Blüte den lebenspendenden Einwirkungen dieser Ursachen erneut aussetzen muss"*[304].

Der hl. Pius X., dargestellt als ein ,reaktionärer' und ,gegenreformatorischer' Papst, hatte in seiner Enzyklika *Editae saepe* vom 26. Mai 1910[305] den Plan einer authentischen Reform nach dem Vorbild des hl. Karl Borromäus dargelegt. Er empfahl den Erzbischof von Mailand als *„Vorbild für Herde und Hirten in der Moderne, als unermüdlichen Kämpfer und Ratgeber für die wahrhafte katholische Reform gegen die jüngst aufgetretenen Neuerer, deren Ansinnen nicht im Wiederaufbau, sondern vielmehr in der Verunstaltung und Zerstörung des Glaubens und der Sitten bestand"*[306]. Im 16. Jahrhundert herrschte, wie zu Beginn des 20. Jahrhunderts *„ein beständiger Kampf gegen die Irrtümer, und die menschliche Gesellschaft neigte sich zum Schlimmsten und schien dem Abgrund entgegenzulaufen. Inmitten dieser Übel traten stolze und rebellische Menschen auf, ,Feinde des Kreuzes Christi ...' ... . Diese widmeten sich nicht der Verbesserung der Sitten, sondern der Leugnung der Dogmen und vervielfachten die Unordnung, lockerten für sich und für die anderen die Zügel der Willkür oder verachteten zweifellos die maßgebliche Führungsrolle der Kirche ..., und mit einer Art von Tyrannei stürzten sie ihre Lehre, ihre Verfassung und ihre Disziplin um."*[307]

Dem Modernismus, der *„eine universale Apostasie vom Glauben und von der Disziplin der Kirche"* anvisierte, *„eine umso schlimmere Apostasie als jene alte, die das Zeitalter Karls in Gefahr brachte, da ihr verborgenes Umherschleichen in den Lebensadern der Kirche selbst raffinierter ist"*[308], setzte der hl. Pius X. eine authentische Reform entgegen, die ihr eigenes Ziel in der Bewahrung und Weitergabe der katholischen Wahrheit besaß:

---

[304] LEO XIII., Epistola apostolica *Annum ingressi*, 1911.
[305] S. PIUS X., Enzyklika *Editae saepe*, *De S. Caroli Borromaei apostolica activitate et doctrina*, in: AAS 2 (1910), 357-380.
[306] Ebd., 360.
[307] Ebd., 362.
[308] Ebd., 366.

„Angesichts der Vielfalt der Irrtümer und der variantenreichen Schmeichelei des Lasters, wodurch sich neben den einen oder anderen auch viele der Unseren verlocken lassen, verführt durch den Anschein von Neuheit und Gelehrsamkeit oder durch die Illusion, dass sich die Kirche mit den Maximen des Zeitalters freundschaftlich in Einklang bringen könne, müssen wir alle - das leuchtet euch, verehrte Brüder, wohl ein - kraftvollen Widerstand leisten und den Angriff der Feinde mit denselben Waffen niederschlagen, die damals Borromäus gebraucht hat. Und vor allem – da sie den Fels selbst, welcher der Glaube ist, mit offener Leugnung oder mit heuchlerischer Anfechtung oder mit Verdrehung seiner Lehren attackieren – wollen wir uns an das erinnern, was der hl. Karl oft eingeschärft hat: ‚Die erste und größte Sorge der Hirten muss sich darum drehen, den katholischen Glauben rein und unversehrt zu bewahren, jenen Glauben, den die heilige römische Kirche bekennt und lehrt und ohne den es unmöglich ist, Gott zu gefallen.' ... Erinnern wir uns mit dem hl. Karl, ‚wie groß die Bemühung und wie intensiv und alles andere übersteigend die Sorge des Bischofs darum sein muss, das Vergehen der Häresie zu bekämpfen'."[309]

Der Festigkeit der Lehre muss die Glut der Liebe entsprechen. Die wahren Reformer *„erstickten die Sprosse nicht, um die Wurzel in Sicherheit zu bringen, d.h., sie trennten den Glauben nicht von der Heiligkeit des Lebens, sondern nährten das eine wie das andere und wärmten es durch den Hauch der Liebe, die das ‚Band der Vollkommenheit'* (Kol 3,14) *ist"*[310].

Für die Kirche gab und gibt es keine Möglichkeit einer Reform außerhalb dieser doktrinellen und moralischen Integrität, bei der Denken und Leben ihre schlüssige Harmonie finden. Doch der Weg, der in den zwanzig Jahren nach dem Tod von Pius XII. beschritten wurde, sollte ein anderer sein.

---

309 Ebd., 367.
310 Ebd., 372.

II.
Dem Konzil entgegen

1. Pius XII. stirbt: das Ende einer Epoche?

In der Nacht vom 8. auf den 9. Oktober 1958 verschied in Castel Gandolfo Pius XII., Papst Eugenio Pacelli, der die Kirche 19 Jahre lang regiert hatte. *„Rom ist in Trauer versunken erwacht"*, notiert der Vatikanexperte Benny Lai in sein Tagebuch. *„Bis zur Morgendämmerung haben die Glocken von Castel Gandolfo zu seinem Tod in einsamer Verlassenheit geläutet; aber sobald der Himmel die erste Blaufärbung zeigte, haben die Glocken der Stadt geantwortet."*[1]

Pius XII. wurde am 13. Oktober nach einem feierlichen Bestattungsritus in Anwesenheit von 22 Kardinälen in den Grotten von Sankt Peter beigesetzt. Indro Montanelli im ‚Corriere della Sera' schrieb: *„Zur Zeit von Männern wie Hitler und Stalin, zur Zeit von Eisen und Feuer, zur Zeit der Geheimpolizeien und der Vernichtungslager war es die unkörperliche Gestalt des neuen Papstes, die sich am besten dazu eignete, den Beispielen und Lehren jener Männer zu widersprechen und das Ewige einer Menschheit in Erinnerung zu bringen, die sogar die Ahnung davon verloren hatte"*. *„Die Lücke, die er hinterlässt"*, fügte Montanelli hinzu, *„ist vielleicht noch größer als der Posten, den er ausfüllte"*[2]. An die zwei Millionen Menschen strömten nach Rom, um dem Papst die letzte Ehre zu erweisen, der die Kirche in einer stürmischen Stunde der Geschichte mit so großer Würde verkörpert hatte. Weit verbreitet war die Stimmung, dass sein Tod das Ende einer Epoche markierte, die durch seine hieratische Gestalt symbolisiert wurde. *„Gott möge uns den Heiligen Vater Pius XII. bewahren"*, so hatte 1951 Kardinal Schuster geschrieben,

---

[1] BENNY LAI, *Il "mio" Vaticano. Diario tra Pontefici e cardinali*, Rubbettino, Soveria Mannelli 2006, 142.

[2] INDRO MONTANELLI, *Un'apparizione*, in: ‚Corriere della Sera', 10. Oktober 1958.

„denn schon jetzt bedaure ich seinen Nachfolger. Der Sturm wütet, und wer würde es je wagen, die Führung des Bootes zu übernehmen?"[3]

In den ersten zehn Nummern der Wochenzeitung ‚L'Espresso' von 1958[4] hatte der Journalist und Ex-Priester Carlo Falconi[5] eine heftige Attacke gegen die Kurie des Vatikan geritten[6], welche nach seiner Meinung durch ein konservatives ‚Pentagon' beherrscht wurde, das aus den Kardinälen Nicola Canali[7], Clemente Micara, Alfredo Ottaviani[8], Adeodato Piazza[9] und Giuseppe Pizzardo[10] bestand. Auf der Gegenseite identifizierte Falconi die Hauptvertreter der progressistischen und antikurialen Strömung mit Kardinal Giacomo Lercaro[11], Erzbischof von Bologna, Kardinal Giuseppe Roncalli[12], Pa-

---

[3] Brief von Kard. Schuster an Don Calabria vom 20. Juli 1951, in: *L'epistolario*, 93.

[4] Die Artikel von CARLO FALCONI, erschienen zwischen Januar und März, wurden später gesammelt und in dem Band veröffentlicht: *Il Pentagono Vaticano*, Laterza, Bari 1958.

[5] Carlo Falconi (1915-1985), 1938 zum Priester geweiht, trat 1949 aus der Kirche aus und widmete sich der publizistischen Tätigkeit, wobei er vornehmlich mit der laizistischen Wochenzeitung ‚L'Espresso' zusammenarbeitete.

[6] 1952 war das Buch *Schleifung der Bastionen* von H. U. VON BALTHASAR erschienen (*Schleifung der Bastionen: von der Kirche in dieser Zeit*, Johannes-Verlag, Einsiedeln 1952), dessen Titel bereits ein Programm zu entwerfen schien.

[7] Nicola Canali (1874-1961), 1900 zum Priester geweiht, Substitut des Staatssekretariates (1908-1914), Assessor des Heiligen Offizium (1926), 1935 zum Kardinal erhoben, bekleidete in der Kurie sukzessiv verschiedene Verwaltungsämter. Er war ein treuer Freund und Fortsetzer des Werkes von Raffaele Merry del Val.

[8] Alfredo Ottaviani (1890-1979), 1916 zum Priester geweiht, Sekretär der Heiligen Kongregation für Außerordentliche Kirchliche Angelegenheiten (1928-29) und Substitut des Staatssekretariates (seit 1929). 1935 trat er in das Heilige Offizium als Assessor ein. 1953 zum Kardinal erhoben, wurde er Kard. Pizzardo als Pro-Sekretär der Höchsten Kongregation an die Seite gegeben, und am 7. November 1959 wurde er ihr Sekretär. Vgl. GROOTAERS, *I protagonisti*, 195-207; EMILIO CAVATERRA, *Il Prefetto del Sant'Uffizio. Le opere e i giorni del cardinale Ottaviani*, Mursia, Milano 1990.

[9] Adeodato Piazza (1884-1957), Karmelit, 1908 zum Priester geweiht, Bischof von Benevent (1930), 1937 zum Kardinal erhoben.

[10] Giuseppe Pizzardo (1877-1970), 1903 zum Priester geweiht, Substitut des Staatssekretariates (1921-1929), Titularbischof von Nizäa und Sekretär der Heiligen Kongregation für Außerordentliche Kirchliche Angelegenheiten (1929-1939). Er wurde von Pius XI. 1937 zum Kardinal erhoben und von Pius XII. 1939 zum Präfekt der Heiligen Kongregation für die Seminare und die Studien ernannt und bekleidete dieses Amt bis 1967. Von 1951 bis 1959 war er auch Sekretär des Heiligen Offizium.

[11] Giacomo Lercaro (1891-1976), wurde 1914 zum Priester geweiht. 1952 bis 1968 Erzbischof von Bologna, 1953 zum Kardinal erhoben. Er wurde 1963 von Paul VI. zu einem der vier Moderatoren des Konzils ernannt. Vgl. die (‚hagiographischen') Bände, *Giacomo Lercaro. Vescovo della Chiesa di Dio (1891-1976)*, hg. v. ANGELINA ALBERIGO, Marietti, Genova 1991; *Araldo del Vangelo. Studi sull'episcopato e*

triarch von Venedig, und dem Erzbischof von Mailand, Giovanni Battista Montini, damals noch kein Kardinal. In einer Zeitspanne von fünf Jahren sollten zwei von ihnen den päpstlichen Stuhl besteigen.

Vielleicht zu keinem anderen Zeitpunkt als bei einem Konklave wird es der Erde gewährt, dem Himmel zu begegnen. Die Kirche ist in ihrem vornehmsten Teil, den Kardinälen, vereint, um den Stellvertreter Christi zu wählen, denjenigen, der dazu ausersehen ist, in seiner Person die Kirche selbst zusammenzufassen, sie zu leiten und zu regieren. Dieser Moment ist so erhaben, dass Christus der Kirche versprochen hat, sie bei der Wahl in besonderer Weise zu unterstützen, nämlich mit dem Heiligen Geist, der mit seiner Gnade erleuchtet und heiligt. Wie jede Gnade setzt jedoch auch diese Gnade, die sich dem außerordentlichen Wirken des Heiligen Geistes verdankt, die vollkommene Bereitschaft und Mitwirkung des Menschen voraus. Dieser Mitwirkung können sich menschliche Neigungen und Interessen der im Konklave vereinten Kirchenmänner entgegenstellen, die sich deswegen mit speziellen Zeremonien vorbereiten, um die lebenspendende Einwirkung des Geistes zu erfahren.

In diesem Sinn schrieb Don Dolindo Ruotolo am 25. Oktober 1958 an einen Freund: *„Heute wird das Konklave für die Wahl des Nachfolgers von Pius XII. eröffnet. Man muss darum beten, dass die Wahl des Papstes durch den Heiligen Geist geschieht, doch geschieht sie seitens der Kardinäle, die frei sind, den Erwählten auszusuchen; sie können sich mit menschlichen Sichtweisen in die Inspiration des Heiligen Geistes einmi-*

---

sull'archivio di Giacomo Lercaro a Bologna 1952-1968, hg. v. NICLA BUONASORTE, Bologna 2004; ebenso GROOTAERS, *I protagonisti*, 157-171.

12 Angelo Giuseppe Roncalli (1881-1963), aus dem Klerus von Bergamo. 1904 zum Priester geweiht; Titularerzbischof von Areopolis (1925); Apostolischer Visitator (1925-1931) und Apostolischer Delegat in Bulgarien (1931-1934); Titularerzbischof von Mesembria (1934); Apostolischer Delegat in der Türkei und in Griechenland (1934-1944); Nuntius in Frankreich (1944-1953). 1953 wurde er zum Kardinal erhoben und zum Patriarchen von Venedig ernannt (1953-1958). Zum Papst gewählt unter dem Namen Johannes XXIII. (1958), von Johannes Paul II. seliggesprochen (2000). Über den historischen Standpunkt hinaus vgl. die hagiographische, aber gut dokumentierte Biographie von MARCO RONCALLI: *Giovanni XXIII. Angelo Giuseppe Roncalli. Una vita nella storia*, Mondadori, Milano 2007. Zu einer kritischen, nicht immer akzeptablen Lektüre vgl. man die Serie von 23 Artikeln *Il Papa del Concilio* von Don FRANCESCO RICOSSA, erschienen in ‚Sodalitium' zwischen 1990 und 1999. Literatur über ihn bei G. ALBERIGO, *Il Pontificato di Giovanni XXIII*, in: *SC, La Chiesa del Vaticano II*, Bd. XXV/I, 15-16, und F. TRANIELLO, s.v., in: EP, 646-657.

schen, daher muss man darum beten, dass diese Einmischungen hier unterbleiben."[13]

2. Das Konklave von 1958

a) Die ,Großmanöver'

Das Konklave wurde am Nachmittag des 24. Oktober 1958 eröffnet.[14] Die Zahl der anwesenden Kardinäle belief sich auf 51, darunter fanden sich 18 Italiener, von denen 11 der Kurie angehörten. Zwei Purpurträger waren verhindert, an der Wahl teilzunehmen, da sie von den betreffenden kommunistischen Regierungen festgehalten wurden: József Mindszenty[15], Erzbischof von Budapest, der nach dem ungarischen Aufstand von 1956 in die amerikanische Botschaft geflohen war, und Alojzije Stepìnac[16], Erzbischof von Zagreb, der

---

[13] D. RUOTOLO, Brief an Mgr. Giacomo Cicconardi vom 25. Oktober 1958, in: *Lettere a sacerdoti. Anni 1958-1959*, Apostolato Stampa, Napoli 1999, 32.

[14] Zum Konklave von 1958 vgl. M. RONCALLI, *Giovanni XXIII*, 417-432; GIANCARLO ZIZOLA, *Il Conclave. Storia e segreti. L'elezione papale da san Pietro a Giovanni Paolo II*, Newton Compton, Roma 1993, 216-227.

[15] József Mindszenty (1892-1975), Ungar, 1915 zum Priester geweiht, 1944 Bischof von Veszprím, 1945 bis 1973 Erzbischof von Esztregom und Primas von Ungarn, wurde 1946 von Pius XII. zum Kardinal erhoben. 1948 wurde er von der kommunistischen Regierung unter der Anklage von Hochverrat und Verschwörung verhaftet und zu lebenslanger Haft verurteilt. 1956 wurde er durch den ungarischen Aufstand befreit und lebte in der amerikanischen Botschaft in Budapest. Von Paul VI. seines Amtes entbunden, flüchtete er in den Westen, wo er seine Aktivitäten zugunsten der ,Kirche des Schweigens' fortsetzte. Sein Seligsprechungsprozess ist eingeleitet. Zur Person vgl. seine *Erinnerungen*, übers. aus d. Ungar. v. JÓZSEF VECSEY u. FELIX EISENRING, Frankfurt (M.), Propyläen-Verlag, Berlin, Wien 1974 u.ö. Vgl. auch BELA FABIAN, *Cardinal Mindszenty: the Story of a Modern Martyr*, Charles Scribner's Son, New York 1949.

[16] Alojzije Stepìnac (1898-1960), Kroate, 1930 zum Priester geweiht, wurde 1933 von Pius XI. zum Koadjutor-Bischof von Zagreb ernannt und 1937 Nachfolger des Erzbischofs Anton Bauer. Als die Kommunisten die Macht übernahmen, wurde er verhaftet (18. September 1946) und wegen angeblicher Kollaboration zu 16 Jahren Zwangsarbeit verurteilt. Er wurde 1953 von Pius XII. zum Kardinal erhoben; das Regime von Tito wandelte zwar die Gefängnisstrafe in strikten Hausarrest um, erlaubte ihm jedoch nie, sich nach Rom zu begeben. Er starb am 8. Februar 1960 wahrscheinlich in Folge einer Vergiftung. Er wurde von Johannes Paul II. am 3. Oktober 1998 seliggesprochen. Die beste historische Dokumentation findet sich in den Akten des

durch das Regime von Tito zu Zwangsarbeit und später zu Hausarrest verurteilt worden war. Beide waren die stärksten Symbole des Widerstandes der katholischen Kirche gegenüber dem repressiven Kommunismus in Osteuropa. In den Tagen vor dem Konklave starben überdies der Amerikaner Edward Mooney[17], Erzbischof von Detroit, und der Italiener Celso Costantini[18], eine Hauptfigur des diplomatischen Lebens der Kirche. Der Erzbischof von Mailand Montini, idealer Kandidat des progressistischen Lagers mit zahlreichen Unterstützern, nahm an dem Konklave nicht teil, weil er von Pius XII. nicht zum Kardinal erhoben worden war, vielleicht gerade in der Absicht, seine Wahl abzuwenden. Er hatte Interesse an einem kurzen Übergangspontifikat, das es ihm erlaubte, den Purpur zu empfangen und am darauffolgenden Konklave teilzunehmen. Unter den Namen, die zirkulierten, waren Kardinal Ottaviani, Ruffini und Siri[19], Fortsetzer der Linie von Pius XII. Doch Siri war zu jung, und Ottaviani und Ruffini, die als zu einschlägig orientiert galten, setzten auf Kardinal Benedetto Aloisi Masella oder, als zweite Wahl, auf Kardinal Grégoire Agagianian[20].

Selisprechungsprozesses (*Beatificationis et canonizationis servi dei Aloysii Stepinac, S.R.E. Cardinalis, Zagabrien. Archiepiscopi (1898-1960)*, 3 Bde., Tipografia Guerra, Roma 1996).

[17] Edward Aloysius Mooney (1882-1958), aus den Vereinigten Staaten, 1909 zum Priester geweiht, 1926 Titularerzbischof von Irenopolis in Isaurien 1926, 1933 Erzbischof von Rochester und 1937 von Detroit, 1946 zum Kardinal erhoben.

[18] Celso Benigno Luigi Costantini (1876-1958), 1899 zum Priester geweiht, 1921 Titularbischof von Hierapolis in Phrygien und 1922 Titularerzbischof von Theodosiopolis in Arkadien, 1935 Sekretär der Kongregation Propaganda Fide, 1953 zum Kardinal erhoben.

[19] Giuseppe Siri (1906-1989) studierte an der Gregoriana in Rom, wo er 1928 die Priesterweihe empfing. 1944 weihte ihn Pius XII. zum Titularbischof von Livias, als Auxiliar von Pietro Boetto, dem er nach dessen Tod 1946 als Erzbischof von Genua nachfolgte. 1953 zum Kardinal erhoben, nahm er später von 1959 bis 1965 den Posten eines Vorsitzenden der Italienischen Bischofskonferenz ein. Bei Vollendung seines 75. Lebensjahres sandte er Johannes Paul II. sein Gesuch um Rücktritt von der Diözesanleitung, wurde jedoch bis zum 6. Juli 1987 im Amt belassen. Zu ihm vgl. u.a. B. LAI, *Il Papa non eletto. Giuseppe Siri cardinale di Santa Romana Chiesa*, Laterza, Roma 1993; N. BUONASORTE, *Siri. Tradizione e Novecento*, Bologna 2000; PAOLO GHEDA (Hg.), *Siri. La Chiesa, l'Italia*, Marietti 1820, Genova-Milano 2009.

[20] Grégoire-Pierre Agagianian (1895-1971), Armenier, 1917 zum Priester geweiht. 1937 bis 1962 Armenischer Patriarch von Kilikien, 1946 zum Kardinal kreiert, 1958 bis 1970 Präfekt der Kongregation Propaganda Fide, Mitglied der Zentralen Vorbereitungskommission für das Konzil und dann Moderator.

Silvio Negro, Vatikanexperte des ‚Corriere della Sera', tippte als Benjamin unter den allgemeinen Prognostikern auf den Patriarchen der Armenier, den 63-jährigen Agagianian, der im Kaukasus geboren war, aber ständig in Rom gelebt hatte, römischen Akzent und italienische Erziehung aufwies, einen Kenner der Kurie und Mann von beispielhafter Frömmigkeit.[21]

Wie jedes Konklave in der Geschichte erfuhr auch das Konklave nach dem Tod Pius' XII. Druck und Versuche politischer Einmischung. Die aufdringlichsten diplomatischen Aktionen kamen von Seiten Frankreichs unter General de Gaulle, das seinen gallikanischen Traditionen nicht entsagte. De Gaulle hatte seinen Botschafter beim Heiligen Stuhl, Roland de Margerie, angewiesen, alles zu unternehmen, um die Wahl der Kardinäle Ottaviani und Ruffini zu verhindern, die als „reaktionär" und Pius XII. verbunden galten, jenem Papst, der Innozenz XI., den Inbegriff des Widerstandes des Heiligen Stuhles gegen Ludwig XIV., seliggesprochen hatte.[22] Die ‚französische Partei', die den Kardinaldekan Eugène Tisserant[23] an ihre Spitze stellte, liebäugelte mit dem Patriarchen von Venedig, Roncalli, der sich in Frankreich durch seine Jovialität und Unabhängigkeit im Urteil beliebt gemacht hatte. *„Roncalli ging in das Konklave in der sehr sicheren Haltung, Papst zu werden"*, wird Kardinal Silvio Oddi[24] berichten, *„und er zögerte nicht, seine nahezu*

---

[21] Vgl. Silvio Negro, *Possibile non probabile che venga eletto uno straniero*, in: ‚Corriere della Sera', 10. Oktober 1958.

[22] Vgl. Poswick *Journal*, 162. Vgl. allgemeiner A. Melloni, *Governi e diplomazie davanti all'annuncio del Vaticano II*, in: Matthijs Lamberigts / Claude Soetens (Hgg.), *A la veille du Concile Vatican II. Vota et réactions en Europe et dans le catholicisme oriental*, Bibliotheek van de Faculteit der Godgeleerdheid, Louvain 1992, 214-257.

[23] Eugène Tisserant (1884-1972), Franzose, 1907 zum Priester geweiht. 1936 zum Kardinal erhoben, war er von 1936 bis 1959 Sekretär der Kongregation für die Orientalischen Kirchen, von 1951 bis 1967 Präfekt der *Congregatio Caeremoniarum*, von 1957 bis 1971 Bibliothekar und Archivar der Hl. Römischen Kirche. 1961 wurde er in die Académie Française gewählt. Während des Konzils war er Dekan des Präsidiums.

[24] Silvio Oddi (1910-2001), 1933 zum Priester geweiht, wurde von Roncalli am 27. September 1953 in Piacenza zum Bischof geweiht, nachdem er mit ihm drei Jahre gemeinsam in Paris verbrachte hatte. Apostolischer Delegat in Jerusalem und in Palästina (1953), sodann Internuntius bei der Republik Ägypten (1957). Im Mai 1962 wurde er zum Nuntius in Belgien ernannt, wo er bis 1969 blieb. Im selben Jahr wurde er von Paul VI. zum Kardinal erhoben. 1979 ernannte ihn Johannes Paul II. zum Präfekten der Kleruskongregation.

sichere Gewissheit einigen Freunden mitzuteilen"[25]. Am 15. Oktober hatte er in sein Tagebuch notiert: *„Im Laufe des Tages großer Ansturm von Schmetterlingen auf meine arme Person. Einige flüchtige Begegnungen, die jedoch meine Seelenruhe nicht stören."*[26] Roncalli war weder der progressistischen Gruppe um Montini noch der konservativen Gruppe der Kurie verbunden; er stand in vorgerücktem Alter und garantierte ein Übergangspontifikat.[27] Viele Stimmen aus beiden Lagern fielen schließlich auf seine Person; wie aufgrund von Indiskretionen durchsickerte, hatte er nach elf Wahlgängen 36 Stimmen erhalten, bei einer Mehrheit von 35 Stimmen.[28] *„Im elften Wahlgang, da bin ich zum Papst gewählt worden"*, schrieb Angelo Roncalli in sein Tagebuch, *„man könnte es einen Traum nennen, und doch ist es vor meinem Tode die ehrwürdigste Tatsache meines ganzen armen Lebens"*.[29]

b) *Die Wahl von Johannes XXIII.*

Am Nachmittag des 28. Oktober 1958 verkündete Kard. Canali der auf dem Petersplatz versammelten Menschenmenge, dass Angelo Giuseppe Roncalli, Patriarch von Venedig, 77-jährig, auf den päpstlichen Stuhl gewählt worden war, unter dem Namen Johannes XXIII., einem unerwarteten Namen, der seit dem weit zurückliegenden Jahr 1415, in dem ein Johannes XXIII. als Gegenpapst abgesetzt wurde, keine Verwendung mehr gefunden hatte.

Tisserant bestätigte, dass die französischen Kardinäle die großen Wähler von Roncalli waren. *„Sie waren an der Lösung des Problems der Arbeiterpriester interessiert, und Roncalli hatte ihnen zugesi-*

---

[25] LUCIO BRUNELLI und S. ODDI, *Il tenero mastino di Dio: memorie del Cardinale Silvio Oddi*, Progetti museali editore, Roma 1995, 114.

[26] JOHANNES XXIII., *Pace e Vangelo. Agende del Patriarca*, 752-753.

[27] *„Angelo Giuseppe Roncalli, Übergangspapst"*, notiert am 28. Oktober 1958 der junge, aber gut informierte Vatikanexperte Benny Lai (*Il "mio" Vaticano*, 166).

[28] Vgl. G. ZIZOLA , *Il Conclave. Storia e segreti*, 222; M. RONCALLI, *Giovanni XXIII*, 428.

[29] JOHANNES XXIII., *Pace e Vangelo.* Agende del Patriarca, 768-770, 769.

chert, dass er die Frage klären würde.“[30] Wie der Quai d'Orsai zeigte sich auch der Kreml mit der Wahl zufrieden. *„Die Parteiarchive in Moskau registrieren viele positive Kommentare zu dem Fakt, dass der neue Papst aus einer Bauernfamilie stammt, aber auch zu dem ‚politischen' Fakt, dass Roncalli Apostolischer Nuntius in Sofia und Ankara war, päpstlicher Repräsentant in Athen ...“* und *„er es immer verstanden hat, seine Aufgaben zu erledigen“* derart, dass Montini, der damals dem Staatssekretariat angehörte, ihm die Nuntiatur in Paris übertrug, wo er das Vertrauen des Generals De Gaulle gewann, und von Paris aus, mittels Bogomolow, eines russischen Diplomaten, *„den Weg nach Moskau gefunden hat“*[31].

Die Wahl von Roncalli stellte also einen Kompromiss dar, wie sich an den ersten Ernennungen des Papstes zeigte. Am 4. November, kurz vor Beginn der Krönungszeremonie, kündigte Johannes XXIII. in einem handschriftlichen Billet für Msgr. Montini die bevorstehenden Kardinalsernennungen an: *„Teuerste Exzellenz, ich bin dabei, den Stuhl Petri in feierlicher Zeremonie zu besteigen. ... Dann werde ich das Konsistorium verkünden, in dem die Namen von Msgr. Montini und Msgr. Tardini erscheinen werden. Dies jedoch in einer Woche und bis dahin absolutes Stillschweigen.“*[32]

Am 17. November betraute der Neugewählte Msgr. Domenico Tardini[33] mit dem Amt des Staatssekretärs, das seit 14 Jahren unbesetzt war, und verkündete das nächste Konsistorium. An erster Stelle auf der Liste der neuen Purpurträger, im Ganzen 23 Personen, befand sich der Name des Erzbischofs von Mailand, Msgr. Giovanni Battista Montini. Tardini und Montini, beide mit einer starken Per-

---

[30] G. ZIZOLA, *Il Conclave. Storia e segreti*, 217. Zu den Arbeiterpriestern vgl. É. POULAT, *Les prêtres-ouvriers: naissance et fin*, Casterman, [Paris] impr. 1965; 2e éd. augm., Paris 1999.

[31] VIKTOR GAIDUK, *Vaticano e Cremlino. A proposito della presa di coscienza dell'ingresso nell'era nucleare: crinale apocalittico della storia*, in: *Vatican II in Moscow*, 13-34, 24.

[32] JOHANNES XXIII., *Lettere del pontificato*, Cinisello Balsamo 2004, 67.

[33] Domenico Tardini (1888-1961), 1912 zum Priester geweiht, Untersekretär der Heiligen Kongregation für Außerordentliche Kirchliche Angelegenheiten (1929), Substitut des Staatssekretariates (1935), Pro-Staatssekretär (1944) und schließlich im November 1958 Staatssekretär von Johannes XXIII. Zum selben Zeitpunkt wurde er Titularerzbischof von Laodizea in Syrien und Kardinal. Vgl. GIULIO NICOLINI, *Il cardinale Domenico Tardini*, EMP, Padova 1980; CARLO FELICE CASULA, *Il cardinale Domenico Tardini*, in: *Le deuxième Concile du Vatican*, 207-227.

sönlichkeit ausgestattet, repräsentierten in der Kurie zwei parallele und in gewisser Hinsicht auch gegensätzliche Richtungen. Beide hatten sich als Sekretär für Außerordentliche Angelegenheiten bzw. als Substitut für Ordentliche Angelegenheiten und ab 1953 als Pro-Staatssekretäre bewährt, bevor sich 1954 ihre Wege trennten.[34]

Wenn sich die Unterstützung, die die Konservativen im Konklave Kardinal Roncalli zukommen ließen, auf die Idee gründete, in ihm einen gefügigen ‚Übergangspapst' zu haben, so handelt es sich unzweifelhaft um eine Fehleinschätzung. Kard. Roncalli besaß hinter seiner Bonhomie einen starken und gelegentlich dickköpfigen Charakter. Nach dem ersten Monat seines Pontifikates schrieb er: *„Ich fürchte keine Widrigkeiten, und Leiden scheue ich nicht. Ich fühle mich als der Letzte von allen, aber ich habe ein Arbeitsprogramm im Kopf, das nicht schleppend daherkommt, sondern klar festgelegt ist."*[35]

Der junge Theologe Hans Küng[36] war unter denen, die von der Wahl nicht überrascht schienen. Sein Doktorvater Louis Bouyer[37] hatte ihm schon seit geraumer Zeit vorausgesagt, dass der zukünftige Papst Roncalli heißen würde. Warum? *„Er sei"* – gab Bouyer zur Antwort – *„jovial, fromm und nicht allzu intelligent."*[38] Roger Poelman, Schüler von Dom Lambert Beauduin, nimmt seinerseits auf ein Gespräch Bezug, das er mit letzterem führte, als sich Pius XII. im Endstadium seiner Krankheit befand. Beauduin: *„Ich sage es dir voraus: Er wird sehr bald sterben. Sein Nachfolger wird Roncalli werden!"* Poelman: *„Der dicke Nuntius aus Paris?"* Beauduin: *„Gut, du wirst sehen. Er wird ein Konzil abhalten, und er wird es in einer ökumenischen*

---

[34] Vgl. ROBERT A. GRAHAM SJ, *Montini Substitut Secretary of State (in tandem with Domenico Tardini)*, in: *Paul VI et la modernité*, École Française de Rome, Roma 1984, 67-82.

[35] Notiz vom 28. November 1958, zit. in: *Ioannis XXIII. Biografia documentata*, pars IV, 2669.

[36] Hans Küng (geb. 1928), Schweizer Theologe, 1954 zum Priester geweiht, 1962 bis 1996 Professor an der Universität Tübingen, wurde 1962 zum ‚Konzilsexperten' ernannt. 1979 wurde ihm aufgrund seiner heterodoxen Positionen vom Heiligen Stuhl die Lehrerlaubnis im Fach ‚Katholische Theologie' entzogen.

[37] Louis Bouyer (1913-2004), französischer Theologe. Erst lutherischer Pfarrer. Der Konvertit wurde 1944 Priester des Oratoriums und unterrichtete am Institut Catholique in Paris bis 1963.

[38] KÜNG, *Erkämpfte Freiheit: Erinnerungen*, Piper, München / Zürich 2002, 232.

Perspektive abhalten!"[39] Auch Kard. Suenens gibt in seinen Memoiren die Worte von Beauduin wieder: *„Wenn Roncalli Papst wird, wird es ein Konzil geben."*[40]

3. Angelo Roncalli: Konservativer oder Revolutionär? Das Rätsel Roncalli

Kardinal Angelo Giuseppe Roncalli, geboren am 25. November 1881 zu Sotto il Monte (Bergamo) in einer Familie bäuerlichen Ursprungs, hatte ein bewegtes Leben gehabt. Der Verdacht des Modernismus, auch seinen Beziehungen zu Ernesto Buonaiuti geschuldet, hatte sein Leben als junger Priester begleitet. Am 10. August 1904 war Roncalli bei seiner Priesterweihe in der Kirche Santa Maria zu Montesanto durch seinen Mitseminaristen Buonaiuti[41] assistiert worden; und er zeigte sich nicht unempfänglich für die Anliegen des Modernismus, auch wenn er nicht die Absicht hatte, *„kühne Behauptungen aufzustellen, die auch nur im geringsten vom Glaubenssinn der Kirche abweichen"*[42].

[39] Zit. in: JACQUES MORTIAU / R. LOONBEEK, *Dom Lambert Beauduin visionnaire*, 251. Kard. Roncalli war seit geraumer Zeit ein Freund von Dom Beauduin, dem er in Rom (1925), Sofia (1929), Istanbul (1930) und von 1944 bis 1953 in Paris begegnet war. Vgl. SONYA QUITSLUND, *Beauduin: A Prophet Vindicated*, Newman, New York 1973, 54-55, 148, 167, 191, 200-201, 228, 237-253 und FRANCESCA DELLA SALDA, *Obbedienza e pace: il vescovo A.G. Roncalli fra Sofia e Roma*, Marietti, Genova 1989, 36-40 und passim.

[40] SUENENS, *Souvenirs et espérances*, 62.

[41] Roncalli erinnert sich an Buonaiuti in seinen Notizen: *„Er stand zwischen Don Nicola Turchi und mir; er hatte mir assistiert und hielt das Missale zwischen uns beiden. Er wurde 1921 exkommuniziert, im Januar 1926 zum vitandus erklärt, er starb am 20. April 1946, am Karsamstag. Er starb also mit 65 Jahren: in luce et in Cruce. Seine Bewunderer schrieben über ihn, dass er ein tiefer und inniger religiöser Geist war, der am Christentum mit allen Fasern hing, seiner geliebten katholischen Kirche mit unlösbaren Banden verbunden. Natürlich kein Kirchenmann zur Segnung seines Leichnams da, keine Zeit, das Begräbnis zu übernehmen"* (zit. nach STEFANO TRINCHESE, *Roncalli e i sospetti di modernismo*, in: *Il modernismo tra cristianità e secolarizzazione*, Quattroventi, Urbino 2000, 727-770, 749).

[42] JOHANNES XXIII., *Il Giornale dell'anima e altri scritti di pietà*, hg. v. L. F. CAPOVILLA, Cinisello Balsamo 1989, 9-18. Dezember 1903, 311 {dt.: *Geistliches Tagebuch*, Herder 1964, 175}.

Nach der Priesterweihe wurde er nach Bergamo zurückgerufen, um als Sekretär des neuen Bischofs, Msgr. Giacomo Radini Tedeschi[43], tätig zu werden, der auch seinerseits für die Einflüsse des Modernismus „offen" war. Kardinal Gaetano De Lai[44], Präfekt der Heiligen Konsistorialkongregation, war im Juni 1914 darüber in Kenntnis gesetzt worden, dass der junge Roncalli sich bei einigen Gelegenheiten „*zu jener breiten Ideenströmung hinneigend*" gezeigt hatte, „*die dazu tendierte, die Geltung der Traditionen und die Autorität der Vergangenheit auszuhöhlen ...*", und er hatte ihn ermahnt, „*die betrübliche Verführungskunst gewisser Bücher und gewisser Autoren zu meiden*"[45]. Wie sein Bischof Radini Tedeschi blieb Roncalli zwar der modernistischen Bewegung fern, stimmte jedoch, zumindest privat, der antimodernistischen Haltung des hl. Pius X. nicht zu.[46]

Radini Tedeschi starb am 22. August 1914, zwei Tage nach Pius X., und Roncalli verbrachte die Jahre des Ersten Weltkrieges als Militärkaplan. Anschließend wurde er nach Rom berufen, um bei der Propaganda Fide zu arbeiten, 1925 wurde er zum Bischof geweiht und zum Apostolischen Visitator in Bulgarien ernannt, einem der weniger bedeutenden Posten der Vatikandiplomatie, wo sich seine Beförderung zum Apostolischen Delegaten verzögerte und ihm die Entsendung zu lange anzudauern schien[47]. Er setzte seine diplomatische Laufbahn als Apostolischer Delegat in der Türkei unter Kemal Atatürk (1935-1944) und dann als Nuntius in Frankreich (1945-1953) fort. Der Posten war prestigeträchtig, doch dass der Heilige Stuhl damit einen Diplomaten aus der zweiten Reihe betraute, der aus den Apostolischen Delegaten, und nicht aus den Nuntien ausgewählt wurde, war eine Art ‚Revanche' gegen-

---

[43] Giacomo Maria Radini Tedeschi (1857-1914), 1879 zum Priester geweiht, 1905 bis 1914 Bischof von Bergamo, musste sich gegen den Verdacht des Modernismus verteidigen. Vgl. die Korrespondenz von Pius X. und Giacomo Maria Radini Tedeschi in: ALEJANDRO M. DIÉGUEZ / SERGIO PAGANO, *Le carte del "sacro tavolo". Aspetti del pontificato di Pio X dai documenti del suo archivio privato*, Archivio Storico Città del Vaticano, Vaticano 2006, 283-292.

[44] Gaetano De Lai (1853-1928), 1876 zum Priester geweiht, 1907 zum Kardinal erhoben. 1908 bis 1928 Sekretär der Konsistorialkongregation.

[45] Dokument in S. TRINCHESE, 764. Zu dem Fall vgl. MARIO BENIGNI, *Papa Giovanni XXIII. Chierico e sacerdote a Bergamo 1892-1921*, Glossa, Milano 1998, 271-275.

[46] Vgl. M. RONCALLI, 84-114.

[47] Vgl. A. RONCALLI, *Lettere alla famiglia*, hgg. v. EMANUELE u. M. RONCALLI, Rusconi, Milano 1989, Brief vom 21. Dezember 1929, 120.

über der französischen Regierung, die vom Vatikan die Rücknahme des vorigen Nuntius Valerio Valeri[48] erzwungen hatte, da diesem Sympathien für das Vichy-Regime vorgeworfen wurden.[49] Die Nuntiatur in Paris eröffnete ihm jedoch den Weg zum Heiligen Kollegium. Roncalli wurde 1953 zum Kardinal erhoben und mit 72 Jahren für den Patriarchensitz von Venedig bestimmt, welchen bereits der hl. Pius X. vor Besteigung des päpstlichen Stuhles innegehabt hatte.[50] Das Merkmal seiner fünf Regierungsjahre in der Diözese war ein pastoraler Stil, der geprägt war von Optimismus gegenüber der Gegenwart, auch *„angesichts des Schreckgespenstes eines Triumphes des atheistischen und materialistischen Marxismus"*, wie er in einem Hirtenschreiben für die Fastenzeit 1955 *Für eine pastorale Erneuerung*[51] bekräftigte.

Die Gestalt von Angelo Roncalli bleibt in gewisser Hinsicht ein ‚Geheimnis'. Man konnte dem Patriarch von Venedig, der den päpstlichen Thron bestieg, keine ‚progressistische' oder ‚konservative' Sichtweise zuschreiben, wie sie sich an der Schwelle der 60er-Jahre mit Deutlichkeit abzeichneten. Seine Geistesstruktur und seine

---

[48] Valerio Valeri (1883-1963), 1907 zum Priester geweiht, 1927 Titularerzbischof von Ephesus, 1933 Apostolischer Nuntius in Rumänien und 1936 in Frankreich, 1953 zum Kardinal erhoben.

[49] Zu Paris vgl. É. FOUILLOUX, *Straordinario ambasciatore? Parigi 1944-1953*, in: ALBERIGO, *Papa Giovanni*, 67-95, 71; DERS., *Le nonce Roncalli et l'Église de France*, in: *L'ora che stiamo attraversando*, 213-226; A. RICCARDI, *Angelo Giuseppe Roncalli, un diplomatico vaticano*, in: ENZO BIANCHI u.a. (Hgg.), *Un cristiano sul trono di Pietro. Studi storici su Giovanni XXIII*, Servitium, Gorle (BG) 2003, 177-251. Laut Riccardi wurde Mgr. Roncalli *„von seinen Vorgesetzten – insbesondere von Tardini – als Original und als naiver Mensch angesehen*" (ebd., 250).

[50] Zu den Jahren in Venedig vgl. G. VIAN, *Il patriarca Roncalli attraverso le sue agende veneziane*, in: Rivista di Storia e Letteratura Religiosa 2 (2009), 369-394. In seiner Weihnachtsbotschaft 1955 hatte der Patriarch von Venedig geschrieben: *„Hier wenden wir uns besonders an euch, liebe Jugendliche, die ihr so tapfer, so großherzig und so gutgesinnt seid. Lasst euch nicht durch leere Worte verführen. Auch wir, die wir zu euch sprechen, waren jung wie ihr. Vor einem halben Jahrhundert erhoben sich in der Kirche und in der Welt schwerwiegende und gefährliche Fragen doktrineller Art. Sie waren eine Versuchung für unsere Seele, die doch für das Gute, für das Beste erglühte. Die Gnade des Herrn und die Erfahrung sowie die Führung der Heiligen Kirche machten uns weise und bewahrten uns vor den Dehnungen und den Öffnungen von damals. Der hl. Pius X., der große Papst aus Venezien, räumte die Irrtümer aus dem Blickfeld und rettete die Kirche*" (Weihnachtsbotschaft vom 14. Dezember 1955, in: Bollettino ecclesiastico Diocesi di Vittorio Veneto 1 (1955), 19-21).

[51] A. RONCALLI, *Scritti e discorsi*, Edizioni Paoline, Roma 1959-1962, Bd. II, 28-42.

religiöse Sensibilität machten ihn zu einem Konservativen, aber seine ‚Humanität' trieb ihn zu Gesten des Bruches mit der Tradition und zu ‚Neuerungen' in der Pastoral. Der revolutionäre Charakter seines Pontifikates ist nicht so sehr in seiner Ideologie zu suchen, als vielmehr in der Art und Weise seines Seins, in einer irdischen ‚Humanität', auch wenn, wie Melloni beobachtet, *„die Menschlichkeit von Roncalli nichts gemein hat mit der ‚anthropologischen Wende' in der Theologie der 60er-Jahre und ihren pastoralen und geradezu politischen Nebenprodukten am Ende des 20. Jahrhunderts"*[52].

Das Pontifikat von Angelo Roncalli, wie auch sein vorangehendes Leben, verlief nicht nach den festen Linien eines schlüssigen Planes, sondern nach dem Grundsatz einer gewissen Improvisation, die sich an der ‚Liebe zum Leben' und einem natürlichen Optimismus orientierte; dieser führte in einer eher psychologischen als ideologischen Konsequenz zur Idee der *„Anpassung"* oder, wie man später sagen wird, des *„Aggiornamento"*. Roncalli wird, wie Alberigo betont, seit den 30er-Jahren nicht müde, die Ansicht zu vertreten, dass *„man die Formen guter Einflussnahme an die zeitlichen und räumlichen Umstände anpassen muss"*[53]. Die Idee, dass man sich der alten Formen entledigen könnte, ohne die Substanz der Lehre zu entstellen, enthielt im Keim den „Geist" des Zweiten Vatikanums.

4. Dem Zweiten Vatikanischen Konzil entgegen

a) Die Entstehung der Idee eines Konzils

Die Bombe ging nur drei Monate nach seiner Wahl hoch. Am 25. Januar 1959 teilte Johannes XXIII. im Kapitelsaal der Abtei von S. Paolo fuori le Mura einer Gruppe von anwesenden Kardinälen und der ganzen Welt sein Vorhaben mit, ein ökumenisches Konzil ein-

---

[52] A. MELLONI, *Roncalli: Fare storia di un cristiano così*, in: *L'ora che il mondo sta attraversando. Giovanni XXIII di fronte alla storia, Atti del Convegno, Bergamo (20-21 novembre 2008)*, hgg. v. GRADO GIOVANNI MERLO / FRANCESCO MORES, Edizioni di Storia e Letteratura, Roma 2009, 41.

[53] G. ALBERIGO, *L'ispirazione di un Concilio ecumenico: le esperienze del cardinale Roncalli*, in: Le deuxième Concile du Vatican, 81-99, 92.

zuberufen.[54] Der Papst war verwirrt über das *„frappierende, obgleich ehrerbietige Schweigen"* der Anwesenden, das Frage und Bestürzung kundtat.[55] Die gleiche Reaktion zeigte Kardinal Giuseppe Siri, Erzbischof von Genua, der die Nachricht im Radio erfuhr, während er sich auf einem Pastoralbesuch in seiner ligurischen Diözese befand. *„Gleich bei der Rückkehr in das erzbischöfliche Palais äußerte der Kardinal gegenüber seinen Sekretären Überraschung und Sorge... Die Bestürzung entstand aus der Furcht, dass die neuen Tendenzen in der Theologie, die nach dem Krieg vom französischen und deutschen Raum ausgingen, sich zusammen mit den Gärungen im biblischen Bereich weiterentwickeln könnten, indem sie das konziliare Ereignis für sich ausnutzten"*.[56]

An dieser Stelle drängt sich ein Gedanke auf: In den letzten fünf Jahrhunderten des zweiten Jahrtausends hatten nur zwei Konzilien stattgefunden, das Tridentinum und das Erste Vatikanum. Die Ankündigung einer Versammlung von solcher Tragweite ist eine Entscheidung, die man nicht übereilt und leichten Herzens vornehmen kann, sondern die tiefgehende Überlegungen und umfangreiche Beratungen voraussetzt. Solches war geschehen, als Pius XI. und Pius XII. die Möglichkeit untersucht hatten, das Erste Vatikanische Konzil wiederaufzunehmen, mit dem Ergebnis, dass beide einen derartigen Plan aufschoben. Es ist für den Historiker nicht leicht nachzuvollziehen, wie Johannes XXIII. eine so große Verantwortung in so blitzschneller Art und Weise, nur drei Monate nach seiner Wahl, auf sich nehmen konnte, es sei denn, man nimmt eine besondere Erleuchtung durch den Heiligen Geist an; eine solche ergibt sich jedoch weder aus dem *Geistlichen Tagebuch* noch aus

---

[54] AD I-I, 3-6. Vgl. ALEXANDRA VON TEUFFENBACH, *L'annuncio del Concilio cinquanta anni fa. Una lettura nell'ambito della Chiesa*, in: Alpha Omega XII/3 (2009), 399-446.

[55] JOHANNES XXIII., DMC IV, 259. Der künftige Kard. Giacomo Biffi erinnert sich an die Einberufung des Zweiten Vatikanums und bemerkt dazu in seiner Autobiographie: *„Wir waren alle erstaunt... Der Papst schrieb eine solche Entscheidung, wie es passend war, einer ‚plötzlichen Erleuchtung von oben zu'. Die Konzilien waren jedoch immer durch die Notwendigkeit motiviert gewesen, irgendwelche Glaubenspunkte zu definieren und irgendwelche Häresien zu bekämpfen; Aufgaben, die Johannes XXIII. mit einem Mal ausschloss. Doch dann fragte ich mich, was hatte ihn auf der Ebene der menschlichen Psychologie dazu bewegt? Unbekümmert wie ich war, kam es mir in den Sinn, dass seine Motive, zumindest unbewusst, ‚schöngeistige' waren ..."* (*Memorie e digressioni di un italiano cardinale*, Siena 2007, 156).

[56] B. LAI, *Il Papa non eletto*, 179.

den privaten Notizbüchern des Papstes. Daher erstaunt es nicht, wenn die Kardinäle mit verblüfftem Schweigen angesichts der ruhigen Sicherheit reagierten, mit der der frischgewählte Papst ihnen ein Ereignis ankündigte, das die Geschichte verändern sollte. Das Staunen war so weit verbreitet, dass es sogar bei Johannes XXIII. ein Echo fand, der in einer Notiz vom 16. September schrieb: *„Der erste, der über mein Vorhaben überrascht war, war ich selbst."*[57]

Der Staatssekretär Tardini hatte die Nachricht nur einige Tage zuvor erfahren, vermutlich am 20. Januar, auch wenn sich in den Notizbüchern des Papstes dieselbe Episode zweimal erwähnt findet, an zwei verschiedenen Tagen, dem 15. und dem 20. Januar. Sicher ist jedenfalls, dass Tardini die Initiative mit Elan begrüßte, vielleicht in der Illusion, hierbei die Zügel in den Händen zu behalten, doch vor allem aus dem Geist der Dienstbarkeit, der ihn beseelte. Johannes XXIII. erinnert sich wie folgt:

> *„In der Audienz mit Staatssekretär Tardini entfiel mir zum ersten Mal, und ich würde sagen, wie zufällig das Wort ‚Konzil' in dem Sinne, dass dies der Papst als Einladung zu einer breiten Bewegung der Spiritualität für die hl. Kirche und für die ganze Welt anbieten könnte. Ich fürchtete wirklich eine lächelnde und entmutigende Grimasse als Antwort. Stattdessen fuhr der Kardinal – weiß im Gesicht und blass – bei dieser schlichten Andeutung mit einem unvergesslichen Ausruf und einem Aufflammen der Begeisterung in die Höhe: ‚Oh! Oh? Das ist eine Idee, das ist eine großartige Idee!' "*[58]

---

[57] A. G. RONCALLI, *Giovanni XXIII*, 616. Laut Mgr. Capovilla sprach er mit Tardini nur am 20. Januar 1959 (*Giovanni XXIII. Nel ricordo del Segretario Loris F. Capovilla, intervista di M. Roncalli con documenti inediti*, Cinisello Balsamo 1994, 60).

[58] JOHANNES XXIII., *Pater Amabilis. Agende del Pontefice*, 25. Am 15. Januar berichtete der Papst: *„Im Gespräch mit Staatssekretär Tardini wollte ich seine Geisteshaltung bezüglich der Idee erkunden, die ich den Mitgliedern des Hl. Kollegiums vorzulegen beabsichtigte … das Projekt eines ökumenischen Konzils, das omnibus perpensis* {unter Berücksichtigung all dieser Gründe} *zur rechten Zeit zusammenkommen würde: mit Erscheinen aller katholischen Bischöfe aus jedem Ritus und jeder Region der Welt. Ich war ziemlich schwankend und unsicher. Die unmittelbare Antwort war freudigste Überraschung, wie ich sie nur je erwarten konnte. O! Aber das ist eine glänzende und heilige Idee. Sie kommt direkt vom Himmel, Heiliger Vater; man muss sie pflegen, ausarbeiten, verbreiten. Das wird ein großer Segen für die ganze Welt sein*" (ebd., 23-24).

Domenico Tardini, der den größten Teil seines Lebens im Staatssekretariat verbracht hatte, wo er 1921 als Minutant[†] eingetreten war, war durch und durch ‚römischer Priester', pragmatisch und scharfsinnig, doch nicht ohne echten priesterlichen Geist. Bis zu seinem Tod am 30. Juli 1961 unterhielt er zum Papst ein offenes und loyales Verhältnis, das in einer persönlichen Notiz von ihm gut zum Ausdruck kommt: „*Alles, was Eure Heiligkeit will. Sie möge mir nichts verheimlichen.*"[59] Tardini war jedoch nicht naiv, und so kann man nicht ausschließen, dass er mit seinen Worten „Unterstützung" für das bieten wollte, was er bereits mit den Kurienkardinälen Ottaviani und Ruffini abgestimmt hatte.

b) Die ‚Generalstände' der Kirche?

Zu der irrigen Überzeugung der Kardinäle Ottaviani und Ruffini, die starke Persönlichkeit von Johannes XXIII. „kontrollieren" zu können, gesellte sich eine weitere hinzu, nämlich die Überzeugung, das Konzil unter der Kontrolle der römischen Kurie halten zu können, sowie die Auffassung, es würde erneut die traditionelle Lehre der Kirche gegen die sich einschleichenden Irrtümer vertreten. Ganz anders war die Vorausschau eines anderen bekannten Vertreters der römischen theologischen Schule ausgefallen, des Kard. Louis Billot[60], der von Pius XI. in dieser Frage zu Rate gezogen worden war. Als Papst Ratti 1923 Beratungen zu dem Zweck eingeleitet hatte, die Möglichkeit der Wiederaufnahme des Ersten Vatikanums zu untersuchen, das 1870 durch die Invasion Roms infolge des Deutsch-Französischen Krieges unterbrochen worden war, hatte ihm der französische Kardinal geantwortet, er halte es für gefährlich, ein Konzil zu einem Zeitpunkt einzuberufen, wo

---

[†] Sachbearbeiter.

[59] In: G. NICOLINI, 176.

[60] Louis Billot (1846-1931), Mitglied der Gesellschaft Jesu, Franzose, 1869 zum Priester geweiht, hatte von 1885 bis 1911 den Lehrstuhl für Dogmatik an der Gregoriana inne, als er zum Kardinal erhoben wurde. Infolge der Verurteilung der Action Française seitens Pius XI. 1927 verzichtete er auf seine Kardinalswürde. Zu ihm vgl. HENRI LE FLOCH CSSP, *Le cardinal Billot lumière de la théologie*, Beauchesne, Paris 1947; JULES ARTUR, *Les enseignements du cardinal Billot*, in: La Pensée catholique 150 (1974), 76-81; P. DUCLOS, *Billot*, in: DHCJ, 450.

„es unmöglich ist, die Existenz tiefgehender Divergenzen zu verbergen, die im Innern des Episkopates über soziale, politische und ökonomische Fragen in Beziehung zu Moral und Glaubensregel bestehen. Diese Fragen zeigen sich aufgrund ihrer Vielschichtigkeit unter je nach Land verschiedenen Aspekten und werden somit Raum für Diskussionen bieten, die sich auszudehnen und ins Unendliche hinzuziehen drohen".

Kardinal Billot fuhr fort:

„Schließlich kommt hier das schwerwiegendste Argument, das mir absolut für ein Nein zu sprechen scheint. Die Wiederaufnahme des Konzils wird von den ärgsten Feinden der Kirche herbeigesehnt, nämlich den Modernisten, die sich schon bereit machen – worauf ganz sichere Indizien hindeuten –, von den Generalständen der Kirche zu profitieren, um die Revolution, das neue 1789, den Gegenstand ihrer Träume und Hoffnungen, durchzuführen. Überflüssig zu sagen, dass sie damit keinen Erfolg haben werden, doch würden wir die traurigen Tage am Ende des Pontifikates Leos XIII. und zu Beginn von Pius X. wiedererleben; wir würden noch Schlimmeres erleben, und dies wäre die Vernichtung der schönen Früchte der Enz. Pascendi, *die jene zum Schweigen gebracht hatte."*[61]

Die Voraussicht von Billot gründete sich auf einen evidenten Sachverhalt. Als er in den 20er-Jahren schrieb, waren die Wunden noch nicht verheilt, die aus den chirurgischen Eingriffen Pius' X. zur Entfernung des Modernismus vom Körper der Kirche herrührten. Die Proklamation des römischen Primates 1870 machte eine Bestätigung der Entscheidungen des Papstes durch ein Konzil weniger notwendig. Ein Konzil würde durch seine Natur als Versammlung statt einer Stärkung des Primates unvermeidlich eine Spannung zwischen dem römischen Papst und dem umfangreichen, unkontrollierbaren Episkopat auslösen und damit die Macht und das Ansehen der römischen Autorität schwächen. Es bestand die Ge-

---

[61] CAPRILE, Bd. V, 681-701, 688. Pater Caprile untersucht 26 Briefe und drei Denkschriften von Kurienkardinälen zum Thema einer Wiedereröffnung des Ersten Vatikanums. Sehr konträre Einschätzungen boten auch Kard. Frühwirth und Kard. Boggiani dar.

fahr, dass sich im Episkopat nationale Blöcke bildeten, was die Kirche aufgrund ihrer universalen Berufung immer versucht hatte zu vermeiden. Was Billot nicht voraussehen konnte, war jedoch etwas noch Schlimmeres: der Ausbruch eines Konfliktes nicht mehr zwischen Papst und römischer Kurie auf der einen Seite sowie den Bischöfen auf der anderen, sondern zwischen den Konzilsvätern, oder zumindest eines Teiles von ihnen, und der römischen Kurie, während sich der Papst eine Rolle als ,Vermittler' zwischen den Richtungen vorbehielt. Genau dies trat dann auch ein.

c) Die Kardinäle Ottaviani und Ruffini raten zu einem Konzil

Auch Pius XII. erwog die Idee, ein großes ökumenisches Konzil zur Fortsetzung der Arbeit des Ersten Vatikanums einzuberufen.[62] In einer Audienz, die Alfredo Ottaviani, Assessor beim Heiligen Offizium, am 4. März 1948 gewährt wurde, äußerte sich Pius XII. zum ersten Mal dahingehend, dass eine Wiederaufnahme des Ersten Vatikanums angebracht sei. Der Ratschlag war von Kard. Ernesto Ruffini[63], Erzbischof von Palermo, in einer früheren Audienz am 24. Februar 1948 gekommen. *„Zu Füßen von Pius XII."* – so erzählte 11 Jahre später der Purpurträger – *„wagte ich, der letzte unter den Priestern, um ein ökumenisches Konzil zu bitten. Es erschien mir, dass die Umstände es dringend verlangten und dass es dort so viel an Stoff zu behandeln gäbe wie auf dem Konzil von Trient. Der ehrwürdige Pontifex lehnte den Vorschlag nicht ab, vielmehr nahm er davon Notiz, wie er es bei wichtigen Angelegenheiten zu tun pflegte ..."*.[64] Es wurde sodann eine ziemlich kleine Kommission unter dem Vorsitz von Msgr. Ottaviani eingerichtet, die am 15. März 1948 mit ihrer Arbeit begann.

---

[62] Vgl. *Relazione sui primi lavori fatti in S. Offizio dal 1948 al 1951*, in: ASV, Conc. Vat. II, Busta 682, fasc. 1, ff. 10.

[63] Ernesto Ruffini (1888-1967), 1910 zum Priester geweiht, am 1. Oktober 1945 zum Erzbischof von Palermo ernannt, 1946 zum Kardinal erhoben. Zu ihm vgl. ANGELO ROMANO, *Ernesto Ruffini. Cardinale arcivescovo di Palermo (1946-1967)*, Studi del Centro A. Cammarata, Caltanissetta-Roma 2002; FRANCESCO MICHELE STABILE, *Il Cardinale Ruffini e il Vaticano II. Lettere di un "intransigente"*, in: Cristianesimo nella Storia 11 (1990), 183-176; GROOTAERS, *I protagonisti*, 217-229.

[64] Zit. in GIAN FRANCO SVIDERCOSCHI, *Storia del Concilio*, Milano 1967, 23.

Im Protokoll der ersten Zusammenkunft liest man, Msgr. Ottaviani habe geäußert, dass er dem Heiligen Vater „die Notwendigkeit“ vor Augen geführt hat, *„einige doktrinelle Punkte zu klären und zu definieren, angesichts der Ansammlung von Irrtümern, die sich im philosophischen und theologischen, moralischen und sozialen Bereich ausbreiten“*[65]. Im Februar 1949 berief der Papst eine spezielle Vorbereitungskommission ein, deren Vorsitzender Msgr. Francesco Borgongini Duca[66], der Apostolischen Nuntius in Italien, und deren Sekretär der Jesuit Pierre Charles[67], Theologieprofessor in Löwen, war. Die Kommission hielt zwischen 1949 und dem 4. Januar 1951, dem Termin des letzten Treffens, zahlreiche Zusammenkünfte in völliger Verschwiegenheit ab. In ihr traten zwei verschiedene Auffassungen über das zukünftige Ereignis zu Tage. Einige wollten, dass das Konzil sehr kurz wäre mit einer Dauer von nicht länger als einem Monat und sich nur mit genau festgelegten Themen befasste, bei denen man eine einmütige Zustimmung, auch per ‚Akklamation' erreichen sollte, um der Welt die Einheit und die Geschlossenheit der Kirche zu beweisen. Andere dachten an eine lange Vorbereitungszeit und an einen ebenso langen Verlauf mit voller Diskussionsfreiheit für die Väter, um nicht den Eindruck zu erwecken, die Versammlung werde von der römischen Kurie „gesteuert“.[68] Angesichts dieser Meinungsverschiedenheiten, die einen Zusammenstoß vorausahnen ließen, zog Pius XII. es vor, das Projekt zurückzustellen; er verfuhr damit nicht anders als sein Vorgänger Pius XI.

Dieselben Kardinäle Ottaviani und Ruffini, die Pius XII. 1948 die Idee eines Konzils nahegelegt hatten[69], gaben an, in der ‚Zelle' des Konklaves als erste dem gerade gewählten Johannes XXIII. geraten zu haben, das 21. allgemeine Konzil der Kirche einzuberufen[70].

---

[65] *Relazione sui primi lavori.*

[66] Francesco Borgongini Duca (1884-1954), 1906 Priesterweihe, 1929 Titularerzbischof von Heraklea und Apostolischer Nuntius in Italien, 1953 zum Kardinal kreiert.

[67] Pierre Charles (1883-1954), belgischer Theologe der Gesellschaft Jesu, 1910 zum Priester geweiht. Professor für dogmatische Theologie in Löwen, spezialisierte sich in Missionswissenschaft.

[68] Vgl. *Relazione sui primi lavori;* G. F. SVIDERCOSCHI, 25-26.

[69] Vgl. A. VON TEUFFENBACH, *L'annuncio del Concilio*, 416-417.

[70] Vgl. *Deposizione Ottaviani*, in: *Ioannis XXIII. Positio*, Bd. II/1, 238; vgl. auch EMILIO CAVATERRA, *Il prefetto del Sant'Uffizio*, 5-6.

In einem in der Wochenzeitung ‚Epoca' veröffentlichten Interview wurde Kard. Ottaviani unter anderem gefragt: *„Als Johannes XXIII. das Konzil angekündigt hat, wie fiel Ihre Reaktion aus?"* Ottaviani antwortete:

> *„Er hatte seit dem Zeitpunkt seiner Wahl mit mir nicht darüber gesprochen. Vielmehr, um genau zu sein, war ich es gewesen, der ihn am Vorabend der Wahl in seiner Kammer im Konklave aufsuchte. Unter anderem sagte ich zu ihm: ‚Eminenz, man muss an ein Konzil denken.' Kardinal Ruffini, der bei der Unterredung dabeistand, war derselben Ansicht. Kardinal Roncalli machte sich diese Idee zu eigen und sollte später sagen: ‚Ich habe an ein Konzil von dem Moment an gedacht, als ich Papst geworden bin.' Es stimmt, er hat unseren Rat angenommen."*[71]

Unbezweifelt *„wirkte"*, wie sich der Historiker Msgr. Hubert Jedin[72] erinnert, die unerwartete Ankündigung *„wie ein Fanfarenstoß, innerhalb und fast noch stärker außerhalb der Kirche"*[73]. Die Überraschung wurde von den Bischöfen auf der ganzen Welt geteilt, wie Rocco Caporale in seinem Buch mit Interviews der Hauptakteure des Konzils dokumentiert. Einer von ihnen, Msgr. Thomas Roberts[74], fasste die Gedanken der Mehrheit zusammen: *„Ich hätte nie von einem Konzil geträumt und nie jemanden getroffen, der davon geträumt hatte."*[75]

Den Bischof von Jacarezinho, Msgr. de Proença Sigaud, erreichte die Nachricht während einer antikommunistischen Studienwoche, die von Plinio Corrêa de Oliveira in São Paulo veranstaltet wurde. Msgr. Sigaud, der die Nachricht aus der Zeitung erfahren hatte, wandte sich mit diesen Worten an Prof. de Oliveira: *„Wirklich gut, die Einberufung eines Konzils, Plinio"*. Plinio: *„Dom Si-*

---

[71] CAPRILE, Bd. V, 702.

[72] Hubert Jedin (1900-1980), 1924 zum Priester geweiht, Kirchenhistoriker, Professor an den Universitäten Breslau und Bonn, 1962 zum Konzilsexperten ernannt.

[73] HUBERT JEDIN, *Das II. Vatikanische Konzil*, in: *Handbuch der Kirchengeschichte*, Bd. VII, *Die Weltkirche im 20. Jahrhundert*, hg. v. Hubert Jedin und Konrad Repgen, Freiburg i. B. u.a 1979/1985, 97-151, 104.

[74] Thomas Roberts (1893-1976), 1925 in der Gesellschaft Jesu zum Priester geweiht, Erzbischof von Bombay (1937-1950), dann Titularerzbischof von Sugdaea (1950-1970).

[75] Zit. bei WILDE, 13.

gaud, ich bin verblüfft: das sind die Generalstände der Kirche! Und das ist der Beginn der Revolution in der Kirche." „*Nein*", antwortete Sigaud, „*dem Papst wird es gelingen, die Texte aller Bischöfe zu ändern, und alles wird ein gutes Ende nehmen. Es wird nichts passieren!*"[76]

d) Was bedeutet ‚ökumenisches Konzil'?

Von Beginn an wurde das Zweite Vatikanische Konzil als ‚ökumenisch' qualifiziert. Doch was bedeutet dieser Ausdruck? Die Existenz einer ‚ökumenischen' Bewegung protestantischen Ursprungs konnte die Idee eines großen ‚Unionskonzils' nahelegen, wie es das Konzil von Florenz 1439 gewesen war. „*Es besteht aber kein Zweifel darüber*" – versicherte Jedin am Vorabend der Eröffnung – „*daß der Papst von Anfang an* diesen *Sinn nicht unterlegte. Er hielt sich einfach an den kirchlichen Sprachgebrauch, wie er im CIC niedergelegt ist, und dort trägt der Abschnitt, der über das Universalkonzil handelt, die Überschrift:* De Concilio Oecumenico."[77]

Die katholische Kirche verstand sich selbst als die einzige Kirche Christi, und Papst Johannes konnte nur an ein großes Universalkonzil der katholischen Kirche denken.[78] Gemäß seiner Logik war das Zweite Vatikanische Konzil ‚ökumenisch', weil die katholische Kirche zwanzig ‚ökumenische' oder ‚allgemeine', d.h. universale Konzilien anerkannte. „*Ein ökumenisches Konzil*" – erklärte P. Charles

---

[76] A-IPCO, Versammlung am 9. September 1989. Ein ähnlicher Schlagabtausch fand, wie sich Jacques Trémolet de Villers erinnert, in jenen Tagen in Frankreich statt. Mgr. Marcel Lefebvre wandte sich mit folgenden Worten an seinen Freund Jean Ousset (1914-1994), den Gründer der ‚Cité Catholique': „... *Ich habe Ihnen eine großartige Nachricht zu verkünden ... es wird hier ein Konzil geben!*". „*Verzeihen Sie mir, Monseigneur, wenn ich Ihre Begeisterung nicht teile. Für mich ist dies keine gute Nachricht*". „*Aber warum? Mein lieber Ousset, dieses Konzil wird das Konzil der ‚Cité Catholique' sein!*". „*Monseigneur, wenn das Reich überall im Wanken begriffen ist, ruft man nicht die Generalstände zusammen!*" (zit. nach M. INTROVIGNE, *Jean Ousset e la Cité Catholique. A cinquant'anni da Pour qu'il règne*, in: Cristianità 355 (2010), 9-61, 48-49).

[77] H. JEDIN, *Das II. Vatikanische Konzil in historischer Sicht*, Vortrag zwischen 1959 und 1962 an mehreren Orten gehalten, veröffentlicht in: DERS., *Kirche des Glaubens, Kirche der Geschichte. Ausgewählte Aufsätze und Vorträge*, Bd. II: *Konzil und Kirchenreform*, Freiburg/Basel/Wien 1966, 589-603, 589.

[78] A. VON TEUFFENBACH, *L'annuncio del Concilio*, 434-435; DIES., *Die Bedeutung des "subsistit in" (LG 8). Zum Selbstverständnis der katholischen Kirche*, München 2002, 184-201.

Boyer[79] im ‚Osservatore Romano' – *„hat in der katholischen Kirche eine klar definierte Bedeutung: es ist die Versammlung aller Bischöfe der katholischen Kirche, die vom Papst zusammengerufen werden, um Fragen des Glaubens und der Sitten zu behandeln. Seine faktische Universalität ergibt sich aus der Anwesenheit von Katholiken, die auf der ganzen Erde leben; und seine Universalität von Rechts wegen besteht in dem Sachverhalt, dass die Kirche dazu eingerichtet ist, in ihrem Schoß alle Menschen ohne Ausnahme zu versammeln."*[80]

Als Johannes XXIII. in einer Ansprache vor Pfarrern in Rom sein Vorhaben darlegte, sich an die christlichen Kirchen wenden zu wollen, um *„ihnen zu sagen, sie sollten den Streitigkeiten ein Ende machen und zusammenfinden, ohne ein detailliertes historisches Verfahren zwecks Feststellung, wer Unrecht und wer Recht hatte, durchzuführen"*[81], da beabsichtigte er nicht, eine neue ‚ökumenische Theologie' zum Ausdruck zu bringen, sondern er wollte vielmehr die neue ‚pastorale' Gestalt akzentuieren, die das bevorstehende Konzil erhalten sollte.

In der Enzyklika *Ad Petri cathedram* vom 29. Juni 1959, die als das programmatische Dokument seines Pontifikates angesehen werden kann[82], erklärte der Papst, dass die römische Kirche bereits ihre volle Einheit besitzt[83] und umriss die zwei Ziele des bevorstehenden Konzils mit diesen Ausdrücken: *‚ut ad catholicae Fidei incrementum et ad rectam cristiani populi morum renovationem deveniatur*[†]'[84]: Zu-

---

[79] Charles Boyer (1884-1980), französischer Jesuit, 1916 zum Priester geweiht. Theologieprofessor an der Gregoriana bis 1962, war der Gründer des Zentrums ‚Unitas' und der gleichnamigen Zeitschrift, die 1946 begründet wurde. Er wurde 1960 als Mitglied des Sekretariates für die Einheit berufen und war dann 1962 Konzilsexperte. Von 1935 bis zu seinem Tod war er Sekretär der Päpstlichen Akademie des hl. Thomas von Aquin und Herausgeber der Zeitschrift ‚Doctor Communis'. Vgl. LUIGI BOGLIOLO, *Il padre Carlo Boyer s.j., Segretario dell'Accademia di S. Tommaso dal 1934 al 1980*, in: Doctor Communis 35 (1982), 3-14; H. DE GENSAC / P. DUCLOS, *Charles Boyer*, in: DHCJ, 515-516.

[80] ‚L'Osservatore Romano', 6./7. April 1959.

[81] CAPRILE, Bd. I/1, 107; G. F. SVIDERCOSCHI, 39ff.

[82] Der ersten Enzyklika folgten zwischen August und November drei weitere Enzykliken: *Sacerdotii nostri primordia* (August 1959) über das Priestertum zum hundertsten Todestag des hl. ‚Pfarrers von Ars'; *Grata recordatio* (September) über das Rosenkranzgebet für den Frieden; *Princeps pastorum* (November) zum Thema der Mission.

[83] AAS 51 (1959), 497-531.

[†] *dass man zum Wachstum im christlichen Glauben und zur rechten Erneuerung der Sitten des christlichen Volks gelangt.*

wachs des Glaubens also und moralische Erneuerung der Sitten des christlichen Volkes, wie es die traditionelle Zielsetzung eines jeden Konzils der katholischen Kirche war. In der Ansprache zur Vorbereitungsphase des Konzils am 14. November bekräftigte der Papst, dass *„es in der modernen Epoche nicht so sehr um den einen oder anderen Punkt der Lehre und Disziplin ... geht, sondern vielmehr darum, die Substanz des menschlichen und christlichen Denkens und Lebens zu Geltung und Glanz zu bringen, als dessen Verwalterin und Lehrerin die Kirche in den Jahrhunderten fungiert"*[85].

Und wenn der Ökumenische Rat der Kirchen (ÖRK) auf Initiative seines Generalsekretärs, des holländischen Pastors W. A. Visser't Hooft[86], seit dem 27. Januar 1959 ein ‚ganz besonderes' Interesse für den von Johannes XXIII. dargebotenen Hinweis auf die Einheit der Christen zeigte, so erklärte der Kardinalstaatssekretär Tardini im Herbst desselben Jahres, dass eine Einladung nicht-katholischer kirchlicher Gemeinschaften zum Konzil nicht vorgesehen sei, obgleich er die Möglichkeit einer Zulassung von ‚Beobachtern' nicht ausschloss. Erst in den folgenden Monaten gelang es der Ökumenischen Bewegung, dem Konzil ihren Stempel aufzudrücken.

e) Msgr. Pericle Felici, Generalsekretär des Konzils

Am 16. Mai 1959 richtete Johannes XXIII. eine erste Vorbereitungskommission (*Commissio ante-praeparatoria*)[87] unter dem Vorsitz des Kardinalstaatssekretärs Tardini ein, die er mit der Aufgabe betraute, das bevorstehende Konzil zu organisieren. In das Sekretariat dieser Organisation wurde Msgr. Pericle Felici[88] berufen, ein Jurist von 48 Jahren, der in der *Geschichte des Konzils* von Alberigo als

---

[84] Ebd., 511.

[85] ‚L'Osservatore Romano', 15. November 1959.

[86] Willem Visser't Hooft (1900-1985), holländischer Pastor, war der erste Sekretär des Weltrates der Kirchen (1948-1966). Vgl. W. A. VISSER'T HOOFT, *Pionnier de l'œcuménisme Genève-Rome. Textes présentés par Jacques Maury*, Paris 2001.

[87] Vgl. AD I-I, 22-23.

[88] Pericle Felici (1911-1982), 1933 zum Priester geweiht, 1960 Titularerzbischof, 1967 zum Kardinal erhoben, Vorsitzender des Päpstlichen Rates für die Gesetzestexte (1967) und Präfekt des höchsten Tribunals der Apostolischen Signatur (1977). Vgl. RICCARDO BURIGANA, *Pericle Felici*, in: DBI 46 (1966), 69-74. Zu seiner Rolle beim Konzil vgl. *Actes et acteurs*, 301-313; GROOTAERS, *I protagonisti*, 115-133.

„ein unbekannter Auditor der Rota"[89] charakterisiert wird. Geboren zu Segni in der Ciociaria[†], war Msgr. Felici im Alter von nur 22 Jahren mit einem Dispens von Pius XI. zum Priester geweiht und nach brillantem Abschluss seines Jurastudiums mit 27 Jahren als Rektor des Päpstlichen Römischen Seminars für die Rechtsstudien ausgewählt worden. Ab 1943 unterrichtete er Moraltheologie an der Lateran-Hochschule und 1947 wurde er zum Auditor der Sacra Rota ernannt. Von Beginn an zog es Tardini trotz Meinungsverschiedenheiten zwischen ihm und seinem Mitarbeiter vor, dem jüngeren Felici die Initiative zu überlassen, der seinerseits ein Mann mit einer starken Persönlichkeit war und die Arbeiten mit sicherer Hand führte. Seine Tätigkeit als Generalsekretär des Konzils sollte den Lauf der Ereignisse in entscheidender Weise zu beeinflussen.[90]

Am 18. Juni 1959 sandte Kard. Tardini ein Schreiben an die gesamte katholische Hierarchie, die von Rechts wegen zur Teilnahme am ökumenischen Konzil berufen war (Kardinäle, Patriarchen, Erzbischöfe, residierende Bischöfe und Titularbischöfe, Äbte und Prälaten *nullius*, Apostolische Vikare und Präfekten), desgleichen an die Generaloberen der exemten religiösen Orden und der nicht-exemten Kongregationen, an die Dikasterien der römischen Kurie und an die theologischen Fakultäten der katholischen Universitäten, worin er um die Übermittlung von *„Meinungen, Ratschlägen und Wünschen"* bat, *„die Eurer Exzellenz pastorale Sorge und Seeleneifer in Bezug auf*

---

[89] G. ALBERIGO, *L'annuncio del Concilio. Dalle sicurezze dell'arroccamento al fascino della ricerca*, in: *SCV*, Bd. I, 19-70, 62 {dt.: *Die Ankündigung des Konzils. Von der Sicherheit des Sich-Verschanzens zur Faszination des Suchens*, 1-60, 51}.

[†] Gegend östlich von Rom.

[90] Vgl. GROOTAERS, *I protagonisti*, 115-132. Die *Commissio ante-praeparatoria* setzte sich zusammen aus den Sekretären der sieben römischen Kongregationen: Propaganda Fide (Pietro Sigismondi), Außerordentliche Kirchliche Angelegenheiten (Antonio Samoré), Sakramentenordnung (Cesare Zerba), Konzil (Pietro Palazzini), Orden (Arcadio Larraona), Seminare und Universitäten (Dino Staffa); dem Pro-Sekretär für die Riten (Enrico Dante), die Assessoren der Konsistorialkommission (Giuseppe Ferretto) und der Kongregation für die Orientalischen Kirchen (Acacio Coussa) und dem Kommissar des Heiligen Offizium (Paul Philippe). Ihre Aufgabe bestand darin, die Dokumente für die ‚unmittelbare Vorbereitung' der Konzilsarbeiten zu sammeln, die allgemeinen Leitlinien für die zu behandelnden Themen vorzugeben und Empfehlungen für die Zusammensetzung der verschiedenen Organe abzugeben, die mit der detaillierten Vorbereitung der Arbeiten beschäftigt wären. Diese beschwerliche Tätigkeit zog sich über elf Monate hin, zwischen Mai 1959 und April 1960, und gliederte sich in fünf Sitzungen.

Gegenstände und Themen nahelegen, welche auf dem nächsten Konzil diskutiert werden können"[91]. Die Befragung betraf 2700 Personen sowie 62 Gemeinschaften und Institutionen. Ein solches Verfahren, bemerkt Philippe Levillain, stellte einen *„demokratischen Umsturz"* bei der Vorbereitung des Konzils dar, wenn man die Methoden bedenkt, die bei der Organisierung des Ersten Vatikanums angewandt wurden.[92] Das vorangehende Konzil hatte in der Tat ein Verfahren festgelegt, wonach es der Papst war, der dem Konzil die Fragen vorlegte, und den Bischöfen nur die Möglichkeit blieb, sich mit ihrer Stimmabgabe zu äußern. Nun war die Macht der Initiative tatsächlich den Bischöfen der ganzen Welt übertragen worden, die es auch nicht daran mangeln ließen, von ihr Gebrauch zu machen.

Am 14. Juli teilte Johannes XXIII. Kardinal Tardini mit, dass der Name des nächsten Konzils ‚Zweites Vatikanum' wäre. Es würde sich also um ein neues Konzil handeln und nicht um eine Wiederaufnahme und Vervollständigung des Ersten Vatikanums.

5. Johannes XXIII. und die ‚übernatürlichen Zeichen' in der Kirche

a) „Fatima betrifft nicht die Jahre meines Pontifikates"

Johannes XXIII. verbrachte den August 1959 in Castel Gandolfo. Hier empfing der Papst laut Zeugnis des Sekretärs Capovilla[93], der zugegen war[94], aus den Händen von P. Paul Philippe[95], Kommissar des Heiligen Offiziums, den versiegelten Umschlag, der das Dritte Geheimnis von Fatima enthielt. *„Er sagte, er würde ihn am nächsten Freitag* [21. August, Anm. d. Verf.] *im Beisein seines Beichtvaters*

---

[91] É. Fouilloux, *La fase antepreparatoria (1959-1960). Il lento avvio dell'uscita dall'inerzia*, in: *SCV*, Bd. I, 71-176, 107-108 {dt.: *Die vor-vorbereitende Phase (1959-1960). Der langsame Gang aus der Unbeweglichkeit*, 61-187, 104}.

[92] Philippe Levillain, *La mécanique politique de Vatican II. La majorité et l'unanimité dans un concile*, Vorwort v. René Rémond, Beauchesne, Paris 1975, 37.

[93] Loris Capovilla, 1915 geboren, 1940 zum Priester geweiht, war Privatsekretär von Johannes XXIII. und dann 1964 Konzilsexperte. Von 1967 bis 1971 Bischof von Chieti.

[94] Johannes XXIII. nach dem Bericht von Loris F. Capovilla, 113-117.

[95] Paul Philippe (1905-1984), französischer Dominikaner, 1932 zum Priester ge-

Msgr. Cavagna[96] *öffnen und den Inhalt lesen. Also keine Eile. Er las die Denkschrift, aber da der Text aufgrund dialektaler Ausdrücke im Portugiesischen hier und da verworren erschien, ließ er ihn sich durch Msgr. Paulo Tavares*[97]*, den Minutanten des Staatssekretariates (später Bischof von Macao), übersetzen. Ich war anwesend. Daran nahmen die Häupter des Staatssekretariates und des Heiligen Offiziums sowie andere Personen teil, z.B. Kardinal Agagianian."*[98]

Die den Hirtenkindern von Fatima enthüllte Botschaft, die nach den Worten von Kard. Bertone *„unter den modernen Erscheinungen zweifellos die prophetischste"*[99] ist, besteht aus drei verschiedenen Teilen. Der erste ist die dramatische Vision der Hölle, in die viele Seelen stürzen.

> *„Unsere Liebe Frau zeigte uns ein großes Feuermeer, das in der Tiefe der Erde zu sein schien. Eingetaucht in dieses Feuer sahen wir die Teufel und die Seelen, als seien es durchsichtige schwarze oder braune, glühende Kohlen in menschlicher Gestalt. Sie trieben im Feuer dahin, emporgeworfen von den Flammen, die aus ihnen selber zusammen mit Rauchwolken hervorbrachen. Sie fielen nach allen Richtungen, wie Funken bei gewaltigen Bränden, ohne Schwere und Gleichgewicht, unter Schmerzensgeheul und Verzweiflungsschreien, die einen vor Entsetzen erbeben und erstarren ließen. Die Teufel waren gezeichnet durch eine schreckliche und grauenvolle*

---

weiht. Von 1955 bis 1959 Mitglied des Heiligen Offizium, dann Sekretär der Kongregation für die Orden. Mitglied der *Commissio ante-praeparatoria*. 1962 zum Bischof geweiht, wurde während der ersten Sitzung zum Mitglied der Kommission für die Orden ernannt. 1973 zum Kardinal erhoben, von 1973 bis 1980 Pro-Präfekt der Kongregation für die Orientalischen Kirchen.

96 Alfredo Maria Cavagna (1879-1970), 1902 zum Priester geweiht, 1962 Bischof von Tio.

97 Paulo José Tavares (1920-1973), Portugiese, 1943 zum Priester geweiht, von 1961 bis zu seinem Tod Bischof von Macao (China).

98 Johannes XXIII. nach dem Bericht seines Sekretärs LORIS F. CAPOVILLA, 115.

99 KONGREGATION FÜR DIE GLAUBENSLEHRE, *Die Botschaft von Fatima, Verlautbarungen des Apostolischen Stuhls* 147, 13. Mai 2000, 5. Das Dokument der Kongregation für die Glaubenslehre enthält die drei Teile des ‚Geheimnisses' in der Abfassung von Schwester Lucia, eine Präsentation des Sekretärs der Kongregation, Mgr. Tarcisio Bertone SDB, und einen theologischen Kommentar zum dritten Teil des ‚Geheimnisses', der vom Präfekten der Kongregation, Kard. Joseph Ratzinger, stammt.

Gestalt von scheußlichen, unbekannten Tieren, aber auch sie waren durchsichtig und schwarz.

Diese Vision dauerte nur einen Augenblick. Dank sei unserer himmlischen Mutter, die uns vorher versprochen hatte, uns in den Himmel zu führen (in der ersten Erscheinung). Wäre das nicht so gewesen, dann glaube ich, wären wir vor Schrecken und Entsetzen gestorben".[100]

Im zweiten Teil prophezeit die Muttergottes das Ende des Ersten Weltkrieges, den Ausbruch eines neuen Krieges sowie die Ausbreitung des Kommunismus, wenn sich die Welt nicht bekehrt, aber auch das Heilmittel für die Rettung der Menschheit: die Verehrung ihres Unbefleckten Herzens.

„Wir erhoben den Blick zu Unserer Lieben Frau, die voll Güte und Traurigkeit sprach:

Ihr habt die Hölle gesehen, wohin die Seelen der armen Sünder kommen. Um sie zu retten, will Gott in der Welt die Andacht zu meinem Unbefleckten Herzen begründen. Wenn man tut, was ich euch sage, werden viele Seelen gerettet werden, und es wird Friede sein. Der Krieg wird ein Ende nehmen. Wenn man aber nicht aufhört, Gott zu beleidigen, wird unter dem Pontifikat von Papst Pius XI. ein anderer, schlimmerer beginnen. Wenn ihr eine Nacht von einem unbekannten Licht erhellt seht, dann wißt, daß dies das große Zeichen ist, das Gott euch gibt, daß Er die Welt für ihre Missetaten durch Krieg, Hungersnot, Verfolgungen der Kirche und des Heiligen Vaters bestrafen wird.

Um das zu verhüten, werde ich kommen, um die Weihe Rußlands an mein Unbeflecktes Herz und die Sühnekommunion an den ersten Samstagen des Monats zu verlangen. Wenn man auf meine Wünsche hört, wird Rußland sich bekehren und es wird Friede sein. Wenn nicht, wird es seine Irrlehren über die Welt verbreiten, wird Kriege und Kirchenverfolgungen heraufbeschwören. Die Guten wer-

---

[100] Erster und zweiter Teil des ‚Geheimnisses' in der Abfassung von Schwester Lucia in der ‚dritten Erinnerung' vom 31. August 1941, die für den Bischof von Leiria-Fatima bestimmt war, in: KONGREGATION FÜR DIE GLAUBENSLEHRE, *Die Botschaft von Fatima*, 17-18.

den gemartert werden, der Heilige Vater wird viel zu leiden haben, verschiedene Nationen werden vernichtet werden, am Ende aber wird mein Unbeflecktes Herz triumphieren. Der Heilige Vater wird mir Rußland weihen, das sich bekehren wird, und der Welt wird eine Zeit des Friedens geschenkt werden."[101]

Der dritte Teil der Botschaft besteht in einer geheimnisvollen Vision, in der der Papst, Bischöfe, Ordensleute und einfache Laien auf dramatische Weise ums Leben kommen.

„Nach den zwei Teilen, die ich schon dargestellt habe, haben wir links von Unserer Lieben Frau etwas oberhalb einen Engel gesehen, der ein Feuerschwert in der linken Hand hielt; es sprühte Funken, und Flammen gingen von ihm aus, als sollten sie die Welt anzünden; doch die Flammen verlöschten, als sie mit dem Glanz in Berührung kamen, den Unsere Liebe Frau von ihrer rechten Hand auf ihn ausströmte: den Engel, der mit der rechten Hand auf die Erde zeigte und mit lauter Stimme rief: Buße, Buße, Buße! Und wir sahen in einem ungeheuren Licht, das Gott ist: ‚etwas, das aussieht wie Personen in einem Spiegel, wenn sie davor vorübergehen' einen in Weiß gekleideten Bischof ‚wir hatten die Ahnung, daß es der Heilige Vater war'. Verschiedene andere Bischöfe, Priester, Ordensmänner und Ordensfrauen einen steilen Berg hinaufsteigen, auf dessen Gipfel sich ein großes Kreuz befand aus rohen Stämmen wie aus Korkeiche mit Rinde. Bevor er dort ankam, ging der Heilige Vater durch eine große Stadt, die halb zerstört war und halb zitternd mit wankendem Schritt, von Schmerz und Sorge gedrückt, betete er für die Seelen der Leichen, denen er auf seinem Weg begegnete. Am Berg angekommen, kniete er zu Füßen des großen Kreuzes nieder. Da wurde er von einer Gruppe von Soldaten getötet, die mit Feuerwaffen und Pfeilen auf ihn schossen. Genauso starben nach und nach die Bischöfe, Priester, Ordensleute und verschiedene weltliche Personen, Männer und Frauen unterschiedlicher Klassen und Positionen. Unter den beiden Armen des Kreuzes waren zwei Engel, ein jeder hatte eine Gießkanne aus Kristall in der Hand. Darin sam-

---

[101] Erster und zweiter Teil des ‚Geheimnisses', in: KONGREGATION FÜR DIE GLAUBENSLEHRE, *Die Botschaft von Fatima*, 18 {dort fehlerhafte Erwähnung von Pius XII. statt Pius XI.}.

melten sie das Blut der Märtyrer auf und tränkten damit die Seelen, die sich Gott näherten."[102]

Auf die Enthüllung dieses letzten Teiles, der vom Heiligen Stuhl erst am 26. Juni 2000 öffentlich gemacht wurde, wartete man 1960. In den Vereinigten Staaten hatte die Blaue Armee[103] eine große Kampagne gestartet, die sich auf die bevorstehende Enthüllung des Dritten Geheimnisses konzentrierte, und in der öffentlichen Meinung wie in den Massenmedien existierte bezüglich dieses Ereignisses eine starke Erwartungshaltung.

Die Welt erlebte eine schwierige geschichtliche Situation. Der Ankündigung von Johannes XXIII., die Bischöfe der Welt in einem Konzil vereinigen zu wollen, war nur wenige Wochen zuvor der Einmarsch der Truppen Fidel Castros in Havanna vorausgegangen. Die kubanische Revolution hatte die Existenz eines weltweiten Expansionsplanes seitens des kommunistischen Imperialismus bestätigt. Weniger als drei Jahre später sollte die Welt durch die internationale Krise zwischen den Vereinigten Staaten und der Sowjetunion in Folge der Entscheidung des Kreml, seine Raketen auf

---

102 Dritter Teil des ‚Geheimnisses', in: KONGREGATION FÜR DIE GLAUBENSLEHRE, *Die Botschaft von Fatima*, 23. Über den Inhalt des Dritten Geheimnisses ist eine Kontroverse im Gange, deren Ausdruck das Buch von ANTONIO SOCCI, *Il quarto segreto di Fatima*, Milano 2006, und der Text von Kard. T. BERTONE mit GIUSEPPE DE CARLI, *L'ultimo segreto di Fatima*, Milano 2006, und DERS., *L'ultima veggente di Fatima. I miei colloqui con suor Lucia*, Milano 2007, darstellen. Zu einem ausgewogenen Standpunkt in der Frage siehe man: A. A. BORELLI MACHADO, *Riflessioni amichevoli per chiarire una polemica*, in: Lepanto 174 (2007), 2-24.

103 Die Blaue Armee (Blue Army) entstand 1947 in der Diözese Newark (USA) durch das Wirken eines Priesters, Harold Colgan, der schwer krank war und am darauf folgenden Tag vollständig genas und über eine Zeitschrift die Botschaft der Muttergottes von Fatima kennen lernte. Er begann also die Verbreitung der Botschaft und die ‚*peregrinatio*' einer Muttergottes-Statue von Fatima zu organisieren. Die Initiative begann sich in den Vereinigten Staaten und ebenso weltweit zu verbreiten, auch durch die Arbeit eines begeisterten Laien, des Journalisten und Schriftstellers John Mathias Haffert (1915-2001), der mittels der Zeitschrift ‚Soul' und Pilgerreisen nach Fatima die Bewegung überall bekannt machte, so dass Pater Colgan am 13. Mai 1950 einen Mikrofilm nach Fatima brachte, der die Namen einer Million bis dahin gesammelter Unterschriften enthielt. Nach zahlreichen Pilgerfahrten von Italien nach Fatima nahm die Idee einer ‚*peregrinatio*' des Bildes der Muttergottes von Fatima Gestalt an, die durch die Hauptorte der italienischen Provinzen führen und in Catania anlässlich des Nationalen Eucharistischen Kongresses mit der Weihe Italiens an das Unbefleckte Herz Mariens am 13. September 1959 enden sollte.

Kuba zu installieren, an den Rande eines nuklearen Krieges geraten. Wer einen ungerechtfertigten Optimismus hinsichtlich des Verlaufes der historischen Ereignisse bekundete, den erinnerte die Botschaft von Fatima an die Tragödie des Augenblicks und zeigte den Weg auf, ihr zu begegnen. Die Lektüre des Textes erschütterte Johannes XXIII. jedoch nicht, der sich darauf beschränkte, Msgr. Capovilla eine Note zu diktieren, die bezeugt, *„dass der Papst den Inhalt in Augenschein genommen hatte und anderen"* – seinem Nachfolger? – *„den Auftrag überließ, sich dazu zu äußern"*[104]. P. Alonso, bedeutendster Fatima-Experte, der folgende Information wahrscheinlich von einem der in Castel Gandolfo Anwesenden erhielt, erzählt, dass der Papst nach Lesen der Botschaft den Kommentar abgab: *„Das betrifft nicht die Jahre meines Pontifikates"*[105]. Die amtliche Vorgabe der kirchlichen Autoritäten war die von P. Giovanni Caprile in der ‚Civiltà Cattolica' übermittelte: *„Keine Ängste, keine Panik, kein Sensationshunger, keine krankhafte Neugier"*[106]. Die Gründe dafür, dass Papst Roncalli sich entschied, die Verbreitung des Textes aufzuschieben, liegen auf der Hand: es bestand ein eklatanter Kontrast zwischen der ‚Unglücksprophezeiung' der Botschaft von Fatima und dem optimistischen Prophetismus des neuen Papstes, der das Zweite Vatikanische Konzil eröffnete.[107] Wenn man sich diesen Kontrast zwischen den zwei ‚prophetischen Richtungen' vor Augen führt, fällt es einem leichter, die Ereignisse der folgenden Jahre zu verstehen.

---

[104] Johannes XXIII. nach dem Bericht seines Sekretärs Loris F. Capovilla, 115.

[105] J. M. Alonso CFM, *La vérité sur le secret de Fatima*, Téqui, Paris 1979, 106. Vgl. auch M. De la Sainte Trinité, *Toute la vérité sur Fatima*, 371-382; François-Marie des Anges, *Fatima, joie intime. Événement Mondial*, Contre-Réforme Catholique, Parres-les-Vaudes 1991, 295ff.

[106] G. Caprile SJ, *Fatima e il suo "segreto" non svelato*, in: Civiltà Cattolica 2640 (1960), 614-618. Giovanni Caprile (1917-1993) aus der Gesellschaft Jesu, von 1953 bis zu seinem Tod Redakteur bei der ‚Civiltà Cattolica', Chronist des Konzils in dieser Zeitschrift. Vgl. Anonym., *In ricordo del padre Giovanni Caprile*, in: Civiltà Cattolica 3430 (1993), 365-368.

[107] Der Historiker Giorgio Rumi, der die Wahl von Johannnes XXIII. guthieß, bescheinigte ihm eine fehlende prophetische Gabe: *„Heute wissen wir, dass der Kommunismus untergehen sollte. Doch damals konnte Roncalli dies nicht mit Gewissheit voraussehen, im Gegenteil, der Kommunismus war überaus stark"* (Interview von Paolo Conti, *Gli intellettuali cattolici: Giovanni XXIII fece bene a non divulgare il segreto*, in: ‚Corriere della Sera', 14. Mai 2000).

Am 13. September desselben Jahres wurde Italien dem Unbefleckten Herzen Mariens geweiht: Zur feierlichen Zeremonie in Catania waren 300.000 Gläubigen anwesend, die von der ganzen Halbinsel herbeigeströmt waren. Zu diesem Anlass traf aus Portugal die Statue der Pilgermadonna von Fatima ein und entfachte in 150 italienischen Städten eine Atmosphäre außerordentlicher religiöser Inbrunst.[108] In seiner Rundfunkbotschaft erwähnte Johannes XXIII. weder Fatima noch das dritte Geheimnis.[109]

b) Johannes XXIII. und P. Pio

Der christliche Historiker kann die göttlichen Manifestationen im Bereich der menschlichen Angelegenheiten nicht ignorieren. Das Übernatürliche manifestiert sich nicht nur in außergewöhnlichen Erscheinungen oder Visionen, sondern auch im gewöhnlichen Leben der Heiligen, das eine der Hauptausdrucksformen der Präsenz Gottes in der Geschichte darstellt. *„In seiner unendlichen Gerechtigkeit und Barmherzigkeit"* – schrieb Dom Guéranger – *„schenkte Gott den verschiedenen Epochen Heilige, jedoch entschied er sich dafür, sie nicht in der Weise zu gewähren, dass, wenn es erlaubt ist, sich so auszudrücken, man nur das Thermometer der Heiligkeit zu konsultieren braucht, um die normalen Verhältnisse einer Epoche oder einer Gesellschaft in Erfahrung zu bringen."*[110] Das 20. Jahrhundert war im Vergleich zu anderen Epochen arm an Heiligen. Und doch schien eine charismatische Gestalt in sich einen großen Teil der außergewöhnlichen Gaben zu vereinen, die seiner Zeit fehlten. Diese Gestalt ist P. Pio von Pietrelcina[111], der Stigmatisierte von San Giovanni Ro-

---

[108] Eine der letzte Reisestationen der Pilger-Muttergottes war S. Giovanni Rotondo, wo sie am 5. August 1959 eintraf und Pater Pio, der zu diesem Zeitpunkt schwer krank war, plötzlich wieder zu Kräften kam. Vgl. Y. CHIRON, *Padre Pio le stigmatisé*, Perrin, Paris 1991, 254-260.

[109] Vgl. die Rundfunkbotschaft zum Abschluss des XVI. Nationalen Eucharistischen Kongresses, in: DMC I, 432-437.

[110] P. GUÉRANGER OSB, *Le sens chrétien de l'histoire*, in: *Essai sur le naturalisme contemporain*, Editions Delacroix, s.l. 2004, 365-402, 377.

[111] Der hl. Pio von Pietrelcina, mit bürgerlichem Namen Francesco Forgione (1887-1968), legte 1907 seine feierlichen Gelübde im Kapuzinerorden unter dem Namen Pio ab und wurde 1910 zum Priester geweiht, 1916 in den Konvent von San Gio-

tondo, um den sich ein Netz von Gebetsgruppen über alle Nationen hinweg bildete.

Der Stigmatisierte von Pietrelcina stieß auf Unverständnis und erfuhr Verleumdungen, weshalb er sich demütigenden kirchenrechtlichen Untersuchungen unterziehen musste. Dazu zählte auch die von Johannes XXIII. in die Wege geleitete Untersuchung, bei der für den Zeitraum vom 13. Juli bis zum 2. Oktober 1960 Msgr. Carlo Maccari[112], damals Sekretär des Vikariats von Rom, als Apostolischer Visitator nach San Giovanni Rotondo gesandt wurde.[113] Diese Periode wird als eine Zeit harter Verfolgung gegenüber dem Heiligen von Pietrelcina in Erinnerung bleiben. Das Misstrauen von Papst Roncalli überrascht, vor allem gegenüber einer Bewegung, die Scharen von Gläubigen um P. Pio versammelte.

1971 wandte sich der Postulator im Seligsprechungsprozess, P. Bernardino von Siena, an Msgr. Capovilla, um zu erfahren, wie Johannes XXIII. über P. Pio dachte. Die Antwort fiel ausweichend aus.[114] Aus der Prozessdokumentation der *Positio* geht das tiefe Unverständnis seitens Johannes XXIII. für die spirituelle Gestalt von P. Pio von Pietrelcina hervor[115], der später von Johannes Paul II. selig- und heiliggesprochen wurde.

---

vanni Rotondo beordert, wo er 1918 die sichtbaren Stigmata der Passion Christi empfing, die rund 50 Jahre offen und blutend bleiben sollten. Er wurde von Johannes Paul II. selig- (1999) und heiliggesprochen (2002). Zu ihm vgl. *Sipontina Beatificationis et canonizationis Servi Dei Pii a Pietrelcina Positio Super Virtutibus*, Bd. I/1, Città del Vaticano 1997.

[112] Carlo Maccari (1913-1997), 1936 zum Priester geweiht, 1961 Titularbischof von Emmaus, 1963 Erzbischof von Mondovi, 1968 von Ancona und Numana, 1972 Bischof von Osimo und Cingoli.

[113] Vgl. Francobaldo Chiocci, *I nemici di Padre Pio*, Edizioni Reporter, Roma 1968; Marco Tosatti, *Quando la Chiesa perseguitava Padre Pio*, Piemme, Casale Monferrato 2005. Der kanonische Besuch fand auf Verlangen von Pater Clemente von Milwaukee statt, des Generaloberen des Kapuzinerordens, der in den Betrug des Bankiers Giovanni Battista Giuffré verwickelt war. Der Vermittler zwischen den Kapuzinern, die Pater Pio gegenüber feindselig eingestellt waren (sie installierten im Sprechzimmer des Konventes Mikrophone) und dem Heiligen Offizium war der römische Priester Don Umberto Terenzi (1900-1974), ab 1932 Rektor des Wallfahrt-Heiligtums der Madonna von der Göttlichen Liebe {südlich von Rom}.

[114] Vgl. *Servi Dei Pii a Pietrelcina Positio*, 329-243.

[115] Vgl. ebd., 243-251. Vgl. auch das tendenziöse, aber gut dokumentierte Buch von Sergio Luzzatto, *Padre Pio. Miracoli e politica nell'Italia del Novecento*, Einaudi, Torino 2007, 364-387. Dagegen: Fabrizio Cannone, Padre Pio: *lettura critica di una lettura critica*, in: Nova Historica 9 (2010), 152-169.

6. Die ‚*vota*' der Konzilsväter

a) Analogien zu den ‚cahiers de doléance' (Beschwerdehefte) *der Französischen Revolution*

Im Sommer 1959 gingen in Form von ‚*vota*' die Antworten der Bischöfe, der Oberen der religiösen Orden und der Leiter der katholischen Universitäten auf die Umfrage von Kard. Tardini ein. Die Auswertung des gewaltigen Materials begann im Monat September und schloss Ende Januar 1960. Die rund 3000 eingegangenen Schreiben füllen acht Bände der *Acta et documenta concilio Vaticano II apparando*.[116]

Eine aufmerksame Untersuchung der *vota* erlaubt es heute dem Historiker wie damals dem Papst, der Kurie und der Vorbereitungskommission, sich einen Überblick über die ‚*desiderata*' des Weltepiskopates am Vorabend des Konzils zu verschaffen.

Die Wünsche der künftigen Konzilsväter brachten, in ihrer Gesamtheit betrachtet, kein Verlangen nach einer radikalen Wende zum Ausdruck, und noch viel weniger nach einer ‚Revolution' im Innern der Kirche.[117] Wenn in einigen Antworten die antirömischen Tendenzen einiger Bischöfe klar zutage treten, wie in der Antwort von Kard. Alfrink[118], des Erzbischofs von Utrecht, so richten sich die Wünsche der Väter im Allgemeinen auf eine maßvolle ‚Reform' in der Linie der Tradition. Die Mehrzahl der *vota* verlangte eine Verurteilung der modernen Übel innerhalb wie außerhalb der Kirche,

---

[116] Die Sammlung der *vota* ist veröffentlicht in: *Acta et documenta Concilio Oecumenico Vaticano II apparando – Series I (Antepraeparatoria)*. Von 2594 künftigen Konzilsvätern antworteten 1988, d.h. 77% (vgl. É. FOUILLOUX, *La fase ante-preparatoria (1959-1960)*, 112-113).

[117] Eine umfassende Untersuchung der *vota* in: *A la veille du Concile Vatican II*, ebenso: *Le deuxième Concile du Vatican*, 101-177. Für die italienischen Bischöfe vgl. MAURO VELATI, *I* "consilia et vota" *dei vescovi italiani*, in: *A la veille du Concile Vatican II*, 83-97; ROBERTO MOROZZO DELLA ROCCA, *I* "voti" *dei vescovi italiani per il Concilio*, in: *Le deuxième Concile du Vatican*, 119-137.

[118] AD I-II/2, 509-516. Bernard Jan Alfrink (1900-1987), Holländer, 1924 zum Priester geweiht, 1955 Erzbischof von Utrecht, 1960 zum Kardinal erhoben, Mitglied der Vorbereitungskommission und des Präsidialrates. Vgl. FABRIZIO DE SANTIS, *Alfrink, il cardinale d'Olanda*, Longanesi, Milano 1969; ANTONIUS HENDRIKUS MARIA VAN SCHAIK, *Alfrink. Een biografie*, Authos, Amsterdam 1997. Zu seiner Rolle auf dem Konzil vgl. *Actes et Acteurs*, 522-553.

vornehmlich des Kommunismus, sowie neue doktrinelle Definitionen, insbesondere in Bezug auf die Allerseligste Jungfrau Maria. In den Voten des britischen Episkopates beispielsweise findet sich die Kenntlichmachung der Übel der zeitgenössischen Gesellschaft, doch fehlen Anliegen einer radikalen Reform.[119] Auch unter den französischen Bischöfen, die als zu den progressistischsten gehörig galten, forderten viele die Verurteilung des Marxismus und des Kommunismus, und eine beachtliche Minderheit verlangte die Definition der Mittlerschaft Mariens.[120] Claude Soetens, der die *vota* der belgischen Bischöfe untersucht hat, betont *„den ziemlich enttäuschenden Charakter"* der Antworten, *„die wenig empfänglich dafür waren, eine echte kirchliche Erneuerung ins Werk zu setzen"*; damit bestätigte er den Eindruck derer, die einen Unterschied zwischen den Antworten der Bischöfe bei der Befragung 1959 und ihrem Verhalten während des Konzils festgestellt haben.[121]

Die italienischen Bischöfe, deren Zahl am größten war, wollten, dass das Konzil das Dogma der *„universellen Mittlerschaft der Allerseligsten Jungfrau Maria"* verkündete.[122] Das zweite Dogma, dessen Definition sie verlangten, war das der Königsherrschaft Christi, um etwas dem herrschenden Laizismus entgegenzusetzen.[123] Viele verlangten vom Konzil überdies die Verurteilung von doktrinellen Irrtümern: 91 wollten eine erneute Verurteilung des Kommunismus, 57 äußerten sich entsprechend gegen den atheistischen Existenzialismus, 47 gegen den moralischen Relativismus, 31 gegen den Materialismus, 24 gegen den Modernismus.[124] *„In den Tausenden von Schreiben, die aus der ganzen Welt in Rom eingingen"*, so betont Giovanni Turbanti, *„erschien der Kommunismus als der schwerwiegendste Irrtum, den das Konzil verurteilen sollte. Immerhin 286 Bischöfe sprachen davon. Hinzu kamen die zahlreichen Bezugnahmen auf den*

---

[119] Vgl. SOLANGE DAYRAS, *Les vœux de l'épiscopat britannique. Reflets d'une église minoritaire*, in: *Le deuxième Concile du Vatican*, 139-153.

[120] Vgl. YVES-MARIE HILAIRE, *Les vœux des évêques français après l'annonce du Concile*, in: *Le deuxième Concile du Vatican*, 101-117, 102.

[121] Vgl. C. SOETENS, *Les ‚vota' des évêques belges en vue du Concile*, in: *A la veille du Concile Vatican II*, 38-52, 49.

[122] Vgl. R. MOROZZO DELLA ROCCA, *I "vota" dei vescovi italiani*, 127.

[123] Vgl. ebd.

[124] Vgl. ebd., 119-137.

Sozialismus, den Materialismus und den Atheismus."[125] Auch im *Zusammenfassenden Bericht*, der die Voten der Bischöfe nach Nationen resümiert und den das Generalsekretariat der Vorbereitungskommission erstellt hatte, erschien der Kommunismus als der Irrtum, den das Konzil vor allen anderen verurteilen müsste.[126]

Interessant ist die Analogie, die zwischen den *vota* der Konzilsväter und den *‚cahiers de doléance'* besteht, welche in Frankreich im Hinblick auf die Generalstände 1789 verfasst wurden. Vor der Französischen Revolution nahm sich kein *‚cahier de doléance'*[†] vor, die Grundlagen des Ancien Régime, insbesondere die Monarchie und die Kirche, umzustürzen. „*Kein cahier*", betont der Historiker Armando Saitta, „*wurde so abgefasst, als ob die Generalstände die Aufgabe haben sollten, jede bereits bestehende Macht zu vernichten und eine solche zu schaffen oder* ex novo *zu schaffen.*"[127] Was verlangt wurde, war eine maßvolle Reform der Institutionen, nicht ihr Umsturz, wie er dann unerwartet geschah, als die Generalstände zusammentraten. Auch im Fall des Zweiten Vatikanum – zu diesem Ergebnis kommt P. O'Malley – „*verlangten die Antworten im Allgemeinen eine Stärkung des Status quo, eine Verurteilung der modernen Übel, ob innerhalb oder außerhalb der Kirche, und andere Lehrdefinitionen, insbesondere in Verbindung mit der Jungfrau Maria*".[128]

Das Konzil erfüllte die Wünsche, die in den *vota* der Konzilsväter zutage traten, nicht, sondern kam den Forderungen einer Minderheit nach, der es von Anfang an gelang, sich an die Spitze der Versammlung zu setzen und deren Entscheidungen zu steuern. Dies wird aus den geschichtlichen Anhaltspunkten unwiderlegbar deutlich.

---

[125] G. TURBANTI, *Il problema del comunismo al Concilio Vaticano II*, in: *Vatican II in Moscow*, 147-187, 149.

[126] Ebd., 150. Hingewiesen sei auf die Voten der katholischen Universitäten wie jenes der Hochschule De Propaganda Fide in Rom, das eine umfangreiche und gründliche Studie des Stigmatiner-Paters Cornelio Fabro zu den Ursprüngen und zum Wesen des zeitgenössischen Atheismus bietet (Vgl. *De atheismo positivo seu constructivo ut irreligiositatis nostri temporis fundamenta*, AD, I-I/1, 452-463).

[†] Beschwerdeheft.

[127] ARMANDO SAITTA, *Costituenti e Costituzioni della Francia rivoluzionaria e liberale (1789-1875)*, Giuffrè, Milano 1975, 3.

[128] J. W. O'MALLEY SJ, *Vatican II. Did anything happen?*, introd., 4.

b) Msgr. de Proença Sigaud: Konzil zwischen Revolution und Gegenrevolution

Unter den in Rom eingegangenen Voten findet sich eines, das hervorsticht durch das umfassende Bild, das es bietet, durch die Übel, die es kenntlich macht, und durch die Heilmittel, die es vorschlägt. Es stammt vom Bischof von Jacarezinho, Geraldo de Proença Sigaud, der 1961 von Johannes XXIII. zum Erzbischof von Diamantina erhoben werden sollte. Der Text von Msgr. Sigaud[129] offenbart klar die Inspiration und vielleicht sogar die Hand von Plinio Corrêa de Oliveira, von dem gerade zuvor 1959 in der Nummer 100 der Zeitschrift ‚Catolicismo' der Text *Revolution und Gegenrevolution* als Erstveröffentlichung erschienen war[130].

Msgr. de Proença Sigaud gebraucht in seinem *votum* wie Plinio Corrêa de Oliveira die Termini ‚Revolution' und ‚Gegenrevolution' in genau dem Sinn, den ihnen das Päpstliche Lehramt und jene fruchtbare Strömung des katholischen Denkens, die als gegenrevolutionär definiert wurde, seit der Französischen Revolution verliehen hatten[131]: ein religiöser und moralischer Konflikt, der seine Wurzeln im Niedergang der mittelalterlichen Christenheit besitzt. Mit dieser Perspektive brandmarkte der brasilianische Bischof das Eindringen der Prinzipien und des Geistes der sogenannten *„Revolution im Klerus und im christlichen Volk"*. Er schrieb:

> *„Wie einstmals die Prinzipien, die Lehren, der Geist und die Wertschätzung des Heidentums in die Gesellschaft des Mittelalters eindrangen und die Pseudo-Reformen verursachten, so sehen viele Kleriker noch nicht die Irrtümer der Revolution und stellen sich ihnen noch nicht entgegen. Andere im Klerus lieben die Revolution als Idealprinzip, verbreiten sie, arbeiten mit ihr zusammen, feinden die Gegner der Revolution an, diffamieren und behindern ihr Apostolat. Viele Hirten schweigen. Andere haben sich den Irrtümern und dem Geist der Revolution angeschlossen und fördern sie offen oder insgeheim, wie es die Hirten zur Zeit des Jansenismus ge-*

[129] AD I-II/7, 180-195.

[130] Vgl. P. Corrêa De Oliveira, *Revolução e Contra-Revolução*, in: Catolicismo 100 (April 1959), 1-12.

[131] Vgl. R. de Mattei, *Il crociato del XX secolo*, 151-200, mit Literatur zum Thema.

tan haben. Jene, die die Irrtümer angreifen und ablehnen, werden von ihren Kollegen verfolgt und ‚Integralisten' genannt. Aus den Seminaren Roms kehren Seminaristen erfüllt von den Ideen der Revolution zurück. Sie bezeichnen sich als ‚Maritainisten', sind ‚Schüler von Teilhard de Chardin', ‚katholische Sozialisten', ‚Evolutionisten'. Selten wird ein Priester, der sich der Revolution entgegenstellt, in den Episkopat erhoben; häufig dagegen jene, die die Revolution fördern."

Dem Bischof von Jacarezinho zufolge war die Situation der katholischen Kirche aufgrund der neo-modernistischen Infiltration bereits 1959 dramatisch.

„Nach meiner bescheidenen Meinung muss das Konzil, will es heilsame Wirkungen erreichen, an erster Stelle den heutigen Zustand der Kirche in Betracht ziehen, die in Ähnlichkeit mit Christus einen neuen Karfreitag erlebt, ihren Feinden ohne Verteidigung ausgeliefert ist, wie Pius XII. zur italienischen Jugend sagte. Man muss den todbringenden Kampf sehen, der sich auf jedem Gebiet gegen die Kirche abspielt, den Feind erkennen, die Strategie und die Taktik des Kampfes ausmachen, ihre Logik, ihre Psychologie und ihre Dynamik wahrnehmen, um in sicherer Weise die einzelnen Zusammenstöße zu deuten, den Gegenangriff zu organisieren und ihn souverän auszuführen.

Der unversöhnliche Feind unserer Kirche und katholischen Gesellschaft betätigt sich schon seit fünf Jahrhunderten in diesem Konflikt und hat mit einem todbringenden, zähen und systematischen Fortschritt quasi die ganze katholische Ordnung, d.h. die Stadt Gottes, umgestürzt und bemüht sich, an seiner Stelle die Stadt des Menschen zu errichten. Sein Name ist Revolution. Was will er? Die ganze Struktur des menschlichen Lebens, die Gesellschaft und die Menschheit ohne Gott, ohne die Kirche, ohne Christus, ohne die Offenbarung aufbauen, indem er sich nur auf die menschliche Vernunft, auf die Sinnlichkeit, auf die Gier und auf den Hochmut stützt. Zu diesem Zweck ist es notwendig, die Kirche von ihren Grundfesten her umzustürzen, zu zerstören und zu verdrängen.

Dieser Feind ist in unseren Tagen höchst aktiv, er ist sich in der Tat sicher über seinen Sieg in den nächsten Jahren. Und doch verachten viele katholische Führungspersonen das, was ich sage, als Träume einer kranken Phantasie. Sie verhalten sich so wie die Bewohner von Konstantinopel in den Jahren vor der Niederlage: blind – sie wollten die Gefahr nicht sehen."[132]

Msgr. de Proença Sigaud analysierte anschließend die antichristlichen Kräfte, die am Werk waren: Kommunismus, Freimaurerei und internationales Judentum (auch wenn er die Verurteilung des Antisemitismus seitens der Kirche teilte), wobei er sich bei der Rolle der ungezügelten Leidenschaften im revolutionären Prozess aufhielt.

„Der Prozess der Revolution beginnt am Ende des Mittelalters, schreitet mit der heidnischen Renaissance fort, macht große Fortschritte während der Pseudo-Reformation. Während der Französischen Revolution zerstört er die politische und soziale Grundlage der Kirche, während der Eroberung des Kirchenstaates meint er, den Heiligen Stuhl zerstören zu können, mit der Säkularisation des Kirchengutes der Klöster und der Diözesen zerstreut er das Erbe der Kirche, mit dem Modernismus ruft er eine schwere innere Krise hervor, und mit dem Kommunismus schafft er zuletzt ein entscheidendes Instrument, um das Wort ‚christlich' von der Erde zu verbannen.

Die bedeutendste Kraft der Revolution kommt vom klugen Gebrauch der menschlichen Leidenschaften. Der Kommunismus hat die Wissenschaft von der Revolution hervorgebracht, und ihre grundlegenden Waffen sind: die menschlichen Leidenschaften, mit Methode entfesselt und angestachelt.

Die Revolution bedient sich zweier Laster als Kräfte, um die katholische Kirche zu zerstören und die atheistische Gesellschaft zu errichten: der Sinnlichkeit und des Hochmutes. Diese ungeordneten und starken Leidenschaften werden in wissenschaftlicher Weise auf ein konkretes Ziel hingelenkt und unterwerfen sich der eisernen Disziplin ihrer Lenker, um die Stadt Gottes von ihren Grundfesten her zu zerstören und die Stadt der Menschen zu errichten. Sie neh-

---

[132] AD I-II/7, 181-182.

men auch die Diktatur auf sich und ertragen Armut, um die Ordnung des Antichristen aufzubauen."[133]

Der brasilianische Bischof stellte anschließend einige Prinzipien auf, um diesem Prozess entgegenzuwirken.

„a. Die Verurteilung der verkehrten Lehren ist absolut notwendig, aber nicht hinreichend.

b. Notwendig ist ein organisierter Kampf gegen die Irrtümer, gegen ihre Anhänger und gegen jene, die die Irrtümer verbreiten. Ein solcher organisierter Kampf wie der einer geordneten, methodisch operierenden Armee erweist sich heutzutage als leicht aufgrund der fortschrittlichen Kommunikationsmöglichkeiten mit dem Heiligen Stuhl. Jedoch nehmen der Klerus, die religiösen Orden, unsere Schulen und die Laienschaft nicht systematisch den Kampf auf. Es fehlt ein organisierter Widerstand gegen Ideen und gegen Personen.

c. Ein organisierter Kampf muss auch die maskierten Formen der Revolution, ihre Irrtümer und ihren Geist treffen, die sie zusammen mit ihrem Geist verbreiten. Diese Formen verfügen im Allgemeinen über zwei Merkmale:

1. Es sind logische Konsequenzen von Irrtümern oder psychologische Ausdrucksweisen eines falschen Prinzips, die auf ein sehr konkretes Gebiet angewandt werden.

2. Die Inhalte werden in einer Art und Weise dargestellt, dass ein weniger informierter Gläubiger die Schlechtheit dieser Doktrin nicht erfasst.

3. Wenn aber der Gläubige die Schlechtheit dieser Doktrin nicht wahrnimmt, bewahrt er das verkehrte Prinzip in verborgener und wirksamer Weise in seiner Seele und ist von diesem Prinzip und vom Geist der Revolution durchdrungen, ohne es deutlich zu bemerken."[134]

---

[133] AD I-II/7, 184-185. Auch für Plinio Corrêa de Oliveira liegt der tiefere Grund für den revolutionären Prozess in einer Explosion des Stolzes und der Sinnlichkeit, die ein umfassendes System von Ursachen und Wirkungen in den tieferen Schichten der Seele und der abendländischen Kultur hervorgerufen hat (*Rivoluzione e Contro-Rivoluzione*, passim).

[134] AD I-II/7, 185.

Der Bischof von Jacarenzinho erachtete eine Neuausgabe des ‚Syllabus von Pius IX.' für notwendig, unter Einschluss der Irrtümer des Sozialismus und derjenigen von Marc Sangnier und des ‚Sillon'[135]; *„der gesamten sozialen Häresie von Maritain"*[136]; *„der demokratischen Idolatrie; der Idole der Christdemokraten; der Irrtümer des Liturgizismus; der Irrtümer des Laienpriestertums der Katholischen Aktion. Der Irrtümer bezüglich des Gehorsams, der religiösen Gelübde; der Irrtümer des Kommunismus im Hinblick auf Privateigentum, des universellen pantheistischen Evolutionismus"*[137].

In seiner umfangreichen Abhandlung ging Msgr. de Proença Sigaud anschließend dazu über, die *„Strategie des trojanischen Pferdes"* des Feindes zu beschreiben; er machte einige charakteristische Punkte aus, deren sich der Feind bediente, um die katholischen Prinzipien und die katholische Moral aufzulösen: *„die Lehre vom kleineren Übel"*; *„die Anpassung an die Nicht-Katholiken"*; *„die Zusammenarbeit mit den Nicht-Katholiken"*; den Mythos des *„Bona-fide-Prinzips"*; *„das Tanzen"*; *„die Mode"*; *„die Schönheitswettbewerbe"*; *„das Kino"* mit seinen Leidenschaften; die Verbreitung schlechter Bücher.[138]

Msgr. Sigaud wünschte eine *„Wissenschaft der Gegenrevolution"*, die der Kirche half, die Irrtümer innerhalb wie außerhalb von ihr zu treffen.

---

[135] Der ‚Sillon', erster geschichtlicher Ausdruck des christlichen Demokratismus, begründet von Marc Sangnier (1873-1950), wurde vom heiligen Pius X. 1906 mit dem Schreiben *Notre Charge apostolique* vom 25. August 1910 verurteilt (in AAS 2 (1910), 607-633). Vgl. EMMANUEL BARBIER, *Les erreurs du Sillon. Histoire documentaire*, Lethielleux, Paris 1906, und aus einer ‚sillonistischen' Perspektive JEAN DE FABRÈGUES, *Le Sillon de Marc Sangnier. Un tournant majeur du mouvement social catholique*, Perrin, Paris 1964.

[136] AD I-II/7, 186. „[*Eine*] *absolut notwendige Verurteilung betrifft Jacques Maritain. Seine Irrtümer haben für die Kirche schwerste Übel hervorgebracht, vor allem in Lateinamerika. Der junge Klerus wurde durch sie ruiniert. Die Schäden der Irrtümer der Christdemokratischen Partei resultieren aus den Ideen von Maritain. Es heißt, die politischen Unruhen in Amerika seien durch seine Schüler hervorgerufen. Die Katholiken sagen: ‚Der Vatikan erkennt Maritain an, er ist ja Botschafter Frankreichs beim Heiligen Stuhl geworden.' Die Bischöfe bezeichnen sich als ‚Maritainisten'. An den katholischen Universitäten Brasiliens dominieren seine Lehren. Rom jedoch schweigt."* (ebd., 189).

[137] AD I-II/7, 186.

[138] Ebd., 186-189.

„Die von der Revolution ins Werk gesetzte Verschwörung ist einzigartig und organisch. Eine derartige Verschwörung muss in einheitlicher und organischer Form und Aktion bekämpft werden...

Mir scheint, man muss eine katholische Strategie und ein Zentrum für den methodischen Kampf gegen die Revolution in der ganzen Welt schaffen und die Katholiken müssen dazu aufgerufen werden. Dann gäbe es hier die Hoffnung auf den Anbruch einer wirklich besseren Welt. Es ist angemessen, wenn der Heilige Stuhl diese ‚Offensive' anführt. Die Elemente im Klerus und in der Laienschaft, die sich im gegenrevolutionären Kampf bereits bewährt haben, müssten das ‚Kapitol' dieser Armee bilden. Man müsste eine echte Wissenschaft vom gegenrevolutionären Krieg begründen, so wie es eine Wissenschaft von der Revolution gibt.

Der katholische Kampf gegen die Feinde der Kirche scheint mir oft ein Kampf von Blinden gegen Sehende zu sein. Wir kennen nicht Ziel, Methode, Dynamik, Strategie und Waffen. ...

Die Macht des Heiligen Stuhles ist immens. Wenn die Gläubigen energisch, klar und methodisch in einem wirklich weltumspannenden Kampf unter Führung des Papstes zur Sammlung gerufen und zur Aktion geleitet würden, würde der Triumphzug der Revolution unterbrochen und das Reich des Heiligsten Herzens Jesu begründet werden. ‚Alles in Christus zusammenfassen'. ... Bei vielen Katholiken liegt die Versuchung nahe, den Kommunismus in derselben Weise zu behandeln, in der im vergangenen Jahrhundert der Liberalismus von der Kirche behandelt worden war und noch in unserer Zeit behandelt wird. ...

Die Zusammenarbeit mit dem Kommunismus wird als Ergebnis immer den Untergang der Kirche haben.

Die Lösung der heutigen Schwierigkeiten findet sich nicht an erster Stelle in internationalen Konferenzen, sondern in einer neuen Christianisierung der Sitten. Wenn Gott und sein Christus zum Fundament des Lebens der Individuen, der Familien und der Nationen gemacht würden, so würden die Kräfte der Natur natürliche Lösungen erfordern, die durch den Intellekt und den guten Willen der Menschen Unterstützung erhalten müssten. ...

Wenn das Ökumenische Konzil ein positives Programm der gegenrevolutionären Aktion und des Aufbaus der Christenheit mit konkreten Partien präsentierte und zu diesem Ziel die Katholiken zusammenriefe, so würde, wie ich meine, das Reich des Heiligsten Herzens Jesu und des Unbefleckten Herzens Mariens anbrechen."[139]

7. Italien „öffnet" sich nach links

Auf die erste Vorbereitungsphase folgte die eigentliche Vorbereitungsphase des Konzils.

Der Papst übertrug in seinem Motu proprio *Superno Dei nutu*[140] vom 5. Juni 1960 die Aufgabe, ‚Arbeitsschemata' für das Konzil vorzubereiten, an zehn Kommissionen (Theologische; Bischöfe und Leitung der Diözesen; Disziplin des Klerus und des christlichen Volkes; Orden; Sakramentenordnung; Heilige Liturgie; Studien und Seminare; Orientalische Kirchen; Missionen; Laienapostolat). Diese Kommissionen entsprachen, mit Ausnahme der Kommission für das Laienapostolat, den Kongregationen der römischen Kurie. Es wurden auch drei Sekretariate eingerichtet, eines für die Kommunikationsmittel, eines für ökonomische und soziale Aspekte und eines für die Einheit der Christen. Eine Zentrale Vorbereitungskommission, bestehend aus Kardinälen, Bischöfen und Oberen religiöser Orden, sollte die Arbeiten der Kommissionen koordinieren und bewerten. Diese Kommission zählte am Anfang 74 Mitglieder plus dem Sekretär, Pericle Felici, und hatte den Papst zum Vorsitzenden. Dreizehn Kardinäle wurden an die Spitze der zehn Kommissionen und der drei Sekretariate berufen, die die Schemata bereitstellen sollten. Kard. König, der innerhalb der Zentralen Vorbereitungskommission den österreichischen Episkopat repräsentierte, erinnerte sich, dass die große Mehrheit der Mitglieder der Kommission keine reforme-

---

139 AD I-II/7, 191-195. „*Mit dem Liberalismus*" – erklärte er – „*ist eine Koexistenz möglich. 1) Der Liberalismus hinderte die Kirche nicht an der Verkündigung ihrer Lehre und verpflichtete sie nicht dazu, die liberale Doktrin zu verkünden. 2) Der Liberalismus erlaubte die Verurteilung seiner Irrtümer. Unter der kommunistischen Herrschaft geschieht jedoch nichts von beidem.*" Hingegen, „*die Opposition des Kommunismus gegen die katholische Kirche ist wesenhaft, radikal, dauerhaft, total*" (ebd., 192).

140 AD I-I, 93-99.

rischen Absichten hatte, sondern darauf ausgerichtet war, im Konzil die großen Themen der traditionellen Theologie darzustellen.[141]

Das Jahr 1961 war nahezu vollständig von den Arbeiten der Kommissionen und der Sekretariate ausgefüllt, die am 11. Juni 1962 endeten. Am 13. Juli, drei Monate vor Eröffnung des Konzils, ordnete Johannes XXIII. an, dass die ersten sieben Schemata an alle Konzilsväter als Diskussionsbasis für die Generalkongregationen gesandt würden.

Am 30. Juli 1961 starb Kardinalstaatssekretär Tardini. Sein Ableben wurde *„als der zweite Tod von Pius XII."*[142] bezeichnet. Johannes XXIII. hatte seit seiner Wahl jede seiner Initiativen mit Tardini abgestimmt, und Tardini hatte ihn gegen den wachsenden Druck von Seiten des mitteleuropäischen Episkopates verteidigt. Erheblich farbloser zeigte sich die Gestalt von Amleto Cicognani[143], der ihm nachfolgte. Das Staatssekretariat wurde in Wirklichkeit von Angelo Dell'Acqua[144] geführt, den viele als ‚Repräsentanten' von Kardinal Montini in Rom ansahen, während die Rolle des ‚Privatsekretärs' des Papstes, des Venezianers Msgr. Loris Capovilla, an Bedeutung zunahm. Der Ex-Priester Carlo Falconi beleuchtete im ‚Espresso' vom 4. März 1962 die Motive, die den Papst dazu getrieben hatten, eine Öffnung nach links zu akzeptieren, und schrieb in diesem Zusammenhang Msgr. Capovilla *„ein gut Teil der Verantwortung für die Haltung von Johannes XXIII."* zu: *„tatsächlich ist, wie allgemein bezeugt wird, Capovilla im Staat Vatikanstadt der Spitzenmann der Linken, wenn nicht sogar der Vorkämpfer für eine Öffnung nach links.*

---

[141] Vgl. F. KÖNIG, *Chiesa dove vai? Gianni Licheni interroga il cardinale Franz König*, Borla, Roma 1985, 20.

[142] C. BARTHE, 94.

[143] Amleto Giovanni Cicognani (1883-1973), 1905 zum Priester geweiht, war 25 Jahre (1933-1958) Apostolischer Delegat in den Vereinigten Staaten. Von Johannes XXIII. zum Kardinal erhoben, war er von 1959 bis 1961 Sekretär der Kongregation für die Orientalischen Kirchen, und im August dieses Jahres wurde er nach dem Tod von Kard. Tardini Staatssekretär.

[144] Angelo Dell'Acqua (1903-1972), 1928 zum Priester geweiht. Von 1952 bis 1967 war er Substitut des Staatssekretariates für die Ordentlichen Kirchlichen Angelegenheiten; 1967 wurde er zum Kardinal kreiert, und im folgenden Jahr wurde er Generalvikar von Rom.

Der Montini-Anhänger Angelo Dell'Acqua sollte ihm in weitem Abstand folgen."[145]

Im Monat September hob die sowjetische Presse (,Tass', Prawda', ,Iswestija') die Radiobotschaft Johannes' XXIII. über den Frieden hervor, die dieser am 10. September veröffentlicht hatte[146]; sie wurde von Chruschtschow als Zeichen für einen Politikwechsel des Heiligen Stuhls gegenüber den Ländern des Ostens kommentiert. In dieses Klima fügte sich die Glückwunschbotschaft von Chruschtschow an Johannes XXIII. zu seinem 80. Geburtstag ein: eine Botschaft, die ein weltweites Echo fand und die die Bereitschaft der Sowjets anzeigte, mit dem Heiligen Stuhl ständige diplomatische Beziehungen aufzunehmen.[147] Die Glückwunsch-Initiative scheint auf den römischen Kleriker Msgr. Giuseppe De Luca[148] zurückzugehen, der eine informelle Verbindung zwischen Togliatti und dem Vatikan hergestellt hatte[149].

Am 7. Dezember 1958, drei Tage nach der Krönungszeremonie, hatte Johannes XXIII. Kardinal Giuseppe Siri empfangen, um ihm seinen Wunsch zum Ausdruck zu bringen, in kurzer Zeit die Auswechslung der Spitzen der Katholischen Aktion vorzunehmen, einschließlich ihres Präsidenten Luigi Gedda[150], des Hauptverantwortlichen für den Sieg über die Kommunisten. Zur selben Zeit beschloss der Papst, die Italienische Bischofskonferenz (CEI) neu zu organi-

---

145 Zit. bei MARIO TEDESCHI, *I pericoli del Concilio*, Il Borghese, Milano 1962, 93-94. Am 22. Februar 1962 lancierte der von Tedeschi herausgegebene ,Il Borghese' in einem Artikel mit dem Verfasserpseudonym ,*Il bussolante*' und dem Titel ,*Il potente monsignore*' eine harte Attacke gegen Mgr. Capovilla.

146 Vgl. JOHANNES XXIII., DMC, Bd. III, 662-666.

147 Vgl. R. BURIGANA, *Il Partito comunista e la Chiesa*, in: *Vatican II in Moscow*, 188-226, 201.

148 Giuseppe De Luca (1898-1962), 1921 zum Priester geweiht, übte zwischen 1942 und 1954 eine Mittlerfunktion zwischen den Vertretern der Kurie und der politischen Welt Italiens aus. Zu ihm vgl. den Artikel von GABRIELE DE ROSA in DBI, 38, 347-353.

149 R. BURIGANA, *Il Partito comunista e la Chiesa*, 200-201; LUISA MANGONI, *In partibus infidelium. Don Giuseppe De Luca, il mondo cattolico e la cultura italiana del Novecento*, Einaudi, Torino 1989, 397-398.

150 Luigi Gedda (1902-2000), 1934-1946 Zentralvorsitzender der Italienischen Jugend der Katholischen Aktion, 1952-1959 Zentralvorsitzender der gesamten Organisation; er war einer der Hauptverantwortlichen für den Wahlsieg der Christdemokraten bei den Wahlen von 1948, dank der von ihm organisierten ,Bürgerkomitees'.

sieren, wobei er Siri mit dem Vorsitz betraute.[151] Der junge Siri war, wie sich Gianni Baget Bozzo erinnert, *„der beste Theologe der jungen Generation in Italien"*[152]. Seine Sichtweise der Kirche und der Gesellschaft war antithetisch zu der von Kardinal Montini[153], der nie die Sichtweise der italienischen Politik von Pius XII. geteilt hatte[154], mit dem er jedoch als Substitut des Staatssekretariates eng zusammengearbeitet hatte. Der Pacelli-Papst, der eine Wiedergeburt des christlichen Italiens wünschte, missbilligte die Konfessionslosigkeit der DC degasperianischer Prägung[155], während Montini die DC als eine konfessionslose Partei auffasste und ihren neuen politischen Kurs guthieß[156], indem er den linken Flügel um Amintore Fanfani unterstützte, der auf dem Florenzer Kongress im Oktober 1959 dem Prinzip zur Vorherrschaft verhalf, wonach die DC niemals eine Unterstützung durch die Rechtsparteien akzeptieren würde. Die Öffnung zu den Sozialisten präsentierte sich als ein logisch konsequenter Schritt.[157]

Schon seit Beginn der 50er-Jahre hatte Msgr. Montini, damals Pro-Staatssekretär, in einem langen und lebhaften Gespräch mit dem Erzbischof von Genua die Ansicht vertreten, „... *dass eine Er-*

---

[151] Vgl. A. RICCARDI, *La Conferenza episcopale italiana negli anni Cinquanta e Sessanta*, in: G. ALBERIGO u.a. (Hgg.), *Chiese italiane e Concilio. Esperienze pastorali nella Chiesa italiana tra Pio XII e Paolo VI*, Marietti, Genova 1988, 35-59; P. GHEDA, *La Conferenza episcopale italiana e la preparazione del Concilio Vaticano II*, in: *La PUL e la preparazione del Concilio Vaticano II*, hg. v. P. CHENAUX, Atti del Convegno internazionale di studi (Città del Vaticano, 27 gennaio 2000), Mursia, Roma 2001, 99-119.

[152] GIANNI BAGET BOZZO, *Don Camillo Siri*, in: ‚Panorama', 26. September 1993, 120.

[153] Vgl. P. GHEDA, *Siri e Montini*, in: *Siri, La Chiesa, l'Italia*, 3-95.

[154] Vgl. PIETRO SCOPPOLA, *La proposta politica di De Gasperi*, Bologna 1977; vgl. auch A. RICCARDI, *Chiesa di Pio XII o chiese italiane?*, in: DERS. (Hg.), *Le chiese di Pio XII*, Laterza, Roma-Bari 1986, 21-52; DERS., *La Chiesa cattolica in Italia nel secondo dopoguerra*, in: G. DE ROSA (Hg.), *Storia dell'Italia religiosa. L'età contemporanea*, Laterza, Roma 1995, 335-339; DERS., *Pio XII e Alcide De Gasperi. Una storia segreta*, Laterza, Roma-Bari 2003.

[155] Vgl. DARIO COMPOSTA, *I Cattolici di ieri e di oggi di fronte alla morale politica*, in: DANILO CASTELLANO (Hg.), *Questione cattolica e questione democristiana*, CEDAM, Padova 1987, 1-98.

[156] *„Die maritainistische Wurzel des Projektes von Montini führte dazu, zwischen einer Partei christlicher Prägung und einer konfessionellen katholischen Partei zu unterscheiden: letztere Alternative konnte keine Akzeptanz finden*" (N. BUONASORTE, *Siri. Tradizione e Novecento*, 176); vgl. auch G. BAGET BOZZO, *Maritain e la politica dei cattolici in Italia*, in: Renovatio XI/4 (1976), 539-548.

[157] Nach Gianni Baget Bozzo *„vollzieht sich*" zwischen 1954 und 1962, *„die explizite Ausgestaltung der DC als christlicher Partei*" (DERS., *Il partito cristiano e l'apertura a sinistra. La Dc di Fanfani e di Moro 1954-1962*, Vallecchi, Firenze 1977, 3).

fahrung mit dem Sozialismus in Italien unumgänglich sei". Siri hatte ihm hartnäckig widersprochen, wobei er folgende Worte wählte: „*Natürlich, wenn Eure Exzellenz auf dem Platz, an dem sie sich befindet, mit der Position, die sie bekleidet, eine derartige Idee für möglich hält und sie vertritt, so werden sich gewiss Personen finden, die Ihnen folgen, und dies wird sich auch so bewahrheiten. Jedoch behalten Sie in Erinnerung, dass Sie mich immer auf der Gegenseite finden werden.*"[158]

Die CEI unter Leitung von Siri nahm eine Haltung ein, die auch von der des Staatssekretariates abwich, wo Msgr. Angelo Dell'Acqua Fanfani unterstützte[159], die aber mit jener der konservativen Kreise der Kurie übereinstimmte. Am 18. Mai 1960 war im ‚Osservatore Romano' ein Artikel mit dem bezeichnenden Titel *Fixpunkte* erschienen, verfasst von Kard. Ottaviani mit der Zustimmung von Siri, in dem man für die katholische Hierarchie das Recht und die Pflicht beanspruchte, die Gläubigen nicht nur auf der Ebene der Ideen, sondern auch auf der Ebene der politischen Aktion zu führen.[160]

Die Straßenkämpfe, die von der kommunistischen Partei im Juli 1960 ausgelöst wurden, erzwangen den Rücktritt des Ratspräsidenten Fernando Tambroni, der von seiner eigenen Partei aufgegeben wurde. Fanfanis Regierung der ‚parallelen Konvergenzen' leitete am 26. Juli die politische ‚Wende' nach links ein.[161] Man schuf damals eine ‚doppelte Sprache', wie Gianni Baget Bozzo feststellt: die DC interpretierte die Kirche als ‚katholische Wählerschaft' und die Kirche interpretierte die DC als ‚christliche Partei'.[162] Im christdemokratischen Sprachgebrauch war jedoch die Kirche von ihrem Sein

---

[158] Gespräch von Kard. Siri mit Benny Lai am 12. April 1985, in: B. LAI, *Il Papa non eletto*, 98.

[159] Vgl. SANDRO MAGISTER, *La politica vaticana e l'Italia 1943-1978*, Editori Riuniti, Roma 1979, 203-204.

[160] Siehe: GAETANO QUAGLIARIELLO, *Il card. Giuseppe Siri e il quadro politico italiano*, in: *Siri, la Chiesa, l'Italia*, 238-253.

[161] Vgl. LUCIANO RADI, *La Dc da De Gasperi a Fanfani*, Rubbettino, Soveria Mannelli 2005, und VINCENZO LA RUSSA, *Amintore Fanfani*, Rubbettino, Soveria Mannelli 2006.

[162] Vgl. G. BAGET BOZZO, *Il partito cristiano e l'apertura a sinistra*, 5.

her der DC untergeordnet. Diese machte sich zur ‚Führerin der katholischen Wählerschaft' hin zur ‚Reife' der politischen Demokratie.[163]

Moro vertrat wie der Sozialist Pietro Nenni die Meinung, dass man die Idee der ‚Strukturreformen' und der ‚Politik der Planung', die als unerlässlich für den Weg zum Sozialismus erachtet wurden, der Enzyklika *Mater et Magistra*[164] von Johannes XXIII. entnehmen könne, die am 15. Mai 1961 erschienen war und die, wie sich Sandro Magister erinnert, *„als ein impliziter Passierschein für den Gang der DC zu den Gestaden von Mitte-Links"* gelesen wurde[165].

Um die Mitte des Jahres 1961 ließ überdies die ablehnende Haltung der Vereinigten Staaten gegenüber einer Mitte-Links-Koalition nach.[166] Im Juni 1961 sicherte Kennedy Fanfani bei einem Besuch in Washington zu, dass das Weiße Haus die Wende in Italien mit *„vorsichtiger Sympathie"* verfolgen würde.[167] *„Die vom Präsidenten der CEI unternommenen Versuche, die Operation zu blockieren, liefen ins Leere. Moro wandte sich direkt an den Papst, womit er den italienischen Episkopat ausbootete und eine grundsätzliche Zustimmung erlangte."*[168] In seiner Rede vom 27. Januar 1962 theoretisierte Moro über die Autonomie und Konfessionslosigkeit der katholischen Partei und legte damit die Öffnung nach links fest, ohne sie in einem Programm zu präzisieren.[169]

---

163 Zum Kurs der DC vgl. R. DE MATTEI, *Il centro che ci portò a sinistra*, Roma 1994.

164 JOHANNES XXIII, Enzyklika *Mater et Magistra* vom 15. Mai 1961, in: DMC III, 687-752.

165 S. MAGISTER, *La politica vaticana*, 261.

166 Vgl. GIUSEPPE TAMBURRANO, *Storia e cronaca del centro-sinistra*, Milano 1990, 74-78; R. DE MATTEI, *I padrini dell'Italia rossa*, in: Cristianità 14 (1975), 8-9.

167 Vgl. ARTHUR M. SCHLESINGER Jr., *I mille giorni di John F. Kennedy alla Casa Bianca*, ital. Übers., Milano 1966, 870-872 {Originaltitel: *A thousand days; John F. Kennedy in the White House*, Boston 1965; dt.: *Die tausend Tage Kennedys*, einzig berecht. Übertr. aus d. Amerikan. v. WOLFGANG J. u. CHRISTA HELBICH, Bern/München/Wien 1966}.

168 Zum Verhältnis von Moro und dem italienischen Episkopat vgl. u.a. AUGUSTO D'ANGELO, *Moro, i vescovi e l'apertura a sinistra*, Roma 2005.

169 Vgl. ANDREA TORNIELLI, *Paolo VI. L'audacia di un papa*, Mondadori, Milano 2009, 261. TORNIELLI zitiert einen in Anführungszeichen gesetzten Tagebucheintrag von Fanfani am 27. März 1962, worin Johannes XXIII. für Mitte-Links „freie Bahn zu geben" scheint.

8. Die ‚römische Partei' formiert sich

a) Die ‚römische theologische Schule'

Die Strategie von De Gasperi, der den politischen Linksruck in Italien in Gang gebracht hatte, war auf harten Widerstand seitens der ‚römischen Partei' gestoßen – mit diesem Terminus hat Andrea Riccardi jene kirchliche Strömung bezeichnet, die in den 50er-Jahren ihren aktivsten Vertreter in Msgr. Roberto Ronca[170] besaß. Die kirchliche Karriere von Msgr. Ronca war parallel zu der von Msgr. Giovanni Battista Montini verlaufen, dessen Stelle als Assistent der FUCI (Federazione Universitaria Cattolica Italiana) er übernommen hatte; und wie im Falle von Siri war seine Sichtweise der Kirche und der Gesellschaft antithetisch zu der von Montini, den er beschuldigte, ein *„modernistisches Empfinden"*[171] zu haben. Im Alter von nur 32 Jahren wurde Ronca in das bedeutende Amt eines Rektors des Päpstlichen Großen Seminars in Rom berufen und bildete im Laufe seines Rektorates (1933-1948) Hunderte von Alumnen für den Priesterberuf aus. Er hatte dann für ein Jahrzehnt (1946-1955) die ‚Unione Nazionale Civiltà Italica' gefördert und geleitet, eine katholische

---

[170] Roberto Ronca (1901-1977), 1928 zum Priester geweiht, im September 1929 wurde er zum Vize-Rektor des Höheren Päpstlichen Seminars in Rom befördert und im September 1933 zum Rektor dieses Seminars. Er war anschließend Gründer der bürgerlich-politischen Bewegung ‚Unione Nazionale Civiltà Italica' (1946-1955) und 1949 der Ordenskongregation der Oblaten und Oblatinnen der Muttergottes vom Rosenkranz. 1948 wurde er zum Titularerzbischof von Lepanto geweiht. Im Februar 1962 wurde er von Johannes XXIII. zum Chefinspekteur der Kapläne in den italienischen Gefängnissen ernannt. Seine Gestalt steht im Zentrum der Studie von A. RICCARDI, *Il "partito romano", politica italiana, Chiesa cattolica e Curia Romana da Pio XII a Paolo VI*, Brescia 2007 (1983), und ist Gegenstand der Forschung bei GIUSEPPE BRIENZA, *Identità cattolica e anticomunismo nell'Italia del dopoguerra. La figura e l'opera di mons. Roberto Ronca*, D'Ettoris, Crotone 2008, der insbesondere seine Rolle in den 1940er und 1950er Jahren behandelt. Siehe auch das kleine Werk von R. RONCA, *Lavorare e sacrificarsi per la gloria di Maria*, hg. v. G. BRIENZA, Amicizia Cristiana, Chieti 2010.

[171] Vgl. A. RICCARDI, *Il "partito romano"*, 254. Er berichtet von einer Begegnung mit Mgr. Ronca im Jahr 1975, bei der er ihn um ein Urteil über Mgr. Montini bat, der Papst Paul VI. geworden war. *„Seine Antwort war hart: ‚Montini, salva reverentia – er war zu jenem Zeitpunkt Papst – ist immer eine linke Persönlichkeit gewesen'. Da ich über ein so hartes Urteil eines Bischofs gegenüber dem Papst erstaunt war, fragte ich ihn, in welchem Sinn er links wäre, und er antwortete mir lakonisch: ‚im Sinn von Linke und links"* (ebd., 257).

bürgerlich-politische und antikommunistische Bewegung, die sich durch ihren Beitrag zu Bildung und Propaganda auszeichnete, den sie vor, während und nach dem Wahlkampf vom 18. April 1948 leistete. In Folge des Sieges vom 18. April wurde Ronca – am 21. Juni 1948 – zu bischöflichen Würden erhoben mit dem Titel eines Erzbischofs von Lepanto. In den 50er-Jahren war Roncas ‚römische Partei' der organisierte Ausdruck der Kurie oder zumindest jenes Teiles von ihr, der überaus treu zu den Weisungen Pius' XII. stand.

Um die Kurie formierte sich eine theologische Strömung von hohem Niveau, die ihre maßgeblichste Stimme in der Zeitschrift ‚Divinitas' besaß, deren Herausgeber Msgr. Antonio Piolanti[172], Rektor der Lateran-Universität[173], war. Trotz der privilegierten Beziehungen zur Lateran-Universität sammelte ‚Divinitas' die Beiträge der führenden römischen Theologen, die aus verschiedenen Orden, Kollegien und Universitäten kamen. Viele von ihnen standen mit der Kongregation des Heiligen Offiziums in Verbindung und wurden Mitglieder und Konsultoren der Theologischen Vorbereitungskommission des Konzils.[174] Den gemeinsamen Bezugspunkt bildete für sie die thomistische Philosophie[175], die durch die Enzyklika *Aeterni Patris* von Leo XIII. erneut vorgelegt und an der Lateran-Universität von international angesehenen Dozenten vertreten wurde,

---

[172] Mgr. Antonio Piolanti (1911-2001), 1934 zum Priester geweiht, war Theologieprofessor an der Urbaniana- und Lateran-Universität; von 1957 bis 1969 war er Rektor letzterer. Vizepräsident der Päpstlichen Thomas-Akademie und Postulator im Seligsprechungsprozess von Pius IX. Während der Vorbereitung auf das Konzil war er Mitglied der Theologischen Kommission und anschließend Konzilsperitus. Vgl. COSTANTINO VONA, in: PUL, 91-92; ENRICO BINI, *Bibliografia degli scritti di mons. Antonio Piolanti*, in: Divinitas 34 (2002), I-XXXVI; R. M. SCHMITZ, *Prälat Prof. Dr. Antonio Piolanti (1991-2001). Zu Ehren eines großen Vertreters der Römischen Schule*, in: Doctor Angelicus 2 (2002), 15-24.

[173] Kurz vor Beginn des Konzils erhob Johannes XXIII. mit dem Motu proprio *Cum Inde* vom 17. Mai 1959 die Lateran-Hochschule zur Päpstlichen Universität. Die Päpstliche Universität, die ‚Universität des Papstes' (vgl. Art. 1 ihrer Statuten) bediente sich zweier Zeitschriften als Organe, ‚Divinitas' (1957) und ‚Aquinas' (1958), letztere das gemeinsame Organ der Theologischen Fakultät und der Päpstlichen Römischen Theologischen Akademie, dessen Herausgeber Mgr. Antonio Piolanti war.

[174] Vgl. É. FOUILLOUX, *Théologiens romains et Vatican II (1959-1962)*, in: Cristianesimo nella storia 15 (1994), 373-394.

[175] „*Kein katholisch Denkender, kann die Enzyklika Aeterni Patris (4. August 1879) von Leo XIII. hintansetzen. Diese Enzyklika ist unvergänglich*" (G. SIRI, *Ortodossia: cedimenti compromessi*, Hirtenschreiben vom 7. Juli 1961, in: *Il primato della verità. Lettere pastorali sull'ortodossia,* Giardini, Pisa 1984, 36).

wie dem Stigmatiner-Pater Cornelio Fabro[176] und dem genannten Antonio Piolanti, dem Begründer der internationalen Kongresse über den hl. Thomas v. Aquin.

Die Anzahl der Lateran-Professoren, die an den Arbeiten der vorkonziliaren Phase teilnahmen, war beachtlich. In der Theologischen Vorbereitungskommission oder in anderen Kommissionen arbeiteten viele Dozenten, unter ihnen neben dem Rektor Piolanti und P. Fabro Msgr. Ugo Lattanzi[177], die Patres Umberto Betti[178] und Agostino Trapé[179] vom Istituto Patristico Medievale, Msgr. Salvatore Garofalo[180], Don Roberto Masi[181], Msgr. Francesco Spadafora[182], P. Charles Boyer sowie andere[183].

---

[176] Cornelio Fabro (1911-1995), 1935 im Orden der Stigmatiner zum Priester geweiht. Professor für Philosophie an verschiedenen Universitäten, Mitglied der Vorbereitungskommission und Peritus auf dem Zweiten Vatikanischen Konzil. Zu ihm vgl. u.a. ROSA GOGLIA, *Cornelio Fabro. Profilo biografico, cronologico, tematico da inediti, note di archivio, testimonianze*, Edivi, Roma 2010.

[177] Ugo Lattanzi (1899-1971), 1924 zum Priester geweiht, Lehrbeauftragter für biblische Theologie (1934) und dann Ordinarius für dogmatische Theologie (1954) an der Lateran-Universität, Dekan der theologischen Fakultät (1963), Konsultor der Theologischen Vorbereitungskommission, Konzilsperitus.

[178] Umberto Betti (1922-2009), Franziskaner, 1946 zum Priester geweiht, Professor am Antonianum, Konsultor der Theologischen Vorbereitungskommission, Peritus des Kard. Florit, von 1991 bis 1995 Rektor der Lateran-Universität.

[179] Agostino Trapé (1915-1987), aus dem Orden des hl. Augustinus, deren Generalprior er war, 1937 zum Priester geweiht, Professor für Patrologie an verschiedenen römischen Universitäten. Mitglied der Theologischen Vorbereitungskommission, wurde 1962 zum Konzilsperitus ernannt.

[180] Salvatore Garofalo (1911-1998), 1933 zum Priester geweiht, Ordinarius für biblische Exegese und dann Rektor an der Päpstlichen Universität Urbaniana, Konzilsperitus.

[181] Roberto Masi (1914-1969), 1930 zum Priester geweiht, Professor für Sakramententheologie an der Lateran-Universität. Konzilsperitus.

[182] Francesco Spadafora (1913-1997), 1935 zum Priester geweiht, Professor für Heilige Schrift am Marianum und, seit 1956, an der Päpstlichen Lateran-Universität. Er war Sekretär der Italienischen Bibelgesellschaft und gründete und leitete fünf Jahre lang die ‚Rivista biblica'. Er nahm am Zweiten Vatikanischen Konzil als Mitglied der Vorbereitungskommission für die Studien und die Seminare teil. Zu ihm vgl. *In memoria di mons. Francesco Spadafora*, in: Sì sì no no 5 (2007), 1-2.

[183] FÉRMINA ÁLVAREZ ALONSO, *La posizione del Laterano sui problemi ecclesiologici nella fase preparatoria del Concilio*, in: *L'Università del Laterano e la preparazione del Concilio Vaticano II*, hg. v. P. CHENAUX, PUL-Mursia 2001, 78-79. Das Istituto patristico-medievale der Lateran-Universität zählte Dozenten wie Mgr. Andrea Combes und die Patres Carlo Baliç OFM, Umberto Betti OFM, Charles Boyer SJ, Cornelio Fabro CSS, Louis Gillon OP, Bonaventura Mariani OFM, Michel Guérard des Lauriers OP, Gabriele Maria Roschini OSM, Paul Siwek SJ, Agostino Trapé OSA,

Unter den Hochschulen, katholischen Universitäten und kirchlichen Fakultäten, über die sich die Befragung für die Vorbereitung des Konzils erstreckt hatte, ragte das Votum der Lateran-Universität hervor, neben seiner Qualität auch wegen seines Umfangs (273 Seiten) und wegen der Zahl derer, die zu seiner Abfassung beitrugen (27 Professoren, die der Theologischen, der Kanonistischen und der Philosophischen Fakultät angehörten).[184] Die Zeitschrift ,Divinitas' unter ihrem Herausgeber Piolanti brachte überdies zwei Sondernummern heraus, die dem bevorstehenden Konzil gewidmet waren; die erste erschien 1961 unter dem Titel *Magisterium et theologia* und bekräftigte die Rolle des kirchlichen Lehramtes; die zweite trug den Titel *Symposium theologicum de Ecclesia Christi*, wurde 1962 veröffentlicht und nahm sich vor, *„die zirkulierenden Irrtümer, auch im Bereich der katholischen Theologie, zurückzudrängen, und den Weg zu einer gerechten Lösung zu erhellen"*[185].

Bei einer Vorbereitungswoche der Lateran-Universität auf das Konzil machte Antonio Piolanti den Vorschlag, ein Konzil abzuhalten, das die Irrtümer der modernen Welt verurteilt. Damit schlug er dieselbe Richtung ein wie vor ihm P. Gabriele Maria Roschini[186],

---

Alberto Vaccari SJ. Einige dieser Dozenten arbeiteten mit ,dem Lehrstuhl des hl. Thomas' zusammen, der am 10. März 1963 eingerichtet und mit weiteren berühmten Gelehrten besetzt wurde, wie dem Pater Philippe de la Trinité OCD, dem Vorsitzenden der theologischen Fakultät der Karmeliter, Étienne Gilson, Mitglied der Académie française, Nicola Petruzzellis von der Universität Neapel und dem Dominikaner Santiago Ramírez von der Päpstlichen Universität Salamanca.

184 AD I-IV/1, 171-442.

185 Vgl. F. ÁLVAREZ ALONSO, 67-80.

186 Gabriele Maria Roschini (1900-1977) von den Dienern Marias, den Stefano De Fiores als *„den berühmtesten Handbuch-Mariologen unseres Jahrhunderts"* bezeichnet (*Maria Madre di Gesù*, Dehoniane, Bologna 1993, 376), war Lehrer für Heilige Theologie im Orden, Konsultor der Höchsten Kongregation des Heiligen Offizium, Gründer der Zeitschrift ,Marianum' (1939), Förderer und erster Vorsitzender der Fakultät ,Marianum' in Rom. Zu seinen Werken gehören eine Mariologie (in lateinischer Sprache) in 4 Bdn., Rom 1941-1948; *La Madonna secondo la fede e la teologia*, 4 Bde., F. Ferrari, Roma 1953-54; *Maria Santissima nella storia della salvezza. Trattato completo di mariologia alla luce del Concilio Vaticano II*, Pisani Editore, Isola del Liri 1969, 4 Bde. Eine nicht erschöpfende Bibliographie bei: GIUSEPPE MARIA BESUTTI, *Bibliografia di P. Gabriele M. Roschini o.s.m.*, in: Marianum 41 (1979), 1-63. Der betreffende Band der Zeitschrift, der 587 Seiten umfasst, enthält auch die Studien, die seinem Gedächtnis gewidmet sind. Siehe auch: *Atto accademico nel venticinquesimo della morte di Fra Gabriele M. Roschini o.s.m., primo preside della Facoltà († Roma, 12 settembre 1977)*, in: ,Marianum' 64 (2002), 547-606; PIETRO PAR-

Vorsitzender der Theologischen Fakultät ‚Marianum', am 6. Dezember 1959, als er Msgr. Felici eine detaillierte Studie mit dem bezeichnenden Titel *Sylloge der zeitgenössischen theologischen Irrtümer*[187] übersandte, worin er den Wunsch zum Ausdruck brachte, dass das Konzil eine Neuausgabe des *Syllabus gegen die Hauptirrtümer unserer Epoche* veranstalte[188].

Die Lateran-Universität wahrte das Erbe der ruhmreichen ‚römischen theologischen Schule', die unter dem Pontifikat Gregors XVI. (1831-1846) und Pius' IX. (1846-1878) entstanden war und ihren Glanz von großen Theologen wie Giovanni Perrone[189], der als ihr Gründer gelten kann, und Louis Billot erhielt, welcher mit seiner 42-jährigen Lehrtätigkeit zwischen dem 19. und dem 20. Jh. an der Gregoriana ihr bedeutendster Protagonist war.[190] Im Bereich des öffentlichen Rechtes war der herausragendste Vertreter im 19. Jahrhundert Kard. Camillo Tarquini[191], dessen Hauptwerk *Juris*

ROTTA, *La cooperazione di Maria alla redenzione in Gabriele Maria Roschini*, Eupress, Pregassona 2002.

[187] GABRIELE M. ROSCHINI OSM, *Silloge degli errori teologici contemporanei. Con appendice sul "Magistero ecclesiastico"*, Facoltà Teologica "Marianum", Roma 1959.

[188] Roschini an Felici, 6. Dezember 1959, in: ASV, Conc. Vat. II, busta 259, fasc. 15, f. 1.

[189] Giovanni Perrone (1794-1876), 1827 in der Gesellschaft Jesu zum Priester geweiht, Professor am Collegium Romanum. Sein Hauptwerk: *Praelectiones theologicae I-IX*, Typis Collegi Urbani, Romae 1835-1842, mit seinen 30 Ausgaben ist ein theologischer Klassiker.

[190] Der ‚römischen Schule' im weiten Sinn werden auch zugeschrieben die Patres Carlo Passaglia (1812-1887), Clemens Schrader (1820-1875), Johann Baptist Franzelin (1816-1886) aus der Gesellschaft Jesu, berühmte Dominikaner wie Tommaso Maria Zigliara (1833-1883), Zefirino Gonzales (1831-1894), Alberto Lepidi (1838-1922), Reginald Garrigou-Lagrange und Theologen, die niemals in Rom lehrten, aber doch ihren Geist aufsogen, wie Matthias Scheeben (1835-1888), Hugo Adalbert Hurter (1832-1914), Heinrich Denzinger (1819-1883), Joseph Hergenröther (1824-1890), erster Kardinalpräfekt der Vatikanischen Archive; vgl. HERIBERT SCHAUF, *Carlo Passaglia und Clemens Schrader. Beitrag zur Theologiegeschichte des neunzehnten Jahrhunderts*, Pontificia Università Gregoriana, Roma 1938; W. KASPER, *Die Lehre von der Tradition in der Römischen Schule*, Freiburg i. B. 1962; K. H. NEUFELD, *‚Römische Schule'. Beobachtungen und Überlegungen zur genaueren Bestimmung*, in: Gregorianum 63/64 (1982), 677-699; B. GHERARDINI, *Quod et tradidi vobis. La tradizione vita e giovinezza*, Frigento (AV) 2010.

[191] Camillo Tarquini (1810-1874), 1833 zum Priester geweiht, 1837 Mitglied der Gesellschaft Jesu, 20 Jahre lang Professor für Kanonisches Recht am Collegium Romanum, 1873 von Pius IX. zum Kardinal erhoben. Von ihm siehe die berühmten *Iuris Ecclesiastici publici institutiones* (Roma 1862).

publici ecclesiastici institutiones über 30 Auflagen erlebt hatte. Seiner Schule entstammten Kard. Felice Cavagnis[192], P. Felice Maria Cappello[193] und Kard. Alfredo Ottaviani. In Rom sagte man damals: *‚Tarquini genuit Cavagnis, Cavagnis autem genuit Cappello et Ottaviani'*.[194]

Nur wenige Tage nach Tardinis Ableben war am 3. August Kard. Nicola Canali verstorben, der treueste Erbe des Pontifikates des hl. Pius X., ein mächtiger Mann des vatikanischen ‚Pentagon', das nunmehr allein von Kard. Ottaviani repräsentiert wurde, der 1935 Canali als Assessor beim Heiligen Offizium ersetzt hatte, um dann dort Sekretär zu werden. Die ‚römische Partei' fand jetzt in ihm ihren qualifiziertesten Vertreter.[195]

b) Das ‚Glaubensbekenntnis' der Theologischen Kommission

Die Theologische Kommission[196] unter dem Vorsitz von Kard. Alfredo Ottaviani war aufgrund ihrer ausschließlichen Kompetenz in doktrinellen Fragen die bedeutendste Konzilskommission. Der Sekretär des Heiligen Offiziums, das wegen seiner führenden Rolle bei der Verteidigung der Reinheit und Integrität des Glaubens als ‚die Höchste' bekannt war, Ottaviani, Sohn eines Bäckers aus Trastevere, stellte wie sein Studienkollege Tardini einen echten ‚Romano di Roma' {‚Römers aus Rom'} dar. Sein öffentliches Bild war das

---

[192] Felice Cavagnis (1841-1906), 1863 zum Priester geweiht, 1893 Pro-Sekretär der Römischen Kurie, 1901 zum Kardinal erhoben. Er war auch herausragender Philologe und Archäologe.

[193] Felice Maria Cappello (1879-1962), Theologe und Kanonist der Gesellschaft Jesu, 1902 zum Priester geweiht, von 1920 bis 1959 Professor für Kirchenrecht an der Gregoriana. Sein Seligsprechungsprozess ist eingeleitet worden (1998). Von ihm: *Summa Iuris publicis ecclesiastici* (Roma 1923). Siehe die Kurzbiographie von D. Mondrone, *Il confessore di Roma: padre Felice M. Cappello*, La Civiltà Cattolica, Roma 1962.

[194] G. Martina, *Il contesto storico*, 75.

[195] Vgl. A. Riccardi, *Il "partito romano"*, 45-46 und passim.

[196] Vgl. auch R. Burigana, *Progetto dogmatico del Vaticano II: la Commissione teologica preparatoria*, in: *Verso il Concilio Vaticano II (1960-1962). Passaggi e problemi della preparazione conciliare*, hg.v. G. Alberigo / A. Melloni, Marietti, Genova 1993, 141-206.

eines unbeugsamen Wächters der Glaubenslehre, doch zeigte sich die doktrinelle Festigkeit bei ihm untrennbar verbunden mit einer warmen Menschlichkeit, die bei den Jugendlichen im Stadtviertel Borgo oder im Aurelischen Viertel wohlbekannt war; diese unterstützte er nämlich seit Jahren mit Eifer und Großzügigkeit.

Als Sekretär der Theologischen Kommission fungierte der holländische Jesuit Sebastiaan Tromp[197], Professor an der Gregoriana, der Visitator der katholischen Universität von Nimwegen und der holländischen Seminare gewesen war und in den Niederlanden wegen seiner ‚Romanitas' mit Misstrauen bedacht wurde. Er verfügte seinerseits in Heribert Schauf[198] über einen exzellenten Mitarbeiter. Papst Johannes hatte die Theologische Kommission mit der Aufgabe betraut, eine Untersuchung der *‚quaestiones ad Scripturam sacram, sacram Traditionem, fidem moresque spectantes'*[199] vorzunehmen. In ihr arbeiteten die besten römischen Theologen als Mitglieder: Philippe de la Trinité[200], Luigi Ciappi, Marie-Rosaire Gagnebet[201], Franz Xaver Hürth[202].

Die Theologische Kommission erachtete es für notwendig, das Konzil mit einer *Formula nova professionis fidei* zu eröffnen, einer

---

197 Sebastiaan Tromp (1889-1975), holländischer Jesuit, 1922 zum Priester geweiht, von 1929 bis 1967 Theologieprofessor an der Gregoriana, Mitglied der Päpstlichen Theologischen Akademie (1956), Autor zahlreicher Werke, darunter das grundlegende Werk *Corpus Christi quod est Ecclesia*, 4 Bde., Roma 1937-1972. Sekretär der Theologischen Vorbereitungskommission und dann der Lehrkommission. Konzilsperitus. Vgl. G. BARJEN, *Tromp*, in: DHCJ, 3842-3843.

198 Heribert Schauf (1910-1988), 1935 zum Priester geweiht, Professor für Kirchenrecht in Aachen, Mitglied der Theologischen Vorbereitungskommission, Konzilsperitus. Vgl. *Geist und Kirche. Studien zur Theologie im Umfeld der beiden Vatikanischen Konzilien. Gedenkschrift für Heribert Schauf*, hg. v. HERBERT HAMMANS / HERMANN-JOSEF REUDENBACH / HEINO SONNEMANS, Verlag Ferdinand Schöningh, Paderborn 1991.

199 J. A. KOMONCHAK, *La lotta per il Concilio durante la preparazione*, in: *SCV*, Bd. I, 177-380, 242-250 {dt.: *Der Kampf für das Konzil während der Vorbereitung*, 189-401, 256-265}.

200 Philippe de la Trinité (1908-1977), unbeschuhter Karmelit, 1934 zum Priester geweiht. Er trat 1952 in das Heilige Offizium ein und ab dem folgenden Jahr leitete er auch die Theologische Fakultät seines Ordens.

201 Marie-Rosaire Gagnebet (1904-1983), französischer Dominikaner, Theologieprofessor am Angelicum (1935), dann Konsultor des Heiligen Offizium (1964), Mitglied der Theologischen Vorbereitungskommission, Konzilsperitus.

202 Franz Xaver Hürth (1880-1963), Jesuit, 1905 zum Priester geweiht. Professor an der Gregoriana, dann 1962 Peritus.

neuen Glaubensformel, die das tridentinische Glaubensbekenntnis mit dem Antimodernisteneid verband.[203] Der vom Heiligen Vater approbierte Text wurde von Kard. Ottaviani am 8. November 1961 an die Zentrale Vorbereitungskommission übersandt.[204] Er bestand aus 18 Punkten, in denen die traditionellen katholischen Wahrheiten Bekräftigung erfuhren und eine Reihe von Irrtümern verurteilt wurden, wie der Laizismus, die Ablehnung der katholischen Kirche als einziger Kirche, die Ablehnung des Unterschiedes zwischen dem allgemeinen und dem hierarchischen Priestertum, der Minimalismus in der Mariologie, die Preisgabe der Lehre über die Hölle. Die *Formula fidei* stieß jedoch nicht auf die Zustimmung der Zentralen Kommission, die diese als übermäßig ‚defensiv' betrachtete und sie zurückstellte. Es lohnt heutzutage die Mühe, wenigstens die letzten Punkte der *Formula fidei* nochmals zu lesen, um ihre deutliche Klarheit und beeindruckende Aktualität zu würdigen.

„Ich nehme mit aufrichtigem Glauben die Existenz der Erbsünde an, durch die alle Menschen in ihrem Urvater Adam gesündigt haben, als eine Sünde im eigentlichen Sinn, die durch Zeugung übermittelt wird und jedem zu eigen ist.

- Ich erkenne die äußeren Beweise der Offenbarung an, und zwar zuallererst die Wunder und die Prophetien, durch die sich ohne jeden Zweifel zeigt, dass die christliche Religion einen göttlichen Ursprung hat, und halte dafür, dass sie auch heute für die menschliche Vernunft angemessen ist. Auch halte ich dafür, dass die Kirche, in sich selbst betrachtet, aufgrund ihrer universalen Einheit, ihrer überragenden Heiligkeit und ihrer unerschöpflichen Fruchtbarkeit an allen Gütern, ihrer wunderbaren Ausbreitung und ihrer unbezwingbaren Beständigkeit ein dauerhaftes Motiv der Glaubwürdigkeit und ein unerschütterliches Zeugnis ihres göttlichen Erbes darstellt.

- Ich nehme mit aufrichtiger Gesinnung die Glaubenslehre an, die von den Aposteln über die orthodoxen Väter bis auf uns in derselben Bedeutung und mit denselben Ausdrücken überliefert wor-

---

203 Vgl. *Formula Nova Professionis Fidei* (*Secunda Congregatio*: 9. November 1961), in: AD II-II/1, 495-497. ANTONINO INDELICATO, *La "Formula nova professionis fidei" nella preparazione de Vaticano II*, in: Cristianesimo nella storia 7 (1986), 305-340.

204 Vgl. A. INDELICATO, *Difendere la dottrina o annunciare l'Evangelo. Il dibattito nella Commissione centrale preparatoria del Vaticano II*, Marietti, Genova 1992.

den ist. Daher weise ich – wenngleich in der Kirche das Verständnis der offenbarten Wahrheit zunimmt – die Auffassung von einer Evolution der Dogmen als häretisch zurück, der zufolge diese im Laufe der Zeit eine Bedeutung annehmen, die von jener verschieden ist, die die Kirche ein für alle Mal gelehrt hat.

- Ich halte dafür, dass das Depositum des Glaubens, nämlich das von den Aposteln schriftlich oder mündlich überlieferte Wort, vollständig ist. Ich halte fest dafür, dass die Heilige Schrift, die frei von jeglichem Irrtum ist, unter Leitung des Lehramtes des Glaubens ausgelegt werden muss, gemäß der Norm der Tradition und der Analogie des Glaubens.

- Ich bekenne, dass der Glaube nicht nur ein unbestimmtes religiöses Gefühl oder nur ein Gefühl der Seele ist, sondern eine wirkliche Zustimmung des Verstandes zur Wahrheit, von außen durch das Gehör empfangen, wodurch wir das, was von einem personalen Gott geoffenbart und bezeugt wurde, aufgrund der Autorität des zutiefst wahrhaftigen Gottes glauben; indem wir ihm glauben, leisten wir den vollen Gehorsam des Intellektes und des Willens mit der Inspiration und Hilfe der Gnade Gottes.

- Ich bekenne ohne den geringsten Zweifel alle die anderen Punkte, die von den Ökumenischen Konzilien, vor allem vom Konzil von Trient und dem Ersten Vatikanum definiert und proklamiert wurden, insbesondere im Hinblick auf den Jurisdiktionsprimat des römischen Pontifex und sein unfehlbares Lehramt, und folglich verurteile und verwerfe ich das, was auf diesen Konzilien und in den Enzykliken, vor allem in Pascendi *und* Humani generis *verurteilt und verworfen worden ist.*

- Diesen wahren katholischen Glauben, ohne den niemand das Heil erlangen kann, bekenne ich jetzt freiwillig und halte an ihm aufrichtig fest und werde mich bis zum letzten Atemzug meines Lebens mit zunehmender Festigkeit und absoluter Beständigkeit mit dem Beistand Gottes dafür einsetzen, dass er von mir und meinen Untergebenen rein und versehrt bewahrt wird. So verspreche, gelobe und schwöre ich N. vor Gott und vor Jesus Christus, der mich zum Leben oder zur ewigen Strafe richten wird."[205]

---

[205] A. INDELICATO, *Formula nova professionis fidei*, 497.

Die Bedeutung, die der Rolle der Theologischen Kommission unter dem Vorsitz von Kard. Ottaviani zukam, war allen klar. Niemand maß hingegen der Schaffung des Sekretariates für die Einheit der Christen große Bedeutung bei, eines neuen Organs, das als einfacher ‚Dienst' in Erscheinung trat, wie die neu eingerichteten Dienste für Presse und Administration. In Wirklichkeit sollte dieses Sekretariat, das Kardinal Augustin Bea anvertraut war, der stärkste Motor für eine Gegenbewegung gegen die Theologische Kommission und die doktrinelle Linie der römischen Kurie werden.

9. Kardinal Bea betritt die Bühne

a) Das Sekretariat für die Einheit der Christen

Unter den acht Kardinälen, die Johannes XXIII. im Konsistorium vom 14. Dezember 1959 ernannt hatte, befand sich auch P. Augustin Bea, der nunmehr achtzig Jahre zählte und bereits Beichtvater von Pius XII. und Rektor des Päpstlichen Bibelinstitutes gewesen war. Als Roncalli ihn zum Kardinal erhob, war Augustin Bea schon *„alt, mit gewölbten Schultern, langem Gesicht voller Falten und Runzeln, etwas nach vorne gebeugt"*, wie ihn Benny Lai beschrieb[206], und sein Leben schien sich einem *„ruhigen Abend"*[207] zuzuneigen. Im November 1959 hatte Msgr. Lorenz Jaeger[208] dem nominierten Kardinal den Plan der Schaffung einer ‚Päpstlichen Kommission für die Förderung der Einheit der Christen' vorgelegt.[209] Bea seinerseits präsentierte am 11. März 1960 ein Gesuch an den Papst, der dieses überraschend schnell annahm und ihn zwei Tage später in einer Audienz empfing. Johannes XXIII. äußerte seine grundsätzliche Zustimmung und beschränkte sich darauf, den Namen des neuen Organs abzuändern. *„Die Kommissionen"* – sagte er zu Bea –

[206] Vgl. B. LAI, *Vaticano Aperto*, Longanesi, Milano 1968, 178-179.
[207] SCHMIDT, *Bea*, 309-318.
[208] Lorenz Jaeger (1892-1975), 1922 zum Priester geweiht. Von 1941 bis 1973 Erzbischof von Paderborn, 1965 zum Kardinal erhoben. Mitglied des Sekretariates für die Einheit der Christen.
[209] Vgl. SCHMIDT, *Bea*, 342-348.

„haben ihre eigene Tradition. Wir wollen das neue Organ Sekretariat nennen, so sind Sie nicht an irgendeine Tradition gebunden, so sind Sie freier.“[210]

Am 5. Juni 1960 ernannte der Papst Bea zum Präsidenten des neu entstandenen Sekretariates für die Einheit der Christen, ein Amt, das der deutsche Purpurträger bis zu seinem Tod bekleidete und das ihn zu einer Schlüsselfigur in der Entwicklung des Ökumenismus in der katholischen Kirche machte. Die Ernennung signalisierte eine Wende nicht nur im Leben des Kardinals, der unerwartet Kraft und Gesundheit wiedererlangte, sondern vor allem in der Geschichte der Kirche. Sie kann nach der Ernennung von Kardinal Montini als die wichtigste Ernennung des Pontifikates von Johannes XXIII. angesehen werden.

Am 23. September 1960 schlug das Sekretariat seinen Sitz in der Via dei Corridori 64 auf. Zum Sekretär des Organs wurde der Holländer Johannes Willebrands ernannt. Willebrands[211], dreißig Jahre jünger als Bea, war dessen engster Mitarbeiter und fand sich bis zum Tod des deutschen Jesuiten am 16. November 1968 ständig an seiner Seite. Eigentlicher ‚Spiritus rector‘ des Sekretariates wird hinter Bea, wie Hans Küng bemerkt, Willebrands werden.[212] So entstand, auch formell, das „Duo“ Bea-Willebrands, Präsident und Sekretär des neuen ökumenischen Organs.[213]

Der erste Schritt des Sekretariates war eine Begegnung, die unter großer Geheimhaltung am Zentrum San Fedele in Mailand zwischen Bea und Visser't Hooft, dem Generalsekretär des 1949 gegründeten Weltrates der Kirchen, stattfand, um die Leitlinien für eine Zusammenarbeit zwischen den beiden Organisationen festzulegen. Willebrands, Vorsitzender der St. Willibrordvereinigung und

---

[210] Ebd., 348.

[211] Johannes Willebrands (1909-2006), 1934 zum Priester geweiht, Sekretär des Sekretariates für die Einheit der Christen, Konzilsperitus und dann Titularbischof von Mauriana (1964). Am 28. April 1969 zum Kardinal erhoben, folgte er Kard. Bea als Präsident des Sekretariates und von 1975 bis 1983 Kardinal Alfrink als Erzbischof von Utrecht.

[212] Vgl. KÜNG, *Erkämpfte Freiheit*, 250.

[213] Vgl. SALVATORE CAMPO, *I cardinali Bea e Willebrands: il loro ruolo "ecumenico" nel Vaticano II*, in: Istituto Paolo VI 52 (2006), 60-68. Willebrands wurde durch zwei Mitarbeiter unterstützt: den Franzosen Jean-François Arrighi und den Amerikaner Thomas Stransky.

persönlicher Berater des Erzbischofs von Utrecht für ökumenische Fragen, war Willem Visser't Hooft, der ebenfalls Holländer war, seit langer Zeit freundschaftlich verbunden. Bea erzählte, er habe im Vorfeld Johannes XXIII. gefragt, ob er das Vorhaben für opportun erachte, mit dem Ökumenischen Rat der Kirchen Kontakt aufzunehmen und Begegnungen durchzuführen. *„Die Sache scheint mir noch nicht reif"* antwortete der Papst. *„Meinerseits"*, äußert sich der Kardinal, *„zog ich die Schlussfolgerung, dass man die Sache zur Reife bringen muss."*[214]

Die Schaffung des neuen Organs stellte eine echte Wende dar, weil sie dem Heiligen Offizium die Zuständigkeit für die Beziehungen zwischen den Katholiken und den anderen Christen entzog und vor allem, weil sie die traditionelle römische Haltung gegen Häretiker und Schismatiker auf den Kopf stellte.[215] Um Bea und Willebrands formierte sich eine eingespielte Mannschaft, die während der Vorbereitungsperiode des Konzils verschiedene Zusammenkünfte im Ordenshaus der Pia Società San Paolo in Castelli Romani abhielt. *„Während der Tage intensiver Arbeit"*, erinnert sich Msgr. Jean-François Arrighi[216], einer der jüngeren Mitarbeiter, *„bildete sich ein Geist der Brüderlichkeit heraus, der eines der Hauptcharakteristika des Sekretariates für die Einheit war."*[217]

Bea und seine Mitarbeiter hatten ambitionierte Pläne, die weit über die im Wesentlichen ‚informative' Aufgabe hinausgingen, die Johannes XXIII. dem Sekretariat für die Einheit der Christen übertragen hatte. Das hauptsächliche Mittel, mit dem das Sekretariat auf die vorbereitenden Arbeiten Einfluss zu nehmen suchte, bestand darin, an die anderen Kommissionen Dokumente zu übersenden, die die negativen Konsequenzen unterstrichen, welche die in Vorbereitung befindlichen Schemata auf den Ökumenismus haben könnten. Das Sekretariat stellte folglich eine quer durch alle

---

214 SCHMIDT, *Bea*, 361.

215 Vgl. G. ALBERIGO, *Il pontificato di Giovanni XXIII*, 27-28; S. SCHMIDT, *Giovanni XXIII e il Segretariato per l'unione dei cristiani*, in: Cristianesimo nella storia 8 (1987), 95-117; M. VELATI, *"Un'udienza a Roma". La nascita del Segretario per l'Unità dei Cristiani (1959-1960)*, in: *Il Vaticano II fra attesa e celebrazione*, 74-118.

216 Jean-François Mathieu Arrighi (1918-1998), Franzose, 1948 zum Priester geweiht, Vizepräsident des Päpstlichen Rates für die Familie und 1985 Bischof von Vico Equense.

217 Zit. in CAPRILE, Bd. V, 716.

Bereiche operierende Krypto-Kommission dar, die sich eine direkte theologische Zuständigkeit anmaßte und sich in Unterkommissionen zu vielen grundlegenden Themen äußerte, wie den Beziehungen der getauften Nichtkatholiken zur Kirche, der hierarchischen Struktur der Kirche, dem Priestertum aller Gläubigen, der Laienschaft, der Religionsfreiheit, dem Wort Gottes in der Kirche, den liturgischen Fragen, den Mischehen, der Ökumenischen Bewegung. Zu wesentlichen Punkten wie dem Problem der Religionsfreiheit trafen die Texte der Theologischen Kommission und die konträr ausgerichteten Texte des Sekretariates für die Einheit der Christen bei der Zentralen Kommission zusammen ein und sorgten dort intern für heftige Auseinandersetzungen und Diskussionen: ein typischer Fall betraf die Religionsfreiheit.

b) Konfrontation zwischen Bea und Ottaviani

Am 19. Juni 1962, dem vorletzten Tag der letzten Sitzung, stießen die Kardinäle Ottaviani und Bea frontal zusammen. Zwei Schemata standen sich gegenüber: das der Theologischen Kommission und das des Sekretariates für die Einheit der Christen. Bea, der sein Schema vorstellte, vertrat die Ansicht, dass es hauptsächlich die Nichtkatholiken betreffe und auf das vom Papst gewünschte *aggiornamento* der zeitgenössischen Lebensbedingungen eine Antwort gebe.[218] Ottaviani entgegnete mit Nachdruck, dass das Sekretariat kein Recht dazu habe, sich mit dieser Frage zu beschäftigen, die in den Zuständigkeitsbereich der Theologischen Kommission falle.

Msgr. Marcel Lefebvre[219] erinnert sich an diese Episode, deren Zeuge er war:

---

[218] Vgl. AD II-IV, 689.

[219] Marcel Lefebvre (1905-1991), aus der Kongregation vom Heiligen Geist. 1929 zum Priester geweiht, Titularbischof von Antedonia (1947); Apostolischer Vikar von Dakar (1948-1955); Titularerzbischof von Arkadiopolis in Europa (1948); Apostolischer Delegat für Französisch-Afrika (1948-1959); Erzbischof von Dakar (1955-1962); Bischof von Tulle (1962), dann Titularbischof von Sinnada in Phrygien (1962-1970); Generaloberer der Kongregation vom Heiligen Geist (1962-1969). 1970 gründete er die Priesterbruderschaft St. Pius X. in der Diözese Fribourg in der Schweiz mit der Approbation von François Charrière, dem Ortsbischof. 1974 begann die Kontroverse mit dem Heiligen Stuhl, die ihm im Gefolge der Priesterweihen vom 29. Juni 1976

„Ich muss hier einen kleinen Vorfall erzählen, der sich 1962 ereignete, als ich Mitglied der Zentralen Vorbereitungskommission war. Wir hielten unsere Zusammenkünfte im Vatikan ab, die letzte aber verlief dramatisch. In den Dokumenten, die der Zentralen Kommission überreicht wurden, gab es zwei zum selben Thema: die eine kam von Kardinal Bea, dem Vorsitzenden der Kommission für die Einheit, und die andere von Kardinal Ottaviani, dem Vorsitzenden der Theologischen Kommission. Nachdem wir und auch ich selbst die zwei Schemata gelesen hatten, habe ich gesagt: ‚Das ist sehr seltsam. Es gibt zu demselben Thema zwei völlig verschiedene Standpunkte, nämlich eine liberale Position zu religiösen Fragen und zur Religionsfreiheit und eine Gegenüberstellung von Kirche und anderen Religionen.' Das Schema von Kardinal Bea trug den Titel De libertate religiosa, *das von Kardinal Ottaviani den Titel* De tolerantia religiosa. *Sehen Sie den Unterschied, den tiefgreifenden Unterschied? Was war geschehen? Aus welchem Grund gab es zwei völlig verschiedene Schemata zu demselben Thema? Bei der Zusammenkunft erhebt sich Kardinal Ottaviani, deutet mit dem Finger auf Kardinal Bea und spricht zu ihm: ‚Eminenz, Sie hatten nicht das Recht, dieses Schema zu erstellen, Sie hatten nicht das Recht, dies zu tun, weil es ein theologisches Schema ist und in den Bereich der Theologischen Kommission fällt.' Und Kardinal Bea erhebt sich und spricht: ‚Verzeihen Sie, als Vorsitzender der Kommission für die Einheit hatte ich das Recht, dieses Schema zu erstellen: wenn es eine Sache gibt, die für die Einheit von Interesse ist, so ist dies genau die Religionsfreiheit.' Und zu Kardinal Ottaviani gewandt, fügte er hinzu: Ich wende mich radikal gegen alles, was Sie in Ihrem Schema* De tolerantia religiosa *sagen.' ... Dies war die letzte Sitzung der Zentralen Kommission, und wir konnten klar erkennen, dass sich am Vorabend des Konzils vor unseren Au-*

---

die Suspension *a divinis* und nach der Weihe von Bischöfen am 30. Juni 1988 die Exkommunikation *latae sententiae* einbrachte (AAS 80 (1988), 1495-1498). Die Exkommunikation der vier Bischöfe wurde von Benedikt XVI. am 10. März 2009 aufgehoben. Zu ihm vgl. u.a. BERNARD TISSIER DE MALLERAIS, *Marcel Lefebvre: une vie*, 2e éd. corr., Clovis, Étampes 2002 {dt.: *Marcel Lefebvre – die Biographie*, übers. v. IRMGARD HABERSTUMPF u.a., Sarto-Verlag, Altötting 2008; *Marcel Lefebvre – eine Biographie*, übers. v. IRMGARD HABERSTUMPF u.a., 2. neu überarb. Aufl., Sarto-Verlag, Altötting 2009}; CRISTINA SICCARDI, *Mons. Marcel Lefebvre. Nel nome della Verità*, Sugarco, Milano 2010.

gen der ganze Kampf abzeichnete, der sich während des Konzils abspielen sollte. Das heißt, diese Sachen waren bereits vor dem Konzil vorbereitet. Kardinal Bea hat sein Schema De libertate religiosa *sicherlich nicht erstellt, ohne sich mit anderen Kardinälen abgestimmt zu haben."*[220]

Um die doktrinellen Hindernisse zu umgehen, schlug das Sekretariat eine neue, ‚diplomatisch ausgerichtete' Ausdrucksweise für den Glauben vor, die darin bestand, Themen mit dogmatischem Charakter auf die Tagesordnung zu setzen, ohne sie von einem dogmatischen Gesichtspunkt anzugehen, vielmehr ließ man sie im Namen des ‚Primates der Pastoral' unbestimmt formuliert.[221]

Der Sekretär für die Einheit der Christen verstärkte zudem seine Rolle durch die Einflussnahme auf die ‚Gemischten Kommissionen'. Der Großteil der Kommissionen ahmte tatsächlich die Dikasterien der Kurie nach und setzte sich aus romtreuen Bischöfen zusammen. Während die Theologische Kommission jegliche Einmischung des Sekretariates von Bea bezüglich der Abfassung ihrer Schemata ablehnte, akzeptierten andere Kommissionen die Bildung ‚Gemischter Kommissionen' mit dem Sekretariat für die Einheit der Christen, so etwa die Kommission für die Sakramentenordnung. Die beste Zusammenarbeit vollzog sich mit der Liturgischen Kommission, deren Sekretär P. Annibale Bugnini war. Das Sekretariat Beas verlangte im Februar 1961 einen *„umfangreicheren Gebrauch der Volksprache"*[222]. Im April intervenierte Bea ebenfalls: *„Wir müssen uns mit aller Entschiedenheit gegen die Auffassung wehren, daß Latein ein Zeichen der Einheit sei. Es ist eher ein Zeichen von Uniformität als ein Zeichen der Einheit."*[223]

Am 22. Oktober, elf Tage nach Eröffnung des Konzils, erhob Johannes XXIII. das Sekretariat für die Einheit der Christen in den

---

[220] M. LEFEBVRE, *Il colpo da maestro di Satana*, ital. Übers., Il Falco, Milano 1978, 12-15 {Originaltitel: *Le Coup de maître de Satan: Ecône face à la persécution*, Éd. Saint-Gabriel, Martigny 1977; dt.: *Satans Meisterstück: Ecône angesichts der Verfolgung*, Éd. Saint-Gabriel, Martigny 1978}.

[221] Vgl. C. BARTHE, 97-98.

[222] J. A. KOMONCHAK, *La lotta per il Concilio durante la preparazione*, 234 {dt.: 248}.

[223] Ebd., 235 {dt.: 249}.

Rang einer Kommission. Der neue Status des Organs verlieh diesem das Recht, der Generalkongregation Schemata vorzulegen und sie zu verbessern. Seine Rolle sollte sich entscheidend auswirken.

10. Die biblische Kontroverse

a) Der Alarmruf von Msgr. Romeo

Das Päpstliche Bibelinstitut unter Leitung von P. Bea hatte sich zu einem der Hauptzentren für die Ausbreitung der neuen rationalistischen Exegese entwickelt. Tatsächlich war es, wie der Historiker Mauro Pesce hervorhebt, der historischen Exegese mit Bea als Impulsgeber zwischen den 30er- und den 60er-Jahren gelungen, *„tiefgreifende Veränderungen des katholischen theologischen Denkens zu erzielen, ohne jemals direkt auf eine Reform der Theologie als solcher hinzuzielen“*[224]. Beas Arbeit an der Spitze des Bibelinstitutes setzte P. Ernest Vogt[225] fort, der ihm 1949 nachgefolgt war.[226] Msgr. Francesco Spadafora erinnert sich, wie sich damals im Bibelinstitut ein ‚mysteriöses‘ Klima herausbildete, in dem sich die Neuerer für die Depositäre von Wahrheiten hielten, die anderen unbekannt wären und die man mit jedem Mittel verbreiten müsse. Parole war die dialektische Gegenüberstellung einer rückwärts gewandten oder ‚engen‘ biblischen Schule und einer modernen oder ‚weiten‘ Schule, die von der Enzyklika Pius' XII. *Divino afflante spiritu* (1943) ‚kanonisiert‘ worden sei. Als Manifest des ‚neuen Weges‘ erschien der Artikel des Jesuiten Luis Alonso Schökel[227] *Wohin geht die katholische Exegese?*, veröffentlicht in der ‚Civiltà cattolica‘ am 27. August

---

[224] M. Pesce, *Da Leone XIII a Pio XII*, 86.

[225] Ernest Vogt (1903-1984), Schweizer Jesuit, 1933 zum Priester geweiht. 1949 bis 1963 Leiter des Päpstlichen Bibelinstitutes. Anfang 1961 zum Konsultor der Theologischen Vorbereitungskommission ernannt.

[226] Vgl. F. Spadafora, *La nuova esegesi. Il trionfo del modernismo sull'Esegesi Cattolica*, Editions Les Amis de saint François de Sales, Sion 1996, 63-70. Vgl. auch Ders., *Razionalismo. Esegesi cattolica e Magistero*, Istituto padano di Arti Grafiche, Rovigo 1961.

[227] Luis Alonso Schökel (1920-1998), spanischer Jesuit, seit 1957 Professor für die Heilige Schrift am Bibelinstitut.

1960.[228] Dort beschrieb der Autor die Existenz einer ‚engen' Schule, die als überwunden galt, und einer ‚weiten' Schule, die nunmehr auf dem Gebiet der exegetischen Studien vorherrschte. Nach Ansicht der Neuerer bildete die Enzyklika von Pius XII. ein Moment der Diskontinuität gegenüber der Enzyklika *Providentissimus* von Leo XIII., zu dessen fünfzigjährigem Jubiläum sie erschienen war, und eröffnete in den biblischen Studien *„einen neuen und weiträumigen Weg"*[229]. Schökel brachte die Thesen seines Mitbruders aus dem Bibelinstitut, Stanislas Lyonnet[230], wieder vor, der in Fourvière von 1938 bis 1943 Professor gewesen und der ‚Nouvelle théologie' verbunden war. Er höhlte die Lehre von der Erbsünde aus, indem er die rationalistische Exegese wieder aufgriff, der zufolge der paulinische Textabschnitt *„alle sterben, weil alle gesündigt haben"* (Röm 5,12) nicht auf die Erbsünde zu beziehen sei, sondern auf die persönlichen Sünden des Einzelnen. Msgr. Spadafora zeigte in einem ausführlichen Aufsatz in der Zeitschrift ‚Divinitas'[231], dass Lyonnet über die Anführung inkonsistenter philologischer Argumente hinaus das unfehlbare Lehramt der Kirche nicht in Betracht zog. Diese Kritik wurde als übertrieben beurteilt, doch ist es kein Zufall, dass von den Schülern Lyonnets der holländische Jesuit Piet Schoonenberg[232] 1968 Autor einer Studie zur Erbsünde war, in dem er den Ertrag der säkularisierenden Thesen seines Lehrers einfuhr[233], ge-

---

[228] Vgl. L. A. Schökel SJ., *Dove va l'esegesi cattolica?*, in: Civiltà Cattolica 2645 (1960), 449-460.

[229] Ebd., 455-456.

[230] Stanislas Lyonnet (1902-1986), französischer Jesuit, 1934 zum Priester geweiht. Professor für die Heilige Schrift in Fourvière (1938) und dann für Exegese am Bibelinstitut. Auf Verlangen des Hl. Offizium musste er zwischen 1962 und 1964 seine Lehrtätigkeit unterbrechen. Vgl. Albert Vanhoye, *In memoriam*, in: Rivista Biblica 68 (1987), 141-142. Von ihm vgl. *Le péché originel et l'exégèse de Rom. 5,12-14*, in: Recherches des Sciences Religieuses 44 (1956), 63-84; *L'attualità della Lettera di San Paolo ai Romani e il problema ecumenico*, in: Civiltà Cattolica 2596 (1958), 365-377.

[231] Vgl. F. Spadafora, *Rm. 5,12: esegesi e riflessi dogmatici*, in: Divinitas 4 (1960), 289-298. Siehe auch B. Mariani OFM, *La persona di Adamo e il suo peccato originale secondo San Paolo 5, 12-21*, in: Divinitas 2 (1958), 486-519.

[232] Piet Schoonenberg (1911-1999), holländischer Jesuit, 1939 zum Priester geweiht, Schüler am Bibelinstitut, Professor für dogmatische Theologie an der Universität Nimwegen (1964-1979). Zu ihm vgl. *Nouvelle théologie*, 126-138.

[233] Vgl. P. Schoonenberg, *Der Mensch in der Sünde*, in: *Mysterium Salutis. Grundriß heilsgeschichtlicher Dogmatik*, hg. von J. Feiner / M. Löhrer, Bd. II, *Die Heilsgeschichte vor Christus*, Benziger, Einsiedeln-Zürich-Köln 1967, 845-941.

nau in dem von Spadafora angezeigten Sinn. Die Voten, die der Commissio ante-praeparatoria im Namen des Päpstlichen Bibelinstitutes vom Rektor Ernest Vogt am 24. April 1960 vorgelegt wurden, stellten auf der anderen Seite die Historizität und die Irrtumslosigkeit der Evangelien zur Diskussion[234] und begaben sich so auf eine Linie, die von der lehramtlich vorgegebenen stark abwich.

Zu Beginn des Januars 1960 lancierte Msgr. Antonino Romeo[235] von der Kongregation für die Seminare und Universitäten in der Zeitschrift ‚Divinitas' eine grundlegende Attacke gegen das Bibelinstitut.[236] Msgr. Romeo war ein energischer, hagerer Prälat, der seit den 30er-Jahren an der Kongregation arbeitete, deren Sekretär Kard. Ruffini gewesen war. Sein Artikel zeigte zum ersten Mal die Existenz einer Verschwörung seitens der neomodernistischen Kreise im Innern der Kirche an.[237] Msgr. Romeo gab folgende Beschreibung:

> *„eine Gruppe, die unermüdlich tätig ist, immer größere Breschen in das übernatürliche Gebäude des katholischen Glaubens zu schlagen, unter dem Vorwand, dass heutzutage einzig und allein das Neue von Interesse zu sein hat, schon weil das Evangelium, das Akzeptanz finden soll, nicht das der Vergangenheit, sondern das der Zukunft ist, und die Kirche, der wir Folge leisten müssen, nicht die ist, die wir kennen, sondern die der Zukunft."*[238]

---

[234] Vgl. AD I-IV/1, 125-136. Zu dem Geschehen vgl. F. SPADAFORA, *La nuova esegesi*, 91-115.

[235] Antonino Romeo (1902-1979), 1924 zum Priester geweiht, von 1938 bis 1972 war er in Rom Studienhelfer bei der Heiligen Kongregation für die Seminare und die Universitäten. Er ist u.a. Autor zahlreicher Artikel in der *Enciclopedia Cattolica* und im *Dizionario biblico*, das von Francesco Spadafora herausgegeben wurde. Zu ihm vgl. ANDREA DALLEDONNE, *La morte di mons. Antonino Romeo: una grave perdita per la Chiesa cattolica*, in: *Implicazioni del tomismo originario*, Genova 1981, 67-71. Zur Frage vgl. R. BURIGANA, *La querelle tra il Laterano e l'Istituto Biblico*, in: *L'Università del Laterano*, 50-66.

[236] Vgl. A. ROMEO, *L'Enciclica "Divino afflante Spiritu" e le "opiniones novae"*, in: Divinitas 4 (1960), 385-456.

[237] Eine dokumentierte Rekonstruktion der Polemik in: ANTHONY DUPONT und KARIM SCHELKENS, *Katholische Exegese vor dem Zweiten Vatikanischen Konzil (1960-1961)*, in: Zeitschrift für katholische Theologie H.1 (2010), 1-24.

[238] A. ROMEO, *L'Enciclica "Divino afflante Spiritu"*, 444.

„... Man ist heute bei der ‚Neuen Theologie' angelangt, die von den Slogans des Augenblicks inspiriert ist, bei der ‚neuen Moral', die den menschlichen Leidenschaften Genüge tun und den Begriff wie die Bedeutung von Sünde abschaffen will, bei der ‚neuen Geschichte', die den Historizismus oder den Triumph des Faktischen heiligt, beim ‚neuen Recht', das die Freiheit vom Bösen proklamiert und die Freiheit jener, die stark genug sind, um sich alles erlauben zu können, bei der ‚neuen Psychologie', die auf der pansexuellen Psychoanalyse basiert, bei der ‚neuen Pädagogik', die allen Instinkten entgegenkommt, bei der ‚neuen sakralen Kunst', die den Surrealismus und den Konzeptualismus der Scharlatane überhöht. Das Wort ‚Prinzipien', einstmals so häufig gebraucht, ist nun dabei, aus dem Verkehr zu verschwinden ... . Die heutigen Progressisten stützen sich auf den zweifachen Mythos von der menschlichen Freiheit und vom menschlichen Fortschritt, das gnostische Doppelpostulat, welches die labile Kontingenz unseres individuellen Wertes und unaufhörlichen kollektiven Flusses hin zu einer unbekannten Zukunft vergöttlicht und daraus einen Ersatz für das Absolute macht, und transformieren Religion und Wissenschaft in eine beständige Suche, ohne ihre Zielsetzung, ihren Gegenstand und die ‚Konstanten' zu bestimmen, die jeder Glaube und jede Wissenschaft doch im Voraus festlegen muss. So vollzieht sich der Triumph der Unbestimmtheit, d.h. des Relativismus und, im Grunde, der Verneinung."[239]

Man muss erwähnen, dass Msgr. Romeo nicht nur ein ausgezeichneter Bibelwissenschaftler war, sondern auch ein tiefer Kenner des ‚*mysterium iniquitatis*'. Ihm verdanken wir unter anderem die Artikel ‚Antichrist' und ‚Satanismus' in der *Enciclopedia Cattolica,* worin er eine gründliche theologische Kenntnis der Mächte des Bösen zeigte, die in der Geschichte wirksam sind. Die von uns zitierten Zeilen und jene, die folgen, brachten ihm den Vorwurf ein, ein ‚Phantast' zu sein, aber heute erscheinen sie uns nicht bar prophetischer Kraft. Er fuhr wie folgt fort:

„Die ganze unaufhörliche Termitenarbeit im Dunkeln, die in Rom wie in allen Teilen der Welt stattfindet, lässt zwangsläufig die ak-

[239] Ebd., 447, 449.

tive Präsenz eines kompletten Planes erahnen, der darauf abzielt, die Lehren, aus denen sich der katholische Glaube formt und nährt, zu bedrohen und ihnen Abbruch zu tun. Immer zahlreichere Indizien auf verschiedenen Seiten bezeugen die allmähliche Durchführung eines umfassenden progressiven Manövers, das von sehr fähigen und scheinbar sehr frommen Köpfen geleitet wird, die danach streben, das bis jetzt gelehrte Christentum, das 19 Jahrhunderte lang bestanden hatte, zu beseitigen, um an seine Stelle das Christentum ‚der neuen Zeit' zu setzen.

Die von Jesus und den Aposteln verkündete Religion, so lebhaft verwirklicht durch den hl. Augustinus, den hl. Benedikt, den hl. Dominikus, den hl. Franziskus, den hl. Ignatius von Loyola, wird fieberhaft korrumpiert, damit sie verschwindet und sich an ihrer Stelle eine neue Religion erhebt, die von den Gnostikern aller Zeiten erträumte Religion, die bereits hier und da ‚das Christentum, angepasst an die neue Zeit' genannt wird. Das Christentum der neuen Zeit wird auf der Göttlichkeit des Kosmos und den Rechten des Menschen basieren; zu Dogmen seines ‚Credo' wird es den evolutionären Monismus im Verbund mit einem unendlichen Fortschritt, die menschliche Freiheit ohne Grenzen und die allgemeine Gleichheit haben, mit Anklängen eines wissenschaftlichen, theosophischen und okkultistischen ‚Glaubens', der je nach Ambiente variieren wird. Zur verbindlichen Moral wird es die ‚Anpassung' haben, d.h. den ‚Konformismus' bei Verbot jeglicher ‚Frustration', und die Pflicht, allen Instinkten und Trieben Genüge zu tun; das Endziel des ewigen Lebens wird beseitigt werden, und an seine Stelle werden die ‚irdischen Realitäten' treten, die nach einer Quarantäne von 19 Jahrhunderten, in die sie ein angeblicher Obskurantismus geschickt habe, heute mit großem Eifer ‚rehabilitiert' werden. In diesem Christentum werden Jesus, die Apostel, die Definitionen und Direktiven des kirchlichen Lehramtes aus 19 Jahrhunderten nur noch eine Erinnerung sein, die einzig ‚historischen und apologetischen' Wert besitzt: Glieder einer unvergänglichen Evolutionskette, die sich erst schließen wird, wenn der Mensch, zum vollkommenen Sein geworden, in der Unendlichkeit des Ganzen aufgeht."[240]

---

[240] Ebd., 468-69.

Der Pessimismus von Msgr. Romeo wurde von einem Theologen geteilt, mit dem er ein unmittelbares Einvernehmen erlangt hatte: Msgr. Joseph Fenton, dem Herausgeber von ,The American Ecclesiastical Review', der von Kard. Ottaviani zur Mitarbeit in der Theologischen Kommission berufen worden war. Fenton gehört zu denjenigen, die den Ernst der Lage klar erkannten: *„Menschlich gesprochen"* – notiert er am 24. Dezember 1960 in sein Tagebuch – *„besteht keine Möglichkeit, einen von denen, die sich uns entgegenstellen, zur Umkehr zu bewegen."*[241]

b) Kardinal Ruffini zieht ins Feld

Die Kontroverse über die biblischen Studien ging in den folgenden Monaten weiter, bis das Heilige Offizium intervenierte und nach Befragung beider Seiten den Jesuiten Stanislas Lyonnet und seinen Mitbruder Max Zerwick[242] verurteilte, ihnen den Lehrauftrag entzog und sie aus Rom verbannte.[243] Am 20. Juni 1961 wurde ein Monitum des Heiligen Offiziums veröffentlicht, in dem festgestellt wurde, dass *„Aussagen und Meinungen"*, die die authentische historische und objektive Wahrheit der Heiligen Schrift kompromittierten, verbreitet worden waren, und die Exegeten ermahnte, die Heiligen Bücher stets mit der gebührenden Vorsicht zu behandeln.[244] Einige Tage später, am 28. Juni, wurde das *Leben Jesu* des französischen Priesters Jean Steinmann auf den Index gesetzt. Am 24. August kritisierte Kard. Ruffini die Berufung auf die literarischen Gattungen bei der Interpretation der Bibel in einem Artikel des ,Osservatore Roma-

---

[241] FENTON, *Diary*, 17. Im Oktober 1962 veröffentlichte Mgr. Fenton einen Artikel mit dem Titel *The Virtue of Prudence and the Success of the Second Ecumenical Vatican Council*, worin er u.a. die Auffassung äußerte: *„Es ist möglich, dass das Konzil, was die Fülle der übernatürlichen Klugheit angeht, anders handelt. Es ist möglich, dass es in dieser Hinsicht nicht erfolgreich ist*" (in: The American Ecclesiastical Review 4 (1962), 255-265, 265).

[242] Max Zerwick (1901-1975), 1931 in der Gesellschaft Jesu zum Priester geweiht, seit 1953 Professor für Exegese am Bibelinstitut. Vgl. CARLO MARIA MARTINI, *In memoria di P. Max Zerwick*, in: Rivista Biblica 56 (1976), 444-445.

[243] 1963 berief sie der frisch gewählte Paul VI. nach Rom zurück und setzte sie wieder in der Lehrtätigkeit am Päpstlichen Bibelinstitut ein.

[244] Vgl. AAS 9 (1961), 507.

no'[245]. Diesen sandte Kard. Pizzardo an die Rektoren aller Diözesanseminare Italiens mit der Bitte, die Aufmerksamkeit ihrer Professoren darauf zu lenken.

Kardinal Ruffini schrieb:

> *„Es herrscht ein völliges Gewimmel an Veröffentlichungen, an Vorträgen, an Versammlungen, in denen oftmals unvorsichtige Urteile und ziemlich erschütternde Interpretationen vorherrschen. Einer der meistbehandelten und meistdiskutierten Gegenstände betrifft die literarischen Gattungen, nämlich die ‚Methode der Formgeschichte'. Es geht dabei heute nicht um den Grundsatz, dass für die Kenntnis des Literalsinnes einer Schrift im Voraus klar sein muss, welches die sprachliche Form oder Gattung ist, die der Schriftsteller anwenden wollte. Alle begreifen, dass ein Buch der Weisheitsliteratur ganz verschieden von einem Gesetzestext ist, dass ein apokalyptisches Buch, das nach den Ereignissen geschrieben wurde, sich von einer Sammlung von Prophetien im eigentlichen Sinn sehr unterscheidet und dass eine Dichtung nicht wie ein Stück Geschichtsschreibung gelesen werden darf... Das Fieber, das bezüglich der Anwendung literarischer Gattungen auf die verschiedenen von Gott inspirierten Bücher, die Evangelien nicht ausgenommen, in den letzten Jahren von Tag zu Tag gestiegen ist, wurde teilweise durch die Begegnung mit den – stets knappen – Dokumenten der antiken orientalischen Literatur verursacht, aber vor allem durch einen hyperkritischen Geist, der vollständig absieht von der traditionellen Lehrunterweisung der Kirche und vom Glaubenssinn der katholischen Gläubigen, der ihr getreues Echo darstellt. So gelangt man seitens einiger Leute – leider auch Kirchenmänner – mehr oder weniger explizit dazu, äußerst wichtigen Erzählungen, wie beispielweise den Anfangskapiteln der Genesis oder den Evangelien, jegliche historische Relevanz abzusprechen... Die Natur eines Aufsatzes erlaubt uns nicht, hierbei länger zu verweilen. An diese neuen Exegeten, die von sich behaupten und vorgeben, katholische Exegeten*

---

[245] Vgl. ERNESTO RUFFINI, *Generi letterari e ipotesi di lavoro nei recenti studi biblici*, in: ‚L'Osservatore Romano', 24. August 1961; dann in DERS., *Conferenze bibliche*, Ancora, Roma 1966, 222-224. Mgr. Fenton ließ den Artikel von Kard. Ruffini in Übersetzung veröffentlichen als: *Literary Genres and Working Hypothesis in Recent Biblical Studies*, in: The American Ecclesiastical Review 146 (1961), 362-365.

zu sein, richten wir die Frage: Wie können Sie annehmen, dass die Kirche, Mutter und Lehrerin, der es zukommt, über den wahren Sinn der Heiligen Schrift zu urteilen – (wir haben dies so oft vor dem Altar geschworen) – (vgl. Professio catholicae Fidei *[am Anfang des* Codex des Kanonischen Rechtes*] und die* Formel des Antimodernisteneides, *in:* Acta Apost. Sedis. *[1910] 669-672), 19 Jahrhunderte hindurch ihren Kindern das göttliche Buch vorgelegt hat, ohne die literarische Gattung als Schlüssel für die exakte Interpretation zu kennen? Diese Absurdität erfährt noch eine Steigerung, wenn man bedenkt, dass nicht wenige der erwähnten Hyperkritiker nicht nur neue Anwendungen der Theorie der literarischen Gattungen auf die inspirierten Bücher vorlegen, sondern die definitive Klärung darüber der Zukunft überlassen, dann, wenn sie nämlich – durch die Historiographie, die Archäologie, die Ethnologie und die anderen Wissenschaften – bei den antiken Völkern, besonders den Orientalen, die Art und Weise zu sprechen und zu schreiben besser kennen werden. Manch einer, der die enormen Schwierigkeiten bemerkt, eine derartige Doktrin, die wir ‚revolutionär' nennen würden, mit der Stimme des Gewissens und den Belehrungen der kirchlichen Autorität zu versöhnen, hat begonnen, sich auf eine Methode zu berufen, die in der Physik und den anderen Naturwissenschaften legitime Anwendung findet: die* Arbeitshypothese.

Es ist bekannt, dass sich die experimentellen Wissenschaften in ständiger Entwicklung befinden: viele Aspekte sind immer noch unbekannt und ziemlich viele Phänomene noch nicht erklärt. In der Absicht, den Weg zu ebnen, der zur Auffindung der Wahrheit führt, formulieren die gelehrten Forscher Hypothesen, die aufgrund ihres provisorischen Charakters – es handelt sich sozusagen um Zwischenstationen – Arbeitshypothesen *zu heißen pflegen, d.h. Hypothesen, die helfen, weitere Forschungen in Gang zu bringen. Aber von Arbeitshypothesen zu sprechen, in unserem Fall verhüllte Leugnungen der Historizität, wenn es beispielsweise um die Verkündigung des Erzengels Gabriel an die Allerseligste Jungfrau Maria (Lukas 1,26-28) oder an die Verheißung des Primates an Petrus geht (Matthäus 16,17-19), und Geschehnisse aus Imitationen vorliegender Muster oder aus nachträglichen Reifeprozessen des christlichen Denkens herrühren zu lassen, bedeutet ein Auf-den-Kopf-Stellen der katholischen Exegese und einen häretischen Anschlag auf die immer – beginnend mit den Kirchenvätern – in Geltung gestandenen Wahrheiten, die der historischen Wirklichkeit entsprechen.*

Wir hätten nie gedacht, dass man so weit gehen könnte! Der hl. Hieronymus sagte von seiner Zeit, dass der christliche Erdkreis erwachte und entdeckte, er sei arianisch (eine damals ziemlich weit verbreitete Häresie). Was würde der hl. Pius X., der den Modernismus energisch verurteilte, angesichts der Irrtümer sagen, die diesen wieder aufleben lassen und ihn noch fürchtenswerter machen, weil er durch Menschen beglaubigt wird, die aus so vielen Gründen besondere Beachtung verdienen?"[246]

In einem Brief an Kard. Ottaviani vom 9. Mai desselben Jahres drückte sich Ruffini unmissverständlich aus: *„Ich habe es schon anderweitig gesagt und wiederhole es hier: Der vom hl. Pius X. verurteilte Modernismus erfährt heutzutage freie Verbreitung in noch schwerwiegenderen und schädlicheren Formen als früher!"*[247] *„Ehrwürdigste Eminenz"*, fuhr der Erzbischof von Palermo fort, *„wenn ich mich rundherum umschaue, so bin ich manchmal einer tiefgehenden Entmutigung nahe, und wenn ich mich dann wieder aufraffe, so geschieht dies deshalb, weil ich auf den Beistand vertraue, den Jesus seiner Kirche verheißen hat: ‚Ich werde bei euch sein bis ans Ende der Zeiten!' Ich wünsche mir, dass das nächste Konzil ein für alle Mal definiert, was man unter ‚Inspiration', ‚biblischer Irrtumslosigkeit', ‚biblischer Geschichte' versteht; und dass man festlegt, bis zu welchem Punkt sich die wissenschaftliche Interpretation der Heiligen Schrift von der traditionellen Auslegung entfernen kann."*[248]

Kard. Ernesto Ruffini, der aus Mantua stammte, war 72 Jahre alt, aber seine herausragende Persönlichkeit, sein lebhafter Geist und seine Energie bei allen Unternehmungen ließen im Voraus erken-

---

246 ‚L'Osservatore Romano', 24. August 1961.

247 Brief von Ruffini an Kard. Ottaviani vom 9. Mai 1961, in: F.M. STABILE, 115.

248 Ebd., 116. In einem Vortrag am 30. Dezember 1961 in Assisi bekräftigte Kard. Ottaviani seinerseits seine Hoffungen für das bevorstehende Konzil: *„Ein gewaltiger Leuchtturm, von dem Licht und Wärme ausströmen, um die nächsten Weltversammlungen der Wahrheit und Gerechtigkeit zu entflammen, die auf dem Vatikanhügel beim Grab des Apostelfürsten stattfinden"* (A. OTTAVIANI, *La parola della Croce alla vigilia del Concilio Ecumenico*, in: *Discorsi di sua em.za il cardinale Alfredo Ottaviani, Segretario della Suprema S. Congregazione del S. Uffizio*, Gruppo studi sociali Luigi Sturzo, Bastia Umbra 1962, 26).

nen, dass er zu einem Protagonisten der konziliaren Debatte werden würde.[249] Seine Karriere hatte auf dem Lehrstuhl begonnen, als er von Papst Pius X. 1913 im Alter von nur 25 Jahren zum Professor der Bibelwissenschaften an der Lateran-Universität ernannt worden war. 1928 wurde er von Pius XI. zum Sekretär der Heiligen Kongregation für die Seminare und die Universitäten ernannt. Hier bereitete er eine Reform der kirchlichen Studien vor, die in der Apostolischen Konstitution *Deus scientiarum Dominus*[250] gipfelte, welche der Papst an Pfingsten 1931 erließ. Pius XI. wollte ihn auch als Rektor der Lateran-Universität haben, und Pius XII. ernannte ihn 1945 zum Erzbischof von Palermo und erhob ihn 1946 zum Kardinal. Aufgrund seiner Bildung und theologischen Fundiertheit bildete Kard. Ruffini einen der Hauptbezugspunkte zu dem schwierigen Zeitpunkt des Übergangs vom Pontifikat Pius' XII. zu dem von Papst Roncalli.

Johannes XXIII. seinerseits nahm in der Kontroverse eine ambivalente Haltung ein. Auf der einen Seite schien er sein Vertrauen gegenüber dem Bibelinstitut zum Ausdruck zu bringen, indem er den Rektor Ernest Vogt in die Theologische Kommission berief; auf der anderen Seite bekräftigte der Papst noch am Vorabend der Konzilsversammlung in einer Rede vor der Versammlung der Italienischen Bibelgesellschaft, die Msgr. Romeo einberufen hatte, das Recht der Kirche, die Arbeit der Bibelwissenschaftler bei der Erforschung und Weitergabe der geoffenbarten Wahrheit zu überwachen.[251]

---

249 Vgl. das Profil von S. NEGRO, in: *Vaticano minore e altri scritti*, Neri Pozza, Vicenza 1963, 344-348.

250 PIUS XI., Schreiben *Deus scientiarum Dominus* vom 14. Mai 1931, in: AAS 23 (1931), 241-262.

251 „*Man begreift daher die sorgenvolle Haltung der Kirche gegenüber den biblischen Studien. Sie hat zwar in der Tat ruhiges Vertrauen in die Ernsthaftigkeit der Forschung ihrer Söhne, doch kann sie sich nicht damit zufrieden geben, die Früchte einzusammeln, sondern muss ihre Schritte lenken, wie es ihr auch zukommt, die Schlussfolgerungen zu bestätigen*" (Rede vor der Bibelgesellschaft vom 23. September 1962, in: DMC IV, 540-545, 542. Vgl. auch J. A. KOMONCHAK, *La lotta per il Concilio durante la preparazione*, 300-301 {dt.: 318}.

11. Die ökumenische „Tour" von Kardinal Bea

a) Der Dialog mit den ‚getrennten Brüdern'

Die progressistischen ekklesiologischen Tendenzen entwickelten sich unterdessen im neuen ‚ökumenischen' Bereich weiter. Am Sonntag, dem 22. Januar 1961, hielt Kard. Bea in der Aula des Angelicum einen Vortrag zu dem Thema ‚*Der große Ruf zum Schafstall Christi*', worin er u.a. sagte:

> *„Es ist wahr, dass Schisma und Häresie als solche vom Mystischen Leib Christi trennen, der die Kirche ist, d.h. von der vollen Teilnahme an dem Leben, das Christus der Kirche mitteilt. Doch dies gilt für jene, die sich persönlich und bewusst von der Kirche lösen, nicht ohne Weiteres aber für diejenigen, die sich in gutem Glauben getrennt finden als Folge eines Erbes, das sie von ihren Vorfahren empfangen haben. Zudem werden alle nicht-katholischen Christen von der Kirche als ‚Brüder', als ‚Söhne', als Empfänger der eigenen mütterlichen Liebe angesehen; mit anderen Worten, sie betrachtet sie als eigene Subjekte und Glieder, wenn auch nicht in vollem Sinn."*[252]

Am selben Tag kommentierte Bea den Rombesuch des Primas der anglikanischen Kirche, Dr. Geoffrey Francis Fisher, in einem Interview mit P. Antoine Wenger[253] in ‚La Croix' und machte dabei die Äußerung: *„Dieser Besuch stellt eine wichtige Episode im Bereich des großen Werkes der Einheit aller Getauften dar, das der Heilige Geist seit den letzten Jahrzehnten langsam, aber unwiderstehlich vorbereitet."*[254]

---

[252] ‚L'Osservatore Romano", 27. Januar 1961.

[253] Antoine Wenger (1919-2009), französischer Assumptionist, 1943 zum Priester geweiht. Von 1957 bis 1973 gab er die Tageszeitung ‚La Croix' heraus, setzte daneben aber seine Lehrtätigkeit in katholischer Theologie in Straßburg fort. Er war ein enger Freund von Kard. Jean Villot, mit dem er sich von 1973 bis zu dessen Tod (Januar 1979) jeden Sonntag um 4 Uhr nachmittags zu einer Unterhaltung traf (A. WENGER, *Vatican II*, Centurion, Paris 1964-1966, 4 Bde.). Zu ihm vgl. PHILIPPE LEVILLAIN, *Il patrologo che scriveva la storia del tempo presente. Ricordo di padre Antoine Wenger*, in: ‚L'Osservatore Romano', 27. Mai 2009.

[254] ‚La Croix', 24. Januar 1961. Vgl. auch ROBERTO TUCCI SJ, *La visita di cortesia del dott. Fisher a S. Giovanni XXIII*, in: Civiltà Cattolica 2650 (1960), 337-353.

Trotz seines fortgeschrittenen Alters unterzog sich Kardinal Bea einer atemberaubenden Abfolge von Reisen und Begegnungen.[255] Im Monat Januar 1961 war er in Bern, Basel, Straßburg und Paris; zwischen Februar und März in Heidelberg, Tübingen, Essen, West- und Ost-Berlin. Anschließend in Liverpool und in London, wo er zum ersten Mal in der Geschichte den römischen Purpur in den Lambeth Palace, den ‚anglikanischen Vatikan', brachte und von Primas Ramsay, der gerade aus Moskau zurückgekehrt war, empfangen wurde.[256]

Vom 26. bis 28. September 1960 hatten sich einige katholische Bischöfe und Pastoren verschiedener protestantischer Konfessionen in Taizé in Frankreich versammelt, *„um miteinander die Bemühungen um die Evangelisierung zu teilen"*[257]. Ende Oktober kamen Pastor Roger Schutz und Pastor Max Thurian von der Gemeinschaft von Taizé nach Rom und wurden vom Heiligen Vater empfangen.[258] Am 4. August 1961 äußerte Bea in einem Interview mit ‚France Catholique', er verfolge mit größtem Interesse die Entwicklung ökumenischer Zentren wie Taizé. *„Diejenigen Protestanten, die für die Kirchenspaltung nicht verantwortlich sind"* – erklärte er – *„können ebenso wie die Katholiken auf das Heil hoffen. In dieser Weise sind sie auch mit der Kirche vereinigt."*[259]

Eines der Hauptziele der ökumenischen Aktivität Kardinal Beas war von Anfang an die Beziehung zum Patriarchat von Moskau, einer Staatskirche, die sich in jenen Jahren bekanntermaßen in den Händen des Kreml befand. *‚Patriarch von Moskau und ganz Russland'* war damals der Metropolit Alexius I., der 1945 dem Patriarchen Sergius nachgefolgt war, mit dem er die politisch-religiöse Sichtweise teilte: Moskau, das ‚dritte Rom', sollte gleichzeitig Welthauptstadt des Proletariats und universale Hauptstadt des Christentums werden.[260] Bereits am 31. Januar 1959 hatte Juri Schukow, Präsident des Staatskomitees für die kulturellen Beziehungen, gemeinsam mit

---

[255] Vgl. C. FALCONI, *Perché Bea viaggia tanto*, in: ‚L'Espresso', 26. August 1962.
[256] Vgl. SCHMIDT, *Bea*, 370-372.
[257] ‚La Croix', 26. Oktober 1960.
[258] CAPRILE, Bd. I/2, 2.
[259] Ebd., Bd. I/2, 166.
[260] Zu Alexius I. (1877-1970) vgl. JEAN G.H. HOFFMANN, *Alexeij Patriarche de Moscou et de toutes les Russies*, in: *Résistances en Union Soviétique*, Les Cahiers de "Tant qu'il fait jour", Paris 1971, 56-81.

dem Auslandsrat der Minister der UdSSR eine Note für das Zentralkomitee bezüglich des bevorstehenden Konzils vorbereitet. In seinem Vorschlag an die Partei empfahl er, 1) multikonfessionelle Treffen *„für den Frieden"* zu organisieren; 2) alle Kirchen im Hoheitsgebiet der UdSSR, angefangen vom Patriarchat von Moskau, in den Ökumenischen Rat der Kirchen (ÖRK) eintreten zu lassen; 3) schließlich dafür zu sorgen, dass die russische Orthodoxie darauf drängt, im Verlaufe des Jahres 1961 ein panorthodoxes Konzil einzuberufen.[261] Die Furcht von Schukow richtete sich darauf, dass der Vatikan eine direkte Beziehung zu dem Patriarchat von Konstantinopel einrichten könnte und damit den Kreml politisch isolieren würde. Stattdessen ging es darum, Konstantinopel „auszubooten", eine Aktion, die Moskau erlauben würde, eine privilegierte Verbindung mit dem Vatikan Johannes' XXIII. aufzubauen.

Die von Schukow empfohlene Vorgehensweise wurde nach dem vorher festgelegten Programm realisiert. Im Verlauf der ‚Vor-Synode' der orthodoxen Welt, die vom 24. September bis zum 1. Oktober 1961 auf Rhodos stattfand, fanden die zwei orthodoxen Patriarchate von Konstantinopel und von Moskau eine einheitliche Basis und entschieden gemeinsam, *„freundschaftliche Beziehungen"* zur katholischen Kirche und zu den anderen christlichen Kirchen aufzunehmen. Vom 18. November bis zum 5. Dezember desselben Jahres fand in Neu-Delhi die dritte Versammlung des Ökumenischen Rates der Kirchen statt, bei der die Vertreter des Moskauer Patriarchen Alexius, die wieder im christlichen „Kreislauf" zirkulierten, Bürgerrecht erhielten. Dies erleichterte den Beginn von Gesprächen mit dem Ziel ihrer Einladung zum Konzil in Form von ‚Beobachtern'.[262] Dank des Eintrittes des Moskauer Patriarchats in den Ökumenischen Rat der Kirchen konnte die sowjetische Regierung nun eine privilegierte internationale religiöse Versammlung mit ihren Informanten infiltrieren. Anlässlich seines 90. Geburtsta-

---

[261] Vgl. A. MELLONI, *L'altra Roma. Politica e S. Sede durante il Concilio Vaticano II (1959-1965)*, Bologna 2000; ALFREDO ROCCUCCI, *Russian observers at Vatican II. The "Council for Russian Orthodox Church Affair" and the Moscow patriarchate between Anti-religious Policy and International strategies*, in: *Vatican II in Moscow*, 45-69, 50-51; M. VELATI, *La Chiesa ortodossa russa tra Ginevra e Roma negli anni del Concilio Vaticano II*, ebd., 90-110.

[262] Vgl. M. TEDESCHI, 47-57.

ges empfing Patriarch Alexius die *‚rote Fahne der Arbeit'* als Belohnung für seinen *„außerordentlichen Beitrag zur Verteidigung des Friedens"*.

Es muss überdies erwähnt werden, dass 1961 die Berliner Mauer errichtet wurde und dass im selben Jahr in der Sowjetunion der berüchtigte Ilitschew-Bericht veröffentlicht wurde, worin der kommunistische Ideologe detaillierte Anweisungen für einen erfolgreichen Kampf gegen die Religion und für die Ausbreitung des militanten Atheismus erteilte.[263] Dieses Dokument, das die Staaten an das kommunistische Regime band, wurde durch Angaben bestätigt, die im kommunistischen Parteiprogramm der UdSSR enthalten waren, das auf dem XXII. Kongress am 31. Oktober 1961 angenommen wurde.[264]

Zwischen Februar und Juli 1962 unternahm der Sekretär des Sekretariates für die Einheit der Christen, Willebrands, zahlreiche Reisen, um dem Konzil eine „ökumenische Präsenz" zu sichern. Es gab hierbei keine Probleme mit den protestantischen Gemeinschaften, angefangen bei der anglikanischen Kirche über die ‚nicht-chalkedonischen' Kirchen, wie der koptischen Kirche Ägyptens, der syrisch-orthodoxen Kirche, der äthiopischen orthodoxen Kirche und der armenischen Kirche. Die größten Schwierigkeiten gab es stattdessen mit den anderen orthodoxen Kirchen. Kard. Bea wandte sich an den Patriarchen von Konstantinopel, Athenagoras[265], und unterbreitete ihm den Vorschlag, eine Delegation zu entsenden, die auch die Patriarchate von Moskau, Sofia, Bukarest und Belgrad repräsentieren würde, und bat ihn, dies durch vermittelnde Gespräche mit den anderen Patriarchaten ins Werk zu setzen. Als Athenagoras die Einladung zum Konzil jedoch dem Patriarchat von Moskau übersandte, setzte dieses ein feierliches *Non possumus* einem Ereignis entgegen, das es als interne Angelegenheit der katholischen Kirche betrachtete.[266]

---

[263] Vgl. LEONID ILITSCHEW, *L'educazione atea. Rapporto alla Commissione ideologica del P.C.U.S.*, ICAS, Roma 1964.

[264] Vgl. GIOVANNI CODEVILLA, *Le comunità religiose nell'URSS. La nuova legislazione sovietica*, Jaca Book, Milano 1978, 11-12.

[265] Athenagoras (1886-1972), Ökumenischer Patriarch von 1948 bis zu seinem Tod. Zu ihm vgl. VALERIA MARTANO, *Athenagoras il patriarca (1886-1972). Un cristiano fra crisi della coalizione e utopia ecumenica*, Bologna 1996.

[266] Der Artikel mit dem Titel *Non possumus* erschien in der Zeitschrift des Moskauer Patriarchates ‚Zurnal Moskovskoj Patriarchii' am 6. Juni 1961 (frz. Übers. in:

b) Das Treffen von Metz

Dessen ungeachtet fand im August 1962 in Metz[267] ein geheimes Treffen zwischen Kard. Tisserant und dem neuen orthodoxen Erzbischof von Yaroslavl', Nikodim[268], statt. Bei dieser Gelegenheit wurde eine Übereinstimmung erzielt, kraft derer das Patriarchat von Moskau die päpstliche Einladung annehmen würde, während sich der Papst dazu verpflichtete, dass sich das Konzil enthalten würde, den Kommunismus zu verurteilen.

Das Treffen von Metz wurde von manchen Historikern ignoriert oder in Zweifel gezogen, doch bieten Serge Bolschkoff in seinen unveröffentlichten Erinnerungen zu Kardinal Tisserant[269] und Dom Emmanuel Lanne[270], der sich dieser bediente, eine gut dokumentierte Rekonstruktion dieses Geschehens[271].

Istina 10 (1964), 503-506). Vgl. José Oscar Beozzo, *Il clima esterno,* in: *SCV*, Bd. I, 381-428, 427 {dt.: *Das äußere Klima*, 403-456, 455}; A. Wenger, *Les trois Rome. L'Église des années Soixante*, Desclée de Brouwer, Paris 1991, 80.

[267] Vgl J. Madiran, *L'accord de Metz ou pourquoi notre Mère fut muette*, Via Romana, Versailles 2006.

[268] Nikodim, mit bürgerlichem Namen Boris Georgjewitsch Rotow (1929-1978), Erzbischof von Yaroslavl' (1960-1963), Metropolit von Minsk (1963), dann von Leningrad (1963-1967) und Nowgorod (1967-1978), anschließend Exarch von Westeuropa (1974-1978). Er starb am 5. September 1978 im Vatikan an einem Herzinfarkt, während er von Johannes Paul I. in einer Audienz empfangen wurde. Es ist auf Basis archivarischer Forschungen dokumentiert worden, dass der Ökumenische Rat der Kirchen ein Organ war, das in hohem Maß von Agenten des Kreml infiltriert war, und dass der Metropolit Nikodim, dem es gelang, einer seiner Vorsitzenden zu werden, ein KGB-Funktionär war (vgl. Gerhard Besier / Armin Boyens / Gerhard Lindemann, *Nationaler Protestantismus und Ökumenische Bewegung. Kirchliches Handeln im kalten Krieg (1945-1990)*, Duncker und Humblot, Berlin 1999).

[269] Vgl. Serge Bolschkoff, *Le cardinal Tisserant (1884-1974)*, maschinenschriftliche Ausgabe, Hauterive 1984, 15-17.

[270] Vgl. Emmanuel Lanne OSB, *La perception en Occident de la participation du patriarcat de Moscou à Vatican II*, in: *Vatican II in Moscow*, 111-117. Vgl. auch *Le ‚non possumus' du patriarcat de Moscou*, in: Istina 10 (1964), 503-506.

[271] Dokumentarisches Material zur Überprüfung liegt auch im Archiv von Kard. Tisserant, wo ein Brief, datiert vom 22. August 1962, existiert, in dem der französische Purpurträger an Serge Bolschkoff schrieb und ihn über das Treffen mit Nikodim informierte (Tisserant an Bolschkoff, 22. August 1962, Archiv der Vereinigung ‚Amis Card. Tisserant', ‚Bolshkoff Serge', doc. V 3, zit. in A. Tornielli, *Paolo VI*, 303). Zu dem Geschehen vgl. auch Tommaso Ricci, *Chiesa e comunismo. Quella "svista" del Concilio*, in: 30 Giorni 8-9 (1989), 56-63, und Ders., *Il mistero del patto Roma-Mosca*, in: 30 Giorni 10 (1989), 275-280.

Das Zentralkomitee des Ökumenischen Rates der Kirchen (ÖRK) kam in den ersten Augusttagen 1962 in Paris zusammen. Der Vatikan war vertreten durch Msgr. Willebrands. Dieser traf am 11. August mit Nikodim, dem Vertreter der russisch-orthodoxen Kirche, die gerade erst im vergangenen Jahr in Neu-Delhi in den ÖRK eingetreten war, zusammen. Nikodim ging sofort mit Willebrands das Problem der Teilnahme orthodoxer Beobachter am Konzil an und lud ihn eindringlich ein, diese Frage direkt in Moskau zu verhandeln.[272] In der Zwischenzeit organisierte Bolschkoff, ein Schriftsteller mit Beziehungen zum Kloster Chevetogne, für den 18. August ein Treffen in Metz in Lothringen, an dem neben Nikodim Kard. Tisserant und Msgr. Basile Krivochéine[273], orthodoxer Erzbischof von Brüssel, teilnahmen.

Unterdessen entfalteten sich über den sowjetischen Botschafter in Ankara Kontakte zwischen dem Kreml und dem Apostolischen Delegaten in der Türkei, Msgr. Francesco Lardone[274], um die Genehmigung der Regierung in Moskau für die Teilnahme der katholischen russischen Bischöfe am Konzil zu erhalten.[275] Msgr. Willebrands unternahm vom 27. September bis zum 2. Oktober 1962 eine geheime Reise nach Moskau, um die Bedenken des Kreml über die Haltung des Konzils zum Kommunismus zu zerstreuen.[276] Bei seiner Rückkehr nach Rom sandte Kard. Bea die offizielle Einladung an das Patriarchat. Am 10. Oktober, dem Vortag der Konzilseröffnung, schickten Patriarch Alexius und seine Synode ein offizielles Telegramm, worin sie die Einladung annahmen. Die russischen Beobachter, der Erzpriester Vitali Borovoi und der Ar-

---

272 J. WILLEBRANDS, *La rencontre entre Rome et Moscou. Souvenirs*, in: *Vatican II in Moscow*, 333-335.

273 Basile Krivochéine (1900-1985).

274 Francesco Lardone (1887-1980), 1910 zum Priester geweiht, Titularerzbischof von Rhizaeum (1949) und Apostolischer Nuntius in Haiti und bei der Dominikanischen Republik (1949-1953), dann in Peru (1953-1959), während die Türkei sein letztes Ziel in der Funktion eines Apostolischen Internuntius sein wird (1959-1966). Zu seiner Gestalt vgl. GIUSEPPE TUNINETTI, *Monsignor Francesco Lardone (1887-1980). Il Nunzio Apostolico precursore della Ost-Politik*, L'Artistica Savigliano, Savigliano 1997.

275 A. RICCARDI, *Il Vaticano e Mosca 1940-1990*, Laterza, Roma-Bari 1993, 232-238.

276 Vgl. den Bericht über den Besuch in Moskau vom 7. Oktober 1962, zit. in: P. CHENAUX, *L'Église catholique et le communisme en Europe (1917-1989). De Lénine à Jean Paul II*, Paris 2009, 256-257; J. WILLEBRANDS, *La rencontre*, 336-338.

chimandrit Wladimir Kotlyarow, trafen am Nachmittag des 12. Oktober in Rom ein.

Der Patriarch von Konstantinopel Athenagoras war, da er von den geheimen Verhandlungen keine Kenntnis hatte, überzeugt davon, dass die russische Kirche keine Beobachter schicken würde; daher versammelte er seine Synode und erklärte, wenngleich er persönlich der Einladung des Papstes positiv gegenüberstand, da er die panorthodoxe Einheit nicht verletzen wollte, eine Entsendung von Beobachtern nach Rom für unmöglich.[277] Das Patriarchat von Moskau hatte folglich das Patriarchat von Konstantinopel in dem neuen Beziehungsgeflecht mit dem Vatikan geschickt ausgebootet. „*Es folgten*" – so erinnert sich der Biograph von Bea – „*schmerzliche Klagen unter den Orthodoxen und auch gegen das Sekretariat, als habe es die Orthodoxie spalten wollen.*"[278]

Tatsächlich erreichte erst das Treffen von Paul VI. und Athenagoras im Januar 1964 eine Entspannung der Lage und machte die Teilnahme von Beobachtern der orthodoxen Kirchen von der dritten Konzilsperiode ab möglich. „*Wie sich herausstellte, war die Entscheidung, Nichtkatholiken als Beobachter einzuladen*" – wie Komonchak betont – „*eine der wichtigsten während der Vorbereitungsperiode überhaupt. Sie hatte Konsequenzen für den Charakter und die Arbeit des kommenden Konzils, die selbst die optimistischsten Erwartungen übertrafen. In mehr als einer Hinsicht bedeutete die Anwesenheit von nichtkatholischen Beobachtern ‚das Ende der Gegenreformation'.*"[279]

c) *Der Kommunismus auf dem Konzil*

Das Lehramt der katholischen Kirche hatte wiederholt eine klare Verurteilung des Kommunismus ausgesprochen, insbesondere in

---

[277] Vgl. J. O. BEOZZO, *Il clima esterno*, 428 {dt.: 456}.

[278] SCHMIDT, *Bea*, 382. Der griechisch-orthodoxe Metropolit der beiden Amerikas, Jakovos (1911-2005), ging so weit, den Vatikan zu beschuldigen, das Konzil benutzt zu haben, um die Orthodoxie zu spalten und zu schwächen (A. WENGER, *Vatican II, Première Session*, 222-265).

[279] J. A. KOMONCHAK, *La lotta per il Concilio durante la preparazione*, 349 {dt.: 368-369}. Vgl. auch Y. CONGAR OP, *Le rôle des "Observateurs" dans l'avancée œcuménique*, in: *Le Concile Vatican II. Son Église, Peuple de Dieu et Corps du Christ*, Beauchesne, Paris 1984, 90-98.

der Enzyklika Pius' XI. *Divini Redemptoris* vom 19. März 1937[280] und in der Enzyklika Pius' XII. *Ad Apostolorum Principum* vom 29. Juni 1958[281]. Ein Dekret des Heiligen Offiziums hatte im April 1959 die Gültigkeit der Exkommunikation bekräftigt, die am 7. Januar 1949 für jede Form der Zusammenarbeit mit dem Kommunismus ausgesprochen worden war[282]. Johannes XXIII. vertrat jedoch nicht die Haltung des Dokumentes von 1949, wie er verschiedenen Gesprächspartnern anvertraute, darunter Msgr. Parente (*„im Grunde suchen die Kommunisten die Gerechtigkeit und sind Leute, denen es schlecht geht"*)[283].

In den *vota* der Bischöfe, die in Rom für das Konzil eintrafen, erschien der Kommunismus als der schlimmste Irrtum, der zu verurteilen sei.[284] In der ersten Vorbereitungsphase des Konzils hatten immerhin 387 Bischöfe verlangt, dass es über den modernen Atheismus und insbesondere über den Kommunismus handeln und die Heilmittel für eine Begegnung der Gefahr anzeigen sollte.[285] Der vietnamesische Erzbischof von Hué Ngô-Dinh-Thuc[286] beispielsweise bestimmte den Kommunismus als *„Problem der Probleme"*[287], als bedeutendste Frage des Augenblicks. Msgr. Ngô-Dinh-Thuc, der bei der Kommission zum Thema des Kommunismus intervenierte, hatte folgende Erklärung abgegeben:

---

[280] AAS 29 (1937), 65-106.

[281] AAS 50 (1958), 601-614.

[282] AAS 41 (1949), 34.

[283] Zit. in A. RICCARDI, *Dalla Chiesa di Pio XII alla Chiesa giovannea*, in: ALBERIGO, *Papa Giovanni*, 135-174, 151.

[284] Zu den Beziehungen zwischen Kirche und Kommunismus während des Konzils vgl. WILTGEN, 282-287; A. WENGER, *Vatican II*, Bd. I, 187-346; Bd. II, 297-316; P. LEVILLAIN, *La mécanique politique*, 361-439; VINCENZO CARBONE, *Schemi e discussioni sull'ateismo e sul marxismo nel Concilio Vaticano II. Documentazione*, in: Rivista di Storia della Chiesa in Italia XLIV (1990), 10-68; A. RICCARDI, *Il Vaticano e Mosca*, 217-304; GIOVANNI TURBANTI, *Il problema del comunismo al Concilio*, in: *Vatican II in Moscow*, 147-187; P. CHENAUX, *L'Église catholique et le communisme en Europe*, 239-267.

[285] Vgl. V. CARBONE, *Schemi e discussioni sull'ateismo e sul marxismo*, 11-12.

[286] Pierre Martin Ngô-Dinh-Thuc (1897-1984), Vietnamese, 1925 zum Priester geweiht. Von 1960 bis 1968 Erzbischof von Hué (Vietnam). Mitglied der Kommission für die Missionen während der ersten Sitzungsperiode. Nach dem Konzil weihte er aus eigener Initiative einige Bischöfe und wurde von Paul VI. exkommuniziert.

[287] AD II-II/3, 774-776.

„Unsere Zentrale Vorbereitungskommission hat bis jetzt viele Probleme untersucht, doch der Kommunismus scheint mir das Problem der Probleme zu sein; tatsächlich betrifft er die Existenz des Christentums selbst, das er in größte Gefahr bringt. Über die anderen Probleme zu diskutieren, ohne dass man der Lösung der aus dem Kommunismus entstandenen Probleme den ersten Platz einräumt, dies hieße dem Beispiel der Theologen von Konstantinopel zu folgen, die erbittert über das Geschlecht der Engel diskutierten, während das Heer der Muslime bereits die Stadtmauern bedrohte. Die schmerzliche Lage der Kirche in China ist vielleicht eine Folge unserer mangelnden Vorbereitung. Jedoch scheint es mir in Bezug auf die Nationen, die sich zum gegenwärtigen Zeitpunkt in der Hand der Kommunisten befinden, z.B. Laos und Vietnam, dass die Katholiken und vor allem die Bischöfe der katholischen Welt, ihre Bemühungen nicht darauf beschränken dürfen, irgendwelche Gebete anzubieten, sondern dass sie eine ganz starke Unterstützung bieten müssen, indem sie die öffentliche Meinung ihrer Mitbürger zugunsten der unterdrückten Nation beeinflussen. Wir sind alle betroffen über das Schweigen der katholischen Welt angesichts des Todeskampfes des unglücklichen laotischen Volkes und der Leiden des vietnamesischen Volkes, während man unterdessen allenthalben die Stimme der Kommunisten und ihrer Komplizen in den demokratischen Nationen vernimmt; einige von denen sind sogar Katholiken, die es vorziehen, mit den Wölfen zu heulen: die Stimme derer, sage ich, die die Opfer verurteilen und die Schlächter hochfeiern."[288]

In der folgenden Vorbereitungsphase wurde das Thema ‚Kommunismus' der Lehrkommission zugewiesen, mit folgender Formulierung: *„Die katholische Lehre werde vollständig dargelegt, unter Ablehnung der heutigen Hauptirrtümer, nämlich des Naturalismus, des Materialismus, des Kommunismus und des Laizismus."*[289] Die Theologische Kommission nahm den Gegenstand jedoch nicht in Angriff. Stattdessen behandelten ihn, unter pastoralem Aspekt, drei andere Kommissionen: die Kommission für die Bischöfe und die Leitung der Diö-

---

288 AD II-II/3, 775.
289 AD II-II/1, 408.

zesen[290], die einen Text akzeptierte, der den Kommunismus verurteilte (bei drei Gegenstimmen, darunter der von Kard. Tisserant)[291]; die Kommission für die Disziplin des Klerus und des christlichen Volkes, die sich ausweichend verhielt und die Bezeichnung ‚Kommunismus' durch die allgemeinere ‚Materialismus' ersetzte; die Kommission für das Laienapostolat, die auch ihrerseits einen allgemeinen und vagen Text billigte. Auch in den Arbeiten der Zentralen Kommission, die die Entwürfe der Vorbereitungskommissionen prüfte, fand das Thema keine besondere Aufmerksamkeit. Kard. Montini beispielsweise benutzte sehr vorsichtige Worte und fragte sich, ob der Grund für die Expansion des Kommunismus nicht in Fehlern der Kirche zu suchen wäre, und Kard. Alfrink verlangte, beim Kommunismus die Ziele von den Mitteln zu unterscheiden, weil die Ziele in einem gewissen Maß als gerecht angesehen werden könnten.[292] Während der ersten Sitzung des Konzils drängte Kard. Tisserant, der die gemischte Unterkommission leitete, die für das Schema *De cura animarum* verantwortlich war, darauf, dass das Wort ‚Kommunismus' aus dem Entwurf getilgt würde, und wahrscheinlich intervenierte er nach Giovanni Turbanti auch mit dem Anliegen, dass die Paragraphen mit Angabe der Verfolgungen in den kommunistischen Ländern gestrichen würden.[293]

Am 2. November 1962 traf Plinio Corrêa de Oliveira Kard. Tisserant, den er trotz seiner 80 Jahre *„klar, ruhig, lebendig"*[294] vorfand. Dieser vertraute ihm an, an den Verhandlungen mit den russisch-orthodoxen Schismatikern teilgenommen zu haben: *„Moskau verlangte, dass man auf dem Konzil nicht gegen den Kommunismus sprechen würde, und Rom akzeptierte dies"*, sagte er und fügte hinzu, dass er es *„für möglich"* hielt, *„gegen den Materialismus und den Atheismus zu sprechen, ohne den Kommunismus zu erwähnen; auf diese Weise könnte das Konzil, das nur über Religion handelt, seine Mission vollkommen erreichen"*. Zudem äußerte er die Auffassung: *„Wer könnte gegen die Tatsache sprechen, dass man von den Reichen Geld nimmt, um es den Armen zu*

---

[290] AD II-II/3, 761-842.

[291] AD II-II/3, 777-790.

[292] Vgl. G. TURBANTI, *Il problema del comunismo al Concilio*, in: *Vatican II in Moscow*, 155.

[293] Ebd., 159.

[294] MARANHÃO GALLIEZ, *Tagebuch*, 2. November 1962.

geben?" Dafür hatte nach seiner Aussage der Heilige Stuhl die Bedingungen des Kreml akzeptiert. Im Verlauf des Gespräches, das auf Französisch stattfand, hob Tisserant Kard. Stefan Wyszyński lobend hervor und bezeichnete Kard. Mindszenty als einen *„pauvre imbécile"*; er erklärte, dass es schwieriger wäre, einen schismatischen Monarchisten zu bekehren als einen atheistischen Kommunisten, weil *„der Erste nur den Zaren als sein Haupt anerkennt, während der Zweite keine antirömischen Vorurteile hegt"*.[295]

Kard. Mindszenty war das einzige Symbol des kirchlichen Widerstandes gegen den Kommunismus geblieben, nachdem Alojzije Stepìnac am 10. Februar 1962 infolge einer Vergiftung gestorben war. Die Position der zwei Kirchenführer stand bis dahin in Übereinstimmung mit den Verlautbarungen des Heiligen Stuhles. Zu Beginn der 60er-Jahre zeigte sich aber bereits ein Wandel im internationalen und auch kirchlichen Bereich.[296]

---

[295] Ebd. Die Begegnung, von der Murillo Maranhão Galliez berichtete, wurde von Plinio Corrêa de Oliveira mehrfach bestätigt (A-IPCO, Versammlung vom 28. September 1980).

[296] Vgl. A. RICCARDI, *Il Vaticano e Mosca*, 151-158. Am 3. Oktober 1956 schrieb Stepìnac an Pater Sakač: *„Man führt einen Kampf auf Leben und Tod, und es ist nicht möglich, sich zurückzuziehen, wenn wir den Herrgott nicht verraten wollen. Auch der blutrünstige Kommunismus weiß sehr wohl, dass er bis auf den Grund vernichtet wird, sobald er dem Volk dazu die Gelegenheit bietet. Es gibt keine Macht in der Welt, die imstande wäre, den Kommunismus vor den Augen der Massen zu rehabilitieren, so verhasst hat er sich tatsächlich gemacht mit seinen blutigen Gewalttaten, seinen Plünderungen, seinen Lügen, seinen Betrügereien und inhumanen Akten, die in der Geschichte der Welt nicht ihresgleichen finden. Ein echtes und lebendiges Abbild der Hölle! Ich habe es schon verschiedentlich gesagt: Wenn die Hölle für alle Ewigkeit nichts anderes wäre als das, was wir heute erleben, so wäre es eine schreckliche und unerträgliche Sache. Leider gibt es hier im Westen immer noch naive Menschen, die mit dem Feuer spielen und in ihrer Naivität an eine Koexistenz mit dem blutrünstigen Kommunismus glauben. Sie wissen nicht, dass er das lebendige Abbild der Hölle ist, ein echtes* ‚mendacium incarnatum' {‚fleischgewordene Lüge'}. *Unser Staatschef hat den Kommunismus bei einer Gelegenheit als eine Demokratie höheren Typus definiert. Dem schließe ich mich an, doch nur unter einer Bedingung, dass man in das Wort ‚Demokratie' noch eine Silbe einfügt, derart dass man lesen kann: ‚Demonokratie', schon weil allein der Dämon als ein höheres Wesen solche Torturen für die unglückliche Menschheit erfinden konnte, und kein gewöhnliches menschliches Hirn"* (A. STEPÌNAC, Brief vom 3. Oktober 1956 an Pater Stjepan Sakač SJ, in: *Positio*, Bd. III, 1257).

12. Der Kampf um die Liturgie

a) Die Kirchensprache Latein

Stellte die Theologische Kommission die Bastion der Tradition dar, so war die Avantgarde des Progressismus in der Liturgischen Kommission konzentriert. Die Kommission stand unter der Leitung des Präfekten der Ritenkongregation, Gaetano Cicognani, Sekretär war P. Annibale Bugnini; beide waren maßgeblich an der von Pius XII. eingeleiteten Reform der liturgischen Bücher beteiligt.[297] Mitglieder der Kommission waren viele weitere bedeutende Gestalten der liturgischen Bewegung: P. Cipriano Vagaggini[298], Dom Bernard Capelle[299], Dom Bernard Botte, Abbé Antoine Chavasse[300], Abbé Pierre Jounel[301], der Kanoniker Aimé-George Martimort, P. Josef Andreas Jungmann, Romano Guardini. Das vorbereitete liturgische Schema stand in Einklang mit den Anliegen, die die liturgische Bewegung seit den 30er-Jahren verbreitete. Es gab der Dimension ‚pastoral' den absoluten Vorrang und wünschte eine Erneuerung der Liturgie, bei der die ‚tätige Teilnahme' der Gläubigen im Mittelpunkt stand.[302]

Zu den Zielen der liturgischen Bewegung hatte immer die Ersetzung des Lateins durch die Volkssprache gehört. Nicht zufällig war der erste Aspekt, den die Kommission in Angriff nahm, gera-

---

[297] Zu den Arbeiten der Vorbereitungskommission vgl. u.a. B. BOTTE, *Il movimento liturgico*, 167-189, und A. BUGNINI, *La riforma liturgica*, 26-39 {dt.: *Die Liturgiereform*, 34-49).

[298] Cipriano Vagaggini (1909-1999), Mönch der Kamaldulenserkongregation des Ordens des hl. Benedikt. 1934 zum Priester geweiht, studierte er am Päpstlichen Institut San Anselmo, dessen Dekan er später wurde.

[299] Bernard Capelle (1884-1961), Belgier, Mönch von Maredsous, Herausgeber der Zeitschrift ‚Revue Bénédictine', ab 1928 Abt von Mont César. Vgl. F. VANDERBROUCK, *Dom Bernard Capelle (1884-1961)*, in: Ephemerides Liturgicae 76 (1962), 43-49.

[300] Antoine Chavasse (1909-1983), Franzose, 1934 zum Priester geweiht. Professor an der katholischen theologischen Fakultät in Straßburg. Liturgiker, wurde zum Mitglied der Liturgischen Vorbereitungskommission ernannt.

[301] Pierre Jounel (1914-2004), französischer Priester, Professor am Institut Catholique in Paris. Vgl. N. GIAMPIETRO, *In memoriam: Mons. Pierre Jounel 1914-2004*, in: Ephemerides Liturgicae 119 (2005), 83-86; PIERRE JOUNEL, *L'élaboration du missel de Vatican II. Souvenirs personnels*, ebd., 87-113.

[302] Vgl. MARIA PAIANO, *Il dibattito sui riflessi dell'antisemitismo nella liturgia cattolica*, in: Studi storici 41 (2000), 134-135.

de der Gebrauch des Lateins in der Liturgie und in den kirchlichen Studien. Es handelte sich um eine ‚Reform', für die der neue Papst jedoch nicht sehr empfänglich zu sein schien.

Am 25. März 1961 veröffentlichte der ‚Osservatore Romano' einen mit drei Sternchen unterzeichneten Artikel mit dem Titel *Latino, lingua della Chiesa*†, der die Notwendigkeit einer *„universalen, unveränderlichen, nicht vom Volk gesprochenen"* Sprache für die Kirche kraftvoll verteidigte. Der Artikel entfaltete in umfassender und detaillierter Weise die Ansicht von Pius X., dem zufolge *„die lateinische Sprache mit gutem Recht Verwendung findet und die der Kirche eigene Sprache ist"*[303], sowie den Passus von Pius XI. in der Epistola *Officiorum omnium* vom 1. August 1922, demgemäß die Kirche *„aufgrund ihrer Natur nach einer Sprache verlangt, die universal, unveränderlich ist und nicht vom Volk gesprochen wird"*[304]. Es lohnt sich, die Kernthesen des Artikels wiederzugeben, der nie eine überzeugende Entgegnung erhalten hat:

> *„Die erste Anforderung an eine Kirchensprache, lehrt der Papst, besteht darin, dass sie universal ist. Sie muss im Bereich der kirchlichen Institution dazu dienen, das Zentrum der Kirche in schnellen, sicheren, gleichmäßigen Kontakt mit allen Kreisen zu bringen, die sich an das Zentrum wenden. Wenn die Päpste bei Reden, die sich bei feierlichen Anlässen an dieses oder jenes Volk richten, von den betreffenden Nationalsprachen freiwillig Gebrauch machen, so würde jedoch dann, wenn sie sich an die universale katholische Familie wenden müssen, der Gebrauch dieser oder jener modernen Sprache, die einer einzelnen Kommunität zugehört, sich als eine Bevorzugung jener bestimmten Kommunität erweisen, zum Schaden für die anderen. Die Kirche, die mit den Worten von Paulus verkündet:* ‚ubi non est gentilis et Iudaeus … barbarus et Scyta, servus et liber'† (Kol 3,11; Gal 3,28; Röm 10,12), *wird das Gewicht*

† *Latein – Die Sprache der Kirche.*

303 PIUS X., Schreiben *Vehementer sane. Ad episcop. universos*, 1. Juli 1908, in: ENCH. CLE. 470.

304 PIUS XI., Schreiben *Officiorum Omnium*, 1. August 1922, in: AAS 14 (1922), 449-458.

† Wo es nicht mehr Heiden und Juden ... Barbaren und Scythen, Sklaven und Freie gibt.

der ewigen Werte, deren Hüterin sie ist, nie in die Waagschale werfen, um die irdischen Interessen eines Volkes zum Nachteil anderer zu fördern. Auch wird sie nie die Völker mit geringerer politischer oder kultureller Macht dazu zwingen, sich zu den Stärkeren hinzubeugen, wie die Garben im prophetischen Traum Josephs (Gen 37,6ff). Also begünstigt oder benachteiligt der Gebrauch des Lateins, das keine Sprache eines bestimmten Volkes ist, niemanden in parteiischer Weise; und damit erfüllt es eine wesentliche Bedingung, die eine Universalsprache im christlichen Bereich haben muss.

Der Gebrauch des Lateins seitens der Kirche beschränkt sich nicht auf die negative Funktion, Parteilichkeit und Ressentiments auszuschließen. Dass Priester aus der ganzen Welt Verlautbarungen des Lehramtes, Gesetzestexte und Ermahnungen des Heiligen Vaters einheitlich, rasch und genau erfassen können, dass sie den Anweisungen der römischen Dikasterien in den Acta Apostolicae Sedis *folgen können, dass sie während des Studiums und im Anschluss daran direkten Zugang zu den Werken der Väter und der großen Lehrer haben, dass sie sich einer exakten, unveränderlichen und universalen Terminologie bedienen können, dass sie die Originalquellen, die das Fundament der Wissenschaft darstellen, konsultieren können, dass sie liturgische Texte schnell erfassen – all dies bildet ein Konglomerat von Bindungen, gleichsam eine gemeinsame Überkultur, die die nationalen Kulturen bereichert und nicht beeinträchtigt, und trägt dazu bei, die Einheit aller Glieder der Kirche zu festigen, an erster Stelle die des Priesterstandes und durch ihn auch die aller Gläubigen. Pius XI.* (Epistola Officiorum omnium, 1. August 1922) *sagte*: ‚Es ist göttliche Vorsehung, dass das Latein die Gebildetsten unter den Christen jeder Nation mit einem mächtigen Band der Einheit ausstattet, das es ihnen erlaubt, tiefer zu erkennen, was sich auf die Mutter Kirche bezieht, und mit dem Haupt des Hauses eine engere Verbindung zu unterhalten.' *Und Pius XII. bekräftigte und bestätigte dies*: ‚Die lateinische Liturgie ist ein kostbares Band der katholischen Kirche.'

Außer der Anforderung, eine ethnische und geographische Universalität aufzuweisen, muss die Sprache der Kirche, wie der Heilige Vater sagt, das Merkmal der Unveränderlichkeit besitzen:

‚Die Kirche, die bis ans Ende der Zeiten fortbestehen soll, verlangt aufgrund ihrer Natur nach einer Sprache, die unveränderlich ist'. *Es ist eine Tatsache, dass sich die lebenden Sprachen in ständigem Wandel befinden; und je mehr die Völker, die diese Sprache sprechen, in die Abläufe der Geschichte eingebunden werden, umso mehr ändern sich ihre Sprachen. In den ereignisreichsten Perioden genügen Zeitläufe von einem Jahrzehnt, um das Antlitz einer Sprache zu verändern. Und umso größer ist natürlich die Veränderung, wenn es um Jahrhunderte geht. Welche der modernen Nationen mit einer bedeutenden Kultur benötigt nicht Glossare, um die eigenen 400, 500, 600 Jahre alten Klassiker lesen zu können? Nun, wenn die Kirche das Depositum ihrer Wahrheiten in die veränderliche Form der modernen Sprachen, etlicher oder vieler moderner Sprachen einfließen lassen müsste, ohne dass die eine eine größere Autorität über die anderen besitzt, so wäre das notwendige Ergebnis, dass ihre Formulierung einer Entstellung vielfacher Provenienz und ungleichmäßiger Wirkung ausgesetzt wäre. Auch gäbe es keinen einzigen und unveränderlichen Maßstab mehr, in dem die einzelnen Maßstäbe ihre Norm suchen könnten. Dies sind offensichtliche Fakten, die von der modernen Linguistik, die die diachrone Dimension im Leben der Sprachen akzentuiert, zahlreich herausgestellt und präzisiert worden sind. Das Latein hingegen ist den Veränderungen entzogen, die durch den täglichen Gebrauch eines Kollektivs in starker geschichtlicher Unruhe verursacht sind, und lebt in einer Sphäre kristallklarer Reinheit und Bestimmtheit. Die semantischen Modifikationen, die es als lebendige Volkssprache erlebt hat, haben ein definitives Ende gefunden; die Modifikationen der Bedeutung, die auf doktrinelle Entwicklungen, Polemiken und Kontroversen zurückgehen, sind nunmehr klar identifiziert und haben keinen störenden Einfluss auf die Definitionen der rechten Lehre.*

Die dritte Anforderung an die Kirchensprache, fährt der Heilige Vater fort, ist, dass sie nicht vom Volk gesprochen wird. Niemand wird denken, dass sich die Kirche, die den Herrn bittet, ‚Er möge gnädig schauen auf die Bedrängnisse der Nation, die Gefahren für die Völker, das Stöhnen der Gefangenen, das Elend der Waisen, die Entbehrungen der Verbannten, die Verzweiflung der Kranken, die Hinfälligkeit der Alten, die Seufzer der

Jugend, die Gelübde der Jungfrauen, die Klagen der Witwen' (Römisches Brevier, *Praeparatio ad missam, feria quarta), und die diese Sorge um die Menschen den Worten ihres Göttlichen Gründers* ,Ihr seid alle Brüder' *und der Bemerkung von Paulus* ,In Christus gibt es nicht mehr Barbaren noch Skythen, Sklaven noch Freie', *entnimmt, von der horazischen Verachtung des* ,profanum vulgus' *einnehmen lässt. Das* ,vulgus' *sind die Massen, die mit ihren Interessen und ihren Leidenschaften im Alltagsleben versunken sind. Und die Kirche erlernt und verwendet einerseits den unbekannten Dialekt eines kleinen Stammes im Kongo oder im Amazonasgebiet, um die Söhne, die ihr Christus anvertraut hat, zu evangelisieren; anderseits jedoch spürt sie die Notwendigkeit und die Pflicht, das heilige Depositum ihrer Wahrheiten einer Sprache anzuvertrauen, die weder mit dieser oder jener Sprache eines einzelnes Volkes identisch ist, noch generell auf dem Niveau der Leidenschaften und Sonderinteressen rangiert. Auch diese Voraussetzungen von Erhabenheit findet sie im Latein, das deshalb für die ewigen und unveränderlichen Wahrheiten* ,eine Schatztruhe unvergleichlicher Vorzüglichkeit' ist *(Pius XII.,* Rede ,Magis quam'*). Wenn ihr das Latein nicht von der Vorsehung am Beginn ihrer langen Geschichte angeboten worden wäre, so hätte sie eine Sprache suchen müssen, die die drei Anforderungen erfüllt, die Papst Pius XI. spezifiziert hat.* ,Von dem Augenblick, da das Latein', *so schließt der Pontifex,* ,das dreifache Erfordernis voll erfüllt, so meinen wir, ist es von der Göttlichen Vorsehung dazu bestimmt worden, sich in wunderbarer Weise in den Dienst der lehrenden Kirche zu stellen' (*Epist. Apost. Officiorum omnium*).

Kern und Gehalt der Gründe, warum sich die Kirche an das Latein hält, sind also wesentlich religiöser Natur. Als räumlich universale und zeitlich unvergängliche Institution benötigt sie ein sprachliches Mittel, das Zentrum und Peripherie, Vergangenheit, Gegenwart und Zukunft kommunikativ verbindet: eine Sprache, die die Wahrheit klar ausdrückt, die im Wechsel der Zeit unverderblich ist und unzugänglich für die Trübung durch Leidenschaften."[305]

---

[305] ,L'Osservatore Romano', 25. März 1961.

b) Johannes XXIII. entfernt die Spitzen der Liturgischen Kommission

Noch bedeutender war das Apostolische Schreiben, das Johannes XXIII. am 7. Dezember desselben Jahres an den kraftvollsten Verteidiger der lateinischen Sprache innerhalb der Liturgischen Kommission, Msgr. Higini Anglès[306], den Rektor des Päpstlichen Institutes für die *Musica sacra,* sandte. Der Papst lobte die Arbeit des Institutes zur Verteidigung der *Musica sacra,* und äußerte die Auffassung, *„dass es in der feierlichen Liturgie, ob in den großartigen Kirchengebäuden oder in den kleinen Stadtkirchen, immer erlaubt sein wird, das königliche Zepter und die edle Herrschaft der lateinischen Sprache lebendig zu erhalten"*[307].

Im Bewusstsein der Widerstände versammelte Bugnini eine Gruppe von zehn Periti, die sich heimlich vom 11. bis 13. Oktober 1961 in der Domus Mariae traf, um die Redaktion des Schemas zu beschleunigen.[308] Am 22. Februar 1962 unterzeichnete der Papst jedoch die Apostolische Konstitution *Veterum sapientia*[309], die eine entschiedene und unerwartete Absage an diejenigen darstellte, die den Gebrauch der Volkssprache in die Liturgie einführen wollten. In diesem Dokument unterstrich Johannes XXIII. die Bedeutung des Gebrauchs der lateinischen Sprache, *„der lebenden Sprache der Kirche"*, und empfahl, dass die wichtigsten kirchlichen Disziplinen

---

[306] Vgl. HIGINI ANGLÈS, *Il prossimo Concilio Ecumenico e la Musica sacra*, in: Bollettino degli Amici del Pontificio Istituto di Musica Sacra 11 (1959). Mgr. Higini Anglès (1888-1969), Spanier, wurde in Anerkennung seiner Verdienste als bedeutender Musikwissenschaftler 1948 von Pius XII. zum Vorsitzenden des Päpstlichen Institutes für die Musica sacra in Rom, ebenso zum Hausprälaten Seiner Heiligkeit und zum Konsultor der Heiligen Ritenkongregation ernannt. Vgl. *Sub tuum Praesidium confugimus. Scritti in memoria di mons. Higini Anglès*, Pontificio Istituto di Musica Sacra, Roma 2002.

[307] AAS 53 (1961), 812.

[308] Vgl. A. BUGNINI, *La riforma liturgica*, 34-35 {dt.: *Die Liturgiereform*, 40}.

[309] Vgl. AAS 54 (1962), 129-135. Vgl. G. M. ROSCHINI OSM, *La Chiesa e la lingua latina. Considerazioni sulla costituzione apostolica "Veterum Sapientia" di S.S. Giovanni XXIII*, Roma 1962; ALFONS M. STICKLER, *A 25 anni della costituzione apostolica "Veterum Sapientia" di Giovanni XXIII. Rievocazione storica e prospettive*, in: Salesianum 2 (1988), 367-377. A. MELLONI, *Tensioni e timori nella preparazione del Vaticano II. La Veterum Sapientia di Giovanni XXIII (22 febbraio 1962)*, in: Cristianesimo nella storia 11 (1990), 275-307. DERS., *Contesti, fatti e reazioni attorno alla* Veterum Sapientia *di Giovanni XXIII*, in: Rivista liturgica 89/3 (2002), 391-407.

in Latein unterrichtet werden sollten (Nr. 5) und die Priesterkandidaten vor Aufnahme der kirchlichen Studien *„in der lateinischen Sprache mit größter Sorgfalt und rationaler Methodik durch erfahrene Lehrmeister über einen angemessenen Zeitraum unterrichtet werden müssten"* (Nr. 3). Der Papst erlegte allen Dienern der Kirche aus dem Welt- wie Regularklerus *„das Studium und den Gebrauch der lateinischen Sprache"* auf: *„wir bekräftigen unseren festen Willen, dass das Studium und der Gebrauch dieser Sprache, die ihre Würde zurück erhalten soll, immer mehr befördert und verwirklicht werden sollen ... und wo sie gleichsam in Vergessenheit geraten sind, soll man sie vollständig restituieren"*.

Am selben Tag ernannte der Papst den neuen Präfekten der Ritenkongregation, Kard. Arcadio M. Larraona[310], zum Vorsitzenden der Vorbereitungskommission, als Ersatz für Kardinal Cicognani, der am 5. Februar gestorben war. Wenn sich die Wahl von Larraona, eines ausgezeichneten spanischen Kirchenrechtlers, der mit dem Römischen Stuhl tief verbunden war, als bedeutsam erwies, so galt dies noch mehr für die Ersetzung Bugninis durch Ferdinando Antonelli[311] im Oktober 1962 am Vorabend der Konzilseröffnung. Von allen Sekretären der Vorbereitungskommissionen wurde allein Bugnini nicht in seinem Amt bestätigt, und ihm wurde zudem der Lehrstuhl für Liturgiewissenschaft an der Lateran-Universität entzogen.[312]

---

[310] Arcadio Larraona (1887-1973), Spanier, aus der Kongregation der Missionare „Söhne des Unbefleckten Herzens der seligen Jungfrau Maria" (Claretiner), 1911 zum Priester geweiht. Professor für Recht an der Lateran-Universität und an der Urbaniana, 1950 Sekretär der Ritenkongregation. 1959 zum Kardinal erhoben, wurde am 12. Februar 1962 zum Präfekt der heiligen Ritenkongregation ernannt und am 19. April desselben Jahres zum Bischof geweiht. Die Biographie von BASILIO FRISÓN, *Cardenal Larraona*, Istituto teológico de Vida Religiosa, Madrid 1979, ist auffallend ausweichend, was die Rolle von Larraona auf dem Konzil angeht. Man siehe jedoch: *Il cardinal Arcadio Maria Larraona (1887-1973)*, hg. v. FERMINA ÁLVAREZ ALONSO, in: *Centro Vaticano II, "Ricerche e documenti"*, a. I, n. O (Januar 2000), 28-41.

[311] Ferdinando Antonelli (1896-1993), Franziskaner, 1922 zum Priester geweiht. Sekretär der Liturgie-Kommission und Experte auf dem Konzil, dann von 1965 bis 1969 Sekretär der Kongregation für den Gottesdienst und die Sakramentenordnung. Er wurde 1973 zum Kardinal kreiert.

[312] Vgl. R. KACZYNSKI, *Verso la riforma liturgica*, in: *SCV*, Bd. III, 209-276, 256-257 {dt.: *Der Liturgiereform entgegen*, 226-297, 274}.

Mit diesen Maßnahmen zeigte Johannes XXIII. seine deutliche Unzufriedenheit mit der von der Liturgischen Kommission eingeschlagenen Richtung. Doch ansonsten wurden die bindenden Anweisungen der Konstitution *Veterum sapientia* ignoriert. Die Order, Professoren, die nicht Latein sprechen konnten, allmählich zu entfernen, ist dafür ein Beweis: die Dozenten der päpstlichen Universitäten drohten nämlich damit, scharenweise zurückzutreten, und brachten dadurch die Leitungsorgane in große Verlegenheit, da sie jene niemals sofort durch andere Dozenten hätten ersetzen können.[313]

13. Kriegserklärung der Progressisten

a) Hans Küng – Yves Congar – Teilhard de Chardin

Zwischen 1961 und 1962 zogen viele römische Theologen, wie der Dominikaner Raimondo Spiazzi[314] vom Angelicum und P. Sebastiaan Tromp[315] von der Gregoriana ins Feld, um die falschen Interpretationen, die über das Konzil kursierten, richtigzustellen. Der damalige Päpstliche Hoftheologe P. Luigi Ciappi[316] erwähnte in einem Artikel in der Zeitschrift ‚Divinitas' mit dem Titel *Le attese della teologia di fronte al Concilio Vaticano II*[†] die vielfältigen Irrtümer, die Pius XII. verurteilt hatte (Atheismus, religiöser und moralischer Agnos-

---

[313] Vgl. MAURO GAGLIARDI, *Introduzione al Mistero Eucaristico. Dottrina, liturgia, Devozione*, Edizioni San Clemente, Salerno 2007, 352-353. Zur Ausführung der Bestimmungen in der Apostolischen Konstitution *Veterum Sapientia* wurde am 22. Februar 1962 das *Pontificium Institutum Altioris Latinitatis* bei der Päpstlichen Salesianer-Universität in Rom gegründet.

[314] Vgl. RAIMONDO SPIAZZI OP, *Il senso del Concilio*, in: ‚L'Osservatore Romano', 21. Mai 1959. Raimondo Spiazzi (1918-2002), Theologe, Dominikaner, 1944 zum Priester geweiht, unterrichtete am Angelicum und an der Lateran-Universität.

[315] Vgl. S. TROMP SJ, *De futuro Concilio Vaticano II*, in: Gregorianum 43 (1962), 5-11.

[316] Mario Luigi Ciappi (1909-1996), Dominikanertheologe, 1932 zum Priester geweiht, Päpstlicher Hoftheologe (1955-1989), Konsultor der Kongregation des Heiligen Offizium, Mitglied der Theologischen Vorbereitungskommission, wurde 1962 zum Experten ernannt. 1977 wurde er zum Kardinal erhoben.

[†] *Die Erwartungen der Theologie angesichts des Zweiten Vatikanischen Konzils.*

tizismus, atheistischer Laizismus, Progressismus, falscher Humanismus, Immanentismus, dogmatischer Relativismus, Evolutionismus, etc.), und schrieb:

> *„Müssen die Konzilsväter also nun die von Pius XII. angezeigten Irrtümer, um nicht von Häresien zu sprechen, für tot und beerdigt ansehen? Ist nicht vielleicht eine feierliche Intervention seitens des ganzen Lehrkörpers der Kirche wünschenswert, um die Verurteilung der Irrtümer, die immer noch im Weinberg Christi wie ververderbliches Unkraut umherkriechen, zu bekräftigen und zu komplettieren, auch wenn man die Irrenden verschont und sogar noch zahlreichere väterliche Einladungen ausspricht, die darauf abzielen, sie auf den rechten Weg zurückzuführen? Dies, denke ich, ist der Wunsch vieler Theologen".*[317]

Wenn die Mehrheit der Konzilsväter das Konzil als eine Gelegenheit ansah, die Kirche zu erneuern und ihren Aktivitäten neue Impulse zu verleihen, so wollte eine Minderheit unter ihnen mit dem konziliaren Ereignis die Möglichkeit einer radikalen Veränderung der kirchlichen Strukturen realisieren. Dies war die These des Buches des jungen deutschsprachigen Theologen Hans Küng, das 1960 in Freiburg unter dem Titel *Konzil und Wiedervereinigung. Erneuerung als Ruf in die Einheit* erschien.[318] Der Band, der ein Geleitwort von Kard. König[319] enthielt, wurde 1961 ins Englische, Französische und Niederländische übersetzt. Die französische Ausgabe, die eine Auflagenstärke von 10.000 hatte, erhielt ein zweites Vorwort

---

[317] L. CIAPPI OP, *Le attese della teologia di fronte al Concilio Vaticano II*, in: Divinitas 2 (1961), 494-502, 499.

[318] Vgl. H. KÜNG, *Konzil und Wiedervereinigung. Erneuerung als Ruf in die Einheit.* Mit einem Geleitwort von Kardinal Franz König, Wien 1960. *„In der Darlegung dieser Ideen"* – schrieb Pater Roberto Tucci in der gedruckten Rezension der ‚Civiltà Cattolica' – *„beseelt ihn eine aufrichtige Liebe zur Kirche und seine Standpunkte legt er sehr ehrlich dar"* (CAPRILE, Bd. I/2, 43).

[319] Franz König (1905-2004), Österreicher, 1933 zum Priester geweiht, Koadjutor-Bischof von Sankt Pölten (1952), von 1956 bis 1985 Erzbischof von Wien. Mitglied der Vorbereitungskommission und der Lehrkommission. 1958 zum Kardinal erhoben, 1965 Präsident des Sekretariates für die Nichtglaubenden. Vgl. GROOTAERS, *I protagonisti*, 145-157.

von Kard. Liénart[320], Erzbischof von Lille. Am 8. Juni 1962 veröffentlichte das ,Time Magazine' unter dem Titel *Eine zweite Reformation für Katholiken wie für Protestanten* einen Artikel über das Buch, der drei Fotos enthielt, die Hans Küng in der Mitte zwischen Luther und Papst Johannes zeigten.[321]

Küng, etwas über 30 Jahre alt, war nach einem Studium an der Gregoriana Assistent bei Prof. Hermann Volk[322] in Münster gewesen, dem späteren Bischof von Mainz. Sein Buch theoretisierte über ein Zusammenfließen der biblisch-liturgischen mit der ökumenischen Bewegung, um die Kirche von innen heraus zu ,erneuern', und zwar durch eine Veränderung ihrer Strukturen. Für den Dominikaner Yves Congar, Hauptvertreter der ökumenischen Bewegung, war die Strategie ganz klar: Die Miteinbeziehung der öffentlichen Meinung war notwendig, um die kühnsten Forderungen von Küng voranzubringen:

> *„In großer Zahl haben wir im Konzil sofort eine Möglichkeit nicht nur für die Sache des Unionismus, sondern auch für die Ekklesiologie erblickt. Wir haben darin eine Gelegenheit erkannt, die man in größtmöglichem Maße ausnutzen müsste, um die Wiedergewinnung von Werten wie Episkopat und* Ecclesia *in der Ekklesiologie zu beschleunigen und um wesentliche Fortschritte in ökumenischer Hinsicht zu erzielen. Ich persönlich habe mich dafür eingesetzt, die öffentliche Meinung zu aktivieren, weil sie viel erwartet und fordert. Ich habe ständig und überall wiederholt: Vielleicht wird nur 5% von dem, was wir fordern, durchkommen. Ein Grund mehr, unsere Forderungen hochzuschrauben. Es ist notwendig, dass der Druck der öffentlichen Meinung seitens der Christen das Konzil dazu drängt, sich wirklich ernst zu nehmen und etwas zustande zu bringen."*[323]

---

320 Achille Liénart (1884-1973), Franzose, 1907 zum Priester geweiht, von 1928 bis 1968 Bischof von Lille. 1930 von Pius XI. zum Kardinal erhoben. Vgl. JEAN VINATIER, *Le cardinal Liénart*, Le Centurion, Paris 1978.

321 KÜNG, *Erkämpfte Freiheit*, 350.

322 Hermann Volk (1903-1988), 1927 zum Priester geweiht. Professor für Dogmatik in Münster, von März 1962 bis 1982 Bischof von Mainz, 1973 zum Kardinal erhoben.

323 CONGAR, *Mon journal du concile*, 2 Bde., Paris 2002, Bd. I, 4.

In einem Vortrag bei den Studientagen *Informations catholiques internationales* 1961 kündigte der Mitbruder und Lehrer von Congar, Marie-Dominique Chenu, auch seinerseits als Ziel des bevorstehenden Konzils *„das Ende der konstantinischen Epoche"*[324] an – eine Formulierung, wie er erklärte, *„die mit ihrer evokatorischen Kraft und der ihr eigenen Unbestimmtheit gleichsam provokativ wirkt"* und die *„überall ein wenig, in Deutschland und Italien mehr als in Frankreich ... zu zirkulieren beginnt, oft von bedeutenden Geistern und sogar von kirchlichen Autoritäten vorgebracht"*[325]. Congar zog eine Parallele zwischen der Geschichtsphilosophie Chenus, die in der Idee des Fortschrittes gründete, und der Kosmologie Teilhard de Chardins, die in der Idee der Evolution ihren Mittelpunkt besaß. *„Wie"* laut Congar *„Teilhard de Chardin auf die Gesamtheit des Kosmos und die Totalität seiner Geschichte blickte, so blickte Chenu auf die historische und soziale Dimension des menschlichen Lebens."*[326] Nach der Sichtweise Chenus und Chardins sollte die Welt mit ihrem Geist die Kirche prägen und nicht die Kirche die Welt heiligen.

Teilhard de Chardin war 1955 in New York gestorben. Am 15. November 1957 hatte ein Schreiben des Heiligen Offiziums die Entfernung seiner Werke aus den katholischen Bibliotheken angeordnet. Am 30. Juni 1962, am Vorabend der Konzilseröffnung, hatte ein *Monitum* des Heiligen Offiziums seine Werke nochmals verurteilt. Doch war im selben Jahr ein Buch von P. de Lubac mit dem Titel *La pensée religieuse du Père Teilhard de Chardin*[327] veröffentlicht worden und ein Artikel von Daniélou mit dem Titel *Signification de Teilhard de Chardin*[328] erschienen, worin man Teilhards *„umfassenden*

---

[324] Veröffentlicht in: *Un Concile pour notre temps*, Paris 1961, 59-87.

[325] Ebd., 59.

[326] Y. CONGAR OP, *Marie-Dominique Chenu*, in: *Bilancio della teologia del XX secolo*, hg. v. R. VANDER GUCHT, Città Nuova, Roma 1972, Bd. IV, 103-122, 120.

[327] Vgl. H. DE LUBAC SJ, *La pensée religieuse du Père Teilhard de Chardin*, Aubier, Paris 1962. Diesem Buch folgten viele weitere, die Teilhard gewidmet waren: *La prière du P. Teilhard de Chardin* (1964); *Teilhard missionnaire et apologiste* (1966); *Teilhard et notre temps* (1968); *Teilhard postume* (1977).

[328] Vgl. JEAN DANIÉLOU SJ, *Signification de Teilhard de Chardin*, in: Études 312 (1962), 145-161.

Humanismus" rühmte[329]. Sein Name schwebte über dem bevorstehenden Konzil und sollte einen Interpretationsschlüssel dafür abgeben.

b) Die mitteleuropäischen Bischöfe organisieren sich

Unter dem Einfluss der biblisch-liturgischen und der ökumenischen Bewegung hatte im Jahrzehnt 1948-1958 in Mitteleuropa eine neue ‚Theologie des Episkopates'[330] Gestalt angenommen. Diese ‚episkopalistische' Tendenz machten sich in Belgien der Kardinalprimas Jozef-Ernest Van Roey[331] und in Holland der Kardinalprimas Bernard Jan Alfrink zu eigen. Eine Gestalt, die diese Tendenz gut verkörperte, war Msgr. André-Marie Charue[332], seit 1942 Bischof von Namur, der im Juni 1957 seine Hochachtung für Kard. Van Roey zum Ausdruck brachte und dabei die Existenz „*einer Vereinigung des Episkopates wie jene der Apostel im Zwölferkollegium*"[333] hervorhob. Der Formel ‚Lehramt der Zwölf' war auf dem Konzil ein großer Erfolg beschieden.

Die Position, die Kard. Alfrink einnehmen sollte, konnte man leicht den drei ‚Etappen' seiner Haltung entnehmen: den *vota*, die von ihm im Namen des holländischen Episkopates am 22. Dezember 1959 präsentiert wurden; dem Hirtenschreiben desselben Episkopates, das an Weihnachten 1960 veröffentlicht wurde und dem „*Verständnis des Konzils*"[334] gewidmet war; und seiner Intervention bei der Zentralen Vorbereitungskommission vom Mai 1962 zur Rolle

---

[329] Der Karmelit Philippe de la Trinité antwortete darauf mit einer reichhaltigen Studie *Teilhard et Teilhardisme* (Pontificia Università Lateranense, Roma 1962).

[330] *Actes et Acteurs*, 339-357.

[331] Jozef-Ernest Van Roey (1874-1961), Belgier, 1897 zum Priester geweiht, 1926 zum Bischof konsekriert. Erzbischof von Mecheln (1926-1961), 1927 wurde er zum Kardinal erhoben.

[332] André-Marie Charue (1898-1977), Belgier, 1922 zum Priester geweiht, von 1942 bis 1974 Bischof von Namur, Mitglied der Lehrkommission, zu deren Vizepräsident er am 2. Dezember 1963 gewählt wurde. Vgl. J. COPPENS, *In memoriam de son excellence Mgr André-Marie Charue 1898-1977*, in: Ephemerides Theologicae Lovanienses 54 (1978), 221-235; *Actes et Acteurs*, 367-368, und die Einführung von Claude Troisfontaines zu CHARUE, *Carnets Conciliares*, 5-25.

[333] Zit. in *Actes et Acteurs*, 346.

[334] *Le sens du Concile. Une réforme intérieure de la vie catholique. Lettre pastorale de l'épiscopat hollandais*, Desclée de Brouwer, Brügge 1961.

der Bischöfe in der Kirche, worin der Primas von Holland das vorbereitete Schema *De Ecclesia* schwer kritisierte.

In dem Hirtenschreiben vom Dezember 1960, das von den holländischen Bischöfen unterzeichnet war, wurden zwei Diskussionsthesen für die nächste Konzilsversammlung formell vorgetragen: die Rolle der Laien und die des Episkopates. Eine Passage des Hirtenbriefes enthielt die Äußerung, dass *„die vorzeitige Unterbrechung des Ersten Vatikanischen Konzils den Eindruck erzeugt hat, dass die isolierte Definition der päpstlichen Unfehlbarkeit eine vollständige, für sich stehende Wahrheit sei. Tatsächlich findet sich diese persönliche Unfehlbarkeit eingebettet in die offizielle Unfehlbarkeit des Weltepiskopates, die ihrerseits auf der Unfehlbarkeit der ganzen Gemeinschaft gründet."*

Msgr. Felici erachtete es für klug, die italienische Übersetzung des Textes des Primas von Holland aus den Bibliotheken entfernen zu lassen[335]; dieser nahm jedoch von seiner episkopalistischen Richtung keinen Abstand: im Frühjahr 1961 erklärte Alfrink im holländischen Fernsehen, dass der Primat der päpstlichen Unfehlbarkeit *„durchs Fenster hereingekommen war, aufgrund der Präsenz der italienischen Truppen"*, die auf den Kirchenstaat Druck ausübten[336].

In Belgien waren die treibenden Kraftzentren des Progressismus die Universität von Löwen und das von Dom Beauduin gegründete Benediktinerkloster Chevetogne. Seit der Ankündigung des Konzils 1959 beschloss Chevetogne, seine alljährlichen Kolloquien der Vorbereitung auf das Konzil zu widmen und wählte folgende Themen: 1959 der Begriff des Konzils, 1960 die Ortskirche und 1961 ‚die Unfehlbarkeit der Kirche'[337].

---

[335] Vgl. RENZO TRIONFERA, *Il monsignore in doppiopetto*, in: ‚L'Europeo', 22. Juli 1962, 40.

[336] Vgl. S. LOVIZZERO, *La Pira e la via cattolica al comunismo*, Edizioni de "Il Borghese", Milano 1964, 97.

[337] Vgl. O. ROUSSEAU, *Les journées œcuméniques de Chevetogne (1942-1967)*, in: *Au service de la parole de Dieu, Mélanges A. M. Charue*, Gembloux 1969, 451-485. Derselbe Rousseau ist Verfasser des Artikels *La vraie valeur de l'épiscopat dans l'Église*, in: Irenikon 29 (1956), 121-250, der nicht nur in Belgien Resonanz fand, sondern auch in Holland und Deutschland.

Am 19. März 1962 wurde Msgr. Léon-Joseph Suenens[338], der neue Erzbischof von Mecheln und Brüssel, zum Kardinal erhoben und von Johannes XXIII. empfangen, wobei er ihn bat, eine Note für das Konzil vorzubereiten[339]. Das Dokument wurde dem Papst in einer Audienz am 10. Mai 1962 vorgelegt. Am folgenden Tag hatte der Neukardinal, den man in Rom als einen „*papabile*"[340] handelte, eine lange Begegnung mit Kard. Montini[341].

Im Juni 1962 versammelte Suenens in Rom eine Gruppe Kardinäle im belgischen Kolleg, um einen „Plan" für das nächste Konzil zu erörtern.[342] An der Versammlung nahmen die Kard. Döpfner, Liénart, Montini und Siri teil. Suenens erzählt, mit ihnen ein ‚vertrauliches' Dokument besprochen zu haben, worin er die vorbereiteten Schemata der Vorbereitungskommissionen kritisierte und dem Papst nahelegte, „*zu seiner persönlichen und privaten Verwendung*" eine kleine Kommission mit wenigen Mitgliedern, „*eine Art brain trust*", einzurichten, um auf die großen Probleme der pastoralen Tätigkeit zu antworten, damit man so die „*Gefahr des Immobilismus*" vermeide.[343]

„Die Bemühung um die pastorale Erneuerung hat sich in den verschiedenen Ländern nicht in derselben Intensität bemerkbar gemacht. Es besteht die Gefahr, dass die Bischöfe, die auf diesem Gebiet grö-

---

[338] Léon-Joseph Suenens (1904-1996), Belgier, 1927 zum Priester geweiht. Von 1961 bis 1979 Erzbischof von Mecheln und Brüssel, 1962 zum Kardinal erhoben, er war einer der vier Moderatoren des Konzils, die im September 1963 ernannt wurden. J. GROOTAERS, *Von Johannes XXIII. zu Johannes Paul II. Ein Gespräch mit Leo-Joseph Kardinal Suenens*, in: Herder-Korrespondenz 34 (1980), 176-182; DERS., in: *I protagonisti*, 229-243; *Actes et Acteurs*, 316-319; LEO DECLERCK / TOON OSAER, *Les relations entre le Cardinal Montini-Paul VI (1897-1978) et le Cardinal Suenens (1904-1996) pendant le Concile Vatican II*, in: Istituto Paolo VI 51 (2006), 47-80, 54; M. LAMBERIGTS / L. DECLERCK, *The Role of Cardinal Léon-Joseph Suenens at Vatican II*, in: *The Belgian Contribution*, 61-218.

[339] Vgl. M. LAMBERIGTS / L. DECLERCK, *The Role of Cardinal Suenens*, 67-68.

[340] POSWICK, *Journal*, 109.

[341] Vgl. GISELDA ADORNATO, *Cronologia dell'episcopato di G. B.. Montini a Milano, 4 gennaio 1955-22 gennaio 1963*, Istituto Paolo VI, Brescia 2002, 866.

[342] L. J. SUENENS, *Aux Origines du Concile Vatican II*, in: Nouvelle Revue Théologique 107 (1985), 3-21, 4; DERS., *Souvenirs et espérances*, 65-80.

[343] In einem Gespräch mit Benny Lai hat sich Kard. Siri mit folgenden Worten erinnert: „*Suenens hat behauptet, dass sich allein Kard. Döpfner seinem Vorschlag widersetzte, aber dann doch die Meinung von Liénart, Montini und Siri akzeptierte. Dies ist falsch, ich selbst habe nichts akzeptiert. Suenens ist jemand, der immer Gefallen daran fand, die Hauptrolle zu spielen*" (B. LAI, *Il Papa non eletto*, 183, Anm. 13).

ßere Erfahrung besitzen, zahlenmäßig nicht ausreichen, um ihren Stimmen auf dem Konzil eine Mehrheit zu verschaffen. Die Erfahrung mit den Geschehnissen in der Zentralen Kommission zeigt, dass eine starke integralistische Strömung existiert, die sich jeder pastoralen Erneuerung von einem gewissen Format widersetzt. Der Heilige Geist kann Seine Heiligkeit den Papst erleuchten, damit die immobilistische Tendenz, wenngleich sie sich zahlenmäßig als stärkste entpuppt, letztendlich nicht das Übergewicht erhält."[344]

Der Kardinalprimas von Belgien lancierte am Ende seines Dokumentes die Parole vom ‚Pastoralkonzil'.

„Wenn es möglich ist, so möchte ich am Ende dieser Note einen Wunsch äußern: dass das Konzil par excellence ein pastorales, d.h. apostolisches, Konzil sei. Dies wäre eine unermessliche Wohltat für die Kirche, wenn sie in großen Linien festlegen könnte, dass die ganze Kirche missionarisch sein soll, und dies auf allen Ebenen: Laien, Ordensleute, Kleriker, Bischöfe und römische Kongregationen! Dies wäre eine großartige Pfingstgnade für die Kirche, wie sie sich unser geliebtes Haupt aus ganzem Herzen und voll christlicher Hoffnung erhofft hat!"[345]

Johannes XXIII. folgte der von Suenens vorgegebenen Linie in der Rede, die er am 11. September 1962, einen Monat vor Konzilseröffnung, hielt, und brachte die Unterscheidung zwischen Kirche *ad intra* und *ad extra* in Umlauf. Die Haltung der Kirche *ad extra* betraf ihre Beziehung zur Welt. Dies war die Hauptneuheit des bevorstehenden Konzils.

Am Vorabend der Französischen Revolution verfügte die ‚liberale Partei' bereits über eigene lokale Komitees, Logen, Akademien, Lesesäle, philosophische und patriotische Vereinigungen, die ein dichtes organisatorisches Netz bildeten.[346] Auch das Zweite Vatikanum kannte einen ‚organisatorischen Vorabend', reich an Versammlun-

---

[344] L. J. SUENENS, *Aux Origines du Concile Vatican II*, 8.

[345] Ebd.

[346] Vgl. PIERRE GAXOTTE, *Die Französische Revolution*, Übers. a.d. Französ. von OTTO WATZKE (Lizenzausgabe), Gustav H. Lübbe Verlag, Bergisch-Gladbach 1977, 116 {Originaltitel: *La révolution française*, Fayard, Paris 1928}.

gen, Vorträgen, Veröffentlichungen, öffentlichen wie privaten Treffen; erhellend ist, dass man insbesondere auf den Zusammenkünften, die in den Tagen unmittelbar vor der Konzilseröffnung Schlag auf Schlag folgten, sich immer mehr auf eine ‚Strategie' verständigte.[347]

Der Primas von Belgien war einer der großen Protagonisten dieser Strategie. *„Die Weichenstellung des Konzils"* – schrieb Grootaers – *„verdankt sich großenteils einem einzigen Mann, und dieser Mann war Kardinal Suenens."*[348] Durch die *„kollegiale Tendenz der Kirche Belgiens"*[349], die von seinen Vorgängern Mercier und Van Roey geprägt worden war, war er gut darauf vorbereitet, diese Rolle einzunehmen.

Im August traf beim Papst auch ein Gesuch des kanadischen Kardinals Paul-Emile Léger[350], Sulpizianers und Erzbischofs von Montréal, ein. Das Schreiben war unterzeichnet von den Kardinälen Liénart, Döpfner, Alfrink, König und Suenens. Das Dokument kritisierte offen die ersten sieben Schemata, die in der Versammlung erörtert werden sollten, indem es behauptete, sie ständen nicht in Einklang mit der Ausrichtung, die Johannes XXIII. dem Konzil zu geben beabsichtigte.[351] *„Wir leben nicht mehr wie 1860 in einer Zeit des doktrinären Liberalismus und auch nicht mehr in einer Zeit, in der sich der Sozialismus gegen die Kirche erhob. Wir dürfen uns nicht in ein Ghetto einschließen. Und wir dürfen auch keine Steine auf die Kommunisten werfen ..."*, sagte Kard. Léger am 10. Oktober lebhaft zu Chenu.[352] Der Erzbischof von Montréal hatte eine besondere Verbin-

---

347 Vgl. CHENU, *Notes quotidiennes au Concile – Journal de Vatican II 1962-1963*, Paris 1995, 57-67.

348 *Actes et Acteurs*, 316.

349 SUENENS, *Souvenirs et espérances*, 61-63.

350 Paul-Émile Léger (1904-1991), 1929 zum Priester geweiht, Erzbischof von Montréal (1950-1968), 1953 zum Kardinal erhoben, Mitglied der Zentralen Vorbereitungskommission und der Lehrkommission.

351 Vgl. *Lettre inédite du Cardinal Paul-Émile Léger au Pape Jean XXIII en août 1962*, in: *Mémoires de Vatican II*, éd. G. ROUTHIER, Montréal 1997, 93-113; zu einer Bewertung seiner Person vgl. G. ROUTHIER, *Les réactions du cardinal Léger à la préparation de Vatican II*, in: Revue d'Histoire de l'Église de France 80 (1994), 281-302 und: *L'itinéraire d'un père conciliaire. Le cardinal Léger*, in: Cristianesimo nella storia 19 (1998), 89-147.

352 CHENU, *Notes quotidiennes au Concile – Journal de Vatican II 1962-1963*, Paris 1995, 67.

dung zu dem belgischen Theologen Charles Moeller aufgebaut, den er 1959 in Kanada kennen gelernt hatte. Es war Léger zu verdanken, dass Moeller, der anfangs auf dem Konzil nur als Journalist anwesend war, als sein privater Ratgeber die Qualifikation ‚Experte' erhielt.

Für die progressistischen Strömungen bot das Konzil eine außerordentliche Gelegenheit. Die Natur des Ereignisses als einer Versammlung erlaubte, dass sich die verschiedenen ideologischen Tendenzen auf gleicher Ebene begegneten und die Mehrheitsfindung in den Debatten parlamentarischen Spielregeln überlassen wurde. Das Konzil sollte sich überdies heterodoxen Theologen, die bis dahin verstreut lebten und in den eigenen religiösen Instituten im Abseits standen, die Gelegenheit geben, miteinander ins Gespräch zu kommen.

Eine Gruppe nordeuropäischer Bischöfe, unterstützt durch ihre ‚Experten', hatte sich bereits vor dem Konzil eine organisierte Struktur gegeben, um Informationen auszutauschen, Initiativen zu koordinieren *„und bei Gelegenheit Druck auf die Versammlung auszuüben"*[353]. Kard. Heenan, damals Erzbischof von Liverpool, schrieb in seiner Autobiographie, *„dass die englischsprachigen Bischöfe überwiegend unvorbereitet waren für den Typus von Konzil, den die anderen Nordeuropäer planten"*[354]. *„Wenn man zurückblickt"*, fügte er hinzu, *„ist leicht erkennbar, wie viele unserer Bischöfe psychologisch unvorbereitet waren für das, was während der ersten Sitzungsperiode geschah. Viele von uns trafen im Oktober 1962 in Rom ein, ohne irgendeine Idee von der anti-italienischen Haltung vieler Europäer zu haben."*[355]

Am 10. Oktober, am Vortag der Konzilseröffnung, notierte der Vorsitzende der Italienischen Bischofskonferenz, Guiseppe Siri, in sein Tagebuch: *„Das Kreuz, wenn man es so nennen kann, wird wie gewöhnlich aus dem französisch-deutschen Raum und seinem Untergrund kommen, weil man dort den protestantischen Druck und die Pragmatische*

[353] R. AUBERT, *Organizzazione e funzionamento dell'assemblea*, in: SC, *La Chiesa del Vaticano II*, Bd. XXV/I, 177.

[354] Ebd., 339.

[355] JOHN C. HEENAN, *A Crown of Thorns. An Autobiography 1951-1963*, Hodder and Stoughton, London 1974, 343.

Sanktion nie ganz beseitigt hat; es sind tüchtige Leute, doch begreifen sie nicht, dass sie Protagonisten einer fehlgegangenen Geschichte sind."[356]

Der Papst ging auf die Alarmrufe nicht ein, die ihn nicht nur aus dem romanischen Raum erreicht hatten. Optimismus war der vorherrschende Zug seines Charakters. Krankheitssymptome wurden jedoch immer deutlicher, und am 8. Oktober 1961 bezeichnete er sich selbst als *„einen Sterblichen von 80 Jahren und 103 Kilo Gewicht"*[357].

Vielleicht in der Vorausahnung seines Endes schien Johannes XXIII. es eilig zu haben, die von ihm einberufene Versammlung ohne Probleme zu beenden. Im Juli 1962 empfing er in einer Audienz Msgr. Pericle Felici, der ihm die revidierten und approbierten Konzilsschemata präsentierte. *„Das Konzil ist gemachte Sache"*, rief Papst Roncalli voller Begeisterung aus, *„Weihnachten können wir es beenden!"*[358]

---

[356] SIRI, *Diario*, 356.

[357] JOHANNES XXIII., *Pater Amabilis. Agende del Pontefice*, 267.

[358] Zit. in MICHELE MACCARRONE, *Paolo VI e il Concilio: testimonianze*, in: Rivista di Storia della Chiesa in Italia 43 (1989), 101-122, 101.

III.
1962: Die erste Sitzungsperiode

1. Eröffnung des Zweiten Vatikanischen Konzils

a) Die Zeremonie am 11. Oktober

Das 21. ökumenische Konzil in der Geschichte der Kirche wurde am 11. Oktober 1962 eröffnet. Der Regen, der bis in die ersten Morgenstunden unaufhörlich gefallen war, hatte aufgehört, und es kündigte sich ein sonniger Tag an.

Der lange Zug der Konzilsväter begann beim Bronzetor, überquerte in schräger Linie den Petersplatz, erklamm die Stufen und bewegte sich langsam vorwärts in das Innere der überfüllten Basilika. An der Spitze schritten die Oberen der religiösen Orden, die Generaläbte und die Prälaten *nullius*; es folgten die Bischöfe, die Erzbischöfe, die Patriarchen, die Kardinäle und zuletzt, unter dem Applaus der Menge, Johannes XXIII. in der Sedia gestatoria. Während sich der Zug der Väter würdevoll voranbewegte, intonierten die Sänger das *Credo* und anschließend das *Magnificat*.

Jeder Vater nahm beim Eintritt in die Kirche seine weiße Mitra ab, schritt bis zum Hauptaltar vor, verneigte sich mit einem kurzen Ehrerweis vor dem Kreuz und nahm dann seinen Platz ein. Der Zug war insgesamt ungefähr 4 Kilometer lang; an ihm nahmen an die 3000 kirchliche Würdenträger teil.

Die Anwesenheit des Stellvertreters Christi und der Nachfolger der Apostel im unvergleichlichen Raum der Basilika von St. Peter machte jene Zeremonie zu einem einzigartigen Schauspiel für die Welt. Wie niemals sonst zeigte die katholische Kirche in diesem Augenblick ihren universalen und hierarchischen Charakter. Mit diesem Ereignis verwirklichte die Kirche den göttlichen Auftrag, das Evangelium allen Völkern zu verkünden (*Mt* 28,19). Millionen von Menschen in allen Teilen der Erde verfolgten die feierliche Zeremonie dank der italienischen Fernsehübertragung.

Die Zahl der anwesenden Konzilsväter belief sich auf 2381. Der älteste, Msgr. Alfonso Carinci[1], hatte sich als Kind am Chor des Ersten Vatikanums beteiligt und feierte während des Konzils seinen 100. Geburtstag. Der jüngste, der Peruaner Alcides Mendoza Castro[2], zählte erst 34 Jahre. Die europäischen Bischöfe machten nur ein Drittel aus, wenngleich die über 500 Väter, die aus Afrika und Asien kamen, größtenteils europäischen Ursprungs waren[3], darunter ein Drittel Italiener. Aus dem kommunistischen Machtbereich in Europa hätten 146 Bischöfe eintreffen sollen; es waren aber weniger als 50 zugegen. Von den chinesischen Bischöfen hätten 144 kommen sollen; anwesend waren lediglich die 44 vertriebenen. Kein Konzilsvater aus Korea oder aus Nordvietnam war präsent; es fehlten bedeutende Glaubenszeugen wie Kard. Mindszenty und der Metropolit der Ukraine, Msgr. Slipyi. Die Massenmedien schwiegen zu dieser aufsehenerregenden Abwesenheit.

Der *Ordo Concilii Oecumenici Vaticani II celebrandi*, approbiert durch das Motu proprio *Appropinquante Concilio* vom 6. August 1962 und am 7. Oktober desselben Jahres promulgiert, übernahm die Geschäftsordnung des Ersten Vatikanischen Konzils.[4] Wie bei der vorangegangenen Versammlung waren die Vollversammlungen der Väter, genannt Generalkongregationen, der feierliche Zeitpunkt, da man über die Schemata diskutieren und abstimmen sollte. Die approbierten Entwürfe sollten Kapitel für Kapitel geprüft sein. Die Teilnehmer sollten mit *placet* votieren, um ihre Zustimmung auszudrücken, mit *non placet* für ein gegenteiliges Votum, mit *placet iuxta modum* im Falle einer grundsätzlichen Zustimmung mit Verbesserungswünschen, die man schriftlich begründen sollte. Der verbesserte Text ging anschließend nochmals an die Generalkongregation zur Prüfung, wo über ihn abgestimmt wurde, erst kapitelweise, dann als Ganzes. Für die endgültige Approbation war eine Mehrheit von

---

[1] Alfonso Carinci (1862-1963), 1885 zum Priester geweiht, Titularerzbischof, 1945 bis 1960 Sekretär der Ritenkongregation.

[2] Alcides Mendoza Castro (1928-2003), 1951 zum Priester geweiht, Weihbischof von Abancay (Perù), war dort Bischof von Dezember 1962 bis 1967.

[3] Zur Dritten Welt als Akteur auf dem Zweiten Vatikanum vgl. HENRI TEISSIER, *Vatican II et le Tiers Monde*, in: *Le deuxième Concile du Vatican*, 755-767, 756-759.

[4] Der Text des Motu proprio in: JOHANNES XXIII., DMC, Bd. IV, 939-941. Vgl. S. GÓMEZ DE ARTECHE Y CATILINA, Bd. I, 35-53.

zwei Dritteln der Anwesenden notwendig. Die Vollversammlungen, die mit der Feier der Hl. Messe eröffnet wurden, sollten am Vormittag in der Basilika von St. Peter stattfinden, die für die Aufnahme von 2000 Vätern entsprechend eingerichtet worden war. Die einzige zugelassene Sprache war Latein.

b) Johannes XXIII. kritisiert die „Unglückspropheten"

Die Eröffnungsansprache des Papstes, *Gaudet mater ecclesia*[5], in Latein verkündet und unmittelbar darauf von den Massenmedien in der ganzen Welt verbreitet, war, wie P. Wenger feststellt, der Schlüssel zum Verständnis des Konzils. *„Die Rede vom 11. Oktober war die wahre Charta des Konzils. Mehr als eine Tagesordnung definierte sie einen Geist; mehr als ein Programm gab sie eine Richtung vor."*[6] Die Neuheit bestand weniger in der Lehre als vielmehr in der neuen optimistischen psychologischen Grundeinstellung, mit der man die Beziehungen zwischen Kirche und Welt bestimmte: Sympathie und ‚Öffnung'. Jene, die diesen irenischen und optimistischen Geist in Frage stellten, wurden vom Papst als *„Unglückspropheten"*[7] bezeichnet.

Johannes XXIII. bekräftigte, den Plan zum Konzil *„fast unerwartet ... im Geiste erwogen"* (Nr. 3.1) und anschließend eine intensive Vorbereitungsarbeit eingeleitet zu haben, und gab der Überzeugung Ausdruck: *„Erleuchtet vom Licht des Konzils, so vertrauen Wir fest, wird die Kirche an geistlichen Gütern zunehmen und, mit neuen Kräften versehen, unerschrocken in die Zukunft schauen. Dadurch, dass angebrachte Änderungen vorgenommen und gegenseitige Verpflichtungen zur Unterstützung angebahnt werden, wird die Kirche dazu beitragen, daß sich die Menschen, Familien und Völker mehr um die himmlischen Dinge sorgen."* An dieser Stelle kritisierte der Papst jene, die er als

---

[5] Vgl. JOHANNES XXIII., Allocutio *Gaudet Mater Ecclesia* vom 11. Oktober 1962, in: AS I/1, 166-175; dazu vgl. A. MELLONI, *Sinossi critica dell'allocuzione di apertura del Concilio Vaticano II Gaudet Mater Ecclesia di Giovanni XXIII*, in: *Fede Tradizione Profezia. Studi su Giovanni XXIII e sul Vaticano II*, Paideia, Brescia 1984, 241-283, und die herbe Kritik von PAOLO PASQUALUCCI in: *Giovanni XXIII e il Concilio Ecumenico Vaticano II*, Ichthys, Albano Laziale (Roma) 2008, passim.

[6] A. WENGER, *Vatican II*, Bd. I, 38-39.

[7] JOHANNES XXIII., *Gaudet Mater Ecclesia*, 169 {dt. Übers.: Herderkorrespondenz 17 (1962/63), 86}.

„Unglückspropheten" bezeichnete. Er gab zu, kritische Reaktionen von einigen erhalten zu haben,

> *„die zwar von religiösem Eifer brennen, aber die Tatsachen nicht mit der gebotenen Objektivität noch mit gesundem Urteilsvermögen betrachten. Sie meinen nämlich, in den heutigen Verhältnissen der menschlichen Gesellschaft nur Untergang und Unheil zu erkennen. Sie reden unablässig davon, daß unsere Zeit im Vergleich zur Vergangenheit dauernd zum Schlechteren abgeglitten sei. Sie benehmen sich so, als hätten sie nichts aus der Geschichte gelernt, die eine Lehrmeisterin des Lebens ist, und als sei in den Zeiten früherer Konzilien, was die christliche Lehre, die Sitten und die Freiheit der Kirche betrifft, alles sauber und recht zugegangen.*
>
> *Wir aber sind völlig anderer Meinung als diese Unglückspropheten, die immer das Unheil voraussagen, als ob die Welt vor dem Untergange stünde. Angesichts der gegenwärtigen Ereignisse in der humanen Welt, durch die das Menschengeschlecht in ein neue Weltordnung einzutreten scheint, muß man viel eher einen verborgenen Plan der göttlichen Vorsehung erkennen. Dieser verfolgt in den Zeitläufen durch die Werke der Menschen und meist über ihre Erwartungen hinaus sein eigenes Ziel, und alles, auch die entgegengesetzten menschlichen Interessen, lenkt er weise zum Heil der Kirche."*

Für Johannes XXIII. bestand die Hauptaufgabe des Konzils darin, das Lehramt der Kirche zu bewahren und es *„mit wirksameren Methoden"* darzubieten.

> *„... das 21. Ökumenische Konzil ... will die katholische Lehre rein, unvermindert und ohne Entstellung überliefern, so wie sie trotz aller schwierigen Kontroversen ein gemeinsames Erbe der Menschen geworden ist. ... Es ist auch nicht unsere Sache, gleichsam in erster Linie einige Hauptpunkte der kirchlichen Lehre zu behandeln und die Lehre der Väter wie der alten und neueren Theologen weitläufig zu wiederholen, denn Wir glauben, daß Ihr diese Lehren kennt und sie Eurem Geiste wohl vertraut sind. Denn für solche Disputation mußte man kein ökumenisches Konzil einberufen. Vielmehr ist es nötig, daß in unseren Tagen die gesamte christliche*

Lehrunterweisung in allen Punkten von neuem einer Überprüfung unterzogen wird, und zwar heiter und ruhigen Gewissens, ohne irgendetwas wegzulassen. Das Ganze muss in der Art und Weise, wie sie insbesondere aus den Akten des Tridentinums und des I. Vatikanums ins Auge springt, durchdacht und formuliert werden. Diese Lehre muß, was alle ernsthaften Bekenner des christlichen, katholischen und apostolischen Glaubens leidenschaftlich erwarten, in ihrer ganzen Fülle und Tiefe ausgebreitet werden, um die Herzen vollkommener zu entflammen und zu durchdringen. Ja, diese sichere und beständige Lehre, der gläubige Zustimmung zu erweisen ist, muß so vertieft und dargelegt werden, wie unsere Zeit es verlangt.

Denn etwas anderes ist das Depositum Fidei *oder die Wahrheiten, die in der zu verehrenden Lehre enthalten sind, und etwas anderes ist die Art und Weise, wie sie verkündet werden, freilich im gleichen Sinn und derselben Bedeutung. Hierauf ist viel Aufmerksamkeit zu verwenden; und, wenn es Not tut, muß geduldig daran gearbeitet werden, das heißt, alle Gründe müssen erwogen werden, um die Fragen zu klären, wie es einem Lehramt entspricht, dessen Wesen vorwiegend pastoral ist."*

Gegenüber den Irrtümern, die von der Kirche zu jeder Zeit mit größter Strenge verurteilt worden waren, verkündete der Papst eine neue pastorale Haltung:

„Heute dagegen möchte die Braut Christi lieber das Heilmittel der Barmherzigkeit anwenden als die Waffe der Strenge erheben. Sie glaubt, es sei den heutigen Notwendigkeiten angemessener, den Wert ihrer Lehre ausgiebig zu erklären, als zu verurteilen. ... Angesichts dieser Lage erhebt die katholische Kirche durch dieses Ökumenische Konzil die Leuchte der katholischen Wahrheit. Sie will sich damit als eine gegenüber allen sehr liebevolle, gütige und geduldige Mutter erweisen, voller Erbarmen und Wohlwollen gegenüber ihren getrennten Töchtern und Söhnen."[8]

---

[8] JOHANNES XXIII., *Gaudet Mater Ecclesia*, 171-172 {zum Teil eigene dt. Übersetzung gegenüber der tendenziellen in Herderkorrespondenz 17 (1962/63), 86-87}. Vgl. G. ALBERIGO, *Dal bastone alla misericordia. Il magistero nel cattolicesimo*

Das Konzil war einberufen worden, nicht um Irrtümer zu verurteilen oder neue Dogmen zu formulieren, sondern um die beständige Lehre der Kirche in einer Sprache vorzulegen, die an die neue Zeit angepasst war. Mit Johannes XXIII. wurde die pastorale Form die Form des Lehramtes par excellence.[9] Diese Sichtweise war Alberigo zufolge dazu bestimmt, aus dem Konzil eher ein *Ereignis* zu machen als einen Ort, um Normen auszuarbeiten bzw. zu produzieren.[10] Als Hauptmerkmal des Zweiten Vatikanums trat das *„Aggiornamento"*[11] in Erscheinung, verstanden als *„Verjüngung des christlichen Lebens und der Kirche"*[12] sowie als *„Voraussetzung und Eignung zur Suche nach einer erneuerten Inkulturation der christlichen Botschaft in den neuen Kulturen"*[13].

Dies bedeutet jedoch nicht, dass Papst Johannes sich, wie Alberigo meint, der ‚epochalen' Bedeutung der von ihm einberufenen Versammlung voll bewusst war. Er hatte in der Tat weder eine Vorstellung von der Dauer der von ihm einberufenen Versammlung, noch von der Natur der hier stattfindenden Diskussionen oder von den Konsequenzen des Konzils.

Viele Väter waren konsterniert über den unüblichen Ton der Ansprache von Johannes XXIII. *„Habe von der Rede des Papstes wenig mitbekommen: bei dem Wenigen aber habe ich unvermutet die Gelegenheit erhalten, einen bedeutenden Akt geistigen Gehorsams zu setzen"*, schrieb Kard. Siri in sein *Tagebuch*.[14]

---

contemporaneo (1830-1980), in: Cristianesimo nella storia 2 (1981), 487-521, bes. 507-511. *„Diese Ankündigung des Prinzips der Barmherzigkeit, das dem der Strenge entgegengesetzt ist"*, kommentiert Romano Amerio, *„geht an der Tatsache vorbei, daß nach Auffassung der Kirche* gerade die Verurteilung des Irrtums ein Werk der Barmherzigkeit ist" (R. AMERIO, *Iota Unum*, 84 {dt.: 82}).

[9] Vgl. G. RUGGIERI, *Appunti per una teologia in Papa Roncalli*, in: ALBERIGO, *Papa Giovanni*, 245-271, 265.

[10] Vgl. G. ALBERIGO, *Giovanni XXIII e il Vaticano II*, in: ALBERIGO, *Papa Giovanni*, 211-244, 219.

[11] G. ALBERIGO, *Transizione epocale*, 769.

[12] Ebd.

[13] Ebd., 771.

[14] SIRI, *Diario*, 357.

c) Die Beobachter der russisch-orthodoxen Kirche

Am Nachmittag des 12. Oktober trafen in Rom die Beobachter der russisch-orthodoxen Kirche ein: der Erzpriester Vitali Borovoi und der Archimandrit Wladimir Kotlyarow, *„offensichtlich"* – wie Alberto Melloni zugibt – *„von politischen und polizeilichen Organen akzeptiert und kontrolliert"*[15]. Beide waren durch die Worte von Johannes XXIII. mehr als zufriedengestellt, da diese die Zusicherungen von Kard. Tisserant und Msgr. Willebrands gegenüber dem Patriarchat von Moskau bekräftigten.

> *„Die größte Sorge des Papstes"* – erinnert sich Borovoi – *„war das unablässige Verlangen politischer Kreise und konservativer Kleriker, die Kirche und das Konzil dazu zu benutzen, die Kommunisten zu verurteilen... Der Papst suchte die Einheit und den Frieden aller Menschen und wies daher diese Forderungen zurück, wie die direkte Art und Weise der Äußerungen in seiner Eröffnungsansprache an das Konzil belegen, worin er seine ‚Missbilligung' der Unglückspropheten und andererseits sein Festhalten an dem Plan der göttlichen Güte, die das Gut der Kirche im Blick hat, zum Ausdruck bringt."*[16]

Borovoi äußert anschließend seine Wertschätzung gegenüber dem Sekretariat von Kardinal Bea und bestätigt mit seinen Worten implizit die engen Bande, die zwischen dem Patriarchat von Moskau und dem Kreml bestanden: *„Das Sekretariat für die Einheit und die Spitzen des Konzils"* – so bescheinigt er – *„waren stets bereit, die Beobachter und die Würde der russisch-orthodoxen Kirche in Fällen gravierender antimoskowitischer, antirussischer oder antisowjetischer Aktionen zu verteidigen, desgleichen in Fällen organisierter Manöver seitens ultrakonservativer oder ultranational-chauvinistischer Kräfte, sei es im Innern oder am Rande des Konzils."*[17]

---

[15] A. MELLONI, *Chiese sorelle, diplomazie nemiche. Il Vaticano II a Mosca fra propaganda, Ostpolitik ed ecumenismo*, in: *Vatican II in Moscow*, 1-14, 8.

[16] VITALI BOROVOI, *Il significato del Concilio Vaticano II per la Chiesa ortodossa russa*, in: *Vatican II in Moscow*, 73-89, 77.

[17] Ebd., 79. In Italien widmete ‚L'Unità' der Anwesenheit der zwei russischen Beobachter viel Raum, *„was gerechtfertigt war angesichts der politischen Bedeu-*

Auch die Journalisten waren ein bevorzugter Kontaktweg zwischen dem Kreml und dem Vatikan.[18] Unter diesen insbesondere Anatoli Krassikow, beim Vatikan offiziell akkreditiert für die Nachrichtenagentur ‚Tass'. Seine erste Korrespondenz, in einem unerwartet wohlwollenden Ton gegenüber dem Vatikan gehalten, wurde von dem sowjetischen Organ am 11. Oktober veröffentlicht und am Folgetag in der ‚Iswestija' übernommen, die von Chruschtschows Schwiegersohn Adschubej herausgegeben wurde.[19]

2. Bruch der konziliaren Legalität: die Sitzung vom 13. Oktober

Die erste Generalkongregation des Zweiten Vatikanischen Konzils wurde am Samstag, dem 13. Oktober, bei strömendem Regen eröffnet. Die Tagesordnung sah vor, dass die Versammlung ihre Repräsentanten (16 von 24) in den zehn Kommissionen wählen sollte, die dazu abgestellt waren, die von der Vorbereitungskommission redigierten Schemata zu prüfen. Die Konzilsväter hatten drei Formulare erhalten, die vom Generalsekretariat vorbereitet waren. Das erste enthielt eine vollständige Liste der Väter, die alle zur Wahl standen oder zumindest nicht bereits andere Funktionen übernommen hatten. Das zweite Formular enthielt die Namen derer, die an den Beratungen der verschiedenen Konzilskommissionen teilgenommen hatten; das dritte bestand aus zehn Seiten, von denen jede 16 nummerierte weiße Kästchen enthielt. Die Konzilsväter konnten die

---

tung, die die P.C.I. ihrer Teilnahme zuwies: eine explizite Bedeutung, die dem Konzil auch von der KPdSU zuerkannt wurde, ohne deren Ermächtigung die beiden nicht nach Rom hätten kommen können, und die implizierte Vereinbarung zwischen den zwei Kirchen, dass sich das Konzil nicht gegen den Kommunismus aussprechen würde" (R. BURIGANA, *Il Partito comunista italiano e la Chiesa*, in: *Vatican II in Moscow*, 205).

18 Vgl. NICOLAI KOVALSKI, *Vatican II and its Role in the History of the Twentieth Century*, in: *Vatican II in Moscow*, 309-310.

19 Vgl. ANATOLI KRASSIKOW, *The Second Vatican Council in the context of Relations between the USSR and the Holy See*, in: *Vatican II in Moscow*, 313-330, 314.

Namen der ausgewählten Repräsentanten eintragen, insgesamt 160 Namen.

Bei Eröffnung der Sitzung kam es jedoch zu einem Überraschungscoup: Kard. Achille Liénart, Bischof von Lille, einer der neun Präsidenten der Versammlung, wandte sich an Kardinal Tisserant, der die Arbeiten leitete, und richtete an ihn mit leiser Stimme die folgenden Worte: *„Eminenz, es ist wirklich unmöglich, in dieser Weise zu wählen, ohne Bescheid zu wissen, ob es qualifiziertere Kandidaten gibt. Wenn Sie erlauben, so bitte ich um das Wort." „Das ist unmöglich."* – entgegnete Tisserant – *„Die Tagesordnung sieht keine Debatte vor. Wir sind einfach nur zusammengekommen, um zu wählen, ich kann Ihnen nicht das Wort erteilen."*[20]

Die Antwort von Kard. Tisserant stand in Einklang mit dem Reglement, da die Kongregation einberufen war, um zu wählen, und nicht, um darüber zu entscheiden, ob gewählt wird oder nicht. Doch der Erzbischof von Lille, damit nicht zufriedengestellt, ergriff das Mikrophon und las einen Text vor, worin er äußerte, dass die Väter noch nicht alle infrage kommenden Kandidaten kennen würden und dass man die nationalen Bischofskonferenzen konsultieren müsse, bevor man die Kommissionen wählen könne. *„Da es momentan in der Welt 42 Bischofskonferenzen gibt, die im Päpstlichen Jahrbuch verzeichnet sind, so wünschen wir, dass die Vorsitzenden dieser Konferenzen ihre Mitglieder zusammenrufen und von ihnen die Namen ihrer Kollegen in Erfahrung bringen, die sie für die Arbeit in den Kommissionen als geeignet empfehlen."*[21]

Während aus der Versammlung mancher Applaus kam, erhob sich von der Präsidentenbank Kard. Frings[22]; er gab an, auch im

---

[20] A. Liénart, *Vatican II*, Facultés Catholiques, Lille 1976, 67; vgl. Wiltgen, 16-17.

[21] AS I/1, 207.

[22] AS I/1, 208. Josef Frings (1887-1978), 1910 zum Priester geweiht, von 1942 bis 1969 Erzbischof von Köln. Er wurde 1946 von Pius XII. zum Kardinal erhoben. Mitglied der Zentralen Vorbereitungskommission und des Präsidialrates. Vgl. Norbert Trippen, *Josef Kardinal Frings*, Bd. I: *Sein Wirken für das Erzbistum Köln und für die Kirche in Deutschland*, F. Schöningh, Paderborn-München 2003; Bd. II: *Sein Wirken für die Weltkirche und seine letzten Bischofsjahre*, ebd., 2005.

Namen der Kardinäle Döpfner[23] und König zu sprechen, und brachte entschieden seine Unterstützung für das Ersuchen seines französischen Kollegen zum Ausdruck. Der Applaus nahm zu, und Kard. Tisserant schlug vor, die Sitzung zu schließen und den Heiligen Vater über den Vorfall zu unterrichten. Kard. Suenens hob in seinen Erinnerungen die revolutionäre Tragweite dieses Vorfalles hervor: „*Glücklicher Coup und wagemutige Verletzung des Reglements! ... Die Geschicke des Konzils wurden zu einem gut Teil in diesem Augenblick entschieden. Johannes XXIII. war darüber froh.*“[24]

Der „*Blitzkrieg*“[25] war sorgfältig abgestimmt worden. In der Nacht vom 12. auf den 13. Oktober hatten im Französischen Seminar von Santa Chiara Msgr. Garrone[26] und Msgr. Ancel[27] einen Text vorbereitet, der dann Kard. Joseph-Charles Lefebvre[28], dem Erzbischof von Bourges, übergeben worden war, damit er ihn seinerseits Kard. Liénart zukommen lasse, der ihn zu Beginn der Generalkongregation verlesen sollte[29]. Kard. Lefebvre hatte diesen Liénart erst am Morgen des 13. beim Betreten der Basilika von St. Peter übergeben.[30]

---

[23] Julius Döpfner (1913-1976), 1939 zum Priester geweiht. 1958 zum Kardinal erhoben, Von 1961 bis 1976 Erzbischof von München und Freising. Zu ihm vgl. GROOTAERS, *I protagonisti*, 103-114.

[24] SUENENS, *Souvenirs et espérances*, 58.

[25] So die Bezeichnung von M. DAVIES in: *Pope John's Council*, Augustine Publishing Company, Devon 1977, 23-32.

[26] Gabriel-Marie Garrone (1901-1994), 1925 zum Priester geweiht. Von 1956 bis 1966 Erzbischof von Toulouse, 1967 zum Kardinal erhoben, Pro-Präfekt und von 1966 bis 1990 Präfekt der Kongregation für die Seminare und die Universitäten (wurde 1967 zur Kongregation für die katholische Bildung) und von 1982 bis 1988 Präsident des Päpstlichen Rates für die Kultur. Vgl. GROOTAERS, *I protagonisti*, 133-144.

[27] Alfred Ancel (1898-1984), 1923 zum Priester geweiht, von 1947 bis 1973 Weihbischof von Lyon. Vgl. OLIVIER DE BERRANGER, *Un homme pour l'Évangile: Alfred Ancel 1898-1984*, Le Centurion, Paris 1988.

[28] Joseph-Charles Lefebvre (1892-1973), 1921 zum Priester geweiht, von 1936 bis 1938 Generalvikar von Poitiers, 1943 zum Erzbischof von Bourges ernannt, 1960 zum Kardinal. Nicht zu verwechseln mit seinem Cousin Mgr. Marcel Lefebvre.

[29] Vgl. A. RICCARDI, *La tumultuosa apertura dei lavori*, in: *SCV*, Bd. II, 21-86, 52-53 {dt.: *Die turbulente Eröffnung der Arbeiten*, 1-81, 39}; P. LEVILLAIN, *La mécanique politique*, 188-189.

[30] A. LIÉNART, *Vatican II*, 66-67.

Die erste Sitzung des Zweiten Vatikanischen Konzils hatte weniger als 50 Minuten gedauert. Msgr. Luigi Borromeo[31] schrieb in seinem *Tagebuch*: *„Und so bereiteten sich 3000 Personen bei strömendem Regen die Unannehmlichkeit, nach St. Peter zu gehen und sich dann sagen zu lassen, dass sich 3000 Bischöfe nicht kennen und sie nach Hause gehen müssen, um danach zuzusehen, dass sie sich ein wenig besser kennenlernen."*[32] *„Es ist schwer, sich das Staunen und das Unbehagen bewusst zu machen, das durch diesen Vorfall erzeugt wurde"*, notiert seinerseits Kard. Siri.[33] Beim Verlassen der Konzilsaula wandte sich ein holländischer Bischof mit folgenden Worten an einen amerikanischen Priester: *„Das war unser erster Sieg!"*[34] Das Konzil begann also mit einem Gewaltakt. Alle Beobachter erkennen hierin den Wendepunkt der Konzilsversammlung.[35]

3. Eine neue Form der Organisation: die Bischofskonferenzen

Eine unmittelbare Folge der Geste von Kard. Liénart war die Einführung einer neuen Form der Organisation, die sich im Verlauf der Arbeiten als entscheidend erweisen sollte: das Eintreten der Bischofskonferenzen in die Konzilsdynamik.[36] Sie wurden, wie Liénart in seinem Antrag verlangt hatte, einberufen, um dem Generalsekretariat während des 15. Oktobers die Listen mit den neuen Kandidaten für die Kommissionen anzuzeigen. Ihre Rolle auf dem Konzil wurde auf diese Weise offiziell sanktioniert. Eine der ersten Bischofskonferenzen und Modell für die anderen war zu Beginn

---

[31] Luigi Carlo Borromeo (1893-1975), 1918 zum Priester geweiht. 1952 bis 1975 Bischof von Pesaro. Mitglied der Kommission für die Ordensleute.

[32] BORROMEO, *Diario*, 13. Oktober 1962, 120.

[33] SIRI, *Diario*, 360.

[34] WILTGEN, 17.

[35] Vgl. z.B. WILDE, 18-19: *„Die Bedeutung der Geste von Liénart kann nicht unterschätzt werden"*(S. 18). Dagegen bagatellisiert die Tragweite der Episode G. CAPRILE, *La seconda giornata del Vaticano II 25 anni dopo*, in: Civiltà Cattolica, 3293 (1987), 382-390.

[36] WILDE, 19; A. RICCARDI, *La tumultuosa apertura dei lavori*, in: *SCV*, Bd. II, 53-55 {dt.: 38-43}.

der 50er-Jahre die brasilianische gewesen (CNBB), entstanden auf Initiative von Msgr. Helder Câmara[37] mit Unterstützung des Nuntius Armando Lombardi[38] und des damaligen Staatssekretärs Msgr. Montinis. Sie hatte als Modell für den CELAM, den lateinamerikanischen Bischofsrat, gedient, der jährlich zusammentrat, um gemeinsam die Probleme dieses Kontinentes zu erörtern.

Manche Konferenzen wie die von Italien, Spanien, Portugal und teilweise der Vereinigten Staaten, des Vereinigten Königreiches, von Irland und Australien hielten ziemlich treu an der Tradition fest; die von Mitteleuropa (Deutschland, Frankreich, Holland und Belgien) formten dagegen einen Block, der sich um progressistische Positionen scharte, wobei der entscheidende Beitrag von den französischen Bischöfen kam[39], die mit 171 Vätern nach dem italienischen (367) und dem amerikanischen Episkopat (216) die zahlenmäßig größte Gruppe bildeten. An der Spitze der französischen Konzilsväter stand eine Gruppe ‚demokratischer' Kardinäle, die von Pius XI. zu Bischöfen ernannt wurden, um die ‚integralistische' Tendenz zu verändern, die vom hl. Pius X. nach der Trennung von Kirche und Staat geprägt worden war[40]: 1927 war der spätere Kard. Feltin[41] zum Bischof ernannt worden, 1928 der spätere Kard. Liénart und 1929 der spätere Kard. Gerlier[42]. Die drei Bischöfe hatten 1953 ge-

---

[37] Helder Pessoa Câmara (1909-1999), Brasilianer, 1931 zum Priester geweiht. Von 1952 bis 1964 Weihbischof von Rio de Janeiro, dann Erzbischof von Olinda und Recife. Bevor er bei ultraprogressistischen Positionen landete, war er in den 30er-Jahren Sekretär der „integralistischen" Bewegung von Plinio Salgado (1895-1975) gewesen.

[38] Armando Lombardi (1905-1964), 1928 zum Priester geweiht, Titularerzbischof von Cäsarea Philippi (1950) und Apostolischer Nuntius in Venezuela (1950-1954) und Brasilien (1954-1964).

[39] Vgl. ALAIN MICHEL, *L'épiscopat français au deuxième Concile du Vatican*, in: *Le deuxième Concile du Vatican*, 281-296.

[40] Vgl. C. BARTHE, 37. Siehe auch MARC MINIER, *L'épiscopat français du ralliement à Vatican II*, Antonio Milani, Padova 1982; YVES-MARIE HILAIRE, *Le renouvellement de l'épiscopat*, in: GÉRARD CHOLVY / Y.-M. HILAIRE, *Histoire religieuse de la France contemporaine (1930-1988)*, Privat, Tolosa 1988, 19-23; MARCEL ALBERT, *Die Katholische Kirche in Frankreich in der Vierten und Fünften Republik*, Freiburg i. Br. 1999.

[41] Maurice Feltin (1883-1975), 1909 zum Priester geweiht. Von 1949 bis 1966 Erzbischof von Paris, 1953 zum Kardinal erhoben.

[42] Pierre-Marie Gerlier (1880-1965), 1921 zum Priester geweiht. 1929 Bischof von Tarbes und Lourdes, von 1937 bis zu seinem Tod Erzbischof von Lyon. 1937 zum Kardinal erhoben.

meinsam eine Reise nach Rom unternommen, um für die Sache der ‚Arbeiterpriester'[43] einzutreten. Zu den progressivsten französischen Bischöfen zählte der Koadjutor von Straßburg, Léon-Arthur Elchinger[44], der sich dafür einsetzte, eine enge Zusammenarbeit mit dem deutschen Episkopat aufzubauen.

Die mitteleuropäischen Konferenzen waren die ersten, die die ihnen zugedachte Rolle spielten, indem sie sich mit den Konferenzen aus Lateinamerika und aus den ‚Missionsländern' Afrikas und Asiens zusammentaten.

„Auch wenn viele die Auffassung äußerten, dass die Entscheidung von Liénart, am ersten Tag des Konzils zu intervenieren, eine Geste gewesen war, die auf einen Impuls des Heiligen Geistes zurückging, so handelte es sich in Wirklichkeit" – nach Melissa Wilde – *„schlichtweg um den ersten öffentlichen Akt eines umfassenden Planes, der darauf abzielte, die Ernennungen aus den Reihen der Kurie beim Konzil zu verhindern. Der zweite Teil des Planes, vielleicht noch bedeutender, betraf das Zustandekommen einer Allianz zwischen den französischen Anführern und den führenden Bischöfen Lateinamerikas, Manuel Larraín und Helder Câmara, beides Vizepräsidenten des CELAM."*[45]

In einer hektischen Atmosphäre waren 34 Wahllisten akzeptiert worden, doch machte die aus Mitteleuropa den organisiertesten und repräsentativsten Eindruck. Am 16. Oktober wurde die zweite Generalkongregation eröffnet, auf der Kard. Ottaviani eine Verfahrensänderung vorschlug, die den Coup hätte vereiteln können[46]; unter ihren Gegnern fand sich jedoch auch Kard. Ruffini[47], mit dem er sich nicht im Vorfeld abgestimmt hatte. Dafür erreichte die progressistische Maschinerie, sorgfältig organisiert, ihr Ziel zur Gänze: kein zahlenmäßiger Triumph, aber das Ende der Vorherrschaft der Kurie in der Konzilsversammlung.[48]

---

[43] Vgl. J. VINATIER, *Le cardinal Liénart*, 150ff.

[44] Léon-Arthur Elchinger (1908-1998), Franzose, 1931 zum Priester geweiht. Weihbischof von Straßburg (1957-1967), von 1967 bis 1984 Bischof dieser Stadt. BERNARD XIBAUT, *Mgr Léon-Arthur Elchinger. Un évêque français au Concile*, Paris 2009.

[45] WILDE, 19.

[46] AS I/1, 211-212.

[47] Ebd., 213.

[48] Vgl. C. BARTHE, 106-107.

Eine zweite Neuerung des Prozedere ergab sich am 20. Oktober im Verlauf der dritten Generalkongregation, als bei Eröffnung der Sitzung der Generalsekretär verkündete, dass der Papst auf Vorschlag des Konzilspräsidiums die Anwendung von Art. 39 des *Ordo Concilii* aufgehoben hatte, die eine absolute Mehrheit für zwei Wahlgänge und eine relative für den dritten forderte. Die 16 Konzilsväter, die die größere Zahl der Stimmen erhielten, sollten für die verschiedenen Kommissionen gewählt sein.[49]

An diesem Punkt war der Erfolg absehbar. Die Ergebnisse der Wahlen waren enorm zufriedenstellend für die ‚internationale' Liste, die Henri Fesquet, der Korrespondent von ‚Le Monde', ‚Gemeinsamer Markt'[50] und der Steyler Missionar Ralph Wiltgen ‚Europäische Allianz' nannte: von 109 Kandidaten, die sie präsentiert hatte, waren 79 gewählt worden. Der Rhein, wie Wiltgen mit einer Formulierung bemerkt, die in die Geschichte eingehen sollte, *„begann in den Tiber zu fließen"*[51]. Die Franzosen und die Deutschen, so merkte Kard. Siri besorgt an, gerierten sich *„in Herrschermanier... Unsere Liste wurde abgelehnt, die von Deutschland und Frankreich, die die Unterstützung des Staatssekretariates erfuhr, trug den Sieg davon."*[52]

Am 28. Oktober wurde in ‚L'Espresso' ein Artikel unter dem Namen von Carlo Falconi veröffentlicht, der den Titel trug: *Verso la nuova teologia. Prevalgono i Padri conciliari favorevoli al rinnovamento*[†], und die Photos der Kardinäle Liénart und Frings zeigte, welche als die zwei ‚Heroen' der konziliaren Erneuerung aufgeboten wurden.[53] Liénart, der damals 78 Jahre zählte, war Vorsitzender der Französischen Bischofskonferenz. Frings, 75 Jahre alt, war Chef der Konferenz der deutschen Bischöfe. Fesquet führte in ‚Le Monde' die

---

[49] Vgl. AS I/1, 223.

[50] FESQUET, *Diario*, 37 {Originaltitel: *Le journal du concile*, Morel, Forcalquier 1966}.

[51] WILTGEN, 19. Vgl. S. GÓMEZ DE ARTECHE y CATALINA, Bd. I, Buch II, t. II, 309-315.

[52] Gespräch von Kard. Siri mit Benny Lai am 17. Mai 1988, in: B. LAI, *Il Papa non eletto*, 187.

[†] *Hin zur neuen Theologie. Die Konzilsväter stehen der Erneuerung überwiegend wohlwollend gegenüber.*

[53] FRANCIS X. MURPHY war der Autor des Artikels und schrieb unter diesem Pseudonym; auch in: DERS. / CARLO FALCONI, *Letters from Vatican City: Vatican Council II (First session): Background and Debates*, Faber & Faber, London 1963, 60-94. Eine Woche zuvor, am 20. Oktober, war ein Artikel mit derselben Ausrichtung in ‚New Yorker' mit dem Titel *Letter from Vatican City* erschienen.

Namen der Bischöfe auf, die *„in den Unterredungen häufiger auftauchten als Männer, die fähig waren, mit ihrer Persönlichkeit dem ganzen Konzil ihren Stempel aufzudrücken: König, Erzbischof von Wien; Frings, Erzbischof von Köln; Döpfner, Erzbischof von München; Alfrink, Erzbischof von Utrecht; Léger, Erzbischof von Montréal; Montini, Erzbischof von Mailand; Bea, Präsident des Sekretariates für die Einheit der Christen; Suenens, Erzbischof von Mecheln, Primas von Belgien; Liénart, Bischof von Lille."*[54] Die deutsch-französische Koalition umfasste, wie Gilles Routhier[55] erwähnt, bei leicht veränderter Zusammensetzung gewöhnlich die Bischöfe Suenens, Liénart, Alfrink, Montini, Lercaro, Frings, Döpfner, König. Dieser Gruppe waren noch die Kardinäle Léger, der einzige Nordamerikaner, Bea als Kurienvertreter und Maximos IV[56] als Repräsentant der Orientalen hinzuzufügen.

Von der Welle ihres Erfolgs getragen, gingen die Kardinäle Suenens und Döpfner noch weiter: Sie baten den Papst, den Bischöfen zu erlauben, an den Generalkongregationen in einer weniger feierlichen Kleidung als den Prälatengewändern teilzunehmen und die Feier der Messe zu Beginn der Sitzungen abzuschaffen, um mehr Zeit für die Diskussion zur Verfügung zu haben. Die Wünsche der Mitteleuropäer wurden von Kard. Montini unterstützt, den der Botschafter Poswick als *„einen der wenigen italienischen Kardinäle"* bezeichnete, *„die geneigt waren, den liberalen Flügel des Konzils zu unterstützen"*[57]. Doch Johannes XXIII. blieb dieses Mal hart und zog es vor, den Ratschlägen von Kard. Siri zu folgen, der, vom Papst um seine Meinung gebeten, sich für die gegenteilige Ansicht aussprach, sowohl, was die Aufgabe der Kleidung betraf, als auch den Ver-

---

[54] FESQUET, *Diario*, 36.

[55] Vgl. G. ROUTHIER, *Portare a termine l'opera iniziata: la faticosa esperienza del quarto periodo*, in: *SCV*, Bd. V, 73-196, 145 {dt.: *Das begonnene Werk zu Ende führen: die Mühen der vierten Sitzungsperiode*, 57-213, 146 Anm. 310}.

[56] Maximos IV Saigh (1878-1967), Syrer, 1905 zum Priester geweiht. Melkitischer Patriarch von Antiochia. Vgl. *Discorsi di Massimo IV al Concilio. Discorsi e note del patriarca Massimo IV e dei vescovi della sua Chiesa al Concilio Vaticano II*, Edizioni Dehoniane, Bologna 1968; GROOTAERS, *I protagonisti*, 171-183; O. ROUSSEAU, *Le patriarche Maximos IV (1878-1967)*, in: Revue Nouvelle 47 (1968), 64-70; M. VILLAIN, *Un prophète: le Patriarche Maximos IV*, in: Nouvelle Revue Théologique 90 (1968), 50-65; EMILIOS INGLESSIS, *Maximos IV. L'Orient conteste l'Occident*, Paris 1969.

[57] POSWICK, *Journal*, 263.

zicht auf die Messe, in Anbetracht der Tatsache, dass das Konzil – wie er sagte – *„vielleicht mehr Gebet als Denken nötig“*[58] habe.

In diesen Tagen machte Msgr. Borromeo, Bischof von Pesaro die Feststellung *„der scharfen Sprache nahezu aller ausländischen Bischöfe gegen die Liturgie des römischen Ritus und ihrer Sprache, sowie der Trägheit der Italiener, die so gut wie keine Reaktion zeigen oder zumindest noch nicht begonnen haben, eine Reaktion zu zeigen.“*[59]

4. Die ‚Botschaft an die Welt'

Zu Beginn der dritten Generalkongregation am 20. Oktober wurde eine ‚Botschaft an die Welt', deren erste Fassung von P. Chenu erstellt worden war, durch Handabstimmung angenommen.[60] Auch wenn dies keinen eigentlichen Akt des Konzils darstellte, so handelte es sich dabei um die erste öffentliche Äußerung der Konzilsväter. *„Bei der Durchführung unserer Arbeiten“*, so verkündeten sie, *„werden wir alles, was die Würde des Menschen betrifft und alles, was der wahren Gemeinschaft der Völker dient, ganz besonders im Auge haben.“*[61]

Unter den wenigen Gegenstimmen fand sich Kard. Heenan[62], Erzbischof von Liverpool:

> *„Ich bin der Ansicht“*, sagte er, *„dass die Zeit noch nicht gekommen ist, um eine Botschaft an alle Menschen zu richten, und es erscheint mir betrüblich, dass die erste Botschaft so vage und weitschweifig ausfallen soll. Sicherlich werden die Zeitungen von dieser Botschaft fast nichts veröffentlichen. Ich bin der Ansicht, dass es besser wäre, noch ein wenig zu warten, bis es nach den Diskussio-*

---

[58] Aussage von Kard. Siri in: *Ioannis XXIII. Positio*, Bd. II/1, 1131; vgl. auch B. LAI, *Il Papa non eletto*, 188-189.

[59] BORROMEO, *Diario*, 24. Oktober 1962, 129.

[60] AS I/1, 230-232; der angenommene Text: ebd., 254-256, ital. Übers. in: CAPRILE, Bd. II, 49-51. Die Botschaft wurde im ‚Osservatore Romano' am 21. und 22.-23. Oktober 1962 veröffentlicht.

[61] AS I/1, 231.

[62] John Heenan (1905-1975), 1930 zum Priester geweiht. 1957 bis 1963 Erzbischof von Liverpool, 1963 bis zu seinem Tod von Westminster. 1965 zum Kardinal erhoben. Mitglied des Sekretariates für die Einheit der Christen.

nen wirklich etwas Interessantes für alle Menschen zu sagen gibt, das dann die Aufmerksamkeit der Welt erregen könnte. Tatsächlich erwartet die Welt von uns ein kleines Wort des Mitleides und der Hoffnung, um die Seelen zu trösten, die aus Furcht vor einem atomaren Krieg voller Sorge sind, und wir müssen auch etwas im Namen der Väter sagen, die aufgrund von Verfolgung nicht bei uns sind, und ein Wort des Mitleides an alle christlichen Völker richten, die unter dem Kommunismus leben, auch diesen müssen wir ein Wort zum Trost der Seelen sagen."[63]

Die Botschaft fand in der Presse keine Resonanz, wie Heenan vorausgesehen hatte, doch sie zeigte eine Richtung an. Die sowjetische Nachrichtenagentur ,Tass' brachte ohne Kommentar den Passus, in dem es heißt, es gebe hier keinen Menschen, *„der den Krieg nicht verabscheut und nicht mit glühendem Verlangen nach dem Frieden strebt"*, sowie den Satz, wonach das ökumenische Konzil bei seiner Arbeit besonders *„alles, was die Würde des Menschen betrifft und alles, was der wahren Brüderlichkeit der Völker dient"* im Auge habe.[64]

25 exilierte katholische Bischöfe des orientalischen Ritus, die sog. Unierten, die sich in der Union von Brest 1596 mit Rom vereinigt hatten, lehnten es jedoch ab, sich der Botschaft anzuschließen, weil diese nicht die dramatische Situation widerspiegele, in die die Kirche in den Ländern des Ostens durch den Kommunismus gebracht worden war.[65] Am 23. November verbreiteten sie eine schriftliche Erklärung, worin sie die Aufmerksamkeit der Weltöffentlichkeit auf die Abwesenheit ihres Metropoliten Josef Slipyi[66] lenkten,

---

[63] AS I/1, 237.

[64] FESQUET, *Diario*, 41-42.

[65] Darunter war Ivan Bucko (1891-1974), Ukrainer, 1915 zum Priester geweiht, 1929 von Mgr. Andrej Alexander Szepticky (1865-1944) zum Bischof geweiht, später in die Vereinigten Staaten emigriert. Weihbischof von Philadelphia für die katholischen Ukrainer (1940-1945), später Titularerzbischof von Leucas, war ab 1953 an der Kurie tätig.

[66] Josef Slipyi (1892-1984) aus der Erzdiözese Lemberg (Ukraine). 1917 zum Priester geweiht, Titularerzbischof von Serrae (1939), folgte 1944 Mgr. Andrej Szepticky als Erzbischof und Metropolit von Lemberg nach. 1945 wurde er verhaftet und zur Zwangsarbeit nach Sibirien deportiert, wo er 18 Jahre zubrachte (1945-1963). Er wurde am 22. Februar 1965 von Paul VI. zum Kardinal erhoben. Zu den Geschicken der ukrainisch-ruthenischen Kirche vgl. ALBERTO GALTER, *Libro rosso della Chiesa perseguitata*, Ancora, Milano 1956 {dt.: *Rotbuch der verfolgten Kirche.*

der vor mehr als 17 Jahren nach Sibirien deportiert worden war, des einzigen Überlebenden von elf in den Gulag geschickten ukrainischen Bischöfen, während an der Konzilsversammlung zwei Beobachter des Moskauer Patriarchates teilnahmen, die als *„gefügiges und nützliches Werkzeug in den Händen der Sowjetregierung“*[67] bezeichnet wurden. Zwei Tage nach der Veröffentlichung dieses Dokumentes, am 25. November, verteidigte Msgr. Willebrands im Namen des Sekretariates für die Einheit der Christen im Verlauf einer Pressekonferenz die russischen Beobachter, die *„einen wahrhaft religiösen und ökumenischen Geist gezeigt“* hätten, und beklagte sich zudem über das Kommuniqué der ukrainischen Bischöfe.[68] Am 9. Februar des folgenden Jahres wurde Kard. Slipyi unerwartet aus der Gefangenschaft entlassen und traf in Rom ein.

In eben jenen Tagen, als das Konzil seine ‚Botschaft an die Welt' ausgab, brach eine internationale Krise aus, die die Menschheit an den Rand des Dritten Weltkrieges brachte. Die Aufklärungsbilder der amerikanischen ‚Luftraumspione' über der Insel Kuba bestätigten die Vermutung, dass dort vom Kreml Raketen mittlerer Reichweite installiert worden waren, die imstande waren, weite Teile des amerikanischen Territoriums zu treffen. Präsident Kennedy ordnete am 22. Oktober eine Seeblockade der Insel an. Am Folgetag formierte sich in den kubanischen Gewässern eine sowjetische Flotte zum Angriff. Nach einem Austausch von Botschaften zwischen Kennedy und Chruschtschow wurde die Krise mit einem Kompromiss beendet: Abzug der Raketen seitens der russischen Par-

---

Veröffentlicht im Auftr. d. Kommission f.d. Verfolgte Kirche d. internat. kathol. Organisationen, übers. v. A. Kindermann, Paulus Verlag, Recklinghausen 1957} und *Cristiani d'Ucraina. Un popolo dilaniato ma indomabile*, Aiuto alla Chiesa che soffre, Roma 1983; D. Pavlo Vyshkovskyy OMI, *Il martirio della Chiesa cattolica in Ucraina*, Luci sull'Est, Roma 2007. Zu Kard. Slipyi siehe Ivan Choma, *Josyf Slipyj "Vinctus Christi" et "Defensor Unitatis"*, Universitas Catholica Ucrainorum S. Clementis Papae, Roma 1997; Ders., *Josyf Slipyj. Padre e confessore della Chiesa Ucraina martire*, Aiuto alla Chiesa che soffre, Roma 1990. Lit. von Kard. Slipyi: *Testamento*, ital. Übers., in: Quaderni di Cristianità I/2 (1985), 26-44.

67 G. F. Svidercoschi, *Storia del Concilio*, 164-165.

68 Text des Kommuniqués in: Caprile, Bd. II., 202. Vgl. auch ‚L'Osservatore Romano', 24. November 1962.

tei und Garantie der kubanischen Unabhängigkeit seitens der USA, die die Blockade aufhoben.[69]

5. Progressisten auf dem Konzil

a) Die Partei der Theologen

Das Versammlungsmodell, das sich in den ersten Wochen abzuzeichnen begann, basierte nicht auf dem Ersten Vatikanum, sondern auf dem Konzil von Konstanz, das 1414-1418 getagt hatte und das vielleicht, wie Alois Dempf erwähnt, die erste parlamentarische Erfahrung der Geschichte innerhalb der Kirche darstellt.[70] In der Aula zeichneten sich Tendenzen und ‚Parteien' doktrinellen, aber auch nationalen Charakters ab. Um ihren Interventionen größeres Gewicht zu verleihen, sprachen die Konzilsväter in der Tat im Namen von Gruppen derselben geographischen und sprachlichen Region.

Die Arbeiten der Bischöfe spielten sich in zwei verschiedenen Bereichen ab: in der Generalkongregation und in den Kommissionen. An den Morgen der Wochentage versammelten die Generalkongregationen alle Väter in der Basilika von St. Peter. Wenn man sprechen wollte, musste man sich entsprechend dem eigenen Rang in Listen eintragen: an erster Stelle standen die Kardinäle, dann die Patriarchen, dann die Erzbischöfe und schließlich die Bischöfe, und innerhalb dieser Kategorien ging es nach Alter. An den Nachmittagen verlagerte sich die Arbeit der Väter in die Kommissionen, die diesbezüglichen Aktiven betrafen jedoch nur ein Drittel der Bischöfe. Am Nachmittag fanden außerdem Treffen und in-

---

[69] Vgl. MICHEL TATU, *Power in the Kremlin: from Khrushchev to Kosygin*, Penguin, New York 1974, 230-297; MICHAEL R. BESCHLOSS, *The Crisis Years. Kennedy and Khrushchev, 1960-1963*, Harper & Collins, New York 1991.

[70] Vgl. ALOIS DEMPF, *Sacrum Imperium, Geschichts- und Staatsphilosophie des Mittelalters und der politischen Renaissance*, Darmstadt ^{2}1954 (1929), 549. Auch der Historiker LUDWIG VON PASTOR räumt diese Parlamentarisierung ein und beschreibt die verschiedenen ‚Parteien' innerhalb der Konzilsversammlung (*Geschichte der Päpste seit dem Ausgang des Mittelalters*, Bd. 1, Freiburg i. Br., 1931, 210-211.

formelle Zusammenkünfte der Bischöfe mit ihren Mitarbeitern statt.

Den Konzilsvätern zur Seite standen sogenannte Experten: offizielle bzw. ,Periti', die den Generalkongregationen beiwohnten, ohne Stimmrecht zu besitzen, sowie private Berater, die von manchen Bischöfen eingeladen worden waren.[71] Die offiziellen Periti konnten natürlich auf privater Ebene einem oder mehreren Bischöfen zur Seite stehen und assistieren, wenn diese ihren Rat wünschten. Sie hatten die Aufgabe, die Schemata zu redigieren bzw. umzuarbeiten und häufig auch, die Interventionen der Väter vorzubereiten. Oft beschränkten sich die ,Experten' nicht auf diese Rolle, sondern versuchten, die Arbeit der Kommissionen durch Artikel, Vorträge und außerhalb der Versammlung verbreitete Texte zu beeinflussen. Unmittelbar vor der Eröffnung des Konzils hatte Johannes XXIII. 201 Periti ernannt: am Ende des Konzils überschritt man, auch die privaten Experten mitgezählt, die Zahl von 500. Viele dieser Theologen waren während des Pontifikates von Pius XII. in den Verdacht der Heterodoxie geraten, wie die Patres Congar, Daniélou, de Lubac, Häring[72], Küng, Rahner, Schillebeeckx. Alle sollten während der Jahre des Konzils und in der Nachkonzilszeit großen Einfluss ausüben. Eben genannter Congar notierte am 21. Oktober in sein Tagebuch: *„Ich bin beeindruckt von der Rolle, die die Theologen spielen. Auf dem Ersten Vatikanischen Konzil hatten sie gar keine Rolle gespielt.“*[73]

Es fällt nicht schwer zu verstehen, dass der Feind par excellence der progressistischen Theologen die römische Kurie und insbesondere das Heilige Offizium war, die Quelle ihrer Verurteilungen. Sie gingen mit den Konzilsvätern eine strategische Allianz ein, um diese Kongregation unter Leitung von Kard. Ottaviani, die das

---

[71] Vgl. R. AUBERT, *Organizzazione e funzionamento dell'assemblea*, 179-180.

[72] Bernhard Häring (1912-1998), 1933 zum Priester geweiht, deutscher Redemptorist und Professor für Moraltheologie am Alphonsianum (1949-1987), Berater der Theologischen Vorbereitungskommission, Konzilsperitus.

[73] CONGAR, *Journal*, Bd. I, 136. Vgl. JOHN KOBLER CP, *Were theologians the engineers of Vatican II?*, in: Gregorianum 70/2 (1989), 233-250; É. FOUILLOUX, *Théologiens romains et Vatican II*; DERS., *Comment devient-on expert à Vatican II? Le cas du père Yves Congar*, in: *Le deuxième Concile du Vatican*, 307-331; JARED WICKS, *I teologi al Vaticano II. Momenti e modalità del loro contributo al Concilio*, in: Humanitas 59 (2004), 1012-1038.

Bollwerk der Orthodoxie darstellte, zu zerstören. *„Die Zusammenarbeit zwischen Bischöfen und Theologen"* – gibt Alberigo zu – *„bedeutete auch, das Konzil der Kontrolle Ottavianis zu entreißen."*[74] Im aktiven Flügel des Progressismus trat ein Stoßtrupp deutscher Theologen hervor[75], die von P. Karl Rahner[76] aus der Gesellschaft Jesu und den jüngeren Theologen Hans Küng und Joseph Ratzinger[77] angeführt wurde. P. Rahner war Berater des Kardinals König von Wien, Küng von Msgr. Leiprecht[78], Bischof von Rottenburg, Ratzinger von Kard. Frings, Erzbischof von Köln. Ihnen gesellte sich P. Otto Semmelroth[79] bei, Theologe von Msgr. Hermann Volk, des Bischofs von Mainz, seinerseits eng verbunden mit P. Rahner. Sie

---

[74] GERALD FOGARTY, *L'avvio dell'assemblea*, in: *SCV*, Bd. II, 87-128, 104 {dt.: *Das Konzil beginnt*, 83-127, 101}.

[75] Vgl. NIKLAUS PFLUGER, *L'influence des théologiens allemands sur le Concile Vatican II*, in: *Église et Contre-Église au Concile Vatican II. Actes du II Congrès théologique de Sì sì no no, janvier 1996*, Publications du Courrier de Rome, Versailles 1996, 367-402; FRANZ SCHMIDBERGER, *L'apport des théologiens allemands dans le ralliement du Concile à la pensée moderne*, in: *Penser Vatican II quarante ans après, Actes du VIème Congrès Théologique de "Si si no no" (Roma, gennaio 2004)*, Publications du Courrier de Rome, Versailles 2004. Kard. Siri stellt fest, dass im Innern der Konzilsversammlung *„sich eine vage Form von Leitung der Kirche abzeichnet, die von der deutschsprachigen Gruppe und deren Verwandten oder Nachbarn repräsentiert wird. Dies ist auch* aliquatenus *organisiert … dass man von einer* Theologia nova *spricht und dass ihr Konzept und auch ihr Ziel ziemlich obskur und eventuell gefährlich erscheinen"* (SIRI, *Diario*, 383).

[76] Karl Rahner (1904-1984), aus der Gesellschaft Jesu, 1932 zum Priester geweiht. Professor für dogmatische Theologie in Innsbruck (1948-1964). Ratgeber der Vorbereitungskommission für die Sakramentenordnung, wurde 1962 zum Experten auf dem Zweiten Vatikanum ernannt. Zu ihm vgl. die kritischen Studien von C. FABRO, *La svolta antropologica di K. Rahner*, Rusconi, Milano 1974; DAVID BERGER, *Abschied von einem gefährlichen Mythos – Neue Studien zu Karl Rahner*, in: Divinitas 156 (2003), 68-89; G. CAVALCOLI, *Karl Rahner*, und die Akten der Studientagung hg. v. Pater SERAFINO LANZETTA unter dem Titel: *Karl Rahner, un'analisi critica. La figura, l'opera e la recezione teologica di Karl Rahner (1904-1984)*, Cantagalli, Siena 2008.

[77] Joseph Alois Ratzinger-Benedikt XVI., 1927 geboren, 1951 zum Priester geweiht. Ratgeber von Kard. Frings, wurde ab der zweiten Sitzungsperiode Konzilsperitus; Professor in Bonn, Münster, Tübingen und Regensburg. 1977 Erzbischof von München und Freising und im selben Jahr Kardinal. Von 1981 bis 2005 Präfekt der Kongregation für die Glaubenslehre. Er wurde am 19. April 2005 zum Papst gewählt und nahm den Namen Benedikt XVI. an. Vgl. *Aus meinem Leben: Erinnerungen (1927-1977)*, Stuttgart [3]1998. 2008 wurde mit der Veröffentlichung seiner *Opera omnia* begonnen.

[78] Joseph Karl Leiprecht (1903-1981), 1928 zum Priester geweiht. 1949 Bischof von Rottenburg. 1974 trat er von seinem Amt zurück.

[79] Otto Semmelroth (1912-1979), Jesuit, Professor in Frankfurt, Konzilsperitus.

kritisierten die römische ‚Begriffstheologie', verächtlich als *„Theologie des Denzinger"* bezeichnet, und wünschten eine neue *‚Theologie der Existenz'*, bei der Erkenntnis und Leben in einem einzigen Akt der Glaubenserfahrung aufgehen müssten.

Rahner, 1904 geboren, war 1922 in die Gesellschaft Jesu eingetreten und 1934 von seinen Oberen nach Freiburg geschickt worden, um ein Doktorat in Philosophie zu erwerben. Der Professor, bei dem er den Doktortitel erwerben sollte, Martin Honecker, lehnte seine Studie mit dem Titel *Geist in Welt*[80], die 1939 veröffentlicht wurde, jedoch ab. Der Schüler, der den hl. Thomas durch die Brille seines belgischen Mitbruders Joseph Maréchal las, näherte sich Heidegger an, der in jenen Jahren in Freiburg lehrte und von dem er tief beeinflusst war.[81]

Der deutsche Jesuit war dadurch bekannt geworden, dass er die Jungfräulichkeit Mariens in Zweifel gezogen hatte.[82] Seine *Mariologie* hatte seitens der Gesellschaft Jesu, der er angehörte, keine Druckerlaubnis erhalten, und sein Eintreten zugunsten der Konzelebration in der Kleinschrift *Die vielen Messen und das eine Opfer* war auf die Kritik von Pius XII. gestoßen.[83] Die ‚präventive Zensur', mit der Rahner aufgrund seiner heterodoxen Thesen durch das Heilige Offizium belegt worden war, hatte jedoch den Protest der Kardinäle Döpfner, Frings und König hervorgerufen. Die Wiener Nuntiatur stellte ihn in Rom als *„den besten Theologen in Österreich"*[84] vor, und Kardinal König, Vorsitzender der Österreichischen Bischofskonferenz, hatte Rahner gebeten, ihn als theologischer Experte zum Konzil zu begleiten[85].

---

[80] K. RAHNER, *Geist in Welt. Zur Metaphysik der endlichen Erkenntnis bei Thomas von Aquin*, Rauch, Innsbruck 1939.

[81] Vgl. K. RAHNER, *La fatica di credere*, ital. Übers., Cinisello Balsamo 1986, 49 {Originaltitel: *Erinnerungen, im Gespräch mit Meinold Krauss* (Herderbücherei 1154), Freiburg i. Br. u.a. 1984}.

[82] Vgl. KARL HUGO NEUFELD, *Mariologie in der Sicht K. Rahners*, in: Ephemerides Mariologicae 50 (2000), 285-297.

[83] Vgl. KLAUS WITTSTADT, *Alla vigilia del Concilio*, in: *SCV*, Bd. I, 474-477, 476 {dt.: *Am Vorabend des II. Vatikanischen Konzils*, 457-560, 512}.

[84] ASV, Conc. Vat. II, Busta 261, Prot. 362/60.

[85] Vgl. H. VORGRIMLER, *Karl Rahner Verstehen. Eine Einführung in sein Leben und Denken*, Freiburg i. Br. 1985, 172-178.

Hans Küng, 34-jähriger Professor für dogmatische Theologie an der Universität Tübingen, sah in Rahner eher einen Verbündeten als einen Lehrer. *„Wir erwogen damals schon Pläne"*, so erinnert er sich, *„wie man die kuriale Konzilsstrategie durchkreuzen könne."*[86] Wenn Küng die Thesen von Rahner zu ihren logischen Konsequenzen führte, so wiederholte Joseph Ratzinger[87], Schüler von Gottlieb Söhngen[88], eher die Ekklesiologie des Paters de Lubac und des Schweizer Theologen Hans Urs von Balthasar, der 1950 aus der Gesellschaft Jesu ausgetreten war[89]. *„Balthasar"*, notierte Küng in süffisantem Ton, *„sei eigentlich mehr Literat, Karl Rahner aber der wirkliche Theologe."*[90]

In den Folgejahren des Konzils trennten sich die Wege der zwei jungen Theologen: Küng vertrat immer heterodoxere Positionen, bis zum Selbstausschluss aus der Kirche, während Ratzinger einen gegensätzlichen geistigen Kurs verfolgte, der ihn die Rolle der Tradition und der römischen Institutionen wiederentdecken ließ.[91] Rahner, ihr gemeinsamer Lehrer, wollte seinerseits beweisen, man könne dort erfolgreich sein, wo der Modernismus gescheitert war, und machte sich an die ehrgeizige Aufgabe, die Lehre der Kirche zu verändern und gleichzeitig im Innern der Kirche zu verbleiben. Er *„sollte schließlich"*, wie Alberigo betont, *„zu einem der prägenden und wegweisenden Theologen des II. Vatikanums werden."*[92]

---

[86] KÜNG, *Erkämpfte Freiheit*, 332.

[87] Vgl. J. WICKS, *Six texts by Prof. Joseph Ratzinger as Peritus before and during Vatican Council II*, in: Gregorianum 89 (2008).

[88] Gottlieb Söhngen (1892-1971), 1917 zum Priester geweiht, Professor für Fundamentaltheologie an der Universität München. Unter der Leitung von Söhngen schrieb P. Ratzinger seine Habilitationsthese über die Heilsgeschichte beim hl. Bonaventura. Die Arbeit gefiel dem Korrelator, dem Theologen Michael Schmaus (1897-1993), nicht, der den jungen Ratzinger dazu verpflichtete, sie zu überarbeiten (GIANNI VALENTE, *Ratzinger professore. Gli anni dello studio e dell'insegnamento nel ricordo dei colleghi e degli allievi (1946-1977)*, Cinisello Balsamo 2008, 50-55).

[89] Vgl. ALFRED LÄPPLE, *Benedikt XVI. und seine Wurzeln: was sein Leben und seinen Glauben prägte*, Augsburg 2006.

[90] KÜNG, *Erkämpfte Freiheit*, 333.

[91] Zusammen mit Balthasar, de Lubac und anderen Theologen rief Ratzinger 1972 ‚Communio' ins Leben, einen Verband theologischer Zeitschriften, die in verschiedenen Sprachen und Ländern erschienen (in Italien von Beginn an im Verlag Jaca Book), der sich der progressistischen Zeitschrift ‚Concilium' entgegenstellte.

[92] K. WITTSTADT, *Alla vigilia del Concilio*, in: *SCV*, Bd. I, 477 {dt.: 513}. Ignazio Sanna zufolge *„hat vielleicht kein anderer Theologe einen so tiefen und radikalen*

Genauso gutorganisiert und aggressiv wie die deutsche Gruppe war die französische, bestehend aus den Vertretern der von Pius XII. verurteilten *‚Nouvelle théologie'*, insbesondere den Dominikanern Congar und Chenu sowie den Jesuiten Daniélou und de Lubac.

Congar und de Lubac wurden von Johannes XXIII. zu Beratern der Vorbereitungskommission ernannt. Ihre Namen wurden, wie es scheint, von einigen Konservativen wie P. Franz Hürth empfohlen, *„ut pluribus opponentibus os clauderetur"*[†93], was bei vielen Überraschung hervorrief, beispielsweise bei Msgr. Marcel Lefebvre, der an Kard. Ottaviani schrieb: *„Die Namen der Patres de Lubac und Congar sind zu Recht Namen, die Opposition zum kirchlichen Denken und besonders zu* Humani generis *evozieren. Wie konnten diese Theologen mit modernistischer Geisteshaltung designiert werden? Dies fragen wir Sie."*[94]

Daniélou, auch er Konzilsperitus, unterstützte die Arbeit des Bischofs Garrone von Toulouse. Chenu hatte im Unterschied zu den genannten Theologen während des Konzils keine offiziellen Ämter inne (er war von einem Bischof auf Madagaskar, der sein Schüler gewesen war, als ‚Experte' berufen worden), übte dort aber trotzdem, wie die anderen und noch mehr als sie, einen starken Einfluss aus.

Den frankophonen Periti gesellte sich ein belgischer Theologe flämischer Zunge bei, der Dominikaner Edward Schillebeeckx[95], Dozent der Theologie zunächst in Löwen, dann in Nimwegen. Schillebeeckx, der in Belgien und in Frankreich studiert hatte und Schüler von Chenu gewesen war, stellte, wie beobachtet wurde, *„ein*

Einfluss auf die katholische Theologie des letzten Quartals des Jahrhunderts ausgeübt wie Karl Rahner" (*Karl Rahner*, Brescia 2000, 21); Vgl. Ders. (Hg.), *L'eredità teologica di Karl Rahner*, Roma 2005.

† *um das Gros der Gegner zum Schweigen zu bringen.*

93 Brief von Franz Hürth an Tromp vom 30. Juni 1960, in: Tromp, *Diarium*, 803.

94 Tromp, *Diarium*, 815.

95 Edward Schillebeeckx (1914-2009), belgischer Dominikaner, 1941 zum Priester geweiht, Theologieprofessor an der katholischen Universität von Nimwegen (1957-1982), theologischer Berater von Kard. Alfrink, gehörte zu den Gründern der Zeitschrift ‚Concilium'. Zu ihm vgl. *Nouvelle théologie*, 118-125; John Stephen Bowden, *Edward Schillebeeckx. Portrait of a Theologian*, London 1983; Philippe Kennedy, *E. Schillebeeckx*, Nachwort und Bibliographie von Franco Giulio Brambilla, Cinisello Balsamo 1997; F. G. Brambilla, *Edward Schillebeeckx*, Brescia 2001; Erik Borgman, *Edward Schillebeeckx: A Theologian in his History*, London-New York 2003.

anschauliches Musterbeispiel für die Ausbreitung der Nouvelle théologie von Frankreich via Belgien nach Holland" sowie für das Zusammentreffen der französischen ‚*Nouvelle théologie*' mit der deutschen ‚Verkündigungstheologie' dar.[96] Auch wenn er nicht offiziell zum Peritus ernannt wurde, so war er Berater von Kardinal Alfrink und übte einen starken Einfluss insbesondere auf den holländischen Episkopat aus.

b) Das „Netz der Beziehungen"

Progressistische Bischöfe und Theologen verfestigten in den ersten Tagen der Konzilssession das Netz der Beziehungen, das sie bereits in den zwei vergangenen Jahren aufgebaut hatten. Wenn bei den Theologen der aktivere Kern aus Franzosen und Deutschen bestand, so besaßen bei den Bischöfen Belgier und Brasilianer eine tragende Funktion.

Am 29. Oktober sprach Küng in der Domus Mariae zu den brasilianischen Bischöfen und erzählte, er habe einen seiner lutherischen Kollegen in Tübingen gefragt: *„Wenn Luther heute leben würde, würde er es für nötig halten, die katholische Kirche zu verlassen, um die Reform voranzubringen, oder würde er versuchen, eine Reform im Inneren der Kirche durchzuführen?"* Msgr. Helder Câmara, der die Episode berichtet, zeigt sich natürlich begeistert von dem Plan einer Protestantisierung der Kirche, die aus diesen Worten aufscheint.[97] Seit der ersten Woche pflegte Câmara eine enge Zusammenarbeit mit Kard. Suenens, den er in seiner Korrespondenz mit dem chiffrierten Namen *„Pater Miguel"* anredet[98]. Der brasilianische Bischof berichtet, wie er zu Beginn der ersten Sitzungsperiode zu einem Treffen mit Suenens ging, um ihn darum zu bitten, sich an die Spitze der progressistischen Front zu stellen, die dabei war, im Geheimen eine Gruppe zu organisieren, die man später die ‚öku-

---

[96] Vgl. *Nouvelle théologie*, 117-118.

[97] Vgl. CÂMARA, *Lettres conciliaires*, Bd. I, 65-66.

[98] BEOZZO, *A Igreja do Brasil no Concílio Vaticano II (1959-1965)*, Paulinas, São Paulo 2005, 196. Merkwürdigerweise ist die Existenz dieser engen Zusammenarbeit einem der Hauptkenner der Arbeit von Kard. Suenens, Jan Grootaers, unbekannt oder wird von ihm ignoriert.

menische' nannte. Suenens fragte ihn: „*Alle kennen Ihre Freundschaft mit Montini: warum denken Sie für ein solches Gespräch und für die Führerrolle auf dem Konzil an mich und nicht an ihn?*" Câmara antwortete ohne Zögern: „*Ich fühle mich bei Papa Johannes ‚aux anges'*†. *Doch denke ich, dass er das Ende des Konzils vom Himmel aus erleben wird. Wir müssen uns Montini für die Nachfolge von Johannes sichern.*" Suenens, so fügte er hinzu, war mit ihm „*vollkommen einer Meinung*".[99]

„*Unsere Freundschaft*", so hat sich Suenens seinerseits mit Bezug auf Msgr. Câmara geäußert, „*hat sich seit den ersten Tagen des Konzils entwickelt. Dieser Mann spielte eine grundlegende Rolle hinter den Kulissen, auch wenn er während der Konzilssitzungen nie das Wort ergriff.*"[100] Seit damals bildete das Tandem Câmara - Suenens eine der „versteckten" Antriebskräfte der Konzilsversammlung.

Unter den lateinamerikanischen Bischöfen, die auf dem Konzil anwesend waren, traten durch ihre Extrempositionen neben Câmara noch Kard. Raul Silva Henríquez[101], Erzbischof von Santiago de Chile, und Msgr. Manuel Larraín Errazuriz[102], Bischof von Talca (Chile), hervor; letzterer war seit 1963 Vorsitzender der CELAM[103], der lateinamerikanischen Bischofskonferenz. Sie standen in engem Kontakt mit dem *Centro Intercultural de Documentación* (CIDOC), das von P. Ivan Illich[104] in Cuernavaca 1961 eröffnet worden war,

† = im siebten Himmel.

99 Vgl. CÂMARA, *Lettres conciliaires*, Bd. I, 65-66.

100 SUENENS, *Souvenirs et espérances*, 177.

101 Raul Silva Henríquez (1907-1999), chilenischer Salesianer, 1938 zum Priester geweiht. Von 1961 bis 1983 Erzbischof di Santiago de Chile; im März 1962 zum Kardinal erhoben.

102 Manuel Larraín Errazuriz (1900-1966), Chilene, 1927 zum Priester und 1938 zum Bischof geweiht. 1938 Koadjutor-Bischof und von 1939 bis zu seinem Tod Bischof von Talca in Chile.

103 Vgl. MARCOS G. MCGRATH, *La creazione della coscienza di un popolo latinoamericano. Il CELAM e il Concilio Vaticano II*, in: *L'evento e le decisioni*, 135-142; SILVIA SCATENA, *In populo pauperum. La Chiesa latinoamericana dal Concilio a Medellín (1962-1968)*, mit einem Vorwort von GUSTAVO GUTIÉRREZ, Bologna 2007, 25-43 und passim.

104 Ivan Illich (1926-2002), Österreicher mit kroatischem Vater und sephardischer Mutter; 1951 zum Priester geweiht. 1956 wurde er zum Vizerektor der katholischen Universität von Porto Rico ernannt und gründete 1961 das *Centro Intercultural de Documentación* (CIDOC) in Cuernavaca in Mexiko (Vgl. JESÚS GARCÍA, *La Iglesia mexicana desde 1962*, in: *Historia general de la Iglesia en América Latina, V, México,*

protegiert von Bischof Sergio Méndez Arceo[105], und finanziell von Kard. Francis Spellman[106], dem Erzbischof der Diözese New York, in der Illich inkardiniert war, unterstützt wurde. Das Zentrum von Cuernavaca wurde zu einem „ideologischen Labor", wo man eine Strategie für das bevorstehende Konzil ausarbeitete, und Illich trat als Förderer intensiver Kontakte zwischen den europäischen Bischöfen und ihren südamerikanischen Kollegen auf.[107]

1959 hatte Illich einen Artikel entworfen, der dann 1967 in der Chicagoer Zeitschrift ‚The Critic' veröffentlicht wurde, mit dem Thema: *Der Klerus: eine im Aussterben begriffene Spezies*[108], worin er die Empfehlung gab, *„dem Verschwinden der bürokratischen und institutionellen Aspekte der Kirche mit einer Empfindung tiefer Freude Lebewohl zu sagen"*[109]. Er wünschte sich die Reduzierung des Klerus und seine radikale Säkularisierung. Bereits 1961 hatten Câmara und Larraín unter Beteiligung des austro-amerikanischen Theologen eine vertrauliche Zusammenkunft in Rio de Janeiro organisiert, um ein gemeinsames Aktionsprogramm zu erörtern.[110] Der belgische Pries-

---

Ediciones Sígueme, Salamanca 1984, 361-493). 1967-1968 entstand der ‚Fall Illich', als der Priester die Meinung vertrat, die Entsendung von Menschen und Geld zu missionarischen Zwecken in die Dritte Welt trügen dazu bei, dass die Ungerechtigkeiten andauerten. Nach kirchlichen Zensuren und der Auflösung des *Centro* gab Illich die Ausübung des Priesterberufes auf. Siehe GIANCARLO ZIZOLA / ALBERTO BARBERO, *La riforma del Sant'Uffizio e il caso Illich*, Gribaudi, Torino 1969; MAURIZIO DI GIACOMO, *Ivan Illich. Una voce fuori dal coro*, Ancora, Milano 2006. Lit. von ihm: *The rivers North of the future: the testament of Ivan Illich as told to David Cayley*, Anansi, Toronto 2005 {dt.: *In den Flüssen nördlich der Zukunft: letzte Gespräche über Religion und Gesellschaft mit David Cayley*. Aus dem Engl. v. SEBASTIAN TRAPP, Beck, München 2006}.

[105] Sergio Méndez Arceo (1907-1992), Mexikaner, 1934 zum Priester geweiht, von 1952 bis Ende 1982 Bischof von Cuernavaca. Zu ihm vgl. *L'enfatico Don Sergio Méndez Arceo, patriarca de la solidaridad liberadora*, hg. v. LETICIA RENTERÍA CHÁVEZ / GIULIO GIRARDI, Ediciones Dabar, Città del Messico.

[106] Francis Spellman (1889-1967), Amerikaner, 1916 zum Priester geweiht. Von 1939 bis zu seinem Tod Erzbischof von New York. 1946 zum Kardinal erhoben.

[107] Vgl. G. ALBERIGO, *Breve storia del Concilio Vaticano II*, Bologna 2005, 78-79.

[108] Auch in: I. ILLICH, *Celebration of awareness. A call for institutional revolution*, Introd. by Erich Fromm, Calder & Boyars, London 1971 {dt.: *Almosen und Folter: Verfehlter Fortschritt in Lateinamerika*, Dt. v. Helmut Lindemann, Einl. v. Erich Fromm, Kösel, München 1970; auch unter dem Titel: *Schulen helfen nicht: über das mythenbildende Ritual der Industriegesellschaft*, Rowohlt, Reinbek (bei Hamburg) 1972}.

[109] Ebd., 83.

[110] S. SCATENA, *In populo pauperum*, 31.

ter François Houtart[111], Professor an der Universität Löwen, hat in einem Brief an P. José Oscar Beozzo das von Msgr. Câmara geschaffene Netz der Beziehungen zwischen europäischen und lateinamerikanischen Bischöfen wie Theologen detailliert rekonstruiert.

> *„Das von Dom Helder aufgebaute réseau[†], zu dessen Einrichtung ich beigetragen hatte, umfasste nicht nur Bischöfe aus Lateinamerika, sondern auch aus beinahe allen europäischen Ländern, jedenfalls aus Belgien, den Niederlanden, Frankreich, Deutschland sowie aus bestimmten Ländern Osteuropas, besonders aus Polen mit Msgr. Wojtyła[112], und aus Asien mit Msgr. Binh[113], Erzbischof von Saigon und Msgr. Fernándes[114], Erzbischof von Neu-Delhi. Es umfasste auch eine gewisse Anzahl von Theologen, wie Schillebeeckx, Congar, de Lubac und Daniélou."*[115]

Beozzo widmete ein umfangreiches Kapitel den *„Beziehungsnetzen auf dem Konzil: nationale Konferenzen, religiöse Gemeinschaften, National- und Sprachgruppen"*[116], aber vor allem den ideologischen Netzen: einige von ihnen existierten bereits vor dem Konzil, wie die *Jeunesse Ouvrière Chrétienne* mit Sitz in Brüssel und die JEC (*Jeunesse Étudiante Chrétienne*) mit Sitz in Paris.

Treibende Kraft der progressistischen Allianz war eine Gruppierung mitteleuropäischer und amerikanischer Bischöfe, bekannt

---

[111] François Houtart (1925), Belgier, 1949 zum Priester geweiht. Ab 1958 Leiter des Zentrums für sozio-religiöse Forschung in Brüssel und Dozent an der katholischen Universität von Löwen. Zu Beginn der 60er-Jahre organisierte er ein religiöses Netzwerk, die *Federación Internacional de Investigación Social* (FERES), mit einem Zweig in Bogotá und einem in Rio de Janeiro.

[†] = Netz.

[112] Karol Józef Wojtyła – Johannes Paul II. (1920-2005), 1946 zum Priester geweiht, 1958 Weihbischof von Krakau und Titularbischof von Ombi, 1964 Erzbischof von Krakau. 1967 zum Kardinal erhoben, am 16. Oktober 1978 zum Papst gewählt. Am 1. Mai 2011 seliggesprochen.

[113] Paul Nguyen van Binh (1910-1995), Vietnamese, 1937 zum Priester geweiht, 1954 bis 1960 Bischof von Can Tho, von 1955 bis 1995 Erzbischof von Saigon (später Ho-Chi-Minh-Stadt).

[114] Angelo Fernándes (1913-2000), Inder, 1937 zum Priester geweiht. Von 1959 bis 1967 Koadjutor-Erzbischof von Delhi. Mitglied der Kommission für die Bischöfe.

[115] J. O. Beozzo, *A Igreja do Brasil*, 300.

[116] Ebd., 178-194.

unter dem Namen ‚Gruppe der Domus Mariae'[117], aber auch unter anderen Namen: ‚Konferenz der Delegierten' oder ‚Konferenz der 22', weil die Delegierten von 22 Bischofskonferenzen an ihr teilnahmen, oder auch ‚ökumenische' Gruppe, entsprechend dem Jargon von Msgr. Câmara. Charakteristisch für die Gruppe der Domus Mariae war ihre zweifache Zusammensetzung: sie bestand aus Vertretern der Bischofskonferenzen und aus Mitgliedern der Konzilskommissionen. Diese Dualität trug der Gruppe, wie Pierre Noël feststellt, eine besondere Autorität und repräsentative Geltung ein.[118]

Die Rolle der Domus Mariae war entscheidend für den Beginn der Debatte über das Schema *De fontibus*, gegen das eine wirksame Opposition organisiert wurde.[119]

Jan Grootaers hat auf Basis der Archive von Kard. Etchegaray ein Bild der Gruppe der Domus Mariae gezeichnet. Sie setzte sich zusammen aus der lateinamerikanischen Bischofskonferenz (CELAM), der Kanadischen Katholischen Konferenz (CCC) und jungen französischen Prälaten, die eine grundlegende Rolle in der Organisation spielten: Msgr. Pierre Veuillot[120], Koadjutorerzbischof von Paris, und Msgr. Roger Etchegaray[121], Untersekretär der Versammlung der französischen Kardinäle und Erzbischöfe. Etchegaray, der sich als Mitarbeiter des französischen Episkopates in Rom befand, avancierte rasch zum „*l'homme pivot*"[†] der Domus Mariae, und die Meinung der Konzilsversammlung war Grootaers zufolge

---

[117] Ebd., 185-186; J. GROOTAERS, *Une forme de concertation épiscopale au concile Vatican II. La Conférence des vingt-deux (1962-1963)*, in: Revue d'histoire ecclésiastique 91 (1996), 66-112; auch in: *Actes et Acteurs*, 133-165. – Die Gruppe wurde nach dem Tag ihrer Zusammenkunft auch ‚Dienstagsgruppe' genannt, aber von Oktober 1963 an wurde als Tag für die Zusammenkunft der Donnerstag festgesetzt.

[118] PIERRE NOËL, *Gli incontri delle conferenze episcopali durante il Concilio. Il "gruppo della Domus Mariae"*, in: *L'evento e le decisioni*, 95-134, 99.

[119] J. W. O'MALLEY, *What happened at Vatican II*, 144-145.

[120] Pierre Veuillot (1913-1968), 1939 zum Priester geweiht, war am Staatssekretariat bis 1959 tätig, als er Bischof von Angers wurde, 1963 Erzbischof von Paris. Er wurde 1968 zum Kardinal erhoben.

[121] Roger Etchegaray (1922), 1947 zum Priester geweiht; von 1961 bis 1966 Direktor des Pastoralsekretariates des französischen Episkopates, Konzilsperitus, 1969 Weihbischof von Paris und ab 1970 Erzbischof von Marseille, 1975 Vorsitzender der Französischen Bischofskonferenz. 1979 von Johannes Paul II. zum Kardinal erhoben.

[†] die Schlüsselfigur.

geneigt, den Mann mit der Gruppe, die er beseelte, zu identifizieren.[122]

Eine nicht geringere Rolle spielte jedoch Msgr. Câmara, den andere halbgeheime Gruppierungen zu ihrem Chef machten, wie das *Opus Angeli*[123] und die ,Kirche der Armen'. Noch einmal Beozzo:

> *„Câmara und sein Freund Manuel Larraín, zu Beginn des Konzils Vizepräsidenten des CELAM, der 600 lateinamerikanische Bischöfe hinter sich hatte, waren ihrerseits Herz und Wurzel der Ökumenischen Gruppe, dem Sprachrohr der Bischofskonferenzen von fünf Kontinenten, die das Ziel hatte, die Marschroute des Konzils zu beeinflussen; ebenso der Gruppe der Kirche der Armen mit einer kleinen, aber gedrillten Mannschaft aus Brasilien; und der Organisation der Periti im* Opus Angeli *– drei der wichtigsten und effektivsten* pressure groups *auf dem Konzil. Die Domus Mariae, in der die brasilianischen Bischöfe residierten, fungierte schließlich als Versammlungsort und Hauptquartier dieser Sprachrohre."*[124]

c) Die ,Werkstatt von Bologna'

Die in der ,Kirche der Armen' organisierte Gruppe der Konzilsväter und Periti nahm auf Initiative von P. Paul Gauthier[125], bekannt

---

[122] J. GROOTAERS, *Une forme de concertation épiscopale*, 136-137.

[123] Das *Opus Angeli* von Mgr. Câmara ist nicht zu verwechseln mit dem *Opus Angelorum*, einer Bewegung, die die Verehrung der Engel fördert, von der Österreicherin Gabriele Bitterlich (1896-1978) gegründet wurde und angebunden ist an den Orden der Regularkanoniker vom heiligen Kreuz.

[124] J. O. BEOZZO, *A Igreja do Brasil*, 531.

[125] Paul Gauthier (1914-2002), in Dijon zum Priester geweiht, gab nach dem Konzil das Priestertum auf, heiratete und wurde Anhänger der Befreiungstheologie. Von ihm gibt es die Bände: *Consolez mon peuple": le concile et l'Église des pauvres*, avec des textes de J. MOUROUX et Y. CONGAR (L'Église aux cent visages 13), Paris 1965 {dt.: *Tröstet mein Volk: das Konzil und „die Kirche der Armen"*, Verl. Styria, Graz [u.a.] 1966}; *Les pauvres, Jésus et l'Église*, Préf. du Cardinal GERLIER archevêque de Lyon, Éd. Univ., Paris 1963 {dt.: *Die Armen, Jesus und die Kirche*, übers. v. LUDWIG REICHENPFADER, mit e. Vorw. v. Kard. GERLIER, Verl. Styria, Graz [u.a.] 1964}. Vgl. DENIS PELLETIER, *Une marginalité engagée: le groupe "Jésus, l'Église et les pauvres"*, in: *Les Commissions conciliaires*, 63-90.

für seine Erfahrung als ‚Arbeiterpriester', regelmäßige Treffen im Belgischen Kolleg Roms auf. Die erste Zusammenkunft fand am 26. Oktober auf Einladung des Bischofs von Tournai, Msgr. Himmer[126], statt. Unter Leitung von Kard. Pierre-Marie Gerlier, Erzbischof von Lyon, diskutierten die zwölf anwesenden Bischöfe einen von Gauthier vorbereiteten Text. An der Gruppe nahmen der Kardinal-Erzbischof von Bologna, Giacomo Lercaro, und sein ‚Privattheologe' Don Guiseppe („Pippo") Dossetti[127] teil, mit dem Guiseppe („Pino") Alberigo eng zusammenarbeitete; beide standen über Kard. Montini mit der Kurie in Verbindung. *„Beide, Alberigo und Dossetti"*, bemerkt de Lubac in seinem Tagebuch, *„haben während ihres Studiums in Rom enge Bekanntschaft mit Msgr. Montini geschlossen und sind ihm verbunden geblieben."*[128]

Während des Konzils war der „Schlupfwinkel" von Dossetti und den anderen Bolognesern die Wohnstätte der Portugiesischen Schwestern in der Via della Chiesa Nuova 14, die sich zu einem Stelldichein für die stärker progressistischen Väter und Theologen des Konzils entwickelte.[129] Dossettis Rolle bei den Konzilsarbeiten war genauso entscheidend wie die von Rahner, auch wenn sein Einfluss in der Nachkonzilszeit geringer war. Gab Rahner die theologische Linie vor, so gab Dossetti auf der Basis seiner juristischen Ausbildung und parlamentarischen Erfahrung die Verfahrensstrategie vor. Man hat die vielen Analogien betont, die zwischen Dossettis Arbeit in der verfassunggebenden Versammlung Italiens 1946 und seiner Tätigkeit als Konzilsperitus bestanden.[130] Am 10. November 1962 notiert Chenu diesen Satz von Dossetti: *„Der ent-*

---

[126] Charles-Marie Himmer (1902-1994), Belgier, 1926 zum Priester geweiht. Von 1948 bis 1977 Bischof von Tournai.

[127] Giuseppe Dossetti (1919-1996), Universitätsdozent für Kirchenrecht, seit 1945 Anführer der Democrazia Cristiana, Abgeordneter der verfassunggebenden Versammlung, 1959 zum Priester geweiht. Auf dem Konzil war er theologischer Berater von Kard. Lercaro und ab der dritten Sitzungsperiode Peritus. Vgl. *Giuseppe Dossetti. Prime prospettive e ipotesi di ricerca*, hg. v. G. ALBERIGO, Bologna 1968; *Giuseppe Dossetti: la fede e la storia. Studi nel decennale della morte*, hg. v. A. MELLONI, Bologna 2007.

[128] DE LUBAC, *Carnets*, Bd. I, 372.

[129] Vgl. G. ALBERIGO, *Breve storia del Concilio*, 50.

[130] Vgl. PAOLO POMBENI, *La dialettica evento. Decisioni nella ricostruzione delle grandi assemblee. I parlamenti e le assemblee costituenti*, in: *L'evento e le decisioni*, 17-49, 46.

scheidende Kampf spielt sich auf dem Feld der Verfahrensweise ab. Auf diesem Weg habe ich stets den Sieg davongetragen."[131]

Am 10. November führte Chenu mit Dossetti *„ein angeregtes Gespräch über die Verfassung des italienischen Episkopates"*[132]. Der Bologneser Priester vertraute ihm an, dass dieser bis auf vier oder fünf Bischöfe (Lercaro, Montini, Guano[133], Bartoletti[134]) vollkommen von Kard. Siri dominiert wurde, dem Vorsitzenden der Bischofskonferenz.[135] Msgr. Ronca dagegen vertraute Msgr. de Castro Mayer an, dass in der Bischofskonferenz nicht Siri den Ton angab, sondern Montini, Urbani und Lercaro.[136]

Dossetti und Alberigo baten Chenu und Congar um Unterstützung bei der „Bekehrung" der widerstrebenden italienischen Bischöfe zum Progressismus[137]; letztere unterschätzten die Macht und die Organisation der französisch-deutschen Gruppe. Dossetti informierte Chenu darüber, dass sich die Italiener am 13. November getroffen und dabei auch über die mitteleuropäischen ‚Modernisten' lustig gemacht hatten, als wären deren Ideen eine Art *„romantischer Phantasie"*[138].

Am 9. Dezember 1962 schrieb Congar in sein Tagebuch: *„Ich meine, wenn man es schafft, Italien von seinem politischen, ekklesiologischen und bibeltreuen Ultramontanismus zu bekehren, so wird dies auch für die Gesamtkirche ein Gewinn sein. So habe ich in dieser Periode ein umfangreiches Engagement in diesem Sinn übernommen."*[139] Er traf am 19. und 20. Januar 1963 mit dem Bürgermeister von Florenz, Gior-

---

[131] CHENU, *Notes*, 99. Zur Rolle Dossettis bei der Neufassung des Reglements für das Zweite Vatikanum vgl. G. ALBERIGO, *Dinamiche e procedure nel Vaticano II. Verso la revisione del Regolamento del Concilio (1962-63)*, in: Cristianesimo nella storia 13 (1992), 115-164.

[132] CHENU, *Notes*, 94-95.

[133] Emilio Guano (1900-1970), 1922 zum Priester geweiht. Von 1962 bis zu seinem Tod Bischof von Livorno.

[134] Enrico Bartoletti (1916-1976), 1939 Priesterweihe, 1958 zum Weihbischof ernannt, 1973 Erzbischof von Lucca, seit 1972 Generalsekretär der Italienischen Bischofskonferenz.

[135] CHENU, *Notes*, 95-96.

[136] Vgl. MARANHÃO GALLIEZ, *Tagebuch*, 16. Oktober 1962.

[137] *L'«officina bolognese» 1953-2003*, hg. v. G. ALBERIGO, EDB, Bologna 2004, aber auch DERS., *P. Congar, Dossetti e l'officina bolognese*, 138.

[138] CHENU, *Notes*, 111.

[139] CONGAR, *Journal*, Bd. I, 312.

gio La Pira[140], und den jungen Leuten, die mit diesem an der Zeitschrift ‚Testimonianze' arbeiteten, zusammen und machte die Beobachtung: *„Er zieht sich eine Generation von Laien heran, die den italienischen Katholizismus verändern wird."*[141] Am 14. Mai begab sich der französische Dominikaner nach Bologna, um das Dokumentationszentrum von Alberigo aufzusuchen. Während des Essens und danach hatte er eine lange Unterredung mit Dossetti, der auf der These der ‚universalen Jurisdiktion' der Bischöfe insistierte und empfahl, diese auf dem Konzil als ‚traditionelle' These vorzulegen.[142]

Die Theologenpartei bestimmte rasch ihre Feinde, einen nach dem anderen. P. Congar führt sie in seinem Tagebuch namentlich auf: Msgr. Pietro Parente, Assessor beim Heiligen Offizium, *„den Mann, der für die Verurteilung von Pater Chenu sorgte, Faschist und Monophysit"*[143]; P. Sebastiaan Tromp, Sekretär der Theologischen Kommission, der trotz seiner Fähigkeit, ein Problem auf seine wesentlichen Punkte reduzieren zu können, *„eine faschistische Anlage"*[144] besitze; sein Mitbruder Luigi Ciappi (künftiger Kardinal), *„ein armer und beschränkter Geist"*[145], *„übervorsichtig, hyperkurial, ultrapapistisch"*[146]; Kard. Pizzardo, eine *„erbärmliche halbe Portion, unterdurchschnittlich und kulturlos, ohne Horizont und ohne Menschlichkeit"*[147], schuldig, *„einer der Gegner von Montini gewesen zu sein, einer von denen, die seinen Fortgang aus Rom veranlassten"*[148]. *„Die Studienkongregation mit Staffa*[149]*, Romeo und dem Schwachkopf Pizzardo ist eine typische Versammlung von Kretins."*[150]

---

[140] Giorgio La Pira (1904-1977), Professor für Römisches Recht, 1946 Abgeordneter der verfassunggebenden Versammlung, war Bürgermeister von Florenz in zwei Amtszeiten: 1951-1958 und 1961-1965. Vgl. *Il laboratorio di Firenze: La Pira, don Milani padre Balducci. Il laboratorio di Firenze nelle scelte pubbliche dei cattolici dal fascismo a fine Novecento*, hg. v. PIETRO DE MARCO, Magna Carta, Roma 2009.

[141] CONGAR, *Journal*, Bd. I, 319.

[142] Ebd., 362-364.

[143] Ebd., 6-7.

[144] Ebd., 69.

[145] Ebd., Bd. II, 288.

[146] Ebd., 359.

[147] Ebd., 377.

[148] Ebd., Bd. II, 30.

[149] Dino Staffa (1906-1977), 1929 zum Priester geweiht. Titularerzbischof von Cäsarea, Sekretär der Studienkongregation, 1967 Kardinal. Mitglied der *Commissio an-*

„Der Ultramontanismus existiert wirklich ... Die Kollegien, die Universitäten und die Schulen in Rom sondern diesen in verschiedenen Dosen ab: die höchste, sozusagen tödliche Dosis verabreicht man an der Lateran-Universität"[151]; *„erbärmliche ultramontane Ekklesiologie"*, notiert Congar noch am 5. Februar 1964[152]. Er sah seinen Kampf gegen die Theologen der ‚römischen Schule' als eine ‚Mission' an.

> *„Meine Arbeit ist bei ihnen unerwünscht, weil sie, und dies verstehen sie gut, zum Ziel hat, einige Ideen in Umlauf zu bringen, die sie seit 400 Jahren, aber vornehmlich in den letzten 100 Jahren zu beseitigen versucht haben. Doch dies ist meine Berufung und mein Dienst im Namen des Evangeliums und der Tradition."*[153]

Das Konzil spielte sich auch außerhalb der Aula ab, in den Debatten in den Zeitungen und in den Vorträgen der ‚Periti' und der ‚Experten'; dabei darf auch die Rolle der protestantischen Beobachter auf dem Konzil nicht vergessen werden, die, wie der Soziologe John Coleman beobachtet, sich nicht nur darauf beschränkte, zu ‚beobachten'[154]. *„Es handelte sich um informelle Treffen"*, erinnert sich König, *„aber sie bildeten das wahre Knochengerüst des Konzils."*[155] Unter den protestantischen Beobachtern waren auch zwei Brüder aus Taizé, Roger Schutz und Max Thurian. Als diese bei einem Essen Hans Küng fragten, was sie in dieser historischen Umbruchphase tun sollten, gab ihnen der Tübinger Theologe zur Antwort: *„Am*

---

te-praeparatoria, während der ersten Sitzungsperiode wurde er zum Mitglied (und dann Vizepräsident) der Kommission für die Seminare, die Studien und die katholische Bildung ernannt. Vgl. die Kurzbeschreibung von LUIGI DE MAGISTRIS in: PUL, 226-227.

[150] CONGAR, *Journal*, Bd. II, 80. Dasselbe Urteil wiederholte er 1966 bei Konzilsschluss: *„diese so einflussreiche Kongregation, wo Schwachköpfe wie Pizzardo, Staffa und Romeo das Sagen haben"* (Bd. II, 518).

[151] Ebd., Bd. I, 180.

[152] Ebd., Bd. II, 24.

[153] Ebd., Bd. I, 280.

[154] Vgl. JOHN A. COLEMAN, *Vatican II as a social movement*, in: *The Belgian contribution*, 5-28, 24. Vgl. auch ROBERT MCAFEE BROWN, *Observer in Rome. A Protestant Report on the Vatican Council*, Doubleday, New York 1964.

[155] F. KÖNIG, *Chiesa dove vai?*, 25.

besten Protestanten bleiben". „Eine Antwort", wie er erwähnt, *„die ihnen nicht ganz gefallen will."*[156]

Hinter den Kulissen des Konzils begannen unterdessen hektographierte Dokumente zu den verschiedensten Themen zu zirkulieren. Als das *„bei weitem interessanteste"* beurteilte Fesquet das Dokument über *„Die Kirche und die Psychoanalyse"*, dem zufolge *„Theologen und Psychologen, die sich bereits der Psychoanalyse unterzogen haben, die Psychoanalyse in die Kirche einführen sollten"*.[157]

Die Medien trugen ihrerseits dazu bei, ein ‚Parallel-Lehramt' zu schaffen, das seinen Ausdruck in Artikeln, Büchern, Vorträgen und Zusammenkünften fand.[158] Spitzenreferenten waren die Patres Rahner oder Küng für den deutschen Bereich, Chenu, Congar, de Lubac und Daniélou für die französischsprachigen Länder, Schillebeeckx für den englischen Raum. Und doch war die Existenz eines Kampfes, der sich in vollem Gange befand, immer noch für wenige offenkundig. Zu diesen gehörte einer der besten Mitarbeiter von Kard. Ottaviani, Msgr. Joseph Clifford Fenton, der am 20. Oktober 1962 in seinem Tagebuch notierte: *„Meiner Ansicht nach wird die Kirche durch das Konzil hart getroffen werden. Der Gegensatz zwischen den Liberalen und gläubigen Katholiken wird ans Licht kommen."*[159]

6. Das ‚Kleine Komitee' der konservativen Väter

Während die antirömische Partei in der ersten Sitzungsperiode in dichten Reihen nach einem genau festgelegten strategischen Plan vorging, waren die Konservativen untereinander ohne Verbindung und verfügten über keine Strategie, mit Ausnahme einer Gruppe, die sich selbst als ‚Kleines Komitee' bezeichnete. Aus dieser Grup-

---

[156] KÜNG, *Erkämpfte Freiheit*, 367.

[157] FESQUET, *Diario*, 68-69.

[158] Yves Chiron hat von einem *„péri-concile"* gesprochen. Vgl. *Paul VI et le péri-concile*, in: *La Papauté contemporaine*, Collège Erasme, Louvain-la-Neuve 2009, 585-603.

[159] FENTON, *Diary*, 16.

pe entstand zwischen der zweiten und der dritten Sitzungsperiode der *Coetus Internationalis Patrum*.

Bereits im Oktober hatte der brasilianische Leader Plinio Corrêa de Oliveira in Rom ein Sekretariat eingerichtet, das aus 14 Personen bestand[160]; es verfolgte die Arbeiten der Versammlung aufmerksam und erwies so den zwei Bischöfen, die ihm nahestanden, einen wertvollen Dienst: Msgr. Geraldo de Proença Sigaud, Erzbischof von Diamantina, der in der Casa del Verbo Divino logierte, und Msgr. Antonio de Castro Mayer, Bischof von Campos, der in der Domus Mariae wohnte. Die zwei brasilianischen Bischöfe hatten, mit organisatorischer Unterstützung und strategischen Ratschlägen von Prof. de Oliveira, eine dichte Abfolge von Kontakten mit den konservativen römischen Kreisen. Das erste Treffen fand am 15. Oktober mit Kard. Aloisi Masella, dem ehemaligen Nuntius in Brasilien, statt, wobei er ihnen anvertraute, dass der entscheidende Punkt des Konzils in dem Versuch bestehe, die römische Macht einzuschränken. „*Die Strömung zugunsten der Kurie ist erst jetzt dabei, sich zu formieren, während sich die Gegenströmung schon vor langer Zeit formiert hat.*"[161]

Genauso bedeutend waren auch die Treffen mit den zwei Hauptvertretern der ‚römischen Partei': Msgr. Roberto Ronca[162] und

---

160 Plinio Corrêa de Oliveira beschloss, ungeheure menschliche und finanzielle Ressourcen aufzuwenden, da er sich am Vorabend des Konzils darüber im Klaren war, was auf dem Spiel stand. Seine Sorgen kommen in einem Brief zum Ausdruck, den er in jenen Tagen an seine Mutter schrieb: „*Diese Reise ist die Frucht langer Überlegungen ... . In meinem jetzigen Erschöpfungszustand würde ich es vorziehen, hier zu bleiben, ohne mich mit all den Beschäftigungen und Sorgen zu überlasten, die mich in Rom erwarten. Doch wenn ich jetzt nicht nach Rom gehe, so hätte ich ein schlechteres Gewissen, als wenn ich ein Deserteur wäre. Und da ich die Pflicht über alles stelle – insbesondere meine Pflicht gegenüber der Kirche – habe ich mich dafür entschieden, zu fahren. ... Auf der einen Seite war die Belagerung durch die äußeren Feinde der Kirche noch nie so gewaltig, und die Tätigkeit ihrer internen Feinde noch nie so allumfassend, minutiös und dreist. Auf der anderen Seite weiß ich wohl, dass ich viele nützliche Dienste leisten kann, um zum Erhalt des Gebäudes der Christenheit beizutragen. Ihr begreift gut, Teuerste, dass ich niemals in irgendeiner Weise der Kirche, der ich mein ganzes Leben gewidmet habe, diesen Dienst in einem geschichtlichen Augenblick versagen könnte, der beinahe so traurig ist wie jener des Todes unseres Herrn.*" (Vgl. JOÃO SCOGNAMIGLIO CLÁ DIAS, *Dona Lucilia*, Artpress, São Paulo 1995, Bd. III, 117).

161 MARANHÂO GALLIEZ, *Tagebuch*, 15. Oktober 1962.

162 Ebd., 16. Oktober, 19. Oktober 1962.

Msgr. Antonio Piolanti[163]. Letzterer riet dazu, Msgr. Antonino Romeo zu kontaktieren, um mit den Professoren der Lateran-Universität Beziehungen aufzunehmen, unter ihnen Msgr. Francesco Spadafora. Außer Romeo[164] trafen die Brasilianer andere herausragende Theologen der ,ultramontanen' oder ,integralistischen' Welt, unter ihnen Msgr. Fenton[165] und Abbé Raymond Dulac.

Eine der wichtigeren Begegnungen, die die zwei brasilianischen Bischöfe hatten, fand mit Msgr. Marcel Lefebvre[166] statt, der am Konzil in seiner zweifachen Funktion als Titularerzbischof von Synada in Phrygien und als Generaloberer der Kongregation vom Heiligen Geist teilnahm. Lefebvre zählte knapp 57 Jahre und konnte wegen seiner kirchlichen Karriere als ein *„Musterprälat"* gelten[167], und dennoch sollte auch auf ihn, wie auf viele andere Persönlichkeiten des Zweiten Vatikanums, die Rolle als Protagonist in der Kirche des 20. Jahrhunderts zukommen. Er wurde begleitet von seinem persönlichen Theologen Abbé Victor Alain Berto[168], den er wegen seines tief ,römischen' Geistes ausgewählt hatte.

Unter den aktiveren Theologen des ,Kleinen Komitees' trat Abbé Raymond Dulac[169] hervor, der, wie er ihnen erklärte, nach Rom

---

[163] Ebd., 18. Oktober 1962

[164] Ebd., 18. Oktober 1962.

[165] Ebd., 16. Oktober 1962.

[166] Ebd., 19. Oktober, 7. Dezember 1962.

[167] Vgl. Luc Perrin, *L'affaire Lefebvre* (Bref 17), Cerf [u.a.], [Paris] 1989, 13-15.

[168] Victor Alain Berto (1900-1968) studierte am Französischen Seminar (1920-1926), wurde 1926 zum Priester geweiht, versah seinen Dienst in der Bretagne und gehörte 1946 zu den Gründern der Zeitschrift ,La Pensée Catholique', in der er zahlreiche Beiträge veröffentlichte. Eine kurze Biographie ist enthalten in: *Notre Dame de Joie. Correspondance de l'Abbé V.A. Berto prêtre. 1900-1968*, Editions du Cèdre, Paris 1989, 11-48; umfassender: N. Buonasorte, *Per la "pura, piena, integra fede cattolica": il p. Victor Alain Berto al Concilio Vaticano II*, in: Cristianesimo nella storia 22 (2001), 111-151. Kurze Hinweise bei L. Perrin, *Il Coetus Internationalis Patrum e la minoranza conciliare*, in: *L'evento e le decisioni*, 173-187. Seine Beiträge in ,La Pensée Catholique' und seine Konzilsarbeiten sind gesammelt in: *Pour la Sainte Église Romaine. Textes et documents de V.A. Berto prêtre. 1900-1968*, Editions du Cèdre, Paris 1976; siehe überdies von ihm: *Le cénacle et le jardin*, DMM, Bouère 2000, eine Sammlung von Schriften über das Priestertum.

[169] Raymond Dulac (1903-1987), erhielt seine Ausbildung am Französischen Seminar in Rom (1920-1926) und wurde 1926 zum Priester geweiht; zwischen 1928 und 1933 arbeitete er an der ,Revue internationale des sociétés secrètes' von Mgr. Ernest Jouin (1844-1932) mit. Anschließend arbeitete er, vor allem in den Jahren

gekommen war, *„um die integralistischen Bischöfe zu koordinieren, die naiv und schlecht vorbereitet sind"*[170].

Dulac war ein Mann mit großem theologischen, kanonischen und historischen Wissen, dem man unter anderem eine Reihe wichtiger, während der Konzilsjahre erschienener Artikel über die päpstliche Macht und die bischöfliche Kollegialität verdankt. Er gehörte wie Abbé Berto und Msgr. Lefebvre der Gruppe von Priestern an, die in den 20er-Jahren am Französischen Seminar in Rom[171] unter der Leitung von P. Henri Le Floch[172] (bis 1927) ausgebildet wurden.

Msgr. Lefebvre wird sich immer an seinen sechsjährigen Aufenthalt im Seminar von Santa Chiara in Rom erinnern, und vor allem an die drei Jahre zwischen 1923 und 1926, die er bei P. Le Floch verbracht hat:

> *„Ich werde dem lieben Gott nie genug dafür danken können, dass er mir die Bekanntschaft mit diesem wahrhaft außergewöhnlichen Menschen ermöglicht hat. Er war es gewesen, der uns gelehrt hat, was die Päpste in der Welt und in der Kirche waren und was sie in*

1950-1953, an ‚La Pensée Catholique' mit, und während des Konzils am ‚Courrier de Rome' und an ‚Itinéraires'. In ‚La Pensée Catholique' war er Autor einer Studienreihe über das Sodalitium Pianum von Mgr. Benigni, als dessen Schüler er in den 50er-Jahren gelten konnte (Vgl. *Simple note sur le Sodalitium Pianum*, in: La Pensée Catholique 23 (1952), 68-93; *Éloge de l'intégrisme*, ebd., 21 (1952), 7-25). Er verbrachte seine letzten Lebensjahre in der Nähe des Karmel von Draguignan, dessen Autonomie er zu verteidigen suchte. Von ihm siehe die Lit.: *La collegialité épiscopale au deuxième Concile du Vatican*, Editions du Cèdre, Paris 1979, die neun Artikel umfasst, die in ‚La Pensée catholique' zwischen 1959 und 1965 erschienen sind. Zu ihm vgl. M.A. LE CERF, *In memoriam. L'Abbé Raymond Dulac*, in: La Pensée Catholique 228 (1987), 38-41.

170 MARANHÂO GALLIEZ, *Tagebuch*, 16. Oktober 1962. Die Treffen mit Abbé Dulac waren zahlreich (Vgl. DERS., *Tagebuch*, 16., 18., 19., 24. Oktober 1962).

171 Zum Französischen Seminar in Rom vgl. PHILIPPE LEVILLAIN / PHILIPPE BOUTRY / YVES MARIE FRADET, *150 ans au cœur de Rome: le Séminaire français 1853-2003*, Karthala, Paris 2004.

172 Henri Le Floch (1862-1950), aus der Kongregation vom Heiligen Geist, deren Generaloberer er war (1923-1927), 1886 zum Priester geweiht, Konsultor des Heiligen Offizium, leitete das Französische Seminar in Rom mehr als 20 Jahre bis 1927, als er infolge der Verurteilung der *Action française*, mit der er sympathisierte, von Pius XI. die Auflage erhielt, sich aus Rom zu entfernen. Eine Kurzbeschreibung von ihm in: V. A. BERTO, *Pour la Sainte Église Romaine*, 113-144. Vgl. auch D. MENOZZI, *La Chiesa cattolica e la secolarizzazione*, Einaudi, Torino 1993, 211-215.

anderthalb Jahrhunderten gelehrt haben: den Antiliberalismus, den Antimodernismus, den Antikommunismus, die ganze Lehre der Kirche zu diesen Themen. ... Pater Le Floch führte uns in die Geschichte der Kirche und in ihr Leben ein sowie in den Kampf, den perverse Kräfte gegen unseren Herrn führen. Dies hat uns angespornt gegen den verderblichen Liberalismus, gegen die Revolution und gegen die Mächte des Bösen, die die Zerstörung der Kirche, des Reiches unseres Herrn, der katholischen Staaten, der gesamten Christenheit betreiben. Wir mussten wählen: entweder das Seminar verlassen, wenn wir damit nicht einverstanden waren, oder in den Kampf ziehen und vorwärts marschieren."[173]

Zu den wichtigeren Begegnungen der zwei brasilianischen Bischöfe gehörte auch jene mit Kard. Ruffini[174], der mit ihnen sehr offen sprach und bestätigte, er habe die Idee zum Konzil aufgebracht, um eine Verurteilung des Modernismus zu erreichen. Der Erzbischof von Palermo bezeichnete die Situation der Kirche als *„sehr ernst"*; sie sei dabei, sich *„aufzulösen"*, auch durch die exzessive Öffnung gegenüber Neuerungen seitens Pius' XII., dessen Enzyklika *Divino afflante Spiritu* eine gewisse Verwirrung im Bereich der Exegese hervorgerufen habe. Ruffini fügte hinzu, dass Pius XI. im Unterschied zu Pius X., der große Aufmerksamkeit auf die Auswahl der Dozenten an den theologischen Fakultäten gelegt hatte, mit der Wahl der Professoren einen modernistischen Geist in Rom eingeführt hatte. Pius XII. schließlich sei von schlechten Beratern beeinflusst gewesen, und jetzt bilde im römischen kirchlichen Bereich nur die Lateran-Universität eine Ausnahme dank Msgr. Piolanti, der dafür entsprechend angegriffen würde.[175]

---

[173] M. LEFEBVRE, *Le Concile ou le triomphe du libéralisme*, in: Fideliter 59 (1987), 32-42, 32. Zur Gruppe der Mitschüler von Mgr. Lefebvre am Französischen Seminar in Rom gehörten u.a. die Abbés Berto und Dulac, die Theologen Lucien (Luc) Lefèvre (1895-1987), Henri Lusseau (1896-1973) und Alphonse Roul (1901-1969), die ihrerseits die Équipe von ‚La Pensée Catholique' bildeten. Vgl. PAUL AIRIAU, *Les hommes de la Pensée Catholique*, in: Catholica 60 (1998), 59-74 und umfassender, *La pensée catholique 1946-1956. Romanité à la française ou intégrisme*, Diss. (D.E.A.), Institut für politsche Studien, Paris 1995.

[174] MARANHÂO GALLIEZ, *Tagebuch*, 6. November 1962.

[175] Ebd.

Piolanti traf am 9. November mit Prof. Corrêa de Oliveira zusammen und bestätigte ihm die Angriffe, denen er ausgesetzt war, auch aufgrund mancher Unvorsichtigkeit von Freunden wie Msgr. Romeo und Msgr. Spadafora. Der Rektor der Lateran-Universität wiederholte gegenüber dem brasilianischen Professor, was diesem bereits Msgr. Ronca gesagt hatte: Man war dabei, die Kandidatur von Kard. Montini für das Konklave vorzubereiten: sollte er gewählt werden, so *„wäre dies das Ende von allem"*[176].

Am 14. November erklärte sich Msgr. Lefebvre dazu bereit, sich am ‚Kleinen Komitee'[177] zu beteiligen, das seine Versammlungen am Corso Italia bei der Prokura der Väter vom Heiligen Geist aufnahm. Am 17. November fand dort eine neue Zusammenkunft der Gruppe statt: zugegen waren außer Msgr. Mayer und Msgr. Sigaud Msgr. Lefebvre und Msgr. Ronca, die Bischöfe Marcellino Olaechea[178] von Valencia, Giuseppe Carraro[179] von Verona und der Nuntius Egidio Vagnozzi[180]. Im Schlussteil der Zusammenkunft intervenierte Kard. Ruffini[181], der die Aufmerksamkeit auf die biblische Frage lenkte, die in jenen Tagen den Gegenstand der Erörterung in der Aula bildete. Am 1. Dezember, bei der folgenden Zusammenkunft, erschienen die Bischöfe Ngô-Dinh-Thuc, Tortolo[182], Rupp[183] und Ronca[184]. Am 22. November organisierte das Kleine Komitee einen Vortrag von Msgr. Garofalo in der Casa del Verbo

---

176 Ebd., 9. November 1962.

177 Ebd., 14. November 1962.

178 Marcellino Olaechea Loizaga (1889-1972), spanischer Benediktiner, 1915 zum Priester geweiht. 1946 bis 1966 Erzbischof von Valencia. Mitglied der Kommission für die Seminare, die Studien und die katholische Bildung.

179 Giuseppe Carraro (1899-1980), 1923 zum Priester geweiht. 1958 bis 1978 Bischof von Verona. Mitglied der Kommission für die Seminare.

180 Egidio Vagnozzi (1906-1980), 1928 zum Priester geweiht. Titularerzbischof, 1958 bis 1967 Apostolischer Delegat in den Vereinigten Staaten, 1967 zum Kardinal erhoben. Von 1968 bis zu seinem Tod Präfekt der ökonomischen Angelegenheiten des Heiligen Stuhles.

181 Vgl. Maranhâo Galliez, *Tagebuch*, 17. November 1962.

182 Adolfo Servando Tortolo (1911-1986), Argentinier, 1934 Priesterweihe, 1956 Weihbischof von Paranà, 1960 Bischof von Catamarca und 1963 Erzbischof von Paranà. 1970 folgte er Kard. Antonio Caggiano als Vorsitzender der Argentinischen Bischofskonferenz nach. 1975 wurde er von Paul VI. zum Militärbischof ernannt.

183 Jean Rupp (1905-1983), Franzose, 1953 zum Priester geweiht. Von Juni 1962 bis 1974 Bischof des Fürstentums Monaco.

184 Maranhâo Galliez, *Tagebuch*, 1. Dezember 1962.

Divino, bei dem eine stattliche Anzahl von Bischöfen anwesend war. Der Erfolg dieser Initiative führte dazu, dass man am 30. November in der Domus Mariae einen bedeutenden Vortrag von Kard. Ruffini organisierte. Der Erzbischof von Palermo bekräftigte bei dieser Gelegenheit die Auffassung, dass die Quellen der Offenbarung nicht eine, wie von den Modernisten behauptet, sondern zwei seien, nämlich neben der Schrift auch die Tradition, die dabei sogar eine vorrangige Rolle einnehme.[185]

Am 28. November beschlossen Msgr. Sigaud und Msgr. de Castro Mayer bei einem Treffen mit Ronca die Einrichtung eines Sekretariates, um in der Zeit zwischen den Sitzungsperioden Erklärungen zu den nächsten Schemata auszuarbeiten und zu verbreiten. Das Komitee sollte unter der Leitung von Sigaud und Mayer stehen und in Rom mit der Unterstützung von Konzilsperiti wirken. Auch Msgr. Vagnozzi, der erst später kam, hieß die Idee gut und sicherte seine Unterstützung für Übersetzungen ins Englische zu.[186] Ronca, der als Erster den zwei brasilianischen Bischöfen die Schaffung eines Treffpunktes für die ‚integralistischen' Bischöfe angeraten hatte, übernahm die organisatorische Aufgabe und sicherte die Mitarbeit seiner Equipe zu.[187]

Das Kleine Komitee hatte sich vorgenommen, den anti-progressistischen Widerstand zu organisieren, indem man alle Kräfte vereinte, die damals zur Verfügung standen, und die ‚ultramontanen' Bischöfe, wie de Castro Mayer, Sigaud und Lefebvre mit dem konservativeren Flügel der italienischen Väter zusammenzuschließen, welcher einerseits durch die Kurienkardinäle wie Ottaviani und Ruffini repräsentiert wurde und andererseits durch die italienischen Bischöfe unter der Leitung von Giuseppe Siri. Der einzige der drei Purpurträger, der, obgleich in diskreter Form, das Kleine Komitee unterstützte, war der Erzbischof von Palermo, Ruffini. Es fehlte jedoch die Unterstützung von Ottaviani und vor allem die von Siri. Wenn man das fehlende Engagement von Ottaviani mit der institutionellen Rolle erklären kann, die er als Haupt der Theologischen Kommission spielte, so ist die Abwesenheit von Siri

[185] Ebd., 30. November 1962.
[186] Ebd., 28. November 1962.
[187] Ebd., 19. Oktober 1962.

schwerer zu verstehen; er sollte sich auch in den folgenden Sitzungsperioden nicht dem Coetus Internationalis Patrum anschließen.[188]

Siri war der jüngste Kardinal des ganzen Heiligen Kollegiums und einer der qualifiziertesten aufgrund seiner theologischen Bildung und seiner bischöflichen Erfahrung. Die Universität Gregoriana, an der er studiert hatte, betrachtete ihn als einen ,Stern' der Institution, und als sie 1957 ihr 400-jähriges Bestehen gefeiert hatte, war er damit betraut worden, die Festrede zu halten. Er hätte den Konservativen einen entscheidenden Beitrag liefern können, und dies nicht nur wegen seiner theologischen Autorität, vielmehr hätte er hinter sich eine große Zahl italienischer Konzilsväter zusammenführen und so dem Kleinen Komitee auch numerisch ein größeres Gewicht verleihen können. Die Italienische Bischofskonferenz, deren Vorsitz er führte, war tatsächlich der römischen theologischen Schule am engsten verbunden und zählte Prälaten von Rang wie Erzbischof Raffaele Calabria[189] von Benevent sowie die Bischöfe Luigi Maria Carli[190] von Segni, Giovanni Battista Peruzzo[191] von Agrigent und Luigi Carlo Borromeo von Pesaro.

Der Kardinal von Genua führte die Bischofskonferenz mit starker Autorität und war davon überzeugt, dass die Einheit der um den Papst versammelten Bischöfe ein Gut sei, das genauso bedeutend sei wie die politische Einheit der Katholiken in der um die CEI versammelten *Democrazia Cristiana*. Er war der Ansicht, dass die Autorität der Kirche nicht durch irgendeine innere Kontroverse geschädigt werden dürfe. Der sichtbare Leib der Kirche war jedoch zu Beginn der 60er-Jahre ebenso wie die politische Gemein-

---

[188] Zu Siris Teilnahme am Zweiten Vatikanum vgl. sein Tagebuch vom 10. Oktober 1962 bis 20. November 1964, veröffentlicht 1993 im Anhang von: B. LAI, *Il Papa non eletto*; und: PAOLO GHEDA, *Il Card. Siri e la Conferenza episcopale italiana durante il Concilio Vaticano II*, in: Synaxis 3 (2005), 109-144.

[189] Raffaele Calabria (1906-1962), 1929 zum Priester geweiht, von 1962 bis zu seinem Tod Erzbischof von Benevent.

[190] Luigi Maria Carli (1914-1986), 1937 zum Priester geweiht, Bischof von Segni (1957-1973), dann Erzbischof von Gaeta bis zu seinem Tod. Vgl. A. D'ANGELO, *Luigi Maria Carli*, in: DSM-CI, *Aggiornamento*, 1980-1995, 264-265.

[191] Giovanni Battista Peruzzo (1878-1963), Passionist, 1901 zum Priester geweiht, war Oberer des Wallfahrt-Heiligtums von Basella di Urgnano, ab 1924 Auxiliar in Mantua, ab 1928 Bischof von Oppido Mamertino und seit 1932 von Agrigent, ab 1952 bis zu seinem Tod dann Erzbischof. Zu ihm vgl. DOMENICO DE GREGORIO, *Mons. G.B. Peruzzo. Bischof di Agrigento*, Cartograf, Trapani 1972.

schaft der Katholiken mittlerweile objektiv zersplittert, durchsetzt von zentrifugalen Kräften, und die wahre Einheit, die es noch vor der institutionellen Einheit zu bewahren galt, war die doktrinelle Einheit. Ende Dezember 1962 versuchte Siri, eigene Organisationsstrukturen aufzubauen. Auf diese Weise sollten in der Zeit zwischen den Sitzungsperioden Beziehungen mit den anderen Gruppen unterhalten, eine interne ‚Studiengruppe' entstehen und die weiteren Entwicklungen zentral verfolgt werden, doch verblieb diese Initiative innerhalb der CEI.[192] Die fehlende Verbindung der italienischen Bischöfe mit den ‚ultramontanen' Bischöfen war einer der Gründe für die Schwäche der konservativen Front, die sich zu konstituieren begann.

Die zahlenmäßig stärksten Bischöfe unter den Progressisten waren Franzosen (122) und Deutsche (58), im Ganzen 180, eine viel geringere Zahl als der italienische Episkopat, der 271 residierende Bischöfe zählte, doch der französisch-deutsche Block spielte eine viel wirkungsvollere Rolle. Die Franzosen, so betont Roger Aubert, intervenierten 210mal in den öffentlichen Sitzungen, d.h. im Verhältnis zweimal so häufig wie die Italiener, auch wenn in Wirklichkeit nur ein Zwanzigstel der französischen Bischöfe aktiv waren, insbesondere Ancel, Elchinger, Garrone, Veuillot, Gerlier und Feltin, die im Allgemeinen an der Prokura von Saint Sulpice logierten, während die konservativeren Väter im Französischen Seminar residierten.[193] Der mitteleuropäische Block wurde durch den Rhein symbolisiert, der in diesem Fall das französisch-deutsche Ufer vereinte, nicht trennte, doch das wahre Band bildeten eher ideologische Tendenzen als geographische und nationale Affinitäten.

7. Der Umsturz der Schemata

Nachdem mit dem Einbringen der eigenen Kandidaten in die Kommissionen die Stellungen erst einmal besetzt waren, konnte die mitteleuropäische Allianz zum zweiten Schritt übergehen: dem Um-

---

[192] Vgl. N. BUONASORTE, *Siri. Tradizione e Novecento*, 291-292.
[193] Vgl. R. AUBERT, *Organizzazione e funzionamento dell'assemblea*, 164-165.

sturz der Schemata, die von den Kommissionen und vom Papst selbst approbiert waren. Die Texte der ersten sieben Schemata waren am 10. Juli 1962 an Papst Johannes XXIII. gesandt worden, der sie aufmerksam studierte und mit handschriftlichen Kommentaren versah, wie Msgr. Fagiolo erwähnt: *„Bei allen Schemata finden sich am Rand häufig folgende Äußerungen: ‚Bene', ‚Optime'. Lediglich bei einem, nämlich dem Schema über die Liturgie, der sich in dem Band an fünfter Stelle auf den S. 157-199 befindet, ist hier und da, immer von der Hand des Papstes, ein Fragezeichen im Sinne der Verwunderung, nicht der Zustimmung, gesetzt."*[194]

Jetzt wollte man die monumentale Arbeitsleistung über Bord werfen, die während der drei vergangenen Jahre erbracht und in den 16 Bänden der *‚ante-praeparatoria'* gesammelt worden war: mehr als 2000 Seiten mit den Schemata von 54 Dekreten und 15 dogmatischen Konstitutionen.

Am 4. September 1962, vor Eröffnung des Konzils, schrieb Chenu an Rahner, er habe gerade Kenntnis von den vorbereiteten Schemata erhalten und wegen ihrer *„strikt intellektualistischen"* Sichtweise *„Kummer und Gram"* verspürt. Er machte insbesondere den ersten zwei ‚Konstitutionen', die der Theologischen Kommission entstammten, den Vorwurf, sich darauf zu beschränken, *„innertheologische Irrtümer"* anzuzeigen, *„ohne auf die dramatischen Fragen anzuspielen, die sich die Menschen, seien sie Christen oder nicht, aufgrund der Veränderung der menschlichen Situation im Äußeren und im Inneren, wie sie die Geschichte noch nie verzeichnet hat, stellen ... Das Konzil wird zu einer intellektuellen Säuberungsaktion innerhalb der geschlossenen Mauern der Schule"*.[195]

Rahner, den Henri Fesquet in ‚Le Monde' als *„einen der besten Theologen des Konzils"*[196] darstellte, legte am 12. Oktober Msgr. Volk und seinem Theologen Semmelroth die Grundzüge seiner Strate-

---

[194] VINCENZO FAGIOLO (1918-2000), *Il cardinale Amleto Cicognani e mons. Pericle Felici*, in: *Le deuxième Concile du Vatican*, 229-242, 234-235.

[195] CHENU, *Notes*, 57 n.1. Die gleichen Urteile über die doktrinellen Schemata äußerte Kard. Léger, der sie bei einer Begegnung mit Chenu am 9. Oktober als *„spekulative Thesen"* bezeichnete, *„die sich auf eine Wiederholung des Ersten Vatikanums beschränken und nicht auf die Nöte und Anliegen dieser Epoche antworten"* (Ebd., 69).

[196] FESQUET, *Diario*, 71.

gie vor, die darin bestand, *„die aktuellen Schemata der Theologischen Kommission durch ein neues Schema zu ersetzen“*[197].

Am 19. Oktober, dem Vortag der Zusammenkunft der dritten Generalkongregation, trafen sich im Haus Mater Dei in der Viale delle Mura Aurelie einige deutsche und französische Bischöfe und Theologen, die Msgr. Volk, Bischof von Mainz, ausgewählt hatte. *„Thema der Zusammenkunft“*, notiert Congar in sein Tagebuch, *„ist es, eine Taktik gegenüber den theologischen Schemata zu erörtern und zu beschließen.“*[198] 25 Personen waren zugegen, darunter außer Volk und seinem Auxiliar Joseph Reuss[199] der Erzbischof von Berlin, Alfred Bengsch[200], die Bischöfe Ancel (Auxiliar von Lyon), Gabriel-Marie Garrone (Toulouse), Émile Guerry[201] (Cambrai), Paul Schmitt[202] (Metz), Jean Julien Weber[203] (Straßburg) mit seinem Koadjutor Léon-Arthur Elchinger und die Theologen Congar, Chenu, Daniélou, de Lubac, Küng, Philips, Rahner, Ratzinger, Schillebeeckx und Semmelroth.

Die Bedeutung der Zusammenkunft wird durch die Tagebucheintragungen von Chenu, Congar und de Lubac unterstrichen.[204] Ziel war es, eine Taktik zu erörtern, um die theologischen Schemata zu „schleifen“. Die Diskussion gestaltete sich lebhaft und dauerte über drei Stunden. Rahner bestand auf einer völlig neuen Abfassung der Texte. Die Franzosen waren vorsichtiger und schlugen vor, *„nicht in direkter Opposition vorzugehen, weil dies eine Gegenreaktion hervorrufen würde“*. Am Ende betraute man eine kleine Gruppe

---

[197] So notiert Semmelroth am 12. Oktober 1962 in sein Tagebuch. Vgl. G. FOGARTY, *L'avvio dell'assemblea* {dt.: *Das Konzil beginnt*}.

[198] CONGAR, *Journal*, Bd. I, 123.

[199] Joseph Reuss (1906-1985), 1930 zum Priester geweiht. 1954 bis 1978 Weihbischof von Mainz.

[200] Alfred Bengsch (1921-1979), 1950 zum Priester geweiht. 1961 Bischof in Berlin, 1962 zum Kardinal erhoben.

[201] Émile Guerry (1891-1969), 1923 zum Priester geweiht. 1952 bis 1966 Erzbischof von Cambrai.

[202] Paul Schmitt (1911-1987), Franzose, 1935 zum Priester geweiht. 1958 bis 1987 Bischof von Metz.

[203] Jean Julien Weber (1888-1981), französischer Sulpizianer, 1912 zum Priester geweiht. Ab 1945 Bischof von Straßburg, von 1962 bis 1966 ebenda Erzbischof.

[204] Vgl. CHENU, *Notes*, 74-76; CONGAR, *Journal*, Bd. I, 122-124; DE LUBAC, *Carnets*, Bd. I, 132-133.

von Theologen, darunter Rahner, Daniélou und Congar, damit, einen grundsätzlichen Plan auszuarbeiten.

Seit dieser Zusammenkunft zeichneten sich zwei Strömungen ab: eine ‚jakobinische', angeführt von Rahner und Küng, die darauf abzielte, die Schemata der Theologischen Kommission vollständig zu verwerfen; und eine ‚girondistische', getragen von den französischen Bischöfen und Theologen, die sich vornahm, die Schemata durch Interventionen in der Aula umzugestalten.

Küng machte den Vorschlag, in Rom eine internationale Zusammenkunft von Theologen zu veranstalten, um auf die Konzilsväter Einfluss auszuüben. Congar riet von dieser Initiative ab, um nicht den Eindruck zu erwecken, dass man ein Komplott im Schilde führe. „*Wenn wir agieren*", notiert er in sein Tagebuch, „*so ist es immer nötig, an die Reaktion zu denken, die wir womöglich auslösen könnten*"[205]. Als ‚Jakobiner' auf den Seiten seines Tagebuchs, aber ‚Girondist' in seinen Beziehungen zu den Konzilsvätern, denen er auf vertraulicher Basis Texte und Pläne übermittelte, warnte Congar „*vor der Gefahr, den ungünstigen Eindruck eines Para-Konzils der Theologen zu erwecken, das auf das echte Konzil der Bischöfe Einfluss ausüben will*"[206]. Man müsste den Eindruck vermeiden, „*1) dass Theologen die Richtung des Konzils vorgeben wollten. Dies würde in unangenehmer Weise an Döllinger*[207] *erinnern; 2) dass man ein Komplott im Schilde führe.*"[208] Der Dominikanertheologe bezeichnete Küng als „*von revolutionärer Erwartungshaltung geprägt*"[209], zu ungeduldig in seinen Ansprüchen. „*Ich dagegen glaube zutiefst an das Wartenkönnen, an die Notwendigkeit, in Etappen vorzugehen.*"[210]

Am 18. November berief Msgr. Volk eine neue Zusammenkunft in Mater Dei ein. De Lubac gibt einen umfassenden Bericht von der

---

[205] CONGAR, *Journal*, Bd. I, 101-102.

[206] Ebd., 101.

[207] Johann Joseph Ignaz von Döllinger (1799-1890), Theologe und Historiker, 1822 zum Priester geweiht, 1823 Professor für Kirchengeschichte und Kirchenrecht am Lyzeum in Aschaffenburg, 1826 Theologieprofessor in München. 1871 exkommuniziert.

[208] CONGAR, *Journal*, Bd. I, 101.

[209] Ebd., 465.

[210] Ebd., 466.

Zusammenkunft[211], an der sechs deutsche und vier französische Bischöfe sowie Theologen aus Mitteleuropa teilnahmen.

Die größte Veränderung, die eingeführt wurde, bestand nicht so sehr im Inhalt als vielmehr in der Sprache der Schemata. Es wurde dafür in der Tat, wie Kard. Siri erwähnt, der Sprachstil der Rede gewählt *„und die Methode ausgeschlossen, einfache Sätze zu formulieren, die kurz und bündig Aussagen über eine Wahrheit treffen oder klare Verurteilungen der Irrtümer enthalten"*[212]. Die Wahl eines diskursiven Sprachstils hatte zur Konsequenz, dass fehlende Klarheit und dadurch Doppeldeutigkeit zum vorherrschenden Merkmal der Konzilstexte wurden.

8. Die Debatte über die Liturgie

a) Das einzige ‚progressistische' Schema

Die Bilanz der mitteleuropäischen Allianz fiel mehr als zufriedenstellend aus: personale Umstellung der zehn Konzilskommissionen und Eliminierung der vorbereiteten Schemata, von denen nur das Schema *De liturgia* überleben sollte[213], jenes Schema, das Papst Johannes minder gut gefiel, jedoch als einziges die Progressisten zufriedenstellte; der Dominikaner Edward Schillebeeckx bezeichnete es als *„ein bewundernswertes Stück Arbeit"*[214]. Die Holländer bestanden darauf, dass dieses Schema, das in der Reihenfolge der Ausarbeitung an fünfter Stelle kam, als erstes in die Diskussion gelangte.[215] Es handelte sich, wie Wiltgen betont, um einen erneuten Sieg der mitteleuropäischen Front.[216] Das Schema war tatsächlich Frucht der Arbeit der einzigen Kommission, die von den Progressisten be-

---

[211] Vgl. DE LUBAC, *Carnets*, Bd. I, 322-329.

[212] G. SIRI, *Il post-concilium*, 178.

[213] AS I/1, 262-303.

[214] WILTGEN, 23.

[215] *„Die Schemata, die der Papst persönlich als gelungen beurteilt hatte, mit Ausnahme jenes über die Liturgie, das er nicht für gelungen hielt, wurden abgelehnt, und nur das über die Liturgie wurde als würdig befunden, den Konzilspatres zur Diskussion vorgelegt zu werden"* (V. FAGIOLO, 235).

[216] WILTGEN, 24.

herrscht wurde, eben der Liturgischen, die vor allem aus Vertretern der Liturgischen Bewegung aus Mitteleuropa bestand.[217] Kard. Ottaviani äußerte gegenüber Kard. Tisserant schriftlich seine Enttäuschung darüber, dass *„die unvorhersehbare Entscheidung, die Diskussion im Konzil mit der Liturgie zu beginnen, und nicht mit der Glaubenslehre, die bereits festgelegte Ordnung im Band der Schemata, der im Besitz der Väter war, verkehre"*[218], ohne sich jedoch wahrscheinlich der Tragweite dieser Entscheidung bewusst zu sein. Das progressistische Lager rückte ins Feld der Konzilsaula und manifestierte seine Stärke nicht durch Ablehnung eines Dokumentes, sondern durch dessen Annahme. Sein erster Sieg sollte die nachfolgenden leichter machen. Die Debatte begann auf der vierten Generalkongregation am Montag, dem 22. Oktober, und erstreckte sich über 21 Kongregationen bis zum 7. Dezember 1962; in ihrem Verlauf wurden das *Prooemium* und das erste Kapitel des Schemas *De liturgia* umgearbeitet.[219]

Die Punkte, die die Väter stärker beschäftigten, betrafen die Sprache (Latein oder Volkssprache); die Konzelebration; die Kommunion unter beiderlei Gestalt; die Reform des Breviers, des Missale und des Rituale.

Das in ein *Prooemium* und acht Kapitel gegliederte Schema wurde von Kard. Larraona, dem Vorsitzenden der Kommission, und P. Ferdinando Antonelli, der P. Bugnini als Sekretär abgelöst hatte, vorgestellt.[220]

Im Vorfeld der Diskussion zirkulierte ein Dokument, das der Bischof von Linz, Msgr. Zauner[221], ein Vertreter der ‚europäischen

---

[217] In der Liturgischen Vorbereitungskommission waren die Belgier Bernard Capelle, Abt von Mont-César, und Bernard Botte, Rektor des Höheren Institutes für Liturgie in Paris, anwesend.

[218] ASV, Conc. Vat. II, Busta 757, n. 8, Epistolae *Em.mi Praesidis ad varios Patres conciliares*, Photokopie (18. Oktober 1962), ff. 2.

[219] Vgl. M. LAMBERIGTS, *Il dibattito sulla liturgia*, in: *SCV*, Bd. II, 130-192, 132-133 {dt.: *Die Liturgiedebatte*, 129-199, 133}; HERMAN SCHMIDT, *Constitutie over de h. liturgie: tekst, genese, kommentaar, dokumentatie*, H. Nelissen, Bilthoven 1964 {dt.: *Die Konstitution über die heilige Liturgie: Text, Vorgeschichte, Kommentar*, übers. aus d. Holländ. v. ALFRED SCHILLING, Freiburg i. Br. / Basel / Wien 1965}; A. BUGNINI, *La riforma liturgica* {dt.: *Die Liturgiereform*}.

[220] AS I/1 304-309.

[221] Franz Zauner (1904-1994), 1931 zum Priester geweiht. 1956 bis 1980 Bischof von Linz.

Allianz' innerhalb der Liturgischen Kommission, abgefasst hatte. Obgleich er den Text als Ganzes guthieß, unterstrich der österreichische Bischof die Notwendigkeit, einige Passagen, insbesondere die zur Liturgiesprache und zur Konzelebration, „*zum Besseren*" zu verändern. Bezüglich des ersten Punktes wünschte Msgr. Zauner, dass die Bischofskonferenzen autorisiert würden, die Bedingungen für die Einführung der Volkssprache selbst festzulegen; bezüglich des zweiten Punktes schlug er vor, die Möglichkeit der Konzelebration auszuweiten, welche das Konzilsschema auf zwei besondere Fälle beschränkte: die Weihe der heiligen Öle am Gründonnerstag und große Zusammenkünfte von Priestern. Diese Vorschläge wurden von den ersten Rednern, die in der Aula das Wort ergriffen, akribisch entfaltet; alle waren fest entschlossen, vom ersten Augenblick an als Führer des progressistischen Lagers in Erscheinung zu treten.

Kardinal Frings eröffnete die Debatte und pries das Schema *„für seinen modernen und echt pastoralen literarischen Stil, der erfüllt sei vom Geist der Heiligen Schrift und der Kirchenväter"*[222]. Auch Kard. Lercaro und Kard. Döpfner[223] hoben den ‚pastoralen' Aspekt des Textes hervor. Lercaro ermunterte bei seiner ersten Intervention in der Aula[224] die Bischöfe der ‚sozialistischen' Länder und die Bischöfe der Kirchen aus der Dritten Welt, aktiv in die Debatte einzugreifen, um die Notwendigkeit einer Erneuerung der Liturgie deutlich zu machen. Am 31. Oktober ergriff er erneut das Wort und vertrat die Unentbehrlichkeit der Teilnahme am Wortgottesdienst.[225]

Als genauso bedeutsam erwies sich die Intervention des Mailänder Kardinals Giovanni Battista Montini am 22. Oktober, der eine ‚Vermittlungsrede'[226] zwischen den zwei Lagern hielt, auch wenn klar schien – und er sollte es im Folgenden beweisen –, wo

---

[222] AS I/1, 309-310.

[223] Ebd., 319-322.

[224] Ebd., 311-313. Italienischer Text in: G. LERCARO, *Per la forza dello spirito. Discorsi conciliari del card. Giacomo Lercaro*, Edizioni Dehoniane, Bologna 1984, 73-78. Zu Lercaros Teilnahme am Konzil vgl. auch MATTEO DONATI, *Il sogno di una Chiesa. Gli interventi al Concilio Vaticano II del cardinale Giacomo Lercaro*, Cittadella Editrice, Assisi 2010.

[225] AS I/2, 56-58.

[226] AS I/1, 313-316.

sein Herz schlug[227]. Wenn man das Latein, so seine Ansicht, in den sakramentalen und eigentlich priesterlichen Partien bewahrte, so sollte man in den didaktischen Abschnitten jede Trennwand beseitigen, die das Volk daran hinderte, die Lesungen zu verstehen und die Gebete in verständlichen Ausdrücken zu sprechen. Daher sei es angemessen, eine Sprache, die nur von wenigen verstanden würde und ein Hindernis für die echte Teilnahme am Kult darstellte, mit Klugheit, aber ohne Zögern abzuschaffen. In dieser Intervention enthüllte Montini, welche Bedeutung er dem Thema der liturgischen Erneuerung beimaß, die seit seiner Jugend beständig sein Kirchenbild prägte.

Der melkitische Patriarch von Antiochia, Maximos IV Saigh, *„die schwere Artillerie des Konzils"*, wie er bezeichnet wurde[228], sprach am 23. Oktober auf Französisch und wies den Bischofskonferenzen die Rolle zu, festzulegen, ob und mit welchen Modalitäten die Volkssprachen in die Liturgie eingeführt werden sollten[229]. *„Dutzende Prälaten laufen hin, um dem Patriarchen die Hand zu drücken und ihm dafür Dank zu sagen, dass er gewagt hat, das auszusprechen, was viele Liturgiker dachten"*[230], notierte Msgr. Edelby.

Hauptziel der Progressisten war es, die Ritenkongregation ihrer Kompetenzen zu berauben, indem man in jedem Land nationale liturgische Kommissionen einrichtete, die an die Bischofskonferenzen gebunden waren, und in Rom eine ‚internationale Expertenkommission' schuf.[231] In der Presse begann sich unterdessen eine Paralleldebatte zu jener in der Aula abzuspielen, die auf letztere einen gravierenden Einfluss ausübte.

Das einzige asiatische Mitglied der Liturgischen Kommission war der Bischof von Ruteng (Indonesien), Msgr. Willem van Bek-

---

[227] Vgl. A. G. Martimort, *Le rôle de Paul VI dans la réforme liturgique*, in: *Le rôle de G. B. Montini – Paul VI dans la réforme liturgique, journée d'études, Louvain-la-Neuve, 17 octobre 1984*, Studium, Brescia 1987, 59ff.

[228] Edelby, *Diario*, 269.

[229] AS I/1, 377-380. Am 13. Oktober 1963 wurde in der Basilika von St. Peter di eine Simultanübertragung in fünf Sprachen eingerichtet. Mgr. Helder Câmara erwähnt diese Episode als *„Niederlage des Lateins als lebender Sprache und als offizieller Sprache der Kirche"* (Rundschreiben vom 13. Oktober 1963, in: *Lettres Conciliaires*, Bd. I, 217).

[230] Edelby, *Diario*, 76.

[231] Fesquet, *Diario*, 49.

kum[232], von Geburt Holländer, dessen Kandidatur von der mitteleuropäischen Gruppe stark unterstützt worden war, auch weil er selbst seine Ausbildung in Deutschland und Österreich, in der Schule der Liturgischen Bewegung, erhalten hatte[233]. Am 23. Oktober, dem Tag nach Beginn der Diskussion über die Liturgie, hielt Msgr. van Bekkum eine stark besuchte Pressekonferenz zur Anpassung der Liturgie an die indonesische Kultur. Der holländische Bischof verteidigte die Spontaneität der National- und der Stammessprachen und äußerte den Wunsch, dass die asiatischen und afrikanischen Sprachen das Latein in der Messe als ‚rituelle Sprachen' ersetzten, da sie zur Bereicherung und Revitalisierung der Liturgie beitrügen. Eine Stunde später verbreiteten der italienische Rundfunk und die internationalen Presseagenturen die ‚revolutionären' Ideen von Msgr. van Bekkum in der ganzen Welt.[234] Die nämlichen Thesen wurden in den folgenden Tagen den Journalisten von Msgr. Eugenio D'Souza[235], Erzbischof von Nagpur in Indien, und von Msgr. Laurentius Nagae[236], Bischof von Urawa in Japan, dargelegt.

b) *Die Frage des Lateins*

Im Verlauf der Diskussion über die ersten vier Kapitel stand die Frage des Lateins im Zentrum der Debatte. De Lubac erwähnt zwei besonders kritische Gegner des Schemas[237]: Msgr. Vagnozzi[238], Apostolischer Delegat in den Vereinigten Staaten, und Msgr. Dante[239], Titularerzbischof von Carpasia, Sekretär der Ritenkongregati-

---

[232] Willem Van Bekkum (1910-1998), Steyler Missionar, 1935 zum Priester geweiht. 1961 bis 1972 Bischof von Ruteng (Indonesien).

[233] WILTGEN, 36.

[234] Ebd.

[235] Eugenio D'Souza (1917-2003), Inder, Missionar des hl. Franz von Sales, 1944 zum Priester geweiht. 1951 bis 1963 Bischof von Nagpur (Indien), 1963 bis 1994 Erzbischof von Bhopal.

[236] Laurentius Satoshi Nagae (1913-1998), Japaner, 1938 zum Priester geweiht. 1957 bis 1979 Bischof von Urawa (Japan).

[237] DE LUBAC, *Carnets*, Bd. I, 141.

[238] AS I/1, 325-326.

[239] Ebd., 330-331. Enrico Dante (1884-1967), 1910 zum Priester geweiht. Ab 1960 Sekretär der Ritenkongregation, Titularerzbischof, 1965 zum Kardinal erhoben.

on, der das Schema mit einer in zwölf Punkte untergliederten Intervention "verriss"[240]. Msgr. Vagnozzi seinerseits hob die folgenden Aspekte hervor:

> „1. *Man darf dem Geist der Neuerung nicht im Übermaß nachgeben, weil die Liturgie, wie sie jetzt vorliegt, ein heiliges und ehrwürdiges Zeugnis des Glaubens der Kirche darstellt, sowohl in den westlichen wie in den orientalischen Riten.*
>
> 2. *Die Schemata dieser liturgischen Sektion erscheinen oft weitschweifig, eher in einer poetischen und asketischen Sprache verfasst als in einer streng theologischen, und es scheint sich mehr um einen liturgischen Traktat als um ein Konzilsschema zu handeln.*
>
> 3. *Die theologische Sprache erscheint oft vage und stellenweise ungenau; ich halte demütig dafür, dass eher die doktrinellen Prinzipien der Liturgie, die durch den Heiligen Vater Pius XII. in der Enzyklika* Mediator Dei *besser und in einer knapperen Formulierung zum Ausdruck gebracht worden sind, von den Konzilsvätern Wort für Wort aufgegriffen werden sollten als die Schemata, die uns vorgelegt wurden...*
>
> *Meiner Ansicht nach müsste man in erster Linie und in einem Zuge folgende Prinzipien aussprechen und festschreiben:*
>
> 1. *An erster Stelle gründet sich die Heilige Liturgie auf das von Christus vollzogene Werk der Erlösung als ihr Fundament.*
> 2. *An zweiter Stelle stellt die Heilige Liturgie den öffentlichen Kult dar, der durch den Leib Christi zum Ausdruck kommt.*
> 3. *An dritter Stelle verwirklicht die Heilige Liturgie die Heiligung des Menschen, die durch die Tätigkeit und Ausübung des Priestertums Christi erzielt wird.*"[241]

Zur Verteidigung der lateinischen Liturgie intervenierten am 24. Oktober auch Kard. Antonio Bacci[242], der als der herausragendste

---

240 De Lubac, *Carnets*, Bd. I, 141.

241 AS I/1, 325-326.

242 Ebd., 408-411. Antonio Bacci (1885-1971), 1909 zum Priester geweiht. 1931 bis 1960 Sekretär für die Breven an die Fürsten. 1960 zum Kardinal erhoben. 1962 Titularerzbischof von Colonia in Kappadokien.

Latinist der Kirche galt, Msgr. Pietro Parente[243], Konsultor der Ritenkongregation, und Msgr. Dino Staffa[244], Sekretär der Kongregation für die Seminare und die Universitäten. Das Latein – so bekräftigten beide – müsse auch weiterhin die einzige Liturgiesprache bleiben, und die Volkssprachen sollten lediglich für die Unterweisung sowie für einige Gebete Verwendung finden.

Der amerikanische Kardinal McIntyre[245], unterstützt von Kardinal Spellman, brachte vor, dass eine Veränderung der Liturgie auch eine Veränderung der Dogmen bedeute:

> *„Der Angriff auf die lateinische Sprache der heiligen Liturgie bedeutet einen Angriff in indirekter, aber realer Weise auf die Stabilität der heiligen Dogmen, weil die heilige Liturgie notwendig die heiligen Dogmen in sich enthält... Wir alle, die wir auf diesem Heiligen Konzil versammelt sind, können uns an grundlegende Veränderungen von Wortbedeutungen in der Volkssprache, wie sie heute in Gebrauch ist, erinnern. Daraus folgt: Wenn die heilige Liturgie in der Volkssprache abgehalten würde, so wäre die Unveränderlichkeit der Lehre gefährdet. Wenn die Volkssprachen eingeführt werden, so sehen wir unzählige Interpretation der heiligen Dogmen voraus. Damit die ewige Wahrheit der Lehre zum Ausdruck kommt, müssen die heiligen Dogmen ihre Bedeutung und ursprüngliche Form in unveränderlicher Weise beibehalten! Die Einführung der Volkssprache muss vom Vollzug der heiligen Messe getrennt werden. Die heilige Messe muss bleiben, wie sie ist. Tiefgreifende Veränderungen in der Liturgie rufen tiefgreifende Veränderungen in den Dogmen hervor.“*[246]

Pater Benedikt Reetz[247], Präses der Benediktinerkongregation von Beuron, widersprach der These, man müsse die Volkssprachen benutzen, weil in der Liturgie jeder alles verstehen müsse:

---

243 AS I/1, 423-427.

244 Ebd., 429-430.

245 James Louis McIntyre (1886-1979), Amerikaner, 1921 zum Priester geweiht. 1948 bis 1970 Erzbischof von Los Angeles. 1953 zum Kardinal erhoben.

246 AS I/1, 369-371, 370-371.

247 Benedikt Reetz OSB (1897-1964), Erzabt von Beuron und Präses der gleichnamigen Benediktinerkongregation.

„Ich gebe hierauf zur Antwort: Die Gläubigen müssen nicht alles verstehen – auch wir Priester verstehen nicht alles! –, sondern es genügt, dass sie es insgesamt verstehen, nicht aber alle Einzelheiten. Die tätige Teilnahme der Gläubigen besteht nicht so sehr im Gesang und im Gebet, sondern auch im visuellen Verfolgen der Dinge, die auf dem Altar geschehen. Schon der hl. Thomas spricht von jenen, die in der Kirche die Bedeutung der Gesänge nicht verstehen, und äußert in II-II, q.91 art.2,5 die schönen Worte: ‚Wenn sie auch zuweilen das nicht verstehen, was gesungen wird, so verstehen sie jedoch, warum es gesungen wird, nämlich zum Lob Gottes, und das genügt, um eine fromme Gesinnung zu erwecken.'"[248]

Am 30. Oktober bat Kard. Ottaviani um das Wort. Er kritisierte in einer leidenschaftlichen Intervention die Vorschläge, die man hinsichtlich einer Änderung des Ritus der Messe gemacht hatte; in ihnen sah er eine regelrechte liturgische Revolution.

„Der Ordo Missae ist seit vielen Jahrhunderten festgelegt. Die Messe ist das Zentrum des gesamten liturgischen Kultes. Sie ist eine im höchsten Maße heilige Angelegenheit, was den Gläubigen wohlbekannt ist. Darüber hinaus kennen sie aufgrund der liturgischen Unterweisungen in der Pastoral gut ihre einzelnen Bestandteile; somit besteht die Gefahr, dass exzessive Veränderungen bei ihnen Verwunderung, wenn nicht sogar Skandalisierung hervorrufen. Es handelt sich um eine extrem heilige Angelegenheit, die nicht nach dem eigenen Gutdünken einer jeden Generation verändert werden kann; um eine im höchsten Grade ehrwürdige Angelegenheit, der man mit heiliger Hochachtung und Ehrfurcht begegnen muss und die man nur in Grenzen anrühren darf. Mir kommen jetzt die Worte in den Sinn, die Gott an Mose gerichtet hat, als er ihm im brennenden Dornbusch nahte: ‚Löse die Riemen deiner Schuhe, denn der Ort, an dem du stehst, ist heilig.' Seien wir daher vorsichtig mit Vorschlägen zu einer Reform des Messritus."[249]

---

[248] AS I/1, 469-470, 470.
[249] AS I/2, 18-20, 18.

Als Kard. Ottaviani die Redezeit von zehn Minuten überzog, betätigte Kard. Alfrink, der die Sitzung leitete, das Glöckchen, doch der Redner fuhr fort zu sprechen. Alfrink gab dann die Anweisung, das Mikrophon abzuschalten, und Ottaviani wurde so das Wort entzogen.[250] Für den Präfekten der ‚Suprema'[†] war dies eine unerwartete Demütigung im Angesicht der ganzen Konzilsversammlung. Ein Teil der Versammlung applaudierte. Helder Câmara sah in dem Applaus *„den Geist des Konzils"*[251] zum Vorschein kommen. Msgr. Borromeo, der in seinem Tagebuch die Episode als *„abstoßend"* beschrieb, hob hervor, dass *„der Applaus von ganz bestimmten Sektoren der linken Seite losbrach, die mit dem Buchstaben S gekennzeichnet war und die für den Besucher, der durch den Haupteingang der Basilika eintritt, auf dem rechten Flügel liegt"*.[252]

Den ungewöhnlichen Charakter dieser Episode hob auch Indro Montanelli im ‚Corriere della Sera' hervor; er stellte der hieratischen Gestalt des Kard. Ottaviani die ‚moderne' Gestalt des Kard. Alfrink gegenüber: *„Hochgewachsen, athletisch, sportiv, jünger wirkend als sechzig Jahre, er kümmert sich nicht darum, seine antirömischen Gefühle unter einem theologischen Deckmantel zu verbergen."*[253]

c) Die Intervention von Msgr. Peruzzo

Große Bedeutung besaßen auch die Themen der Kommunion unter beiderlei Gestalt und der Konzelebration. Msgr. Dante bekräftigte:

> *„1. Die Kommunion unter beiderlei Gestalt ist absolut abzulehnen. Dies verlangen die Gründe, die diesen Brauch vor vielen Jahrhunderten außer Übung kommen ließen, die Gefahren, die dieser Form der Sakramentenspendung innewohnen, sowie Hygienegründe.*

---

[250] Eine Erzählung der Episode in der Version von Alfrink in: Toon Ostveen, *Bernard Alfrink Bischof cattolico*, Cittadella editrice, Assisi 1973, 76-77.

[†] Höchsten (*sc.* Kongregation).

[251] Câmara, *Lettres conciliaires*, Bd. I, 69.

[252] Borromeo, *Diario*, 30. Oktober 1962.

[253] I. Montanelli, *Sottile ma anche concitato il dialogo tra Curia romana e vescovi stranieri*, in: ‚Corriere della Sera', 26. November 1962.

2. Auch die Konzelebration scheint man nicht zulassen zu dürfen, vor allem, wenn es sich um Privatmessen handelt. Wenn es sich um eine Konzelebration handelt, die mit dem Bischof in besonderen Fällen stattfindet, so soll die Angemessenheit und die Erlaubtheit dieser Konzelebration ausschließlich dem Urteil des Heiligen Stuhles vorbehalten sein."[254]

Kard. Alfrink zufolge, der von Kard. Bea unterstützt wurde[255], war die Kommunion unter beiderlei Gestalt eine von der Urkirche befolgte biblische Praxis, da man voraussetzte, dass Essen und Trinken zum wahren Wesen einer Mahlzeit gehören.[256] Kard. Ruffini mahnte jedoch an, dass das Konzil, wenn es der Forderung nach der Kommunion unter beiden Gestalten zustimmen sollte, sich in Widerspruch zu den Dekreten des Konzils von Konstanz und des Konzils von Trient stellen würde.[257]

Das Thema der Konzelebration wurde von Kard. Léger zu Beginn der Sitzung vom 29. Oktober aufgegriffen; unter den Befürwortern fand sich der belgische Bischof von Inongo (Zaïre), Msgr. Jan van Cauwelaert[258], der im Namen von 262 Bischöfen die Auffassung vortrug, dass in den Kulturen, in denen die Gemeinschaft einen wichtigen Aspekt darstellte, die Konzelebration als Ausdruck der Einheit eine hohe Wertschätzung genieße[259].

An eben diesem 29. Oktober erinnerte der Bischof von Agrigent, Msgr. Giovanni Battista Peruzzo, daran, wie die antiliturgische Bewegung zwischen dem Ende des 15. Jh. und dem Beginn des 16. Jh. in den Kreisen des paganen Humanismus entstanden war.[260] Die Intervention von Msgr. Peruzzo, der von den Progressisten verlacht wurde, verdient aufgrund der sie kennzeichnenden Weisheit und Voraussicht eine vollständige Wiedergabe.

---

254 AS I/1, 331.

255 Ebd., 22-26.

256 AS I/2, 16-17.

257 AS I/1, 600-601.

258 Francis van Cauwelaert (1906-1986), belgischer Benediktiner, 1931 zum Priester geweiht.

259 AS I/2, 94-95.

260 AS I/1, 594-595.

In seinen Worten findet sich ein Echo der Warnungen von Dom Guéranger, der im 14. Kapitel der *Institutions liturgiques* mit Nachdruck auf die Prinzipien verwies, die hinter der antiliturgischen Häresie stehen; ihr erstes Kennzeichen, schrieb er, *„ist der Hass auf die Tradition in den Formeln des göttlichen Kultes“*[261].

„Ich bin der Letzte [der spricht], *aber ich bin alt, der Älteste in eurer Mitte, und vielleicht habe ich wenig begriffen; daher seht es mir nach, wenn euch einige meiner Ausführungen nicht gefallen dürften. Ich habe viele Bemerkungen und Vorschläge gegen die erhaltenswerte heilige Tradition des Gebrauchs der lateinischen Sprache in der heiligen Liturgie gehört, und viele Worte sind für mich Anlass von Furcht und Sorge gewesen. Das möchte ich hier kurz darlegen, wobei meine Rede nicht auf theologischer, sondern auf historischer Basis fußt. Die antiliturgische Bewegung sagt mir aufgrund ihrer Ursprünge nicht zu. Es ist immer von großer Bedeutung, die Aufmerksamkeit auf die Ursprünge von Familien, Institutionen, Gegebenheiten, Lehren zu lenken: wer der Vater ist, wer die Mutter, wer der Führer. Wenn die Quelle* [der Ursprung] *zu Beginn gesund gewesen ist, so wird sie auch im Verlauf der Zeit problemlos gesund bleiben. Wenn die Quelle verunreinigt war, so wird sie nur schwer rein werden. Indem ich mich auf diese Prinzipien stütze, möchte ich den Ursprung der antiliturgischen Bewegung ins Auge fassen: ihre Väter, ihre Führer.*

Diese Bewegung hat am Ende des 15. Jh. und zu Beginn des 16.Jh. ihren Anfang genommen. Die ersten Antiliturgiker waren die Humanisten, wahre und echte Heiden in Italien, besser gesinnte in Frankreich und in den nördlichen Ländern unter Führung von Erasmus, aber doch alle im Glauben schwankend. Ihnen sind viele unserer Brüder im Wettstreit gefolgt, die sich später von der Katholischen Kirche getrennt haben. Aus ihnen sind die Jansenisten hervorgegangen, in Italien die Anhänger der Synode von Pis-

[261] P. Guéranger, *De l'hérésie antiliturgique et de la réforme protestante du XVI*^e^ *siècle, considérée dans ses rapports avec la liturgie*, in: Ders., *Institutions liturgiques*, Bd. I, 2e éd., Société Générale de Librairie Catholique, Paris / Bruxelles 1878, chap. XIV., 388-407, 397. Auszüge übers. v. Michael Fiedrowicz, *Dom Prosper Guéranger, Die anti-liturgische Häresie*, UVK 40 (2010), 33-36.

toia und zuletzt die Modernisten: dies ist die Gesellschaft, an die viele ihre Art zu reden angleichen.

Auf der Gegenseite findet sich kein heiliger Bischof, der diese Bewegung gefördert hätte. Vom hl. Carlo Borromeo bis zum hl. [Antonio Maria] *Claret, vom hl. Franz von Sales bis zum hl. Alfons, alte wie neue, alle haben an der lateinischen Tradition festgehalten. Dieser Sachverhalt muss uns bei der Vorstellung von Neuerungen zur Vorsicht mahnen. Schnell verlässt man den ‚alten Weg', der sicher ist; aber die neuen Gedanken, was für Abgründe können sie uns bereiten und auftun!*

Erasmus schrieb im Vorwort zu seinem Evangelium des hl. Matthäus wie folgt: ‚Es erscheint unpassend und lächerlich, wenn die einfachen Leute und die Frauen die Psalmen und die Sonntagsgebete wie Papageien in ständiger Wiederholung dahermurmeln, während sie ihre Bedeutung nicht verstehen.' *Die Universität von Paris verurteilte dieses Urteil, das einfach und berechtigt erscheint, als gottlos, irrig und neue Irrtümer begünstigend; man lese Duplessy.*

Diese Verurteilung erscheint uns übertrieben, doch war sie prophetisch. Alle diejenigen, die eine wie auch immer geartete Reduzierung der lateinischen Sprache in der Liturgie gefordert haben, bringen, in der Vergangenheit wie heute, dieselben Gründe vor: so könne man das Volk besser unterweisen und zu einem stärkeren Glauben und einer größeren Gottesliebe anregen.

In der Confessio Augustana *(Augsburg) wurde nichts weiter verlangt als der Gesang des Volkes in der Volkssprache während der Feier der Messe. Aber was geschah? Die generelle Einführung der Volkssprache in der Messe war der erste Akt der Trennung von der Heiligen Mutter Kirche. Diese harte Feststellung stammt nicht von mir, sondern von Abt Dom Guéranger, der wahrhaft der Vater der liturgischen Erneuerung ist. Hier also seine Worte:* ‚Die Trennung von der liturgischen Sprache aus einem unerklärlichen Motiv, welches wir nicht kennen, hat fast immer, auch bei Erhalt eines Dispenses vom Heiligen Vater, zum Schisma und zur völligen Trennung von der katholischen Kirche geführt.' *Er beweist diese Feststellung auch, wie man im 3. Band seiner* Institutions liturgiques *nachlesen kann. Diese Worte, diese Tatsachen müssen uns in dieser so wichtigen Angelegenheit extrem vorsichtig machen.*

Ich werde kurz einen dritten evidenten Grund anführen: die Treue, die die Bischöfe, mehr als alle anderen, dem Heiligen Vater stets zu erweisen haben. Seit nahezu fünf Jahrhunderten haben die Päpste den Bitten, Mahnungen und Drohungen fest widerstanden und die lateinische Sprache in der heiligen Liturgie verteidigt. In jüngerer Zeit, von Leo XIII. bis zum regierenden Heiligen Vater, haben sie sich in verschiedenen Apostolischen Schreiben für die Notwendigkeit der lateinischen Sprache in der heiligen Liturgie ausgesprochen.

Liebe Brüder, sind diese Anweisungen nur Ratschläge oder beinhalten sie einen Auftrag? Gegensätzliche Diskussionsbeiträge sind erlaubt; doch erscheint es mir richtig, wenn sie leise und in gehorsamer Unterordnung unter den Heiligen Vater geschehen. Wir alle wünschen, dass die heutigen Menschen bessere Christen werden. Setzen wir uns alle dafür ein, dieses Ziel zu erreichen? Die Geschichte lehrt uns in der Tat, dass die Heiligung der Seelen mit der Liturgie verbunden sein kann, doch dass sie vor allem unsere Heiligkeit, unsere Glaubenskraft, den Heroismus des Apostolates, Gebetsgeist, Reue und auch jene große äußere Hingabe erfordert, die das Volk zu Gott führt. Seht mir meine Kühnheit nach und betet auch für mich!“[262]

d) Eine ökumenische Messe?

Als am 5. November die Konzilsdebatte erneut begann, sprach sich einer der 24 Redner, die das Wort ergriffen, Msgr. Duschak[263], Titularbischof von Abbida und Apostolischer Vikar von Calapan auf den Philippinen, aber von Geburt Deutscher, dafür aus, eine ‚ökumenische Messe‘ einzuführen, die nach dem Letzten Abendmahl gestaltet sein sollte.[264]

---

[262] AS I/1, 594-595.

[263] Wilhelm Josef Duschak (1903-1997), Deutscher, aus der Gesellschaft vom Göttlichen Wort, 1930 zum Priester geweiht, Bischof von Abidda (1951) und 1951 bis 1973 Apostolischer Vikar von Calapan (Philippinen).

[264] AS I/1, 109-112.

„Christus hat die erste Messe vor den Aposteln gefeiert – zum Volk gewandt, gemäß dem damals vorherrschenden Brauch für Gastmähler. Christus hat mit lauter Stimme gesprochen, so dass alle sozusagen den Kanon dieser ersten Messe hörten. Christus hat sich der gesprochenen Sprache bedient, damit alle ihn und seine Worte ohne Schwierigkeiten verstünden. In den Worten ‚Tut dies' scheint ihrer vollständigen Bedeutung nach das Gebot enthalten zu sein, die Messe als ein Mahl im Angesicht oder zumindest mit lauter Stimme und in einer Sprache zu feiern, die alle Mahlteilnehmer verstehen."

Msgr. Duschak lud daher ein,

„daran mitzuarbeiten, mit der Hilfe der Experten aller Riten und der Kirchen, die den eucharistischen Glauben bewahren, eine Messe zu gestalten, die man im eigentlichen Sinn ‚ökumenisch' bzw. ‚Messe der Welt' nennen könnte, und damit die so sehr ersehnte Einheit herzustellen, zumindest im eucharistischen Gedächtnis des Herrn. Das Volk Gottes würde sich dann der vollen und innigen Gemeinschaft erfreuen, wie es die Apostel beim Letzten Abendmahl getan haben."[265]

Am Nachmittag erläuterte Msgr. Duschak seine Intervention den Journalisten: Seine Absicht sei *„die Einführung einer ökumenischen Messe, die, soweit nur möglich, von historischen Anwüchsen befreit, auf das Wesen des heiligen Opfers gegründet und tief verwurzelt in der Heiligen Schrift ist"*[266]. Der Bischof ging soweit, die traditionellen Worte des Kanon zu verändern: *„Wenn die Menschen in vergangenen Jahrhunderten fähig waren, Meßriten auszuwählen und zu schaffen, warum sollte dann das größte von allen Konzilien nicht fähig sein, dasselbe zu tun? Warum sollte man nicht anordnen können, daß mit allem schuldigen Respekt ein neues Messformular verfaßt wird, das dem modernen Menschen ansteht und von ihm gewünscht wird, das verstanden wird von einem, der in einer täglich kleiner und uniformer werdenden Welt lebt?"*[267] Die ganze Messe, so beharrte Msgr. Duschak, solle mit

---

[265] Ebd., 111-112.
[266] WILTGEN, 39.
[267] Ebd.

lauter Stimme in der Volkssprache und dem Volk zugewandt gefeiert werden. Diese Vorschläge erschienen damals radikal, doch sollten sie schon vor dem Abschluss des Konzils in die Praxis umgesetzt werden.

Die Entgegnungen blieben jedoch nicht aus. Auf die Äußerung von Kard. Döpfner, man müsse die Volkssprache auch deshalb einführen, weil die Priesteramtskandidaten aufgrund ihrer Ausbildung an den öffentlichen Schulen Latein nicht mehr beherrschten[268], erwiderte beispielsweise Msgr. Carli, dass eben jene Kandidaten auch die christliche Philosophie und die Theologie nicht beherrschten und niemand daran dächte, sie zu weihen, bevor sie ihre Studien in diesen Stoffgebieten beendet hätten[269].

Der im Gange befindliche Konflikt entpuppte sich als einer zwischen der römischen Kurie und einigen Bischofskonferenzen, vornehmlich der französischen und der deutschen, die von einigen Bischöfen aus den Ländern der Dritten Welt Unterstützung erhielten, wie beispielsweise von Msgr. D'Souza, der bei seinen Interventionen am 27. Oktober und am 7. November 1962 forderte[270], den Bischofskonferenzen nicht nur das Recht zu erteilen, die Sprache für den Vollzug des Ritus zu wählen, sondern auch, *„die Liturgie der Sakramente anzupassen"*[271], und von Msgr. Bekkers[272], der die Auffassung vertrat, dass allein *„der grundlegende sakramentale Kern aller Sakramente" „universal"* sein sollte, *„doch für eine entfaltetere und umfänglichere Feier dieses sakramentalen Kernes eine möglichst große Freiheit gewährt werden sollte, über deren Grenzen nur die Bischofskonferenz der betreffenden Völker in sachkundiger Form urteilen könne, sofern die Beschlüsse vom Heiligen Stuhl approbiert würden"*[273].

---

268 AS I/2, 398-399.

269 Ebd., 463-464.

270 AS I/1, 497-499 und AS I/2, 317-319.

271 AS I/2, 318. „*Wenn sich die Vollmacht auf den ganzen Ritus und auf den Gebrauch der gesprochenen Sprache erstreckte, so wäre dies eine sehr gute Sache. Dies ist es, was wir vom Konzil erwarten, weil seine Realisierung wirklich notwendig ist*" (ebd.).

272 Wilhelm Marinus Bekkers (1908-1966), Holländer, 1933 zum Priester geweiht, 1956 Koadjutor-Bischof und anschließend bis zu seinem Tod Bischof von 's-Hertogenbosch. Seine Beerdigung gestaltete sich zu einer Art öffentlicher Manifestation der ultraprogressistischen Strömung in Holland (*Actes et Acteurs*, 372).

273 AS I/1, 313-314.

Das Latein wurde von der antirömischen Partei als das Instrument angesehen, dessen sich die Kurie bediente, um ihre Macht auszuüben. Solange das Latein die einzige Sprache der Kirche blieb, besäße Rom die Kompetenz, die Riten zu kontrollieren und zu überprüfen. Doch wenn Hunderte von Sprachen und lokalen Bräuchen in die Liturgie eingeführt würden, so verlöre die Kurie automatisch ihre Vorrechte und die Bischofskonferenzen würden die Richtlinienkompetenz auf diesem Gebiet erhalten. *„Und gerade das war es, worauf die sich herausbildende Mehrheit bestand. Sie wollte"*, so unterstreicht Wiltgen, *„daß die Bischofskonferenzen zu gewissen wichtigen Entscheidungen bezüglich liturgischer Praktiken ermächtigt würden."*[274]

Die progressistische Allianz erhielt in der Aula Unterstützung durch eine lebhafte Gruppe von Bischöfen aus Lateinamerika, an deren Spitze Kard. Silva Henríquez, Erzbischof von Santiago de Chile, stand. Diese Väter zeigten sich, wie Wiltgen anmerkt, erkenntlich für die kräftige finanzielle Unterstützung, die sie im Verlauf der letzten Jahre vom Kölner Kardinal Frings über die Organisationen ‚Misereor' und ‚Adveniat' erhalten hatten. *„Viele von denen, die die Gelegenheit des Konzils benützten, um Kardinal Frings einen Besuch zu machen und sich bei ihm persönlich zu bedanken, fanden sich als Mitglieder der Allianz wieder."*[275]

e) Die Auflösung des Breviergebetes

Am 7. November schlug Kard. Léger vor, das Breviergebet in der Form aufzulösen, dass sich die Priester dabei auf die wesentlichen Teile des Offiziums beschränken sollten: die Laudes zur Rezitation am Morgen, die Vesper am Abend und die *lectio divina* dann, wenn es der Tagesablauf am besten zuließe.[276] Kard. Urbani[277] bezeichnete in seinem Tagebuch die Intervention als *„schmerzlich"*: *„Ehrlich*

---

[274] WILTGEN, 43.
[275] A.a.O., 55.
[276] AS I/2, 334-336.
[277] Giovanni Urbani (1900-1969), 1922 zum Priester geweiht, Titularbischof von Axomis, 1946 nationaler Assistent der Katholischen Aktion; 1955 Bischof von Verona, folgte 1958 Roncalli als Patriarch von Venedig nach und blieb dort bis zu seinem Tod. 1958 von Johannes XXIII. zum Kardinal erhoben.

gesagt verstehe ich diese Bischöfe nicht", schrieb er. *„Sie reden von Aszese und verlegen sie ganz in die Lesung des Breviers in der Volkssprache. Sie fügen hinzu: bei der privaten Rezitation. Wenn einer Kanoniker wird, muss er da eine Lateinprüfung machen? Mir scheint, dass dahinter ein stummer Kampf gegen* Veterum Sapientia *im Gange ist."*[278] *„Die franko-amerikanische Claque hat applaudiert"*, notiert Msgr. Borromeo; er merkt an, dass Kard. Léger *„entschieden ein Spitzenmann sein will"* und *„über eine ganz beachtliche Claque im Konzil verfügt"*.[279]

Im selben Tenor verlief zwei Tage später die Intervention von Kard. Döpfner, demzufolge *„die heutigen Priester zu viel zu tun haben, dass sie nicht ein göttliches Offizium rezitieren können, das in fernen Zeiten ersonnen wurde, noch dazu von Ordensmännern, die keiner anderen Beschäftigung nachgingen, als ihren Tagesablauf mit Gebet auszufüllen."*[280]

„Diese Bischöfe und Kardinäle in langen Hosen, die keine fünf Minuten ohne eine Zigarre oder Zigarette im Mund dastehen können, die auf alle Verbote pfeifen (‚es wird darum gebeten, nicht zu rauchen'), die sich über jeden Widerstand der Römer hinwegsetzen (sie gehen mit all ihren Insignien in der Begleitung von Damen an die Bar oder ins Hotel); sie scheinen vieles andere zu tun haben als zu beten", bemerkt der Bischof von Pesaro voller Bitterkeit.[281]

Die Repliken zur Verteidigung des Breviers erweiterten sich zu einer Verteidigung der lateinischen Sprache. So antwortete Kard. Wyszyński[282] auf Léger:

> *„Das Römische Brevier ... bildet ein ganz festes Band der betenden Kirche, des ganzen mystischen Leibes Christi, des Obersten Hirten, der Bischöfe, der Priester und der Gläubigen. Es ist Quelle der Tröstung für alle diejenigen gewesen, die in den Gefängnissen oder in den gemeinhin sogenannten ‚Konzentrationslagern' die Verfolgung ertragen haben. Was diese Männer von dem liebreichen Gebet des Römischen Breviers zu erzählen wissen, kommt wenigstens*

---

278 URBANI, *Diario*, 135.

279 BORROMEO, *Diario*, 7. November 1962.

280 AS I/2, 398-403.

281 BORROMEO, *Diario*, 9. November 1962.

282 Stefan Wyszýnski (1901-1981), Kardinalerzbischof von Warschau und Gniezno (Gnesen), Primas von Polen. Mitglied der Zentralen Vorbereitungskommission. Zu ihm vgl. u.a. *Actes et Acteurs*, 326-336; GROOTAERS, *I protagonisti*, 245-260.

zum Teil in dem heroischen Akt jenes heiligen Martyrers und Apostels von Mähren, Böhmen und Ungarn zum Ausdruck, der, in Ketten gelegt, von dem Augenblick an, wo er die Seiten des Breviers mit seinen blutüberströmten Händen nicht mehr umblättern konnte, dies mit Hilfe seiner Zunge tat. Ich möchte die Einwände derer, die behaupten, für den Vortrag des heiligen Offiziums nicht genügend Zeit zu haben, gleichsam übergehen. Mir erscheint dies ein im höchsten Grade schwaches und beleidigendes Argument für die frommen und guten Priester zu sein. Mit welcher Standhaftigkeit und Frömmigkeit und mit welcher außergewöhnlichen Haltung haben die Apostel diesen Gedanken abgelehnt, da sie begriffen, dass das Gebet ein ganz großes Geschenk ist? Unsere Art zu denken, die wir an der Spitze der Kirche unserer Tage stehen, darf sich davon nicht unterscheiden. Wir halten dafür, dass wir noch viel mehr ein möglichst fortwährendes, beständiges und tiefes Gebet nötig haben. Es gibt viele Texte im Römischen Brevier, die aus den ältesten Zeiten herrühren, wie die Gebete, die sich keineswegs in eine gesprochene Sprache umsetzen lassen, ohne dass sie in Gefahr sind, ihre theologische Bedeutung zu verlieren, die in knapper Form ihren Ausdruck erhalten hat, der durch den Gebrauch vieler Jahrhunderte geheiligt ist. Als Beispiel genügt es, die vielen Übersetzungen des Römischen Missale in die modernen Sprachen anzuführen, die voller Fehler und Irrtümer sind. Übertrüge man das Römische Brevier in eine moderne Sprache, so würde dies die Zöglinge in den Seminaren nicht mehr ermuntern, die lateinische Sprache zu erlernen, deren Studium dem Heiligen Vater so sehr am Herzen liegt. Alle diese Veränderungen würden Geist und Gefühl vom Römischen Missale, von der Vulgata, von den Schriften der Väter entfernen. Die Priester des lateinischen Ritus würden schließlich die Fähigkeit verlieren, die lateinische Sprache zu gebrauchen, die das festeste Band der Einheit bildet. Diese Sprache dient uns allen, die wir auf diesem Konzil versammelt sind, in reichlichem Maß."[283]

[283] AS I/2, 393-394.

In genauso deutlichen Ausdrücken äußerte sich der Erzbischof von Westminster, William Godfrey[284]:

> *„Ich habe meine eigenen Erfahrungen in einer sehr großen Pfarrei über zwei Jahre hinweg gesammelt, und ich habe viele Jahre lang die Pfarreien in zwei großen Diözesen begleitet. Nie, nie habe ich Priester gehört, die gesagt hätten, ihnen reiche die Zeit für die Rezitation des göttlichen Offiziums nicht aus. Ich gebe zu, dass in einigen Regionen Schwierigkeiten auftreten können, doch wäre es eine minder kluge Sache, wenn ich nicht irre, auf diesem Konzil universale Regeln für den gesamten Klerus festzuschreiben. Manchmal heißt es, dass die Gefahr besteht, in jene sogenannte ‚Häresie der guten Taten' zu verfallen, d. h. in die Überhöhung der pastoralen Tätigkeit gegenüber dem Gebet, so als ob das Gebet gegenüber der pastoralen Tätigkeit nur eine untergeordnete Angelegenheit wäre. Nach meinem bescheidenen Urteil besteht hierin eine echte Gefahr. Das göttliche Offizium ist schon genug gekürzt worden. Wir können für verschiedene Dinge von geringerer Wichtigkeit Zeit finden. Müssen wir vielleicht nicht das göttliche Offizium als eine wesentliche Nahrung und Stütze unserer Arbeit, als einen pastoralen Halt unserer Jugendzeit wie unseres Alters bewahren? Ich bitte die verehrten Väter, nicht leichtfertig kostbare Traditionen aufzugeben. Es soll nicht den Anschein haben, verehrte Väter, dass wir uns aufgrund eines ‚Neuerungskomplexes' derart abmühen, so als würde auf diesem Konzil nichts zustande gebracht, wenn man nicht alles erneuerte."*[285]

Bei der ersten Abstimmung, die am 14. November stattfand, wurde das Schema über die Liturgie im Prinzip angenommen, bei 2162 *placet*-Stimmen, 46 *non placet*-Stimmen und 7 ungültigen Stimmzetteln. *„Tatsächlich"*, so bemerkt P. O'Malley, *„annullierte diese Abstimmung den Artikel 1257 des Kirchenrechtes, der alle Entscheidungen auf dem Gebiet der Liturgie ausschließlich dem Heiligen Stuhl zuwies."*[286]

---

[284] William Godfrey (1889-1963), 1916 zum Priester geweiht. Von 1956 bis zu seinem Tod Erzbischof von Westminster, 1958 zum Kardinal erhoben.

[285] AS I/2, 472-473.

[286] J. W. O'MALLEY, *What happened at Vatican II*, 139.

Der revidierte Text von *Sacrosanctum Concilium* sollte im folgenden Jahr promulgiert werden.

Am Tag vor der Abstimmung verkündete Kard. Cicognani, dass der Papst auf Verlangen vieler Väter beschlossen hatte, den Namen des hl. Joseph im eucharistischen Hochgebet unmittelbar nach dem Namen Marias einzusetzen. Die Entscheidung sagte den Liturgikern und den Förderern des ökumenischen Dialoges nicht zu.[287]

9. Der Angriff auf das Schema über die Quellen der Offenbarung

a) Schrift und Tradition

Die Debatte in der Aula gestaltete sich immer lebhafter und zeigte deutlich die Existenz zweier sich gegenüberstehender Minderheiten an, einer progressistischen und einer konservativen, die um die Zustimmung der „breiten Masse" rangen. In diesem Klima begann am 14. November nach der Abstimmung über das Schema der Liturgie die Diskussion über das wichtige Thema des Verhältnisses von Schrift und Tradition innerhalb der christlichen Offenbarung.[288] Eine Debatte, die, wie Riccardo Burigana bemerkt, *„das Tor"* darstellte, *„durch das man auf dem Zweiten Vatikanum eine neue Praxis in der Formulierung der kirchlichen Lehre einführte"*[289], nämlich *„den Übergang von einer wesentlich auf das Lehramt gegründeten Theologie zu einer*

---

[287] Vgl. M. LAMBERIGTS, *Il dibattito sulla liturgia*, in: *SCV*, Bd. II, 172-173 {dt.: 176-177}.

[288] Zu einer Gesamtrekonstruktion der Debatte vgl. R. BURIGANA, *La Bibbia nel Concilio. La redazione della costituzione "Dei Verbum" del Vaticano II*, Bologna 1998; G. RUGGIERI, *Il primo conflitto dottrinale*, in: *SCV*, Bd. II, 259-294 {dt.: *Der erste Konflikt in Fragen der Lehre*, 273-314}. Siehe auch UMBERTO BETTI, *Storia della costituzione dogmatica "Dei Verbum"*, in: *La costituzione dogmatica sulla divina Rivelazione*, LDC, Torino 1967, 11-68; G. RUIZ, *Historia de la constitución "Dei Verbum" sobre la divina revelación*, La Editorial Católica, Madrid 1969, 33-99. Eine konzise kritische Analyse in: EMMANUEL-MARIE OP, *Les quarante ans de la Constitution conciliaire Dei Verbum*, in: Le Sel de la Terre 55 (2005-2006), 16-38.

[289] R. BURIGANA, *La Bibbia nel Concilio*, 15.

Reflexion, bei der die Vertiefung des Wortes Gottes eine zentrale Rolle spielte"[290].

Das Lehramt hatte immer gelehrt, dass es zwei Quellen der Offenbarung gibt, die Heilige Schrift und die Tradition: die erste ist inspiriert, die zweite getragen von göttlichem Beistand.[291] Die Tradition ist die untrügliche Regel des katholischen Glaubens, die in der Kirche der Schrift vorausgeht: dort gab es tatsächlich eine Zeit, in der man nichts von einer Heiligen Schrift des Neuen Testamentes wusste, aber es gab dort nie eine Epoche, die ohne eine mündliche Tradition war, welche von Jesus selbst und von den ersten Aposteln herrührte. Dieses einzige Depositum der göttlichen Offenbarung ist der Autorität der Kirche anvertraut, welche die zweite (oder nächste) Glaubensregel für alle Gläubigen behütet. Wie Kard. Billot treffend erklärt, *„ist die Tradition die Glaubensregel, die der Schrift hinsichtlich der Zeit, der Kenntnis und der Ausbreitung vorausgeht. Von der Schrift unterscheidet sie sich ..., weil sie nicht nur eine entfernte Regel ist, sondern die nächste und unmittelbare"*[292]. Das Depositum der Offenbarung ist nicht in der Schrift, sondern in der Tradition ganz enthalten, die von Christus selbst als grundlegendes Organ für die Weitergabe seiner Lehre in den Jahrhunderten eingerichtet worden ist.[293]

Der Biblizismus hat im Verlauf der Jahrhunderte das Banner für alle Strömungen abgegeben, die im Namen der Heiligen Schrift die Autorität der Kirche leugnen wollten. Dem Lehramt, der katholischen Glaubensregel, setzte der Protestantismus das bloße ‚Wort Gottes' als einzige *regula fidei*, als absolute Norm, entgegen, mit der man jede Lehre und jede Handlung bemaß. John Wyclif und Jan

---

[290] Ebd., 17.

[291] Vgl. B. GHERARDINI, "*Quod et tradidi vobis*", 300. Was die Kontinuität der katholischen Lehre von den Kirchenvätern bis zum Ersten Vatikanum anbelangt, sehe man den erschöpfenden Beitrag vom Mgr. (jetzt Kard.) W. BRANDMÜLLER, *Die Lehre der Konzilien über die rechte Schriftinterpretation bis zum 1. Vatikanum*, in: Archivum Historiae Conciliorum 19 (1987), 13-61.

[292] L. BILLOT SJ, *Tradition et modernisme: "De l'immutable tradition, contre la nouvelle hérésie de l'évolutionnisme"*, franz. Übers. v. Abbé JEAN-MICHEL GLEIZE, Courrier de Rome, Versailles 2007, 32 {Originaltitel: *De immutabilitate traditionis contra modernam haeresim evolutionismi*, Typ. Pontificia Instituti Pii IX, Romae 1907}.

[293] Ebd., 37.

Hus theoretisierten noch vor Luther über einen umfassenden Biblizismus.[294]

Die ‚Neuerer' des Zweiten Vatikanischen Konzils leugneten zwar nicht die Tradition, aber spielten ihre Rolle herunter oder entstellten ihren Sinn. Sie anerkannten die Tradition nicht als konstitutive Größe, sondern lediglich als ‚interpretativen' Zugang zur Offenbarung, die allein in der Schrift enthalten war. Interpretin der Schrift und damit der Tradition wäre nicht das Lehramt der Kirche, sondern das der Exegeten und der Theologen, die den Vorschlag machten, die Dualität der Quellen (Schrift und Tradition) in der Einzigkeit der Offenbarung aufgehen zu lassen.[295] Ihre Fragestellungen waren in einigen Dokumenten gesammelt, die alternativ zu jenem der Theologischen Kommission kursierten: eine *Disquisitio brevis de schemate de fontibus Revelationis,* verfasst von P. Rahner[296]; ein auf den belgischen Dominikaner Schillebeeckx zurückgehendes Dokument mit dem Titel *Animadversiones in primam seriem schematum,* worin *De fontibus* heftige Kritik erfuhr für seine *„Verschlossenheit"* gegenüber der Methode der *„Formgeschichte"* und für das übermäßige Gewicht, das auf die Vulgata gelegt wurde[297]; und ein Schema von P. Congar, *De Traditione et Scriptura,* das neben den vorigen unter den Konzilsvätern zirkulierte.

Am Nachmittag des 26. Oktober 1962 stellte Congar die progressistische Position bezüglich der Tradition in einem Vortrag im Französischen Seminar dar, den Msgr. Charue als *„unvergleichlich"* bezeichnete und ihn in einer Zeile zusammenfasste: *„Es gibt hier nicht zwei Quellen, sondern nur eine einzige, das Evangelium, das aus zwei Wegen hervorgeht"*[298]. Jedoch war, wie Giuseppe Ruggieri bemerkt, der Hauptgegenstand während der Debatte über *De fontibus* nicht

---

[294] Vgl. RICARDO GARCÍA VILLOSLADA SJ, *Radici storiche del Luteranesimo*, ital. Übers., Brescia 1979, 100-118 {Originaltitel: *Raíces históricas del luteranismo*, Biblioteca de Autores Cristianos, Madrid 1969}.

[295] Vgl. z.B. K. RAHNER, *Heilige Schrift und Tradition*, in: DERS., *Schriften zur Theologie*, Bd. 6, Benziger Verlag, Einsiedeln / Zürich / Köln 1965, 121-138.

[296] Vgl. WENGER, *Vatican II, Première session*, 103-104.

[297] R. BURIGANA, *La Bibbia nel Concilio*, 92-93; G. RUGGIERI, *Il primo conflitto dottrinale* in: *SCV*, Bd. II, 259-294 {dt.: 273-314}.

[298] CHARUE, *Carnets conciliaires*, 40.

so sehr das Verhältnis von Schrift und Tradition, als vielmehr das Problem der ‚Pastoralität' der Kirche.[299]

b) Die progressistische Kritik am Schema

Das Schema über die Quellen der Offenbarung wurde von Kard. Ottaviani vorgestellt. Es war das erste Mal, dass der Purpurträger wieder in der Aula erschien, nachdem er zwei Wochen zuvor von Kard. Alfrink brutal zum Schweigen gebracht worden war. Ottaviani lobte den pastoralen Wert des Schemas und überließ das Wort Msgr. Garofalo, dem Sekretär der Kommission, damit dieser das Schema erläuterte.[300] Garofalo sprach kurz und äußerte, dass das Schema dogmatischen Charakter besitze, aber aufgrund der klaren Darlegung der Lehre auch einen pastoralen Wert habe. Die Reaktion brach unvermittelt los, sorgfältig organisiert von den progressistischen Konzilsvätern. Der erste, der das Feuer eröffnete, war Kard. Liénart[301], der älteste der Kardinäle, der seine Intervention mit dem Satz begann: „*Hoc schema mihi non placet*". Er erklärte den Entwurf für unvollständig, sehr mangelhaft und allzu scholastisch. „*Es war wie eine Bombe im Kirchenschiff von St. Peter: Hier erwartete man ein Konzil ohne Geschichte, und die Geschichte hatte begonnen!*"[302] Auf ihn folgten Frings[303], Léger[304], König[305], Alfrink[306], Suenens[307], Ritter[308], Bea[309] und der Patriarch Maximos IV Saigh[310], die sich alle

---

[299] Vgl. G. RUGGIERI, *La discussione sullo schema Constitutionis dogmaticae* De Fontibus Revelationis *durante la prima sessione del Concilio Vaticano II*, in: *Vatican II commence … Approches Francophones*, hg. v. É. FOUILLOUX, Peeters, Louvain 1993, 314-328.

[300] AS I/3, 27-32.

[301] Ebd., 31-32.

[302] MARCEL GRELOT, *Il rinnovamento biblico nel ventesimo secolo. Memorie di un protagonista*, mit einem Vorwort v. GIANFRANCO RAVASI, ital. Übers., Cinisello Balsamo 1996, 172 {Originaltitel: *Combats pour la Bible en Église, une brassée de souvenirs*, Paris 1994}.

[303] AS I/3, 34-36.

[304] Ebd., 41-42.

[305] Ebd., 42-43.

[306] Ebd., 43-45.

[307] Ebd., 45-47.

[308] Ebd., 47-48.

[309] Ebd., 48-51.

kategorisch gegen das Schema der Theologischen Kommission aussprachen, das sie für *„allzu scholastisch"* (Liénart), *„feindselig gegenüber den getrennten Brüdern"* (Frings), *„in Kontrast zum Geist der Erneuerung von Johannes XXIII. stehend"* (Léger), *„an negativem Geist und an Pessimismus krankend"* (Ritter), *„eines pastoralen Charakters ermangelnd"* (Bea) erklärten. Die Kardinäle Ruffini[311] und Siri[312] verteidigten dagegen mit Entschiedenheit das von Ottaviani vorgestellte Dokument, indem sie an die konstitutive Geltung der Tradition innerhalb des katholischen Glaubens erinnerten. Siri vertrat die Notwendigkeit, den Gegenstand, wie er vom hl. Pius X. systematisch dargelegt worden war, feierlich zu bekräftigen, da man voraussetzen durfte, dass die Irrtümer des Modernismus in der Kirche noch umherschleichen.[313] Zwei theologische Schulen standen sich frontal gegenüber.

Msgr. Soegijapranata[314], Erzbischof von Semarang und Vorsitzender der Bischofskonferenz von Indonesien, attackierte im Namen der Bischöfe seines Landes nicht nur das Schema über die Quellen der Offenbarung, sondern auch die drei anderen dogmatischen Konstitutionen. Wiltgen erwähnt, dass die große Mehrheit der indonesischen Bischöfe von Geburt Holländer waren und dass ihr theologischer Berater, der Jesuitenpater Pieter Smulders[315], ebenfalls Holländer, bekannt für seine heftige Opposition gegen die vier dogmatischen Konstitutionen war[316]. Die Konzilsväter aus den Niederlanden vertraten die Ansicht, dass der Text zu negativ und intolerant sei und vor allem, dass er nicht eine Quelle der Offenbarung, sondern zwei anerkannte. P. Schillebeeckx übte auf sie einen Einfluss aus, der genauso stark war wie der von P. Rahner auf die deutschen Bischöfe. Von den kritischen Bemerkungen von Schillebeeckx und Smulders wurde seit den ersten Debatten ausgiebig

---

[310] Ebd., 53-55.

[311] Ebd., 37-38.

[312] Ebd., 38-39.

[313] Ebd.

[314] Ebd., 58-59. Albert Soegijapranata (1895-1963), indonesischer Jesuit, 1931 zum Priester geweiht. Von 1961 bis zu seinem Tod Erzbischof von Semarang (Indonesien).

[315] Pieter Smulders (1911-2000), holländischer Jesuit, 1939 zum Priester geweiht, Professor am Jesuitenkolleg in Maastricht (1943-1967), Berater des indonesischen Episkopates auf dem Zweiten Vatikanum, Konzilsperitus.

[316] WILTGEN, 48-49.

Gebrauch gemacht.[317] Die Kritik der zwei Theologen stand in einer Linie mit der des Sekretariates für die Einheit der Christen, das bei den Zusammenkünften am 9. und am 16. November 1962 im Hotel Columbus eine eigene Strategie entwarf, in der Überzeugung, wie P. Feiner äußerte[318], *„sozusagen einen lehramtlichen Bezugspunkt herauszuarbeiten, an dem sich die Theologie des II. Vatikanums herauskristallisieren könnte und müßte"*[319].

Die Debatte entfaltete sich in den folgenden Generalkongregationen mit Interventionen zur Verteidigung des Kommissionsdokumentes seitens der Kardinäle Ottaviani[320], Bacci[321], Santos[322], Florit[323], Ruffini[324], Browne[325], und auf der Gegenseite seitens Tisserant[326], Döpfner[327], Frings[328], Silva Henríquez[329] und des Bischofs von Brügge, Msgr. Émile De Smedt[330], der, wie Msgr. Borromeo beschrieb, *„feierlich stotterte und vor Aufregung stockte"*[331], doch dem *„eine herrliche Stimmgewalt"* und das *„mächtige Verlangen, als gewaltiger Redner zu erscheinen"*, zu Hilfe kamen. De Smedt ergriff am 19. November das Wort im Namen des Sekretariates für die Einheit der Christen und bekräftigte, dass es dem Schema in beträchtlichem

---

[317] G. RUGGIERI, *Il primo conflitto dottrinale*, in: *SCV*, Bd. II, 267 {dt.: 282-283}.

[318] Joseph Feiner (1909-1985), Schweizer, Theologieprofessor am Diözesanseminar von Chur (1938-1962). Berater des Sekretariats für die Einheit der Christen.

[319] G. RUGGIERI, *Il primo conflitto dottrinale*, in: *SCV*, Bd. II, 268-269 {dt.: 284}.

[320] AS I/3, 131-132.

[321] Ebd., 127-128.

[322] Ebd., 76-79.

[323] Ebd., 101-104. Ermenegildo Florit (1901-1985), 1925 zum Priester geweiht, 1951 bis 1954 Vizerektor und Dekan der theologischen Fakultät der Lateran-Universität. 1954 Koadjutor-Bischof und 1962 bis 1977 Erzbischof von Florenz. 1965 zum Kardinal erhoben. Zu ihm siehe NICOLA CIOLA, *Il padre Umberto Betti e il card. Ermenegildo Florit: due servitori della Chiesa al concilio Vaticano II*, in: Lateranum 70 (2004), 181-194. Vgl. R. BURIGANA, *Sul magistero episcopale tra Roma e Firenze. La partecipazione di Ermenegildo Florit al Vaticano II*, in: Vivens Homo 11/1 (2000), 263-300.

[324] AS I/3, 249-251.

[325] Ebd., 82-84.

[326] Ebd., 66; 248-249.

[327] Ebd., 124-126.

[328] Ebd., 137.

[329] Ebd., 81-82.

[330] AS I/3, 184-186. Émile-Joseph De Smedt (1909-1995), 1933 zum Priester geweiht, 1952 bis 1984 Bischof von Brügge, seit Oktober 1960 Mitglied des Sekretariats für die Einheit der Christen.

[331] BORROMEO, *Diario*, 19. November 1962.

Maße an *„ökumenischem Geist"* ermangele und es ein Hindernis für den Dialog bilde, auch weil es allzu sehr in scholastische Formulierungen gekleidet wäre, die für die ‚orthodoxen' Brüder und viele andere Nicht-Katholiken unverständlich seien. Seine Intervention, die jene Beas vom 14. November wieder aufgriff[332], war bei der Zusammenkunft drei Tage zuvor im Hotel Columbus verabredet worden und erhielt Applaus von der *„üblichen französischen Claque"*[333]. P. Schauf berichtete von einer Zusammenkunft deutscher Theologen, die am Nachmittag des 14. November stattfand, und wählte diese Formulierung: *„Es war mehr eine Verschwörung und eine politische Versammlung als ein theologisches Gespräch"*[334].

Bea war zu jenem Zeitpunkt die ‚Diva' der ‚Neuerer'.[335] In seiner Intervention über *De fontibus Revelationis* machte er wie sein Kollege Frings dem Schema den Vorwurf, nicht an der gesamten Tradition der Kirche festzuhalten und vor allem, im Gegensatz zu dem Geist zu stehen, der die päpstliche Ansprache bei der Konzilseröffnung beherrschte.[336]

Die detaillierteste Antwort der Konservativen kam von Msgr. Geraldo de Proença Sigaud, der die Ansicht äußerte, dass die schwersten Irrtümer, die Pius XII. in der Enzyklika *Humani generis* verurteilt hatte, noch virulent seien und die Kirche mit ihrem Gift kontaminierten.[337] Seine Rede fand jedoch in einer Atmosphäre des Geraunes und Durcheinanders statt, sodass die Aufmerksamkeit vieler Väter dabei verlorenging.[338]

Seine Worte werden hier wiedergegeben:

> *„Es ist nicht erlaubt, Väter des Konzils, dies zu ignorieren oder zu leugnen, wenn wir unserer Aufgabe ernsthaft nachkommen wollen … Es handelt sich um eine Frage von Leben oder Tod für die Ka-*

---

332 AS I/3, 48-51.

333 BORROMEO, *Diario*, 19. November 1962.

334 Zit. in G. RUGGIERI, *Il primo conflitto dottrinale*, in: *SCV*, Bd. II, 280 {dt.: 297}.

335 CONGAR, *Journal*, Bd. I, 254. Am 22. November organisierte das Päpstliche Bibelinstitut anlässlich der Promotionsfeier von N. Lohfink eine Manifestation der Unterstützung zu seiner Ehre, die Congar in seinem Tagebuch als *„einen neuen Sieg von Kardinal Bea"* interpretierte (ebd.).

336 AS I/3, 48-51.

337 Ebd., AS I/3, 224-227.

338 MARANHÂO GALLIEZ, *Tagebuch*, 20. November 1962.

tholische Kirche und sogar für die Christenheit selbst. Diese Irrtümer schleichen noch in der Kirche umher; in besonderer Weise schleichen neben den Irrtümern im sozialen und moralischen Bereich Irrtümer bezüglich der Heiligen Schrift und der Tradition umher, also der zweifachen Quelle der Offenbarung.

In Wirklichkeit verneinen nämlich viele Katholiken einen historischen Wert nahezu der ganzen Heiligen Schrift. Man verneint den historischen Wert des ganzen Pentateuch, der, wie man sagt, keineswegs Mose zum Autor habe. Die Erschaffung des Menschen, die Sünde im irdischen Paradies, die Berufung Abrahams, die Sintflut werden auf das Niveau von Fabeln und Legenden reduziert. Die Erlebnisse des hebräischen Volkes in der Wüste, der Patriarchen, von Mose, der Richter werden als bloße Epen betrachtet; man weist sie der literarischen Gattung der ‚chansons de gestes' zu und stellt sie auf eine Stufe mit anderen Sagen, wie dem ‚Nibelungenlied', dem ‚Rolandslied' oder dem ‚Cid el Campeador'. David ist eine Gestalt vom selben Typus wie Siegfried. ... Die Geschichten von Judith, Esther, Ruth, Tobias werden mit einem Gefühl von Mitleid auf das Genus frommer und phantastischer Novellen reduziert, ohne dass man das Lehramt der Kirche, der Heiligen Väter und der Tradition berücksichtigt. Die Geschichte des Propheten Jona wird unter die Fabeln verbannt. Bei den Propheten anerkennt man nichts Historisches mehr. Nach diesem unermesslichen Raubbau bleiben allenfalls die Chronik Salomos und Nehemias als historische Erzählungen übrig.

Wenn es um das Neue Testament geht, so bleibt auch dort fast nichts Historisches übrig. Die Kapitel des hl. Lukas über die Vision des Zacharias, über die Verkündigung, die Heimsuchung, die Geburt Christi bezeichnet man als poetische Partien, inspiriert von Frömmigkeit und Phantasie. Der Engel Gabriel sei niemals im Haus der Maria in der Stadt Nazareth physisch präsent gewesen. Es würde sich um fromme Erzählungen handeln. Was der hl. Matthäus über die Empfängnis Christi und über die Magier erzählt, erfährt kein besseres Schicksal. Die Magier sind nie aus dem Osten nach Bethlehem gekommen und haben das Kind mit seiner Mutter Maria nicht aufgesucht. Die berühmte und für den katholischen Glauben absolut grundlegende Szene, die das Bekenntnis des Petrus in Cäsarea Philippi enthält, ist in allen ihren Partien nur geschaffen worden, um den Primat Petri zu begründen. Man sagt, dass die Auferstehung Christi als eine hellenistische Apotheose zu betrachten sei.

Diese Prinzipien werden nicht nur von nicht-katholischen Wissenschaftlern gelehrt. Sie werden auch unseren Mönchen in Vorträgen und bei Tagungen verkündet. Sie werden unseren Seminaristen als wahre Exegese vermittelt. Sie werden in den katholischen Zeitschriften getreu präsentiert. Sie werden selbst in dieser ehrwürdigen Stadt Rom uns Bischöfen als letzte Frucht der wahren Hermeneutik dargestellt.

Es handelt sich um eine Realität, die zu ignorieren uns nicht erlaubt ist. All dies beweist, wie dringend notwendig es ist, dass dieses Konzil einen lehramtlichen Akt setzt, damit der so weitreichenden Entstellung der Lehre und der so unheilvollen Verwirrung der Seelen ein Ende bereitet wird."[339]

An jenem Abend war P. Congar eingeladen, im Collegio Capranica zu sprechen. Msgr. Calabria, Erzbischof von Benevent, der dort logierte, griff beherzt in die Debatte ein und warf dem Redner Modernismus vor. Die jüngeren Seminaristen spendeten Congar jedoch begeisterten Applaus. Klugerweise sagten die Oberen des Kollegs den nachfolgenden Vortrag ab, zu dem sie Rahner eingeladen hatten.[340]

c) ‚Das traurige Ereignis' vom 20. November

Als man am 20. November zur Abstimmung schritt, ereignete sich das, was Msgr. Borromeo als *„das traurige Ereignis"*[341] bezeichnete. Das Präsidium entschied, folgende Frage zur Abstimmung vorzulegen: *„Muss man die Diskussion über das dogmatische Schema* De fontibus Revelationis *unterbrechen?"*[342] Die Konfusion ergab sich aus diesem Sachverhalt: Wer das Schema befürwortete und für eine Fortsetzung der Diskussion war, sollte mit *‚non placet'* ab-

339 AS I/3, 225-226.
340 Vgl. M. GUASCO, *Una giornata di Vaticano II*, 455-460.
341 BORROMEO, *Diario*, 20. November 1962.
342 AS I/3, 220-222.

stimmen; wer entgegengesetzter Meinung war und eine Rücknahme und Archivierung des Schemas erreichen wollte, sollte mit *‚placet'* votieren. Viele von denen, die das Schema befürworteten, begriffen diesen Mechanismus nicht und votierten mit *‚placet'*, ohne sich bewusst zu sein, dass sie sich auf diese Weise im gegensätzlichen Sinn äußerten. *„Ich denke, wer diese Notizen in einigen Jahren liest"* – schrieb Msgr. Borromeo in sein *Tagebuch* – *„wird Mühe haben zu glauben, dass auf einem ökumenischen Konzil eine hartnäckige Gruppe, entschlossen, ihren Standpunkt mit allen Mitteln durchzusetzen, auf solche faulen Tricks zurückgegriffen hat."*[343] In der Versammlung herrschte großer Betrieb. Die Kardinäle verließen schließlich ihren Platz, und man sah sie lebhaft diskutieren.[344] Trotz des Versuchs, die Situation mit Gewalt zu beeinflussen, ergab sich als Resultat, dass bei einer Gesamtheit von 2209 Vätern 1368 sich zugunsten einer Unterbrechung aussprachen, 822 (oder 868) dagegenstimmten und 19 Stimmzettel ungültig waren. Da man über die Rücknahme des Schemas zwecks Aufhebung abstimmte, war eine Zweidrittel-Mehrheit erforderlich, und den Progressisten fehlten 105 Stimmen, um diese zu erreichen. Angesichts des Fehlens einer solchen Mehrheit gemäß dem Reglement musste das Schema als angenommen gelten. Noch einmal wurde das Reglement durchbrochen, um den im Voraus festgelegten Kurs beibehalten zu können.

Dieses Mal kam die entscheidende Intervention von Johannes XXIII. Am 21. November bat Msgr. Felici um das Wort und verkündete den Konzilsvätern, dass der Papst entschieden habe, das Schema *De fontibus Revelationis* zurückzuziehen und es von einer *ad hoc* eingerichteten Kommission, bestehend aus Mitgliedern verschiedener Ausrichtung, vor einer Wiederaufnahme der Debatte überarbeiten zu lassen. Der Sekretär von Kard. Bea, P. Stjepan Schmidt, bezeugt, dass der Papst Bea beauftragt hatte, Sondierungsgespräche mit einigen Kardinäle zu führen, und Bea hatte nach Gesprächen mit Liénart und Frings dem Papst zu einer Rücknahme des Schemas geraten.[345] Trotz der Bestürzung von

---

343 BORROMEO, *Diario*, 20. November 1962.
344 Vgl. EDELBY, *Diario*, 14.
345 Vgl. SCHMIDT, *Bea*, 458-459.

Kard. Cicognani wollte Johannes XXIII. mit dieser Entscheidung das Vertrauen zum Ausdruck bringen, das er in Kard. Bea und sein Sekretariat setzte.[346] Der Papst, so kommentiert P. Martina, *„nahm die unvorgesehene Situation, die sich ergeben hatte, zur Kenntnis, gab die naive Hoffnung auf, das Konzil bis Weihnachten zu beenden, machte bei dem Spiel mit und ließ zu, dass die neuerungsfreudigen Kräfte freie Bahn bekämen“*[347]. Es handelte sich jedenfalls um eine Entscheidung im Bereich der Geschäftsordnung, die das Reglement des Konzils offen verletzte und die den Arbeiten eine ‚verbindliche' Richtung aufzwang. Sie hatte eine bedeutende psychologische Konsequenz: vom Papst selbst wurde die Möglichkeit sanktioniert, dass die Konzilsväter ein von den römischen Kommissionen vorgelegtes Schema ablehnten.[348] *„Es ist praktisch unmöglich“*, bemerkt P. O'Malley, *„die Bedeutung der Abstimmung vom 20. November und der päpstlichen Intervention vom 21. November zu übertreiben“*[349]. Gemäß Robert Roquette kann man *„behaupten, dass mit diesem Votum vom 20. November die Epoche der Gegenreformation zu Ende geht und eine neue Epoche beginnt, die unabsehbare Konsequenzen für die Christenheit mit sich bringt.“*[350] *„Am Salvator Mundi“* – dem Institut, wo eine ansehnliche Gruppe von Konzilsvätern logierte – *„sind alle voller Freude“*, notierte Msgr. Edelby, *„weil man sagen muss, dass wir alle in dieser Unterkunft Progressisten der Avantgarde sind: Amerikaner, Deutsche, Afrikaner und Orientalen“*[351].

Der psychologische Effekt dieser ‚Wende' vom 21. November war enorm. Die Progressisten, fühlten sich, obwohl sie eine Minderheit bildeten, durch die Unterstützung des Papstes gestärkt, zum

---

[346] Vgl. S. SCHMIDT, *Giovanni XXIII e il Segretario per l'Unione dei cristiani*, 109-113.

[347] G. MARTINA, *La Chiesa in Italia negli ultimi trent'anni*, Edizioni Studium, Roma 1977, 90.

[348] WILDE, 22.

[349] J. W. O'MALLEY, *What happened at Vatican II*, 151. Dem französischen Historiker Étienne Fouilloux zufolge bezeichnete dieses Datum *„endgültig das Ende der Phase antimodernistischer Reaktion“* (*Une Église en quête de liberté*, 310). *„Der von der Mehrheit dank der päpstlichen Intervention errungene Triumph bestimmte die Ausrichtung des Konzils und seiner Zukunft“* (P. LEVILLAIN, *La mécanique politique*, 260).

[350] ROBERT ROQUETTE, *La fin d'une chrétienté, Chroniques I*, Paris 1968, 259.

[351] EDELBY, *Diario*, 117.

ersten Mal als ‚Mehrheit'.[352] An jenem Abend begab sich der holländische Verleger Paul Brand an die Gregoriana, um dort Karl Rahner zu treffen und ihm die Gründung einer internationalen progressistischen Zeitschrift anzutragen. Am nächsten Tag sicherte sich Brand die Unterstützung von Küng und Schillebeeckx. Das „theologische Trio" Rahner – Küng – Schillebeeckx sollten den Kern der Zeitschrift ‚Concilium' bilden, die seit 1965 erschien.[353]

Vier Tage später vermeldete der ‚Osservatore Romano' die Einrichtung *„einer gemischten Kommission"* für die Revision des Schemas (das nicht mehr den Titel *Über die Quellen der Offenbarung* trug, sondern *Über die göttliche Offenbarung*), die aus Mitgliedern der Theologischen Kommission, des Einheitssekretariates und anderer Väter und Kardinäle bestehen sollte.[354] Damit wurde das Erfordernis anerkannt und institutionalisiert, die ökumenischen Anliegen auch bei Fehlen einer Stimmenmehrheit zu berücksichtigen. Die Kommission hatte zwei Vorsitzende mit entgegengesetzter Ausrichtung: Ottaviani und Bea; 4 progressistische Mitglieder, die Kardinäle Liénart, Frings, Meyer und Lefebvre, sowie 2 Konservative, Ruffini und Browne. Die Lösung einer gemischten Kommission trug *„Beas Stempel"*[355].

Am 24. November brachten 19 Kardinäle, darunter Antoniutti, Bacci, Marella, Ottaviani, Ruffini, Siri und Traglia, dem Papst ihre Besorgnis in einem Brief vor, worin sie verlangten, *„den katholischen Glauben gegen die Irrtümer und die Abweichungen zu garantieren, die überall ein wenig verbreitet sind"*[356].

Am Abend des 27. November, im Verlauf der gewohnten Zusammenkunft des italienischen Episkopates in der Domus Mariae, vertraute sich Kard. Siri Msgr. Borromeo an. *„Es gibt drei"*, sagte er, wobei er die Hände in die Höhe hob, die drei ersten Finger gespreizt und die anderen geschlossen hielt, wie der Papst beim Segen, *„es gibt drei, maximal vier Personen, die dem Konzil gute wie*

---

352 *„Das Resultat des Schemas über die Quellen der Offenbarung ermutigte die Progressisten und festigte unter den Teilnehmern des Konzils den Eindruck, dass ein Wandel möglich war"* (WILDE, 22).

353 KÜNG, *Erkämpfte Freiheit*, 395-396.

354 G. RUGGIERI, *Il primo conflitto dottrinale*, 290-291.

355 J. W. O'MALLEY, *What happened at Vatican II*, 150.

356 F. STABILE, *Il cardinal Ruffini e il Vaticano II*, 124-126.

schlechte Zeiten bereiten, unterstützt von einer Klientel und einer Organisation, über die wir leider nicht verfügen. Jedoch bin ich wachsam: Ich rede wenig in der Aula, aber an anderen Orten rede ich viel und mache mich bemerkbar, dessen seien Sie gewiss!"[357]

Die Stimme von Kard. Siri sollte leider übertönt werden von den Stimmen der progressistischen Theologen und Konzilsväter, die durch die Massenmedien einen Verstärker erhielten.

Die ‚Internationale Presseschau' des Presseamtes des Heiligen Stuhles (Nr. 561, 23. November 1962) berichtete von dem Widerhall der Konzilsdebatten in den Zeitungen der ganzen Welt und hob einige Überschriften hervor, wie in der ‚Times': *Die Modernisten in Aktion auf dem Vatikanischen Konzil,* und der ‚New York Herald Tribune' vom 15. November: *Das Zweite Vatikanum gespalten in der Theologie.* Die ‚Frankfurter Allgemeine Zeitung' vom 16. November sprach geradezu von den *„Geburtswehen"*, unter denen das Konzil dabei war, seine Form zu finden, während sich für die ‚Süddeutsche Zeitung' vom selben Tag die Vorhersagen bewahrheiteten, nach denen das Konzil einen entscheidenden Fortschritt für die Kirche bedeutete.

10. Man diskutiert über die Kirchenkonstitution

a) Die verschiedenen in die Aula eingebrachten Schemata

Der 23. November, Tag der Eröffnung der 25. Generalkongregation, war ein entscheidendes Datum. An jenem Tag wurden tatsächlich drei verschiedene Schemata an die Väter verteilt, die ähnliche Themen behandelten: ein umfangreiches Schema über die Kirche, vorbereitet von der Theologischen Kommission, im Anhang der Entwurf einer Konstitution über die Allerseligste Jungfrau Maria; ein Schema mit dem Titel *De oecumenismo,* das nur ein Kapitel umfasste; sowie ein Schema über den katholischen Ökumenismus, das vom Sekretariat für die Einheit der Christen vorbereitet worden war.

---

[357] BORROMEO, *Diario*, 27. November 1962.

Das Schema der Theologischen Kommission, welches Msgr. Primo Principi erläuterte[358], wurde von der Mehrzahl der intervenierenden Redner angegriffen; sie schlugen vor, die drei Dokumente in einem einzigen Schema zu vereinigen. Die Förderer des ökumenischen Dialogs waren insbesondere mit dem Schema über den Ökumenismus, das von der Theologischen Kommission vorbereitet worden war, vollkommen unzufrieden und forderten, dass es in die beiden anderen Schemata integriert werde. Das Manöver gelang. In der 27. Generalkongregation, die am 26. November stattfand, verkündete das Generalsekretariat, dass man aufeinanderfolgend das Schema *De unitate Ecclesiae, De Ecclesia* und *De Beata Maria Virgine* erörtern würde[359], mit der Zielsetzung, die drei Dokumente in einem einzigen Schema zu vereinigen. Die Bildung einer Gruppe, die Kard. Ottaviani, Kard. Bea, den Präsidenten des Sekretariates für die Einheit der Christen, und Kard. Cicognani umfasste, führte, um zu einem gemeinsamen neuen Text zu kommen, dazu, dass Kompromisse eingegangen wurden, wie es dann auch geschah, und damit die Ausrichtung des von der Theologischen Kommission erarbeiteten Textes erheblich abgeschwächt wurde.[360]

Die Diskussionen unter der Präsidentschaft von Kard. Tisserant über das Schema *De unitate Ecclesiae* zeigten, dass hier die Meinungen weit auseinandergingen. Die letzten sechs Sitzungen vom 1. Dezember 1962 an waren der Diskussion des Entwurfs über die Kirche vorbehalten, das 1961 von einer Subkommission verfasst und 1962 an die Zentrale Theologische Kommission überstellt worden war.[361] Das Schema bestand aus elf inhaltsvollen Kapiteln: die Natur der Streitenden Kirche; ihre Glieder und ihre Notwendigkeit in Bezug auf das Heil; der Episkopat als höchster Grad des Weihesakramentes; die residierenden Bischöfe; die Stände der evangelischen Vollkommenheit; die Laien; das kirchliche Lehramt; Autorität und

---

[358] AS I/3, 621-622. Primo Principi (1894-1975), 1918 zum Priester geweiht, Titularerzbischof von Tyana, 1952 bis 1969 Ökonom und Sekretär der Bauhütte von St. Peter.

[359] AS I/3, 501-502.

[360] WILTGEN, 55.

[361] Vgl A. ACERBI, *Due ecclesiologie.*

Gehorsam in der Kirche; die Notwendigkeit, das Evangelium in der ganzen Welt zu verkündigen; der Ökumenismus.

Bereits am 15. Oktober hatte Kard. Suenens von dem Theologen Gérard Philips[362] verlangt, einen neuen Text von *De Ecclesia* zu verfassen. Philips hatte im Geheimen daran gearbeitet, unter Mitarbeit einiger Theologen seines Vertrauens wie Congar, Colombo[363], Rahner, Ratzinger, Semmelroth, McGrath[364], ohne dass die Theologische Vorbereitungskommission davon wusste[365]; doch war der Text in die Hände des Sekretärs der Theologischen Kommmission Tromp gelangt und hatte bei ihm für Irritationen gesorgt. Es war in höchster Weise unehrlich, dass ein Theologe insgeheim an einem Alternativtext zu dem Text jener Kommission arbeitete, deren Mitglied und Berater er war.[366] Philips war sich der Unkorrektheit dieses Unternehmens bewusst. „*Die Arbeit*", notiert er, „*ist sozusagen geheim ... Ich sehe voraus, dass sich die Angelegenheit ab einem gewissen Punkt herumsprechen und man in eine sehr unangenehme Lage*

---

362 Gérard Philips (1899-1972), belgischer Priester, Professor für Dogmatik an der Theologischen Fakultät von Löwen, Konsultor der Theologischen Vorbereitungskommission, 1962 zum Konzilsperitus ernannt, wurde 1963 Hilfssekretär der Lehrkommission des Konzils. Zu ihm vgl. *Actes et Acteurs*, 382-419; J. GROOTAERS, *Le rôle de Mgr Philips à Vatican II. Quelques réflexions pour contribuer à l'étude du dernier Concile*, in: *Ecclesia a Spiritu Sancto edocta. Mélanges théologiques. Hommage à Gérard Philips*, hg. v. ALBERT DESCAMPS, Duculot, Gembloux 1970, 343-380; CESARE ANTONELLI, *Le rôle de Mgr Gérard Philips dans la rédaction du chapitre VIII de "Lumen Gentium"*, in: Marianum 55 (1993), 17-97.

363 Carlo Colombo (1909-1991), 1931 zum Priester geweiht, Mitglied der Theologischen Vorbereitungskommission, Peritus von Kard. Montini (1962-1963); ab 7. März 1964 nahm er an den letzten zwei Sitzungsperioden (1964-1965) als Konzilsvater teil. 1962 wurde er Präses der Päpstlichen Theologischen Fakultät in Mailand. Von 1964 bis 1985 war er Weihbischof von Mailand. Zu ihm vgl. GROOTAERS, *I protagonisti*, 83-102; *Actes et Acteurs*, 287-300; F. G. BRAMBILLA, *Carlo Colombo e G.B. Montini alle sorgenti del concilio*, in: *La Scuola Cattolica* 130 (2002), 221-260. Siehe auch ANTONIO RIOLDI, *Mons. Carlo Colombo (1909-1991). Bibliografia*, in: La Scuola Cattolica 119 (1991), 283-300.

364 Marcos Gregorio McGrath (1924-2000), 1949 zum Priester geweiht, Weihbischof von Panama (1961), Bischof von Santiago de Veraguas (1964), 1969 bis 1994 Erzbischof von Panama. Mitglied der Lehrkommission. Vgl. GROOTAERS, *I protagonisti*, 185-194.

365 L. DECLERCK, *Introduction à* PHILIPS, *Carnets conciliaires*, IX-X; *Actes et Acteurs*, 382.

366 PHILIPS, *Carnets conciliaires*, 82-86.

kommen wird. Doch kann ich diesen Dienst, den der belgische Episkopat verlangt, nicht ablehnen."[367]

b) Der fundamentale Angriff auf das Schema der Theologischen Kommission

Am 1. Dezember erläuterte Kard. Ottaviani in seiner Eigenschaft als Vorsitzender der Theologischen Kommission das Dokument in der Aula und führte aus, dass es von 36 Experten verfasst worden war und 36 Berater hinzugezogen wurden, die 15 verschiedenen Nationen angehörten, großenteils Universitätsprofessoren oder Lehrtätige von den großen internationalen kirchlichen Institutionen. Um kritischen Äußerungen im Vorfeld zu begegnen, erklärte Ottaviani in seiner Intervention: *„Das Bemühen der Verfasser dieses Schemas ging darauf aus, einen möglichst pastoral und biblisch, nicht akademisch gehaltenen Text vorzubereiten, der in einer allgemeinverständlichen Form geschrieben ist. Ich sage dies, weil ich erwarte, die gewohnten Litaneien der Konzilsväter zu hören: zu scholastisch, nicht ökumenisch genug, nicht pastoral genug und anderes Negatives. Ich muss euch sogar eine Enthüllung machen: Bevor dieses Schema verteilt wurde – Hört! Hört! –, bevor dieses Schema publik gemacht wurde, wurde schon ein Ersatzschema verbreitet! Also wurde es schon* ante praevisa merita[†] *verurteilt! Es bleibt also nichts übrig als zu schweigen, denn die Schrift lehrt:* ‚Ubi non est auditus, noli effundere sermonem!'[†]"[368]

Genau dies trat ein. *„Kard. Liénart*[369]*"*, erwähnt Edelby, *„hat die erste Kanonenkugel abgefeuert. Das Schema – sagt er – erfasst die Kirche nur als menschliche Institution, während sie ein Mysterium und das Sakrament aller Nationen ist. Insbesondere hat er verlangt, dass die römische Kirche und der mystische Leib Christi nicht gleichgesetzt werden. Zumindest im Himmel – sagt er – fallen der mystische Leib und die römische Kirche glücklicherweise nicht in eins."*[370] Andere Redner warfen

---

[367] Ebd., 82.
[†] bevor man die Vorzüge erkannte.
[†] Wenn niemand zuhört, vergeude keine Worte.
[368] AS I/4, 121.
[369] Ebd., 126-127.
[370] EDELBY, *Diario*, 131.

dem Text der Kommission einen einseitigen, apologetischen, juridischen, scholastischen, nicht-ökumenischen, nicht hinreichend ‚pastoralen' Charakter vor.[371] Den heftigsten Auftritt legte De Smedt hin, der *„mit der Stimme und Miene eines Volkstribuns"*[372] dem Schema drei gravierende Fehler vorwarf: römischen Triumphalismus, Klerikalismus, Juridizismus[373]. *„Triumphalismus, weil die Kirche an einer Stelle* agmen, *‚Heer' genannt wird; Klerikalismus, weil sie zuerst von den Bischöfen, dann von den Priestern und schließlich von den Laien spricht; Juridizismus, ich weiß nicht mehr, warum"*, berichtet Msgr. Borromeo, *„ich weiß nur, dass es ein erbärmlicher Auftritt war und dass diesmal nicht einmal die Franzosen den Mut hatten, dem feurigen Redner zu applaudieren, der sich umsonst damit aufhielt, seine Blätter einzusammeln, in der Erwartung eines Hinauswurfs, der nicht kam."*[374] *„Man hätte nicht erwartet, den Klerikalismus auf einem Konzil der Bischöfe attackiert zu sehen!"*, notierte seinerseits Edelby.[375]

Die Anwürfe von Msgr. De Smedt fassten nur die Parolen gegen die römische Kurie zusammen, die unzählige Male innerhalb und außerhalb der Konzilsaula widerhallen sollten. Hinter dem belgischen Bischof agierten in scheinbar gemäßigteren Tönen, doch nicht weniger entschieden in der Sache die Kardinäle Döpfner[376] und Léger[377], unterstützt von den Kardinälen Suenens[378], Frings[379], Bea[380] und Montini[381]. Frings ging so weit zu behaupten, dass der Text nicht ‚katholisch' sei, weil er die Kirchenväter und die mittelalterlichen Theologen nicht zitierte, sondern allein die nachtridentinische Theologie. Auch wenn P. Tromp errechnete, dass die Zahl der Interventionen in der Aula gegen das Schema geringer ausfiel als die

---

371 A. Acerbi, *Due ecclesiologie*, 154-166.
372 Borromeo, *Diario*, 1. Dezember 1962.
373 AS I/4, 142-144.
374 Borromeo, *Diario*, 1. Dezember 1962.
375 Edelby, *Diario*, 132.
376 AS I/4, 183-186.
377 Ebd., 182-183.
378 Ebd., 222-225.
379 Ebd., 218-220.
380 Ebd., 227-230.
381 Ebd., 291-294.

der Interventionen zu seinen Gunsten (40 zu 55), war das Schicksal des Schemas nunmehr besiegelt.[382]

Am 4. Dezember stellte Kard. Suenens die Hauptthemen eines alternativen Entwurfs vor, der im Umfeld der Universität von Löwen formuliert und von einigen Kardinälen bei einer im kleinen Rahmen abgehaltenen Begegnung im Belgischen Kolleg in Rom diskutiert worden war. Das Dokument war in zwei Teile gegliedert: der erste, *Ecclesia ad intra*, sollte von der internen Wirklichkeit der Kirche reden; der zweite, *Ecclesia ad extra*, vom Dialog zwischen der Kirche und der modernen Welt. P. John F. Kobler erwähnt, dass die Universität von Löwen seit den 30er-Jahren von den phänomenologischen Ideen Husserls und Heideggers durchdrungen war und dass der Entwurf von Suenens, der dort von 1940 bis 1945 als Rektor amtierte, diese Ideen in der Unterscheidung *ad intra / ad extra* anklingen ließ, *„die man nicht so sehr auf die geistesinternen Dinge in ihrer Beziehung zu den Dingen der Außenwelt bezieht, sondern vielmehr auf die Weise, in der sich die Ideen in unserem Bewusstsein darstellen“*[383]. Der Vorschlag von Suenens sollte die Basis der Konstitution *Lumen gentium* werden.

Am 5. Dezember machte Kard. Montini seine zweite Intervention auf dem Konzil, um seine volle Unterstützung für den Entwurf von Suenens auszudrücken.[384] Der wichtigste Punkt dieser Rede ist die Passage, in der der Mailänder Kardinal die Entwicklung einer neuen Theologie des Bischofskorpus forderte, womit er ein Lieblingsthema von Kard. Alfrink[385] anklingen ließ und sich so dem progressistischen Lager in der Tat als ‚Papabile' empfahl[386]. *„Ich mit meiner ganzen Gruppe, Suenens, Döpfner, Liénart, Frings“*, erinnert sich Kardinal König, *„trafen oft mit dem Erzbischof von Mailand zu einem Austausch von Ideen und ihrer Vertiefung zusammen: er war ganz auf unserer Seite.“*[387]

---

[382] A. ACERBI, *Due ecclesiologie*, 159.
[383] J. F. KOBLER CP, *Where theologians the Engineers of Vatican II?*, 238.
[384] AS I/4, 291-294. Zu dieser Intervention vgl. *Actes et Acteurs*, 46-50.
[385] *Actes et Acteurs*, 48-49.
[386] KÜNG, *Erkämpfte Freiheit*, 397.
[387] F. KÖNIG, *Chiesa dove vai?*, 24-25.

11. Hin zu einer neuen Konzilsführung

Unterdessen ging die Arbeit von Don Dossetti für eine Änderung des Konzilsreglements weiter, die zum Ziel hatte, die Macht der römischen Kurie zu schwächen. Am 25. November überbrachte Giuseppe Alberigo, enger Mitarbeiter von Dossetti, de Lubac den Text ‚*Maßnahmen hinsichtlich einer Intervention zwischen der ersten und der zweiten Sitzungsperiode des Konzils*'. Der Entwurf, der für eine Beschränkung der Macht der Kommissionspräsidenten und für die Einrichtung eines Koordinationsorgans in dem Zeitraum zwischen zwei Sitzungsperioden Vorsorge traf, wurde dem Papst von Kard. Döpfner in den ersten Dezembertagen vorgestellt. Bereits an diesen Tagen trat eine neue Leadership-Gruppe des Konzils hervor, die Grootaers „*die Dezembristen*" nennt, weil sie sich in den ersten Dezembertagen 1962 auf derselben „Wellenlinie" zu Wort gemeldet haben: Montini, Suenens, Léger, Lercaro, Döpfner.[388]

Am 6. Dezember verfügte Johannes XXIII. die Einrichtung einer Kommission, die die Aufgabe haben sollte, die Konzilsarbeiten zu koordinieren und zu lenken. An ihr waren die Kardinäle Confalonieri[389], Döpfner, Liénart, Spellman, Suenens und Urbani beteiligt; der Kardinalstaatssekretär Cicognani hatte den Vorsitz inne und Msgr. Felici das Sekretariat. Die ‚europäische Allianz', unterstreicht Wiltgen, wurde hier durch drei einflussreiche Mitglieder repräsentiert (Liénart, Döpfner, Suenens), die folglich 50% der Stimmen hielten. Ein einziger Konservativer, aber gemäßigter Ausrichtung, Spellman, war dort anwesend. Urbani und Confalonieri gehörten der ‚Dritten Partei' an. Cicognani und Felici, auch sie gemäßigte Konservative, befolgten getreu die päpstlichen Vorgaben. Döpfner und Suenens waren die einzigen, die diesem Leitungsorgan mit strategischer Bedeutung von Anfang bis zum Ende des Konzils angehörten.

Außer der Schaffung der Kommission approbierte Johannes XXIII. einige Normen, die das Konzil zwischen den beiden Sitzungs-

---

[388] *Actes et Acteurs*, 304.

[389] Carlo Confalonieri (1893-1986), 1916 zum Priester geweiht, 1941 Bischof von Aquila, war als Privatsekretär von Pius XI. nach Rom gekommen. 1958 zum Kardinal erhoben, war er ab 1961 als Sekretär der Konsistorialkongregation tätig. Zu ihm vgl. S. GAROFALO, *Il cardinale Carlo Confalonieri (1893-1986)*, Studium, Roma 1993.

perioden regeln sollten. Die erste dieser Normen legte fest, dass in solchen Perioden alle Schemata von den Konzilskommissionen *„nochmals überprüft und verbessert"* werden sollten.

Das neue Reglement trat erst unter Paul VI. am 13. September 1963 in Kraft. Auf diese Weise wurde die Rolle der Vorbereitungskommissionen neu bewertet und ein Organ geschaffen, das die Vorgaben, die Papst Johannes dem Konzil mit auf den Weg gegeben hatte, direkter interpretieren konnte. Es handelte sich um eine erneute Niederlage der Kurie.[390]

An eben diesem 6. Dezember äußerte Kard. Lercaro in einer ‚programmatischen' Rede die Ansicht, dass das Zweite Vatikanum vor allem das Konzil der *„Kirche der Armen"* sein müsse. *„Jetzt schlägt die Stunde der Armen"*, so der Erzbischof von Bologna, *„der Millionen von Armen, die auf der ganzen Erde leben; jetzt schlägt die Stunde des Mysteriums der Kirche, Mutter der Armen zu sein; jetzt schlägt die Stunde des Mysteriums Christi, insbesondere bei den Armen zu sein … Es handelt sich nicht um irgendein Thema, sondern in gewissem Sinn um das einzige Thema des ganzen Vatikanums."*[391] Das Thema der ‚Kirche der Armen', das sich in die ‚vorrangige Option' für die Armen verwandeln sollte, war damit offiziell lanciert worden.

12. Die Rolle der sozialen Kommunikationsmittel

Das Zweite Vatikanische Konzil war vom ersten Tag an ein *„Medienereignis"*[392]. Das italienische Staatsfernsehen verbreitete Bilder von ihm, die von den führenden Fernsehanstalten Europas und der Welt weiter übertragen wurden. Die Wirkung dieser Bilder auf die öffentliche Meinung war sehr stark. Ein zeitgenössischer Historiker bemerkt:

---

390 WILTGEN, 59-60.

391 AS I/4 327-300; italienischer Text in: G. LERCARO, *Per la forza dello spirito*, 114-115.

392 So z.B. É. POULAT, *La modernité à l'heure du Vatican II*, in: *Le deuxième Concile du Vatican*, 809-826, 821.

„Die öffentliche Meinung ist, philologisch gesprochen, die in der Öffentlichkeit kundgetane Meinung der Philosophen und der Gebildeten. Könnte man etwa leugnen, dass diese eine tragende Rolle in einem Konzil besessen hat, das, wie man unschwer diesen Bänden entnehmen kann, zum großen Teil ein Konzil der Theologen, der Periti, der Kommissionen gewesen ist, die ihren Einfluss bei einer nicht selten abwesenden, zerstreuten, schließlich auch, im banaleren Wortsinn, ziemlich müden Versammlung geltend gemacht haben? Außer in den Dokumenten hat sich die Revolution des Konzils auf dieser Ebene abgespielt, und daran haben sich zwangsläufig jene beteilligt, die dies wünschten, als auch jene, die dies bekämpften. Angesichts dieser unauslöschbaren Tatsache war man in eine neue Phase eingetreten; denn in Bezug auf dieses revolutionäre Ereignis besitzen die entstandenen Dokumente dieselbe Tragweite wie Gesetze, die manipulierbar, relativierbar und veränderbar sind."[393]

Etwas Historisches geschah damals in Rom, und man wollte darüber informiert sein. Die Presseorgane der ganzen Welt schickten ihre Korrespondenten in die Ewige Stadt. Msgr. Lefebvre erzählt, dass er eines Tages Kard. Garrone fragte, wie ein ‚gutes' Konzil so schlechte Früchte hervorbringen könne, und dieser ihm darauf zur Antwort gab: *„Das ist nicht das Konzil, das sind die Massenmedien"*[394].

Das Informationsproblem hatte der Heilige Stuhl in der Vorbereitungsphase des Konzils in Angriff genommen. Am 30. Oktober 1959, im Verlauf einer Pressekonferenz, an der mehr als 100 Journalisten teilnahmen, vermeldete Kard. Tardini, dass ein Presseamt geschaffen werde, um den Journalisten *„genaue und aktuelle Informationen über die verschiedenen Phasen des Konzils"* zu liefern. Das Amt wurde am 18. April 1961 eröffnet und begann seine Rolle als Organ der Zentralen Vorbereitungskommission zu spielen. Am 5. Oktober des folgenden Jahres, sechs Tage vor Eröffnung der Arbeiten, segnete Kard. Cicognani, Staatssekretär, den neuen Pressesaal des Konzils. Am 12. Oktober wurde ein italienischer Prälat, Msgr. Fausto

---

393 P. POMBENI, *Sulla "rivoluzione" del Vaticano II*, in: Cristianesimo nella storia 23 (2002), 813-822, 821.

394 Gespräch vom 13. Februar 1975, zit. in: M. LEFEBVRE, *Sie haben Ihn entthront: vom Liberalismus zur Apostasie; die Tragödie des Konzils*, Priesterbruderschaft St. Pius X., Stuttgart 1988, III.

Vallainc[395], als Verantwortlicher für das Amt benannt. Im Verlauf der vier Sitzungsperioden wurden 176 Informationsbulletins und 141 Monographien in zehn Sprachen verbreitet.[396]

Das erste Problem auf dem Tapet war die Geheimhaltung. Pius IX. hatte 1869 die Teilnehmer des Ersten Vatikanums angewiesen, absolute Geheimhaltung in Bezug auf die Arbeiten der Versammlung zu wahren. Auf dem Zweiten Vatikanischen Konzil wurde die Frage der Geheimhaltung in drei Artikeln des internen Konzilsreglements behandelt, das vom Papst zwei Monate vor seiner Eröffnung approbiert worden war. Art. 26 erlegte den Konzilsvätern Geheimhaltung auf; Art. 27 weitete sie auf die Experten, die Funktionsträger und alle, die am Konzil mitarbeiteten, aus; Art. 18 auf die nicht-katholischen Beobachter der christlichen Kirchen. Die Geheimhaltung, zu der die Konzilsteilnehmer verpflichtet waren, wurde jedoch nicht vom Vatikanischen Pressesaal eingehalten, der in seinen Bulletins, vor allem aber in informellen Treffen mit den Journalisten reichlich Informationen über den Fortgang der Arbeiten durchsickern ließ.

Die kirchlichen Hierarchien der verschiedenen Länder organisierten rasch eigene Informations- und Dokumentationszentren für ihre Bischöfe. Jan Grootaers hat die Rolle der *Rencontres Internationales d'Informations Religieuses* (RIIR)[397] dokumentiert, eines informellen *„réseau"*[†] von Journalisten, das 1961 in Paris entstanden war. Die RIIR spielten nicht nur eine Rolle als Organ der *„Information"*, sondern auch als *„Treibriemen"*, um den kirchlichen Spitzen die *„desiderata"* der Basis zu übermitteln und die Peripherie über die Geschehnisse im *„Zentrum"* zu *„beruhigen"*.[398]

Besondere Beachtung schenkte den sozialen Kommunikationsmitteln der junge Sekretär von Johannes XXIII., Don Loris Capovilla. Als Herausgeber der Diözesanzeitung von Vicenza und Korrespondent katholischer Zeitungen trug Capovilla dazu bei, das mediale Bild des ‚gutes Papstes' zu kreieren. Er überredete den

---

[395] Angelo Fausto Vallainc (1916-1986), 1940 zum Priester geweiht, 1970 Bischof von Frigento und 1975 von Alba.

[396] WILTGEN, 31.

[397] Vgl. *Actes et Acteurs*, 116-182.

[†] = Netz.

[398] Ebd., 179-180.

Papst und das Staatssekretariat, Fernsehkameras Eintritt in die Papstwohnung zu gewähren, um durch die Bilder zu vermitteln, wie Johannes XXIII. seine Tage verbringt. Diese Neuerung rief in der Kurie große Bestürzung hervor, aber enthüllte, dass Capovilla die inoffizielle Funktion eines ‚Privatsekretärs' des Papstes übernommen hatte.[399]

Die Zeitungen gaben manchen Chronisten ein Mittel an die Hand, um mit ihren Reportagen den Fortgang der Arbeiten zu beeinflussen und später in Buchform mit ihren gesammelten Reportagen die historische Deutung des Ereignisses zu beeinflussen: P. Antoine Wenger in ‚La Croix', Raniero La Valle[400] in ‚L'Avvenire d'Italia', Henri Fesquet[401] in ‚Le Monde', Abbé René Laurentin[402] in ‚Le Figaro', dem amerikanischen Redemptoristen Francis X. Murphy unter dem Pseudonym Xavier Rynne[403] in ‚New Yorker Magazine'. Giancarlo Zizola berichtet, dass während des Konzils *„vielleicht sogar einige Personen im Staatssekretariat – Msgr. Dell'Acqua beispielsweise, der im Verband mit Msgr. Capovilla agierte –, diskret daran arbeiteten, den Informationsfluss zu fördern"*[404].

Dank dieser diskreten Unterstützung gelang es Zizola während der ersten Sitzungsperiode, ein Informationsforum für das Netz der

---

[399] Vgl. B. LAI, *I segreti del Vaticano da Pio XII a papa Wojtyla*, Laterza, Bari 1984, 50-51.

[400] Raniero La Valle (1931), war Herausgeber von ‚Il Popolo', bis er den Ruf erhielt, die katholische Tageszeitung von Bologna ‚L'Avvenire d'Italia' herauszugeben (1961-1967). Nachdem er sich für die Einführung der Ehescheidung in Italien eingesetzt hatte, wurde er 1976 Senator der unabhängigen Linken. Lit. von ihm: *Il coraggio del Concilio*, Brescia 1964 (2. Periode); *Fedeltà al Concilio*, Brescia 1965 (3. Periode); *Il Concilio nelle nostre mani*, Brescia 1966 (4. Periode).

[401] Henri Fesquet (1916-1982), französischer Journalist, geschickt von der Tageszeitung ‚Le Monde'.

[402] René Laurentin (1917), französischer Theologe, 1946 zum Priester geweiht, Professor an der Katholischen Universität von Angers und Vizepräsident der franz. Gesellschaft für mariologische Studien (1962). Leitartikelschreiber und Rom-Korrespondent von ‚Le Figaro' während des Konzils. Lit. von ihm: *L'enjeu du Concile*, 5 Bde., Seuil, Paris 1962-1966, und *Mémoires. Chemin vers la Lumière*, Fayard, Paris 2005, worin dem Konzil die S. 377-452 und der Nachkonzilszeit die S. 453-556 gewidmet sind.

[403] Xavier Rynne war das Pseudonym des Redemptoristen Francis X. Murphy (1915-2002), Journalisten und Dozenten an der Alphonsianischen Akademie (Rom), wo er Patristik und Missionswissenschaft lehrte. Siehe XAVIER RYNNE, *Letters from Vatican City*, 5 Bde., Farrar-Straus and Company, New York 1963-1965.

[404] G. ZIZOLA, *La Chiesa nei media*, SEI, Torino 1996, 675.

italienischen katholischen Zeitungen und den in Rom erscheinenden ‚Il Messaggero' einzurichten, das eine Alternative zum offiziellen Informationssystem darstellte. Jeden Tag hatte er in den ersten Nachmittagsstunden eine Verabredung mit Giuseppe Carraro, dem Bischof von Verona, der ihm dank seiner persönlichen Beziehungen zu Kard. Montini und Msgr. Dell'Acqua alle Informationen zukommen ließ, die für eine Rekonstruktion der Sitzungen brauchbar waren. Derselben Vorgehensweise wie Msgr. Carraro gegenüber Zizola bediente sich auch Msgr. Jean Villot[405], zukünftiger Staatssekretär von Paul VI., der sich jeden Nachmittag mit den Redakteuren der Zeitung ‚La Croix', Antoine Wenger und Jean Pélissier, traf und ihnen Informationen aus erster Hand lieferte, auch über alles, was in den geheimsten Kommissionen vor sich ging.[406] Zu Beginn der zweiten Sitzungsperiode autorisierte Paul VI. Wenger dazu, bei den Konzilssitzungen anwesend zu sein, ohne ihn jedoch zur Geheimhaltung zu verpflichten.[407]

Unter denen, die einen größeren Einfluss auf das Konzil ausübten, ist Henri Fesquet, Korrespondent von ‚Le Monde', zu nennen, der beinahe täglich Informationen lieferte. *„Viele"* – bemerkt P. Beozzo – *„zogen die Tribüne von ‚Le Monde' der Konzilsaula vor, um ihre Ideen, Sorgen und Träume zu übermitteln."*[408] Msgr. Câmara, der ihn als engen Freund ansah, bediente sich seiner, um die eigenen Ideen zu propagieren. *„Ich erzähle ihm, wovon ich möchte, dass er es in ‚Le Monde' sagt"*, so seine Aussage. *„Dies sind Indiskretionen, die dem Konzil helfen. Um gewisse Breschen zu schlagen, genügt bisweilen eine ‚manchette'† in der Presse ... ."*[409]

---

[405] Jean Villot (1905-1979), 1930 zum Priester geweiht, Generalsekretär des französischen Episkopates (1950) und Weihbischof von Paris (1954), Koadjutor-Erzbischof (mit dem Recht der Nachfolge) von Lyon (1959). Er nahm am zweiten Vatikanischen Konzil in der Funktion eines Untersekretärs teil. Er wurde 1965 von Paul VI. zum Erzbischof von Lyon befördert und zum Kardinal erhoben. 1969 wurde er Staatssekretär und im Folgejahr Kämmerer der Heiligen Römischen Kirche.

[406] Vgl. A. WENGER, *Le cardinal Villot (1905-1979)*, Desclée de Brouwer, Paris 1989, 37-38, 41-42; G. ZIZOLA, *La Chiesa nei media*, 676.

[407] Vgl. R. AUBERT, *Organizzazione e funzionamento dell'assemblea*, 226.

[408] J. O. BEOZZO, *A Igreja do Brasil*, 135.

† = Schlagzeile.

[409] CÂMARA, *Lettres Conciliaires*, Bd. II, 877.

Die großen Zeitungen und die Fernsehanstalten informierten nicht nur das breite Publikum rechtzeitig, sondern auch viele Mitglieder des Konzils, indem sie häufig, wie Alberigo bemerkt, *„einen Schlüssel für das Verständnis der einzelnen Sitzungen"* anboten, *„der selbst vielen Vätern entgangen war"*[410]. *„Und nicht zufällig"*, erwähnt Melloni, *„wird es eine der ersten Aktionen des ‚Moderators' Lercaro sein, beim Staatssekretariat darum zu bitten und auch zu erreichen, daß alle Konzilsväter auf Kosten der Vatikankasse für die gesamte Periode ein Abonnement der von Raniero La Valle als Chefredakteur geführten Bologneser Tageszeitung ‚L'Avvenire d'Italia' geschenkt bekommen."*[411]

Das Konzil war mit der Ernennung eines ‚Pressekomitees' durch Paul VI. auch institutionell in den Kreis des Informationsflusses eingetreten.[412] *„Das Zweite Vatikanum"*, schreibt Laurentin, *„hatte die religiöse Informationsvermittlung in einem neuen Stil wachgerufen, während die Kirche sich einer neuen Beziehung zur Welt öffnete."*[413]

13. „Frische Luft in der Kirche"

Johannes XXIII. feierte seinen 81. Geburtstag am Samstag, dem 25. November 1962, im städtischen Kolleg der Propaganda Fide mit einer Messe für die 320 Studenten, die dort aus allen Teilen der Welt versammelt waren.

Der Monat November war für ihn besonders kräftezehrend gewesen. Außer den gewöhnlichen Verpflichtungen hatte er 37 Bischofskonferenzen in Audienz empfangen müssen, d.h. zwei am Tag, mit Ausnahme der Sonntage. Nur wenige wussten, dass er seit einiger Zeit aufgrund häufiger Hämorrhagien unter strenger ärzt-

---

[410] G. ALBERIGO, *Transizione epocale*, 799.

[411] A. MELLONI, *L'inizio del secondo periodo e il grande dibattito ecclesiologico*, in: *SCV*, Bd. III, 19-132, 49 {dt.: *Beginn der zweiten Konzilsperiode und die große ekklesiologische Debatte*, 1-138, 37}; NORMAN TANNER, *La Chiesa nella società: Ecclesia ad extra*, ebd., Bd. IV, 355-357, 356 {dt.: *Kirche in der Welt: Ecclesia ad extra*, 314-448, 383}.

[412] Vgl. ANNIBALE ZAMBARBIERI, *I Concili del Vaticano*, Cinisello Balsamo 1995, 260.

[413] R. LAURENTIN, *L'information au Concile*, in: *Le deuxième Concile du Vatican*, 359-378, 363.

licher Aufsicht stand. In der auf seinen Geburtstag folgenden Nacht erlitt er einen erneuten Blutverlust, der ihn dazu zwang, seine Audienzen abzusagen. Acht Tage lang hütete er das Bett, doch erhob er sich am 8. Dezember, um die Abschlusszeremonien der ersten Sitzungsperiode zu leiten.

Bereits im Oktober 1962 hatte im Vatikan unter großer Geheimhaltung eine Beratung der vier führenden Chirurgen Italiens, Pietro Valdoni, Achille Dogliotti, Ettore Ruggieri und Paride Stefanini, stattgefunden, die nach einer Visite des Papstes eine Krebsgeschwulst im Magen festgestellt und ihm zu einer Operation geraten hatten.[414] Doch der Papst verschob den chirurgischen Eingriff, um an den Zeremonien teilnehmen und die Arbeiten der Kommissionen verfolgen zu können.

Am 5. Dezember erschien Johannes XXIII. zur Mittagszeit an seinem Fenster, um den *Angelus* vorzutragen, und zahlreiche Väter verließen die Konzilsaula, um ihn sehen zu können. Der Papst wirkte erschöpft, sprach nur kurz und spendete den Segen.

Chenu erzählt, dass die nicht-katholischen Beobachter, jene aus Moskau eingeschlossen, Johannes XXIII. im Verlaufe eines Gespräches „unter vier Augen" gefragt hätten, was er vom Konzil erwarte. Der Papst habe daraufhin das Fenster geöffnet und gesagt: *„Dies: frische Luft in der Kirche!"*[415]. Auf diese Episode aus dem Monat Oktober nahm auch Hans Küng Bezug, als er in den ersten Dezembertagen eingeladen wurde, beim *U.S. Bishops' Press Panel* zu sprechen. Im Verlauf des Treffens erzählte er, ohne die Namen der Gäste des Papste zu nennen, dass Johannes XXIII., als ihn jemand fragte, warum er das Konzil einberufen habe, zum Fenster seiner Wohnung gegangen sei, es geöffnet und gesagt habe: *„Um etwas frische Luft in die Kirche einzulassen"*. Der Theologe Küng verhehlte seine Freude nicht und bekräftigte, dass das, was bis damals nur der Traum einer kleinen Anvantgarde gewesen sei, *„sich ausgebreitet und die gesamte Atmosphäre der Kirche durchdrungen hat – dank dem Konzil"*. Das *„vielleicht entscheidendste Ergebnis der ersten Sitzungs-*

[414] Vgl. B. LAI, *I segreti del Vaticano*, 68-74.

[415] CHENU, *Notes*, 71 {dort jedoch keine Angabe über die Teilnehmer dieses Gesprächs – auch nicht bei Hans Küng, auf den Chenu als Quelle verweist}.

periode" sei, so fügte er hinzu, *„dass die Bischöfe realisiert haben, dass sie, und nicht nur die römische Kurie, die Kirche ausmachen."*[416]

Der Slogan ‚frische Luft' kam damals in Umlauf, als Symbol für das ‚Aggiornamento' und die ‚Verjüngung', die man in der Kirche als notwendig ansah. Für Johannes XXIII., so kommentiert Msgr. Gherardini, war die Luft, die bis zum Vorabend des Konzils in der Kirche zirkulierte, offensichtlich nicht frisch: *„Man könnte geradezu denken, dass sie für ihn – und nicht nur für ihn – stickig und ungenießbar war"*.[417]

14. Bilanz der ersten Sitzungsperiode

Die erste Sitzungsperiode war die bei weitem bedeutendste des ganzen Konzils, weil sie die Richtung vorgegeben hatte, die dieses bis zum Abschluss der Arbeiten beibehalten sollte. *„In den stürmischen ersten Wochen"*, bemerkt Melissa Wilde, *„gelang es den Progressisten mittels einer Kombination von Protesten und mühsam erlangten Voten, den Lauf des Konzils zu ändern und eine organisatorische Struktur aufzubauen, die ihnen in den Folgejahren dienlich sein würde."*[418]

Die Bilanz, die Kardinal Siri über die Arbeiten der ersten Periode zog, war beunruhigend:

> *„Das Konzil hat enthüllt:*
>
> *dass sich eine vage Form von Leitung der Kirche abzeichnet, die von der deutschsprachigen Gruppe und deren Verwandten oder Nachbarn repräsentiert wird. Diese ist auch* aliquatenus[†] *organisiert. Es ist ein sehr partieller Versuch, von dem man nicht mit Sicherheit behaupten kann, dass ihn jemand als klaren und gewollten Plan im Kopf hat, aber er ist in den Fakten enthalten;*
>
> *dass es eine Wut auf die Vernunft, die Theologie und das Recht gibt. Man siehe das Ziel des Kerygmalismus, das oft darin besteht,*

---

[416] WILTGEN, 61.
[417] B. GHERARDINI, *Concilio Vaticano II*, 31 {dt.: *Das Zweite Vatikanische Konzil*, 33}.
[418] WILDE, 17.
[†] bis zu einem gewissen Grad.

Tradition, Ecclesia *etc. zu eliminieren. Dies geschieht eher unbewusst als bewusst, wird aber gestützt durch fehlende Intuition derjenigen, die möglichst alles an die Protestanten, die Orthodoxen etc. anpassen wollen;*

dass in vielen Fällen die Literatur, nicht die Theologie vorherrschend ist. Viele schöne und auch gute Ausführungen sind literarische Betrachtungen des Dogmas und behandeln dieses nicht an sich;

dass man von einer Theologia nova *spricht und dass ihr Konzept und auch ihr Ziel ziemlich obskur und eventuell gefährlich erscheinen. Der Terminus* Theologia nova *ist von einem belgischen Theologen auf dem Konzil geprägt worden."*[419]

Das Klima, das diese erste Phase der Debatte kennzeichnete, wurde von Melissa Wilde als *„kollektive Erregung"*[420] bezeichnet. Mit diesem Terminus definiert der Soziologe Durkheim *„den Zustand, in dem sich die Menschen befinden, wenn ... sie glauben, in eine Welt versetzt zu sein, die von derjenigen, die sie vor Augen hatten, völlig verschieden ist"*[421]. Dieser seelische Zustand ist aus Sichtweise der Soziologen die Frucht interpersonaler Beziehungen einer großen Gruppe von Personen, die zum ersten Mal zusammengekommen sind und ihrem ‚Zusammensein' in einem Klima der Euphorie einen Sinn zusprechen. *„Ein*

---

[419] SIRI, *Diario*, 383. Folgende Elemente, die Kard. Siri Sorge bereiteten, sind in einem Brief an Mgr. Alberto Castelli, Sekretär der Italienischen Bischofskonferenz, genannt: *„1. Antipathie gegen, wenn nicht geradezu Hass auf die Theologie. 2. Vorschlag einer neuen Theologie. 3. Vorschlag einer neuen Methode für die Theologie. 4. Vorherrschen der rhetorischen und literarischen Ausführung, vergleichbar mit musikalischen Thema-Variationen, über die ernsthafte und rationale theologische Aussage und Deduktion. 5. Die ekstatische Verliebtheit in neue Wörter und neue Paradigmen für allzu gewöhnliche und althergebrachte ‚Wörter', die akzeptiert werden, da sie etwas offenbaren, was für ‚neu' und ‚besser' gehalten wird. 6. Die ‚Kollegialität' in der Kirche: ich habe den Verdacht, dass man anvisiert, den Primat zu beschränken und in die Konstitution über die hierarchische Kirche ein demokratisches Prinzip hineinträgt. 7. Das* cogubernium *in der Kirche. 8. Die alleinige Geltung des feierlichen Lehramtes. 9. Das charismatische Wirken des Heiligen Geistes. 10. Die Göttliche Tradition wird zunichte. 11. Die Unterordnung der biblischen Exegese unter die Vorgaben oder die Postulate der rationalistischen Kritik. 12. Alles muss sich der ‚Pastoral' unterordnen. 13. Alles muss sich dem ‚ökumenischen' Ziel unterordnen. 14. Man muss auf die Erwartungen der Welt antworten"* (Siri an Castelli, 1. Januar 196[3], zit. in: N. BUONASORTE, *Siri. Tradizione e Novecento*, 291).

[420] WILDE, 22-26; J. A. COLEMAN, *Vatican II as a social movement*, 12-19.

[421] WILDE, 24.

euphorischer Zustand", erklärt nochmals Wilde, *„ist das Ergebnis eines Zusammenkommens von Individuen, in diesem Fall, um Ehre zu erweisen, um zu diskutieren und um sich für die Veränderung einer altehrwürdigen Institution, an die alle glühend glauben, einzusetzen."*[422]

Dieses Phänomen ist unter den Historikern wohlbekannt. Ronald A. Knox hat eine gründliche Studie über den *„religiösen Enthusiasmus"*[423] erstellt und darin aufgezeigt, dass das Modell des *„charismatischen Enthusiasmus"* ein seit den Zeiten der montanistischen Häresie stets wiederkehrendes Modell darstellt. Die Briefe von Msgr. Helder Câmara scheinen ein typisches Beispiel für dieses Klima der Selbsterhöhung zu liefern, die mit wenig geistlicher Unterscheidungsgabe dem Wirken des ‚Heiligen Geistes' zugeschrieben wurde.[424] Es überrascht daher nicht, wenn viele Bischöfe, die während des Konzils von P. Rocco Caporale interviewt wurden, ihre persönliche Erfahrung der ersten Sitzungsperiode auf den ‚Heiligen Geist' zurückführten.[425] In dieser Sitzungsperiode begann der ‚Geist des Konzils' zu einem ‚*locus theologicus*' zu werden.

15. Mehrheit und Minderheit auf dem Konzil

Würde man sich auf eine ‚offizielle' Geschichte beschränken, die in den Resultaten der Abstimmungen gründet, so müsste man die Existenz eines Kampfes zwischen den gegensätzlichen Lagern innerhalb des Konzils verneinen, da man sieht, dass die Konzilsdokumente alle von einer erdrückenden Mehrheit approbiert wurden. In Wirklichkeit kannte kein Konzil mehr Spannungen und Konflik-

---

[422] Ebd.

[423] RONALD A. KNOX, *Enthusiasm. A chapter in the history of religion. With special reference to the XVII and XVIII centuries*, Clarendon Pr., Oxford 1950 (u.ö.) {dt.: *Christliches Schwärmertum: Ein Beitrag zur Religions-Geschichte. Aus d. Engl. übers. v. Paula Havelaar u. Auguste Schorn*, Hegner, Köln [u.a.] 1957]}.

[424] Siehe auch MATTHEW P. LAWSON, *The Holy Spirit as Conscience Collective*, in: *Sociology of Religion* 4 (1999), 341-361.

[425] Bischof Miguel Miranda y Gomez, Repräsentant der Gruppe von Mgr. Câmara für Mexiko, vertraute z.B. Pater Caporale an, er sei überzeugt, nicht der Einzige zu sein, der die tiefgreifende Anwesenheit des Heiligen Geistes spüre.

te unter den gegensätzlichen Lagern als das Zweite Vatikanum. Die Historiker leugnen diesen Tatbestand zwar nicht, führen ihn jedoch auf den Gegensatz zwischen einer progressistischen ‚Mehrheit' und einer konservativen ‚Minderheit' zurück, die schließlich eine Niederlage erleben sollte.

In Wirklichkeit spielte sich der Konflikt zwischen zwei Minderheiten ab, die der Theologe Gérard Philips als zwei gegensätzliche ‚Tendenzen' der Philosophie und der Theologie des 20. Jh. beschrieb[426]: die eine zeigte sich bemüht, den traditionellen Verlautbarungen gegenüber treu zu sein; die andere richtete ihr Augenmerk auf die Ausbreitung der Botschaft unter den zeitgenössischen Menschen.[427]

Die erste ‚Tendenz' war jedoch die offizielle Position des Lehramtes der Kirche und bis zum Pontifikat von Pius XII. stets aufrechterhalten worden; die zweite ‚Tendenz' war heterodox und von demselben kirchlichen Lehramt wiederholt zensuriert und verurteilt worden. In dem Artikel von Philips, dessen Bedeutung, wie Melloni bemerkt, nur schwer zu unterschätzen ist[428], wurden die zwei Positionen auf dieselbe Ebene gestellt, wobei der Autor eine klare Präferenz für die zweite zu erkennen gibt.

Überdies existierte ein im Wesentlichen paritätisches Kräfteverhältnis, wie es in einigen Abstimmungen sichtbar wurde, beispielsweise in der ersten Abstimmung über *De fontibus Revelationis*. Von jenem Moment an begannen die Progressisten, ausgehend von einer geringfügigen numerischen Überlegenheit, jedoch damit, ihre Gegner als ‚Minderheit' zu deklarieren, bis sie diese schließlich selbst davon überzeugten, eine solche zu sein. In dem Augenblick, da die ‚gemäßigten' Konzilsväter, die die Mehrheit bildeten, diese Darstellung des aktuellen Gegensatzes akzeptierten, besiegelten sie ihre eigene Niederlage.

---

[426] Vgl. G. PHILIPS, *Deux tendances de la philosophie contemporaine. En marge du II Concile du Vatican*, in: *Nouvelle Revue Théologique* 85, 3 (1963), 225-238. Pater Tromp schrieb an Philips im Mai 1963: „*Ehrlich gesagt, finde ich, dass dieser* (der im März 1963 veröffentlichte Artikel) *nichts als eine billige Karikatur ist, die auf mich einen sehr schlechten Eindruck gemacht hat*" (Brief von Tromp in den Archiven von Mgr. Philips, übersetzt ins Holländische von J. GROOTAERS, in: *Actes et Acteurs*, 387).

[427] G. PHILIPS, *Deux tendances*, 9.

[428] Vgl. A. MELLONI, *L'inizio del secondo periodo*, in: *SCV* Bd. III, 80 {dt.: 74}.

Vor der letzten Sitzungsperiode des Konzils schrieb Abbé Berto in einem Brief an Msgr. Carli:

> *„Je mehr ich studiere, was in den ersten drei Sitzungsperioden geschehen ist, desto mehr denke ich, dass es auf dem Konzil nicht eine überzeugte ‚Mehrheit' gibt, sondern eine mitgeschleifte ‚Mehrheit'. Es gibt hier zwei ‚Minderheiten', eine römische und thomistische, unter der Seine Exzellenz einen hervorragenden Rang einnehmen, und eine andere, antirömische und antithomistische, nicht viel zahlenstärker als die erste und qualitativ von weit minderem Wert, doch durch eine schmerzhafte göttliche Duldung* (quam incomprensibilia sunt iudicia Eius![†]) *ist es jene, die die ‚Mehrheit' mitschleift mittels mächtiger menschlicher Mittel, der wichtigen Presse, des Rundfunks, der politischen und diplomatischen Einflussnahme, des Geldes."*[429]

Melissa Wilde zufolge lässt sich der Erfolg der Progressisten mit einem simplen soziologischen Sachverhalt erklären: *„Da die Progressisten eine viel umfassendere und flexiblere Organisation als ihre konservative Gegenpartei aufbauten, gelang es ihnen, Kompromisspositionen zu entwickeln, die die breite Mehrheit der Bischöfe mittragen konnte."*[430] Die progressistische Minderheit war sicherlich dank der größeren Schlagkraft ihrer eigenen Organisation überlegen, doch rührte diese wiederum von der größeren Schlagkraft der eigenen Überzeugungen her.

> *„Der Erfolg einer Minderheit"*, schrieb ein Erforscher der Gesetzmäßigkeiten von Revolutionen, *„resultiert aus einer Kräftebündelung, kraft derer die Schlaueren und Entschlosseneren die Zustimmung der weniger Tatkräftigen und der Mehrheit erfolgreich erlangen. In einem ähnlich gelagerten Fall haben die Leidenschaftlicheren die Oberhand über die weniger Leidenschaftlicheren, die Entschlosseneren über die weniger Mutigen, die Kühnen über die Furchtsamen, die Energischen über die Schwachen, die Beharrliche-*

---

† Wie unerforschlich sind Seine Ratschlüsse!

429 Brief von Abbé Berto an Mgr. Carli vom 29. Juni 1965, in: N. BUONASORTE, *Per la "pura, piena, integra fede cattolica"*, 141.

430 WILDE, 57.

ren und die Hartnäckigeren über die Zerstreuten und Schwankenden, und generell diejenigen, die wissen, was sie wollen und es kraftvoll wollen, über jene, die zweifeln, ihre Pläne ändern, zögern und sich zurücknehmen."[431]

Die Geschichte wurde stets von Minderheiten gestaltet, und ausschlaggebend in der Auseinandersetzung ist nicht die Zahl, sondern die Entschlossenheit und die Intensität, mit der diese Minderheiten ihre Schlachten schlagen. Die gemäßigten Kräfte tendieren immer dazu, angesichts der extremen Strömungen der Revolution nachzugeben, wie es bei den Anhängern von Kerensky in der russischen Revolution oder bei den Girondisten in der Französischen Revolution der Fall war. *„Konfrontiert mit der Revolution und der Gegenrevolution, schwanken die gemäßigten Revolutionäre im Allgemeinen und versuchen absurde Versöhnungen zu erzielen. Doch letztendlich unterstützen sie systematisch die erste gegen die zweite."*[432]

Wenn sich die Minderheiten organisieren, so geschieht dies stets mit Diskretion, manchmal auch im Geheimen. Es ist in diesem Sinn nicht unangemessen, von *conciliabula*[†] und Konspiration zu sprechen. Heute wirft man einer historischen Arbeit, will man sie herabsetzen, vor, sie neige zu ‚Verschwörungstheorien'. Die Existenz von Konspirationen zugeben bedeutet lediglich, dass die Geschichte durch die Freiheit der Menschen gestaltet wird und nicht Frucht eines Geistes oder einer Vernunft ist, die der Geschichte immanent sind und die Menschen nur als Instrumente fungieren lassen. In Wirklichkeit gibt es kein großes historisches Ereignis, beginnend mit den zwei großen Revolutionen der modernen Epoche, der Französischen und der Russischen, das nicht mit mehr oder weniger erfolgreichen ‚Komplotten' begonnen hat. James H. Billington[433], der die Ursprünge des revolutionären ‚Glaubens' erforscht hat, hat die konspirativen und verborgenen Ur-

---

[431] ANDRÉ JOUSSAIN, *La loi des révolutions*, Flammarion, Paris 1950, 173.

[432] P. CORRÊA DE OLIVEIRA, *Una osservazione di San Giovanni Bosco illumina la causa della Rivoluzione*, in: *Rivoluzione e Contro-Rivoluzione*, 285-292, 289.

[†] *geheime Zusammenkünfte* (von Häretikern), vgl. BLAISE, *Dictionnaire latin-français des auteurs chrétiens* (Strasbourg 1954), s.v., S. 187.

[433] Vgl. JAMES H. BILLINGTON, *Fire in the minds of men: origins of the revolutionary faith*, Temple Smith, London 1980.

sprünge der politischen Hauptbewegungen des 18. und 19. Jh. studiert. Das Zweite Vatikanum entzieht sich dieser historischen Gesetzmäßigkeit nicht, da es den Progressismus der ‚Neuerer' mit dem Modernismus aus den Anfängen des Jahrhunderts in verborgener Weise verband.

Am 3. Dezember notierte Msgr. Borromeo in sein Tagebuch:

„Wir befinden uns mitten im Modernismus. Nicht dem naiven, offenen, aggressiven und kämpferischen Modernismus aus den Zeiten von Pius X., nein. Der Modernismus von heute ist subtiler, getarnter, durchdringender und heuchlerischer. Er will nicht einen weiteren Sturm entfachen, er will, dass die ganze Kirche sich modernistisch wiederfindet, ohne es zu merken. ... Die Tradition wird auch vom neuen Modernismus zugelassen, aber als eine solche, die der Schrift folgt, in der Schrift und dem Lehramt gründet, das ursprünglich als Objekt nur die Schrift hatte. Christus rettet sich im Modernismus, aber es ist nicht der historische Christus; es ist ein Christus, den das religiöse Bewusstsein entworfen hat, um eine menschliche Gestalt, scharf umrissen und konkret, als Stütze für religiöse Erfahrungen zu schaffen, die in ihrer Reichhaltigkeit und Intensität durch nichts anderes zum Ausdruck gebracht werden konnten als durch rationale und abstrakte reine Begriffe. ... So rettet der Modernismus von heute das ganze Christentum, seine Dogmen und seine Organisation, höhlt aber alles aus und stellt es auf den Kopf. Nicht mehr eine Religion, die von Gott kommt, sondern eine Religion, die direkt vom Menschen kommt und indirekt vom Göttlichen, das im Menschen ist."[434]

[434] BORROMEO, *Diario*, 3. Dezember 1962.

IV.
1963: Die zweite Sitzungsperiode

1. Von Johannes XXIII. zu Paul VI.

a) Eine Bilanz des Konzils mit P. Tucci

Am 6. Januar 1963, dem Fest der Epiphanie, schrieb Johannes XXIII. einen langen Brief an alle Konzilsväter, in dem er sie daran erinnerte, dass der Zeitraum zwischen dem 6. Januar und dem 8. September, dem Datum der Wiederaufnahme der Konzilsversammlung, als wirkliche Fortsetzung der Arbeit, die das Konzil absolvieren müsse, anzusehen sei. Die Väter hätten also die heilige Pflicht, nicht nur an den nächsten Sitzungen in der Basilika des Vatikans teilzunehmen, sondern in diesen acht Monaten auch mit ihren Mitbrüdern im Episkopat geistig eng verbunden zu sein.

Die Kommissionen und die Unterkommissionen entfalteten im Verlauf der ersten Monate des Jahres 1963 eine intensive Tätigkeit. Die Koordinierungskommission, die die Aktivitäten aller Kommissionen überwachte und koordinierte, traf sich vom 21. bis 27. Januar unter Vorsitz des Staatssekretärs im Vatikan, um die Neuordnung des Schemas *De Ecclesia* von Kard. Suenens zu erörtern.[1] Die ekklesiologische Frage war für Kard. Döpfner *„die erste und wesentlichste des ganzen Konzils"*[2]. Am 28. Januar empfing der Papst die Mitglieder der Kommission in einer Audienz und brachte ihnen gegenüber seine Überzeugung zum Ausdruck, dass das Konzil nach einem so guten Beginn imstande wäre, alle seine Ziele rasch zu erreichen.

---

[1] Vgl. AS V/1, 90-96.
[2] Ebd., 100.

Am 9. Februar 1963 empfing Johannes XXIII. P. Roberto Tucci[3], einen vierzigjährigen Jesuiten aus Neapel, seit 1959 Herausgeber der ‚Civiltà Cattolica', zu einer mehr als anderthalbstündigen Audienz. Die von P. Tucci in seinem Tagebuch festgehaltene Unterredung ist aufschlussreich: Der Papst zeigt sich entschieden gegen die kurialen Kreise eingestellt, und wenn er sagt, *„sie hätten eine enge, beschränkte Geisteshaltung, weil sie nie außerhalb der Mauern Roms, außerhalb der ‚Ciociaria'*[†] *gewesen sind"*, so ist die Anspielung auf Ottaviani evident. Es lohnt sich, den langen Passus hier wiederzugeben, weil er eine Bilanz des Konzils bietet, wie sie von Johannes XXIII. wenige Monate vor seinem Tod gezogen wurde.

> *„Er sagt zu mir, dass ihm die ‚Civiltà Cattolica' jetzt auf einem guten Weg zu sein scheine, mehr als in der Vergangenheit, auch wenn er seine Kritik nicht dahingehend spezifiziert, welche Vergangenheit er meint.*
>
> *Er spricht zu mir von seinen Beziehungen zu den getrennten Brüdern, die er mit Güte im Verbund mit Klugheit und ohne Illusionen pflegt: es führt zu nichts, sie mit Äußerungen über Rückkehr zu verletzen, auch wenn dies in Wahrheit der einzige Weg ist. Gegenüber Fisher, der darauf bestand, mit ihm über Vereinigung und Einheit zu sprechen, gab er zu verstehen, dass er sich ihm nicht anschließe, und lenkte das Gespräch auf die Nachfolge Christi und ähnliche Themen, und der anglikanische Würdenträger ging zufrieden weg. So gestern gegenüber dem methodistischen Würdenträger; in Bezug auf Letzteren sagt er zu mir: Gestern haben sie mich schon wieder zu einem Heiligen erklärt!*
>
> *Um mir ein Beispiel für die guten Früchte seiner schlichten und gütigen Haltung zu geben, die die Gegner entwaffnet, teilt er mir in vertraulicher Form die Nachricht von der Freilassung des Metropoliten der Ukraine mit: Msgr. Willebrands hat sich nach Russland begeben, um ihn abzuholen; er wird am Abend in Rom erwartet und fürs Erste im Kloster Grottaferrata Unterkunft beziehen. Es*

[3] Roberto Tucci (1921), Jesuit, 1950 zum Priester geweiht, Redakteur (1959), dann Herausgeber (1959-1973) der Zeitschrift ‚Civiltà Cattolica', Konzilsperitus, im Jahre 2001 von Johannes Paul II. zum Kardinal erhoben. Obwohl er den Kardinalspurpur empfing, wurde er nicht zum Bischof geweiht.

[†] *Region östlich von Rom.*

liegt ihm daran, zu unterstreichen, dass bestimmte nationalistische Haltungen wie die der ukrainischen Bischöfe auf dem Konzil und insbesondere von Msgr. Bucko nur für Irritationen sorgen; durch die guten Beziehungen zu Chruschtschow wurde hingegen dieser Schritt der Entspannung erreicht. Er glaubt nicht, dass Chruschtschow jener Zyniker sei, für den man ihn hält; er habe große Schwierigkeiten im Innern, und er sei von guten Vorsätzen beseelt, auch wenn er fest zu Prinzipien stehe, die den unseren völlig entgegengesetzt sind. Er erzählt mir, dass ein amerikanischer Journalist, der die Möglichkeit hatte, mit Chruschtschow ausführlich zu sprechen, nach einem Austausch von Botschaften und anderen Akten der Höflichkeit ihm dessen persönliche Weihnachtsgrüße überbracht habe und dass er auf demselben Weg die seinen gesandt habe, wobei er die Bitte hinzufügte, den Metropoliten freizulassen. Der Journalist hatte erzählt, von Chruschtschow erfahren zu haben, dieser sei in einer religiösen Familie großgeworden, habe sich dann aber der Religion völlig entfremdet, weil er für eine soziale Erneuerung arbeiten wollte und gesehen hätte, dass die ‚Popen' gänzlich Sklaven des zaristischen Regimes und der Reichen waren. Auf den Vorschlag, die offiziellen Beziehungen zum Hl. Stuhl zu verbessern, hatte der Hl. Vater antworten lassen, dass es hierbei keine Schwierigkeiten gäbe, wenn man nur die Grundrechte der menschlichen Person und damit auch jenes auf Religionsfreiheit anerkennen würde. Dies ist, soweit ich es verstanden habe, Kennedy nicht fremd, über den der Hl. Vater sagt, er verstehe seine Vorsicht, sich der katholischen Kirche gegenüber nicht allzu gewogen zu zeigen, um die Unterstützung der Protestanten nicht zu verlieren; jedoch seien die Mitglieder seiner Familie zum Papst gekommen etc.

Was das Konzil betrifft, so sagt er, er sei mit ihm völlig zufrieden: Das Konzil sei erst in den letzten Wochen wahrhaft ganz in seine Arbeit eingestiegen, als es die Implikationen der Septemberbotschaft und der Eröffnungsansprache vom 11. Oktober verinnerlichte. Er hat sich jedoch darüber beklagt, dass das Hl. Offizium glaubt, ihn kommandieren zu können; er hat gesagt, er habe sie auf ihren Platz verweisen müssen; auch wenn er die gute Geisteshaltung von Kard. Ottaviani, von Msgr. Parente und anderen lobt, sagt er, sie hätten noch nicht begriffen, und bestimmte Vorgehensweisen könne er absolut nicht billigen. Er übt starke Kritik an P.

Tromp, der glaube, die Bischöfe belehren zu müssen, und sich mit geringer Wertschätzung über sie äußere; er beobachtet, dass leider einige herausragende Konzilsväter meinten, weil sie Theologie gelehrt haben, müssten sie aus den Konzilstexten Handbücher der Theologie machen; er bekräftigt, dass es nicht darum gehe, doktrinelle Fragen zu beantworten, weil heute keine Fragen so virulent seien, dass sie diskutiert und Lösungen für sie gefunden werden müssten, um schweren Schaden für den Glauben der Kirche zu vermeiden. Heftige Kritik übt er auch an der Intervention von Vagnozzi, eines tüchtigen, aber, wie ihm schon vorher bekannt war, ungestümen jungen Mannes, weil diese unangebracht gewesen sei, und zwar wegen ihres Inhaltes und vor allem wegen der Art des Vortrags: Er weiß, dass in diesem Fall jedoch ‚das Mehl nicht aus dem eigenen Sack kam', weil man sie für ihn vorbereitet hatte.

In der ersten Sitzungsperiode hat er es vorgezogen, bei den Debatten nicht zu intervenieren, um den Vätern die Diskussionsfreiheit zu belassen und damit die Möglichkeit, von sich aus den richtigen Weg zu finden; auf der anderen Seite hat er für die verschiedenen Fragen nicht über die notwendige Kompetenz verfügt und hätte mit eigenen Interventionen mehr Verwirrung als Hilfe schaffen können; die Bischöfe mussten es selbst lernen und haben es auch getan.

Was das jüngste Schreiben an die Bischöfe[4] *betrifft, so hat er stolz darauf verwiesen, es ganz selbst verfasst zu haben. Auf die Frage, ob er vorhatte, die liturgische Bewegung zu treffen, als er von* ‚novae praedicationes' *etc. sprach, hat er gesagt, dies sei ihm ganz fern gewesen; er dachte an die guten Schwestern, die neue Gebetsformen verbreiten wollten, an die Muttergottesbilder an irgendwelchen Orten, deren Verehrung man auf die ganze Kirche ausweiten wollte, und dergleichen. Hinsichtlich der kurialen Kreise sagt er, sie hätten eine enge, beschränkte Geisteshaltung, weil sie nie außerhalb der Mauern Roms, außerhalb der ‚Ciociaria' gewesen sind: Es gelingt ihnen nicht, die kirchlichen Angelegenheiten in einer wahrhaft universalen Perspektive zu sehen.*

---

[4] Vgl. *Docum. intersess.* 1963, Nr. 2: von S.E. Mgr. Dell'Acqua einige Tage vor der ersten Veröffentlichung im ‚Osservatore Romano' überreichtes Exemplar.

Er fragt mich dann, ob ich zur Haltung des Papstes etwas mitzuteilen habe oder beobachtet habe, was man darüber so spricht (er ist sich bewusst, dass es auch in meiner Kommunität einige geben wird, die seine Linie nicht teilen ... !). Ich spreche dann über das Problem einer ausgiebigeren Information über das Konzil, um den Journalisten zu helfen, um den Minderwertigkeitskomplex der katholischen Zeitungen nicht zu verstärken etc. Er fragt mich, ob es Vallainc nicht gut geht: Ich sage ihm, dass dies nicht von ihm abhängt, sondern von Msgr. Felici. Darauf bemerkt er, dass Felici ein ganz tüchtiger Mann sei, aber einen beschränkten Geist habe; er könne Latein und auch Italienisch, und das sei mehr oder weniger alles; es sei wahr, dass er sich nicht selbst auf jenen Posten gesetzt hat, da er von Tardini vorgeschlagen wurde, ohne dass er davon wusste; er sei gehorsam und ein guter Arbeiter. Aber der Papst habe ihn gerettet (indem er ihm fünf Untersekretäre beigab), und Msgr. Felici wisse dies und sei ihm dafür dankbar. Er versteht das Problem, geht jedoch nicht ins Detail. Er sagt nur, um der schlechten Presse Einhalt zu gebieten, wäre es nötig, dass Manzini[5] *sie im ‚Osservatore Romano' sogleich an den Pranger stellt, wenn sie böswillige Interpretationen liefert, etc.; so wird jeder in dieser Rubrik enden, wenn er sich nicht an die Regeln hält. Er habe darüber mit Manzini bereits gesprochen."*[6]

Johannes XXIII., der sich seit einigen Wochen in *„einer Geduldsübung mit dem Bruder Körper"* befand, empfing am 24. Januar die Kardinäle Suenens und Döpfner: *„zwei stattliche und starke Säulen der Hl. Kirche"*[7], schrieb er in sein Notizbuch.

---

[5] Raimondo Manzini (1901-1988), italienischer Journalist, Mitglied des nationalen Rates der Democrazia Cristiana; er gab die Zeitschriften ‚L'Avvenire d'Italia' (1927-1959) und ‚L'Osservatore Romano' (1960-1978) heraus. Zu seinen Büchern zählen: *Fedeli infedeli* (1979); *L'unità dei cattolici* (1982); *I sentieri dell'assoluto* (1986).

[6] TUCCI, *Diario*, 9. Februar 1963, 44-47.

[7] JOHANNES XXIII., *Pater Amabilis. Agende del Pontefice*, 490.

b) *Die letzten Monate im Leben von Johannes XXIII.*

Am 1. März 1963 entschied die Internationale Stiftung Preis Balzan, auch dank der Unterstützung der sowjetischen Mitglieder, Johannes XXIII. den ‚Friedenspreis' zu verleihen. Einige Tage später, am 7. März, gewährte der Papst Alexej Adschubej, dem Herausgeber der ‚Iswestja', aber vor allem Schwiegersohn von Chruschtschow und dessen privater Botschafter, eine Privataudienz. Diese Begegnung brachte kein substantielles Ergebnis, fand aber in Italien und in der Welt ein starkes Medienecho. Wenige Tage nach der Audienz hielt der Sekretär der P.C.I. (Partito Comunista Italiano), Palmiro Togliatti, mitten im Wahlkampf in Bergamo eine Rede, in der er offiziell eine Zusammenarbeit zwischen Katholiken und Kommunisten vorschlug und dabei Kard. Ottaviani als einen vom Konzil *„Besiegten"* attackierte. In derselben Rede verkündete Togliatti *„die Gewissheit, dass die sozialistische Umgestaltung der Gesellschaft, für die wir kämpfen, nicht nur eine Notwendigkeit ist, sondern eine Aufgabe, die den besseren Teil der Menschheit mit der Gewissheit des Erfolges verpflichtet"*, und forderte schließlich die *„Diktatur des Proletariates"* als *„Block aller arbeitenden Klassen, Handarbeiter wie geistig Tätigen"*, denen es *„zukommt, das gesamte soziale Leben zu lenken"*[8].

Am 9. April 1963 unterzeichnete Johannes XXIII. seine achte und letzte Enzyklika *Pacem in terris*[9]. Hauptthemen waren der Aufstieg der arbeitenden Klassen, die Anerkennung der Rolle der Frau in der zeitgenössischen Gesellschaft, die zentrale Stellung des Friedens im Lehramt der Kirche.

In den Abschnitten 83-85 der Enzyklika werden drei Kernprinzipien genannt:

1) Man darf niemals den Irrtum mit dem Irrenden vermengen, auch wenn es sich um einen Irrtum oder eine unzureichende Erkenntnis der Wahrheit auf moralisch-religiösem Gebiet handelt; **2)** man

---

[8] Vgl. Rinascita 13 (1963), auch in: PALMIRO TOGLIATTI, *Opere (1956-1964)*, Bd. VI, hg. v. LUCIANO GRUPPI, Editori Riuniti, Roma 1984, 697-707, 698.

[9] Veröffentlicht in: AAS 55 (1963), 257-304. Zu einer Rekonstruktion ihrer Genese vgl. A. MELLONI, *Pacem in terris. Storia dell'ultima enciclica di Papa Giovanni*, Laterza, Roma-Bari 2010 (insbesondere zur Rolle von Mgr. Pietro Pavan bei ihrer Ausarbeitung, 41-52).

kann nicht falsche philosophische Lehren über die Natur, den Ursprung und die Bestimmung des Universums und des Menschen mit historischen Bewegungen ökonomischer, sozialer, kultureller und politischer Ausrichtung identifizieren, auch wenn diese Bewegungen ihren Ursprung in jenen Lehren besitzen und aus ihnen ihre Inspiration bezogen haben und noch beziehen; **3)** es kann sich bewahrheiten, dass eine Annäherung oder eine Begegnung praktischer Natur, die gestern für nicht opportun oder nicht fruchtbar gehalten wurde, es heute hingegen ist oder morgen werden kann.

Diese drei Prinzipien bildeten den Interpretationsschlüssel des gesamten politisch-diplomatischen Phänomens, das als *Ostpolitik* des Heiligen Stuhles[10] bekannt ist und allgemeiner als „Öffnung" gegenüber dem Kommunismus.

Die am 11. April 1963 erschienene Enzyklika wurde der öffentlichen Meinung als Basis für eine künftige Zusammenarbeit zwischen den Bewegungen christlicher Herkunft und denen sozialistischer Herkunft präsentiert. Auf sie bezogen sich viele Vordenker einer Konvergenz von Katholiken und Kommunisten, vom französischen Philosophen Roger Garaudy bis zum geistigen Vater des *„historischen Kompromisses"*, dem Italiener Franco Rodano.[11]

In Italien sahen die Wahlen vom 28. April 1963 einen beachtlichen Stimmenzuwachs für die kommunistische Partei und einen genauso bedeutenden Stimmenrückgang für die Democrazia Cristiana. Am Morgen des 1. Mai drangen einige hundert Kommunisten auf dem Heimweg von der flammenden Kundgebung auf der Piazza San Giovanni, wo man mit dem ‚Fest der Arbeit' den Wahlsieg gefeiert hatte, bis zum Petersplatz vor, schwenkten rote Fahnen und erhoben die geballten Fäuste. Sie wandten sich zum Fenster des Apostolischen Palastes und riefen mit lauter Stimme: *„Es lebe Johannes XXIII.! Es lebe der Friedenspapst!"*

---

[10] GIOVANNI BARBERINI, *L'Ostpolitik della Santa Sede. Un dialogo lungo e faticoso*, Bologna 2007, 73.

[11] Zu Roger Garaudy (1913) vgl. P. CORRÊA DE OLIVEIRA, *Garaudy esboça nova aproximação* und *A manobra Garaudy*, in: ‚Folha de S. Paulo' (8. und 15. März 1970), ital. Übers.: *L'insidia neocomunista di Roger Garaudy*, in: Cristianità 2 (1973), 9-12; zu Franco Rodano (1920-1983) vgl. A. DEL NOCE, *Il cattolico comunista*, Rusconi, Milano 1981.

Für die Kommunisten war Papst Johannes der *„gute Papst"*, und das Zweite Vatikanum wurde als *„Konzil des Friedens"*[12] identifiziert. Bereits 1960 hatte der Kreml die Doktrin der ‚friedlichen Koexistenz' ausgegeben, als strategischen Plan für die Zeit des Übergangs vom Kapitalismus zum Sozialismus in der Welt.[13] In Wirklichkeit war, wie Chruschtschow in seiner berühmten Rede vom 1. Januar 1961 äußerte, die Politik der friedlichen Koexistenz, was ihren sozialen Gehalt anbelangte, eine Form intensiven ökonomischen, politischen und ideologischen Kampfes auf internationaler Ebene gegen die aggressiven Kräfte des Imperialismus. Der Kommunismus operierte mit dem Begriffspaar ‚Angst – Sympathie' und wirkte damit auf die allgemein verbreitete Sehnsucht nach Frieden ein. Ohne seinen Einschüchterungsaktionen und dem expliziten Proselytismus eine Absage zu erteilen, benutzte er neue Techniken der impliziten Überzeugung, indem er von Ausdrücken wie *„Frieden"*, *„friedliche Koexistenz"*, *Dialog"* Gebrauch machte.[14]

Der Gesundheitszustand des Papstes verschlechterte sich jedoch unterdessen rapide. Am 10. und 11. Mai wurde dem Papst der Balzan-Preis im Vatikan und im Quirinal feierlich verliehen. Johannes XXIII. erwähnt diese Tage in seinem Notizbuch als *„zwei historische und wohltuende Tage im Verlauf meines Lebens und meines Dienstes für den Hl. Stuhl und für Italien"*[15]. Zwei Tage später überreichte Kardinal Suenens in New York dem Sekretär der Vereinten Nationen, U-Thant, ein vom Papst eigenhändig unterzeichnetes Exemplar von *Pacem in terris*. Der Kreml ließ in einer beispiellosen Initiative eine russische Übersetzung der Enzyklika veröffentlichen, mit der Unterschrift des Papstes in kyrillischer Schrift.[16] Am 20. Mai schrieb Johannes XXIII. einen weiteren langen Brief an alle Bischöfe der Welt,

---

[12] R. Burigana, *Il Pci. La Chiesa negli anni del Concilio Vaticano II*, in: *Vatican in Moscow*, 202-212.

[13] Richard W. Allen, *Pace o coesistenza pacifica?*, ital. Übers., Il Borghese, Milano 1966, 118ff {Originaltitel: *Peace or peaceful coexistence?* With a foreword by Bertram D. Wolfe, American Bar Association, Chicago 1966}. Man siehe auch Giorgio Caredda, *Le politiche della distensione. 1959-1972*, Carocci, Roma 2008.

[14] Vgl. P. Corrêa de Oliveira, *Baldeação ideológica inarvertida e diálogo*, in: Catolicismo 178-179 (1965), 2-12 (ital. Übers.: *Trasbordo ideologico inavvertito e dialogo*, Ed. L'Alfiere, Napoli 1970).

[15] Johannes XXIII., *Pater Amabilis. Agende del Pontefice*, 519.

[16] A. Melloni, *Pacem in terris. Storia dell'ultima enciclica di Papa Giovanni*, 85.

worin er ihnen ankündigte, dass er zwischen dem 25. Mai und dem 2. Juni, während der Pfingstnovene, an Exerzitien teilnehmen wolle. In diesen Tagen trat jedoch plötzlich das Ende ein. Am 28. Mai kam der ‚Osservatore Romano' mit einem ganzseitigen Titel in drei Zeilen heraus: *„Der Papst lädt ein zum Gebet, dass der Wille Gottes in Erfüllung gehe, bestehe dieser im Opfer oder in der Verlängerung seines Lebens, für den glücklichen Ausgang des Konzils, für die heilige Kirche und für den Frieden."* In der Nacht von Donnerstag, den 30., auf Freitag, den 31. Mai, verschlechterte sich der Zustand des Pontifex. Am Freitag verkündete Msgr. Capovilla dem Papst: *„Heiliger Vater, ich halte Wort. Ich muss für Euch tun, was Ihr für Msgr. Radini am Ende seines Lebens getan habt. Die Stunde ist gekommen. Der Herr ruft Euch."*[17]

Am Abend des Montags, 3. Juni 1963, um 19.45 Uhr, starb Johannes XXIII. nach einem Pontifikat von vier Jahren und sechs Monaten.

Die letzten Stunden des Papstes konnten im Rundfunk verfolgt werden, und seine Beisetzung wurde am 6. Juni vom Fernsehen in die ganze Welt übertragen. Am 7. Juni wurde Johannes XXIII. in einer nächtlichen Zeremonie in den Vatikanischen Grotten bestattet. Anschließend wurde festgesetzt, dass die *novendiales*, die feierlichen Gedenkzeremonien, welche neun Tage dauern, am 17. Juni enden sollten, so dass man die achtzig Kardinäle, die den neuen Papst wählen sollten, einberufen konnte. Die Massenmedien trugen dazu bei, jenes Bild des ‚guten Papstes', des *„waffenlosen Propheten"* des *„neuen Pfingsten"*[18] zu kreieren, das die Veröffentlichung der Notizbücher von Johannes XXIII. teilweise entzaubert hat. Johannes XXIII. war nicht der *„einfache"* Mensch, wie er von einigen Hagiographen be-

---

[17] L. F. CAPOVILLA, *Ite Missa est*, Edizioni Messaggero, Padova 1983, 218.

[18] Vgl. DERS., *Giovanni XXIII: profeta della nuova Pentecoste*, in: *Il Vaticano II nella Chiesa italiana*, Memoria e Profezia, Assisi 1985; JULES GRITTI, in: *Jean XXIII dans l'opinion publique*, Editions du Centurion, Paris 1967, berichtet von den hyperbolischen Titeln, die die französische Presse Johannes XXIII. am Tag nach seinem Tod zuerkannte: *Le Pape du siècle* {Der Papst des Jahrhunderts} (‚France soir', 5. Juni), *Le Pape le plus humain peut-être de l'histoire* {Der vielleicht menschlichste Papst der Geschichte} (‚Le Figaro', 4. Juni), *La plus grande transformation accomplie dans le catholicisme depuis le Concile de Trente* {Der größte Wandel im Katholizismus seit dem Konzil von Trient} (‚Express', 30. Mai). Zum Thema des ‚guten Papstes' siehe den Aufsatz von I. COLOSIO OP, *Discussioni sulla "bontà" del Papa Giovanni XXIII*, in: Rassegna di Ascetica e Mistica 3 (1975), 235-248.

schrieben wurde, sondern eine komplexe, zuweilen, wie P. Roquette bemerkt, „verwirrende“[19] Persönlichkeit. Roquette, der als Erster von dem „Rätsel Roncalli“ gesprochen hat, vertritt die Ansicht, dass dieser in seiner „bäuerlichen Weisheit“ eine „Politik des Gleichgewichtes“ verfolgte. Eines Tages in Paris, als er nach dem Essen eine Zigarre rauchte, definierte er gegenüber Roquette seine Politik: *„Eh! Comme vous dites en français: demi-tour à droit, demi-tour à gauche“*[†].[20]

Die Gestalt von Johannes XXIII. ging jedenfalls als unlösbar mit dem Zweiten Vatikanischen Konzil verbunden in die Geschichte ein, da er dieses geplant, eröffnet und in der ersten Sitzungsperiode geleitet hatte, die sich als die entscheidende erweisen sollte.

2. Giovanni Battista Montini auf dem päpstlichen Thron

a) Das Konklave von 1963

Die großen Manöver begannen unmittelbar darauf in den Korridoren des Vatikans und in den Kanzleien Europas. In den Tagen unmittelbar vor dem Konklave fand, wie Giulio Andreotti erwähnt, in einer Villa in Grottaferrata auf Einladung von Kardinal Frings eine Zusammenkunft statt, an der zahlreiche Kardinäle teilnahmen.[21] Die Villa gehörte dem Anwalt Umberto Ortolani, einem engen Mitarbeiter von Kard. Giacomo Lercaro, der später in die Geschicke der Freimaurerloge P2 und in den Bankrott des Banco Ambrosiano verwickelt war. Ortolani bestätigte in einem Interview mit Andrea Tornielli die Zusammenkunft zahlreicher illustrer Kardinäle am 18. Juni, darunter Frings, Suenens, König, Alfrink, Léger und Liénart. Nach Aussage von Ortolani bestanden keine Zweifel daran, wer der kommende Kandidat sein würde: *„Der Erzbischof von*

---

[19] ROBERT ROQUETTE, *Le mystère Roncalli*, in: Études 318 (1963), 4-18.

[†] *Nun! Wie Sie auf Französisch sagen: ‚rechtsum!‘, ‚linksum!‘.*

[20] Ebd., 12-13.

[21] GIULIO ANDREOTTI, *A ogni morte di Papa. I Papi che ho conosciuto*, Milano 1980, 106.

Mailand, Giovanni Battista Montini, auch wenn einige der Wahl des Organisators dieser Zusammenkunft, Kard. Lercaro, den Vorzug gegeben hätten ..."[22].

Die Zusammenkunft von Grottaferrata war von Kard. Lercaro angeregt worden, der sich als Erbe des ,johanneischen' Geistes präsentierte. An eben diesem 18. Juni schrieb er an seine ,Familie', eine Gruppe bedürftiger Jungen, die er unterstützte: *„Ich hoffe glühend und halte es für wahrscheinlich, zu euch zurückzukommen; doch ist diese Wahrscheinlichkeit geringer, als ich bei der Abreise aus Bologna dachte. Ich sehe, dass auch ihr die Wende bei den Gerüchten wahrgenommen habt.*"[23] In Wirklichkeit erlaubte die Zusammenkunft Montini, sich der Unterstützung des mitteleuropäischen Blockes[24] und auch Lercaros zu versichern, den er im Konvent von Santa Priscilla zu einem Vier-Augen-Gespräch traf und dabei eine Konvergenz der Ziele feststellte[25]. Am 19. Juni, dem Tag der Eröffnung des Konklaves, betraute der ,Corriere della Sera' Indro Montanelli mit einer Schilderung des Mailänder Kardinals, die den bezeichnenden Titel trug: *„Montini, die zentrale Gestalt des Konklaves*".

Am Abend des 19. Juni 1963 zogen 80 Kardinäle in das Konklave ein. Beim Aufruf fehlten der Ungar Mindszenty, der immer noch in der amerikanischen Botschaft in Budapest festsaß, sowie der neunzigjährige Ecuadorianer Carlos María de la Torre[26]. Um gewählt zu werden, wurden 54 Stimmen benötigt. Das Konklave dauerte vom Abend des 19. Juni bis zum späten Morgen des 21. Juni. König erwähnt die beruhigenden Worte, die Montini in jenen Tagen an ihn richtete: *„Wer immer Papst wird, kann nur auf dem Weg von Johannes weitergehen.*"[27]

---

[22] *Colazioni a casa Ortolani*, Interview von A. TORNIELLI mit Umberto Ortolani, in: ,30 Giorni' 3 (1993), 41-42.

[23] Zit. bei A. TORNIELLI, *Paolo VI*, 326-327.

[24] Vgl. G. ZIZOLA, *Il Conclave*, 235; B. LAI, *Il Papa non eletto*, 201.

[25] Vgl. A. TORNIELLI, *Paolo VI*, 327.

[26] Carlos María Javier de la Torre (1873-1968), Ecuadorianer, 1896 zum Priester geweiht, 1912 Bischof von Loja, 1919 von Bolivar und 1926 von Guayaquil, 1933 bis 1967 Erzbischof von Quito, 1953 zum Kardinal erhoben.

[27] F. KÖNIG, *Chiesa dove vai?*, 27-81.

Im Konklave spielte sich Kard. Testa[28] zufolge eine lebhafte Auseinandersetzung ab.[29] Kard. Ottaviani kämpfte bis zum Schluss gegen Montini und setzte auf Kard. Ildebrando Antoniutti[30], einen 64-jährigen Friauler mit großer diplomatischer Erfahrung, der eine Unterbrechung der ‚johanneischen' Linie bedeutet hätte. Zeugnisse, die trotz der Geheimhaltung durchsickerten, sprechen auch von einer Weigerung Siris, sich für die Wahl zur Verfügung zu stellen, womit er die Zustimmung zu seiner Person hin zum Erzbischof von Mailand verlagerte. *„Zum Wohl der Kirche wollte ich mich Montini nicht entgegenstellen"*, vertraute der Erzbischof von Genua Benny Lai an.[31] Die progressistischen Kardinäle ihrerseits suchten ihre Stimmen auf einen einzigen Kandidaten zu konzentrieren, und als die Stimmen für Lercaro auf Montini übergingen, waren die Konservativen bereit nachzugeben, in der Hoffnung, den neuen Papst in ihre Abhängigkeit zu bringen. Nach einer Rekonstruktion des ‚Corriere della Sera' habe der Kardinalvikar von Rom, Clemente Micara, einige Wähler des konservativen Flügels dadurch beruhigt, dass er sich an die Spitze der ‚Montinianer' stellte.[32] Im sechsten Wahlgang am Morgen des 21. Juni begrüßten die Kardinäle mit langem Applaus das Verlesen des Namens von Giovanni Battista Montini auf dem 54. Stimmzettel. Der Wahlausgang kam, wie es scheint, mit dem knappen Übermaß

---

[28] Gustavo Testa (1886-1969), 1910 zum Priester geweiht, 1934 Titularerzbischof von Amasea, 1959 zum Kardinal erhoben, 1967 Präfekt der Kongregation für die Orientalischen Kirchen.

[29] Vgl. A. RICCARDI, *Il "partito romano". Politica italiana, Chiesa cattolica e Curia romana da Pio XII a Paolo VI*, Brescia 2007, 297; G. ZIZOLA, *Il Conclave*, 240, der Kard. Testa den Spruch zuschreibt: *„Es hat einen Kampf gegeben. Es folgten schreckliche Dinge. Fühle das Bedürfnis, den Papst um die Erlaubnis zu bitten, mich davon zu befreien."* (ebd.).

[30] Ildebrando Antoniutti (1898-1974), 1920 zum Priester geweiht, Titularerzbischof von Sinnada (1937), er war Geschäftsträger bei der Nationalregierung unter General Franco und 1953 bis 1962 Nuntius in Spanien. Er wurde im März 1962 zum Kardinal erhoben und 1963 Präfekt der Kongregation für die Orden.

[31] B. LAI, *Siri, il culto della verità*, in: ‚Il Giornale', 3. Mai 1989. Benny Lai berichtet auch von einem Gespräch Siris mit seinem Beichtvater, Pater Damaso da Celle, worin der Kardinal von Genua seine ablehnende Haltung gegenüber einer Bewerbung auf den Stuhl Petri mit einem vielsagenden Kommentar eingestanden hat: *„Jetzt würde ich mich aber anders verhalten"* (B. LAI, *Dal diario di Padre Damaso, "Mneme Ammentos"*, Bd. I, Nr. 1 (2005), 126ff, zitiert bei P. GHEDA, *Siri e Montini*, 76-77).

[32] Vgl. FABRIZIO DE SANTIS, *Come elessero Montini*, in: ‚Corriere della Sera', 18. Juni 1978.

von 57 Stimmen gegen 22 hartnäckige Gegner zustande.[33] Es fiel dem Kardinal-Protodiakon Ottaviani zu, den Namen des Neugewählten vom Balkon von St. Peter zu verkünden.

Der Erzbischof von Mailand nahm den Namen Paul VI. an, einen Namen, der, wie er in seiner ersten Botschaft sagte und am 30. Juni 1963, dem Tag seiner Krönung bekräftigte, ein Programm für sein Pontifikat begründete.[34] Am Tag der Wahl bestätigte der neue Papst Kard. Amleto Cicognani in seinem Amt als Staatssekretär.

Hatte der deutsche Kanzler Adenauer im Gespräch mit einem französischen Diplomaten die Wahl von Montini als eine *„echte Gefahr für Europa"*[35] gefürchtet, so wurde dessen Aufstieg zum Pontifikat von den italienischen und europäischen Kommunisten mit Genugtuung begrüßt[36], da sie ihn als Zeichen der Bereitschaft seitens der Kardinäle werteten, dass das Wirken von Papst Johannes fortgesetzt werden solle. Der Sekretär der P.C.I., Togliatti, meldete sich in ‚Rinascita' zu Wort, um die Elemente der Kontinuität zwischen Paul VI. und Johannes XXIII. aufzuzeigen.[37] Auch der Kreml wartete dem russischen Historiker Viktor Gaiduk zufolge, der die Dokumente des Sowjetarchivs bearbeitet hat, voller Sorge auf die Wahl des Nachfolgers von Johannes XXIII. und wünschte die Wahl eines *„Mannes des Dialogs"* wie Montini.[38]

Bei der Wahl von Paul VI. spielte der Substitut Msgr. Angelo Dell'Acqua eine entscheidende Rolle. Msgr. Loris Capovilla, der oft davon sprach, bestätigte dies gegenüber Andrea Tornielli. *„Der Substitut befand sich in einer privilegierten Position, er konnte sich allen Kardinälen nähern. Er hat die Spanier überzeugt, indem er ihnen sagte, Kardinal Montini sei ein Freund Spaniens, also das Gegenteil von dem,*

---

[33] Vgl. G. Zizola, *Il Conclave*, 241.

[34] Paul VI., *Messaggi alla famiglia umana del 22 giugno 1963*, in: *Insegnamenti*, Bd. I, 11-12; Ansprache *In die coronationis Papae* vom 30. Juni 1963, ebd., 24-25.

[35] Zit. bei A. Melloni, *Chiese sorelle, diplomazie nemiche. Il Vaticano II a Mosca fra propaganda, Ostpolitik ed ecumenismo, in Vatican II in Moscow*, 12. General de Gaulle hingegen hatte auf ihn seine Hoffnungen gesetzt und sicherte seine Unterstützung für die Wahl Montinis zu (vgl. A. Wenger, *Les trois Rome. L'Église des années Soixante*, Desclée de Brouwer, Paris 1991, 125-127).

[36] Vgl. R. Burigana, *Il Partito comunista italiano e la Chiesa negli anni del Concilio Vaticano II*, in: *Vatican II in Moscow*, 213-214.

[37] Vgl. P. Togliatti, *Da Giovanni a Paolo*, in: Rinascita 26 (1963), 1-2; auch in: P. Togliatti, *Opere (1956-1964)*, Bd. VI, 715-718.

[38] Vgl. V. Gaiduk, 28-29.

was sie sich ausgemalt hatten. Er hat alle beruhigt, die meinten, der Mailänder Erzbischof wäre ein ‚Franzose', ausschließlich geprägt von der Kultur dieses großen Landes. Er hat dazu beigetragen, einige Vorurteile hinsichtlich der Person Montinis abzubauen, der während seiner Mailänder Jahre von einer gewissen Presse beständig und hartnäckig als ein linker Prälat angegriffen worden war."[39]

b) Die Wahl Pauls VI.

Giovanni Battista Montini entstammte einer bürgerlichen Familie aus Brescia. Sein Vater Giorgio war Herausgeber der katholischen Lokalzeitung und Abgeordneter der Volkspartei gewesen.[40] Battista hatte seine Gymnasialausbildung an der Schule der Oratorianer von S. Maria della Pace erhalten, wo vor allem zwei Personen prägenden Einfluss auf sein Leben ausübten, die Patres Giulio Bevilacqua und Paolo Caresana. Letzterer war seit 1913 sein Seelenführer und Beichtvater. Am 19. Mai 1920 empfing der junge Montini die Priesterweihe im Alter von knapp 22 Jahren; das Theologiestudium hatte er wegen seines fragilen Gesundheitszustandes nicht im Seminar, sondern als externer Student absolviert. Nach Rom gekommen, wurde er an das Staatssekretariat berufen und zum kirchlichen Assistenten der FUCI (Federazione Universitaria Cattolici Italiani) ernannt, ein Amt, das ihn intensiv in Anspruch nahm, das er aber aufgrund seiner Ausrichtung bei der Ausbildung der jungen Leute, insbesondere seiner ‚innovativen' Konzeption von Liturgie und einer starken Tendenz zur ‚Politisierung' der jungen Leute, wieder aufgeben musste.[41] Die Politik blieb bis zu seinem Tod die große Passion von Montini, der seit seiner Jugendzeit der Volkspartei und später der Democrazia Cristiana verbunden war, deren Geschicke er aufmerksam verfolgte. Er bewohnte damals

---

[39] Zit. bei A. Tornielli, *Paolo VI*, 333.

[40] Vgl. N. Vian, *Le radici bresciane di G. B. Montini*, in: *Paul VI et la modernité*, 16-31.

[41] Siehe das vertrauliche Schreiben, das am 19. März 1933 an den Bischof von Brescia, Mgr. Gaggia, gesandt wurde, worin sich Mgr. Montini wegen der gegen ihn erhobenen Anwürfe rechtfertigt, in: A. Fappani / Franco Molinari, *Giovanni Battista Montini giovane*, Marietti, Casale Monferrato 1979, 285-291.

eine Wohnung auf dem Aventin, wo sein Lehrer, P. Giulio Bevilacqua, logierte, der wegen seiner ständigen Zusammenstöße mit dem lokalen Faschismus aus Brescia „verbannt“ war.[42] Es war dies wahrscheinlich ein Moment von besonderer Bedeutung in der Biographie Montinis, der aus dem direkten Kontakt mit der starken Persönlichkeit des Oratorianergeistlichen herrührte.[43]

Dank der Unterstützung des Staatssekretärs Pacelli wurde Montini im Dezember 1937 zum Substitut des Staatssekretariates befördert und folgte damit Msgr. Tardini nach, der am selben Tag zum Sekretär der Kongregation für die Außerordentlichen Kirchlichen Angelegenheiten ernannt wurde. Er besaß keine diplomatische Erfahrung, abgesehen von einem kurzen Zeitraum von sechs Monaten, den er an der Nuntiatur in Warschau verbracht hatte; doch war er ununterbrochen bis 1954 im Staatssekretariat tätig, als ihn Pius XII. zum Erzbischof von Mailand ernannte, ohne ihm jedoch den Kardinalspurpur zu verleihen. Diese Beförderung war tatsächlich eine „Wegbeförderung“, deren Motive noch nicht klar sind.[44] Für manche war Msgr. Montini in den Verrat von P. Alighiero Tondi[45] involviert. Kard. Siri zufolge war für die Entsendung nach Mailand das negative Urteil einer geheimen Kommission verantwortlich, die Pius XII. eingerichtet hatte, da er das Vertrauen in den Substituten aufgrund von dessen Protektion für den Präsidenten des Jugendverbandes der Katholischen Aktion, Mario Rossi, verloren hatte, der für eine linksorientierte Kirche kämpfte.[46] Kardinal Casaroli vertraute seinerseits Andrea Tornielli an, dass sich die Beziehung des Papstes zu seinem Hauptmitarbeiter *„wesentlich zu verschlechtern begann wegen der Kontakte Montinis zu Kreisen der politischen Lin-*

---

[42] Vgl. A. FAPPANI, *Padre Giulio Bevilacqua*, 171-193.

[43] RENATO MORO, *Giovanni Battista Montini e il fascismo*, in: *Paul VI et la modernité*, 41-65, 51.

[44] Vgl. A. RICCARDI, *Il potere del Papa da Pio XII a Paolo VI*, Laterza, Bari 1988, 68-75; Y. CHIRON, *Paul VI. Le Pape écartelé*, Perrin, Paris, 142ff; A. TORNIELLI, *Paolo VI*, 169-183.

[45] Alighiero Tondi (1908-1984), Jesuit, verließ die Gesellschaft Jesu 1952, um der Kommunistischen Partei beizutreten. Er ehelichte bürgerlich die führende Kommunistin Carmen Zanti und arbeitete im sozialistischen Deutschland – doch, nach einer erneuten Gewissenskrise und dem Tod der Gattin im Jahre 1978, wurde er wieder als Priester aufgenommen.

[46] B. LAY, *Il Papa non eletto*, 100.

ken Italiens, von denen Pius XII. keine Kenntnis hatte"[47]. Dem Briefwechsel von Msgr. Montini mit Don Giuseppe De Luca lässt sich andererseits entnehmen, dass der Substitut durch den römischen Priester Beziehungen zu katholischen Kommunisten und einigen Anhängern der P.C.I. unterhielt.[48] Andrea Riccardi erwähnt dagegen, dass einige Bischofsernennungen in Litauen, die *„in einer wenn nicht mysteriösen, so doch dunklen Weise"* erfolgt waren, Anlass zu Gerüchten über eine Untreue Montinis in den sowjetischen Angelegenheiten gegeben hatte.[49] Diese Gerüchte gehen auf einen ‚geheimen Bericht' des französischen Oberst Claude Arnould, Katholik und Antikommunist, zurück, den man gebeten hatte, Nachforschungen über den Weg vertraulicher Informationen vom Staatssekretariat zu kommunistischen Regierungen des Ostens anzustellen. Arnould hatte die Verantwortlichkeit für das Durchsickern von Nachrichten bis zu Msgr. Montini und seiner Entourage zurückverfolgt und damit den Vatikan in Alarm versetzt. Andrea Tornielli hat einige Dokumente zu Tage befördert, die die Glaubwürdigkeit von Arnould zu bestätigen scheinen, welcher die uneingeschränkte Freundschaft und das Vertrauen von Kard. Tisserant genoss und in die höchsten Kreise des französischen Staates und der französischen Kirche eingeführt war.[50]

Sicher ist, dass der neue Papst von der französischen Kultur tief geprägt war[51] und für die neuen progressistischen Strömungen

---

[47] A. TORNIELLI, *Paolo VI*, 172.

[48] Vgl. GIUSEPPE DE LUCA / G. B. MONTINI, *Carteggio (1930-1962)*, hg. v. PAOLO VIAN, Edizioni di Storia e Letteratura, Roma 1992, 183-184.

[49] Vgl. A. RICCARDI, *Il Vaticano e Mosca*, 195; DERS., *Il "partito romano"*, 287-288. Zur Entfernung Montinis vgl. ebd., 282-293.

[50] Arnoulds Glaubwürdigkeit wurde u.a. von Pater Robert Graham bestritten (*G. B. Montini substitute secretary of State*, 81-82), doch Tornielli zitiert einige Stellen aus einem Briefwechsel zwischen Kard. Tisserant und dem Oberst, der sich im Archiv der Vereinigung der Freunde von Kard. Tisserant befindet; aus diesem *„erhellt mit völliger Klarheit, dass Arnould in die höchsten Kreise des französischen Staates (er begleitet Tisserant zu einem Frühstück im Elysée-Palast bei Präsident Auriol) und der Kirche eingeführt war"* (A. TORNIELLI, *Paolo VI*, 174-177 und 643). Die Ersten, die von einem ‚Arnould-Bericht' sprachen, waren GEORGE ROCHE und PHILIPPE DE SAINT-GERMAIN (*Pie XII devant l'histoire*, Laffont, Paris 1992, 440). Mgr. Roche war wie Oberst Arnould Kard. Tisserant eng verbunden.

[51] Vgl. JACQUES PRÉVOTAT, *Les sources françaises dans la formation intellectuelle de G. B. Montini (1919-1963)*, in: *Paul VI et la modernité*, 101-127. Prévotat, der eine Sichtung der Privatbibliothek des zukünftigen Papstes in Brescia vorgenommen

Sympathien hegte, insbesondere für das Werk von Jacques Maritain[52]. Dass Montini *„neue Wege über die Grenzen des Ostens hinweg suchte, möglicherweise auch nur als Arbeitshypothese"*, hat Riccardi bemerkt, *„erscheint wahrscheinlich"*, weil *„Maritains Lesart des Kommunismus und die Bedingungen der Katholiken im Osten ihn antrieben, dies zu beweisen"*[53]. In der Vorbereitungsphase des Konzils hatte der Erzbischof Montini an der Zentralen Vorbereitungskommission teilgenommen und sich dabei immer mit den Progressisten zusammengetan, wenngleich in gemäßigter Form.

Im Vorwort des 1954 erschienenen Buches *Notre Sacerdoce* von Msgr. Pierre Veuillot zeichnet der Erzbischof von Mailand, wie festgestellt wurde, ein Bild von sich selbst.[54] Der Priester, schrieb Msgr. Montini, *„muss unglaublich anpassungsfähig sein"*: *„ein Künstler, ein Facharbeiter, ein unverzichtbarer Arzt, ein in die subtilen und tiefgründigen Erscheinungsformen des Geistes Eingeweihter: Mann des Studiums, Mann des Wortes, Mann von Geschmack, Mann von Takt, Sensibilität, Feinsinn, Stärke. Wieviel Arbeit an sich selbst muss der Priester leisten, um sich die Fähigkeit zu erwirken, an anderen zu arbeiten! ... Er muss auf die Sirenen hören, die von den Fabrikhallen kommen, den Tempeln der Technik, in denen die moderne Welt lebt und zuckt; es fällt ihm zu, wieder zum Missionar zu werden, wenn er will, dass das Christentum überdauert und wieder zum Lebensferment der Gesellschaft wird"*[55].

Roncalli war ein umsichtiger Mensch, hatte aber trotz des Umstandes, dass er den größten Teils seines Lebens im diplomatischen Dienst verbracht hatte, nie das Feingefühl eines Diplomaten erworben. Montini dagegen war zwar sehr wenig gereist, und doch war er von Natur aus Diplomat oder eher noch Politiker. Die Politik hatte ihn, noch bevor er in das Staatssekretariat kam, bereits in der Familie beseelt und war seine große Leidenschaft geblieben. Carlo Falconi verbreitete den Gedanken des ‚Hamletismus' Montinis, doch

---

hat, bestätigt eine erdrückende Präsenz französischer Bücher unter den von Montini konsultierten Werken.

52 Vgl. P. CHENAUX, *Paul VI et Maritain*; G. GALEAZZI / M. APA (Hgg.), *Montini e Maritain tra religione e cultura*, Città del Vaticano 2000.

53 A. RICCARDI, *Il Vaticano e Mosca*, 160.

54 Y. CHIRON, *Paul VI*, 150-151.

55 G. B. MONTINI, Geleitwort zu P. VEUILLOT, *Notre sacerdoce. Documents pontificaux de Pie X à nos jours*, Fleurus, Paris 1954, XIV, VIII.

war dieser Hamletismus nicht gleichbedeutend mit Unentschlossenheit: Es handelte sich um eine Ambivalenz, die es dem Mailänder Kardinal nach dem Aufstieg zum Pontifikat erlaubte, die selbstgesteckten Ziele besser zu erreichen.

Am 22. Juni 1963 richtete Paul VI. seine erste Rundfunkbotschaft an die *„ganze Menschheitsfamilie"*[56] und verkündete, dass das eigene Pontifikat vornehmlich der Fortsetzung des Zweiten Vatikanischen Konzils gewidmet wäre. Am folgenden Tag, einem Sonntag, betete der Papst auf dem Petersplatz den Angelus vor und rief, kaum hatte er das Gebet beendet, Kard. Suenens zu sich ans Fenster des Apostolischen Palastes, wo er ihn der Menge präsentierte.[57] Es handelte sich um ein beispielloses Privileg, das die enge Beziehung bestätigt, die seit langem zwischen dem neugewählten Pontifex und dem Primas von Belgien bestand.[58]

Während dieser Woche wollte Paul VI. den im Vatikan aufbewahrten Text des Geheimnisses von Fatima in Augenschein nehmen und, da er ihn nicht finden konnte, ließ er sich von Msgr. Capovilla, dem Sekretär von Johannes XXIII., erklären, wo dieser aufbewahrt sei. Der Umschlag enthielt eine Notiz, in der es hieß, Johannes XXIII. habe den Text gesehen und überlasse anderen die Aufgabe, ihn zu veröffentlichen. *„Am 28. Juni"*, erwähnt Msgr. Capovilla, *„ruft mich Papst Paul und fragt mich, wer die Zeilen auf dem Umschlag diktiert habe. Ich erkläre ihm, dass es der Papst selber gewesen sei, der damit die Personen angeben wollte, die den Text gelesen haben. ‚Papst Johannes hat Ihnen nichts anderes gesagt?' fragt mich Paul VI. ‚Nein, Heiliger Vater, er hat anderen die Entscheidung überlassen.' ‚Auch ich werde es so halten', antwortet Papst Montini. Er schließt den Umschlag wieder und hat nicht mehr darüber gesprochen."*[59]

Die Krönungszeremonie von Paul VI. fand am 30. Juni 1963 auf dem Petersplatz statt. Als der Papst nach dem Pontifikalamt die

---

[56] Botschaft vom 22. Juni 1963, in: PAUL VI., *Insegnamenti*, Bd. I (1963), 3-12.

[57] Vgl. ‚L'Osservatore Romano', 24.-25. Juni und 29. Juni 1963. Dem Papst wurde von zwei Privatsekretären assistiert: Don Pasquale Macchi, der ihm von seiner erzbischöflichen Tätigkeit aus Mailand gefolgt war, und dem Iren John Magee, der auch die Reden des Papstes in englischer Sprache überprüfte.

[58] Vgl. L. DECLERCK / T. OSAER, *Les relations entre le cardinal Montini-Paul VI et le cardinal Suenens*.

[59] Fernseh-Interview von G. De Carli mit Mgr. L. Capovilla, zit. bei: A. TORNIELLI, *Paolo VI*, 343.

Mitra abnahm und die Tiara aufsetzte, erklang nach vielen Jahrhunderten zum letzten Mal die feierliche Formel: „*Empfange die mit drei Kronen gezierte Tiara und wisse, dass Du der Vater der Fürsten und Könige bist, Lenker der Welt, der Stellvertreter unseres Heilandes Jesu Christi auf Erden, dem Ehre und Herrlichkeit in alle Ewigkeit gebührt.*“ Zu den ersten Amtshandlungen von Paul VI. zählte die Abschaffung der Tiara und damit der päpstlichen Krönungszeremonie, die bis auf das 9. Jahrhundert zurückgeht, wie sich aus dem *Ordo Romanus IX* der Epoche von Leo III. (795-816) ergibt. Die Zeremonie begann mit einem feierlichen Zug, der den auf der Sedia gestatoria sitzenden Neugewählten vom Apostolischen Palast bis zum Altar der Confessio des hl. Petrus geleitete. Beim Einzug in der Basilika ging ein päpstlicher Zeremoniar vor dem Papst und kniete sich dreimal hin; er trug einen silbernen Stab, auf dessen Spitze ein Wergbüschel glimmte, und trug die Worte „*Sancte Pater, sic transit gloria mundi*“[†], die beim ersten Mal leise, dann etwas lauter und schließlich laut gesprochen wurden, vor. Während der Chor den antiken Hymnus *Corona aurea super caput eius* sang, setzte der Kardinal-Protodiakon dem Papst die dreifache Krone auf und verkündete auf Latein die Krönungsformel. 1978 verschwand zusammen mit den Wedeln, dem Baldachin und der Sedia gestatoria auch die Tiara, an deren Stelle der Kardinal-Protodiakon dem Neugewählten das heilige Pallium umlegte.

c) *Die Linkswende der italienischen Politik*

Wenige Wochen vor seinem Tod hatte Papst Roncalli Msgr. Casaroli zu einer Erkundungsmission nach Budapest und Prag gesandt. Paul VI. rief am 16. Juli 1963 eine Zusammenkunft der Kongregation für die Außerordentlichen Kirchlichen Angelegenheiten ein, um zu erörtern, ob es „*ungeachtet der zahlreichen und großen Schwierigkeiten, die durch die anfänglichen Kontakte bestätigt wurden, im Interesse der Kirche und der Seelen ist, die vertraulich begonnenen Verhandlungen fortzusetzen*“[60]. Die einmütig positive Meinung der Kardinalsmitglieder

---

[†] Heiliger Vater, so vergeht der Ruhm der Welt.
[60] G. BARBERINI, *L'Ostpolitik della Santa Sede*, 96.

der Kommission bekräftigte die Richtung Pauls VI., und Msgr. Casaroli traf unter völliger Geheimhaltung die Botschafter der Slowakei und Ungarns, als sie sich bei der italienischen Regierung am 6. und 12. September bzw. am 1. und 5. Oktober akkreditierten.

Auch was die italienische Politik betraf, deren Protagonisten er seit seinen Jugendjahren persönlich kannte, wollte Papst Montini, dass die „Führerkabine" in den Händen des Staatssekretariates verbleibe.[61] Der amerikanische Präsident Kennedy, der am 2. Juli 1963 bei einem Rombesuch zu einer Audienz beim Papst empfangen wurde, ermutigte zur ‚Öffnung nach links'. Ein Dokument der CIA aus jenem Julimonat äußerte die Auffassung, dass *„es keine Alternative gebe"* zu der von Aldo Moro propagierten Allianz der Democrazia Cristiana und der sozialistischen Partei, da diese überdies den päpstlichen Segen habe: *„Der neue Papst, Montini, ist ein Liberaler, der Moro unterstützen dürfte"*[62].

Am 23. November 1963 bildete Moro die erste Mitte-Links-Regierung. Wenige Stunden zuvor war Präsident Kennedy in Dallas ermordet worden. Immerhin zwei Mal in den Jahren 1963 und 1964, also während des Konzils, wird Papst Montini aus eigenem Antrieb mittels zweier gezielter Interventionen im ‚Osservatore Romano' die Einheit der Democrazia Cristiana *in extremis* retten, indem er Moro beipflichtet, die von ihm eingeschlagene politische Strategie weiterzuentwickeln.[63]

Die ‚Linkswende' seitens der DC beschließt die durch die Wahlen vom 18. April 1948 eröffnete Epoche und kehrt sie in einem gewissen Sinn um. Hatten jene Wahlen die klare Ablehnung des Kommunismus seitens des katholischen Italiens dargestellt, so brachte die Öffnung nach links einen Prozess der ‚Zusammenarbeit' mit den Kommunisten in Gang, der dann schrittweise zu dem später gescheiterten Projekt des ‚historischen Kompromisses' führen sollte. Das Ende des christdemokratischen Antikommunismus und der Beginn der Mitte-Links-Regierungen war jedoch nicht nur eine politi-

---

[61] Vgl. A. TORNIELLI, *Paolo VI*, 350.

[62] ENNIO CARRETTO, *La Cia: anche il papa per il centrosinistra*, in: ‚Corriere della Sera', 19. September 2003.

[63] Vgl. PIER PAOLO SALERI, *Moro la trasfigurazione del dossettismo*, in: G. BAGET BOZZO, P. P. SALERI, *Giuseppe Dossetti. La costituzione come ideologia politica*, Edizioni Ares, Milano 2009, 155.

sche Tatsache, sondern auch eine kulturelle, weil es eine neue Art und Weise bezeichnete, die Beziehungen zwischen Christentum und der modernen Welt zu betrachten, nämlich unter dem Antrieb der sich in jenen Jahren ausbreitenden säkularisierender Ideologien.[64] Paul VI. unterstützte diese ‚Wende' von Beginn seines Pontifikates an tatkräftig.

3. Die Intersession des Jahres 1963

a) Die Fuldaer Konferenz und P. Rahner

Die nationalen Bischofskonferenzen stellten die Institutionen dar, in denen man sich auf die Debatte über die Konzilsschemata vorbereitete.

In den Vereinigten Staaten trafen sich zu Beginn des Monates August 1963 etwa 125 Bischöfe in Chicago. Im selben Zeitraum kamen die argentinischen Bischöfe in Buenos Aires zusammen. Die Italienische Bischofskonferenz tagte am 27./28. August in Rom, die Spanische Mitte September in Madrid.

Die deutschsprachigen Bischöfe und ihre Theologen versammelten sich ihrerseits am 5. und 6. Februar in München, um insbesondere das Schema *De Ecclesia* zu erörtern. Doch die Zusammenkunft, die größte Aufmerksamkeit erweckte, war jene, die auf Veranlassung der drei deutschsprachigen Kardinäle Döpfner, Frings und König vom 26. bis zum 29. August in Fulda stattfand.[65] Am 9. Juli sandte Döpfner an alle Bischöfe Deutschlands und Österreichs ein Einladungsschreiben für die Versammlung, das ein Diskussionsprogramm zu den zwölf Schemata enthielt, die Johannes XXIII. am 22. April approbiert hatte. Die Einladung erstreckte sich auch auf die Konzilsväter aus der Schweiz und den skandinavischen Ländern.

---

[64] Vgl. R. DE MATTEI, *Il centro che ci portò a sinistra*, Edizioni Fiducia, Roma 1994; MARCO INVERNIZZI, *Il 18 aprile 1948: un voto dimenticato. Le conseguenze di un'anomalia*, in: *Dal "centrismo al Sessantotto"*, hg. v. M. INVERNIZZI / PAOLO MARTINUCCI, Ares, Milano 2007, 13-33; A. D'ANGELO, *Moro, i vescovi e l'apertura a sinistra.*

[65] Vgl. WILTGEN, 80-87.

Die Zusammenkunft unter Vorsitz von Kard. Frings wurde am 26. August in Anwesenheit von 4 Kardinälen und 70 Erzbischöfen und Bischöfen eröffnet, die zehn Länder repräsentierten. Außer Österreich, Deutschland, der Schweiz und den skandinavischen Ländern hatten auch Frankreich, Belgien und Holland ihre Vertreter geschickt.

Wiltgen bemerkt: „*Da die Stellungnahme der deutschsprachigen Bischöfe regelmäßig von der europäischen Allianz übernommen wurde und da die Stellungnahme der Allianz im allgemeinen vom Konzil übernommen wurde, hätte ein einzelner Theologe erreichen können, daß das ganze Konzil seine Ansichten übernimmt, falls sie von den deutschsprachigen Bischöfen übernommen worden wären. Einen solchen Theologen gibt es: P. Karl Rahner S.J.*“[66]

Man hätte den entscheidenden Einfluss, den Rahner auf die Konzilsväter ausübte, nicht treffender zusammenfassen können; Kard. Frings bezeichnete ihn in einem Privatgespräch als „*den größten Theologen des Jahrhunderts*“[67]. Auf die Rolle Rahners setzten auch die anderen ‚Experten', wie Chenu, der ihm schrieb: „*Möge Euer Einfluss dazu beitragen, diesem Konzil sein wahres Gesicht und seine Ziele zu geben*“[68]. Am 14. Dezember 1962 hatte die Wochenzeitung ‚Time' unter der Rubrik ‚Religion' dem deutschen Theologen einen Artikel mit Foto gewidmet, der den Titel trug: *A holy boldness* (*Eine heilige Kühnheit*). Für viele, so las man im Artikel, ist der lebendigste Ort des Konzils nicht St. Peter, sondern ein Zimmer im dritten Stock des Collegium Germanicum, das von P. Rahner bewohnt wird, der als der tiefgründigste zeitgenössische Theologe gilt.[69]

Theoretisch war Rahner lediglich der Theologe von Kard. König. Tatsächlich war er, wie Wiltgen hervorhebt, „*der einflußreichste Kopf der Fuldaer Konferenz*“[70]. Rahner hatte mit Hilfe von Hw. Joseph Ratzinger und den Jesuitenpatres Grillmeier[71] und Semmel-

---

[66] Ebd., 80 {dt.: 82}.

[67] Ebd.

[68] CHENU, *Notes*, 58.

[69] Pater de Lubac berichtet dies in seinem *Tagebuch* und kommentiert: „*Der Aufsatz ist ausreichend gut dokumentiert*“ (DE LUBAC, *Carnets*, Bd. I, 521).

[70] WILTGEN, 82.

[71] Aloys Grillmeier (1910-1998), Jesuit, 1937 zum Priester geweiht. 1950 bis 1978 Professor für Fundamentaltheologie und Dogmatik an der Jesuitenhochschule Sankt-Georgen (Frankfurt). 1994 zum Kardinal erhoben. Auf dem Konzil war er Experte von

roth die drei Schemata untersucht, die von der Theologischen Kommission erörtert wurden: über die Offenbarung, über die Allerseligste Jungfrau Maria und über die Kirche. Am 26. und 27. August untersuchte die Konferenz diese Dokumente und übernahm Rahners Verbesserungsvorschläge. Kard. Döpfner brachte die neuen, revidierten Texte anschließend nach Rom, wo er sie dem Generalsekretär im Namen der deutschsprachigen Konzilsväter und der Bischofskonferenz der skandinavischen Länder überreichte. Die Zusammenkunft war der Presse nicht entgangen, die von einer *„Verschwörung gegen die römische Kurie“* sprach.

Am 2. September begab sich Kard. Döpfner nach Castelgandolfo, um Paul VI. zu besuchen und sich seiner Zustimmung zu versichern. *„Es war eine große Erleichterung für mich“*, erklärte er später, *„als ich sah, daß Seine Heiligkeit die in der italienischen Presse über Fulda erschienenen Berichte nicht ernstgenommen hatte.“*[72] Ein Artikel mit einer Klarstellung, der mit dem Konzilssekretär Msgr. Felici abgestimmt war, erschien anschließend im ‚Osservatore Romano' vom 4. September 1963. Am 17. September schrieb Döpfner den Bischöfen, die am Fuldaer Treffen teilgenommen hatten, und informierte sie über die päpstliche Audienz, den Artikel im ‚Osservatore Romano' und die Reihenfolge, in der die Schemata in der bevorstehenden Sitzungsperiode des Konzils behandelt würden: 1) Die Kirche; 2) die Allerseligste Jungfrau Maria; 3) die Bischöfe; 4) die Laienschaft; 5) der Ökumenismus.

Am 12. September 1963 kündigte Paul VI. die Schaffung eines Sekretariates für die nichtchristlichen Religionen an. Die Initiative war acht Monate früher von Kard. Tien[73], dem Erzbischof von Taipeh, und von einem holländischen Bischof, Msgr. Thijssen[74], dem Bischof von Larantuka in Indonesien, ausgegangen. In einer Presseerklärung am 8. April hatte Kardinal Tien erklärt: *„Es ist höchst*

Wilhelm Kempf, Bischof von Limburg, und Peritus ab der zweiten Sitzungsperiode.

[72] WILTGEN, 84.

[73] Joseph Cheng Tien-Siang OP (1922-1990), 1952 zum Priester geweiht, ab 1961 Bischof von Kaohsiung (Taiwan), seit 1979 Erzbischof von Kaohsiung.

[74] Antoine Hubert Thijssen SVD (1906-1982), 1932 zum Priester geweiht, ab 1951 Apostolischer Vikar von Endeh (Indonesien) und Titularbischof von Nilopolis, ab 1961 Bischof von Larantuka, seit 1973 Titularbischof von Eguga.

wichtig, daß die katholische Kirche zu einem besseren Verständnis der nichtchristlichen Religionen der Welt kommt und daß die nichtchristlichen Religionen zu einem besseren Verständnis der katholischen Kirche kommen."[75] Der Vorschlag hatte die Unterstützung der Kardinäle Bea, Frings, Liénart und König gefunden. Letzteren schlug man als Präsidenten des neuen Organs vor.

b) Die ‚Moderatoren' des Konzils

Bereits am Tag nach der Wahl Pauls VI. hatte Kard. Suenens diesem geraten, einen „*brain trust*" einzurichten, um das Konzil zu leiten und ihm die notwendigen Impulse zu geben.[76] Im Sommer 1963 arbeiteten Suenens, Döpfner und Lercaro einen Entwurf zu einer Neufassung des Konzilsreglements aus, der sich auf der Schaffung eines einheitlichen Leitungsorgans für die Versammlung stützte.[77] Der Papst nahm den Entwurf an und verkündete am 13. September die Einsetzung von vier ‚Kardinalmoderatoren' für das Konzil, die die Aufgabe hätten, die Konzilsversammlungen mit Exekutivmandat zu leiten. Die hierfür bestimmten Kardinäle waren Döpfner, Suenens und Lercaro; ihnen gab der Papst Agagianian[78], einen Kurienkardinal, an die Seite, der in den letzten zwei Konklaven Kandidat der Konservativen gewesen war, aber durch sein Schweigen in der Aula auf sich aufmerksam gemacht hatte.

Lercaro hatte überdies seinen Ratgeber und Vordenker Don Giuseppe Dossetti als Sekretär des Kollegiums bestimmt. Die Tätigkeit von Dossetti beschränkte sich nicht auf die eines Theologen von Kard. Lercaro, sondern er arbeitete ziemlich intensiv an der Vorbereitung eines neues Entwurfs für das Reglement, hierbei eng mit dem Historiker Hubert Jedin kooperierend.[79] Mit dieser Entscheidung schien Paul VI. dem Zweiten Vatikanum eine kollegiale Lei-

---

[75] WILTGEN, 78.

[76] Vgl. POSWICK, *Journal*, 363-364.

[77] Vgl. A. MELLONI, *L'inizio del secondo periodo e il grande dibattito ecclesiastico*, in: *SCV* Bd. III, 26-29 {dt.: 9f}.

[78] AS II/1, 9-13.

[79] M. MACCARRONE, *Paolo VI e il Concilio*, 105.

tung geben zu wollen. Wie Msgr. Michele Maccarone[80] erwähnt, war Don Dossetti derjenige, der das Kollegium der Moderatoren (und über das Kollegium das Konzil) leitete und die Texte vorbereitete, die den Vätern auf dem Konzil vorgelegt wurden.[81] Dossetti bediente sich der Zeitung ‚L'Avvenire d'Italia', deren Herausgeber Raniero La Valle, ein ihm Getreuer, auch vertrauliche Mitteilungen veröffentlichte. Der aufsehenerregendste Fall war die Veröffentlichung des Textes mit den vier Fragen der Moderatoren zur Kollegialität und zum Diakonat am Mittwoch, dem 16. Oktober 1963, auf der Titelseite der Zeitung. *„Er war noch nicht unter die Väter verteilt, und schon wurde er in auffälliger Form bekannt gemacht!"*, kommentiert Msgr. Maccarone[82] und erwähnt, wie Paul VI. beim Zeitpunkt der Veröffentlichung tief verärgert dem Generalsekretariat die Anweisung erteilte, die 3000 Exemplare, die auf Verlangen von Kard. Lercaro gedruckt worden waren, verbrennen zu lassen. Dossetti wurde anschließend wegen seiner unverschämten und eigenmächtigen Art, mit der er das Amt eines „Sekretärs" der Moderatoren auszuüben beanspruchte, von seinem Posten entfernt.

Wie Kard. Ruffini sogleich hervorhob, war den Moderatoren eine Autorität zuerkannt worden, die bis dahin nicht einmal das Präsidium genossen hatte.[83] Die Personenwahl Pauls VI. zeigte immerhin, dass er die Linie seines Vorgängers fortzusetzen beabsichtigte. Die päpstlichen Nominierungen verliehen der ‚europäischen Allianz' neue Macht und Einfluss, *„indem sie"*, wie Wiltgen unterstreicht, *„nicht mehr nur 30 Prozent des Konzilspräsidiums und 50 Prozent der Koordinierungskommission, sondern nun sogar auch 75 Prozent der Kardinalmoderatoren beherrschte."*[84]

---

[80] Michele Maccarrone (1913-1993), Professor für Kirchengeschichte an der Lateran-Universität, seit 1954 Sekretär und von 1963 an Präsident des Päpstlichen Rates für die Geschichtswissenschaft, Mitglied des Sekretariates für die Einheit der Christen, Konzilsperitus. Vgl. FERMINA ÁLVAREZ ALONSO, *Primato e collegialità alla luce del "Fondo Maccarrone"*, in: ‚CVII. Centro Vaticano II. Ricerche e documenti' III/1 (2003), 11-59; MARIO SENSI, *Monsignor Maccarrone e l'apporto della scuola Lateranense al Vaticano II*, in: ‚CVII. Centro Vaticano II. Ricerche e Documenti' V/2 (2005), 51-69.

[81] Vgl. M. MACCARRONE, *Paolo VI e il Concilio*, 108.

[82] Ebd.

[83] Zur Bedeutung der Moderatoren, vgl. R. LA VALLE, *Il coraggio del Concilio*, 5-95; zur Rolle von Lercaro und Dossetti vgl. LERCARO, *Lettere*, 157-167.

[84] WILTGEN, 85.

c) Die Reform der römischen Kurie

Die Rede Pauls VI. am 21. September vor den Mitgliedern der römischen Kurie[85] besaß programmatische Bedeutung. Weich im Ton, doch hart in der Sache, spornte Paul VI. die Kurie an, den päpstlichen Entscheidungen keinen Widerstand entgegenzusetzen. „*Wir sind sicher*", äußerte er, „*dass seitens der Kurie nie ein Zögern erkennbar wird, wenn es um den höchsten Willen des Papstes geht; dass nie irgendeine Urteils- oder Meinungsverschiedenheit ruchbar wird hinsichtlich des Urteils oder der Meinung des Papstes*"[86]; er forderte von ihr einen „*Einklang in der Sichtweise*" und eine „*Gleichförmigkeit des Willens*" mit den Wünschen des Papstes. Er kündigte zudem „*verschiedene Reformen*" an, unter anderem eine „*umfassendere übernationale Sichtweise*" und eine „*gründlichere ökumenische Bildung*". Solche Reformen, erklärte er, „*werden sicherlich einerseits gemäß den ehrwürdigen und vernünftigen Traditionen und andererseits nach den Erfordernissen der Zeit erwogen und geplant. Und sie werden sicherlich funktional und wohltuend sein, weil sie kein anderes Ziel anvisieren als aufzugeben, was bei den Formen und Normen, die die römische Kurie regulieren, hinfällig oder überflüssig ist, und einzuführen, was für ein wirksameres und angemesseneres Funktionieren lebenswichtig und brauchbar ist. Sie werden von der Kurie selbst formuliert und promulgiert! Daher wird die Kurie beispielsweise keine Angst haben müssen, wenn mit einer umfassenderen übernationalen Sichtweise ausgestattete Personen rekrutiert werden, noch wenn sie durch eine gründlichere ökumenische Bildung umerzogen wird.*"[87]

Der junge Theologe Joseph Ratzinger begriff sehr wohl, was die Worte des Papstes in jener historischen Umbruchphase bedeuteten: „*Man kann ohne Übertreibung sagen*", erwähnt Ratzinger, „*dass diese Rede nicht einfach nur eine Episode in der Geschichte der Kurie und des Papsttums darstellte, sondern auch Teil der Konzilsgeschichte war.*"[88] „*Was folgen sollte, war die Ablösung der traditionellen Solidarität zwischen*

---

[85] AS II/1, 49-56; CAPRILE, Bd. III, 7-12.

[86] Ebd., 51.

[87] Ebd., 54.

[88] J. RATZINGER, *Theological highlights of Vatican II*, Paulist Press, New York 1966, 58.

Papst und Kurie durch eine neue, nie dagewesene Solidarität zwischen Papst und Konzil."[89]

4. Die Eröffnung der zweiten Sitzungsperiode

Die zweite Sitzungsperiode des Konzils begann am 29. September 1963. Während der Messe wurde das Evangelium feierlich inthronisiert, als ein Ehrerweis, den Paul VI. der Heiligen Schrift zukommen lassen wollte. In seiner Eröffnungsansprache[90], die nicht nur den Auftakt der Konzilssession, sondern auch des neuen Pontifikates bildete, war das tragende Thema eine Strukturreform der Kirche, um die Natur und die Rolle des Episkopates zu bestimmen. Paul VI. zählte vier Ziele des Konzils auf: *„eine tiefer durchdachte Bestimmung"*[91] des Wesens und der Verfassung der Kirche; die Erneuerung der Kirche, verstanden als *„ein frühlingshaftes Erwachen der immensen spirituellen und sittlichen Energien, die im Schoß der Kirche gleichsam verborgen liegen"*[92]; die Beförderung der Einheit unter den Christen; der Dialog mit den zeitgenössischen Menschen *„über die Grenzen des christlichen Horizontes hinaus"*[93].

„Es scheint nun die Zeit gekommen zu sein", fügte er hinzu, *„da man die Wahrheit über die Kirche Christi tiefer untersuchen, neuordnen und ausdrücken muss, vielleicht nicht mit jenen feierlichen Aussagen, die man ‚dogmatische Definitionen' nennt, sondern indem man vielmehr Gebrauch von Erklärungen macht, worin sich die Kirche – mit einem klaren und maßgeblichen Lehramt – über das äußert, was sie von sich selbst denkt."*[94]

Frappierend waren seine Worte über den Dialog mit der Welt: *„Die Welt soll mit Bestimmtheit wissen, dass sie von der Kirche voller Liebe gesehen wird; diese hegt für sie eine aufrichtige Bewunderung und wird von dem ehrlichen Vorsatz geleitet, sie nicht zu beherrschen, sondern ihr*

---

[89] Ebd., 59.
[90] AS II/1, 183-199.
[91] Ebd., 189.
[92] Ebd., 191.
[93] Ebd., 198.
[94] Ebd., 190.

zu dienen, sie nicht herabzuwürdigen, sondern ihre Würde zu vermehren, sie nicht zu verurteilen, sondern ihr Trost und Heil anzubieten."[95]

Auf ökumenischer Ebene schien der Papst fast noch über Johannes XXIII. hinauszugehen, als er Fehler zugab, die die Kirche in der Vergangenheit begangen habe. Er wandte sich an die Vertreter der von der katholischen Kirche getrennten christlichen Konfessionen und äußerte sich wie folgt: „*Wenn uns für diese Trennung eine Schuld trifft, so bitten wir hierfür Gott demütig um Vergebung und bitten ebenso die Brüder, die sich von uns verletzt fühlen, um Verzeihung.*"[96]

Zwanzig Tage später, am 17. Oktober, empfing Paul VI. in seiner Privatbibliothek die Konzilsbeobachter und bezeichnete jene Methode der gegenseitigen ‚Vergebung' als „*die beste Methode*", um sich der Aufgabe zu widmen, „*eine neue Ära entstehen zu lassen, einen Traum zu verwirklichen*".[97] Dies war wohl der erste Fall in einer verwirrenden Serie ungewohnter ‚Bußakte' und Vergebungsbitten in der Geschichte der Kirche.[98] Der mystische Leib Christi ist tatsächlich in sich selbst fehlerlos, aufgrund der göttlichen Verheißungen seines Gründers. Fehler und Schuld können nur seine Glieder begehen, doch die Verantwortung hierfür ist personaler Natur und fällt nie auf die Kirche selbst, die nicht retrospektiv in deren Namen „bereuen" kann. Die Unterscheidung zwischen der Kirche und ihren Gliedern trat übrigens in dem „*wir*", das Paul VI. in Bezug auf ein Schuldeingeständnis und eine Vergebungsbitte verwendet hat, nicht klar hervor. Stil und Sprache Pauls VI. schienen sehr weit von Pius XII. und sogar von Johannes XXIII. entfernt zu sein. P. Kobler betont insbesondere den Gebrauch, den Papst Montini von Begriffen und Termini machte, die der Phänomenologie und dem ‚transzendentalen' Thomismus entlehnt waren, wie beispielsweise „*Bewusstsein*" und „*Erfahrung*"[99], die in der Enzyklika *Ecclesiam suam* vom 6. August 1964 machtvoll wieder auftauchen sollten.

---

[95] Ebd., 197.

[96] Ebd., 194.

[97] CAPRILE, Bd. III, 149.

[98] Vgl. LUIGI ACCATTOLI, *Quando il Papa chiede perdono. Tutti i mea culpa di Giovanni Paolo II*, Mondadori, Milano 1997.

[99] J. F. KOBLER, *Were theologians the Engineers of Vatican II?*, 239-242.

5. Pilgernde Kirche und streitende Kirche

Die erste Generalkongregation, die 37. des Konzils, wurde am 30. September 1963 eröffnet. Das erste Schema, das auf der Tagesordnung stand, war der neue Entwurf über die Kirche[100], ausgearbeitet vom Theologen Philips im Auftrag von Kard. Suenens. Das Schema begann mit den Worten *Lumen gentium*, die sich jedoch nicht auf die Kirche bezogen, sondern auf Christus: *Lumen gentium cum sit Christus*. Seit über fünf Jahren hatte Philips sich mit Leib und Seele dem Gelingen dieses Schemas geweiht, unter Mitarbeit einer internationalen Equipe von ‚Experten'. Im Februar 1963 hatte die Koordinierungskommission der Lehrkommission aufgetragen, einen neuen Text *De Ecclesia* für den Beginn der zweiten Sitzungsperiode vorzubereiten. Im Anschluss daran wurde eine Unterkommission unter Vorsitz von Kardinal Browne[101] geschaffen, die aus sieben Bischöfen bestand, von denen jeder einen Theologen für die Arbeiten bestimmte. Von diesen sieben Theologen gehörten lediglich zwei (Gagnebet für Browne und Balić für Parente) den Konservativen an; gut fünf waren Progressisten (Lafortune[102] für Léger; Rahner für König; Philips für Charue; Congar für Garrone; Thils[103] für Schröffer[104]).

Die Kardinäle Ottaviani und Browne, Vorsitzender und Vize-Vorsitzender der Lehrkommission, boten eine kurze Einführung in

---

[100] Zu *Lumen gentium* vgl. *La Chiesa del Vaticano II. Studi e commenti intorno alla costituzione dommatica "Lumen Gentium"*, hg. v. GUILHERME BARAÚNA OFM, Vallecchi, Firenze 1965 {dt.: *De Ecclesia. Beiträge zur Konstitution „Über die Kirche" des Zweiten Vatikanischen Konzils*, Dt. Ausg. besorgt v. OTTO SEMMELROTH SJ, Herder [u.a.], Freiburg [u.a.] 1966}. Zu den verschiedenen Überarbeitungen des Dokumentes vgl. G. ALBERIGO / FRANCA MAGISTRETTI, *Synopsis historica constitutionis dogmaticae, Lumen gentium*, Istituto per le Scienze Religiose, Bologna 1975.

[101] Michael Browne (1887-1971), Dominikaner aus Irland, 1910 zum Priester geweiht, Professor und hernach von 1923 bis 1941 Rektor des Angelicum, 1951 Päpstlicher Hoftheologe, 1955 bis 1962 Generalmeister des Dominikanerordens, Mitglied der Vorbereitungskommission für die Bischöfe. 1962 zum Kardinal erhoben.

[102] Pierre Lafortune (1926-1984), kanadischer Theologe.

[103] Gustave Thils (1909-2000), Belgier, 1931 zum Priester geweiht, Theologieprofessor an der Katholischen Universität Löwen (1947-1979), Mitglied des Sekretariates für die Einheit der Christen.

[104] Joseph Schröffer (1903-1983), 1928 zum Priester geweiht, 1948 bis 1967 Bischof von Eichstätt, 1967 bis 1976 Sekretär der Kongregation für das Katholische Bildungswesen. 1976 zum Kardinal kreiert.

den Text, mit dem sie offensichtlich unzufrieden waren.[105] Als man die Diskussion eröffnete, bestätigten die ersten zwei Interventionen, nämlich der Kardinäle Frings[106] und Siri[107], die tiefgehende Divergenz der Sichtweisen, die im Innern der Versammlung existierten. Auf der einen Seite gab es dort die Konzeption der *Nouvelle Théologie,* insbesondere jene Congars, der der ‚Kirche des Rechts' die pneumatische Kirche der Liebe entgegensetzte[108]; auf der anderen Seite die traditionelle Sichtweise, die sich an der Lehre des hl. Robert Bellarmin, gelesen im Licht von *Mystici Corporis*[109], orientierte. Dieser Kontrast erfuhr am folgenden Tag durch die gegensätzlichen Reden des Kardinals von Santiago de Chile, Raul Silva Henríquez, und des Kardinals von Palermo, Ernesto Ruffini, weitere Bestätigung. Silva Henríquez vertrat die Ansicht, dass die Kirche als eine Gemeinschaft von Ortskirchen anzusehen sei in dem Sinne, wie sich Paulus an die ‚Kirche von Korinth' und an die ‚Kirche von Ephesus' wandte.[110] Ruffini, der sich auch mit Frings auseinandersetzte, kritisierte das Konzept ‚Kirche-Sakrament', das bereits der Häretiker Tyrrell benutzt habe, und bestritt die Schriftfundierung der Kollegialität, indem er daran erinnerte, dass Christus zu Petrus allein gesagt hat: *„Du bist Petrus, und auf diesen Felsen will ich meine Kirche bauen."*[111]

Die Diskussion über die Ekklesiologie, die im Zentrum der Debatte der zweiten Sitzungsperiode stand, verlief entlang der vier Kapitel des Schemas: 1) das Geheimnis der Kirche in der Heilsöko-

---

[105] AS II/1, 337-342.

[106] Ebd., 343-346.

[107] Ebd., 366-368.

[108] Vgl. A. ACERBI, *Due ecclesiologie*, 30-105.

[109] *„Die hundertfachen Versuche, eine adäquate Definition der Kirche zu finden, eine Formel, die umfassender ist als jene, die der hl. Robert Bellarmin dargeboten hat, haben in* Mystici Corporis *eine Lösung erhalten*", hatte Mgr. Fenton am Schluss seines umfangreichen Traktates über die traditionelle Ekklesiologie geschrieben (*Scholastic Definitions of the catholic Church*, 227).

[110] AS II/1, 366-367.

[111] Ebd., 391-394. Frings griff die Thesen von K. RAHNER, *Kirche und Sakramente*, Freiburg i.Br. 1960, und E. SCHILLEBEECKX, *De Christusontmoeting als sacrament van de Godsontmoeting, theologische begrijpelijkheid van het heilsfeit der sacramenten*, Groeit u.a., Antwerpen 1957 {dt.: *Christus, Sakrament der Gottbegegnung*, Matthias-Grünewald-Verlag, Mainz 1960} auf.

nomie; 2) die hierarchische Verfassung der Kirche; 3) das Volk Gottes und die Laien; 4) die allgemeine Berufung zur Heiligkeit.

Im Innern der Aula prallten zwei Richtungen aufeinander: Die erste legte die klassische Konzeption der Kirche als sichtbarer und zugleich unsichtbarer Gesellschaft erneut vor; die zweite tendierte dazu, die unsichtbare und charismatische Dimension auf Kosten der juridischen und sichtbaren zu akzentuieren.

Am 12. Oktober 1963 machte Msgr. Franić[112], Bischof von Split, den Vorschlag, in Art. 7 zum Titel ‚pilgernde Kirche', wie er sich im Schema fand, den traditionellen Titel ‚streitende Kirche' hinzuzufügen.[113]

> *„Der Grund für diesen Vorschlag"*, sagte Msgr. Franić, *„besteht sicher nicht in dem Verlangen nach Provokation, was insbesondere uns ganz fern liegt, die wir den kostbaren Schatz des religiösen Friedens ersehnen. Doch scheint mir, ehrwürdige Väter, diese Bemerkung in gewisser Weise für das ganze Konzil von grundlegender Bedeutung zu sein. In der Tat ist der Friede das höchste Gut: Christus selbst wird ‚unser Friede' genannt; doch leider können wir den Frieden weder in unserer Seele noch in der Kirche ohne schwierigen und beständigen täglichen Kampf erlangen und bewahren; es ist gewiss kein Kampf mit Atombomben oder mit irgendeinem Typ klassischer Waffen, sondern mit geistlichen Waffen. Wenn wir die Kirche nicht in klarer Weise mit einem solchen Bild und in einem solchen Zustand zeigen, dann könnte sich jene gemeinhin als ‚psychologische Abrüstung' bezeichnete Lage wirklich bewahrheiten. In diesem Fall würden wir die Kirche den Gläubigen und der Welt als im Wesen mangelhaft vor Augen stellen. Und dies gereichte nicht nur unseren Gläubigen zum Schaden, sondern würde auch einen geistlichen Schaden für die ganze Welt bedeuten ... Wie können wir – entsprechend der Unterweisung des hl. Paulus – als gute Soldaten Christi kämpfen, wenn wir neben der Liebe und den anderen Tugenden in uns, unseren Priestern und unseren Gläubigen nicht*

---

[112] Frane Franić (1912-2007), erst Weihbischof (1950), danach Erzbischof von Split-Makarska (1969-1988), Mitglied der Theologischen Vorbereitungskommission und der Lehrkommission.

[113] AS II/1, 442-444.

auch die Tugend des Widerstandes gegenüber der bösen und atheistischen Welt pflegen! Daher müssen wir aus Liebe zur Welt, auch zur atheistischen Welt, die Kirche nicht nur ‚streitend' nennen, sondern auch zu einer ‚streitenden' machen. Ich glaube fest daran, dass sich kein vernünftiger Mensch und auch kein Marxist durch den Ausdruck ‚streitende Kirche' angegriffen fühlen kann. Andernfalls würden auch die Atheisten, die sich als ‚militant' bezeichnen, uns zu verachten beginnen."[114]

Der Bischof von Split erinnerte an eine elementare Wahrheit: die Kirche wird nie aufhören, sich Feinden gegenüber zu sehen, die nicht abstrakte Ideen darstellen, sondern Menschen und Gruppen sind, die sich organisieren, um zu kämpfen und, wenn möglich, die Kirche zu zerstören. Der ‚streitende' Charakter der Kirche wurde von Pius XII. häufig erwähnt, dem zufolge *„ein Kampf im Gange ist, der jeden Tag an Ausmaß und Gewalt zunimmt, und es daher nötig ist, dass alle Christen, aber speziell alle streitenden Katholiken, ‚aufrecht stehen und für die Kirche, ihre Mutter, falls nötig, bis zum Tod kämpfen mit den Waffen, die zugelassen sind'* (S. Bern., Ep. 221,3)"[115]. Msgr. Franić gehörte nicht der intransigenten Richtung an, die seinen Vorgänger Stepìnac gekennzeichnet hatte. Doch erschien sein Wunsch Kard. Wyszyński[116] zu drastisch, der am folgenden Tag das Konzept der ‚streitenden Kirche' ablehnte, insofern – so sagte er – *„die Menschen unserer Zeit ... gegen jeden Kampf sind, weil es in dieser Schlacht meistens, um nicht zu sagen: gewöhnlich, Niederlagen gibt"*.

Der Erzbischof von Warschau drückte sich wie folgt aus:

„Der Ausdruck ‚streitende Kirche' ist gewiss ein theologischer Begriff und zeigt zweifelsohne die großen Verdienste dieser Kirche in der ganzen Menschheitsfamilie an. Wir wollen nicht ignorieren, was die Dogmatik und Fundamentaltheologie oder das offizielle Kirchenrecht lehren, doch können wir nicht die reale Situation aus den Augen lassen, in der sich Hunderttausende Kinder der Kirche Gottes

---

[114] Ebd., 443.

[115] Pius XII., Ansprache vom 8. Dezember 1953 an die italienische Katholische Aktion, in: DRM, Bd. XV, 501-509, 506.

[116] AS II/2, 574-577.

befinden. ... Wir fürchten, dass der Begriff ‚streitende Kirche', auch wenn er immer die traditionelle Definition beibehält, wegen seiner besonderen psychologischen Bedeutung schließlich dazu führt, die wesentlichere Vorstellung der Kirche, nämlich der lebendigmachenden Kirche (Leben - Licht der Menschen) und der heiligmachenden Kirche (seid heilig) zu verdrängen. Die Menschen unserer Zeit genießen das Gut des Friedens und sind gegen jeden Kampf, weil es in dieser Schlacht meistens, um nicht zu sagen: gewöhnlich, Niederlagen gibt. Sie ziehen es durchaus vor, auf eine Kirche zu vertrauen, die Leben und Heiligkeit schenkt, die die natürlichen Rechte der Menschen verteidigt, die die Seelen der Menschen dahin antreibt und formt, dass sie die natürliche, sittliche und soziale und vor allen Dingen die übernatürliche Ordnung in der Welt hochhalten und verteidigen."[117]

Der polnische Kardinal war zwar ein entschlossener Verteidiger der Liturgie und der Moralprinzipien, doch diese Worte bestätigten, dass er gegenüber dem Kommunismus eine *„angepasste"* Linie vertrat, die sich völlig von jener unterschied, die Kard. Mindszenty in diesen Jahren verkörperte. Franić selbst erwähnte dies in seinen Memoiren: *„Auf dem Konzil muss man eine neue Linie verfolgen: keine Provokationen oder Verurteilungen welcher Art auch immer vorbringen, sondern nur friedfertige Reden halten ..."*.[118]

6. Die marianische Frage

a) ‚Maximalisten' und ‚Minimalisten' auf dem Konzil

Eine neue Auseinandersetzung brach in den ersten Oktobertagen aus, kaum dass man daran ging zu entscheiden, ob das Schema über die Allerseligste Jungfrau für sich diskutiert werden sollte oder als

---

[117] Ebd., 575-576.

[118] F. Franić, *L'Église, colonne de la vérité. Mémoires de mes activités doctrinales au Concile Œcuménique Vatican II*, Knjizevni Krug, Split 1998, 138-139.

Bestandteil des Schemas über die Kirche.[119] Die Diskussion enthüllte den Gegensatz zweier Richtungen, einer maximalistischen und einer minimalistischen. Die ,Maximalisten' waren die Fortsetzer der großen marianischen Bewegung des 20. Jh.[120], die nach der Definition des Dogmas der Himmelfahrt Mariens die Proklamation eines neuen Dogmas seitens des Papstes und der auf dem Konzil versammelten Bischöfe wünschte: Maria als Mittlerin aller Gnaden[121].

Kein katholischer Theologe zweifelte damals an der Tatsache, dass Maria einen in gewisser Weise unmittelbaren und aktuellen Einfluss im Hinblick auf die Erlösung ausübte, d.h. bei der Austeilung der Gnaden an alle Einzelmenschen. Auf dem marianischen Kongress in Lourdes 1958[122] waren unter den Mariologen jedoch zwei Richtungen zu Tage getreten, eine maximalistische, die alle göttlichen Privilegien Mariens aus ihrer göttlichen Mutterschaft im

---

[119] Vgl. R. LAURENTIN, *La Vierge au Concile: présentation, texte et traduction du chapitre VIIIe de la Constitution dogmatique Lumen Gentium consacré à la Vierge Marie dans le mystère de l'Église*, Lethielleux, Paris 1965; G. M. BESUTTI OSM., *Note di cronaca sul Concilio Vaticano II e lo Schema "De Beata Maria Virgine"*, in: Marianum 26 (1964), 1-42; DERS., *Lo schema mariano al Concilio Vaticano II. Documentazione e note di cronaca*, in: Marianum 28 (1966), 1-203; CANDIDO POZO, *La doctrina mariológica del Concilio Vaticano II*, in: *María en la obra de la salvación*, BAC, Madrid 1974, 19-56; ERMANNO M. TONIOLO, *La Beata Vergine Maria nel Concilio Vaticano II. Cronistoria del capitolo VIII della costituzione dogmatica "Lumen Gentium" e sinossi di tutte le relazioni*, Centro di Cultura Mariana Madre della Chiesa, Roma 2004; C. ANTONELLI, *Il dibattito su Maria nel Concilio Vaticano II*, Edizioni Messaggero, Padova 2009.

[120] Die Keime der ,Marianischen Bewegung' in ihrer neuzeitlichen Phase gehen zurück auf das Apostolat des hl. Ludwig Maria Grignion von Montfort (1673-1716) mit seinem Traktat *Traité de la Vraie Dévotion à la Sainte Vierge* (zum ersten Mal 1842 veröffentlicht) und auf das des hl. Alfons Maria von Liguori (1696-1787) mit seinem Werk *Glorie di Maria* (1750).

[121] Zur Mittlerschaft Mariens vgl. man die Studie von Pater ALESSANDRO M. APOLLONIO FMI., *Maria Santissima Mediatrice di tutte le grazie. La natura dell'influsso della Beata Vergine nell'applicazione della Redenzione*, in: Immaculata Mediatrix VII/2 (2007), 157-181.

[122] Die Akten wurden von der ACADEMIA MARIANA INTERNATIONALIS unter dem Titel *Maria et Ecclesia. Acta Congressus Mariologici – mariani civitate Lourdes, anno 1958 celebrati*, in 16 Bänden (Rom 1959-1962) herausgegeben. Bei dieser Gelegenheit hatte Pater Gabriele Maria Roschini OSM eine fundamentale Studie über die Mittlerschaft Mariens vorgelegt: *De natura influxus B. M. Virginis in applicatione redemptionis*, ebd., Bd. II, *De munere et loco quem tenet Beata Virgo Maria in corpore Christi mystico* (1959), 223-295.

Rahmen der hypostatischen Ordnung ableitete[123], und eine minimalistische, der zufolge die Mariologie ihre Grundlage im Parallelismus von Maria und der Kirche besaß[124]. Die erste Richtung wurde als ‚christotypisch' bezeichnet, weil sie die enge Verbindung von Christus und seiner Mutter in dem einen Heilsgeschehen betonte. Aus dieser Vereinigung rührten die Miterlöserschaft und die Mittlerschaft Mariens her. Die zweite Richtung vertrat hingegen die Ansicht, dass die Rolle Mariens der Rolle der Kirche, welcher der erste Platz nach Christus zukomme und von der Maria nur ein Mitglied sei, untergeordnet sei. Ihre Privilegien wurden auf das Innere der christlichen Gemeinschaft beschränkt, deren ‚Typus' und Modell sie war. Aus diesem Grund wurde die Richtung ‚ekklesiotypisch' genannt.

Die ‚Maximalisten' waren durch zwei starke Persönlichkeiten unter den Konzilsperiti vertreten: P. Carlo Balić[125], seit 1960 Präsident der Päpstlichen Internationalen Marianischen Akademie, und P. Gabriele Maria Roschini, Leiter des Marianum in Rom.

Carlo Balić, 1899 in Kroatien geboren, brachte den ruppigen Charakter seiner Heimat in die Debatte ein. Er lebte seit 1933 in Rom, als er zur Lehrtätigkeit ans Antonianum berufen worden war, wo er eine vielfältige Tätigkeit als Forscher, Herausgeber und vor allem Organisator mariologischer Kongresse entfaltete, zu denen auch jener anlässlich der Hundertjahrfeier in Lourdes (1958) gehörte, der eine Art „Generalprobe" für die konziliare Auseinandersetzung zwischen ‚Maximalisten' und ‚Minimalisten' abgab. P.

---

123 Vgl. M.J. Nicolas, *L'appartenance de la Mère de Dieu à l'ordre hypostatique*, in: Études Mariales 3 (1937), 145-181.

124 Vgl. F. Courth, *Heinrich Maria Köster (1911-1993). Forscher und Künder Mariens*, in: Marianum 55 (1993), 429-459; Manfred Hauke, *Introduzione alla mariologia*, Eupress FTL, Lugano 2008, 92-93; C. Pozo, *la doctrina mariológica*.

125 Carlo Balić (1899-1977), Kroate, aus dem Orden der Franziskaner-Minoriten. 1927 zum Priester geweiht, war er Professor und Rektor magnificus der Päpstlichen Universität Antonianum, Präsident der Kommission für die kritische Herausgabe der Werke von Duns Scotus, Gründer und Präsident der Päpstlichen Internationalen Marianischen Akademie, Konsultor des Heiligen Offiziums, Konzilsperitus. Über ihn vgl. J.A. de Aldama SJ, *Semblanza del P. Carlos Balić ofm (1899-1977)*, in: ‚Antonianum' 52 (1977), 702-707; *P. Carlo Balić o.f.m. Profilo, impressioni, ricordi*, hg. v. P. Paolo Melada OFM / P. Dinko Aračič, Pontificia Accademia Mariana Internazionale, Roma 1978; D. Aračič, *La dottrina mariologica negli scritti di Carlo Balić*, Pontificia Accademia Mariana Internazionale, Roma 1980.

Congar, der dessen leidenschaftliche Mariologie nicht ertragen konnte, nannte ihn voller Verachtung in seinem *Tagebuch* einen *„dalmatischen Straßenhändler"*[126], *„Verkäufer von Socken oder Hosenträgern"*[127], *„Jahrmarktgaukler"*[128], *„pure Leidenschaft"*[129].

Msgr. Antonio Piolanti erinnert sich im Gegensatz dazu an Balić als an einen *„titanenhaften Menschen, sozusagen gebaut über dem Abgrund der Kontraste einer gewaltigen Seele mit grenzenlosen Horizonten und ungeheuren Sehnsüchten. Man konnte in der kraftvollen vergeistigten Physiognomie dieses würdigen Sohnes des tapferen und edlen Kroatiens leicht eine Art* coincidentia oppositorum *erkennen: Herz eines Kindes, Impetus eines Hieronymus, Zärtlichkeit einer Mutter und gebieterisches Benehmen eines Söldnerführers, scharfe und durchdringende Intelligenz, feuriger und entschlossener Wille, großzügige Herzlichkeit und dantesker Stolz"*[130].

Roschini, Priester aus Viterbo, Mitglied der Diener Mariens, war ein Mann des Studiums wie des Glaubens und hatte wie Balić als Aktivposten gewichtige Abhandlungen und ein 1960 veröffentlichtes *Dizionario di Mariologia*[131] (Marienlexikon) vorzuweisen, worin er das Geheimnis Mariens in allen seinen Aspekten erkundete, also eine umfassende Bibliographie. Seinem Engagement verdankt sich die Gründung der Päpstlichen Theologischen Fakultät Marianum, die am 8. Dezember 1950 erfolgte. Seine außerordentliche fachwissenschaftliche, organisatorische und populärwissenschaftliche Tätigkeit bleibt in ihrer Gesamtheit noch zu erforschen.[132]

Der Traum von Balić und Roschini, die Mittlerschaft Mariens verkünden zu lassen, zerplatzte in den Konzilshallen. Als P. Balić sich eines Tages gemeinsam mit Piolanti den wackeren Kampf auf dem Konzil zur Verteidigung der marianischen Privilegien nochmals in Erinnerung rief, sagte er ihm mit feuchten Augen und wie

---

[126] CONGAR, *Journal*, Bd. I, 66.
[127] Ebd., 64, vgl. Bd. II, 90.
[128] Ebd., Bd. II, 90, 175.
[129] Ebd., Bd. I, 64.
[130] A. PIOLANTI, *Abisso dei contrasti*, in: *P. Carlo Balić o.f.m. Profilo, impressioni, ricordi*, 192.
[131] Vgl. G.M. ROSCHINI OSM, *Dizionario di Mariologia*, Studium, Roma 1960.
[132] Zu seiner Rolle auf dem Konzil vgl. P. PARROTTA, 54-62.

ein gebrochener Mann: „*Es ist genau hier, wo meine ganze Arbeit Schiffbruch erlitten hat!* "[133]

Die Mehrzahl der Konzilsväter pflegte, wie die *vota* herausgestellt hatten, eine lebendige Marienfrömmigkeit und neigte den Thesen der ‚Maximalisten' zu. Die mitteleuropäische Minderheit war jedoch von Aversion gegen einen „*Mariano-Christianismus*"[134], wie Congar ihn bezeichnete, geprägt. Am Abend des 22. September 1961 notierte Congar: „*Ich erkannte das Drama, das mich mein ganzes Leben begleitet hat: die Notwendigkeit, im Namen des Evangeliums und des apostolischen Glaubens gegen die Weiterentwicklung und -verbreitung einer mediterranen und irischen Mariologie zu kämpfen, die nicht aus der Offenbarung hervorgeht, doch eine Stütze in päpstlichen Texten besitzt.*"[135]

Congar besaß die Unterstützung von Rahner, aber auch des jungen Mariologen René Laurentin, des bedeutendsten Vertreters der ‚Minimalisten', dem er das Verdienst zuschrieb, den „*anti-maximalistischen Kampf*" auf dem Konzil eröffnet zu haben.[136] „*Wir sagen uns gegenseitig, dass wir keine exzessive Opposition machen dürfen, um nicht das Risiko einzugehen, etwas Schlimmeres zu erreichen, als was wir vermeiden wollen.*"[137]

b) Man eröffnet die anti-maximalistische Offensive

Das Signal für die anti-maximalistische Offensive war die unmittelbar vor der zweiten Sitzungsperiode erfolgte Veröffentlichung des Buches *La question mariale*[138] (Die mariologische Frage) von Laurentin, worin er die ‚marianische Bewegung' als „*ein Problem*" darstellte. „*Ohne Zweifel ist die marianische Bewegung fruchtbar, glühend und blühend*", schrieb Laurentin. „*Doch ist ihre Ausweitung nicht*

---

133 A. PIOLANTI, *P. Carlo Balić o.f.m. Profilo, impressioni, ricordi*, 191-192.

134 Brief an den Maristen Maurice Villain vom 23. November 1950, É. FOUILLOUX, *La fase antepreparatoria (1959-1960). Il lento avvio dell'uscita dall'inerzia*, in: *SCV*, Bd. I, 97 {dt.: *Die vor-vorbereitende Phase*, 92}.

135 CONGAR, *Journal*, Bd. I, 66-67.

136 Ebd., 67

137 Ebd., 67.

138 Vgl. R. LAURENTIN, *La question mariale*, Ed. du Seuil, Paris 1963.

maßlos? Ihre Intensität nicht fieberkrank? Ihre spezialisierte Entwicklung nicht teilweise pathologisch?"[139] Die zeitgenössische Mariologie, durch *„eine maßlose Fülle an Schriften"*[140] gekennzeichnet, habe nach Laurentin aufgrund ihres Eifers für die grenzenlose Erhöhung der Muttergottes eine ‚aprioristische' Tendenz gezeigt.[141] Man müsste diese Tendenz ‚reinigen', um sie mit den Erfordernissen des Ökumenismus und der Neuen Theologie in Einklang zu bringen.

Die minimalistische Linie, die der französische Mariologe vorschlug, war – typisch heuchlerisch – die der ‚Dritten Partei': weder *„ein Christentum der Jungfrau, in dem sich der hl. Paulus nicht wiedererkennen würde"*, noch *„ein Christentum ohne die Jungfrau, das nicht mehr katholisch wäre"*.[142] Dieser Ansatz fand die Sympathie der moderaten Kräfte und vor allem die Unterstützung der Medien, mit deren Mechanismen sich Laurentin, Theologe und Journalist, gut auskannte.

Laurentins Buch wurde von einem großen Mariologen, P. de Aldama[143], auf Drängen von P. Balić und P. Roschini, minutiös widerlegt. Roschini griff seinerseits mit dem Bändchen *La cosiddetta „questione mariana"*[†144] in die Auseinandersetzung ein.

P. de Aldama erwähnte als Kennzeichen der großen marianischen Renaissance des 20. Jh. die zahlreichen religiösen männlichen und weiblichen Gemeinschaften, die unter dem Namen Mariens entstanden waren; die wiederholten Marienerscheinungen von Paris (1830 an die Hl. Katharina Labouré), La Salette (1846), Lourdes (1858), Philippsdorf (1858), Pontmain (1871), Fatima (1917), Beauraing (1932) und Banneux (1933) mit ihren Wallfahrtskirchen, Wallfahrten und Andachtsformen; die zahllosen Verlautba-

---

[139] Ebd., 37.

[140] Ebd.

[141] Ebd., 24.

[142] *„Wenn man sich auf diesen beiden Abhängen hinabgleiten ließe, so würde man auf der einen Seite zu einem Christentum der Jungfrau kommen, in dem sich Paulus nicht wiedererkennen würde, und auf der anderen Seite zu einem Christentum ohne die Jungfrau, das nicht mehr katholisch wäre"* (ebd., 81).

[143] J. A. DE ALDAMA SJ., *De quaestione mariali in hodierna vita Ecclesiae*, Pontificia Accademia Mariana Internazionale, Roma 1964.

[†] *Die sogenannte marianische Frage.*

[144] G.M. ROSCHINI OSM, *La cosiddetta "questione mariana"*, Tip. S. Giuseppe, Vicenza 1963.

rungen römischer Päpste, echter Förderer der marianischen Bewegung.[145] Pius XII. insbesondere sah in der ständig wachsenden Verehrung der Jungfrau seitens der Gläubigen *„das am meisten Mut machende Zeitzeichen"*[146] und *„einen untrüglichen Prüfstein, um die wahren von den falschen Christen zu unterscheiden"*[147]. Es ging also darum, auf einem bereits vorgezeichneten Weg weiterzugehen.

Roschini verglich die Versuche, den Aufschwung der marianischen Bewegung zu „hemmen", mit den *Monita salutaria* (1673) des deutschen Rechtsgelehrten Adam Widenfeldt (1618-1678), der dreihundert Jahre zuvor die Marienverehrung seiner Zeit angegriffen hatte. *„Die Geschichte hat ihre wiederkehrenden Momente. Nach dreihundert Jahren eine neue, zweifellos überzogene Reaktion gegen die marianische Bewegung, gegen die Mariologie von heute und gegen den Marienkult ..."*. Seiner Ansicht nach konnte man nicht von einer maximalistischen Richtung sprechen; *„man kann dagegen mit sachlichem Fundament von einer minimalistischen Richtung sprechen, die die Lehre des ordentlichen Lehramtes komplett übergeht und absolute Wahrheiten nicht nur leugnet oder in Zweifel zieht, sondern sogar bis an den Punkt vorgestoßen ist, dem Glauben an die göttliche Mutterschaft ‚vorzuziehen', um die allerheiligste Maria schließlich mit der Kirche zu identifizieren, und sie damit auf das Niveau aller anderen Glieder des mystischen Leibes Christi herabzusetzen, als* prima inter pares[†]*"*[148].

Die Minimalisten genossen die Unterstützung von Johannes XXIII., der 1954, sechs Monate vor der Enzyklika *Ad Coeli Reginam* von Pius XII., mit der das Fest ‚Maria Königin' eingesetzt wurde, seine *„bekannte Unentschlossenheit"* angesichts eines neuen Festes der ‚Maria Königin' gezeigt hatte *„in der Furcht vor einer schweren Beeinträchtigung des erfolgreichen apostolischen Wirkens hinsichtlich der Wiederherstellung der Einheit der heiligen katholischen Kirche in der Welt"*[149]. Dies erklärt die Bereitschaft von Papst Roncalli, die Anlie-

---

[145] Vgl. J. A. DE ALDAMA SJ, *De quaestione mariali*, 2-35.

[146] PIUS XII., Ansprache *Una ben intima gioia* vom 10. März 1948, in: AAS 40 (1948), 120.

[147] PIUS XII., Ansprache *La Pentecôte* vom 29. Mai 1950, in: AAS 42 (1950), 483.

[†] Erste unter Gleichen.

[148] G. M. ROSCHINI OSM, *La cosiddetta "questione mariana"*, 63.

[149] A. RONCALLI, Brief vom 22. April 1954 an das Sekretariat der Bewegung ‚*Pro Regalitate Mariae*', in ANGELINA und G. ALBERIGO, *Giovanni XXIII. Profezia nella fedeltà*, Queriniana, Brescia 1978, 489. „*Als Jesus im Sterben begriffen war*" – fuhr

gen der ‚Minimalisten' zu übernehmen, warfen diese doch den ‚Maximalisten' vor, dem Ökumenismus zu schaden. Auch Paul VI. wird diese minimalistische Linie vertreten. In seinem letzten Interview während der Arbeiten der Vorbereitungskommission, das am 20. Juni 1962 stattfand, machte er zusammen mit Kardinal Liénart Front gegen den Vorschlag, der Jungfrau den Titel ‚Mittlerin'[150] zu verleihen, den er als *„inopportun und sogar schädlich"* bezeichnete. P. Bevilacqua vertraute Msgr. Helder Câmara an: *„Jedes Mal, wenn ich ein gutes Buch sehe, wie die* Question mariale *von René Laurentin oder auch die Bücher über das Konzil von Hans Küng, lenke ich die Aufmerksamkeit des Papstes darauf. Er schätzt Rahner und Häring sehr. Ich auch."*[151] *„Die Hochburg der Reaktion"*, notierte seinerseits Msgr. Helder Câmara, *„verwandelt sich nach und nach."*[152]

Im Januar 1963, nach Abschluss der ersten Sitzungsperiode, entschied die Koordinierungskommission des Konzils, dass das Schema über die Allerseligste Jungfrau Maria, Mutter der Kirche, unabhängig vom Schema *De Ecclesia* behandelt werden sollte. *„Zweifellos"*, gibt Komonchak zu, *„entsprach das Schema* De Beata Maria Virgine, *selbst in dem Teil über ihre Mittlerrolle, den Erwartungen und Wünschen einer sehr großen Zahl von Bischöfen, wie in den vor-vorbereitenden Vota zum Ausdruck kam."*[153]

Das *Schema constitutionis dogmaticae de ‚Maria Mater Ecclesiae'* wurde während des Maimonates an die Väter verteilt. Weder die Entscheidung noch der von der Kommission approbierte Text gefielen P. Rahner, der in einem schriftlichen Kommentar an alle Teilnehmer der Fuldaer Konferenz vom August 1963 seine tiefen Sorgen hinsichtlich des Dokumentes zum Ausdruck brachte, die, wie

---

der Patriarch von Venedig fort – *„sprach er zu Johannes:* Siehe, deine Mutter – *dies ist genug für den Glauben und die Liturgie. Der Rest kann erbaulich sein, und ist es auch großenteils, und bewegend für viele devote und fromme Seelen: doch für viele, sehr viele andere, obschon sie der katholischen Kirche sehr zugeneigt sind, ist es irritierend und – wie man heute sagt – kontraproduktiv*" (ebd.).

[150] AD, II-II/4, 777.

[151] CÂMARA *Lettres Conciliaires*, Bd. II, 583.

[152] Ebd., Bd. I, 342.

[153] J. KOMONCHAK, *La lotta per il Concilio durante la preparazione*, 277 {dt.: 294}. Vgl. auch SALVATORE PERRELLA, *I "vota" e i "consilia" dei vescovi italiani sulla mariologia e sulla corredenzione nella fase antipreparatoria del Concilio Vaticano II*, Ed. Marianum, Roma 1994.

er versicherte, von den Patres Grillmeier und Semmelroth geteilt würden. Wenn der Text angenommen würde, so behauptete er, *„würde sich daraus vom ökumenischen Gesichtspunkt aus unvorstellbarer Schaden ergeben sowohl in Bezug auf die Ostkirchen als auf die Protestanten"*[154]. Gewiss konnte man, so fügte er hinzu, das Schema nicht so wie das Schema über die Quellen der Offenbarung durchfallen lassen. Um sein Gewicht zu verringern, sollte man jedoch mit aller Beharrlichkeit Druck machen, dass aus dem Schema ein Kapitel oder der Epilog des Schemas über die Kirche werde. Dies wäre seiner Ansicht nach *„der leichteste Weg, aus dem Schema Aufstellungen zu tilgen, die theologisch nicht genügend entwickelt sind und vom ökumenischen Gesichtspunkt aus nur unabsehbaren Schaden stiften könnten. Es würde auch bittere Diskussionen verhindern"*[155].

Der Punkt, den Rahner in dem Schema am stärksten angriff, war die Lehre über die Mittlerschaft der Allerseligsten Jungfrau Maria, genauer der ihr verliehene Titel ‚Mittlerin aller Gnaden'. Diese Lehre, die im Schema nicht als Glaubensdogma, sondern als allgemeine Lehre der Kirche vorgelegt wurde, lehnte Rahner wegen der negativen Folgen ab, die sie seiner Meinung nach auf die Mariologie und die Marienverehrung der Gläubigen haben könnte. Die Protestanten leugneten in der Tat jegliche formelle Mitwirkung Mariens bei der Erlösung und verabscheuten die Begriffe ‚Mittlerin' und mehr noch ‚Miterlöserin'. Er schloss mit der Vorgabe, dass die Bischöfe Österreichs, Deutschlands und der Schweiz in der Pflicht stünden, für eine offene Ablehnung des Schemas in seiner jetzigen Formulierung einzutreten.[156]

Die Fuldaer Konferenz nahm die Empfehlungen Rahners an, doch beim Punkt der Mittlerschaft Mariens beschränkte sie sich darauf, den Ausdruck ‚Mittlerin aller Gnaden' zu kritisieren. Der Vorschlag, den die Fuldaer Väter dem Generalsekretariat des Konzils offiziell unterbreiteten, führte auch protestantische Quellen an; so erwähnte er, dass der deutsche lutherische Bischof Dibelius 1962 erklärt hatte, die Lehre der katholischen Kirche über Maria stelle

---

[154] WILTGEN, 94.

[155] Ebd.

[156] WILTGEN, 95. Vgl. auch ANTONIO ESCUDERO CABELLO, *La cuestión de la mediación mariana en la preparación del Vaticano II. Elementos para una evaluación de los trabajos preconciliares*, LAS, Roma 1997.

eines der größten Hindernisse für die ökumenische Einigung dar. Anderen protestantischen deutschen Autoren zufolge sollten die Konzilsväter daran denken, dass sie im Falle einer Approbation eines Schemas über Maria eine neue Trennwand aufrichten würden; sie sollten daher über das Thema Schweigen bewahren oder sich auf die Reihen derer berufen, die Schuld hinsichtlich Exzessen eingestanden.

c) Der Erfolg der ‚Minimalisten'

Am Tag der Eröffnung der Debatte, dem 30. September 1963, verlangten die ‚Minimalisten' durch den Mund von Kard. Frings[157] sogleich, alles, was die Allerseligste Jungfrau Maria betraf, in das Kirchenschema zu integrieren, um den ökumenischen Dialog mit den getrennten Brüdern zu erleichtern. Am folgenden Tag vertrat auch Kard. Silva Henríquez[158] die Ansicht, dass die Verehrung der Jungfrau Maria in Lateinamerika die Grenze der christlichen Frömmigkeit übersteige und dass die Approbation eines Schemas über die Gottesmutter die Lage nur erschweren würde. Er unterstützte folglich, im Namen der 44 Bischöfe aus den Ländern Lateinamerikas, den Vorschlag von Kard. Frings. Eine ähnliche Erklärung gab am selben Morgen Msgr. Garrone[159], Erzbischof von Toulouse, im Namen *„zahlreicher französischer Bischöfe"* ab, ebenso Msgr. Elchinger[160] und Msgr. Méndez Arceo[161].

Zugunsten des Vorschlags von Kard. Frings intervenierte am 4. Oktober die Hierarchie von England und Wales, während am selben Tag ein von den Servitenpatres verfasster Text an die Väter verteilt wurde, worin man die Empfehlung aussprach, neben dem Titel ‚Mittlerin' für Maria auch den Titel ‚Miterlöserin' zu verwenden. P. Balić, Experte der Theologischen Kommission, verbreitete seinerseits ein Dokument, worin er die Gründe darlegte, warum man das Schema über die Allerseligste Jungfrau Maria von dem

---

157 AS II/1, 343-346.
158 Ebd., 366-368.
159 Ebd., 374-375.
160 Ebd., 378-380.
161 Ebd., 385-386.

Schema über die Kirche getrennt halten sollte. Auch Kard. Arriba y Castro[162], Erzbischof von Tarragona, ergriff im Namen von 60 spanischen Bischöfen das Wort und erklärte, dass es angesichts der Bedeutung der Mutter Gottes in der Ökonomie der Erlösung entgegen dem, was bis dahin vertreten worden war, ein separates Schema über die Allerseligste Jungfrau Maria vorzuziehen sei[163].

Die Diskussion ging mit Interventionen gegensätzlicher Tendenz weiter. Am 24. Oktober verkündeten die Kardinalmoderatoren, angesichts der großen Zahl von Vätern, die den Einschluss des Schemas über die Allerseligste Jungfrau Maria in das Schema über die Kirche verlangt hätten, habe der Heilige Vater die Lehrkommission damit beauftragt, zwei ihrer Mitglieder für die Darlegung der verschiedenen Positionen auszuwählen. Die Kommission bestimmte Kard. Rufino Santos[164] von Manila als Anwalt des separaten Schemas und Kard. Franz König von Wien als Befürworter des Einschlusses. Die zwei Konzilsväter legten ihre gegensätzlichen Thesen am 24. Oktober in der Aula dar.[165]

Der Erzbischof von Manila trug zehn Argumente zugunsten eines separaten Schemas vor; er äußerte sich dahingehend, dass die Mutter Gottes das erste und führende Mitglied der Kirche ist, doch gleichzeitig über der Kirche steht, und nach der Ansicht des hl. Bernhard *„stat intra Christum et Ecclesiam"*[†]. Die Gläubigen – fügte er hinzu – hätten den Einschluss von *De Beata* in *De Ecclesia* als Zeichen für eine Einschränkung der Marienverehrung aufgefasst. König vertrat dagegen die Ansicht, die Gläubigen müssten ihre Marienverehrung ‚reinigen', um eine Anhänglichkeit an Sekundäres und Akzidentelles zu vermeiden, und vor allem, um die Sache des Ökumenismus nicht zu gefährden. Die Texte mit den Reaktionen der zwei Kardinäle wurden am 25. Oktober verteilt. Die ‚ekklesiotypische' Konzeption der ‚Minimalisten' zielte darauf ab, die

---

[162] Benjamín de Arriba y Castro (1886-1973), Spanier, 1912 zum Priester geweiht. 1949 bis 1970 Erzbischof von Tarragona, 1953 zum Kardinal erhoben.

[163] AS II/2, 14-16.

[164] Rufino J. Santos (1908-1973), von den Philippinen, 1931 zum Priester geweiht. Weihbischof (1947), 1953 bis zu seinem Tod Erzbischof von Manila. 1960 zum Kardinal erhoben. Mitglied der Zentralen Vorbereitungskommission und der Lehrkommission.

[165] AS II/3, 338-342 und 342-345.

[†] *steht sie zwischen Christus und der Kirche.*

Rolle der Allerseligsten Jungfrau zu relativieren, indem man sie nicht in Bezug zu ihrem göttlichen Sohn sah, sondern zu den gewöhnlichen Gläubigen der Kirche[166]. Sie stellten die traditionelle Konzeption auf den Kopf, die Maria immer als Vorbild, nicht als Zeichen der Kirche betrachtet hat. Tatsächlich ist *„das Zeichen geringwertiger als das Bezeichnete, da es seinen Effekt darstellt, während das Vorbild seinem Bild überlegen ist und seine Ursache darstellt. Also ist es eher die Kirche, die Bild und Zeichen der Jungfrau ist."*[167]

Am 29. Oktober wurde folgende Frage zur Abstimmung vorgelegt: *„Gefällt es den Konzilsvätern, dass das Schema über die Allerseligste Jungfrau Maria, Mutter der Kirche, derart revidiert wird, dass es das VI. Kapitel des Schemas über die Kirche wird?"*[168] Als Resultat der Abstimmung ergaben sich 1114 Stimmen dafür, 1074 Stimmen dagegen. Die Versammlung fand sich zum ersten Mal in zwei Teile gespalten mit einem Unterschied von nur 40 Stimmen; diese Teilung entsprach den zwei gegensätzlichen theologischen Sichtweisen und bezeichnete, wenn auch nur geringfügig, den Sieg der ‚Minimalisten'.[169]

Der Erfolg der Progressisten beruhte Melissa Wilde zufolge nicht so sehr auf ihrer Stärke, als vielmehr auf der Schwäche der Konservativen, die noch keine Organisationsform gefunden hatten. Trotz der individuellen Stärke mancher unter ihnen, wie eines Paters Balić, fehlte es an einer koordinierten und systematischen Vorgehensweise. *„Als das Konzil über Maria abstimmte, fanden die führenden Persönlichkeiten des CIP (Coetus Internationalis Patrum) sich gerade zusammen und hatten noch keine ernsthafte Organisation aufgebaut. Es war in der Tat die Niederlage beim marianischen Schema zusammen mit der ‚desaströsen' Abstimmung über die Kollegialität am folgenden Tag, die den Konservativen wahrscheinlich den Antrieb gab, sich zu organisieren … Der Augenschein zeigt, dass sie im Hinblick auf das marianische*

---

[166] Vgl. FRANÇOIS-MARIE OFM, *La nouvelle mariologie dans le chapitre 8 de Lumen Gentium*, in: *L'unité spirituelle du genre humain*, 269-288, 272-273.

[167] Ebd., 282.

[168] AS II/3, 627; CAPRILE, Bd. III, 160-163.

[169] Zu einer umfassenden Beschreibung der beiden Konzeptionen vgl. LAURENTIN, *La Vierge au Concile*, 138.

Schema wahrscheinlich viel mehr hätten tun können, wenn sie sich auf dem Konzil besser und von vornherein organisiert hätten."[170]

7. Die antirömische Partei in der zweiten Sitzungsperiode

a) Jakobiner und Girondisten

Der schnelle Erfolg der progressistischen europäischen ‚Allianz', die nunmehr zu einer ‚Weltallianz' geworden war, führte auch zu einer Divergenz der strategischen Sichtweisen in ihren Reihen. Im Innern des progressistischen Lagers wurde eine Spaltung zwischen Jakobinern und Girondisten oder, wie Grootaers sie nennt, zwischen ‚Possibilisten' und ‚Maximalisten' sichtbar. *„Letztere verfochten prinzipielle Positionen und prangerten jedes Zugeständnis auf doktrineller Ebene als Verrat an; erstere hingegen beschworen die konkrete Situation des Augenblicks und die Notwendigkeit, eine solide Mehrheit zu gewinnen."*[171] Die deutschen Theologen und eine Gruppe Italiener unter Führung von Kard. Lercaro hingen dem jakobinischen Ansatz an, während Kard. Suenens der *Anführer* der ‚girondistischen' oder ‚possibilistischen' Konzilsväter wurde. Helder Câmara bezeichnete Kard. Suenens zu Beginn der zweiten Sitzungsperiode als *„die Schlüsselfigur des Konzils, der das direkte und persönliche Vertrauen des Heiligen Vaters genießt"*[172], und am 27. Oktober schrieb er mit Blick auf den Weg, der seit der ersten Sitzungsperiode zurückgelegt worden war, dass der belgische Kardinal nicht zu Unrecht als *„weltweiter Kopf des Progressismus"* bezeichnet würde.[173]

---

[170] WILDE, 108.

[171] Vgl. J. GROOTAERS, *Protagonisti del Concilio*, in: *SC, La Chiesa del Vaticano II*, Bd. XXV/I, 392; DERS., *Diversité des tendances à l'intérieur de la majorité conciliaire*, in: *The Belgian contribution*, 529-562.

[172] Rundschreiben vom 4. Oktober 1963, in: CÂMARA, *Lettres conciliaires*, Bd. I, 198.

[173] Ebd., 273. Am 28. Januar 1963 hatte Msgr. Câmara Kard. Suenens einen Brief gesandt, worin er ihm die Statuten der Brasilianischen Bischofskonferenz und des CELAM beilegte und ihm eine Redigierung empfahl: *„a) Ein Statut für Bischofskonferenzen als Organe der bischöflichen Kollegialität auf nationaler Ebene; b) Ein*

Die beiden trafen sich jeden Tag, während sie mit verteilten Rollen operierten, Suenens in der Konzilsaula, Câmara in den Korridoren außerhalb des Konzils, wo er stets gutbesuchte Interviews auf Italienisch, Englisch und Französisch gab. „*Während der vier Sitzungsperioden des Konzils*", erwähnen seine Biographen, „*wird Dom Helder keine einzige Intervention in den Vollversammlungen machen, vielmehr wird er eine echte Tätigkeit als ‚Graue Eminenz' entfalten, während er das ausheckt, was er selbst ‚heiliges Komplott' nennt, um in die Agenda der Konzilsarbeit das Problem des Elends in der Welt und der unterentwickelten Länder einzubringen und um einen Reformprozess im Innern der katholischen Kirche anzustoßen.*"[174]

Ab der zweiten Sitzungsperiode des Konzils nahmen sich Suenens und Câmara, wie letzterer enthüllt, einige Ziele vor:

1) Die der Kurie verbundenen Vorsitzenden der Konzilskommissionen ersetzen.
2) Die Reform der römischen Kurie vorbereiten.
3) Die bischöfliche Kollegialiät auf nationaler und internationaler Ebene planen.[175]

b) Der belgische ‚Mittelweg'

Kard. Suenens erhielt Unterstützung von seinem Theologen Gérard Philips, Professor an der Universität von Löwen, der vom belgischen Primas ausgewählt worden war, „*weil er in seiner Person eine Art Mittelweg verkörperte, der weder Kardinal Ottaviani noch seinem Sekretär Pater Tromp (Holländer) Angst machte*"[176]. Der ‚Mittelweg' sollte sich als der effizienteste Weg herausstellen, um den Erfolg der antirömischen Partei zu gewährleisten. Philips, der als Mitglied des belgischen Senates von 1953 bis 1968 über eine parlamentarische

---

Statut für Räte vom Typ CELAM als Organe der bischöflichen Kollegialität auf kontinentaler Ebene" (PRIGNON, *Card. Suenens; correspondance*, in: CLG, n. 281).

174 NELSON PILETTI / WALTER PRAXEDES, *Dom Helder Câmara. Tra potere e profezia*, ital. Übers., Queriniana, Brescia 1999, 436-437 {Originaltitel: *Dom Hélder Câmara: entre o poder e a profecia*, Ed. Ática, São Paulo 1997}.

175 Rundschreiben vom 5. Oktober 1963, in: CÂMARA, *Lettres conciliaires*, Bd. I, 200-201.

176 SUENENS, *Souvenirs et espérances*, 114.

Erfahrung verfügte, war an politische Manöver gewöhnt. In seinen *‚carnets'*† verwendet er die Begriffe ‚rechts' und ‚links', um die zwei Strömungen, die traditionelle und die progressistische, anzugeben, die sich auf dem Konzil bekämpften. Die Begriffe waren nicht ganz unangebracht. Der Konzilshistoriker Hefele schrieb, dass in Nizäa die orthodoxen Bischöfe mit Athanasius und seinen Anhängern die Rechte bildeten, Arius und seine Parteigänger die Linke, während Eusebius von Nikomedien die Position Mitte-Links und Eusebius von Cäsarea[177] die Position Mitte-Rechts einnahm. Philips war ein Mann der ‚Linken', der versuchte, sich die Geltung der ‚Mitte' zu verschaffen, um seine Ziele zu erreichen, und der daher mit der maximalistischen Einstellung mancher seiner Weggefährten nicht übereinstimmte. So schrieb er: *„Ich gebe mir immer Mühe, eine Übereinkunft zu erzielen. Man zieht den Kampf vor: das ist ein Fehler."*[178]

Die Taktik von Philips in der Debatte über die Kirche erwies sich, nach Giuseppe Ruggieri, *„von Anfang an als äußerst geschickt"*[179]. Der Löwener Theologe schlug als ‚Arbeitshypothese' einen neuen Text mit leichten Modifikationen in der Diktion und wenigen, aber wesentlichen Änderungen vor, wie etwa die Aufgabe der Vorstellung, dass für das eigene Heil die Zugehörigkeit zur Kirche notwendig sei.[180] Schillebeeckx und Rahner lehnten jeden Versuch einer ‚Vermittlung' ab, um das Schema frontal zu attackieren, vor allem im Punkt der Kollegialität.

„Dieses Konzil hat man Primum Concilium Lovaniense, Romae habitum† *genannt. Und dies ist im Großen und Ganzen wahr, zumindest, was die Theologie betrifft"*, bemerkt Congar am 13. März 1964[181]; er erklärt, wie die Belgier, auch wenn sie nicht zahlreich sind (5 oder 6), *„überall sind"*. Charles Moeller[182] beispielsweise *„ist in den entschei-*

---

† Notizbüchern.

177 Vgl. J. HEFELE / H. LECLERQ, Bd. I, 431.

178 Vgl. PHILIPS, *Carnets conciliaires*, 2. Dezember 1963, 116.

179 G. RUGGIERI, *Il difficile abbandono dell'ecclesiologia controversista*, in: *SCV*, Bd. II, 309-384, 325 {dt.: *Der schwierige Abschied von der kontroverstheologisch geprägten Ekklesiologie*, 331-419, 351}.

180 Ebd., 330-332 {dt.: 356-357}.

† Erstes Löwener Konzil, abgehalten in Rom.

181 Vgl. CONGAR, *Journal*, Bd. II, 53.

182 Charles Moeller (1912-1986), Belgier, 1937 Priesterweihe. 1949 Theologieprofessor in Löwen, Literaturhistoriker (Verfasser von *Littérature du XXe siècle et*

denden Momenten überall an den entscheidenden Orten!"[183] Alle kommen aus Löwen oder stehen mit Löwen in Beziehung. *„Wenn eine Frage vorgelegt wird und man einen Arbeitskreis einrichtet, so machen sie sich gegenseitig aufmerksam, sie schicken jemanden hin oder lassen sich selbst senden, sie teilen sich eine Meinung über die neuralgischen Fragen mit. Und was einer dem anderen mitgibt oder für den anderen vorbereitet, wird benutzt. Sie organisieren sich, sie sehen sich, sie treffen sich. Mit dem Ergebnis, dass dort, wo einer ist, alle sind."*[184]

Das Belgische Kolleg in der Via del Quirinale war der strategische Vorposten eines Manövers mit weiter Reichweite und folgenden Protagonisten: Kard. Suenens, Mitglied der Koordinierungskommission und dann ‚Moderator' des Konzils; Msgr. Philips, Hilfssekretär dieser Kommission und *„cheville ouvrière des textes importants*[†]*"*[185]; Msgr. Charue, Mitglied und später Vizepräsident der Lehrkommission.

Congar unterstreicht die Wirksamkeit des Systems und gibt zu, dass man gezwungen ist, sich an diese Männer zu wenden, wenn man die eine oder andere Sache durchbringen möchte. *„Das Belgische Kolleg ist während der zweiten Sitzungsperiode der Ort gewesen, wo Tucci, Dossetti, Medina*[186] *und Rahner hinkamen."*[187] *„Das theologische*

---

christianisme, in 6 Bänden). 1963 bis 1965 Konzilsperitus, Untersekretär der Kongregation für die Glaubenslehre. Vgl. CLAUDE SOETENS, *La contribution de Charles Moeller au Concile Vatican d'après ses papiers conciliaires*, in: *The Belgian contribution*, 495-528.

183 CONGAR, *Journal*, Bd. II, 53-54. Vgl. auch C. SOETENS, *La "squadra belga" au Concile Vatican II*, in: *Foi, gestes et institutions religieuses au XIXe et XXe siècle*, hg. v. LUC COURTOIS / JEAN PIROTTE, Centre d'Histoire des Religions, Louvain-la-Neuve 1991, 159-169 (auch in: *L'evento e le decisioni*, 143-172); L. DECLERCK, *Le rôle joué par les évêques et periti belges au Concile Vatican II: Deux exemples*, in: ‚Ephemerides Theologicae Lovanienses' 76 (2000), 445-464, und, umfassender die vielen Beiträge der Löwener Tagung von 2005 in: *The Belgian contribution*, passim.

184 CONGAR, *Journal*, Bd. II, 54.

† = *die treibende Kraft hinter den wichtigen Texten.*

185 *Actes et Acteurs*, 391. Von den belgischen Experten, die eine bedeutende Rolle spielten, sollen überdies erwähnt werden: Lucien Cerfaux (1883-1968), Philippe Delhaye (1912-1990), Albert Dondeyne (1901-1985), Pierre Dumont (1901-1970), Victor Heylen (1906-1981), Guillaume Onclin (1905-1989); zu ihnen vgl. *The Belgian contribution, passim.*

186 Jorge Arturo Augustin Medina Estévez (1926), 1954 zum Priester geweiht, ab 1984 Weihbischof von Rancagua und Titularbischof von Thibilis, ab 1993 Bischof von Valparaíso, ab 1996 Präfekt der Kongregation für den Gottesdienst und die

Zentrum ist Msgr. Philips. Er vereinigt in sich die außergewöhnliche Gabe von Vermittlerqualitäten."[188] *„Mit vollendeter Kunstfertigkeit"*, versteht es Philips, *„eine Frage so vorzulegen, dass er Vorurteile auflöst, Einwände im Vorfeld zunichtemacht und die anderen zu der von ihm gewünschten Lösung hinführt, ohne dass diese sich dessen bewusst sind"*[189]. Das Zentrum der Koordinierung bildete Msgr. Albert Prignon[190], Rektor des Belgischen Kollegs in Rom, der dem Botschafter Poswick zufolge hinter den Kulissen der wahre Koordinator für die Praxis und der aktivste Mitarbeiter von Kard. Suenens war[191].

In einem Brief an Suenens vom 8. März 1963 gibt Prignon einen detaillierten Bericht der Manöver, die während der Debatte *De Ecclesia* in der Kommission im Gange waren[192], und betont die Rolle der belgischen Bischöfe und Experten auf dem Konzil. *„Man kann ohne Übertreibung sagen"*, schreibt er, *„dass, was* De Revelatione *und* De Ecclesia *anbelangt, es die belgische Kirche ist, die das Konzil leitet und sein führender Flügel ist."*[193]

Sakramentenordnung, 1998 zum Kardinal erhoben. Er folgt der Linie von Kard. Ratzinger – Benedikt XVI.

187 CONGAR, *Journal*, Bd. II, 54.

188 Ebd., 55.

189 Ebd.

190 Albert Prignon (1919-2000), Priester der Diözese Lüttich, 1942 Priesterweihe. 1962 bis 1972 Rektor des Päpstlichen Belgischen Kollegs in Rom, Konzilsperitus.

191 POSWICK, *Journal*, 390. Der Baron Prosper Poswick (1906-1992), Botschafter Belgiens beim Heiligen Stuhl (1957-1968), machte, wie es aus seinem *Tagebuch* hervorgeht, beinahe wörtliche Anleihen bei den vertraulichen Dokumenten Prignons, um Berichte für seine Regierung abzufassen und diese ihr dann zu übermitteln.

192 *„Auf den Wunsch aller habe ich für morgen Kardinal Léger, Mgr. Garrone, Mgr. McGrath (der mir zur selben Zeit die Informationen für das Schema XVII liefern wird), Mgr. Schröffer und die üblichen Periti ins Kolleg zum Essen eingeladen, damit sie sich über die Taktik, die man verfolgen soll, verständigen können. Alle haben mit Begeisterung angenommen. Kardinal Léger hatte auch heute Morgen telephoniert, um zu fragen, ob Sie nicht kommen können. Ehrlich gesagt, Eminenz, ich habe die Meinung der Bischöfe in Erfahrung gebracht und glaube, dass Euer Kommen von einem taktischen Gesichtspunkt aus im Augenblick verfrüht wäre. Keines der anderen Mitglieder der Koordinierungskommission ist bisher gekommen, und die andere Partei würde Euch beschuldigen, Druck ausüben zu wollen."* (Brief von Prignon an Suenens vom 8. März 1963, in: Fonds Prignon, *Card. Suenens: correspondance*, in CLG, n. 288).

193 *„Nach der Abreise der Bischöfe wohnen im Kolleg der Kanoniker Moeller und, auf seinen eigenen Wunsch, Pater Congar. Sie arbeiten fortgesetzt mit Mgr. Philips zusammen. Ihre Anwesenheit vor Ort bedeutet einen großen Zeitgewinn. Auf der anderen Seite zeigt der Wunsch von Pater Congar, das Französische Semi-*

Die diplomatische Geschicklichkeit der Belgier machte das Ungestüm der Deutschen und die allzu ‚cartesianische' Logik der Franzosen wieder wett. *„Sie geben sich nicht damit zufrieden, wie die Franzosen ängstlich Detailverbesserungen vorzuschlagen und den Text so zu belassen, wie er ist: sie VERÄNDERN DEN TEXT"*, merkt Congar voller Bewunderung an[194]. *„Die ganze Bewegung des Konzils, in seiner Theologischen Kommission"*, so schließt er, *„bestand darin, von den römischen Kollegien zu den theologischen Zentren außerhalb Roms überzuwechseln. Doch von diesen Universitäten hat sich allein Löwen als wirkungsvoll erwiesen."*[195]

Nicht minder bedeutend als die Rolle von Philips war jedoch die Rolle von Msgr. Carlo Colombo, theologischer *„trait d' union"*[†] zwischen Kard. Suenens und Paul VI.[196] *„Ich will ihn im Zeitraum zwischen der zweiten und dritten Sitzungsperiode nach Brasilien bringen"*, notiert Helder Câmara. *„Der liebe P. Dossetti und Msgr. Guano werden uns bei der Eroberung von Msgr. Colombo helfen."*[197]

Jeden Freitag traf sich überdies bei den Redemptoristen die Arbeitsgruppe ‚Konzilsstrategie', die von Msgr. Elchinger gefördert wurde. An ihr nahmen Msgr. Volk (und sein Auxiliar Reuss), Guano, Garrone, Philips, Rahner, Häring, Laurentin, Ratzinger, Semmelroth, Daniélou und Congar teil.[198]

Der Jakobiner Küng gehörte zu denen, die sich vorzugsweise außerhalb der Konzilshallen bewegten. Zu seinem belgischen Freund Moeller sagte er: *„Es muss solche geben, die draußen bleiben, und solche, die drinnen wirken. Wir müssen beide für das Konzil zu erreichen versuchen, was wir können."*[199] Die jakobinischen Thesen legte am Abend

---

nar für das Belgische zu verlassen, klar die außerordentliche Rolle an, die unsere Bischöfe und unsere Periti im Herzen dieser Kommission spielen. Kardinal Léger unternimmt nichts mehr, ohne darüber mit einem der Unsrigen zu sprechen. Man kann ohne Übertreibung sagen, dass, was De Revelatione *und* De Ecclesia *anbelangt, die belgische Kirche das Konzil leitet und sein führender Flügel ist.*" (ebd.).

194 CONGAR, Journal, Bd. II, 56.

195 Ebd., 57.

† = Verbindungsglied.

196 Rundschreiben vom 24. Oktober 1963, in: CÂMARA, *Lettres conciliaires*, Bd. I, 259.

197 Ebd.

198 Vgl. A. MELLONI, *L'inizio del secondo periodo e il grande dibattito ecclesiologico*, in: *SCV*, Bd. III, 79 {dt.: 73}.

199 KÜNG, Erkämpfte Freiheit, 468.

des 5. November der Dominikaner Christophe Jean Dumont[200], selbst Leiter eines Ökumenischen Zentrums in Frankreich, auf Einladung von Helder Câmara in der Domus Mariae vor. Der Ordensgeistliche vertrat die Ansicht, dass der große Fehler der Römischen Kirche darin bestehe, eine Gefangene der Scholastik, des Juridizismus und des Lateins geblieben zu sein und den theologischen und spirituellen Reichtum der Orthodoxie nicht erfasst zu haben. Die Schaffung des Heiligen Römischen Reiches und die Kreuzzüge seien schreckliche Irrtümer gewesen. Jetzt aber zeichne sich mit dem Konzil die Möglichkeit eines Wunders ab.[201]

8. Die Entstehung des Coetus Internationalis Patrum

Bildete die progressistische Partei einen organisierten Block, so boten die Bischöfe, die der konservativen ‚römischen' Linie treu ergeben waren, von Anfang an das Bild einer breiten, aber unstrukturierten Front, zu denen die Hauptvertreter der Kurie und eine lebhafte Gruppe ausländischer Kardinäle gehörte. Sie begannen erst in der zweiten Sitzungsperiode damit, sich zu organisieren.

Der natürliche Anführer dieses Lagers war Kard. Alfredo Ottaviani, der in einem Interview mit dem bayrischen Rundfunk, das am 16. Dezember 1962 übertragen wurde, die Auffassung nicht ablehnte, als *„Exponent einer erklärtermaßen konservativen Gruppe von Konzilsvätern"* zu gelten.[202] Neben ihm stachen Kard. Ernesto Ruffini, Erzbischof von Palermo, und Kard. Giuseppe Siri, Erzbischof von Genua, hervor. Ruffini trug in der Aula mindestens 36 Reden vor, wobei er durch die Kraft und die Schlüssigkeit seiner Interventionen beeindruckte. Seine Stimme erhob sich zu Beginn jeder

---

[200] Christophe Jean Dumont (1898-1991), französischer Dominikaner, war von 1927 bis 1967 die Seele des ökumenischen Studieninstitutes ‚Istina'. Vgl. HYACINTHE DESTIVELLE, *Souvenirs d'un pionner. Les Mémoires inédites du Père Christophe-Jean Dumont*, in: Istina 3 (2009), 279-297.

[201] CÂMARA, *Lettres conciliaires*, Bd. I, 307-309.

[202] CAPRILE, Bd. II, 291.

Debatte, und er wurde zu einem, der *„das Feuer eröffnet"*[203]. Der Kardinal von Palermo machte aus seiner Wohnung in der Domus Mariae eine Arbeitsstätte, wo er seine Interventionen mit aller Gründlichkeit vorbereitete. Er verbrachte lange Abende, manchmal bis Mitternacht, in den Bibliotheken des Päpstlichen Bibelinstitutes und der Gregoriana-Universität, um sich genau zu informieren, und anschließend versah er die Konzilsschemata mit Anmerkungen, wobei er peinliche Sorgfalt walten ließ, und fügte eigene Bemerkungen bei, die immer klar und exakt ausfielen. Seine öffentlichen Interventionen zeichneten sich durch eine außerordentliche Klarheit und Fähigkeit zur Synthese aus sowie durch eine beispielhafte äußere Form in flüssiger und korrekter lateinischer Sprache.[204]

Neben Ruffini und Ottaviani sind der spanische Claretiner Arcadio Larraona und der irische Dominikaner Michael Browne zu erwähnen, die beide nahezu ihr ganzes Leben in Rom verbracht hatten, dort wichtige Ämter bekleideten und vom römischen Geist tief geprägt waren. Johannes XXIII. hatte ihnen den Kardinalspurpur verliehen, dem ersten 1959, dem zweiten 1962.

Zu ähnlichen Positionen bekannten sich einige weniger hervorstechende Kardinäle, wie die Italiener Pizzardo, Marella, Aloisi Masella, der Philippiner Santos, die Amerikaner Spellman (New York) und McIntyre (Los Angeles), viele spanische Bischöfe und eine Gruppe dalmatischer Bischöfe unter Führung des Weihbischofs von Split, Frane Franić.

Kard. Siri vertraute Benny Lai an, das Konzil sei in Wirklichkeit *„... der Kampf zwischen Horatiern und Kuratiern gewesen. Jene waren drei gegen drei, auf dem Konzil waren es vier gegen vier. Auf der einen Seite: Frings, Liénart, Suenens, Lercaro. Auf der anderen Seite: Ottaviani, Ruffini, Browne und ich. Hinter den vier ein Dutzend Bischöfe, hinter diesen weitere 20 oder 30 Konzilsväter."*[205] Siri spielte in Wirklichkeit nie eine Hauptrolle. Er war sich voller Bestürzung bewusst, dass die Theologen aus Mitteleuropa die Unterstützung

---

[203] GROOTAERS, *I protagonisti*, 221.

[204] Vgl. GIUSEPPE PETRALIA, *Il padre conciliare*, in: *Il pastore sulla breccia. Ernesto card. Ruffini*, hg. v. EMANUELE GAMBINO, Editrice Ancora, Roma 1967, 115-21; A. ROMANO, *Ernesto Ruffini*, 489-590.

[205] Gespräch vom 28. November 1985, in: B. LAI, *Il Papa non eletto*, 233.

Pauls VI. besaßen, dessen *longa manus*† Msgr. Carlo Colombo war[206].

Die Unterstützung des Montini-Papstes für den progressistischen Flügel rief beim Erzbischof von Genua tiefe Niedergeschlagenheit hervor, war dieser doch in einem Geist bedingungslosen Gehorsams gegenüber dem römischen Papst herangebildet worden. Am 20. April 1964 notiert Congar in sein Tagebuch: „*Kardinal Siri ist krank. Nach Kardinal Lercaro handelt es sich nicht nur um eine physische Krankheit, vielmehr sieht er seine Ideen praktisch abgelehnt, d.h. vom Papst, und er ist völlig manövrierunfähig*".[207] Über Paul VI. schrieb Congar in diesen Tagen: „*Der Papst hat sich in einer erstaunlich kräftigen und beherzten Weise über die Notwendigkeit ausgesprochen, eine sklerotisierte Tradition zu überwinden: Man muss mit allem neu beginnen, so als würde man in den ersten Jahrhunderten der Kirche leben.*"[208]

Gerade erst hatte vom 14. bis 16. April die Generalversammlung der CEI stattgefunden, bei der Siri jedoch offiziell aus gesundheitlichen Gründen abwesend war, als sich Paul VI. mit einer Rede über die neue Linie des bischöflichen Organs einschaltete. Am 12. August ersetzte der Papst Siri durch Kardinal Luigi Traglia[209], den stellvertretenden Generalvikar von Rom, als stellvertretenden Vorsitzenden *ad interim* der CEI.

Kard. Siri hatte auf dem Konzil, von wenigen Ausnahmen abgesehen, nie offen Partei ergriffen, da ihn die Überzeugung leitete, dass die von ihm vertretene CEI eine Moderatorenrolle zwischen den gegensätzlichen Gruppen des Konzils spielen müsste. Auch nach seiner Entfernung von der CEI bestand die strategische Linie der ‚römischen Partei' bis zum Schluss darin, der Logik der sich

---

† = verlängerter Arm.

206 „*Deutlich zeigt sich die vorrangige Position, die Mgr. Carlo Colombo auf doktrinellem Gebiet beim Papst einnimmt. Der Prälat ist ganz bei den Transalpinen und hat noch nie ein Interesse daran gezeigt, mit uns Kontakt zu haben*" (SIRI, *Diario*, 385).

207 CONGAR, *Journal*, Bd. II, 61. „*Die von Siri angezeigten Symptome, darunter Innenohrbeschwerden, stehen offenkundig in Verbindung mit der tiefen Sorge um die Entwicklung des Konzils*" (N. BUONASORTE, *Siri. Tradizione e Novecento*, 306).

208 CONGAR, *Journal*, Bd. II, 77.

209 Luigi Traglia (1895-1977), 1917 zum Priester geweiht, 1937 zum Bischof geweiht und 1960 zum Kardinal erhoben. 1960 bis zum März 1965 Stellvertretender Generalvikar von Rom, hernach bis Ende 1968 Generalvikar von Rom, 1964 zum Stellvertretenden Vorsitzenden *ad interim* der CEI ernannt.

gegenüberstehenden Blöcke entgegenzutreten, aus der Überzeugung heraus, dass man selbst nicht die Funktion einer ‚Gruppe', sondern die der zentralen Leitung auf dem Konzil habe.[210] Diese Position war der Hauptgrund für die Niederlage der konservativen Bischöfe auf dem Konzil. Sie überschätzten ihre eigene Position und waren sich nicht bewusst, dass sie ohne Unterstützung von Johannes XXIII. und Paul VI. nur dann überlegen wären, wenn sie ihre Kräfte mit denen der ‚ultramontanen' Bischöfe aus der ganzen Welt bündeln würden.

Während der ersten Konzilssession hatten die ‚Ultramontanen', geschart um die beiden brasilianischen Bischöfe de Castro Mayer und de Proença Sigaud, ein ‚Kleines Komitee' ins Leben gerufen, um ihr Vorgehen zu koordinieren. In der zweiten Sitzungsperiode suchten sie ihre eigenen Kräfte besser zu organisieren, indem sie eine echte Gruppe der konservativen Konzilsväter gründeten. Msgr. Geraldo de Proença Sigaud, der am 18. April 1963 Erzbischof von Diamantina geworden war, schrieb von Brasilien aus an Msgr. Lefebvre, um ihn einzuladen, Mitglied einer neu entstehenden Gruppe zu werden, als deren Sekretär Msgr. Sigaud fungieren würde.[211] Der französische Erzbischof gab mit kluger Zurückhaltung am 4. Mai seine Einwilligung, wobei er sich der Mitarbeit der Patres der Abtei Solesmes und der theologischen Unterstützung seines Mitschülers in Santa Chiara, Abbé Victor-Alain Berto, versicherte.[212]

Am 22. Oktober 1963 fand bei der Kurie der Augustiner in der Via del S. Uffizio die erste Versammlung der Gruppe statt, die erst in der Folgezeit den Namen ‚Coetus Internationalis Patrum'[213] an-

---

[210] Vgl. A. RICCARDI, *La tumultuosa apertura dei lavori*, in: *SCV*, Bd. II, 80-81 {dt.: 72-74}. „*Die wichtigsten Führungsfiguren der Kurie oder die mit ihnen Verbundenen, also die Römer, meinen, man dürfe nicht in die Niederungen eines ‚Richtungskampfes' hinabsteigen: Ihnen wohnt ein Vertrauen auf die eigene Autorität und auf die Berufung auf die Macht der Tradition inne. Würde nicht die Autorität des Sacrum Officium genügen, um den Vätern Orientierungshilfe für ihre Entscheidungen zu geben, vor allem für die Entscheidungen theologischer Art?*" (ebd., 81 {dt.: 74}).

[211] Brief von Mgr. de Proença Sigaud an Mgr. Lefebvre vom 18. April 1963, in: A-Econe, 02-09 A.

[212] Vgl. B. TISSIER DE MALLERAIS, 310 {dt.: 310}.

[213] Über den Coetus Internationalis patrum idem in re theologica ac pastorali sententium: WILTGEN, 153-154; R. LAURENTIN, *Bilan de la troisième session*, in: *L'enjeu du Concile*, Bd. III, 291; R. AUBERT, *Organizzazione e funzionamento dell'assemblea*,

nahm. Zum Sekretär wurde Msgr. Geraldo de Proença Sigaud ernannt, der Unterstützung durch das effiziente Sekretariat erhielt, das ihm die in Rom anwesenden Mitglieder der Vereinigung ‚Tradition, Familie und Eigentum' (TFP) zur Verfügung stellten[214]. Msgr. Sigaud, der stets eng mit Msgr. de Castro Mayer zusammenarbeitete, war die eigentliche treibende Kraft des Coetus, während Msgr. Lefebvre dessen deutlicher hervortretendes Gesicht war.[215] Sie übernahmen die Führungsrolle, auf die die italienischen Bischöfe, mit einigen Ausnahmen, verzichteten.

Im Oktober 1963 schloss sich der Gruppe Msgr. Luigi Carli, Bischof der Diözese Segni, an. Carli war einer der besseren Theologen des Konzils, besonders gefürchtet von der antirömischen Partei. Er wurde von der Gruppe der konservativen Väter, die sich bei der Casa dei Verbiti traf, eingeladen und willigte ein, mit ihnen zusammenzuarbeiten, wenngleich er in einigen Fällen seine Unabhängigkeit wahrte. Msgr. Lefebvre wird es später folgendermaßen schildern: *„Die Seele des Coetus war Msgr. de Proença Sigaud in der Funktion des Sekretärs; ich selbst, in meiner Eigenschaft als ehemaliger Apostolischer Delegat und als Generaloberer der Kongregation war das Aushängeschild mit der Rolle des Vorsitzenden; Msgr. de Castro Mayer war der Vize-Vorsitzende und der Denker, während Msgr. Carli die Feder war, mit seiner Kompetenz, seinem lebhaften Geist und der den Italienern eigenen Geschmeidigkeit.“*[216]

177-179; V. A. Berto, *Notre-Dame de joie*, 290-295; L. Perrin, *Il Coetus internationalis*, 173-187. S. Gómez de Arteche y Catalina, Bd. II, Buch II, 240-265; Bd. III, Buch III, 290-295, 326-333. Vgl. auch N. Buonasorte, *Tra Roma e Lefebvre. Il tradizionalismo cattolico italiano e il concilio Vaticano II*, Roma 2003, 73-86.

[214] M. Lefebvre, *Sie haben ihn entthront*, Stuttgart 1988, 167, erinnert sich: *„Brasilianer, Mitglieder der T.F.P., halfen uns mit einer unerhörten Hingabe; sie arbeiteten in der Nacht und vervielfältigten die Arbeiten, die wir fünf oder sechs Bischöfe verfaßt hatten, das heißt, das leitende Komitee des* Coetus Internationalis Patrum, *den ich gegründet hatte zusammen mit Mgr. Carli, Bischof von Segni, und Mgr. de Proença Sigaud, Erzbischof von Diamantina, Brasilien.“ „Wir müssen zugeben“* – sagte er weiter – *„dass die TFP Brasilien vor dem Kommunismus gerettet hat“* (zit. bei B. Tissier de Mallerais, 309 {dt.: 309}.

[215] Vgl. J. O. Beozzo, *A Igreja do Brasil*, 531; H. Raguer, *Fisionomia iniziale dell'assemblea*, 222-224.

[216] *Le* Coetus Internationalis Patrum, *un combat qui aurait pû être victorieux*, in: Fideliter 59 (1987), 43-44.

Abbé Berto erklärte in einem Brief, dass die Hauptarbeit des Coetus in der *„Vorbereitung der* Modi *für das* Placet iuxta modum" bestand.

„Wenn man mit iuxta modum votiert, so muss man den gewünschten modus *darlegen sowie den Grund, warum man diesen* modus *vorlegt. Von 2000 Vätern gibt es keine 200, die diese Arbeit leisten können, aufgrund mangelnder Lust und Zeit; doch wenn ihnen der* modus *und die* ratio modi *schon vorgefertigt geliefert werden, so wünschen viele nichts sehnlicher, als davon Gebrauch zu machen, weil sie im Grunde mit den Texten, die ihnen in der Aula präsentiert werden, nicht zufrieden sind. Unsere Arbeit (in unserem kleinen Theologenkollegium) besteht also darin, den Text durchzusieben, die inakzeptablen Passagen zu bestimmen, den* modus *und die* ratio modi *vorzubereiten, und zwar beides mit größter Prägnanz und Kürze – dies ist nicht wenig! Doch weil es noch weniger Sekretäre als Theologen gibt, muss man auch ihre materielle Arbeit übernehmen: Hektographien, Archivierung der Blätter, Zusammenheften, Verteilung an die Väter. ... Ist diese ganze Arbeit lohnenswert? Es könnte mehr sein, und doch ist es schon viel. Bis jetzt hat es bei der wichtigsten Abstimmung der Sitzungsperiode 574 Stimmen* placet iuxta modum *gegeben. Von diesen 574 haben mindestens 540 die von uns vorgelegten* modi *benutzt. Wir haben 600 verteilt, aus Zeitmangel konnten wir nicht mehr verteilen. Wie Sie sehen, ist die Arbeit nicht unnütz gewesen.*

All dies hindert uns nicht daran, auch auf andere Weise tätig zu sein, so bei Treffen und Gesprächen. Nur an eine Methode denkt keiner von uns: an Intrige und Täuschungsmanöver. Die Verteilung der modi *ist den verschiedenen Bischofskonferenzen zugänglich, unsere Arbeitstreffen dienstags sind öffentlich.* Filii lucis sumus[†]."[217]

[†] Wir sind Kinder des Lichts.

[217] Brief vom 12. Oktober 1964, in *Notre Dame de Joie*, 290-291. *„Ihr könnt aus den Tageszeitungen ersehen*", schrieb Abbé Berto am 12. November 1963 an die Väter vom Heiligen Geist, *„dass die ganze enorme Maschinerie, die um das Konzil herum in Gang ist (denn ich will nichts über das Konzil als solches sagen) darauf hinausläuft, mit dem theologischen Römertum zusammenzustoßen ... Wir (ich meine die römischen Theologen) haben nirgendwo Zugang; wir sind Verbannte in*

Der Besuch, den Paul VI. der Lateran-Universität, Bastion des antiprogressistischen Widerstandes, am 31. Oktober 1963 zur Eröffnung des akademischen Jahres abstattete, lässt sich nur in Verbindung mit seiner Sorge über die Entstehung des Coetus sehen. Der Papst schloss seine Rede mit den Worten, dass die Lateranense die Pflicht habe, eine positive Arbeit zu leisten und alles Negative und Kritische für immer aufzugeben. *„Die Studierenden"*, notierte Congar, *„haben diese Worte mit donnerndem Applaus aufgenommen. Sie haben begriffen, dass dies die Missbilligung der Geisteshaltung von Msgr. Piolanti und das Ende der Attacken gegen das* Biblicum *bedeutete."*[218]

9. Zwischen Primat Petri und Kollegialität

a) Die Wurzeln der Debatte

Die Diskussion über das Kapitel der Kollegialität der Bischöfe bildete das Herzstück der Konzilsdebatte; die Väter sollten darüber in neun Generalkongregationen diskutieren.[219] Das Konzil verlangte von den Bischöfen letztendlich, ihre Autorität im Verhältnis zu der des Römischen Pontifex zu definieren. Bei diesem doktrinellen Problem, das ihnen hierbei vorgelegt wurde, waren sie Richter und Partei in einem.

---

unserem eigenen Vaterland. Wir widerstehen diesem Strom, doch sind wir weit davon entfernt, seinen Kurs umkehren zu können" (Brief vom 12. November 1963, ebd., 277).

218 CONGAR, *Journal*, Bd. I, 515-516. Auch de Lubac bemerkt: „*An der Gregoriana (und, wie ich vermute, am Biblicum) frohlockt man*" (DE LUBAC, *Carnets*, Bd. II, 9).

219 Vgl. AS II/2, 82-124 u. 222-914. Vgl. auch A. ACERBI, *Due ecclesiologie*, 271ff; PIERO CODA, *La Chiesa Corpo di Cristo e l'ordinazione universale al popolo di Dio. Rileggendo la "Lumen gentium"*, in: Lateranum 68 (2002), 267-278; CLAUDIO DELPERO, *La Chiesa del Concilio. L'ecclesiologia nei documenti del Vaticano II* (Ricerca e teologia 2), Libreria Editrice Fiorentina, Firenze 2005; LAURENT VILLEMIN, *Pouvoir d'ordre et pouvoir de juridiction. Histoire théologique de leur distinction*, Paris 2003. Man siehe auch M. WILDE, *How Culture Mattered Vatican II: Collegiality Trumps Authority in the Council's Social Movement Organizations*, in: American Sociological Review 69 (2004), 576-602.

In der Kirche kommt die Jurisdiktionsgewalt *iure divino* dem Papst und den Bischöfen zu. Die Fülle der Jurisdiktionsgewalt liegt allerdings allein beim Papst, auf den sich das gesamte kirchliche Gebäude gründet. Der römische Pontifex besitzt die souveräne Autorität über die ganze Kirche, und kraft seines universalen Leitungsprimates bleibt er ihr oberster Gesetzgeber.[220]

Die katholische Lehre über den Primat Petri und über die Jurisdiktion des römischen Pontifex wurde bereits auf dem II. Konzil von Lyon 1274[221], auf dem Konzil von Florenz 1439[222] und in der *Professio Fidei* von Trient[223] dargelegt und auf dem Ersten Vatikanischen Konzil in der dogmatischen Konstitution *Pastor Aeternus* (18. Juli 1870)[224] feierlich definiert, welche nicht nur den Ehrenprimat, sondern die echte Jurisdiktion des römischen Pontifex über die Universalkirche bekräftigte. Gemäß dieser Definition vermag der römische Pontifex in der Kirche alles, vermag es über alle, vermag es ohne Beschränkung durch jemand anderen. Dies schließt die Möglichkeit einer ‚kollegialen' oder ‚demokratischen' Konzeption aus, der zufolge das Kollegium der Bischöfe mit oder ohne den Papst in seinen Reihen irgendeine von der seinigen unabhängige Autorität ausüben kann. Die Definition des Ersten Vatikanums hatte eine unüberwindliche Bastion gegen die auch im Innern der katholischen Kirche umherschleichenden antipapalen Tendenzen errichtet. Die Parole der ‚Neuerer' lautete, man müsse das Dogma des Ersten Vatikanums *„ausbalancieren"*, indem man ihm das Prinzip der ‚Kollegialität' der Leitung an die Seite stellte.

Die Progressisten vertraten die Auffassung, dass Jesus Christus die Leitung der Kirche nicht allein Petrus, sondern den ‚Zwölfen' anvertraut habe, d.h. einem Apostelkollegium, dem Petrus in seiner Eigenschaft als Haupt angehörte. Sie glaubten, wenn das Erste Vatikanische Konzil den Primat des römischen Pontifex bekräftigt

---

[220] Vgl. JOËL BENOÎT D'ONORIO, *Le Pape et le gouvernement de l'Église*, Fleurus-Tardy, Paris 1992, 100.

[221] DH 861.

[222] Ebd. 1307.

[223] Ebd. 1868-1869.

[224] Ebd. 3050-3075.

habe, so müsse das Zweite Vatikanum die Existenz eines Bischofskollegiums als Erben des Apostelkollegiums anerkennen.[225]

Der erste Grund für diese Forderung war ‚ökumenischer' Natur. Das Dogma des Primates bildete den hauptsächlichen Stein des Anstoßes im ökumenischen Dialog und, um diesen Dialog voranzubringen, musste man die Tragweite dieses Dogmas abschwächen, indem man die ‚kollegiale' Dimension der Kirchenleitung herausstellte. Die ‚Wiederentdeckung' der Rolle des Episkopates an der Seite des Papstes (und damit implizit ihm gegenüberstehend), war auf Anregung von Dom Beauduin[226] in den Kreisen des Klosters Chevetogne im Umfeld der Zeitschrift ‚Irenikon' entstanden. Den Neologismus ‚Kollegialität' hatte 1951 P. Congar in der Zeitschrift von Chevetogne als Übersetzung des russischen Terminus *‚sobornost'*[227] geprägt. Er wollte damit anzeigen, dass den Bischöfen, die die verschiedenen Diözesen in der Welt leiteten, in ihrer Gesamtheit eine Leitungsgewalt zukomme, als ‚Kollegium', das das Apostelkollegium der Zwölf beerbt habe.

1960 hatten vier Professoren des orthodoxen Institutes Saint Serge in Paris ein Buch veröffentlicht, das sich dem *Primat Petri*[228] widmete; darin setzten sie der katholischen Ekklesiologie, die auf der juridischen Vorstellung der ‚Macht' basiert, eine ‚kollegiale' Ekklesiologie entgegen, die sich auf den Primat der Liebe gründet. Dom Olivier Rousseau, Mönch von Chevetogne, dem Institut Saint Serge verbunden, aber auch dem Bischof von Namur, Msgr. Charue, sehr nahestehend, Vize-Vorsitzender der Theologischen Kommission des Konzils, hatte dazu beigetragen, diese Ideen in Umlauf zu bringen.[229]

---

[225] Vgl. LIÉNART, *Vatican II*, 98.

[226] Vgl. C. MOELLER, *Il fermento delle idee nella elaborazione della costituzione*, in: *La Chiesa del Vaticano II*. 155-159.

[227] Vgl. Y. CONGAR, *Le peuple fidèle et la fonction prophétique de l'Église*, in: Irenikon 24 (1951), 440-466, 446. Vgl. NICOLAS AFANASIEFF, *Le Concile dans la théologie orthodoxe russe*, in: Irenikon 35 (1962), 316-317; O. ROUSSEAU OSB, *I movimenti rinnovatori degli ultimi decenni*, in *La Chiesa del Vaticano II*, 119-120; A. CAVAZZA, *L'idea di Sobornost*, 129-144.

[228] N. AFANASIEFF / NICOLAS KOULOMZINE / JEAN MEYENDORFF / ALEXANDRE SCHMEMANN, *La primauté de Pierre*, Delacroix et Niestlée, Neuchâtel 1960. Der Band erschien auch auf Deutsch (1961) und auf Englisch (1963).

[229] Vgl. E. LANNE, *La perception en Occident*, 122-123.

Ein zweiter Grund, der den bischöflichen Forderungen zugrunde lag, war theologischer Natur: Im Innern der Kirche zeigten sich erneut die Tendenzen des Konziliarismus des 15. Jh., des Febronianismus des 18. Jh. und des Anti-Infallibilismus des 19. Jh., wodurch versucht worden war, die Autorität und den Einfluss des Papsttums zu verschiedenen Zeiten und auf verschiedene Art und Weise zu beschränken. In Konstanz hatte die Konzilsversammlung in der fünften Sitzung vom 6. April 1418 mit einer Abstimmung nach Nationen das Dekret *Haec Sancta*[230] approbiert, worin es hieß, dass *„das Konzil von Konstanz, das rechtmäßig im Heiligen Geist versammelt ist, ein ökumenisches Konzil bildet und die streitende Kirche repräsentiert, seine Macht unmittelbar von Gott herleitet und alle, einschließlich des Papstes, verpflichtet sind, ihm Gehorsam zu erweisen, was den Glauben und die Beseitigung des Schismas betrifft"*[231].

Diese Formulierung ist wiederholt verurteilt worden.[232] Doch war 1959 eine Reihe von Beiträgen des Benediktiners Paul De Vooght erschienen, in denen eine Revision des traditionellen theologischen Urteils über das Konstanzer Dekret vorgeschlagen wurde, und zwar auf Basis einer Unterscheidung zwischen einem moderaten Konziliarismus, wie ihn die mittelalterlichen Theologen auf dem Konzil von Konstanz vertraten, und einem radikalen Konziliarismus, wie ihn Marsilius von Padua auf dem (heterodoxen) Konzil von Basel vertrat.[233]

Es gab schließlich einen dritten Grund eher politischer Natur. In den progressistischen Kreisen, vornehmlich in Frankreich, schien

---

230 Vgl. MANSI, Bd. 29, 21-22.

231 Zum Konzil von Konstanz vgl. den Artikel von LÉON CRISTIANI, *Constance*, in: DDC IV (1949), 390-424.

232 In Florenz definierte Eugen IV. am 4. September 1439 feierlich gegen *Haec Sancta* den Primat des Römischen Pontifex (DH. 1307). Das Gleiche tat Pius II. in der Bulle *Execrabilis* vom 18. Januar 1460 (DH. 1376).

233 Vgl. PAUL DE VOOGHT, *Les controverses sur les pouvoirs du Concile et l'autorité du Pape au Concile de Constance*, in: Revue théologique de Louvain 1 (1970), 47-75; *Le conciliarisme aux conciles de Constance et de Bâle*, in: *Le concile et les conciles*, Paris 1960, 143-181; *Le concile œcuménique de Constance et le conciliarisme*, in: Istina 9 (1963), 57-86; *Le conciliarisme aux conciles de Constance et de Bâle. Compléments et précisions*, in: Irenikon 36 (1963), 61-75 und schließlich *Les pouvoirs du concile et l'autorité du Pape au Concile de Constance*, Paris 1965. Auf dieser Linie bewegte sich auch die Studie von BRIAN TIERNEY, *Foundations of the conciliar theory*, Cambridge University Press, Cambridge 1955.

sich das Modell der Kirche als ‚absoluter Monarchie' nicht mit den ‚demokratischen' Anliegen der modernen Gesellschaft zu vertragen. Die Progressisten sahen das Konzil als eine Repräsentantenversammlung analog zu den politischen Versammlungen und in den Bischöfen Abgeordnete des ‚Willens des Gottesvolkes'.

Bei einigen Theologen wie Congar und Küng flossen die drei Motive zusammen und äußerten sich in einer klaren Ablehnung der Suprematie des Papstes. *„Seit tausend Jahren hat man bei uns alles aus dem päpstlichen Blickwinkel gesehen und konstruiert, nicht aus dem des Episkopates und seiner Kollegialität. Jetzt muss man* DIESE *Geschichte,* DIESE *Theologie,* DIESES *Kirchenrecht machen"*, notierte der Dominikanertheologe am 25. September 1964 in sein Tagebuch.[234]

Um die Rolle des Episkopates zu erweitern, überbetonte die antirömische Partei die Gewalt des bischöflichen Ordo, die durch die Bischofsweihe verliehen wurde, gegenüber der Jurisdiktionsgewalt, die durch Mandat verliehen wurde. Dieser Überbetonung der sakramentalen Natur des Episkopates gesellte sich die Überbetonung der vorrangig bischöflichen Rolle des Papstes bei, der auf einen *primus inter pares* innerhalb des Bischofskollegiums herabgestuft wurde. Der traditionellen Lehre, die man kurzerhand als *„juridizistisch"*[235] abqualifizierte, wurde die These entgegengesetzt, dass die Kirche durch eine apostolische Gewalt mit sakramentaler und kollegialer Struktur geleitet werde. Das Motto lautete, die Kirche von der juridischen Kruste, die sie erstickt, zu befreien und ihre vertikale Struktur in eine demokratische und egalitäre umzuwandeln.

b) *Die Diskussion in der Aula*

Als die Debatte am 4. Oktober eröffnet wurde, äußerten sich zugunsten der Kollegialität die Kardinäle Meyer[236], Léger[237], König[238], Alfrink[239] und Msgr. De Smedt[240] (Brügge). Dagegen intervenierten

---

[234] CONGAR, *Journal*, Bd. II, 164.
[235] A. ACERBI, *Due ecclesiologie*, 94ff.
[236] AS II/2, 230-232.
[237] Ebd. 223-225.
[238] Ebd. 225-227.
[239] Ebd. 232-233.

zugunsten des petrinischen Primates die Kardinäle Siri[241] und Ruffini[242], Msgr. Dino Staffa[243] und Msgr. de Proença Sigaud[244]. Letzterer äußerte am 9. Oktober in der Aula, dass eine vergleichende Studie der Artikel 12, 13 und 16 des Schemas den Eindruck vermittle, man trüge eine neue Lehre vor. An seinen Platz zurückgekehrt, erhielt er eine Note von Msgr. Luigi Carli, der ihm gratulierte. Dies war der Beginn einer engen Zusammenarbeit.

Am 10. Oktober zeigte sich Msgr. Sigaud in einem Interview mit dem ‚Divine World Service' davon überzeugt, dass die Stärkung der nationalen Bischofskonferenzen sowohl die Macht der Ortsbischöfe wie jene des Papstes beschränken würde.[245] Die Vollmacht, die Universalkirche zu führen, fügte er hinzu, *„wurde Petrus allein als persönliche Vollmacht verliehen und ging von Petrus an seine Nachfolger im Papstamt über. Nicht einmal der Pontifex selbst"*, schloss der Bischof, *„könnte diese von Christus grundgelegte Struktur verändern und die Kirche mittels einer Art Dauerkonzil leiten."*[246]

Am 11. Oktober ergriff der neue Auxiliarbischof von Bologna, Msgr. Luigi Bettazzi[247], der jüngste Konzilsvater, das Wort; er wurde später durch seine Unterstützung des ‚historischen Kompromisses' zwischen Katholiken und Kommunisten bekannt[248]. Seine Intervention in der Aula, die auf einer von Alberigo und Dossetti vorbereiteten Notiz basierte, definierte die Gegner der Kolle-

---

[240] Ebd. 263-266.

[241] Ebd. 222-223.

[242] Ebd. 84-87.

[243] Ebd. 323-324.

[244] Ebd, 366-369.

[245] ‚Divine World Service', 10. Oktober 1963.

[246] Ebd.

[247] Luigi Bettazzi (1923), 1946 zum Priester geweiht. Von August 1963 bis 1966 Weihbischof von Bologna, danach Bischof von Ivrea. Lit. von ihm: *Non spegnere lo spirito. Continuità e discontinuità del Concilio Vaticano II*, Queriniana, Brescia 2006; *In dialogo con i luterani: memorie e riflessioni di un vescovo un po' laico*, Aliberti, Reggio Emilia 2008.

[248] Vgl. den offenen Brief, den das Generalsekretariat der Kommunistischen Partei Italiens an Enrico Berlinguer schickte (*Comunisti e cattolici: chiarezza di principi e basi di un'intesa*, in: Rinascita 40 (1977), 3-5), als Antwort auf ein ähnliches Schreiben von Mgr. Bettazzi (*Lettera aperta all'on. Berlinguer*, in: ‚Il Risveglio popolare', 8. Juli 1976). Zum „Fall" siehe G. CANTONI, *La "Lezione italiana". Premesse, manovre e riflessi della politica di "compromesso storico" sulla soglia dell'Italia rossa*, Cristianità, Piacenza 1980, 167-176.

gialität als *novatores*, indem sie die Auffassung vertrat, die kirchliche Jurisdiktion des Bischofskollegiums stehe in Kontinuität mit der theologischen Tradition des 18. und 19. Jh.[249] *„Er hat die Positionen von Ruffini und Siri abgelehnt, die er – o welche Verhöhnung! – als* novatores *bezeichnet hat"*[250], kommentierte Chenu zufrieden in seinem Tagebuch, während ‚L'Avvenire d'Italia' mit dem triumphierenden Titel erschien: *„Applaus auf offener Bühne am Konzil für den jüngsten Bischof Italiens"*[251]. Am 15. Oktober antworteten Siri, Wyszyński, Jubany[252] und Browne[253]. Msgr. Marcel Lefebvre bestätigte die Thesen Sigauds durch seine eigene Erfahrung als Missionar (er hatte vier Bischofskonferenzen gegründet: in Madagaskar, im Kongo, beide ehemals französisch, in Kamerun und in Dakar, Französisch-Westafrika) und erklärte, dass die große Macht der Bischofskonferenzen nicht nur das Papsttum bedrohen würde, sondern auch die pastorale Autorität und die Lehrgewalt der einzelnen Bischöfe.[254]

In diesen Tagen ging man auch an das Thema des Diakonates und des Laikates heran. Gegen das Prinzip des Diakonates als einer ständigen Einrichtung der Kirche intervenierten die Kardinäle Bacci[255] und Spellman[256], denen wiederum Döpfner[257] und Suenens[258] antworteten. Msgr. Alvim Pereira[259], Erzbischof von Lourenço Marques (Mosambik) sprach im Namen von 38 portugiesischen Bischöfen und vertrat die Auffassung, dass dann, wenn der Kandidat nicht das Wissen besäße, das man von einem Priester erwarte, und nicht zölibatär lebte, er für den Diakonat nicht qualifiziert wä-

---

[249] AS II/2, 484-487.

[250] CHENU, *Notes*, 142.

[251] ‚L'Avvenire d'Italia', 12. Oktober 1963.

[252] Narciso Jubany Arnau (1913-1996), Spanier, 1939 zum Priester geweiht, ab 1955 Weihbischof von Barcelona und Titularbischof von Orthosias in Phönizien, ab 1964 Bischof von Gerona, seit 1971 Erzbischof von Barcelona, 1973 zum Kardinal erhoben.

[253] AS II/2, 572-573; 574-577; 580-586; 600-601.

[254] Ebd. 471-472.

[255] Ebd. 87-89.

[256] Ebd. 82-83.

[257] Ebd. 227-230.

[258] Ebd. 317-320.

[259] Custódio Alvim Pereira (1915-2006), Portugiese, 1937 zum Priester geweiht, von 1962 bis 1974 Erzbischof von Lourenço Marques (Mosambik).

re; wenn er hingegen dieses Wissen besäße und zölibatär lebte, sollte er zum Priester geweiht werden.[260]

Am 22. Oktober schlug Kard. Suenens vor, dass das Kapitel III, welches das ‚Volk Gottes' behandelt, dem Kapitel II, das über die Hierarchie der Kirche sprach, vorangehen sollte. Es handelte sich nicht um eine bloße Umstellung der Kapitel, sondern um den Übergang von der traditionellen Theologie des Mystischen Leibes zur neuen Ekklesiologie des *„Volkes Gottes"*.[261] Suenens hatte Hans Küng gebeten, ihm die Rede vorzubereiten, die den Akzent ganz auf den ‚charismatischen' und ‚prophetischen' Aspekt der Kirche setzte.[262] Die Charismen, sagte der Primas von Belgien, seien ein zentraler, nicht ein peripherer Aspekt in der Verfassung der Kirche, in der der Heilige Geist immer anwesend ist mit allen seinen Gaben, die sich auf alle Christen ohne Ausnahme erstrecken. Die Kirche sei nicht ‚juridisch', sondern wesentlich ‚pneumatisch', aufgebaut nicht nur auf den Aposteln, sondern auch auf den Propheten.

Die Diskussion zog sich über den ganzen Monat Oktober hin, ohne dass eine Übereinstimmung erzielt worden wäre, aber in ihr wurde eine starke Tendenz erkennbar, eine neue Konzeption der Kirche als *communio* zu entwickeln.

Innerhalb der Theologischen Kommission wurde damals eine Unterkommission gebildet, die den Namen *De Collegialitate* trug, um das Problem der Kollegialität zu erörtern, das im Schema *De Ecclesia* enthalten war. Ihr gehörten die Theologen Maccarrone, Rahner, Ratzinger und Salaverri[263] an. Maccarrone und Salaverri woll-

---

[260] AS II/2, 500-501.

[261] Vgl. den Leitartikel *Dalla teologia del "Corpo Mistico" all'ecclesiologia del "popolo di Dio"*, in: Civiltà Cattolica 3231 (1985), 209-221. Pater Congar, Hauptverfasser des späteren Kapitels IX von *Lumen gentium*, wird die Bezeichnung „messianisches Volk" vorschlagen (vgl. Y. CONGAR, *Un peuple messianique, l'église, sacrement du Salut. Salut et libération*, Ed. du Cerf, Paris 1975).

[262] KÜNG, *Erkämpfte Freiheit*, 473-475; J. GROOTAERS, *Diversité des tendances*, in: *The Belgian contribution*, 560. *„Es ist offensichtlich"*, kommentierte Grootaers, *„dass Suenens mit dieser Intervention auf dem Zweiten Vatikanum die Avantguarde der charismatischen Bewegungen geworden ist, welche zwanzig Jahre später unter Johannes Paul II. auf die Bühne treten und ein entscheidendes Kennzeichen des woytilanischen Pontifikates werden sollten"* (ebd., 561).

[263] Joaquín Salaverri de la Torre (1892-1979), spanischer Theologe der Gesellschaft Jesu, 1925 zum Priester geweiht, bis Ende 1972 Professor für Ekklesiologie an der Päpstlichen Universität Comillas. Konsultor der Vorbereitungskommission des Kon-

ten in das III. Kapitel des Schemas *De Ecclesia* die explizite Zitation des Ersten Vatikanums über die päpstliche Amtsgewalt einfügen, doch der Vorschlag wurde von den Periti-Kollegen Rahner und Ratzinger abgeblockt.[264]

c) *Die Schlacht der Zwölf ist gewonnen!*

Die Abstimmungen vom 29. und 30. Oktober über die Kollegialität, am Ende der 48. Generalkongregation, bezeichneten den Gipfelpunkt der zweiten Sitzungsperiode. Am 29. Oktober, nach der Abstimmung über das Schema *De Beata Maria Virgine*, wurden den Konzilsvätern eine Reihe von Fragen mit folgender Abstufung vorgelegt:

> *„Ob es den Vätern gefällt, wenn das Konzil feststellt: 1. Dass die Bischofsweihe den höchsten Grad des Weihesakramentes bildet. 2. Dass jeder legitim geweihte und in Gemeinschaft mit den anderen Bischöfen und dem Papst, ihrem Haupt und Einheitsprinzip, stehende Bischof ein Mitglied des bischöflichen Kollegiums wird. 3. Dass dieses Corpus, Kollegium der Bischöfe, dem Kollegium der Apostel in der Sendung der Evangelisierung, Heiligung und Leitung nachfolge, und dass dieses Bischofskollegium in Verbindung mit seinem Haupt, dem römischen Pontifex und niemals ohne sein Haupt – wohl verstanden, das Primatialrecht bleibt in diesem Haupt vollständig und intakt gewahrt – die höchste und vollständige Gewalt in der Universalkirche genießt. 4. Dass diese Gewalt nach göttlichem Recht dem bischöflichen Kollegium in Verbindung mit seinem Haupt zukommt. 5. Dass die Wiederherstellung des Diakonates als eigener und ständiger Rang des heiligen Amtes angemessen ist."*

Die Befürworter der Kollegialität konnten mit der Art, wie die Fragen formuliert waren, sowie mit den nachfolgenden Abstimmungsergebnissen nur zufrieden sein. Für die erste Frage ergaben sich

---

zils (1960-1962), theologischer Peritus (1962-1965). Vgl. den Artikel von J. ESCALERA in: DHCJ, 3648.

[264] M. SENSI, *Monsignor Michele Maccarrone*, 18-19; F. ÁLVAREZ ALONSO, *Primato e collegialità*.

2123 Jastimmen und 34 Neinstimmen; für die zweite 2049 Ja, 104 Nein und 1 ungültige Stimme; für die dritte 1808 Ja, 336 Nein und 4 ungültige Stimmen; für die vierte 1717 Ja, 408 Nein und 13 ungültige Stimmen. Für die fünfte Frage 1588 Ja und 525 Nein. Die dritte Frage war die Schlüsselfrage, weil sie einen Rechtsträger einführte, der der kirchlichen Tradition unbekannt war: das bischöfliche Kollegium in seiner Gesamtheit, dem die höchste Amtsgewalt in der Kirche zugeschrieben wurde. Die ersten zwei Fragen bildeten die Voraussetzung für die dritte Frage: die Gesamtheit der Bischöfe konnte die höchste Amtsgewalt nur unter der Bedingung erhalten, dass sie in der Weihe den höchsten Grad des hl. Ordo erlangten (was das Konzil von Trient implizit geleugnet hatte) und dass der Bischof durch die Weihe, nicht durch päpstliche Ernennung, Teil des bischöflichen Kollegiums wurde. Die vierte Frage bekräftigte, was zuvor festgesetzt worden war. Über 400 Bischöfe lehnten also die Feststellung ab, dass die höchste und volle Gewalt über die Universalkirche nach göttlichem Recht dem bischöflichen Kollegium zukomme. Die Zweidrittel-Mehrheit war jedoch gewonnen, und die Zeitungen in aller Welt meldeten, dass sich in der Leitung der Kirche das Blatt gewendet habe. Die Abstimmung wurde, wie Küng erwähnt, als *„die friedliche ‚Oktoberrevolution' der katholischen Kirche"*[265] bezeichnet. Die Kirche schien ihre monarchische Rechtsstruktur durch eine demokratische ersetzen zu wollen, deren Leitung nicht beim Papst, sondern bei der Gesamtheit der Bischöfe liegt. In Brüssel triumphierte Kard. Suenens: *„Der 30. Oktober ist ein entscheidendes Datum in der Geschichte der Kirche. Die Schlacht der Zwölf ist gewonnen"*[266]. Mit ähnlichen Worten hatte Paul VI. die drei ‚progressistischen' Moderatoren des Konzils (Döpfner, Lercaro, Suenens) am Tag nach diesem ‚historischen' Tag des 30. Oktobers empfangen: *„Wir haben also gewonnen!"*[267].

Der Text, über den man abgestimmt hatte, besaß jedoch den Charakter einer Aussage, nicht einer Definition. Es war offensichtlich eine Selbsttäuschung, zu meinen, die nicht vom Papst ratifizierte Abstimmung vom 30. Oktober könnte eine Entscheidung be-

---

265 KÜNG, *Erkämpfte Freiheit*, 478.
266 ‚Informations catholiques internationales', 1. November 1963, 3.
267 CHENU, Notes, 144.

deuten. Die Gegner der Kollegialität wandten sich direkt an Paul VI., indem sie sich der Hilfe des Sekretärs Felici bedienten, der laut König *„es in seinen täglichen Besuchen beim Papst mit Sicherheit nicht unterließ, die gefährlichen Seiten der neuen Verfassung, die das Konzil einzuführen beabsichtigte, darzulegen"*[268].

Am 31. Oktober wurde die Relation der Kommission verteilt, die das Schema bezüglich der Bischöfe und der Leitung der Diözesen ausgearbeitet hatte. Zielscheibe der Progressisten war jetzt die Kurie. Am 5. November stellte Kard. Marella[269] das Schema des Dekretes *De episcopis ac de diocesium regimine* vor, das die von ihm geleitete Kommission ausgearbeitet hatte[270]. Nach Darlegung von Ursprung, Entwicklung und Inhalt des Schemas durch Msgr. Carli[271] intervenierten die Kardinäle Ruffini[272], Browne[273] und Ottaviani[274] zur Verteidigung des Dekretes, indem sie auf die Gefahr hinwiesen, dass die nationalen Bischofskonferenzen die Autorität des Heiligen Stuhles an sich reißen könnten. Die erste Attacke gegen die Kurie wurde von Kard. Richaud[275], dem Erzbischof von Bordeaux, geführt, ihm folgte Msgr. Gargitter[276], Bischof von Brixen. Beide forderten eine Neuorganisation und stärkere ‚Internationalisierung' der Kurie. Am folgenden Tag sprach Kard. Alfrink im Namen der holländischen Bischöfe und unterstrich, dass dann, wenn die Kollegialität göttlichen Rechts wäre, daraus folgte, dass das Bischofskollegium vor der Kurie den Vorrang besäße und dass diese nicht das Recht hätte, zwischen den Papst und die Bischöfe zu treten. Alfrink wünschte die Einrichtung eines zentralen Organs der Kirche, das Bischöfe aus jedem Teil der Welt umfasst und ein *„Zeichen der kollegialen Regierung"* darstellt *„und zugleich ein Instrument, mit*

---

[268] KÖNIG, *Chiesa dove vai?*, 29.

[269] Paolo Marella (1895-1984), 1918 zum Priester geweiht, ab 1933 Titularerzbischof von Doclea, 1959 zum Kardinal erhoben, 1964 bis 1973 Präsident des Sekretariates für die Nichtchristen.

[270] AS II/4, 435-438. Die Debatte in: AS II/4, 393-748; AS II/5, 9-411.

[271] Ebd. 439-445.

[272] Ebd. 476-478.

[273] Ebd. 486 und 626-627.

[274] Ebd. 624-625.

[275] AS II/4, 450-452. Paul-Marie Richaud (1887-1968), 1913 zum Priester geweiht, 1958 zum Kardinal erhoben. Von 1950 bis zu seinem Tod Erzbischof von Bordeaux.

[276] AS II/4, 453-455. Joseph Gargitter (1917-1991), 1942 zum Priester geweiht. 1952 bis 1986 Bischof von Brixen.

dem man in gewisser Weise eine solche kollegiale Regierung der Kirche ausüben könnte."[277]

Am 6. November hielt Maximos IV Saigh, wie immer in französischer Sprache, eine, wie Jedin sagte, *„Brandrede"*[278] gegen die römische Kurie und das Kardinalskollegium, das man seiner Ansicht nach durch ein „heiliges Kollegium der Universalkirche" ersetzen müsste, welches aus den katholischen Patriarchen, Kardinal-Erzbischöfen oder residierenden Bischöfen sowie aus Bischöfen bestand, die von den Bischofskonferenzen jedes Landes ausgewählt würden.[279] Kard. König hatte gerade erst einen ähnlichen Vorschlag gemacht, worin er empfahl, dass der Papst ein- oder zweimal im Jahr die Vorsitzenden der Bischofskonferenzen und andere Bischöfe einberufen sollte, um ihre Meinung zu Themen bezüglich der Universalkirche zu hören.[280] König berief sich für die Leitung der Kirche auf das Prinzip der Subsidiarität und sprach sich in einer Erklärung für den ‚Divine World Service' zugunsten einer Ausweitung der Rolle der nationalen Bischofskonferenzen aus.[281] An diesem Tag schrieb Abbé Berto einen bekümmerten Brief an Msgr. Carli, worin er darauf hinweist, dass die dem Papst geschuldete Liebe kindlicher Natur ist und sich auf eine konkrete Person *„in carne et ossibus"*[†], die das Papstamt innehat, bezieht. Die Kollegialität, erklärt Berto, *„ist für die Liebe zum Papst tödlich, da sie seine Vaterschaft zunichtemacht."*[282] *„Die Vater-Sohn-Beziehung ist eine Beziehung zwischen zwei physisch direkt miteinander verbundenen Personen. Wenn der Papst das Haupt der Kirche nur insofern ist, als er das Haupt des Kollegiums der Bischöfe ist, dann ist der wahre Souverän der Kirche dieses Kollegium, d.h. eine moralische Person ... .Die ‚Kollegialisten' sollen mir sagen: wer könnte denn je eine moralische Person lieben? Wer könnte je ein Kollegium kindlich lieben und in seinem Herzen denken: Das Kollegium ist mein Vater und ich bin sein Sohn? ... Und wer könnte je*

---

277 AS II/4, 479-481, 480.

278 HUBERT JEDIN, *Lebensbericht.* Mit einem Dokumentenanhang hg. v. KONRAD REPGEN, Matthias-Grünewald-Verlag, Mainz 1984, 212.

279 AS II/4, 516-519.

280 Ebd. 478-479.

281 ‚Divine World Service', 7. November 1963.

† Eigentlich ‚*mit Fleisch und Knochen*', im Sinne von *leibhaftig.*

282 V. A. BERTO, *Brief an Mgr. Carli vom 6. November 1963*, in: N. BUONASORTE, *Per la "pura, piena, integra fede cattolica"*, 124.

glauben, dass die Vaterschaft Gottes, ‚ex quo omnis paternitas in coelo et in terra nominatur'[†], durch eine kollegiale Entität repräsentiert und versinnbildlicht wird sowie Teilhabe erfährt, gerade in der höheren Ordnung der geschaffenen Dinge, nämlich in seiner Kirche?"[283]

Zur Verteidigung der Kurie intervenierten am 7. November Msgr. Mason[284], Apostolischer Vikar von El Obeid in Sudan, der armenische Patriarch von Kilikien, Ignace Pierre XVI. Batanian[285], und Msgr. Aurelio Del Pino Gómez[286], Bischof von Lerida in Spanien. Letzterer machte die Feststellung, dass die römische Kurie über Männer verfüge, die an Heiligkeit, Weisheit, Klugheit und Liebe hervorragten, und unter ihnen auch viele seien, die später in das Amt des Heiligen Vaters erhoben würden. Die römische Kurie bestehe aus Männern, die *„aus allen Nationen ausgewählt werden"*, fügte der spanische Bischof hinzu und betonte: *„weil die Heiligen Kongregationen das Instrument bilden, dessen sich der Papst für die Regierung der Kirche bedient, müssen wir uns bewusst sein, dass alles, was man gegen die römische Kurie sagt, sich in gewisser Weise auch gegen den römischen Pontifex selbst richtet"*.[287]

d) Die Attacke gegen das Heilige Offizium

Die Hauptattacke gegen die Kurie war dem 8. November vorbehalten. Der Kölner Kardinal Frings führte sie aus. In seiner Intervention griff er das von Ottaviani geleitete Heilige Offizium direkt an, indem er die Behauptung aufstellte, dass dessen Vorgehensweise *„sich nicht mehr mit unserer Epoche verträgt, der Kirche schadet und für viele ein Gegenstand des Anstoßes ist"*. Die Verteidigung des Glaubens ist eine extrem schwierige Aufgabe – fügte er hinzu – doch *„dürfe niemand ohne Anhörung und ohne die Möglichkeit gerichtet*

---

† *von dem alle Vaterschaft im Himmel und auf Erden ihren Namen hat.*

283 Ebd.

284 AS II/4, 606-607.

285 AS II/4, 558-559. Ignace Pierre XVI. Batanian (1899-1979), geboren in der Türkei, 1921 zum Priester geweiht. Von September 1962 bis 1976 Armenischer Patriarch von Kilikien (Libanon). Mitglied der Kommission für die Orientalischen Kirchen.

286 AS II/4, 596-599.

287 Ebd. 597.

und verurteilt werden, sein Werk und sein Wirken zu korrigieren.“[288] Aus der Tiefe der Basilika spendete ihm eine Gruppe junger progressistischer Bischöfe frenetischen Beifall.[289]

Kardinal Ottaviani, der an diesem Tag auf der Rednerliste stand, ging unmittelbar darauf ans Mikrophon und antwortete mit einer bebenden Rede:

> *„Ich muss auf das Schärfste protestieren gegen das, was soeben gegen die höchste Kongregation des Heiligen Offiziums, dessen Präfekt der Papst ist, gesagt wurde. Die Worte, die geäußert wurden, verraten eine gravierende Unkenntnis – aus Respekt möchte ich keinen anderen Ausdruck gebrauchen – bezüglich der Vorgehensweise des Heiligen Offiziums.“*[290]

Die Atmosphäre war sehr angespannt. Kard. Lercaro versuchte die Gemüter durch eine geschickte Intervention zu beruhigen, die Mäßigung vorgab, aber im Grunde die Attacke gegen Ottaviani vorantrieb.[291] In den folgenden Tagen zirkulierte unter den Konzilsvätern ein anonymes *Memorandum über die Konzilskommissionen,* worin man den Vorsitzenden der Lehrkommission Ottaviani für seine Inkompetenz (in Sachen Exegese, Geschichte, zeitgenössischer Theologie), seine physische Unfähigkeit, die Arbeiten zu leiten, und die autoritäre Auffassung anprangerte, die er der eigenen Funktion beilegte.[292] Das Dokument verlangte vom Papst die Entfernung Ot-

---

[288] Ebd. 616-618.

[289] CÂMARA, *Lettres conciliaires*, Bd. I, 314.

[290] AS II/4, 624-626, 624. Vgl. auch WILTGEN, 120. Zum Zusammenstoß der beiden Kardinäle vgl. J. FAMERÉE, *Vescovi e diocesi (5-15 novembre 1968)*, in: *SCV*, Bd. III, 133-208, 143-149 {dt.: *Bischöfe und Bistümer (5.-15. November 1963)*, 139-222, 150-157 (*Zitat eigene Übersetzung*)}.

[291] AS II/4, 618-621.

[292] Vgl. J. GROOTAERS, *Sinergia e conflitti nel Vaticano II. Due versanti d'azione degli "avversari" del rinnovamento (ottobre 1962-ottobre 1964)*, in: *L'evento e le decisioni*, 376-377; C. SOETENS, *L'impegno ecumenico nella Chiesa cattolica*, in: *SCV*, Bd. III, 277-366, 324-325 {dt.: *Das ökumenische Engagement der katholischen Kirche*, 299-400, 353-354}. Ein Exemplar jenes *Memorandums* findet sich unter den Papieren von Mgr. Philips, der darauf mit eigener Hand „Chile“ vermerkt hat. Soetens weist seinen Ursprung dem chilenischen Kardinal Silva Henríquez zu (ebd., 324 {dt.: ebd. Anm. 178}).

tavianis und die Neuwahl der Konzilskommissionen vor dem Ende der zweiten Sitzungsperiode.

Die Auseinandersetzung zwischen Frings und Ottaviani war laut Jedin *„eine der aufregendsten Szenen des ganzen Konzils"*[293] und fand großes Echo in der Presse. Zehn Tage später gab Msgr. Dino Luigi Romoli[294], Dominikanerbischof von Pescia, der acht Jahre beim Heiligen Offizium verbracht hatte, dem ‚Divine World Service' von P. Wiltgen ein Interview, worin er die Prozedur des Heiligen Offiziums detailliert erklärte[295]:

„Wenn ein Mitglied der Kirche ein anderes wegen eines Verbrechens anklagt, für welches das Heilige Offizium das zuständige Tribunal ist, dann wird dem Angeklagten immer eine vollständige Anhörung zuteil, und er hat jede Möglichkeit, sich zu verteidigen. Er erhält den Beistand eines Rechtsanwaltes und kann selbst dem Gericht den Rechtsanwalt seiner Wahl anzeigen. Die Vorsichtsmaßregeln, die in einem solchen Fall zum Schutz des Angeklagten ergriffen werden, sind so umfassend ausgestaltet, daß sie zuweilen geradezu übertrieben erscheinen mögen." Etwas anderes ist die Verurteilung veröffentlichter Werke, *„da es hier um eine Theorie geht, die an sich selbst betrachtet für die Integrität der katholischen Lehre und für die Seelen schädlich sein könnte"*. Bei dieser Art von Verurteilung hört das Heilige Offizium die beteiligte Partei nicht vor ihrem Urteilsspruch an, weil nicht die Absichten des Verfassers in Frage gestellt oder verurteilt, sondern die Lehrmeinungen für sich selbst betrachtet werden. Doch *„bevor das Heilige Offizium ein veröffentlichtes Werk verurteilt oder eine feierliche Warnung an einen Autor ergehen lässt, veranstaltet es eine umfassende, genaue und eingehende Nachforschung durch Konsultation hochqualifizierter Experten aus verschiedenerlei Sprach- und Volksgruppen, um unangreifbar objektiv und sicher in seinem Urteil zu sein"*[296]. Es muss überdies erwähnt werden, dass die Kongregation des Heiligen Offiziums ein Organ darstellte, das im Unterschied zu den anderen römischen Kongregationen keine Entscheidungen treffen konnte, weil das Haupt der Behörde, ihr ‚Präfekt', kein Kardinal war, sondern der Papst

---

[293] H. JEDIN, *Lebensbericht*, 212.

[294] Dino Luigi Romoli OP (1900-1985), 1924 zum Priester geweiht, 1951 zum Bischof von Pescia konsekriert.

[295] ‚Divine World Service', 22. November 1963.

[296] WILTGEN, 122-123. Vgl. auch A. WENGER, *Vatican II, II Session*, 149-153.

persönlich, während das älteste Kardinalsmitglied lediglich den Titel ‚Sekretär' führte. Kard. Bea, der dort Konsultor gewesen war, erwähnte außer der Seriosität der Arbeitsmethode die Freiheit, die am Heiligen Offizium herrschte, wo unter den Kardinälen wie den Beratern der Satz die Runde machte: *„Wir sind hier am Heiligen Offizium, wir können alles sagen, was wir wollen, ohne Angst, jemanden verteidigen zu müssen oder sich selbst eine Verurteilung zuzuziehen."*[297]

Die Progressisten prangerten die repressive Macht des Heiligen Offiziums, des Erben der Heiligen Römischen Inquisition, an, doch die Macht der Zensur, die diese durch das neue Tribunal der Medien ausübten, war noch penetranter. Die Hüter der Orthodoxie wurden von der Presse als finster, altmodisch und intolerant gezeichnet, während man alles Heterodoxe als *„offen"*, *„anregend"* und *„konstruktiv"* darstellte. Die Auseinandersetzung spielte sich noch mehr in den Zeitungen ab als in der Aula.

Die Lage kam durch eine kraftvolle Intervention von Msgr. Luigi Carli wieder ins Gleichgewicht, der am 13. November[298] eine grundlegende Kritik am Prinzip der sogenannten *„bischöflichen Kollegialität göttlichen Rechts"* übte, in deren Namen einige Redner beanspruchten, nationale Bischofskonferenzen ins Leben zu rufen. Die Kernpartie der Intervention verdient aufgrund des Echos, das sie erfuhr, wiedergegeben zu werden:

> *„Auch bei Annahme, dass die angebliche bischöfliche Kollegialität göttlichen Rechts durch den Heiligen Vater mit Zustimmung des heiligen Konzils definiert wird, so könnte die Institution der Bischofskonferenzen sich niemals rechtmäßig, zumindest nach meiner Meinung, auf sie gründen, und zwar aus folgenden Gründen:*
>
> *a. Theologischer Grund – Auch wenn es heißt, dass die Konferenzen Formen dieser Kollegialität sind, so finden sich in ihnen jedoch nicht die drei Elemente, die für die Kollegialität notwendig zu sein scheinen, nämlich die Einheit aller Bischöfe, die verliehene, auch formale Teilhabe an der Macht des Hauptes des Kollegiums, d.h. des Römischen Pontifex, sowie Themen, die die ganze Kirche betreffen. Wenn daher offensichtlich diese drei Elemente den nationa-*

---

[297] SCHMIDT, *Bea*, 143.
[298] AS II/5, 72-75.

len Konferenzen fehlen, postuliert man vergebens, dass die Konferenzen aufgrund göttlichen Rechts so mit der bischöflichen Kollegialität zusammenhängen wie die Art mit der eigenen Gattung.

b. Rechtlicher Grund – Bei der genannten Hypothese würde die eigene, ordentliche und unmittelbare Autorität jedes Bischofs in seiner Diözese – eine Autorität, die seit frühesten Zeiten als ‚Monarchie' aufgefasst wurde – in Wirklichkeit beschränkt, außer durch den Papst (was sicher gerecht ist) per göttlichem Recht auch noch durch die anderen Bischöfe derselben Nation. Etwas, was sicher kein Bischof bereitwillig für seinen eigenen Sitz zugesteht, nicht einmal jene, die wir mit so großer Beredsamkeit über die Kollegialität für die anderen Sitze haben reden hören ... Auch diejenigen, die nicht zögerten, zwei Häupter zuzulassen, die im Besitz der einen und höchsten Macht bei der Leitung der Kirche wären, auch diese erklären, dass jeder, auch nur der kleinste Schatten, von Diarchie von ihren Diözesen ferngehalten werden muss.

c. Historischer Grund – Beim Entwerfen des Schemas über die Bischofskonferenzen hat absolut keiner der Kollegen aus der Vorbereitungskommission auch nur daran gedacht, diese durch eine auf göttlichem Recht beruhende Kollegialität zu begründen. Noch wichtiger ist jedoch, dass auch keiner von den Päpsten, als er die Gründung nationaler Konferenzen anregte und ihnen einen Status verlieh, jemals davon gesprochen hat, dass sie auf einer auf göttlichem Recht beruhenden Kollegialität gründen, sondern immer und ausschließlich nur davon, dass sie aus pastoralen Gründen eingerichtet werden."[299]

Bei seiner Rückkehr aus der Aula bezeichnete Msgr. Lefebvre die Intervention von Msgr. Carli als *„den Wendepunkt des Konzils"*[300]. Die Historiker, so fügte Abbé Berto in einem Brief an Carli einige Wochen später hinzu, werden zur Kenntnis nehmen müssen, dass seine Intervention *„die Atmosphäre"* der Sitzungsperiode *„verändert hat"*[301]. In einem späteren Brief an den Bischof von Segni schreibt

[299] Ebd. 73-74.

[300] Brief des Abbé Berto an Mgr. Carli vom 13. November 1963, in: N. Buonasorte, *Per la "pura, piena, integra fede cattolica"*, 126.

[301] Ebd. 128.

Abbé Berto: *„Ich glaube wirklich, dass viele Väter, die zu den Punkten 3 und 4 am 30. Oktober mit* placet *votiert hatten, ohne zu bemerken, wohin man sie mitschleifen wollte, dies nur dank Ihrer bemerkenswerten Intervention begriffen haben."*[302]

10. Von der europäischen Allianz zur progressistischen Weltallianz

Am 15. November las Kard. Lercaro im Beisein der drei anderen Moderatoren, der Koordinierungskommission und des Konzilspräsidiums dem Papst einen ersten Tätigkeitsbericht über die zweite Sitzungsperiode vor. Er sagte, das Konzil könne schneller vorankommen, *„wenn wir Moderatoren dieselbe Methode benützen könnten, die wir beim Schluß der Debatte über das II. Kapitel des Schemas über die Kirche benutzt haben"*[303]. Seine Anfrage zielte darauf ab, die Moderaten mit der Vollmacht zu betrauen, die wichtigsten Fragen auf Basis eines Mehrheitsvotums der Versammlung zu entscheiden und ihnen damit eine Rolle zuzuweisen, die von ihrer ursprünglichen völlig verschieden war. Die päpstliche Ermächtigung blieb aus: Paul VI. war sich darüber im Klaren, dass er in diesem Falle die Kontrolle über die Versammlung verlieren würde, die er mit fester Hand führen wollte. Die antirömische Partei gab jedoch nicht nach und beanspruchte sodann eine größere Macht innerhalb der *„von der Kurie beherrschten"* Kommissionen. Am 21. November verkündete der Generalsekretär, dass der Papst die Genehmigung erteilt hatte, die Anzahl der Mitglieder der Kommissionen von 25 auf 30 zu erhöhen, *„um den Fortgang der Arbeiten zu beschleunigen und effizienter zu gestalten"*[304]. Vier von fünf neuen Mitgliedern – fügte er hinzu – sollten von den Konzilsvätern bestimmt werden, das fünfte vom Papst selbst, der jede Kommission zudem ermächtigte, aus ihren Reihen einen zusätzlichen Vize-Vorsitzenden und unter den Experten einen zusätzlichen Sekretär auszuwählen. Er hatte über-

---

[302] Brief vom 13. März 1964, ebd., 133.
[303] WILTGEN, 132.
[304] AS II/5, 635-636.

dies den Bischofskonferenzen den Vorschlag gemacht, sie sollten *„sich zusammentun und eine kombinierte Liste vorlegen"*. Es handelte sich, wie Wiltgen bemerkt, um ein Geschenk an die progressistische Allianz, die einzige organisierte Gruppe, die imstande war, in kurzer Zeit eine unschlagbare internationale Liste aufzustellen.[305]

Die antirömische Partei konsolidierte bei dieser Gelegenheit den Übergang von der europäischen Allianz zur ‚Weltallianz'. *„Während der ersten Sitzungsperiode"*, so schreibt Wiltgen, *„war die Weltallianz eine unterirdische Gruppe von fünf oder sechs Bischöfen und Erzbischöfen, die nationale, regionale oder ganze Kontinente umfassende Bischofskonferenzen vertraten und sich regelmäßig trafen. Vom Beginn der zweiten Sitzungsperiode an, als sie sich für stark genug hielten, um offener zu agieren, hielten sie in der Domus Mariae jeden Freitagabend eine Sitzung ab und sahen ihre Mitgliedschaft auf vierundzwanzig Bischöfe und Erzbischöfe anwachsen, die ungefähr fünfundsechzig Bischofskonferenzen vertraten. Jedes Mal, wenn er in Rom war, führte Koadjutorerzbischof Veuillot von Paris den Vorsitz bei den Sitzungen."*[306]

Die Sekretäre der Bischofskonferenzen, welche der Allianz beitraten, einigten sich nach intensiven Verhandlungen auf eine gemeinsame Liste. Der Mechanismus war perfekt organisiert. Die am 28. November abgehaltenen Wahlen lieferten eine Bestätigung für das absolute Übergewicht des neuen antirömischen Blocks auf globaler Skala.[307] Alle 43 Gewählten gehörten der internationalen Liste an. Der Papst komplettierte die Liste durch acht weitere Ernennungen am 8. Januar 1964. Die Hauptattacke richtete sich jedoch insbesondere gegen die Lehrkommission, wo zwei belgische ‚Neuerer', Msgr. Charue und der Peritus Philips, ihre Ernennung zum Vize-Vorsitzenden bzw. zum Hilfssekretär erhielten.

Allerdings erlebten die Progressisten genau an diesem 28. November auch ihre erste Niederlage, als die Römische Union der Ordensoberen[308] und das Sekretariat der Bischöfe zum Votum über

---

[305] WILTGEN, 132f..

[306] Ebd., 129-130 {dt.: 134}.

[307] Die offizielle Liste der Ergebnisse wurde am 11. Januar 1964 im ‚Osservatore Romano' veröffentlicht.

[308] Diese Organisation wurde von der Kongregation für die Ordensleute im März 1955 unter dem Namen ‚Römische Union der Generaloberen' offiziell anerkannt. Sowohl vor dem Konzil wie währenddessen gab es verschiedenene Treffen der Ge-

das Ordensleben unter den Konzilsvätern 679 Stimmen sammelten. Paul VI. ließ Msgr. Perantoni[309] wissen, dass in der dritten Sitzung in das Schema über die Kirche ein neues Kapitel mit dem Titel *De religiosis* eingefügt werden sollte, wie es die Römische Union verlangte, die sich gegen das Aggiornamento des Ordenslebens richtete, wie es die mitteleuropäischen Theologen erreichen wollten. Die anti-progressistische Reaktion begann, wenn auch spät, ihre ersten Erfolge zu zeitigen.

11. Die Debatte über den Ökumenismus

Die am 18. November 1963 eröffnete Debatte wurde von P. Wenger in ‚La Croix' *„Die Stunde der Wahrheit"*[310] genannt. Ab der zweiten Novemberhälfte bis Anfang Dezember diskutierte man das Schema über den Ökumenismus, das vom Sekretariat für die Einheit der Christen in Zusammenarbeit mit der Kommission für die Orientalischen Kirchen redigiert worden war.[311] Das Dokument, das am 18. November in die Aula kam, bestand aus fünf Kapiteln, die folgende Themen beleuchteten: die entsprechenden katholischen Prinzipien; die Art und Weise ihrer Konkretisierung im kirchlichen Leben; die Kirchen und die getrennten Gemeinschaften; die Beziehungen der Katholiken zu den Nichtchristen, insbesondere zu den Juden; die Religionsfreiheit. Kardinal Cicognani, der Vorsitzende der Koordinierungskommission, gab einen allgemeinen Bericht ab, während Erzbischof Joseph-Marie Martin[312] von Rouen die ersten

---

neraloberen, um die vorgelegten Dokumente zu studieren und bei der Vorbereitung der Verbesserungen der Texte zu helfen, ebenso bei der Vorbereitung der Interventionen jener Generaloberen, die am Konzil teilnahmen. Diese Tätigkeit gestaltete sich besonders intensiv in Bezug auf die zwei Dokumente *Perfectae Caritatis* und *Ad Gentes*.

[309] Luigi Perantoni (1895-1982), 1920 zum Priester geweiht, ab 1952 Bischof von Gerace, ab 1962 Erzbischof von Lanciano und Ortona, 1982 emeritiert.

[310] ‚La Croix', 20. November 1963.

[311] Zur gesamten Debatte: AS II/5, 405-495, 527-574, 597-637, 661-700, 744-833; AS II/6, 9-91, 97-367, 375-401. Vgl. auch CAPRILE, Bd. III, passim.

[312] AS II/5, 472-479. Joseph-Marie Martin (1891-1976), 1920 zum Priester geweiht. 1948 bis 1968 Erzbischof von Rouen. Im Februar 1965 zum Kardinal erhoben. Mitglied des Einheitssekretariates.

drei Kapitel darstellte, Kard. Bea[313] das vierte und Msgr. De Smedt[314] das fünfte.

Als Kard. Ruffini[315] das Wort ergriff, herrschte in der Versammlung völlige Stille. Der Kardinal von Palermo erklärte mit gewohnter logischer Strenge seine Gründe zur Besorgnis:

1) Der Terminus ‚Ökumenismus', den die Protestanten in die Theologie eingeführt haben, ist äquivok, denn Protestanten und Katholiken verstehen ihn verschieden. Wenn man ihn in dem Dokument beibehält, so muss man seine Bedeutung klar definieren.

2) Das Schema müsste klarer anzeigen, dass die Orientalen den Katholiken erheblich näher stehen als die Protestanten, die außer Schrift und Taufe nur wenige Elemente des althergebrachten Glaubens anerkennen.

3) Wenn man ein spezielles Kapitel über die Juden anfügt, warum spricht man darin nicht auch über die Anhänger der anderen Religionen? Und warum übergeht der Ökumenismus die unzähligen Katholiken, die sich für den Marxismus interessieren, der den Atheismus in der ganzen Welt verbreitet?

Auf der Linie von Ruffini äußerten sich auch zwei spanische Kardinäle: der Erzbischof von Tarragona, de Arriba y Castro[316], und der Erzbischof von Sevilla, José Maria Bueno y Monreal[317]. *„Man darf nicht vergessen"*, stellte ersterer fest, *„dass die Lehrunterweisung Christi einzig und allein der katholischen Kirche anvertraut wurde, welche das Recht und die Pflicht hat, das Evangelium in der ganzen Welt zu verkünden."*[318] Die ‚ökumenistische' Fahne wurde am selben Tag durch den amerikanischen Kardinal Ritter, Wortführer von 91 der 120 amerikanischen Bischöfe, hochgehalten.[319] Ritter lobte das Schema über den Ökumenismus, das seiner Meinung nach das Ende des Zeitalters der Gegenreformation bedeute, und äußerte die Auffassung, man könne nicht an die Ausübung des Ökumenismus

---

313 AS II/5, 481-485.
314 Ebd. 485-495.
315 Ebd. 528-530.
316 Ebd. 530-531.
317 AS II/5, 532-534. José Maria Bueno y Monreal (1904-1987), 1927 zum Priester geweiht. 1957 bis 1982 Erzbischof von Sevilla. 1958 zum Kardinal kreiert.
318 AS II/5, 531.
319 Ebd. 536-538.

herangehen, ohne zuvor das Prinzip der Religionsfreiheit festzuschreiben. Auch Kard. Léger hielt eine flammende Lobrede auf den Ökumenismus.[320] Msgr. Garrone bezeichnete ihn als einen im ganzen Christentum allgemein herrschenden Geist, ein Kennzeichen für das Geheimnis Gottes und der Kirche: *„Der Ökumenismus ist ein providentielles Ereignis, um die jahrhundertealten Trennwände einzureißen und die Nacht, die sich über die ganze Welt erstreckt, zu vertreiben. Da die Nacht gekommen ist, enthüllt uns Gott die Sterne, die wir bis jetzt nicht erblickt haben, um unsere Schritte zur Morgenröte des Tages hinzulenken, wenn er sich der ganzen Welt durch die Einheit aller Christen offenbaren wird."*[321]

Während man in der Aula eine tiefgreifende Reform der katholischen Haltung gegenüber der Offenbarungswahrheit forderte, sprach am 22. November Msgr. Corrado Mingo[322], Erzbischof von Monreale, über die Notwendigkeit, den Glauben ohne Verstümmelungen unversehrt zu bewahren, weil das Übel von der Leugnung der Wahrheit komme:

> *„Gewiss müssen wir uns bemühen, um die Einheit der Kirche zu verwirklichen; die menschlichen Mittel sind notwendig, aber mit Verhandlungen, Zusammenkünften, Diskussionen und anderen Mitteln erreicht man wenig; wir müssen vielmehr unsere Hoffnung auf die göttliche Gnade setzen; die Einheit ist ein Geschenk Gottes, das wir vor allem mit Gebet und mit Fasten erlangen können. Wir können wie Johannes der Täufer die Wege der Einheit vorbereiten und die Hindernisse entfernen. Ehrlich gesagt, bleiben noch viele und große Schwierigkeiten, bis man zur Einheit gelangt. Beispielsweise leugnen unter den protestantischen Brüdern manche Amtsträger nicht nur den Primat und die Unfehlbarkeit des römischen Papstes, die Realpräsenz in der Allerheiligsten Eucharistie, sondern auch andere natürliche Gebote hinsichtlich der Ehe und anerkennen die Göttlichkeit unseres Herrn Jesus Christus nicht; manch einer*

---

[320] Ebd. 550-552.

[321] Ebd. 561-562, 562. Vgl. auch A. WENGER, *Vatican II, II Session*, 189.

[322] Corrado Mingo (1901-1980), 1925 zum Priester geweiht, 1961 bis 1978 Erzbischof von Monreale.

zeigt sich zudem indifferent bezüglich der Existenz Gottes als Person. Zwischen uns und diesen Brüdern bleibt ein großer Graben.

Aber ich empfinde Bedauern darüber, dass man in diesem Schema nichts über die Jungfrau Maria und ihre mütterliche Mittlerschaft sagt. Die Mutter ist es, die ihre Kinder zum Hause des Vaters ruft. Maria ist die Mittlerin aller Gnaden. Ich weiß, dass viele Konzilsväter hinsichtlich dieses Themas dieselbe Überzeugung teilen. Ehrwürdige Väter, wir, die wir Glieder des mystischen Leibes Christi sind, haben zwei Mütter: die Kirche und die Allerseligste Jungfrau Maria. Der hl. Cyprian, eifriger Verfechter der Einheit der Kirche, pflegte zu sagen: Gott kann nicht zum Vater haben, wer die Kirche nicht zur Mutter hat. Wir aber, die die patristische und theologische Tradition sowie den Sensus des christlichen Volkes vor Augen haben, alles Dinge, die ihr Fundament in der Heiligen Schrift besitzen, können sagen: Gott kann nicht zum Vater haben, wer nicht Maria und die Kirche zu Müttern hat. Ich bin der Ansicht, dass die ehrwürdigen orientalischen Gemeinschaften trotz ihrer Trennung ihr eigenes religiöses Erbe bezüglich der Verehrung der Jungfrau Maria bewahrt haben, während die protestantischen Brüder viel verloren haben, weil sie die Allerseligste Jungfrau Maria verloren haben, auch wenn sich in unserer Zeit einige von ihnen der Verehrung der Jungfrau zugewandt haben. Verehrte Brüder, der sehnliche Wunsch Christi, ‚dass sie eins seien', kann nicht unerfüllt bleiben, weil Christus vom Vater stets erhört wird; es wird diese Stunde in der Welt kommen, sie wird vermittels Marias kommen; und an die getrennten Brüder gewandt, können wir sagen, immer noch mit den Worten Cyprians: ‚Wendet euch zur Mutter, die ihr verlassen habt'. Dann wird es einen Schafstall und einen Hirten geben."[323]

Msgr. Zoghbi[324], direkter Mitarbeiter des melkitischen Patriarchen Maximos IV, machte seinerseits die Bemerkung, dass das Schisma im Osten in gewisser Weise eine „*felix culpa*" wäre, weil es die Bewahrung gewisser Traditionen und Werte der orientalischen Kirchen möglich machte, die andernfalls „latinisiert" worden wären.

---

323 AS II/6, 159-160.
324 AS II/6, 142.

Die momentan bestehende Einheit sei laut Msgr. Zoghbi nicht vollkommen, vielmehr sei sie ‚lateinisch': die volle Einheit werde dann kommen, wenn sich der Osten samt seiner authentischen Tradition mit der katholischen Kirche in Vielfalt, nicht in Einförmigkeit vereint.

Die Diskussion ging weiter und am 2. Dezember intervenierte erneut Kardinal Ruffini[325], indem er bekräftigte, dass Jesus Christus eine einzige Kirche gegründet habe, die römisch-katholische Kirche, infallibel und indefektibel, mit dem Papst als ihrem Haupt; man könne der Kirche als solcher keine Schuld zuweisen, sondern allein ihren Mitgliedern; sie aufzugeben, weil ihre Mitglieder Sünder sind, sei selbst eine Sünde.

In seiner abschließenden Erklärung urteilte Bea, dass die Debatte der zwei vergangenen Wochen fruchtbar gewesen sei, auch wenn das Schema noch weitere Verbesserungen benötige.[326]

Am 1. Dezember veröffentlichte ‚L'Avvenire d'Italia' in voller Länge den Vortrag, den der Konzilsmoderator Kard. Suenens am 29. November an der Universität von Florenz zum Thema *Die Kirche angesichts der Entwicklung der modernen Welt* gehalten hatte. Suenens schlug die Schaffung eines neuen Leitungsorgans der Kirche vor, *„des sogenannten Apostolischen Rates, einer beschränkten Repräsentanz des gesamten Episkopates mit beratender und beschlussfassender Funktion für die wichtigsten Probleme der Universalkirche"*[327].

12. Die Konstitution *Sacrosanctum Concilium*

In seiner Eröffnungsrede für die zweite Sitzungsperiode am 29. September 1963 wies Paul VI. auf die Liturgie als eines der Hauptarbeitsgebiete des Konzils hin.[328] In den Jahren, als er Generalassistent der FUCI (1925 bis 1933) gewesen war, hatte Giovanni Battista

[325] AS II/6, 339-340.
[326] Ebd. 364-367.
[327] Text des Vortrages bei: R. LA VALLE, *Il Coraggio del Concilio*, 547-560, vgl. 559.
[328] AS II/1, 193.

Montini seine besondere Aufmerksamkeit der ‚liturgischen Bildung' der Akademiker gewidmet und dabei beim Kardinalvikar von Rom, Francesco Marchetti Selvaggiani, den Verdacht des *„Liturgismus"*[329] erweckt. Montini, der seine liturgische Bildung von P. Giulio Bevilacqua erhalten hatte, der seinerseits in Belgien in der Schule von Dom Beauduin ausgebildet war[330], bestimmte seinen Lehrer aus dem Oratorium als Mitglied der Konzilskommission für die Liturgie und sicherte so weiterhin seinen Einfluss. Das Schema der liturgischen Konstitution trägt somit auch den Fingerabdruck des späteren Kardinals aus Brescia.

Seit Herbst 1963 arbeitete eine Gruppe Liturgiker auf Ermutigung von Paul VI. daran, *„für den Heiligen Vater die sofort durchführbaren liturgischen Neuerungen vorzubereiten"*.[331] *„Die letzten drei Monate des Jahres 1963"*, so erinnert sich Msgr. Piero Marini, Schüler von Msgr. Bugnini, *„bleiben eine der unbekanntesten Perioden in der Geschichte der liturgischen Durchführung des Zweiten Vatikanischen Konzils. Die Namen der Personen, die zusammenarbeiteten, die Themen und die Entwürfe, die vorbereitet wurden, blieben geheim. Von der damals vollbrachten Arbeit findet sich keine Spur in irgendeinem offiziellen Dokument."*[332] Die Männer, die auf Anordnung von Paul VI. im Verborgenen wirkten, waren, wie Msgr. Marini erwähnt, Kardinal Lercaro und P. Bugnini. Die geheimen Zusammenkünfte, an denen einige der „kühnsten" liturgischen Reformer teilnahmen, wie P. Josef Jungmann, der Kanoniker Aimé-Georges Martimort, verantwortlich für die Revision des Breviers, und Msgr. Johannes Wagner, verantwortlich für die Revision des römischen Missale, fanden bei den Benediktinerinnen von Santa Priscilla in der Via Salaria statt, wo der Kardinal aus Bologna residierte. *„Damals entstand zwischen dem Papst, Lercaro und Bugnini jenes Einvernehmen, das die Reform inmitten großer Schwierigkeiten voranbringen sollte."*[333]

---

[329] Vgl. VIRGILIO PONTIGGIA, *L'interesse per la liturgia in G.B. Montini: gli anni giovanili e alla Fuci*, in: *Liturgia: temi e autori*, 35-81, 36-40.

[330] S. MARSILI, *Storia del movimento liturgico*, 324-325.

[331] R. KACZYNSKI, *Verso la riforma liturgica*, in: *SCV*, Bd. III, 259 {dt.: 277}.

[332] PIERO MARINI, *Le premesse della grande riforma liturgica*, in: *Costituzione liturgica*, 69-101, 94.

[333] Ebd., 88.

Man hat versucht, Bugnini als den ‚Schöpfer' der Liturgiereform darzustellen, der gegen den Willen Pauls VI. vorging. In Wirklichkeit entstand die Liturgiereform aus einer engen Zusammenarbeit zwischen dem Lazaristenpater und Paul VI. *„Wieviele Abendstunden"*, erwähnt Bugnini, *„habe ich bei ihm verbracht und gemeinsam mit ihm die zahlreichen, oft umfangreichen Aktenbündel studiert, die auf seinem Tisch gestapelt lagen! Er las und studierte Zeile für Zeile, Wort für Wort, strich alles schwarz, rot oder blau an, kritisierte gelegentlich mit dem ihm eigenen Scharfsinn, der zehn Fragen über einen und denselben Gegenstand stellen konnte"*.[334]

Das Prooemium und Kapitel I des liturgischen Schemas wiesen eine im Wesentlichen endgültige Fassung auf. Gegen Ende der Generalkongregation vom 3. Oktober verkündete Msgr. Felici die Verbesserungsvorschläge für Kapitel II bezüglich der Messe und setzte die Abstimmung für den 8. Oktober fest. An jenem Tag präsentierte Kard. Lercaro seine *Relatio generalis*[335]. Als am 10. Oktober das II. Kapitel zur Abstimmung kam, betrug das Ergebnis nur 1417 *placet*, 36 *non placet*, 781 *placet iuxta modum* und 8 ungültige Stimmen. Ein ähnlicher Ausgang sollte am 18. Oktober der Abstimmung über Kapitel III beschieden sein: 1130 votierten mit *placet*, 30 mit *non placet* und mit 1054 mit *placet iuxta modum*. Auch Kapitel III konnte folglich keine Approbation erhalten. Hingegen wurde am 24. Oktober das IV. Kapitel, das sich dem Stundengebet widmete, in endgültiger Form approbiert, am 29. Oktober das V. Kapitel über das liturgische Jahr, am 30. Oktober das VI. über die Kirchenmusik, am 31. Oktober das VII. über die sakrale Kunst. Am 18., 20. und 21. November wurden die verbesserten Texte der drei ersten Kapitel des Schemas *De sacra liturgia* approbiert. Msgr. Zauner, Bischof von Linz und Mitglied der Liturgiekommission, erläuterte in einem Interview den Modus, der in der Konzilskonstitution zur Anwendung kam. *„Der göttliche Kult"*, sagte er, *„soll eine gemeinschaftliche Aktion sein. Das Volk, das der Messe folgt, soll beispielsweise wie der Priester mit Gebet, Gesang und Gebärden teilnehmen." „Tatsäch-*

---

[334] A. BUGNINI, *La riforma liturgica* 15 {dt.: *Die Liturgiereform* 19}. Vgl. auch: *Le rôle de G.B. Montini, Paul VI dans la réforme liturgique*, Studientagung in Louvain-la-Neuve vom 17. Oktober 1984, Pubblicazioni dell'Istituto Paolo VI, Brescia 1984.

[335] AS II/2, 276-279.

lich", fügte er hinzu, *„besteht das Ziel der Konstitution darin, dass der Priester jede Handlung unter aktiver Beteiligung des Volkes und niemals alleine ausführt."*[336]

In der öffentlichen Sitzung am 4. Dezember 1963 fand in Anwesenheit von Paul VI. die endgültige Approbation und Promulgation des Dekretes *Inter mirifica* über die sozialen Kommunikationsmittel[337] und der Konstitution über die heilige Liturgie *Sacrosanctum Concilium*[338] statt. Das Ergebnis für *Inter mirifica* fiel 1960 zu 164 Stimmen aus, was die höchste Zahl negativer Voten unter den Konzilsdokumenten darstellte, während bei der Annahme von *Sacrosanctum Concilium* mit 2147 zu 4 Stimmen fast Einmütigkeit herrschte. Kard. Noé erwähnt, dass genau vierhundert Jahre zuvor, am 4. Dezember 1563, das Konzil von Trient zu Ende ging, nachdem es dem Papst die Liturgiereform übertragen hatte. *„Jetzt beendete die Liturgiekonstitution in gewissem Sinn die Geschichte der tridentinischen Liturgie, und es begann die neue Phase der Reform oder ‚erneuerten' Liturgie."*[339] Der Kanoniker Aimé-Georges Martimort interpretierte die symbolische Koinzidenz als *„das Ende des Zeitalters der Gegenreformation"*[340]. Der Generalsekretär Felici präzisierte, dass die Liturgiekonstitution ebenso wie das Dekret über die Medien *Inter mirifica* kein Text doktrineller Natur sei, es handle sich *„tantum de re disciplinari"*[†341], doch viele Liturgiker wie Martimort sahen in ihm den Ausdruck einer *„neuen Ekklesiologie"*[342]. Was das Dokument Martimort zufolge stärker kennzeichnete, war die neue Sprache und die pastorale Sorge.

---

[336] ‚Divine World Service', 26. November 1963.

[337] Text in: AS II/6, 497-504. Vgl. auch COD, 843-848.

[338] Text in: AS II/6, 409-439. Vgl. auch COD, 820-843.

[339] VIRGILIO NOÉ, *Storia della costituzione liturgica. Punti di riferimento*, in: *Costituzione liturgica "Sacrosanctum Concilium". Studi*, hg. v. KONGREGATION FÜR DEN GOTTESDIENST, Edizioni Liturgiche, Roma 1986, 9-24, 15. Vgl. auch EMIL JOSEPH LENGELING, *Zum 20. Jahrestag der Liturgie-Konstitution*, in: Liturgisches Jahrbuch 34 (1984), 114-124, 114.

[340] A. G. MARTIMORT, *La Constitution liturgique et sa place dans l'œuvre de Vatican II*, in: *Le Deuxième Concile*, 497-509, 501-502.

[†] *nur um eine disziplinarische Angelegenheit.*

[341] Vgl. C. SOETENS, *L'impegno ecumenico*, in: *SCV*, Bd. III, 277-366, 344 {dt.: 377}.

[342] A. G. MARTIMORT, *La Constitution liturgique et sa place dans l'œuvre de Vatican II*, 505-509.

Die Konstitution *Sacrosanctum Concilium* war ein ‚Rahmengesetz', das jedoch, wie Jean Vaquié festgestellt hat, eine fundamentale Veränderung der katholischen Liturgie implizierte.[343] Insbesondere kündigte es die Revision des Messritus (Nr. 50) an, einen neuen Ritus der Konzelebration (Nr. 58), die Revision des Taufritus (Nr. 66), der letzten Ölung (Nr. 71), des Bussritus (Nr. 72), der Priesterweihe (Nr. 76), der Ehe (Nr. 77).

An jenem Abend begegnete der Papst bei Tisch Jean Guitton, den Johannes XXIII., als ‚Konzilsbeobachter' eingeladen hatte. Bei ihnen war P. Giulio Bevilacqua, der sich während der Mahlzeit über Sartre, Simone de Beauvoir und Camus unterhielt, allesamt Modeautoren, tief durchdrungen von einer antichristlichen Einstellung.[344] Guitton seinerseits betrachtete Helder Câmara derart als *„einen Propheten"*, dass er ihm den Redetext anvertraute, den er in der Aula vortragen sollte, und ihn um Durchsicht und Korrekturen bat.[345] Câmara seinerseits beurteilte P. de Lubac als *„einen Propheten"*[346] und den Protestanten Frère Roger, Prior von Taizé, als *„einen Heiligen"*[347].

Am Morgen des 3. Januar 1964 wurde P. Bugnini zum Staatssekretär Kardinal Cicognani gerufen, der ihm die Mitteilung machte, dass der Heilige Vater ihn zum Sekretär des *Consilium ad exsequendam Constitutionem de sacra Liturgia* ernannt hatte, eines neuen Organs unter Vorsitz von Kard. Lercaro, das die Aufgabe hatte, die Liturgiekonstitution umzusetzen.[348] *„Im Frühjahr 1964"*, schrieb Alberigo, *„erscheint das* ‚Consilium' *als das ‚Modell' für die Organe, welche in Zukunft die Leitung der nachkonziliaren Aktivitäten übernehmen müssen ..., als der Prototyp einer Alternative oder einer ‚Schattenverwaltung' neben den Kongregationen der römischen Kurie."*[349]

---

343 Vgl. JEAN VAQUIÉ, *La Révolution liturgique*, Diffusion de la Pensée Française, Paris 1971, 39.

344 Vgl. J. GUITTON, *Paul VI secret*, 57.

345 Vgl. CÂMARA, *Lettres conciliaires*, Bd. I, 395.

346 Ebd. 397.

347 Ebd. 221.

348 CAPRILE, Bd. III, 373-376; A. BUGNINI, *La riforma liturgica*, 72 {dt.: 72}. Das Motu proprio *Sacram Liturgiam* vom 25. Januar 1964 ist veröffentlicht in: AAS 56 (1964), 139-169.

349 G. ALBERIGO, *La nuova fisionomia del Concilio*, in: *SCV*, Bd. III, 513-535, 529 {dt.: *Die neue Gestalt des Konzils*, 573-600, 594-595}.

Das *Consilium* übte vom 29. Februar 1964, dem Datum seiner offiziellen Einrichtung, bis 1969 seine Arbeit als ein direkt vom Papst abhängiges Organ aus und beraubte damit die heilige Ritenkongregation ihrer Vollmachten.

13. Appelle gegen den Kommunismus

Genau zu Beginn der zweiten Sitzungsperiode stellte sich zum ersten Mal in der Aula die Frage nach dem Kommunismus.

In Nachgang zur Kubakrise im Oktober 1962 bis zum Tode des amerikanischen Präsidenten John F. Kennedy im November 1963 wehte ein neuer Geist der Entspannung in der Welt. In dieser Phase zeichnete sich ein neues Klima des „Tauwetters" zwischen Realitäten ab, deren antithetischer Charakter bereits vom Lehramt festgestellt worden war.[350]

Der Einfluss der Enzykliken Johannes' XXIII. und Pauls VI. erwies sich als entscheidend.[351] Sie vermittelten den Eindruck, die Position der Kirche gegenüber dem Kommunismus umkehren zu wollen, indem sie faktisch jegliche Verurteilung, auch eine bloß verbale, aufgaben. In dieser Phase entstand die *Ostpolitik*, die Politik der Öffnung des Vatikans gegenüber den kommunistischen Ländern des Ostens[352], die ihre Symbolfigur im damaligen Msgr. Agostino Casaroli[353] fand.

---

[350] „*Wir haben Grund dazu, vor dem Kommunismus keine Angst zu haben. Wir haben Grund dazu, vor den Perspektiven des Jahres 2000 nicht zu zittern. Wir haben Grund dazu, die Enteuropäisierung der Kirche zu unterstützen und sie damit von der Vergangenheit zu lösen und sie nach vorn in die Zukunft zu bringen*" (CÂMARA, *Lettres conciliaires*, Bd. I, 110).

[351] P. CHENAUX, *L'Église catholique et le communisme*, 260.

[352] Zur *Ostpolitik*, deren Voraussetzungen auf die 20er-Jahre zurückgehen (A. WENGER, *Rome et Moscou 1900-1950*, Desclée de Brouwer, Paris 1987), vgl. ALESSIO ULISSE FLORIDI, *Mosca e il Vaticano*, La Casa di Matriona, Milano 1976; DENNIS J. DUNN, *Détente and Papal-Communist relation, 1962-1978*, Westview Press, Boulder (Colorado) 1979; MIREILLE MAQUA, *Rome-Moscou. L'Ostpolitik du Vatican*, Cabay, Louvain-la-Neuve 1984; G. ZIZOLA, *Giovanni XXIII. La fede e la politica*, Laterza, Roma-Bari 1988, 55-211; A. RICCARDI, *Il Vaticano e Mosca*, 217-264; SERGIO GROSSU, *L'Église persecutée. Entre Goulag et société opulente*, L'Age d'Homme, Lausanne 2002; *Il filo sottile. L'Ostpolitik vaticana di Agostino Casaroli*, hg.v. A. MELLONI,

Die Haltung der kommunistischen Regierungen gegenüber der Kirche und den anderen Religionen entwickelte sich von einer offenen Verfolgung hin zu einer begrenzten Toleranz, die eine eingeschränkte Kult- und Redefreiheit zuließ. Der Kreml zeigte überdies großes Interesse für alles, was in den Konzilsjahren in Rom geschah. Am 21. November 1963 veröffentlichte die Wochenschrift ,Il Borghese' einen Artikel mit dem Titel *Ein Konzil voll von Spionen,* worin man starke Verdachtsmomente gegen einige in Rom anwesende polnische Bischöfe vorbrachte, die offen der Spionage für das kommunistische Regime ihrer Landes beschuldigt wurden. Kard. Wyszyński richtete einen heftigen Protest an den Außenminister Attilio Piccioni und versicherte, dass *„das Regime in Polen noch nie einem der polnischen Bischöfe derartige Bedingungen auferlegt hatte"*[354]. Der Historiker Viktor Gaiduk erwähnt jedoch, dass die kommunistische Strategie der ,Kollaboration' mit den Katholiken in Polen *„dank der Politik der nationalen Solidarität von Kardinal Wyszyński"* funktioniert hatte, nicht aber in Ungarn, bedingt durch den Widerstand von Mindszenty.[355]

Im Westen und im Osten des Eisernen Vorhanges standen sich zwei Richtungen gegenüber: viele Väter waren der Auffassung, dass den Katholiken eine Übereinkunft mit dem kommunistischen Regime nicht erlaubt sei, nicht einmal um den Preis der Gewährung einer gewissen Kultfreiheit; andere zeigten sich als Pragmatiker. Plinio Corrêa de Oliveira veröffentlichte im August 1963 eine Stu-

---

Bologna 2006; *L'Ostpolitik della Santa Sede. Un dialogo lungo e faticoso*, hg. v. G. Barberini, Bologna 2007; Ders., *La politica del dialogo. Le carte Casaroli sull'Ostpolitik vaticana*, Bologna 2008; Agostino Giovagnoli, *Ostpolitik: un bilancio storiografico, in L'Ostpolitik di Agostino Casaroli (1963-1989)*, EDB, Bologna 2009, 103-131; P. Chenaux, *L'Église catholique et le communisme*, 269-295.

353 Agostino Casaroli (1914-1998), 1937 zum Priester geweiht, 1940 nahm er seinen Dienst im Staatssekretariat auf, wo sich seine ganze kirchliche Karriere abspielte. Johannes Paul II. erhob ihn 1979 zum Kardinal und zum Präfekten des Rates für die Öffentlichen Angelegenheiten und zu seinem Staatssekretär, ein Amt, das er bis zum 1. Dezember 1990 innehatte. Von ihm vgl. seine postumen Erinnerungen, *Il martirio della pazienza. La Santa Sede e i Paesi comunisti (1963-1989)*, Einl. v. Mgr. Achille Silvestrini, Einaudi, Torino 2000, und, neben den bereits angeführten Werken, Alceste Santini, *Casaroli, l'uomo del dialogo*, Cinisello Balsamo 1993.

354 Wyszyński an Attilio Piccioni, Brief vom 22. November 1963, in: ASV, Conc. Vat. II, Busta 332, n. 2,3ff.

355 Vgl. V. Gaiduk, *Vaticano e Cremlino*, 22-23.

die mit dem Titel *Die Freiheit der Kirche im kommunistischen Staat*[356]. In dem Werk, das sich dem Problem der Erlaubtheit einer ‚friedlichen Koexistenz' zwischen der Kirche und dem kommunistischen Regime widmete, zeigte der Autor auf, dass die Katholiken keinen *modus vivendi* mit dem Kommunismus finden können, der die Absage an die Verteidigung ihrer natürlichen Rechte einschließt, darunter das Recht auf Privateigentum, das vom siebten und zehnten Gebot festgesetzt, aber vom Kommunismus geleugnet wird. Der ins Spanische, Französische und Italienische übersetzte Beitrag wurde an die 2200 Konzilsväter und die 450 in Rom anwesenden Journalisten aus der ganzen Welt verteilt und erweckte ein Echo, das über den Vorhang hinaus drang.[357] Am 4. Januar 1964 erschien eine ungekürzte Fassung des Textes in der römischen Tageszeitung ‚Il Tempo' und erregte die Aufmerksamkeit der öffentlichen Meinung der Ewigen Stadt.[358] Am 9. Januar 1964 schrieb ein Konzilsvater, Msgr. Cicuttini[359], Bischof von Città di Castello, an den Papst: *„Ich kann sagen, dass ein Konzilsschema über den Kommunismus*

---

[356] Vgl. P. Corrêa de Oliveira, *A liberdade da Igreja no Estado comunista*, in: Catolicismo 152 (1963); ebd. 161 (1964); danach unter dem Titel: *Acordo com o regime comunista: para a Igreja, esperança ou autodemolição?*, Editora Vera Cruz, São Paulo 1974 (ital. Übers.: *La libertà della Chiesa nello Stato comunista*, Cristianità, Piacenza 1978). Der Aufsatz wurde in 40 Zeitungen und in 5 verschiedenen Sprachen veröffentlicht.

[357] Die Studie wurde in Polen heftig attackiert durch die katholisch-kommunistische Bewegung ‚Pax' in ihren Veröffentlichungen ‚Kierunki' (Nr. 8 vom 3. Januar 1964) und ‚Zycie i Mysl' (Nr. 1-2 von 1964). Auch die Zeitschrift ‚Wiez' aus Warschau stellte sich in eine Linie mit ‚Pax'. In Frankreich verteidigte ‚L'Homme Nouveau' (5. März 1964) das Werk, während es durch die progressistische Publikation ‚Témoignage Chrétien' (Nr. 1035, 1964) angegriffen wurde. Zur polnischen ‚Anomalie', d.h. zu jenem einzigartigen historischen Modell der Symbiose von katholischer Kirche und kommunistischem Staat in Polen, vgl. G. Barberini, *Stato socialista e Chiesa cattolica in Polonia*, CSEO, Bologna 1983; Norbert A. Zmijewski, *The Catholic-marxist ideological dialogue in Poland, 1945-1980*, Darmouth Publishing Company, Aldershot (England) 1991.

[358] Das Buch erlebte weltweit zahlreiche Auflagen in verschiedenen Sprachen und erhielt ein anerkennendes Schreiben, das von Kard. Giuseppe Pizzardo, dem Präfekten der Kongregation für die Seminare, und Mgr. Dino Staffa, dem Sekretär desselben Dikasteriums, unterzeichnet war. In diesem Schreiben wünschte man *„die weiteste Verbreitung für ein inhaltsreiches Werk, das ein getreues Echo der Dokumente des Höchsten Lehramtes der Kirche darstellt*".

[359] Luigi Cicuttini (1906-1973), 1933 zum Priester geweiht, ab 1953 Weihbischof von Udine und Titularbischof von Amyzon, seit 1956 Bischof von Città di Castello. Nach seiner Emeritierung 1966 Titularbischof von Lamphua.

erwartet wird und ein solches providentiell wäre; meiner demütigen Meinung nach kann das Konzil in diesem Augenblick eine so große Gefahr und so komplexe und schwerwiegender Anwürfe nicht ignorieren.“[360]

Die Verteilung der Schrift *Die Freiheit der Kirche im kommunistischen Staat* verband sich mit zwei anderen bedeutenden Initiativen, die der brasilianische Denker angeregt hatte. Die erste betraf das Problem des Kommunismus. Vor Beginn der zweiten Sitzungsperiode veranstalteten Msgr. Geraldo de Proença Sigaud und Msgr. Antonio de Castro Mayer eine schriftliche Befragung vieler Väter, um in Erfahrung zu bringen, ob sich eine Möglichkeit dazu böte, dass sich das Konzil in klarer und feierlicher Weise über den Kommunismus äußerte. Von 243 erhaltenen Antworten fielen 218 positiv aus. Am 29. November 1963 schickten sie die Anträge an den Staatssekretär Kard. Amleto Cicognani mit der Bitte, sie dem Papst vorzulegen. Auf dem Text des Schreibens notierte Kard. Cicognani: *„Referiert in Audienz 9-XII-63. Man muss etwas sagen: kurz, feierlich, klar. In* De praesentia Ecclesiae.“[361]

Angesichts der wachsenden Expansion und Herrschaft des Marxismus und Kommunismus und in Anbetracht der Irrtümer und der Geisteshaltungen, die sich auch unter vielen Katholiken ausgebreitet hatten und sie zu einer Annahme der marxistischen Doktrin und der Sozialstruktur des Kommunismus tendieren ließen, hielten die Unterzeichner des Appelles, die verschiedenen Nationen angehörten (darunter immerhin 54 brasilianische Väter, 20 Italiener, aber nur 5 Franzosen), das Konzil für eine ausgezeichnete Gelegenheit, um sich zum Kommunismus, der ein so wichtiges Problem für das Wohl der Kirche und das Heil der Seelen darstellte, zu äußern. Sie baten daher den Papst, dass er die Prüfung und Ausarbeitung einer Konzilskonstitution veranlasse, die folgende Inhalte aufweist:

> *„1. Man legt die katholische Soziallehre und die Irrtümer des Marxismus, des Sozialismus und des Kommunismus unter philosophischem, soziologischem und ökonomischem Gesichtspunkt mit großer Klarheit dar.*

---

[360] Zit. in: V. CARBONE, *Ateismo e marxismo*, 21.
[361] ASV, Conc. Vat. II., Busta (Mappe) 140, *Petitiones*.

2. Jene Irrtümer und jene Mentalität, die den Geist der Katholiken für die Akzeptanz des Sozialismus und des Kommunismus bereit und geneigt machen, sollen beseitigt werden."[362]

Das Staatssekretariat sandte die Petition am 18. Dezember 1963 an Msgr. Felici, damit dieser ihn an die gemischte Kommission, die mit der Redaktion des Schemas über die Kirche in der Welt von heute beauftragt war, weiterleite. Der Antrag hatte einen mühevollen Weg vor sich.

Die zweite Initiative unternahm Msgr. Geraldo de Proença Sigaud, der am 3. Februar 1964 Paul VI. persönlich eine weitere, von 510 Bischöfen aus 78 Ländern unterzeichnete Petition überreichte, in der der Papst gebeten wurde, in Gemeinschaft mit allen Bischöfen die Welt und in ausdrücklicher Form Russland dem Unbefleckten Herzen Mariens zu weihen.[363] Es handelte sich um einen Punkt, der mit dem vorigen in enger Verbindung stand und genauso brennend war.

Pater Congar schrieb seinerseits: *„Ich mache Kampagne,* WIE ICH NUR KANN, *gegen eine Weihe der Welt an das Unbefleckte Herz Mariens, denn ich sehe die Gefahr, dass sich daraus eine Bewegung in diese Richtung entwickelt."*[364]

Die von den zwei brasilianischen Bischöfen präsentierten Petitionen und das Buch von Prof. Corrêa de Oliveira bildeten ein zusammenhängendes, organisches Ganzes, worauf letzterer in der Zeitschrift ‚Catolicismo' aufmerksam machte. *„In ihrer Gesamtheit bilden die drei Dokumente, jedes auf seine Weise, drei Episoden von unverkennbarer Bedeutung im zeitgenössischen Kampf gegen den größten Widersacher des Heiligen Vaters, der Katholischen Kirche und der Christenheit."*[365]

---

[362] Vgl. den Text dieser Petition in: Catolicismo 157 (1964), ital. Übers. in: Cristianità 19-20 (1976). Plinio Corrêa de Oliveira hatte die Aufgabe, den von den Konzilsvätern unterzeichneten Antrag gegen den Kommunismus abzufassen. Vgl. A-IPCO, Zusammenkunft vom 26. August 1989.

[363] Der Text des Dokumentes in: Catolicismo 159 (1964).

[364] CONGAR, *Journal*, Bd. II, 143.

[365] P. CORRÊA DE OLIVEIRA, *A margem de três documentos providenciais*, in: Catolicismo 159 (1964), 3.

14. Die Reise Pauls VI. nach Palästina

Die zweite Sitzungsperiode schloss offiziell am 4. Dezember 1963, und es begann die intensive Arbeit der Kommissionen und der Unterkommissionen. Während die Bischöfe zwischenzeitlich in ihre Diözese zurückgekehrt waren, verließ Paul VI. in der Morgendämmerung des 4. Januar 1964, einem kalten Tag mit Nordwind, den Vatikan, um sich nach Palästina zu begeben. Es war das erste Mal, dass ein Papst freiwillig eine Reise außerhalb Italiens unternahm; er suchte nicht nur die Heiligen Stätten auf, sondern auch ein Territorium, um das Araber und Israelis erbittert kämpften. Viele hegten die Vermutung, die Unternehmung solle die Aufmerksamkeit der öffentlichen Meinung von den enttäuschenden Resultaten des Konzils ablenken; andere sahen sie aus der Absicht geboren, den päpstlichen Primat vor der öffentlichen Meinung der Welt zu bekräftigen. Das Interesse der Massenmedien an der Reise Pauls VI. war jedenfalls außergewöhnlich.[366] Der entscheidende Moment des Besuchs war die Begegnung mit dem ökumenischen Patriarchen Athenagoras am 6. Januar; sie bildete die Einleitung des ökumenischen Dialoges zwischen der katholischen und der orthodoxen Welt.[367] Im Heiligen Land, schrieb François Mauriac, *„sahen wir vor unseren Augen, wie die Beschleunigung der Geschichte die Beschleunigung der Gnade wurde"*[368].

---

[366] Um eine Vorstellung der medialen Wirkung zu erhalten, die die Reise Pauls VI. auslöste, vgl. man die italienische Wochenschrift ‚Epoca', die ihre gesamte journalistische Redaktion nach Palästina verlegte, um die bis dahin größte Publikationsleistung zu verwirklichen (*Il Papa pellegrino*, in: Epoca 694 (12. Januar 1964), 20-83).

[367] B. LAI, *Il lungo abbraccio fra Paolo VI e Atenagora*, in: ‚Il Giornale', 4. Januar 1985.

[368] FRANÇOIS MAURIAC, *Pietro ha spezzato le catene della Chiesa*, in: Epoca 694, 76.

V.
1964: Die dritte Sitzungsperiode

1. Die Eröffnung der dritten Sitzungsperiode

Am 14. September 1964 eröffnete Paul VI. in Form einer Konzelebration mit 24 Vätern die dritte Sitzungsperiode des Konzils. Die Zeremonie, die erste dieser Art, die sich in der Konzilsversammlung abspielte, erschien als der liturgische Ausdruck des neuen Prinzips der Kollegialität.[1] *„Die Einsamkeit des Papstes"*, kommentierte der Korrespondent von ‚Le Monde', *„ist verschwunden angesichts des Chores von 25 Prälaten – unter denen sich der Bischof von Rom befand –, die gemeinsam, auf einer Ebene, mit nur einer Stimme und fast denselben Gebärden zelebrierten."*[2] Die Messe war überdies völlig dialogisiert und vermittelte, wie Msgr. Câmara unterstreicht, den Eindruck eines *„enormen Abstandes zur Eröffnungsmesse, die von Anfang bis Ende vom Chor der Sixtinischen Kapelle gesungen wurde"*[3]. Kurz nach Beginn der dritten Periode verlangten die Vertreter der Bischofskon-

---

[1] Am 26. Juni 1964 hatte Paul VI. die Erlaubnis zu den ersten Experimenten in 6 Benediktinerklöstern erteilt: S. Anselmo, Montserrat, En-Calcat, Maredsous, Maria Laach, Collegeville und im Dominikanerkonvent von Le Saulchoir. Am Gründonnerstag, dem 15. April 1965, sollte die Konzelebration ein normaler Ritus in der Kirche des Westens werden. Die bis Pius XII. vertretene Lehre der Kirche lautet, dass in der Konzelebration das Messopfer ein einziges ist und sich nicht im Verhältnis zur Anzahl der Zelebranten vervielfacht (vgl. Pius XII., Ansprache vom 2. November 1954, in: AAS 46 (1954), 669; DERS., Audienz vom 22. September 1956 anlässlich des II. Internationalen Kongresses für Pastoralliturgie, in: AAS 48 (1956), 717). Zum Thema der Konzelebration vgl. die hervorragende Studie von JOSEPH DE SAINTE-MARIE OCD, *L'eucharistie, salut du monde. Études sur le Saint Sacrifice de la messe, sa célébration, sa concélébration*, Editions du Cèdre, Paris 1982, und jene von Mgr. R. M. SCHMITZ, *La concélébration eucharistique: un unique sacrifice*, in: Sedes sapientiae 9 (1991), Nr. 36, 25-39; DERS., *La concélébration et les fruits du sacrifice de la Messe*, in: Sedes sapientiae 9 (1991), Nr. 38, 25-36; DERS., *Inkarnation, Geschichte und Meßopfer, Die Problematik der häufigen Konzelebration*, in: UVK 26 (1996), 335-352; DERS., *La concelebrazione eucaristica*, in: http://www.haerentanimo.net, 8. September 2009).

[2] FESQUET, *Diario*, 401.

[3] CÂMARA, *Lettres Conciliaires*, Bd. II, 505.

ferenzen, dem Beispiel des Papstes folgend, in Kapellen oder entsprechenden Kirchen zu konzelebrieren, und von da an vervielfachten sich die Konzelebrationen[4].

Die Ansprache[5], mit der Paul VI. die Arbeiten der Konzilsversammlung eröffnete, schien auch ihrerseits eine Erhöhung des Prinzips der Kollegialität zu enthalten, doch betonte der Papst auch die Bedeutung einer ‚zentralen Führung' der Kirche, als wollte er jene beruhigen, die eine Reduzierung des päpstlichen Primates fürchteten. Von diesen Auftritten abgesehen, leitete Paul VI. die Arbeiten in diskreter Weise, aber mit fester Hand, indem er die Koordinierungskommission und die vier Moderatoren (Agagianian, Döpfner, Lercaro und Suenens) eng an sich band. In der dritten Sitzungsperiode kam so die Führung der Konzilsarbeiten seitens des Papstes am stärksten zum Ausdruck.

Am 29. September begegnete Alberigo P. de Lubac; er lud ihn nach Bologna ein und vertraute ihm seine Sorgen an, die der Jesuitentheologe so wiedergibt: *„Der Papst, sagt er* [Alberigo] *mir, will nicht mit der Kurie brechen; er, Dossetti, ihre gemeinsamen Freunde sehen ihn fast nicht mehr. Er fürchtet, dass Paul VI. die Linie von Johannes XXIII. nicht mehr lange fortsetzen wird. Er beklagt die Macht von Felici, der ihm zufolge reiner Kurialist ist. Felici ist der große postume Sieg von Tardini über Montini."*[6]

Neue Gruppen von Teilnehmern kamen in dieser Periode zu der bereits ausgedehnten Versammlung hinzu: fünf Beobachter aus der orthodoxen Welt, acht ausgewählte männliche Laien unter den ‚Auditoren', acht Ordensschwestern und sieben weibliche Laien in der neuen Kategorie der ‚Auditorinnen'; schließlich 38 Pfarrer aus 15 Ländern der Welt. Die Entscheidung des Patriarchen von Konstantinopel, Athenagoras, Beobachter zum Konzil zu entsenden, wurde als ein neuer Schritt auf dem Weg des Ökumenismus angesehen.

Die Masse an Fragen, die aufs Tableau kamen, war derart groß, dass im Januar 1964 die Koordinierungskommission festsetzte, die Debatte auf die wesentlichen Themen einzugrenzen: die Kirche, die

---

[4] Ebd. 694-695; J. A. Komonchak, *L'ecclesiologia di comunione*, in: *SCV*, Bd. IV, 19-118, 27 {dt.: *Unterwegs zu einer Ekklesiologie der Gemeinschaft*, 1-108, 8-9}.

[5] AS III/1, 140-151.

[6] de Lubac, *Carnets*, Bd. II, 156.

Bischöfe, den Ökumenismus, die Offenbarung, das Laienapostolat und die Kirche in der Welt von heute, das heißt, sechs der 13 Schemata, die auf dem Kalender standen. Die anderen sieben Schemata wurden zu ‚Vorschlägen' und ‚Empfehlungen' für die Versammlung reduziert, die von den verschiedenen Kommissionen redigiert und untersucht werden sollten.

Im Juni erließ die Kommission neue Regeln, um die Konzilsarbeiten zu beschleunigen. Am Tag seiner Krönung, dem 30. Juni 1963, hatte Paul VI. den Erzbischof von München in einer Audienz empfangen und von ihm einen Plan verlangt, um das Konzil zum Abschluss zu führen.[7] Döpfner legte Ende Dezember einen Entwurf vor und traf vom 19. bis 22. Mai 1964 in Innsbruck mit den Bischöfen von Deutschland, Österreich, Luxemburg, der Schweiz und den skandinavischen Ländern zusammen, ebenso mit den Beobachtern, die an den Konferenzen von München und Fulda teilgenommen hatten, um die Themen zu vertiefen, die in der dritten Sitzungsperiode diskutiert und zur Abstimmung vorgelegt werden sollten. Nach dem ‚Plan Döpfner' sollte jeder, der in der Aula das Wort ergreifen wollte, dem Generalsekretariat mindestens fünf Tage vor der Diskussion eine Zusammenfassung seiner Intervention zukommen lassen. Dies machte es der Minderheit praktisch unmöglich, sich gegen die Schemata zu stellen, da das Reglement weiter vorsah, dass im Falle der Ablehnung eines Dokumentes die gegensätzliche Erklärung mit sieben Unterschriften vorgelegt werden sollte. Dies zielte eindeutig darauf ab, die Initiative all derer zu entmutigen, die keiner gut organisierten Gruppe angehörten.

2. Die Enzyklika *Ecclesiam suam*

Die erste Enzyklika Pauls VI., *Ecclesiam suam,* wurde am 26. Juni 1964 angekündigt und am darauffolgenden 6. August veröffent-

[7] Vgl. Wiltgen, 151; Evangelista Vilanova, *L'intersessione (1963-64)*, in: *SCV*, Bd. III, 367-512, 372-379 {dt.: *Die Intersessio (1963-1964)*, 401-572, 411-412}; R. Aubert, *Lo svolgimento del Concilio*, in: SC, *La Chiesa del Vaticano II*, vol. XXV/I, 271-273; J. Grootaers, *Sinergie e conflitti*, in: *L'evento e le decisioni*, 386-413.

licht.[8] In dem Dokument nahm sich der Papst mit der Ekklesiologie ein Thema vor, das ihm sehr am Herzen lag; er wollte dabei, wie er präzisierte, keine doktrinelle und dogmatische Abhandlung verfassen, sondern schlicht *„eine brüderliche und familiäre Botschaft"*, ein *„einfaches, schriftliches Gespräch"*[9] vorlegen.

Paul VI. entfaltete jene Punkte, die er auch schon in der Ansprache vom 29. September 1963 behandelt hatte: die Notwendigkeit für die Kirche, *„sich ihrer selbst mehr bewusst zu werden"*[10], und die *„Bindungen zu festigen, welche die Kirche heute mit der sie umgebenden Welt, in der sie lebt und arbeitet, hat"*[11]. Der Papst wies darauf hin, dass es seiner Meinung nach für sie möglich sei, *„sich ... den Denkformen und Sitten anzupassen, welche die Umwelt ... anbietet und aufnötigt"*[12], ohne sich durch diese Anpassung von den Meinungen und Verhaltensweisen der Welt bestimmen zu lassen. Er zeigte die Gefahren des *„Naturalismus"* auf, der *„die ursprüngliche Auffassung vom Christentum zu verflüchtigen droht"*, sowie des *„Relativismus, der alles rechtfertigt und allem den gleichen Wert zuspricht"*[13]; aber er bekräftigte das johanneische Konzept des *„'aggiornamento'"*, eines Wortes, das *„von Uns als Programm und Richtschnur immer im Auge behalten werden wird"*[14].

---

[8] Text in: AAS 56 (1964), 609-659 {dt.: *Ecclesiam suam. Die Wege der Kirche. Erstes Rundschreiben Pauls VI. 6. August 1964.* Veröffentlicht nach der deutschen Übersetzung der Katholischen Nachrichtenagentur, Bonn, Paulus-Verlag, Recklinghausen 1964}. Vgl. E. VILANOVA, *L'intersessione*, in: *SCV*, Bd. III, 470-478 {dt.: 523-532}; G. COLOMBO, *Genesi, storia e significato dell'Enciclica "Ecclesiam suam"*, in: "*Ecclesiam suam". Première lettre encyclique de Paul VI*, Convegno Internazionale, Roma 24-26 ottobre 1980, Istituto Paolo VI, Brescia 1982, 131-160. Abbé de Nantes veröffentlichte eine theologische Kritik der Enzyklika in: ‚Lettres à mes amis' 180 und 181, 20. und 28. August 1964. *„Paul VI."* – schrieb er – *„ist vom Prinzip des congarschen Reformismus persönlich überzeugt. Dies ist ein Datum in der Geschichte der Kirche"* (‚Lettre' 180). Eine konservative Interpretation *pro bono* bot hingegen Pater DE LA TRINITÉ ODC, *Dialogue avec le marxisme? "Ecclesiam Suam" et Vatican II*, Editions du Cèdre, Paris 1966, wo er eine dezidierte Kritik am Buch des Dominikaners DOMINIQUE DUBARLE, *Pour un dialogue avec le marxisme*, Paris 1964, entfaltete.

[9] AAS 56 (1964), 610 {dt.: 4}.

[10] Ebd. 611 {dt.: 4}.

[11] Ebd. 612 {dt.: 5}.

[12] Ebd. 627 {dt.: 17}.

[13] Ebd. 631 {dt.: 20}.

[14] Ebd. 632 {dt.: 21}.

Das Patentrezept für die Entfaltung der Beziehung zwischen der Kirche und der Welt war der *„Dialog"*. *„Die Kirche muß zu einem Dialog mit der Welt kommen, in der sie nun einmal lebt. Die Kirche macht sich selbst zum Wort, zur Botschaft; zum Dialog"*[15], denn *„bevor man die Welt bekehrt, um sie zu bekehren, muß man sich ihr nähern und mit ihr sprechen"*[16]. Der Dialog sollte sich in *drei „konzentrischen Kreisen"* entfalten: der erste müsste *„alles Menschliche"*[17] umfassen; der zweite müsste sich auf alle Gottgläubigen erstrecken, einschließlich der *„Anhänger der großen afro-asiatischen Religionen"*[18]; der dritte betraf die *„getrennten Brüder"*, eine *„mannigfaltige Vielfalt"*, in der *„eine geistliche Kraft wirksam wird, die hoffnungsvolle Aussichten für eine Entwicklung zur kirchlichen Einheit hin zu eröffnen scheint"*[19]. Ein weiterer unabdingbarer Dialog war schließlich der im Innern der katholischen Kirche; ihn sah der Papst schon im Gange: *„Die Kirche lebt heute mehr denn je!"*[20].

Man hat *Ecclesiam suam* als *„die Enzyklika des Dialogs"* bezeichnet; dieser Ausdruck wurde, wie der amerikanische Bischof Fulton Sheen gezählt hat, *„57mal verwendet"*[21]. *„Tatsächlich"*, kommentiert Msgr. Giuseppe Colombo, *„sind die drei Teile der Enzyklika in streng logischer Abfolge gedacht, so dass sich aus dem ersten – der Bewusstwerdung der Kirche – der zweite, die Erneuerung der Kirche, ableitet oder ableiten soll, und beide münden in den dritten Teil, den Dialog, ein bzw. rufen ihn hervor. Das, was am Ende geschehen soll, steht als Absicht also ganz am Anfang."*[22] Der ‚Dialog' ist die Lösung für das Problem, *„wie Kirche mit der Welt, die sie umgibt und in der sie lebt und wirkt, Bindungen eingehen kann"*. *„Sie kann nicht unberührt und gleichgültig bleiben angesichts der Veränderungen der Umwelt. Die Umwelt beeinflusst und bedingt auf tausend Weisen das praktische Verhalten der Kirche, denn sie ist bekanntlich nicht von der Welt getrennt, sondern lebt in ihr."*[23]

---

[15] Ebd. 639 {dt.: 27}.
[16] Ebd. 641 {dt.: 28}.
[17] Ebd. 650 {dt.: 35}.
[18] Ebd. 654-655 {dt.: 38-39}.
[19] Ebd. 655-657 {dt: 41}.
[20] Ebd. 659 {dt.: 42}.
[21] *"Utitur quinquagies septies!"*. AS III/1, 773-775, 773.
[22] G. COLOMBO, *Genesi, storia e significato dell'"Ecclesiam suam"*, 135-136.
[23] PAUL VI., Enzyklika *Ecclesiam Suam*, AAS 56 (1964), 612 {dt.: 5} und 627 {dt.: 17}.

Die Verwendung des ‚Dialogs' als sprachliches Instrument war nicht nur eine strategische Wahl, sondern, wie P. O'Malley anmerkt, der äußere Ausdruck für ein System innerer Werte.[24] Der pastorale Stil, den man zuweilen für die schlichte äußere Umkleidung eines Gedankens gehalten hat, ist in Wirklichkeit letzter und eigentlicher Ausdruck seiner Bedeutung. Der ‚Dialog' als Methode impliziert eine bestimmte Konzeption der Welt und der Geschichte.

3. Die Gegenattacke der Konservativen

a) Offizielle Gründung des Coetus Internationalis Patrum

Die Zusammensetzung der Konzilsversammlung hatte sich unterdessen nochmals geändert. Ungefähr 250 Väter (mehr als 10 Prozent) nahmen zum ersten Mal an den Arbeiten der dritten Sitzungsperiode teil.

Zu den besorgniserregendsten Korrekturen, die man in den Text über die Kollegialität, in der Aula einfügte, gehörte der Ersatz der Ausdrucksweise „*Haec igitur Ecclesia ... est Ecclesia catholica, a Romano Pontifice et Episcopis in eius communione directa*"[†] durch die neue Formulierung: " *Haec Ecclesia ... subsistit in Ecclesia catholica, a successore Petri et Episcopis in eius communione gubernata*"[†][25]. Diese Formulierung schien die volle Gleichsetzung der Kirche Christi mit der katholischen Kirche auszuschließen, indem sie das Vorhandensein kirchlicher Elemente auch außerhalb der Kirche selbst zugestand.

Vom 11. bis 14. Januar 1964 trafen sich Msgr. Lefebvre, Msgr. de Proença Sigaud und Dom Prou, Abt-Präses der Benediktiner-Kongregation von Solesmes, zusammen mit einer Gruppe von Theologen für ein gemeinsames fünftägiges Arbeitsprogramm in

---

[24] Vgl. J. W. O'MALLEY, *What happened at Vatican II*, 306-307.

[†] *Diese Kirche also ... ist die katholische Kirche, die vom römischen Papst und den Bischöfen in Gemeinschaft mit ihm geführt wird.*

[†] *Diese Kirche ... subsistiert in der katholischen Kirche, die vom Nachfolger Petri und den Bischöfen in Gemeinschaft mit ihm geleitet wird.*

[25] Schema *Constitutionis De Ecclesia*, in: AS III/1, 158-168, 167.

Solesmes[26]. „*Die Leitidee*“, schrieb Abbé Berto an Msgr. Carli am 10. Februar, „*bestand darin, strikt den Intentionen des Heiligen Vaters zu folgen, d.h., das Zweite Vatikanum als* continuantem, non adversantem[†] *Vatikanum I zu konzipieren.*“[27]

Am 8. Februar sandte Msgr. Lefebvre an die ihm verbundenen Bischöfe das in Solesmes verfasste Dokument und bat sie um ihre Unterschrift. Dasselbe Dokument wurde auch an das Generalsekretariat des Konzils geschickt.[28]

Die konservativen Konzilsväter hatten Msgr. Lefebvre mit der Aufgabe betraut, ihre Reihen neu zu organisieren. Msgr. Sigaud schrieb am 15. Juli an Msgr. Lefebvre:

> *„Hier in Brasilien haben wir keine Kenntnis vom Fortgang der Arbeiten und können daher nichts im Hinblick auf die dritte Sitzungsperiode organisieren. Ich hoffe, Sie haben mehr Glück als ich und können die Arbeiten vorbereiten und Kontakte knüpfen, die sich für die Zukunft als nützlich erweisen. Ich sehe in der Presse, dass man die Approbation von reichlich revolutionären Vorschlägen für*

---

[26] Die vier Theologen waren Dom Frénaud und Dom Nau von Solesmes, Mgr. Lunaut, Dekan der Theologischen Fakultät von Angers, und der Kanonikus Berto, allesamt Doktoren in Philosophie und Theologie der Universität Gregoriana.

[†] fortsetzend, nicht widerstreitend gegenüber.

[27] Brief von Abbé Berto an Mgr. Carli vom 10. Februar 1964, in: N. Buonasorte, *Per la "pura, piena, integra fede cattolica"*, 129-130.

[28] „*Hochwürdigste Exzellenz, ich möchte mich für die Verzögerung entschuldigen, mit der Ihnen diese Arbeit zukommt. Sie wird Ihnen ein wenig gewagt erscheinen, doch sind wir ermutigt durch den Gedanken, dass der Heilige Vater selbst die Güte besessen hat, mich während meiner Audienz am 6. Dezember 1963 zu diesem Thema anzuhören. Die Anspielungen des Heiligen Vaters in seiner Abschlussrede der zweiten Sitzungsperiode haben es nahelegt, ein neues allgemeines Schema vorzulegen, das von qualitätsvollen Theologen studiert wurde: Dom Frénaud und Dom Nau von Solesmes, Monsignor Lunaut, Dekan der Theologischen Fakultät von Angers, und der Kanoniker Berto, allesamt Doktoren in Philosophie und Theologie der Universität Gregoriana. Seine Exzellenz Mgr. Sigaud, Erzbischof von Diamantina, der ehrwürdigste Dom Prou, Generalabt der Kongregation von Solesmes, und ich selbst haben die Arbeiten gelenkt und geleitet, die noch abschließend entwickelt werden müssen und erst übermittelt werden, wenn sie redigiert sind. Mit großer Demut unterbreiten wir diese Arbeit der Koordinierungskommission und der Theologischen Kommission des Konzils, und hoffen, dass die Präzisionen der dogmatischen Begriffe das Verständnis der Themen erleichtern, die von den Konzilsvätern während der nächsten Sitzungsperiode in Angriff genommen werden*“ (Brief von Mgr. Lefebvre an Mgr. Felici vom 8. Februar 1964, in: A-Ecône, 02-09 A).

sicher hält. Wir werden also viel Arbeit zu bewältigen haben. Ich denke voller Freude an das Wiedersehen mit Ihnen in Rom."[29]

Am 29. September 1964, zu Beginn der Sitzungsperiode, willigte Kard. Santos, Erzbischof von Manila, ein, sich zum Wortführer der Konservativen innerhalb des Heiligen Kollegiums zu machen. Am 6. Oktober 1964 kündigte Msgr. de Proença Sigaud in einem Schreiben an die Konzilsväter an, dass die Gruppe jeden Dienstag Abend bei der Generalkurie der Augustiner Treffen organisieren würde, die allen Konzilsvätern offen stünden. *„Ziel dieser Versammlungen ist das gemeinsame, unter Beteiligung von Theologen stattfindende Studium der den Vätern zur Diskussion vorgelegten Schemata im Licht der traditionellen Lehre der Kirche und gemäß der Lehrunterweisung der Päpste." „Diese Studien"*, präzisierte das Schreiben, *„halten sich an den Geist der Interventionen, wie sie in der Konzilsaula durch Ihre Eminenzen, die Hochwürdigsten Herren Kardinäle Ruffini, Siri, Santos, Browne und andere, eingebracht wurden."*[30] Den ersten Vortrag auf dem Programm[31] hielt am 13. Oktober Kard. Ernesto Ruffini über das Schema *De Ecclesia in mundo huius temporis*; den zweiten hielt am 27. Oktober P. Ermenegildo Lio[32] über das Schema *De Matrimonii Sacramento*. Im November nahm die Gruppierung den endgültigen Namen Coetus Internationalis Patrum, „Internationale Vätergruppe", an.

b) Die ‚vertrauliche Note' von Kard. Larraona

Im Verlauf des Jahres 1964 entstanden bei den Zusammenkünften des Coetus verschiedene Dokumente, zu denen auch die *Vertrauliche Note an den Heiligen Vater* über das Schema der Konstitution *De*

---

[29] Brief von Mgr. Proença Sigaud an Mgr. Marcel Lefebvre vom 15. Juli 1964, in: A-Econe, 02.10.007.

[30] A-Econe, 02.10.004, f. 63.

[31] A-Econe, 02.10.004, f. 66.

[32] Ermenegildo Lio (1920-1992), Franziskaner-Minorit, Professor für Moraltheologie an der Lateran-Universität. Lit. von ihm: *L'ordine morale cristiano*, Pontificia Università Lateranense, Roma 1972.

Ecclesia (11.-12. September 1964)[33] gehört. Sie wurde dem Heiligen Vater von Kard. Larraona am 13. September, dem Vortag der dritten Sitzungsperiode, überreicht und war von 25 Kardinälen und 13 Ordensoberen unterzeichnet, darunter dem Oberen der Dominikaner, Aniceto Fernández, und dem Jesuitengeneral, Jean-Baptiste Janssens.[34] Kard. Larraona bat auch Kard. Ottaviani um eine Unterzeichnung des Dokumentes, doch der Sekretär des Heiligen Offiziums schrieb an Larraona, dass er zwar viele der Besorgnisse teilte, es ihm aber aufgrund seiner Position als Vorsitzender der Kommission, die das Schema im Konzil präsentiert, unmöglich wäre, der Bitte um Unterzeichnung des Textes nachzukommen.[35]

Die Bedeutung der Note von Kardinal Larraona kann nicht unterschätzt werden und wird von P. Caprile bestätigt, der sie in voller Länge in einer Sammlung von 50 anderen Dokumenten veröffentlicht hat, die Zeugnis ablegen von der Diskussion, die sich über Kapitel III von *De Ecclesia* vornehmlich zwischen September und Oktober 1964 abspielte.

Die Unterzeichner des Dokumentes beurteilten das Kapitel mit folgenden Ausdrücken:

> *„Bei aller Anerkennung für das Gute, das darin enthalten ist, können wir nicht umhin, ernste Einwände gegen das Kapitel als Ganzes zu erheben, und haben, nachdem wir von dem, was wir zu sagen haben, ehrlich überzeugt sind, im Herrn nicht nur das Recht – auf dieses könnten wir verzichten –, sondern auch die unabweisbare Pflicht, unsere Befürchtungen und unsere Ansichten zu diesem*

---

[33] *Quidam Patres Cardinales, Vertrauliche Note an den Heiligen Vater zum Schema* Constitutionis De Ecclesia, in AS VI/3, 322-328; *adnexa*, 330-338. Über das Dokument wird berichtet bei: G. CAPRILE, *Contributo alla storia della "Nota explicativa praevia"*, in: *Paolo VI e i problemi ecclesiologici al Concilio*, 596-603; vollständiger Text der Note auch in: M. LEFEBVRE, *J'accuse le Concile!*, 2e éd., s.e., s.l. 1976, 55-66 {dt.: *Ich klage das Konzil an!*, Éditions Saint-Gabriel, Martigny [1977], 51-61. Zu dem Vorfall vgl. auch J. A. KOMONCHAK, *L'ecclesiologia di comunione*, in: *SCV*, Bd. IV, 90-96 {dt.: 77-84}.

[34] Jean-Baptiste Janssens (1889-1964), belgischer Jesuit, 1919 zum Priester geweiht. Von 1946 bis zu seinem Tod General der Gesellschaft Jesu. Mitglied der Konzilskommission für die Ordensleute.

[35] ASV, Conc. Vat. II, Busta 781, *De Ecclesia: Epistola et alia (1964)*. Ottaviani a Larraona, Roma, 10 settembre 1964, f. 1; Larraona a Ottaviani, 13 settembre 1964, f. 1, n. 365.

Gegenstand jener Autorität darzulegen, die darüber zu entscheiden hat. Wir sehen uns nun nach aufmerksamem Studium in unserem Gewissen und vor Gott verpflichtet, feststellen zu müssen, dass das dritte Kapitel 1. hinsichtlich der Lehren folgendes bringt: a) neue Lehren und Ansichten; b) nicht nur Lehren und Ansichten, die ungewiß sind, sondern auch solche, die nicht sehr wahrscheinlich oder gewiß nicht wahrscheinlich sind; c) Lehren und Ansichten, die oft unbestimmt oder nicht genügend klar sind im Ausdruck und hinsichtlich ihres wahren Sinnes und ihrer Ziele."[36]

Hinsichtlich seiner Argumentationen wurde das Schema wie folgt bezeichnet: *„a) es ist sehr schwach und trügerisch, sowohl vom geschichtlichen Standpunkt aus als auch von dem der Lehre; ...; b) es setzt sich in befremdlicher Weise über fundamentale Grundsätze hinweg, selbst über solche, die von früheren Konzilien oder aus feierlichen Definitionen stammen; c) das geht soweit, dass es eine unbezweifelbare und nachweisbare Parteilichkeit erkennen lässt, ...; d) es ist ungenau, unlogisch und unzusammenhängend und würde, sollte es angenommen werden, endlose Diskussionen, Krisen und schmerzliche Verirrungen begünstigen und die Einheit, Disziplin und Regierung der Kirche empfindlich beeinträchtigen."*[37]

Für die im Schema enthaltene Lehre über den Primat des Papstes und die Kollegialität der Bischöfe gilt nach dem von Kard. Larraona präsentierten Dokument, dass sie

„1. eine neue Lehre ist, die bis 1958 oder vielmehr bis 1962 nur die Meinung einiger Theologen darstellte; doch diese Meinung war nicht allgemein *und* wenig wahrscheinlich. *Die gegenteilige Lehre war die allgemeine und vom Lehramt der Kirche, selbst im letzter Zeit, begünstigte.*

2. *Die* allgemein verbreitete *Lehre, die bis 1962 in der Kirche als gewiß und sehr wahrscheinlich galt, bildeten die Grundlage der verfassungsmässigen Disziplin und betraf auch das Wesen der*

---

[36] *Vertrauliche Note*, zit. in: G. CAPRILE, *Contributo alla storia della "Nota explicativa praevia"*, 596, auch in: LEFEBVRE, *J'accuse le Concile!*, 55-56 {dt.: *Ich klage das Konzil an!*, 51-52}.

[37] Ebd., auch in: LEFEBVRE, *J'accuse le Concile!*, 56 {dt.: 52}.

Gültigkeit der Handlungen und sowohl im Bereich der Konzile (der ökumenischen, der Plenar- und der Provinzialkonzile) als auch im Bereich der Regierung (auf allen Ebenen: der päpstliche, regionalen, provinzialen, missionarischen usw.).

3. Die neue Lehre wurde infolge der verwirrenden Machenschaften von Pressuregroups, die das Konzil auf eine bedauerliche Weise politisierten und gewisse Episkopate aus der Fassung brachten, weder sicher noch objektiv wahrscheinlicher als vorher. Sie wurde das auch nicht durch das Vorgehen vieler unverfrorener Experten, die, ihrer wahren Aufgabe untreu, eine parteiische Propaganda machten, statt die Bischöfe objektiv zu informieren, indem sie sie über den ,status quaestionis' *[Stand der Frage] auf dem laufenden hielten. Sie wurde schließlich auch nicht wahrscheinlich durch die Veröffentlichungen der Presse, die sich die Progressisten zunutze machten und mit den ihr eigenen Methoden eine Atmosphäre schuf, in der eine sachliche Diskussion schwierig war, weil die wahre Freiheit dadurch gehemmt und behindert war, dass jeder, der sich ihr nicht günstig gesinnt zeigte, sofort lächerlich gemacht und gebrandmarkt wurde. In einer solchen Atmosphäre können wissenschaftliche Argumentationen ihren legitimen Einfluss praktisch nicht mehr ausüben und werden nicht einmal mehr angehört."*

Die Lehre des Schemas *De Ecclesia* war für die Unterzeichner des Dokumentes „absolut noch nicht reif", weder für eine Diskussion und noch viel weniger für eine „Annahme durch das Konzil"[38]. „*Wäre die Lehre, die in dem Schema vorgelegt wird, wahr*", so hieß es im Dokument, „*hätte die Kirche jahrhundertelang in direktem Gegensatz zum göttlichen Recht gelebt. Daraus liesse sich ableiten, dass während dieser Jahrhunderte ihre obersten ,unfehlbaren' Organe nicht unfehlbar gewesen wären, da sie dem göttlichen Recht widersprechend gelehrt und gehandelt hätten. Die Orthodoxen und zum Teil auch die Protestanten hätten also in ihren Angriffen auf den Primat recht gehabt.*"[39]

Die ,vertrauliche Note' der Kardinäle explodierte wie eine Bombe aufgrund der Autorität der Unterzeichner und des Gewichtes der

---

[38] Ebd. 597-598, auch in: LEFEBVRE, *J'accuse le Concile!*, 58-59 {dt.: 53-55}.
[39] Ebd. 600, auch in: LEFEBVRE, *J'accuse le Concile!*, 63 {dt.: 59}.

aufgeworfenen Probleme. Am 20. September wandten sich die Verfasser des Dokumentes mit einem neuen, von Kard. Larraona unterzeichneten Schreiben an den Papst; darin äußerte man Folgendes: „*Die Approbation eines derartigen Schemas seitens des Papstes scheint uns, auch wenn die Mehrheit dies wollte, unmöglich. Die darin enthaltene Lehre kann nichts anderes bewirken als bei den solideren und treueren Theologen wie Gläubigen, speziell in den Ländern mit katholischer Tradition, tiefe Verwirrung und furchtbare Krisen hervorzurufen; es lässt sich nicht verhehlen, dass sich bereits bei vielen ein furchtbarer Zweifel bemerkbar macht. Wenn die Kirche die vorgelegte Lehre akzeptierte, so würde sie ihre eigene Vergangenheit verleugnen, und die bis dahin vertretene Lehre würde der Selbstanklage anheimfallen, falsch gewesen zu sein und jahrhundertelang gegen das göttliche Recht verstoßen zu haben.*“[40]

Nachdem Paul VI. das Schreiben durch Kard. Larraona empfangen hatte[41], sandte er dem spanischen Purpurträger am 18. Oktober eine gut achtseitige, eigenhändig geschriebene Antwort, worin er „*Überraschung und Bestürzung*“ zum Ausdruck brachte: „sowohl aufgrund der *Anzahl und die Würde der Unterzeichneten als auch aufgrund der Schwere der gegen die Lehren des Schemas erhobenen Einwände und der diesem radikal entgegengesetzten Behauptungen, die überdies Unserer persönlichen Ansicht nach auf anfechtbaren Argumenten beruhen; schliesslich auch aufgrund des Zeitpunkts, zu dem Wir die ‚Note' erhielten, nämlich in der Nacht vor der Eröffnung der dritten Sitzungsperiode des Ökumenischen Zweiten Vatikanischen Konzils, als es nicht mehr möglich war, das Schema einer neuerlichen Überprüfung zu unterziehen, und zwar in Anbetracht der leicht vorauszusehenden schwerwiegenden und vernichtenden Rückwirkungen auf das Ergebnis des Konzils und damit auf die ganze Kirche, im besonderen auf die römische Kirche, wenn man die in der Eingabe selbst gemachten Vorschläge praktisch durchführte.*“[42]

---

[40] Vgl. G. Caprile, *Contributo alla storia della "Nota explicativa praevia"*, 620.

[41] Vgl. den Text des Begleitschreibens von Kard. Larraona, in: G. Caprile, *Contributo alla storia della "Nota explicativa praevia"*, 619-621. Diesem Schreiben vom 20. November fügte der spanische Purpurträger ein weiteres vom 21. September bei, nachdem er von den Relationen der Generalversammlung an jenem Tage erfahren hatte (ebd. 622-623).

[42] Text in: G. Caprile, *Contributo alla storia della "Nota explicativa praevia*, 632-635. Vgl. auch ASV, Conc. Vat. II, Busta 345, Segreteria generale del Concilio. Nota

Am 24. Oktober zeigte Kard. Larraona Siri die lange, eigenhändige Antwort des Papstes und fragte ihn um Rat, ob man sich in einer Antwort auf eine Danksagung beschränken oder nochmals die Argumente vertiefen solle. Siri, der Kard. Larraona als *„einen der besten und beständigsten Diener der Kirche und des Papstes"*[43] ansah, notiert: *„Er stand von mir weit entfernt und überließ mir das Dokument* [das Schreiben des Papstes]. *Ich studierte es und fand, dass der Kardinal Grund hat, im Zweifel zu sein: das Dokument, sehr höflich in der Form, ist hart in der Sache und verhehlt nicht, dass der Inhalt des Schreibens der 22 Kardinäle Missfallen erregt hat. Ich fand, dass hier die Möglichkeit besteht, zu antworten, ohne sich auf eine bloße Danksagung zu beschränken, und habe sogleich ein Memorandum für den Kardinal verfasst."*[44] Am 28. Oktober folgte Larraona den Anweisungen von Siri und antwortete dem Heiligen Vater mit einem höflichen, aber dezidierten Schreiben, worin er zwar sein *„aufrichtiges Bedauern"* zum Ausdruck brachte, der Ehrwürdigen Person des Papstes *„Verwirrung und Sorge"* bereitet zu haben, aber bekräftigte, dass dann, *„wenn einige Formulierungen nicht überarbeitet werden, die Theologen bei vielen Fragen, die bisher diskutiert werden, eine Position einnehmen werden, die der bis dahin allgemeineren Meinung entgegengesetzt ist, welche jedoch von der ganzen jahrhundertelangen Praxis des Lehramtes der Kirche bestätigt und daher auch heute von Theologen höchsten Ranges verteidigt wird."*[45]

Die ‚vertrauliche Note' offenbarte zum ersten Mal die Existenz einer ‚organisierten' Opposition zur progressistischen Minderheit, die bis dahin den Zeitplan und die Akzentsetzung der Arbeiten vorgegeben hatte.

---

explicativa praevia 1964, fotocopia 8 gg. Text auch in: LEFEBVRE, *J'accuse le Concile!*, 67-71, Zitat: 67 {dt.: *Ich klage das Konzil an!*, 62-65, Zitat: 62}.

[43] SIRI, *Diario*, 394.

[44] Ebd.

[45] Brief von Kard. Larraona an Paul VI. vom 28. Oktober 1964, in: G. CAPRILE, *Contributo alla storia della "Nota explicativa praevia"*, 648-650, 649.

c) Die Manöver von Msgr. Helder Câmara

An der Gegenfront operierte, mit ganz anderen finanziellen Ressourcen und Unterstützung durch die Medien, das DO-C (Documentatie Centrum Concilie oder Dokumentationszentrum der Kirche der Niederlande), welches seinen Sitz in der Via dell'Anima hinter der Piazza Navona hatte. Gegründet mit Finanzmitteln der Holländischen Bischofskonferenz[46], veröffentlichte das DO-C vom 1. Januar bis zum 14. September 1964 30 theologische Dokumente in sechs Sprachen und verteilte sie an die Konzilsväter und ihre Periti. In einem Schreiben vom 6. November kündigte das Zentrum für den 18. desselben Monats eine Veranstaltung an, bei welcher der Theologe Schillebeeckx (*Die Entwicklung der Theologie während der dritten Sitzungsperiode des Konzils*) und Msgr. Helder Câmara (*Perspektiven der neuen Kirchenstrukturen*) das Wort ergreifen sollten.[47]

Für Câmara[48] blieb der Bezugspunkt auf dem Konzil Kard. Suenens, in seinem Jargon *„Pater Miguel"*. Doch derjenige, der das Orchester dirigierte, war dem brasilianischen Bischof zufolge P. Ivan Illich, den er *„den Kapellmeister und Patron des Kreises"*[49] nannte. Am Abend des 15. September fand anlässlich eines Vortrages von Abbé Laurentin an der Domus Mariae ein vertrauliches Essen statt, an dem das belgische Kollegium und Illich, Câmara und Suenens teilnahmen, *„um die großen allgemeinen Linien herauszuarbeiten"*[50]. Suenens enthüllte Câmara, dass der Relator der bevorstehenden Diskussion über die Kollegialität der „Reaktionär" Msgr. Parente wäre, der von den „Kollegialisten" angeworben worden sei: sein Frontwechsel würde einen maßgeblichen Eindruck auf den italie-

---

[46] 1965 am Ende des Zweiten Vatikanischen Konzils vereinigte sich das holländische DO-C mit dem Centro di Coordinazione delle Comunicazioni Conciliari per la Stampa (CCC-C). Aus dieser Fusion entstand das IDO-C, Centro Internazionale d'Informazione e Documentazione sulla Chiesa Conciliare. Nach dem Konzil erhielt dieses die Struktur einer internationalen Organisation mit Sitz in Rom.

[47] Fonds Thils, in: CLG, n. 1706.

[48] *„Dieser Mann"* – erinnert sich Kard. Suenens – *„spielte eine grundlegende Rolle hinter den Kulissen, auch wenn er während der Konzilssitzungen nie das Wort ergriff"* (SUENENS, *Souvenirs et espérances*, 177).

[49] CÂMARA, *Lettres conciliaires*, Bd. II, 488.

[50] Ebd. 508.

nischen Episkopat machen.[51] Câmara sicherte für die Interventionen von Suenens in der Konzilsaula seine *„claque“* zu.[52] *„Auf dem Konzil ist er mein Leader“*, schrieb der brasilianische Bischof im 13. Rundschreiben an seine Gläubigen[53]. Paul VI. hatte ihn am 13. März 1964 nach seiner Ernennung zum Erzbischof von Olinda und Recife empfangen und ihn mit diesem Worte beruhigt: *„Seien Sie ruhig. Es ist offenkundig, dass die Hand Gottes auf Ihrem Haupt ruht. Die Vorsehung ist greifbar geworden.“*[54]

4. Kompromiss beim Kapitel *De Beata Maria Virgine*

In der zweiten Sitzungsperiode hatten die konservativen Bischöfe den Kampf um das Schema der Allerseligsten Jungfrau Maria verloren; statt einer separaten Abhandlung war es als achtes und letztes Kapitel des Schemas über die Kirche absorbiert worden und wurde später Bestandteil der Konstitution *Lumen gentium*. Der neuralgische Punkt der marianischen Frage, mit der die dritte Sitzungsperiode eröffnet wurde, bestand in der Mittlerschaft Mariens, Punkt des Widerspruchs und Stein des Anstoßes unter den Konzilsvätern selbst.[55] Die Debatte über diesen Gegenstand verlief kurz, aber hitzig und intensiv.[56]

Im Verlauf eines Jahrhunderts hatten die Päpste Pius IX. und Pius XII. die zwei großen marianischen Dogmen definiert: die Un-

---

[51] Ebd. 509-510. Auch der Berater von Suenens, Mgr. Prignon, notierte, dass *„der Assessor des Heiligen Offiziums, Mgr. Parente, von Anfang an sich klar zugunsten der Kollegialität positioniert und sie mit einer zuweilen aufsehenerregenden Energie verteidigt“* (Fonds Prignon, *Rapport sur la première décade de la IIIe session conciliaire (14-24 septembre 1964)*, in: CLG, n. 1056).

[52] Câmara, *Lettres conciliaires*, Bd. II, 510.

[53] Ebd. 825.

[54] Ebd., Bd. I, 476. In jenem Gespräch vertraute Mgr. Colombo Mgr. Câmara an, dass dem Papst *„Rahner und Häring sehr zusagen“* (ebd., Bd. II, 583).

[55] Man siehe den sprechenden Titel eines Werkes des Philosophen Charles de Koninck, *Le scandale de la Médiation* (Nouvelles Editions Latines, Paris, 1962). Zum Thema, vgl. François-Marie OFM, *La nouvelle mariologie dans le chapitre 8 de Lumen Gentium*, 269-288.

[56] AS III/1, 435-476; 504-544 und III/2, 99-188.

befleckte Empfängnis Mariens (1854) und die Aufnahme der Allerseligsten Jungfrau Maria in den Himmel (1950). Ein drittes Dogma wurde in der katholischen Welt sehnlichst erwartet: Maria, Mittlerin aller Gnaden. Das Zweite Vatikanische Konzil sollte hierfür eine außerordentliche Gelegenheit abgeben, weil es dann der Papst zusammen mit allen Bischöfen der Welt feierlich verkünden würde. Paul VI. wollte, wie P. Congar in seinem Tagebuch notiert, absolut nicht, dass sich das Konzil über dieses Thema äußerte; zugleich beharrte er darauf, dass Maria der Titel ‚*Mater Ecclesiae*' zuerkannt würde.[57]

Congar, Mitglied der Unterkommission zur Mittlerschaft Mariens, gehörte dem Lager der ‚antimarianischen' Theologen an, die entschlossen waren, mit allen Mitteln zu verhindern, dass das Konzil den Kult der Allerseligsten Jungfrau ausweitete. „*Wie können wir wenigen und schon Überlasteten*", schreibt er, „*gegen die enorme Masse der fanatischen Mariologen ankämpfen?*"[58] Der französische Dominikaner beschreibt in seinem *Tagebuch* die Versammlung vom 3. Juni 1964, in der es zur Auseinandersetzung zweier Lager kam: auf der einen Seite die ‚marianischen' Bischöfe und Theologen Balić, Parente und Tromp; auf der anderen Seite die ‚Antimarianer' Garrone, Philips und Rahner. René Laurentin, minimalistischer und der antirömischen Partei verbundener Mariologe, versuchte seinerseits eine vermittelnde Position einzunehmen. Während der Revision des Schemas in den Monaten der Intersession versuchte Philips, wie es scheint, Paul VI. zu überzeugen, dass für den Erfolg des Schemas auf dem Konzil der Terminus ‚Mittlerin' zumindest als einer der in der Kirche traditionell in Gebrauch stehenden Titel angeführt werden sollte.[59] Der Papst stimmte zu, aber beharrte darauf, dass man in das Schema den Titel ‚Mutter der Kirche' einfüge und ihn bevorzugt verwende.

Als das Schema in die Aula kam, ergriff eine beträchtliche Anzahl von Vätern das Wort. Kard. Ruffini sagte, das Schema ‚verhülle' die Mitwirkung Marias am Werk der Erlösung und, da man sich

---

[57] CONGAR, *Journal*, Bd. II, 12.

[58] Ebd., 114.

[59] Vgl. J. A. KOMONCHAK, *L'ecclesiologia di comunione*, in: *SCV*, Bd. IV, 67-68 {dt.: 8-9}; vgl. C.M. ANTONELLI, *Le rôle de Mgr Gérard Philips dans la rédaction du chapitre VIII de "Lumen Gentium"*, in: Marianum 55 (1993), 17-197.

darauf beschränkte, ohne weitere Erklärung zu äußern, dass ‚Mittlerin' ein der Muttergottes vorbehaltener Titel sei, erweise es sich als unerlässlich, die Bedeutung dieses Titels zu erklären, damit *„die Nichtkatholiken verstehen können, dass sein Gebrauch keine Verminderung der Würde Christi beinhaltet, dessen einzige Mittlerschaft in absoluter Weise notwendig ist"*[60].

Kard. Wyszyński[61], Erzbischof von Warschau, der im Namen von 70 polnischen Bischöfen sprach, erwähnte, dass Paul VI. in der sechs Wochen zuvor erschienenen Enzyklika *Ecclesiam suam* die Aufmerksamkeit auf die grundlegende Bedeutung der Allerseligsten Jungfrau im Leben der Kirche gelenkt hatte. Auf der Basis dieser Äußerung hatten die polnischen Bischöfe ein Memorandum an den Papst gerichtet, worin sie ihn darum baten, Maria als ‚Mutter der Kirche' zu proklamieren. Im Namen dieser Bischöfe forderte Wyszyński, dass das Kapitel über die Allerseligste Jungfrau das zweite des Schemas würde, um die Rolle Marias in Beziehung zu Christus und seiner Kirche stärker hervorzuheben. Er forderte überdies, die Konzilsversammlung solle in kollegialer Form im Namen aller Bischöfe die Weihe der Welt an das Unbefleckte Herz Mariens erneuern, die Pius XII. am 31. Oktober 1942 durchgeführt hatte. Der Erzbischof von Monreale, Corrado Mingo, wurde noch konkreter, indem er gemäß den Forderungen von Fatima *„am Schluss des Zweiten Vatikanums die Erneuerung der Weihe der Kirche, der Welt und insbesondere Russlands an das Unbefleckte Herz Mariens"*[62] erbat. Congar notierte seinerseits: *„Ich mache Kampagne,* WIE ICH NUR KANN, *gegen eine Weihe der Welt an das Unbefleckte Herz Mariens, denn ich sehe die Gefahr, dass sich daraus eine Bewegung in diese Richtung entwickelt."*[63]

Zur Verteidigung der marianischen Privilegien intervenierten anschließend Hervas y Benet[64], Bischof von Ciudad Real in Spanien, und Msgr. García y García de Castro, Bischof von Granada, der im Namen von 80 spanischen Bischöfen die Theologische Kommission dafür kritisierte, *„den Text völlig abgelehnt zu haben,*

---

[60] AS III/1, 438-441, 440-441; WILTGEN, 158.
[61] Ebd. 441-444.
[62] Ebd. 465 (463-466).
[63] CONGAR, *Journal*, Bd. II, 143.
[64] AS III/1, 472-473.

anstatt ihn zu adaptieren, wie es die Konzilsväter gewünscht hatten"[65]. Msgr. Rendeiro[66], Bischof von Faro in Portugal, schloss sich im Namen von 82 Bischöfen der Forderung Kard. Wyszyńskis nach Weihe der Welt an und verlangte ausdrücklich, dass der Titel ‚Mittlerin' im Text beibehalten werde, auch um zu verhüten, dass durch seine Beseitigung ein unvermeidlicher Skandal unter den Gläubigen hervorgerufen werde.

Unter den ‚antimarianischen' Konzilsvätern taten sich Kard. Döpfner[67], der sich zum Wortführer von 90 deutschsprachigen und skandinavischen Bischöfen machte, und Kard. Alfrink[68], Sprecher von 124 Bischöfen aus den Niederlanden, Afrika, Lateinamerika, Deutschland, Italien und anderen Ländern, hervor; letzter verlangte die Unterdrückung des Ausdrucks ‚Maria Mittlerin', der *„äquivok und gefährlich"* sei, weil Christus der einzige Mittler sei. Der Bischof von Cuernavaca, Mendez Arceo, sprach sich am 17. September gegen den Titel ‚Mutter der Kirche' aus, der *„der orientalischen Tradition fremd sei"* und *„so neu in Gebrauch, dass er nicht in einer dogmatischen Konstitution enthalten sein kann"*[69].

Kard. Léger, Mitglied der Lehrkommission des Konzils, unterstrich die Notwendigkeit einer ‚Erneuerung' oder ‚Reform' des Kultes der Jungfrau und der sie betreffenden Lehre. Diese Erneuerung oder Reform, sagte er, habe unter den Theologen bereits begonnen, müsse aber auch die Hirten und die Gläubigen erreichen, und dieses Schlusskapitel der Konstitution über die Kirche biete dazu die beste Gelegenheit. *„Die gewünschte Reform besteht im Gebrauch treffender, präziser und schlichter Worte, um die Rolle Marias auszudrücken"*. Er fügte hinzu, dass es in Gebeten an Maria üblich sei, *„übertriebenen Gebrauch von Superlativen zu machen und sich nicht um den wahren Sinn der Worte und der Formulierungen zu kümmern"*. *„Es ist eine Illusion"*, sagte er, *„zu denken, dass die hyperbolischen Ausdrücke den Gläubigen unserer Tage helfen würden, besser zu Maria zu beten und*

---

65 Ebd. 536 (536-539).
66 Ebd. 506-508.
67 Ebd. 449-452.
68 AS III/2, 12-14.
69 AS III/1, 541-544, 541.

ihre Würde besser zu begreifen"; „eine nüchterne Sprache und eine schlichte Redeweise dürften viel fruchtbarere Ergebnisse zeitigen"[70].

Überraschung rief hingegen die Intervention ‚marianischen' Zuschnitts hervor, die Kard. Suenens hielt; ihm zufolge bildete die Reduzierung der Bedeutung Marias, die in diesem Schema zu Tage trat, eine *„Tendenz, die heute eine reale Gefahr bildet"*[71]. Wie Wiltgen bemerkt, hatte Suenens für einen Moment *„den Mut, sich von der Parteilinie der europäischen Allianz loszureißen und offen seine eigene Meinung zu sagen"*. Andererseits, fügt er hinzu, *„wäre* es *in der Tat sonderbar gewesen, wenn der Kardinal von Belgien – einem in der katholischen Kirche für seine große Andacht zur Jungfrau Maria derart bekannten Land – eine andere öffentliche Stellung eingenommen hätte"*[72]. 1913 hatte in der Tat Kard. Mercier zusammen mit dem belgischen Episkopat den Papst um die dogmatische Definition der Gnadenmittlerschaft der Allerheiligsten Jungfrau Maria gebeten, und 1922 hatte Pius XI. der belgischen Kirche Messformulare und Breviergebete zum Fest „Maria, Mittlerin aller Gnaden" gewährt.[73]

Am Ende setzte sich der Mittelweg durch, der von Kard. Frings[74] mit Unterstützung von Kard. Alfrink vertreten wurde. Frings sprach von einem Kompromiss, der *„sowohl von rechts wie von links"* akzeptiert werden konnte, womit er einen Ausdruck aus

---

[70] Ebd. 445-448.

[71] Ebd. 504-505.

[72] WILTGEN, 160. Es muss erwähnt werden, dass Suenens am Ende der 40er-Jahre ein glühender Parteigänger der von Frank Duff (1889-1980) gegründeten Legio Mariae geworden war und diese im Vatikan gegen die Kritik verteidigte, die Pater de Lubac 1946 in einer den französischen Bischöfen privat unterbreiteten Schrift an dieser Bewegung geübt hatte. Suenens war überdies Autor von *Théologie de l'apostolat de la Légion de Marie*, Bruges 1951, und von *Une éroïne de l'apostolat Edel-Mary Quinn, déléguée de la Légion de Marie en Afrique (1907-1944)*, Bruges 1952. Einen starken Einfluss übte auf ihn Veronica O'Brien (1905-1998) aus, Irin aus der Legio Mariae, die Suenens 1947 in Paray-le-Monial begegnet war und anschließend eine entscheidende Rolle dabei spielte, ihn in Richtung der charismatischen Erneuerung zu drängen.

[73] Vgl. M. HAUKE, *The Universal Mediation of Mary according to Cardinal Mercier*, in: *Mary at the Foot of the Cross*, New Bedford (MA) 2003, Bd. IV, 387-407; DERS., *Maria "Mediatrice di tutte le grazie" nell'Archivio Segreto Vaticano del Pontificato di Pio XI. Rapporto intermedio sulle tracce trovate*, in: ‚Immacolata Mediatrix' VII/1 (2007), 118-129; DERS., *Maria "Mediatrice di tutte le grazie". La mediazione universale di Maria nell'opera teologica e pastorale del cardinale Mercier*, Lugano 2005.

[74] AS III/2, 10-11.

dem parlamentarischen Vokabular gebrauchte, der die stärker ‚marianischen' Väter rechts ansiedelte und die ‚Minimalisten' links.[75] Der Verfasser des „Kompromisstextes" war P. Balić, dem Frings Unterstützung bot, da er sich darüber im Klaren war, dass die erforderliche Zweidrittelmehrheit nie den progressistischen Thesen zum Sieg verhelfen würde.[76] Philips und Balić trafen sich, um eine Übereinkunft zu erzielen, und arbeiteten zusammen ein Dokument mit dem Titel *Die Allerseligste Jungfrau Maria, Mutter Gottes, innerhalb des Mysteriums Christi und der Kirche* aus. Der Ausdruck ‚Mittlerin' wurde dort beibehalten, wenngleich er eine absolut sekundäre Stellung einnahm. *„Man konnte den Titel ‚Mittlerin'"*, schreibt Congar, *„nicht vermeiden. Doch die Art, wie man davon spricht, ist noch die diskreteste."*[77]

Der Text wurde an die Theologische Kommission geschickt, die ihn auf Basis der Vorschläge verbesserte, um ihn dann am 29. Oktober 1964 zur Abstimmung vorzulegen. Das Ergebnis fiel wie folgt aus: 1559 *placet*, 521 *placet iuxta modum* und 10 *non placet*.[78] Drei Wochen später, am 18. November, wurde das im Licht der 521 *iuxta-modum*-Stimmen revidierte Dokument erneut zur Abstimmung vorgelegt. Dieses Mal fiel die Zustimmung fast einmütig aus. Der Titel ‚Mittlerin' wurde entsprechend den Empfehlungen von Kard. Ruffini, Msgr. Ancel und anderer im Artikel 62 beibehalten, dem zufolge *„die Allerseligste Jungfrau Maria von der Kirche unter den Titeln Advocata, Auxiliatrix, Adjutrix und Mediatrix angerufen wird"*, Titel, so hieß es weiter, die *„der Würde und der Wirksamkeit Christi als alleinigen Mittlers"* nichts fortnahmen und nichts hinzufügten.

Die Manöver zur Beseitigung jeglichen Bezugs auf die Mittlerschaft Marias waren also gescheitert, doch der Text, der dabei entstand, erschien immerhin reduziert: tatsächlich waren die Worte *„aller Gnaden"* beseitigt, die dem Substantiv ‚Mittlerin' einen Sinn ver-

---

[75] *„Zum Marienschema sind in der Aula wie erwartet viele und abweichende Meinungen vorgetragen worden. Das Schema enthält, soweit mir scheint, nichts, was gegen die katholische Wahrheit oder gegen die Rechte unserer getrennten Brüder steht. Doch stellt es nicht alle Wünsche zufrieden, die von rechts oder von links vorgebracht wurden. Aber das Schema sucht einen Mittelweg, auf dem alle vorwärtsgehen können. In diesem Sinne ist es ein Kompromiss"* (AS III/2, 10).

[76] Wiltgen, 161-162.

[77] Congar, *Journal*, Bd. II, 206.

[78] AS III/6, 49.

leihen, so wie im Text auch jeder Bezug auf die aktive Beteiligung der Muttergottes an der Erlösung der Menschheit fehlt. Die Mittlerschaft Marias wird nicht völlig ignoriert, doch wird sie auch nicht feierlich proklamiert, wie es die Konzilsväter hätten tun können und wie viele von ihnen es wünschten.

5. Warum spricht das Zweite Vatikanum nicht von der Hölle?

Zu den vordringlichsten Problemen der anstehenden Arbeiten gehörte auch die Frage nach dem Endziel des Menschen, Kernpunkt von Kapitel VII des Schemas *De Ecclesia*. Kard. Ruffini[79] merkte an, dass nirgendwo erwähnt werde, dass die in Todsünde Sterbenden in die Hölle gelangten.

Das Fehlen jeglicher Bezugnahme auf die Hölle wurde auch von Msgr. Nicodemo[80], Erzbischof von Bari, von Msgr. Biagio d'Agostino[81], Bischof von Vallo di Lucania, und von Msgr. Gori[82], dem lateinischen Patriarchen von Jerusalem, hervorgehoben. Die Intervention des Letzteren verdient hier aufgrund der Klarheit, mit der sie das Problem darstellt, wiedergegeben zu werden:

> *„Während man im Text ziemlich passend das Gericht erwähnt, das jeden Menschen betrifft, und die Perspektive der ewigen Glückseligkeit aufzeigt, schweigt man überraschenderweise jedoch über die andere Alternative, nämlich über die ewige Verdammis, welche die Offenbarung und die gesamte Tradition für jeden unbußfertigen Sünder annehmen.*

---

[79] AS III/1, 377-379.

[80] AS III/1, 385-386. Enrico Nicodemo (1906-1973), 1928 zum Priester geweiht, ab 1945 Bischof von Mileto, seit 1952 Bischof von Bari. Lit. von ihm: *Scritti pastorali degli anni del Concilio e dopo il Concilio (1963-1970)*, Bari 1970.

[81] AS III/1, 434-435. Biagio d'Agostino (1896-1984), 1926 zum Priester geweiht, 1951 Weihbischof von Termoli, 1951 Titularbischof von Citium, 1954 Bischof von Gallipoli und 1956 von Vallo di Lucania, 1984 in den Ruhestand versetzt.

[82] AS III/1, 383-385. Alberto Gori (1889-1970), aus dem Orden der Minderbrüder, 1914 zum Priester geweiht, seit 1949 lat. Patriarch von Jerusalem.

Die Unterlassung einer klaren Erwähnung der ewigen Verdammis erscheint mir inakzeptabel für ein ökumenisches Konzil, dessen Aufgabe darin besteht, bei einem für alle Menschen und vornehmlich die Katholiken so wichtigen Thema die vollständige Lehre in Erinnerung zu rufen.

Ebenso wie die Existenz des Gerichtes und der Glückseligkeit muss man offen über die Gewissheit der ewigen Verdammis für diejenigen sprechen, die die göttliche Freundschaft zurückgewiesen haben. Mir scheint, dass drei Gründe dies verlangen:

Der erste ist, dass die Existenz der Hölle eine unbestrittene Wahrheit der christlichen Offenbarung ist. Der Erlöser selbst, der sicher mehr als alle anderen die beste Methode, seine Lehre darzulegen, kannte, und der gleichzeitig die Güte in Person war, hat jedoch viele Male in klarer und eindringlicher Weise die Existenz und die Ewigkeit der Hölle verkündet. In der einleitenden Erklärung zu diesem eschatologischen Kapitel muss man zusammen mit der Existenz des Gerichtes und der ewigen Glückseligkeit ausdrücklich an jene offenbarte Wahrheit erinnern, die diese komplettiert, nämlich den Zustand der ewigen Verdammis.

Der zweite Grund, warum es notwendig ist, diese Wahrheit ausdrücklich zu erwähnen, liegt in der großen Bedeutung dieses entsetzlichen Ereignisses für einen jeden Menschen. Die Menschen, die sich von der Konkupiszenz so stark einnehmen lassen, dass sie dafür die göttliche Freundschaft zurückweisen, haben es in der Tat sicher nötig, durch die Furcht vor der ewigen Verdammnis, die jedem unbußfertigen Sünder droht, von der Sünde abgehalten zu werden. Wie es die ganze christliche Überlieferung, die von Christus und seinen Aposteln gelehrt wurde, immer getan hat, so muss auch unser Konzil gleichermaßen in dieser eschatologischen Darlegung jeden Menschen ausdrücklich an die traurige Möglichkeit dieser Wahrheit erinnern.

Der dritte Grund für eine ausdrückliche Erwähnung dieser Wahrheit besteht in ihrer besonderen Notwendigkeit für unsere Zeit, die sich unserer pastoralen Sorge auferlegt. Tatsächlich vermindern in unserer Zeit das allseits vorherrschende Verlangen nach einem besseren materiellen Leben und der sich ausbreitende Hedonismus in den Augen vieler Menschen den Wert der göttlichen Freundschaft und den Sinn für die Sünde in einem erheblichen Aus-

maß. Daraus resultiert die Tatsache, dass die Existenz der Hölle oder der ewigen Verdammis dem Denken fremd ist, als ein unangemessener Gedanke allgemeine Ablehnung erfährt, ja, als der heutigen Mentalität zuwider immer mehr bekämpft wird. Wie viele schmerzlich wahrnehmen, gibt es heute nicht wenige Prediger, die es nicht mehr wagen, an diese schreckliche Wahrheit zu erinnern, sondern darüber schweigen. Doch als Folge dieser Furcht der Prediger steht zu befürchten, dass unter den Gläubigen die praktische Überzeugung die Oberhand gewinnt, dass diese Strafe eine mittlerweile veraltete Lehre sei, deren Realgehalt man mit gutem Recht bezweifeln könne. Und auf diese Weise fördert man die geistige und sittliche Korruption. Daher, ehrwürdige Brüder, verlange ich mit Nachdruck, dass man im vorgelegten Text des Art. 48 in kurzer Form, unter Anlehnung an die Worte der Bibel, aber in klarer Sprache, zusammen mit dem Gericht die Alternative anführt, die sich für jeden Menschen stellt, nämlich ewige Glückseligkeit oder ewige Verdammis."[83]

Die Hölle ist die ewige Verdammnis desjenigen, der im Zustand der Todsünde stirbt, ohne diese bereut zu haben, und der somit die barmherzige Liebe Gottes ablehnt.[84] Es handelt sich um eine Glaubenswahrheit, die von der Kirche immer gelehrt worden ist und die die Muttergottes in der Botschaft von Fatima bekräftigt hat; diese beginnt ja gerade mit der schrecklichen Höllenvision, in der die drei Seherkinder eine Vielzahl von Seelen hinabstürzen sahen, die aussahen wie *„durchsichtige schwarze oder braune, glühende Kohlen in menschlicher Gestalt"*, ähnlich den *„Funken bei gewaltigen Bränden"*, *„unter Schmerzensgeheul und Verzweiflungsschreien"*, was sie so er-

---

[83] AS III/1, 384-385.

[84] Vgl. M. SCHMAUS, *Katholische Dogmatik. Von den Letzten Dingen*, 5. Aufl., Max Hueber Verlag, München 1959, Bd. IV/2, 452-510; C. POZO SJ, Teologia dell'aldilà, Paoline, Roma 1983, 397-433. Man siehe auch die Sondernummern der Zeitschrift ‚Fides Catholica' über die Hölle: 2 (2008), 351-568, mit Beiträgen von Mgr. Brunero Gherardini, Don Nicola Bux, Christopher J. Malloy, P. Giovanni Cavalcoli, P. Paolo M. Siano, Mgr. Arthur B. Calkins, P. Stefano M. Manelli, und 1 (2009), 21-260, mit Beiträgen von Mgr. Michelangelo Tabet, Pater Settimio M. Manelli, P. Manfred Hauke, P. Alessandro Apollonio, P. Serafino M. Lanzetta. Vgl. auch S. M. LANZETTA FMI, *Inferno e dintorni*, Cantagalli, Siena 2010.

schreckte, dass nur noch ein Augenblick genügt hätte, und sie wären ohnmächtig geworden.

Fatima, kommentiert Schwester Lucia, hat einen „letzten Beweis“ dafür erbracht, *„dass es wahr ist, dass die Hölle existiert und dass dorthin die Seelen der armen Sünder gelangen“*, wobei es mit dieser schrecklichen Wahrheit allerdings die heilbringende Wahrheit der Verehrung des Unbefleckten Herzens Marias verbindet.[85]

In den Jahren des Konzils wie in den darauffolgenden Jahren gab es viele Theologen, von Hans Küng bis Karl Rahner, von Urs von Balthasar bis Edward Schillebeeckx, die die Hölle auf eine mythologische Darstellung reduzierten oder, wenn sie ihre Wirklichkeit zugaben, sie doch als *„leer“* ansahen.[86] Die Leugnung oder die Neubewertung der Hölle waren übrigens die Folge einer, zuweilen obsessiven Betonung der göttlichen Barmherzigkeit, die die Rolle der göttlichen Gerechtigkeit völlig in den Hintergrund rückte. Die Folgen für die persönliche Verantwortung der Menschen im Blick auf Glauben und Moral der Kirche sollten verheerend sein.

6. Die Auseinandersetzung über die Religionsfreiheit

a) Zwei entgegengesetzte Konzeptionen

Kein Schema erfuhr so viele Modifikationen und Revisionen wie das zur Religionsfreiheit, über das die Diskussionen in der dritten Sitzungsperiode vom 23. bis zum 28. September 1964 begannen.[87]

Das päpstliche Lehramt vertritt im Gegensatz zu den Theorien, die durch die Französische Revolution aufgekommen waren, die Auf-

---

85 Suor Lucia, *Gli appelli del messaggio di Fatima*, Secretariado dos Pastorinhos, Fatima 2006, 142. Man siehe auch S. M. Manelli FMI, *Fatima, l'inferno e il Cuore Immacolato*, in: Fides Catholica 2 (2008), 529-568.

86 Vgl. G. Cavalcoli OP, *L'inferno esiste. La verità negata*, Fede e Cultura, Verona 2010, 54-92.

87 AS III/2, 317-327. Vgl. M. Davies, *The Second Vatican Council and Religious Liberty*; S. Scatena, *La fatica della libertà. L'elaborazione della dichiarazione "Dignitatis Humanae" sulla libertà religiosa del Vaticano II*, Bologna 2003.

fassung, dass im sozialen Leben der Nationen der Irrtum allenfalls als ein Faktum toleriert werden kann, jedoch niemals als ein Recht. Der liberale Relativismus und das falsche Prinzip der Gewissens- und Religionsfreiheit wurden seitens des Lehramtes immer wieder verurteilt. Im 19. Jh. wurde diese Verurteilung von Gregor XVI. in der Enzyklika *Mirari vos*[88] ausgesprochen, von Pius IX. in der Enzyklika *Quanta cura* und im *Syllabus* sowie von Leo XIII. in den Enzykliken *Immortale Dei* und *Libertas praestantissimum*[89]. Pius XII. hat bekräftigt, dass *„was nicht der Wahrheit und dem Sittengesetz entspricht, kein Recht auf Existenz, auf Werbung und auf Ausübung hat"*[90].

Das Schema der Konstitution über die Kirche, das am Sitz der Vorbereitungskommission durch Kard. Ottaviani vorgestellt wurde, umfasste im zweiten Teil ein Kapitel, das IX., über die *Beziehungen zwischen Kirche und Staat und die religiöse Toleranz*[91]. Die Vorbereitungskommission griff darin die katholische Lehre der Beziehungen zwischen kirchlicher und ziviler Macht wieder auf und unterschied zwischen den Staaten, in denen die Mehrheit der Bürger den katholischen Glauben bekennt, und denen, wo ein Großteil der Bürger nicht katholisch ist oder nicht einmal die Tatsache der Offenbarung kennt. Im ersten Fall muss der Staat die katholische Religion bekennen, im zweiten Fall wenigstens mit den Geboten des Naturgesetzes in Einklang stehen und die volle Freiheit der Kirche bei Erfüllung ihrer göttlichen Sendung anerkennen. Das ursprüngliche Schema wurde bereits in der ersten Sitzungsperiode des Konzils zugunsten eines neuen Schemas verworfen, das vom Sekretariat für die Einheit der Christen unter Leitung von Kard. Bea verfasst und am 19. November 1963 an die Konzilsväter verteilt worden war; es war als Kapitel V des Schemas über den Ökumenismus angelegt, da die Verfasser der Überzeugung waren, dass die Religionsfreiheit die Voraussetzung für die ökumenischen Beziehungen zu den anderen christlichen Gemeinschaften bildete.

---

[88] GREGOR XVI., Enzyklika *Mirari vos* vom 15. August 1832, in: DH. 2730-2732.

[89] LEO XIII., Enzyklika *Libertas* vom 20. Juni 1888, in: ASS 20 (1887-1888), 593-613, 604 und *Immortale Dei* vom 1. November 1885, in: ASS 18 (1885), 161-180.

[90] PIUS XII., Rede *Ci riesce* an die katholischen Juristen vom 6. Dezember 1953, in: AAS 45 (1953), 799.

[91] AD II-II/4, 657-684.

In der zweiten Sitzungsperiode diskutierte man insbesondere darüber, ob der Text über die Religionsfreiheit Teil des Schemas über den Ökumenismus werden sollte, wie es beispielsweise Kard. Meyer wünschte[92], oder eher ein eigenständiges Schema abgeben sollte, wie dies Kard. Léger verlangte[93]. Die Kardinalmoderatoren favorisierten die zweite Lösung, doch hatte ihnen der Verlauf der Diskussion zu Bewusstsein gebracht, dass sich der Vorschlag in jedem Fall als verfrüht erwies und es daher besser wäre, die Diskussion aufzuschieben.

Am 16. September, bei Eröffnung der dritten Sitzungsperiode, hatte eine Gruppe von neun, überwiegend lateinamerikanischen, Bischöfen an Paul VI. geschrieben, um ihre *„Erregung"* und *„lebhafte Beunruhigung"* angesichts der Sprache der Konzilsdokumente, deren Diskussion bevorstand, zum Ausdruck zu bringen. Denn diese seien *„in neuen und manchmal ganz ungewöhnlichen Formulierungen"* abgefasst, die *„nicht denselben Sinn und dieselbe Tragweite der von der Kirche verwendeten Bilder zu bewahren scheinen"*:[94]

> *„Einige Schemata, insbesondere jenes über den ‚Ökumenismus' mit seiner Erklärung über die* Religionsfreiheit, *benutzen mit Wohlgefallen und Nachdruck Ausdrücke und Bedeutungen, die sowohl der Lehre des ordentlichen Lehramtes wie den Erklärungen des außerordentlichen Lehramtes seit mehr als einem Jahrhundert zwar nicht immer direkt widersprechen, aber zumindest formal entgegenstehen. Wir erkennen hier nicht mehr die katholische Theologie und auch nicht die gesunde Philosophie, die ihr den Weg leuchten soll. Was uns die Sache noch zu erschweren scheint, ist, dass die Ungenauigkeit der Schemata das Eindringen von Ideen und Theorien erlaubt, vor denen zu warnen der Heilige Stuhl nie unterlassen hat.*
>
> *... Wir erlauben uns hinzuzufügen, dass viele Gläubige und Priester, denen eine überreiche Presse die Perspektive eines riskanten ‚aggiornamento' schmackhaft zu machen sucht, angeben, sehr verwirrt zu sein."*[95]

---

92 AS III/2, 366-368.
93 Ebd. 359-360.
94 AS VI/3, 339-340.
95 Ebd. 340.

Der erste Unterzeichner des Dokumentes, dem Msgr. de Proença Sigaud und Msgr. de Castro Mayer zugestimmt hatten, war der Erzbischof von Nueva Pamplona (Kolumbien), Aníbal Muñoz Duque.[96]

Es war, wie Msgr. Felici schrieb, nunmehr klar, dass man mit *„zwei diametral entgegensetzten Konzeptionen“*[97] konfrontiert war. Die ‚Manifeste‘ der zwei Richtungen ließen sich einerseits in den luziden Seiten der *Institutiones Juris Publici ecclesiastici* von Kard. Ottaviani[98] entdecken, welche die traditionelle Lehre der Kirche wiedergaben, und andererseits in dem 1961 in Paris erschienenen Pamphlet von P. Chenu *La fin de l'ère constantinienne*[†], das die Stunde einer ‚anti-konstantinischen Wende‘ ankündigte.

Die Förderer des neuen Entwurfes in seiner entscheidenden Phase gehörten nicht dem franko-belgischen *noyau*[†] an, sondern einer Gruppe amerikanischer Bischöfe, die stark unter dem Einfluss des Jesuiten John Courtney Murray standen; diese Gruppe wurde von Pietro Pavan[99] unterstützt, einem der Hauptverfasser der Enzykliken *Mater et Magistra* und *Pacem in terris*.

Grootaers zufolge kann man sogar sagen, dass der wichtigste amerikanische Beitrag auf dem Zweiten Vatikanum das Thema der Religionsfreiheit betrifft[100], auch wenn seiner Meinung nach *„nur zwei*

---

[96] Aníbal Muñoz Duque (1908-1987), Kolumbianer, 1933 zum Priester geweiht, ab 1951 Bischof von Socorro y San Gil, ab 1952 Bischof von Bucaramanga, ab 1959 Erzbischof von Nueva Pamplona, seit 1968 Titularerzbischof von Cariana, seit 1972 Erzbischof von Bogotá, 1973 von Paul VI. zum Kardinal erhoben.

[97] Vgl. die für den Papst bestimmte Notiz von Mgr. Felici vom 14. Oktober 1964 in: AS V/2, 795.

[98] Vgl. A. OTTAVIANI, *Institutiones Juris Publici ecclesiastici*, Typis Polyglottis Vaticanis, Città del Vaticano 1960, 2 Bde., insbesondere Bd. II. Kard. Ottaviani hat die Lehre der Kirche in dem Vortrag *Pflichten des katholischen Staates gegenüber der Religion* zusammengefasst, den er am 2. März 1953 in der Aula Magna der Päpstlichen Lateran-Hochschule hielt und der im selben Jahr von der Libreria del Pontificio Ateneo Lateranense veröffentlicht wurde.

[†] *Das Ende der konstantinischen Ära.*

[†] Kerntruppe.

[99] Pietro Pavan (1903-1994), 1929 zum Priester geweiht, 1948 bis 1969 Professor an der Lateran-Univeristät, 1969 wurde er Rektor. 1985 zum Kardinal erhoben. Vgl. ROSEMARY GOLDIE, *L'unità della famiglia umana. Il pensiero sociale del card. P. Pavan*, Studium, Roma 2001.

[100] J. GROOTAERS, *Paul VI et la déclaration conciliaire sur la liberté religieuse "Dignitatis Humanae"*, in: *Paolo VI e il rapporto Chiesa mondo*, 85-125, 87.

Personen die Stützen der ‚Erklärung' von ihrem ersten Tag (1960 in Fribourg) bis zu ihrem letzten (dem 7. Dezember 1965 in Rom) waren, Msgr. E.J. De Smedt, Bischof von Brügge, und Pater Hamer[101], *Rektor von Saulchoir"*[102].

Nicht zufällig hatte P. Murray in einem Artikel, der am 30. November 1963 in ‚America' veröffentlicht wurde, die *„Frage der Religionsfreiheit"* als das *„amerikanische Problem"* des Konzils bezeichnet. Murray, der historische Gegenspieler von Msgr. Fenton, hatte 1955 ein Schreibverbot zum Thema der Religionsfreiheit erhalten, aber er genoss die Sympathien von Msgr. Montini, den er seit den 50er-Jahren kannte. Fenton hielt sich bereits seit 1960 als theologischer Vertrauensmann von Ottaviani in Rom auf, während Murray im April 1963 zum ‚Konzilsexperten' ernannt wurde und sich erst ab diesem Moment zusammen mit Pavan für die Redaktion des neuen Schemas interessierte[103]; er wurde dabei von Paul VI. ermutigt, der wie er unter dem Einfluss Maritains stand[104].

b) Die Debatte in der Aula

Die Debatte wurde am 23. September 1964 wiedereröffnet, neun Tage nach Eröffnung der dritten Sitzungsperiode.[105] Die Generalkongregation begann mit einer feierlichen Verehrung der Reliquie des hl. Andreas, die 1462 den Türken abgenommen und nach Rom gebracht worden war; man wollte sie nun als Zeichen ökumenischer Ehrerweisung nach Patras in Griechenland zurücksenden.[106] De Smedt stellte den neuen Bericht vor und sagte, dass die Konzilsväter während der Intersession 380 Anmerkungen und Verbesserungsvorschlä-

---

[101] Jean Jérôme Hamer (1916-1996), französischer Dominikaner, 1941 zum Priester geweiht, seit 1973 Titularerzbischof von Lorium und Sekretär der Kongregation für die Glaubenslehre, 1985 zum Kardinal kreiert.

[102] J. GROOTAERS, *Paul VI et la déclaration conciliaire*, 86.

[103] Vgl. D. E. PELOTTE, *John Courtney Murray*, 34-35; P. GRANFIELD, 196-197.

[104] Zur Verwandtschaft der Sichtweisen Pauls VI. und Murrays hinsichtlich der Religionsfreiheit vgl. P. GRANFIELD, *American Theologians*, 201-204. Zum Einfluss von Maritain auf Paul VI. vgl. P. CHENAUX, *Paul VI e Maritain. Les rapports du "Montinianisme" et du "Maritainisme"*, Istituto Paulo VI, Brescia – Studium, Roma 1994.

[105] AS III/2, 348-381, 468-578 und 611-752.

[106] Ebd. 285-287. Zum Ereignis vgl. A. BEA, *Ecumenismo nel Concilio. Tappe pubbliche di un sorprendente cammino*, Bompiani, Milano 1968, 163-176.

ge eingereicht hatten, die *„vom Sekretariat für die Einheit der Christen sehr aufmerksam"*[107] geprüft worden seien. Das neue Schema über die Religionsfreiheit habe es jedenfalls noch nötig, in einer gewissen Anzahl von Punkten vervollkommnet zu werden, da, *„die Frage der Religionsfreiheit, wie alle wissen, noch nie von einem ökumenischen Konzil behandelt worden ist"*[108]. *„Die stellt nicht die Meinung der Kommission dar, denn es handelt sich um eine essentielle Freiheit, die in der Natur der menschlichen Person begründet liegt." „Die Einschränkung der Freiheit seitens des Staates bringt viele schwerwiegende Probleme mit sich"*, gab der Relator zu. *„Der Staat besitzt tatsächlich ‚Laiencharakter', d.h., man muss daran festhalten, dass er keine Urteilsgewalt über die Wahrheit in religiösen Dingen hat und dass er in keiner Weise Empfehlungen in dieser Sache geben kann."*[109]

Die Kardinäle Meyer[110] von Chicago, Ritter[111] von Saint-Louis, Cushing[112] von Boston, letzterer ein persönlicher Freund der Familie Kennedy, stellten den ‚politischen' Aspekt der Erklärung heraus, indem sie die Auffassung vertraten, dass die katholische Kirche sich damit der Welt als Vorkämpferin für die Freiheit präsentieren würde. Auch Kard. Heenan von Westminster sprach zugunsten der Erklärung, doch Kard. Norman Gilroy[113] von Sydney durchbrach die Einmütigkeit der anglophonen Welt mit einer strengen schriftlichen Erklärung: *„Ist es wirklich möglich"*, fragte er sich, *„dass ein ökumenisches Konzil sagt, jeder Häretiker habe das Recht, die Gläubigen von Christus, dem obersten Hirten, abzubringen und sie auf ihre vergifteten Felder zum Weiden zu führen?"*[114]

Die kritischsten Stimmen zum Text kamen jedoch aus den Reihen der italienischen und spanischen Bischöfe. Kard. Ruffini unterstrich die Verbindung von Freiheit und Wahrheit und sagte, dass die wahre Religion nur eine einzige sein könne und nur dieser mit Recht

---

[107] AS III/2, 348-353.
[108] Ebd. 348.
[109] Ebd. 352-353.
[110] Ebd. 366-368.
[111] Ebd. 368-369.
[112] Ebd. 361-362.
[113] Norman Thomas Gilroy (1896-1977), Australier, 1923 zum Priester geweiht, ab 1935 Bischof von Port Augusta, von 1940 bis 1971 Erzbischof von Sydney, 1946 von Pius XII. zum Kardinal erhoben.
[114] AS III/2, 611-612.

die Freiheit zukäme, denn andernfalls würde, wie er bemerkte, das Konzil den Eindruck vermitteln, es fordere nichts weiter als den Artikel 18 der Menschenrechtserklärung der UNO[115].

Ihm antwortete Kard. Silva Henríquez, der im Namen von 58 Bischöfen aus Lateinamerika sprach und die Auffassung vertrat, der große Wert der Erklärung bestehe darin, dass es nicht als Kapitel eines Schemas vorgelegt wurde, sondern als eine unabhängige Erklärung, die für die ganze Menschheit bestimmt sei.[116]

Anschließend ergriff Kard. Ottaviani das Wort. Die Erklärung, sagte er, verkünde ein Prinzip, das immer anerkannt worden sei, nämlich dass niemand auf dem Gebiet der Religion gezwungen werden kann. Doch sei es übertrieben zu behaupten, wer seinem eigenen Gewissen folge, *„verdiene Anerkennung"*, ohne zu präzisieren, dass das Gewissen, dem man folgt, richtig geformt sein müsse und dem göttlichen Recht nicht entgegenstehen dürfe. *„Das Prinzip, demzufolge jeder das Recht hat, seinem eigenen Gewissen zu folgen, muss zur Voraussetzung haben, dass das Gewissen dem göttlichen Gesetz nicht entgegensteht"*, und er fügte hinzu, im Text fehle *„eine ausdrückliche und feierliche Bestätigung des ersten und eigentlichen Rechtes auf Religionsfreiheit, das objektiv denen zukommt, die Mitglieder der wahren geoffenbarten Religion sind"*. Ein solches Recht der Religion sei gleichzeitig subjektiv und objektiv, während es sich im Gegensatz dazu bei jenen, die sich im Irrtum befinden, nur um eine Frage des subjektiven Rechts handle.

> *„Nun stelle ich zusammen mit Kardinal Ruffini eine wesentliche Auslassung fest; man spricht nicht von der Freiheit der Gläubigen, die wahre Religion auszuüben ... . Tatsächlich muss man sich nicht nur auf die natürlichen Rechte berufen, sondern auch auf die übernatürlichen, die den Menschen die Möglichkeit bieten, auch die Beschränkungen zu überwinden, die durch die menschlichen Gesellschaften aus Gründen der sozialen Gemeinschaft hervorgerufen werden. So konnten die Apostel sprechen: ‚Man muss Gott mehr gehorchen als den Menschen'. ... Wir sind hier nicht auf einem philosophischen oder reinmenschlichen Kongress, sondern wir befinden uns*

---

[115] Ebd. 354-356.
[116] Ebd. 369-373.

auf einem Konzil der katholischen Kirche und müssen die katholische Wahrheit bekennen und verteidigen, damit es hier die volle Freiheit gibt, gemäß der katholischen Lehre zu handeln, vor allem in unserer Zeit, in der wir gemeinsam mit den ersten Vätern, mit den ersten Christen, in Bezug auf jene, die an den Orten der Verfolgung leiden, sagen können: wie viele Kerker habt ihr geheiligt! ... Schließlich gefällt mir auch nicht, dass es heißt, die Gesellschaft sei nicht imstande, hinsichtlich der Religion zu unterscheiden. Wenn dieses Prinzip gültig wäre, so müssten wir uns von allen Konkordaten, von allen Übereinkünften verabschieden, die die Kirche zu allen Zeiten geschlossen hat und die sie auch in unserem Jahrhundert mit jenen bürgerlichen Gesellschaften vereinbart hat, die eine Erörterung der religiösen Probleme zugelassen haben. Und es besteht kein Zweifel an der Tatsache, dass die Konkordate der Kirche große Vorteile bringen. Es würde beispielsweise ausreichen, festzustellen, welche Macht das Konkordat mit Italien besitzt, um die christliche Ehe und die Erziehung der Kinder und der Studenten und anderes Derartige zu verteidigen.“[117]

Ottaviani forderte, man solle nicht mit solcher Energie auf die Religionsfreiheit hindrängen, und erinnerte in diesem Zusammenhang an die Worte des hl. Paulus an Timotheus: *„Überführe, rüge, ermahne in aller Geduld und Belehrung. Denn es wird eine Zeit kommen, da sie die gesunde Lehre nicht ertragen“* (2 *Tim* 4,2-3).

Auf derselben Linie lagen auch andere maßgebliche Interventionen. Unter Berufung auf Ruffini akzentuierte der spanische Militärbischof Alonso Munoyerro[118] die Gefahr, die die Lehre über die Religionsfreiheit für die Konkordate darstelle. Laut Konzil sollten die katholischen Regierungen diese brechen und somit die katholische Einheit der Nation opfern, der sich zum Beispiel Spanien erfreue, ein Land, dem das große Verdienst zukomme, den Katholizismus in die Moderne gerettet, Lateinamerika und die Philippinen katholisch gemacht und in unserer Zeit *„einen großen Sieg über den Kommunismus“*[119] erlangt zu haben.

[117] Ebd. 375-376.
[118] Ebd. 614-615.
[119] Ebd. 614.

„Dies wird der Fall bei Spanien sein: es erfreut sich der katholischen Einheit seit dem 7. Jh., seit der Zeit von König Rekkared. Es hat über viele Jahrhunderte eine tolerante Haltung gegenüber den Juden eingenommen. Es pflegte und pflegt Toleranz gegenüber den Protestanten, für die es ein Gesetz vorbereitet, das ihre Rechte verteidigt, ohne die katholische Einheit zu leugnen. Kraft dieser Einheit findet sich die katholische Religion in 22 Republiken Amerikas und auf den philippinischen Inseln. Dieser Religiosität der Spanier verdankt sich das Überleben der katholischen Religion auch in den protestantischen Gegenden. Ihr verdankt sich zu großen Teilen auch das Konzil von Trient, der Sieg über die Moslems in Spanien und bei Lepanto und in unserer Zeit ein großer Sieg über den Kommunismus.

Andererseits beläuft sich die Zahl der Protestanten (Juden und Moslems nicht mitgerechnet) unter Spaniern und Ausländern nur auf 30 000 (eine allseits anerkannte Zahl), darunter finden sich lediglich 15 000 Spanier. Diese sind zum überwiegenden Teil durch einen aggressiven Proselytismus gewonnen worden und nehmen eine soziale Position ein, die nicht über die Unterschicht hinausreicht.

Ehrwürdige Herren, ich bitte Sie, sich diese Aspekte vor Augen zu halten, um die Übel zu verhindern, die sich vorhersehen lassen, wenn sich die spanische Regierung für die Beendigung des Konkordates entschiede und die Freiheit auf dem Gebiet der Religion förderte, wie der Vorschlag in diesem Schema lautet.“[120]

Das Konkordat zwischen dem Heiligen Stuhl und dem spanischen Staat war am 27. August 1953 durch den Stellvertretenden Staatssekretär Msgr. Tardini und den spanischen Staatschef Francisco Franco Bahomonde unterzeichnet worden; es öffnete mit den Worten *„Im Namen der Allerheiligsten Dreifaltigkeit“* und in seinem Art. I bestimmte es *„die katholische, apostolische, römische Religion“* als *„die einzige Religion der Spanischen Nation“*. Der spanische Staat anerkannte für die katholische Kirche den *„Charakter der vollkommenen Gesellschaft“* (Art. II) und die internationale juridische Person des Heiligen Stuhles des Staates Vatikanstadt (Art. III). In 36 Artikeln folgten die minutiösen Regelungen der Übereinkunft zwischen dem

---

[120] Ebd.

Heiligen Stuhl und Spanien.[121] Das Konkordat sollte nach dem Konzil umgestoßen werden.

Auch Kard. Quiroga y Palacios[122] (Santiago de Compostela) verlangte, dass das Schema über die Religionsfreiheit wegen seiner Mehrdeutigkeit völlig revidiert werde: es bestehe die Gefahr, dass das Konzil seine feierliche Zustimmung zu jenem Liberalismus erteile, den die Kirche immer verurteilt hatte. Kard. Browne bekräftigte aus denselben Gründen[123], dass die Erklärung mit der vorgelegten Terminologie nicht approbiert werden könne; auch einige Vertreter der großen Ordensgemeinschaften, wie der Dominikanergeneral Fernández[124] und Dom Prou, Oberer der französischen Benediktinerkongregation, bezogen gegen das Schema Position.[125] Von den anderen Interventionen sind jene von Lefebvre[126], von Msgr. Castro de Mayer[127] und von Kard. Wojtyła[128], dem Erzbischof von Krakau, zu erwähnen. Letzterer gab an, dass man in dem Text nicht klar davon spreche, wie Christus es gemeint hat, dass *„allein die Wahrheit frei macht"*.

Die kritischen Interventionen so vieler maßgeblicher Bischöfe hatten bei der Mehrheit der Väter viele Zweifel und Fragen zu dem Text geweckt, der ihrer Approbation vorgelegt wurde. Je größer jedoch eine Versammlung ist, desto leichter kann in ihr die Stimmung umschlagen. In diesem Fall änderte sich das Klima in der Aula, als Msgr. Carlo Colombo, seit einigen Monaten Bischof und bekannt als theologischer Chefberater Pauls VI., mit Nachdruck versicherte, dass die Erklärung über die Religionsfreiheit von *„höchster Bedeutung"* sei, nicht nur wegen ihrer praktischen Konsequenzen, sondern auch, und vielleicht vornehmlich, weil die kultivierten Menschen in ihr einen Schlüssel für den Dialog zwischen der katholi-

---

[121] AAS 45 (1953), 625-656.

[122] AS III/2, 357-359. Fernando Quiroga y Palacios (1900-1971), Spanier, 1922 zum Priester geweiht, 1949 bis 1971 Erzbischof von Santiago de Compostela. 1953 zum Kardinal erhoben.

[123] AS III/2, 470-471.

[124] Ebd. 539-542.1

[125] Ebd. 734-737.

[126] Ebd. 490-492.

[127] Ebd. 485-486.

[128] Ebd. 530-532.

schen Lehre und der modernen Mentalität sähen.[129] *„Für uns in Italien ist der springende Punkt ein möglicher Dialog oder ein unheilbarer Riss zwischen der katholischen Lehre und der Denkart des heutigen Menschen."*[130] Er sprach als Letzter, als ob es ihm durch stillschweigenden Auftrag des Heiligen Vaters zukäme, die Schlussfolgerungen aus der Debatte zu ziehen.

Paul VI., der die Approbation des Textes forderte, konnte jedoch die kritischen Urteile nicht ignorieren. Am 9. Oktober erhielt Kard. Bea ein Schreiben von Msgr. Felici, der ihm den Wunsch des Papstes mitteilte, den Text über die Religionsfreiheit umschreiben zu lassen, und ihn darüber informierte, dass zu diesem Zweck eine gemischte Kommission eingerichtet werden sollte, die aus Mitgliedern des Einheitssekretariates und der Theologischen Kommission bestand; unter diesen waren auch Kard. Michael Browne, der Generalmeister der Dominikaner Aniceto Fernández, Erzbischof Marcel Lefebvre und Msgr. Carlo Colombo. Von Letzterem abgesehen, waren die anderen drei dezidierte Gegner der Erklärung über die Religionsfreiheit.[131]

Die Progressisten machten unverzüglich mobil, alarmiert vor allem durch den Namen Msgr. Lefebvre. Am Sonntag, dem 11. Oktober, fand am Nachmittag eine Zusammenkunft bei der Niederlassung von Kard. Frings statt, an der auch die Kardinäle Léger, (Joseph-Charles) Lefebvre, Meyer, Ritter, Silva Henríquez, Döpfner und Alfrink teilnahmen.[132] Am selben Abend erreichte ein Schreiben in dramatischem Ton, unterzeichnet von 13 Kardinälen, den Schreibtisch des Papstes. *„Nicht ohne großen Schmerz"*, so las man dort, *„haben wir erfahren, dass die Erklärung über die Religionsfreiheit ... an eine bestimmte gemischte Kommission zurückgeschickt werden soll, von deren vier bereits designierten Mitgliedern, wie es heißt, drei in Widerspruch zur Ausrichtung des Konzils in dieser Frage stehen."*[133]

---

[129] Ebd. 554-557.
[130] AS III/2, 554.
[131] AS V/2, 773.
[132] Vgl. FESQUET, *Diario*, 588; G. MICCOLI, *Due nodi: la libertà religiosa e le relazioni con gli ebrei*, in: *SCV*, Bd. IV, 119-220, 212-213 {dt.: *Zwei schwierige Problemfelder: Die Religionsfreiheit und das Verhältnis zu den Juden*, 111-229, 221-222}.
[133] AS VI/3, 440.

Am 12. Oktober berichtete eine Notiz des Staatssekretariates von der fehlenden Bereitschaft des französischen Episkopates, die mögliche Ernennung von Msgr. Lefebvre zum Mitglied der Kommission für die Revision des Schemas zu akzeptieren. Die von Kard. Cicognani dem Papst übermittelte Notiz war wie folgt formuliert: *„1) S.E. Msgr. Martin berichtet, dass im französischen Episkopat die mögliche Wahl von S.E. Msgr. Lefebvre als eine Art von Misstrauen gegenüber dem Episkopat betrachtet würde, der eine solche Ernennung nicht günstig aufnehmen würde, angesichts der mehr als ‚extremistischen' Positionen, die Msgr. Lefebvre unter verschiedenen Umständen eingenommen hat. 2) Ich hielt es für richtig, Msgr. Martin zu autorisieren, die Nachricht zu übermitteln, dass keine Ernennung erfolgt ist und dass Msgr. Lefebvre nicht unter den Ausgewählten sein wird."*[134]

Zwei Tage später wurde die Notiz von der Tageszeitung ‚Il Messaggero' veröffentlicht und fand großes Echo. Am 16. Oktober waren in den neuen Instruktionen, die das Staatssekretariat an Msgr. Felici schickte[135], die Namen von Msgr. Lefebvre und von P. Fernández verschwunden, und die Rolle der Kommission wurde neu bemessen. Die zwei Haupttheoretiker der Religionsfreiheit, John Courtney Murray und Pietro Pavan, hatten die Aufgabe übernommen, an der Verbesserung des Textes zu arbeiten; sie bevorzugten einen ‚anglo-italienischen' Ansatz von politisch-juridischem Typ gegenüber einem theologischen und moralischen, wie ihn hingegen die frankophonen Theologen gewünscht hatten.[136] Am Tag nach der Krise beruhigte Paul VI. Msgr. De Smedt mit diesen Worten: *„Sie werden sehen, unser Text wird durchkommen"*[137]. In einem Interview mit Daniel Pézeril äußerte sich der Papst wie folgt: *„Vielleicht bin ich langsam. Aber ich weiß, was ich will. Nach allem ist es mein gutes Recht,*

---

[134] ASV, Conc. Vat. II, Busta 114, *De libertate religiosa*, n. 4,1 f. Eine zweite Notiz mit demselben Datum berichtet, dass auch das Staatssekretariat *„sich über die Wahl von S.E. Mgr. Lefebvre verwundert zeigt und äußert, dass diese unpassend sei*" (ebd.).

[135] Vgl. AS V/2, 798ff.

[136] Vgl. D. E. PELOTTE, *John Courtnay Murray*, 94; J. GROOTAERS, *Paul VI et la déclaration conciliaire*, 93.

[137] J. GROOTAERS, *Paul VI et la déclaration conciliaire*, 122.

nachzudenken.“[138] Msgr. Pavan nannte die Intervention Pauls VI. bei diesem Konzilsdokument *„entscheidend“*[139].

7. Das Konzil und das Judentum

a) Von 1959 bis 1964

Nach der Religionsfreiheit nahmen die Konzilsväter ein ebenso dorniges Thema in Angriff: den Text über die Juden und die Nichtchristen, der in einen Anhang des Dekretes über den Ökumenismus umgewandelt worden war und zwischen November 1963 und Oktober 1965 im Zentrum hitziger Diskussionen stand.[140]

Anlässlich der Heiligen Woche 1959 hatte Johannes XXIII., fünf Monate nach seiner Wahl, angeordnet, den Ausdruck *„pro perfidis Judaeis“* in der Karfreitagsliturgie zu unterdrücken, womit er in der internationalen jüdischen Welt Anerkennung erfuhr.[141] Am 18. Januar 1960 war eine Delegation der internationalen jüdischen Organisation B´nai B´rith mit dem Papst im Vatikan zusammengetroffen. Doch die erste Anregung zu einem Text über die Beziehungen zwischen dem Christentum und den Juden entstand aus einer Begegnung von Johannes XXIII. mit Jules Marx Isaac[142], einem französischen Juden, achtzigjährig wie Roncalli, Ex-Inspektor für den Öffentlichen Unterricht und Verfasser eines *Handbuchs der Geschichte,* welches in den 30er-Jahren an den Gymnasien in Frankreich Ver-

---

138 DANIEL PEZERIL, *Paul VI et le Concile*, in: ‚Le Monde', 27. Februar 1965.

139 P. PAVAN, *Testimonianza*, in J. GROOTAERS, *Paul VI et la déclaration conciliaire*, 186.

140 AS III/2, 579-607 und AS III/3, 11-55; 141-142 und 155-178. Über das Zweite Vatikanum und die Juden vgl. R. LAURENTIN, *L'Église et les juifs à Vatican II*, Paris 1967; ARTHUR GILBERT, *The Vatican Council and the Jews*, Cleveland-New York 1969; ILARIA PAVAN, *Roncalli e gli ebrei dalla Shoah alla Declaratio Nostra aetate. Tracce di un percorso*, in: *L'ora che il mondo sta attraversando*, 376-300. Zu einer traditionellen theologischen Lesart vgl. E. M. RADAELLI, *Il mistero della sinagoga bendata*, Milano 2002, mit einem Vorwort von Mgr. Antonio Livi.

141 M. PAIANO, 667-710.

142 Jules Marx Isaac (1877-1963), entstammte einer jüdischen Familie aus Lothringen, war Inspektor für den Geschichtsunterricht an den Schulen und hoher Beamter in der Regierung von Léon Blum.

wendung fand. Nachdem er seine Frau und seine Tochter in einem Konzentrationslager der Nazis verloren hatte, widmete Isaac, der den ‚christlichen Antisemitismus' seit Jahren bekämpfte, seine letzten zwanzig Lebensjahre einer kritischen Studie über die Beziehungen zwischen Judentum und Christentum und schrieb zu diesem Thema zwei wichtige Bücher: *Jésus et Israel*, 1946 veröffentlicht und 1959 nachgedruckt, und *Genèse de l'antisémitisme*, 1948 veröffentlicht und 1956 nachgedruckt.

Seine Kernthese bestand darin, dass der christliche theologische Antijudaismus die schlimmste Form des Antisemitismus bildete. Die christliche *„Lehre der Verachtung"*, zusammengefasst in der These des *„Volkes der Gottesmörder"*, besitze ihre Wurzeln in den Evangelien, vor allem im Evangelium von Matthäus, der Jules Isaac zufolge der jüdischste, aber auch der ‚antisemitischste' unter den Evangelisten war. Nahezu alle Kirchenvätern hätten diese antijudaistische Lehre dargelegt: Hilarius von Poitiers, der hl. Hieronymus, der hl. Ephräm, der hl. Gregor von Nyssa, der hl. Ambrosius, der hl. Epiphanius, der hl. Cyrill von Jerusalem, aber ganz besonders der hl. Johannes Chrysostomus und der hl. Augustinus[143]. Isaac verlangte von der Kirche einen Akt der Wiedergutmachung und eine Korrektur ihrer Lehre; sie sollte die Juden vom Vorwurf des Gottesmordes entlasten und jede Anstrengung unternehmen, um das ihnen jahrhundertelang zugefügte Unrecht wiedergutzumachen.

Am 13. Juni 1960 empfing Johannes XXIII. Isaac, der dem Papst ein *Memorandum* und ein *Dossier* zu der Frage überreichte, die ihn seit jeher beschäftigte hatte, und *„eine Neuformulierung der christlichen Lehre, Predigt und Katechese mit dem Ziel, die Wurzeln des Antisemitismus zu beseitigen"*[144], forderte. Der Papst sagte dem jüdischen Historiker Isaac, er solle sich an Bea wenden, *„auf den er sich verließ und dem er vertraute"*[145]. Msgr. Capovilla erwähnt diese Episode und bezeugt, dass es Johannes XXIII. bis zu diesem Tag nicht in den Sinn gekommen war, sich mit der Frage der Juden und dem Anti-

---

[143] J. ISAAC, *Genèse de l'Antisémitisme*, Calmann-Lévy, Paris 1956, 10.

[144] Vgl. das Dokument *La réception de Jules Isaac par Jean XXIII*, in: Documentation catholique 65 (1968), 2015-2016. Vgl. auch J. O. BEOZZO, *Il clima esterno*, 419-420 {dt.: 446}; A. MELLONI, *L'altra Roma*, 87-89.

[145] SCHMIDT, *Bea*, 354.

semitismus zu beschäftigen. Doch von diesem Tag an *„war er ganz davon eingenommen“*[146].

Als stände er seit geraumer Zeit bereit, legte Bea Johannes XXIII. in einer Audienz am 18. September die Leitlinien für ein *Decretum de Judaeis* vor, und dieser akzeptierte den Vorschlag[147]. In der ersten Vollversammlung des Sekretariates im November 1960 beanspruchte Bea offiziell als eigenen Zuständigkeitsbereich auch die Frage der Juden[148]. Elio Toaff, Oberrabbiner von Rom, hatte Bea zu Anfang der 50er-Jahre kennengelernt, als er die Bibliothek des von diesem geleiteten Bibelinstitutes benutzte. *„Unsere Bekanntschaft verwandelte sich sehr schnell in eine Freundschaft, und eines Tages vertraute mir Msgr. Bea an, dass er als gebürtiger Deutscher das ganze Gewicht des Unrechtes fühle, das sein Volk den Juden angetan hatte, und er etwas zur Wiedergutmachung tun wolle, wenn es auch nur ein ganz geringer Beitrag wäre. Ihm kam so die Idee eines ökumenischen Konzils, auf dem man ein Dokument über die Juden approbieren könne. Er selbst wollte diesen Plan fördern und verbreiten.“*[149] Beas Traum ließ sich dank des Konzils in der Erklärung *Nostra Aetate* realisieren[150].

Die einzige Erwähnung der Juden während der ersten Sitzungsperiode des Konzils verdankt sich Msgr. Méndez Arceo, der am 6. Dezember 1962, zwei Tage vor Abschluss der Session, die Empfehlung gab, das Konzil solle die Beziehungen zwischen der katholischen Kirche und den Juden definieren[151]. Im Folgenden, ebenfalls noch im Dezember, richtete Kard. Bea einen langen Bericht zu dieser Frage an den Papst, worin er die Auffassung vertrat, es bestünde keine Gefahr, dass das Konzil in die Auseinandersetzungen zwischen den arabischen Nationen und dem Staat Israel verwickelt würde[152]. Johannes XXIII. antwortete Bea am 13. Dezember mit einem eigenhändigen Schreiben, in dem er ihm zustimmte, was die Bedeu-

---

146 Ebd.

147 Vgl. A. Melloni, *L'altra Roma*, 88. Zur Sichtweise des Kardinals bezüglich des Problems der Juden vgl. A. Bea, *La Chiesa e il popolo ebraico*, Brescia 1966.

148 Vgl. J. A. Komonchak, *La lotta per il Concilio durante la preparazione*, 283-284 {dt.: 300}.

149 Elio Toaff, *Perfidi giudei-fratelli maggiori*, Mondadori, Milano 1987, 215.

150 Vgl. Jean-Marie Delmaire, *Vatican II et les juifs*, in: *Le Deuxième Concile du Vatican*, 577-606.

151 Vgl. AS I/4, 338-341.

152 Vgl. AS II/5, 481-485, 485.

tung des Themas sowie die Verantwortung der Kirche bei seiner Behandlung anging: *„Die Äußerung* ‚Sanguis eius super nos et super filios nostros'[†] *befreit keinen Gläubigen davon, sich für das Problem und das Apostolat der Rettung aller Söhne Abrahams ebenso zu interessieren wie für jeden, der auf der Erde lebt."*[153] Das Sekretariat für die Einheit der Christen fühlte sich durch diese Antwort ermutigt, einen Entwurf fertigzustellen, doch ergriff man vor dem Tode von Papst Roncalli keine Initiative.

Am Abend des 20. Februar 1963, zwei Monate nach Abschluss der ersten Sitzungsperiode des Konzils, fand in Berlin die Premiere des Schauspiels *Der Stellvertreter* des deutschen Autors Rolf Hochhuth statt, das das vermeintliche Schweigen Pius XII. während der Judenverfolgung des Zweiten Weltkrieges thematisierte[154]. Der Ex-General des rumänische Geheimdienstes Ion Mihai Pacepa hat enthüllt, dass dieses Werk auf Material beruht, das vom KGB manipuliert wurde, im Rahmen einer Desinformationstätigkeit großen Maßstabs, mit der man die moralische Glaubwürdigkeit des Vatikans in Westeuropa vernichten wollte. Obgleich das Werk keine dauerhaften Schäden hinterließ, erzielte es doch einen starken psychologischen Effekt. Am 31. März 1963 traf sich Bea in New York am Sitz des Jüdisch-Amerikanischen Komitees mit etwa zehn Vertretern jüdischer Organisationen verschiedener Ausrichtung[155]. Als Paul VI. im Juni 1963 die Fortsetzung der Konzilsarbeiten ankündigte, unterbreitete Kard. Bea der Koordinierungskommission ein Dokument *„über die Beziehungen strikt religiöser Art zwischen Katholiken und Juden"*. Am 8. November verteilte das Sekretariat für die Einheit der Christen an die Konzilsväter einen Entwurf zur *„Haltung der Katholiken im Hinblick auf die Nichtchristen und insbesondere die Juden"*; es machte die erläuternde Angabe, dass dieser Entwurf das Kapitel 4 des Schemas über den Ökumenismus bilden sollte.

[†] Sein Blut komme über uns und unsere Kinder.

[153] SCHMIDT, *Bea*, 568.

[154] Vgl. ROLF HOCHHUTH, *Der Stellvertreter. Schauspiel*, Reinbek bei Hamburg 1963. Zum Werk von Hochhuth, vgl. G. M. VIAN, *Il silenzio di Pio XII: alle origini della leggenda nera*, in: Archivium Historiae Pontificiae 42 (2004), 223-229; EMANUELE GAGLIARDI, *L'attacco di Mosca a Pio XII*, in: Lepanto 175 (2008), 17-20.

[155] Vgl. SCHMIDT, *Bea*, 466-467.

b) *Die Diskussion 1964*

Vor Aufnahme der Debatte über das Ökumenismus-Schema diskutierte das Konzil ab dem 18. November 1963 das Dokument über die Juden.

Die Häupter der orientalischen Kirchen kritisierten sogleich die Opportunität des Dokumentes von Kard. Bea. Unter anderen intervenierten der syrische Patriarch Tappouni[156] von Antiochia, der Patriarch Stephanos I Sidarouss[157] von Alexandria, der melkitische Patriarch Maximos IV Saigh[158] von Antiochia; sie vertraten die Auffassung, dass eine Beschäftigung mit den Juden auf dem Konzil die Situation der Christen in vielen arabischen Ländern beeinträchtigen könnte.

Das Sekretariat für die Einheit der Christen und die Moderatoren waren sich bewusst, dass das Kapitel über die Juden dem Risiko einer Ablehnung ausgesetzt war. Die einzige Möglichkeit, es zu retten, bestand darin, ein separates Dokument zum Ökumenismusdekret zu veröffentlichen, worin nicht nur das Judentum, sondern auch die anderen nichtchristlichen Religionen, insbesondere der Islam, Erwähnung finden sollten. Die unerwartete Ankündigung der Reise Pauls VI. ins Heilige Land am Ende der zweiten Sitzungsperiode erschien als eine gute Gelegenheit, um den Konzilsvätern bei der Lösung ihres dornigen Problems zu helfen[159]. So gelangte man zur dritten Sitzungsperiode.

In der Generalkongregation am 25. September 1964 legte Kard. Bea ein neues Dokument vor, das die Juden nicht mehr wie das vorangehende Dokument vom Vorwurf des ‚Gottesmordes' freisprach, auch wenn Bea einen ändernden Eingriff zu diesem Punkt wünschte[160].

---

156 AS II/5, 527-528. Ignatius Gabriel Tappouni (1879-1968), 1902 zum Priester geweiht. Syrischer Bischof von Batnae dei Siri (1913), danach Erzbischof von Aleppo (1921) und von 1929 bis zu seinem Tod syrischer Patriarch von Antiochia. 1935 zum Kardinal erhoben. Mitglied des Präsidialrates des Konzils.

157 AS II/5, 541-542. Stephanos I Sidarouss CM (1904-1987), 1939 in der Kongretation der Lazaristen zum Priester geweiht, Bischof von Sais (1948), koptischer Patriarch von Alexandria (1958). 1965 zum Kardinal erhoben.

158 AS II/5, 542-544.

159 WILTGEN, 175.

160 AS III/2, 558-564.

Am zweiten Tag der Debatte, dem 29. September, betrat Kard. Tappouni, Mitglied des Präsidialrates, die Rednerbühne und verlangte als Sprecher von sechs orientalischen Patriarchen und ihren Stellvertretern, dass man die Erklärung fallen lassen solle, um *„größte pastorale Schwierigkeiten"* zu vermeiden. *„In unseren Ländern wird es heißen, das Konzil sei zionistenfreundlich, was uns schwere Probleme bereiten wird."*[161]

Angesichts der Einwände von Tappouni und der anderen orientalischen Patriarchen intervenierten die bedeutenderen Vertreter der progressistischen Allianz, um das Dokument zu verteidigen: Kard. Liénart[162] vertrat die Ansicht, dass sich die Patriarchen mit eminent politischen Fragen beschäftigten, während das zur Untersuchung kommende Thema rein religiöser Natur sei und von einem ökumenischen und pastoralen Gesichtspunkt anvisiert werden müsse. Auf derselben Linie lagen die Reden der Kardinäle Frings[163], Lercaro[164], Léger[165] und Ritter[166] und anschließend der Bischöfe Jaeger[167] von Paderborn, Nierman[168] von Groningen und Daem[169] von Antwerpen. Kard. Ruffini[170] erklärte in seiner Antwort, man könne den Juden den Gottesmord gar nicht anlasten, weil der Begriff selbst sinnlos sei: niemand kann Gott töten. Jedenfalls habe man ein Recht darauf, von den Juden ein Eingeständnis zu erwarten, dass sie Christus ungerechterweise zum Tode verurteilt haben, und man müsse dafür beten, dass Gott *„den Schleier von ihren Augen nehme"*, der sie daran hindert, in Christus den Messias zu sehen. Der Kardinal von Palermo fügte noch hinzu, wenn Juden und Muslime im Text vorkämen, so sei es nicht einsichtig, warum nicht auch Hindus und Buddhisten Erwähnung fänden. Er wünschte überdies, dass in der Erklärung *„die Juden eindringlich aufgefordert werden sollten, auf die Liebe, mit der wir sie aufrichtigen Herzens behandeln, mit*

161 Ebd. 582.
162 Ebd. 579-581.
163 Ebd. 582-583.
164 Ebd. 587-589.
165 Ebd. 590-591.
166 Ebd. 599-600.
167 Ebd. 600-601.
168 Ebd. 603-604.
169 Ebd. 604-606.
170 Ebd. 585-587.

Liebe zu antworten"[171]. Kard. Bueno y Monreal riet an, zur Vermeidung jeglichen Verdachtes einer politischen Einmischung solle die Erklärung einfach den Titel *De non christianis* tragen, ohne die Juden explizit anzuführen, und im Text sollten außer den Juden und den Muslime auch die Religionen Indiens, Chinas und Japans Erwähnung finden[172]. Auch die letzte Intervention am 30. September seitens Msgr. Gahamanyis[173], Bischofs von Butan in Ruanda, der im Namen von etwa 80 Vätern sprach, schloss mit dem Vorschlag, dass das Schema *„nicht über die Juden, sondern über die Nichtchristen handeln solle, und dass den Juden und den Muslimen eine gesonderte Erwähnung zuteilwerden solle"*[174]. Diese Empfehlungen wurden teilweise angenommen. Die Erklärung über die Juden wurde modifiziert und erhielt den Titel *Über die Beziehung der Kirche zu den nichtchristlichen Religionen*. Der Text behandelte zuerst die Gesamtheit der nichtchristlichen Religionen, dann kurz den Hinduismus und den Buddhismus; anschließend widmete er sich dem Islam und zuletzt den Juden, denen aufgrund ihrer Rolle in der Heilsökonomie ein größerer Raum zugestanden wurde. Am 20. November, in der letzten Generalkongregation der dritten Sitzungsperiode, wurde der revidierte Text zur Abstimmung vorgelegt. Er erhielt 1651 *placet*, 99 *non placet* und 242 *placet juxta modum*[175]. Sein Weg war jedoch noch nicht beendet.

8. „Wir heben die Heilige Schrift in die Höhe, nicht die Tradition"[176]

Zwischen dem 30. September und dem 6. Oktober untersuchte das Konzil die neue, von der gemischten Kommission vorbereitete Fassung des Schemas *Dei Verbum* über die göttliche Offenbarung[177].

---

171 Ebd. 586.
172 AS III/3, 11-13.
173 Jean-Baptiste Gahamanyi (1920-1999), 1951 zum Priester geweiht, ab 1962 Bischof von Butare (Ruanda).
174 AS III/3, 141-142.
175 AS III/8, 672.
176 So das Votum des Bischofs Hermann Volk: AS III/3, 344-345, 344.

In der ersten Sitzungsperiode hatte sich die Diskussion darauf konzentriert, ob es eine oder zwei Offenbarungsquellen gibt. Um einen Ausweg aus der Sackgasse zu finden, hatte Johannes XXIII. eine Kommission *ad hoc* geschaffen, in der die beiden gegensätzlichen Richtungen vertreten waren, die Msgr. Prignon in einem ‚Bericht' an Kard. Suenens vom 2. März 1963 als „*Rechte*" und „*Linke*" bezeichnet[178]. Bei der Versammlung, die an jenem Tag stattfand, hatte Kard. Lefebvre das von Kard. Ottaviani präsentierte Schema frontal angegriffen und damit „*den notwendigen psychologischen Schock*" hervorgerufen, „*um zur Abstimmung übergehen zu können*", welche der „Konzilslinken" das Übergewicht verlieh[179].

Das Ergebnis der Arbeiten dieser Kommission war ein neuer Text, der im Mai 1963 an die Konzilsväter verteilt wurde. Wie Msgr. Schröffer, Bischof von Eichstätt und progressistisches Mitglied der Theologischen Kommission, an die Teilnehmer der Fuldaer Konferenz schrieb, handelte es sich dabei um „*das Ergebnis eines mühsamen Ringens*" innerhalb der neuen Kommission, und daher um nichts anderes als um einen „*Kompromiß mit allen Nachteilen, die ein Kompromiß mit sich bringt*"[180].

Die Fuldaer Konferenz hatte eine offizielle Erklärung zu dem Schema vorgelegt, die zu weiten Teilen auf den Erläuterungen von P. Rahner beruhte und die Empfehlung enthielt, das Schema über die Offenbarung nicht zu Beginn der zweiten Sitzungsperiode zu behandeln, sondern erst in der Folgezeit und keinesfalls vor dem Schema über die Kirche. Nachdem Kard. Döpfner diese Forderungen den römischen Autoritäten persönlich übergeben hatte, konnte er seinen Mitbrüdern in Fulda zusichern, dass das Schema *De Ecclesia*

---

[177] AS III/3, 124-366 und 425-511. Zu *Dei Verbum* vgl. C. THEOBALD, *La Révélation. Quarante ans après "Dei Verbum"*, in: Revue théologique de Louvain 36 (2005), 145-165; A. VANHOYE, *La réception dans l'Église de la Constitution dogmatique "Dei Verbum" du concile Vatican II à aujourdhui*, in: Esprit et Vie 114 (2004), 3-13; *La "Dei Verbum" trent'anni dopo. Miscellanea in onore di Padre Umberto Betti o.f.m.*, hg. v. N. CIOLA, Pontificia Università Lateranense, Roma 1995.

[178] Brief von Mgr. Prignon an Kard. Suenens vom 2. März 1963, in: Fonds Prignon, Card. Suenens: correspondance, in: CLG, n. 287.

[179] Vgl. ebd. Prignon fügte hinzu: „*Sogar Mgr. Parente schloss sich hier der ‚Linken' an, was Franić, meine ich, zu der Erklärung veranlasste:* 'etiam Parente corruptus est' {*auch Parente ist verdorben*}" (ebd.).

[180] WILTGEN, 181.

an erster Stelle der Tagesordnung rangiere und das Schema *De fontibus Revelationis* dort überhaupt nicht vermerkt sei.

Drei Wochen nach Abschluss der zweiten Sitzungsperiode wies die Koordinierungskommission die Theologische Kommission an, eine Revision des Schemas über die göttliche Offenbarung vorzunehmen, das bisher noch nicht zur Diskussion gebracht worden war. Es wurde also eine theologische Unterkommission eingerichtet, deren Vorsitz der belgische Bischof Charue innehatte. Er ernannte den Italiener Florit zum Co-Vorsitzenden und teilte sich mit ihm die Aufgabe, die Revision des Schemas zu koordinieren. Die ‚römischen' Konzilsväter bestanden darauf, im Text zu bekräftigen, dass Schrift und Tradition zwei gleichbedeutende Quellen der göttlichen Offenbarung seien und dass Wahrheiten in der Tradition enthalten sein können, die sich nicht in der Schrift finden. Als Beispiel dafür gab man die Kindertaufe an, die sich auf die Tradition der Kirche gründet, nicht auf die Heilige Schrift, welche sich darauf beschränkt, für das Heil den Glauben und die Taufe zu fordern (Mk 16,16). Diesen Forderungen wurde jedoch seitens der Progressisten wenig oder kein Raum gewährt; deren Leitmotiv bestand immer darin, den Ökumenismus nicht zu verleugnen. In diesem Fall berief man sich jedoch für den Ökumenismus auf den Dialog mit den Protestanten, nicht mit den Orientalen, wenn wahr ist, was Msgr. Franić P. Schauf anvertraute, dass unter den Orthodoxen wegen der neuen Haltung des Konzils bezüglich des Verhältnisses von Schrift und Tradition starke Verstimmung herrschte[181].

Die neue revidierte Version des Textes wurde am 30. September 1964 von Msgr. Ermenegildo Florit[182] in der Aula präsentiert,

---

[181] „*Es wäre hier auch hinzuzufügen, erklärte Franić, dass in der Orthodoxie eine gewisse Beunruhigung bezüglich der Tatsache herrscht, dass die Lehre der katholischen Kirche über Schrift und Tradition in Frage gestellt wird, welche schließlich auch Lehre der Orthodoxie ist. Spanedda hat betont, er wolle wissen, was er den Gläubigen beibringen müsse, und ob alles, was er bis dahin gelehrt hatte, falsch sei, sowie alle Textbücher etc. … Wieder einmal könnte man sagen*: Galli quaerunt veritatem *(was für die Franzosen sehr schmeichelhaft ist)*, Germani confundunt veritatem, Itali habent et Hispani defendunt veritatem {die Franzosen suchen nach der Wahrheit ..., die Deutschen verwirren sie, die Italiener haben sie und die Spanier verteidigen sie} ..." Konzilstagebuch von Heribert Schauf, 28. Februar 1963, bisher unveröffentlichte handschriftliche Fassung, redigiert v. A. VON TEUFFENBACH, 101).

[182] AS III/3, 131-139.

der sich zur Position der Mehrheit „bekehrt" hatte und das neue Dokument zu rechtfertigen suchte. Wie immer hielten sich in der Aula die Interventionen für und gegen den Text die Waage, jedoch bei der Abstimmung billigte die Mehrheit stets die von den Kommissionen oder den Unterkommissionen vorgegebene Linie. Als Erster ergriff Kard. Ruffini das Wort. Er betonte, dass das Schema die konstitutive Funktion der Tradition mit Schweigen übergehe. *„Ich wundere mich"*, so äußerte er, *„dass man in diesem Schema vergessen hat zu sagen, die Tradition sei nicht nur explikativ, sondern ‚konstitutiv'. Ich verlange, dass man die entsprechenden Passagen aus dem Konzil von Trient und dem Ersten Vatikanum vollständig zitiert."*[183] Die progressistische Position wurde von Kard. Döpfner dargelegt, der im Namen von 78 deutschsprachigen und skandinavischen Bischöfen das Wort ergriff und eine große Lobrede auf den neuen Text hielt, der seiner Meinung nach das heikle Problem, ob die ganze Offenbarung in der Heiligen Schrift enthalten sei oder nicht, erfolgreich geklärt habe[184]. Die konservativen Väter zeigten sich alles andere als überzeugt. Bischof Franić von Split äußerte, dass das Schema zwar keinerlei Irrtümer enthalte, aber *„beachtliche Mängel aufweise"*, weil es nicht die Gesamtheit der Tradition darstelle[185]. Bischof Enrico Compagnone von Anagni unterstrich, dass man sich nicht von der Lehre des Konzils von Trient und des Ersten Vatikanums entfernen dürfe; diese präzisierten, dass die Tradition ‚extensiver' sei als die Heilige Schrift und dass die Offenbarung nicht nur in der Schrift enthalten sei, sondern auch in der Tradition. Er verlangte, man solle zumindest die Formulierung des Konzils von Trient und des Ersten Vatikanums wiederholen, dass die Offenbarung *‚in libris scriptis et sine scripto traditionibus'*[†] enthalten sei[186]. Kard. Browne wendete sich gegen die Aussage, dass die göttliche Offenbarung *‚crescere'*[†] könne, da er hierin die Gefahr modernistischer Tendenzen

[183] Ebd. 142-145.
[184] Ebd. 145-147.
[185] Ebd. 124-129.
[†] *in geschriebenen Büchern und in nicht schriftlichen Traditionen.*
[186] Ebd. 203-206, 205. Enrico Compagnone (1908-1989), unbeschuhter Karmelit, 1930 zum Priester geweiht, 1953 bis 1972 Bischof von Anagni.
[†] *wachsen.*

erblickte[187]. Msgr. Carli beanstandete an dem Schema, dass es den historischen Charakter der Evangelien nicht mit Klarheit zum Ausdruck bringe und nicht *„in ausreichendem Maß den Irrtümern Rechnung trage, die sich überall tummeln, wie beispielsweise die Formgeschichte. Warum wurde der Satz der ersten Fassung des Schemas unterdrückt, der von der Notwendigkeit sprach, die Irrtümer unserer Zeit zu zerstreuen?" „Es ist beklagenswert, dass das Schema nichts über die historische Wahrheit der Evangelien sagt, was die Kindheit Christi und das Geschehen nach der Auferstehung betrifft. Die Tradition ist genauso unveränderlich wie die Heilige Schrift. Man sagt es nicht, und dies ist ein schwerwiegender Fehler. Im ganzen Kapitel III hat man die Tradition allzu sehr vergessen."*[188]

Auf der entgegengesetzten Seite verfocht Dom Christopher Butler, Präses der Kongregation der englischen Benediktiner, die Freiheit der wissenschaftlichen Forschung, um *„mit den nichtkatholischen Exegeten in einen Dialog einzutreten und den Weg zu einem erwachsenen und reifen christlichen Glauben vorzubereiten"*[189]. Bischof Hermann Volk von Mainz, einer der Exponenten des Standpunktes der antirömischen Partei, vertrat die Auffassung, dass die Offenbarung vor allem in der Liturgie der Kirche ihren Ausdruck finde: *„Es ist die Heilige Schrift, die in der heiligen Liturgie inzensiert wird, nicht die Tradition, und in dieser Aula heben wir die Heilige Schrift feierlich in die Höhe, nicht die Tradition."*[190] Nach Abschluss der Debatte wurde am 6. Oktober eine neue Fassung des Schemas an die Konzilsväter verteilt, die gebeten wurden, ihre Bemerkungen vor dem 31. Januar 1965 zu unterbreiten. Im weiteren Verlauf der Intersession trafen zusätzliche Forderungen nach Veränderung und Vervollständigung ein, doch die Lehrkommission, vor allem auf Geheiß von Florit und seinem theologischen Vertrauensmann Betti, änderte die geplante Linie nicht[191]. Der Coetus Internationalis Patrum sandte eine zehnseitige Kritik des Schemas an seine Anhänger und lud sie ein, nur unter der Bedingung zuzustimmen, dass die angegebenen Verbesserungen eingearbeitet würden. Die Vorbehalte betrafen vor allem das Verhältnis von Schrift und Tradi-

---

[187] AS III/3, 187-188.
[188] Ebd. 332-335; FESQUET, *Diario*, 525.
[189] Ebd. 353-355.
[190] Ebd, 344-345, 344.
[191] Vgl. R. BURIGANA, *Dei Verbum.Introduzione*, 57.

tion (Art. 9), die Irrtumslosigkeit der Schriften (Art. 11) und die Historizität der Evangelien (Art. 19). Trotz dieser Forderungen unternahm die Theologische Kommission keine Revision des Textes. Die Abstimmung über das Schema fand zu Beginn der vierten Sitzungsperiode, zwischen dem 20. und 22. September 1965, statt.

9. *Gaudium et Spes*: das „verheißene Land" des Konzils

a) Die Kirche in der Welt von heute

Johannes XXIII. hatte noch vor der Eröffnung des Konzils den Wunsch geäußert, dass diese sich mit den Beziehungen zwischen der Kirche und der modernen Welt beschäftige. In einem Fernsehinterview hatte der Papst neben einem großen Globus Platz genommen, auf den vier Worte geschrieben waren, die seine Ansprache zusammenfassten: *Ecclesia Christi lumen gentium.*

Am 4. Dezember 1962, gegen Ende der ersten Sitzungsperiode, hatte Kard. Suenens unter Verweis auf Johannes XXIII. der Generalversammlung den Vorschlag unterbreitet, dass die Kirche die Gesamtheit ihrer Beziehungen zur Welt untersuchen solle. Daraufhin errichtete der Heilige Vater die Koordinierungskommission und betraute eben jenen Suenens mit der Aufgabe, in einem neuen Schema die Lehrunterweisungen der Kirche zusammenzufassen, die eine direkte Beziehung zu den Problemen der modernen Welt besäßen. Bei ihrer ersten Zusammenkunft im Januar 1963 beschloss die Kommission, dass der Titel *Über die wirksame Präsenz der Kirche in der Welt von heute* lauten und das Schema sechs Kapitel umfassen solle: über die Berufung des Menschen; über die menschliche Person in der Gesellschaft; über Ehe und Familie; über die Förderung des Menschen und die kulturelle Entwicklung; über die ökonomische und soziale Ordnung; über die Gemeinschaft der Nationen und über den Frieden.

In seiner Eigenschaft als Promotor dieses Schemas schlug Kard. Suenens vor, die Abfassung des Textes einer gemischten

Kommission *ad hoc* anzuvertrauen, die aus Mitgliedern der Theologischen Kommission und der Kommission für das Laienapostolat bestehen und die Kardinäle Ottaviani und Cento[192] als CO-Vorsitzende haben sollte.

Die Arbeit, die im Februar begann, wurde durch den Tod Johannes' XXIII. unterbrochen und ruhte, bis in der zweiten Sitzungsperiode eine bestimmte Anzahl von Experten antirömischer Tendenz in die Kommission aufgenommen wurde.

Mit der Abfassung des Schemas wurde eine kleine Gruppe progressistischer Ausrichtung betraut, an der Bischof Guano von Livorno als Vorsitzender und der Redemptorist Häring als Sekretär teilnahmen. Es fanden viele Arbeitstreffen statt, bis Paul VI. am 3. Juli 1963 ein 29-seitiges Schema approbierte, dem sich sukzessiv eine 57-seitige Ergänzung anschloss, die am 30. September 1964 während der dritten Sitzungsperiode an die Konzilsväter verteilt wurde.[193] Nie zuvor hatte man ein Konzilsdokument so erwartet wie das Schema XIII, das *„die erste Bewährungsprobe für die Fähigkeit der Kirche, mit der Welt einen Dialog zu führen"*[194], liefern sollte.

Das ‚Starschema' der dritten Sitzungsperiode, das mit den Worten *„Gaudium et spes"*, der *„Freude und Hoffung, der Trauer und Angst der Menschen von heute"* begann, wurde von P. Congar als *„das verheißene Land des Konzils"*[195] bezeichnet. Man bereitete das Terrain durch eine Reihe von Vorträgen wie den des Paters Schillebeeckx am 16. September im Holländischen Dokumentationszentrum DO-C. *„In der Heilsökonomie ist die Welt, so wie sie ist, per Definition ein implizites*

---

[192] Ferdinando Cento (1883-1973), von 1946 bis 1953 Nuntius in Belgien, seit 1958 Kardinal. Mitglied der Zentralen Vorbereitungskommission, Präsident der Kommission für das Laienapostolat.

[193] Über das Schema XIII (später *Gaudium et Spes*), vgl. außer *Paolo VI e il rapporto Chiesa-mondo*, ENRICO CHIAVACCI, *La costituzione pastorale sulla Chiesa nel mondo contemporaneo: Gaudium et Spes*, Studium, Roma 1967; C. MOELLER, *L'élaboration du schéma XIII. L'Église dans le monde de ce temps*, Casterman, Paris 1968; K. RAHNER / HENRI DE RIEDMATTEN, *L'Église dans le monde de ce temps: constitution Gaudium et Spes*, Paris 1967; FRANCISCO GIL HELLÍN / AUGUSTO SARMIENTO / JESÚS FERRER / JOSÉ MARÍA YANGUAS, *Constitutionis pastoralis Gaudium et Spes: synopsis historica*, Eunsa, Pamplona 1985; LUIGI SARTORI, *La Chiesa nel mondo contemporaneo: introduzione alla "Gaudium et Spes"*, Ed. Messaggero, Padova 1995.

[194] G. ALBERIGO, *Breve storia del Concilio*, 113.

[195] FESQUET, *Diario*, 392.

Christentum. Die Kirche muss anerkennen, dass der Boden, den sie im Schema XIII betritt, kein verfluchtes, sondern ein heiliges Land ist."[196]

Am Sonntag, dem 5. Oktober, wohnten achthundert Bischöfe, die in Rom zu den Konzilsarbeiten anwesend waren, der Vorführung des Filmes *Das 1. Evangelium nach Matthäus* vom marxistischen Regisseur Pier Paolo Pasolini bei. Die Vorführung war vom Ufficio Cattolico Internazionale del Cinema protegiert worden, das dem Pasolini-Film im vorausgehenden Monat den Preis *„bester religiöser Film des Jahres"*[197] verliehen hatte.

b) Erste Wortgefechte in der Aula

Am Dienstag, dem 20. Oktober 1965, gelangte das Schema schließlich in die Versammlung. Vor dem Beginn der Debatte hielt P. Daniélou eine stark besuchte Pressekonferenz ab, bei der er erwähnte, dass der Förderer dieses Schemas Kard. Suenens gewesen war, nach dessen Überzeugung es undenkbar gewesen wäre, das Konzil zu beenden, ohne auf die grundlegenden Probleme der Welt von heute einzugehen.

Den Text stellte Msgr. Emilio Guano im Namen der Kommission vor, die das Schema vorbereitet hatte. Das Dokument, sagte Guano, sei davon geprägt, *„den Dialog mit allen Menschen zu fördern, um ihre Sichtweise ihrer Situation und ihrer Probleme zu hören"* und um zu klären, *„in welcher Weise sich die Kirche am Fortschritt unserer Zeit beteiligt, was die Christen als Beitrag für die Lösung der großen Probleme, die sich den Menschen in dieser Stunde der Geschichte stellen, leisten können oder sollen"*[198]. Zugrunde lag dieser Intervention die Idee, dass sich die Menschheit in einer Phase unaufhaltsamen ‚Fortschrittes' befinde und dass die Kirche, die sich in der Geschichte verspätet habe, nun den Modus und die Formen finden müsse, um *„ein Aggiornamento und eine Anpassung an die Zeit"* zu erzielen.

---

[196] Ebd., 414.
[197] Ebd., 517.
[198] AS III/5, 203-214, 205.

Zu den ersten Rednern, die intervenierten, gehörte wie stets Kard. Ruffini, der den Verfassern des Schemas zwar gratulierte, jedoch die häufigen Wiederholungen beklagte, die den Text unnötig belasten würden. Als nicht nachvollziehbare Inhalte führte der Kardinal von Palermo unter anderem den Satz des Schemas an, worin es mit typisch evolutionistischer Akzentsetzung hieß, dass die menschliche Natur der Gipfelpunkt der sichtbaren Schöpfung sei, auf den sich nach dem Plan Gottes die Evolution der Erde durch unzählige Jahre hindurch zubewegt habe.

> *„Man spricht siebenmal von der menschlichen Würde, ohne die Erlösung zu erwähnen. Das Wort ‚Berufung' kommt ständig vor, ohne dass man es definiert und in seinen verschiedenen Bedeutungen erklärt. Auf ein und derselben Seite spricht man fünfmal vom Kampf gegen die Ungerechtigkeit. Das Ganze ist eher eine Predigt als eine Konzilskonstitution! Es finden sich dort Dinge, die schlecht formuliert sind oder die ich zumindest nicht verstehe. Beispielsweise heißt es in der vierten Zeile von Seite 10, die menschliche Natur sei als Folge einer unzählige Jahre währenden Evolution zum Vorschein gekommen. Dies gefällt mir nicht, denn die Aussage, dass die menschliche Natur durch die Evolution vorbereitet wurde, steht der Lehre der Kirche entgegen. Auf Seite 15 in Zeile 25 heißt es, dass die Gläubigen einen Beweis ihrer Intelligenz und ihrer Klugheit geben sollen, indem sie ihr Gewissen auf die Probe stellen. Hintergrund dieser ist die ‚Situationsethik'. Man scheint tatsächlich sagen zu wollen, dass das Gewissen die Norm darstelle, obwohl Norm die Prinzipien der Kirche sind."*[199]

Kard. Lercaro intervenierte am 20. Oktober in gegensätzlichem Sinn: *„Wir diskutieren dieses Schema ohne Verzögerung, aber auch ohne Überstürzung. Seine Mängel zum Vorwand zu nehmen, um es zu verwerfen, wäre ein Fehler. Dieser Text fügt sich in die spirituelle Linie der Botschaft Pauls VI. ein. Er stellt eine hilfreiche Diskussionsgrundlage dar. Die Erfahrung zeigt, dass nur die Diskussion Schemata besser macht."*[200]

---

[199] Ebd., 220-223, 220.
[200] Ebd., 223-226.

Am 4. November intervenierte Lercaro ein zweites Mal zum Schema XIII und vertrat die Ansicht, dass die Kirche eine offenere Haltung gegenüber Welt in Form von mehr Armut zeigen müsse, indem sie, falls nötig, auf gewisse ‚Reichtümer' ihrer Vergangenheit verzichte, wie beispielsweise auf das scholastische System im philosophischen und theologischen Bereich und spezielle akademische und schulische Einrichtungen.[201] Als Bestandteil dieser Sichtweise wünschte er auch, dass der Gestalt des bischöflichen Lehrers die des Laientheologen an die Seite gestellt werde.

Kard. Ruffini beurteilte die Intervention als so schwerwiegend, dass er sich gedrängt fühlte, direkt an den Papst zu schreiben: *„Alles, was Seine Eminenz Kardinal Lercaro in der gestrigen Intervention erklärt hat, erschien mir ‚abnorm', paradox und, ich würde sagen, absurd, weil es unseren Traditionen in Sachen des Studiums und der Kultur widerspricht."*[202]

c) Die Anwesenheit von Teilhard de Chardin auf dem Konzil

Bei dem Schema XIII stießen zwei Richtungen des progressistischen Lagers auf dem Konzil zusammen: die „optimistische" französische, durchzogen vom Humanismus und Maritainismus, und die „pessimistische" deutsche, empfänglich für die Anliegen des Protestantismus, insbesondere der Schule von Karl Barth. Erzbischof Volk berief sich im Namen von 70, mehrheitlich deutschsprachigen[203] Vätern auf die lutherische Theologie des Kreuzes und vertrat die Auffassung, dass das Schema die Sünde nicht hinreichend in Betracht ziehe. Am härtesten äußerte sich Kard. John Carmel Heenan[204], Erzbischof von Westminster, der bereits eine Gruppe von Oppositionellen in der ‚Konferenz des hl. Paulus' um sich geschart hatte. Er erklärte, dass das Schema *„eines ökumenischen Konzils der Kirche*

---

[201] AS III/6, 249-253.

[202] Brief des Kard. Ruffini vom 5. November 1964, in: F. M. STABILE, *Il Cardinal Ruffini e il Vaticano II*, 138.

[203] AS III/5, 586-588.

[204] Ebd., 318-322.

unwürdig sei"[205] und schlug vor, es der Kommission, die bis dahin mit ihm beschäftigt gewesen war, zu entziehen. *„Es wäre besser, nichts zu sagen, als solche Banalitäten und Belanglosigkeiten. ... Dieses erbärmliche Schema wird die Welt zum Lachen bringen. ... Auch bei einer Ergänzung durch die Anhänge bliebe es unzulänglich und zweideutig. Ohne die Anhänge wäre es geradezu schädlich."*[206] Kard. Lercaro wie Kard. Döpfner empfahlen, die Diskussion des Schemas auf die nachfolgende Sitzungsperiode zu verschieben, um eine Untersuchung des Dokumentes in größerer Ruhe zu ermöglichen.

Die Diskussion über das Schema XIII machte offenbar, wie stark der Einfluss von Teilhard de Chardin auf das Konzil war.[207] Der Name des französischen Paläontologen fiel oft in der Aula. Am 22. Oktober grüßte Msgr. Hurley[208], Erzbischof von Durban, *„den berühmten Sohn der Kirche, Teilhard de Chardin"*, und verglich seine Eschatologie mit der des heiligen Paulus.[209] Bischof Otto Spülbeck[210] von Meißen hob am 26. Oktober den großen Einfluss von Teilhard de Chardin in der modernen Wissenschaftswelt hervor; dort sei man der Auffassung, dass *„er unsere wissenschaftliche Sprache spricht; wir glauben auch, dass er unsere Probleme verstanden hat und wir uns deshalb an ihn wenden können, um Hilfe in den religiösen Fragen zu erhalten, die sich aus unseren Studien ergeben"*[211]. Der deutsche Bischof schloss mit den Worten, dass die *„Schwierigkeiten und die Ängste vieler Theologen unglücklicherweise immer ein Hindernis auf dem Weg"* zu dem von der Kirche auf diesem Gebiet ersehnten Fortschritt darstellen, *„etwas, was seit den Zeiten von Galilei vor 400 Jahren nicht gänzlich ohne Schuld unsererseits vor sich gegangen ist"*[212].

---

[205] DE LUBAC, *Carnets*, Bd. II, 676.

[206] AS III/5, 319.

[207] In den *Acta Synodalia* findet man den Namen von Teilhard an mindestens elf verschiedenen Stellen angeführt: vgl. ÉTIENNE MICHELIN, *Vatican II et le "surnaturel". Enquête preliminare 1959-1962*, Editions du Carmel, Venasque 1993, 321-326.

[208] Denis E. Hurley (1915-2004), Oblate der Maria Immaculata, Südafrikaner, 1939 zum Priester geweiht. 1951 bis 1992 Erzbischof von Durban.

[209] AS III/5, 341-344.

[210] Otto Spülbeck (1904-1970), 1930 zum Priester geweiht, seit 1955 Titularbischof von Christopolis, seit 1958 Bischof von Meissen.

[211] AS III/5, 548-549.

[212] Ebd., 549.

Am 23. Oktober hielt Erzabt Benedikt Reetz, Präses der Benediktinerkongregation von Beuron in Deutschland und Mitglied der Konzilskommission für die Ordensleute, eine Rede, worin er die Mönche gegen die Kritik von einigen Vätern offen verteidigte:

> *„Als Mönch und Abt kenne ich die Welt kaum, aber vielleicht kannten auch die vierzig Mönche, die Papst Gregor der Große zu Beginn des 7. Jh. nach England sandte, um ‚die Angeln zu Engeln zu machen' – einer von diesen vierzig war Augustinus, der der erste Bischof der Angeln werden sollte – die Welt kaum."*
>
> *„Ich scheue davor zurück, mich an ein Konzil zu wenden, weil diejenigen, die seit ihrer Kindheit innerhalb eines Konventes leben, offenkundig nichts von der Welt wissen. Und doch hat der hl. Gregor der Große den Mönch Augustinus nach England gesandt, um das Land zu bekehren, und dieser wurde Bischof von Canterbury. Und doch steht der hl. Benedikt, der offenkundig nichts von der Welt wusste, kurz davor, von Paul VI. zum ‚Patron Europas' ernannt zu werden."*[213]

Erzabt Reetz führte anschließend zahllose Texte an, um zu zeigen, dass die Schrift von der Welt *„in einem zweifachen Sinn spricht, nämlich als einer Welt, die von der Sünde verletzt wurde, und als eine Welt, die in allen ihren Teilen geheiligt werden soll"*[214]. Er verlangte daher, diesen zweifachen Aspekt in der Einführung des Schemas klar darzulegen.

In seiner Schlussbemerkung forderte er, das philosophische System von P. Teilhard de Chardin, welches von einem *„übertriebenen Optimismus"* gekennzeichnet sei, von dem Schema fernzuhalten, weil es *„dem Tod, der Sünde, dem Teufel und der Auferstehung"*[215] nicht die gebührende Beachtung schenke. Auch Dom Prou[216], Abt von Solesmes, kritisierte am 26. Oktober die Vermischung von Natur und Gnade, der natürlichen und der übernatürlichen Ordnung, mit einer impliziten Bezugnahme auf die Schüler Teilhards, insbe-

---

[213] AS III/5, 374-377, 374.
[214] Ebd., 376.
[215] Ebd., 377.
[216] Ebd., 519-520.

sondere de Lubac. „*In Wirklichkeit*", kommentierte de Lubac in seinem Tagebuch, „*trifft er nicht Teilhard, sondern die, meiner Ansicht nach sehr abenteuerlichen, Theorien der Schule Chenu-Schillebeeckx, die vorgeben, im Namen des hl. Thomas zu sprechen.*"[217]

Auf dem Konzil zirkulierte unterdessen eine Broschüre des Paters Meinvielle mit dem Titel *Der christliche Progressismus, Irrtümer und Entgleisungen*, in der die Verantwortung heterodoxer Autoren wie Maritain, Mounier und Teilhard für das Abdriften des modernen Denkens aufgezeigt wurde.[218]

10. Eine neue Sichtweise der christlichen Familie

a) Die Überwindung der Enzyklika Casti connubii?

Das wahre Drama, das der Westen, und vor allem Europa, in den Jahrzehnten nach dem Konzil erleben sollte, war der Geburtenrückgang. Viele Konzilsväter übernahmen in den 60er-Jahren jedoch die maltusianischen Vorstellungen, die eine Katastrophe für die Menschheit prophezeiten, wenn man nicht eine strikte ‚Geburtenkontrolle' durchführen würde. Die Wissenschaft bot mit der ‚Pille' die Mittel, und die Kirche sollte sich als empfänglich für die Erfordernisse der Zeit erweisen.

Artikel 21 des vierten Kapitels von Schema XIII behandelte *Die Würde der Ehe und die Familie*. Der Text entfernte sich jedoch von der Lehrunterweisung der Enzykliken *Arcanum*[219] Leos XIII. und *Casti connubii*[220] Pius' XI. und der Lehre Pius' XII. in den Reden vor Eheleuten in den Jahren 1939 bis 1943[221]. Es vermied die traditionelle

---

217 DE LUBAC, *Carnets*, Bd. II, 251.

218 J. MEINVIELLE, *Il progressismo cristiano. Errori e deviazioni*, Istituto editoriale del Mediterraneo, Roma 1965.

219 LEO XIII., Enzyklika *Arcanum divinae Sapientiae consilium* vom 10. Februar 1880 in: AAS 12 (1979), 385-402; EE III, 94-137.

220 PIUS XI., Enzyklika *Casti connubii* vom 30. Dezember 1930 über die christliche Ehe, in: AAS 22 (1930), 539-590.

221 Zu einer Darlegung der traditionellen Lehre sehe man die päpstlichen Lehrdokumente, die von den Mönchen von Solesmes herausgegeben und in folgenden

Unterscheidung zwischen den primären und den sekundären Ehezwecken und zog tatsächlich das Band der ehelichen Liebe der Zeugung von Kindern vor, womit es die Möglichkeit der ‚Geburtenkontrolle' offen ließ, die den Gewissen der Gatten überlassen sei. 1963 hatte der Arzt John Rock in einem viel besprochenen Buch *The time has come* die Notwendigkeit eines neuen Zuganges der Kirchen, vornehmlich der katholischen, zum Thema der Geburtenkontrolle vertreten.[222] Im selben Jahr war ein langer Artikel des belgischen Theologen Louis Janssens erschienen, in dem er das Buch von Rock besprach und die Meinung vertrat, dass *„die Zeit"* wirklich *„gekommen sei"*.[223] Außer den Belgiern bewegten sich auf dieser Linie zwei kanadische Kardinäle, Bischof Roy[224] von Québec und Erzbischof Léger von Montreal.[225] Charles de Koninck[226], der Konzilsberater von Roy, ein bekannter thomistischer Gelehrter und Professor an

---

Bänden gesammelt wurden: *Le mariage, présentation et tables par les Moines de Solesmes*, Desclée, Tournai 1956 {dt.: *Die Ehe: Einl., Ausw. d. Texte u. Verz. besorgten d. Benediktinermönche von Solesmes* [Dt. Übers.: H. PFIFFNER], Verl. der Sankt-Paulus-Mission,Remscheid 1964} und *Le foyer chrétien. Présentation et tables par les Moines de Solesmes*, Desclée, [Tournai] 1964. Vgl. auch Pater NOËL BARBARA, *La famiglia cristiana, Catéchisme catholique du mariage*, Forts dans la foi, Tours 1989.

[222] JOHN ROCK, *The time has come: A Catholic Doctor's Proposal to End the Battle over Birth Control*, Alfred A. Knopf, New York 1963. Zum Mythos der Bevölkerungsexplosion vgl. die Kritik von COLIN G. CLARK, *The myth of over-population*, Advocate press, Melbourne 1973 {dt.: *Der Mythos von der Überbevölkerung* [Dt. v. LISELOTTE UNGERS], Adamas-Verl., Köln 1975}; GÉRARD-FRANÇOIS DUMONT, *Le festin de Kronos, réalités et enjeux des évolutions socio-démographiques en Europe*, Éd. Fleurus, Paris 1991 {dt.: *Europa stirbt vor sich hin ...: Bevölkerungspolitik vor dem Bankrott; Wege aus der Krise*. Aus d. Franz. übers. u. bearb. v. HERMANN KUSTERER, MM-Verl., Aachen 1997}; RICCARDO CASCIOLI, *Il complotto demografico*, Piemme, Casale Monferrato 1996; MICHEL SCHOOYANS, *L'Évangile face au désordre mondial*, mit e. Vorwort v. Kard. J. RATZINGER, Fayard, [Paris] 1997.

[223] LOUIS JANSSENS, *Morale conjugale et progestogines*, in: Ephemerides Theologicae Lovanienses 39 (1963), 787-826.

[224] Maurice Roy (1905-1985), Kanadier, 1927 zum Priester geweiht, 1946 Bischof von Trois Rivières, später Erzbischof von Québec (1947-1981), 1965 zum Kardinal erhoben, anschließend Vorsitzender des Päpstlichen Rates für die Laien (1967), für Gerechtigkeit und Frieden (1967) und für die Familie (1973).

[225] G. ROUTHIER, *Famille, mariage et procréation. Le combat de deux cardinaux canadiens*, in: Cristianesimo nella Storia 23 (2002), 367-428.

[226] Charles de Koninck (1906-1965), belgisch-kanadischer Philosoph und Theologe, Gründer der sogenannten philosophischen Schule von Laval. 1939 bis 1956 war er Dekan der Philosophischen Fakultät der Universität von Laval in Quebec.

der Universität von Laval, vertrat in einigen Fällen die Erlaubtheit empfängnisverhütender Methoden[227].

Johannes XXIII. hatte auf Anraten von Suenens 1963 eine Kommission geschaffen, um das Problem zu studieren. Paul VI. hatte darüber am 23. Juni 1964 in einer Rede an die Kardinäle[228] eine Mitteilung gemacht und verlangt, dass das Konzil den Gegenstand nur in allgemeinen Worten behandle.

Die neue Konzeption der Moral wurde am 27. Oktober durch den Patriarchen Maximos IV Saigh vorgestellt, der die Ansicht äußerte, dass das Mittelalter, die Kindheitsperiode für die Menschheit, zu Ende sei und die Welt nun in eine Epoche der Reife eintrete.

> *„Erfordert dieser geistige Zustand der heutigen Gesellschaft nicht vielleicht eine Revision der Darstellung der Morallehre? ... Die aktuelle Lehre ist allzu sehr durch den Legalismus einer vergangenen Epoche charakterisiert und ganz vom römischen Recht geprägt. Jetzt muss unsere christliche Moral einen christozentrischen Charakter annehmen, der seinen Ausdruck in der Liebe und der Freiheit erhält. Sie muss jedermann dazu erziehen, Sinn für persönliche und gemeinschaftliche Verantwortung zu haben. Folglich macht dies eine tiefgreifende Revision unserer Disziplinen erforderlich, die sich übrigens in ihrer Natur verändern... Viele Dinge früherer Zeiten, die bei unseren einfachen und frommen Vorfahren Akzeptanz fanden, tun dies heute nicht mehr. Als Beispiel führen wir die Darstellung der Kirchengebote in unseren Katechismen an. Laut unseren Katechismen ist es eine Todsünde, einmal die Sonntagsmesse ohne Grund zu versäumen oder einmal am Freitag zu viel zu essen, und zieht als Folge die ewige Verdammnis nach sich. Ist dies vernünftig? Wie viele erwachsene Katholiken glauben dies heutzutage?“*[229]

---

[227] Vgl. G. ROUTHIER, *Famille, mariage et procréation*, 379-395. Vgl. auch C. DE KONINCK, *Réflexions relatives à la régularisation des naissances*, in: C.C.C.C., 6. November 1964.

[228] AAS 56 (1964), 581-589.

[229] AS III/5, 567-569, 568.

Maximos IV erhielt von den progressistischen Sektoren der Versammlung lang anhaltenden Applaus.[230] Der Bischof von Cuernavaca, Méndez Arceo, intervenierte, um ihm seine volle Zustimmung zum Ausdruck zu bringen.

> *„Eines der Hauptkennzeichen der gegenwärtigen Zeit ist der gestiegene Sinn für Verantwortung und für Freiheit. Es ist nötig, dass die Kirche nicht nur als Verteidigerin der Religionsfreiheit auftritt, sondern auch als Verteidigerin der Freiheit im Allgemeinen, wo immer sie sich findet. Es ist nötig, dass man den Geist der Freiheit und der Liebe verkündigt... Viele unserer Positionen sind anachronistisch. Wir sollten sie revidieren und auf dem Gesetz des Evangeliums insistieren, weil man den Eindruck hat, dass dieses weniger Bedeutung erfährt als der Rest. Was für ein unerfreuliches Schauspiel ist es, den Eindruck zu vermitteln, man müsse mit dem Schwert der Todsünde drohen, um unsere Kirchen zu füllen! Wir sollten uns auf das Wesentliche konzentrieren, nämlich auf die österliche Freude."*[231]

Als man die Debatte am 29. Oktober eröffnete, war Kard. Ruffini gemäß dem Anciennitäsprinzip der erste Redner. Er brachte seine Missbilligung über das Schema zum Ausdruck, das die Aussage enthielt, *„dass das letzte Wort über die Anzahl der Kinder bei den Eheleuten selbst liegt"*, und er bezeichnete diese Lehre als sehr schwer akzeptabel, da sie *„dunkel und voll gefährlicher Zweideutigkeiten"* sei.

Nachdem er einen Text des hl. Augustinus zitiert hatte, fügte Kard. Ruffini hinzu:

> *„Es ist klar, Verehrte Väter, dass die Zeiten von Augustinus von den unseren nicht sehr verschieden waren. Zügellosigkeit und Libido wüteten auch damals. Aber der heilige Lehrer, ein ganz treuer Herold der Kirche, hielt mit seiner starken Missbilligung nicht zurück. Auch wir dürfen, wenn wir zu den Menschen der modernen*

---

230 FESQUET, *Diario*, 626-627.
231 AS III/5, 609-612.

Welt sprechen, uns nicht zurückhalten, wenn es darum geht, Laster auszuräumen, die sich gegen die Heiligkeit der Ehe richten."[232]

Am folgenden Tag sprach Msgr. Juan Hervás[233], Bischof von Ciudad Real (Spanien), Mitglied der Konzilskommission für die Sakramente, im Namen von 126 Konzilsvätern aus der ganzen Welt, und prangerte den naturalistischen und materialistischen Geist des Schemas an.

Damit das Dokument positiv ausfalle, sagte der Bischof, müsste es damit beginnen, *„die Tugenden und die Verdienste der Eheleute zu loben, die sich bemühen, sich in der Ehe zu heiligen, oder zumindest versuchen, in Gläubigkeit das Naturgesetz zu erfüllen"*. Ein besonderes Lob sollte in dem Schema an die Ehepaare ergehen, *„die in der Nachfolge Christi ihre Annehmlichkeiten aufopfern und die mit Glauben und mit Freude die Kinder, die ihnen Gott geschenkt hat, zu Recht als ein Geschenk Gottes annehmen und mit Geduld und Ausdauer die schweren Mühen und den Spott der Welt auf sich nehmen." „Wiederholt spricht der Text davon, dass die Anzahl der Kinder durch die christliche Klugheit der Eheleute reguliert werden soll, und das ist gut so." „Doch der Text spricht wenig oder allzu furchtsam vom übernatürlichen Glauben und dem Vertrauen in die göttliche Vorsehung, von der Liebe zum Kreuz und seiner Annahme, die die christliche Klugheit erleuchten sollten. Wir sind nicht hier, um ein philosophisches und hedonistisches oder ein schlicht technisches oder wissenschaftliches Dokument abzufassen, sondern ein christliches."*[234]

b) Die Ehezwecke

Die Intervention, die am meisten Aufsehen erregte, war am 29. Oktober die Rede des Kard. Suenens[235], der sich in temperamentvollem Ton äußerte:

---

232 AS III/6, 52-54, 53-54.

233 Juan Hervás y Benet (1905-1982), Spanier, 1929 zum Priester geweiht, Bischof von Alinda (1944), dann von Mallorca (1947), 1955 bis 1976 Bischof von Ciudad Real.

234 AS III/6, 217-219, 217-218.

235 Ebd., 57-59.

„Es sei mir erlaubt, den Wunsch zum Ausdruck zu bringen, dass diese Kommission eine sehr breit angelegte Untersuchung durchführt und angesehene Moraltheologen, Gelehrte und verschiedene Disziplinen universitärer Fakultäten, Laien, Männern wie Frauen und christliche Eheleute konsultiert.

... Die erste Arbeit dieser Kommission stellt sich in die Linie des Glaubens und muss darin bestehen: darauf zu sehen, ob wir bis jetzt alle Aspekte der kirchlichen Lehre über die Ehe hinreichend ans Licht gebracht haben.

... Es kann sich ergeben, dass wir das Schriftwort ‚Wachset und mehrt euch' zu sehr in den Vordergrund gestellt und dadurch das andere göttliche Wort ‚Die zwei werden ein Fleisch sein' im Schatten gelassen haben. ... Es wird der Kommission zukommen, uns zu sagen, ob wir nicht den ersten Zweck, die Fortpflanzung, allzu sehr betont haben auf Kosten einer genauso zwingenden Zweckmäßigkeit, dem Wachstum der ehelichen Einheit.

Ebenso kommt es der Kommission zu, eine Antwort auf das immense Problem zu geben, das durch die gegenwärtige Bevölkerungsexplosion und die Überbevölkerung in vielen Regionen der Erde aufgeworfen wird. Zum ersten Mal müssen wir an eine solche Untersuchung im Licht des Glaubens herangehen. Die Sache ist schwierig, aber die Welt erwartet, mehr oder minder bewusst, dass die Kirche auf diesem Gebiet ihre Ansicht sagt und ‚Licht für die Völker' ist.

... Die zweite Arbeit der Kommission stellt sich in die Linie des wissenschaftlichen Fortschrittes und der vertieften Erkenntnis der natürlichen Ethik. Die Kommission muss untersuchen, ob die klassische Lehre, vor allem die der Handbücher, die neuen Ergebnisse der heutigen Wissenschaft in ausreichendem Maß berücksichtigt. Wir haben Fortschritte gegenüber Aristoteles gemacht und die Komplexität des Realen entdeckt und, indem sich der Biologe mit dem Psychologen austauscht, das Bewusste mit dem Unbewussten. Ständig werden neue Möglichkeiten entdeckt, wie der Mensch den Lauf der Natur beeinflussen kann. Daraus resultiert ein tieferes Wissen von der Einheit des Menschen, ob in seinem Sein als inkarnierter Geist oder in der Dynamik seines ganzen Lebens, einer Einheit, die das Herzstück der thomistischen Anthropologie bildet; daraus resultiert gleichfalls eine exaktere Einschätzung der ihm

anvertrauten vernunftgeleiteten Machtausübung über die Welt. Wer sieht nicht, dass wir auf diese Weise vielleicht zu weitergehenden Forschungen über das Problem, was ‚gemäß der Natur oder gegen die Natur' ist, gelangen werden? Folgen wir dem Fortschritt der Wissenschaft. Brüder, ich beschwöre euch. Vermeiden wir einen neuen ‚Galilei-Prozess'. Einer reicht der Kirche."[236]

Als Kard. Ruffini diese Intervention hörte, konnte er sich nicht enthalten, vor Entrüstung mit der Faust auf die Tischplatte zu schlagen, und zwei Tage später machte er sich gegenüber dem Staatssekretär Kard. Cicognani Luft, indem er die Worte von Suenens *„entsetzlich"* nannte und seine Entfernung als Moderator verlangte. *„Das Konzept der Ehe, wie wir es bisher dogmatisch und moralisch festgehalten haben"*, schrieb er, *„scheint sich wandeln zu müssen, zumindest in der Praxis. Doch ist es möglich, dass die Kirche bis jetzt geirrt hat und dass die Anpassung an die heutige Gesellschaft dazu zwingt, das, was immer für unmoralisch gehalten wurde, als konform mit der Moralität zu erklären?"*[237]

Msgr. Helder Câmara brachte dagegen seine volle Begeisterung für den Primas von Belgien zum Ausdruck: *„Er hat alles gesagt, was man nur träumen konnte, in Sachen Geburtenkontrolle zu hören, einschließlich seines Mutes, als Kardinal der heiligen Kirche und Moderator des Konzils in der gefüllten Basilika St. Peter zu äußern: ‚Wiederholen wir nicht den Galilei-Prozess!"*[238]

Suenens hatte Câmara um eine „unterstützende" Intervention gebeten, für die der brasilianische Bischof Fernando Gomes dos Santos[239] ausgesucht worden war, der dann jedoch nicht das Wort ergriff. Auch die *„claque"* für *„Pater Miguel"* war von Câmara organisiert worden. *„Er hatte mich darauf aufmerksam gemacht"*, schrieb letzterer, *„und wir haben es in der Weise getan, dass seine pionierhafte*

---

236 Ebd., 58.

237 E. RUFFINI, Brief vom 30. Oktober 1964 an Kard. Amleto G. Cicognani, Staatssekretär, in: F. M. STABILE, 137; vgl. auch L. DECLERCK / T. OSAER, 64-65.

238 CÂMARA, *Lettres Conciliaires*, Bd. II, 696.

239 Fernando Gomes dos Santos (1910-1985), Brasilianer, 1932 zum Priester geweiht, Bischof von Peedo (1943-1949), dann von Aracajú (1949-1957), schließlich Erzbischof von Goiânia (1957-1985).

Position in der Basilika herzhaften Applaus erhielt. Wieder einmal ist als der Führer erschienen, der uns den Weg eröffnet hat."[240]

Der Chronist von ,Le Monde' kommentierte:

> *„Zu sagen, dass die zwei letzten Generalkongregationen des Zweiten Vatikannums eine neue Etappe in der römischen Kirche eingeleitet haben, hieße zu wenig sagen. Tatsächlich brechen die Interventionen von Maximos IV und der Kardinäle Léger, Suenens und Alfrink derart mit dem, was üblicherweise als die traditionelle Lehre der Kirche zum Thema ,Geburtenregelung' bezeichnet wird, dass sie einen radikalen Wandel in der Einstellung markieren."*[241]

Paul VI., der bezüglich der Themen moralischer Natur nicht die Positionen der Progressisten teilte, war erschüttert und tadelte Suenens in einer stürmischen Audienz dafür, es an Urteilsvermögen fehlen zu lassen.[242] Ungefähr eine Woche später sagte Suenens, er müsse *„auf bestimmte Reaktionen der öffentlichen Meinung"* antworten, und erklärte, dass die Entscheidung in den Händen des *„höchsten Lehramtes"* liege.[243]

Am 30. Oktober wandte sich Kard. Ottaviani[244], der für seine immer streng doktrinell gehaltenen Interventionen bekannt war, mit einer Intervention an die Konzilsväter, die wegen ihrer persönlichen Note auffällt: *„Der Priester, der gerade zu euch spricht, ist das elfte Kind einer Familie von zwölf Kindern. Sein Vater war ein Arbeiter, ein Handwerker, nicht der Vorgesetzte eines Handwerkers, sondern ein Arbeiter, und trotz dessen hat er niemals an der Vorsehung gezweifelt, hat er nie daran gedacht, die Zahl seiner Kinder zu beschränken, auch wenn er Schwierigkeiten hatte. Beachten wir genug die Worte unseres Herrn: ,Schaut auf die Vögel des Himmels ..., Schaut auf die Lilien in den Feldern (Mt 6,28)?"*[245]

---

240 CÂMARA, *Lettres Conciliaires*, Bd. II, 696-697.

241 FESQUET, *Diario*, 656.

242 Vgl. L. DECLERCK / T. OSAER, *Les relations entre le cardinal Montini/Paul VI (1897-1978) et le cardinal Suenens (1904-1996) pendant le Concile Vatican II*, in: Notiziario 51 (2006), 49-77.

243 AS III/6, 379-381, 381.

244 Ebd., 85-86.

245 Ebd., 85.

An die Ansprache von Kard. Ottaviani schloss sich unmittelbar darauf die Rede von Kard. Browne an, der die traditionelle Vorstellung über die Ehe in kristallklarer Form darlegte[246]:

„In der Lehre über die Ehe gibt es folgende gesicherte Punkte, die aus der Unterweisung des Lehramtes wie aus den klassischen Schulen der Theologie stammen:

Der primäre Zweck der Ehe, der primäre Zweck des Geschlechtsverkehrs (finis primarius operis), *wie man sagt, ist die Zeugung und die Aufzucht der Kinder;*

Der sekundäre Zweck ist zweifacher Natur: a) die gegenseitige Hilfeleistung oder die wechselseitigen Dienste, die sich die Eheleute in der häuslichen Gemeinschaft leisten; b) das Heilmittel gegen die Konkupiszenz. Aber, so wird entgegenet, man müsse der ehelichen Liebe auch einen Platz einräumen. Dies stimmt zweifellos, aber um ihr einen Platz zu gewähren, muss man unterscheiden zwischen der Liebe aus Freundschaft, der zufolge eine Person für ihren Freund und damit für einen anderen ein Gut will und verschafft, und der Liebe aus Konkupiszenz, der zufolge sie ein Gut für sich selbst will und verschafft.

In der ehelichen Gemeinschaft ist die Liebe, die mit größter Sorge zu wünschen ist, damit ihre Intensität fest, dauerhaft und tiefgehend glücklich ist, eine Liebe der ehelichen Freundschaft zwischen Mann und Frau, zwischen ihm wie ihr.

Im Eheleben, und speziell im ehelichen Akt, findet sich auch eine sinnliche Liebe, die der eine Partner für sich selbst in dem Maß wünschen kann, wie diese mit dem ehrbaren ehelichen Akt verbunden ist, und ebenso der andere Partner.

Der natürliche Lauf der Dinge bringt es mit sich, dass im Eheleben dann, wenn einer der Gatten wahrnimmt, dass der andere von der sinnlichen Liebe aus Konkupiszenz beherrscht ist, seine Liebe aus Freundschaft in gleichem Maße für ihn abnimmt.

Wir müssen daher klug sein, wenn wir die Rechte der ehelichen Liebe verteidigen. Es ist erforderlich, die notwendigen Unterscheidungen zu treffen, damit die eheliche Liebe voll in ihrer Ehrbarkeit begründet ist.

---

[246] Ebd., 86-88.

Damit diese Ehrbarkeit im ehelichen Leben Bestand hat, müssen die Gatten auf die sogenannten Güter der Ehe achten; diese sind die Zeugung und Erziehung der Kinder, die Treue, die man bei Erfüllung der ehelichen Pflichten wahrt, und das Sakrament, durch welches das bereits von Natur aus ehrbare Eheleben geheiligt wird.

Damit der eheliche Akt von Natur aus erlaubt ist, genügt es, bei Erfüllung der ehelichen Pflicht das Gut der Treue zu bewahren. Um die eheliche Pflicht vorschriftsgemäß zu erfüllen, wird vorausgesetzt, dass der eheliche Akt die Gesetzmäßigkeiten der Natur beachtet, aber nicht gefordert, dass er während der Periode der Fertilität des Partners ausgeübt wird. Er kann rechtmäßig auch in den ,unfruchtbaren' Zeiten vollzogen werden.

Es besteht kein Zweifel, dass all dies zum allgemeinen Lehrgut der großen Theologen gehört und dass es uns in seinen wesentlichen Elementen in den Dokumenten des Lehramtes, insbesondere in den Enzykliken Arcanum *von Leo XIII.,* Casti connubii *von Pius XI. und den Reden Pius'XII. vor den Hebammen und Ärzten, vorgelegt wird.*"[247]

Leider sollte die Familienmoral, wie sie im Kapitel *Würde der Ehe und der Familie* von *Gaudium et spes* vorgetragen wurde, eher die Anliegen der Neuerer als die der Verteidiger der traditionellen Moral rezipieren. Daraus resultierte eine unglückliche Synthese zwischen den gegensätzlichen Richtungen.[248]

---

247 Ebd., 87.

248 Mgr. Philippe Delhaye, einer der vier Periti, die an seiner Redaktion arbeiteten, hat das Dokument als „*une synthèse tenant une moyenne entre plusieurs tendences* {*eine Synthese, die eine Mittelstellung zwischen mehreren Richtungen einnimmt*}" bezeichnet (*Vatican II. L'Église dans le monde de ce temps*, Paris 1967, Bd. II, 421).

11. Weitere Diskussionen über Marxismus und Kommunismus

Marxismus und Kommunismus standen im Zentrum der Diskussion der dritten Sitzungsperiode, bei der auch die Enzyklika Pauls VI. *Ecclesiam suam* ins Gewicht fiel, die zwei Monate zuvor am 6. August 1964 erschienen war. Darin beklagte der Pontifex die ideologischen Systeme in der Welt, die Gott leugneten und die Kirche unterdrückten, äußerte jedoch den Wunsch, *„dass sie eines Tages mit der Kirche ein positives Gespräch eröffnen, in das all das, was wir tadeln und wozu wir gedrängt wurden, es zu beklagen, nicht einfließt"*[249]. *„Zum ersten Mal"*, stellt ein zeitgenössischer Historiker fest, *„fand die Politik des Dialoges mit den Nichtglaubenden und den sozialistischen Regimen Eingang in eine Enzyklika."*[250]

Dass das Konzilsschema jeden Bezug auf den Kommunismus unterließ, wurde in der Generaldebatte von vielen Vätern mit Sorge thematisiert.

Am 22. Oktober 1964 forderten sowohl der deutsche Bischof Stimpfle[251] von Augsburg wie auch der italienische Bischof Barbieri[252] von Cassano Ionio mit Nachdruck, die Frage des Kommunismus anzugreifen. *„Das Hauptziel dieses Konzil ist pastoraler Natur"*, sagte Msgr. Barbieri, *„und man muss nach Möglichkeit die Verurteilungen meiden: aber es wäre für viele Gläubige ein Skandal, wenn das Konzil den Eindruck vermittelte, Angst davor zu haben, das größte Vergehen unserer Epoche, den wissenschaftlichen und praktischen Atheismus, zu verurteilen, der in sich und wegen seiner Folgen auf moralischer und spiritueller Ebene schlimmer ist als sogar die Atombombe."*[253]

Am folgenden Tag attackierte Yü Pin[254], exilierter Erzbischof von Nanking in China, im Namen von 70 Konzilsvätern die Politik der „ausgestreckten Hand" und forderte die Anfügung eines neuen Ka-

---

[249] AAS 56 (1964), Nr. 10, 651-654.

[250] A. Riccardi, *Il Vaticano e Mosca*, 269.

[251] AS III/5, 324-327.

[252] Raffaele Barbieri (1898-1968), 1921 zum Priester geweiht, seit 1937 Bischof von Cassano all' Ionio in Kalabrien.

[253] AS III/5, 362-364, 363.

[254] Paul Yü Pin (1901-1978), Chinese, 1928 zum Priester geweiht. Von 1946 bis zu seinem Tod Erzbischof von Nanking (China), 1969 zum Kardinal erhoben.

pitels oder zumindest eine feierliche Erklärung über den Kommunismus, um die Erwartung der Völker, die unter dem kommunistischen Joch stöhnten, zu befriedigen, und zwar aus verschiedenen Gründen:

> *„1. Ergründung der Zeichen der Zeit: Die Kirche kann und darf nicht ignorieren, dass der Kommunismus und der marxistische Materialismus das größte und traurigste charakteristische Zeichen unserer Zeit bildet. 2. Verteidigung der Wahrheit: Im Kommunismus, im Materialismus und im militanten Atheismus kumulieren alle Häresien. 3. Verteidigung der Freiheit: Man muss sich nur daran erinnern, dass unter dem Kommunismus immer wieder blutige oder zumindest zerstörerische Verfolgungen stattfinden. 4. Um alle Illusionen zu zerstören: Die Lehre von der friedlichen Koexistenz, die Politik der ausgestreckten Hand, die Konzeption des sogenannten katholischen Kommunismus sind Quellen gefährlicher Verwirrung. 5. Um die Erwartung der Völker zu befriedigen, speziell jener Völker, die unter dem kommunistischen Joch leiden und stöhnen und die zu Unrecht unnennbare Schmerzen erleiden."*[255]

Viele andere Väter intervenierten und erhoben die Forderung, dass das Schema den Kommunismus anprangere: Erzbischof Bolatti[256] von Rosario in Argentinien; Erzbischof García de Sierra y Méndez[257] von Burgos in Spanien; Weihbischof Guerra Campos[258] von Madrid; Erzbischof Pogačnik[259] von Laibach in Jugoslawien;

---

[255] AS III/5, 378.

[256] Ebd., 395-398. Guillermo Bolatti (1912-1982), Chilene, 1936 zum Priester geweiht, 1957 Weihbischof von Buenos Aires, 1957 Titularbischof von Limata, 1961 Bischof von Rosario.

[257] AS, III/5, 417-419. Segundo Garcia de Sierra y Méndez (1908-1998), Spanier, 1931 zum Priester geweiht, 1954 Bischof von Barbastro, 1959 Koadjutor-Erzbischof von Oviedo, 1964 Erzbischof von Burgos.

[258] AS III/5, 520-525. José Guerra Campos (1920-1997), Spanier, 1944 zum Priester geweiht, 1964 Weihbischof von Madrid und Titularbischof von Mutiam, 1973 Bischof in Cuenca.

[259] AS III/5, 525-527. Jože Pogačnik (1902-1980), Slovene, 1927 zum Priester geweiht, 1963 Weihbischof von Laibach und Titularbischof von Irenopolis in Isauria, 1964 Erzbischof von Laibach.

Bischof Wright[260] von Pittsburgh in den Vereinigten Staaten; Bischof Bäuerlein[261] von Syrmien in Jugoslawien.

Msgr. Carli reichte am 23. Oktober 1964 eine schriftliche Intervention ein, wie immer klar und gründlich verfasst, die es verdient, in voller Länge zur Kenntnis gebracht zu werden:

„Erstaunen bereitet das Schweigen im Schema zu einem Phänomen, das leider in der Welt unserer Zeit existiert; einem Phänomen, das die natürliche Ordnung stark berührt und zugleich mit ihr die übernatürliche; ein Phänomen, das nicht minder als der Hunger oder die Bevölkerungsexplosion Schmerz und Wehklage des Konzils hervorrufen müsste, wie es im Vorwort heißt, denn es hat schon Millionen Menschen mit Schmerzen und Trauer getroffen und trifft sie noch. Ich meine das Phänomen des Marxismus, der innerlich verkehrt ist, denn „er widersetzt sich und erhebt sich über alles, was Gott und Heiligtum heißt, bis er sich selbst in den Tempel Gottes setzt und sich für Gott ausgibt" *(2 Thess 2,4); des Marxismus, der sich listig in das Gewand der Wirtschaft oder Politik hüllt und von physischer Gewalt Gebrauch macht und so in mehr als der Hälfte der Welt grausam wütet und dem verbleibendem Teil nachstellt; der unter den Katholiken, den getrennten christlichen Brüdern, schließlich den Anhängern jeder Religion, so viel Trauer und so viel Schmerz sät. Seine Doktrin und seine Praxis gegenüber Gott, dem Menschen, der Welt, der Eschatologie ist der christlichen Lehre und Praxis radikal entgegengesetzt, ja sogar ganz feindlich gesinnt.*

Der Dialog mit dem Marxismus erscheint unmöglich; doch zumindest sollte der Monolog nicht fehlen. Die katholische Kirche, die ein solches Phänomen vor Augen hat, ja, es am eigenen Leib spürt und erleidet, kann nicht, darf nicht schweigen oder lediglich in euphemistischen Worten sprechen!

---

260 AS III/5, 703-705. John Joseph Wright (1909-1979), Nordamerikaner, 1935 zum Priester geweiht, 1947 Weihbischof von Boston und Titularbischof von Egee, 1950 Bischof von Worcester und 1959 von Pittsburgh, 1969 zum Kardinal erhoben.

261 AS III/5, 730-732. Stjepan Bäuerlein (1905-1973), Kroate, 1929 zum Priester geweiht, 1951 Weihbischof von Dakovo und Syrmien und Titularbischof von Heraclea Pontica, 1959 Bischof von Dakovo und Syrmien.

In dieser dritten Sitzungsperiode des Konzils haben wir viele Väter gehört, denen sehr daran gelegen war, einen abschließenden Prozess der Urteilsfindung über die Verantwortlichkeit der Juden bei der Tötung unseres Herrn Jesus Christus durchzuführen. Ein solcher Prozess, will man ihn nicht allein der Gerechtigkeit und Barmherzigkeit Gottes überlassen, scheint mir zumindest sehr schwierig zu sein, sowohl wegen des allzu langen Zeitraumes, der seither verstrichen ist, als auch besonders wegen der großen Zahl biblischer und patristischer Passagen, die man einer strengen exegetischen Untersuchung unterziehen müsste, ohne dass die Unparteilichkeit der Richter in irgendeiner Weise von der menschlichen und christlichen Pietät beeinflusst wird, die man zu Recht einem Volk schuldet, das im letzten Krieg einer entsetzlichen und ruchlosen Verfolgung ausgeliefert war. Nun, dürfte es dann nicht wundernehmen, wenn unser Konzil, das sich so um jenen geschichtlichen Prozess sorgt, nicht zumindest ein Wort verlöre, irgendein Urteil verkündete, irgendeine Besorgnis zeigte für das beklagenswerteste Phänomen unserer Zeit, das den Namen marxistischer Kommunismus trägt?

Man wird vielleicht sagen: Aber der Kommunismus ist bereits vom päpstlichen Lehramt verurteilt! Darauf gebe ich zur Antwort: Das leugne ich nicht, jedoch ist auch der ganze Rest, der sich in diesem Schema und in einigen anderen findet, von den Päpsten verkündet worden, insbesondere von Pius XII. verehrten Andenkens, und zwar mit noch größerer Klarheit, Ausführlichkeit und Genauigkeit; doch befindet es unser Konzil für gut, dass man jene Dinge feierlich und in konziliarem Rahmen wiederholt!

Daher verlange ich, dass auch diese größte Häresie unserer Zeit explizit und kompetent behandelt wird, damit die Nachwelt nicht Grund zur Annahme hat, dass das Zweite Vatikanum in einer Epoche stattfand, in der der katholische Erdkreis in Frieden und Ruhe lebte.

Die Kirche sollte sich nicht damit begnügen, zu leiden, zu stöhnen und zu fliehen, sondern nach dem Beispiel der Frau aus der Apokalypse (Offb 12,2ff.) beim Anblick des roten Drachens ohne Furcht aufschreien; sie sollte ein feierliches und kollegiales Zeugnis für die Wahrheit geben; sie sollte einen ökumenischen Dienst und ihren Trost nicht verweigern, nicht nur ihren Bischöfen, Priestern und Laien, sondern auch den getrennten christlichen Brüdern, ja, allen Personen, die eine Religion bekennen und durch den Marxismus Hunger, Gefangenschaft, Exil, Verfolgung und Tod erleiden; schließlich sollte sie eine mütterliche Ermahnung an die Katholiken, besonders an Arbeiter und Intellektuelle, richten, die unter dem Vorwand des ökonomischen Fortschrittes und der Pseudo-Wissenschaft von dieser verderbenbringenden Lehre verführt werden und durch das Schweigen des Konzils leicht in ihrem Irrtum bekräftigt werden könnten. Die Kirche sollte offen darlegen, in welcher Weise sie und ihre Kinder sich gegenüber dem gegenwärtig existierenden Marxismus verhalten müssen und wie sie die Getäuschten auf den rechten Weg zurückzurufen beabsichtigt!

Ehrwürdige Brüder, ich habe euch meine Gedanken zu dem Thema offen dargelegt. Indem ich dies tue, scheint es mir, bin ich gleichsam der Testamentsvollstrecker meines verstorbenen Mitbruders, des Erzbischofs Josef Gawlina, der kürzlich verschieden ist [† 20. September 1964]*; dieser hatte sich bei mir mehrmals vor seinem überraschenden Tod, gestützt auf seine Kenntnis und lebendige Erfahrung in dieser Sache* [tatsächlich war er aus Polen ins Exil gegangen und wirkte als Ordinarius der Exilpolen]*, über das auffallende Schweigen der Konzilsschemata zu einem so gewichtigen doktrinellen und pastoralen Problem beklagt."*[262]

Das Thema war in der vierten Sitzungsperiode immer noch akut; hier sollte dann die Bombe hochgehen.

12. Die ‚Modernisierung' des Ordenslebens

Eine weitere Auseinandersetzung spielte sich über das Schema der Ordensleute ab, das vom 10. bis zum 12. November in der Aula debattiert und dann an die Kommission zurückgeschickt wurde.[263]

[262] AS III/5, 439-441. Der lateinische Text wurde vollständig veröffentlicht im *Bollettino Diocesano di Segni*, Dezember 1964, 79-81.

[263] AS III/7, 422-497 und 569-663; vgl. auch WILTGEN, 219-229; N. TANNER, *La Chiesa nella società: Ecclesia ad extra*, in: *SCV*, Bd. IV, 293-416 {dt.: 314-448}.

Seit September 1964 bemühte sich die römische Union der höheren Oberen, vertreten durch rund hundert Generalobere darum, eine gemeinsame Linie festzulegen. Am 7. Oktober 1964 versammelte sich das Exekutivkomitee der Union beim Generalhaus der Oblaten der Maria Immaculata. Zugegen waren unter anderen die Generaloberen der Franziskaner, der Dominikaner, der Karmeliter, der Benediktiner, der Oblaten der Maria Immaculata, der Maristen und Eudisten. Wenngleich sie mit dem Schema unzufrieden waren, legten sie sich darauf fest, es mit einer Reihe von Vorschlägen zu verbessern, die sie bis Ende Oktober unter den Konzilsvätern verteilten.

Kard. Spellman eröffnete die Debatte am 10. November und äußerte die Auffassung, dass der Text mit Einführung einiger Änderungen akzeptiert werden könnte. Spellman zeigte die Risiken der sogenannten Modernisierung des Ordenslebens an und richtete dabei eine implizite Polemik an die Adresse von Kard. Suenens, der im Zweiten Vatikanischen Konzil die Gelegenheit erblickte, die radikale Reform des weiblichen Ordenslebens, die er in dem Buch *Promotion apostolique de la religieuse*[264] dargelegt hatte, zu verwirklichen. Diese Reform sollte gemäß dem Primas von Belgien die Rolle der Ordensfrau neu bestimmen, indem man ihr eine angemessene *„soziale Formung"*[265] gab und sie zu einer *„belebenden Kraft für die weibliche Laienschaft"*[266] machte. Zu diesem Zweck müsse man bedauerlicherweise gewisse *„démodées"* und *„superfétatoires"*[†] Frömmigkeitsformen abschaffen, die die Gefahr *„einer Mechanisierung und Schrumpfung des Gebetslebens"*[267] mit sich brächten, und die ‚geistlichen Übungen' der Ordensfrau mit dem Ziel zu verändern, sie *„zu erneuern, zu vereinfachen und zu einer stärker biblischen, liturgischen, kirchlichen und apostolischen Frömmigkeit fortzuentwickeln"*[268].

Kard. Suenens forderte die Ordensfrauen dazu auf, in ihren gegenseitigen Beziehungen ehrlicher und offenherziger zu sein, eben-

---

[264] Vgl. L. J. SUENENS, *Promotion apostolique de la religieuse*, Desclée de Brouwer, Brügge-Paris 1962.

[265] Ebd., 177-180.

[266] Ebd., 197.

[†] *„veraltete"* und *„überflüssige"*.

[267] Ebd., 146.

[268] Ebd., 145.

so bei einer *„konstruktiven Selbstkritik ihrer religiösen Praxis“*[269]. Man müsse vermeiden, fügte er hinzu, dass die Ordenfrauen den Eindruck vermittelten, *„in einem Ghetto“*[270], isoliert von der Welt, zu leben; die Ordenskleidung wäre an die Beziehungen zur Welt voll anzupassen[271] und rituelle Formen, die nicht mehr in unsere Epoche gehörten, wären aufzugeben[272]. Auch der ‚Gehorsamsbegriff‘ wäre zu revidieren: der Verzicht auf den eigenen Willen solle dem Dienst am Gemeinwohl nicht vorgezogen werden. Das Gemeinwohl erfordere es zuweilen, dass die Untergeordneten ihren eigenen Standpunkt geltend machten, bevor die Oberen eine Entscheidung träfen.[273]

In der Generalkongregation vom 11. November erklärten sich weder Kard. Suenens noch Kard. Döpfner[274] mit dem Schema und den vorgelegten Verbesserungsvorschlägen zufrieden. Döpfner vertrat die Ansicht, dass dem Schema die *„Schwerpunkte“* fehlten, *„die Hauptpunkte der gewünschten Erneuerung und Aktualisierung“*[275]; Suenens verlangte neue Regeln für die Konvente, damit die Ordensfrauen als *„feminae vere adultae“*[†] behandelt würden.[276] Er wünschte zudem neue, demokratischere und repräsentativere Leitungsstrukturen, um die Machtkonzentration in den Händen einer einzigen Oberin sowie einen übermäßig ‚passiven und ‚kindhaften‘ Gehorsam zu vermeiden.

Auf diese zwei Interventionen replizierten am selben Tag Anastasio del SS.mo Rosario[277], Generaloberer der beschuhten Karmeliter und Präsident der römischen Union der höheren Oberen, im Namen von 185 Vätern; Msgr. Perantoni[278], Franziskaner und Erzbi-

---

269 Ebd., 147.
270 Ebd., 144.
271 Ebd., 161.
272 Ebd., 161-162.
273 Ebd., 168.
274 AS III/7, 431-436.
275 Ebd., 431.
† *wirklich mündige Frauen.*
276 Ebd., 439-442, 439.
277 Ebd., 453-455. Anastasio Ballestrero (1913-1998), 1936 zum Priester geweiht, 1955 bis 1967 Generaloberer des Ordens der Unbeschuhten Karmeliten, 1973 Erzbischof von Bari, 1977 von Turin, 1979 zum Kardinal erhoben. Lit. von ihm: *Autoritratto di una vita. Padre Anastasio si racconta*, Edizioni OCD, Morena (Rm), 2002 (verschiedene Erinnerungen und interessante Anekdoten über das Konzil, 98-207).
278 AS III/7, 458-460.

schof von Lanciano, im Namen von 370 Vätern; Msgr. Sartre[279], ehemaliger Erzbischof von Tananarive, im Namen von 265 Konzilsvätern und von 250 Generaloberen der weiblichen Kongregationen; Msgr. Richard Guilly[280], Jesuit und Bischof von Georgetown in Britisch-Guyana, im Namen von 263 Vätern. Sie alle befürworteten das Schema, wenngleich mit angemessenen Änderungen.

Msgr. Guilly fand es *„wirklich überraschend"*, dass man im Schema über die Ordensleute *„so wenig über jene Orden und Kongregationen findet, die sich streng dem kontemplativen Leben widmen"*. Es sind gerade *„diese Männer und Frauen, die mit ihren Gebeten, ihrem harten Leben, ihrem Schweigen und ihren Opfern mehr als alle anderen zur Förderung des Apostolates in der Kirche beitragen"*[281].

Die Vertreter der römischen Union waren zwar von dem Schema nicht begeistert, doch waren sie sich über das Fakt im Klaren, dass sie im Fall einer Ablehnung noch tiefergreifende Veränderungen im Sinne der Thesen von Suenens und Döpfner riskieren würden. Letztere setzten ja auf eine Ablehnung des Schemas, weil sie dessen vollständige Umformulierung wollten.

Die Unterstützer der progressistischen Allianz waren sich jedoch bewusst, zahlenmäßig nicht stark genug zu sein, um eine Ablehnung des Schemas zu erreichen, und einigten sich darauf, eine Abänderung mittels *modi* zu versuchen. Die Parole lautete folglich, mit *placet iuxta modum* abzustimmen, aber Änderungsvorschläge zu machen, die denen der römischen Union entgegengesetzt waren. Bei den Abstimmungen über die verschiedenen Kapitel repräsentierten die *placet iuxta modum* zuweilen die Meinungsmehrheit in der Aula.[282] Der revidierte Text wurde in der vierten Sitzungsperiode am 11. Oktober 1965 erneut in die Generalversammlung eingebracht und bei der Endabstimmung in der öffentlichen Sitzung am 28. Oktober 1965 angenommen.

---

[279] Ebd., 460-462. Victor Sartre (1902-2000), französischer Jesuit, 1932 zum Priester geweiht. 1955 bis 1960 Erzbischof von Tananarive (Madagaskar).

[280] Richard Lester Guilly (1905-1996), Engländer, 1938 zum Priester geweiht, 1954 Apostolischer Vikar von Britisch-Guyana, Titularbischof von Adraa, 1956 bis 1996 Bischof von Georgetown auf den Antillen.

[281] AS III/7, 462-464, 463.

[282] Vgl. die Abstimmungen in AS III/7 und III/8.

Auch die Debatte über die priesterliche Ausbildung[283] brachte die tiefgreifenden Divergenzen zwischen der traditionellen, von Ruffini[284] und Msgr. Staffa[285] verteidigten Position und der progressistischen Position der Kardinäle Léger[286], Döpfner[287] und Suenens[288] ans Licht. Staffa, der Ruffini als Sekretär der Kongregation für die Seminare und die Studien nachgefolgt war, äußerte am 14. November: „*Der hl. Thomas ist keine Grenzmarke, er ist ein Leuchtturm. Wir müssen, koste es, was es wolle, die Grundprinzipien des hl. Thomas bewahren, die in der Enzyklika* Humani generis *aufgeführt werden.*"[289]

An nämlichen Tag hatte Kard. Léger den hl. Thomas und die ‚philosophia perennis' angegriffen: „*Unglücklich der Mensch, der nur ein einziges Buch hat! Unglücklich die Kirche, die nur einen einzigen Lehrer hat! Anstatt den hl. Thomas vorzuschreiben, sollte man ihn vielmehr zum Prototyp des Forschers erklären und als Lehrmeister und Vorbild darstellen, als jemanden, der es verstanden hat, die Wissenschaft seiner Zeit in den Dienst der Kirche zu nehmen.*"[290] Kard. Döpfner intervenierte unterstützend: „*Heiligkeit der Priester genügt nicht. Es ist nötig, dass sich der Priester an seine Zeit anpasst. Die Seele der theologischen Bildung ist die Heilige Schrift. Ich stimme mit Kardinal Léger hinsichtlich des hl. Thomas vollkommen überein...*"[291]

Der Primas von Belgien Suenens erklärte, dass er dem zustimme, was zuvor von den Kardinälen Léger und Döpfner gesagt worden war, und äußerte sich ausführlich über die Reform der Seminare, die er persönlich in seiner Diözese unternommen habe, insbesondere mit der Zielsetzung, die Seminare nicht von der Außenwelt zu isolieren.[292] Am 17. November lancierte Erzbischof Garrone[293] einen schweren Angriff auf die Kongregation für die Seminare, in-

---

[283] AS III/7, 703-747 und AS III/8, 14-45, 239-259.
[284] Ebd., 705-708.
[285] Ebd., 718-720.
[286] Ebd., 708-710.
[287] Ebd., 711-714.
[288] Ebd., 715-717.
[289] FESQUET, *Diario*, 711; vgl. auch AS III/7, 719.
[290] AS III/7, 709.
[291] Ebd., 712.
[292] Ebd., 715-717.
[293] AS III/8, 171-173.

dem er vorschlug, die Bischofskonferenzen mit der Aufgabe zu betrauen, für die Ausbildung der Seminaristen zu sorgen.

Die Väter approbierten am Ende das Schema mit der breiten Mehrheit von 2117 gegen 41 Stimmen.

Unterdessen kam zwischen dem 4. und 6. November, während die Debatte über das Schema XIII schloss, der Text über die Bischöfe und die Diözesanleitung in die Aula zurück und wurde nochmals Gegenstand von ungefähr tausend Verbesserungsvorschlägen für jedes der zwei ersten Kapitel. Am 6. November wurde der Entwurf über die Missionen eingebracht[294] und von Kard. Agagianian[295] vorgestellt, dem Präfekten der Kongregation *De propaganda fide* und Vorsitzenden der Konzilskommission für die Missionen. Den Widerstand gegen das Schema, der vor allem von vielen afrikanischen Bischöfen erhoben wurde, konnte der Kardinal ausräumen, indem er den Papst dazu bewegte – die einzige Ausnahme während des ganzen Konzils –, die Debatte zu eröffnen und die Annahme des Textes zu empfehlen.[296] Doch trotz der Intervention Pauls VI. häufte sich in der Aula die Kritik, und das Schema wurde nach nur drei Tagen zurückgezogen.

13. Offener Konflikt über die Kollegialität

Die Abstimmung über die ersten beiden Kapitel des Schemas *De Ecclesia* bereitete keine besonderen Probleme. Doch die Abstimmung über das dritte Kapitel, das die Hierarchie betraf und bei vielen als *„Herzstück des Konzils"*[297] galt, geriet zu einer heftigen Auseinandersetzung. Es ging um die Art und Weise, wie die Kollegialität in der Kirche aufzufassen ist.

Das Prinzip der Kollegialität verstand man tatsächlich auf drei verschiedene Weisen. Nach der traditionellen Konzeption war die

---

[294] AS III/6,. 327-336.
[295] Ebd., 336-340.
[296] Ebd., 324-325.
[297] R. AUBERT, *Lo svolgimento del Concilio*, 286.

Gewalt des Papstes die einzige höchste Gewalt in der Kirche. Den Progressisten zufolge war das einzige Subjekt, das diese höchste Gewalt innehatte, das Kollegium der Bischöfe unter Leitung des Papstes. Wenn Letzterer seine Gewalt ausübte, so tat er dies allein als Repräsentant des bischöflichen Kollegiums. Die ‚dritte Partei', der Paul VI. zuneigte[298], sah in der Kirche zwei Träger der höchsten Gewalt: den Papst und das Kollegium der Bischöfe im Verbund mit dem Papst. Diese Position bedrohte die Verfassung der Kirche, denn wenn die enge Zusammenarbeit zwischen dem Papst und dem Kollegium der Bischöfe nicht einem hierarchischen Prinzip unterliegt, das sie reguliert, so gerät sie fatalerweise zu einer ununterbrochenen Suche nach einem Gleichgewicht zwischen den beiden Quellen der Autorität. Die Beziehungen zwischen dem Papst und den Bischöfen werden in diesem Fall von der übernatürlichen Ebene zur reinmenschlichen und politischen Ebene eines Kräftegleichgewichts übergehen.

Zur Verteidigung der traditionellen Konzeption des Römischen Primates erschienen 1964 eine Artikelserie des Abbé Dulac und des Abbé Berto in ‚La Pensée Catholique' sowie zwei Artikel von Msgr. Dino Staffa und P. Ugo Lattanzi in ‚Divinitas', die auch in Form von Auszügen Verbreitung fanden.[299] Erzbischof Staffa hatte am 28. Juli eine lange Studie zu den zwei Konzilsschemata über die Kirche und über die Bischöfe vollendet, die er den Konzilsvätern zukommen ließ.[300] Er erklärte sich tief überzeugt davon, dass die Positionen, die in den Schemata auftauchten, *„im Gegensatz zu der allgemeinen Lehre der Kirchenväter, der römischen Päpste, der Provinzialsynoden, der heiligen Lehrer der Universalkirche, der Theologen und Kanonisten stehen. Sie widersprechen auch den jahrhundertealten Normen der kirchlichen Disziplin"*[301]. Staffa konnte nachweisen, dass die Positionen des italienischen Jesuiten P. Vincenzo Bolgeni[302], die

---

298 WILTGEN, 235f.

299 D. STAFFA, *De collegiali Episcopatus ratione*, in: Divinitas 1 (1964), 3-61; U. LATTANZI, *Quid de Episcoporum "collegialitate" ex Novo Testamento sentiendum sit*, in: ebd., 62-96.

300 D. STAFFA, *Osservazioni sugli Schemi "De Ecclesia" e "De Pastorali Episcoporum munere in Ecclesia"*, 25. Juli 1964, Hektographie.

301 WILTGEN, 237.

302 Zu Pater Vincenzo Bolgeni aus der Gesellschaft Jesu (1733-1811), Präfekt der Bibliothek des Römische Kollegs, dann Theologe der Apostolischen Poenitentiarie,

bereits im 18. Jh. widerlegt wurden, im Wesentlichen mit denen des Schemas *De Ecclesia* identisch waren. Er fand es unglaublich, dass Prinzipien, die bei Theologen und Kanonisten als unvereinbar mit der Tradition der Kirche einhellige Ablehnung erfahren hatten, 140 Jahre später als Grundlage eines Konzilsschemas erneut vorgelegt wurden.[303] Am 15. September überreichte der römische Erzbischof den Kardinalmoderatoren eine Liste mit mehr als 70 Namen von Konzilsvätern, die ihn unterstützten, und bat um die Erlaubnis, das Wort zu ergreifen, bevor über das dritte Kapitel bezüglich der Kollegialität abgestimmt würde.

Obwohl Artikel 57, Abschnitt 6, des Konzilsreglements das Recht auf eine Intervention in der Aula vorsah, wenn das Gesuch im Namen von mindestens 70 Konzisvätern vorgetragen wurde, erhielt Msgr. Staffa keine Erlaubnis, das Wort zu ergreifen.

Da man in der Theologischen Kommission keine Übereinkunft erzielt hatte, kündigte Msgr. Felici in der Generalkongregation am 21. September an, dass Msgr. Franić vor der Abstimmung[304] reden und somit auch den Standpunkt der Gegner in einer öffentlichen Sitzung darlegen würde. Msgr. Franić kritisierte den doktrinellen Irrtum des Dokumentes, dem zufolge die bischöfliche Jurisdiktion den Bischöfen durch die Bischofsweihe *ipso facto* zukäme, während die Tradition der Kirche beständig die Auffassung vertreten habe, dass den Bischöfen diese Gewalt unmittelbar vom Römischen Pontifex und nur mittelbar von Christus zukommt.[305] *„Es wäre etwas ganz Neues, Unerhörtes und Anormales"*, sagte er, *„wenn eine Lehre, die vor dem Konzil als nicht allgemein, wenig wahrscheinlich, wenig fundiert galt, plötzlich annehmbar und sogar reif für ihre Eingliederung in eine dogmatische Konzilskonstitution wird."* Das Schema sah überdies vor, dass man den Diakonat auch verheirateten Männern erteilen könne. *„Ich bin mit vielen der Überzeugung"*, sagte Msgr. Franić,

---

vgl. M. R. GAGNEBET OP, *L'origine de la jurisdiction collégiale du corps épiscopal au Concile selon Bolgeni*, Roma 1961.

303 Mgr. Staffa veröffentlichte in diesen Tagen eine Rezension zum gerade erschienenen Band von G. ALBERIGO, *Lo sviluppo della dottrina sui poteri della Chiesa universale*, Monitor Ecclesiasticus 4 (1964), 685-694, und zeigte die wissenschaftliche Hinfälligkeit seiner These auf.

304 AS III/2, 192.

305 Ebd., 193-201.

„dass man eine schwere Gefährdung der priesterlichen Berufungen hervorrufen würde, wenn das Konzil diese Klausel approbierte.“[306]

Die Relationen zugunsten des Dokumentes hielten Kard. König[307], dem das Thema der Sakramentalität anvertraut war, Msgr. Henríquez Jiménez[308], der die letzten beiden Abschnitte des Kapitels behandelte – Nr. 28 über die Priester und Nr. 29 über die Diakone –, sowie Msgr. Pietro Parente, der über die Kollegialität sprach[309]. Die zugunsten der Kollegialität vorgetragene Intervention von Msgr. Parente, der darlegte, als ‚Bischof' und nicht im Namen des Heiligen Offiziums, wo er als Assessor tätig war, zu sprechen, fand jedoch *„ein aufsehenerregendes Echo“*[310] gerade wegen der Funktion, die er innehatte. Parente, früher Gegner der Kollegialität, widerlegte Franić minutiös, wobei er sich auf das soeben veröffentlichte Werk *Die Entwicklung der Lehre von den Gewalten in der Universalkirche* von Giuseppe Alberigo berief, *„qui est laicus, sed bene scripsit de hac re*[†]*“*[311].

Aus Sicht von Msgr. Parente fügte sich die Kollegialität vollkommen *„in die organische Einheit der Kirche“* ein, *„kraft derer Christus von seinem mystischen Leib nie als getrennt betrachtet werden kann, noch Petrus von Christus, der sein Haupt ist, noch Petrus vom Bischofskollegium, noch die Bischöfe von Petrus. ... Die ganze ontologische Struktur der Kirche beruht auf dem heiligen Ordo und auf dem universalen Priestertum Christi“*[312]. Diese Überlegungen spiritueller Natur führten zu einer juristischen Mehrdeutigkeit, insofern sich zwei verschiedene Rechtsträger überlagerten. Jedenfalls, so schrieb Msgr. Franić, *„wer könnte sich dagegen stellen und mit welchen Argumenten, in dem Wissen, dass jener Prälat unter den katholischen Theologen als strenger*

---

306 Ebd., 199.

307 AS III/2, 201-205.

308 Ebd., 211-218. Luis Eduardo Henríquez Jiménez (1913-1991), Venezuelaner, 1937 zum Priester geweiht, 1962 Weihbischof von Caracas und Titularbischof von Lamdia, 1972 Bischof von Valencia in Venezuela 1974 dort Erzbischof.

309 AS, III/2, 205-21 1.

310 G. ALBERIGO, *Breve storia del Concilio*, 161.

† „der zwar Laie ist, aber über dieses Thema gut geschrieben hat“.

311 AS III/2, 211. Es handelte sich um das gerade erst von Mgr. Staffa widerlegte Werk.

312 Ebd., 210.

galt denn Kardinal Ottaviani, der Präfekt des Heiligen Offiziums".[313] In der Aula herrschte nach der Intervention von Msgr. Parente großes Staunen.[314] Kard. Siri vernahm das Gerücht, dass Parente *„vom Papst zu diesem Schritt aufgefordert worden war. Damit wäre alles erklärt."*[315] Kard. Larraona kritisierte die Intervention von Parente und beklagte, dass die Intervention von Franić vorher verlesen wurde und nicht nach jener der offiziellen Relatoren, wie es die Logik erfordert hätte.

Anschließend begannen die Abstimmungen, die dem Text einen größeren Erfolg einbrachten als vorausgesagt. Der aufsehenerregende Positionswechsel des Theologen aus dem Heiligen Offizium riss viele Schwankende mit. Bei der Abstimmung über die einzelnen Artikel stellten sich 322 Väter gegen die Existenz des Bischofskollegiums und 325 lehnten ab, dass die bischöfliche Konsekration das dreifache heilige Amt in der Kirche verleihe. Die Zahl der Gegner fiel recht hoch aus, doch war sie weit von den 800 Stimmen entfernt, die man erhofft hatte zu erhalten. So viele Stimmen (839) sollte der Vorschlag erhalten, den Diakonat an junge Männer zu übertragen, ohne ihnen eine Zölibatsverpflichtung aufzuerlegen. Als man zur Abstimmung über das gesamte Kapitel III kam, frohlockte die progressistische Allianz über den neuen Sieg.[316] Das Resultat belief sich auf 1624 *placet*, 572 *placet iuxta modum* und 42 *non placet*. Die Diskussion verlagerte sich nun auf die *modi*, die zum überwiegenden Teil der Coetus Internationalis vorbereitet hatte, dem Msgr. Staffa angehörte.

Im Verlaufe des Konzil entfernte sich Msgr. Parente zunehmend von den Positionen des Coetus Internationalis Patrum und wurde für seine „Konversion" „belohnt". 1965 wurde er zum Sekretär der neuen Kongregation für die Glaubenslehre ernannt und 1967 zum Kardinal der Titelkirche San Lorenzo in Lucina erhoben.

---

313 *L'Église colonne de la vérité*, 262.

314 „Die Unterstützung, die Monsignore *Parente der Sache der Kollegialität zukommen ließ, war nicht nur vom zahlenmäßigen Gesichtspunkt relevant, sondern nahm auch eine besondere moralische Bedeutung ein. Die Strömung der Mehrheit konnte seit damals auf die Zustimmung eines Vertreters aus dem kurialen Bereich zählen, der am Beginn des Konzils noch die Thesen der Erneuerung bekämpft hatte*" (GROOTAERS, *I protagonisti*, 212).

315 B. LAI, *Il Papa non eletto*, 385.

316 Vgl. ROBERT PREVOST, *Vaticano II. Pietro o il caos*, Prefazione di S.E. il card. A. Ottaviani, Coletti editore, Roma 1965, 85-86.

Msgr. Antonio Piolanti, mit dem Parente lange Zeit zusammengearbeitet hatte, wurde der Purpur dagegen verweigert. Parente starb am 30. Dezember 1986 mit 95 Jahren. Seine Entscheidungen, die in den konservativen Kreisen ein hartes Urteil erfuhren, hielt er weiterhin aufrecht.[317]

Die Unterkommission der Theologischen Kommission, die sich mit der Kollegialität beschäftigte, erachtete es nicht für notwendig, die von der Minderheit erhobenen Einwände zu berücksichtigen. Am 7. November 1964 schrieb Msgr. Staffa einen langen Brief an den Papst, den er auch an die einflussreicheren Konzilsväter verteilen ließ. Msgr. Staffa wies darin eigenen Anteil an der Lösung der Kollegialitätsproblematik zurück und machte geltend, dass ihm illegalerweise verwehrt wurde, sein Recht auf Beteiligung an der Diskussion auszuüben.

Innerhalb der antirömischen Front setzten sich die Spannungen zwischen dem girondistischen Flügel, der sich schon als *„Regierungspartei"* gebärdete, und dem jakobinischen Flügel fort; Ersterer bestand aus der frankophonen Gruppe, Zweiter aus zahlreichen deutschen und holländischen Theologen sowie aus der ‚Gruppe von Bologna'.[318]

Manch einer von den ‚Wagemutigeren' erklärte bereits, auch in schriftlicher Form, wie die zweideutigen Passagen des Schemas nach dem Konzil interpretiert werden würden. Diese Dokumente gelangten schließlich in die Hände der Gruppe der ‚römischen' Kardinäle und Ordensoberen, die sie dem Papst zukommen ließen. An diesem Punkt sah sich Paul VI. gezwungen, die Realität zur Kenntnis zu nehmen.[319] Sein theologischer Berater Carlo Colombo schlug eine *Nota explicativa praevia* vor, die in einem Anhang zum Schema veröffentlicht werden könnte und die im Schema *De Ecclesia* befolgten Kriterien erläuterte.[320] Nach den Intentionen von Paul VI.

---

317 Vgl. *Scritti del Kard. Pietro Parente dal 1933 al 1976*, hg. v. Mgr. MICHELE DI RUBERTO, Città Nuova, Roma 1976.

318 Zu den zwei Flügeln vgl. J. GROOTAERS, *La collégialité vue au jour le jour en la IIIe session conciliaire*, in: Irenikon 38 (1965), 183-194, 186-187.

319 Vgl. WILTGEN, 239f.

320 Zur *Nota praevia* vgl. J. GROOTAERS, *Primauté et collégialité*, und die Artikel von C. TROISFONTAINES, G. CAPRILE, V. CARBONE in: *Paolo VI e i problemi ecclesiologici al Concilio*; eine Rekonstruktion von PHILIPS findet sich in: *Carnets con-*

sollte diese Note eine ähnliche Rolle spielen wie die *Relatio* von Msgr. Gasser[321] auf dem Ersten Vatikanum, worin die offizielle Interpretation des Textes über die päpstliche Unfehlbarkeit dargelegt wurde. Am 31. Oktober schlug Colombo Msgr. Philips vor, den Text der Note zu verfassen, zu der schon eine Notiz von P. Bertrams[322] existierte, die jedoch ihrer Tendenz nach als zu „römisch" galt.[323] Philips machte sich rasch an die Arbeit, und in weniger als 14 Tagen war die *Nota explicativa* ausgearbeitet.

14. Die ‚schwarze Woche': aber für wen?

a) Die Mitteilungen von Msgr. Felici

Am Morgen des Samstag, 14. November, kniete eine dicht gedrängte Gruppe von Konzilsvätern betend in St. Peter am Grab des hl. Josaphat, dessen Fest man an jenem Tag beging. Der hl. Josaphat, Martyrer der Unierten Kirche im 17. Jh., war ein unbezwingbarer Verteidiger der katholischen Einheit und Wahrheit gewesen, und die Vätergruppe flehte ihn um seine Hilfe gegen die Neuerer an.[324] Ihnen war bekannt, dass Paul VI. über seinen Staatssekretär den Vorsitzenden der Theologischen Kommission Ottaviani gebeten hatte, ein ‚interpretierendes' Dokument zum Schema über die Kollegialität abzufassen, um zu präzisieren, dass die Zustimmung des Römischen Pontifex ein notwendiges und wesentliches Element der Autorität des Bischofskollegiums bildete.[325] Nach ihrem Eintritt in

---

ciliaires, 136-140, und die zahlreichen Dokumente sind von G. CAPRILE veröffentlicht in: *Contributo alla storia della "Nota explicativa praevia"*.

321 Vinzenz Gasser (1809-1879), Österreicher, 1833 zum Priester geweiht, 1857 Bischof von Brixen.

322 Wilhelm Bertrams (1907-1995), deutscher Jesuit, Professor für Kirchenrecht an der Universität Gregoriana, Konzilsperitus.

323 In einer handschriftlichen Notiz vom 10. November 1964 verleiht der Papst seinem Wunsch Ausdruck, dass die *Nota* von Mgr. Colombo jedenfalls im Einverständnis mit Mgr. Philips und Mgr. Bertrams vorbereitet wird (Text in: G. CAPRILE, *Contributo alla storia della "Nota explicativa praevia"*, 664-665).

324 R. PREVOST, 99-100.

325 J. GROOTAERS, *Primauté et collégialité*, 109-113.

die Aula an jenem Morgen erhielten die Väter einen Faszikel, dem *„im Auftrag der Obersten Autorität"* – nämlich Pauls VI. – eine *Nota explicativa praevia* beigefügt war, die den Vätern der Theologischen Kommission vorgelegt wurde, bevor man zu den Abstimmungen über die Verbesserungen des dritten Kapitels des Entwurfs *De Ecclesia* überging. So begann jene Woche, die von den Progressisten die „schwarze Woche" des Konzils genannt wurde.[326]

An jenem Samstag teilte der Generalsekretär mit, dass ab folgendem Dienstag, dem 17. November, die Abstimmungen über die Kapitel der künftigen Konstitution über die Kirche begännen[327], und in der zweiten Intervention fügte er das Detail hinzu, dass die Sitzung am 21. November eine öffentliche Sitzung unter Leitung des Heiligen Vaters wäre. Die Tragweite des interpretierenden Dokumentes war jedoch noch nicht klar. Erst am Montagmorgen platzte in der Aula die Bombe, als der Generalsekretär drei wichtige Mitteilungen machte, die für alle Konzilsväter, einschließlich der Präsidenten und der Moderatoren, bestimmt waren. Die zwei ersten Mitteilungen bezogen sich auf den Brief von Msgr. Staffa, ohne ihn zu zitieren, die dritte auf die *Nota explicativa.*[328]

Zum ersten Punkt teilte Msgr. Felici mit, dass sich einige Väter bei der Oberen Autorität wegen fehlerhafter Beachtung der Verfahrensregeln in der Diskussion über das III. Kapitel und wegen einiger zweifelhafter Punkte auf doktrinellem Gebiet beklagt hätten. Die Frage sei sorgfältig untersucht worden, und man könne sicher sein, dass es keine Verletzung des Reglements gegeben habe. Was die Zweifel angehe, die die im III. Kapitel enthaltene Lehre beträfen, so seien sie der zuständigen Theologischen Kommission unterbreitet worden.

Die zweite Bekanntmachung betraf die theologische Qualität, die man dem Schema über die Kirche, das zur endgültigen Abstimmung kommt, zuweisen müsse. Zu diesem Punkt bekräftigte Msgr. Felici, dass das Konzil keinen doktrinellen Charakter, sondern einen pastoralen Charakter besitze und seine Lehrunterwei-

---

[326] LUIS ANTONIO G. TAGLE, *La tempesta di novembre: la "settimana nera"*, in: *SCV*, Bd. IV, 417-482 {dt.: *Die „Schwarze Woche" des Konzils*, 451-530}; CAPRILE, Bd. III, 74; WILTGEN, 242.

[327] AS III/7, 667, 702, 711.

[328] AS III/8, 10-13.

sung nicht als ein Dogma oder eine unfehlbare Definition anzusehen sei, sondern als Ausfluss des höchsten Lehramtes der Kirche.

Vor der dritten Mitteilung forderte der Generalsekretär noch mehr Aufmerksamkeit und erklärte mit kräftiger und langsamer Stimme: *„Dies ist von größter Wichtigkeit,* ‚maioris momenti est'", und er fuhr fort, die Worte deutlich aussprechend: *„Auf Anordnung der Höchsten Autorität wird den Vätern eine erläuternde Vorbemerkung zu den Verbesserungen bezüglich des III. Kapitels des Schemas* De ecclesia *mitgeteilt: Die in diesem III. Kapitel dargelegte Lehre muss gemäß der Intention und der Ausdrucksweise dieser Bemerkung erklärt und verstanden werden."*[329] Die *Nota explicativa* stammte also direkt vom Heiligen Vater.

„Dies ist vielleicht bedauerlich, aber es ist so: man ist nun gezwungen, mit placet *zu votieren, auch wenn es einem überhaupt nicht gefällt"*, notierte Congar und resümierte damit die Gemütsverfassung desjenigen, der die progressistischen Väter und Theologen, die ihren Protest öffentlich zum Ausdruck bringen wollten, zu bändigen versuchte.[330]

An diesem Punkt vernahm die Konzilsversammlung in tiefem Schweigen die vier ‚Bemerkungen', mit denen die Kommission auf Weisung des Papstes den Text verbessert hatte.[331] **1)** Wenn es heißt, dass *„die Bischöfe ein Kollegium bilden"*, so darf man nicht an ein juridisches Kollegium denken, in dem sich alle Bischöfe, einschließlich des Papstes, auf gleicher Ebene befinden; **2)** Wenn es heißt, dass man *„Mitglied des Kollegiums wird kraft der bischöflichen Konsekration und der hierarchischen Gemeinschaft mit dem Haupt und den Gliedern des Kollegiums"*, so will dies besagen, dass die Natur der bischöflichen Amtsfunktion eine juridische Bestimmung seitens der kirchlichen Hierarchie erfordert, die in der Zuweisung eines kirchlichen Amtes wie in der Bestellung für einen Teil der Herde, die dem Bischof unterstellt wird, bestehen kann; **3)** Im Text wird gesagt, dass das Kollegium der Bischöfe, das nicht ohne sein Haupt existiert, *„gleichermaßen Träger einer höchsten und vollen Gewalt über die Universalkirche ist"*. Diese Unterscheidung bezieht sich nicht auf zwei Ge-

---

[329] Ebd., 10.
[330] CONGAR, *Journal*, Bd. II, 270.
[331] AS III/8, 11-13.

walten (Papst und bischöfliches Kollegium), sondern auf zwei Weisen, in denen der Römische Pontifex, der immer die Fülle der Gewalt besitzt, diese ausüben kann: alleine oder im Verein mit den Bischöfen, die von ihm geleitet und zusammengerufen werden; **4)** Es besteht eine Differenz, so erklärt die Note weiter, zwischen der Ausübung der persönlichen Gewalt des Heiligen Vaters über die Universalkirche und der Ausübung der kollegialen Gewalt der Bischöfe mit dem Papst. Der Heilige Vater kann seine Gewalt zu jedem Zeitpunkt ausüben, wie es ihm gefällt, aber seine kollegiale Gewalt ist nicht immer aktuell vorhanden. Der Schlusssatz der Note fasst nochmals ihre Bedeutung zusammen: *„Diese hierarchische Gemeinschaft aller Bischöfe mit dem Heiligen Vater ist eine sichere und feierliche Wahrheit innerhalb der Tradition der Kirche.“*[332]

Am selben Tag schrieb Ruffini an den Papst, um ihm gegenüber seine ganze Freude über die von Msgr. Felici in der Aula verlesenen Erklärungen zum Ausdruck zu bringen, *„die jede Beunruhigung zerstreut haben, ohne den Text dieses Kapitels zweideutig zu belassen“*, aber auch, um Paul VI. seine Befürchtungen über *„eine Bewegung“* zu offenbaren, *„die sich organisieren könnte, um die Geltung der angegebenen Erklärungen abzuschwächen“*[333].

Am folgenden Tag erhielt jeder Konzilsvater ein gedrucktes Exemplar der *Nota explicativa praevia.* Danach, am 19. November, approbierte das Konzil mit 2099 Stimmen gegen 46 *non placet* die von der Theologischen Kommission vorgenommene Neufassung des III. Kapitels.[334] Dieses Schriftstück schwächte zweifellos die Tragweite des Textes über die Kollegialität ab, auch wenn Msgr. Parente in einem Artikel schrieb, dass die *Nota explicativa* nicht notwendig sei und dem Text der Erklärung nichts hinzufüge. Damit sprach er ihr in Wirklichkeit den Charakter eines Konzilsdokumentes ab.[335] Kard. Siri brachte am 10. Februar seine Verwunderung über den

[332] Ebd., 12.

[333] E. RUFFINI, Brief vom 16. November 1964, in: F.M. STABILE, 140.

[334] AS III/8, 177.

[335] Vgl. P. PARENTE, *Visione della Chiesa nella dottrina del Concilio ecumenico*, in: Città Nuova 2 (1965), 15-17, 17. Der Aufsatz wurde in ‚L'Avvenire d'Italia' vom 21. Januar 1965 erneut veröffentlicht.

Artikel von Kard. Parente zum Ausdruck.[336] Don Dossetti äußerte dagegen gegenüber Msgr. Carlo Colombo, dem theologischen Vertrauensmann von Paul VI., seine *„unaussprechliche Verbitterung"*[337]. Es handelte sich um eine Niederlage des jakobinischen Flügels, aber, wie Philips notierte, *„hat der Papst sein Ziel erreicht, die Minderheit für sich zu gewinnen"*[338]. Der belgische Theologe erklärte diesen Punkt in seinem Buch über *Lumen gentium*: *„Es ist nicht wünschenswert, dass auf einem Konzil eine Mehrheit über eine Minderheit triumphiert; die Geschichte beweist dies... Paul VI. hat sich unermüdlich mit allen seinen Kräften dafür eingesetzt, zu einer Einheit zu gelangen, sodass seine verständnisvolle Haltung gegenüber der Minderheit die Gruppe der Mehrheit zuweilen verärgert hat."*[339]

b) Die Revolte der Bischöfe

An jenem Tag, dem „schwarzen Donnerstag", verstärkten außer der *Nota praevia* noch andere Episoden die Enttäuschung der antirömischen Front: die Vertagung der Diskussion über die Religionsfreiheit, die Verbesserungen des Textes über den Ökumenismus und die Proklamation der Allerseligsten Jungfrau als Mutter der Kirche.[340]

Der neue Entwurf des Sekretariates für die Einheit der Christen über die Religionsfreiheit, verfasst im Monat Oktober vor allem von P. Murray und Msgr. Pavan, war an die Theologische Kommission weitergereicht worden, die ihn am 9. November approbierte, und am 17. November wurde er an die Konzilsväter verteilt. Nachdem der Coetus Internationalis das Dokument untersucht hatte, war er sich im Klaren darüber, dass es sich im Vergleich zum vorangegangenen Schema in der Tat um ein völlig neues Schema handelte: Der Text war von ca. 250 Zeilen auf 500 ausgedehnt wor-

---

336 Brief von Siri an Felici vom 10. Februar 1965, in: ASV, Conc. Vat. II, Busta 345, I, 1 fol.

337 G. ALBERIGO, *Breve storia del Concilio*, 109.

338 PHILIPS, *Carnets conciliaires*, 136.

339 G. PHILIPS, *L'Église et son mystère au IIe concile du Vatican. Histoire, texte et commentaire de la Constitution* Lumen Gentium, 1, Desclée, Paris 1967, 50.

340 Vgl. V.A. BERTO, *Remarques sur un "incident" conciliaire*, in: Itinéraires 91 (1965), 60-70.

den, wobei nur 70 Zeilen vom ursprünglichen Dokument übriggeblieben waren. In Anbetracht dieses Umstandes benötigte man ausreichend Zeit für eine sorgfältige Prüfung vor der Abstimmung, die in einer öffentlichen Sitzung stattfinden sollte.

Ungefähr 150 Konzilsväter beriefen sich auf Art. 30,2 des Reglements und verlangten eine Verschiebung der Abstimmung auf die vierte Sitzungsperiode, um so mehr Zeit zu haben, das neue Schema ernsthaft zu studieren. Kard. Tisserant, Präsident der Versammlung, nahm den Vorschlag nicht an und kündigte die Abstimmung für den folgenden Tag an. An dieser Stelle appellierte einer der Unterzeichner der Petition, Msgr. Carli, an Kard. Roberti, den Vorsitzenden des Verwaltungsgerichtshofes des Konzils, die Entscheidung von Tisserant und den vier Moderatoren zur Abstimmung über das Schema für illegal zu erklären.[341] Das Gesuch erzielte die erhoffte Wirkung. Der Verwaltungsgerichtshof des Konzils nahm den Appell an, und die Richter entschieden, die Diskussion auf die vierte Sitzungsperiode zu verschieben.

Am folgenden Tag, dem 19. November, machte Kardinal Tisserant, Vorsitzender des Konzilspräsidiums, die Mitteilung, dass die Erklärung über die Religionsfreiheit den Vätern nicht unterbreitet werden konnte, da es sich – nach den angebrachten Veränderungen – in Wirklichkeit um einen neuen Text handele, der erst in der folgenden Sitzungsperiode eingebracht werden könne.[342] Die Vermeldung über eine Vertagung der Abstimmung rief wütende Reaktionen hervor. In der Basilika verließen viele ihre Plätze und entfernten sich von der Tribüne, um zusammenzuströmen und in kleinen Gruppen und Zirkeln lebhaft zu diskutieren. In der Aula, schrieb Fesquet, hörte man Bischöfe rufen: *„Wir sind verraten worden!"*. Einer von ihnen, amerikanischer Provenienz, ließ sich den Fluch entrutschen: *„Bastarde!"*[343]. Msgr. Reh[344], Rektor des Nordamerikanischen Kollegs in Rom, und zwei Experten, Msgr.

---

[341] Wiltgen, 244.

[342] AS III/8, 415.

[343] Fesquet, *Diario*, 733.

[344] Francis Frederick Reh (1911-1994), Nordamerikaner, 1935 zum Priester geweiht, 1962 Bischof von Charleston 1962, 1964 Rektor des Päpstlichen Nordamerikanischen Kollegs und 1964 Bischof von Macriana in Mauretanien, 1968 Bischof von Saginaw.

Quinn[345] aus Chicago und P. McManus[346] aus Washington, berieten sich mit Kard. Meyer und verfassten eine Petition, die sich an den Heiligen Vater richtete und den Titel trug *Instanter, instantius, instantissime*[†]; sie enthielt nur einen einzigen Satz: *„Wir ersuchen darum, dass die Abstimmung über die Erklärung über die Religionsfreiheit vor Abschluss dieser Konzilssitzungsperiode stattfinden darf, da wir fürchten, dass andernfalls das Vertrauen von Christen wie Nichtchristen schwindet."*[347] Die Presse sprach von einer *„Revolte"* der amerikanischen Bischöfe.

Msgr. Prignon erwähnt, dass sich die Kardinäle Frings, Döpfner, König, Léger, Lefebvre, Meyer, Ritter, Silva Henríquez, Landázuri Ricketts und Alfrink trafen, um den Text für ein Schreiben an Pauls VI. abzustimmen, in dem dieser gebeten werden sollte, die von Kard. Tisserant verkündete Entscheidung über die Vertagung persönlich zu widerrufen. Das Schreiben wurde am Folgetag überreicht, nachdem es noch die Unterschriften von Lercaro, Liénart, Feltin, Rugambwa und anderen erhalten hatte.[348] Der Papst lehnte eine Einmischung jedoch ab, da sich der Verwaltungsgerichtshof des Konzils schon erklärt hatte. *„Wir müssen das Gewissen jedes einzelnen Bischofs respektieren"*, sagte er. *„Wenn sie meinen, sie bräuchten mehr Zeit, um irgendwelche Frage zu entscheiden, so müssen wir ihnen die Zeit geben."*[349]

Die Unzufriedenheit der Progressisten nahm noch zu, als kurz nach der Intervention von Kardinal Tisserant der Generalsekretär Felici bei der Ankündigung, dass die Endabstimmung über das Schema *De oecumenismo* am folgenden Tag stattfinden solle, noch hinzufügte, dass *„im letzten Augenblick von der Höchsten Autorität einige*

---

[345] John Quinn Weitzel, MM (1928-1986), Nordamerikaner, 1955 zum Priester geweiht, 1986 Bischof von Samoa-Pago Pago.

[346] Frederick Richard McManus (1923-2005), Nordamerikaner, 1947 zum Priester geweiht, 1967 bis 1973 Professor an der Catholic University of America, Konsultor der Päpstlichen Vorbereitungskommission des Zweiten Vatikanischen Konzils für die Heilige Liturgie, Konzilsperitus, Konsultor des Sekretariates für die Einheit der Christen.

[†] *dringlich, sehr dringlich, ganz dringlich.*

[347] AS V/3, 89-91, 89.

[348] Fonds Prignon, *Rapport sur les travaux conciliaires depuis le 25-9-1964*, in: CLG, n. 1057.

[349] "Divine World Service", 15. September 1964.

Änderungen eingebracht worden sind", und auf hektographierten Seiten 19 neue Verbesserungen verteilen ließ, die der Heilige Vater in dem Schema über den Ökumenismus angebracht hatte, über das von der Versammlung bereits als Ganzes abgestimmt worden war. Der Sekretär vermeldete, dass *„diese Verbesserungen vom Sekretariat für die Einheit der Christen eingefügt wurden, um dem Text eine größere Klarheit zu verleihen; dieses übernahm die wohlmeinenden Ratschläge, die ihm autoritativ übermittelt wurden"*[350]. Das bedeutete, dass Kard. Bea sie gegen seinen Willen übernommen hatte.

Felici gab anschließend das Wort an Msgr. De Smedt, den Relator für das Schema der Religionsfreiheit.[351] Die Unzufriedenheit der Progressisten wartete nur auf einen Vorwand, um sich kundzutun. Als der Bischof von Brügge in seiner Intervention sagte: *„die Kirche muss frei sein von politischen Mächten"*[352], da brach in einigen Bereichen der Aula frenetischer Beifall aus. Zwei Moderatoren schlossen sich den Akklamationen an, obwohl, wie Fesquet erwähnt, diese Art von Äußerungen auf dem Konzil streng untersagt war.[353] Das Ende der Vollversammlung am Donnerstag glich dem Abschluss einer politischen Kundgebung.

Hatte die *Nota praevia* vornehmlich die deutschsprachigen Väter und Theologen alarmiert, so beunruhigten die Änderungen am Ökumenismusdekret vor allem die französischen Progressisten. *„Unbezweifelbar"*, notierte Congar am 19. November, *„ist dieser Morgen vom Standpunkt des ökumenischen Klimas aus eine KATASTROPHE."*[354] Am selben Tag vertraute Arrighi Congar an: *„Willebrands und ich schlafen seit drei Tagen nicht.* De Oecumenismo *steht zur Disposition."*[355] Als Congar erfuhr, dass die *modi* zum Text von seinem Mitbruder Luigi Ciappi kommen sollten, notierte er: *„Ich muss gestehen, dass mich die Sache nicht erstaunen würde. P. Ciappi ist ein armer und beschränkter Geist, für den das papistische System, verstanden in einem ganz wortwörtlich strengen und engen Sinn, ein Absolutum ist, das den*

[350] AS III/8, 422.
[351] Ebd., 449-456.
[352] Ebd., 450-451.
[353] FESQUET, *Diario*, 735.
[354] CONGAR, *Journal*, Bd. II, 282.
[355] Ebd., 279.

GANZEN *Platz einnimmt.“*[356] Der Benediktiner Emmanuel Lanne von Chevetogne berichtet von seiner Teilnahme an einer *„sehr kleinen und eher geheimen Kommission“*, die aus Willebrands, Duprey und Thils bestand; sie untersuchte die 40 *modi*, die Paul VI. zu *De Oecumenismo* vorgeschlagen hatte und akzeptierte davon lediglich 19 Verbesserungen, während sie 21 verwarf.[357] Tatsächlich war Msgr. Willebrands in den letzten beiden Tagen klar geworden, dass der Papst das Dokument so, wie es war, aufgrund seines ostentativen Irenismus nicht promulgieren konnte, und er hatte gemeinsam mit Kard. Bea einige Veränderungen akzeptiert. Das Schema wurde mit 2129 Stimmen gegen 64 und 11 weißen Zetteln approbiert. So schloss die letzte Woche der dritten Sitzungsperiode.

Wiltgen zufolge hatten die progressistischen Liberalen vier Hauptgründe, um mit der Haltung des Papstes in dieser Umbruchssituation unzufrieden zu sein.[358] Erstens seine Entscheidung, eine interpretierende Note zur Kollegialität auszugeben, die der Versammlung am 16. November mitgeteilt wurde. Zweitens die Vertagung der vorgesehenen Abstimmung zur Erklärung über die Religionsfreiheit. Drittens die Verbesserungen am Schema über den Ökumenismus. Schließlich die unerwartete Ankündigung Pauls VI. am 18. November, dem Schlusstag der dritten Sitzungsperiode, der Allerseligsten Jungfrau Maria den Titel ‚Mutter der Kirche‘ zu verleihen, welchem die Konzilskommission die Aufnahme in den Text von *Lumen gentium* verweigert hatte.[359] Nachdem Paul VI. vergeblich versucht hatte, Maria von den Konzilsvätern als Mutter der Kirche proklamieren zu lassen, sah er sich gezwungen, dies in Eigeninitiative zu tun. Jedenfalls rief die bloße Ankündigung des Er-

---

[356] Ebd., 288-289.

[357] E. LANNE, *Il monastero di Chevetogne*, 542-543.

[358] WILTGEN, 242.

[359] ‚L'Osservatore Romano‘, 20. November 1964. Pater Roschini hat die Texte gesammelt, in denen Paul VI. vergebens seiner Hoffnung Ausdruck verleiht, dass die Konzilsväter Maria als ‚Mutter der Kirche‘ verkünden. Man siehe die Reden vom 15. August 1963, vom 11. Oktober 1963, vom 17. November 1963, die Rede zum Abschluss der zweiten Sitzungsperiode, die Ansprache vom 18. Mai 1964, schließlich die Ankündigung an die Gläubigen am 18. November 1964, drei Tage vor der offiziellen Verkündigung; aber nichts kann die Konzilsväter umstimmen (G. M. ROSCHINI, *Maria SS. solennemente proclamata da Paolo VI "Madre della Chiesa"*, in: Marianum 26 (1964), 326-327).

eignisses bei den progressistischen Vätern und Theologen Entrüstung hervor, wie etwa bei Otto Semmelroth, der in seinem Tagebuch dem Papst vorwarf, sich mit dieser Geste *„wieder einmal formell gegen das Konzil"*[360] zu stellen.

15. Die Promulgation von *Lumen gentium*

Am 21. November 1964, dem feierlichen Abschlusstag der dritten Sitzungsperiode, wurde nach drei quälenden Sessionen mit Diskussion die dogmatische Konstitution über die Kirche *Lumen gentium* mit ihrem umstrittenen Kapitel über die Kollegialität mit 2151 gegen 5 Stimmen angenommen.[361] Der Text war in acht Kapitel gegliedert: das Mysterium der Kirche; das Volk Gottes; die hierarchische Verfassung der Kirche; die Laien; die allgemeine Berufung zur Heiligkeit in der Kirche; die Ordensleute; der eschatologische Charakter der auf Erden pilgernden Kirche; die Allerseligste Jungfrau Maria im Mysterium Christi und der Kirche.

Über diese Konstitution, die *Magna Charta*[362] des Konzils genannt wurde, begann plötzlich eine hermeneutische Diskussion. Der ‚Osservatore Romano' veröffentlichte am 3. März 1965 in einem Kasten auf der Titelseite einen anonymen Artikel über die *Nota praevia explicativa*, die als *„authentische Quelle der Auslegung des bedeutenden Konzilsdokumentes"* bezeichnet wurde; darin wurden alle Versuche einer Minimalisierung ihrer Tragweite dementiert.[363] Die Debatte war jedoch weit davon entfernt, beendet zu sein. Der Abschnitt Nr. 8 der Konstitution *Lumen gentium* enthielt folgende Aussage:

---

360 Vgl. SEMMELROTH, *Tagebuch*, 19. November 1964, zit. bei L. A. G. TAGLE, *La tempesta di novembre: la "settimana nera"*", in: *SCV*, Bd. IV, 477 {dt.: 523 Anm. 276}.

361 Text in: AS III/8, 784-836; vgl. auch COD, 849-898.

362 Vgl. G. DEJAIFVE, *La "Magna Charta" de Vatican II. La Constitution "Lumen Gentium"*, in: Nouvelle Revue Théologique 97 (1965), 3-22. Zu einer vertieften Kommentierung des Textes vgl. B. GHERARDINI, *Concilio Ecumenico Vaticano II*, 219-242 {dt.: *Das Zweite Vatikanische Konzil*, 201-221}.

363 Vgl. auch das monographische Dezemberheft von ‚Divinitas' 1965, mit den Artikeln von C. Balić, Ch. Boyer, J. Brinktrine, M. Browne, L. Ciappi, A. Gutiérrez und U. Lattanzi.

„diese Kirche (*Christi*), *in dieser Welt als Gesellschaft konstituiert und organisiert,* subsistit in (*subsistiert in der*) *katholischen Kirche, die vom Nachfolger Petri und den Bischöfen in Gemeinschaft mit ihm geleitet wird, auch wenn* (licet) *sich außerhalb ihres Gefüges viele Elemente der Heiligung und der Wahrheit finden, die als der Kirche Christi zugehörige Gaben zur katholischen Einheit hinstreben."*[364]

Der Ausdruck *‚subsistit in'* war Gegenstand einander widersprechender Interpretationen. Alexandra von Teuffenbach, die ihm eine umfangreiche Studie gewidmet hat[365], hat die These vertreten, dass der Satz, deren Autor der Sekretär der Lehrkommission Tromp[366] sei, nicht im Sinne einer ökumenischen Öffnung zu verstehen sei, sondern als Bekräftigung der katholischen Identität gemäß den Richtlinien Pius' XII.[367] Genauso verbreitet war jedoch die These, die Formulierung *‚subsistit in'* als Subsistenz der Kirche Christi auch in den von Rom getrennten christlichen Gemeinschaften zu interpretieren.[368]

Die ‚Civiltà Cattolica' beispielsweise nannte die Behauptung, *„der zufolge es keine absolute und völlige Identität zwischen der Kirche Christi und der katholischen Kirche gibt"*, *„von großer Bedeutung"*.

---

[364] Vgl. COD, 854.

[365] Vgl. A. VON TEUFFENBACH, *Die Bedeutung* (eine zusammengefasste Wiederholung der These kann man lesen in: DIES., *"Subsistit in": [LG 8] una formula discussa*, in: ASSOCIAZIONE TEOLOGICA ITALIANA, *Annuncio del Vangelo, forma Ecclesiae*, Cinisello Balsamo 2005, 395-403); und auch die These von J. RATZINGER, *Die Ekklesiologie der Konstitution* Lumen gentium, in: DERS., *Gesammelte Schriften*, hg. v. G.L. MÜLLER, Bd. 8/1: Kirche – Zeichen unter den Völkern, Freiburg u.a. 2010, 573-596, 591-593.

[366] Pastor Wilhelm Schmidt, protestantischer Beobachter auf dem Konzil, versichert in einem Brief vom 3. August 2000 an Pater Mathias Gaudron, die Formulierung Pater Ratzinger empfohlen zu haben, der sie an Kard. Frings weitergeleitet habe (Le Sel de la terre 49 (2004), 40).

[367] Die These von Teuffenbach wurde von J. Becker SJ aufgegriffen, dem Betreuer der Doktorarbeit Teuffenbachs an der Gregoriana (*«Subsistit in» [Lumen Gentium, 8]: un articolo di P. Karl Josef Becker, s.j.*, in: "L'Osservatore Romano" vom 5-6 Dezember 2005); gegen ihn polemisierte sein Mitbruder FRANCIS A. SULLIVAN SJ., *A Response to Karl Becker on the Meaning of "subsistit in"*, in: Theological Studies. 67 (2006), 395-409.

[368] Vgl. F.A. SULLIVAN, *In che senso la Chiesa di Cristo "sussiste" nella Chiesa cattolica romana?*, in: R. LATOURELLE (Hg.), *Vaticano II. Bilancio e prospettive*, Cittadella, Assisi 1987, 811-824.

„Die Kirche Christi ist (est) *nicht die katholische Kirche, sondern subsistiert* (subsistit) *in ihr, weil Kirchen, kirchliche Gemeinschaften und Elemente auch außerhalb der sichtbaren Grenzen der katholischen Kirche existieren. Mit anderen Worten, die Realität der Kirche Christi deckt die Realität der katholischen Kirche ab, so dass sie wahre Kirche Christi ist; aber gleichzeitig erstreckt sie sich auch über sie hinaus, indem sie kirchliche Realitäten umfasst, die nicht in sichtbarer Weise zur katholischen Kirche gehören."*[369]

Die Kongregation für die Glaubenslehre erklärte in *Dominus Jesus*[370] mit größerer Autorität, dass das Zweite Vatikanische Konzil den Ausdruck *‚subsistit in'* verwendet hat, um zu bestätigen, das *„eine einzige Kirche Christi existiert, die in der katholischen Kirche subsistiert, welche vom Nachfolger Petri und den Bischöfen in Gemeinschaft mit ihm geleitet wird"*, auch wenn sich außerhalb ihres Gefüges Elemente der Heiligung und der Wahrheit finden. Msgr. Fernando Ocariz hat bei der Vorstellung der Erklärung *Dominus Jesus* bekräftigt, dass die *„exakte Interpretation"* folgende ist:

„Die einzige Kirche ‚subsistiert' (subsistit) *in der Katholischen Kirche unter dem Vorsitz des Nachfolgers Petri und der anderen Bischöfe. Mit dieser Aussage wollte das Zweite Vatikanum sagen, dass die einzige Kirche Jesu Christi trotz der Spaltungen unter den Christen fortfährt zu existieren; und noch genauer, dass die Kirche Christi in ihrer ganzen Fülle nur in der Katholischen Kirche subsistiert, während außerhalb ihres sichtbaren Gefüges ‚Elemente der Heiligung und der Wahrheit' existieren, die zu dieser Kirche gehören (vgl. Nr. 17). An dieser Stelle erwähnt der Text von* Dominus Jesus, *dass einige christliche nichtkatholische Gemeinschaften von solchen ‚Elementen der Heiligung und der Wahrheit' den gültigen*

[369] *Dalla "società perfetta" alla Chiesa "mistero"*, in: Civiltà Cattolica 3230 (1985), 105-119, 118. G. Philips, einer der Hauptverfasser von *Lumen Gentium*, schreibt seinerseits: *„l'Église du Christ* se trouve dans *la Catholica ... Nous serions tentés de traduire: c'est là que nous trouvons l'Église du Christ dans toute sa plénitude et toute sa force*" {*die Kirche Christi* findet sich in *der Catholica ... Wir wären versucht zu übersetzen: dort finden wir die Kirche Christi in ihrer ganzen Fülle und in ihrer ganzen Kraft*} (G. Philips, *L'Église et son mystère*, 119).

[370] Erklärung *Dominus Jesus* der Kongregation für die Glaubenslehre vom 6. August 2000, in: AAS 92 (2000), 744-764, und DH 5088.

Episkopat und die gültige Eucharistie bewahren und daher Teilkirchen sind, d.h. Teile des einen Volkes Gottes, bei denen ‚die eine, heilige, katholische und apostolische Kirche gegenwärtig ist und wirkt' (Conc. Vat. II. Christus Dominus, *Nr. 11), wie es für die orthodoxen Kirchen zutrifft. Es existiert also eine einzige Kirche (die in der Katholischen Kirche subsistiert) und gleichzeitig existieren echte nichtkatholische Teilkirchen. Es handelt sich dabei nicht um ein Paradoxon: es existiert nur eine einzige Kirche, von der alle Teilkirchen Teile sind, wenngleich in einigen von ihnen (den nichtkatholischen) nicht die kirchliche Fülle besteht, insofern ihre Verbindung mit dem Ganzen nicht vollkommen ist, da ihnen die volle Gemeinschaft mit demjenigen fehlt, der nach dem Willen des Herrn Ursprung und Fundament der Einheit des Episkopates und der gesamten Kirche ist (der Bischof von Rom, Nachfolger Petri: vgl. Conc. Vat. II,* Lumen gentium, *Nr. 23)."*[371]

An eben jenem 21. November wurden das Dekret *Orientalium Ecclesiarum* über die katholischen orientalischen Kirchen[372] (mit 2110 gegen 39 Stimmen) und das Dekret *Unitatis Redintegratio* über den Ökumenismus (mit 2137 gegen 11 Stimmen)[373] approbiert; Letzteres bestand aus einem Prooemium und drei Kapiteln mit 24 Abschnitten. Laut P. Congar *„drückt dieser großartige und schöne Text ... den Geist von Johannes XXIII. aus, der ... als sein erster Vater angesehen werden kann"*[374]. Der Text, so kommentiert dagegen Msgr. Gherardini, scheint sich entschieden dem Synkretismus zu öffnen, und das Echo der *„anonymen Christen"* von Karl Rahner oder *„impliziten Christen"*

---

[371] Präsentation der Erklärung *Dominus Jesus* der Kongregation für die Glaubenslehre vom 6. August 2000. Vgl. GERHARD LUDWIG MÜLLER (Hg.), *Die Heilsuniversalität Christi und der Kirche : Originaltexte und Studien der römischen Glaubenskongregation zur Erklärung "Dominus Jesus"*, [Würzburg] 2003.

[372] Text in: AS III/8, 837-845. Vgl. auch COD, 900-907.

[373] Text in: AS III/8, 845-859 und in: COD, 908-920. Vgl. B. GHERARDINI, *"Unitatis redintegratio" ha quarant'anni*, in: Divinitas 48/2 (2005), 217-232; M. VELATI, *L'ecumenismo al concilio: Paolo VI e l'approvazione di Unitatis redintegratio*, in: Cristianesimo nella storia 26 (2005), 427-476; im Anhang (465-476) das Tagebuch von Mgr. Willebrands unmittelbar nach den Geschehnissen (14.-20. November 1964).

[374] Y. CONGAR, *Introduction à Unitatis redintegratio, Documents conciliaires*, Centurion, Paris 1965, Bd. I, 165-166.

von Edward Schillebeeckx *„besitzt hier eine auf der Hand liegende Evidenz*[375].

Kardinal Bea zog eine Bilanz der dritten Sitzungsperiode des Konzils und schrieb:

> *„Das ökumenische Zentralereignis dieser Sitzungsperiode, ja, man kann sogar sagen, dieses Jahres, ist zweifellos die endgültige Abstimmung und Promulgation des Konzilsdekretes über den Ökumenismus. Es stellt die offizielle theoretische und praktische Positionierung der katholischen Kirche als solcher angesichts der ökumenischen Einigung und der Ökumenischen Bewegung dar; und diese Bedeutung hat beinahe überall breite Anerkennung gefunden."*[376]

In der Schlussansprache[377] gab Paul VI. einen kurzen Rückblick auf die zwei Monate der Arbeiten und hob dabei insbesondere die Reflexion über die Kirche hervor, die in ihrem *„mysterium"* und in ihrer *„grundlegenden Verfassung"* ergründet worden sei.

Am Ende seiner Rede proklamierte der Papst die Jungfrau Maria als ‚Mutter der Kirche'.[378] Die Proklamation wurde von der Versammlung mit lang anhaltendem Applaus aufgenommen[379], aber unter den *„Beobachtern"* und den „ökumenischeren" Vätern machte sich Enttäuschung breit.[380] Abbé de Nantes[381] schrieb, dass

---

[375] B. GHERARDINI, *Concilio Vaticano II*, 201 {dt.: *Das Zweite Vatikanische Konzil*, 184}. Vgl. auch die konzise Kritik von PIERRE-MARIE OP, *Bref examen critique de Unitatis Redintegratio*, in: *L'Unité spirituelle du genre humain*, 163-192.

[376] SCHMIDT, *Bea*, 532. *„Die fest verwurzelte Ansicht, der zufolge sich die Einheit durch die Rückkehr der ‚Häretiker' und der ‚Schismatiker' zur römischen Kirche verwirklichen würde"*, schreibt seinerseits Alberigo, *„wurde letztendlich nicht mehr beachtet"* (G. ALBERIGO, *Breve storia del Concilio*, 123-124).

[377] AS III/8, 909-918.

[378] Ebd., 916.

[379] Vgl. V. CARBONE, *Maria Madre della Chiesa. Una pagina di storia del Concilio Vaticano II*, in: ‚L'Osservatore Romano', 3. Februar 1988.

[380] Vgl. R. LAURENTIN, *La proclamation de Marie "Mater Ecclesiae" par Paul VI*, in: *Paolo VI e i problemi ecclesiologici al Concilio*, 376-388. Pater Henri Denis (1921) erinnert sich: *„Pater de Lubac ist niedergeschlagen. Er sagt zu mir: Pater Denis, das ist das Ende des Konzils. Das ist nicht mehr Johannes XXIII., das ist kein Aggiornamento mehr"* (H. DENIS, *Église, qu'as-tu fait de ton Concile?*, Paris 1985, 138).

[381] Georges de Nantes (1924-2010), 1948 zum Priester geweiht, seit 1958 Pfarrer von Villemaur-sur-Vanne in der Aube, wo er die *Frères du Sacré-Coeur de Jésus* gründete. 1963 ließ er sich in Saint-Parres-lès-Vaudes nieder und löste damit einen

Paul VI. sich wie ein Autofahrer verhalte, der in der Kurve bremse, um besser auf der Fahrbahn zu bleiben, damit er alle seine Passagiere ans Ziel der Reise bringe, ohne sie allzu sehr durchzuschütteln.[382]

16. Paul VI. legt die Tiara ab

Bei der Beschreibung der Schlussmesse der Sitzungsperiode mit 24 Konzelebranten, einer „*Mischung aus liturgischen Neuerungen ... mit dem alten Ritus*", notiert P. de Lubac: „*Ich betrachte die Statue des hl. Petrus mit der Tiara auf seinem Haupt: kann man sie ihm fortnehmen? Dies würde als ein Sakrileg erscheinen.*"[383]

Eine Woche zuvor, am 13. November, war Paul VI. vom Papstthron, der unter dem Bronzebaldachin in St. Peter stand, herabgestiegen und hatte die Tiara, ein Geschenk der Mailänder zu seiner Papstkrönung, „*auf den ,Konzilsaltar'*" gestellt.[384] Msgr. Helder Câmara beschreibt das Geschehen mit folgenden Worten: „*Die Basilika hat mit bewegendem Schweigen auf Paul VI. geschaut, der mit der Tiara in der Hand nach vorne ging, sie auf den Altar legte und sich glücklich umwandte! Es war wie ein Rausch.*"[385] De Lubac fragte sich: „*Was bedeutet diese Geste? Eine Tiara zu verkaufen, um (so heißt es) zwei Millionen herauszuholen? Oder der Tiara zu entsagen, um mit einer symbolischen Geste den Folgeerscheinungen der zeitlichen Gewalt zu entsagen? Von beiden Meinungen hört man im Verlauf des Tages fast überall ein*

Konflikt mit seinem Bischof aus, der ihn *a divinis* suspendierte. Seit 1956 veröffentlichte er die ,Lettres à mes amis', aus der später die Publikation ,La Contre-Réforme catholique au XXe siècle' wurde. 1970 nannte er seine Bewegung *Ligue de la Contre-Réforme catholique* (üblicher: *Contre-Réforme catholique*). Literatur von ihm: *Liber accusationis: à notre Saint Père le pape Paul VI, par la grâce de Dieu et la loi de l'Église juge souverain de tous les fidèles du Christ, plainte pour hérésie, schisme et scandale au sujet de notre frère dans la foi, le pape Paul VI, remis au Saint-Siège le 10 avril 1973*, La Contre-Réforme catholique, Saint-Parres-lès-Vaudes 1973.

[382] La Contre-Réforme catholique 50 (1971), 4.

[383] DE LUBAC, *Carnets*, Bd. II, 341.

[384] Zu dem Ereignis, das in den *Acta Synodalia* nicht vermerkt ist, vgl. ,L'Osservatore Romano', 14. November 1961; CAPRILE, Bd. IV, 431-432; N. TANNER, *La Chiesa nella società*, in: *SCV*, Bd. IV, 401-405 {dt.: 433-437}.

[385] CÂMARA, *Lettres Conciliaires*, Bd. II, 751.

wenig.“[386] Congar, der bei der Zeremonie nicht zugegen war, aber von der erfolgten Resonanz erfährt, kommentiert sie mit einer Prise Skeptizismus: *„Der Papst hat seine Tiara für die Armen herbeigetragen und dargebracht. Wenn es sich um eine Absage an die Tiara handelt, und wenn es nachher keine weitere gibt, dann ist es gut. Andernfalls wäre es nur eine spektakuläre Geste ohne Zukunft. Kurz, es ist erforderlich, dass er auf den Altar nicht eine, sondern* DIE *Tiara gelegt hat!“*[387]

In diesen Tagen ist P. Congar wegen der Entwicklung niedergeschlagen, die die Arbeiten der Versammlung zu nehmen scheinen, doch in seinem Tagebuch gibt er nicht auf, obgleich er sich entmutigt zeigt: *„Ich denke“*, schreibt er, *„dass die Geschichte der Ekklesiologie das drängendste Problem darstellen dürfte. Allein dadurch, dass man sich darüber klar wird, wo die einzelnen Positionen herrühren, wird es möglich sein, gewisse Blockaden aufzulösen.“*[388]

Am 14. November schrieb der spanisch-argentinische Bischof Vicente Zazpe[389] in sein *Tagebuch*: *„Die Kirche und das Konzil sind in den Händen der Leute aus Mitteleuropa geblieben. Nur was sie sagen, zählt. Auf der anderen Seite gibt es keine Strömung oder Gruppe, die das verhindern oder ausgleichen würde. Selbst der Papst ist kein Faktor, der dies eindämmen würde. Weder Amerika noch Afrika, noch Italien oder Spanien haben hier Gewicht.“*[390]

In jenen Tagen hat man Msgr. Antonino Romeo dieses entheiligende Bild der Konzilsversammlung zugeschrieben: *„Sinistre Komödie von dreitausend Mann, die zu nichts gut sind, die, mit ihrem goldenen Kreuz auf der Brust, nicht an die Trinität oder an die Jungfrau glauben – zumindest einige von ihnen.“*[391] – Der Berichterstatter von ‚Le Monde‘ zog seinerseits folgende Bilanz:

> *„In drei Jahren wurden 400 Jahre überwunden. Die Reform der Kurie, deren Dringlichkeit sich jeden Tag stärker bemerkbar macht,*

---

386 DE LUBAC, *Carnets*, Bd. II, 301.

387 CONGAR, *Journal*, Bd. II, 263.

388 Ebd., 291.

389 Vicente Faustino Zazpe Zarategi (1920-1984), Spanier, 1948 zum Priester geweiht, 1961 Bischof von Rafaela in Argentinien, 1969 Erzbischof von Santa Fe.

390 Zit. bei G. ALBERIGO, *Grandi risultati, ombre di incertezza*, in: *SCV*, Bd. IV, 649-674, 662 {dt.: *Großartige Ergebnisse – Schatten von Ungewissheit*, 727-755, 744}.

391 FESQUET, *Diario*, 562.

ist beschlossene Sache; die Kontakte zu den nichtkatholischen Christen wurden wiederaufgenommen; die wirklichen Probleme der profanen Welt untersucht. Das Zweite Vatikanum hat sich deutlich engagiert bei der Verteidigung der universalen Ideale Brüderlichkeit, Gleichheit und Freiheit. Die Juden sind ohne Vorbehalte rehabilitiert worden. Die Hirten haben sich gegenüber den Juristen durchgesetzt, das Neue Testament gegenüber dem Alten. Eine Theologie der Evolution und des menschlichen Fortschrittes wurde entfaltet. Morgen werden die Grobheiten und die Manöver vergessen sein. Der eingeprägte Impuls wird bleiben… Die Kraft des Konzils ist unbezwingbar. Man kann seinen Schwung geringfügig bremsen, man kann ihn nicht total blockieren. Es ist eher ein Ausgangspunkt als ein Zielpunkt. Wie Jerusalem, wie Bombay … .“[392]

Am 6. Januar 1965 informierte Paul VI. Kard. Cicognani, dass die letzte Sitzungsperiode des Konzils am 14. September beginnen würde, und kurz darauf erfuhr man, dass der Papst vom 7. März an in verschiedenen römischen Pfarreien einige Messen in italienischer Sprache zelebrieren würde.

[392] Fesquet, *Diario*, 754-755.

VI.
1965: Die vierte Sitzungsperiode

1. Von der dritten zur vierten Sitzungsperiode

Das Jahr 1965 begann in einer Atmosphäre alarmierender Sorgen um die Lage der Kirche. In den allgemeinen Mittwochsaudienzen begann Paul VI. die Ausbreitung heterodoxer theologischer Aussagen zu beklagen und den Geist der Unruhe und fast schon der Rebellion zu brandmarken.[1] Jean Madiran[2] beschwor in ‚Itinéraires' geradezu die Möglichkeit eines Schismas innerhalb der Kirche bis zum kommenden Dezember herauf.[3]

Am 11. September, am Vorabend der Wiedereröffnung des Konzils, veröffentlichte der Papst die Enzyklika *Mysterium Fidei,* die das Mysterium der Realpräsenz Christi in der Eucharistie bekräftigte und den bleibenden Wert der Termini technici bei den dogmatischen Formulierungen der Theologie ins Bewusstsein rief. „*Wir wissen wohl, dass unter denjenigen, die über dieses hochheiliges Mysterium reden oder schreiben, einige sind, die bezüglich der Privatmessen, des Dogmas von der Transsubstantiation und der eucharistischen Verehrung gewisse Meinungen verbreiten, die die Gläubigen geistig gefährden, indem sie bei ihnen nicht wenig Verwirrung bezüglich der Glaubenswahrheiten stiften.*"[4] Die Enzyklika wurde als Reaktion auf die heterodoxen Tendenzen

---

[1] Vgl. G. TURBANTI, *Verso il quarto periodo*, in: *SCV*, Bd. V, 23-72, 29 {dt.: *Auf dem Weg in die vierte Sitzungsperiode*, 1-55, 8}.

[2] Jean Madiran, ein Pseudonym für Jean Arfel (1920), Gründer und Leiter der monatlich erscheinenden Zeitschrift ‚Itinéraires' (1956-1996), danach der Tageszeitung ‚Présent', zählt zu den bekanntesten katholischen Schriftstellern Frankreichs. Lit. von ihm (außer den bereits angeführten Werken): *L'hérésie su XXe siècle*, Nouvelles Editions Latines, Paris 1968; *Le Concile en question: correspondance Congar-Madiran sur Vatican II et sur la crise de l'Église*, DMM, Bouère 1985; *Chroniques sous Benoît XVI*, Via Romana, Versailles 2010. Lit. über ihn: DANIÈLE MASSON, *Jean Madiran*, Difralivre, Maule 1989.

[3] Vgl. J. MADIRAN, *Un schisme pour décembre*, in: Itinéraires 95 (1965), 2-41.

[4] PAUL VI., Enzyklika *Mysterium fidei* vom 11. September 1965, in: AAS, 57 (1965), 753-774, 755.

in der holländischen Kirche dargestellt, so dass Kard. Alfrink genau am Tag der ersten Generalkongregation der neuen Sitzungsperiode eine Pressekonferenz abhielt, um die Vorkommnisse in seinem Land zu rechtfertigen.[5] Msgr. Willebrands äußerte die Auffassung, dass die Enzyklika nicht viel Neues sage und man in fünf Jahren nicht mehr von ihr sprechen würde, während Dom Lanne aus der Abtei Chevetogne sie als *„katastrophal"*[6] beurteilte, auch weil sie der Papst genau zwei Tage vor Beginn der neuen Sitzungsperiode veröffentlicht hatte, als wollte er damit die Unabhängigkeit und die Überordnung seines Lehramtes unterstreichen[7].

Die grundsätzliche Richtung, die Paul VI. dem Konzil vorgab, änderte sich jedoch nicht, wie am Konsistorium vom 22. Februar deutlich zu Tage trat, wo er 27 neue Kardinäle aus 20 Nationen, vornehmlich afrikanischen, kreierte. Unter den neuen Purpurträgern waren ihm nahestehende Personen wie der Theologe Charles Journet, der ‚Prophet' der Christlichen Arbeiterjugend (JOC) Joseph Cardijn sowie sein ‚Lehrer' P. Giulio Bevilacqua, der drei Monate nach dem Empfang des Kardinalsbirettes starb. Den Purpur empfingen auch drei orientalische Patriarchen, darunter Maximos IV Saigh, sodann der Erzbischof von Prag Josef Beran und der Erzbischof von Zagreb Franjo Šeper[8], ebenso Msgr. Lorenz Jaeger, einer der Pioniere des Ökumenismus.

Zwischen Dezember 1964 und den ersten Monaten des Jahres 1965 vervielfachten sich die symbolischen ‚ökumenischen' Gesten mit der Rückgabe einiger Reliquien an die orthodoxen Kirchen (Reliquien des hl. Andreas nach Patras, des hl. Saba nach Jerusalem, des hl. Titus nach Kreta und des hl. Markus nach Alexandria).[9] Am

---

[5] Der Primas von Holland protestierte *„gegen die einseitige, negative, verzerrte Sichtweise, mit der man seit Monaten in der internationalen Presse beinahe verleumderisch von der holländischen katholischen Gemeinschaft spricht*", und unterstrich stattdessen deren „*Vitalität*" (Ansprache von Kard. Bernard Alfrink an das Holländische Dokumentationszentrum DO-C, 15. September 1965). Vgl. auch den Bericht in ‚L'Avvenire d'Italia', zit. bei R. LA VALLE, *Il Concilio nelle nostre mani*, 36-42.

[6] CONGAR, *Journal*, Bd. II, 388.

[7] Vgl. ebd.

[8] Franjo Šeper (1905-1981), Kroate, 1930 zum Priester geweiht, Koadjutor-Erzbischof (1958), danach Erzbischof von Zagreb von 1960 bis 1968. 1965 zum Kardinal erhoben, wurde er Sekretär der Kongregation für die Glaubenslehre (1968-1981).

[9] Vgl. A. TORNIELLI, *Paolo VI*, 415.

5. März wurde eine von den Fahnen, die am 7. Oktober 1571 in der Schlacht bei Lepanto erbeutet worden waren, an die Türkei zurückgegeben; sie war bis zu diesem Zeitpunkt in der Basilika Santa Maria Maggiore in Rom aufbewahrt worden. Am 9. April 1965 veröffentlichte der ‚Osservatore Romano' die Meldung von der Einrichtung des Sekretariates für die Nichtglaubenden.[10] Mit dem Vorsitz des Organs wurde der österreichische Kardinal König betraut, der oft als Verbindungsmann zwischen dem heiligen Stuhl und den kommunistischen Regierungen gedient hatte; als Sekretär fungierte der Salesianer Don Vincenzo Miano[11], der sich durch seine Dialoginitiativen zwischen Christen und Marxisten sowie zwischen der Kirche und den Freimaurern einen Namen gemacht hatte.[12] König erläuterte, dass das Sekretariat nicht dazu bestimmt sei, den Kampf gegen den Atheismus, nicht einmal gegen den militanten, zu organisieren, sondern mit diesem in einen Dialog zu treten.[13]

Das Sekretariat vervollständigte die ‚drei Kreise', die in der Enzyklika *Ecclesiam suam* vorgesehen waren: nach dem Sekretariat für die Beziehungen zu den getrennten Brüdern der anderen christlichen Kirchen und dem Sekretariat für die Beziehungen zu den anderen Religionen existierte nun auch ein Sekretariat für den Dialog mit den Nichtglaubenden.

Am 25. April wurde die zweite Enzyklika des Pontifikates veröffentlicht, *Mense maio*[14], die Maria gewidmet war. Der Papst forderte auf, zur Muttergottes für den Ausgang des Konzils und vor

---

[10] Das Sekretariat wurde von Johannes Paul II. in den Rat für den Dialog mit den Nichtglaubenden umgewandelt und wurde 1993 in den Päpstlichen Kulturrat integriert (vgl. NICCOLÒ DEL RE, in: MV, 385-386).

[11] Vincenzo Miano (1910-1980), Salesianer, 1933 zum Priester geweiht. Philosophieprofessor an der Salesianerhochschule. Konzilsexperte während der letzten Sitzungsperiode. Vgl. seine *Les tâches du Sécretariat pour les non-croyants*, in: Concilium 23 (1967), 111-116.

[12] Vgl. ROSARIO FRANCESCO ESPOSITO SSP., *La riconciliazione tra la Chiesa e la Massoneria. Cronaca di alcuni avvenimenti e incontri*, con *Introduzione* di don Vincenzo Miano SDB, Giordano Gamberini e Giovanni Caprile SJ, Ravenna 1979.

[13] Vgl. R. BURIGANA / G. TURBANTI, *Preparare la conclusione del Concilio*, in *SCV*, Bd. IV, 642 {dt.: *Zwischen den Sitzungsperioden: Vorbereitung des Konzilabschlusses*, 532-726, 718}.

[14] PAUL VI., Enzyklika *Mense maio* vom 25. April 1965, in: AAS 57 (1965), 353-358.

allem für den Frieden zu beten, der, wie Tornielli bemerkt[15], genau 14mal auf den knapp 120 Zeilen des Schreibens angeführt wird; darin bezeichnet Paul VI. die internationale Situation als *„dunkel und ungewisser denn je zuvor, weil schon neue Bedrohungen das hohe Gut des Friedens in der Welt gefährden"*[16].

2. Neue Initiativen der Konservativen

a) Die Verbesserungsvorschläge des Coetus Internationalis

In den Monaten vor der vierten Sitzungsperiode gab es einen letzten Vorstoß seitens des Coetus Internationalis, der durch den relativen Erfolg der *Nota explicativa praevia* gestärkt worden war. Am 18. Dezember 1964 hatte der Coetus ein 15 Seiten umfassendes Schreiben mit Verbesserungsvorschlägen für den Text des Schemas über die Religionsfreiheit verfasst. Im Januar 1965 wurde eine Reihe von Anmerkungen zum Verhältnis Schrift-Tradition verbreitet; im Juni 1965 sandte der Coetus den Konzilsvätern ein weiteres Dokument, das 20 Seiten mit Verbesserungsvorschlägen für die vierte Fassung des Schemas über die Religionsfreiheit enthielt.[17]

Am 25. Juli richteten Msgr. Proença Sigaud, Msgr. Lefebvre und Msgr. Carli ein Schreiben an den Papst, worin sie darum ersuchten, dass auch eine Konzilsminorität in Übereinstimmung mit dem Reglement offiziell ihre Relationen in der Aula vorstellen könne, insbesondere zu wichtigen Themen wie der Religionsfreiheit, der göttlichen Offenbarung, der Kirche in der modernen Welt und den Beziehungen der Kirche zu den nichtchristlichen Religionen. Sie baten überdies darum, dass den Sprechern, die die Positi-

---

[15] Vgl. A. Tornielli, *Paolo VI*, 415.

[16] Enzyklika *Mense maio*, in: AAS 57 (1965), 355.

[17] Vgl. Caprile, Bd. V, 53-54; Wiltgen, 255. Vor Eröffnung der vierten Sitzungsperiode teilte Mgr. Lefebvre die Liste der Verbesserungen Abbé de Nantes mit, der ihm antwortete, seiner Ansicht nach müsse man das Schema des Sekretariates für die Einheit als Diskussionsbasis ablehnen, anstatt zu versuchen, es durch Modifikationen zu verbessern. (François-Marie des Anges, *Pour l'Église*, Bd. II, 1963-1969, *Dans l'oeil du cyclone*, Ed. de la Contre-Réforme Catholique, Saint-Parres-les-Vaudes, Paris 1993, 149-150).

onen der Minorität vortrügen, die nötige Zeit für die Vorbereitung ihrer Interventionen gewährt werde; dass die Sprecher von der Minderheit selbst bestimmt würden; dass ihre Berichte rechtzeitig gedruckt und verteilt werden könnten und dass jeder Redner das Recht auf eine kurze Entgegnung habe.[18]

Am 11. August antwortete Staatssekretär Kard. Cicognani Msgr. Carli und teilte ihm mit, dass der Papst nach sorgfältiger Prüfung der Vorschläge das Gesuch abgelehnt und die Väter dafür getadelt habe, dass sie sich in einer Gruppe zusammengeschlossen hätten, die zu einer Spaltung der Versammlung führen könne.

> *„Gleichwohl muss ich Eurer Exzellenz mitteilen, dass einige Überraschung durch die Tatsache hervorgerufen wurde, dass das Gesuch im Namen eines* ‚Coetus Internationalis Patrum, idem in re theologica et pastorali sentientes'[†] *vorgelegt worden ist, das heißt, von einer besonderen Gruppierung innerhalb des Konzils. Diese Initiative könnte als Berechtigung zur Gründung weiterer ‚Allianzen' angesehen werden, zum Nachteil der Konzilsversammlung. Wie Eure Exzellenz sicher verstehen werden, würde dies die Konzilsväter jener Freiheit des Urteils und der Wahl berauben, die mehr als jedes partikulare Interesse gesichert sein muss. Es würde zudem Tendenzen und Spaltungen unter den Konzilsvätern selbst verstärkt hervortreten lassen, während man alles nur Mögliche tun sollte, diese um der Ruhe, der Eintracht und des erfolgreichen Ausgangs des Konzils sowie der Ehre der Kirche willen so gering als möglich zu halten. Die Unternehmung kann deshalb an sich nicht gebilligt werden, und es wäre gut, wenn der erwähnte* ‚Coetus' *nicht als repräsentatives Organ der ihm angehörenden Konzilsväter fungierte.“*[19]

Die Heuchelei in der Antwort war nicht zu überbieten. Schon das interne Reglement des Konzils, das von Paul VI. revidiert und approbiert worden war, ermutigte in Artikel 57 ausdrücklich Konzils-

---

[18] Text des Briefes in: CAPRILE, Bd. V, 53. Vgl. auch WILTGEN, 255f.

[†] Internationale Gruppe von Vätern mit den gleichen Ansichten in theologischen und pastoralen Fragen.

[19] Text in: CAPRILE, Bd. V, 53-54.

väter mit den gleichen Standpunkten in theologischem und pastoralen Dingen zur Bildung von Gruppen. Doch vor allem gab die Mitteilung vor, man wüsste nicht, dass sich innerhalb des Konzils seitens einer ,partikularen' Gruppe eine ,Allianz' mit progressistischer Ausrichtung gebildet hatte, und zwar einiges früher als der Coetus Internationalis. Überdies operierte die organisierte progressistische Minorität mit erheblich größerer Stärke und Effizienz als die konservative.

Der Sekretär des Coetus, Abbé Berto, schrieb an Msgr. Carli, dass sich alle Angelegenheiten der Kirche *„in den Händen eines kleinen ständigen Komitees aus dem Episkopat"* befänden, *„das selbst Gefangener der ,Sekretäre', ,Theologen', Beobachter, Informanten ist, die keine Bischöfe sind, aber allesamt ,Progressisten'. Diese Kamarilla, ich möchte lieber sagen, diese ,Mafia', herrscht despotisch und tyrannisch, und wehe dem Bischof, der von ihr unabhängig sein will"*[20].

Das Problem der konservativen Minderheit bestand darin, die progressistische Minderheit aus den führenden Positionen zu verdrängen. Am 13. August trafen sich Msgr. Proença Sigaud und Msgr. Lefebvre in Solesmes erneut mit Dom Prou, dem Abt des Klosters und Generaloberen der Benediktinerkongregation, um eine umfassende Strategie festzulegen. Die letzte Phase des Konzils erschien äußerst heikel und anfällig für überraschende und unvorhergesehene Vorkommnisse.

b) Die Kritik von Kard. Siri

In einem Schreiben an den Papst vor Beginn der vierten Sitzungsperiode[21] legte Kard. Siri, der sich unabhängig vom Coetus Internationalis bewegte, seine kritischen Einschätzungen zu drei Schemata dar: *De libertate religiosa, De Ecclesia in mundo huius temporis, De Revelatione*[22].

---

[20] Brief von Abbé Berto an Mgr. Carli vom 2. Mai 1965, in: N. Buonasorte, *Per la "pura, piena, intera fede cattolica"*, 139.

[21] Vgl. AS V/3, 352-354.

[22] *„Ich glaube, dass man zumindest in Bezug auf diese Schemata* ante sessionem concilii *kraftvoll handeln muss"*, schrieb Siri an Kard. Ruffini am 6. August 1965 (A-Siri, Conc. Vat. II, fasc. 1965, Entwurf von Siri an Ruffini vom 6. August 1965)

Das Schema *De libertate religiosa,* schrieb er, lasse einen *„äußerst ratlos"*[23] zurück, und zwar vor allem aus folgendem Grund. Es verteidige wiederholt und stärker, als dass er es bejahe, die Religionsfreiheit für alle religiösen Gemeinschaften. Nicht ‚alle' religiösen Gemeinschaften hielten sich an die göttliche Wahrheit und an das göttliche Gesetz, wenigstens das natürliche; im Gegenteil, außerhalb der katholischen Kirche fänden sich überall Irrtümer, häufig sogar unmoralische und blutrünstige Mängel und Abweichungen. Was den schlechten Gebrauch der Freiheit angehe, so ‚toleriere' ihn Gott, er ‚legitimiere' ihn nicht. *„Man scheint also die Folgerung ziehen zu müssen, dass wir die ‚Religionsfreiheit' dort nicht verteidigen können, wo sich objektiv Schlechtes findet; wir können das lediglich ‚tolerieren' und zwar nur solange, wie keine strikteren Grenzen, geprägt von den Bedürfnissen des Gemeinwohls, gezogen werden."*[24]

Auch das Schema *De Ecclesia in mundo huius temporis* lasse einen *„in tiefer Ratlosigkeit und Furcht"* zurück. *„Ich fürchte wirklich"*, schrieb der Kardinal von Genua, *„dass das christliche Volk Anstoß nimmt, wenn es ein Konzilsdokument liest, das zu Aspekten schweigt, die die übernatürliche Sendung der Kirche direkt angehen. Ich fürchte ebenso, dass die öffentliche Meinung – die manchmal nicht zu verachten ist – diesem Schema vorwirft, einen maritainistischen Geisteszug zu besitzen. Damit beabsichtige ich keine Bezugnahme auf einen ausgezeichneten Mann, sondern auf seine zahllosen Schüler, die unter dem Namen ‚Maritainisten' laufen."*[25]

Das Schema *De Revelatione* schließlich *„lässt klare Worte in Betreff der Tradition als konstitutiver Größe vermissen"*, die zum gewöhnlichen Usus der Kirche und der üblichen Methode der theologischen Schulen gehöre. Eine stärker explizite Klarheit wünsche

---

und bat ihn, auch persönlich beim Papst zu intervenieren. Der Kardinal von Palermo antwortete ihm am 12. August aus Chianciano; obgleich er seine Sorgen teilte, war er der Ansicht, man dürfe den Papst nicht mit neuen Einwänden konfrontieren, nachdem die Einwände, die er gemeinsam mit Ottaviani und Larraona dem Papst übermittelt habe, bei diesem *„so großes Missfallen"* erregt hätten, *„dass sie ihn geradezu den Tod ersehnen ließen"* (Brief von Ruffini an Siri vom 12. August 1965, ebd., und in: F. M. STABILE, 142).

[23] AS V/3, 352.

[24] Ebd., 353.

[25] Ebd., 353.

man sich auch darin, *„die Tradition und das Lehramt der Kirche vor und über alle anderen hermeneutischen Mittel"*[26] zu stellen.

Kardinal Siris Kritik, die sich der Kritik des Coetus beigesellte, hinterließ Spuren. Am 15. September übersandte Kard. Cicognani die Note im Auftrag von Paul VI. an Msgr. Felici und bat ihn darum, diese Überlegungen den betreffenden Konzilskommissionen zur Kenntnis zu geben.[27]

Am 24. September erhielt Kard. Ottaviani über Msgr. Felici vom Papst ein Schreiben, worin es hieß, es sei Wille der Höchsten Autorität, dass die Unterkommission klarer von der *„konstitutiven Natur der Tradition als Quelle der Offenbarung"*[28] spreche.

3. Die Eröffnung der vierten Sitzungsperiode

Am Dienstag, den 14. September, begann die vierte und abschließende Sitzungsperiode des Konzils, die Raniero La Valle in ‚L'Avvenire' als die Session des *„Dialogs mit der Welt"*[29] vorstellte. Bei der liturgischen Zeremonie benutzte Paul VI. weder die Tiara noch die Sedia gestatoria. In der Eröffnungsrede[30] nahm er sich vor, den ‚Geist' des zu Ende gehenden Konzils zu erfassen, und betonte, dass nicht die Verurteilung, sondern die Liebe dieses geprägt habe. Der Papst verkündete anschließend zwei unerwartete ‚Neuheiten': die Einrichtung einer Bischofssynode (*Synodus episcoporum*), deren Mitglieder mehrheitlich von den Bischofskonferenzen gewählt und von ihm approbiert würden, einzuberufen *„entsprechend den Erfordernissen der Kirche durch den Römischen Pontifex zur Beratung und Zusammenarbeit mit ihm, sooft es ihm für das allgemeine Wohl der Kirche angemessen erscheint"*[31]; und den nächsten Besuch bei der UNO anlässlich des

---

[26] Ebd., 354.

[27] Vgl. ASV, Conc. Vat. II, Busta 343, Brief von Cicognani an Felici vom 15. September 1965, 1 fol. Vgl. auch AS V/3, 352.

[28] AS V/3, 377.

[29] Vgl. R. LA VALLE, ‚L'Avvenire', 12. September 1965, in: *Il Concilio nelle nostre mani*, 3.

[30] Vgl. AS IV/1, 125-135.

[31] AS IV/1, 134.

20. Jahrestags ihrer Gründung, um eine Botschaft der Brüderlichkeit und des Friedens zu überbringen.

Die durch das Motu proprio *Apostolica sollicitudo*[32] begründete Synode war ein kirchliches Organ ohne wirkliche Autorität, abgesehen von jener, die ihm der Papst zugestand („*Nostrae potestati directe atque immediate subiectum*[†]"[33]); doch ihre Gründung, die erste in der Nachkonzilszeit, im Verband mit der Reise zur UNO, erschien den progressistischen Kreisen, die nach der ‚schwarzen Woche'[34] enttäuscht waren, als ein positives Signal. Das Wort ging nun wieder an die Konzilsaula zurück, wo die Diskussion und Abstimmung über elf Schemata auf dem Programm standen, die der Versammlung bereits unterbreitet worden waren.

4. Der Kampf um die Religionsfreiheit

a) Erneute Kritik der Konservativen am Schema

Die erste Generalkongregation der vierten Sitzungsperiode wurde mit der Diskussion über die Religionsfreiheit eröffnet. Die Kardinalmoderatoren ließen die *Animadversiones criticae* des Dokumentes, das der Coetus Internationalis am 23. Juli an sie gerichtet hatte, unberücksichtigt und schlugen als Grundlage der endgültigen Erklärung die vierte Fassung des Schemas vor, an dem die Periti Murray und Pavan in enger Kooperation mit Msgr. De Smedt gearbeitet hatten. De Smedt trat dann auch am 15. September 1965 in der ersten Kongregation der vierten Sitzungsperiode als Relator des Schemas auf.[35] Siebzig Redner ergriffen das Wort zu diesem The-

---

[32] Vgl. AAS 57 (1965), 771-780.

[†] *Unserer Gewalt direkt und unmittelbar unterstellt.*

[33] Ebd., 776. Der neue Codex des Kirchenrechtes (cann. 342-348) beschränkt zwar die Kompetenzen der Bischofssynode, lässt sie aber als Hilfsorgan für den Papst noch vor dem Kollegium der Kardinäle und der Römischen Kurie selbst rangieren. Vgl. N. Del Re in: MV, 986-988.

[34] Zu den ersten Reaktionen auf den *Synodus Episcoporum* vgl. M. Faggioli, *Il vescovo e il Concilio. Modello episcopale e aggiornamento al Vaticano II*, Bologna 2005.

[35] AS IV/1, 196-199.

ma[36], zu dem zwischen dem Ende der dritten Session und der Februarmitte des Jahres 1965 218 neue Verbesserungsvorschläge eingegangen waren.[37]

In der Eröffnungssitzung machte nach den Interventionen der Kardinäle Spellman[38] und Frings[39] Kard. Ruffini den Anfang einer sich intensivierenden Reihe dreier sehr kritischer Reden. Der Erzbischof von Palermo sah die Folgen voraus, die die Erklärung über die Religionsfreiheit in Italien für die Lateranverträge in Art. 7 der republikanischen Verfassung haben könnte.

> *„In dem am 11. Februar 1929 unterzeichneten Vertrag zwischen dem Heiligen Stuhl und Italien wird zu Beginn festgesetzt, dass die katholische, apostolische, römische Religion Staatsreligion und noch dazu die einzige Religion ist; überdies sind den Kirchenleuten wie den sonstigen Katholiken viele Sonderrechte vorbehalten, beispielsweise für die Kleriker* in sacris *und die Ordensmänner, die ihre Gelübde abgelegt haben, die Befreiung vom Militärdienst, ausgenommen in Kriegszeiten ... die vollkommene Freiheit, die Kirchengüter ohne Einmischung der Zivilgewalt zu verwalten ... die Gültigkeit der kirchlich geschlossenen Ehe auch vor dem Staat, die den kirchlichen Gerichten vorbehaltenen Eheprozesse, das Recht auf katholischen Religionsunterricht in staatlichen Schulen... Wenn unsere Erklärung in der heutigen Gestalt die Approbation erhielte, so würden alle diese Aspekte kraft der Erklärung mit Leichtigkeit von unseren Feinden angefochten werden, welche auf einen bequemen Sieg hoffen könnten."*[40]

---

[36] Ebd., 200-431 und IV/2, 11-21.

[37] AS IV/1, 605-881.

[38] Ebd., 200-201.

[39] Ebd., 201-203.

[40] Ebd., 204-207, 206. 1969 erklärte Paul VI., er weise die Möglichkeit nicht gänzlich zurück, dass es sinnvoll sein könne, *„einige Klauseln des Konkordates in gemeinsamer Absprache bezüglich einer möglichen Zusammenfassung zu überdenken, die aus einer bilateralen Übereinstimmung resultiert, unter Wahrung der konstitutionellen Garantie, die den Lateranverträgen im Rechtsbereich des italienischen Staates zugesichert ist"* (Rede vor dem neuen Botschafter Italiens vom 5. Juli 1969, in: *Insegnamenti*, Bd. 7 (1969), 476). So wurde ein Prozess eingeleitet, der in dem Neuen Konkordat mündete, das am 18. Februar 1984 zwischen dem Staatssekretär Kard. Casaroli im Namen des Heiligen Stuhles und dem Ratspräsidenten Bettino Craxi im Namen des italienischen Staates in der Villa Madama unterzeich-

Kard. Siri erwähnte in einer Intervention von stärker doktrinellem Charakter, dass der Mensch von Gott die Freiheit erhalten hat und freiwillig Schlechtes begehen kann: ein Akt, den Gott nicht billigt, sondern schlicht toleriert.

„Das Schema will die Freiheit verteidigen, und die Freiheit ist generell in jeder Weise zu verteidigen. Aber für uns als Nachfolger der Apostel ist es wichtiger, die göttliche Ordnung zu verteidigen, ist es wichtiger, das göttliche Gesetz zu verteidigen. Denn wenn wir bei der Verteidigung der Freiheit das Gesetz missachten, so werden mit Sicherheit Übel theoretischer wie praktischer Art eintreten, die zum Indifferentismus führen, sei es hinsichtlich der Früchte des Apostolates, sei es durch die Illusion, der viele verfallen, sie könnten ihre eigene Seele retten, wenn sie tun, was ihnen gefällt und ihre Konversion zum wahren Glauben lange oder für immer aufschieben. Ich bitte darum, dass man den Aussagen der theologischen Quellen über die Religionsfreiheit und vor allem den Äußerungen von Leo XIII., Pius XI. und Pius XII. mehr Aufmerksamkeit widmet. Wenn wir in der Lehre Veränderungen vornehmen und die wahre Lehre nicht zumindest auf der Basis des Naturrechts behandeln, dann fürchte ich, werden wir die Geltung der theologischen Quellen vermindern und unsere eigene Autorität schwächen."[41]

Kard. Arriba y Castro, Erzbischof von Tarragona, Wortführer des spanischen Episkopates, trug eine kurze, aber deutliche Rede vor, worin er das Grundprinzip bekräftigte, dem zufolge

„allein die Kirche das Recht und die Pflicht hat, das Evangelium zu verkünden. Deshalb ist der Proselytismus der Nichtkatholiken unter den Katholiken unerlaubt und in dem Maß, wie es das Gemeinwohl gestattet, muss er nicht nur durch die Kirche, sondern auch durch den Staat verhindert werden". „Das hochheilige Zweite Vatikanische Konzil soll also zusehen, dass es nicht den Zusammenbruch der katholischen Religion in Nationen beschließt, in de-

---

net wurde (zu seiner Natur und zu seinen Folgen vgl. R. DE MATTEI, *L'Italia cattolica e il Nuovo Concordato*, Roma 1985).

[41] AS IV/1, 207-208, 208.

nen diese Religion praktisch die einzige ist. Nachdem man begonnen hat, darüber zu reden, gibt es tatsächlich viele, vornehmlich unbedarftere Menschen, die sagen: ,So wie es scheint, sind alle Religionen gleich.' Und es fehlt nicht viel, dass sie den Schluss ziehen: ,Also ist keine Religion von Belang.'"[42]

Dies war die gemeinsame Linie der spanischen Bischöfe, die in der Aula zum ersten Mal Kampfgeist und Geschlossenheit demonstrierten.[43] Sie schienen vorauszusehen, was nach dem Konzil mit der Umwandlung des Konkordates zwischen Spanien und dem Heiligen Stuhl, dem Fall des Franco-Regimes und dem Einbruch des Säkularismus in die Gesellschaft eintreten würde.

b) *Zwei Lager treten sich gegenüber*

Am 16. September sprachen zugunsten der Religionsfreiheit fünf Kardinäle (Ritter[44], Silva Henríquez[45], Meouchi[46], Slipyi[47], Jaeger[48]) und dagegen die Bischöfe Carli[49], Morcillo González[50], Tagle[51] (im Namen von 45 lateinamerikanischen Bischöfen), Velasco[52] (exilierter Bischof von Xiamen in China). Letzterer vertrat die Ansicht,

---

[42] Ebd., 209-210.

[43] In dieser Richtung äußerten sich Mgr. ANGEL TEMIÑO SÁIZ, *Sobre la libertad religiosa en España*, in: Revista Española de Teologia XXIII/3 (1963), 277-308, und Pater JESUS MUÑOZ, Dekan der Philosophischen Fakultät der Päpstlichen Universität von Comillas, in seinem Werk: *Libertad religiosa aqui hoy*, Universidad Pontificia Comillas, Santander 1964.

[44] AS IV/1, 225-226.

[45] Ebd., 226-229.

[46] Ebd., 233-236. Pierre-Paul Meouchi (1894-1975), Libanese, 1917 zum Priester geweiht, von 1955 bis zu seinem Tod maronitischer Patriarch von Antiochia, 1965 zum Kardinal erhoben. Mitglied der Kommission für die Orientalischen Kirchen.

[47] AS IV/1, 236-239.

[48] Ebd., 239-241.

[49] Ebd., 263-266.

[50] Ebd., 245-248. Casimiro Morcillo González (1904-1971), Spanier, 1926 zum Priester geweiht, 1943 Ernennung zum Weihbischof von Madrid, später Bischof von Bilbao (1950-1955) und Saragozza (1955-1964). 1964 kehrte er als Erzbischof nach Madrid zurück. Auf dem Konzil war er im Sekretariat tätig.

[51] AS IV/1, 274-277. Emilio Tagle Covarrubias (1907-1991), Chilene, 1930 zum Priester geweiht. 1961 bis 1983 Erzbischof von Valparaíso (Chile).

[52] AS IV/1, 252-254.

dass das Schema den Pragmatismus, den Indifferentismus, den religiösen Naturalismus und den Subjektivismus fördere. Eine ähnliche Kritik boten Del Campo[53] (naturalistischer Humanismus), Alvim Pereira[54] (Indifferentismus), Gasbarri[55] (Laizismus, Indifferentismus, Irenismus) und De Sierra y Mendez[56] (Naturalismus, Indifferentismus).

Msgr. Carli zitierte den Passus aus der bekannten Ansprache von Pius XII., nach dem *„das, was nicht der Wahrheit und der moralischen Norm entspricht, objektiv kein Recht auf Werbung und auf Verbreitung besitzt"*[57]. Seine Thesen wurden am 17. September von Kard. Florit[58] und Kard. Ottaviani[59] aufgegriffen.

Ersterer äußerte die Auffassung, dass

> *„die Indifferenz des Staates in religiösen Dingen aus einer Indifferenz gegen die eigene Natur herrührt. Der Staat ist tatsächlich eine natürliche Gesellschaft, deren Ziel das Gemeinwohl der Bürger ist. Deswegen kommt der Natur des Staates die Sorge um das ganze Gemeinwohl zu (speziell um das zeitliche Wohl auf dieser Erde). Doch das Gemeinwohl hat eine viel weitere Ausdehnung als die öffentliche Ordnung. Es besteht aus verschiedenen und auch aus höheren Gütern, wie Wahrheit und Tugend und überdies der richtigen Einstellung der Bürger und der Gesellschaft zu Gott, der die Gesellschaft ins Dasein gerufen hat. Daher gehört es zum natürlichen Ziel des Staates, die religiöse Wahrheit zu erreichen, zu bewahren und zu verteidigen. Daraus folgt, dass die Grenzen der Religionsfreiheit nicht zur öffentlichen Ordnung gehören, sondern auch und vornehmlich ein Erfordernis der religiösen Wahrheit darstellen."*[60]

Kard. Ottaviani bestand darauf, in das Schema gehöre notwendig

---

53 Ebd., 314-317.

54 Ebd., 323-325. Custódio Alvim Pereira (1915-2006), Portugiese, 1937 zum Priester geweiht. Von 1962 bis 1974 Erzbischof von Lourenço Marques (Mosambik).

55 AS IV/1, 325-327.

56 Ebd., 328-330.

57 Ebd., 266.

58 Ebd., 284-292.

59 Ebd., 299-301.

60 Ebd., 286.

„eine feierliche Bestätigung, dass die Freiheit, die die Kirche aufgrund ihres Ursprungs und ihrer Sendung, beide göttlicher Natur, genießen muss, ein wahres, natürliches und objektives Recht sei". „Es wäre besser, zwischen physischem und moralischem Zwang, oder besser: moralischer Verpflichtung, zu unterscheiden. Gott zwingt nicht, und doch verpflichtet er, und daher heißt es im Evangelium: ‚Wer glaubt und sich taufen lässt, wird gerettet werden, wer nicht glaubt, wird verdammt werden.' Und folglich können auch Christus und die Kirche in religiösen Dingen eine moralische Verpflichtung auferlegen, die im Gewissen verpflichtet."[61]

Zugunsten der Religionsfreiheit äußerten sich dagegen einige Kardinäle aus den Ländern des Ostens, die im Prinzip der Religionsfreiheit eine Verteidigungslinie gegen den totalitären Kommunismus erblickten. Unter diesen befanden sich neben Slipyi, der am 16. September interveniert hatte, die Kardinäle Šeper[62] (17. September), Wyszyński[63] und Beran[64] (20. September). Besonderes Echo erregte die Intervention des Erzbischofs von Prag, Beran, der im vorangegangenen Frühjahr aus kommunistischer Haft freigekommen war. Er berief sich auf den 1417 in Konstanz abgehaltenen Prozess gegen den Häretiker Jan Hus, der mit dessen Hinrichtung auf dem Scheiterhaufen geendet hatte, und nannte diesen ein *„Drama"*, das *„ein großes Hindernis für den Fortschritt des spirituellen Lebens dargestellt hatte. ... Die Geschichte ermahnt uns also, auf diesem Konzil das Prinzip der Religionsfreiheit und der Gewissenfreiheit mit Klarheit und ohne Einschränkung infolge eines Opportunismus vorzulegen"*[65]. Die Würdenträger aus Osteuropa vermischten jedoch eine faktische Situation, in der die Katholiken das Recht besaßen, sich gegen ihre Verfolger auf die Religionsfreiheit zu berufen, mit einer prinzipiellen These, die den Staaten die Pflicht auferlegte, die wahre Religion in Gehorsam gegenüber der Vorschrift des Ersten Gebotes zu bekennen.

---

[61] Ebd., 299-300.
[62] Ebd., 292-294.
[63] Ebd., 387-390.
[64] Ebd., 393-394.
[65] Ebd.

Als Kardinal Urbani, Patriarch von Venedig, sich im Namen von 32 italienischen Bischöfen zugunsten des Textes von De Smedt aussprach, begann die bis dahin geschlossene Front des italienischen Episkopates Risse zu bekommen.[66] Die Entscheidung von Paul VI., Urbani mit dem Vorsitz der Italienischen Bischofskonferenz zu betrauen, schien die erwünschten Früchte zu tragen.[67]

Als letzte Interventionen zum Schema über die Religionsfreiheit erfolgten die gegensätzlichen Reden von Kard. Dante[68] und des Schweizer Theologen Charles Journet[69], die beide gerade erst von Paul VI. zu Kardinälen erhoben worden waren. Journet, der von Pierre Mamie[70], seinem Sekretär, und von P. Georges Cottier[71] begleitete wurde, nahm nur selten an den Diskussionen teil, da ihn seine Taubheit daran hinderte, die Debatten einwandfrei zu verfolgen. Mit einer Intervention von klar maritainistischer Prägung wollte er seine Autorität als Theologe zur Unterstützung der Erklärung über die Religionsfreiheit einbringen und erklärte, dass sie die größte Zustimmung verdiene: „*Mihi videtur maxime approbanda*[†]."[72]

Kard. Dante unterstrich dagegen, dass die Erklärung zum Ausdruck brachte, was im 19. Jh. die Anhänger des katholischen Liberalismus von Lammenais bis Montalembert wollten, und einen Widerhall der zehnten Erklärung der Französischen Revolution zu den Menschenrechten bot, die da lautete: „*Niemand darf für seine Meinun-*

---

[66] Ebd., 211-213.

[67] G. ROUTHIER, *Portare a termine l'opera iniziata*, in: *SCV*, Bd. V, 92 {dt.: 134}.

[68] AS IV/1, 422-423.

[69] Ebd., 424-425. Charles Journet (1891-1975), Schweizer, 1917 zum Priester geweiht. Professor am Priesterseminar in Fribourg, wurde im Februar 1965 zum Kardinal erhoben. Über ihn vgl. u.a. *Montini, Journet, Maritain: une famille d'esprit*, Atti delle giornate di studio, Molsheim (4.-5. Juni 1999), Pubblicazioni dell'Istituto Paolo VI, Brescia 2000; GUILLAUME DE THIELLOY, *La théologie politique du cardinal Journet*, Téqui, Paris 2009.

[70] Pierre Mamie, geboren 1920, Schweizer, 1946 zum Priester geweiht. Weihbischof (1968) und von 1970 bis 1995 Bischof von Lausanne, Genf und Fribourg. Während des Konzils Sekretär von Kard. Journet.

[71] Georges Cottier (1922), Schweizer Dominikaner, Professor der Philosophie in Fribourg, Sekretär der von Charles Journet herausgegebenen Zeitschrift ‚Nova et Vetera'. 2003 zum Kardinal erhoben. In der 4. Sitzungsperiode Konzilsperitus.

[†] *Mir scheint sie größte Zustimmung zu verdienen.*

[72] AS IV/1, 425.

gen, auch nicht religiöse, verfolgt werden, solange ihre Äußerung nicht die vom Gesetz festgelegte öffentliche Ordnung stört."[73]

Zur Lehre der in der Erklärung angeführten ‚gerechten Begrenzungen' wie *„Frieden, bürgerliche Rechte, öffentliche Moral"* bemerkte Kard. Dante:

> *„a) Wenn der Staat, der diese Begrenzungen festsetzt, christlich ist, so gleicht er diese Prinzipien (genau diese Dinge: Frieden etc.) an das Naturrecht an und passt seine Gesetze und seine juridische Ordnung konkret daran an; für ihn besitzen die Begriffe ‚Frieden', ‚bürgerliche Rechte', ‚öffentliche Moral' mit Sicherheit einen ehrbaren und vernünftigen Sinn.*
>
> *b) Wenn der Staat aber heidnisch ist, so sind diese Begrenzungen, auch wenn er nicht geradewegs vom Naturrecht absieht, doch allgemeiner Natur und können leicht zu einem Instrument der Unterdrückung (Tyrannei) werden, nicht nur gegen die falschen Religionen, sondern auch gegen die eine wahre Religion; tatsächlich hängt die Interpretation des Verständnisses dieser Begrenzungen von denen ab, die den Staat verwalten.*
>
> *c) Wenn der Staat schließlich kommunistisch ist, so haben diese ‚Begrenzungen', nämlich ‚Frieden', ‚bürgerliche Rechte' und ‚öffentliche Moral' eine ganz andere oder geradezu entgegengesetzte Bedeutung, weil dieser Typ von Staat diese Begrenzungen klar gegen das Naturrecht aufstellt oder aufzustellen pflegt.*
>
> *Für ihn sind diese ‚Begrenzungen' ein sicheres Instrument der Unterdrückung und das, was die Erklärung über die Religionsfreiheit zu erreichen wünscht, nämlich die Religionsfreiheit, ist meilenweit entfernt. Vielmehr wird eine Religion von einem kommunistischen Staat umso gewaltsamer verfolgt, je enger sie seiner Meinung nach am Naturrecht festhält."*[74]

---

[73] Ebd., 422.
[74] Ebd., 423.

c) Das Zweite Vatikanische Konzil und die Freimaurerei

Wie Kard. Dante erwähnte auch Msgr. Lefebvre in seiner Intervention, dass der Ursprung der Religionsfreiheit *„außerhalb der Kirche bei zahllosen Philosophen des 18. Jh., Hobbes, Locke, Rousseau und Voltaire“*[75] zu suchen sei und dass in der Mitte des 19. Jh. Lamennais und die liberalen Katholiken den Versuch unternahmen, diese Konzeption auf die kirchliche Lehre zu adaptieren: sie wurden von Pius IX. und Leo XIII. verurteilt. *„Dieses Jahr“*, fügte der französische Erzbischof hinzu, *„hat der Freimaurer Yves Marsaudon ein Buch veröffentlicht*: L'oecuménisme vu par un franc-maçon de tradition[†][76]. *Der Autor des Buches bringt darin den Wunsch zum Ausdruck, dass unser Konzil die Religionsfreiheit feierlich proklamiert... Was wünschen Sie mehr zu Ihrer Information?“*[77]

Das Buch des Barons von Marsaudon war Johannes XXIII. gewidmet und sollte als ‚Brücke‘ zwischen der Kirche und der Freimaurerei dienen. Darin heißt es unter anderem:

> *„Dieser Tage hat unser Bruder Franklin Roosevelt für alle Menschen die Möglichkeit eingefordert, ‚Gott nach den eigenen Prinzipien und Überzeugungen anzubeten‘. Dies ist Toleranz und auch Ökumenismus. Wir Freimaurer aus Tradition erlauben uns, dieses Wort eines berühmten Staatsmannes zu paraphrasieren und zu übertragen, indem wir es den Verhältnissen anpassen: Katholiken, Orthodoxe, Protestanten, Israeliten, Muslime, Hindus, Buddhisten, Freidenker, Freigläubige sind für uns nichts als Eigennamen; und Freimaurer ist der Familienname.“*[78]

---

[75] AS IV/2, 409-411, 409.

[†] Der Ökumenismus aus der Sicht eines traditionellen Freimaurers.

[76] Vgl. Yves Marie Marsaudon, *L'oecuménisme vu par un franc-maçon de tradition*, Préface par Charles Riandey, Editions Vitiano, Paris 1964. Yves Marie Marsaudon (1895-1985), Franzose, Staatsbeamter, er war Mitglied des Obersten Rates des Schottischen Ritus, danach der Nationalen Großloge von Frankreich. Lit. von ihm: *Souvenirs et réflexions: un haut dignitaire de la franc-maçonnerie de tradition révèle des secrets*, Vitiano, Paris 1976. Marsaudon war mit Mgr. Roncalli mehrmals zusammengetroffen, als dieser Nuntius in Paris war.

[77] AS IV/2, 410.

[78] Y. Marsaudon, *L'oecuménisme vu par un franc-maçon de tradition*, 126.

Marsaudon berief sich anschließend direkt auf die *„von Johannes XXIII. intendierte Revolution der Gewissensfreiheit"*.

> *„Wir meinen, dass sich ein Freimaurer, der dieses Namens würdig ist und der sich persönlich dafür einsetzt, Toleranz zu üben, über die unumkehrbaren Ergebnisse des Konzils, so wie die momentanen Ergebnisse aussehen, uneingeschränkt freuen kann."*[79]

1960 hatte Giovanni Caprile, Experte der ‚Civiltà Cattolica' für Freimaurerfragen ein Bändchen über die Freimaurerei veröffentlicht, worin er erwähnte, dass *„die philosophischen und pseudoreligiösen Prinzipien, die von der Sekte bekannt werden, in voller Antithese zum gesamten Christentum stehen"*[80], und dass sich mehr als 200 Dokumente aufzählen lassen, die vom Heiligen Stuhl stammen und eine Verurteilung der Freimaurerei enthalten[81]. Im Verlauf des Konzils machte sich Caprile zum Anwalt einer Annäherung zwischen Kirche und Freimaurerei, die ihre Wurzeln, wie er selbst schrieb, geradewegs auf die Konzilsaula zurückführte[82]. P. Caprile präzisierte: *„das*

---

[79] Ebd., 120.

[80] G. Caprile, *La Massoneria*, Universale LDC, Colle Don Bosco (Asti) 1960, 45.

[81] Vgl. G. Cantoni, *La Massoneria nei documenti del Magistero della Chiesa*, in: CESNUR (Centro Studi sulle Nuove Religioni), *Massoneria e religioni*, hg. v. M. Introvigne, Elle Di Ci, Leumann 1994, 133-161.

[82] Vgl. José Antonio Ferrer Benimeli SJ / Giovanni Caprile SJ, *Massoneria e Chiesa cattolica ieri, oggi e domani*, 2. Aufl., Edizioni Paoline, Roma 1982, mit einem aktualisierenden Anhang v. Pater G. Caprile SJ, 85-94. Pater Caprile war zwischen 1957 und 1960 als Autor stark polemischer Schriften gegen die Freimaurerei hervorgetreten. Nach dem Konzil gewann er die Überzeugung, dass *„eine fruchtbare Begegnung zwischen der Kirche und jener echten Freimaurerei, die den festen Glauben an Gott und an die menschliche Brüderlichkeit als Fundament ihrer Statuten hat, nicht nur auf dem Terrain der Ideen, sondern auch auf dem Gebiet einer möglichen Zusammenarbeit"* wünschenswert wäre (ebd., 131). Das Wirken der „verborgenen Kräfte" auf dem Konzil wurde von den französischen katholischen Gelehrten Léon de Poncins (1897-1976) und Pierre Virion (1898-1988) angezeigt. Vgl. Léon de Poncins, *Christianisme et Franc-maçonnerie*, Chiré-en-Montreuil 1975; Pierre Virion, *Bientôt un gouvernement mondial*, Paris 1967, worin das Programm eines „neuen Christentums" des Kanonikers und Apostaten Paul Roca (1830-1893) ans Licht gebracht wird. Zu dieser Person siehe auch Marie-France James, *Esotérisme, occultisme, franc-maçonnerie et christianisme au XIXe et XXe siècle. Explorations bio-bibliographiques*, Préface d'Emile Poulat, Paris 1981, 228-230. Zum Thema Konzil-Freimaurerei siehe auch die Studie von Pater Paolo Siano FI, *Alcune note su Concilio e postconcilio, tra storia, ermeneutica e massoneria*, in: Fides catholica 2 (2009), 317-382.

Konzil hat nicht von der Freimaurerei gesprochen, sondern ... man hat von ihr auf dem Konzil gesprochen"[83]. Er begann mit seinem fortschreitenden ‚Seitenwechsel' gerade zu der Zeit, als das Sekretariat für die Nichtglaubenden nach seiner Gründung auch den ‚Dialog' mit der Freimaurerei zu eröffnen suchte: *„Wir führen nicht nur mit den Christen der anderen Konfessionen einen Dialog bei der Suche der von Christus gewollten Wahrheit"*, schrieb der Sekretär des Sekretariates, Don Vincenzo Miano, *„sondern auch mit den Juden, den Muslime, den Hindus und sogar mit den säkularen Ideologien, wenngleich wir jeden unmöglichen Synkretismus ausschließen, weil wir denken, auch in diesen religiösen Glaubensüberzeugungen und Ideologien, so verschieden und gegensätzlich sie auch sind, positive Elemente und Motive entdecken zu können, die unsere Glaubenserfahrung vertiefen helfen. Wie könnte und sollte man es nicht auch mit der Freimaurerei versuchen, besonders wenn man ihre historische Herkunft aus dem Christentum betrachtet?"*[84]

d) Das resolute Eingreifen Pauls VI.

Die Interventionen für und gegen die Erklärung über die Religionsfreiheit hielten sich an Zahl und Gewicht die Waage. Aber der Ausgang der Abstimmung spiegelte in diesen wie in anderen Fällen nicht die objektive Spaltung der Konzilsaula wider. Paul VI. wollte diesen Bruch vermeiden, doch vor seiner Abreise zur UNO forderte er zumindest eine Probeabstimmung über das Schema, da er die Folgen einer Vertagung der Abstimmung auf internationaler Ebene fürchtete.

Am Abend des 20. September kamen die Leitungsorgane des Konzils (Moderatoren, Präsidialrat, Koordinierungskommission) zu einer Vollversammlung zusammen und entschieden nach einer lebhaften Diskussion, dass es angesichts der starken und beachtlichen Kritik an dem Dokument besser wäre, das Thema der Religions-

---

83 *Massoneria e Chiesa cattolica*, 88-89.

84 Notiz von VINCENZO MIANO SDB, in: R. F. ESPOSITO, *La riconciliazione tra la Chiesa e la massoneria*, 11-16, 16. Kard. König, Präsident des Sekretariates, lehnte 1980 die anti-freimaurerische Erklärung der Deutschen Bischofskonferenz ab und fuhr fort, sich für die Aufhebung der Exkommunikation der Freimaurer einzusetzen.

freiheit zurückzustellen[85]. Die Reaktion fiel jedoch heftig aus, vor allem seitens der Presseorgane mit großer Breitenwirkung. Da geschah am 21. September etwas, was niemand erwartet hatte: Paul VI. entschied sich, in die erregte Situation einzugreifen, und gab die verbindliche Anweisung, dass die Väter am selben Vormittag ihre Haltung zum Text erklären sollten.[86] Man schritt zur Abstimmung, und infolge eines geheimnisvollen psychologischen Mechanismus, der die gegensätzlichen Positionen aufweichte, entfielen auf 2220 abgegebene Stimmen 1997 *placet*, bei 224 *non pl*acet und einer ungültigen Stimme. Das Resultat dieser ersten Abstimmung kündigte schon den Ausgang der Debatte in der folgenden Generalkongregation an.[87] Während einer Audienz, die De Smedt gewährt wurde, zeigte Paul VI. seine Zufriedenheit über den Text und fügte hinzu: *„Dieses Dokument ist von kapitaler Bedeutung. Es legt die Position der Kirche für mehrere Jahrhunderte fest. Die Welt erwartet es."*[88]

Als die fünfte Fassung des Schemas am 26. und 27. Oktober zur Abstimmung vorgelegt wurde, begleiteten Hunderte *modi* das *placet*. Das Dokument wurde nochmals revidiert und die sechste Fassung am Mittwoch, den 17. November, an die Väter verteilt. Am folgenden Tag ließ der Coetus Internationalis ein Schreiben an 800 Väter verteilen, worin man zwar zugab, dass am Schema beachtliche Verbesserungen vorgenommen worden waren; doch wandte man ein, dass das Kriterium, welches die Grenzen der Religionsfreiheit bestimmte, nicht in der Aufrechterhaltung des Rechtes oder der Ordnung bestehen sollte, sondern im Gemeinwohl, von dem Ordnung und Recht nur einen Teil bildeten. Die grundlegende These des Sekretariates für die Einheit der Christen sah jedoch vor, dass die Neutralität des Staates als Normalzustand gelten sollte und dass es zwischen Kirche und Staat, außer *„unter besonderen Umständen"*,

---

[85] Vgl. G. ROUTHIER, *Portare a termine l'opera iniziata*, in: *SCV*, Bd. V, 118-121 {dt.: 113-116}.

[86] AS IV/1, 564.

[87] P. PAVAN, *Testimonianza*, 188; vgl. auch V. CARBONE, *Il ruolo di Paolo VI nell'evoluzione e nella redazione della Dichiarazione "Dignitatis humanae"*, in: *Paolo VI e il rapporto Chiesa-mondo. „Es ist großenteils Paul VI. zu verdanken,* – betont GROOTAERS – *dass der Entwurf der Erklärung zahllose Klippen umgehen konnte, um endlich heil und gesund ans Ziel zu gelangen*" (*Paul VI et la déclaration conciliaire "Dignitas Humanae"*, 87).

[88] G. ROUTHIER, *Portare a termine l'opera iniziata*, in: *SCV*, Bd. V, 133 {dt.: 132}.

keine Zusammenarbeit geben sollte. Es handelte sich um eine Position, die ganz eindeutig eine Veränderung der traditionellen Lehre der Kirche zu diesem Punkt darstellte.

Als der ganze Text am 19. November 1965 zur Abstimmung vorgelegt wurde, sprachen sich 1954 Väter dafür und 249 dagegen aus.[89] Der Text hatte also erheblich mehr Stimmen als die erforderliche Zweidrittel-Mehrheit erhalten, aber die Zahl der negativen Voten gehörte zu den höchsten, die für ein Konzilsdokument abgegeben wurden. *„Trotz aller seiner Bemühungen"*, stellt Gilles Routhier fest, *„war es Paul VI. nicht gelungen, den von ihm so sehr gewünschten Konsens zustandezubringen, nicht einmal um den Preis von Kompromissen, die ihm manche zum Vorwurf machten"*[90].

Die Gegner der Erklärung über die Religionsfreiheit gaben nicht nach. Eine Denkschrift von Kard. Siri, datiert vom 27. November, legte die Gründe seiner *„summae perplexitatis"*[†] bezüglich der Grenzen der bürgerlichen Gewalt in religiösen Dingen dar.[91] Am 3. Dezember ließ Msgr. Giuseppe di Meglio[92], Fachmann für internationales Recht, ein Schreiben kursieren, worin er erklärte, die Ergebnisse der Abstimmung zeigten an, *„daß für eine bemerkenswerte Anzahl von Konzilsvätern die Lehre und die praktischen Anwendungen des Schemas im Gewissen nicht annehmbar sind. In der Tat ist das Grundprinzip des Schemas trotz der eingeführten Verbesserungen unverändert geblieben, nämlich das Recht zum Irrtum... Nachdem die Erklärung über die Religionsfreiheit keinen dogmatischen Wert besitzt, werden die negativen Voten der Konzilsväter einen Faktor von großer Bedeutung für das künftige Studium der Erklärung selbst und speziell für die vorzunehmenden Interpretationen bilden."*[93]

Pater Murray, einer der ‚Väter' dieses Dokumentes, erwähnte als Antwort auf diese Erklärung, dass die Anhänger der *„moderneren*

---

[89] Zu den Abstimmungsergebnissen vgl. AS IV/7, 95-96.

[90] G. ROUTHIER, *Portare a termine l'opera iniziata*, in: *SCV*, Bd. V, 141 {dt.: 142}.

[†] *größten Ratlosigkeit.*

[91] AS V/3, 633-635.

[92] Giuseppe Di Meglio (1907-1994), 1929 zum Priester geweiht, war an der Nuntiatur in Wien (1937) und in Berlin (1938) tätig und nach dem Krieg an der Kongregation des Heiligen Offiziums.

[93] WILTGEN, 259f.

Theorie der Religionsfreiheit" davon überzeugt waren, dass die *„Würde der menschlichen Person"* diese Freiheit erfordere.[94]

Nach *Dignitatis humanae*[95] hat die menschliche Person im Namen ihrer Würde das Recht, nicht daran gehindert zu werden, ihren eigenen religiösen Kult, welchen auch immer, privat wie öffentlich auszuüben, zumindest, solange dies nicht die öffentliche Ruhe und Moral stört; das Recht auf die menschliche Freiheit gründet in der Würde der menschlichen Person selbst (Nr. 2). Es handelt sich nicht um ein ‚affirmatives' Recht auf Gewissensfreiheit, sondern um ein ‚negatives' Recht, nicht daran gehindert zu werden, diese auszuüben: nämlich ein Recht auf *„Freiheit von jedem Zwang in religiösen Dingen"* im öffentlichen und privaten Kult (Nr. 4). Damit wurde der grundlegende Unterschied zwischen dem ‚Forum internum', das das ewige Heil der einzelnen Gläubigen betrifft, und dem ‚Forum externum' in Bezug auf das öffentliche Wohl der Gläubigen aufgehoben.[96]

Die Kirche hat immer die Religionsfreiheit im ‚Forum internum' gelehrt, weil kein Mensch zum Glauben gezwungen werden kann. Doch diese innere Freiheit, die als solche keine äußere Gewalt einschränken kann, impliziert nicht die Religionsfreiheit im Forum externum, d.h. das Recht, öffentlich jeden Kult zu praktizieren und jeden Irrtum zu bekennen. Nach der Promulgation von *Dignitatis humanae* wurde die Religionsfreiheit beschworen, um jede Form einer ‚Protektion' des Staates für die katholische Kirche zu unterdrücken. Doch der Verzicht seitens der bürgerlichen Autorität, die Mission und die Rolle der Kirche und die Existenz eines objektiven Naturgesetzes anzuerkennen, öffnete gleichzeitig den Weg für die Ausbreitung des Relativismus und der anderen Religionen, angefangen beim Islam. Dadurch, dass den Staaten jegliche Form einer religiösen und moralischen Zensur gegenüber einer sich ausbreitenden Entchristianisierung entzogen wurde, konnte der Relativismus Fuß fassen. Der Islam beanspruchte im Namen dieser Religionsfreiheit den Bau von Moscheen und Minaretten, die an Zahl den Neubau von Kirchen übertreffen sollten, während bestehende

---

[94] Vgl. D. GONNET, *L'apport de John Courtney Murray*, 205-215.
[95] Text in: AS IV/7, 663-673.
[96] Vgl. D. STAFFA, Art. *Foro*, in: EC V, 1531-1534.

Kirchen aufgegeben und in Hotels und Supermärkte umgewandelt werden.

5. Das Schema XIII: Kritik von entgegengesetzten Seiten

a) Die Präsentation des Schemas

Am 21. September, in der 132. Generalkongregation, beendete das Konzil die Debatte über die Religionsfreiheit und begann die Diskussion der Pastoralkonstitution über die *Kirche in der Welt von heute*, des sog. Schemas XIII, dessen Zahl es als Letztes in der logischen und chronologischen Ordnung der Konzilsdokumente kennzeichnete.[97] Der Entwurf, so schrieb Raniero La Valle in ‚L'Avvenire d'Italia', war dazu bestimmt, *„den Menschen den vorgerückten Punkt, sozusagen die neue Grenzlinie aufzuzeigen, zu der die Kirche seit dem großartigen Zeugnis von Johannes XXIII. in diesen Jahren vorgestoßen ist und vorstößt"*[98].

Zu Beginn des Februarmonats 1965 war das Schema im Verlauf einer Arbeitswoche in Ariccia bei Rom insgesamt revidiert worden; 29 Konzilsväter, 38 Experten und ungefähr 20 Laien hatten daran teilgenommen, ohne die Hörer und Hörerinnen mitzuzählen.[99] Es war dies erst der Beginn eines rasanten Durchlaufs neuer Revisionen des Textes (sieben für den doktrinellen Teil und ebenso viele für die ‚Anhänge'), bei denen Msgr. Philips[100] eine Hauptrolle spielte und die stärkste Kritik von Msgr. Karol Wojtyła kam, dem

---

[97] Text in: AS IV/3, 435-552. Vgl. G. TURBANTI, *Un concilio per il mondo moderno. La redazione della costituzione pastorale "Gaudium et Spes" del Vaticano II*, Bologna 2000; vgl. auch J. A. KOMONCHAK, *Le valutazioni sulla "Gaudium et Spes": Chenu, Dossetti, Ratzinger*, in: JOSEPH DORÈ / A. MELLONI, *Volti di fine Concilio. Studi di storia e teologia sulla conclusione del Vaticano II*, Bologna 2001, 116-153, 125-136. Chenus Rede wurde wiederveröffentlicht in: *Peuple de Dieu dans le monde*, Paris 1966, 11-34.

[98] R. LA VALLE, *Il Concilio nelle nostre mani*, 102.

[99] Vgl. C. MOELLER, *L'elaboration du schéma XIII*, 108-114; G. TURBANTI, *Un concilio per il mondo moderno*, 502-614.

[100] Vgl. C. MOELLER, *L'elaboration du schéma XIII*, 116-120.

Verfasser eines alternativen Entwurfs, der nicht angenommen wurde. Nach seiner Prüfung durch die zentrale Unterkommission und die gemischte Kommission (Theologische Kommission und Koordinierungskommission) wurde der Text schließlich am 11. Mai von der Koordinierungskommission und am 28. Mai vom Papst approbiert. Aber Kard. Ruffini vertraute Kard. Siri an, das Schema XIII *„sollte gründlich umgearbeitet werden, um auf die spezifische Sendung der Kirche auszurichten; andernfalls würde das Konzil eine Sektion der UNO werden“*[101].

Die deutschen und französischen Theologen, die untereinander über die Beurteilung des Textes uneins waren, trafen sich am 17. September bei der Regina Mundi zu einer Zusammenkunft der Arbeitsgruppe *„Konzilsstrategie“*[102]. *„Man soll das Schema XIII nicht ablehnen oder umstürzen, denn dies hieße den Konservativen in die Hände arbeiten, sondern man muss es verbessern“*, empfahl Congar.[103]

Am 21. September wurde der Text in der Aula von Msgr. Garrone präsentiert, da der Relator Msgr. Guano krank war; er betonte, dass die Frage des Menschen *„die Seele des ganzen Schemas“* sei, das die Grundzüge einer *„christlichen Anthropologie“*[104] in knapper Form darbieten wolle. Am folgenden Tag verteidigte Chenu in einem Vortrag im Holländischen Dokumentationszentrum das Schema XIII voller Leidenschaft, womit er vor allem auf die Vorbehalte reagierte, die von deutschen Theologen vorgebracht wurden[105]. Die Kritik am Text, der, wie Alberigo schreibt, eher das Erscheinungsbild *„eines soziologischen Traktates als eines Konzilsdekretes“*[106] aufwies, kam in der Tat von entgegengesetzten Seiten der Konzilsversammlung.

Am Ende der Debatte sagte Msgr. Garrone, die Kommission würde alle Anmerkungen berücksichtigen und sich bemühen, einen neuen Text zu erstellen, der kürzer und klarer sei.

---

[101] Brief von Kard. E. Ruffini an Kard. G. Siri vom 12. August 1965.

[102] Der Ausdruck stammt von Congar, der einen Bericht von der Zusammenkunft gibt: CONGAR, *Journal*, Bd. II, 394.

[103] Ebd., 394-395.

[104] AS IV/1, 553-558.

[105] ‚L'Avvenire d'Italia', 23. September 1965, und G. TURBANTI, *Un concilio per il mondo moderno*, 643-651.

[106] G. ALBERIGO, *Breve storia del Concilio*, 139.

b) Kritik am Optimismus des Dokumentes

Die deutschsprachigen Bischöfe und Theologen wie Rahner[107] und Ratzinger[108] beanstandeten den allzu optimistischen Ton des Dokumentes, der ihrer Ansicht nach auf den Einfluss französischer Theologen zurückzuführen war. Bischof Höffner[109] von Münster äußerte im Name von 84 deutschsprachigen Bischöfen, dass das dritte Kapitel, das vom sozialen und ökonomischen Leben des Menschen handelte, zur Gänze umgearbeitet werden müsste, weil der Text den Eindruck vermittelte, die aufrichtige Zusammenarbeit unter den Menschen wäre die einzige Bedingung für eine gerechte soziale Ordnung. Kard. Döpfner[110], der im Namen von 91 deutschsprachigen und skandinavischen Konzilsväter sprach, stellte fest, dass das Schema große Fortschritte gemacht habe, aber die natürliche und die übernatürliche Ordnung dort nicht klar genug getrennt und die schwerwiegenden Folgen des Status der Sünde nicht angemessen dargelegt seien. Auch die Gruppe von Bologna machte ihre Vorbehalte deutlich. Dossetti schrieb für Kard. Lercaro eine Intervention, die das ganze Schema in Frage stellte und alle *„Mängel und Zweideutigkeiten"*[111] aufzeigte. Es gab darin, erklärte Lercaro, einen großen Unterschied zwischen *„einem ganz übernatürlichen christlichen Optimismus"* und einem *„naturalistischen Optimismus, der leichthin und schüchtern der Phänomenologie des menschlichen Fortschrittes folgt bzw. nachgibt und der das Prinzip nicht kennt bzw. meidet, wonach jeder Mensch und jede Sache ‚mit Feuer gesalzen wird' (Mk 9,49), mit dem Feuer des Kreuzes und des Geistes Christi"*[112].

---

[107] Vgl. K. RAHNER, *Über den Dialog in der pluralistischen Gesellschaft*, in: Stimmen der Zeit 176 (1965), 321-330.

[108] Vgl. J. RATZINGER, *Angesichts der Welt von heute. Überlegungen zur Konfrontation mit der Kirche im Schema XIII*, in: Wort und Wahrheit 20 (1965), 439-504.

[109] Joseph Höffner (1906-1987), 1932 zum Priester geweiht, 1962 Bischof von Münster, 1969 Titularerzbischof von Aquileia und Koadjutor von Köln. Im selben Jahr wurde er Erzbischof von Köln und Kardinal.

[110] AS IV/2, 28-33.

[111] Text in: AS IV/1, 761-764. Zum italienischen Original vgl. G. LERCARO, *Per la forza dello Spirito*, 253-261. Vgl. auch J. A. KOMONCHAK, *Le valutazioni sulla "Gaudium et Spes"*, 136-144.

[112] G. LERCARO, *Per la forza dello Spirito*, 255-256.

Kard. Bea[113] kritisierte das wenig verständliche Latein des Dokumentes und verlangte seine stilistische Überarbeitung, um eine wirksame Verbreitung in den modernen Sprachen zu erreichen. Am 22. September beklagte Kard. Ruffini[114] die Tatsache, dass die Kirche gleichsam *„auf Knien"*, *„in einer schuldbewussten Haltung gegenüber der Welt"*[115] dargestellt würde. Kard. Siri[116] und Kard. König[117], der nach ihm das Wort ergriff, forderten, dass in das Dokument grundlegende Elemente aufgenommen werden sollten wie die Sünde, die Wahrheit des Kreuzes, die Notwendigkeit der Buße und die Hoffnung auf Auferstehung in Christus.

Erzbischof Amici[118] von Modena, der als Wortführer einer Gruppe italienischer Bischöfe auftrat, verfocht die Auffassung, dass der gesamte Text einer Revision bedürfe, weil weder die Form noch der Inhalt zufriedenstellend ausfielen. Da das Schema denen, die die echt christliche Konzeption des Lebens kennenzulernen wünschten, so wenig vermittele, gelänge es ihm nicht, eine Positionsbestimmung für den Dialog mit den modernen Menschen vorzunehmen.

Titularbischof Giuseppe D'Avack[119] von Leontopolis erschien das Dokument durchtränkt von Naturalismus. Zumindest in den Schlussbemerkungen, forderte er, sollte das Schema das *„Geheimnis des Christentums"* darlegen, ein *„Geheimnis"*, dessen Liebe man nur mit Hilfe der Gnade erfahren könne, die Christus dem Menschen durch das Kreuz erworben habe.[120]

Am 23. September sprach Msgr. Lourdusamy[121], Koadjutor des Erzbischofs von Bangalore, im Namen von 62 indischen Bischöfen;

---

113 AS IV/1, 576-596.

114 AS IV/2, 21-23.

115 Ebd., 22.

116 Ebd., 24-25.

117 Ebd., 26-27.

118 Ebd., 34-36. Giuseppe Amici (1901-1977), 1926 zum Priester geweiht, 1951 zum Bischof von Troia geweiht, 1954 Bischof von Foggia und 1955 von Cesena, 1956 Erzbischof von Modena.

119 Giuseppe D'Avack (1899-1979), 1923 zum Priester geweiht, 1946 bis 1964 Erzbischof von Camerino, dann Titularerzbischof von Leontopolis in Pamphylien.

120 AS IV/2, 44-45.

121 Duraisamy Simon Lourdusamy (1924), Inder, 1951 zum Priester geweiht, 1962 Weihbischof von Bangalore und Titularbischof von Sozusa, 1964 Koadjutor-Erzbischof von Bangalore und Titularerzbischof von Philippi, 1996 zum Kardinal erhoben.

er sicherte dem Text seine Unterstützung zu, verlangte aber auch seinerseits einige Verbesserungen in der Gestalt, dass die Argumentation des Schemas eher auf Theologie als auf Naturphilosophie basieren solle.[122]

Zustimmung kam von Kard. Rugambwa[123] (Bukoba, Tansania) und Kard. Shehan[124] (Baltimore), während Msgr. Antonio de Castro Mayer Kritik übte, weil der Text die Unvereinbarkeit zwischen der christlichen Weltanschauung und der vom dialektischen Marxismus verfochtenen marxistischen Weltsicht nicht herausstellte.[125] Unter den vielen Rednern, die anschließend das Wort ergriffen, war zum einen Kard. Frings. Er forderte eine völlige Umgestaltung des Textes aufgrund der dort zu findenden gefährlichen Vermischung zwischen dem menschlichen Fortschritt als Resultat des Dialoges und dem übernatürlichen Heil als Frucht der kirchlichen Sendung.[126] Zum anderen sprach am 28. September auch der Erzbischof von Krakau, Karol Wojtyła. In seiner Rede, die nach Meinung einiger seine bedeutendste Rede auf dem Zweiten Vatikanischen Konzil war[127], brachte er erneut seine personalistische Anthropologie zum Ausdruck, die er in der Aula bereits dargelegt hatte.[128]

Die Vorschläge fielen ganz unterschiedlich aus. Von einer Bitte an den Papst, *„die universale Brüderlichkeit der Menschen"* dogmatisch zu definieren (Soares de Rezende[129], Bischof von Beira in Mosam-

---

[122] AS IV/2, 380-383.

[123] Ebd., 366-368. Laurean Rugambwa (1912-1997), aus Tansania, 1943 zum Priester geweiht. 1953 bis 1968 Bischof von Bukoba, 1960 zum Kardinal erhoben. 1968 bis 1992 Erzbischof von Dares-Salaam. Mitglied der Kommission für die Missionen.

[124] AS IV/2, 368-370. Lawrence Shehan (1898-1984), Nordamerikaner, 1922 zum Priester geweiht. 1961 bis 1974 Erzbischof von Baltimore, 1965 zum Kardinal erhoben. Mitglied der Kommission für die Disziplin des Klerus und des christlichen Volkes.

[125] AS IV/2, 371-373.

[126] Ebd., 405-406, 406.

[127] Vgl. GEORGE WEIGEL, *Zeuge der Hoffnung. Johannes Paul II. Eine Biographie*, übers. v. CHRISTIANA GOLDMANN, WILFRIED HOF, KARL NICOLAI, INGRID PROß-GILL, 3. erw. Aufl. 2011, 175 (allgemeiner über seine Anwesenheit auf dem Konzil 159-186; Originaltitel: *Witness to hope: the biography of Pope John Paul II*, Cliff Street Books, New York 1999), und *Actes et acteurs*, 105-129. Der Text der Rede in: AS IV/2, 660-663.

[128] AS III/5, 298-300 und 680-683.

[129] AS IV/2, 643-645. Sebastião Soares de Rezende (1906-1967), Portugiese, 1928 zum Priester geweiht, von 1943 bis zu seinem Tod Bischof von Beira (Mosambik).

bik) bis zu einer Klage seitens Bischof Ddungus[130] von Masaka in Uganda – er sprach im Namen von 94 Bischöfen –, dass das Thema der Rassendiskriminierung zu oberflächlich und zu unklar behandelt würde: lediglich vier Zeilen seien dem Problem und seiner Lösung gewidmet[131]. Msgr. Fernandes[132], Auxiliar des Erzbischofs von Delhi, der im Namen aller indischen Bischöfe und mehr als hundert anderer Konzilsväter aus Asien, Afrika, Europa, Lateinamerika und Kanada sprach, forderte die Schaffung einer ständigen Kommission nach dem Konzil *„zur Förderung der internationalen Gerechtigkeit und der gemeinsamen Entwicklung aller Völker"*.[133]

c) Erneute Berufung auf Teilhard de Chardin in der Aula

Msgr. Méndez Arceo, der am 28. September das Wort ergriff, wollte stattdessen auf das *„unerklärliche Schweigen"* des Schemas zur Psychoanalyse aufmerksam machen, bei der es sich um eine echte *„wissenschaftliche Revolution"* handle, die Freuds *„geniale Entdeckung"* auf eine Ebene mit den Entdeckungen von Kopernikus und Darwin stelle.[134] In dieselbe Richtung gehend äußerte sich der indische Erzbischof D'Souza: *„Vergangenes Jahr hat einer der Moderatoren ausgerufen: ‚Ein Fall Galilei genügt'. Doch stattdessen hatten wir unter anderem den Fall Lammenais, den Fall Darwin, den Fall Marx, den Fall Freud und zuletzt den Fall Teilhard de Chardin."*[135] Msgr. Câmara, der Msgr. D'Souza als *„einen Freund"* und *„einen großen Konzilsvater"* ansah,[136] beklagte jedoch die übermäßige Deutlichkeit der Intervention, die kontraproduktiv sein könnte. Kard. Suenens, der nicht anders dachte, war seiner Ansicht nach geschmeidiger: *„Wenn Pater Mi-*

---

130 Adrian Kivumbi Ddungu (1923-2009), aus Uganda, 1952 zum Priester geweiht. 1961 bis 1998 Bischof von Masaka (Uganda).

131 AS IV/3, 110-111.

132 Angelo Fernandes (1913-2000), Inder, 1937 zum Priester geweiht. 1959 bis 1967 Koadjutor-Erzbischof von Delhi.

133 AS IV/2, 720-722.

134 Ebd., 625-628

135 Ebd., 477-479, 478.

136 CÂMARA, *Lettres Conciliaires*, Bd. II, 843.

chel (Suenens) *große Geschosse abfeuert, so tut er es nicht in der Basilika, sondern in der Presse.*"[137]

Der Großmeister Marsaudon hatte in dem Buch, das Msgr. Lefebvre in der Aula zitiert hatte, den kosmischen Evolutionismus von Teilhard de Chardin als den Berührungspunkt zwischen Freimaurerei und Christentum ausgemacht.

> *„Im Bereich der Erkenntnis, der Philosophie und der Metaphysik gibt es Annäherungen. Zwischen der freimaurerischen Formel vom Großen Baumeister des Universums und Teilhard de Chardins Punkt Omega lässt sich kaum ein Unterschied erkennen, der die Intellektuellen daran hindern könnte, sich zu verstehen. In der gegenwärtigen Phase ist Teilhard de Chardin sicher der meistgelesene Autor, sei es in den Logen oder in den Seminaren."*[138]

Auch Msgr. de Proença Sigaud evozierte den Namen des französischen Jesuiten, jedoch um seinen Einfluss auf das Konzil stark zu kritisieren.[139] Für den Erzbischof von Diamantina hatte man sich im Schema XIII auf Teilhard de Chardins gefährliche Idee von der *„Weltschöpfung"* berufen und dabei vergessen, dass auch der Turm von Babel eine neue Weltschöpfung sein wollte.

> *„Diese teilhardsche Idee von der Weltschöpfung mit Gott ist gefährlich. Der Turm von Babel war eine ‚Weltschöpfung' gewesen. Der Hedonismus der Griechen und der Römer war eine ‚Weltschöpfung' gewesen. Jedoch hat er sie nicht zur Gott geführt, sondern zur Sünde und zur Verdorbenheit und letztlich zur Zerstörung der Völker."*[140]

d) Überbevölkerung und Geburtenkontrolle

Im Verlauf der Diskussion über das Schema XIII wurde am 29. September erneut das Problem der christlichen Ehe und der *„Geburten-*

---

[137] Ebd.
[138] Y. MARSAUDON, 60.
[139] AS IV/2, 47-50.
[140] Ebd., 49.

kontrolle" behandelt.[141] Der Text enthielt einige Prinzipien allgemeinen Charakters, indem er besagte, dass es den Eheleuten zukomme, *„die Zahl der Kinder zu bestimmen"*, doch ohne den Modus zu spezifizieren, wie dies geschehen könne. Kard. Ruffini hielt die Natur der Ehe für sehr schlecht beschrieben, die sich sehr viel klarer aus *Casti connubii*[142] von Pius XI. ergebe, insbesondere was die Unterscheidung zwischen den primären und den sekundären Ehezwecken betreffe.[143] Die sekundären Ehezwecke würden in dem Schema derart gepriesen, dass sie unverzichtbar erschienen, auch wenn dies die Bedeutung hätte, *„die Fortpflanzung zu verhindern"*. Der Kardinal hob die Partien des Textes hervor, die seiner Ansicht nach über das Vorgehen der Eheleute Zweifel und Unsicherheit zu säen schien. So hieß es auf S. 49 des Dokuments, dass die Eheleute bei Gründung und Leitung der eigenen Familie *„von ihrem Gewissen geleitet werden müssen, das durch das Gesetz Gottes in rechter Weise geformt sein soll, und es ihre Aufgabe ist, die Zahl der Kinder zu bestimmen, wie die Gaben Gottes und die Weisung der wahren Liebe dies erlauben."*[144] Eine solche Ausdrucksweise könnte laut dem Kardinal Zweifel und Unsicherheit auch bei ehrbaren und frommen Eheleuten hervorrufen, nicht nur hinsichtlich der *vexata quaestio* dessen, was in geschmackloser Weise die ‚katholische Pille' genannt werde, sondern auch in Bezug auf die generelle Regelung des Ehelebens. Insbesondere brachte das Schema eine Wahrheit von allergrößter Bedeutung nicht zum Ausdruck: dass es immer schändlich, unehrbar und gegen die Natur ist, den ehelichen Akt vorsätzlich seiner natürlichen Zeugungskraft zu berauben.

Das Schema wurde dagegen von den Kardinälen Léger[145], Suenens[146] und Colombo[147] verteidigt. Léger nannte die Entscheidung, die Lehre von *Casti connubii* Pius XI. erneut vorzulegen *„sehr schwerwiegend"*. Colombo erklärte sich zwar zugunsten der ‚personalisti-

---

[141] J. Grootaers / J. Jans, *La régulation des naissances à Vatican II: une semaine de crise*, Peeters, Louvain 2002.

[142] AS IV/3, 17-20.

[143] Pius XI., Enzyklika *Casti connubii*, 541-573. *„Unter den Gütern der Ehe"* – besagt die Enzyklika – *„nimmt die Nachkommenschaft die erste Stelle ein"* (DH 3704).

[144] AS IV/3, 18.

[145] Ebd., 21-25.

[146] Ebd., 30-33.

[147] Ebd., 33-37.

schen' Sichtweise der Ehe, bekräftigte jedoch die Gründe für eine klare Ablehnung der empfängnisverhütenden Praktiken.

Am 7. Oktober verlieh Bischof Mariano G. Gaviola[148] von Cabanatuan City (Philippinen) in der Aula seiner Überraschung darüber Ausdruck, welche Haltung die Väter zur ,Bevölkerungsexplosion' einnahmen. Die Tatsache, dass das Schema das Recht der Eltern bejahe, die Zahl ihrer Kinder selbst zu bestimmen, sagte er, sei überraschend, weil *„es jener Theorie rechtzugeben scheint, der zufolge die Überbevölkerung der Erde in nicht allzu langer Zeit eine sichere Realität sein wird"*. Jedermann wisse, fügte Msgr. Gaviola hinzu, dass die Verfechter der Geburtenkontrolle und der Familienplanung *„ihre Hauptargumente aus der Theorie der Überbevölkerung nehmen"* und dass oft *„ihr wahres Motiv eher der ökonomische Profit ist als eine wirkliche Sorge um das Gemeinwohl"*.[149] Der Bischof schloss mit einem Appell, um *„die große Zahl echt christlicher Familien"*, die die ihnen von Gott anvertrauten Kinder annehmen, *„nicht in Vergessenheit geraten zu lassen"*.[150]

Eine „Bombe", die in der Aula platzte, wie die Zeitungen schrieben, war am 29. September die Intervention von Msgr. Elias Zoghbi[151], dem melkitischen Patriarchalvikar in Ägypten. Der Würdenträger stellte tatsächlich die Unauflöslichkeit der Ehe in Frage; er verteidigte bei einem geschiedenen Ehepaar den ,unschuldigen Ehepartner' und wünschte, dass das Konzil in diesem Fall beschließe, nach der Praxis der orthodoxen Kirchen zu verfahren.[152] Das *,dossier'* für die Ausarbeitung seiner Intervention hatte der Benediktiner Dom Olivier Rousseau, Schüler von Dom Beauduin, vorbereitet.[153] Am folgenden Morgen antwortete ihm Kard. Journet mit einer energischen Rede, worin er bekräftigte, dass das positive göttliche Gebot der Unauflöslichkeit der Ehe für die Kirche keine Ausnahmen

---

148 Mariano Gaviola y Garcés (1922-1998), von den Philippinen, 1949 zum Priester geweiht, Bischof von Cabanatuan (1963-1967), später Titularbischof von Girba (1967) und Erzbischof von Lipa (1981-1992).

149 AS IV/3, 645-647, 645.

150 Ebd., 647.

151 Elias Zoghbi (1912-2008), Ägypter, 1936 zum Priester geweiht. Melkitischer Patriarchalvikar für Ägypten, 1954 von der Regierung Nasser inhaftiert, 1982 von terroristischen Nasser-Anhängern entführt.

152 Vgl. AS IV/3, 45-48.

153 Vgl. E. LANNE, *Il monastero di Chevetogne*, 537-538.

oder Abweichungen zulasse.[154] Wie P. Wenger erwähnt, war Kard. Journet von Paul VI. persönlich gebeten worden, zu intervenieren, und hatte an seinem Text bis ein Uhr nachts gearbeitet.[155]

Andere Redner hielten sich bei der Unterscheidung zwischen erstem und zweitem Ehezweck auf. P. Schillebeeckx erhob in einem Vortrag am 29. September den Anspruch, im Namen des hl. Thomas das Prioritätsverhältnis der Ehezwecke umzukehren, das von der Tradition und vom kirchlichen Lehramt festgelegt war.[156] Am 23. Oktober 1965 verbrachte Kard. Suenens über eine Stunde bei Paul VI. und bat nachdrücklich um 1) die radikale Reform der Kurie; 2) die Einrichtung nachkonziliarer Kommissionen zur Umsetzung des Zweiten Vatikanums; 3) und vor allem eine klare Stellungnahme zugunsten der Geburtenbeschränkung. Zu diesen Anliegen antwortete der Papst: *„Wenn wir so verfahren, versetzen Sie sich einmal in meine Haut: Stellen Sie sich vor, Sie wären der Papst und schrieben eine Erklärung, die er vor Gott und mit Blick auf die Menschheit schreiben würde. Bringen Sie mir diese Erklärung unverzüglich, und ich verspreche, sie auf den Knien zu studieren."*[157] Suenens ließ sich nicht lange bitten, und nach einer Beratung mit Msgr. Albert Prignon, dem Rektor des belgischen Kollegs, Msgr. Joseph Reuss, dem Auxiliar von Mainz, und Msgr. Victor Heylen, Professor für Moraltheologie in Löwen, brachte er dem Papst einen Text, den Câmara als *„ein Meisterwerk"*[158] bezeichnet.

Unter den Interventionen, die folgten, sorgte jene des neuen Turiner Erzbischofs Michele Pellegrino[159], früher Professor für antike christliche Literatur, für Aufsehen; er appellierte für die Freiheit der Forschung und kritisierte die exzessiven Strafmaßnahmen während der Modernismuskrise, wobei er hinzufügte, dass diese bis in die jüngste Zeit angedauert hätten.[160] *„Ich habe einen Ordensmann*

---

[154] Vgl. AS IV/3, 58-59.

[155] Vgl. A. Wenger, *Discussione*, in: *Paolo VI e il rapporto Chiesa-mondo*, 39.

[156] Vgl. R. La Valle, *Il Concilio nelle nostre mani*, 189-192.

[157] Câmara, *Lettres conciliaires*, Bd. II, 952.

[158] Ebd.

[159] Michele Pellegrino (1903-1986), 1925 zum Priester geweiht. 1943 bis 1965 Professor an der Universität von Turin 1965 Erzbischof von Turin, 1967 zum Kardinal erhoben. Vgl. *Padre Michele Pellegrino, testimonianze e ricordi*, Edizioni Diocesi di Fossano, Fossano 2003.

[160] Vgl. AS IV/3, 135-137.

kennengelernt", sagte Msgr. Pellegrino, *„der im unfreiwilligen Exil lebt, weil er Ideen ausgesprochen hat, die man heute in den Konzilsdokumenten lesen kann. Es gibt viele ‚periti' des Konzils, die einen großen Einfluss ausüben und die in der Vergangenheit dieselben Schwierigkeiten erlebt haben."*[161]

So endete am 1. Oktober die Diskussion zum Kapitel des Schemas XIII, das sich mit der Ehe beschäftigte.

6. Paul VI. bei der UNO: ein symbolisches Ereignis

a) Die Rede im Palazzo di Vetro

Es gibt Geschehnisse, die durch ihren Symbolcharakter die Geschichte tiefer kennzeichnen, als es ein Buch oder ein Lehrdokument vermögen. Ein solches Geschehen war sicherlich der Besuch Pauls VI. bei den Vereinten Nationen in New York am 4. Oktober 1965, ein Ereignis, das der letzten Konzilsperiode eine entscheidende Ausrichtung verlieh. Es war der Festtag des hl. Franz von Assisi, und in diesem Jahr kehrte zudem der 20. Jahrestag der Gründung der Vereinten Nationen wieder.[162] Der Papst wurde im Palazzo di Vetro vom Generalsekretär der Institution, dem Birmaner U-Thant, und vom Turnus-Präsidenten der Versammlung, dem Italiener Amintore Fanfani, empfangen. Es waren ungefähr 2000 Delegierte als Vertreter von 115 Ländern anwesend, was fast die Gesamtheit der Nationen in der Welt ausmachte. Um 15.30 Uhr hielt der Papst seine mit Spannung erwartete Rede auf dem grünen Marmorpodium des großen Saales des Palazzo di Vetro.[163] Paul VI., der auf Französisch sprach, bezeichnete sich als *„Experten in Sachen Humanität"* und lobte den der Menschheit erwiesenen Dienst der UNO, einer Organisation, der die Aufgabe zukomme, den *„Frieden zu sichern"*.

---

[161] Ebd., 136.

[162] Vgl. R. MOROZZO DELLA ROCCA, *L'umile dovere di servire la pace*, in: ‚L'Avvenire', 20. April 2008; EMMA FATTORINI, *Il Papa "esperto di umanità"*, in: ‚Il Sole 24 ore', 13. April 2008.

[163] Vgl. PAUL VI., *Discours à l'organisation des Nations Unies à l'occasion du 20ème anniversaire de l'organisation*, in: *Insegnamenti*, Bd. III (1965), 507-516.

„Unsere Botschaft will an erster Stelle eine moralische und feierliche Bestätigung dieser edlen Institution sein. Diese Botschaft kommt aus Unserer geschichtlichen Erfahrung; Wir als ‚Experten in Sachen Humanität' rufen auf diese Organisation die Fürbitte Unseres letzten Vorgängers, des gesamten katholischen Episkopates sowie Unsere eigene herab, da wir überzeugt sind, dass sie den obligatorischen Weg für die moderne Zivilisation und für den Weltfrieden verkörpert."[164]

Paul VI., der *„die schwerste Bedrohung für den Bruch des Friedens"* in den *„Ungleichheiten zwischen den Klassen und zwischen den Nationen"* erblickte, ließ sodann mit bebender Stimme einen Ruf gegen den Krieg erschallen:

„Ihr erwartet von Uns dieses Wort, das nicht ohne Würde und Feierlichkeit ertönen kann: nicht die einen gegen die anderen, nicht mehr, nie mehr! Vornehmlich zu diesem Zweck ist die Organisation der Vereinten Nationen entstanden; gegen den Krieg und für den Frieden! Vernehmt die Worte eines großen Verstorbenen, John Kennedys, der vor vier Jahren verkündet hat: ‚Die Menschheit muss dem Krieg ein Ende bereiten, oder der Krieg wird der Menschheit ein Ende bereiten.' Es braucht nicht viele Worte, um dieses höchste Ziel dieser Institution zu verkünden. Es genügt, daran zu erinnern, dass das Blut von Millionen Menschen und die zahllosen unerhörten Leiden, unnützen Gemetzel und entsetzlichen Verwüstungen den Vertrag, der euch verbindet, mit einem Schwur bekräftigen, der die künftige Geschichte der Welt verändern muss: nie wieder Krieg, nie wieder! Der Friede, der Friede muss die Geschicke der Völker und der gesamten Menschheit lenken!"[165]

---

[164] Ebd., 517. In der *„brüderlichen Zusammenarbeit der Völker"*, wie sie von den Vereinten Nationen gefördert wurde, sah Paul VI. die Verwirklichung *„des Ideals einer Menschheit als Pilgerin in der Zeit"* und erkannte, *„wie die Botschaft des Evangeliums aus einer himmlischen zu einer irdischen wird"* (ebd., 521).

[165] Ebd., 519-520.

Der Ausruf *„jamais plus la guerre, jamais plus la guerre"*[†] fasst die Bedeutung der päpstlichen Reise zusammen. Der amerikanische Kolumnist Walter Lippman erblickte den Kerngehalt der Reise in der *„moralischen Bekräftigung"* der Vereinten Nationen seitens des Papstes und in der Botschaft, der zufolge *„der erste Kreuzzug der Menschheit der Kreuzzug gegen den Krieg und für den Frieden ist"*[166].

In New York traf Paul VI. mit dem Außenminister der Sowjetunion Gromyko zusammen, der in einer offiziellen Audienz empfangen wurde, *„deren Bedeutung durch den Ort aufscheint"*, wie das Kommuniqué der sowjetischen Nachrichtenagentur Tass versicherte.[167] Bei der kurzen Begegnung, erwähnt Gromyko, ging der Papst auf die Möglichkeit einer Zusammenarbeit zwischen verschiedenen Ideologien zugunsten des Friedens ein.[168]

An dem Tag, an dem sich Paul VI. bei der UNO befand, verlangte Msgr. Bettazzi die Kanonisierung von Papst Johannes, des *„Vaters und Lehrers aller Menschen guten Willens"*.[169] Die Initiative wurde für unklug erachtet und von Kard. Suenens blockiert, was auch auf Wunsch von Paul VI. geschah.[170]

b) Der Friedensappell in der Konzilsaula

Am 5. Oktober, bei seiner Rückkehr aus New York, zog der Papst vor dem versammelten Konzil ein Resümee der Bedeutung seiner Mission. Paul VI. traf direkt vom Flughafen in der Basilika von St. Peter ein und, als er den Kirchenraum betrat, übertönte der Applaus

---

[†] *nie wieder Krieg, nie wieder Krieg.*

[166] R. LA VALLE, *Il Concilio nelle nostre mani*, 252. Abbé de Nantes seinerseits erblickte den Beginn einer Epoche, in der *„die Kirche die alte Ordnung der Christenheit, ihres Glaubens und ihrer Kreuzzüge durch ihr Schweigen verleugnet"* (‚Lettres à mes amis', Nr. 215 vom 31. Oktober (Christkönig) 1965), um ihre „Vermählung" mit der Welt zu feiern (‚Lettres à mes amis', Nr. 218 vom 8. Dezember 1965).

[167] Vgl. V. GAIDUK, 29.

[168] Vgl. ANDREJ GROMYKO, *Memorie*, ital. Übers., Milano 1989, 218-219 {Originaltitel: *Pamjatnoe*, 2 Bde., Izdatel'stvo politiceskoj literatury, Moskau 1988; dt.: *Erinnerungen*. Aus d. Engl. v. HERMANN KUSTERER, Düsseldorf/Wien/New York 1989}.

[169] AS IV/3, 258-261.

[170] Vgl. G. ALBERIGO, *Breve storia del Concilio*, 141.

den Gesang des *Tu es Petrus* vollständig. Er wandte sich an die Konzilsväter und sprach auf Latein:

„Wir Sagen dem Herrn Dank, verehrte Brüder, dass wir die Gelegenheit erhalten haben, in gewissem Sinn den Menschen auf der ganzen Welt die Botschaft des Friedens zu verkünden. Niemals zuvor hat diese Botschaft des Evangeliums eine größere Hörerschaft erreicht und – auch dies können wir sagen – eine Hörerschaft, die bereitwilliger und begieriger war, diese Botschaft zu vernehmen ...". „Wir bedauern", fügte der Papst hinzu, *„dass es unsere bescheidene Person war, die in dieser Glanzstunde als Vermittler aufgetreten ist ...; wir bedauern es, aber dies soll unsere Freude nicht schmälern wegen der prophetischen Geltung, die unserer Botschaft zukommt: im Namen Christi haben wir den Menschen den Frieden verkündet."*[171]

Der Ruf Pauls VI. bei der UNO: *„Nie wieder Krieg! Nie wieder Krieg!"* hallte in der Konzilsaula mehrfach wieder. Auf Verlangen von Kard. Liénart wurde die Rede des Papstes in die Konzilsakten aufgenommen.[172] Liénart trug am 6. Oktober die Ansicht vor, dass angesichts der modernen Waffen die klassische Unterscheidung zwischen gerechtem Krieg und ungerechtem Krieg unnütz sei und die Menschen nicht länger daran denken dürften, ihre Rechte mit den Waffen zu verteidigen.[173] Der Friedensappell Pauls VI. wurde auch von den Kardinälen Alfrink[174] und Léger[175] sowie vom Benediktinerpater Butler[176] aufgegriffen, die eine Verurteilung der Lagerung und des Einsatzes von Atomwaffen seitens des Konzils forderten. Zu dem Problem des Friedens, bemerkte Kard. Duval[177], Erzbischof von Algier, müsse man eine neue Denkweise und einen Gesinnungswandel (*metanoia*) etablieren. Daher sei es erforderlich, in knapper Form deutlich zu machen, inwiefern die Probleme von Hunger, Unwissenheit und Ungerechtigkeit ein Übel darstellten, das

---

[171] AS, IV/1, 36-38, 37.

[172] Ebd., 28-36

[173] AS IV/3, 397-400.

[174] Ebd., 509-510

[175] Ebd., 510-512.

[176] Ebd., 613-617.

[177] Léon-Etienne Duval (1903-1996), Franzose, 1926 zum Priester geweiht, seit 1946 Bischof von Constantine (Hippo) in Algerien, seit 1954 Erzbischof von Algier, 1965 zum Kardinal erhoben.

zum Krieg führt.[178] Ein herzlicher Applaus begrüßte am 7. Oktober das unerwartete Plädoyer von Kard. Ottaviani für den Frieden, die notwendigen Bedingungen seiner Förderung und die Verfolgung des geschichtlichen, nicht utopischen Zieles einer einheitlichen Weltgesellschaft, die alle Nationen der Erde umfassen sollte.[179]

Msgr. Boillon[180], Bischof von Verdun, berichtete in der Aula vom ‚Fasten' für den Frieden, das zwanzig christliche Frauen veranstalteten[181]; es war die erste einer Reihe von ‚gewaltlosen' Aktionen, die die Konzilsära prägen sollten. *„Die Gewaltlosigkeit"*, schrieb die Tageszeitung ‚Le Monde' am 10./11. Oktober, *„hatte in Rom ihren Einzug auf Zehenspitzen gehalten."*

In den Jahren, als der Vietnamkrieg, die Friedensbewegungen und die Dritte-Welt-Aktivisten einen ‚dritten Weg' zwischen Kapitalismus und Kommunismus aufzeigten, erreichte der Appell Pauls VI. auch über seine Intentionen hinaus eine unleugbar politische Bedeutung. Der Historiker Victor Zaslavsky hat dokumentarisch belegt, dass Stalin der Begründer der Friedensbewegung in den 50er-Jahren war; für diesen stellte der *„Kampf für den Frieden"* einen Exportartikel dar, da er natürlich die ‚gerechten Kriege" (der UDSSR und ihrer Verbündeten) den seitens des westlichen Lagers geführten ‚ungerechten Kriegen' gegenüberstellte.[182] In diesem Sinne, so schreibt Riccardo Burigana, *„hat die Rede Pauls VI. über Abrüstung und den Kampf gegen den Hunger in der Welt Themen an erste Stelle gesetzt, die der kommunistischen Propaganda lieb und teuer waren, in klarer Gegenüberstellung zu den Modellen des Westens"*[183].

Die Vereinten Nationen, die 1945 gegründet wurden, übernahmen das ‚ethische' Erbe des Völkerbundes und den utopischen Traum des amerikanischen Präsidenten Woodrow Wilson, eine neue Weltordnung zu errichten, deren Kennzeichen Friede, Fortschritt und Gerechtigkeit ist. Pius XII. hatte der UNO als Modell einer interna-

---

178 AS IV/3, 601-606.

179 Ebd., 642-644.

180 Pierre Boillon (1911-1996), Franzose, 1935 zum Priester geweiht, von 1963 bis 1986 Bischof von Verdun.

181 AS IV/3, 732-735.

182 Vgl. VICTOR ZASLAVSKY, *Lo stalinismo e la sinistra italiana. Dal mito dell'Urss alla fine del comunismo, 1945-1991*, Milano 2004.

183 R. BURIGANA, *Il Partito comunista e la Chiesa*, 223.

tionalen Organisation die katholische Kirche entgegengesetzt, Quelle eines wahren Rechtes und echter Werte. Unter seinem Pontifikat hatte die Jesuiten-Zeitschrift ‚Civiltà Cattolica' die institutionelle Zweideutigkeit der UNO angeprangert, die die UdSSR in ihren Sicherheitsrat zuließ und ihr Vetorecht zugestand, während sie hingegen das Spanien General Francos ausschloss und es bei ihrer zweiten Versammlung verurteilte.[184] Die Vereinten Nationen hatten ihr Scheitern insbesondere bei der sowjetischen Invasion Ungarns 1956 bewiesen und erwiesen sich auf der Ebene des internationalen Rechtes, wie bereits der Völkerbund, als unfähig, Frieden und Sicherheit in der Welt zu garantieren.

Auf ideologischer Ebene wurde seit den 60er-Jahren das sozialkommunistische und feministische Denken zur Leitlinie des internationalen Handelns der UNO, die eine systematische Tätigkeit zur Förderung und Umsetzung einer Anti-Geburtenpolitik begann und zu einem der hauptsächlichen „ideologischen Labore" des antichristlichen Laizismus wurde.[185] 1998 erklärte der Päpstliche Rat für die Familie, dass „ ... *seit ungefähr dreißig Jahren die von dieser Organisation* [der UNO] *geförderten Konferenzen den Effekt gehabt haben, unbegründete Befürchtungen über demographische Fragen, insbesondere in den Ländern der südlichen Hemisphäre, hervorzurufen*"[186]. Und Johannes Paul II. sprach in *Evangelium vitae* von einer *„objektiven Verschwörungen gegen das Leben"*, die implizit auch durch *„internationale Institutionen"* betrieben werde, *„die sich dafür engagieren, regelrechte Kampagnen zur Verbreitung von Empfängnisverhütung, Sterilisierung und Abtreibung zu ermutigen und zu planen"*[187].

---

[184] Siehe die luziden Artikel von Pater A. MESSINEO SJ: *I paradossi della politica internazionale* in: Civiltà Cattolica 2299 (1946), 3-11; DERS., *La seconda assemblea generale delle Nazioni Unite*, ebd., 2318 (1947), 97-105; DERS., *Il declino delle Nazioni Unite*, ebd., 2458 (1952), 373-385. Vgl. auch A. RICCARDI, *Le politiche della Chiesa*, Cinisello Balsamo 1997, 84-100.

[185] Vgl. AGOSTINO CARLONI, *Il fallimento dell'ONU*, in: Cristianità 330-331 (2005), 19-24; und EUGENIA ROCCELLA und LUCETTA SCARAFFIA, *Contro il Cristianesimo. L'ONU e l'Unione Europea come nuova ideologia*, hg. v. ASSUNTINA MORRESI, Piemme, Casale Monferrato (AL) 2005; M. SCHOOYANS, *Il volto nascosto dell'ONU. Verso il governo mondiale*, ital. Übers., mit e. Vorrede v. R. DE MATTEI, Il Minotauro, Roma 2004); R. DE MATTEI, *La dittatura del relativismo*, Solfanelli, Chieti 2008, 47-66.

[186] PÄPSTLICHER RAT FÜR DIE FAMILIE, *Déclaration sur la chute de la fécondité dans le monde*, vom 27. Februar 1998, Nr. 2.

[187] JOHANNES PAUL II., Enzyklika *Evangelium vitae* vom 25. März 1995, Nr. 17.

7. Die nichtchristlichen Religionen und *Nostra aetate*

Am 11. Oktober nahm man in der Aula das Problem der ‚nichtchristlichen' Religionen in Angriff; Kard. König lancierte erneut den Gedanken einer Notwendigkeit des ‚Dialogs' mit ihnen[188]. Er empfahl den Christen, sie sollten sich daran gewöhnen, die nichtchristlichen Religionen in ihrer wahren Bedeutung zu betrachten, die darin bestehe, innere (*ad intra*) Wege nach Gott zu suchen. Die Kirche bilde das notwendige Mittel des Heils für alle Menschen, auch jener, die ihren Glauben nicht in ihr leben, sondern nur subjektiv und implizit auf den Ruf der Gnade antworten. Daher rühre die Notwendigkeit eines Dialogs, der geistig bereit mache für die Akzeptanz der Werte in den nichtchristlichen Religionen (Islam, Hinduismus, Buddhismus), die auf Christus und die Kirche ausgerichtet seien. Am selben Tag wurde ein Dokument des Coetus Internationalis verteilt, in dem man die Konzilsväter aufforderte, sowohl bei der Abstimmung über den größeren Teil der Artikel des Dekretes als auch der Abstimmung über den Gesamttext mit *non placet* zu votieren.

Am letzten Arbeitstag der vorherigen Sitzungsperiode, dem 20. November 1964, hatte mit großer Mehrheit ein stark umgearbeiteter Text die Aula passiert, der mit den Worten *Nostra aetate* begann.[189] Die Sorgen des Coetus betrafen nicht so sehr den Textabschnitt über die Juden, als vielmehr die Partie, die sich den anderen Religionen widmete.

Was die Juden anbelangte, bestand das *punctum dolens* darin, die Verantwortlichkeit des jüdischen Volkes für den Gottesmord getilgt zu haben. Doch der Coetus war bereit, das Dokument mit geringfügigen Verbesserungen zu akzeptieren. Es war hingegen der erste Teil des Textes (Nr. 1-3), der die deutlichste Opposition her-

---

188 Vgl. AS IV/4, 137-138.

189 Die verschiedenen Versionen des Textes sind zusammen mit der Endfassung, die am 28. Oktober 1965 beschlossen wurde, in folgendem Buch veröffentlicht: Marie-Thérèse Hoch und Bernard Dupuy, *Les Églises devant le judaïsme. Documents officiels 1918-1978*, Paris 1980, 321-334.

vorrief.[190] Die Erklärung führte den Vätern des Coetus zufolge dazu, die Unterschiede zwischen dem Christentum und den anderen Religionen zu reduzieren, und damit *„‚führt sie zu einer Verlangsamung der Bekehrung der Völker', während sie andererseits ‚den Elan zu missionieren schwächt und zum Erlöschen bringt'"*.[191]

Weitere Kritik am Text kam von den arabischen Bischöfen und sogar von einigen progressistischen Anhängern. Für P. Laurentin beispielsweise fehlte eine ausdrückliche Verurteilung der traditionellen Lehre vom Gottesmord, die dem französischen Theologen zufolge den Ursprung des Antisemitismus bildete.[192] In der neuen Textfassung waren nach dem Wort *„deplorat"* die Worte *„et damnat"* getilgt worden, die eine klare Verurteilung der Anklage des Gottesmordes aussprachen. Dieselbe Klage brachte Jacques Maritain zum Ausdruck, der der Ansicht war, *„wenn das Konzil eine solche Auslassung hinnimmt, bedeutet das einen großen Schritt rückwärts, zurück hinter die Verurteilung des Rassismus und des Antisemitismus, die Pius XI. ausgesprochen hat"*[193]. Auf der anderen Seite nahm Paul VI. bei der Messfeier am Passionssonntag desselben Jahres in der Predigt an einer römischen Pfarrkirche Bezug auf den Tod Christi und wies die Verantwortlichkeit dafür dem jüdischen Volk zu.[194] Der Theologe Ratzinger berichtete Congar, *„der Papst sei von der kollektiven Verantwortung des jüdischen Volkes für den Tod Christi überzeugt"*[195].

Die arabischen Staaten zeigten sich weiterhin davon überzeugt, dass sich hinter dem Text ein zionistenfreundlicher politischer Plan verberge, und übten auf den Heiligen Stuhl Druck aus, damit dieser ihn aufgebe. Währenddessen hatte Msgr. Carli in den ersten Monaten des Jahres 1965 in zwei Artikeln eine heftige theologische Kritik an dem Schema veröffentlicht, die unter den Konzilsvätern

---

[190] Vgl. M. VELATI, *Il completamento dell'agenda conciliare*, in: *SCV*, Bd. V, 197-284, 225 {dt.: *Die Vervollständigung der Tagesordnung des Konzils*, 215-321, 248}.

[191] Ebd {dt.: ebd., 250}.

[192] Vgl. ebd., 228-231 {dt.: ebd., 252-255}.

[193] Brief von Journet an Paul VI. vom 13. Oktober 1965, in: M. VELATI, *Il completamento dell'agenda conciliare*, in: *SCV*, Bd. V, 231 {dt.: ebd., 256}.

[194] PAUL VI., *Insegnamenti*, Bd. III, 209.

[195] CONGAR, *Journal*, 3. April 1965, Bd. II, 357.

weithin zirkulierte.[196] Der Bischof von Segni führte den Schriftnachweis für die kollektive Verantwortlichkeit der Juden am Tod Jesu.

Die Kardinäle Bea und Lercaro beharrten darauf, die Juden von jeglicher Schuld am Leiden und Sterben Christi freizusprechen; dieses müsste den Sünden aller Menschen zugesprochen werden. Der Päpstliche Hoftheologe Kardinal Luigi Ciappi berief sich auf den hl. Thomas[197] und antwortete, dass die Juden wirklich des Gottesmordes schuldig seien und dass die Kirche sich um ihre Bekehrung bemühen müsse.[198] Ähnlich fielen die Bemerkungen von Kard. Browne aus, dem zufolge der Text nicht den Eindruck vermitteln dürfte, dass die Kirche sage, *„das ... Verharren (der Juden) im Judentum sei nicht schuldhaft"*.[199] Paul VI. nahm die Vorschläge von Ciappi und Browne an, und der Text wurde gemäß diesen Angaben verbessert. Akzeptanz fanden außerdem einige Empfehlungen von Maximos IV. Nach diesen Verbesserungen begaben sich Willebrands, De Smedt und Duprey[200] in den Mittleren Osten, wo sie allen Patriarchen einen Besuch abstatteten. Das Sekretariat bereitete eine arabische Übersetzung des Textes mit einem positiven Abschnitt über die Muslime vor, der dem Abschnitt über das Judentum voranging. Am 13. Oktober teilte Kard. Bea mit, dass der Text erneut verbessert worden war, und er erklärte die Gründe, warum das Wort ‚Gottesmord' in den aufeinander folgenden Redaktionen einmal aufgeführt und ein andermal getilgt worden war.[201]

In einem Vortrag mit dem Titel *Das Problem unserer Haltung gegenüber dem jüdischen Volk*, den Bea einige Tage zuvor vor dem brasilianischen Episkopat gehalten hatte, vertrat Bea die Auffassung, dass man auf Basis einer ausführlichen Untersuchung der Texte des

---

[196] Vgl. L. CARLI, *La questione giudaica davanti al Concilio Vaticano II*, in: Palestra del Clero 44 (1965), 185-203, und *È possibile discutere serenamente della questione giudaica?*, ebd., 465-476. Man siehe auch LÉON DE PONCINIS, *Le problème juif face au Concile*, s.l. 1965.

[197] Vgl. *Summa Theologica* III, q.47, a.5 ad 3.

[198] Vgl. AS V/2, 643-644, 644.

[199] Ebd., 645.

[200] Pierre François Marie Joseph Duprey (1922-2007), Franzose, 1950 zum Priester geweiht, 1983 Sekretär des Päpstlichen Rates zur Förderung der Einheit der Christen, 1990 Titularbischof von Thibaris.

[201] AS IV/4, 722-725.

Neuen Testamentes nicht von einer Schuld des jüdischen Volkes am Verbrechen des Gottesmordes sprechen könne. Dieses spezifischen Deliktes könne man dem Kardinal zufolge nicht einmal die Häupter des jüdischen Volkes beschuldigen, insoweit Zweifel daran bestünden, dass sie ein hinreichendes Verständnis für die gottmenschliche Natur Jesu besessen hätten.[202]

Die Abstimmungen über die Verbesserungen am Schema über die nichtchristlichen Religionen endeten am 15. Oktober. Von 2023 Abstimmenden drückten 1763 Konzilsväter ihre Zufriedenheit mit den Korrekturen am Text aus, während 250 dagegen stimmten; außerdem wurden eine *placet iuxta modum*-Stimme und eine ungültige Stimme abgegeben.[203] Der Text wurde anschließend an Paul VI. gesandt, der entschied, ihn am 28. Oktober in einer öffentlichen Sitzung zur Abstimmung vorlegen zu lassen.

In der Erklärung *Nostra aetate* (Nr. 2) liest man, dass die nichtchristlichen Religionen *„nicht selten einen Lichtstrahl jener Wahrheit wiedergeben, die jeden Menschen erleuchtet"*. Msgr. Pietro Rossano kommentiert diesen Text wie folgt: *„Wir wollen als Beispiel nehmen, dass sich ein Christ, ein Jude, ein Muslime, ein Buddhist, ein Hindu und ein Humanist ohne speziellen religiösen Glauben zusammenfinden, um gemeinsam die Wege und die Mittel suchen, mit denen sie dem Nächsten zu Frieden, Befreiung, Wahrheit, Gemeinschaft und Hoffnung verhelfen können, den höchsten Zielen des menschlichen Lebens auf Erden. Ich frage mich: Bei welchem von ihnen ist der Heilige Geist anwesend? Etwa nur beim Christen?"* Sein Glaube, schließt Rossano, *„ermächtigt ihn nicht zu der Annahme, er sei der alleinige Träger des Heiligen Geistes"*.[204] Es sei angemerkt, dass sich der arabischen und arabisch-christlichen Opposition gegen das Konzilsdokument eine Gruppe katholischer Ge-

---

[202] Vgl. R. LA VALLE, *Il Concilio nelle nostre mani*, 343. Mit einem Vorwort von Kard. BEA erschien ein Bändchen von G. CAPRILE, *La responsabilità degli ebrei nella crocifissione di Gesù* (Edizioni Spiritualità, Firenze 1964), worin man bekräftigte, dass das jüdische Volk vom Vorwurf des Gottesmordes entlastet werden müsse.

[203] AS IV/4, 824.

[204] PIETRO ROSSANO, *Lo Spirito Santo nelle religioni e nelle culture non cristiane*, in: COMUNITÀ DI SANT' EGIDIO, *Il dialogo non finisce. Pietro Rossano e le religioni non cristiane*, hg. v. MARIO MARAZZITI, Brescia 1994, 94-95. Pietro Rossano (1923-1991), 1946 zum Priester geweiht, war bis zu seinem Tod Weihbischof von Rom.

lehrter anschloss, wie der Kairoer P. Georges Anawati[205], die auf der Linie des Orientalisten Louis Massignon[206] seit geraumer Zeit eine neue islamisch-christliche Beziehung verfochten.[207] Massignons Schüler, stellt Riccardi fest, besaßen die Fähigkeit, den Widerstand gegen das Dekret *De Iudaeis* umzuwandeln in die Forderung nach einer Verlautbarung des Konzils über den Islam: *„So fand auch der Islam Eingang in den Konzilstext."*[208]

Die Erklärung *Nostra aetate* sagt in Abschnitt 3: *„Die Kirche betrachtet auch die Muslime mit Wertschätzung, die einen einzigen Gott anbeten, einen lebendigen und in sich seienden, barmherzigen und allmächtigen, den Schöpfer des Himmels und der Erde, der zu den Menschen gesprochen hat."*[209] Abschnitt 16 von *Lumen gentium* integriert den Abschnitt 3 von *Nostra aetate* und bekräftigt die besondere Beziehung (*ordinatio*) der Muslime zum Volk Gottes, weil *„sie bekennen, am Glauben Abrahams festzuhalten, und dadurch mit uns den einzigen Gott anbeten, den barmherzigen, der die Menschen am Jüngsten Tag richten wird"*[210]. Der hauptsächliche Focus der Konzilserklärung *Nostra aetate* lag noch vor dem Judentum auf dem Islam, der zum ersten Mal Gegenstand einer Überlegung wurde, die seine Verwandtschaft mit dem Christentum herausstellte.[211]

---

[205] Georges C. Anawati (1905-1994), ägyptischer Dominikaner, 1939 zum Priester geweiht, bekannt für seine islamwissenschaftlichen Studien, Gründer und Leiter des Institut des Etudes Orientales in Kairo. Lit. von ihm: *Islam e Cristianesimo. L'incontro tra due culture nell'Occidente medievale*, ital. Übers., Vita e Pensiero, Milano 1994; *L'ultimo dialogo. La mia vita incontro all'Islam*, ital. Übers., Marcianum Press, Venezia 2010. Lit. über ihn: JEAN-JACQUES PÉRENNÈS, *Georges Anawati. Un chrétien égyptien devant le mystère de l'islam*, Paris 2008.

[206] Über den französischen Orientalisten Louis Massignon (1883-1962) siehe G. BASETTI SANI, *Louis Massignon (1883-1962)*, Alinea, Firenze 1985; *Louis Massignon et le dialogue islamo-chrétien*, in: *Louis Massignon et le dialogue des cultures*, hg. v. DANIEL MASSIGNON, Paris 1990, 247-264; M. INTROVIGNE, *Louis Massignon. "Il mistico spione"*, in: Il Foglio 12 November 2005.

[207] Vgl. A. RICCARDI, *Le politiche della Chiesa*, 108-109.

[208] Ebd., 108. Zum Thema siehe man FRANÇOIS JOURDAN, *Dieu des Chrétiens, Dieu des musulmans*, préface de RÉMI BRAGUE, Éd. de l'Oeuvre, DL, Paris 2008.

[209] COD, 969.

[210] Ebd., 861.

[211] Vgl. ALEXANDRE DEL VALLE, *Il totalitarismo islamista all'assalto delle democrazie*, ital. Übers., Solinum, Castellazzo Bormida (AL) 2007, 449 {Originaltitel: *Le totalitarisme islamiste à l'assaut des démocraties*, préface de RACHID KACI, Éd. des Syrtes, Paris 2002}.

Viele Progressisten, die so sehr dafür gekämpft hatten, jedes Element einer doktrinellen Unvereinbarkeit zwischen Christentum und Judentum zu beseitigen, fanden sich unter denjenigen, die in der arabisch-israelischen Krise der folgenden Jahre systematisch die arabischen Länder und den Islam gegen den Staat Israel verteidigten, der in ihren Augen schuldig war, den symbolischen Widerstand im Mittleren Osten jener westlichen Gesellschaft zu verkörpern, deren Auslöschung sie wünschten.

Die römische Kurie gründete 1974 eine Kommission für die religiösen Beziehungen mit dem Islam, die innerhalb des Vatikanischen Sekretariates für die Beziehungen zu den Nichtchristen arbeitete.[212]

8. Kompromiss bei der Konstitution *Dei Verbum*

Das Schema *De fontibus Revelationis* war in der ersten Sitzungsperiode durch Eingreifen von Johannes XXIII. zurückgezogen und einer speziellen gemischten Kommission unter dem Vorsitz der Kardinäle Ottaviani und Bea anvertraut worden; diese hatte ein neues Schema *De divina Revelatione* ausgearbeitet, das am 29. April 1963 an die Väter gesandt wurde. Paul VI. ließ zu, dass das Konzil in der dritten Sitzungsperiode vom 30. September bis zum 6. Oktober 1964 darüber diskutierte, doch die Abstimmungen wurden auf die letzte Sitzungsperiode verlegt. Der von der Lehrkommission verbesserte und überarbeitete Text wurde von derselben Kommission unter direkter Kontrolle von Paul VI. nochmals untersucht.

---

[212] Zu den Beziehungen zwischen der katholischen Kirche und der islamischen Welt nach dem Zweiten Vatikanischen Konzil vgl. u.a. COMUNITÀ DI SANT'EGIDIO, *Cristianesimo e Islam. L'amicizia possibile*, Brescia 1989; MAHMUT AYDIN, *Modern Western Christian Theological Understandings of Muslims since the Second Vatican Council*, Council for Research in Values and Philosophy, Washington DC 2002; MICHAEL FITZGERALD LOUIS, *From Heresy to Religion: Vatican II and Islam, in Europe and Islam: Evaluations and Perspectives at the Dawn of the Third Millennium*, hg. v. MAHMOUD SALEM EL SHEIKH, Florence University Press, Firenze 2002.

Die zwei Hauptprobleme betrafen das Verhältnis von Schrift und Tradition und die Historizität der Evangelien. Die Unterkommission schlug in Antwort auf den Appell des Papstes vor, die Aussage *„es ist nicht möglich, die gesamte katholische Lehre anhand der Heiligen Schrift zu beweisen"* durch das Wort ‚direkt' zu ergänzen. Sowohl das *Biblicum* wie P. Rahner widersetzten sich dieser Änderung entschieden, und die Kommission beschloss am 4. Oktober, bei ihrer vierten Zusammenkunft, sich an die ursprüngliche Formulierung ohne das Wort *„direkt"* zu halten.[213] De Lubac beschreibt die hitzige Debatte, die sich innerhalb der Kommission zwischen der ‚Partei der zwei Quellen' der Offenbarung unter Führung von Parente, Ottaviani und Boyer, und der Partei der Gegner, Butler, Schröffer, Henríquez und McGrath, abspielte.[214] Das Übergewicht hatte die ‚Dritte Partei' (Colombo, Philips, Florit), auf die der Kompromisstext zurückgeht, der am 29. Oktober 1965 in die Aula kam.[215]

Nach langen Diskussionen und Verhandlungen fand man eine Formulierung, die sowohl die Mehrheit in der Kommission als auch der Papst bereit waren zu akzeptieren. *„Die Kirche entnimmt die Gewissheit aller offenbarten Wahrheiten nicht allein aus den Schriften"*.

Was den Punkt der Historizität der Evangelien angeht, so hatte Kapitel V 313 Stimmen *placet iuxta modum* erhalten, nachdem im selben Kapitel der Abschnitt 19 auf 61 *non placet* gekommen war.[216] Der Text machte die Feststellung, dass *„die heiligen Autoren die vier Evangelien ... immer jedoch in der Weise geschrieben hatten, dass sie über Jesus wahre und aufrichtige Dinge berichteten"*.

Paul VI. verlangte, die Wahrhaftigkeit der Evangelien mit der Formulierung *„wahre und historisch glaubwürdige Dinge"* zu verteidigen, die *„wahre und aufrichtige Dinge"* ersetzen sollte. Die Debatte während der Sitzung der Lehrkommission führte zur Verbesserung des Abschnittes 19, über den schon abgestimmt worden war, in folgender Ausdruckweise: *„Die heilige Mutter Kirche hielt und hält be-*

---

[213] Siehe die Rekonstruktion in: J.W. O'MALLEY, *What happened at Vatican II*, 278-279.

[214] Vgl. DE LUBAC, *Carnets*, Bd. II, 432-433.

[215] Vgl. CHRISTOPHE THEOBALD, *La Chiesa sotto la parola di Dio*, in: *SCV*, Bd. V, 285-370 {dt.: *Die Kirche unter dem Wort Gottes*, 323-422}.

[216] Vgl. AS IV/2, 54-55.

harrlich und ganz standhaft daran fest, dass die vier aufgeführten Evangelien, deren Geschichtlichkeit sie ohne Bedenken bejaht, zuverlässig überliefern, was Jesus, der Sohn Gottes, ... getan und gelehrt hat."[217]

Dei Verbum erklärt, dass *„die Heilige Tradition und die Heilige Schrift untereinander eng verbunden sind und aneinander teilhaben"* und *„eine einzige heilige Hinterlassenschaft des Wortes Gottes bilden, das der Kirche anvertraut ist"* (Nr. 10). Kard. Vanhoye[218] bezeichnete die vom Konzil für die Schrift gewählte Ausdrucksweise als *„überraschend"*: *„Tatsächlich besagt sie, wörtlich genommen, dass der schriftliche Text ein Sprechakt, eine* locutio *ist"*[219], ein *„lebendiger Akt"*, wie es Roger Schutz und Max Thurian genannt haben[220]. Die heilige Tradition ihrerseits besitzt die dynamische Funktion, dieses Wort *„weiterzugeben"*. Sie *„gibt das Wort Gottes weiter, das den Aposteln von Christus, dem Herrn, und vom Heiligen Geist anvertraut wurde"* (Nr. 9). Der abschließende Eindruck ist der eines zumindest nebulösen Textes.

9. Das Konzil und der Kommunismus: Geschichte einer ausgebliebenen Verurteilung

a) Das Schema XIII und der Kommunismus

Im Dezember 1964 hatte Msgr. Pierre Haubtmann[221], beauftragt mit der neuen Ausarbeitung des Schemas XIII, um die Zusammenarbeit mit dem Salesianer Giulio Girardi[222] in Betreff des Kapitels

---

[217] Vgl. COD, 978.

[218] Albert Vanhoye (1923-2006), Franzose, 1954 in der Gesellschaft Jesu zum Priester geweiht, 2006 zum Kardinal erhoben.

[219] ALBERT VANHOYE, *La parola di Dio nella vita della Chiesa. La recezione della "Dei Verbum"*, in: R. FISICHELLA (Hg.), *Il Concilio Vaticano II*, 29-45, 30.

[220] Vgl. R. SCHUTZ / M. THURIAN, *La parole vivante au Concile*, Presses de Taizé, Taizé 1996, 120.

[221] Pierre Haubtmann (1912-1971), französischer Priester, 1945 bis 1962 Nationalkaplan der Action Catholique Ouvrière, Konzilsperitus. Vgl. PHILIPPE BORDEYNE, *La collaboration de Pierre Haubtmann avec les experts Belges*, in: *The Belgian contribution*, 585-610.

[222] Giulio Girardi (1926), Salesianer, 1955 zum Priester geweiht, Professor an verschiedenen Universitäten, Konsultor des Sekretariates für die Nichtglaubenden. 1977 aus der Salesianerkongregation ausgeschlossen und *a divinis* suspendiert. Lit.von

über den Atheismus nachgesucht. Im Februar 1965 war in Ariccia dem Text von Msgr. Wojtyła, der eine klarere Äußerung zu den Rechten der Kirche in der Gesellschaft gefordert hatte, der Text von Girardi vorgezogen worden, der einen positiveren Zugang zum marxistischen Humanismus nahelegte.[223] Girardi gab später den Priesterberuf auf, um Theoretiker und profilierter Vorkämpfer der Befreiungstheologie zu werden.

Als Msgr. Haubtmann in einer Audienz am 16. Februar dem Papst die „offene" und „dialogische" Linie des Schemas vorstellte, das jegliche Verdammung des Kommunismus vermeiden sollte, ermutigte Paul VI. ihn, auf dieser Linie fortzufahren: „*Oui*", sagte er, „*c'est à la fois délicat et indispensable*"[†].[224] Der neue Text, der in der Konzilsaula zwischen September und Oktober 1965 diskutiert wurde, enthielt keine ausdrückliche Bezugnahme auf den Kommunismus. Den Redakteuren des Dokumentes zufolge würde eine Verurteilung dem pastoralen Charakter des Zweiten Vatikanums widersprechen und ein Hindernis für den ‚Dialog' mit den kommunistischen Regimen darstellen. In der Diskussion erhoben jedoch zahlreiche Väter, die mit dem Schema unzufrieden waren, die Forderung nach einer klaren Verurteilung des Kommunismus.[225]

Am 27. September vertrat der libanesische Patriarch Maximos IV Saigh die Auffassung[226], um die Menschheit vom Atheismus zu erretten, müsse man, statt den Marxismus zu verurteilen, eher die Ursachen angeben, die den atheistischen Kommunismus hervorrufen und zudem „*eine dynamische Mystik und eine kraftvolle Sozialmoral vorlegen sowie nachweisen, dass in Christus die Kraftquelle der Arbeiter hin zu ihrer wahren Befreiung liegt*"[227]. „*Wir wissen alle*", fügte er hinzu, „*dass viele von denen, die sich als Atheisten bezeichnen, in Wirklichkeit nicht gegen die Kirche sind, sondern viele ihr nahestehen. In Wahrheit suchen sie, wie Paul VI. gesagt hat, eine lebendigere Darstel-*

ihm: *Marxismo e Cristianesimo*, Cittadella, Assisi 1966; *Credenti e non credenti per un mondo nuovo*, Assisi 1969.

[223] Vgl. G. TURBANTI, *Il problema del comunismo al Concilio*, 169-173; DERS., *Un concilio per il mondo moderno*, 505-521.

[†] *Ja, das ist zugleich heikel und unerlässlich.*

[224] Ebd., 172.

[225] Zur Diskussion vgl. V. CARNONE, *Schemi e discussioni*, 38-45.

[226] AS IV/2, 451-454.

[227] Ebd., 451.

lung von Gott, eine Religion in Einklang mit der historischen Entwicklung der Menschheit und vor allem eine Kirche, die nicht nur die Armen unterstützt, sondern auch die Bemühung um Solidarität mit den Armen." „Lasst uns nachweisen, dass das Christentum der wahre Sozialismus ist, vollständig verwirklicht in der gerechten Teilung der Güter und in der grundsätzlichen Gleichheit aller Menschen."[228]

Der jugoslawische Kardinal Šeper sprach sich gegen eine Verurteilung des kommunistischen Atheismus aus und gab zu bedenken, dass eine teilweise Verantwortung für den modernen Atheismus jenen Christen zuzuweisen sei, die mit Hartnäckigkeit an einer Verteidigung der etablierten Ordnung und der Unveränderlichkeit der sozialen Strukturen festhielten.[229] *„Daher erklären wir offen, dass der starre Konservativismus und der Immobilismus, den einige unaufhörlich der katholischen Kirche zuweisen, dem wahren Geist des Evangeliums fremd sind."*[230] Noch deutlicher wurde Kard. König[231], der die Katholiken in den kommunistisch beherrschten Ländern dazu aufrief, Zeugnis für den lebendigen Gott zu geben durch aufrichtige Zusammenarbeit am ökonomischen und sozialen Fortschritt des Regimes, um zu beweisen, dass die Religion größere Energien freisetzen kann als der Atheismus[232].

Clemente Riva[233] und René Laurentin legten in ‚L'Avvenire d'Italia' vom 28. September und in ‚Le Figaro' vom 29. September das Gewicht vor allem auf die von Kard. König angeführten Ursachen: die Wurzeln des Atheismus seien innerhalb des Christentums zu suchen, weil die Schuld bei den Christen liege, die keine richtige Erkenntnis von Gott und kein präzises Bild vom Menschen hätten und sich der Pflicht zum Dialog mit der Welt entzögen.

Pater Pedro Arrupe[234], neuer General der Gesellschaft Jesu, debütierte auf dem Konzil mit einer Rede, in der er darauf hinwies,

---

[228] Ebd., 452.
[229] Ebd., 435-437.
[230] Ebd., 436.
[231] Ebd., 454-456.
[232] Ebd., 455.
[233] Clemente Riva (1922-1999), Rosminianer, 1951 zum Priester geweiht, 1975 Titularbischof von Atella, 1975 bis 1998 Weihbischof von Rom.
[234] Pedro Arrupe (1907-1991), spanischer Jesuit, 1936 zum Priester geweiht, am 22. Mai 1965 zum General der Gesellschaft Jesu gewählt, ein Amt, das er bis 1983 innehatte. Vgl. BARTOLOMEO SORGE, *Arrupe*, in: DHCJ, 1697-1705.

dass die Kirche nach 2000 Jahren noch nicht die wirksamen Methoden gefunden habe, ihre Botschaft zu verteidigen; es sei nötig, die pastoralen Methoden zu revidieren und dem Atheismus das Zeugnis einer christlichen Gemeinschaft entgegenzusetzen, die nicht isoliert oder gleichsam in einem Ghetto eingeschlossen sei, sondern in die Welt eintauche.[235]

Es gab jedoch zahlreiche Gegenstimmen, wie die von Castro Mayer[236], dem italienischen Kardinal Ermenegildo Florit[237] und dem tschechoslowakischen Jesuiten Msgr. Pavel Hnilica[238], Titularbischof von Rusado, der in der Tschechoslowakei heimlich zum Priester und Bischof geweiht worden und nicht viel später in den Westen gekommen war.

Msgr. Hnilica begann mit der Feststellung, was das Schema über den Atheismus sage, sei so wenig, *„dass nur dies zu sagen, so viel bedeute wie, gar nichts zu sagen"*. Er fügte hinzu, ein großer Teil der Kirche leide *„unter der Unterdrückung durch den militanten Atheismus, aber dies geht nicht aus dem Schema hervor, das doch über die Kirche in der heutigen Welt sprechen will!" „Die Geschichte wird uns für dieses Schweigen zu Recht der Feigheit oder der Blindheit bezichtigen"*, fuhr der Redner fort und erinnerte daran, dass er nicht über ein abstraktes Thema spreche, da er zusammen mit 700 Priestern und Ordensleuten in Konzentrations- und Arbeitslagern gewesen sei. *„Ich spreche von meiner eigenen Erfahrung sowie der Erfahrung jener Priester und Ordensleute, die ich im Gefängnis kennengelernt habe und mit denen ich die Bürden und die Gefahren der Kirche getragen habe."*[239]

Erzbischof Florit legte dem Konzil nahe, in univoker Weise (*verbis univocis*) auszusagen, dass der atheistische Zug des dialektischen Materialismus kein nebensächlicher Faktor sei. Da es hier Katholi-

---

235 AS IV/2, 481-484. Man siehe auch CAPRILE, Bd. V, 106-1109.

236 Ebd., 371-373. P. CORRÊA DE OLIVEIRA, *Lucida e relevante intervenção do bispo-diocesano no Concilio*, in: Catolicismo 179 (1965), 8.

237 AS IV/2, 456-460.

238 Pavel Hnilica (1921-2006), slowakischer Jesuit, von Mgr. Robert Pobozny (1890-1972), Bischof von Roznava, heimlich zum Priester (1950) und Bischof (1951) geweiht. Im Dezember 1951 wurde er gezwungen, die Tschechoslowakei zu verlassen und in den Westen zu flüchten. Am 13. Mai 1964 machte Paul VI. seine bischöfliche Würde öffentlich bekannt, und Mgr. Hnilica konnte an den verbleibenden Konzilssitzungen unter den Vätern teilnehmen.

239 AS IV/2, 629-631.

ken gebe, die absurderweise meinten, der ökonomischen Lehre des marxistischen Systems anhängen zu können, ohne deswegen den Atheismus zu billigen, sei es notwendig, dass das Konzil die Unmöglichkeit dieser Unterscheidung feststelle. Nach Msgr. Elko[240], dem ruthenischen Bischof von Pittsburgh (Vereinigte Staaten), sei es nötig, *„vom dialektischen Materialismus als Pest der heutigen Gesellschaft zu sprechen und ihn zu verurteilen wie es sich gehört, denn die künftigen Jahrhunderte könnten nicht umhin, uns Furcht und Feigheit vorzuwerfen, wenn wir darüber nur indirekt abgehandelt hätten."*[241]

In ähnlichen Worten drückte sich Msgr. Rusnack[242], Auxiliarbischof von Toronto für die Ukrainer in Kanada, aus: *„Es wäre ein Skandal und ein Akt der Feigheit, wenn ein Konzil des 20. Jh. es unterließe, vor der öffentlichen Meinung die Irrtümer und die Lügen des Kommunismus anzuzeigen."*[243]

In der 138. Generalkongregation am 29. September 1965 erhob sich die Stimme von Kard. Josef Slipyi, des Metropolitanerzbischofs der Ukraine (in der UdSSR): *„In der Aula hat man über den Atheismus nach westlicher Vorstellung gesprochen, aber viele Redner scheinen seine Existenz in den Ländern des Ostens zu ignorieren, wo man ihn zum System erhoben hat und sich in jeder Weise bemüht, die katholische Kirche und jede andere Religion auszurotten. Und dies ist für niemanden ein Geheimnis."*[244]

„Jedes Mal, wenn ein Ökumenisches Konzil zusammengekommen ist", bekräftigte seinerseits Kard. Antonio Bacci, *„hat es die großen Probleme gelöst, die in jener Zeit virulent waren, und die damals akuten Irrtümer verurteilt. Über diesen Punkt zu schweigen wäre, glaube ich, eine unverzeihliche Lücke, ja vielmehr eine kollektive Sünde. ... Es handelt sich um die große theoretische und praktische Häresie unserer Tage; und wenn sich das Konzil nicht mit ihr beschäftigt, kann es als ein fehlgeschlagenes Konzil erscheinen!"*[245]

---

[240] Nicholas Thomas Elko (1909-1991), Nordamerikaner, 1934 zum Priester geweiht. 1955 bis 1967 ruthenischer Bischof von Pittsburgh.

[241] AS IV/2, 480-481, 480.

[242] Michael Rusnak CSSR (1921-2003), Ukrainer, 1949 zum Priester geweiht, 1964 Weihbischof von Toronto und Titularbischof von Zternicus, 1980 Bischof der Hll. Kyrill und Methodius von Toronto.

[243] AS IV/2, 639-642.

[244] AS IV/3, 106-110, 107.

[245] AS IV/2, 669-670.

b) *Das mysteriöse „Versanden" des antikommunistischen Appells*

Am 7. Oktober 1965 wurde die Diskussion über das Schema der Konstitution *Gaudium et Spes* beendet. Am Freitag, dem 8. Oktober, teilte Msgr. Felici mit, die Väter könnten schriftliche Anmerkungen zum Schema bis zum folgenden Tag vorlegen. Der Coetus Internationalis Patrum bereitete einen Antrag vor, in dem man verlangte, dass *„... nach dem Abschnitt 19 des Schemas* Die Kirche in der Welt von heute, *der das Problem des Atheismus behandelt, ein neuer und passender Abschnitt hinzugefügt wird, der ausdrücklich das Problem des Kommunismus behandelt"*.[246] Wenn das Zweite Vatikanum einen vorwiegend pastoralen Charakter besitze, stelle sich die Frage, so der Antrag, *„ob es ein pastoraleres Problem gibt als dieses: zu verhindern, dass die Gläubigen durch den Kommunismus zu Atheisten werden?"* Wenn das Konzil über ein Problem von solcher Tragweite schwiege, so wäre dieses Schweigen in der Auffassung der Gläubigen gleichbedeutend *„mit einer stillschweigenden Aufhebung all dessen, was die letzten Päpste gegen den Kommunismus gesagt und geschrieben haben"*. Die Existenz so vieler Verlautbarungen so bedeutender Päpste sei kein Beweggrund, um das Problem zu ignorieren, denn *„durch den feierlichen Konsens des ganzen Konzils wird dem Thema größere Kraft und Wirksamkeit verliehen"*; auch kann es nicht *„geschehen, dass die Christen der Kirche des Schweigen in Zukunft größere Leiden zu ertragen haben, als sie es jetzt tun"*.[247]

Hier folgt der Verbesserungsvorschlag in voller Länge:

> *„Mustervorschlag zur Ergänzung: Nach Nr. 19 fügt man gemäß den Empfehlungen der Väter folgende neue Nummer an. Nr. 19 bis – Das Problem des Kommunismus. Jegliche Form des Atheismus*

---

[246] Der Text des Antrages in: AS IV/2, 898-900. Man siehe auch die Rekonstruktion des ganzen Vorfalles von Mgr. L. M. Carli in: *Il comunismo e il Concilio Vaticano II*, im Buch von Don Giovanni Scantamburlo, *Perché il Concilio non ha condannato il comunismo? Storia di un discusso atteggiamento*, L'Appennino, Roma 1967, 177-240; Vgl. auch Caprile, Bd. V, 119-121, 402-411; A. Wenger, *Vatican II*, Quatrième session, 147-173; Wiltgen, 282-287; V. Carbone, *Schemi e discussioni*, 45-68. G. Turbanti, *Il problema del comunismo al Concilio*, 173-186; P. Levillain, *La mécanique politique*, 343-360.

[247] G. F. Svidercoschi, 604-605.

ist abzulehnen, da sie der Lehre der Kirche widerspricht. Aber die Form, die bereits seit dem vergangenen Jahrhundert bis in unsere Tage den größten Einfluss zum Schaden der Christgläubigen ausübt, desgleichen auf die Anhänger jeder Religion, und daher die Hirten der Kirche in Besorgnis versetzt, ist jene, die sich unter dem Namen des marxistischen Sozialismus oder Kommunismus weithin ausbreitet und unter dem Vorwand des ökonomischen und sozialen Fortschritts bedauernswerterweise sehr viele Menschen verführt.

In der Tat führt der Kommunismus durch seine Leugnung der Existenz Gottes und jeder religiösen, insbesondere der übernatürlichen Ordnung, wie die Geschichte beweist, mit logischer Notwendigkeit dazu, auch die Grundprinzipien der natürlichen Ordnung zu untergraben. Und wirklich, um hier nur die wichtigsten zu streifen, leugnet er die Geistigkeit und Unsterblichkeit der menschlichen Seele; er lehnt die wahre Freiheit, besonders in religiösen Dingen ab; er verletzt in vielen Punkten die echte Würde der Person, der Familie und der ehelichen Verbindung; er anerkennt keine feste und unveränderliche Norm des Moralgesetzes und des Rechtes, vielmehr ist für ihn nur all das gerecht und moralisch, was der Diktatur der eigenen Partei nützlich ist (vgl. die Intervention von Kard. Wyszyński vom 20. September 1965); er gesteht das Recht auf Privateigentum nicht zu; er betrachtet den Kampf zwischen den sozialen Klassen als ein notwendiges Mittel für das Erreichen der irdischen Güter; er besitzt vom Staat eine derart totalitäre Auffassung, dass den einzelnen Individuen oder den Sozietäten als Zwischeninstanzen kein Platz zuerkannt wird.

Aus all diesen Gründen ist der Kommunismus abzulehnen, nicht nur, weil er von der Pest des Atheismus befallen ist, sondern auch aufgrund der vorher genannten sehr schweren Irrtümer und, weil er vom Lehramt der Kirche als in sich verkehrt erklärt worden ist (vgl. Enzyklika Divini Redemptoris*).*

Aus einem noch schwerwiegenderen Grund ist die Doktrin des Kommunismus als gefährlich zu betrachten, weil sie nämlich besonders in unserer Zeit an vielen Orten durch die bürgerlichen und politischen Autoritäten mit allen Mitteln in die Praxis umgesetzt und auf diese Weise sowohl mit Gewalt als auch mit List verbreitet und oktroyiert wird. Da die Rechte Gottes und die Rechte des Menschen durch den Kommunismus unterjocht bleiben, folgt daraus, dass die katholische Kirche selbst, die diese Doktrin und diese Praxis nicht akzeptieren kann, bei der Ausübung ihrer göttlichen Sendung ungerechterweise behindert wird und in ihren Gliedern der traurigsten Verfolgung ausgesetzt ist.

Aus diesen Gründen hat die Katholische Kirche, angetrieben durch den gewaltigen Ruin für die Seelen, niemals aufgehört, die Christgläubigen von der Doktrin und der Praxis des Kommunismus fernzuhalten, und zwar auch mit wiederholten Verurteilungen und Warnungen. Auch heute fühlt sie sich durch ihre schwere pastorale Aufgabe verpflichtet, dasselbe Urteil mittels des Ökumenischen Konzils zu verkünden.

Während sie ganz innig an den Leiden ihrer Glieder Anteil nimmt, die auf verschiedene Weise unter der Verfolgung seitens des Kommunismus leiden, bekräftigt sie feierlich die offenbarten wie natürlichen Wahrheiten, die vom Kommunismus bekämpft werden. Inbrünstig beschwört sie ihre Kinder, ja alle Menschen ehrlichen Gewissens, sich nicht von der trügerischen Hoffnung verführen zu lassen, sie könnten ihren religiösen Glauben erlaubtermaßen, zumindest auf ökonomischen oder sozialem Gebiet, mit den Grundsätzen des Kommunismus in Einklang bringen. Die Kirche erklärt, dass der Weg des wahren Fortschrittes nicht in der Doktrin und der Praxis des Kommunismus besteht, wie sich bereits an der schmerzlichen Erfahrung so vieler Völker zeigt, sondern in den gesunden politischen Prinzipien, die mit dem göttlichen Gesetz, sei es dem Naturgesetz oder dem positiven Gesetz, konform sind.

Schließlich fordert sie alle Verantwortlichen auf, mittels Gerechtigkeit und Nächstenliebe jene ungerechten Bedingungen im bürgerlichen Zusammenleben zu beseitigen, die dem Kommunismus leider den Weg bereiten.“[248]

Die Beweggründe, die auf einem beigefügten Blatt aufgelistet waren, um die Konzilsväter zur Unterstützung des Antrags zu veranlassen, einen neuen Abschnitt zum Problem des Kommunismus einzufügen, waren positiver wie negativer Natur. Unter den ‚positiven Gründen‘

---

[248] Italienischer Text in: L. M. CARLI, *Il comunismo e il Concilio Vaticano II*, 217-218. Der vollständige lateinische Text des Verbesserungsvorschlages findet sich veröffentlicht im Diözesanbulletin von Segni, Dezember 1965, 97-98.

wiederholte man diesen: Wenn *„das Konzil einen vorwiegend pastoralen Charakter hat"*, *„lässt sich dann ein pastoraleres Problem finden als dieses: zu verhindern, dass die Gläubigen durch den Kommunismus zu Atheisten werden? Sehr viele glauben in der Tat, dem Kommunismus anhängen zu können, weil sie keine Atheisten sind"*.[249] Unter den negativen Gründen, die von einem entgegengesetzten Standpunkt den beiliegende Antrag forderten, waren folgende:

> *„1) Wenn das Konzil über den Kommunismus schwiege, so wäre dieses Schweigen in der Auffassung der Gläubigen zu Unrecht, aber mit zwangsläufiger Konsequenz gleichbedeutend mit einer stillschweigenden Aufhebung all dessen, was die letzten Päpste gegen den Kommunismus gesagt und geschrieben haben, ebenso mit den mehrfach vom Hl. Offizium verhängten Verurteilungen. Der psychologische Schaden, den man erleben würde, desgleichen die Verachtung für das Lehramt der Kirche, wäre ungeheuer schwer. Überdies könnte die Kirche leicht des Opportunismus bezichtigt werden, da sie größere Sorge für die Juden trägt als für die Verfolgung leidenden Christen.*
>
> *2) Der Kommunismus ersehnt und erwartet voller Verlangen ein Schweigen des Konzils; und das hat sicherlich eine besondere Bedeutung. Es besteht kein Zweifel daran, dass der Kommunismus das Schweigen des Konzils durch eine ungeheure Propagandaarbeit zu seinen Gunsten lenken würde, was eine beklagenswerte ideelle Verwirrung bei den Gläubigen mit sich brächte.*
>
> *3) Wie man sicherlich ganz zu Unrecht Pius XII. seligen Andenkens des Schweigens gegenüber den Opfern des Nationalsozialismus beschuldigt, so würde man nach dem Konzil mit gutem Recht das Bischofskollegium des Schweigens gegenüber den Opfern des Kommunismus beschuldigen."*[250]

[249] L. M. CARLI, *Il comunismo e il Concilio Vaticano II*, 222-223.
[250] Ebd., 223-224. Lateinischer Text in: AS IV/2, 899-900.

c) Der Antrag verschwindet

Auf die Einladung des Coetus Internationalis Patrum antworteten in einem ersten Zeitraum 334 Väter, deren Anträge auf ebenso vielen separaten und vorschriftsgemäß unterzeichneten Seiten dem Generalsekretariat des Konzils in der Via Serristori 10 von den Bischöfen de Proenca Sigaud und Lefebvre am Mittag des 9. Oktober 1965 ausgehändigt wurden, dem letzten Tag, der für die Vorlage der Verbesserungsvorschläge in Frage kam.[251] Zu diesen 334 sind weitere 71 Zustimmungen hinzuzufügen, die verspätet eintrafen und dem Generalsekretariat ungefähr 10 Tage später vorgelegt wurden, und ebenso 30 weitere Zustimmungen, die beim Coetus in den ersten Novembertagen eingingen, aber nicht zur Vorlage kamen, weil sie zu spät kamen.[252] Auch diese zwei letzten Gruppen von Zustimmungen sind einzuberechnen, weil das Datum des 9. Oktober zwar die Entgegennahme neuer *Verbesserungsvorschläge* ausschloss, nicht aber die Entgegennahmen neuer *Zustimmungen* zu den in der vorgesehenen Zeit vorgelegten Verbesserungsvorschlägen.

Der Appell wurde also insgesamt von 435 Konzilsvätern unterstützt: einer beträchtlichen Anzahl, wenn man bedenkt, dass a) die Einladung sich nicht auf alle Konzilsväter erstreckte, auch wegen der Schwierigkeit einer Zustellung an die über hundert verschiedenen Orte, wo die Väter wohnten; b) die Väter in jenen Tagen, dem Ausklang des Konzils, so viel zu tun hatten und so viele Drucksachen von allen Seiten erhielten, dass man in Betracht ziehen muss, dass viele gar keine Gelegenheit hatten, dem Appell Aufmerksamkeit zu schenken.

Der Antrag gelangte am Montag, dem 11. Oktober, in die Hände von Msgr. Achille Glorieux[253], dem Sekretär der gemischten Kommission, verantwortlich für die Vorbereitung und die Revision des Schemas über die Kirche in der Welt von heute, der zugleich als römischer Korrespondent der katholischen französischen

---

[251] Vgl. V. CARBONE, *Schemi e discussioni*, 46.

[252] Die exakten Zahlenangaben stammen u.a. von einer Abschrift von Mgr. de Proença Sigaud, die im Archiv von Ecône (E 02-11-002) aufbewahrt ist.

[253] Achille Glorieux (1910-1999), Franzose, 1934 zum Priester geweiht. Konzilsperitus, 1966 Sekretär des Päpstlichen Rates für die Laien, 1969 Titularerzbischof von Beverlacum, 1973-1984 Pro-Nuntius in Ägypten.

Tageszeitung ‚La Croix' wirkte. Dieser gab sie jedoch nicht an die Kommissionsmitglieder weiter, die gerade an dem Schema arbeiteten, unter dem Vorwand, ihre Arbeit nicht behindern zu wollen. Das Anliegen war von 454 Würdenträgern aus 86 Ländern unterschrieben worden, die konsterniert waren, als sie am Samstag, dem 13. November, den neuen Text in der Aula erhielten, ohne dort einen Hinweis auf ihren Antrag zu entdecken. „*Die Tatsache, dass ein einzelner Mann verhindern konnte, dass ein so bedeutendes Dokument die Konzilskommission erreichte, an die es offiziell gerichtet war, ist eine der großen Tragödien des Zweiten Vatikanischen Konzils und könnte in die Geschichte eingehen als der größte Skandal, der die schwerwiegenden Überlegungen dieser heiligen Versammlung beeinträchtigt hat*", kommentierte P. Wiltgen im Nachrichtendienst ‚Divine World'.[254]

Die gravierende Schuld von Msgr. Glorieux ist evident. Man kann ihm keinen guten Glauben zubilligen, vielmehr ist es erlaubt, ihm Täuschungsabsichten zu unterstellen. Kann man sich außerdem vorstellen, dass er entschieden hat, den Antrag „versanden" zu lassen, ohne jemanden zu Rate gezogen zu haben? Und wen? Man scheint ausschließen zu können, wie wir gleich anschließend sehen werden, dass es sich hierbei um Msgr. Felici, den Konzilssekretär, handelt. Logischer wäre die Vorstellung, es handle sich um Kard. Tisserant.

An eben diesem 11. November richtete Msgr. Carli an das Konzilspräsidium ein Protestschreiben, worin er die Willkür der Kommission anprangerte, die ein Dokument von so großer Bedeutung ignoriert habe.[255] Msgr. Glorieux behauptete fälschlich, der Text des Coetus sei bei der Kommission nach der für die Vorlage festgesetzten Zeit angekommen, aber vom Konzilssekretär Msgr. Felici vergessen worden.[256] Ungeachtet der Proteste vertrat in der Generalkongregation am 15. November Msgr. Garrone, Relator der Kommission für das Schema der Konzilskonstitution, die Auffassung, die „*Art der Vorgehensweise*" der Kommission stehe im Einklang mit dem „*pastoralen Ziel*" des Konzils, mit dem „*ausdrücklichen Willen*" von Johannes XXIII. und von Paul VI. sowie mit dem

[254] Vgl. ‚Divine World Service', 23. November 1964.
[255] Vgl. V. CARBONE, *Schemi e discussioni*, 53-54.
[256] Vgl. G. TURBANTI, *Il problema del comunismo*, 180.

Tenor der Diskussionen, die in der Aula zu diesem Thema stattgefunden hatten.[257] Msgr. Carli legte dann eine Beschwerde vor, die er der Presse bekanntmachte. Das Reglement sah in der Tat vor, dass alle Verbesserungsvorschläge, auch jene, die nicht in den Text des Schemas eingefügt waren, in jedem Falle gedruckt und der Versammlung bekanntgemacht würden. Der Antrag der 454 Bischöfe war jedoch mysteriöserweise verschwunden.

An eben jenem Tag sandte Msgr. Felici dem Papst eine Notiz über die Beschwerde von Msgr. Carli.[258] Am Nachmittag ließ der Papst Msgr. Felici folgende Note zukommen:

„15-XI-65

Hält man die Beschwerde aufrecht oder zieht man sie zurück?

1) *War das Verhalten der gemischten Kommission illegal?*
2) *Nach der Intervention* ‚iuxta modum' *sollte die These der Beschwerdeführer mit den entsprechenden Bemerkungen zur Kenntnis der Väter gebracht werden.*

A) *Ist sie klug?*
im Falle ihrer Ablehnung: das Konzil scheint die Verurteilung des bereits verurteilten Kommunismus abgelehnt zu haben.
im Falle ihrer Annahme: welches Schicksal widerfährt den Katholiken in den kommunistischen Ländern?

B) *Stimmt sie mit den Verpflichtungen des Konzils überein?*
- *keine ‚politischen' Themen anzugehen*
- *keine Anathemen zu verkünden*
- *nicht über den Kommunismus zu sprechen (1962)."*[259]

Der letzte Punkt ist hervorzuheben, denn er erscheint als Bestätigung der vom Vatikan eingegangenen „Verpflichtung" gegenüber der Sowjetregierung, den Kommunismus in keiner Form zu verurteilen. Dies war die Bedingung, die der Kreml gefordert hatte, um

---

[257] Vgl. G. F. SVIDERCOSCHI, 607.
[258] Vgl. ASV, Conc. Vat. II, Busta 343, Generalsekretariat Sept-Nov. 1965, Notiz von Mgr. Felici vom 15. November, 2 ff.
[259] Ebd., Notiz von Paul VI., 1 f.

die Teilnahme der Beobachter des Moskauer Patriarchates am Zweiten Vatikanum zu erlauben. Die Tatsache, dass dieser Kompromiss „offiziös" und nicht „offiziell" war, ändert nichts an seiner Realität.

Am Morgen des 16. November hatte Msgr. Felici gemäß den erhaltenen Instruktionen eine erneute Zusammenkunft mit Msgr. Carli, der darauf bestand, dass das Konzil die Verurteilung des Kommunismus in irgendeiner Form bekräftigte. Msgr. Felici bezog sich auf seine Zusammenkunft mit dem Papst und bestätigte, dass der Verbesserungsvorschlag regulär vorgelegt worden war und die Kommission davon gewusst haben musste.[260] In einer weiteren Note vom 20. November wiederholte Msgr. Felici gegenüber dem Papst, dass die Beschwerde von Msgr. Carli begründet erscheine und die Irregularität im Prozedere nicht mit der verspäteten Vorlage des Anliegens gerechtfertigt werden könne.[261]

Am 23. November verbreitete der Nachrichtendienst von P. Wiltgen ein langes Kommuniqué über das Vorkommnis. Der Skandal war nunmehr in der Presse explodiert. An diesem Punkt ließ Paul VI. durch den Substituten des Staatssekretariates, Msgr. Dell'Acqua, eine Zusammenkunft in engem Kreis einberufen, um sich des Problems anzunehmen. Am 26. November kamen im Arbeitszimmer des Papstes im dritten Stock des Apostolischen Palastes die Kardinäle Tisserant und Cicognani und die Monsignori Garrone, Relator des Schemas über die Kirche in der Welt von heute, Felici, Konzilssekretär, und Dell'Acqua zusammen. Vor Beginn der Zusammenkunft hatte Kardinal Tisserant dem Papst ein Schreiben überreicht, worin er unter anderem die Äußerung machte:

> *„Die Anathemen haben noch nie jemanden bekehrt, und wenn sie zur Zeit des Konzils von Trient nützlich waren, als die Fürsten ihre Untertanen zwingen konnten, zum Protestantismus überzutreten, so nützen sie heute nichts mehr, wo jeder im Bewusstsein seiner eigenen Unabhängigkeit lebt. Wie ich Eurer Heiligkeit schon sagte, würde eine Verurteilung des Kommunismus durch das Konzil von*

---

[260] Vgl. ebd., Notiz von Mgr. Felici über die Beschwerde von Carli, worin er den ganzen Vorfall rekonstruiert (3 ff.).

[261] Vgl. ASV, Conc. Vat. II, Busta 343, Notiz von Mgr. Felici vom 20. November 1965, 3 gff.; vgl. auch AS IV/6, 445.

den meisten als eine Geste politischer Natur betrachtet werden, was der Autorität des Konzils und der Kirche selbst einen immensen Schaden einbrächte."[262]

Die Zusammenkunft wurde vom Papst geleitet, der nach der Lektüre des Schreibens von Kard. Tisserant kurz den ‚*status quaestionis*' darlegte. Es gab zwei Problemkreise: den der Methode und den der Sache. Bei der Methode traten nicht nur Unregelmäßigkeiten vonseiten Msgr. Glorieux zu Tage, der die Petition nicht an den Präsidialrat weitergegeben hatte, sondern auch des Rates selbst unter Vorsitz von Kard. Tisserant, der die Beschwerde von Msgr. Carli nicht berücksichtigt hatte. Kard. Tisserant gab als unglaubwürdige Rechtfertigung dafür, den Rat nicht zur Prüfung der Beschwerde einberufen zu haben, die Begründung ab, Kard. Wyszyński, Mitglied des Rates, sei in seiner Vorstellung vom Kommunismus ganz festgelegt.[263] Bei der Sache andererseits stimmten alle mit der Position von Tisserant und Paul VI. überein, dass es nicht opportun sei, wenn das Konzil die Verurteilung des Kommunismus ausdrücklich erneuerte. An Msgr. Glorieux, der der öffentlichen Meinung als der alleinige Verantwortliche für das Geschehen präsentiert wurde und der in einer Denkschrift seine Verantwortlichkeit abzumildern suchte, schrieb Tisserant am 4. Dezember : „*Eure Verantwortlichkeit wird von den Konzilshistorikern nicht über Gebühr veranschlagt werden. Jene, die auf dem Laufenden gehalten wurden, werden Euch Eure Vergesslichkeit nachsehen.*"[264]

Der Text wurde gemäß den von den Vätern vorgelegten *modi* durch die zuständige gemischte Konzilskommission erneut verbessert und geprüft. Die Textpartie, die den Atheismus betraf (Nr. 19-21), blieb im Wesentlichen unverändert. Unter den wenigen übernommenen Verbesserungen, findet sich die bedeutendste in Nr. 21, wo es heißt:

---

[262] ASV, Conc. Vat. II, Busta 34, Tisserant a Paolo VI, Roma 26 novembre 1965, f. 1. Vgl. auch V. Carbone, *Schemi e discussioni*, 58.

[263] Vgl. V. Carbone, *Schemi e discussioni*, 59.

[264] in: V. Carbone, *Schemi e discussioni*, 61-62.

„Die Kirche kann nicht aufhören, voll Schmerz jene verderblichen Lehren und Handlungen, die der Vernunft und der allgemeinen menschlichen Erfahrung widersprechen und den Menschen von seinem angeborenen hohen Rang hinabstoßen, mit aller Festigkeit zu verwerfen."[265]

Die Kommission folgte also der Linie, die von den Leitungsorganen des Konzils in der Zusammenkunft in engem Kreis am 26. November unter dem Vorsitz des Papstes vorgezeichnet worden war. Die Irregularität im Prozedere wurde anerkannt, aber man schloss eine böse Absicht seitens Msgr. Glorieux' aus. Was die Sache selbst angeht, so wurden die Verbesserungsvorschläge und die entsprechenden *modi* für die Erwähnung und die Verurteilung des Kommunismus nicht übernommen. Es war klar, dass es sich hier nicht um ein zufälliges Ereignis handelte, sondern um eine präzise Absicht, eine Verurteilung des Kommunismus zu vermeiden, zwecks Einhaltung der 1962 erzielten Übereinkünfte mit der Sowjetregierung. Msgr. Carbone hat die Ansicht vertreten, dass sich in den Archiven des Konzils keine Spur einer derartigen Übereinkunft findet[266], aber in der zitierten Notiz vom 15. November, die Carbone wiedergibt[267], hatte Paul VI. unter den *„Verpflichtungen des Konzils"* ausdrücklich auch genannt, *„nicht vom Kommunismus sprechen"*, und in Klammern die Jahreszahl 1962 beigefügt, wobei er sich offenkundig nicht auf die pastorale Ausrichtung des Konzils, sondern auf die Verhandlungen bezog, die in jenem Jahr zwischen Kard. Tisserant und dem Metropoliten Nikodim stattfanden.[268]

---

[265] AS IV/7, 247.

[266] Vgl. V. CARBONE, *Schemi e discussioni*, 67-68.

[267] Vgl. ebd., 55.

[268] ANTONIO SOCCI hat zu Recht die Bedeutung der Notiz vom 15. November betont in: *Le prove del patto scellerato tra il Vaticano e il Cremlino*, in ‚Libero', 21. Januar 2007, und in: *Le riunioni e i messaggi che provano il patto Vaticano-Urss ai tempi di Paolo VI*, in: ‚Libero', 23. Januar 2007.

d) Protest der Konzilsväter gegen den Pazifismus des Schemas XIII

In Verbindung mit dem Thema des Kommunismus stand das Thema von Krieg und Frieden, zu dem die Meinungen unter den Konzilsvätern auseinandergingen. Am 17. November hatte der Ausgang der Abstimmung zu diesem Punkt des Schemas 45 *non placet* und 523 *placet iuxta modum* ergeben.

Der Erzbischof von New Orleans, Philip Hannan[269], machte sich zum Fürsprecher eines unter den Vätern weit verbreiteten *modus,* um zu fordern, dass die Abschnitte 84 und 85 (80 und 81 der endgültigen Fassung) verbessert würden, worin es hieß, jeglicher Einsatz von Nuklearwaffen sei absolut unerlaubt. In einer Erklärung, die an die Agentur von Verbum Divinum weitergeleitet wurde, bezog sich Msgr. Hannan auf die sowjetische Bedrohung und vertrat die Ansicht, dass *„der Abschnitt 85 die Tatsache ignoriert, dass der Besitz der Nuklearwaffen seitens einiger Nationen weite Gebiete der Welt vor einem möglichen Angriff geschützt hat. Der Schutz dieser weiten Gebiete wäre sehr ungewiss, wenn es dort keine Nuklearwaffen gäbe."*[270]

Als man sah, dass der neue Text nicht substantiell Verschiedenes vom vorigen enthielt, verteilten zehn Konzilsväter ein Rundschreiben in verschiedenen Sprachen, worin man bekräftigte, dass *„die Verteidigung eines großen Teiles der Menschheit gegenüber einem Angriff kein verurteilenswertes Vergehen ist, sondern im Gegenteil ein großer Dienst an der Menschheit."*

> *„Ursache von Krieg und Auseinandersetzungen ist die Ungerechtigkeit, und nicht schon der Besitz technisch elaborierter Waffen (z.B. war Ursache des Zweiten Weltkrieges nicht der Besitz von Waffen seitens irgendwelcher Nationen, sondern Ungerechtigkeit). Das wahre Heilmittel gegen den Krieg und die Auseinandersetzungen besteht darin, die Ungerechtigkeit auszumerzen und den Frieden zu sichern, der auf Freiheit und Gerechtigkeit gründet. Die Behauptung, dass die technisch elaborierten Waffen den Krieg ver-*

---

269 Philip Matthew Hannan (1913-1988), 1939 zum Priester geweiht, 1956 Weihbischof von Washington und Titularbischof von Hieropolis, von 1965 bis zu seinem Tod Erzbischof von New Orleans.

270 Caprile, Bd. V, 494.

ursachen, ist genauso unlogisch wie die Behauptung, dass Gesetz und Polizei in einer Stadt Ursachen für Delikte und Unordnung in dieser Stadt sind. Der Einschluss dieser Aussagen und Ideen im Schema wird sich für die Sache der Freiheit in der Welt sicherlich als schädlich erweisen."[271]

Der Erste der zehn Unterzeichner war der New Yorker Kardinal Francis Spellman. Ihre Position entsprach der von Pius XII. vertretenen, der in einer Äußerung den Einsatz von nuklearen, chemischen und bakteriellen Waffen als letztes Mittel einer legitimen Verteidigung gegenüber einem ungerechten Angriff mit denselben Mitteln zugestand.[272] Am 3. Dezember richtete der Coetus Internationalis einen letzten Appell an die Konzilsväter, damit sie gegen das gesamte Schema stimmten, weil dort kein Hinweis zum Kommunismus gebracht worden war, und wegen der uneindeutigen Position des Dokumentes zu den Ehezwecken, zur Kriegsdienstverweigerung und zum totalen Krieg.[273]

10. Die letzten öffentlichen Sitzungen

Seit dem 6. Oktober diskutierte man nach der einführenden Relation von Msgr. Romolo Compagnone, Bischof von Anagni, über die Erneuerung des Ordenslebens. Am 8. Oktober wurde das Schema mit 2126 placet und 13 non placet bei 2142 abgegebenen Stimmen approbiert, nachdem alle Teilabstimmungen der vergangenen Tage positiv ausgefallen waren. Der Text über die Priesterausbildung und

---

[271] Ebd., 496.

[272] Die Haltung Pius' XII. wurde von Moraltheologen wie Pater EBERHARD WELTY OP (Catechismo sociale, ital. Übers., Francavilla (Chieti) 1966, 388 {Originaltitel: Herders Sozialkatechismus. Ein Werkbuch d. Kath. Sozialethik in Frage u. Antwort, Freiburg 1958}) und JOHANNES MESSNER (Etica social, politica y economica a la luz del derecho natural, Madrid 1967, 777-880 {Originaltitel: Das Naturrecht. Handbuch der Gesellschaftsethik, Staatsethik und Wirtschaftsethik. 6. Auflage, Duncker und Humblot, Berlin 1966}) bekräftigt. Zu einer Aktualisierung des Themas vgl. R. DE MATTEI, Guerra santa, guerra giusta. Islam e Cristianesimo in guerra, Casale Monferrato 2001.

[273] Text in: CAPRILE, Bd. V, 497.

die Erklärung über die christliche Erziehung wurden in den Generalkongregationen vom 11. und 15. Oktober approbiert. Innerhalb der Versammlung fehlte es nicht an Vätern, die sich gegen die Zölibatspflicht wandten. Am 12. Oktober verlangte der Papst in einem an Kard. Tisserant gesandten Schreiben, dass das Konzil nicht über den kirchlichen Zölibat diskutieren solle und äußerte sich dahingehend, dass dieses *„uralte, heilige und providentielle"* Gesetz nicht nur bewahrt, sondern noch bekräftigt werden müsse.[274]

Am 17. Oktober, wenige Tage nach der Schlussabstimmung des Dokumentes über die Priesterausbildung, schrieb Kard. Ruffini an Paul VI., um sich bei der Ausbildung des Klerus über die spärlichen Bezugnahmen auf das traditionelle Lehramt und auf die Lehre des hl. Thomas zu beklagen: *„Seligster Vater, ich verspüre tiefe Bitternis, wenn ich hervorheben muss, dass man die Lehren dieses Magisteriums übergeht, insbesondere jene, die sich in den Enzykliken finden. Wenn die Päpste der Vergangenheit kein Gehör erhalten, so steht zu fürchten, dass man in Zukunft fortfährt, ebenso zu verfahren."*[275]

Zum Abschluss der Debatte über das Schema, welches das Leben und den Dienst der Priester betraf, ergriffen die Bischöfe Foley[276] (Lancaster), Fares[277] (Catanzaro), Pechuán[278] (Cruz del Eje) und Compagnone[279] (Anagni) das Wort. Foley sah es als notwendig an, in dem Schema auf die Kleidung des Klerus einzugehen: Die Kleider sollten zwar an den verschiedenen Orten verschieden sein, aber alle sollten einen Sonderstatus erkennen lassen. Fares hielt sich bei einer Lücke des Textes auf, nämlich dem Schweigen, das dieser über das Sakrament der Buße wahrte. Pechuan wollte eine deutlichere Bezugnahme auf die Beziehungen der Priester zu Maria, der Mutter

---

[274] AS IV/1, 40.

[275] AS V/3, 447-448.

[276] AS IV/5, 188-191. Brian Charles Foley (1910-1999), Engländer, 1937 zum Priester geweiht, 1962 Bischof von Lancaster.

[277] Ebd., 191-194. Armando Fares (1904-1980), 1927 zum Priester geweiht, 1950 Koadjutor-Erzbischof von Catanzaro und Erzbischof von Squillace, 1956 Erzbischof von Catanzaro.

[278] AS IV/5, 194-196. Enrique Pechuán Marín (1913-1983), Argentinier, 1938 zum Priester geweiht, 1963 Bischof von Cruz del Eje.

[279] Ebd., 197-199.

der Priester. Compagnone wünschte im Namen von 85 Vätern, dass im Schema expliziter für die priesterliche Heiligkeit appelliert würde.

Die letzte Rede stammte vom Erzbischof Pellegrino.[280] An jenem Tag notierte Congar in sein Tagebuch: „*Nach und nach kommen wir aus dem Zeitalter von Pius XI. und Pius XII. heraus (ich führe sie hier nur auf wegen ihrer ablehnenden Haltung gegenüber der Welt, wie sie ist). Alles ist kohärent: die Arbeit des Konzils, auch wenn sie, so wie sie ist, wenig vorherbedacht und [menschlich] geführt erscheint, ist außerordentlich kohärent. Man blättert die Seite des Augustinismus und des Mittelalters um.*“[281]

Auf den Korridoren des Konzils begannen einige Kardinäle im ‚*clergyman*' umherzugehen wie einfache Priester: unter den Ersten waren die Kardinäle Suenens und Léger.[282]

Am 28. Oktober 1965, dem siebten Jahrestag der Wahl von Johannes XXIII., wurden fünf Konzilstexte von Paul VI. in einer öffentlichen Sitzung promulgiert: die Dekrete *Christus Dominus*[283] über den Hirtendienst der Bischöfe (2139 Jastimmen, 2 Neinstimmen, 1 ungültiges Votum); *Perfectae caritatis*[284] über die Erneuerung des Ordenslebens (2325 Jastimmen, 4 Neinstimmen); *Optatam totius*[285] über die Priesterausbildung gemäß dem Geist des Konzils (2318 Jastimmen, 3 Neinstimmen); die zwei Erklärungen *Gravissimum educationis*[286] (2290 Jastimmen, 35 Neinstimmen) über die neuen Prinzipien der christlichen Erziehung und *Nostra aetate*[287] über die Beziehungen der Kirche zu den nichtchristlichen Religionen (2221 Jastimmen, 88

---

[280] AS IV/5, 200-203.

[281] CONGAR, Journal, Bd. II, 453.

[282] Vgl. CÂMARA, *Lettres conciliaires*, Bd. II, 967.

[283] Text in: AS IV/5, 564-583; vgl. auch COD, 921-939.

[284] Ebd., 584-593; vgl. auch COD, 939-947

[285] Ebd., 593-605; vgl. auch COD, 947-959. Die Monographie von ALOIS GREILER untersucht die verschiedenen Entstehungsphasen des Dekretes des Zweiten Vatikanums über die Seminare sowie die Rolle der einzelnen Personen dieser „zweitrangigen“ Kommission, besonders des Benediktiners Paul Augustin Mayer (vom Autor als „Manager, Motor und Autor für Optatam totius” bezeichnet). Vgl. ALOIS GREILER, *Das Konzil und die Seminare. Die Ausbildung der Priester in der Dynamik des Zweiten Vatikanums*, Vorwort v. P. A. Kard. Mayer OSB (Annua Nuntia Lovanensia XLVIII), Löwen / Paris / Dudley (MA) 2003, 363.

[286] Text in: AS IV/5, 606-616; vgl. auch COD, 959-968.

[287] Ebd., 616-619; vgl. auch COD, 968-971.

Neinstimmen, 1 ungültiges Votum). Keiner der 16 approbierten Texte erhielt eine so große Zahl an *non placet*-Stimmen.

Nach dem 29. Oktober wurden die Generalkongregationen für zehn Tage unterbrochen, um den Kommissionen, die die *modi* einarbeiten mussten, mehr Zeit zur Verfügung zu stellen. Am 10. November wurde auch das Dekret *Apostolicam actuositatem* zum Apostolat der Laien mit 2201 *placet*, 2 *non placet* und 2 *placet iuxta modum* approbiert.[288]

Am 18. November fand die achte öffentliche Sitzung statt, die Kard. Lercaro als *„die schönste und am meisten begeisternde Sitzung des ganzen Konzils"*[289] bezeichnete. P. de Lubac eröffnete die Prozession der Konzelebranten mit dem Heiligen Vater, und Msgr. Câmara wähnte in ihm Teilhard de Chardin zu erblicken. In seinem periodischen Rundbrief schrieb Câmara: *„Ich versichere Ihnen, wenn Teilhard noch auf Erden weilte – in China oder den USA oder an einem anderen Exilsort – so hätte ihn Papst Johannes als Experten kommen lassen, und gestern hätte er mit Paul VI. konzelebriert."*[290] Am 16. Oktober hatte de Lubac in der Großen Aula der Domus Mariae, die von Konzilsvätern, jungen Priestern und Ordensleuten gefüllt war, über *„Teilhard de Chardin als Schüler des hl. Paulus"* gesprochen und die Auffassung geäußert, dass sich in der Idee des kosmischen Christus seines französischen Mitbruders die Lesart des hl. Paulus über das Wort Gottes wiederfinde, welches *„herab- und hinaufgestiegen ist, um alle Dinge zu erfüllen"*.[291]

In seiner Predigt bekräftigte Paul VI. seine Absicht, die Reform der römischen Kurie zu vollenden, und verkündete den Beginn der kanonischen Prozesse für die Seligsprechung von Pius XII. und von Johannes XXIII.[292]

Nach der Messe wurden unter Applaus die Konstitution *Dei Verbum*[293] über die Göttliche Offenbarung, an der sich die Debatte zwischen Konservativen und Neuerern zu Beginn des Konzils ent-

---

[288] Vgl. AS IV/6, 298.

[289] Brief vom 21. November in: LERCARO, *Lettere*, 409.

[290] CÂMARA, *Lettres conciliaires*, Bd. II, 1054.

[291] VITTORIO CITTERICH, *L'ispirazione paolina di Teilhard de Chardin*, in: ‚L'Avvenire d'Italia', 17. Oktober 1965.

[292] Text der Predigt in: AS IV/6, 689-695.

[293] Text in: AS IV/6, 597-609; vgl. auch COD, 971-981.

zündet hatte[294], sowie das Dekret *Apostolicam actuositatem*[295] über das Laienapostolat promulgiert. Von 2350 abgegebenen Stimmen erhielt das erste Dokument 2344 Jastimmen und nur 6 Neinstimmen; das zweite Dokument erhielt von 2342 Stimmen 2340 Jastimmen und 2 Neinstimmen: eine praktisch einmütige Zustimmung.[296]

Der Text von *Dei Verbum*, dem Konzilsdokument mit der längsten Bearbeitungsphase, das den doktrinellen Kampf auf dem Konzil eröffnet hatte, schien jetzt alle zufriedenzustellen. Die massenhafte Zustimmung zu dem Text lässt sich durch die Tatsache erklären, dass sich in *Dei Verbum*, wie in *Lumen gentium*, keine dogmatische Definition findet und im Unterschied zu anderen Dokumenten wie *Dignitatis humanae* keine traditionelle Konzeption geleugnet oder infrage gestellt wird. Das Neue besteht vielmehr in der Art, die Fragen anzugehen, jenem ‚pastoralen' Geist, der eine extreme Zufriedenheit auf Seiten von P. de Lubac auslöste.[297]

In seiner letzten Intervention sagte Kard. Suenens im Namen der Versammlung dem Sekretär Felici in gewisser Weise Dank, indem er eine Hommage hielt auf *„einen Mann, der vier Jahre lang unversöhnlich alle Ideen bekämpft hat, die wir verteidigt haben. Rund um die Uhr hat er sich allen Tendenzen des Konzils widersetzt; er hat sich wirklich mit vollendeter Geschicklichkeit geschlagen und alle Karten der Geschäftsordnung gegen uns ausgespielt, ohne jemals zu weichen, außer vor erdrückenden Mehrheiten, und immer versucht, dem eigenen Standpunkt zum Sieg zu verhelfen."*[298]

---

294 Laut B. DUPUY *„wird die theologische Debatte über die Offenbarung für die Historiker die grundlegende Debatte des Zweiten Vatikanums bleiben"* (*Vatican II. La Révélation divine*, Paris 1968, Bd. I, 62).

295 AS IV/6, 609-632; Vgl. auch COD, 981-1001.

296 Zu den Abstimmungen über die zwei Dokumente vgl. AS IV/6, 687-688.

297 Vgl. H. DE LUBAC, *La Révélation divine*, Paris 1983, 154.

298 SUENENS, *Diario*, 60.

11. Der historische Tag des 7. Dezember

a) Die Promulgation der letzten Dokumente

Die vierte Sitzungsperiode war durch eine gleichsam stürmische Aktivität gekennzeichnet: 256 Abstimmungen zwischen dem 20. September und dem 6. Dezember 1965 (47% aller Abstimmungen während der gesamten Dauer des Konzils) und die feierliche Approbation von 3 Konstitutionen, 6 Dekreten und 3 Erklärungen, also 12 der vom Zweiten Vatikanum insgesamt verabschiedeten 16 Texte.[299]

Am 4. Dezember fand die 167. Generalkongregation statt. Am Nachmittag leitete der Papst ein ökumenisches Gebet für die über 100 Beobachter und Gäste in der Basilika San Paolo fuori le Mura. Zahlreiche katholische Bischöfe und Beobachter beteten gemeinsam. Congar kniete am Grab des hl. Paulus nieder und redete über Luther, *„der erneut das Evangelium zur Geltung bringen wollte, für das Paulus gekämpft hat"*.[300]

Am selben Ort hatte Johannes XXIII. am 25. Januar 1959 den Abschluss der Gebetswoche für die christliche Einheit gefeiert und sogleich danach in einem kleinen abgesonderten Saal der benachbarten Benediktinerabtei einer kleinen Gruppe von Kardinälen seinen Entschluss verkündet, das Konzil einzuberufen.

Am Sonntag, dem 5. Dezember, fand in Anwesenheit von Paul VI. ein interkonfessionelles Gebetstreffen statt, das erste, an dem ein Papst teilnahm. In dessen Verlauf trugen die anwesenden Vertreter aller religiösen Konfessionen Passagen aus der Heiligen Schrift vor,[301] und der Papst empfing de Lubac, Jean Guitton und den lutherischen Theologen Oscar Cullmann zum Essen.[302] Am folgenden Tag zelebrierte die letzte Generalkongregation den Schlussakt der Diskussion mit der Abstimmung über das Schema XIII.

---

299 Vgl. G. ALBERIGO, *Conclusione e prime esperienze di ricezione*, in: *SCV*, Bd. V, 546-552, 547 {dt.: *Abschluss und erste Erfahrungen mit der Rezeption des Konzils*, 619-654, 619}.

300 CONGAR, *Journal*, Bd. II, 503.

301 Vgl. CAPRILE, Bd. V, 455-456.

302 Vgl. DE LUBAC, *Carnets*, Bd. II, 477-478.

Immerhin 483 Gegenstimmen gab es zum fünften Kapitel, das den Frieden und die Beförderung der Gemeinschaft der Völker betraf, aber in der Endabstimmung über den gesamten Text verminderte sich die Zahl der Gegenstimmen auf 251. Es handelte sich um eine alles andere als einmütige Abstimmung, doch der Papst beschloss ebenfalls die Promulgation für den folgenden Tag.

Am 7. Dezember fand die letzte öffentliche Sitzung des Konzils statt. Es handelte sich um einen historischen Tag nicht nur wegen der Promulgation der vier übrigen Schemata, sondern auch wegen des symbolischen Charakters, den sie annehmen sollte. Vor der Schlussmesse besiegelte eine öffentliche Umarmung zwischen Paul VI. und dem Metropoliten Melito von Heliopolis, der in Vertretung des Patriarchen Athenagoras von Konstantinopel eingetroffen war, die Aufhebung der Exkommunikation, die die Vertreter des Papstes am 16. Juli 1054 gegen die ‚orthodoxe' Kirche ausgesprochen hatten.

Zu Beginn der Sitzung legte der Generalsekretär des Konzils Felici in Gegenwart des Papstes die letzten vier Dokumente zur Approbation der Väter vor: die Erklärung *Dignitatis humanae*[303] über die Religionsfreiheit (2308 Jastimmen, 70 Neinstimmen); die Dekrete *Ad gentes*[304] über die Missionstätigkeit der Kirche (2394 Jastimmen,

---

303 Text in: AS IV/7, 663-673; vgl. auch COD, 1001-1011. Zu *Dignitatis Humanae* gibt es unter den Theologen, die treu zur traditionellen Lehrunterweisung der Kirche stehen, verschiedene Lesarten: Einige vertreten die Kontinuität des Dokumentes zum traditionellen Lehramt der Kirche, vgl. VICTORINO RODRÍGUEZ OP, *Estudio historico-doctrinal de la declaración sobre la libertad religiosa del Concilio Vaticano II*, in: La Ciencia Tomista 93 (1966), 193-339; BRIAN W. HARRISON, *Le développement de la doctrine catholique sur la liberté religieuse*, Paris 1988; BASILE (VALUET) OSB, *Liberté religieuse et Tradition catholique*, Abbaye Sainte-Madeleine, Le Barroux 1998. Einen Bruch mit der Tradition haben angezeigt: LEFEBVRE, *Sie haben Ihn entthront, vom Liberalismus zur Apostasie; die Tragödie des Konzils*, Priesterbruderschaft St. Pius X., Stuttgart 1988; BERNARD LUCIEN, *Grégoire XVI, Pie IX et Vatican II. Etudes sur la liberté religieuse dans la doctrine catholique*, Forts dans la Foi, Tours 1990 (der Autor modifizierte später seine Ansicht); M. DAVIES, The Second Vatican Council and Religious Liberty; MICHEL MARTIN, *Le Concile Vatican II et la liberté religieuse*, in: De Rome et d'ailleurs, Sonderheft (Januar 1986), 1-106. Zu den gut dokumentierenen Studien zählen: *Lettre à quelques évêques sur la situation de la Sainte Eglise* und *Mémoire sur certaines erreurs actuelles, suivies d'une annexe sur la liberté religieuse*, Société Saint Thomas d'Aquin, Paris 1983, die von einer internationalen Gruppe von Theologen verfasst wurden.

304 Text in: AS IV/7, 673-704; vgl. auch COD, 1011-1042.

5 Neinstimmen) und *Presbyterorum ordinis*[305] über den priesterlichen Dienst (2390 Jastimmen, 4 Neinstimmen); die Pastoralkonstitution *Gaudium et spes*[306] über die Beziehungen der Kirche zur Welt (2309 Jastimmen, 75 Neinstimmen). Entgegen der üblichen Sitte begleitete ein langer Applaus die Verkündigung der 70 *non placet* für *Dignitatis humanae.*[307] *„Für mich ein glücklicher Tag, an dem* Dignitatis humanae *promulgiert wurde"*, schrieb der Jesuit Giacomo Martina und fasste damit die Gefühle des weiten progressistischen Lagers zusammen. *„Der Unterschied zwischen These und Hypothese war aufgegeben, die Religionsfreiheit fand ihr echtes Fundament."*[308]

Der Coetus Internationalis hatte sich tatkräftig gegen dieses Dokument gestellt, das in der Abstimmung vom 19. November 249 *non placet* erhalten hatte. Jedoch, wie der Biograph von Msgr. Lefebvre erwähnt, *„am 7. Dezember sank in der öffentlichen Konzilssitzung in Gegenwart des Papstes bei der Endabstimmung der Widerstand des* Coetus *auf 70* non placet*"*[309], auf mehr oder weniger dieselbe Zahl an Stimmen (75), die sich gegen *Gaudium und Spes* aussprachen.

b) Die ausgebliebene Verurteilung des Kommunismus

Die Konstitution *Gaudium et Spes* war das 16. und letzte Dokument, das vom Zweiten Vatikanischen Konzil offiziell promulgiert wurde. Es wollte eine völlig neue Bestimmung der Beziehungen zwischen der Kirche und der Welt sein. Die Kirche definierte sich als *„Sakrament für die Welt"* (Nr. 42, 45) und machte ihre Verpflichtung geltend, *„die Zeichen der Zeit"* zu erfassen und sie im Licht des Evangeliums zu interpretieren (Nr. 4, 11), im *„Dialog mit der Welt"* (Nr. 43). Die Formel lautete, die Wahrheit des Christentums innerhalb

---

[305] Text in: ebd., 704-732; vgl. auch COD, 1042-1069.

[306] Text in: ebd., 733-739; vgl. auch COD, 1069-1135.

[307] *„Wie hat man dies zu interpretieren? Ritterliche Gratulation für den unerschrockenen Widerstand einer Minderheit, Genugtuung darüber, dass sich die negativen Stimmen gegenüber der vorhergehenden Abstimmung offenkundig reduziert haben, nachsichtiger Verweis an die Gegner, um ihnen zu sagen, dass das Schema trotz allem durchgekommen ist? Wir werden uns hierzu nicht äußern"* (CAPRILE, Bd. V, 500).

[308] G. MARTINA, *Il contesto storico*, 78.

[309] B. TISSIER DE MALLERAIS, 331 {dt.: 332}.

des Denkens der Welt zu leben, um sie für den heutigen Menschen verständlich und annehmbar zu machen. Der damalige Theologe Joseph Ratzinger bezeichnete es als das wahre *„Testament“* des Konzils:

„Wenn man nach einer Gesamtdiagnose für den Text sucht, könnte man sagen, daß er (in Verbindung mit den Texten über Religionsfreiheit und über die Weltreligionen) eine Revision des Syllabus Pius' IX., eine Art Gegensyllabus darstellt. ... und insofern den Versuch einer offiziellen Versöhnung der Kirche mit der seit 1789 gewordenen neuen Zeit.“[310]

Auch für Kardinal König bezeichnet das Dokument *„eine Wende in der Auffassung der Kirche von der Geschichte, die die Ära des Syllabus und von Pascendi beendet“*[311]. Ein renommierter Theologe wie Msgr. Brunero Gherardini fällt darüber jedoch ein strenges Urteil:

> *„Indem es das Denken des Aquinaten auf den Kopf stellte, demzufolge Gott nichts für ein Ziel außerhalb seiner eigenen Realität schaffen kann, machte das Zweite Vatikanum aus dem Menschen ‚die einzige Kreatur, die von Gott wegen ihrer selbst gewollt ist' (GS 24). ... Nunmehr waren die äußersten Grenzen des idolatrischen Anthropozentrismus erreicht. Zur Frage stand nicht, ob der Mensch glaubte oder nicht, es genügte, dass er ‚das Zentrum und den Höhepunkt' (GS 12) aller kreatürlichen Werte darstellte, die von Gott zu seinem Dienst gewollt und bestimmt waren und ‚der ganzheitlichen Entfaltung seiner Person dienten' (GS 59)“*.[312]

In *Gaudium et Spes* fehlte jedwede Form einer Verurteilung des Kommunismus. Diese Tatsache war von solcher Bedeutung, *„dass es das Gerücht von einer Übereinkunft zwischen dem Moskauer Patriarchat und dem Heiligen Stuhl glaubhaft machte“*[313]. Das Schweigen des Konzils

---

[310] J. RATZINGER, *Theologische Prinzipienlehre*, 398-399.

[311] F. KÖNIG, *Chiesa dove vai?*, 108.

[312] B. GHERARDINI, *Concilio Vaticano II*, 190 {dt.: *Das Zweite Vatikanische Konzil – Ein ausstehender Diskurs*, 174). *„Diese Konstitution“* – kommentiert seinerseits Hubert Jedin – *„wurde mit Enthusiasmus begrüßt, aber ihre Nachgeschichte hat bereits bewiesen, daß man damals ihre Bedeutung weit überschätzt und kaum geahnt hat, wie tief jene ‚Welt', die man für Christus gewinnen wollte, in die Kirche eindringt“* (*Das II. Vatikanische Konzil*, in: *Handbuch der Kirchengeschichte*, Bd. VII, 146).

[313] A. RICCARDI, *Il Vaticano e Mosca*, 281.

über den Kommunismus stellte in der Tat eine auffällige Unterlassung der historischen Versammlung dar. Helder Câmara schrieb im November 1965: *„Das Zweite Vatikanische Ökumenische Konzil hat sehr viel gesagt, durch seine Worte und durch sein Schweigen."*[314] Plinio Corrêa de Oliveira, der auf der entgegengesetzten Seite gekämpft hatte, erinnert sich seinerseits:

> *„Unter dem Vorsitz erst von Johannes XXIII. und sodann von Paul VI. versammelte sich das zahlenmäßig größte Ökumenische Konzil der Kirchengeschichte. Auf ihm erwartete man die Behandlung aller wichtigeren Themen der Gegenwart, die die katholische Sache betreffen. Unter diesen konnte – konnte absolut nicht! – die Haltung der Kirche gegenüber ihrem größten damaligen Gegner nicht fehlen, einem ihrer Lehre so total entgegenstehenden, so mächtigen, so brutalen, so tückischen Gegner, wie ihn die Kirche in ihrer fast zweitausendjährigen Geschichte nie in vergleichbarer Form gefunden hat. Zeitgenössische Probleme der Religion zu behandeln, ohne den Kommunismus zu behandeln, wäre genauso mangelhaft wie heutzutage einen Weltkongress der Ärzte zu veranstalten, um die hauptsächlichen Krankheiten unserer Zeit zu studieren und dabei im Programm jegliche Bezugnahme auf Aids zu unterlassen."*[315]

Gaudium et spes suchte den Dialog mit der modernen Welt in der Überzeugung, dass die von dieser durchlaufene Wegstrecke vom Humanismus zum Protestantismus bis hin zur Französischen Revolution und zum Marxismus ein unumkehrbarer Prozess wäre. Die Moderne stand in Wirklichkeit am Vorabend einer tiefen Krise, die ihre ersten Symptome wenige Jahre später in der 68er-Revolution zeigen sollte. Die Konzilsväter hätten eher eine prophetische Geste vollziehen und die Moderne herausfordern sollen, als ihren in Verwesung begriffenen Leichnam zu umarmen, wie es leider geschah.

Die Konzilsversammlung wäre der Ort par excellence gewesen, um einen Prozess gegen den Kommunismus in Gang zu bringen, analog dem Nürnberger Prozess gegen den Nationalsozialismus:

---

[314] Câmara, *Lettres conciliaires*, Bd. I, 438.

[315] P. Corrêa de Oliveira, *Comunismo e Anticomunismo alle soglie dell'ultima decade di questo millennio*, in: ‚Corriere della Sera', 7. März 1990.

keinen Prozess mit Strafcharakter und keinen Prozess *ex post* der Sieger über die Besiegten, wie es Nürnberg gewesen war, sondern einen kulturellen und moralischen Prozess *ex ante* der Opfer gegenüber den Verfolgern, wie ihn die sogenannten Dissidenten begonnen hatten zu führen.[316]

c) Die Gründe für die Niederlage der Konservativen

Auf die vier sukzessiven Abstimmungen, eine für jedes Konzilsschema, folgte eine Gesamtabstimmung über die vier Dokumente bezüglich ihrer endgültigen Approbation und Promulgation, gemäß der Geschäftsordnung, wie sie von Art. 2 des Reglements festgelegt war.[317]

Nach der Approbation der vier Dekrete, *„erfüllte ein Geist freudiger Dankbarkeit die zum letzten Mal als Konzil in St. Peter versammelten Bischöfe. Eine fast übermütige Stimmung der Freude wurde spürbar, als sich am Ende alle umarmten und den Kuß des Friedens zum Abschied gaben."*[318]

An diesem Punkt kann man sich fragen, wie es möglich war, dass nach den harten Diskussionen in der Aula, die das Vorhandensein gegensätzlicher Lager zu Tage gebracht hatten, welche sich an Zahl und Autorität der Interventionen die Waage hielten, zum Zeitpunkt der Abstimmung immer eine Approbation der Schemata mit erdrückender Mehrheit zustande kam und es zum Zeitpunkt der Promulgation der Texte geradezu geschah, dass derjenige, der gegen ein Dokument gestimmt hatte, dieses unterschrieb, wie es für Msgr. de Castro Mayer und Msgr. Lefebvre im Falle von *Dignitatis*

---

[316] Bereits seit den 20er- und 30er-Jahren des 20. Jh. hatte ein reiches Schrifttum die Aufmerksamkeit der Weltöffentlichkeit auf die Verbrechen des Kommunismus gelenkt. Erst 1997 erschien das *Schwarzbuch des Kommunismus* (STÉPHANE COURTOIS (u.a.), *Le livre noir du communisme: crimes, terreur et repression*, R. Laffont, Paris 1997 {dt.: *Das Schwarzbuch des Kommunismus: Unterdrückung, Verbrechen und Terror.* Aus d. Franz. v. IRMELA ARNSPERGER, München - Zürich 1998 (u.ö.)}), herausgegeben vom französischen Historiker STÉPHANE COURTOIS, der einen gut dokumentierten Nachweis für diese Verbrechen bot.

[317] Vgl. AS IV/7, 804-850.

[318] J. RATZINGER, *Die letzte Sitzungsperiode des Konzils*, Bachem, Köln 1966, 71.

humanae über die Religionsfreiheit zutraf.[319] Die Gründe hierfür waren verschiedener Natur. An erster Stelle muss man sich den ‚demokratischen' Mechanismus der Konzilsversammlung vergegenwärtigen, welche sich als eine Art kirchliches Parlament darstellte, das von den Regeln und vor allem von der ‚Philosophie' der modernen Demokratie bestimmt war. Man muss in dieser Hinsicht die Existenz verschiedener Konzepte des parlamentarischen Systems anführen: einerseits die liberale, im Wesen individualistische Tradition, Wahrerin der Rechte der Minderheit vor und nach der Wahl (man denke an die ‚Schattenkabinette' und an die ‚Opposition Ihrer Majestät' in Großbritannien). In der demokratischen Konzeption rousseauschen Ursprungs dagegen verwandelt sich der Wille der Mehrheit im Moment seiner Äußerung von einer numerischen Summe individueller Willen in eine „volonté générale", einen kollektiven Willen, dem sich die einzelnen Gruppen und Individuen beugen müssen.[320]

Das Zweite Vatikanische Konzil schien das absolutistische Modell des Tridentinums und des Ersten Vatikanums durch ein neues ‚demokratisches' Modell ersetzen zu wollen, das den Willen des Römischen Pontifex durch den Willen der Versammlung ersetzte, auch wenn diese mit dem Pontifex vereint ist. Die Wahrheit der Tradition ersetzte man durch einen ‚sozialen Willen', der kollektiv erarbeitet wurde und soziale Anerkennung fand. Der Wille der Konzilsversammlung war gleichbedeutend mit dem „allgemeinen

---

[319] Vgl. AS IV/7, 809 und 823. *„Jedenfalls wurde die Zustimmung der Exzellenzen Marcel Lefebvre und de Castro Mayer in den Acta synodalia [den Konzilakten] amtlich festgehalten. Wenn in der Folgezeit Mgr. Lefebvre mehrmals versicherte, daß er das Schema über die Religionsfreiheit ebenso wie Gaudium et spes nicht unterschrieben habe, so kann diese Behauptung in logischer Folge seines vorausgehenden und anschließenden Widerstandes gegen die Verkündigung der Religionsfreiheit als eine Täuschung seines Erinnerungsvermögens oder als menschlicher Irrtum aufgefaßt werden. ... Daß der Erzbischof Dignitatis humanae unterschrieben hat, tut unserer Ansicht nach dem Wert seines Kampfes gegen die Religionsfreiheit keinen Abbruch"* (B. Tissier de Mallerais, 333 {dt.: 333-334}, und umfassender, 331-334 {dt.: 332-334}).

[320] Vgl. Jacob L. Talmon, *The origins of totalitarian democracy*, London 1952 (u.ö.) {dt.: *Die Ursprünge der totalitären Demokratie*, Köln - Opladen 1961}; B. Baczko, *Le contrat social des Français: Sieyès et Rousseau*, in: *The French Revolution and the creation of modern political culture*, hg. v. Keith Michael Baker, Oxford 1987; Augustin Cochin, *L'esprit du jacobinisme. Une interprétation sociologique de la Révolution française*, Paris 1979.

Willen" von Rousseau: ein heiliger und absoluter Wille, gegenüber dem sich die Väter, da sie die selbstauferlegten Gesetze berücksichtigten, im Gewissen verpflichtet fühlten, ihre eigene Ideen und Meinungen unterzuordnen.[321]

Die Tatsache, dass die Versammlung eine kirchliche und keine politische war, heiligte sozusagen die Äußerung des ,allgemeinen Willens' und wies ihm einen transzendenten Wert zu. Zudem war ein Schema dann, wenn es einmal vom Papst promulgiert worden war, kein Schema mehr, sondern ein lehramtlicher Akt, was folglich seine theologische Natur änderte.

Man könnte hier einwenden, dass die Konzilsväter genau wussten, dass das Lehramt des Konzils keine Unfehlbarkeit garantierte, vor allem, nachdem die Päpste Johannes XXIII. und Paul VI. selbst seinen pastoralen Charakter deutlich gemacht hatten. Es ist jedoch daran zu erinnern, dass in dem auf das Erste Vatikanische Konzil folgenden Jahrhundert die Möglichkeit eines ,Widerstandes' gegen Fehlentscheidungen eines Papstes von den Theologen nie in Erwägung gezogen war; diese hatten vielmehr die päpstlichen Vorrechte auch bei der Ausübung des ordentlichen Lehramtes unterstrichen. P. Frederick William Faber[322], einer der größten spirituellen Autoren des 19. Jh., hatte erklärt, dass die Verehrung des Papstes ein wesentlicher Bestandteil der christlichen Frömmigkeit sei[323], und Generationen von Priestern waren zu grenzenlosem Gehorsam gegenüber dem Römischen Pontifex herangebildet worden. Gegenüber dem Papsttum praktizierten die „römischen" Bischöfe wie gegenüber

---

[321] Auch die politische Konzeption von Georg Wilhelm Friedrich Hegel (1770-1831) geht von der rousseauschen Theorie des ,allgemeinen Willens' aus. Wie Rousseau beschreibt Hegel den Übergang vom Einzelwillen der Individuen zur ethischen Universalität des ,allgemeinen Willens', indem er zwischen der bürgerlichen Gesellschaft, die die Vielheit der individuellen Einzelinteressen darstellt, und dem Staat, der – auf einer höheren Ebene der ,Universalität' – das Gemeinwohl verwirklicht. Vgl. R. DE MATTEI, *La sovranità necessaria*, Roma 2001, 107-110.

[322] Der Oratorianerpater Frederick William Faber (1814-1863), 1845 zum Katholizismus konvertiert, war einer der erfolgreichsten religiösen Schriftsteller zwischen dem 19. und dem 20. Jh.. Über ihn vgl. RONALD CHAPMAN, *Father Faber*, London 1961.

[323] Vgl. F. W. FABER, *La devozione e la fedeltà al Papa, Discorso pronunciato il 1 gennaio 1869 nell'oratorio di Londra*, in: *Il Papa nel pensiero degli scrittori religiosi e politici*, 2 Bde., Rovigo-Roma 1927, Bd. II, 230-237, 233.

der Muttergottes einen ‚Maximalismus', ohne sich dem Problem der moralischen Grenzen des Gehorsams zu stellen.

„Unser Credo ist der Papst, unsere Moral ist der Papst, unser Leben ist der Papst", schrieb beispielsweise der hl. Luigi Orione seinen Priestern, *„unsere Liebe, unser Herz, unser Lebenssinn ist der Papst; für uns ist der Papst Jesus Christus; den Papst lieben und Jesus lieben ist ein- und dasselbe; den Papst hören und ihm folgen bedeutet Jesus Christus hören und ihm folgen; dem Papst dienen bedeutet Jesus Christus dienen; für den Papst das Leben geben bedeutet für Jesus Christus das Leben geben."*[324] Die Hypothese eines Papstes, der auf doktrineller Ebene irren und zu uneindeutigen Positionen, ja sogar in die Häresie abgleiten konnte, war zwar von allen Theologen theoretisch eingeräumt, aber als nicht realistisch betrachtet und folglich niemals in Erwägung gezogen worden.[325]

Die Autorität des Heiligen Vaters zu untergraben oder die Einheit der bischöflichen Versammlung zu beschädigen, bedeutete für viele Väter, die eigene Autorität als Hirte aufs Spiel zu setzen. *„Leiten"*, schrieb Kard. Siri, *„heißt eine Gemeinschaft mit Autorität zu einem Ziel hinführen. Wenn die Autorität fehlt, d.h. die Fähigkeit, eine Verpflichtung des Gewissens hervorzurufen, so hat man keine wirkliche Leitung inne."*[326] Daher fühlte der Erzbischof von Genua, obschon er viele Entscheidungen von Johannes XXIII. und Paul VI. nicht teilte, gegenüber der päpstlichen Autorität diese *„Verpflichtung des Gewissens"*, die er von seinen Untergebenen forderte.[327] In derselben Weise verhielten sich viele konservative Konzilsväter.

Ein Zeuge, P. Ralph Wiltgen, kommentierte die letzte Abstimmung über die Religionsfreiheit wie folgt:

---

[324] DON LUIGI ORIONE, *Lettere*, Postulazione della Piccola Opera della Divina Providenza, Roma 1929, Bd. II, 44.

[325] Zu diesen Punkten bleibt die beste Studie *Hypothèse théologique d'un Papa héretique*, der zweite Teil des Werkes von ARNALDO XAVIER DA SILVEIRA, *La nouvelle Messe de Paul VI. Qu'en penser?*, Chiré-en-Montreuil 1975, 213-334.

[326] G. SIRI, *Memorie*, in: DERS., *Un vescovo ai vescovi*, Giardini, Pisa 1991, 13.

[327] Vgl. G. SIRI, *La ricostruzione sociale*, Roma 1943, 104: *„Die interessanteste Mitgift des Gesetzes besteht darin, dass es eine Verpflichtung des Gewissens erzeugt. Die rechtliche Ordnung stützt sich wesenhaft auf diese innere Welt, auf diese tiefgehende Bindung"*.

„Fast alle 70 Neinstimmen waren von dem harten Kern der Internationalen Vätergruppe abgegeben worden. Und dennoch war dieser, nachdem die Abstimmung geschehen war, so bereit wie alle anderen, das promulgierte Dekret hinzunehmen. Im Grund war dies die Haltung aller Konzilsväter, ob sie zum liberalen oder zum konservativen Lager gehörten; jeder war überzeugt, daß seine Position bei einem gegebenen Thema die richtige sei, die, welche Kirche und Menschheit größeren Segen brächte. Doch diese Männer, im Kirchenrecht geschult, waren sich auch klar, daß nicht beide Seiten recht haben konnten. Und letzten Endes fügten sie sich der Majoritätsansicht, wenn diese schließlich klar wurde und vom Papst als die vom Zweiten Vatikanischen Konzil gelehrte allgemeine Lehre promulgiert wurde."[328]

Um den Widerstand gegen die Konzilsentscheidungen konsequent durchzuführen, wäre außer einer sehr guten theologischen Kenntnis der Natur der lehramtlichen Akte eine ‚prophetische' Begabung notwendig gewesen, wie sie Abbé de Nantes mit seiner Äußerung am Vorabend der vierten Sitzungsperiode evoziert hatte, dass ein einziger Bischof das ‚Aggiornamento' des Zweiten Vatikanums zum Scheitern bringen könnte: *„Es würde genügen"*, schrieb er, *„wenn einer der Väter – und ich habe es gegenüber manch einem von ihnen erwähnt – aufsteht und vor allen protestiert, dass ihn der Glaube daran hindert, eine bestimmte Position anzunehmen, es würde ausreichen, wenn er ihre ungeheure Betroffenheit herausfordert, wenn er damit droht, ein Konzil zu verlassen, ... sofern dieser oder jener Vorschlag zur Abstimmung vorgelegt, angenommen und promulgiert wird .... Wenn sich morgen auf dem Konzil ein solcher Mann fände, so würde sein Appell an die von Gott geoffenbarte Wahrheit genügen, die ganze Maschinerie der Subversion zu blockieren!"*[329]

Die Worte des französischen Priesters mögen ‚donquichotesk' wirken, aber nur ein Auftreten von starker psychologischer Wirkung hätte zu jenem Zeitpunkt den Lauf der Ereignisse verändern können. Die Gelegenheit zu einer Geste öffentlichen Protestes hätte beispielsweise der Skandal um das „Versanden" des antikommunisti-

---

[328] WILTGEN, 260.

[329] GEORGES DE NANTES, "Lettre à mes amis", Nr. 211 vom 1. September 1965, 13.

schen Antrags bieten können. Die Ursachen für die Niederlage der Väter des Coetus Internationalis sind eher in einer psychologischen als einer doktrinellen Schwäche zu suchen. Msgr. Lefebvre hat übrigens die durch die päpstliche Approbation verursachte psychologische Belastung hervorgehoben, wenn er eingesteht, viele Konzilstexte *„unter dem vom Heiligen Vater ausgeübten moralischen Druck"*, unterzeichnet zu haben, weil, so sagte er, *„ich mich nicht von der Verbundenheit mit dem Heiligen Vater lösen kann. Wenn der Heilige Vater unterschreibt, bin ich im Gewissen verpflichtet, auch zu unterschreiben"*.[330] Bestand in der ersten Phase des Konzils das Hauptproblem der konservativen Väter in der fehlenden Organisation, so fehlte in den letzten zwei Sitzungsperioden eher der Wille, den Widerstand konsequent durchzuführen. An Willen und Entschlossenheit mangelte es jedoch weder der progressistischen Minderheit noch Papst Montini selbst, der niemals seinen Willen nur dank bloßer Zahlenstärke durchsetzen wollte. Er versuchte aus dem Willen der Mehrheit einen *consensus unanimis* zu machen und war auch zu Zugeständnissen und strategischen Rückzügen bereit, um die Zustimmung der Minderheit zu erlangen. Das Verhalten von Paul VI. auf dem Konzil wurde unterschiedlich beurteilt, aber das Bild, das Msgr. Prignon in einem seiner vertraulichen Berichte an den Botschafter Poswick davon zeichnet, gehört zu den exaktesten Beschreibungen:

> *„Es fällt schwer, an das angeborene Zaudern von jemandem zu glauben, der bei mehr als einer Gelegenheit in der Verfolgung der von ihm vorgezeichneten Linie einen eisernen Willen und eine unbezwingbare Beharrlichkeit offenbart hat. ... Andererseits hat die Sorge, die Minderheit zu überzeugen, Paul VI. nicht dazu geführt, ihr in wesentlichen Dingen nachzugeben, und auch nicht daran gehindert, das Risiko einer Verhärtung der Mehrheit einzugehen und ihr ziemlich ‚sensationelle' Ablehnungen entgegenzusetzen. Die beim Text über den Ökumenismus nach der letzten Abstimmung in letzter Minute angebrachten Änderungen zeugen auch von einer ungewöhnlichen Entscheidungskraft. ... Was mich anbelangt, so glaube ich, dass Paul VI. im vollen Bewusstsein seiner Rolle als*

[330] B. TISSIER DE MALLERAIS, 333.

oberster Richter über den ‚Parteien' stehen wollte und vor allem, dass ihm dies auch gelungen ist und er unaufhörlich danach gestrebt hat, die Einmütigkeit zu erreichen. Er hatte auch Recht damit, im Moment seiner Zustimmung zu etwas, was für schlecht Informierte als eine Beschränkung des Primats und eine Korrektur am Dogma des Ersten Vatikanums erscheinen konnte, in Theorie und in Praxis die unveräußerlichen Rechte des Nachfolgers Petri und die vollkommene Kohärenz zwischen den beiden Konzilien zu bekräftigen."[331]

d) Die Abschlusspredigt Pauls VI.

Während der öffentlichen Sitzung am 7. Dezember trat der Sekretär des Sekretariats für die Einheit der Christen Jan Willebrands unmittelbar vor der Konzelebration der Messe an das Rednerpult und verlas auf Französisch den Text einer allgemeinen Erklärung, worin die katholische und die ‚orthodoxe' Kirche von Konstantinopel beschlossen, die gegenseitige Exkommunikation sowie die weiteren Vorkommnisse, die zum Bruch in der kirchlichen Gemeinschaft geführt hatten, zu *„bedauern"*.[332] Zum selben Zeitpunkt wurde derselbe Text in der Patriarchatsbasilika von Konstantinopel in Gegenwart des Patriarchen und von sieben Gesandten des Papstes unter Leitung von Kard. Shehan, dem Erzbischof vom Baltimore, verlesen. Die Aufhebung der Exkommunikation wurde durch das päpstliche Breve *Ambulate in dilectione* seitens Msgr. Willebrands' förmlich vollzogen.[333] Der Papst erklärte in diesem päpstlichen Breve *„die in jener Epoche verkündete Exkommunikation aus dem Gedächtnis der Kirche zu entfernen und zu tilgen und ganz der Vergessenheit anheimzugeben"*.[334]

---

[331] Fonds Prignon, *Rapport sur la 3e session du Concile: 25 octobre - 21 novembre*, in: CLG, n.1058.

[332] Vgl. AS IV/7, 651-654; CAPRILE, Bd. V, 508-509; P. CHENAUX, *L'influence des écoles théologiques dans la rédaction de la constitution pastorale Gaudium et Spes (1962-1965)*, in: Annuarium Historiae Conciliorum 35 (2003), 150-166.

[333] Text in: CAPRILE, Bd. V, 509-510.

[334] Ebd., 509.

In der Predigt der sich anschließenden Messe[335] erwähnte Paul VI., dass man auf dem Konzil die Begegnung zwischen *„der Religion Gottes, der sich zum Menschen gemacht hat"* und der *„Religion (weil sie dies ist) des Menschen, der sich zu Gott macht"*[336], zustande gebracht habe, ohne dass beide Religionen in Konflikt geraten wären, wobei Reaktionen von *„Verwunderung und Anstoß"* nicht ausgeblieben seien[337]. Man habe dem Konzil *„den profanen laikalen Humanismus"* zur Betrachtung vorgestellt, doch habe der Kontakt nicht, wie es hätte geschehen können, *„einen Zusammenstoß, einen Kampf, ein Anathem"* verursacht.

> *„Die katholische Religion und das menschliche Leben bekräftigen so ihr Freundschaftsbündnis und ihr beiderseitiges Streben nach dem einen menschlichen Gut: die katholische Religion ist nämlich für die Menschheit und in gewissem Sinn ist sie das Leben der Menschheit. ... Der profane laikale Humanismus hat sich am Ende in schrecklicher Gestalt gezeigt und in gewissem Sinn das Konzil herausgefordert. Die Religion, d.h. der Kult Gottes, der Mensch werden wollte, und die Religion des Menschen – für eine solche ist sie nämlich zu halten –, d.h. der Kult des Menschen, der Gott werden will, sind aufeinandergetroffen. Was hat sich ereignet? Ein Zusammenstoß, ein Kampf, ein Anathem? Dies hätte passieren können, ist aber nicht eingetreten. Die alte Geschichte vom Samaritaner ist zum Paradigma für die Spiritualität des Konzils geworden. Eine grenzenlose Sympathie zu den Menschen hat das Konzil restlos durchdrungen."*[338]

Die Predigt Pauls VI. vom 7. Dezember, die sich ganz auf die Beziehung Kirche-Welt konzentrierte, kann als Schlussbotschaft des Konzils und als sein vom Papst gebotener Interpretationsschlüssel gelten. Sie verband sich in idealer Weise mit der Eröffnungsansprache von Johannes XXIII. am 11. Oktober 1962. Romano Amerio zieht eine Parallele zwischen der Diagnose, die Paul VI. in diesem Dokument von der eigenen Epoche vornimmt, und der Diagnose des

---

[335] Text der Predigt in: AS IV/7, 654-662; ital Übers. in: CAPRILE, Bd. V, 501-505.
[336] AS IV/7, 658.
[337] A. WENGER, *Les trois Rome*, 190.
[338] AS IV/7, 661 u. 658-659.

hl. Pius X. in der Enzyklika *E supremi apostolatus*[339]. Wie Paul VI. hatte Papst Sarto erkannt, dass der Geist des modernen Menschen der Geist der Unabhängigkeit ist, der alles Geschaffene auf sich bezieht. Doch wenngleich die Diagnose beider Päpste identisch ist, so fällt ihre Beurteilung des Wertes, den sie der Moderne zuerkennen, verschieden, wenn nicht gegensätzlich, aus.

> *„Pius X., der den hl. Paulus zitierte (II. Thess. 2,4), konstatierte, daß sich der moderne Mensch zum Gott macht und die eigene Anbetung anmaßt. Entsprechend sagt auch Paul VI. ausdrücklich: ‚Die Religion. d.h. der Kult Gottes, der nach seinem Wunsch Mensch geworden ist, und die Religion – für eine solche ist sie nämlich zu halten – d.h. der Kult des Menschen, der Gott zu werden wünscht, sind aufeinandergetroffen.' Trotzdem glaubt er, den Prinzipiencharakter der frontalen Begegnung außer Acht lassend, diese habe dank des Konzils nicht zu einem Zusammenstoß, zu Kampf oder Anathem geführt, sondern zu einer grenzenlosen Sympathie, einer neuen Aufmerksamkeit der Kirche für die Bedürfnisse des Menschen."*[340]

Pater Congar verhehlt nicht seine Zufriedenheit: *„Rede des Papstes: sehr nach* Ecclesiam suam*: eine echte Erklärung der vollen Akzeptanz des modernen Menschen und des Primates der Anthropologie."*[341] Der französische Theologe fügt mit Befriedigung hinzu:

> *„Wenn man die Dinge objektiv betrachtet, so habe ich viel getan, um das Konzil vorzubereiten, um die Ideen auszuarbeiten und zu verbreiten, die das Konzil sanktioniert hat. Auf dem Konzil selbst habe ich viel gearbeitet. Ich könnte beinahe sagen: Plus omnibus laboravi*[†]*, aber dies wäre zweifellos nicht wahr: denkt man beispielsweise an Philips."*[342]

---

[339] S. PIUS X., Enzyklika *E supremi apostolatus* vom 4. Oktober 1903, in: ASS 36 (1903-1904), 129-139, italienischer Text in: EE IV, 19-39.
[340] R. AMERIO, *Iota unum*, 97 {dt.: 98}.
[341] CONGAR, *Journal*, Bd. II, 509, Eintrag vom 7. Dezember.
[†] *Ich habe mehr als alle gearbeitet.*
[342] Ebd., 510.

Congar beanspruchte die Vaterschaft für Textpartien oder den ganzen Text zahlreicher Dokumente: *Lumen gentium, De Revelatione, De oecumenismo, Erklärung über die nichtchristlichen Religionen*, Schema XIII, *De Missionibus, De libertate religiosa, De Presbyteris*.[343] Doch nur Theologen wie Congar, Rahner oder Philips die doktrinelle Vaterschaft des Konzils zuzuweisen hieße, einigen Konzilsvätern wie Kard. Suenens Unrecht zu tun, die auf dem Konzil nicht nur eine Leitungstätigkeit entfalteten, sondern auf dieses auch einen tiefgehenden theologischen Einfluss ausübten. Câmara, der die Rolle von Suenens erwähnt, bezeichnet sie nicht zu Unrecht als *„ein vollkommenes Abbild des Zweiten Vatikanums"*.[344]

Pater Kobler hat seinerseits hervorgehoben, dass Paul VI. der wahre ‚Theoretiker' des Zweiten Vatikanums war, während die Theologen lediglich die ‚Ingenieure' waren[345], die herbeigerufen wurden, um ihn bei der Verwirklichung seines Erneuerungsprogrammes für die Kirche zu unterstützen, *„welches sich in drei Worten zusammenfassen lässt:* totus homo phaenomenicus, *d.h. der ganze Mensch als eine phänomenologische Realität"* [346].

Insgesamt hielt die Konzilsversammlung 168 Generalkongregationen ab und approbierte in fünf verschiedenen Sitzungen 16 Dokumente: vier Konstitutionen, neun Dekrete und drei Erklärungen; an den Arbeiten nahmen 3058 Konzilsväter teil. Bei allen Überlegungen des Konzils wurden die größten Zugeständnisse gemacht, um das Wohlwollen all derer zu erlangen, die sich von der Kirche getrennt befanden.[347] Nun wartete man auf die Früchte.

---

343 Vgl. ebd., 511. Vgl. A. MELLONI, *Yves Congar al Vaticano II. Ipotesi e linee di ricerca*, in: Rivista di Storia della Chiesa in Italia 50/2 (1996), 516-520; R. BURIGANA / G. TURBANTI, *Preparare la conclusione del Concilio*, in: *SCV*, Bd. IV, 483-648, 540-541 {dt.: *Zwischen den Sitzungsperioden: Vorbereitung des Konzilabschlusses*, 532-726, 599}.

344 CÂMARA, *Lettres conciliaires*, Bd. II, 895.

345 Vgl. J. F. KOBLER, *Were theologians the engineers of Vatican II?*, 242-243.

346 DERS., *Vatican II, Theophany and the Phenomenon of Man*, Peter Lang, London-New York 1991, 83-189, 83.

347 Vgl. P. CORRÊA DE OLIVEIRA, *Chiuso il Concilio: Momento di straordinaria importanza nella storia dell'umanità*, in: DERS., *Rivoluzione e Contro-Rivoluzione*, 313-316.

12. Über das Zweite Vatikanische Konzil fällt der Vorhang

Am Morgen des 8. Dezember 1965 fand auf der weiten Treppe der Basilika St. Peter an einem windigen Tag bei teilweise bedecktem Himmel die feierliche Schlusszeremonie des Zweiten Vatikanischen Konzils statt. Seit 9 Uhr morgens versammelte sich eine auf ca. 300.000 Personen geschätzte Menge zwischen der Piazza und der Via della Conciliazione. Kurz nach 10 Uhr begann bei stürmischem Glockengeläut in ganz Rom die lange Prozession der Konzilsväter, die Paul VI. voranzogen, der auf der Sedia gestatoria getragen wurde. Die Zeremonie, so erwähnt der Konzilshistoriker Hubert Jedin mit einer gewissen Bitterkeit in seinen Lebenserinnerungen, „*entsprach nicht meinen Vorstellungen von der immanenten Würde eines Allgemeinen Konzils. Sie war eine Demonstration und als solche eine Konzession an das Massenzeitalter und an die Massenmedien*“[348].

Während der Zeremonie saßen neben Paul VI. die vier Kardinalmoderatoren, Sieger des Konzils, und Kard. Ottaviani, der große Verlierer. Wiltgen zufolge hatte keiner unter ihnen so großen Einfluss ausgeübt wie Kard. Frings. Sein theologischer Peritus war der junge Ratzinger, doch stützte sich Frings vornehmlich auf P. Rahner. Ratzinger, erst im Gefolge Rahners, hatte sich während der Schlussphase des Konzils in vielen Punkten mit ihm uneins gezeigt, und nach dem Konzil ging er offen auf Distanz zu ihm.[349]

Der Schlussappell des Konzils richtete sich an die Welt. Der Papst kündigte auf Französisch die Botschaften an, die von ebenso vielen Kardinälen verlesen und sodann von ihm den Vertretern der verschiedenen Kategorien, an die sie gerichtet waren, persönlich überreicht wurden: den Regierenden, den Wissenschaftlern, den Künstlern, den Frauen, den Arbeitern, den Armen, den Kranken und

---

[348] H. JEDIN, *Lebensbericht*, 217.

[349] Vgl. WILTGEN, 295. Einen ähnlichen Weg beschritt Pater Arturo Medina Estévez, Theologe des Kardinals Silva Henríquez, mit dem er seit dem Ende des Konzils Auseinandersetzungen lieferte. Kard. Silva Henríquez ebnete für den Sozialkommunisten Allende in Chile den Weg, während Msgr. Medina, nachdem er Kardinal geworden war, eine Anlaufstelle für die Konservativen wurde, vornehmlich in Sachen Liturgie.

den Leidenden, der Jugend. Die Botschaft an die Intellektuellen[350], die Kard. Léger verlas, wurde Jacques Maritain überreicht, dem Jean Guitton und der polnische Philosoph Stefan Swieżawski[351], beides Auditoren auf dem Konzil, zur Seite standen. Als Paul VI. ihm die Botschaft überreichte, murmelte er: *„Die Kirche zollt Ihrem ganzen Lebenswerk Anerkennung.“*[352] Sieben Jahre zuvor, im Jahr 1958, hatte Kard. Pizzardo, Präfekt der Kongregation für die Universitäten, an der Università Cattolica del Sacro Cuore in Mailand verboten, dem französischen Philosophen die Ehrendoktorwürde zu verleihen, dem Theoretiker des ‚integralen Humanismus', den die ‚Civiltà Cattolica' heftig kritisiert hatte. P. Congar notierte in sein Tagebuch: *„Das Konzil ist dabei, in die Welt einzudringen. Es verwirklicht heute sein Pfingsten, von dem Johannes XXIII. gesprochen hatte.“*[353]

Hans Küng, der am 10. Dezember einstimmig zum zweiten Mal als Dekan der theologischen Fakultät in Tübingen gewählt worden war, sah hier einige Vorschläge verwirklicht, die er fünf Jahre zuvor in seinem Buch *Konzil und Wiedervereinigung* angeführt hatte. *„Das Vatikanum II“*, schrieb er, *„hat gewiss nicht alles getan, was es hätte tun können. Aber es hat bei weitem mehr erreicht, als die meisten erwartet hatten.“*[354] Nach den Botschaften an die Welt folgte das Verlesen des Apostolischen Schreibens *In Spiritu Sancto* seitens des Erzbischofs Felici, mit welchem der Papst das Zweite Vatikanische Konzil für beendet erklärte. Dann spendete Paul VI. unter dem Applaus der Menge den Schlusssegen und verkündete mit lauter Stimme: *„Gehet hin in Frieden, das Konzil ist beendet.“* Es war 13.21 Uhr am Mittwoch, dem 8. Dezember 1965, als die Glocken von St. Peter den Abschluss des 21. Ökumenischen Konzils der Kirche verkündeten.

Am Abend gab der italienische Ratspräsident Aldo Moro ein Festessen zu Ehren der ausländischen Delegationen, die zum Konzil nach Rom gekommen waren. Als er sich von der Tafel erhob, äu-

---

[350] Ital. Text in: CAPRILE, Bd. V, 520.

[351] Stefan Swieżawski (1907-2004), Pole, Philosophieprofessor an der Universität von Lublin. Vgl. JERZY KALINOWSKI / STEFAN SWIEŻAWSKI, *La philosophie à l'heure du Concile*, Paris 1965.

[352] MARITAIN, *Carnet de notes*, Desclée de Brouwer, Paris 1965, 8. Dezember 1965.

[353] CONGAR, *Journal*, Bd. II, 515.

[354] KÜNG, *Erkämpfte Freiheit*, 580.

ßerte er, dass die Versammlung beabsichtigt hatte, sich unter ihren Hauptthemen *„die Position der Kirche gegenüber den kulturellen, sozialen und moralischen Errungenschaften der modernen Welt und die Beziehungen mit den christlichen Kirchen, mit jeder Konfession, mit jeder Religion und schließlich mit allen Menschen"*[355] vorzunehmen.

Am 24. September hatte Paul VI. im Vatikan den Journalisten des ‚Corriere della Sera' Alberto Cavalleri getroffen, um ihm den Sinn der Botschaft des Konzils zu erklären. *„Man muss zugleich arglos und klug sein"*, sagte der Papst, *„um den Sinn der Jahre, die wir gerade erleben, zu erfassen. Die Kirche will zu einem Polyeder werden, um die moderne Welt besser reflektieren zu können. Um dies werden zu können, hat sie beschlossen, den Pflug in brachliegendes, ja auch in ganz hartes Terrain einzusenken, um zu bewegen, zu beleben, ans Licht zu bringen, was begraben lag. Diese Pflügearbeit ruft Erschütterungen, Anstrengungen, Probleme hervor. Unserem Vorgänger fiel die Aufgabe zu, den Pflug in die Erde einzusenken. Jetzt ist die Aufgabe, ihn vorwärts zu führen, in unsere armen Hände gefallen."* Der Papst bekräftigte *„die für die Kirche bestehende Notwendigkeit, sich <der Welt> zu öffnen"*, worin er das Wesen des *„Dialogs"* sah und verneinte die Existenz einer Krise in der Kirche. *„Gerade das Konzil ist dabei, zu zeigen, dass es neben einer Glaubenskrise der Welt glücklicherweise keine Kirchenkrise gibt."*[356]

---

[355] CAPRILE, Bd. V, 527.

[356] ALBERTO CAVALLARI, *Colloquio con Papa Paolo VI*, in: ‚Corriere della Sera', 3. Oktober 1963; sodann in: DERS., *Il Vaticano che cambia*, Mondadori, Milano 1966, 44-45.

VII.
Die Konzilsepoche (1965-1978)

1. Die Epoche der ‚konziliaren Revolution'

Der Terminus ‚Nachkonzilszeit', mit dem man die Jahre nach Abschluss des Zweiten Vatikanischen Konzils bezeichnet, ist historisch unangemessen, weil er einen nicht vorhandenen Bruch zwischen der vom Konzil eröffneten Phase und der unmittelbar darauffolgenden Phase unterstellt. Korrekter wäre es, von ‚Konzilsepoche' zu sprechen, um die zwanzig Jahre (1958-1978) im strikten Sinn anzugeben, die zwischen dem Beginn des Pontifikates von Johannes XXIII. und dem Ende des Pontifikates von Paul VI. liegen, den beiden Päpsten, die das Zweite Vatikanum eröffneten bzw. beendeten und in historischer Hinsicht seine Verkörperung darstellten. Die Konzilsepoche war in ihrer Gesamtheit, wie es Plinio Corrêa de Oliveira definierte[1], eine ‚kulturelle Revolution" in der Kirche, die einen tiefen Wandel in der Mentalität und im Verhalten der Hierarchie und der Gläubigen bewirkte. Diese Epoche endete natürlich nicht mit dem Tod von Paul VI.: Die Tatsache, dass seine beiden Nachfolger den Namen Johannes Paul annahmen, bestätigt den Willen zur Kontinuität zwischen den zwei Päpsten des Konzils und den zwei Päpsten, die ihnen folgten. Und doch ist unleugbar, dass auf historischer Ebene der Tod Pauls VI. ein Moment der Zäsur, nicht theologischer, aber sicherlich historischer Art, zwischen beiden Epochen markiert.

Bereits seit 1962 begann man, vom „Geist des Konzils" zu sprechen. Unter diesem Ausdruck verstand man eine psychologische Haltung des Bruches mit der Vergangenheit und des optimistischen Vertrauens in die Zukunft der Kirche, die vor allem auf ihr ‚Aggiornamento' und ihren ‚Dialog' mit der Welt baute.[2] In diesem Sinn ist

[1] Vgl. A-IPCO, 30. März 1988.

[2] Zu einer Kritik dieses ‚Geistes' vgl. B. GHERARDINI, *Concilio Ecumenico Vaticano II*, 74-75 {dt.: *Das Zweite Vatikanische Konzil*, 71-72}.

das Dokument, das den Geist des Konzils zuinnerst zusammenfasst, die Pastoralkonstitution *Gaudium et spes*, die am 7. Dezember 1965 promulgiert wurde. Ihr sind drei weitere Texte von besonderer Relevanz beizufügen: das Dekret *Unitatis redintegratio* über den Ökumenismus vom 21. November 1964, die Erklärung *Nostra aetate* über die Beziehungen der Kirche zu den nichtchristlichen Religionen vom 28. Oktober 1965 und die Erklärung *Dignitatis humanae*, auch sie vom 7. Dezember 1965.[3] Den gemeinsamen Horizont dieser Texte bildet der Ökumenismus, und der entscheidende Beitrag zu ihrer Redaktion kam von Kard. Beas Sekretariat für die Einheit der Christen.[4] Der ökumenische Sektor erlaubte die Entwicklung einer Ausrichtung hin zur Zukunft in stärkerem Maß, welche dargestellt wurde als „*Treue zur künftigen geeinten Kirche, dem Endziel des ökumenischen Weges*"[5].

Von der doktrinellen Bewertung der Konzilsdokumente abgesehen, besteht kein Zweifel daran, dass das Zweite Vatikanische Konzil von vielen Menschen, auch solchen in wichtigen Positionen, als eine ‚epochale Wende', als eine echte ‚Revolution' in der Kirche angesehen und erfahren wurde. P. Battista Mondin schrieb, dass „*1965, das Jahr des Abschlusses des Zweiten Vatikanischen Konzils, als ein epochales Datum für die Geschichte der Theologie gelten kann*"[6], weil von jenem Zeitpunkt ab die Theologie ihren spekulativen Charakter verlor und einen vorwiegend praktischen Tonfall annahm, indem sie der Bahn des ‚pastoralen' und nicht dogmatischen Konzils folgte: „*Die Orientierung hin zur Praxis und zur ‚Inkulturation' ist das Hauptcharakteristikum der Theologie der Jahre 1965-1995. ‚Praxologie' und ‚Inkulturation' sind die zwei Seiten jener großen anthropologischen Wende, die in der Theologie jener Jahre stattgefunden hat*"[7]. Man wollte

---

[3] Zu Einheitlichkeit und Kohärenz dieser drei Dokumente vgl. FLORIAN KOLFHAUS, *Pastorale Lehrverkündigung. Grundmotiv des Zweiten Vatikanischen Konzils. Untersuchungen zu "Unitatis Redintegratio", "Dignitatis Humanae" und "Nostra Aetate"*, Berlin 2010.

[4] Vgl. C. BARTHE, 132-133.

[5] L. SARTORI, *Teologia ecumenica oggi*, Libreria Gregoriana, Padova 1987, 32-33; DERS., *Spirito Santo e storia*, Ave, Roma 1977, darauf beruhend der Artikel *Zeichen der Zeit* von GIANNI GENNARI, in: *Nuovo Dizionario di spiritualità*, hg. v. STEFANO DE FIORES / TULLO GOFFI, Cinisello Balsamo 1999, 1400-1422.

[6] G. B. MONDIN, *Storia della teologia*, Bologna 1997, Bd. IV, 664.

[7] Ebd., 665.

eine Unterscheidung einführen zwischen der in sich unveränderlichen Lehre und ihrer Formulierung, die gebunden ist an die veränderlichen sprachlichen Strukturen in der Geschichte. Doch die Aufgabe der klaren und strengen thomistischen Sprache blieb auf theologischer Ebene nicht ohne Folgen.[8] Die pastorale Sprache und Praxis veränderten das alte Wertesystem, ohne dass es ihnen gelungen wäre, ein neues zu schaffen. Der belgische Philosoph Marcel De Corte hat dies luzide festgestellt:

> *„Man wechselt in der Tat nicht die Sprache, wie man ein Kleidungsstück wechselt. ... Indem das Konzil es ablehnte, die Sprache der Scholastik zu verwenden, wo die natürliche Kraft des menschlichen Geistes bei der Erforschung der Wahrheit einen Vollkommenheitsgrad ohnegleichen erreicht hat, hat es sich gleichzeitig jenes Realismus entledigt, dem sich die Kirche immer verpflichtet wusste. In den leeren Schlauch hat man keinen neuen Wein eingefüllt, sondern den Wind aller Unwetter menschlicher Subjektivität, deren Schäden wir mit Schrecken und Bestürzung in der Kirche und in der christlichen Gesellschaft sehen. Wenn man die Sprache, das Zeichen der Begriffe, ablehnt, so lehnt man die Dinge ab, und wenn man die Dinge ablehnt, so ist man mit einem Schlage zur großen Verwunderung der Väter oder des größeren Teiles unter ihnen bei der ständigen Subversion und Revolution angelangt.“*[9]

Die vom Konzil approbierten Dokumente bildeten ‚Rahmengesetze' ohne dogmatischen Gehalt, aber durchaus mit juridischer Kraft, die einen weiten Raum zum Experimentieren ließen. Ihre Umsetzung war nicht nur den zuständigen römischen Kongregationen überlassen, sondern auch und vor allem den Bischofskonferenzen. *„Die Entscheidungen des Konzils“*, schrieb Jean Madiran in ‚Itinéraires', *„sind*

---

[8] Siehe ASSOCIAZIONE ITALIANA TEOLOGICA, *Il linguaggio teologico oggi*, hg. v. ALFREDO MARRANZINI, Milano 1970, insbesondere auch CARLO MOLARI, *La problematica del linguaggio teologico*, 39-95. *„Zur Theologie kann man sagen, dass die gesamte Bedeutung der theologischen Formulierungen nicht allein durch die enthaltenen Ideen oder die Beziehungen innerhalb des Glaubenssystems bestimmt wird, vielmehr muss sie allgemeiner im Rahmen der Kultur und der historischen Erfahrungen, denen diese die Kategorien ihrer Ausdrucksweise entnimmt, bestimmt werden*" (ebd., 53).

[9] MARCEL DE CORTE, *L'intelligence en péril de mort*, Paris 1969, 17.

der ‚Ausgangspunkt' für die jedwede Umsetzung: eine Umsetzung von Entscheidungen, die in Übereinstimmung mit den promulgierten Entscheidungen promulgiert werden."[10]

„Es kommt dem Konzil nicht zu, alles zu sagen", versicherte Msgr. Helder Câmara in den abschließenden Tagen des Zweiten Vatikanums. *„Es gibt implizite Aussagen, deren Erläuterung uns obliegt."*[11] *„Was in Rom geschah"*, so stellte seinerseits der Theologe Joseph Ratzinger fest, *„war ja nur das Formulieren eines Auftrags, dessen Verwirklichung jetzt beginnen muß."*[12] Die Konzilsdokumente waren hinreichend zweideutig gehalten, um verschiedene und mitunter gegensätzliche Interpretationen zuzulassen. Die Väter, die energischer gegen die Approbation mancher Konzilsdokumente gekämpft hatten, schlugen ihre Interpretation und Umsetzung im ‚Licht der Tradition' vor und stellten sich damit jenen entgegen, die deren Umsetzung im Sinne einer Diskontinuität mit der Vergangenheit forderten.

2. Die Kurienreform Pauls VI.

Die ‚Reform' der Kurie, Hauptziel der progressistischen Minderheit, wurde in der Konzilsepoche als Erstes in Angriff genommen.[13] Das

---

[10] J. MADIRAN, *Une schisme pour décembre*, 3.

[11] CÂMARA, *Lettres conciliaires*, Bd. II, 1026. Ein belgischer Industrieller, Jacques Lannoye, bot im Namen einer Gruppe von Freunden Kard. Suenens und Mgr. Helder Câmara finanzielle Unterstützung an, um die „heilige Flamme" des Konzils nach dessen Abschluss weiter zu nähren (ebd., 877, 884-885).

[12] J. RATZINGER, *Die letzte Sitzungsperiode*, 73. Man beachte, was beispielsweise GUILHERME BARAÚNA im Vorwort seines Kommentarsammelbandes zur dogmatischen Konstitution über die Kirche schrieb: „*<Lumen Gentium> ist nur ein neuer Ausgangspunkt für den Weg in die Zukunft. Sie bringt neues Blut in die katholische und christliche Gemeinschaft. Dieses Blut muß jetzt in ihren lebendigen Lebenskreislauf einströmen, seine Fasern und Gewebe bis zur letzten Zelle erneuern. Die Hefe ist schon in den Teig gegeben, aber der Prozeß der Gärung hat kaum erst begonnen* ... (G. BARAÚNA, *Prefazione* a *La Chiesa del Vaticano II*, XXIV; dt.: *De Ecclesia. Beiträge zur Konstitution „Über die Kirche"*, Bd.1, 11).

[13] Vgl. N. DEL RE, *La Curia Romana. Lineamenti storico-giuridici*, Edizioni di Storia e Letteratura, Roma 1970; J. SÁNCHEZ Y SÁNCHEZ, *La Curia Romana hasta Pablo VI: las grandes líneas de su evolución histórica*, in: Revista española de derecho canónico 32 (1976), 439-458; DERS., *Ante una nueva reforma de la Curia Romana. Entre*

kuriale Gebäude, das von den vormaligen Päpsten in Jahrhunderten errichtet worden war, wurde systematisch geschleift. Für den Beginn benötigte man ein symbolisches Ereignis, und dieses bestand in der Umwandlung des Heiligen Offiziums, dessen Bezeichnung kurz vor Abschluss des Konzils mit dem Motu proprio *Integrae servandae*[14] sogar noch erneuert worden war. Am Nachmittag des 6. Dezember 1965 veröffentlichte der ‚Osservatore Romano' das Dekret, das den *Index der verbotenen Bücher* abschaffte und das Heilige Offizium in die Kongregation für die Glaubenslehre umwandelte; er merkte dazu an, dass *„es nun besser erscheint, wenn die Verteidigung des Glaubens durch Einsatz für die Förderung der Lehre geschieht"*.

Der Index der verbotenen Bücher (*Index librorum prohibitorum*) war 1558 durch die Kongregation der Römischen Inquisition eingerichtet worden, aus der später (1908) das Heilige Offizium wurde. Der 1948 veröffentlichte und bis 1966 gültige Index war die letzte Ausgabe des Katalogs verbotener Bücher, den die Kongregation seit 1559 publizierte.[15] Die Reform des Heiligen Offiziums trug die Unterschrift desselben Kard. Ottaviani, der in der Konzilsaula die Rolle der Institution, die bis dahin die ‚Suprema'[†] genannt wurde, tapfer verteidigt hatte. Am 14. Juni 1966 erklärte eine Mitteilung des Pro-Präfekten der Kongregation für die Glaubenslehre, dass der Index nicht länger die juridische Bedeutung eines Kirchengesetzes besitzt. Viele Theologen fühlten sich durch dieses Ereignis autorisiert, als neue und glaubwürdigere Interpreten des Glaubens und des Wor-

---

el respeto y la esperanza, in: *Estudios canónicos en homenaje al Profesor D. Lamberto de Echeverría*, Universidad Pontificia de Salamanca, Salamanca 1988, 245-264.

[14] Vgl. AAS 57 (1965), 952-955. Auf das Motu proprio folgte die Bekanntmachung *Post litteras apostolicas* vom 4. Juni 1965. Das Heilige Offizium war von Paul III. unter dem Namen Heilige Kongregation der Römischen und Universalen Inquisition mit der Konstitution *Licet ab initio* vom 21. Juli 1542 errichtet worden. Vgl. die Kritik an den Maßnahmen Pauls VI. von R. AMERIO, in: *Iota unum*, 154-157 {dt.: 164-167} und P. PASQUALUCCI, in: *Giovanni XXIII*, 277-287.

[15] *L'Index librorum prohibitorum 1600-1966*, hg. v. J. M. DE BUJANDA (Centre d'Études de la Renaissance, Université de Sherbrook, Genf 2002), enthält alle indizierten Autoren und Schriften von 1600 bis 1966, insgesamt ungefähr 3000 Autoren und 5000 Schriften. Man siehe auch BRUNO NEVEU, *L'erreur et son juge. Remarques sur les censures doctrinales à l'époque moderne*, Bibliopolis, Napoli 1993; HUBERT WOLF, *Index, der Vatikan und die verbotenen Bücher*, Beck, München 2006.

[†] die Höchste (*sc.* Kongregation).

tes Gottes aufzutreten. Am 17. Juli 1967 wurde der vom hl. Pius X. vorgeschriebene Antimodernisteneid abgeschafft und durch das einfache Bekenntnis des Credos ersetzt.[16]

Genauso vielsagend waren die Ernennungen, die folgten. Die führende kirchliche Schicht, die die Kirche in den Jahren unmittelbar nach dem Tod Pius' XII. geleitet hatte, wurde komplett ersetzt. Am 4. Februar 1966 wurde Gabriel-Marie Garrone, Erzbischof von Toulouse und Vize-Vorsitzender der Französischen Bischofskonferenz, zum Pro-Präfekten der Kongregation für die Seminare und die Universitäten ernannt, jenes Dikasteriums, das nach Meinung der Progressisten am meisten vom konservativen Einfluss beherrscht war. *„Ich erinnere mich"*, notierte Congar, *„dass Msgr. Garrone in einer Rede auf dem Konzil um die Reform der Kongregation förmlich ersucht hatte. Und jetzt hat er die Möglichkeit, seine Idee in die Tat umzusetzen."*[17] Die ihm verliehene Beauftragung, so stellte Msgr. Francesco Spadafora fest, *„war die Ermächtigung dazu, jene ruhmreichen Institutionen zu schleifen, deren Namen heute nur noch Erinnerung sind"*[18]. Auch Carlo Falconi unterstrich im ‚L'Espresso', der Name Garrone bedeute *„einen harten Schlag für jene Kongregation, die seit vielen Jahren unter Führung des Kardinals Pizzardo gemeinsam mit dem Heiligen Offizium die stärkste Festung der pacellianischen Reaktion innerhalb der Kurie gewesen ist"*[19]. Am 13. Januar 1968 ersetzte Garrone Kard. Pizzardo endgültig an der Spitze der Kongregation für die Seminare und die Universitäten.

Genauso aussagekräftig war die Auswahl des Kanonikus Charles Moeller, eines eifrigen Schülers von Msgr. Beauduin, für den Posten des Untersekretärs der Kongregation für die Glaubenslehre.[20] *„Beide Ernennungen sind bedeutsam, ja gerade sensationell,*

---

[16] Vgl. AAS 59 (1967), 1058.

[17] CONGAR, *Journal*, Bd. II, 518.

[18] F. SPADAFORA, *Il postconcilio. Crisi, diagnosi e terapia*, Roma 1991, 87.

[19] C. FALCONI, *Salgono gli amici di Papa Giovanni*, in: ‚L'Espresso', 13. Februar 1966. Vgl. auch R. LAURENTIN, *Ce que signifie l'entrée de Mgr Garrone à la Curie Romaine*, in: ‚Le Figaro', 4. Februar 1966.

[20] *„Nach meinen Eltern, wird der Kanonikus Moeller eines Tages sagen, ist es Dom Beauduin, der mich alles gelehrt hat"* (BERNARD CHABERON, *Le chanoine Charles Moeller sous-secrétaire au Saint-Office*, in: ‚Le Phare-Dimanche', 27. Februar 1966). *„Dom Lambert Beauduin hatte die Wahl Kardinals Roncalli angekündigt. Doch hatte er je von der Berufung seines bedeutendsten Schülers ins Heilige Offizium, sechs Jahre*

besonders die zweite", schrieb nochmals Congar. „... *Was Moeller betrifft, das ist 100% Ökumenismus, das ist die Öffnung zum Menschen, das Interesse für seine Forschungen, für die Kultur, das ist der Dialog."*[21]

Am 29. Juni 1967 ernannte Paul VI. als neuen Substitut des Staatssekretariates Erzbischof Benelli[22], der zwanzig Jahre zuvor sein Privatsekretär gewesen war. Msgr. Agostino Casaroli, mit dem Benelli oft Meinungsverschiedenheiten gehabt hatte, wurde dazu berufen, den Rat für die Öffentlichen Angelegenheiten zu leiten, das „Außenministerium" der Kirche. Am 30. Dezember 1967 kam Kard. Ottaviani seiner „Pensionierung" mit einem Rücktrittsgesuch vom Amt des Pro-Präfekten der Kongregation für die Glaubenslehre zuvor. Am 6. Januar 1968 nahm Paul VI. seinen Amtsverzicht an und berief an seine Stelle den jugoslawischen Kardinal Franjo Šeper. Wenige Tage später traf die Journalistin Gianna Preda Kard. Ottaviani bei Frascati; dieser erschien ihr trotz des *„instabilen Gesundheitszustandes"*, der ihm von der Presse bescheinigt wurde, in bester gesundheitlicher Verfassung, *„aufrecht, fest, sicher, lächelnd, ohne irgendwelche Ängste, gütig und streng"*[23]. *„In diesen Zeiten"*, sagte derjenige, der sich selbst als *„der Carabiniere der Kirche"* bezeichnete, *„bräuchte man einen Menschen wie Savonarola, oder einen Heiligen mit allen Anzeichen der Heiligkeit, in einer so indifferenten Welt"*, in der *„niemand die Sünde fürchtet. Man hat die Furcht und den Begriff von Sünde verloren. Alles ist erlaubt."*[24]

Nach Ottaviani und Pizzardo traten auch Kard. Benedetto Aloisi Masella, Präfekt der Kongregation für die Sakramentendisziplin, und Kard. Arcadio Maria Larraona, Präfekt der Ritenkongregation, zurück. Im Februar 1968 erfolgte, auf Verlangen von Paul VI., auch der Rücktritt von Kard. Giacomo Lercaro, des Erzbischofs von Bologna. Zu den Gründen für seine Entlassung zählt unter anderem

---

nach seinem Tod, geträumt?' (*Paul VI a nommé le chanoine Moeller sous-secrétaire du Saint-Office*, in: ‚La Cité', 14. Januar 1966).

[21] CONGAR, *Journal*, Bd. II, 519-520.

[22] Giovanni Benelli (1921-1982), 1943 zum Priester geweiht, 1966 Titularerzbischof von Tusuros und apostolischer Pro-Nuntius im Senegal, von 1967 bis 1977 Substitut des Staatssekretariates, danach wurde er zum Erzbischof von Florenz ernannt und war seit 1977 Kardinal.

[23] *„Endlich bin ich frei'* sagte der Kardinal Ottaviani in einem Interview mit GIANNA PREDA, in: ‚Il Borghese', 15. Februar 1968, 291-293.

[24] Ebd., 292.

eine Predigt, die das Missfallen Pauls VI. erregt hatte, worin Lercaro die offizielle Linie des Heiligen Stuhles verlassen hatte, indem er das amerikanische Bombardement in Vietnam als in Widerspruch zum Evangelium stehend verurteilt und zu dessen unmittelbarer Einstellung aufgerufen hatte.[25] Am 4. Februar 1966 hatte die Ernennung von Kard. Urbani zum Vorsitzenden der Italienischen Bischofskonferenz die „Ära Siri" endgültig beendet.

Zu Beginn des Jahres 1968 ersetzte der Papst an der Spitze der Diözese von Rom Kard. Luigi Traglia durch Kard. Dell'Acqua, der nach dem Empfang des Purpurs anfänglich für die neue Präfektur der ökonomischen Angelegenheiten des Heiligen Stuhles vorgesehen war. Dell'Acqua wurde auch als möglicher Staatssekretär gehandelt, doch 1969 folgte Kard. Jean Villot dem Kardinal Amleto Cicognani in diesem Amt nach.

Am 21. November 1970 veröffentlichte Paul VI. das Motu proprio *Ingravescentem aetatem*, mit dem *„das Alter der Kardinäle im Verhältnis zu ihrer Aufgabe festgesetzt wurde"*[26]. Die Konstitution führte unter anderem Altersgrenzen für die Ämter ein: 70 Jahre für die Beamten der Kurie, 75 Jahre für die Häupter oder ‚Präfekten' der Dikasterien.

Die Reform fand ihren Abschluss durch die Apostolische Konstitution *Romano Pontifici eligendo* vom 1. Oktober 1975, durch die über achtzigjährige Kardinäle vom aktiven Wahlrecht im Konklave und von jedem kurialen Amt ausgeschlossen wurden. Das Kardinalskollegium wurde im Verlauf der sechs Konsistorien zwischen 1965 und 1977 radikal verwandelt durch Kreierung 144 neuer Kardinäle, die große Mehrheit davon Nichtitaliener. Das Gewicht der Kurie wurde zusätzlich eingeschränkt durch die Gründung der neuen Bischofssynode, wie durch die Entwicklung der Bischofskonferenzen, die Paul VI. als Ausdruck der Kollegialität in der Leitung der Kirche angekündigt hatte.[27]

Zu erwähnen sind außerdem die Einrichtung des Laienrates und der Kommission *Justitia et Pax* 1967, mit der ein weiterer pro-

---

[25] Vgl. A. TORNIELLI, *Paolo VI*, 481-483.

[26] AAS 62 (1970), 810-813.

[27] G. ZIZOLA, *Il Sinodo dei vescovi. Cronaca, bilancio, documentazione*, Borla, Torino 1968; R. LAURENTIN, *Le Premier Synode. Histoire et bilan*, Paris 1968.

gressistischer Exponent, Kardinal Roy, betraut wurde, sowie die Entwicklung der *Kurie des Dialoges*, repräsentiert durch die drei Sekretariate für die Einheit der Christen, für die Nichtchristen und für die Nichtglaubenden, die die Funktion echter Dikasterien ausübten. Für den neu ernannten Kardinal Parente, Mitarbeiter von Kard. Ottaviani, „Konvertit" zu fortschrittlichsten Thesen, stellte die Einrichtung der drei Sekretariate die Frucht einer *„Dialoghaltung des Konzils"* dar, *„gewonnen aus der Überzeugung, dass auch der Irrtum eine Basis für den bewussteren und vertieften Erwerb der Wahrheit sein kann"*[28]. Das neue Erscheinungsbild der Kurie fand ihren Ausdruck in der Konstitution *Regimini Ecclesiae Universae*[29] vom 15. August 1967, das die generelle Reform der Organe des Heiligen Stuhles in Kraft setzte. Die Konstitution sanktionierte ein absolut neues Prinzip: Die Kardinalpräfekten, die Mitglieder der Dikasterien, ob Kardinäle oder Bischöfe, die Sekretäre und die Konsultoren *„können nicht länger als fünf Jahre im Amt bleiben"*. Dem Papst bleibt die Freiheit überlassen, sie nach diesen fünf Jahren im Amt zu bestätigen. Beim Tode des Pontifex müssen in jedem Fall alle ihr Amt niederlegen und damit dem Neugewählten die Möglichkeit geben, sich einer völlig verschiedenen Führungsmannschaft zu bedienen. Das Prinzip, nach dem die Kurie einen Faktor der Kontinuität zwischen zwei Pontifikaten darstellte, wurde endgültig aufgegeben.

Die Abschaffung des Korps der Nobelgarde am 15. September 1970 in Ausführung des Motu proprio *Pontificalis Domus* vom 28. März 1968[30] war kein irrelevantes Ereignis. 1801 von Pius VII. unter dem Namen ‚Lance Spezzate'[†] eingerichtet, hatte sich das Korps der Päpstlichen Nobelgarde in den 170 Jahren seines Bestehens durch seine grenzenlose Treue und Hingabe zum Pontifex ausgezeichnet.[31] In seinen Ansprachen an das Patriziertum und die Nobilität Roms hatte Pius XII. alle geistlichen Reichtümer hervorgehoben, die die

---

[28] P. PARENTE, Rede an der Päpstlichen Universität Urbaniana vom 11. November 1967, zit. bei G. ZIZOLA, *Il Sinodo dei vescovi*, 228.

[29] AAS 59 (1967), 885-928.

[30] AAS 60 (1968), 305-315.

[†] Zerbrochene Lanzen.

[31] Vgl. GIULIO PATRIZI DI RIPACANDIDA, *Quell'ultimo glorioso stendardo. Le guardie nobili pontificie dell'11 maggio 1801 al 15 settembre 1970*, s.e., Città del Vaticano 1994.

Nobilität in der christlichen Vergangenheit ausgezeichnet hatten, und sie mit der Sendung betraut, diese auch in der modernen Welt zu vertreten und auszustrahlen.[32] *„Ihr, die Garde Unserer Person"*, hatte er den Nobelgarden am 26. Dezember 1942 gesagt, *„seid Unser Panzerhemd, schön durch jenen Adel, der ein Vorrecht des Blutes ist und schon vor eurer Zulassung in das Korps in euch glänzte als Unterpfand eurer Hingabe; denn ein altes Sprichwort besagt: bon sang ne peut mentir*[†]*."*[33]

Vom Gesichtspunkt der Machtverteilung aus verlagerte die Nachkonzilszeit die Zuständigkeiten nur teilweise vom Zentrum an die Peripherie. In Wirklichkeit verlor die römische Kurie nicht ihre Macht, aber eine neue Führungsklasse setzte sich an die Stelle der alten. Die wirkliche Neuheit bestand in der Machtverschiebung vom Heiligen Offizium zum Staatssekretariat, das letztendlich die neun Kongregationen, die drei Sekretariate und die verschiedenen Kommissionen leitete. Unter anderem wurde ein neues Organ eingerichtet, das einem ‚Ministerrat' der bürgerlichen Regierungen ähnelte und sich in periodischen Zusammenkünften aller Kardinäle, die Häupter von Dikasterien waren, unter Vorsitz des Kardinalstaatssekretärs manifestierte, dessen Funktionen so eine neue und ganz verschiedene Bedeutung erhalten sollten.[34]

Weniger als zwanzig Jahre nach der Reform Pauls VI. vollzog Johannes Paul II. mit der Konstitution *Pastor et bonus* vom 1. März 1989[35] eine erneute Reorganisation der Römischen Kurie, die im Wesentlichen die vorliegende Rahmenstruktur wahrte. Dies führte zu einem Wandel im Erscheinungsbild der Kirche, auch unter organisatorischem Aspekt, indem ihre Rolle als ‚Hüterin' der Wahrheit

---

[32] Vgl. P. CORRÊA DE OLIVEIRA, *Nobiltà ed élites tradizionali analoghe nelle allocuzioni di Pio XII al Patriziato e alla Nobiltà romana*, ital. Übers., Marzorati, Milano 1993 {Originaltitel: *Nobreza e elites tradicionais análogas: nas alocuções de Pio XII ao Patriciado e à Nobreza romana*, Civilização, Porto [1993]; dt.: *Der Adel und die vergleichbaren traditionellen Eliten in den Ansprachen von Papst Pius XII. an das Patriziat und an den Adel von Rom*, übers. v ALFRED JOSEPH KELLER, Österreichische Gesellschaft zum Schutz von Tradition, Familie und Privateigentum (TFP), Wien [2008]}.

[†] *Gutes Blut kann nicht lügen.*

[33] Zit. ebd., 36.

[34] N. DEL RE, voce *Curia romana*, in: MV, 433-439, 436.

[35] AAS 80 (1988), 841-912. Man siehe auch *La Curia Romana nella costituzione apostolica "Pastor Bonus"*, hg. v. PIERO ANTONIO BONNET / CARLO GULLO, Città del Vaticano 1990.

gemindert und ihre Rolle als einer politischen ‚Macht' auf internationaler Bühne verstärkt wurde.

3. Der Ausbruch der Krise: der neue holländische Katechismus

Die neue Zentralisierung der Macht führt nicht zum Erfolg, als es darum ging, die zentrifugalen Kräfte, die den Leib der Kirche durchzogen, zusammenzuhalten. Die ersten Symptome einer Krise zeigten sich bereits vor Abschluss des Konzils. Zu Beginn des Februars 1965 erzielte das Buch *Les nouveaux prêtres* von Michel de Saint-Pierre[36] mit mehr als 200.000 verkauften Exemplaren einen glänzenden Erfolg. Die Hauptgestalt des Romans, der die religiöse Krise beschrieb, die sich in Europa abzuzeichnen begann, ist ein Priester einer „roten" Pfarrei an der Peripherie von Paris, der sich mit progressistischen Mitbrüdern herumschlagen musste[37]. Congar berichtet in seinem *Tagebuch,* dass Paul VI., als er Msgr. Ancel empfing, diesen fragte, was er über das von Saint-Pierre in dessen Buch gezeichnete Bild dächte. *„Der Heilige Vater meint auch, es sei eine Simplifizierung, es sei ein verfälschtes Bild mit einigen wahren Bruchstücken. Er hat dem Autor Michel de Saint-Pierre die von diesem gewünschte Audienz nicht gewährt. Aber (sagt uns Msgr. del Gallo[38]) der Heilige Vater ist ziemlich beunruhigt über die Situation in Holland."*[39]

---

[36] Michel de Grosourdy, Marquis von Saint-Pierre (1916-1987), war ein erfolgreicher Schriftsteller und Journalist. Einige seiner Werke wie *Les aristocrates* (La Table Ronde, Paris 1954) und *Les nouveaux aristocrates* (Calmann-Levy, Paris 1961) wurden verfilmt. Über ihn vgl. JEAN PAULHAN, *Michel de Saint-Pierre*, La Table Ronde, Paris 1972.

[37] 10 Jahre später vollendete Michel de Saint-Pierre *Les fumées de Satan*, eine erschütternde Aufführung der schlimmsten Fälle doktrineller und liturgischer Verirrung der Kirche in Frankreich. Der Band sammelt mehr als 3000 skandalträchtige Vorfälle: vom Loblied auf ‚Gruppensex' bis zur Ablehnung der Taufe Neugeborener (ANDRÉ HIGUOT / MICHEL DE SAINT-PIERRE, *Les fumées de Satan*, La Table Ronde, Paris 1976).

[38] Luigi del Gallo di Roccagiovine (1922), 1950 zum Priester geweiht, 1983 zum Bischof von Campli geweiht.

[39] CONGAR, *Journal*, Bd. II, 321.

Im Juli 1965 veröffentlichte die Zeitschrift der englischen Jesuiten ,The Month' eine besorgniserregende Analyse über die Situation der Kirche in Holland[40], die sie als *„deren schwerste Krise seit den Zeiten der Reformation"*[41] bezeichnete; die größte Gefahr sah sie dabei *„in einem gewissen dogmatischen Relativismus im Verbund mit einem falschen Ökumenismus sowie im Schwund des persönlichen Gebetslebens bei großen Teilen unserer Katholiken"*[42].

Die holländische Krise brach im Oktober 1966 mit der Veröffentlichung eines *Neuen Katechismus* durch die Bischöfe der Niederlande aus, der sehr fragwürdige Aussagen über die Sünde, die Erlösung, die Eucharistie, die Jungfräulichkeit der Muttergottes, die Rolle der Kirche und des Papstes enthielt: mit anderen Worten über fast alle wesentlichen Punkte des katholischen Glaubens.[43] Eine auf Verlangen Pauls VI. *ad hoc* eingerichtete Kardinalskommission trat mit den Kardinälen und Bischöfen jener Nation in Verbindung und schlug eine Reihe von Ergänzungen und Veränderungen zum *Neuen holländischen Katechismus* vor, in einem Ton des Dialogs ohne verbindliche Sprache.[44] Die Einlassungen wurden von einem großen Teil des katholischen Establishments in Holland offen angefochten, an seiner Spitze der Kardinalprimas, Bernard Jan Alfrink, Hauptverteidiger des *Neuen Katechismus*.

Zu Beginn des Januars 1969 versammelte sich in Noordwijkerhout an der Nordsee der Holländische Pastoralrat, ein 1967 geschaffenes Organ, das über hundert Vertreter der Bischöfe, Priester und Gläubigen umfasste. Mit der Zustimmung der neun beteiligten Bischöfe – einschließlich Kard. Alfrinks – wurde die sogenannte *Unabhängigkeitserklärung* verabschiedet, in der man die holländischen Gläubigen aufforderte, die Lehre der Enzyklika *Humanae vitae* abzulehnen. Bei dieser Gelegenheit positionierte sich der Holländische Pastoralrat – mit Stimmenthaltung der Bischöfe – zugunsten des

---

[40] E. SCHOENMAECKERS SJ, *Catholicism in the Netherlands*, in: "The Month" 6 (1965), 335-346.

[41] Ebd., 346.

[42] Ebd., 343. Vgl. auch *Gli ardui tentativi del riformismo olandese*, in: "Il Regno" 10 (1965), 307-308.

[43] Vgl. die Kritik dazu von Mgr. PIER CARLO LANDUCCI, in: *Miti e realtà*, La Roccia, Roma 1968, 291-323.

[44] Vgl. AAS 60 (1968), 685-691.

Neuen Katechismus und lehnte die von Rom empfohlenen Korrekturen ab; er verlangte, dass die Kirche offen bliebe gegenüber *„neuen radikalen Ansätzen"* bei moralischen Themen, die im Schlussantrag nicht aufgeführt wurden, aber aus der Arbeit des Rates zu Tage traten, wie voreheliche Beziehungen, homosexuelle Verbindungen, Abtreibung und Euthanasie.[45]

Die Resultate der *Unabhängigkeitserklärung* Hollands gegenüber Rom waren desaströs. 1966, im Jahr der Veröffentlichung des Neuen Katechismus, gaben 35 Prozent der Holländer an, eine Verbundenheit mit der katholischen Kirche zu besitzen. 2006 war der Prozentsatz mehr als halbiert und auf 16 Prozent zurückgegangen. Heute ist Holland das Land, in dem die christliche Identität fast völllig verschwunden ist und sich die Präsenz der Muslime am herausforderndsten und aufdringlichsten zeigt.[46]

Msgr. Joannes Gijsen[47], von Paul VI. 1972 zum Bischof von Roermond geweiht, schrieb: *„Es kann nicht verwundern, daß dies alles das eigene Leben der Kirche fast wie eine Revolution änderte: der Kirchenbesuch nahm schnell ab, die Beichte wurde als überflüssig empfunden und durch gemeinsame ‚Bußfeiern' ersetzt, die Frömmigkeit verlor ihren Boden und starb ab; man sah kaum noch den Wert der katholischen Errungenschaften. Allmählich machte sich der Gedanke breit, die katholische Kirche sollte sich mit den anderen christlichen Kirchen in Verbindung setzen und mit ihnen zusammen eine allgemeine Kirche bilden; unter dem Motto, der Ökumene zu dienen, wurden in dieser Richtung schon manche Initiativen ergriffen."*[48]

---

[45] Vgl. M. SCHMAUS / L. SCHEFFCZYK / JOACHIM GIERS, *Exempel Holland: theologische Analyse und Kritik des Niederländischen Pastoralkonzils*, Berlin 1972.

[46] Man siehe auch GIULIO MEOTTI, *Nella casbah di Rotterdam*, in: ‚Il Foglio', 14. Mai 2009; SANDRO MAGISTER, *L'Eurabia ha una capitale: Rotterdam*, www.chiesa.espressonline.it, 19. Mai 2009; DERS., *In Olanda non c'è più posto per il Bambino Gesù. O invece sì*, ebd., 30. Dezember 2009, wo über die Reportage von MARINA CORRADI, *Ad Amsterdam che cosa resta del Natale*, in: ‚L'Avvenire', 23. Dezember 2009, berichtet wird.

[47] Joannes Baptist Matthijs Gijsen (1932-2007), Niederländer, 1957 zum Priester geweiht, 1972 bis 1996 Bischof von Roermond, danach Bischof und emeritierter Bischof von Reykjavik in Island (1996-2007).

[48] J.B.M. GIJSEN, *Skizze der Geschichte des Katholizismus in Holland*, in: M. SCHMAUS / L. SCHEFFCZYK / J. GIERS, 15-42, 40. Siehe auch L. LAEVENDECKER, *Du cardinal Alfrink au cardinal Simonis. Vingt ans de catholicisme hollandais, in Le retour de certitudes. Evènements et orthodoxie depuis Vatican II*, Paris 1967, 122-141.

4. Der Protest gegen *Humanae vitae*

Ein neuer Protest brach aus, als Paul VI. am 25. Juli 1968 die Enzyklika *Humanae vitae* veröffentlichte.[49] Nach Abschluss des Konzils hatte die Kommission für die Vertiefung der neuen Fragen bezüglich des ehelichen Lebens, die von Johannes XXIII. eingerichtet und von Paul VI. auf 75 Mitglieder erweitert worden war, ihre Arbeiten fortgesetzt und Ende Juni 1966 überreichte sie ihre eigenen Berichte einer Gruppe von Kardinälen, die eine eigene Stellungnahme dazu abgeben und alles dem Papst referieren sollten. In der öffentlichen Meinung verbreitete sich die Überzeugung, dass Paul VI. die traditionelle Lehre zur Geburtenkontrolle verändern würde, auch weil beinahe überall die Familienplanung in der zeitgenössischen Welt als eine Notwendigkeit und die Pille zur Empfängnisverhütung als eine ‚Befreiung' der Frau dargestellt wurde.[50] Zwischen 1966 und 1968 schien Paul VI. zu schwanken, bevor er eine mühsame und gequälte Entscheidung traf.[51] Schließlich bekräftigte der Papst mit der Enzyklika *Humanae vitae* gegen die Ansicht der

---

[49] PAUL VI., Enzyklika *Humanae vitae* vom 25. Juli 1968, in: AAS 60 (1968), 481-503.

[50] L. SCARAFFIA, *Rivoluzione sessuale e secolarizzazione*, in: "L'Osservatore Romano", 25. Juli 2008, berichtet von dem Einfluss der durch den amerikanischen Biologen Alfred Kinsey (1896-1956) hervorgerufenen sexuellen Revolution, dessen Geburt und Tod zusammenfallen mit denen des Ideologen des marxistischen Freudianismus Wilhelm Reich (1897-1957).

[51] Der Journalist Alberto Cavallari, erwähnt, wie in seinem Gespräch mit Paul VI. am 24. September 1963 der Papst zu ihm sagte, „*sich der Welt zu öffnen*" bedeute, „*auf die Fragen des Menschen von heute, des Christen von heute zu antworten*", auch auf einige der „*besonders schwierigen Fragen*": *Man nehme zum Beispiel die* birth control. *Die Welt fragt, was wir darüber denken, und wir befinden uns in der Lage, eine Antwort geben zu müssen. Aber welche? Schweigen können wir nicht. Darüber sprechen ist ein ziemliches Problem. Die Kirche musste jahrhundertelang keine derartigen Dinge in Angriff nehmen. Und es handelt sich um eine für Kirchenmänner, sagen wir, fremde und auch menschlich peinliche Materie. So treffen sich die Kommissionen, es wachsen Berge von Eingaben, von Studien. Oh, man studiert viel, nicht wahr? Aber dann kommt es uns zu, eine Entscheidung zu treffen. Und bei der Entscheidung sind wir alleine. Entscheiden ist nicht so leicht wie studieren. Aber wir müssen etwas sagen. Aber was? ... Es braucht dazu Gott, der uns erleuchtet*" (A. CAVALLARI, *Il Vaticano che cambia*, 51).

Mehrzahl der von ihm konsultierten Fachleute[52] die traditionelle Position der Kirche zur künstlichen Empfängnisverhütung[53]. Laut Romano Amerio war es der bedeutendste Akt seines Pontifikates.[54]

Wenige Tage später, am 30. Juli 1968 veröffentlichte die ‚New York Times' unter dem Titel *Gegen die Enzyklika von Papst Paul* einen von über 200 Theologen unterzeichneten Appell, der die Katholiken zum Ungehorsam gegenüber der Enzyklika Pauls VI. aufrief.[55] Diese Erklärung, auch bekannt als ‚Curran-Erklärung' nach dem Namen eines ihrer Unterstützer, P. Charles Curran[56], eines Theologen der Catholic University of America, ist laut Ralph McInerny ein grundlegendes Dokument für jeden, der verstehen wolle, *„was schieflief"* mit dem Zweiten Vatikanum.[57] Es handelt sich um etwas, was man in der langen – und wirklich leidvollen – Geschichte der Kirche noch nie erlebt hatte. Aber das Außergewöhnliche daran ist, wie Leo Declerck hervorhebt, dass der Protest nicht nur von Theologen und Priestern kam, sondern auch von einigen Episkopaten, zu denen *in primis* der belgische gehörte, angeführt vom Kardinalprimas Leo Suenens.[58] Die *Déclaration de l'Episcopat belge sur*

---

52 Vgl. J. DE BROUCKER, *Le dossier Suenens. Diagnostic d'une crise*, Paris 1970, sowie ROBERT MCCLORY, *Rome et la contraception. Histoire secrète de l'encyclique Humanae vitae*, Paris 1998.

53 Zur Enzyklika in traditioneller Sichtweise siehe man unter anderem ERMENEGILDO LIO OFM, *Humanae vitae e infallibilità; Paolo VI, Il Concilio e Giovanni Paolo II*, LEV, Città del Vaticano 1986; *"Humanae vitae": 20 anni dopo*, Atti del II Congresso Internazionale di Teologia Morale (Rom, 9-12. November 1988), Milano 1989; RALPH MCINERNY, *Vaticano II. Che cosa è andato storto?*, hg. v. M. INTROVIGNE, Verona 2009; STÉPHANE SEMINCKX, *La réception de l'encyclique "Humanae vitae" en Belgique. Étude de théologie morale*, Roma 2006; M. SCHOOYANS, *La profezia di Paolo VI. L'enciclica Humanae vitae*, Siena 2008.

54 Vgl. R. AMERIO, *Iota unum*, 133-138, 134 {dt.: 139-145, 140}.

55 *Against Pope Paul's Encyclical*, in: ‚The New York Times', 31. Juli 1968.

56 Charles Curran (1934), 1958 zum Priester geweiht, war Konzilsperitus, danach Professor an der Catholic University of America; aus diesem Amt wurde er wegen seiner offenen Dissenshaltung gegenüber dem katholischen Lehramt im Bereich der Moral entfernt (1986). Zur Lit. von ihm vgl. *Loyal Dissent: Memoirs of a catholic theologian*, Georgetown University Press, Washington 2006.

57 Vgl. R. MCINERNY, *Vaticano II*, 36ff, und den Artikel von Kard. FRANCIS J. STAFFORD, *1968, l'anno della prova*, in: ‚L'Osservatore Romano', 25. Juli 2008.

58 Vgl. die auf Dokumenten der Archive von Suenens, Moeller, Philips und Prignon basierende Studie von L. DECLERCK, *La réaction du cardinal Suenens et de l'épiscopat belge à l'encyclique Humanae vitae. Chronique d'une Déclaration (juillet-décembre 1968)*, in: Ephemerides Theologicae Lovanienses 84/1 (2008), 1-68.

l'Encyclique Humanae Vitae vom 30. August 1968 war zusammen mit der des deutschen Episkopates eine der ersten Erklärungen, die von einer Bischofskonferenz ausgearbeitet wurden, und diente anderen Episkopaten als Modell für den Protest.[59] Der Hauptverfasser des Textes war Msgr. Philips, Hauptredakteur von *Lumen gentium*, der sich auf dem Konzil als Vertreter der ‚Dritten Partei' hervorgetan hatte.

Eine Gruppe von Konzilsprotagonisten, die sich gegen die Enzyklika Pauls VI. stellten, darunter die Kardinäle Suenens, Alfrink, Heenan, Döpfner und König, traf sich in Essen, um den Widerstand gegen das Dokument zu planen[60], und am 9. September 1968 wurde während des *Katholikentages* in Essen in Anwesenheit des päpstlichen Gesandten, Kard. Gustavo Testas, mit überwältigender Mehrheit eine Resolution für eine Revision der Enzyklika verabschiedet.

Aus der Korrespondenz von Suenens mit Msgr. Huyghe[61], dem Bischof von Arras, kennen wir viele andere Reaktionen, wie die Kard. Pellegrinos, des Erzbischofs von Turin, der die Enzyklika als *„eine der Tragödien der Papstgeschichte"*[62] bezeichnete und mit diesen Worten ein Urteil abgab, das sich nicht von dem unterschied, welches Frère Roger Schutz von Taizé zu jener Zeit abgab[63].

Beim Symposion der europäischen Bischöfe, das im Juli 1968 in Chur stattfand, verlas Kard. Suenens während seines Schlussvortrages einen dramatischen Appell von Hans Küng, den Zölibat der Priester nicht mehr als verpflichtend vorzuschreiben.[64] Drei Jahre später unterzeichnete eine Gruppe von Theologen das Manifest „der 33", worin sie die Freiheit vom Zölibat forderte.[65] Diese Forderung stand in Zusammenhang mit der Rolle, die die progressistische Theologie der Sexualität zuerkannte: einem Instinkt, den der Mensch nicht durch Askese unterdrücken, sondern den er ‚befreien' sollte, da er

---

[59] Vgl. L. DECLERCK, *La réaction du cardinal Suenens*, 1-2.

[60] Ebd., 75.

[61] Gérard-Maurice-Eugène Huyghe (1909-2001), Franzose, 1933 Priesterweihe, 1962 zum Bischof von Arras geweiht.

[62] L. DECLERCK, *La réaction du cardinal Suenens*, 49.

[63] Ebd.

[64] Vgl. L. DECLERCK / T. OSAER, 75.

[65] Vgl. Il regno. Documentazione cattolica 17 (1972), 244-246.

im Geschlechtlichen eine Form der ‚Verwirklichung' der menschlichen Person fand.[66]

Der Theologe (später Kardinal) Leo Scheffczyk[67] nahm 1988 in Rom an einem Kongress zum zwanzigjährigen Erscheinen von *Humanae vitae* teil und erklärte klar den Mechanismus, den die abtrünnigen Theologen verwendeten, um ihr ‚Lehramt' dem päpstlichen Lehramt entgegenzusetzen. Man *„setzte neben das unfehlbare Lehramt ein sogenanntes fehlbares Lehramt, so dass die Fehlbarkeit einem solchen Lehramt als ständiges Attribut zukam"*[68]. Unter der Voraussetzung, dass das Lehramt seine Unfehlbarkeit sehr selten in Anspruch nimmt und normalerweise die Zustimmung der Gläubigen gegenüber ihrem Ausdruck in der ‚authentischen' Form verlangt, *„stellt man"* seitens der Dissidenten *„die Gleichung auf: Unfehlbarkeit ist Unfähigkeit zum Irrtum, Authentizität dagegen ist die Fähigkeit zum Irrtum und daher auch ungewiss und von sich aus eher der Ablehnung ausgesetzt"*[69]. Der Hauptgrund für die Krise des Lehramtes rührte in Wirklichkeit aus der Vernachlässigung der Rolle der Tradition im Leben der Kirche.

Die Schwere des Falles *Humanae vitae* wird durch eine Tatsache bestätigt, die die Person Papst Pauls VI. selbst betrifft: In den zehn Jahren, die auf dieses Dokument folgten, veröffentlichte der Papst, gleichsam traumatisiert von einem Protest, der von einigen ihm näher stehenden Persönlichkeiten des Konzils ausging, keine weitere Enzyklika mehr, nachdem er zwischen 1964 und 1968 sieben Dokumente herausgebracht hatte.

---

[66] 1976 hob Pater Innocenzo Colosio (1910-1997), ein herausragender Dominikanergelehrter für Spiritualität, den Zusammenbruch der Asketik und der Mystik innerhalb der katholischen Kirche als Folge einer falschen Spiritualität hervor, die sich nach dem Konzil durchsetzte (I. COLOSIO, *Agonia della mistica nell'attuale congiuntura ecclesiale?*, in: Rivista di Ascetica e Mistica 3 (1976), 116), während der Stigmatinerpater Cornelio Fabro (1911-1995) die Verwüstungen auf dem Gebiet der katholischen Moral mit Hilfe der „Pornotheologen" anzeigte (C. FABRO, *L'avventura della teologia progressista*, Milano 1974).

[67] Leo Scheffczyk (1920-2005), deutscher Theologe, 1947 Priesterweihe, Professor an den Universitäten Tübingen und München, 2001 zum Kardinal erhoben.

[68] L. SCHEFFCZYK, *Responsabilità e autorità del teologo nel campo della teologia morale: il dissenso sull'enciclica "Humanae vitae"*, in: Pontificio Istituto Giovanni Paolo II dell'Università Lateranense – Centro Accademico Romano della Santa Croce, Roma 1989, 283.

[69] Ebd.

5. 1968: Die Revolution in der Gesellschaft

Man kann an dieser Stelle die historische Korrelation zwischen den zwei großen Ereignissen des 20. Jh., dem Zweiten Vatikanischen Konzil und der 68er-Revolution, nicht übersehen.[70]

Die 68er waren keine ‚spontane' Bewegung, sondern hatten einen präzisen Plan für die Umgestaltung der Gesellschaft. Der ‚wissenschaftliche Sozialismus' von Marx und Lenin war in seinem prometheusartigen Traum, ein neues Gebäude der modernen Gesellschaft zu errichten, sichtbar gescheitert und forderte einen entsetzlichen menschlichen Preis: Kriege, Revolutionen, Hunderte Millionen Opfer in der ganzen Welt.[71] Nie hatte man so viel von Fortschritt und Befreiung des Menschen gesprochen, und nie war so viel Blut in der Geschichte geflossen. Schließlich opferte man dem Fetisch der Moderne einen regelrechten Holocaust. Die 68er bestätigten das Scheitern dieser Utopie, wenngleich sie auch ihrerseits einen neuen revolutionären ‚Traum' präsentierten. Unter diesem Aspekt könnte man das 20. Jh. statt auf den Zeitraum zwischen den Grenzpunkten 1914 und 1991, die der Historiker Eric Hobsbawm[72] vorschlug, auch auf die 50 Jahre zwischen dem Ende des Ersten Weltkrieges 1918 und dem Jahr der Studentenproteste 1968 einengen.

Die 68er-Revolution hatte sicher außer auf die Gesellschaft auch eine starke Auswirkung auf die Kirche, aber die ‚konziliare Wende' begünstigte ihrerseits den Ausdruck der Studentenrevolte. Der Slogan der 68er *„Verbieten ist verboten"* hatte seine Ursprünge in der Abneigung des Konzils gegenüber jeglicher Form doktrineller Verurteilung und Verbotsmaßnahme *„Die Forderungen der Bewegung vom*

---

[70] An allgemeinen Studien zu der 68er-Bewegung vgl. PEPPINO ORTOLEVA, *Saggio sui movimenti del 1968 in Europa e in America, con un'antologia di materiali e documenti*, Roma 1988; ARTHUR MARWICK, *The Sixties Cultural Revolution in Britain, France, Italy and United States. c. 1958-1974*, Oxford 1998; ROGER KIMBALL, *The Long March: How the Cultural Revolution of the 1960s Changed America*, San Francisco 2000; *Enciclopedia del '68*, Roma 2008; ENZO PESERICO, *Gli "anni del desiderio e del piombo"*, Milano 2008.

[71] Zu einem allgemeinen Bild vgl. R. DE MATTEI, *1900-2000: Due sogni si succedono. La costruzione, la distruzione*, Roma 1989.

[72] ERIC HOBSBAWM, *Age of extremes - the short twentieth century 1914-1991*, London 1994.

Mai 1968", schrieb Abbé Laurentin, *„fielen in weitem Maße mit den großen Ideen des Konzils zusammen, insbesondere mit der Konzilskonstitution über Kirche und Welt."*[73] Pfarreien, katholische und protestantische Gruppierungen hielten Treffen und Versammlungen ab, wie etwa die Debatte, die vom CRAC (Revolutionäres Komitee für Kulturelle Agitation) am 8. Juni 1968 im Amphitheater Richelieu in Paris zum Thema *Von Che Guevara zu Jesus Christus* organisiert wurde.[74] Im Übrigen, schrieb Laurentin weiter, *„war schon das Zweite Vatikanum bis zu einem gewissen Grad der Protest einer Gruppe von Bischöfen, die sich gegen die Kurie engagierten, welche ein institutionell vorgefertigtes Konzil durchzuführen versuchte"*[75].

Am 21. Mai 1968 erschien in der Zeitschrift ‚Témoignage chrétien' ein Appell, *„die Revolution in der Kirche einzuführen"*[76]. Kard. Schönborn[77] ruft sich die Atmosphäre von damals wieder in Erinnerung, mit besonderem Bezug auf die französischen Dominikaner: *„... es war wie in der Französischen Revolution, nur dass die Guillotine gefehlt hat."*[78]

Auch in Italien gab es in den Anfängen der 68er-Bewegung, wie sich Roberto Beretta erinnert, *„die Fermente des Zweiten Vatikanums, die Ungeduld bezüglich seiner Umsetzung, die mehr oder weniger berechtigten Erwartungen über gewisse von ihm eingeleitete Entwicklungen, die Lesarten so vieler Theologen nach der Mode der Zeit, die Diskussionen junger ‚engagierter' Gläubiger, all das betraf oft ‚die Besten', nämlich die fortschrittlichere und gebildetere Crème der Laienschaft, die Führungskader des kirchlichen Vereinswesens."*[79] Blättert man die Dokumente der 68er-Bewegung durch, so entdeckt man in der Tat, dass die Studentenführer und die Vertreter des katholischen Dissenses in reichlichem Maße die Konzilstexte und einige Dokumente der Päpste

---

[73] R. LAURENTIN, *Crisi della Chiesa e secondo Sinodo episcopale*, Brescia 1969, 14.

[74] Ebd., 15.

[75] Ebd., 16.

[76] Zit. bei GÉRARD CHOLVY / YVES-MARIE HILAIRE, *Histoire religieuse de la France contemporaine*, Éd. Privat, Toulouse 1988, Bd. III, 307.

[77] Christoph Schönborn (1945), österreichischer Dominikaner, 1970 zum Priester geweiht. Titularbischof von Sutri und Weihbischof von Wien (1991), wo er 1995 Erzbischof wurde. 1998 zum Kardinal erhoben.

[78] Zit. bei E. HABSBURG-LOTHRINGEN, *Das Ende des Neuthomismus*, 118.

[79] ROBERTO BERETTA, *Cantavamo Dio è morto. Il 68 dei cattolici*, Casale Monferrato 2008, 16.

zitierten: die bevorzugten Texte waren die Enzyklika *Pacem in terris* von Johannes XXIII., die Konzilskonstitutionen *Lumen gentium* und *Gaudium et spes* des sowie die Enzyklika *Populorum progressio* von Paul VI.[80]

Der religiös-kirchliche Protest begann in Italien mit der ‚Gegen-Fastenzeit' von Trient, auf die im September die Besetzung der Kathedrale von Parma folgte. Am 22. desselben Monates sandte die Arbeitergemeinde von Isolotto/Florenz ein Solidaritätsschreiben an die Protestierenden von Parma und betonte darin die Notwendigkeit einer Wahl, wo man unterscheidet *„zwischen denen, die auf der Seite des Evangeliums der Armen stehen, und denen, die zwei Herren, Gott und dem Mammon, dienen"*[81]. Um Don Enzo Mazzi, den Führer der Arbeitergemeinde von Isolotto, der von Kard. Florit aus seinem Amt als Pfarrer entfernt wurde, entstand die erste italienische ‚Basisgemeinde', der viele andere folgen sollten.

Einige der Hauptvertreter der Bewegung, wie Mario Capanna[82] und Marco Boato[83], kamen aus dem katholischen Milieu; Capanna, aus der ‚Catholica' von Mailand, erinnert sich: *„Wir brachten Nächte damit zu, die Theologen zu studieren und zu diskutieren, die nach damaliger Ansicht an der Front standen: Rahner, Schillebeeckx, Bultmann ... zusammen mit den Dokumenten des Konzils."*[84]

Ein anderer Vertreter des in jenen Jahren aktiven ‚Ständigen Kampfes', Paolo Sorbi, Protagonist der ‚Gegen-Fastenzeit' auf dem Kirchplatz der Kathedrale von Trient, schrieb: *„Wir waren Interpreten des Denkens von Don Milani, Don Mazzolari, Pater Balducci, Don Camillo Torres gewesen. Menschen, die uns den Traum einer Utopie vermittelt haben, die wir auf Erden zu verwirklichen suchten. Jetzt sind die-*

---

[80] Ebd., 61.

[81] G. MARTINA, *La Chiesa in Italia*, 162.

[82] Vgl. MARIO CAPANNA, *Formidabili quegli anni*, Milano 1988.

[83] Vgl. MARIO BOATO, *Contro la Chiesa di classe. Documenti della contestazione ecclesiale in Italia*, Padova 1969.

[84] Interview in ‚L'Avvenire' (20. März 1998). Zum Einfluss des Katholizismus auf die 68er-Bewegung vgl. MARIO CUMINETTI, *Il dissenso cattolico in Italia 1965-1980*, Milano 1983; MICHELE BRAMBILLA, *Dieci anni di illusioni. Storia del Sessantotto*, Milano 1994; R. BERETTA, *Il lungo autunno. Controstoria del Sessantotto cattolico*, Milano 1998; ROCCO CERRATO, *Il Sessantotto e il mondo cattolico in Italia*, in: *1968: fra utopia e Vangelo. Contestazione e mondo cattolico*, hg. v. A. GIOVAGNOLI, Ave, Roma 2000.

se Worte wie Steine. Wir haben diese Worte ernstgenommen, wir haben sie radikalisiert."[85]

Der katholische 68er entwickelte sich in zwei Richtungen: in eine ‚charismatische' Richtung und in eine ‚politische'; die eine mündete im katholischen Pfingstlertum[86], die andere im revolutionären Terrorismus oder in der Befreiungstheologie[87].

Im ersten Fall fochten die Theologen, die auf dem Konzil die charismatische Dimension der Kirche (die ‚Seele') von der hierarchischen Struktur (dem ‚Leib') trennen wollten, jetzt für eine Vision, bei der im Namen der neuen ‚Charismen' die traditionellen Institutionen, von den Diözesen bis zu den Pfarreien, abgelöst würden. René Laurentin begrüßte Anfang 1974 „*die wunderbare Expansion der ‚Pfingstbewegung' im Katholizismus*"[88], und Kard. Suenens widmete der „*Wiederentdeckung des Heiligen Geistes*" einen Hirtenbrief, worin er seine Bewunderung für die charismatische Bewegung zum Ausdruck brachte[89].

Im zweiten Fall verwandelte sich die Präsenz des Christentums in eine politische Utopie und löste damit die transzendente Dimension der Kirche Christi auf. „Aber *die Zerstörung der Theologie*", er-

---

[85] PAOLO SORBI, *Mea culpa sul '68*, in: ‚L'Avvenire', 26. März 1998. Sorbi, der verkündete: „*Non può esservi Rivelazione senza Rivoluzione*" {= Es kann keine Offenbarung ohne Revolution geben}, wechselte vom ‚Ständigen Kampf' zur P.C.I. über, um mit Leitungsaufgaben bei der Bewegung für das Leben und mit einer Sparte bei Radio Maria zu enden.

[86] Vgl. L. G. SUENENS, *Une nouvelle pentecôte?*, Desclée de Brouwer, Paris 1974 {dt.: *Hoffen im Geist. Ein neues Pfingsten der Kirche*, O. Müller, Salzburg 1974}.

[87] Vgl. E. PESERICO, *Gli "anni del desiderio e del piombo"*.

[88] R. LAURENTIN, *La prodigieuse expansion du "mouvement de Pentecôte"*, in: "Le Figaro", 21. Januar 1974; DERS., *Pentecôtisme chez les catholiques: risques et avenir*, Paris 1974.

[89] Vgl. *Le cardinal Suenens évoque le climat de foi, de jeunesse et de spontanéité du renouveau charismatique*, in: ‚Le Monde', 19. Juli 1973. In einem später folgenden Buch, *Œcuménisme et renouveau charismatique. Orientations théologiques et pastorales* (Le Centurion, Paris 1978), strebte Suenens die Fusion der ökumenischen Bewegung mit dem katholischen Pfingstlertum an und bekräftigte, dass „*die charismatische Erneuerung als eine starke Antriebskraft zur Unterstützung des christlichen Volkes in seiner ökumenischen Hoffnung wirken kann*" (156). Zum Ursprung des ‚katholischen ‚Pfingstlertums' vgl. KEVIN und DOROTHY RANAGHAN, *Catholic pentecostals*, Paramus, NJ 1969 / Catholic pentecostals today, rev. ed., Charismatic Renewal Services, South Bend, Ind. 1983; JOSEPH CREHAN SJ, *Charismatics and Pentecostals*, in: Christian Order 11 (1972), 678-689. Vgl. auch die knappe, aber pointierte Kritik von ENRICO ZOFFOLI, *Carismi e carismatici nella Chiesa*, Roma 1991.

wähnt Kard. Ratzinger, „die *nun durch ihre Politisierung im Sinn des marxistischen Messianismus vor sich ging, war ungleich radikaler ...*"[90]. „*Das Zweite Vatikanum*", schrieb seinerseits Gianni Baget Bozzo, „*hatte die Idee ausgeführt, dass das Volk, das Gott in sich trägt, die Geschichte verändert und sie nach allgemeinen Kriterien verändert; es hatte nämlich den Begriff Utopie in den katholischen Wortschatz eingeführt.*"[91]

Die Folgen waren katastrophal. „*1968*", erinnert sich Kard. Stafford[92], „*passierte etwas Schreckliches in der Kirche. Im Amtspriestertum, zwischen Freunden, überall traten Brüche auf, die sich nie mehr beheben ließen, diese Verwundungen ziehen weiterhin die gesamte Kirche in Mitleidenschaft.*"[93] Ein anderer bekannter Purpurträger, Kard. Caffarra[94], macht die Feststellung, dass die 68er-Bewegung nicht die Ursache, sondern das Ergebnis eines geschichtlichen Prozesses war, der von ferne gekommen war.

„*Der Dissens über* Humanae vitae, *die Kontroverse über den* Neuen holländischen Katechismus *und die Entstehung der ‚Befreiungstheologie' marxistischer Prägung sind das Ergebnis – das sich nicht zufällig gerade 1968 zeigt – von mehr als säkularen Prozessen, von Dynamiken, die schon vor dem Konzil existierten, denen die vorkonziliare Theologie nicht genügend Einhalt geboten hatte, so dass die Reaktion auf die Dissidenten seitens eines konservativen ethischen und theologischen Denkens unmittelbar nach 1968 eine gravierende Unzulänglichkeit offenbart.*"[95]

---

[90] J. RATZINGER, *Aus meinem Leben*, 139.

[91] G. BAGET BOZZO, *L'intreccio. Cattolici e comunisti 1945-2004*, Milano 2004, 130.

[92] James Francis Stafford (1932), US-Amerikaner, 1957 Priesterweihe, 1976 Titularbischof von Respecta, 1982 Bischof von Memphis (USA), 1986-1996 Erzbischof von Denver, 1996 Präsident des Päpstlichen Rates für die Laien, 1998 zum Kardinal erhoben.

[93] F. STAFFORD, *1968. L'anno della prova* [vgl. Anm. 57].

[94] Carlo Caffarra (1938), 1961 Priesterweihe, 1995 Bischof von Ferrara-Comacchio, seit 2004 Erzbischof von Bologna, 2006 zum Kardinal erhoben.

[95] C. CAFFARRA, *Il sesso è libero, cioè relativo*, in: ‚Il Foglio', 7. Oktober 2008.

6. Die Theologie der Befreiung

a) Die Entstehung des CELAM (Consejo Episcopal Latinoamericano / Lateinamerikanische Bischofskonferenz)

Der radikalste Ausdruck der Politisierung der katholischen Welt war die Entstehung und die Entwicklung der ‚Theologie der Befreiung'.[96] Das Phänomen war an zwei historische Ereignisse gebunden, die kennzeichnend für die Nachkonzilszeit waren: die Enzyklika *Populorum progressio* Pauls VI. und die Konferenz von Medellín.

Das erste Treffen lateinamerikanischer Theologen, dem eine gewisse Bedeutung zukam, hatte im Februar 1964 in Petrópolis (Brasilien) stattgefunden, als das Konzil noch in Gange war. Bei dieser Gelegenheit fand sich eine Gruppe von Theologen mit dem Ziel zusammen, in Lateinamerika die Neuerungen des Konzils umzusetzen und mit Unterstützung europäischer Theologen einen entsprechenden Kurs für Professoren lateinamerikanischer Fakultäten zu organisieren.[97] Während des Konzils kam außerdem zwischen 1963 und 1965 der CELAM dreimal in Rom zusammen. Diese Versammlungen bezeichnete ihr Vorsitzender Msgr. Larraín als den *„ersten Fall einer Verwirklichung des Konzeptes der bischöflichen Kollegialität in der ganzen Kirchengeschichte"* und in Zukunft gewiss als ein *„Vehikel für den Geist des Konzils"*[98].

---

[96] Vgl. *La nuova frontiera della teologia nell'America Latina*, hg. v. R. GIBELLINI, Brescia 1975; B. MONDIN, *I teologi della liberazione*, Borla, Roma 1977; PHILIP BERRYMAN, *Liberation Theology. The Essential Facts about the Revolutionary Movement in Latin America and Beyond*, New York 1987; LUCIA CECI, *La teologia della liberazione in America Latina. L'opera di Gustavo Gutiérrez*, Milano 1999; I. ELLACURÍA / J. SOBRINO, *Mysterium Liberationis*; S. SCATENA, *In populo pauperum. La chiesa latinoamericana dal concilio a Medellín (1962-1968)*, Bologna 2007; DERS., *La teologia della liberazione in America Latina*, Roma 2008. – Die verborgenen ideologischen Wurzeln der Bewegung sind gut identifiziert worden von JULIO LOREDO in: *Revolution in the Church: tracing the roots of liberation theology*, Pro-Manuscripto, s. l. 1992.

[97] Vgl. L. CECI, *La teologia della liberazione*, 60-61.

[98] So in: Criterio 1475 (1965), 355. Während der Diskussion um das Schema *De episcopis ac de dioecesium regimine*, empfahl ein Verbesserungsvorschlag, in den Konzilstext einen expliziten Bezug zum CELAM als Vorbild einer übernationalen Bischofskonferenz aufzunehmen.

Wie einer der lateinamerikanischen Konzilsväter, Msgr. Marcos McGrath, berichtet, *„veranstaltete der CELAM in den Monaten, in denen das Konzil in Rom tagte, für seine Mitglieder neben persönlichen Treffen und Gruppentreffen regelmäßige Zusammenkünfte mit Referenten zu verschiedenen Konzilsthemen ... sowie wöchentliche Studiensitzungen zu aktuellen Themen des Konzils; denn die Hauptgruppen waren um den brasilianischen und den chilenischen Episkopat geschart. Diese verschiedenen Gruppen, die in ganz Rom zusammenkamen ... arbeiteten Vorschläge für die Dokumente aus, die viele Bischöfe unterstützten."*[99]

Ein erster, signifikanter Versuch, das Zweite Vatikanum im kulturellen, sozialen und politischen Kontext Lateinamerikas umzusetzen, war die außerordentliche Versammlung des CELAM, die vom 11. bis zu 16. Oktober 1966 in Mar del Plata (Argentinien) zu dem Thema *Presencia activa de la Iglesia en el desarrollo y en la integración de América Latina*[†].[100] Der Bezugsrahmen war die lateinamerikanische Wirklichkeit im Licht von *Gaudium et spes*. Seit der Konferenz von Bandung 1955 drückte das Thema ‚Entwicklung' das Hauptanliegen der Länder in der Dritten Welt aus; Unterstützung kam, jedenfalls hinsichtlich Lateinamerikas, von einigen Organisationen kontinentalen Charakters, wie der 1949 gegründeten Comisión Económica Para América Latina (CEPAL), dem von den Vereinten Nationen abhängigen Banco Interamericano de Desarrollo und der Alianza para el Progreso, dem amerikanischen Hilfsprogramm für Lateinamerika, das zwischen 1962 und 1970 durchgeführt wurde.[101]

---

[99] Vgl. L. CECI, *La teologia della liberazione*, 57-58. Vgl. M. G. MCGRATH, *Unas notas sobre Paolo VI y la colegialidad episcopal en América Latina*, in; *Paolo VI e la collegialità episcopale*, Colloquio internazionale di studio, Brescia (25-26-27. September 1992), Brescia-Roma 1995, 236-240.

[†] *Aktive Präsenz der Kirche bei der Entwicklung und der Integration von Lateinamerika.*

[100] Vgl. VINCENTE OSCAR VETRANO, *Crónica de la X Asemblea del CELAM en Mar del Plata*, in: Criterio 1526 (1967), 432-437.

[101] Vgl. ALBERT OTTO HIRSCHMAN, *Problemi dell'America Latina*, Bologna 1961, insbesondere, was die CEPAL betrifft, 22-42.

b) *Die Enzyklika* Populorum progressio

Das Thema ‚Entwicklung' hatte auch in die Dokumente des Lehramtes, insbesondere in die johanneischen Enzykliken *Mater et Magistra* und *Pacem in terris* Eingang erhalten, desgleichen in die Pastoralkonstitution *Gaudium et spes*, und es fand auch bei einigen europäischen Theologen eine gewisse Rezeption auf dem Niveau einer theologischen Reflexion.[102]

1967 erschien die Enzyklika *Populorum progressio*[103], deren ursprünglicher Text in Französisch abgefasst war, ein ungewöhnliches Verfahren für eine Enzyklika, das aber die intellektuellen Quellen des Papstes offenbarte, insbesondere den intellektuellen Beitrag von P. Lebret[104], der wenige Monate zuvor, im Jahr 1966, verstorben war. In diesem Dokument gab Paul VI. die Existenz von „*Situationen, in denen das Unrecht zum Himmel schreit*", und von Verletzungen der Menschenwürde zu, bei denen ein bewaffneter Aufstand legitim sein könne.

> „*Wenn ganze Völker ohne die nötigen Mittel in einem Zustand der Abhängigkeit leben, der jegliche Initiative und Eigenverantwortung wie auch jede Möglichkeit eines kulturellen Aufstiegs und der Teilnahme am sozialen und politischen Leben verhindert, so ist die Versuchung groß, ein solches Unrecht gegen die Menschenwürde mit Gewalt zu beseitigen.*"
> „*Und doch wissen wir, dass jede Revolution – abgesehen von dem Fall einer offenkundigen und lange dauernden Gewaltherrschaft, die die Grundrechte der Person schwer verletzt und dem Gemeinwohl eines Landes ernsten Schaden zufügt – Quelle neuer Ungerechtigkeiten ist, neue Störungen des Gleichgewichts mit sich bringt und*

---

[102] L. CECI, *La teologia della liberazione*, 77-78. Sulla teologia dello sviluppo si veda ANGELO DE GENNARO, *Teologia dello sviluppo*, in: *Correnti teologiche postconciliari*, hg. v. ALFREDO MARRANZINI, Città Nuova, Roma 1974, 149-169.

[103] PAUL VI., Enzyklika *Populorum Progressio* vom 26. März 1967, in: AAS 59 (1967), 257-299.

[104] Louis-Joseph Lebret (1897-1966), französischer Dominikaner, 1928 zum Priester geweiht. Er wurde zu Beginn des Jahres 1964 zum Konzilsexperten ernannt und war anschließend mit der Vorbereitung der Enzyklika *Populorum progressio* (1967) beauftragt.

neue Zerrüttung hervorruft. Man kann ein vorhandenes Übel nicht mit einem noch größeren Übel vertreiben."[105]

Der Abschnitt, in dem sich der Papst dem *„Fall einer offenkundigen und lange dauernden Gewaltherrschaft"* widmete, wurde von einigen Theologen leicht instrumentalisiert, um die These von der Rechtmäßigkeit der Revolution aufzustellen, für den Fall, dass die friedlichen Versuche erfolglos waren. *„Die Enzyklika* Populorum progressio *Pauls VI. erscholl"*, laut Gustavo Gutiérrez[106], *„in Lateinamerika wie eine Fanfare."*[107]

Gustavo Gutiérrez Merino, 35-jähriger Priester aus Peru, hatte nach seinem Studium in Europa am Konzil zusammen mit dem brasilianischen Priester Hugo Assmann[108] teilgenommen und verfolgte nun das Vorhaben, in Südamerika die radikaleren Anliegen des Konzils mit Unterstützung des CELAM weiterzuentwickeln. Gutiérrez berichtet: *„In Rom traf ich meinen geistlichen Führer aus Löwen, Gustave Thils – er war einer der Experten –, einen lieben Freund aus den Löwener Jahren, Charles Moeller, der in der Arbeit der Kommissionen sehr engagiert war, aber auch meine anderen Professoren wie de Lubac, den ich gut kannte, sowie Congar und Chenu, die ich auch kannte, Martelet*[109] *und Roger Aubert*[110]*. Sie alle waren auf dem Konzil Experten, und*

---

[105] PAUL VI., Enzyklika *Populorum progressio*, in: AAS 59 (1967), 272-273.

[106] Gustavo Gutiérrez Merino (1928), Peruaner, 1959 zum Priester geweiht. Nach dem Studium in Belgien lehrte er in Lateinamerika und in den Vereinigten Staaten. Sein Hauptwerk ist: *Teologia de la liberacion: perspectivas*, CEP, Lima, Peru 1971 {dt.: *Theologie der Befreiung*. Mit der neuen Einl. des Autors u. einem neuen Vorw. v. JOHANN BAPTIST METZ [Aus d. Span. von HORST GOLDSTEIN], 10. erw. u. neubearb. Aufl., Matthias-Grünewald-Verlag, Mainz 1992}. 1983 Verfahren der Kongregation für die Glaubenslehre. Seit 2001 Dominikaner.

[107] G. GUTIÉRREZ, *La Chiesa e i poveri visti dall'America Latina*, in: *Il Vaticano II e la Chiesa*, hg. v. G. ALBERIGO / J. P. JOSSUA, Brescia 1985, 231-260, 248.

[108] Hugo Assmann (1933-2008), Brasilianer, 1961 in Italien zum Priester geweiht, Schüler von Pater Josef Fuchs SJ (1912-2005) an der Gregoriana, gab das Priestertum nach zehn Jahren auf, um eine Brasilianerin zu heiraten, mit der er zwei Kinder hatte und übernahm eine Lehrtätigkeit an der Methodistischen Universität von São Paulo. Sein grundlegendes Buch ist *Teología desde la praxis de la liberación: ensayo teológico desde la América dependiente*, Ed. Sígueme, Salamanca 1973.

[109] Gustave Martelet (1916), französischer Jesuit, Schüler von Teilhard de Chardin, Professor am Centre Sèvres in Paris und an der Universität Gregoriana in Rom. Theologe der frankophonen Bischöfe Afrikas auf dem Konzil. Lit. von ihm: *Teilhard de Chardin prophète d'un Christ toujours plus grand*, Editions Lessius, Bruxelles 2005.

dies gab mir von dem Augenblick, da ich mit ihnen freundschaftliche Beziehungen hatte, die Möglichkeit, einen sehr direkten Vergleich zu haben. Endlich fand die Theologie, die ich studiert hatte – in jener Periode nannte man sie ‚progressistisch' –, in der Kirche Gehör."[111]

Ein anderer europäischer Theologe, dessen Lektüre Gutiérrez weiter entfaltete, war Edward Schillebeeckx, der für den zeitgenössischen Menschen die Bedeutung der geschichtlichen Praxis hervorgehoben hatte, die dazu beitrüge, das Reich Gottes zu errichten.[112] Nicht minder bedeutsam für die theologische Formung von Gutiérrez war Karl Rahner mit seiner Theorie des *‚anonymen Christentums'* oder *‚impliziten Christentums'*[113]. Gemäß dieser existieren auch außerhalb des Christentums, unter den Atheisten, Menschen, die durch die Gnade gerechtfertigt sind und in denen der Heilige Geist anwesend ist. Gutiérrez hatte auf Rahner seit seinen Studienjahren in Lyon geschaut, angezogen vor allem von der Idee des *‚übernatürlichen Existentials'* als eines Bestandteils der menschlichen Natur. Dieses Konzept, so wird Gutiérrez betonen, erlaubte es Rahner, die Auffassung zu vertreten, dass jeder Mensch von der Gnade exis-

---

110 Roger Aubert (1914-2009), Belgier, 1938 zum Priester geweiht, Historiker und Theologe, von 1952 bis 1983 Professor an der Universität von Mecheln.

111 L. CECI, *La teologia della liberazione*, 50. Man siehe auch ROSINO GIBELLINI, *Il dibattito sulla teologia della liberazione*, Queriniana, Brescia 1990 (1986); DERS., *Chiesa e liberazione in America Latina (1968-1972)*, in: *L'America Latina fra Pio XII e Paolo VI*, hg. v. A. MELLONI / S. SCATENA, Bologna 2006.

112 Vgl. E. SCHILLEBEECKX, *Theologische Peilingen* Teil 3, *Wereld en kerk*, Bilthoven, Nelissen 1966

113 Vgl. K. RAHNER, *Die anonymen Christen*, in: Schriften zur Theologie, Bd. 6, Benziger Verlag, Einsiedeln - Zürich - Köln ²1968, 545-554; DERS., *Anonymes Christentum und Missionsauftrag der Kirche*, in: DERS., Schriften zur Theologie, Bd. 9, Benziger Verlag, Einsiedeln - Zürich - Köln 1970, 498-515; DERS., *Zur Theologie des ökumenischen Gesprächs*, in: Schriften zur Theologie, Bd. 6, Benziger Verlag, Einsiedeln - Zürich - Köln ²1968, 34-78; DERS., *Atheismus und implizites Christentum*, in: Schriften zur Theologie, Bd. 8, Benziger Verlag, Einsiedeln - Zürich - Köln 1967, 187-212; DERS., *Kirche, Kirchen und Religionen*, in: Schriften zur Theologie, Bd. 8, Benziger Verlag, Einsiedeln - Zürich - Köln 1967, 355-373; DERS., *Mission und „implizite Christlichkeit"*, in: Sacramentum Mundi, Bd. 3, Freiburg 1969, 547-551; DERS., *Anonymer und expliziter Glaube*, in: Schriften zur Theologie, Bd. 12, Benziger Verlag, Zürich - Einsiedeln - Köln 1975, 76-84; ANITA RÖPER, *Die Anonymen Christen*, Matthias-Grünewald-Verlag, Mainz 1963, die sich von den Ideen Rahners und Schillebeeckxs inspirieren lässt.

tentiell berührt wird.[114] Ausgehend von dieser rahnerschen Sichtweise, die von de Lubacs Konzeption des ‚Übernatürlichen' nicht weit entfernt lag, arbeitete Gutiérrez eine Philosophie aus, die den Unterschied zwischen Profangeschichte und Heilsgeschichte ablehnte. Er vertrat vielmehr die Ansicht, dass *„es nur eine einzige Geschichte gibt"* und dass das christliche Heil eine *„vollständige Befreiung"* des Menschen einschließt, die dieser in der Geschichte und durch die Geschichte zu verwirklichen habe.[115]

c) Die Konferenz von Medellín

Die allgemeine Konferenz des lateinamerikanischen Episkopates, die vom 26. August bis zum 6. September in Medellín in Kolumbien stattfand, war zugleich Zielpunkt des vom Konzil angestoßenen ideologischen Prozesses und Ausgangspunkt für die Verbreitung der Theologie der Befreiung auf internationaler Ebene. Für Schillebeeckx repräsentierte die Befreiungstheologie wesentlich *„den Geist von Medellín, verwoben in eine Theologie"* [116].

Das offizielle Thema der von Paul VI. einberufenen Konferenz war *Die Wandlung der Kirche in Lateinamerika im Lichte des Konzils*. Die geschichtlichen und sozialen Veränderungen des lateinamerikanischen Kontinentes wurden im Lichte der vom Zweiten Vatikanischen Konzil angestoßenen Veränderung der Kirche betrachtet. Oscar Boezzo hat betont, dass Medellín seine Wurzeln in der Gruppe *‚Kirche der Armen'* von Paul Gauthier besitzt, die sich seit der ersten Sitzungsperiode des Konzils organisiert hatte[117], nachdem Johannes XXIII. in seiner Ansprache vom 11. September 1962 auf dieses Thema angespielt hatte[118]. Die Gruppe der *‚Kirche der Armen'* hatte den sogenannten *„Katakombenpakt"* vorgeschlagen, der am

---

[114] Zit. bei G. GUTIÉRREZ, *La verità vi farà liberi. Confronti*, ital. Übers., Queriniana, Brescia 1990, 37 {Originaltitel: *La verdad os hará libres*, Lima 1986}

[115] Ebd., 38.

[116] E. SCHILLEBEECKX, *Befreiungstheologie zwischen Medellin und Puebla*, in: Orientierung 43/1 (1979), 6-10, 7, zit. bei. SCATENA, *La teologia della liberazione*, 27, O. J. BEOZZO, *Medellin. Inspirations et racines*, in: *Volti di fine Concilio*, 361-393.

[117] Vgl. O. J. BEOZZO, *Medellin. Inspirations et racines*, 362-363.

[118] JOHANNES XXIII., DMC, Bd. IV, 519-528.

16. November 1965 in den Domitilla-Katakomben von 40 Bischöfen, größtenteils aus der Dritten Welt, unterzeichnet wurde. Die Unterzeichner verpflichteten sich, ein Leben des Kampfes für die Armen und der Solidarität mit ihren Nöten zu führen, in Übereinstimmung mit den neuen Prinzipien des Zweiten Vatikanums.[119]

Das Ereignis des Konzils war zugleich ein Zeitpunkt der Begegnung der Bischöfe aus den ehemaligen Kolonialgebieten Asiens, Afrikas und Lateinamerikas; ihr entsprang auch das Dokument, das als *Botschaft der 17 Bischöfe der Dritten Welt*[120] bekannt wurde. Der erste Unterzeichner war Msgr. Helder Câmara, außer ihm unterschrieben acht brasilianische Bischöfe und ein Kolumbianer. In dieser Botschaft erklärten die Bischöfe, dass die Völker der Dritten Welt *„das Proletariat der heutigen Menschheit"* bildeten, und wiesen darauf hin, dass die kirchliche Soziallehre, die vom Zweiten Vatikanum erneut bestätigt wurde, jegliches Zusammenspiel der Kirche mit *„dem Geldimperialismus"* verurteilte. Die Unterzeichner deklarierten den Feudalismus, den Kapitalismus und den Imperialismus zu *„unmenschlichen Systemen"* und erklärten die Ausbeutung der Völker der Dritten Welt seitens der reichen Nationen für unzulässig, ebenso das *„derzeit geltende Wirtschaftssystem"*, das den reichen Ländern erlaubte, sich immer mehr zu bereichern, während die armen Länder im Verhältnis dazu verarmten. Sie schlossen mit der Aufforderung an die Regierungen, mitzuarbeiten, dass *„der Klassenkampf ein Ende finde"*, denn ein solcher Kampf sei, wie sie sagten, oftmals durch die Reichen und nicht durch die Armen ausgelöst worden. Dieses Thema wurde in der Nachkonzilszeit, insbesondere in Lateinamerika, öfter aufgegriffen.[121]

Die Theologie der Befreiung kam am stärksten zum Ausdruck in den Kirchlichen Basisgemeinden (CEB). Aufgekommen in Brasilien seit der zweiten Hälfte der 50er-Jahre, breiteten sie sich vor

---

[119] Vgl. L. CECI, *La teologia della liberazione*, 52. Zur Gruppe ‚Kirche der Armen' und zum ‚Katakombenpakt' vgl. CAPRILE, Bd. V, 354-356. Die Wiedergabe des ‚Paktes' in: BONAVENTURA KLOPPENBURG, *O pacto da Igreja Serva e Pobre*, in: *Concilio Vaticano II, Vozes*, Petrópolis 1966, Bd. IV, 526-528.

[120] Das Dokument, zum ersten Mal in Paris am 31. August 1967 in ‚Témoignage Chrétien' veröffentlicht, findet sich auch in: “Il Regno/documentazione”, XIII, 151/2 (1968), 19-22 und, für Lateinamerica, in: Criterio, XL, 1537-1538 (1967), 936-941.

[121] Vgl. L. CECI, *La teologia della liberazione*, 59.

allem unmittelbar nach dem Konzil aus; damals wurden sie auch in die Pastoralpläne mancher Bischofskonferenzen aufgenommen.[122] Im Namen der zentralen Rolle, die man dem Wort Gottes zuwies, als dessen Sprachrohre sie sich an Stelle der Kirche betrachteten, kämpften die Basisgemeinden einen Klassenkampf marxistischer Prägung mit dem Ziel, das ‚Reich Gottes' auf Erden zu verwirklichen.[123]

Zwanzig Jahre nach dem Konzil sprach die *Instruktion zu einigen Aspekten der ‚Befreiungstheologie'* der heiligen Kongregation für die Glaubenslehre[124] eine ausdrückliche Verurteilung der Befreiungstheologie aus, ohne dass es ihr allerdings gelang, deren tiefgreifenden Einfluss in Lateinamerika auszurotten.

In einem Artikel, der 2007 in der ‚Revista Eclesiástica Brasileira' erschien[125], bot P. Clodovis Boff[126] – Bruder des bekannteren Leonardo[127] und zusammen mit ihm einer der Hauptvertreter der revolutionären Strömung – eine deutliche Selbstkritik seines Den-

---

[122] Vgl. ebd., 68; José Marins, *Comunità ecclesiali di base in America Latina*, in: Concilium XX, 6 (1984), 571-582; Faustino Luiz Couto Texeira, *A gênese das CEBs no Brasil. Elementos explicativos*, Paulinas, São Paulo 1988.

[123] Vgl. Alfonso Gregory [Hg.], *Comunidades eclesiais de base: utopia ou realidade*, Petrópolis 1973, 53ff. Vgl. auch Luiz Gonzaga Fernandes, *Gênese, Dinâmica e Perspectivas das CEBs do Brasil*, in: "Revista Eclesiástica brasileira" XDII, 167 (1982), 456-464. – Zu den Basisgemeinden in Brasilien siehe man die schlüssige Kritik von P. Corrêa de Oliveira / Gustavo Antonio Solimeo / Luíz Sergio Solimeo, *As CEBs ... das quais muito se fala, pouco se conhece. A TFP as descreve come são*, São Paulo 1982.

[124] Kongregation für die Glaubenslehre, Instruktion *Libertatis nuntius*, vom 6. August 1984, in: DH 4730-4741 (AAS 76 (1984), 890-899); Dies., *Istruzione su libertà cristiana e liberazione* "Libertatis conscientia", 22. März 1986; in: DH 4750-4776 (AAS 79 (1987), 554-591). – Die Lehre der Befreiungstheologie war bereits von Johannes Paul II. in seiner Rede vor dem CELAM in Puebla 1979 in verschiedenen ihrer Aspekte verurteilt worden (vgl. Johannes XXIII., *Insegnamenti*, Bd. II, 188-211 und 212-230).

[125] Clodovis M. Boff OSM, *Teologia da Libertação e volta ao fondamento*, in: "Revista Eclesiástica Brasileira" 268 (2007), 1001-1022.

[126] Clodovis Boff (1944), Brasilianer, aus dem Servitenorden, Professor am französischen theologischen Institut von Petropolis und am Iser (Institut für religiöse Studien) in Rio de Janeiro.

[127] Leonardo Boff (1938), Brasilianer, aus dem Orden der Franziskaner, 1964 zum Priester geweiht, Schüler von Rahner in Deutschland, dann Professor in Petropolis, war einer der Begründer der Befreiungstheologie. 1984 von der Kongregation für die Glaubenslehre verurteilt, gab er 1992 das Priestertum auf, heiratete und nahm ein Amt an der Universität von Rio de Janeiro an. Lit. von ihm: *Jesus Cristo libertador, Ensaio de cristologia crítica para nosso tempo*, Petrópolis 1972 {dt.: *Jesus Christus, der Befreier*, Freiburg [u.a.] 1986}.

kens, indem er zugab, dass der grundlegende Irrtum der Befreiungstheologie darin bestand, die *'Option für die Armen'* zu ihrer Achse bzw. ihrem epistemologischen Zentrum gemacht und damit tatsächlich den transzendenten Primat Gottes entthront zu haben. Bei dieser Verkehrung des epistemologischen Primates *„ist nicht mehr Gott, sondern der Arme das erste operative Prinzip der Theologie"*[128]. Die Wurzel dieses Irrtums liegt nach Boff in der *„anthropologischen Wende"* des modernen Denkens, die den Menschen als neue *axis mundi* setzt.[129] Am Ursprung der anthropologischen Drift der Moderne stehen seiner Ansicht nach der Protestantismus, vornehmlich in der liberalen Formulierung von Schleiermacher, der Modernismus und die transzendentale Theologie Rahners.[130]

Boff schweigt zum Konzil, das auf dieser Wegstrecke der unmittelbare Vorläufer der Befreiungstheologie war, doch die ideologischen und existentiellen Entscheidungen des brasilianischen Franziskaners und seiner Weggefährten während des Konzils und danach bekräftigten beredt diese Kontinuität.

7. Der „Rauch Satans" im Tempel Gottes

Das Konzil war damals seit drei Jahren beendet, und die Situation erschien aufgeheizt. Wenn Michel de Saint-Pierre als ein 'Traditionalist' gelten konnte, so konnte man nichts anderes von Jacques Maritain, dem alten Freund von Giovanni Battista Montini, sagen, der in einem 1966 erschienenen Buch mit dem Titel *Le paysan de la Garonne* schrieb, der Modernismus der Zeit Pius' X. erscheine gegenüber dem zeitgenössischen Neo-Modernismus wie ein *„harmloser Heuschnupfen"*[131].

---

128 CLODOVIS M. BOFF OSM, *Teologia da Libertação e volta ao fondamento*, 1004.

129 Ebd.

130 Ebd., 1009.

131 Vgl. J. MARITAIN, *Der Bauer von der Garonne: Ein alter Laie macht sich Gedanken*, aus d. Franz. v. I. Wild, München 1969, 14 {Originaltitel: *Le paysan de la Garonne. Un vieux laïc s'interroge à propos du temps présent*, Paris 1966}. – Der belgische Philosoph Marcel De Corte (1905-1994) bezeichnete in jenen Jahren den

Am 18. Januar 1967 überreichte Kard. Journet Paul VI. die Ratschläge Maritains für ein neues *„Bekenntnis des Glaubens"*, das die grundlegende Wahrheit des Christentums festschreiben sollte.[132] Bei dieser Gelegenheit bat Paul VI. Journet um ein Urteil zur Lage der Kirche. *„Tragisch"* war die lapidare Antwort des Schweizer Kardinals.[133]

Am 13. Mai 1967 stattete Paul VI. auf Einladung des portugiesischen Episkopates Fatima einen unerwarteten Blitzbesuch ab, wo er als erster Papst eine Zelebration am Ort der Erscheinungen an der Cova da Iria leitete. Am selben Tag veröffentlichte der Papst die apostolischen Ermahnung *Signum Magnum*, in der er an die von Pius XII. vollzogene Weihe der Welt an das Herz Marias erinnerte und *„alle Kinder der Kirche"* einlud, *„persönlich ihre eigene Weihe an das Unbefleckte Herz Mariens, Mutter der Kirche, zu erneuern"*.[134] In Fatima sprach Paul VI. von dem dringenden Erfordernis des Friedens *„im Innern der Kirche und in den Ländern, wo die religiöse Freiheit unterdrückt wird"*, und auch des Friedens in der Welt, *"die weder glücklich noch ruhig ist"*; aber das Ersuchen Schwester Lucias, ein Gespräch mit ihm zu führen, lehnte er ab. Die Anwesenheit Pauls VI. in Fatima hätte eine historische Gelegenheit bieten können, das dritte Geheimnis zu offenbaren und die Forderungen der Muttergottes zu erfüllen, aber es kam nicht dazu. In Wirklichkeit verlor nach dieser Reise die Botschaft von Fatima ihre Wirkung auf die Massenmedien und auf die Gläubigen.[135]

Paul VI. entging nicht, was in jenen dramatischen Jahren geschah. Im Dezember 1968 fand er in einer epochemachenden Rede diese erschütternden Worte: *„Die Kirche durchquert heute eine Zeit*

---

christlichen Progressismus als *„die in der Kirche auf die Spitze getriebene und triumphierende modernistische Häresie"* (*La grande eresia*, Roma 1970, 100).

[132] Zum ‚Glaubensbekenntnis' von Paul VI. vgl. unter anderem C. POZO, *El credo del Pueblo de Dios. Comentario teológico*, Madrid 1968.

[133] Vgl. das Interview mit Kard. GEORGE COTTIER von GIANNI VALENTE, in: 30 Giorni 4 (2008), 46-61.

[134] PAUL VI., Predigt während der Messfeier in Fatima am 13. Mai 1967, in: *Insegnamenti*, Bd. V (1967), 229-239.

[135] Vgl. A. TORNIELLI, *Paolo VI*, 461. Vor Anbruch der Reise öffnete Papst Montini erneut die Dokumentenmappe über Fatima und bat das Heilige Offizium um eine Untersuchung. Das Geheimnis wurde nicht nur einigen wenigen Personen bekannt, sondern auch einer Vollversammlung der Kongregation für die Glaubenlehre, die am 1. März 1967 im Vatikan zusammenkam.

der Unruhe. Einige üben sich in Selbstkritik, man könnte sogar sagen, in Selbstzerstörung. Es ist wie ein heftiger und vielschichtiger innerer Umsturz, den niemand nach dem Konzil erwartet hatte. ... Die Kirche wird von denen angegriffen, die zu ihr gehören."[136]

Drei Jahre später, in der Predigt zum Fest der hl. Petrus und Paulus am 29. Juni 1972 stellte Paul VI. mit Bezug auf die Lage der Kirche in gleicher Klarheit fest,

> *„den Eindruck zu haben, dass der Rauch Satans durch irgendwelche Ritzen in den Tempel Gottes eingedrungen ist. Das sind der Zweifel, die Ungewissheit, die Problematik, die Unruhe, die Unzufriedenheit, das Vergleichen. Man vertraut der Kirche nicht ... Der Zweifel ist in unser Bewusstsein eingedrungen und er ist durch die Fenster eingedrungen, die doch für das Licht offen sein sollten ... Auch in der Kirche herrscht dieser Zustand der Unsicherheit; man glaubte, nach dem Konzil wäre ein Sonnentag für die Kirchengeschichte angebrochen. Stattdessen ist ein Tag voller Wolken, Sturm, Dunkelheit, Suche und Ungewissheit angebrochen ...".*[137]

Paul VI. stellte die Lage in Wirklichkeit eher als problematisch denn als dramatisch dar. Als er sich am 15. Dezember 1969 mit einer Rede, die sich der schwierigen Interpretation der ‚Zeitzeichen' widmete, an seine Kardinäle wandte, äußerte er die Ansicht:

> *„Wie geht es heute der Kirche? Das jüngste Konzil hat einen Zustand der Aufmerksamkeit und unter gewissen Aspekten einen Zustand der geistigen Spannung erzeugt… Im Innern wie nach außen hat die Kirche nicht die Gelassenheit und den Eifer gezeigt, den das Konzil uns erhoffen ließ, sondern in einigen begrenzten, aber wichtigen Bereichen eine gewisse Unruhe"*, die *„kontrastierende, positive wie negative Phänomene aufweist. Doch dies schließt nicht aus, dass das symbolträchtige Schifflein, die Kirche, dem Andrang des großen Sturmes widersteht, der unserer Zeit ei-*

---

136 PAUL VI., Ansprache an das Lombardische Seminar in Rom vom 7. Dezember 1968, in: *Insegnamenti*, Bd. VI (1968), 1188-1189.

137 PAUL VI., Predigt am neunten Jahrestag seiner Inthronisation vom 29. Juni 1972, in: *Insegnamenti*, Bd. X (1972), 707-709.

gen ist, die uns manche Male den Hilferuf der erschreckten Jünger auf die Lippen bringt: ‚Herr, rette uns, wir gehen unter' (Mt 8,25). ... Wir müssen aufmerksame Beobachter, kluge Kritiker sein. Heutzutage wandelt sich alles: alles wird zum Problem; und vor allem besteht hier die Gefahr der Täuschung, auch für die Guten."[138]

Er betrachtete seine Epoche als *„eine Periode des Wandels"*, ein *„sehr evolutives Zeitalter"*, in dem sich die Kirche *„anpassen"* müsse, um eine zugleich geistliche wie weltliche Reform der Gesellschaft hervorzurufen.

„Unsere Zeit ist jung; sie trachtet nach Verjüngung. Es ist keine Zeit, die in sich selbst ruht; keine Periode des Verfalls, in der die Skeptiker dominieren, jene, die gleichsam das Bekenntnis ablegen, übergangen worden zu sein, für die absolut nichts von Bedeutung ist. Dies sind falsche Propheten; sie können uns nicht führen; sie können uns nicht die Begeisterung und die Wahrheit der Dinge vermitteln; sie können uns nicht die Energien und die Fähigkeit eingeben, uns am unermesslichen Geschenk des Lebens zu freuen. Unsere Zeit ist also sicherlich eine Epoche der Erneuerung. Was werden wir nach einer solchen Erhebung erleben? Dass gerade die Kirche zur Avantgarde gehört. Sie ist dabei, sich weithin zu erneuern, in dem Vorhaben, alle Dinge zu vervollkommnen: ihren Katechismus, ihre Riten, ihre Liturgie, ihre Vereinigungen, ihr doktrinelles Erbe. Wir lassen zurück, was vergänglich ist, und wir arbeiten daran, die Substanz, den ganzen fruchtbaren Samen, unversehrt zu bewahren."[139]

Die Existenz einer schweren Krise wurde jedoch gerade von einigen Theologen bestätigt, die aus den Reihen der Progressisten kamen. Wir wollen hier nur einige bedeutsame Äußerungen anführen.

Der Historiker Hubert Jedin, der auf dem Konzil als Peritus mit Kard. Frings zusammengearbeitet hatte, sah sich nach seinem Versuch, der Idee einer ‚Krise der Kirche' entgegenzutreten, schließ-

---

[138] PAUL VI., Ansprache vom 15. Dezember 1969 an das Heilige Kardinalskollegium, in: *Insegnamenti*, Bd. VII, 796-798.

[139] PAUL VI., Predigt vom 3. September 1967, in: www.vatican.va (der Text fehlt im Band PAUL VI., *Insegnamenti*).

lich doch gezwungen, deren Existenz zur Kenntnis zu nehmen. In einem bekannten Vortrag, den er unter dem Titel *Geschichte und Krise der Kirche* vor der deutschen Bischofskonferenz hielt (veröffentlicht auf Italienisch durch den ‚Osservatore Romano' am 17. September 1968)[140], erörterte Jedin fünf Erscheinungsformen der aktuellen Krise der Kirche:

> „*1. die immer weiter um sich greifende Unsicherheit im Glauben, hervorgerufen durch die ungehemmte Verbreitung von theologischen Irrtümern auf Kathedern, in Büchern und Aufsätzen;*
> *2. der Versuch, die Formen der parlamentarischen Demokratie auf die Kirche zu übertragen, durch Einführung des Mitbestimmungsrechtes auf allen drei Ebenen des kirchlichen Lebens, in der Universalkirche, in der Diözese und in der Pfarrei;*
> *3. Entsakralisierung des Priestertums;*
> *4. freie ‚Gestaltung' des Gottesdienstes statt Vollzug des Opus Dei;*
> *5. Ökumenismus als Protestantisierung.*"[141]

Pater Henri de Lubac, einer der „Väter" des Konzils, prangerte in einem Vortrag zum Thema Kirchenkrise, den er am 29. Mai 1969 an der Universität von Saint Louis in Missouri (Vereinigte Staaten) hielt, den Gebrauch bzw. den Missbrauch der Konzilsdokumente an.

> „Zur Konstitution *Dei Verbum* schreibt er: *Es entwickelt sich ein enger Biblizismus, der jegliche Tradition verschmäht und sich selbst verzehrt; von diesem Biblizismus her wird der Begriff eines ‚Glaubens an die Zukunft' entwickelt, bei dem sich nicht mehr erkennen läßt, was er noch vom Evangelium Jesu Christi beibehält.*" Die Konstitution *Lumen gentium* wird dahingehend interpretiert, „*die Kirche in eine einzige Demokratie umzuwandeln*" und jene Kirche zu kritisieren, die sich „*'institutionelle Kirche'*" nennt, „*im*

[140] Vgl. H. JEDIN, *Kirchengeschichte und Kirchenkrise*, in: ‚Aachener Kirchenzeitung', 29. Dezember 1968 und 5. Januar 1969 (ital. Übers.. in: ‚L'Osservatore Romano', 15. Januar 1969).
[141] DERS., *Lebensbericht*, 221-222.

Namen eines form- und gestaltlosen Idealchristentums, das jedem Realismus ebenso widerspricht wie dem katholischen Glauben und der Entstehungsgeschichte der Kirche". Die in *Gaudium et spes* angestrebte Öffnung zur Welt wird *„zur Entfernung vom Evangelium, zur Verwerfung des Kreuzes Christi..., zu einem Weg in den Säkularismus, zu einem Sich-gehen-lassen in Glaube und Sitten, kurz, zu einer Auflösung ins Weltliche, einer Abdankung, ja einem Identitätsverlust, d.h. zum Verrat unserer Pflicht der Welt gegenüber ... Man weiß auch, wie das* Dekret über die Religionsfreiheit *verfälscht wird, wenn man, seiner ausdrücklichen Lehraussage zuwider, aus ihm den Schluß ziehen will, daß nun nicht mehr das Evangelium zu verkünden ist ... . Und wie viele ähnliche Beobachtungen ließen sich hinsichtlich der* Liturgiekonstitution *machen, die häufig mißverstanden und bisweilen in geradezu sakrilegischer Weise verzerrt wird? – und hinsichtlich des* Ökumenismusdekretes? *... Welche Karikierungen erleben wir ferner nur zu häufig bei der lautstark vertretenen Absicht, die vom Konzil ausgesprochenen Grundsätze einer ‚zeitgemäßen Erneuerung' des Ordenslebens großzügig in die Praxis zu übertragen, während man in Wirklichkeit genau das Gegenteil tut! Gerade hier zeigen sich vielleicht die Verheerungen der Krise zugleich in der ernstesten und in der aufschlußreichsten Form ... Welche bedauerlichen Verhältnisse, welcher Abfall aller Art, welche Degradierung, die in manchen Fällen bis zur Pervertierung reicht, verbergen sich dabei unter der Fahne des ‚Prophetismus' oder der ‚Forderungen der Wahrhaftigkeit', unter dem lügenhaften Mißbrauch des Wortes ‚Erneuerung'!"*[142]

Obwohl er sich des Prozesses der Selbstzerstörung des Leibes der Kirche bewusst war, hatte Paul VI. seinen grundsätzlichen Optimismus nicht geändert. In der Nacht zwischen dem 20. und dem 21. Juli 1969 setzte der Mensch zum ersten Mal den Fuß auf den Mond. Der Papst verfolgte das Ereignis in der Sommerresidenz Castel Gan-

---

[142] H. DE LUBAC, *Krise zum Heil?: Spannungen in der Kirche nach dem Konzil* (aus d. Franz. übers. v. KARLHERMANN BERGNER), Morus-Verlag, Berlin 1970, 25-31 {Originaltitel: *L'Église dans la crise actuelle*, Paris [1969]}. Der Text gibt den Vortrag wieder, der an der Universität von Saint-Louis (Missouri) am 29. Mai 1969 gehalten wurde; *Church in Crisis*, in: Theology Digest 17 (1969), 312-325. Der Vortrag wurde auch in Nouvelle Revue Théologique 91 (1969), 569-580, veröffentlicht.

dolfo und wandte sich wenige Minuten nach der Landung des Raumschiffes auf dem Mond via Satellitenverbindung an die Astronauten: „*Ehre, Heil und Segen euch Eroberern des Mondes, dem bleichen Licht unserer Nächte und unserer Träume. Bringt mit eurer lebendigen Gegenwart die Stimme des Geistes, die Hymne zu Gott, unserem Schöpfer und unserem Vater.*"[143] Bei diesem Unternehmen, hatte der Papst beim Angelus am 13. Juli gesagt, „*offenbart sich uns*" der Mensch „*als ein Riese, er offenbart sich uns als göttlich, nicht in sich, sondern in seinem Ursprung und in seiner Bestimmung. Ehre dem Menschen, Ehre seiner Würde, seinem Geist, seinem Leben*"[144].

8. Die Niederlage der Konservativen nach dem Konzil

Die Gruppe von Kardinälen, die sich um den Coetus Internationalis Patrum geschart hatte, löste sich in den Folgejahren auf und setzte dem Beginn der konziliaren Reformen nur schwachen Widerstand entgegen.

Die Kardinäle Ottaviani und Ruffini waren nunmehr durch Alter und die erlittenen Niederlagen gezeichnet. Kard. Siri, der etwas jünger war, versuchte sich zum Initiator einer Widerstandsbewegung zu machen, indem er eine Zeitschrift gründete[145], die einen Gegenpol zu der progressistischen Theologie bilden konnte, welche über die Kirche vor allem durch ‚Concilium', dem Organ des internationalen Progressismus[146], hereinbrach.

---

143 PAUL VI., Botschaft vom 21. Juli 1969, in: *Insegnamenti*, Bd. VII (1969), 499f.

144 Ebd., 493-494.

145 A-Siri, Ordner "Renovatio". Kard. Ruffini wurde von Paul VI. am 4. Januar 1966 empfangen und sprach mit ihm über das Projekt: „*Ich habe Seiner Heiligkeit anvertraut, was ich Eurer Eminenz über die Zweckmäßigkeit einer Zeitschrift geschrieben habe, die in dem kritischen Zeitpunkt, den wir durchleben, die gesunde Lehre verbreitet und, wenn nötig, der Zeitschrift ‚Concilium' die Stirn bietet (die, wie mir scheint, Seiner Heiligkeit selbst Sorge bereitet)*" (ebd.). Siri seinerseits sprach darüber mit Kard. Ottaviani, der ihn kräftig ermunterte.

146 Die Begründer von ‚Concilium', von denen viele eine bestimmende Rolle als Konzilsperiti gespielt hatten, waren Antoine van den Boogaand, Paul Brand, Yves Congar, Hans Küng, Johann-Baptist Metz, Karl Rahner und Edward Schillebeeckx.

Am 20. Oktober 1964 schrieb Siri in sein *Tagebuch „Ich bin damit beschäftigt, den katholischen Wiederbeginn nach dem Konzil zu organisieren, indem ich versuche, eine Front zu bilden, die sich ganz klar gegen die Mängel richtet, die sich auf dem Konzil oder durch das Konzil offenbart haben. Gott hat erlaubt, dass alle Falten hervortreten: er sei gelobt!"*[147] Die neue Zeitschrift ‚Renovatio', die 1966 erschien, war dem von Siri ausgewählten Herausgeber Gianni Baget Bozzo[148] zufolge „... *der Versuch, das Konzil anzunehmen und gleichzeitig die von der progressistischen Theologie vorgebrachten Themen in verschiedener Weise vorzulegen"*[149]. Über zwanzig Jahre hinweg (1966-1986) eröffnete die Zeitschrift mit einem Leitartikel des Genueser Erzbischofs, ohne Namensnennung, aber eindeutig von seiner Hand[150], der auf der Linie lag, die später ‚die Hermeneutik der Kontinuität' werden sollte. 1975 zog der Kardinal mit den *Reflexionen über die zeitgenössische theologische Bewegung*[151] ins Feld, die dann in das Werk ein-

---

Vgl. HADEWYCH SNIJDEWIND, *Genèse et organisation de la Revue internationale de théologie "Concilium"*, in: Cristianesimo nella storia 21 (2000), 645-673.

147 SIRI, *Diario*, 391.

148 Gianni Baget Bozzo (1925-2009) begründete nach Jugenderfahrungen in der linken Presse die Zeitschriften ‚L'Ordine Civile' und ‚Lo Stato', um der Bildung einer Mitte-Links-Koalition entgegenzuwirken. Er wurde 1966 von Kard. Siri als Herausgeber von ‚Renovatio' berufen und 1967 ebenfalls von Kard. Siri zum Priester geweiht. Nachdem er 1978 die Leitung von ‚Renovatio' abgegeben hatte, wurde er im Frühjahr 1984 als Abgeordneter auf der Liste der Sozialistischen Partei Italiens (PSI) für das Europaparlament gewählt. Diese Kandidatur brachte ihm einen kanonischen Prozess ein, der zu seiner Suspendierung *a divinis* am 4. August 1985 führte. 1989 kandidierte er erneut und verblieb bis 1994 in Straßburg. Die Strafe wurde von Siris Nachfolger, Mgr. Giovanni Canestri, widerrufen. 1994 verließ er die PSI und beteiligte sich an der Gründung der Forza Italia, deren ‚Wertecharta' er verfasste.

149 G. BAGET BOZZO, *I tempi e l'eterno. Intervista su un'esperienza teologica*, hg. v. CLAUDIO LEONARDI / GIOVANNI TASSANI, Genova 1988, 37. *„Als ich zu Kardinal Siri ging, um ihm vorzuschlagen, ‚Renovatio' zu machen"* – erinnert sich Baget Bozzo – *„war der Kardinal ein besiegter und verängstigter Mann. In wenigen Jahren war er vom Kandidaten für das Papstamt in die Lage einer ausgestoßenen Minderheit geraten, die in der öffentlichen Meinung als halbhäretisch galt. Ich fragte ihn, ob er bereit wäre, mir zu helfen, eine Zeitschrift zu machen, die das Konzil akzeptiert und es als doktrinelles Ereignis akzeptiert und die auf diesem Gebiet das verteidigt, was wir an der Tradition als verbindlich ansehen"* (ebd., 38).

150 Die Leitartikel von ‚Renovatio' und die Anmerkungen für den Klerus, bereits erschienen in der ‚Rivista Diocesana' von Genua, sind gesammelt in: G. SIRI, *Il dovere dell'ortodossia. Editoriali di "Renovatio" e note al clero*, Giardini, Pisa 1987.

151 G. SIRI, *Riflessioni sul movimento teologico contemporaneo*, Fraternità della Santissima Vergine Maria, Roma 1975; der Text wurde danach auch wiedergege-

flossen, das sein theologisches Testament darstellt: *Getsemani*. In der *zeitgenössischen theologischen Bewegung* zeigte er die Irrtümer des Pelagianismus, des Arianismus und des Modernismus an: „*Diese drei charakteristischen Ausrichtungen, die arianische, die pelagianische und die modernistische, finden sich kombiniert vor in einer mehr oder minder bewusst, mit mehr oder weniger Spitzfindigkeit, mitunter auch Hinterlist herbeigeführten spekulativen Verquickung ohne genaue Abgrenzungen und ohne fundamentale Bezüge, die ursächlich den Sturz der gesamten Religion in die totale Vermenschlichung bewirkt.*"[152] Siri hielt sich insbesondere bei den Irrtümern der drei zeitgenössischen Autoren Henri de Lubac, Karl Rahner und Jacques Maritain auf und schloss, dass in Folge der in der theologischen Bewegung gegenwärtigen Irrtümer „*die Botschaft des Evangeliums und die Lehre der Kirche über die neue Schöpfung, über die Erneuerung des Menschen und aller Dinge sehr oft von Grund auf entstellt*"[153] wurden.

Wie Siri zeigte auch Msgr. Luigi Carli zwar die Existenz einer Krise der Kirche, oder wie er zutreffender präzisierte, „*in der Kirche*" an, an deren Basis „*eine Krise des Glaubens besteht*"[154]; er schlug jedoch vor, das Konzil im Licht der Tradition zu interpretieren, wobei er die Entstellung und Instrumentalisierung der Dokumente anprangerte.

Die Linie der Akzeptanz des Konzils wurde in der Anfangszeit auch von den drei Bischöfen eingeschlagen, die gemeinsam mit Msgr. Carli den Coetus Internationalis geleitet hatten: Msgr. Marcel Lefebvre, Msgr. Antonio de Castro Mayer und Msgr. Geraldo de Proença Sigaud. Um 1968 begannen die Positionen von Msgr. de Proença Sigaud und Msgr. de Castro Mayer jedoch auseinander zu driften. Msgr. Sigaud vollzog eine „politische" Wahl und näherte sich dem Militärregime an, das 1964 den „progressistischen" Präsidenten João Goulart abgesetzt hatte. Msgr. de Castro Mayer schloss sich Msgr. Lefebvre an und brach die Beziehungen zu den

---

ben in: DERS., *Getsemani. Riflessioni sul Movimento teologico contemporaneo*, Roma 1980, 11-97 {dt.: 11-104}.

[152] Ebd., 37 {dt.: 53}.

[153] G. SIRI, *Getsemani*, 73 {dt.: 104}.

[154] L. M. CARLI, *Nova et vetera. Tradizione e progresso nella Chiesa dopo il Vaticano II*, Istituto Editoriale del Mediterraneo, Roma 1969, 17.

römischen kirchlichen Autoritäten in fortschreitendem Maß ab.[155] 1968 fragte Msgr. Lefebvre den Bischof von Campos aus Rom:

> *„Ist nicht vielleicht der Moment gekommen, zu sagen, was wir über das Konzil denken, eine Studie zu jedem Dokument zu erstellen, um darin die Zweideutigkeiten, die unheilvollen Tendenzen aufzuzeigen, um die Ernennung einer Kommission zu ersuchen, die die Dokumente interpretiert und auch revidiert? Ich persönlich zögere nicht mehr, es in allen meinen Gesprächen zu sagen. Ich rüste mich dazu, einen Artikel über folgendes Thema zu schreiben: Der nachkonziliare Geist ist nur in Zusammenhang mit dem Konzil zu sehen.*
>
> *Meinerseits bin ich überzeugt, dass das, wovon wir momentan Zeugen sind, seine direkte Quelle im Konzil besitzt. Man hebt nicht alle Wahrheiten aus den Angeln, ohne zugleich das Gebäude der Kirche zu zerstören.*
>
> *Sie weisen sodann auf ein sehr schwerwiegendes Problem hin, über das wir nicht mehr, zumindest in unseren privaten Gesprächen, schweigen können, und dies ist die Haltung des Heiligen Vaters in einigen Texten, aber vor allem in seinen Taten. Wie kann man dies definieren? Wie kann man dies bewerten, da die ganze Tradition der Kirche solches verurteilt?"*[156]

---

[155] Am 5. Oktober, in einem Brief an Mgr. Lefebvre, worin er das bedauerliche Abdriften von Mgr. Sigaud mitteilte, schrieb Mgr. de Castro Mayer: *„Dann wage ich Eure Liebe nochmals um Ihren Rat anzugehen. Die Lage der Kirche könnte nicht schrecklicher sein! Der Neue Ordo Missae steht mit dem Dogma nicht gut in Einklang. Es ist der Beginn der Kapitulation vor dem Protestantismus. Es ist die Nichtanerkennung von Trient und Pius V. Können wir als Seelenhirten eine ‚via media' einschlagen, indem wir nichts sagen und es jedem Priester überlassen, seinem eigenen Gewissen bzw. seiner Gewissenlosigkeit zu folgen, unter Gefahr für viele Seelen? Und wenn wir offen sagen, was wir denken, was werden die Folgen sein? Eine Amtsenthebung, die bei vielen Gläubigen Verwirrung und bei den Schwächeren Ärgernis hervorruft. Können wir uns in unserem Gewissen solchen Folgen aussetzen? Siehe, welche überaus schmerzliche Gewissensfälle! Ich weiß nicht, welche Unterstützung die gute Sache in Rom erfährt. Eine solche Unterstützung wird den Blitzschlag, der dem Glauben und der Frömmigkeit vieler Gläubiger droht, abwenden können. Ich entschuldige mich, dass ich Sie mit all dem belästige, und bitte Sie um ein Wort, das mich erleuchtet und stärkt"* (Brief von Mgr. Castro Mayer an Mgr. Lefebvre vom 5. Oktober 1969, in: A-Ecône 05-01).

[156] Brief von Mgr. Lefebvre an Mgr. de Castro Mayer vom 28. Mai 1968, in: A-Ecône 05-01.

In Lateinamerika hielt Plinio Corrêa de Oliveira seine Positionen einer entschlossenen Kritik am Progressismus auf dem Gebiet der zeitlichen Ordnung weiterhin aufrecht, entsprechend seiner Berufung als eines engagierten Laien bei der „*consecratio mundi*"[†].[157] In zwei Monaten zwischen Juli und August 1968 sammelten die Streiter der TFP auf den Straßen der 158 Städte Brasiliens über anderthalb Millionen Unterschriften gegen die kommunistische Unterwanderung der Kirche. Die Petition wurde im Vatikan am 7. November 1969 offiziell präsentiert; vom Heiligen Stuhl kam nie eine Antwort, doch der Progressismus in Brasilien erfuhr einen kräftigen Schlag, der ihm Einhalt gebot.[158]

9. Die ‚Ostpolitik' des Vatikan

Die internationale Politik der ‚Entspannung' gegenüber dem Kommunismus, die John F. Kennedy eingeleitet hatte, wurde in den 60er-Jahren vom amerikanischen Präsidenten Nixon und seinem Außenminister Kissinger fortgesetzt. Das Ziel war identisch mit der Politik, die Willy Brandt, sozialdemokratischer Bundeskanzler Deutschlands, in europäischem Maßstab entwickelte: die Idee einer ‚Konvergenz' zwischen dem westlichen und dem kommunistischen Block.

Im Bereich der Kirche verfolgte Msgr. Agostino Casaroli, „Außenminister" Pauls VI., eine Politik der Verständigung mit dem Kommunismus, die der von Brandt und Kissinger entsprach. Der Spur der Verhandlungen für die Teilnahme der orthodoxen Beobachter am Konzil folgend[159], reiste Msgr. Casaroli so nach Budapest und Prag (1963-1973), nach Belgrad (1966-1970), Warschau (1967-1974), Moskau (1971) und nach Kuba (1974).

Der sowjetische Außenminister Andrej Gromyko wurde im Vatikan 1966, 1970, 1974 und 1975 empfangen. 1970 wurden die drei kommunistischen Guerillaführer von Angola, Guinea und Mosam-

---

[†] *Heiligung der Welt.*
[157] R. DE MATTEI, *Il crociato del secolo XX*, 250-258.
[158] Ebd., 219-220.
[159] Vgl. G. BARBERINI, *L'Ostpolitik della Santa Sede*, 250ff.

bik in einer Audienz empfangen. 1971 empfing Paul VI. den jugoslawischen Diktator Josef Tito und 1973 den rumänischen Diktator Nicolae Ceauşescu.

Bei dem Treffen mit Tito, am 29. März 1971, äußerte Papst Montini, als er den Gast empfing, dass in der jugoslawischen Verfassung Prinzipien wie *„die Humanisierung des sozialen Bereiches"*, *„die Stärkung der Solidarität und der Zusammenarbeit unter den Menschen"*, *„der Respekt vor der menschlichen Würde"* und *„die allgemeine Entfaltung des Menschen als freie Person"*[160] verankert seien. Seine Überzeugung sei es, dass zwischen Marxismus und Christentum gemeinsame Werte existierten, auf die man sich stützen könnte, um das Ziel des internationalen Friedens zu erreichen.

Die neue Strategie des Heiligen Stuhles wurde von Casaroli ein Jahr nach seiner Moskaureise in einer Rede mit dem Titel *La Santa Sede e l'Europa* offen gelegt, die er am 20. Januar 1972 in Mailand hielt.[161] Darin bekräftigte der Erzbischof, dass für den Heiligen Stuhl der Einsatz für Humanität und Frieden eine primäre Aufgabe sei, auch zu dem Zweck, eine atomare Katastrophe zu vermeiden.

Eines der bekanntesten Opfer der vatikanischen Ostpolitik war Kard. József Mindszenty, Primas von Ungarn und Heros des antikommunistischen Widerstandes. Mindszenty, Gefangener von 1948 bis 1956, hatte sich nach dem Aufstand in Ungarn in die amerikanische Botschaft geflüchtet und blieb immer ein entschiedener Gegner jeglicher Vorstellung eines Gespräches oder einer Zusammenarbeit mit den kommunistischen Regierungen, aus der Überzeugung heraus, dass ein solches Vorgehen diese nur stärken könnte. Er griff die vatikanische Ostpolitik scharf an und sagte dem Staatssekretär Kard. Villot: *„Warum ernennt ihr Bischöfe in den Ländern des Ostens? Es wäre besser, wenn es dort keine gäbe als solche, die die Regierungen euch erlauben zu ernennen."*[162] Als Paul VI. am 1. November 1973 von ihm verlangte, auf den Titel eines Erzbischofs von Esztergom und Primas von Ungarn zu verzichten, antwortete der Kardinal mit einer höflichen, aber klaren Absage. Paul VI. nahm die Verantwortung auf sich, die Primatial-Erzdiözese für

---

[160] A. CASAROLI, 269.

[161] Vgl. ‚Relazioni Internazionali', 12. Februar 1973, 161-165.

[162] A. WENGER, *Le cardinal Villot*, 260.

vakant zu erklären und teilte Kard. Mindszenty am 18. November 1973 seine Entfernung vom erzbischöflichen Stuhl mit.[163]

Die Befürworter der Ostpolitik vertraten die Ansicht, dass der Kommunismus noch lange fortdauern könnte und dass die Verhandlungen es dem Kommunismus erlauben würden, sich vom Atheismus zu lösen und sich selbst in ein politisches System „mit menschlichem Antlitz" weiterzuentwickeln. Die führenden Kommunisten ihrerseits waren sich über den drohenden Zusammenbruch des Systems im Klaren und hatten aus Überlebensgründen die Politik des „Dialogs" und der „ausgestreckten Hand" eingeschlagen. Sie machten kaum oder keine Zugeständnisse, gaben Zusicherungen, die sie nie einhalten würden.[164] Tatsächlich stützte die Ostpolitik den Kommunismus, anstatt ihm jede Stütze zu nehmen und zögerte so die Jahre seines Falles hinaus.

Die vatikanische Entspannungspolitik besaß zahlreiche Kritiker in der ganzen Welt, angefangen bei denjenigen, die von ihr hätten profitieren sollen. 1976 veröffentlichte P. Alessio Ulisse Floridi[165], seit 15 Jahren Mitglied des Autorenkollegiums der ‚Civiltà Cattolica' als „Sowjetologe", ein Buch, worin er die neue Strategie des Heiligen Stuhles gegenüber den kommunistischen Ländern von einem ungewöhnlichen Blickwinkel aus analysierte: dem der sowjetischen ‚Dissidenten', indem er zeigte, wie die Christen Osteuropas, die von der Entspannungspolitik profitieren sollten, in Wahrheit ih-

---

[163] Die Nachricht von der Entfernung Kard. Mindszentys wurde vom ‚Osservatore Romano' gebracht. Laut dem ‚Giornale d'Italia' vom 6./7. Februar 1974 würde der Vatikan dessen *„Haupt auf einer silbernen Platte seinem Herodes, der kommunistischen Regierung Ungarns, darbieten"*. Aus Zürich schrieb ‚Die Weltwoche' vom 13. Februar, dass nun Rom selbst Mindszenty zum Martyrer machte, da es darum besorgt sei, sich seiner anachronistischen Gestalt im Namen der neuen Ostpolitik des Vatikans zu entledigen. Als am 5. Februar 1974 die Nachricht von seiner Amtsenthebung an die Öffentlichkeit gelangte, erließ Kard. Mindszenty ein Kommuniqué, worin er erklärte, weder auf sein Amt als Erzbischof noch auf seine Würde als Primas von Ungarn jemals verzichtet zu haben; stattdessen betonte er, dass *„die Entscheidung einzig und allein vom Heiligen Stuhl getroffen worden ist"* (*Memorie*, 372).

[164] Vgl. CASAROLI, 72-73.

[165] Alessio Ulisse Floridi (1920-1986), Jesuit, 1949 im slawisch-byzantinischen Ritus zum Priester geweiht, ‚Sowjetologe' der ‚Civiltà Cattolica' bis 1965, als er zuerst für Brasilien, dann für die Vereinigten Staaten vorgesehen war, wo er als Seelsorger bei den unierten Katholiken wirkte.

re Opfer waren.[166] *„Die absolute Notwendigkeit, den Ausbruch eines atomaren Krieges zu vermeiden"*, so P. Floridi, *„ist etwas, was zweifellos niemand bestreiten kann, aber ist dieses Erfordernis wirklich so absolut, um Priorität über die Rechte Gottes zu erhalten oder um als Abschreckungsmittel verwendet zu werden, damit man an die Versklavung ganzer Nationen herangehen kann?"*[167]

Der Bischof und spätere Kardinal Ján Korec beurteilte die Ostpolitik nach dem Fall des Kommunismus wie folgt:

> *„In unserem Land hat das Fakt, dass das Kostbarste, was wir hatten, die sog. Untergrundkirche, zur Disposition gestellt wurde, für sehr große Gefahr gesorgt. Ich selber habe die Anweisung erhalten, mit der heimlichen Weihe von Priestern aufzuhören. Für uns war dies wirklich eine Katastrophe, als hätte man uns aufgegeben, weggeworfen… Dies war der größte Schmerz meines Lebens. Die Kommunisten haben auf diese Weise die öffentliche Pastoral in ihren Händen gehabt. Wenn sich ein Priester in seiner Pfarrei um die Ministranten kümmern wollte, verlor er die Zustimmung des Staates, ohne die kein Priester seine Amtstätigkeit ausüben konnte. Die Kirche war dazu verurteilt, sich in ihre Kultbauten einzuschließen und dann irgendwann zu erlöschen… Unsere Hoffnung war die Untergrundkirche, die stillschweigend mit den Priestern in den Pfarreien zusammenarbeitete und die opferbereite junge Männer ausbildete: Professoren, Ingenieure, Ärzte, die Priester werden sollten. Von diesen habe ich ungefähr 120 geweiht. Diese Personen arbeiteten im Verborgenen unter den Jugendlichen und den Familien und veröffentlichten heimlich Zeitschriften und Bücher. In Wirklichkeit*

[166] Vgl. A. U. FLORIDI, *Mosca e il Vaticano*. Im Folgenden erwähnte er die Beteiligung der ‚Beobachter' des Moskauer Patriarchates am Zweiten Vatikanischen Konzil und stellte fest: *„Es ist sicher, dass seitens des Kreml ein starkes Interesse daran bestand, jeden möglichen Versuch des Konzils zu verhindern, den Kommunismus offiziell zu verurteilen. ... Die russisch-orthodoxe Kirche lockerte ihre Vorbehalte gegenüber dem Konzil erst, nachdem klar wurde, dass das Konzil den Kommunismus nicht verurteilen würde"* (*In tema di "dissenso" e di "ostpolitik"*, Interview mit Pater Alessio U. Floridi, hg. v. R. DE MATTEI, in: Cristianità 32 (1977)). – Unter den ersten Kritiken der Ostpolitik findet sich jene des deutschen Schriftstellers REINHARD RAFFALT, *Wohin steuert der Vatikan? Papst zwischen Religion und Politik*, München 1973.

[167] A. U. FLORIDI, *Mosca e il Vaticano*, 61.

verkaufte die Ostpolitik diese unsere Tätigkeit um den Preis vager und unsicherer Versprechen seitens der Kommunisten."[168]

Am 10. April 1974, nach der Kubareise von Msgr. Casaroli, erschien in ,Folha de S. Paulo' als öffentliche Anzeige eine Erklärung mit dem Titel *Die vatikanische Entspannungspolitik gegenüber den kommunistischen Regierungen: Für die TFP: Nicht einmischen oder Widerstand leisten?*[169]. Darin schrieb Plinio Corrêa de Oliveira im Namen der brasilianischen TFP in einem respektvollen, aber bestimmten Ton Worte, die den Seelenzustand einer Vielzahl von Katholiken in der ganzen Welt zum Ausdruck brachten:

„Die vatikanische Entspannungspolitik gegenüber den kommunistischen Regierungen schafft für antikommunistisch eingestellte Katholiken eine Situation, die sie tief berührt, und zwar viel weniger als Antikommunisten denn als Katholiken. In der Tat können sie in jedem Augenblick eine höchst peinliche Feststellung machen: Führt das von ihnen vollzogene antikommunistische Wirken nicht genau zu einem Ergebnis, das dem Willen des Stellvertreters Jesu Christi widerspricht? Und wie kann man sich einen konsequenten Katholiken vorstellen, dessen Wirken in entgegengesetzter Richtung zum Handeln des Hirten der Hirten verläuft? Diese Frage hat für alle antikommunistischen Katholiken eine Alternative zur Konsequenz: den Kampf aufgeben oder ihre Haltung klarstellen.

Den Kampf aufgeben, das können wir nicht. Wir können es nicht wegen eines Befehles unseres Gewissens als Katholiken. In der Tat, wenn es Pflicht eines jeden Katholiken ist, das Gute zu för-

---

[168] JÁN KOREC, Interview in: ,Il Giornale', 18. Juli 2000. Ján Chryzostom Korec SJ. (1924), Slowake, 1950 zum Priester geweiht, 1951 zum Bischof geweiht, von 1990 bis 2005 Bischof von Nitra, 1991 zum Kardinal erhoben.

[169] Das Manifest kam in den Tagen nach dem Kubabesuch von Mgr. Agostino Casaroli heraus. Im Verlauf der Reise, die zwischen dem 27. März und dem 5. April 1974 auf Einladung des kubanischen Episkopates stattfand, führte Mgr. Casaroli Gespräche mit Regierungsvertretern und mit Fidel Castro. Im folgenden Jahr war er in der Deutschen Demokratischen Republik. Vom 30. Juli bis zum 1. August 1975 nahm er als Sondergesandter Pauls VI. an der ,Sicherheitskonferenz' von Helsinki und unterzeichnete im Name des Heiligen Stuhls die Schlussakte. Zur Kubareise vgl. auch RICCARDO CANNELLI, *Il viaggio a Cuba di Monsignor Casaroli*, in: *L'America Latina fra Pio XII e Paolo VI. Il cardinale Casaroli e le politiche vaticane in una Chiesa che cambia*, hg. v. A. MELLONI / S. SCATENA, Bologna 2006, 195-235.

dern und das Übel zu bekämpfen, so erlegt uns unser Gewissen auf, die traditionelle Lehre der Kirche zu verbreiten und die kommunistische Doktrin zu bekämpfen... Die Kirche ist kein solcher Kerker der Gewissen, sie ist es nie gewesen und wird es niemals sein. Das Band des Gehorsams gegenüber dem Nachfolger Petri, das wir nie zerreißen würden, den wir aus tiefster Seele lieben, dem wir das Beste unserer Liebe geben, dieses Band küssen wir in dem Augenblick, in dem wir, von Schmerz zerfleischt, unsere Haltung vertreten. Und auf Knien, den Blick voller Verehrung auf die Gestalt des Seiner Heiligkeit Papst Pauls VI. gerichtet, bringen wir ihm unsere ganze Treue zum Ausdruck.

Mit diesem Akt kindlicher Liebe sagen wir dem Hirten der Hirten: unsere Seele gehört Euch, unser Leben gehört Euch. Befehlt uns, was ihr wünscht. Nur verlangt nicht von uns, vor dem roten Wolf, der angreift, die Arme zu verschränken. Diesem Verlangen widersetzt sich unser Gewissen."[170]

10. Nachkonzilszeit und Liturgie

a) Der Novus Ordo Missae

Don Giuseppe Dossetti sah in der Liturgiekonstitution die interpretative Grundlinie des konziliaren *corpus* und das hermeneutische Kriterium für die Interpretation der Konzilsdokumente[171]; und Kard. Danneels[172] betrachtete die liturgische Reform, die vom Konzil ein-

---

[170] P. CORRÊA DE OLIVEIRA, *La politica vaticana di distensione verso i governi comunisti*, in: Cristianità 5 (1974). Das Dokument wurde vollständig veröffentlicht in: Catolicismo 280 (1974), sowie in 36 brasilianischen Zeitungen und sodann in 73 Zeitungen und Zeitschriften von elf Ländern, ohne dass seine Orthodoxie und seine kanonische Korrektheit auf irgendwelche Einwände stieß.

[171] G. DOSSETTI, *Per una "Chiesa eucaristica". Rilettura della portata dottrinale del Vaticano II. Lezioni del 1965*, hg. v. G. ALBERIGO / G. RUGGIERI, Bologna 2002.

[172] Godfried Danneels (1933), 1957 Priesterweihe, 1977 Bischof von Antwerpen, danach von 1979 bis 2009 Bischof von Mecheln-Brüssel, 1983 zum Kardinal erhoben.

geleitet und von Paul VI. durchgeführt worden war, als den vielleicht tiefgreifendsten Wandel im Leben der katholischen Kirche.[173]

Artikel 54 der Konstitution *Sacrosanctum Concilium*, in Verbindung mit Artikel 40 bezüglich der Rolle der Bischofskonferenzen, hatte Letzteren die Möglichkeit gewährt, bei der Zelebration der Messe die Volkssprache zu verwenden. Auf dieser Basis wurde in Italien am Sonntag, dem 7. März 1965, also noch während des Konzils, die Feier einer Messe veranlasst, die viele Teile in der Volkssprache und die Ausrichtung des Altars zum Volk hin vorsah. Paul VI. zelebrierte an jenem Tag in einer römischen Pfarrkirche auf Italienisch und forderte die Pfarrer auf, an der Umsetzung der Reform mitzuarbeiten. Am 4. März 1967 wurde der Vortrag des Messkanons mit lauter Stimme und in der Volkssprache autorisiert. Im selben Monat erschien das Buch *La tunica stracciata* von Tito Casini[174], das eine harsche Kritik der im Gange befindlichen Liturgiereform enthielt. Eindruck machte der Umstand, dass Kard. Bacci das Vorwort dazu verfasst hatte.

Paul VI. hatte das 1964 begründete Consilium ad Exsequendam Constitutionem de Sacra Liturgia mit der Aufgabe der Revision der liturgischen Bücher (Missale, Brevier, Rituale, Pontificale) und der Durchführung von Reformen betraut, die eine tätigere Teilnahme der Gläubigen betrafen, wie dem Gebrauch der Volkssprachen und der Konzelebration.[175] Den Höhepunkt der Arbeit des von Msgr. Bugnini geleiteten Consiliums, bildete die Ausarbeitung des neuen Ordo Missae, der von Paul VI. im Konsistorium vom 28. April 1969 promulgiert wurde.[176] Das Consilium hatte seine Mission erfüllt

---

[173] Vgl. G. DANNEELS, *La réforme liturgique de Paul VI et ses enjeux pour la vie de l'Église*, in: *Le rôle de G.B. Montini*, 4.

[174] Vgl. TITO CASINI, *La tunica stracciata. Lettera di un cattolico sulla "Riforma liturgica"*, mit einem Vorwort von Kard. Antonio Bacci, Roma 1967 {dt.: *Die zerrissene Tunika: Brief eines Katholiken zur „Liturgie-Reform"* [Ins Dt. übertr. v. ELISABETH GERSTNER], Thomas-Verlag Zürich 1967}; DERS., *Nel fumo di Satana. Verso l'ultimo scontro*, Firenze 1976.

[175] Am 26. September 1964 erlaubte das *Consilium* den fakultativen Gebrauch der Volkssprache in allen Riten mit Ausnahme der Präfation und des Kanon der Messe.

[176] Am 3. April 1969 erschien die Apostolische Konstitution *Missale Romanum*, die aus zwei Dokumenten besteht: die *Institutio generalis missalis Romani* und der neue *Ordo Missae* im eigentlichen Sinn des Wortes, d.h. das neue Messbuch und die Rubriken, die es begleiten (vgl. AAS 61 (1969), 217-226). Das Brevier erhielt seine

und wurde 1970 durch die neugeschaffene Kongregation für den Gottesdienst abgelöst. Im Mai 1970 war das neue Missale fertiggestellt. Es handelte sich dabei, wie der Historiker und Jesuit Giacomo Martina festgestellt hatte, *„um eine echte liturgische Revolution, von erheblich größerem Ausmaß als jene des Tridentinums"*[177].

Es hat nicht an Stimmen gefehlt, die die ganze Verantwortung für den Novus Ordo Missae Msgr. Bugnini anlasten wollten und seine Entfernung als die Antwort des Montini-Papstes auf den Verrat, dem er zum Opfer gefallen war, interpretierten. Die Zeugnisse für das Gegenteil sind erdrückend und überraschen nicht. Paul VI., so hat sein Biograph Yves Chiron geschrieben, wird zweifelsohne in die Geschichte als der Papst eingehen, der das Zweite Vatikanische Konzil zu Ende geführt hat, aber auch als derjenige, der der Kirche eine neue Messe gegeben hat.[178] Seit den 30er-Jahren war der junge Montini in der Tat unter dem Einfluss von P. Bevilacqua ein Schüler der ‚Liturgischen Bewegung' gewesen, in der er die kirchliche Formulierung des maritainschen Humanismus erblickte.[179]

Als der neue Ritus in Kraft trat, äußerten einige Mitglieder der Hierarchie ebenso wie viele Theologen und Laien an ihm scharfe Kritik.[180] Bereits im Oktober 1969 übergaben die Kardinäle Ottavia-

---

neue Form am 2. Februar 1971 mit der *Institutio generalis de liturgia horarum* (vgl. AAS 63/2 (1971), 527-535).

177 G. Martina, *Storia della Chiesa*, Brescia 1995, Bd. III, 359.

178 Vgl. Y. Chiron, *Paul VI*, 289.

179 Vgl. Virginio Pontiggia, *L'interesse per la liturgia in G.B. Montini: gli anni giovanili alla FUCI*, in: *Liturgia: temi e autori*, 35-82.

180 Unter den zahlreichen kritischen Studien zur ‚Neuen Messe' und zur Liturgiereform, zum größten Teil von gelehrten Laien verfasst, machen wir auf folgende aufmerksam: A. X. Vidigal da Silveira, *La nouvelle Messe de Paul VI qu'en penser?*; J. Vaquié, *La Révolution liturgique*, Diffusion de la Pensée Française, Chiré-en-Montreuil 1971; L. Salleron, *La Nouvelle Messe*, Nouvelles Editions Latines, Paris 1976 (1971); Wolfgang Waldstein, *Hirtensorge und Liturgiereform*, Lumen Gentium, Schaan (Fl) 1977; Klaus Gamber, *Die Reform der Römischen Liturgie*, F. Pustet, Regensburg 1979 (die französische Ausgabe dieses Werkes: *La réforme liturgique en question*, Editions Sainte-Madeleine, Le Barroux 1992, enthält Vorreden der Kardinäle Silvio Oddi, Joseph Ratzinger und Alfons M. Stickler); M. Davies, *Pope Paul's New Mass*, The Angelus Press, Dickinson (Texas) 1980; *Die heilige Liturgie*, hg. v. Franz Breid, Ennsthaler, Steyr 1997; *Autour de la Question Liturgique avec le cardinal Ratzinger*, Association Petrus a Stella, Fontgombault 2001; R. de Mattei, *La liturgia della Chiesa nell'epoca della secolarizzazione*, Solfanelli, Chieti 2009; Martin Mosebach, *Häresie der Formlosigkeit: die römische Liturgie und ihr Feind*, durchges. u. erw. Neuausg., Hanser, München 2007.

ni und Bacci Paul VI. eine *Kurze kritische Untersuchung des Novus Ordo Missae,* die von einer ausgewählten Gruppe von Theologen verschiedener Nationalität verfasst worden war. In dem Schreiben, das sie an den Papst richteten, vertraten sie die Ansicht, dass *„der ‚Novus Ordo Missae' sowohl im Ganzen wie in den Einzelheiten ein auffallendes Abrücken von der katholischen Theologie der heiligen Messe darstellt, wie sie in der XXII. Sitzung des Konzils von Trient formuliert wurde. Durch die endgültige Festlegung der ‚Canones' des Ritus wurde damals eine unüberschreitbare Barriere errichtet gegen jede Häresie, die die Integrität des Mysteriums verletzen könnte."*[181]

Msgr. Ferdinando Antonelli, Sekretär der neuen Ritenkongregation, der den ganzen Weg der liturgischen Reform von Pius XII. bis Paul VI. begleitet hatte, äußerte am 23. Juli 1968 gegenüber Msgr. Benelli, dem Substitut des Staatssekretariates, seine *„Sorgen über eine Liturgiereform, die immer chaotischer und abwegiger wird"*[182]. Auch von progressistischer Seite aus gab man zu, dass der *Novus Ordo Missae* eine neue Theologie des ‚Gottesvolkes' auf dem Weg in der Geschichte zum Ausdruck brachte: eine immanentistische ekklesiologische Sichtweise, die das allgemeine Priestertum der Gläubigen zur Grundlage hatte und sich laut Alberigo von der Sichtweise der Enzykliken *Mediator Dei* und *Mystici Corporis* Pius' XII. stark unterschied.[183]

Seit dieser Zeit begannen sich die Appelle der Gläubigen jeder Nationalität zu häufen, die eine Wiedereinführung oder zumindest *„gleiche Bedingungen"* für die traditionelle Messe verlangten.[184] Zu erwähnen ist unter anderen ein *Memorandum,* worin 1971 mehr als

---

[181] Diese Studie, gefördert von Una Voce/Italien, wurde von derselben Vereinigung zusammen mit einem *Nuovo esame critico del Novus Ordo Missae* wieder veröffentlicht (*Il Novus Ordo Missae: due esami critici*, in: Una Voce, Suppl. zu den Nrr. 48-49 (1979)).

[182] F. ANTONELLI, *Note sulla riforma liturgica*, in: N. GIAMPIETRO, *Il card. Ferdinando Antonelli*, 257.

[183] Vgl. G. ALBERIGO, *Il popolo di Dio nell'esperienza di fede*, in: Concilium 20 (1984), 940-958; DERS., *La riforma conciliare nel cammino storico del movimento liturgico e nella vita della Chiesa*, in: *Transizione epocale*, 505-525.

[184] Drei internationale Pilgerreisen der Katholiken nach Rom fanden statt, um die Treue zur überlieferten Messe und zum Katechismus Pius' X. zu bekräftigen (vgl. GUGLIELMO ROSPIGLIOSI, *La manifestazione dei cattolici tradizionalisti riconfermano la fedeltà al messale e al catechismo*, in: ‚Il Tempo', 19. Juni 1970). Eine Sammlung der Appelle bis 1980 in: ... *Et pulsanti aperietur (Lc 11, 10)*, Una Voce, Clarens 1980.

hundert herausragende Persönlichkeiten aus der ganzen Welt den Heiligen Stuhl *„mit allem Ernst“* darum baten, *„sich seiner großen Verantwortung gegenüber der Geschichte und dem menschlichen Geiste bewußt zu werden, würde er der traditionellen Messe ein dauerndes Lebensrecht – und sei es auch neben anderen liturgischen Formen – verweigern“*[185].

b) Die Säkularisierung der Liturgie

Zum Problem des neuen Ritus gesellte sich das der neuen liturgischen Praxis. Im August 1976 schrieb der Journalist Dino Pieraccioni:

> *„Wenn man einer Messe beiwohnt, die an einer Art von improvisiertem Tisch vor dem Altar gefeiert wird ...; wenn man bei einigen Messen eine Art ‚Einheitsoffertorium' erlebt, worin Brot und Wein mit einer einzigen Formel dargebracht werden; wenn man Gebete der Gläubigen für die Kirche hört, die hier und da von einzelnen Teilnehmern improvisiert werden; wenn man beim Friedenszeichen sieht, wie der Zelebrant den Altar verlässt und unter den Nächststehenden oder den Gläubigen umherschlendert und durch die Bänke geht; wenn sich die Gläubigen bei der Kommunion das geweihte Brot selbst nehmen; wenn man an Stelle der traditionellen Gesänge (ob italienische oder lateinische, spielt keine Rolle), die das ganze Volk kannte und auswendig sang, gewisse Stücke und peinliche Lieder hört, die nicht nur nichts Religiöses an sich haben, sondern nicht einmal musikalisch sind – heißt dies, die Liturgiereform umsetzen und dem Willen des Konzils folgen?“*[186]

Theoretisch legte der *Novus Ordo* Pauls VI. einen Komplex von Normen und Gebeten fest, die die Zelebration des Heiligen Messopfers

---

[185] Unter den Unterzeichnern waren Romano Amerio, Jorge Luis Borges, Marcel Brion, Agatha Christie, Henri de Montherlant, Augusto Del Noce, Robert Graves, Graham Greene, Julien Green, Yehudi Menuhin, Malcolm Mudderidge, Marius Schneider, Bernard Wall. Vgl. den Text und die Liste der Unterzeichner in: Una Voce 7 (1971), 1-10 {dt.: UVK 1 (1971), Nr.8, 287-288, 288}.

[186] DINO PIERACCIONI, *Il Concilio, la tradizione, le fughe in avanti*, in: ‚Il Resto del Carlino', 18. August 1976.

als Ersatz des alten römischen Ritus regelten; tatsächlich offenbarte die liturgische Praxis die Existenz eines neuen wandelbaren Ritus. Im Verlaufe der Reform wurden in der Tat in fortschreitendem Maß eine ganze Reihe von Neuerungen und Abänderungen eingeführt, von denen viele weder vom Konzil noch von der Konstitution *Missale Romanum* Pauls VI. vorgesehen waren.[187]

Das *quid novum* bestand nicht nur im Ersetzen der lateinischen Kultsprache durch die Volkssprachen, sondern auch in der Konzeption des Altares als eines ‚Tisches', um den Mahlcharakter anstatt des Opfers hervorzuheben; in der *celebratio versus populum*, die die Zelebration *versus Deum* ersetzte, und damit in der Aufgabe der Zelebration gegen Osten, d.h. zu Christus hin, der durch die aufgehende Sonne symbolisiert wird; im Verlust des Schweigens und der Sammlung während der Zeremonie und in der Theatralik der Zelebration, die häufig von entweihenden Gesängen begleitet und bei der der Priester oft zu einem ‚Vorsitzenden der Versammlung' reduziert wurde; in der Hypertrophie der Liturgie des Wortes gegenüber der Liturgie der Eucharistie; im ‚Zeichen' des Friedens, das die Kniebeugen des Priesters und der Gläubigen ersetzte als Symbol des Übergangs von der vertikalen zur horizontalen Dimension der liturgischen Aktion; im Kommunionempfang der Gläubigen im Stehen und später als Handkommunion; im Zutritt der Frauen zum Altar; in der Konzelebration als Tendenz zur „Kollektivierung" des Ritus; und vornehmlich in der Veränderung und dem Austausch der Offertoriumsgebete und des Kanons. Die Entfernung speziell der Worte *mysterium fidei* aus der eucharistischen Formel kann, wie Kard. Alfons Maria Stickler[188] festgestellt hat, als Symbol der Entmythologisierung und damit der Humanisierung des zentralen Kernes der heiligen Messe gelten.[189]

---

[187] R. DE MATTEI, *La liturgia della Chiesa nell'epoca della secolarizzazione*, 30-31.

[188] Alfons Maria Stickler (1910-2007), Salesianer Don Boscos aus Österreich, 1937 zum Priester geweiht, Professor des Kanonischen Rechts an der Päpstlichen Universität Salesiana, deren Rektor er von 1958 bis 1966 war. Präfekt der Biblioteca Apostolica Vaticana (1981), Pro-Bibliothekar der Heiligen Römischen Kirche und Titularerzbischof von Bolsena seit 1983, 1985 zum Kardinal erhoben.

[189] Vgl. A. M. STICKLER (1910-2007), *Erinnerungen und Erfahrungen eines Konzilsperitus der Liturgiekommission*, in: *Die heilige Liturgie*, 176. Kard. Stickler erinnert daran, dass das *Sacramentarium Gelasianum*, d.h. das das älteste Missale der

Der diese Erneuerungen durchziehende Leitfaden lässt sich in der These ausdrücken: Wenn wir den Glauben Christi dem Menschen von heute zugänglich machen wollen, so müssen wir diesen Glauben innerhalb des Denkens und der Mentalität von heute leben und darstellen. Die traditionelle Liturgie würde durch ihre Unfähigkeit, sich der zeitgenössischen Mentalität anzupassen, den Menschen von Gott entfernen und sich also am Verlust Gottes in unserer Gesellschaft schuldig machen. Die Liturgiereform nahm sich vor, den Ritus anzupassen, ohne das Wesen des Sakramentes anzutasten, um der christlichen Gemeinschaft jene ,Teilnahme am Heiligen' zu ermöglichen, die diese durch die Formeln der traditionellen Liturgie nicht erreichen konnte.

Die beherrschende Idee der Liturgiereform war die ,tätige Teilnahme' der Gläubigen, die, wie Gilles Routhier unterstreicht, *„in das Zweite Vatikanum über die Liturgiekonstitution Eingang findet, bevor sie in die Gesamtheit der Konzilsdokumente sozusagen einfällt"*[190]. Durch das Prinzip der *participatio actuosa* wurde die gesamte Gemeinschaft zum Subjekt und Träger der liturgischen Aktion in der Perspektive einer radikalen Säkularisierung der Liturgie[191]. *„Das so bescheiden daherkommende Wort von der ,tätigen, vollen und bewussten Teilnahme' legt einen unerwarteten Hintergrund frei"*[192], bemerkt P. Angelus Häußling OSB und unterstreicht die Beziehung zwischen der *participatio actuosa* der Liturgiereform und der von der Rahner-Schule so genannten *„anthropologischen Wende"* der Theologie.

Wer handelt, ist nicht so sehr der Priester *in persona Christi*, d.h. Gott selbst, sondern die Gemeinschaft der Gläubigen *in persona hominis*, um die Bedürfnisse der modernen Welt zu verkörpern, die ein Schüler Rahners als *„heilig und geheiligt in ihrer Profanität, d.h. heilig in anonymer Form"*[193] bezeichnete. Das Ergebnis der Liturgiereform *„in*

Römischen Kirche, eindeutig im Originaltext (Cod. Vat., Reg. lat. 316, fol. 181^{v}), das ,*mysterium fidei*' enthält (ebd., 174).

190 G. ROUTHIER, *Vatican II*, 134.

191 Vgl. MICHAEL KUNZLER, *La liturgia all'inizio del terzo millennio*, in: *Il Concilio Vaticano II. Recezione e attualità alla luce del Giubileo*, hg. v. R. FISICHELLA, Cinisello Balsamo 2000, 217-231.

192 ANGELUS A. HÄUẞLING OSB, *Liturgiereform. Materialien zu einem neuen Thema der Liturgiewissenschaft*, in: Archiv für Liturgiewissenschaft 31 (1989), 1-32, 29.

193 LUIS MALDONADO, *Secolarizzazione della liturgia*, ital. Übers., Roma 1972, 473 {Originaltitel: *Secularizacion de la liturgia*, Madrid 1970}.

ihrer vollständigen Durchführung war keine Neubelebung, sondern eine Verwüstung"[194], schrieb Kard. Ratzinger, dem zufolge *„die Kirchenkrise, die wir heute erleben, weitgehend auf dem Zerfall der Liturgie beruht"*[195].

Im Apostolischen Schreiben *Ecclesia Dei*[196] vom 2. Juli 1988 verlangte Johannes Paul II. von den Bischöfen und allen, die in der Kirche einen pastoralen Dienst versehen, *„Respekt zu zeigen vor den gerechtfertigten Wünschen aller katholischen Gläubigen, die sich früheren liturgischen und disziplinarischen Formen der lateinischen Tradition verbunden fühlen"*. 2007 gab Kard. Ratzinger, nunmehr Papst Benedikt XVI., mit dem Motu proprio *Summorum Pontificum*[197] dem alten Römischen Ritus sein volles Bürgerrecht wieder mit dem Ziel, *„die gerechtfertigten Wünsche"* der Gläubigen des alten traditionellen Ritus zu befriedigen, und, um zu *„einer inneren Versöhnung in der Kirche"* zu kommen[198]; dieser war juridisch nie abgeschafft worden, aber tatsächlich über 40 Jahre hinweg faktisch *„verboten"* gewesen.[199]

11. Das Jubeljahr 1975

1974 kündigte Paul VI. mit der Bulle *Apostolorum limina*[200] das 25. Jubeljahr der Kirche gemäß dem traditionellen, von Paul II. festge-

---

194 J. RATZINGER, *Klaus Gamber, L'intrépidité d'un vrai témoin*, Vorrede zu Mgr. K. GAMBER, *La réforme liturgique*, 6. Vgl. auch DERS., *Der Geist der Liturgie: eine Einführung*, 6. Aufl., Freiburg [u.a.] 2002.

195 J. RATZINGER, *Aus meinem Leben*, 174.

196 Vgl. JOHANNES PAUL II., Apostolisches Schreiben *Ecclesia Dei* vom 2. Juli 1988, in: AAS 80 (1988), 1498.

197 Vgl. BENEDIKT XVI., Apostolisches Schreiben *Motu Proprio* zum Gebrauch der römischen Liturgie vor der Durchführung der Reform im Jahre 1970 *Summorum Pontificum* vom 7. Juli 2007, in AAS 99 (2007), 777-781, begleitet von einem Schreiben *Ad omnes catholicae Ecclesiae episcopus ritus romanis*, ebd., 795-799 {dt.: *Verlautbarungen des Apostolischen Stuhles* Nr. 178}.

198 *Verlautbarungen* 178, 23; 25

199 Jean Madiran zeichnet die Geschichte dieses Verbotes in Frankreich seit November 1969 nach, als Kard. Marty (1904-1994), Vorsitzender der Bischofskonferenz, vorschrieb, dass ab dem 1. Januar 1970 der neue Ordo Missae verpflichtend und nur in französischer Sprache zu verwenden sei (vgl. J. MADIRAN, *Histoire de la messe interdite*, Via Romana, Versailles 2007 und 2009, 2 Bde.).

200 PAUL VI., Bulle *Apostolorum Limina* vom 23. Mai 1974, in: AAS 66 (1974), 289-307.

setzten, Rhythmus an. Bei dem Ritus der Öffnung der Heiligen Pforte in der Weihnachtsnacht 1974 waren auch einige Buddhisten zugegen, die vom Sekretariat für die Nichtchristen eingeladen worden waren. Am 14. Dezember 1975, zum zehnten Jahrestag der Aufhebung der Exkommunikation zwischen der Kirche von Rom und der Kirche von Konstantinopel, beugte sich der Papst in St. Peter ganz unerwartet nieder und küsste den Fuß des Metropoliten Melito von Chalzedon, des Hauptes der ‚orthodoxen' Delegation.

Seit dem triumphalen Heiligen Jahr Pius' XII. waren 25 Jahre vergangen und die Kirche schien von einer tiefen Krise zerrissen.[201] Der Zusammenbruch der dogmatischen Gewissheiten, der Relativismus der neuen permissiven Moral; die Anarchie auf disziplinarischem Gebiet; der Abfall vom Priestertum und die Entfremdung Millionen Gläubiger von der religiösen Praxis; die Beseitigung von Altären, Kommunionbänken, Kruzifixen, Heiligenstatuen und Kirchengerät aus den Kirchen: all dies bot das Bild einer regelrechten Verwüstung.[202]

Der „Frühling des Glaubens", der auf das Zweite Vatikanische Konzil hätte folgen sollen, zeigte sich eher als ein kalter Winter, was vor allem der Einbruch der Berufungen und Austritte aus den Orden bezeugten.[203]

Von 1939 bis 1963 hatte das Heilige Offizium insgesamt 563 Dispense vom priesterlichen Zölibat gewährt. In den Folgejahren des

---

[201] Die Bibliographie zu diesem Thema ist umfangreich. Außer den Bänden von V. MESSORI im Gespräch mit Kardinal J. RATZINGER, *Zur Lage des Glaubens*, und R. AMERIO, *Iota unum*, vgl. auch DIETRICH VON HILDEBRAND, *Trojan horse in the city of God*, Franciscan Herald Pr., Chicago, Ill., 1967 {dt.: *Das trojanische Pferd in der Stadt Gottes* [Aus d. Engl. übertr. v. JOSEF SEIFERT], Regensburg 1968; DERS., *Der verwüstete Weinberg*, Regensburg 1973; C. FABRO CPS, *L'avventura della teologia progressista*; BERNARD MONSEGÚ CP, *Postconcilio*, Studium, Madrid 1975-1977, 3 Bde.; WIEGAND SIEBEL, *Katholisch oder konziliar – Die Krise der Kirche heute*, München-Wien 1978; G. SIRI, *Getsemani*; GEORG MAY, *Der Glaube in der nachkonziliaren Kirche*, Mediatrix Verlag, Wien 1983; A. SINKE GUIMARÃES, *In the murky waters of Vatican II*.

[202] Die Vereinigten Staaten sind das Land, das uns die zuverlässigsten Statistiken zu dieser Verwüstung bietet. Vgl. das traurige Bild, das ROGER FINKE und RODNEY STARK zeichnen in: *The Churching of America, 1776-1990. Winners and Loosers in Our religious Economy*, Rutgers University Press, New Brunswick (New Jersey) 1992.

[203] Vgl. FRANCISCO JOSÉ FERNÁNDEZ DE LA CIGOÑA, *El invierno postconciliar*, in: Verbo 393-394 (2001), 329-358, das erschütternde Fakten über den Zusammenbruch des einstmals blühenden religiösen Lebens in Spanien berichtet.

Konzils wuchs die Zahl der Dispense an, bis sie zwischen 1963 und 1970 die Ziffer von 3335 erreichte.[204] *„Zum ersten Mal in der Geschichte"*, schrieb 1977 P. Giacomo Martina, *„hat man innerhalb weniger Jahre – auch mit allen notwendigen Dispensen – die Aufgabe des Priestertums seitens Tausender von Priestern erlebt."*[205]

Die Gesamtbilanz der vierzig Jahre nach dem Konzil 1965-2005 fällt, was die absoluten und prozentualen Verluste der hauptsächlichen religiösen Institute betrifft, noch dramatischer aus. Hatte 1965 die Zahl der Ordensleute der großen männlichen Institute 329.799 betragen, so bleiben 2005 davon 214.913 übrig, d.h., in den 40 Jahren der Nachkonzilszeit waren es ein Drittel weniger geworden.[206]

1973, zum 1600. Todestag des unbezwingbaren Bischofs von Alexandria, des hl. Athanasius, beschwor Msgr. Rudolf Graber[207], Bischof von Regensburg, der Konzilsvater gewesen war, die arianische Krise des 4. Jh. herauf.

> *„Man fragt sich nur, warum geschieht nichts oder so wenig, um diese Pfeiler abzusichern und vor dem Zusammensturz zu bewahren? Wer heute angesichts dieser eindeutigen Geständnisse noch meint, es handle sich bei den Vorgängen in der Kirche um Randerscheinungen oder Übergangsschwierigkeiten, die von selbst nach einiger Zeit abebben, dem ist einfach nicht zu helfen. Aber umso größer ist die Verantwortung der führenden Männer in der Kirche, wenn sie sich nicht mit diesen Fragen beschäftigen und meinen ... mit einem Herumflicken alles reparieren zu können. Nein, es geht um das Ganze, es geht um die Kirche, es geht ... um ‚eine Art kopernikanischer Revolution', die über die Kirche hereingebrochen ist; es geht um eine ‚gigantische Revolution in der Kirche'."*[208]

---

[204] Vgl. G. MARTINA, *Storia della Chiesa*, 376-377.

[205] G. MARTINA, *La Chiesa in Italia negli ultimi trent'anni*, Vorwort von Clemente Riva, Roma 1977, 142.

[206] Vgl. die Studie des Claretiners ANGELO PARDILLA, *I religiosi ieri, oggi e domani*, Roma 2007. Ein ähnliches Bild zeichnet derselbe Autor von den Ordensleuten in: *Le religiose ieri, oggi e domani*, Città del Vaticano 2008.

[207] Rudolf Graber (1903-1992), 1926 Priesterweihe, von 1962 bis 1981 Bischof von Regensburg.

[208] R. GRABER, *Athanasius und die Kirche unserer Zeit: zu seinem 1600. Geburtstag*, Abensberg 1973, 75.

Der amerikanische Bischof Msgr. Robert Dwyer[209] schrieb am 30. Juli 1975 einen Brief an Paul VI., worin er eine erschütternde Beschreibung des Niedergangs im Katholizismus in den Vereinigten Staaten abgab, vor allem im Hinblick auf die Verwüstung im liturgischen Bereich.[210] *„Kein Feind"*, schloss der Würdenträger, *„hat diese Verwüstungen zustande gebracht, sondern es waren die eigenen Söhne der Familie."*[211] Zwei Jahre später zeichnete der Erzbischof Arrigo Pintonello[212] in einem offenen Brief an die italienischen Bischöfe ein ähnliches Bild von der Anarchie in der Kirche: *„eine wahre Gottesgeißel, weit auslangender und zerstörerischer als Attila, mit Folgen, die den Verantwortlichen für das Leben und die Leitung der Kirche den Schlaf rauben müssten, welche aber unerklärlicherweise schweigen."*[213]

In Frankreich sprach unterdessen Abbé Louis Coache[214] von ‚Apostasie', während am 7. Mai 1973 Abbé Georges de Nantes in Rom eintraf, um dem Papst ein Aktenbündel zu überreichen, das sich mit der dramatischen Situation der Kirche und der Verantwort-

---

[209] Robert Joseph Dwyer (1908-1976), US-Amerikaner, 1932 zum Priester geweiht, seit 1952 Bischof von Reno (Nevada) und von 1966 bis 1974 Erzbischof von Portland (Oregon).

[210] Edition des Briefes unter dem Titel *Una cattedrale devastata*, in: Sì sì, no no 3 (1978), 2.

[211] R. J. DWYER, *Una cattedrale devastata*, 3.

[212] Arrigo Pintonello (1908-2001), 1932 zum Priester geweiht, seit 1953 Titularbischof von Theodosiopolis in Arkadien. 1953 bis 1966 Italienischer Militärbischof, 1967 bis 1971 Erzbischof von Terracina-Latina, Priverno und Sezze. Mgr. Pintonello begründete 1975 die Zeitschrift ‚Seminari e teologia', die als Programm hatte, *„das Echo des Schmerzes – wir könnten eher sagen – der wirklichen Angst so vieler Priester und Laien einzufangen, die in größter Sorge bezüglich des Schicksals sein, zu dem die Seminare und die religiösen Studienstätten verurteilt sind"* („Seminari" 1 (1975), 1). Zu seinen aktivsten Mitarbeitern zählte Don Ennio Innocenti (1932), seit 1957 Priester des römischen Klerus, Schriftsteller und Journalist; über ihn vgl. *Don Ennio Innocenti. La figura, l'opera, la milizia*, Roma 2004.

[213] A. PINTONELLO, *Lettera agli Ecc.mi vescovi*, in: Seminari e Teologia 3 (1977), 1-4, 4.

[214] Louis Coache (1920-1994), Franzose, 1943 zum Priester geweiht, Pfarrer von Montjavoult (Oise), begründete 1968 das Bullettin ‚Le combat de la foi' zur Verteidigung des Glaubens gegen die neue Häresie. 1985 ging das Zentrum von Flavigny, dessen Seele er seit 1971 war, an die Priesterbruderschaft St. Pius X. von Mgr. Lefebvre über. Vgl. LOUIS COACHE, *Vers l'apostasie générale*, La Table Ronde, Paris 1969; DERS., *Les batailles du combat de la foi*, Chiré-en-Montreuil 1993.

lichkeit der kirchlichen Spitzen beschäftigte. Die Geste wurde unterschiedlich bewertet, fand aber ein sehr breites Echo.[215]

In Italien wurde seit Januar 1975 eine ,antimodernistische' Publikation ,Sì sì, no no', herausgegeben vom Priester Francesco Putti, die kirchliche Verantwortung für das Abdriften des Konzils in bewegender Weise zu dokumentieren.[216] Der Widerstand gegen den Progressismus begann sich in ganz Europa auszuweiten.

12. Der ,Fall Lefebvre'

Zehn Jahre nach dem Ende des Konzils kam der sogenannte ,Fall Lefebvre' ins Rollen, benannt nach dem französischen Erzbischof, der seit 1974 über das Thema der Neuen Messe und der konziliaren Reformen in offenen Gegensatz zum Heiligen Stuhl geriet.[217]

Am 6. Juni 1969 hatte Msgr. Charrière[218], Bischof von Fribourg, Msgr. Lefebvre autorisiert, an seinem Bischofssitz ein internationales Konvikt St. Pius X. zu eröffnen. Angesichts einer steigenden Zahl von Aufnahmegesuchen erwarb der französische Erzbischof ein zweites Haus in Êcone im Wallis, das das Ausbildungszentrum der Internationalen Priesterbruderschaft St. Pius X. wurde, kanonisch errichtet am 1. November 1970 in der Diözese Lausanne-Genf-Fri-

---

[215] G. DE NANTES, *Liber accusationis in Paulum Sextum, a notre Saint Père le Pape Paul VI par la grace de Dieu et la loi de l'église juge souverain de tous les fidèles du Christ; plainte pour hérésie, schisme et scandale au sujet de notre frère dans la foi, le Pape Paul VI*, Ligue de Contre-Réforme Catholique, St. Parres lès Vaudes 1973 {dt.: *Liber accusationis in Paulum Sextum: an unserem Heiligen Vater und Glaubensbruder Papst Paul VI. durch Gottes Gnade und nach dem Gesetz der Kirche oberster Richter aller Christgläubigen; Anklage wegen Häresie, Schisma und Ärgernis*, St. Parres les Vaudes 1973]; vgl. DOMENICO CELADA, *De Nantes e il Vaticano*, in: ,Il Tempo', 7. Mai 1973.

[216] Zu Don Francesco Maria Putti (1909-1984) vgl. F. SPADAFORA, *Araldo della fede cattolica*, pro-manuscripto, Arti Grafiche G.A.D.I., Roma 1993. Zu erwähnen ist auch das Werk des Priesters Don Luigi Villa, Gründer der Zeitschrift ,Chiesa viva', worin er vor allem die erschütternde Verbindung von Kirchenmännern zur Freimaurerei dokumentierte.

[217] Vgl. über die schon angeführten Werke von C. SICCARDI und B. TISSIER DE MALLERAIS hinaus LUC PERRIN, *L'affaire Lefebvre*.

[218] François Charrière (1893-1976), Schweizer, 1917 zum Priester geweiht, 1945 bis 1970 Bischof von Lausanne, Genf und Fribourg, danach Bischof im Ruhestand.

bourg. Im November 1972, sieben Jahre nach Abschluss des Zweiten Vatikanums, fällte Msgr. Lefebvre in Rennes bei einer Ansprache zum ersten Mal ein sehr negatives Urteil über das Zweite Vatikanische Konzil.[219] Der Heilige Stuhl entzog schließlich Msgr. Lefebvre die Erlaubnis, seine Seminaristen zu weihen. Am 29. Juni 1976 spendete der französische Erzbischof trotzdem vor einer großen Menge von Gläubigen aus allen Teilen der Welt 13 seiner Seminaristen die Subdiakonatsweihe und weiteren 13 die Priesterweihe. Er zog sich damit die Suspension *a divinis* zu. Ein Treffen mit Paul VI. in Castel Gandolfo am 11. September 1976 erbrachte keine Lösung des Problems.

1977 lud die Fürstin Elvina Pallavicini[220] Msgr. Lefebvre in ihren historischen Palast in Rom ein, damit dieser die Gründe für seine Haltung darlege. Der Vortrag erweckte unvermutet Neugier und lenkte die Aufmerksamkeit auf die Existenz eines römischen Patriziates und Adels, immer noch lebendig und kämpferisch, deren Inbegriff die Fürstin Pallavicini war.[221] Der Druck, der auf die Adlige ausgeübt wurde, um den Vortrag abzusagen[222], erzielte dank ihrer starken Persönlichkeit und Unabhängigkeit keine Wirkung. Den vierhundert geladenen Gästen, die dem Ereignis im Thronsaal des Paps-

---

[219] Vgl. M. LEFEBVRE, *Ein Bischof spricht. Schriften u. Ansprachen, 1963 - 1974*, übers. v. H. Gillinger u. M. Zaczek, Wien 1976, Bd. I, 181-215. Mgr. Lefebvre brachte seine Kritik sukzessiv zum Ausdruck in seinen Werken *J'accuse le Concile*, Editions Saint-Gabriel, Martigny 1976; *Lettre ouverte aux catholiques perplexes*, Paris 1985 {dt.: *Offener Brief an die ratlosen Katholiken*, (dt. Übers. v. FERDINAND STEINHART), Mediatrix-Verlag, Wien 1986 (u.ö.)}; *Ils l'ont découronné, du libéralisme à l'apostasie; la tragédie conciliaire*, Broût-Vernet 1987 {dt.: *Sie haben Ihn entthront: vom Liberalismus zur Apostasie; die Tragödie des Konzils*, Stuttgart 1988}.

[220] Die Fürstin Elvina Pallavicini (1914-2004), Trägerin der bronzenen Tapferkeitsmedaille für ihren Einsatz zugunsten der monarchistischen Partisanen während der deutschen Besatzung von Rom, hatte ihren römischen Palast auf dem Quirinal zu einem bedeutenden Treffpunkt für die kirchliche, politische und aristokratische Welt der Hauptstadt gemacht.

[221] Vgl. BENNY LAI, *Il Vaticano e il patriziato*, in: ‚La Nazione' (7. Juni 1977) und die Umfrage von EMILIA GRANZOTTO, *Tutti i nobili di Roma*, in: ‚Panorama' (14. Juni 1977).

[222] In den bewegten Tagen, die dem Treffen vorausgingen, intervenierten unter anderen Herzog Carlo Colonna seitens Königs Umberto II., Mgr. Andrea Cordero von Montezemolo, der Großmeister des Malteserordens Angelo de Mojana, und der Kardinalvikar von Rom Ugo Poletti, um die Fürstin Pallavicini von ihrem Vorhaben abzubringen.

tes auf dem Quirinal beiwohnten, gesellten sich noch einmal genauso viele bei, die sich im Vorraum zusammendrängten.

In seiner Rede warf Msgr. Lefebvre eher in friedlicher Weise Fragen auf, als Antworten zu formulieren:

„Man kann sich die katholische Kirche nur als Kontinuität, als Tradition, als Erbin der Vergangenheit vorstellen. Man kann eine Kirche nicht begreifen, die mit ihrer Vergangenheit, mit ihrer Tradition bricht, und genau wegen dieser Unmöglichkeit, sich eine solche vorzustellen, befinde ich mich in einer etwas seltsamen Lage: der eines Bischofs, der suspendiert wurde, weil er ein Seminar in der Schweiz errichtet hat, ein legales, kanonisch errichtetes Seminar, ein Seminar, das viele Berufungen versammelt; und in den acht Jahren seit unserer Gründung haben wir zahlreiche Häuser in den Vereinigten Staaten, eines in Kanada, in England, in Frankreich, in der Schweiz, in Deutschland und auch in Italien, hier in Albano. Wie kann es sein, dass ich fortfahre zu tun, was ich 50 Jahre meines Lebens getan habe, unter Glückwünschen und Ermutigung des Papstes, insbesondere des Papstes Pius XII., der mich seiner Freundschaft gewürdigt hat, und mich heute in einer Lage befinde, wo ich gleichsam als ein Feind der Kirche gelte? Wie ist dies möglich, wie lässt sich dies begreifen? Ich hatte Gelegenheit, dies dem Papst bei der letzten Audienz am 11. September zu sagen. Ich habe ihm gesagt: Ich kann nicht verstehen, was der Grund dafür ist, dass ich, nachdem ich mein ganzes Leben lang Seminaristen ausgebildet habe, so wie ich sie heute ausbilde, vor dem Konzil alle Ehren besaß bis auf das Kardinalat, jetzt aber nach dem Konzil, obwohl ich dasselbe tue, mich a divinis *suspendiert finde, gleichsam als Schismatiker angesehen, gleichsam als Feind der Kirche exkommuniziert. Ich glaube nicht, dass etwas Ähnliches möglich und begreiflich sei. Es gibt etwas, was sich in der Kirche gewandelt hat, etwas, was sich durch die Menschen der Kirche, in der Geschichte der Kirche gewandelt hat."*[223]

---

223 M. LEFEBVRE, *La Chiesa dopo il Concilio*, Fraternità San Pio X, Roma 1977, 4. Im nämlichen Jahr hat sich Mgr. Lefebvre mit größerer Schärfe geäußert in: *Le coup de maître de Satan. Ecône face à la persécution*, Editions Saint-Gabriel, Martigny 1977 {dt.: *Satans Meisterstück: Ecône angesichts der Verfolgung*, Martigny 1978}.

Msgr. Lefebvre wurde als ‚Haupt' der Traditionalisten dargestellt. In Wirklichkeit war er nur der sichtbarste und durch die Massenmedien am meisten genährte Ausdruck eines Phänomens, das weit über seine Person hinausging und das seine Wurzeln und seine erste Ursache in den Problemen besaß, die vom Konzil und seiner Umsetzung aufgeworfen wurden. Der Widerstand gegen die Durchführung der Konzilsreformen ging vom niederen Klerus und den Gläubigen aus, so wie es während der Französischen Revolution geschehen war, als Pfarrer und Bauern den Aufstand in der Vendée und die antirevolutionären Aufstände in Europa in Gang brachten. Der französische Erzbischof war der bekannteste, aber nicht der einzige Repräsentant einer weiten und verzweigten Widerstandsbewegung, die mitunter leider im Sedisvakantismus oder in der Aufgabe des Glaubenskampfes endete.

13. Der ‚italienische Weg' zum Kommunismus

In Italien fand die Nachkonzilszeit ihren Ausdruck eher in der politischen Aktion als in der theologischen Reflexion. Dies lag an der Rolle, die die Kirche auf der Halbinsel seit jeher gespielt hatte, sowie an der besonderen politischen Sensibilität, die Paul VI. seit seiner Jugendzeit besessen hatte. In den Jahren der Nachkonzilszeit wurde als *„religiöse Wahl"* dargestellt, was in Wirklichkeit eine *„politische Wahl"* der kirchlichen Autoritäten war und in ihrem Zentrum insbesondere die an der Macht befindliche Partei der Katholiken hatte.

Die modernistische Bewegung zu Anfang des Jahrhunderts hatte in besonderer Weise Gestalt angenommen in Romolo Murri[224], dem Gründer der Democrazia Cristiana; ihm widmete der kommunistische Führer Antonio Gramsci seine Aufmerksamkeit, da er in

---

[224] Romolo Murri (1870-1944), Gründer der Democrazia Cristiana, wurde 1909 vom hl. Pius X. exkommuniziert. Er hing, wie viele Modernisten, dem Faschismus an, kehrte jedoch kurz vor seinem Tod in den Schoß der Kirche zurück. Über ihn vgl. die Stimme von M. GUASCO, in: DSMCI II, 414-442, mit Bibliographie; DERS., *Romolo Murri e il modernismo*, Cinque Lune, Roma 1968.

ihm revolutionäres Potential ausmachte[225]. Die modernistische Zeitschrift ‚Nova et Vetera' hatte die Meinung vertreten, dem Christentum komme die Aufgabe zu, dem Marxismus eine religiöse Seele zu verleihen[226]. Giulio Girardi, einer der Verfasser von *Gaudium et spes*, Autor des 1966 erschienenen Werkes *Marxismus und Christentum*[227] und später Gründer der Christen für den Sozialismus, schlug für die Zeit nach dem Konzil die Synthese dieser Philosophien vor.

In vorsichtigerer Manier, aber doch von derselben Überzeugung geleitet, dass der Marxismus die Zukunft darstelle, forderte im selben Jahr 1966 die ‚Civiltà Cattolica' dazu auf, *„mit Klarheit und Klugheit" „das Risiko einzugehen, das jeder Dialog zwischen Katholiken und Kommunisten mit sich bringt, in der Hoffnung, wenn nicht in der Gewissheit, dass der in die Geister und die Herzen geworfene Samen eines Tages seine Früchte bringt"*.[228]

Seit September 1972 hatte Paul VI. einen Vertrauensmann an der Spitze der Italienischen Bischofskonferenz in der Person des Sekretärs, Erzbischofs Enrico Bartoletti. Bartoletti leistete *„einen wesentlichen Beitrag zum Seitenwechsel der italienischen Kirche der Nachkonzilszeit"*[229], schrieb einer seiner engen Mitarbeiter von damals, Bartolomeo Sorge. Er erinnert sich daran, wie er jedes Mal, wenn er ihn besuchen ging, *„ihm einige der bekanntesten katholischen Protestler begegneten!"*[230] Während der Sekretärszeit Bartolettis verloren die Katholiken das Referendum über die Ehescheidung (bei dem sich der Sekretär der CEI nicht engagieren wollte), man unterstützte Wachstum und Festigung der P.C.I., die traditionellen katholischen Vereinigungen lösten sich auf. Die italienische Katholische Aktion schrumpfte von 3.600.000 eingetragenen Mitgliedern im

---

225 *„Der demokratische Katholizismus hat vollbracht, was der Kommunismus nicht vermochte: er bildet ein Amalgam, er gibt Anweisungen, er ruft ins Leben und er begeht Selbstmord … Die Anhänger der Volksdemokratie stehen zu den Sozialisten wie Kerensky zu Lenin"* (A. GRAMSCI, *I popolari*, in: L'Ordine Nuovo 24, 1. November 1919, danach in: *Ordine Nuovo 1919-1920*, Einaudi, Torino 1954, 286).

226 Vgl. DANIELA SARESELLA, *Modernismo*, Editrice Bibliografica, Milano 1995, 80.

227 G. GIRARDI, *Marxismo e Cristianesimo*, Cittadella, Assisi 1966.

228 GIUSEPPE DE ROSA SJ, *Cattolici e comunisti oggi in Italia*, in: Civiltà Cattolica 2782 (1966), 305-314, 312. Vgl. die umfangreichere Studie: DERS., *Chiesa e comunismo in Italia*, Coines, Roma 1970.

229 B. SORGE SJ, *La traversata. La Chiesa dal Concilio Vaticano II ad oggi*, Mondadori, Milano 2010, 126 und, allgemeiner, 126-133.

230 Ebd., 130.

Jahre 1963 auf eine 1.600.000 im Jahr 1969. Seit 1969 fand unter dem neuen Generalvorsitzenden der Vereinigung, Vittorio Bachelet[231], P. Martina zufolge *„eine echte Demobilisierung des komplexen zentralen Apparates, der von Gedda errichtet worden war"*[232] statt, zehn Jahre später betrug die Zahl der eingetragenen Mitglieder 800.000[233], während sich das katholische Dissidententum vervielfacht hatte[234].

Die relativistische Mentalität, die 1960 durch das *Schreiben des italienischen Episkopates über den Laizismus*[235] angezeigt worden war, hatte nach dem Konzil die italienische Gesellschaft in fortschreitendem Maße durchdrungen. Am 1. Dezember 1970 war die Ehescheidung eingeführt und durch die Volksabstimmung vom 12. Mai 1974 bekräftigt worden. Der Ehescheidung folgte das neue Familienrecht, das die Anliegen des libertären und egalitären Feminismus in die Rechtsordnung aufnahm. Bei der Besprechung der Ergebnisse der Abstimmung vom 12. Mai 1974 mit seinen Studenten von der Gregoriana gab P. Giacomo Martina ohne Zögern zur Antwort, dass es sich dabei um *„einen der letzten Akte (nicht den letzten!)"* eines *„unumkehrbaren Prozesses"* der Säkularisierung handle, die seit der Französischen Revolution im Gange sei.[236] Der Historiker aus dem Jesuitenorden war wie viele andere Vertreter der katholischen Welt davon überzeugt, dass die Geschichte einem unaufhaltsamen Gang folge, den man zwangsläufig unterstützen müsse, weil *„er den Übergang von einem vorherrschend soziologischen Glauben zu einem stärker*

---

[231] Vittorio Bachelet (1926-1980), Professor des öffentlichen Wirtschaftsrechtes an der Universität Rom, von 1964 bis 1973 Präsident der Katholischen Aktion. Am 12. Februar 1980 wurde er – im Gespräch mit seiner Assistentin Rosy Bindi – durch ein Kommando der Roten Brigaden im Atrium der Fakultät für politische Wissenschaften ermordet.

[232] G. MARTINA, *La Chiesa in Italia*, 149.

[233] Vgl. A. TORNIELLI, *Paolo VI*, 529.

[234] Im Buch von D. SARESELLA, *Dal Concilio alla contestazione. Riviste cattoliche negli anni del cambiamento (1958-1968)*, Brescia 2005, findet man eine detaillierte Rekonstruktion der Debatte, die die italienischen Zeitschriften des katholischen ‚Dissenses' in den Jahren des Konzils sowie in den unmittelbaren Folgejahren ins Leben riefen.

[235] *Il laicismo. Lettera dell'episcopato italiano al clero*, vom 25. März 1960, Nr. 3 in: *Enchiridion della Conferenza episcopale italiana. Decreti, dichiarazioni, documenti pastorali per la Chiesa italiana*, Bd. I: 1954-1972, Bologna 1985, 76-95. Die Abfassung des Schreibens wurde während der sechsten Zusammenkunft der CEI im Oktober 1959 beschlossen.

[236] Vgl. G. MARTINA, *La Chiesa in Italia*, 183.

personalen Glauben markiere". Dies war der ,erwachsene Katholizismus', der beanspruchte, die immanenten Anliegen des Modernismus im Licht des Konzils neu zu lesen.

In diesem Klima des Relativismus und des Laizismus brachte der Sekretär der P.C.I., Enrico Berlinguer, seinen Vorschlag eines ,historischen Kompromisses' zwischen Katholiken und Kommunisten vor. Zwischen 1974 und 1976 folgten die Jahre der größten Wahlerfolge für die P.C.I.[237] Nach den politischen Wahlen von 1976 begann die Reihe der Regierungen der ,nationalen Solidarität' unter Führung von Giulio Andreotti und mit endscheidender Unterstützung der P.C.I. von Enrico Berlinguer.[238] Hauptziel war der Eintritt der Kommunisten in die christdemokratische Regierung. Auf diese Weise wäre Italien nach dem Scheitern des chilenischen Experimentes das erste Land in der Welt gewesen, in dem der Kommunismus auf demokratischem Weg die Macht erobert hätte. Der Mann, der ausgewählt wurde, um diese heikle Operation zum Abschluss zu führen, war der Vorsitzende der DC, Aldo Moro, der in seiner letzten politischen Rede am 28. Februar 1978 die christdemokratische Senatoren und Abgeordneten von der Notwendigkeit eines Bündnisses mit dem Kommunisten zu überzeugen suchte.[239]

Am 16. März 1978, dem Tag, an dem eine Vertrauensabstimmung für die von Giulio Andreotti geführte Regierung mit Unterstützung der P.C.I. stattfinden sollte, entführten die Roten Brigaden in der Via Fani in Rom Aldo Moro und ermordeten seine fünf Begleiter aus dem Hinterhalt.[240] Paul VI. war erschüttert. Am nächs-

---

[237] Zahlreiche katholische Kandidaten präsentierten sich auf den kommunistischen Listen. „*Wenn die Wahl von jemandem, der auf den Listen der kommunistischen Partei kandidiert, Grund für einen Skandal ist*" – äußerte Prof. Pietro Scoppola in einem Artikel in ,Il Popolo' vom 21. Mai 1976 – „*so wäre ihre Verurteilung ein noch weit größerer Grund für einen Skandal*" (zit. bei S. MAGISTER, *La politica vaticana e l'Italia*, 481).

[238] Vgl. ARTURO GISMONDI, *Alle soglie del potere. Storia e cronaca della solidarietà nazionale, 1976-1979*, Roma 1987.

[239] Vgl. FRANCESCO DAMATO, *L'ultimo discorso sui rapporti col Pci*, in: ,Il Giornale', 10. Mai 1978.

[240] In der Gruppe der Brigadisten, die in der Via Fani anwesend war, befand sich auch Alessio Casimirri, Sohn zweier Bürger des Vatikanstaates (der Vater war Vizedirektor des vatikanischen Pressesaals gewesen), deren Ehe vom damaligen Substitut des Staatsekretariates, Mgr. Montini, eingesegnet worden war. Alessio Casimirri

ten Tag ließ er durch ein Kommuniqué des Staatssekretariates bekannt geben, dass er seine ganze moralische und materielle Unterstützung aufböte, um das Leben des Vorsitzenden der DC zu retten, der sein Freund seit Jugendtagen war.[241] Der Heilige Stuhl brachte eine ungeheure Geldsumme zusammen und versuchte vergebens, konkret zu intervenieren, um das Leben der Geisel zu retten. Am 22. April schrieb der Papst einen offenen Brief *„an die Menschen der Roten Brigaden"*, wie er die Terroristen der Via Fani nannte, und bat sie auf Knien, Aldo Moro ohne Bedingungen freizulassen *„nicht so sehr wegen meiner demütigen und innigen Fürsprache, sondern wegen seiner Würde als Bruder und als Akt der Humanität"*.[242] Der bekümmerte Appell blieb unerhört. Am 9. Mai wurde der leblose Körper des Präsidenten der Christdemokratie im Kofferraum eines Renaults in der Via Caetani wenige Meter vom Sitz der P.C.I. und dem der DC entfernt gefunden. Es war dies, wie der Sekretär Pauls VI. Msgr. Macchi sich erinnert, *„ein tödlicher Schlag, der seine durch Krankheit und fortgeschrittenes Alter bereits geschwächte Person traf"*[243].

Am 13. Mai wohnte der Papst in der Basilika San Giovanni in Laterano der Totenfeier bei, die vom Kardinalvikar Ugo Poletti[244] gehalten wurde, und trug eine Rede vor, die beinahe wie ein Vorwurf an Gott klang, seine Bitte um Rettung Aldo Moros[245] nicht erhört zu haben. Der tragische Vorfall hatte Paul VI. tief getroffen und beschleunigte seinen Kräfteverfall.

---

gelang es zusammen mit seiner Ehefrau Daniela Algranati, seine Spuren zu verwischen und sich in den Osten abzusetzen (vgl. A. TORNIELLI, *Paolo VI*, 610-613).

[241] Man siehe: A. TORNIELLI, *Paolo VI*, 596-613; GIULIANO FERRARA, *L'Affaire Moro e il gioco delle coincidenze simboliche incrociate. L'addio alla Repubblica di Montini e alla pietà laica e cattolica*, in: ‚Il Foglio', 10. Mai 2008.

[242] PAUL VI., Brief vom 22. April an die Roten Brigaden, in: *Insegnamenti*, Bd. XVI (1978), 298-299. Moros Gattin Eleonora missbilligte den Appell Pauls VI., den sie „vereinzelte Initiative" nannte und lehnte es ab, an der Totenfeier in der Basilika San Giovanni in Laterano teilzunehmnen.

[243] *Paolo VI e la tragedia di Aldo Moro: 55 giorni di ansia, tentativi, speranze e assurda crudeltà*, hg. v. PASQUALE MACCHI, Vorwort von Kard. Agostino Casaroli, Milano 1998, 44.

[244] Ugo Poletti (1914-1997), 1938 zum Priester geweiht, ab 1958 Weihbischof von Novara, ab 1969 Erzbischof von Spoleto seit 1967, Weihbischof von Rom, seit 1973 Generalvikar von Rom und Kardinal.

[245] Das Gebet des Papstes für Aldo Moro in: *Insegnamenti*, Bd. XVI (1978), 362-373.

14. Nächste und entfernte Ursachen der ‚Welt in Trümmern'

Während der sowjetische Imperialismus seinen Schatten auf die Welt warf, hielt im Juni desselben Jahres Alexander Solschenizyn in Harvard eine denkwürdige Rede mit dem Titel *Welt in Trümmern*[246], in der er das Zurückweichen des Westens vor dem ‚realen Sozialismus' anprangerte. Der russische Dissident erblickte den grundlegenden Irrtum in der *„im Westen herrschenden Weltanschauung, die in der Epoche der Renaissance entstand und seit der Aufklärung politische Formen angenommen hat und die Basis aller Staats- und Gesellschaftswissenschaften bildet: man könnte sie rationalistischen Humanismus oder humanistische Autonomie nennen, insofern sie die Autonomie des Menschen von jeglicher Gewalt proklamiert und fördert. Oder auch noch – und anders – Anthropozentrismus: die Idee vom Menschen als dem Zentrum all dessen, was existiert."*[247] Eine solche Vorstellung hat Solschenizyn zufolge

> *„die Grundlage der modernen westlichen Gesellschaft mit der gefährlichen Tendenz versetzt, sich vor dem Menschen und seinen materiellen Bedürfnissen niederzuknien. Über das physische Wohlergehen und die Anhäufung materieller Güter hinaus haben die Staatssysteme und Sozialstrukturen alle anderen Eigenheiten, alle anderen Bedürfnisse des Menschen, die erhabener und weniger elementar sind, nicht in Erwägung gezogen, so als ob der Mensch seinem Leben keinen edleren Sinn zu geben hätte. Und so sind in diesen Gefügen gefährliche Leerräume hinterlassen worden, durch die heute die Strömungen des Bösen in jeder Richtung eindringen."*[248]

---

[246] ALEXANDER SOLSCHENIZYN, *Un mondo in frantumi. Discorso di Harvard*, ital. Übers., Milano 1978 {Originaltitel: *A world split apart: commencement address delivered at Harvard University, June 8, 1978* (Translated from the Russian by IRINA ILOVAYSKAYA ALBERTI with ... ALEXIS KLIMOFF), Harper & Row, New York / London 1978; dt. (Auszug): *Letzte Warnung an den Westen, Auszüge aus der Ansprache an der Universität Harvard*, in: Criticón 8 (1978), 177-180}.

[247] Ebd., 25.

[248] Ebd., 25-26.

Der Kommunismus stellte Solschenizyn zufolge die radikalste und kohärenteste Form des modernen Humanismus dar, *„so dass Karl Marx (1884) sagen konnte: der Kommunismus ist ein naturalisierter Humanismus“*[249].

Er fügte auch hinzu:

> *„Wenn sich das kommunistische System im Osten behaupten und festigen konnte, dann gerade durch die eifrige und massenhafte Unterstützung der westlichen Intellektuellen, die seine Freveltaten nicht bemerkten oder, wenn sie nicht umhin konnten, diese wahrzunehmen, sich jedenfalls bemühten, diese zu rechtfertigen. Und heute ist es dasselbe: Bei uns im Osten hat der Kommunismus von ideologischen Standpunkt aus einen Zusammenbruch erlitten, sein Wert liegt bei Null oder darunter; es sind die westlichen Intellektuellen, die in großem Maß von ihm angezogen werden und Sympathien für ihn empfinden. Und dies macht es dem Westen unvergleichlich schwer, dem Osten gegenüberzutreten.“*[250]

Der Weg, der seit dem Humanismus der Renaissance durchlaufen wurde, bildet dem russischen Schriftsteller zufolge die Ursache für den Verlust der Innerlichkeit des zeitgenössischen Menschen:

> *„Im Osten ist es der Basar der Partei, der sie mit Füßen tritt, im Westen der Jahrmarkt des Handels. Was bei der gegenwärtigen Krise Angst macht, ist nicht so sehr die Spaltung der Welt als vielmehr die Tastsache, dass die bedeutendsten Bruchstücke von einer ähnlichen Krankheit befallen sind. Wenn der Mensch, wie es der Humanismus vertritt, allein für ein glückliches Leben geboren wäre, so würde er nicht auch zum Sterben geboren. Doch weil er körperlich dem Tode verfallen ist, kann seine Aufgabe auf dieser Erde nur eine geistige sein: nicht das Aufgehen im Alltag, nicht die Suche nach besseren Systemen des Erwerbs und anschließend des unbekümmerten Vergeudens der materiellen Güter, sondern die Erfüllung einer harten und beständigen Pflicht, so dass der ganze Weg*

---

249 Ebd., 27. Eine eingehende Analyse des kommunistischen Systems, die auf derselben Linie lag, hatte in diesen Jahren auch IGOR SAFAREVIC gezeichnet, in: *Il socialismo come fenomeno storico mondiale*, Milano 1980, mit einem Geleitwort von A. SOLSCHENIZYN.

250 A. SOLSCHENIZYN, 28.

unseres Lebens zur Erfahrung einer vornehmlich sittlichen Askese wird, die uns am Ende des Weges als erhabenere Kreaturen zurücklässt, als wir es am Anfang waren. Es ist unvermeidlich, dass wir die universal angenommene Werteskala revidieren und uns über ihre Unangemessenheit und Falschheit verwundern müssen."[251]

Solschenizyns Rede wurde in der ganzen Welt besprochen. Was die aufmerksameren Beobachter wie Eugenio Corti[252] frappierte, war die Tatsache, dass die Christen, vielmehr die Katholiken, in jener Rede nicht sofort die Analogie mit der Geschichtskonzeption entdeckt hatten, die für sie charakteristisch gewesen war, als die katholische Kirche noch nicht in den gegenwärtigen Zustand der Verwirrung eingetreten war: die historische Sichtweise, die den Beginn der Entchristlichung im Übergang vom Theozentrismus zum modernen Anthropozentrismus und Immanentismus ausmacht.

1959 hatte Plinio Corrêa de Oliveira den großen Rahmen dieses Prozesses der Entchristlichung der Gesellschaft in seinem Buch *Revolution und Gegenrevolution* in knappen Zügen dargeboten. Das Werk des brasilianischen Denkers war im Unterschied zu dem des russischen Dissidenten von der übernatürlichen Hoffnung desjenigen beseelt, der an die unzerstörbare Kraft der katholischen Kirche glaubt. Das Buch schloss mit einer Huldigung kindlicher Hingabe, die sich an den gerade gewählten Papst Johannes XXIII. richtete, sowie mit einem Ausdruck absoluter Zuversicht in den Triumph des Unbefleckten Herzens, der von der Muttergottes in Fatima angekündigt worden war. Im Anhang zur Neuausgabe des Werkes, die 1977 in Italien erschien, erblickte der brasilianische Denker, der 35 Jahre zuvor das Eindringen der liturgischen Irrtümer in die Katholische Aktion angezeigt hatte, in den historischen Vorkommnissen der eigenen Zeit die Entwicklung und die Früchte jener Irrtümer, die auf die Modernismuskrise zu Anfang des Jahrhunderts zurückgingen.

---

[251] Ebd., 29.

[252] Vgl. EUGENIO CORTI, *Il fumo nel Tempio*, Milano 1997, 130. – Unter den Werken von Eugenio Corti (1921) ist das bekannteste und verbreitetste *Il cavallo rosso* (Ares, Milano 1972-1983). Von ihm gibt es weiterhin *Il fumo nel Tempio*, über die Krise der katholischen Welt im postkonziliaren Zeitalter, vgl. *Le responsabilità della cultura occidentale nelle grandi stragi del nostro secolo*, Milano 1998.

Plinio Corrêa de Oliveira machte seine Beobachtungen nicht vom Standpunkt des Theologen, sondern vom dem des Laien, des Philosophen, des Historikers und des Aktivisten. Nicht auf den theologischen Gehalt der Konzilsdokumente, sondern auf die Realität der Fakten und ihrer historischen Folgen, gründete sich seine Anzeige des *„rätselhaften, verwirrenden und erschreckenden Schweigens von apokalyptischer Tragik, das das Zweite Vatikanum hinsichtlich des Kommunismus gewahrt hat"*[253]. Er schrieb:

> *„Dieses Konzil wollte man pastoral und nicht dogmatisch. Tatsächlich besaß es keine dogmatische Bedeutung. Überdies lässt seine Unterlassung hinsichtlich des Kommunismus es in die Geschichte als unpastorales Konzil par excellence eingehen. Mit an das Heute angepassten Taktiken – das Mindeste, was man übrigens darüber sagen kann, besteht darin, dass sie theoretisch wie praktisch anfechtbar sind*[254] *– hat das Zweite Vatikanum sozusagen die Bienen, Wespen und Raubvögel in die Flucht zu schlagen versucht. Sein Schweigen über den Kommunismus hat den Wölfen alle Freiheit belassen. Die von diesem Konzil durchgeführte Arbeit kann weder in der Geschichte noch im Buch des Lebens als wirklich pastoral verzeichnet werden."*
>
> *„Es ist hart, dies zu sagen. Aber die Evidenz der Tatsachen zeigt das Zweite Vatikanische Konzil in diesem Sinn als eines der größten Unglücke, wenn nicht das größte Unglück der Kirchengeschichte, an. Von diesem an ist in die Kirche in unvorstellbarem Ausmaß der* ‚Rauch Satans' *eingedrungen, der sich jeden Tag mit der schrecklichen Gewalt von Giftgas immer mehr ausbreitet. Zum Ärgernis unzähliger Seelen ist der mystische Leib Christi in einen*

---

[253] Dieses Urteil fand seinen Ausdruck im Appendix von 1977 von P. CORRÊA DE OLIVEIRA, *Rivoluzione e Contro-Rivoluzione*, 168.

[254] Später brachte Plinio Corrêa de Oliveira seine Bewertung noch ausdrücklicher auf theoretischer Ebene zum Ausdruck, indem er die Ansicht äußerte, dass in einigen Konzilsdokumenten eine Dissonanz zur traditionellen Lehre feststellbar ist (vgl. A-IPCO, Treffen vom 22. Juni 1984) und sogar eine gewisse systematische Zweideutigkeit, die mit der vollen Orthodoxie unvereinbar ist (vgl. A-IPCO, Zusammenkunft vom 20. August 1980).

düsteren Prozess eingetreten, den man als ‚Selbstzerstörung' bezeichnen könnte."[255]

15. Zwanzig Jahre Kirchengeschichte

1978 wollte die regierende Partei der Katholiken um jeden Preis eine Auseinandersetzung über die Abtreibung vermeiden, indem sie auf jede Form von Widerstand im Parlament verzichtete und ein neues Referendum im Land zu verhindern suchte. In der *Gazzetta Ufficiale* vom 22. Mai erschien das Gesetz 194, das die Abtreibung erlaubte, mit der Unterschrift aller christdemokratischen Abgeordneten[256], angefangen vom Präsidenten der Republik Giovanni Leone bis hin zum Ratspräsidenten Giulio Andreotti[257]. Wie einer der Unterzeichner des Gesetzes, der Minister Tina Anselmi angab, habe Paul VI. die christdemokratischen Minister dazu ermuntert, nicht zurückzutreten und im Amt zu bleiben, auch wenn sie jenen Text unterschreiben müssten.[258]

Am 29. Juni 1978, dem Festtag der hl. Petrus und Paulus, zog der Papst in seiner letzten öffentlichen Zelebration während der Pre-

---

[255] P. CORRÊA DE OLIVEIRA, *Rivoluzione e Contro-Rivoluzione*, 168-169. Plinio Corrêa de Oliveira dieses Urteils im *Autoritratto filosofico* von 1976 bekräftigt, das veröffentlicht ist in: *Rivoluzione e Contro-Rivoluzione*, 365-426, 388. In einer Zusammenkunft am 17. Mai 1989 erklärte er: *„Als ich im letzten Teil von* Revolution und Gegenrevolution *schrieb, dass das Zweite Vatikanische Konzil das größte Unglück in der ganzen Kirchengeschichte gewesen ist, so vertrat ich etwas, was ich heute noch mit viel größerem Nachdruck als vorher vertreten würde*" (A-IPCO, 17. Mai 1989).

[256] Man siehe: GIAMBATTISTA SCIRÉ, *L'aborto in Italia. Storia di una legge*, Bruno Mondadori, Milano 2008; GIULIA GALEOTTI, *Storia dell'aborto*, Bologna 2004.

[257] Vgl. ‚Gazzetta ufficiale della Repubblica Italiana', Jahrgang 119, Nr. 140, 22. Mai 1978, 3646. *„Ich habe mir das Problem der Gegenzeichnung zu diesem Gesetz vorgelegt (dies hat auch Leone für die Unterzeichnung getan), aber wenn ich mich weigerte, so würden wir nicht nur eine Krise hervorrufen, nachdem wir gerade erst begonnen haben, die Lecks abzudichten, sondern die DC hätte nicht nur das Gesetz über die Abtreibung zu ertragen, sondern würde auch die Präsidentschaft verlieren, und dies wäre wirklich schlimmer*" (G. ANDREOTTI, *Diari 1976-1979: gli anni della solidarietà*, Milano 1981, 73).

[258] ‚La Gazzetta del Mezzogiorno', 30. August 1994, zit. bei ALFREDO MANTOVANO, *La Democrazia cristiana e l'aborto: perché fu "vero tradimento"*, in: Cristianità 232-233 (1994), 13-15, 13.

digt der Messe, die in der Vatikanbasilika gefeiert wurde, in sichtbar leidendem Zustand eine regelrechte Bilanz des 15. Jahrtages seines Pontifikates.

Paul VI. ging in seiner Predigt die ganze Zeitspanne durch, *„während der uns der Herr seine Kirche anvertraut hat"*, während *„der natürliche Lauf unseres Lebens sich dem Abend zuneigt"*. In dieser Rückschau erwähnte der alte Papst als *„bedeutenden Akt"* seines päpstlichen Lehramtes das Glaubensbekenntnis, das er zehn Jahre zuvor am 30. Juni 1968 als *„Credo des Gottesvolkes"* feierlich verkündet hatte, zu einem Zeitpunkt, da *„leichtfertige doktrinelle Experimente die Gewissheit so vieler Priester und Gläubiger zu erschüttern scheinen"*, und richtete einen *„betrübten, aber festen"* Appell *„an alle, die sich darum bemühen, andere mit ihrem Wort, ihren Schriften und ihrem Verhalten auf die Wege ihrer persönlichen Meinungen und sodann auf die Wege der Häresie und des Schismas mitzureißen und dadurch das Gewissen der Einzelnen und die gesamte Gemeinschaft in die Irre zu führen ..."*. *„Wir wenden uns in väterlicher Haltung an sie"* – schloss er: *„Sie mögen sich davor hüten, die Kirche weiter in Unruhe zu versetzen; der Zeitpunkt der Wahrheit ist gekommen und es ist vonnöten, dass jeder die eigene Verantwortung erkennt angesichts von Entscheidungen, die dazu dienen, den Glauben zu bewahren, den gemeinsamen Schatz, den Christus, der der Fels ist, Petrus anvertraut hat, dem Vicarius Petrae, dem Stellvertreter des Felses, wie ihn der hl. Bonaventura genannt hat."* [259]

In diesen Worten trat eine Wahrheit zu Tage, die die Ereignisse nicht beseitigen konnten: Der Fels Petri bildet dank seines universalen Primates und der Unfehlbarkeit seines Lehramtes das Fundament, auf dem Jesus Christus seine Kirche errichtet hat und auf dem sie, durch göttliche Verheißung, bis zum Ende der Zeiten fest verharren wird. *„Du bist Petrus, und auf diesem Felsen werde ich meine Kirche erbauen ... und ich werde dir die Schlüssel des Himmelreiches geben"* (Mt 16,18-19). Diese Worte des Evangeliums, so reich an übernatürlicher Hoffnung, funkelten in dem goldenen Mosaik der Kuppel von St. Peter, die die Konzilsväter während des ganzen Zweiten Vatikanischen Konzils überragte. Sie brachten eine unvergängliche Wahrheit zum Ausdruck: Die Päpste als Privatpersonen gehen vorüber, aber die Institution des Papsttums überlebt jeden Sturm,

---

[259] PAUL VI., *Insegnamenti*, Bd. XVI (1978), 519-525.

weil sie die Kirche, den mystischen Leib Christi, in sich zusammenfasst und konzentriert.

Mitte Juli verließ Paul VI. Rom, um sich in seine Sommerresidenz Castel Gandolfo zu begeben. Sein Ende kam überraschend. Der Papst des Konzils starb am 6. August 1978 um 21.40 Uhr in jener päpstlichen Villa, in der auch Pius XII. am 9. Oktober 1958 verschieden war.[260]

Zwanzig Jahre Kirchengeschichte waren seit damals vergangen.

---

[260] Die Trauerbekundungen zum Tod von Paul VI. waren zahllos. Wir heben – aus allen – besonders die Worte des Ex-Großmeisters der Loge Großorient von Italien, Giordano Gamberini, hervor: „*Es ist das erste Mal in der Geschichte der neuzeitlichen Freimaurerei, dass das Oberhaupt der größten Religion des Westens nicht im Zustand der Feindschaft mit den Freimaurern stirbt. Und zum ersten Mal in der Geschichte können die Freimaurer dem Grab eines Papstes ohne Zweideutigkeit oder Widerspruch Ehre erweisen*" (Rivista Massonica 5-6 (1978), 290).

Schlusswort

Vom Tod Pauls VI. bis heute sind mehr als dreißig Jahre verstrichen, was eine zu geringe Zeitdauer darstellt, als dass sie es dem Historiker erlaubte, die Geschehnisse seiner Zeit objektiv zu bewerten. Was sich seit damals ereignet hat, ist nicht Geschichte, sondern Chronik der dramatischen Epoche, in der wir leben. Trotz der positiven Keime einer Wiedergeburt, die man in der jüngsten Zeit erblicken konnte, ist die Krise der Kirche in den letzten dreißig Jahren nicht zum Stillstand gekommen; und dazu wird es auch nicht kommen, solange die tieferen Gründe für die Krise nicht beseitigt werden.

Am Ende dieses Buches sei es mir erlaubt, mich voller Verehrung an Seine Heiligkeit Benedikt XVI. zu wenden, in dem ich den Nachfolger Petri erkenne, dem ich mich unlöslich verbunden weiß, und ihm meine tiefe Dankbarkeit dafür zum Ausdruck zu bringen, die Tore zu einer seriösen Debatte über das Zweite Vatikanum aufgestoßen zu haben. Zu dieser Debatte, bekräftige ich, wollte ich einen Beitrag nicht als Theologe, sondern als Historiker leisten, wobei ich mich jedoch den Bitten jener Theologen anschließe, die in respektvoller und kindlicher Haltung den Stellvertreter Christi auf Erden darum bitten, eine vertiefte Untersuchung des Zweiten Vatikanischen Konzils in seiner ganzen Komplexität und Ausdehnung voranzubringen, um seine Kontinuität zu den zwanzig vorangegangenen Konzilien zu prüfen und um die Schatten und Zweifel zu zerstreuen, die seit fast einem halben Jahrhundert die Kirche leiden lassen – in der Gewissheit, dass die Pforten der Unterwelt sie niemals überwinden werden (Mt 16,18).

Bibliographie

Archive und Quellen

- **AAS** (vor 1909: ASS): *Acta Apostolicae Sedis* (*Acta Sanctae Sedis*), Typis Vaticanis, Città del Vaticano 1909ff.
- **AD**: *Acta et Documenta Concilio Oecumenico Vaticano II apparando*, Typis Vaticanis, Città del Vaticano 1960-1964.
- **A-CLG**: *Archiv des Lumen Gentium Centre*, Université Catholique de Louvain-la-Neuve.
- **A-Ecône**: *Archiv von Msgr. Marcel Lefebvre* (Ecône, Schweiz).
- **A-IPCO**: *Archiv des Institutes Plinio Corrêa de Oliveira* (São Paulo, Brasilien).
- **A-ISR**: *Archiv des Istituto di Scienze Religiose* (Bologna).
- **A-Siri**: *Archiv von Kard. Giuseppe Siri* (Genua).
- **AS**: *Acta Synodalia sacrosancti Concilii Oecumenici Vaticani II*, Typis Vaticanis, Città del Vaticano 1970-1999.
- **ASV**: *Päpstliches Geheimarchiv* (Archivio Segreto Vaticano).
- **Bellocchi**: *Tutte le encicliche e i principali documenti pontifici emanati dal 1740*, hg. v. Ugo Bellocchi, 13 Bde., Libreria Editrice Vaticana, Roma 1994-2008.
- **CIC**: *Codex Iuris Canonici*, auctoritate Ioannis Pauli PP. II promulgatus, Libreria Editrice Vaticana, Città del Vaticano 1983.
- **COD**: *Conciliorum Oecumenicorum Decreta*, hg. v. Istituto per le Scienze Religiose EDB, Bologna 2002.
- **Benedikt XVI., *Insegnamenti***: *Insegnamenti di Benedetto XVI*, Libreria Editrice Vaticana, Città del Vaticano 2006ff.
- **DH**: Heinrich Denzinger, *Enchiridion symbolorum definitionum et declarationum de rebus fidei et morum* / Kompendium der Glaubensbekenntnisse und kirchlichen Lehrentscheidungen. Quod emendavit, in linguam germanicam transtulit et adiuvante Helmuto Hoping ed. Petrus Hünermann, 43. Aufl., erw. Neuausg., Herder, Freiburg im Breisgau [u.a.] 2010.
- **EB**: *Enchiridion Biblicum. Documenti della Chiesa sulla Sacra Scrittura*, EDB, Bologna 1993.
- **EE**: *Enchiridion delle Encicliche*, EDB, Bologna 1995-1999.
- ***Enchiridion Patristicum***: M.J. Rouët De Journel SJ, *Enchiridion Patristicum*, Herder, Freiburg i. Breisgau 1962.
- **Johannes XXIII., DMC**: *Discorsi messaggi colloqui di Sua Santità Giovanni XXIII*, Bde. I-VI, Città del Vaticano 1960-1967.
- **Johannes Paul II., *Insegnamenti***: *Insegnamenti di Giovanni Paolo II*; Liberia Editrice Vaticana, Città del Vaticano 1980ff.
- **Mansi**: Giovanni Domenico Mansi, *Sacrorum conciliorum nova et amplissima Collectio*, hgg. v. Louis Petit u. Jean-Baptiste Martin, Paris-Arnheim-Leipzig 1901-1927.

- **Paul VI., *Insegnamenti***: Paolo VI, *Insegnamenti,* Tipografia Poliglotta Vaticana, Città del Vaticano 1963-1978 (16 Bde.).
- **PG**: *Patrologiae Cursus Completus,* Series Graeca, hg. v. Jean-Paul Migne, Paris 1844-1864 (221 Bde.).
- **Pius XII., DRM**: Pio XII, *Discorsi e Radiomessaggi,* Tipografia Poliglotta Vaticana, Città del Vaticano 1959 (21 Bde.).
- **PL**: *Patrologiae Cursus Completus,* Series Latina, hg. v. Jean-Paul Migne, Paris 1844-1864 (226 Bde.).

Lexika

- **DBI**: *Dizionario Biografico degli Italiani*, Istituto dell'Enciclopedia Italiana, Roma 1960ff.
- **DDC**: *Dictionnaire de Droit Canonique*, Letouzey et Ané, Paris 1935-1958 (7 Bde.).
- **DHCJ**: CHARLES E. O'NEIL SJ / JOAQUIN M. DOMINGUEZ SJ (Hgg.), *Diccionario histórico de la Compañia de Jesús*, 4 Bde, Institutum Historicum, SJ – Universidad Pontificia Cornillas, Roma-Madrid 2001.
- **DHGE**: *Dictionnaire d'Histoire et de Géographie Ecclésiastiques*, Letouzey et Ané, Paris 1912ff.
- **DSMCI**: *Dizionario storico del movimento cattolico in Italia*, I/1: *I fatti e le idee*, Marietti, Torino 1981 (3 Bde.).
- **DSP**: *Dizionario Storico del Papato*, Bompiani, Milano 1996 (2 Bde.).
- **DSp**: *Dictionnaire de Spiritualité*, Beauchesne, Paris 1937-1994 (16 Bde.).
- **DThC**: *Dictionnaire de Théologie Catholique*, hgg. v. A. VACANT u. E. MANGENOT, Letouzey et Ané, Paris 1909-1972 (33 Bde.).
- **EC**: *Enciclopedia Cattolica*, Sansoni, Firenze 1949-1954 (12 Bde.).
- **ENCH CLE.**: *Enchiridion Clericorum*, hg. v. SACRA CONGREGATIO PRO INSTITUTIONE CATHOLICA, Tipografia Poliglotta Vaticana, Città del Vaticano 1975.
- **EP**: *Enciclopedia dei Papi*, Bd. III, Istituto della Enciclopedia Italiana, Roma 2000.
- **LThK**: *Lexikon für Theologie und Kirche*, Herder, 2. Aufl., Freiburg im Breisgau 1957-1965 (10 Bde.).
- **TRE**: *Theologische Realenzyklopädie*, de Gruyter, Berlin-New York 1977ff.

Tagebücher, Chroniken und Zeitzeugnisse

- **Betti: *Diario***: Umberto Betti, *Diario del Concilio. 11 ottobre 1962-Natale 1978*, EDB, Bologna 2003.
- **Borromeo, *Diario***: *Il Concilio Vaticano II attraverso le pagine del diario di Luigi Carlo Borromeo, vescovo di Pesaro*, in: Rivista di Storia della Chiesa in Italia 52 (1998), 111-169.
- **Câmara, *Lettres conciliaires***: Helder Câmara, *Lettres conciliaires (1962-1965)*, Cerf, Paris 2006 (2 Bde.).
- **Caprile**: Giovanni Caprile, *Il Concilio Vaticano II*, La Civiltà Cattolica, Roma 1965-1969 (5 Bde.).
- **Charue, *Carnets conciliaires***: Andre-Marie Charue, *Carnets conciliaires de l'évêque de Namur*, hgg. v. Leo Declerck u. Claude Soetens, Publications de la Faculté de Théologie, Louvain-la-Neuve 2000.
- **Chenu, *Notes***: Marie-Dominique Chenu, *Notes quotidiennes au Concile: journal de Vatican II, 1962-1963*. Éd. critique et introd. par Alberto Melloni, Éd. du Cerf, Paris 1995.
- **Congar, *Journal***: *Mon journal du Concile*, prés. et annoté par Éric Mahieu, avant-propos de Dominique Congar (2 Bde.), Éd. du Cerf, Paris 2002
- **de Lubac, *Carnets***: Henri de Lubac, *Carnets du concile*. Introduit et annoté par Loïc Figoureux (2 Bde.), Les Éd. du Cerf, Paris 2007.
- **Edelby, *Diario***: Neophytos Edelby, *Il Vaticano II nel diario di un vescovo arabo*, hg. v. Riccardo Cannelli, Einführung v. Andrea Riccardi, San Paolo, Cinisello Balsamo 1996, 31-342.
- **Fenton, *Diary***: *Unveröffentlichtes Tagebuch von Msgr. Joseph Clifford Fenton*, aufbewahrt in der Catholic University of America (Kopie in: A-ISR).
- **Fesquet, *Diario***: Henri Fesquet, *Diario del Concilio*, ital. Übers.. Mursia, Milano 1967 (Originaltitel: *Le journal du concile*, Morel, Forcalquier 1966).
- **Johannes XXIII., *Pace e Vangelo. Agende del Patriarca***: Giovanni XXIII, *Pace e Vangelo. Agende del Patriarca*. 2: 1956-1958, Istituto per le Scienze Religiose, Bologna 2008.
- **Johannes XXIII., *Pater Amabilis. Agende del Pontefice***: Giovanni XXIII, *Pater Amabilis. Agende del Pontefice, 1958-1963*, krit. Ed. mit Anm. hg. v. Mauro Velati, Istituto per le Scienze Religiose, Fondazione per le Scienze Religiose Giovanni XXIII, Bologna 2007.
- **Küng, *Erkämpfte Freiheit***: Hans Küng, *Erkämpfte Freiheit: Erinnerungen*, Piper, München / Zürich 2002.
- **Lercaro, *Lettere***: Giacomo Lercaro, *Lettere del Concilio 1962-1951*, hg. v. G. Battelli, EDB, Bologna 1988.
- **Maranhâo Galliez, *Tagebuch***: *unveröffentlichtes Tagebuch von Dr. Murillo Maranhâo Galliez*, in: A-IPCO.
- **Philips, *Carnets conciliaires***: *Carnets conciliaires de Mgr Gérard Philips secrétaire adjoint de la commission doctrinale*, hg. v. Karim Schelkens, mit einer Einführung v. Leo Declerck, Utgeverij Peeters, Louvain 2006.
- **Poswick, *Journal***: Prosper Poswick, *Un journal du Concile. Vatican II vu par un diplomate belge*, François-Xavier de Guibert, Paris 2005.

- **Prignon, *Journal***: Albert Prignon, *Journal conciliaire de la 4e session*, hgg. v. Leo Declerck u. Andre Haquin, Publications de la Faculté de Théologie, Louvain-la-Neuve 2003.
- **Semmelroth, *Tagebuch***: Semmelroth, *Tagebuch*, aufbewahrt in der Philosophisch-Theologischen Hochschule Sankt Georgen, Frankfurt am Main (Kopie in: ISR).
- **Siri, *Diario***: in: Benny Lai, *Il Papa non eletto. Giuseppe Siri, cardinale di Santa Romana Chiesa*, Laterza, Roma-Bari 1993, 301-403.
- **Suenens, *Diario***: Leo Suenens, *Diario Concilio Vaticano II*, in: A-ISR.
- **Suenens, *Souvenirs et espérances***: Leo Suenens, *Souvenirs et espérances*, Fayard, Paris 1991.
- **Tromp, *Diarium***: Sebastiaan Tromp SJ, *Konzilstagebuch*, hg. v. Alexandra von Teuffenbach, Editrice Pontificia Università Gregoriana, Roma 2006 (2 Bde.).
- **Tucci, *Diario***: Roberto Tucci SJ, *Diario Concilio Vaticano II*, in: A-ISR.
- **Urbani, *Diario***: Carlo Urbani, *"Nell'obbedienza al Santo Padre". I diari del Concilio (1962) e del Conclave (1963) di Giovanni Urbani patriarca di Venezia, in Storia della vita religiosa a Venezia. Ricerche e documenti sull'età contemporanea*, Morcelliana, Brescia 2008, 123-150.

Öfter zitierte Veröffentlichungen

- ***Actes et Acteurs***: *Actes et Acteurs à Vatican II*, hg. v. JAN GROOTAERS, Leuven University Press, Louvain 1998.
- ALBERIGO, ***Papa Giovanni***: *Papa Giovanni*, hg. v. GIUSEPPE ALBERIGO, Laterza, Roma-Bari 1987.
- GROOTAERS, ***I protagonisti***: JAN GROOTAERS, *I protagonisti del Concilio*, San Paolo, Milano 1994.
- ***Ioannis XXIII. Biografia documentata***: *Romana Beatificationis et Canonizationis Servi Dei Joannis Papae XXIII Summi Pontificis (1881-1963)*. Biografia documentata, hgg. v. GIUSEPPE ALBERIGO u. ALBERTO MELLONI, Tipografia Guerra, Roma 1992-1995, 4 Bde.
- ***Ioannis XXIII. Positio***: *Romana Beatificationis et Canonizationis Servi Dei Ioannis Papae XXIII Summi Pontificis (1881-1963)*, Tipografia Guerra, Roma 1992-1997, 4 Bde.
- ***Les Commissions conciliaires***: *Les Commissions Conciliaires à Vatican II*, hgg. v. MATTHIJS LAMBERIGTS, CLAUDE SOETENS u. JAN GROOTAERS, Bibliotheek van de Faculteit Godgeleerdheid, Leuven 1996.
- ***Le Deuxième Concile du Vatican***: *Le deuxième Concile du Vatican (1959-1965)*, actes du colloque organisé par l'École Française de Rome ... (Rome 26 - 30 mai 1986), École Française de Rome, Rom 1989
- ***L'evento e le decisioni***: *L'evento e le decisioni finali. Studi sulle dinamiche del Concilio Vaticano II*, hgg. v. MARIA TERESA FATTORI u. ALBERTO MELLONI, Il Mulino, Bologna 1997.
- ***L'unité spirituelle du genre humain***: *L'unité spirituelle du genre humain dans la religion de Vatican II*. Études théologiques, troisième Symposium de Paris, 7-8-9 octobre 2004 [organisé par l'Institut universitaire Saint-Pie X], Vu de haut, Paris 2005.
- **MV**: *Mondo Vaticano. Passato e presente*, hg. v. NICCOLÒ DEL RE, Libreria Editrice Vaticana, Città del Vaticano 1995.
- ***Nouvelle Théologie***: JÜRGEN METTEPENNINGEN, *Nouvelle Théologie – New Theology: Inheritor of Modernism, Precursor of Vatican II*, Continuum, New York 2010.
- ***Paolo VI e i problemi ecclesiologici al Concilio***: *Paolo VI e i problemi ecclesiologici al Concilio*, Colloquio internazionale di studio, Brescia (19-20-21 settembre 1986), Istituto Paolo VI-Studium, Brescia-Roma 1989.
- ***Paolo VI e il rapporto Chiesa-mondo***: *Paolo VI e il rapporto Chiesa-Mondo al Concilio*, Colloquio internazionale di studio, Roma (22-23-24 settembre 1989), Istituto Paolo VI-Studium, Brescia-Roma 1991.
- **PUL**: *La Pontificia Università Lateranense. Profilo della sua storia, dei suoi maestri e dei suoi discepoli*, Libreria Editrice della Pontificia Università Lateranense, Roma 1963.
- ***Vatican II in Moscow***: *Vatican II in Moscow (1959-1965)*, hg. v. ALBERTO MELLONI, Bibliotheek van de Faculteit Godgeleerdheid, Leuven 1997.
- SCHMIDT, ***Bea***: STJEPAN SCHMIDT SJ, *Agostino Bea, Il cardinale dell'unità*, Città Nuova Editrice, Roma 1987.

- **SC, *I cattolici nel mondo contemporaneo***: *Storia della Chiesa*, vol. XXIII: *I cattolici nel mondo contemporaneo (1922-1958)*, hgg. v. MAURILIO GUASCO, ELIO GUERRIERO u. FRANCESCO TRANIELLO, San Paolo, Milano 1996 (3. Aufl.).
- **SC, *La Chiesa del Vaticano II***: *Storia della Chiesa*, vol. XXV: *La Chiesa del Vaticano II (1958-1978)*, hgg. v. MAURILIO GUASCO, ELIO GUERRIERO u. FRANCESCO TRANIELLO, San Paolo, Milano 1995, 2 Bde. (2. Aufl.).
- **SCV**: *Storia del Concilio Vaticano II*, unter Leitung v. GIUSEPPE ALBERIGO hg. v. ALBERTO MELLONI, Peeters/Il Mulino, Bologna 1995-2001, 5 Bde {dt.: *Geschichte des Zweiten Vatikanischen Konzils (1959-1965)*, deutsche Ausgabe hg. v. KLAUS WITTSTADT (Bde. 1-3) und v. GÜNTHER WASSILOWSKY (Bde. 4-5), 5 Bde., Matthias Grünewald Verlag u.a., Mainz u.a. 1997-2008}.
- ***The Belgian contribution***: *The Belgian contribution to the Second Vatican Council*, international research conference at Mechelen, Leuven and Louvain-la-Neuve (September 12 - 16, 2005), hgg. v. DORIS DONNELLY, JOSEPH FAMERÉE, MATTHIJS LAMBERIGTS u. KARIM SCHELKENS, Uitgeverij Peeters, Leuven-Paris-Dudley (MA) 2005.
- **WILDE**: MELISSA WILDE, *Vatican II: a sociological analysis of religious change*, Princeton University Press, Oxford 2007.
- **WILTGEN**: RALPH WILTGEN SVD, *Der Rhein fließt in den Tiber: eine Geschichte des zweiten Vatikanischen Konzils*, Lins, Feldkirch 1988 {Orig.: *The Rhine flows into the Tiber: The unknown Council*, Hawthorn Books, New York 1967}.

Personenregister